Rüdiger Liedtke – Wem gehört die Republik?

Rüdiger Liedtke

Wem gehört die Republik?

Die Konzerne und ihre Verflechtungen

Namen · Zahlen · Fakten

'97

Eichborn.

Der Autor:
Rüdiger Liedtke studierte Politikwissenschaft und lebt als Journalist und Schriftsteller in München

Umschlaggestaltung: Christina Hucke
Gesamtproduktion: Fuldaer Verlagsanstalt GmbH, 36037 Fulda
ISBN: 3-8218-1430-6

Verlagsprogramm schickt gern:
Eichborn Verlag, Kaiserstraße 66,
D-60329 Frankfurt am Main

INHALTSVERZEICHNIS

Herbst 1996: Die Abschlüsse der großen Konzerne weisen überproportional hohe Gewinne aus, neuerliche Renditesteigerungen werden in den Zwischenberichten bejubelt. Gleichzeitig ist die Arbeitslosenquote selbst im Sommer nicht unter zehn Prozent gesunken. Jahresüberschüsse in Milliardenhöhe auf der einen, der Abbau von Arbeitsplätzen in der Größenordnung von Hunderttausenden auf der anderen Seite. Selten hat sich die Wirtschaftslage widersprüchlicher dargestellt.

Zwei neue Begriffe sind es, die viele Vorstände im Munde führen, deren Umsetzung maßgeblich die gegenwärtige deutsche Unternehmenspolitik bestimmt: *Shareholder Value* und *Flexibilität*. Haben diese Begriffe auf den ersten Blick scheinbar nichts miteinander zu tun, so stehen sie doch in einem unmittelbaren kausalen Zusammenhang: Profitmaximierung über Kostensenkung.

Nicht mehr die Steigerung des Umsatzes wird – wie in den vergangenen Jahrzehnten – als Meßgröße unternehmerischen Erfolges herangezogen, sondern der Aktienwert an der Börse. Das Vermögen der Eigentümer mehren, sich ausschließlich am Kapitalmarkt orientieren – die deutschen Konzerne haben ihr oberstes Unternehmensziel im letzten Jahr neu definiert. Der Börsenkurs bestimmt das unternehmerische Handeln. Diesem neuen, in den USA geborenen Denken wird nahezu alles untergeordnet.

Vor einigen Jahren hieß das Zauberwort der Unternehmensmanager noch »Diversifizierung«. Damit war gemeint: der Zukauf von Unternehmen zur Krisensicherung und Optimierung des Portfolios, aber auch das Schaffen von Synergien unter einem Dach. Dagegen werden heute alle Unternehmensteile abgestoßen, die nicht kurzfristig Profite garantieren. Der Verkauf ganzer Konzernbereiche bei Daimler-Benz (Fokker, AEG, Teile der DASA) ist ein Beispiel für dieses neue Denken. Verlustbringer werden kurzerhand veräußert, »deinvestiert«, Abteilungen ausgegliedert, Stichwort: Outsourcing.

In diesem Zusammenhang wird auch Arbeit zum reinen Kostenfaktor, den es zu drosseln gilt. Die neue Forderung heißt Flexibilität. Flexibel am Markt sein, flexibel auf Kundenwünsche reagieren, flexibel an die Standorte der Kunden siedeln. Vor dem Hintergrund drohender Massenentlassungen brachten die Gewerkschaften das »Bündnis für Arbeit« ins Spiel, um Arbeitsplätze langfristig zu sichern. Dieses auf gesamtgesellschaftlichen Konsens angelegte Modell muß als gescheitert angesehen werden. Dagegen propagieren viele Unternehmensvorstände interne »Bündnisse für Arbeit«. Sie bieten Arbeitsplatzsicherung bei gleichzeitiger Kostensenkung. Alle Bündnis-Varianten haben einen gemeinsamen Nenner: schnelleres Reagieren auf Marktveränderungen bzw. das kurzfristige Anpassen der Arbeit an unterschiedliche Auftragslagen, bessere Auslastung der Maschinen, Mehrarbeit bei gleichem Lohn. Punktuell haben diese innerbetrieblichen Vereinbarungen auch für die Beschäftigten Vorteile: Teilzeitarbeit, Urlaubsmobilität, Arbeitszeitkonten, Vorruhestandsregelungen etc.

Diese »Bündnisse für Arbeit« sind vielen Unternehmen recht, um grundsätzlich die Flächentarifverträge in Frage zu stellen. Zunehmend wird das einst starre Tarifsystem gelockert, die Arbeitszeitgestaltung den jeweiligen Bedürfnissen des Unternehmens angepaßt. Partiell kann das zur Schaffung neuer Arbeitsplätze führen, in der Regel dient es der Erhöhung der Rendite. Die soziale Schutzfunktion der Tarifverträge wird für den größten Teil der Beschäftigten immer löchriger. Der Arbeitnehmer ist aus der Sicht des Unternehmens keine Ressource mehr für die Dauer eines ganzen Arbeitslebens, sondern er erfüllt nur noch einen kurzfristigen Bedarf und wird dann gegebenenfalls überflüssig. Selbst qualifizierte Mitarbeiter sind vor Entlassungen nicht mehr sicher; der Flugzeugbau der DASA ist nur ein Beispiel. Symptomatisch ist in diesem Zusammenhang, daß die Investitionen in die Ausbildung von Jugendlichen dramatisch zurückgefahren werden.

Auch kritische Beobachter warnen mittlerweile vor einer ausschließlich aktionärsorientierten Unternehmenspolitik. Die Fixierung auf die kurzfristige Steigerung von Rendite versperrt den Blick für Perspektive, Innovation und Zukunft, blockiert Vorleistungen (z. B. in der Forschung, in der Entwicklung von Patenten, in der Aus- und Weiterbildung), die nicht sofort profitabel sind, aber sich in der Zukunft als gewinnbringend erweisen können. Die Aufgabe unternehmerischer Substanz, der Verkauf auch gutgehender Konzernteile, das schnelle Kaufen und Verkaufen anstelle von Entwickeln und Aufbauen, ist auch eine Abkehr von klassischer, langfristig angelegter Unternehmenspolitik. Dies und die drohende soziale Kälte könnten sich mittelfristig gegen den Standort Deutschland kehren.

Die vorliegende, vollkommen überarbeitete und ergänzte Neuausgabe von »Wem gehört die Republik?« skizziert und charakterisiert die 100 größten und wichtigsten Konzerne. Sie zeigt die Unternehmensstrategien innerhalb der sich verändernden Wirtschaftslage auf und beschreibt die Vielfalt der innerbetrieblichen »Bündnisse für Arbeit« im Kontext der Diskussion um den »Standort Deutschland«.

München, im September 1996

ABB ASEA BROWN BOVERI

Geschichte und Entwicklung. Die größte Einzelgesellschaft der heutigen ABB wurde im Oktober 1890 von Charles Brown und Walter Boveri in Mannheim als Brown, Boveri & Cie. AG gegründet. Der Schweizer Brown, dessen Vater die Lokomotiv- und Maschinenfabrik Winterthur aufgebaut hatte, und der deutsche Ingenieur Boveri etablierten bereits 1891 in Baden im Aargau ihr eigenes Elektrizitätswerk und machten durch spektakuläre Erfindungen auf sich aufmerksam. Sie erhielten den Auftrag, das städtische Elektrizitätswerk in Frankfurt zu bauen. Die dynamischen Unternehmer gründeten die deutsche Dependance Brown Boveri & Cie. und entwickelten sich durch die Einführung der Dampfturbine zu einem der führenden Unternehmen im Kraftwerksbau. Bereits zwischen den beiden Weltkriegen akquirierte BBC zahlreiche bedeutende Unternehmen im Kraftwerksbereich und im Bau von Turbinen.
Nach Zerstörung zahlreicher Fabrikanlagen in den letzten Kriegsmonaten und umfangreichen Demontagen, z. B. der H. Römmler AG, Spremberg, begann dennoch ein rascher Wiederaufstieg der Mannheimer. Sie kauften sich im Energie- und Elektrobereich zahlreiche Unternehmen und Beteiligungen und stiegen binnen weniger Jahre zu den führenden deutschen Konzernen im Kraftwerks-, Maschinen- und Anlagenbau auf. Führend wurde BBC auch in der Drehstromantriebstechnik für elektrische Lokomotiven. Im Kernkraftgeschäft entwickelte BBC den Hochtemperaturreaktor (HTR) wie zuvor schon den Leichtwasserreaktor in Mülheim-Kärlich. 1988 wurde im Zuge der Fusion der BBC (Schweiz) mit der Asea AB (Schweden) der Mannheimer Konzern in ASEA Brown Boveri umfirmiert. 1990 wurde der Bereich Dampfturbinen von der AEG-Kanis in Nürnberg übernommen, die Zusammenlegung der Schienenaktivitäten von Thyssen und ABB in die ABB Henschel AG beschlossen und mit Siemens (KWU) gemeinsam die HTR-GmbH, Gesellschaft für Hochtemperaturreaktoren, gegründet. Zwischen 1990 und 1992 übernahm das Unternehmen mehrere Gesellschaften in Ostdeutschland. Im November 1992 gründete die ABB Henschel Waggon Union ein Gemeinschaftsunternehmen mit der Preussag-Tochter Linke-Hofmann-Busch Waggon-Fahrzeug-Maschinen GmbH (LHB) im Bereich Schienenverkehrstechnik.

Besitzverhältnisse/Eigentumsstruktur.
Die ABB Asea Brown Boveri AG, Zürich/Schweiz, hält als Holdinggesellschaft des ABB-Welt-Konzerns unmittelbar oder mittelbar ca. 97% des Aktienkapitals der Asea Brown Boveri AG, Mannheim. Die Asea Brown Boveri AG, Zürich/Schweiz, gehört:

- ASEA AB, Stockholm/Schweden (50%)
- BBC Brown Boveri AG, Baden/Schweiz (50%)

Die Konzernleitung, das heißt die Holding-Gesellschaft ABB Asea Brown Boveri AG, hat heute ihren Sitz in Zürich/Schweiz. Das Unternehmen ist im Januar 1988 durch die Fusion von BBC Brown Boveri AG, Baden/Schweiz, und ASEA AB, Stockholm/ Schweden, entstanden. Beide halten jeweils 50% der Anteile des neuen multinationalen Konzerns. Die Aktien der ABB Asea Brown Boveri AG werden nicht öffent-

Standort:
Gottlieb-Daimler-Straße 8
68165 Mannheim

Postanschrift:
Postfach 10 01 64
68001 Mannheim

Telefon: *(0621) 4381-0*
Telex: *462 525 abbho d*
Telefax: *(0621) 4381-390*
Internet: *http://www.abb.de*
Btx: **2 22 23#*

Branche: *Elektrotechnik, Verkehrstechnik und Umwelttechnik, Maschinen- und Anlagenbau*

Rechtsform:
Aktiengesellschaft

Geschäftsjahr: *1.1.-31.12.*

Gründungsjahr: *1900*

Unternehmenskommunikation:
Udo Lahm/Uta-Micaela Dürig
Tel.: (0621) 4381-432
FAX: (0621) 4381-367

Verbände: *Zentralverband der elektronischen Industrie e.V., Frankfurt/ Main; Verband Deutscher Maschinen- und Anlagenbau e.V., Frankfurt/ Main*

Vorstand:
- *Pohr, Michael (Vorsitzender)*
- *Demling, Georg (Gebäudeausrüstung)*
- *Henneke, Knuth (Personal)*
- *Kaiser, Wilfried, Dr. (Marketing und Vertrieb)*
- *Karg, Rolf, Dr. (Industrie)*
- *Karlsson, Sune (Stromübertragung und -verteilung)*
- *Lienhard, Hubert, Dr. (Stromerzeugung)*

Vorstandsbezüge 1995:
5.272.000,– DM

Generalbevollmächtigte:
- *Becker, Josef F.*
- *Boos, Kurt-Volker, Prof. Dr.*
- *Renke, Rolf*

lich gehandelt, doch sind die Aktien der beiden Muttergesellschaften, ASEA AB und BBC Brown Boveri, an den wichtigsten Wertpapierbörsen in Europa und den USA notiert. Anzahl der freien Aktionäre ca. 9.000.

KONZERNÜBERBLICK. ABB ist ein weltweit operierender Konzern der Elektro-, Verkehrs- und Umwelttechnik mit insgesamt rund 1.000 eigenverantwortlichen Gesellschaften in über 150 Ländern und 68 Unternehmensbereichen, die in acht Sparten aufgegliedert sind (Umsatz 1995: 34,0 Mrd. US $; Gewinn 1995: 1.315,0 Mio. US $; Beschäftigte 1995: 210.000). Sitz der Konzernleitung ist Zürich. Obwohl die jeweiligen Gesellschaften nachdrücklich das Prinzip der Dezentralisierung verfolgen, arbeiten sie doch in den meisten Unternehmensbereichen global, das heißt über die Landesgrenzen hinweg, zusammen. 58% des Konzernumsatzes entfallen auf Europa, 17% auf Nord- und Südamerika, 25% auf Asien, Australien und Afrika. Innerhalb der weltweiten ABB-Organisation ist die deutsche ABB die größte Unternehmensgruppe. ABB Mannheim verfügt im In- und Ausland über mehr als 60 Produktionsstätten und Servicebetriebe.
Schwerpunkte des deutschen ABB-Konzerns sind Produkte, Anlagen, Systeme und Komplettlösungen für die Erzeugung, Übertragung und Verteilung elektrischer Energie sowie deren Anwendung in Gebäuden, in der Industrie und im Schienenverkehr. Weitere Aktivitäten umfassen die Steuerungs- und Regelungstechnik, die Industrieautomation, elektrisches Serienmaterial sowie Produkte, Anlagen und Systeme im Bereich der Umwelttechnik. Mit zahlreichen Produkten ist das Unternehmen Marktführer in Europa. Anfang 1990 hatte sich die ABB eine grundlegend neue Führungs- und Organisationsstruktur zugelegt. Unter der leitenden Management-Holding Asea Brown Boveri AG in Mannheim wird seither das gesamte operative Geschäft der rund 50 rechtlich selbständigen Tochtergesellschaften an über 45 Standorten abgewickelt. Die bis dahin gültigen Geschäftsbereiche wurden in eigenständige Unternehmen umgewandelt und den dafür verantwortlichen Vorstandsbereichen zugeordnet.
ABB gliedert sich in fünf für das operative Geschäft verantwortliche Vorstandsbereiche:

◆ Stromerzeugung: Planung und schlüsselfertige Lieferung von Dampfkraftwerken, Gasturbinenkraftwerken, Kernkraftwerken mit Hochtemperatur- und Leichtwasserreaktoren, Wasserkraftwerken, Dieselkraftwerken, Industriekraftwerken, Müllheizkraftwerken. Dienstleitungen für Kraftwerke aller Art. Lieferung von Kraftwerkskomponenten und Teilanlagen. Anlagen für Staubabscheidung, Rauchgasreinigung, Wertstoffrückgewinnung und Fernwärmeübertragung. Hinzu kommen Ausrüstungen für den Umweltschutz, u. a. thermische Restmüllverwertungsanlagen. Beratung, Projektierung, Inbetriebnahme. Umsatz 1995: 2.784,0 Mio. DM (Vorjahr: 3.328,0 Mio.); Beschäftigte 1995: 6.658 (Vorjahr: 7.061).

◆ Stromübertragung- und verteilung: komplette Hochspannungsnetze mit Freileitungen, Schaltanlagen, Leistungs- und Verteiltransformatoren, Freileitungsseile, Kabel und Spezialprofile, komplette elektrische Außenanlagen, Verteilungsnetze für Strom, Kommunikation, Fernwärme, Gas und Wasser, Netz- und Lastführungssysteme. Hoch- und Mittelspannungsschaltanlagen, Kabel aller Art. Umsatz 1995: 2.261,0 Mio. DM (Vorjahr: 2.217,0 Mio.); Beschäftigte 1995: 6.958 (Vorjahr: 7.452).

◆ Industrie: Planung und Lieferung elektrotechnischer Anlagen und Systeme zur Verbesserung der Wirtschaftlichkeit, Sicherheit, Qualität und Umweltverträglichkeit von Industrieunternehmen der Branchen Papier und Zellstoff, Wasser und Abwasser, Bergbau, Hütten- und Walzwerke, Gießereien und Umformwerke, Chemie und Pharma sowie Baustoffe und Automobil. Industriewärmeanlagen. Hochdruckpressen und Prüfstände für die Automobilindustrie. Elektrische Ausrüstung von Schiffen und Offshore-Einrichtungen. Elektrische Systeme in der Marine, Öl- und Gasindustrie. Klimakälteanlagen, Wärmepumpen. Beleuchtungsanlagen. Sende- und Empfangsantennen. Drehstromantriebstechnik. Infrastrukturanlagen für die Verteilung von Strom, Gas und Wasser. Industrieroboter. Umsatz 1995: 1.121,0 Mio. DM (Vorjahr: 1.337,0 Mio.); Beschäftigte 1995: 3.570 (Vorjahr: 3.831).

◆ Gebäudeausrüstung: Gebäudesystemtechnik, komplettes elektrisches Installationsmaterial (Sicherungs- und Personenschutzautomaten, Verteiler, Installationssysteme, Schalter, Dimmer, Stecker, Steckdosen, Wechselsprechanlagen), Licht- und Stromversorgungstechnik, Leuchten aller Art, Meßgeräte, Klimaanlagen, Kältetechnik. Umsatz 1995: 3.189,0 Mio. DM (Vorjahr: 3.004,0 Mio.); Beschäftigte 1995: 11.667 (Vorjahr: 11.964).

◆ Verkehr: Komplette Schienenverkehrssysteme und Bahnausrüstungen für den Personennah- und -fernverkehr sowie für den Güterverkehr, Reisezug- und Güterwagen, U-, S- und Stadtbahnwagen; Bahnstromanlagen und Signalsysteme. Service und technische Nachrüstung. Umsatz 1995: 899,0 Mio. DM (Vorjahr: 954,0 Mio.); Beschäftigte 1995: 3.269 (Vorjahr: 3.070).

ABB Deutschland hat 1995 für Forschung und Entwicklung 804 Mio. DM aufgewendet, 8% vom Umsatz. Weltweit verfügt ABB über acht bedeutende Forschungszentren, die eng vernetzt miteinander arbeiten. Seit Anfang 1994 ist in Heidelberg ein neues ABB-Forschungszentrum in Betrieb, eines der wichtigsten Zentren des ABB-Konzerns weltweit. In den operativen ABB-Gesellschaften sind rund 4.100 Mitarbeiter in der produkt- und systemorientierten Entwicklung tätig.

BETEILIGUNGEN. Zu den wichtigsten in- und ausländischen ABB-Beteiligungsgesellschaften in den fünf Konzern- bzw. Vorstandsbereichen gehören zu jeweils 100%:

● Stromerzeugung: ABB Kraftwerke AG, Mannheim; ABB Turbinen Nürnberg GmbH, Nürnberg; ABB Kraftwerke Berlin GmbH, Berlin; ABB Reaktor GmbH, Mannheim, Hochtemperatur Reaktorbau GmbH, Mannheim; ABB Isolrohr GmbH, Fulda; ABB Umwelttechnik GmbH, Butzbach.

● Stromübertragung und -verteilung: ABB Calor Emag Schaltanlagen, Ratingen; Calor-Emag Mittelspannungstechnik GmbH, Ferch; ABB Netzleittechnik GmbH, Ladenburg; ABB Transformatoren GmbH, Bad Honnef; ABB Elektro-Isolierwerke GmbH, Villingen-Schwenningen; ABB TRAFO-BB GmbH, Brilon; ABB Kabel und Draht GmbH, Mannheim; ABB Isodraht GmbH, Mannheim; ABB Energiebau GmbH, Dresden; ABB Kondensatoren GmbH, Brilon.

● Industrie: ABB Industrietechnik AG, Mannheim; ABB Automatisierungsanlagen Cottbus GmbH, Cottbus; ABB Elektromotoren GmbH, Saarbrücken; ABB Flexible Automation GmbH, Butzbach.

● Gebäudeausrüstung: ABB Gebäudetechnik AG, Ladenburg; Elektro-

Aufsichtsrat:

❙ *Morgen, Kurt (Vorsitzender; Mitglied des Vorstandes der Dresdner Bank AG), Königstein/Taunus*

❙ *Barnevik, Percy, Dr. h.c. (Vorsitzender des Executive Committee der ABB Asea Brown Boveri AG), Zürich/Schweiz*

❙ *Bremkamp, Detlev (Mitglied des Vorstandes der Allianz AG), München*

❙ *Bund, Karlheinz, Dr. Dr. (Vorsitzender der Geschäftsführung der ENRO Energie und Rohstoff GmbH), Essen*

❙ *Gasser, Thomas P., Dr. (ABB Asea Brown Boveri AG), Zürich/Schweiz*

❙ *von Koerber, Eberhard, Dr. (Präsident ABB Europe Ltd.), Zollikon/Schweiz*

❙ *Müller, Klaus-Peter (Mitglied des Vorstandes der Commerzbank AG), Bad Homburg v. d. H.*

❙ *Somm, Edwin (Asea Brown Boveri AG, Baden/Schweiz), Oberrohrdorf/Schweiz*

❙ *Vogel, Dieter H., Dr. (stellv. Vorsitzender des Vorstandes der Thyssen AG), Düsseldorf*

❙ *Weiss, Ulrich, Dr. (Mitglied des Vorstandes der Deutsche Bank AG), Bad Soden/Taunus*

**Toussaint, Peter (stellv. Vorsitzender)*

**Belz, Udo*

**Berger, Klaus*

**Faßbender, Karl-Erich*

**Forchel, Otto*

**Kief, Werner*

**Nöth, Wolfgang*

**Ruppel, Adolf*

**Spatz, Gerhard, Dr.*

**Töppel, Joachim*

Aufsichtsratstantiemen 1995: *648.000,– DM*

BÖRSE, AKTIEN, KURSE
Grundkapital 1995:
327,1 Mio.
Jahreshöchstkurs 1995:
700,00 DM
Jahrestiefstkurs 1995:
590,00 DM
Aktie Jahresende 1995:
650,00 DM
Dividende pro Aktie 1995:
19,25 DM

Die Dividende bezieht sich auf je 50,– DM Aktiennennbetrag. Die Dividendensumme belief sich 1995 auf 125,9 Mio. DM.

***Umsatz 1995:** 9.390,4 Mio.*
***Umsatz 1994:** 9.941,3 Mio.*
***Umsatz 1993:** 9.523,1 Mio.*

***Gewinn 1995:** 183,9 Mio.*
***Gewinn 1994:** 180,5 Mio.*
***Gewinn 1993:** 217,8 Mio.*

***Cash flow 1995:** 776,0 Mio.*
***Cash flow 1994:** 710,0 Mio.*
***Cash flow 1993:** 738,0 Mio.*

***Cash flow:** Der Cash flow wurde überwiegend für Investitionen in allen Unternehmensbereichen aufgewendet.*

Steueraufkommen 1995:
27,3 Mio.

installationen Annaberg GmbH, Annaberg; ABB Fläkt Produkte GmbH, Butzbach; ABB Schalt- und Steuerungstechnik GmbH, Heidelberg; Striebel & John GmbH & Co. KG, Sasbach-Obersasbach; ABB Stotz-Kontakt GmbH, Heidelberg; Busch-Jaeger Elektro GmbH, Mannheim/Lüdenscheid; ABB Fläkt Lufttechnik GmbH, Butzbach; ABB Wörl-Alarm GmbH, Ladenburg; ABB CEAG Stromversorgungstechnik GmbH, Soest; ABB Kälteanlagen GmbH, Wiesbaden.
● Verkehr: ABB Henschel AG, Mannheim.

ABB UND AEG AUF EINER SCHIENE. Die ABB Asea Brown Boveri AG, Zürich, und die Daimler-Benz AG haben in einer spektakulären Fusion ihre weltweiten Aktivitäten im Schienenverkehr zusammengelegt und von den Kartellbehörden dazu nach langen Debatten grünes Licht bekommen. Die deutsche ABB trägt mit ihren Bahnaktivitäten über die ABB Henschel AG und ihre Tochtergesellschaften dabei den Löwenanteil. Daimler-Benz bringt den Bahnbereich der AEG Daimler-Benz Industrie ein. Das Gemeinschaftsunternehmen, ein Joint-venture zu gleichen Teilen, an dem die deutsche ABB mit 10% beteiligt ist, firmiert unter ABB Daimler-Benz Transportation GmbH (ADtranz) und hat am 1. Januar 1996 mit weltweit 23.000 Mitarbeitern seine Tätigkeit von Berlin aus aufgenommen. 9.000 davon arbeiten in Deutschland. In der Berliner Konzernspitze arbeiten lediglich 55 Mitarbeiter, aber aus 13 Ländern. Unterhalb der Konzernspitze gibt es regionale Führungsbüros in Berlin, Brüssel und Zürich. Die ADtranz will mit ihren 50 Gesellschaften bis zum Jahr 2000 mit einen Umsatz von 9 Mrd. DM der größte Anbieter von Bahnsystemen in der Welt sein. Das Angebot umfaßt komplette Schienenverkehrs-Systemlösungen mit Lokomotiven, Hochgeschwindigkeits- und Neigezüge, Straßenbahnen, Signal- und Zugsicherungssysteme und automatische Fahrzeuge zum Personentransport wie auf Flughäfen. Daimler-Benz hat als kleinerer Partner dieses Joint-ventures 1,3 Mrd. DM an ABB als Ausgleich gezahlt. ABB Daimler-Benz Transportation wird nicht mehr von der Deutschen ABB konsolidiert. Das fusionierte Unternehmen verkleinert die deutsche ABB um Teile ihrer Verkehrssparte im Lokomotivenbau, besonders um die ABB Henschel-Gruppe mit rund 3.000 Beschäftigten. Im August 1996 erhielt die ADtranz den Zuschlag für den Bau der U-Bahn Linie 2 in Shanghai und damit den Zutritt zum chinesischen Markt.

NEUE BUNDESLÄNDER. ABB hat sich in Ostdeutschland stark engagiert. Mit den Übernahmen der Energiebau Dresden, Automatisierungsanlagen Cottbus, des Berliner Kraftwerksbauers Bergmann-Borsig, der Transformatorenwerke Halle-Nauen, der Elektroinstallation Annaberg, der Schaltanlagen und Installationen Kühlungsborn, der Errichtung eines neuen Werkes bei Potsdam sowie der Gründung einer Service-Gesellschaft in Halle und dem Aufbau eines leistungsfähigen Vertriebsnetzes verfügt das Unternehmen über ein flächendeckendes Netz an Aktivitäten. Insgesamt beschäftigen die ABB-Gesellschaften in den neuen Bundesländern knapp 5.000 Mitarbeiter.

STANDORT DEUTSCHLAND. Die deutsche ABB spricht es deutlich aus: »Nur durch eine Rückführung der Staatsquote und der Lohnzusatzkosten sowie einen Abbau der Regulierungsdichte in Deutschland

erhalten die Unternehmen den dringend erforderlichen Spielraum für neue Investitionen und die Sicherung von Beschäftigung« (Vorstandsvorsitzender Michael Pohr im März 1996). Kostensenkung und Restrukturierung in allen Bereichen, Firmenausgliederungen oder Verkäufe unterstreichen diese Maßnahmen der ABB, die auch 1996/97 fortgesetzt werden sollen. Der Konsolidierungskreis der deutschen ABB ging durch die Ausgliederung der deutschen Bahnaktivitäten in die gemeinsam mit Daimler-Benz gegründete ADtranz und die Verkäufe der ABB CEAG Sicherheitstechnik GmbH, Soest, und der ABB Isoprofil GmbH, Mannheim, um etwa 1,2 Mrd. DM und mehr als 4.000 Beschäftigte zurück. Am 1. Januar 1996 arbeiteten bei der deutschen ABB etwa 29.200 Personen. Restrukturierungsmaßnahmen in den Bereichen Stromerzeugung, Industrietechnik und Gebäudetechnik werden bei der deutschen ABB weitere Arbeitsplätze kosten, so bei der ABB Kraftwerke in Mannheim und Berlin. Die Restrukturierungskosten werden teilweise ausgeglichen durch etwa 400 Mio. DM, die ABB Mannheim durch die Übertragung der Bahntechnik auf die ADtranz erhalten hat.
Die weltweite Verantwortung für Dampfturbogruppen, Dampfkraftwerke und Kraftwerksleittechnik wird innerhalb des ABB-Konzerns künftig bei der deutschen ABB liegen. Da aber Großkraftwerke eigentlich nur noch im Ausland abzusetzen sind, will sich die deutsche ABB im Kraftwerksbau zunehmend internationalen Projekten, besonders in den neuen Märkten Asiens, Lateinamerikas und Osteuropas, widmen und dabei von den jeweiligen lokalen ABB-Gesellschaften profitieren. Am Rande des Deutschlandbesuches des chinesischen Ministerpräsidenten Li Peng vereinbarten die Mannheimer den Bau von fünf Kraftwerken in der Volksrepublik China. Durch internationale Arbeitsteilung und weltumspannende Einkaufsstrategien sollen vielfältige Synergieeffekte realisiert werden.
ABB-Welt hatte bereits im Rahmen umfangreicher Strukturmaßnahmen zwischen 1990 und 1994 die Zahl der Mitarbeiter in Westeuropa und Amerika um 50.000 reduziert, gleichzeitig aber in Osteuropa und Asien 40.000 neue Stellen geschaffen. Der weltweite Abbau der Belegschaft des ABB-Konzerns traf dabei die deutsche ABB besonders hart, etwa 5.000 Beschäftigte der deutschen ABB-Gesellschaften verloren ihre Stellen.

Beschäftigte 1995: *33.591*
Beschäftigte 1994: *35.120*
Beschäftigte 1993: *36.934*

Umsatz pro Mitarbeiter 1995: *279.511,– DM*
Umsatz pro Mitarbeiter 1994: *283.067,– DM*
Umsatz pro Mitarbeiter 1993: *257.838,– DM*

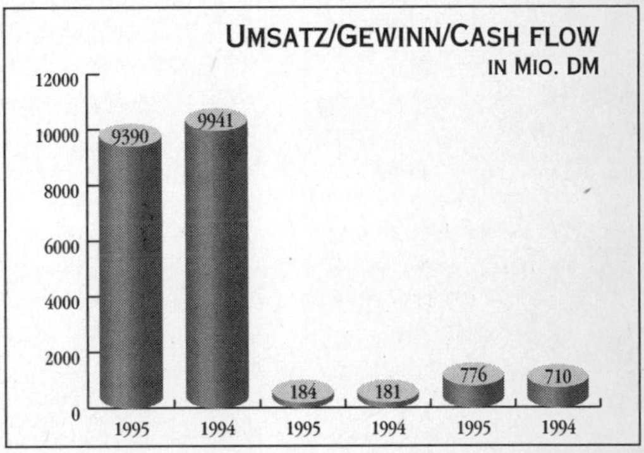

Löhne und Gehälter 1995: *2.669,2 Mio.*
Löhne und Gehälter 1994: *2.626,1 Mio.*
Durchschnittsgehalt 1995: *79.462,– DM*
Soziale Abgaben und Aufwendungen 1995: *632,4 Mio.*
Soziale Abgaben und Aufwendungen 1994: *619,5 Mio.*

Bezüge pro Vorstandsmitglied 1995: *753.143,– DM*
Tantiemen pro Aufsichtsrat 1995: *32.400,– DM*

»BÜNDNIS FÜR ARBEIT«. ABB Mannheim setzt ganz auf Modelle zur Flexibilisierung der Arbeitszeit. Um dem »Kostendruck am Standort Deutschland« begegnen zu können, sollen die Arbeitsabläufe sowohl in der Fertigung als auch im administrativen Bereich prozeßorientiert und flexibel gestaltet werden. Durch die flexible Arbeitsorganisation sollen auch die Beschäftigten zunehmend über ihre Zeit selbst entscheiden können (Zeitsouveränität). Es gibt in den Unternehmen der deutschen ABB inzwischen nahezu 100 Projekte und Maßnahmen »zur Ausdehnung der Betriebsnutzungszeit und zur Arbeitsdifferenzierung«. Hinzu kommen mit dem Betriebsrat vereinbarte

vestitionen 1995:
91,0 Mio.
Investitionen 1994:
461,0 Mio.
Investitionen 1993:
541,0 Mio.

***Forschung und Entwicklung 1995:** 804,0 Mio.*
***Forschung und Entwicklung 1994:** 796,0 Mio.*
***Forschung und Entwicklung 1993:** 744,0 Mio.*

***Mitbewerber:** AEG, Alcatel SEL, Bosch, Braun, Daimler-Benz, Deutsche Babcock, Grundig, Hella, ITT Automotive, Liebherr, MAN, Mannesmann, Miele, Philips, Röchling, Siemens, Thyssen*

neue Gleitzeit- und Schichtmodelle sowie die Einführung von Jahresarbeitszeitregelungen mit Arbeitszeitkonten. Neben der Arbeitszeitflexibilisierung wurde 1995 die leistungsbezogene Vergütung weiter ausgebaut. Die Mitarbeiter – so ABB – sollen sich zunehmend als Mitunternehmer verstehen. Durch Gruppenarbeit, Prozeßorientierung und flache Hierarchien soll ein Arbeitsumfeld geschaffen werden, »das zu unternehmerischem Denken anregt, die Motivation und Initiative fördert und allen Mitarbeiterinnen und Mitarbeitern interessante Perspektiven für ihren weiteren beruflichen Weg bietet«. Dazu gehören Modelle der »Job Rotation« unter Einschluß von Auslandsaufenthalten. 1996 erhöht ABB die Neueinstellung von Auszubildenden um 14%; durchschnittlich werden 70% nach der Ausbildung in den Werken übernommen. Für Führungskräfte wird eine konsequente Internationalisierung gefordert.

UMWELTSCHUTZ. ABB hat das Thema Umwelt als bereichsübergreifende Aufgabe zur Vorstandssache erklärt und die umfangreichen Umweltleitlinien zum Programm erhoben – auf allen Ebenen des Konzerns. Umweltschutz ist bei ABB, so der deutsche Vorstand, integraler Bestandteil sämtlicher Prozesse, Produkte und Lösungsansätze. »Umweltschutz ist für uns nicht nur eine Frage der Moral und Verantwortung, sondern gleichermaßen ein Instrument, um das wirtschaftliche Leben und Überleben unseres Unternehmens zu sichern. Deshalb ist Umweltschutz bei ABB als Querschnittsfunktion verankert, in allen Unternehmensbereichen und Gesellschaften. Ökonomie funktioniert nicht mehr ohne Ökologie« (Michael Pohr, Vorstandsvorsitzender der deutschen ABB). ABB sieht Umweltschutz nicht nur als freiwillige Selbstverpflichtung in den eigenen Werken, sondern als zwingende Aufgabe, um unternehmerisch erfolgreich zu sein. In nahezu allen Geschäftsbereichen verdient ABB mit Umweltschutzaktivitäten viel Geld. Alle Produktionsprozesse in den weltweit 430 Produktionsstätten in 35 Ländern der ABB werden laufend auf Umweltverträglichkeit hin überprüft. Rund 50% der Forschungsprojekte bei ABB haben direkt oder indirekt mit der Umwelt zu tun, besonders in der Verkehrstechnik und im Energieverbrauch. Umwelttechnik bei ABB bedeutet die Optimierung aller Verfahren und Produkte in Richtung auf eine weiter verbesserte Öko-Effizienz. In zahlreichen Bereichen ist ABB führend, z. B. beim Bau von Rauchgasreinigungssystemen.

ADIDAS

Standort:
Adi-Dassler-Straße 2
91074 Herzogenaurach

Postanschrift:
Postfach 11 20
91072 Herzogenaurach

GESCHICHTE UND ENTWICKLUNG. Bereits 1920 stellte Adi Dassler in Herzogenaurach seinen ersten Turnschuh her, 1929 folgten die ersten Fußballschuhe, zwei Jahre später Tennisschuhe. Schnell galt Dassler weltweit als der Star unter den Sportschuhherstellern. 1948 gründete der Schuster die Firma adidas mit 47 Mitarbeitern. 1949 Kreierung der »drei Streifen«. Durchbruch 1954 mit dem Gewinn der Fußball-WM in adidas-Schuhen. Bei den Olympischen Spielen 1960 traten rund 75% aller Athleten in adidas-Schuhen an.

Allein über 700 Patente und Gebrauchsmuster gehen auf den Firmengründer und Schuhexperten Adi Dassler zurück. Ursprünglich nur auf die Schuhproduktion beschränkt, begann adidas 1967 mit der Produktion von Sporttextilien und avancierte zum größten Sportartikelhersteller der Welt – eine Position, die ihm erstmals 1989 vom amerikanischen Hersteller Nike streitig gemacht wurde. Die Promotion lief über hochdotierte Spitzensportler als Werbeträger, produziert wurde immer mehr in Billiglohnländern der Dritten Welt. Kaum ein bundesdeutscher Topathlet oder Funktionär, der nicht als Werbesäule Dasslers fungierte.
Doch das klassisch geführte Familienunternehmen geriet in den 80er Jahren in eine Krise: Management-Flops, Fehlplanungen, überhöhte Werbeverträge, Massenentlassungen. Die Nachfolgefirma des Gründers Adi Dassler mußte Ende 1980 den gleichen Weg gehen wie zuvor schon die Firma »Puma« des Adi-Bruders Rudolf, mit dem man seit Jahrzehnten in Fehde lag: die Umwandlung des Familienbetriebs in eine Aktiengesellschaft mit professionellem familienfremdem Management. Nach dem Tod des Gründer-Sohnes Horst Dassler verkauften die Erben-Stämme 1990 die Mehrheit an den französischen Unternehmer Bernard Tapie. Puma war zuvor bereits an den schwedischen Aritmos-Konzern verkauft worden.
Nach erneuten Turbulenzen 1992 Gründung der adidas International Holding GmbH, in die die Tapie-Anteile, gehalten über die BTF GmbH Essen (95%), eingebracht wurden. Anfang 1993 Rückzug Tapies. Verkauf der Anteile der Bernard Tapie Finance S.A., Paris, zum Preis von 615 Mio. DM. Neue Aktionärsstruktur; grundsätzliche Restrukturierung der Gesellschaft und Konzentration auf das Kerngeschäft. Schließung zahlreicher Fertigungsbetriebe und Konzentration der Produktbeschaffung mit 70% auf den Fernen Osten. 1993 Umfirmierung in eine Aktiengesellschaft. 1995 Gang an die Börse und weitere Internationalisierung des Konzerns.

BESITZVERHÄLTNISSE/EIGENTUMSSTRUKTUR.

- Sogedim S.A. (über 25%)
- Seba Investissements, Luxemburg (4,1%). Dieses Unternehmen gehört der Crédit Lyonnais, Paris.
- Rest Streubesitz

Am Grundkapital der adidas AG hielt bis zum 31. Dezember 1994 die adidas International Holding GmbH, Essen, eine Mehrheitsbeteiligung von 95,9%. Die adidas International Holding GmbH wurde mit Wirkung zum 1. Januar 1995 auf die adidas AG verschmolzen. Die adidas International Holding GmbH befand sich zu 100% im Besitz der Sogedim S.A., einer in Belgien ansässigen Gesellschaft. Anteilseigner der Sogedim S.A. sind der adidas-Vorstandsvorsitzende Robert Louis-Dreyfus, adidas-Vorstand Christian Tourres (beide Franzosen), Mary H. Friday, Thomas Russell (beide Amerikaner) und David Bromilow (Engländer).

KONZERNÜBERBLICK. Die adidas AG, eine seit 1995 an der Börse notierte Aktiengesellschaft nach deutschen Recht, entwickelt und vertreibt unter den Markennamen adidas und erima eine breite Palette an Sport- und Freizeitartikeln, die Schuhe, Textilien und Accessoires umfaßt. Hauptsitz des Unternehmens ist nach wie vor Herzogen-

Telefon: *(09132) 84-0*
Telex: *625 211*
Telefax: *(09132) 84-2241*
Internet: *http://www.adidas.de*
http://www.adidas.com (US)

Branche: *Sportartikel, Freizeitbekleidung*

Rechtsform:
Aktiengesellschaft

Geschäftsjahr: *1.1.-31.12.*

Gründungsjahr: *1948*

Öffentlichkeitsarbeit/ Public Relations:
Jan Runau
Tel.: (09132) 84-2544/2536
FAX: (09132) 84-2138

Verbände: *Bundesverband der Deutschen Sportartikelindustrie, Bad Honnef*

Vorstand:
- *Louis-Dreyfus, Robert (Vorsitzender), Lungern/ Schweiz*
- *Moore, Peter C., Portland/USA*
- *Perraudin, Michel, Nürnberg*
- *Tourres, Christian, Lungern/Schweiz*

Vorstandsbezüge 1995:
11.010.000,– DM

aurach. Die Hauptproduktgruppen sind: Fußball, Running, Basketball, Tennis und Trainingskleidung. Bei Sportschuhen ist adidas weltweit mit Abstand Marktführer.
Nach einem massiven wirtschaftlichen Einbruch Ende der 80er, Anfang der 90er Jahre und einer daraus resultierenden grundsätzlichen Neuorientierung von adidas hat das Unternehmen zurück zu seinen traditionellen Kernbereichen gefunden: Sportschuhe, Sportbekleidung und Sportzubehör. Sportschuhe erbrachten 1995 einen Umsatz von 1.790,0 Mio., Sportbekleidung 1.528,0 Mio. und Sportzubehör (Schläger, Taschen, Bälle, Golf) 131,0 Mio. DM.
Im Rahmen der Umstrukturierung des Unternehmens stieg das neue Management aus den unteren Preissegmenten aus und trennte sich konsequent von allen Sonderposten. adidas verkaufte seine Beteiligungen und Nebenmarken »arena«, »Pony« und »Le Coq Sportif«. Seit 1993 weht bei adidas auch im Produktsegment ein neuer Wind, der an große alte Zeiten anknüpfen soll. Technische Neuerungen, wie der neu konzipierte Fußballschuh »Predator«, laut adidas die größte Innovation bei Fußballschuhen seit der Erfindung des Schraubstollens 1954 durch Adi Dassler, der Fußball »Questra« oder das Dämpfungssystem »P.O.D.S.« für Laufschuhe belebten den Ruf von adidas als innovative Marke neu. Erfolgreich wurden verschiedene neue Marketingkonzepte eingeführt, z. B. Streetball-Turniere (adidas Streetball Challenge) und der Predator-Cup. 1996 präsentierte adidas die »barefoot«-Technologie, die auf dem Konzept beruht, daß der menschliche Fuß, in seinem Naturzustand belassen, besonders gut »funktioniert«. Slogan der Kampagne: »Feet You Wear«.
Die Verjüngung des Markenimage und die damit verbundene Wiederbelebung der drei Streifen gelang auf der ganzen Linie. Seit 1994 gab adidas für die globale Medienwerbung mehr aus als jemals zuvor in seiner Geschichte. Rund 10% vom Umsatz wurden in Werbung, Marketing und Promotion investiert. Liga-Rekord vermeldete der Fußballclub Bayern München, der mit seinem Ausrüster adidas einen Vertrag über 20 Mio. DM abgeschlossen hat (Laufzeit 1996 bis 2001). Bayern-Präsident und adidas-Repräsentant Franz Beckenbauer hat darüber hinaus mit adidas einen persönlichen Vertrag über 1,5 Mio. DM im Jahr.
Um der massiven Konkurrenz von Nike und Reebok begegnen zu können, hat adidas eine weltweite Vertriebs- und Marketingorganisation nach Regionen (Europa, Nordamerika, Asien/Pazifik, Südamerika) gegründet. Nach der Formel »think global, act local« wurden Regionalbüros mit fest definierten Verantwortlichkeiten für die entsprechenden Regionen eingerichtet. Hierzu wurden 1993 die in den USA und Kanada operierenden Tochtergesellschaften in die neu gegründete adidas America Inc., Portland/Oregon, integriert.
Die adidas AG mit Sitz in Herzogenaurach firmiert als Führungs- und Trägergesellschaft für das deutsche Inlandsgeschäft sowie als Holding für die meisten Auslandsgesellschaften. Die adidas-Gruppe besitzt neben Herzogenaurach nunmehr eine zweite Konzernzentrale für die Bereiche Marketing, Design und Entwicklung in Portland/Oregon. Schwerpunkte beider Zentren sind die marktspezifischen Sportarten, um das technische Know-how in den beiden wichtigsten Märkten Europa und Nordamerika optimal zu nutzen.
adidas produziert heute in 50 Ländern, verfügt über eigene Fabrika-

tionsstätten, Beschaffungszentren (Frankreich für Europa, Hongkong für Fernost), Vertriebsgesellschaften und Distributoren. Neben Herzogenaurach produziert adidas im Inland nur noch im mainfränkischen Werk Scheinfeld. 98% der Schuhprodukte des Unternehmens werden außerhalb Deutschlands hergestellt, mehr als 90% der Schuhprodukte des Konzerns werden in Asien beschafft. adidas beschäftigt etwa 70% seiner Mitarbeiter in nationalen und regionalen Vertriebsorganisationen, die mehr als 160 Länder betreuen, in denen adidas seine Markenartikel vertreibt und lizenziert.

BETEILIGUNGEN. erima Sportbekleidungs GmbH, Reutlingen (100%); adidas Sarragan France S.a.r.l., Landersheim/Frankreich (100%); adidas Austria AG, Klagenfurt/Österreich (100%); adidas (U.K.) Ltd., Stockport/Großbritannien (100%); adidas (Ireland) Ltd., Dublin/Irland (100%); adidas Norge A/S, Gjøvik/Norwegen (100%); adidas España SA, Zaragoza/Spanien (100%); adidas Sverige AB, Hägersten/Schweden (100%); adidas Sport GmbH, Lindau/Schweiz (100%); adidas Benelux B.V., Etten-Leur/Niederlande (50%); adidas Belgium N.V., Zellik/Belgien (100%); adidas Budapest Kft., Budapest/Ungarn (85%); adidas Poland Sp.z.o.o., Warschau/Polen (100%); adidas CSFR Spol.s.r.o., Prag/Tschechien (100%); adidas Moscow Ltd., Moskau/Rußland (100%); adidas Portugal Lda., Lissabon/Portugal (51%); adidas North America Inc., Portland/USA (100%); adidas America Inc., Spartanburg/USA (100%); adidas (Canada) Ltd., Toronto/Kanada (100%); adidas do Brasil Ltda., São Paulo/Brasilien (100%); adidas de Mexico S.A. de C.V., Mexico City/Mexiko (100%); adidas Latin America S.A., Panama City/Panama (100%); 3 Stripes S.A (adidas Uruguay), Montevideo/Uruguay (100%); adidas Corp. de Venezuela, Caracas/Venezuela (100%); adidas Hong Kong Ltd., Hongkong (100%); adidas Asia/Pacific Ltd., Hongkong (100%); adidas Singapore Pte Ltd., Singapur (60%); adidas Malaysia Sdn. Bdn., Kuala Lumpur/Malaysia (60%); adidas (Thailand) Co. Ltd., Bangkok/Thailand (50%); adidas Philippines Inc., Manila/Philippinen (100%); P.T. Trigaris Sportindo (adidas Indonesia), Jakarta/Indonesien (70%); adidas (South Africa) Pty Ltd., Kapstadt/Südafrika (100%); adidas Australia Pty Ltd., Mulgrave/ Australien (49%); adidas New Zealand Pty Ltd., Auckland/ Neuseeland (49%). In China wurde 1994 eine adidas-Repräsentanz gegründet.

NEUE BUNDESLÄNDER. In Ost-Berlin wurde frühzeitig eine Niederlassung eröffnet, ebenso Büros in verschiedenen ostdeutschen Städten. »Der Bekanntheitsgrad der Marke adidas und die positive Einstellung zur Marke bei den Verbrauchern in der DDR ist kaum zu steigern«, verkündeten die adidas-Manager schon Anfang 1990.

STANDORT DEUTSCHLAND. adidas will nach der erfolgreichen Börseneinführung und der »weltweiten Wiedergeburt der Marke« (Robert Louis-Dreyfus) nunmehr die »beste Sportmarke der Welt« werden. Überall auf der Welt, insbesondere auf dem US-amerikanischen Markt und den aufstrebenden Märkten Asiens, Osteuropas und Lateinamerikas, soll das Unternehmen wachsen. Die Zeiten, da sich adidas lediglich mit Deutschland und Herzogenaurach verband, sind endgültig passé. adidas schuf weitgehend selbständig operierende

Aufsichtsrat:
- *Filho, Henri (Vorsitzender; Vice President der Crédit Lyonnais Investissement), Paris/Frankreich*
- *Friderichs, Hans, Dr. (stellv. Vorsitzender), Mainz*
- *Bromilow, David, Bangkok/Thailand*
- *Eugène, Dominique, Paris/Frankreich*
- *Nolan, Peter, Los Angeles/USA*
- *Okun, Serge, Lungern/Schweiz*
- *Russell, Thomas, Dr. (Mitglied des Vorstandes von Saatchi und Saatchi Plc.), Sarasota/USA*

**Beer, Georg*
**Günther, Ludwig*
**Hippmann, Hans-Dieter*
**Thaler-Veh, Heidi*

Aufsichtsratstantiemen 1995: *395.000,– DM*

Der Aufsichtsrat der adidas AG ist seit 1994 nicht mehr paritätisch nach dem Mitbestimmungsgesetz, sondern nach dem Betriebsverfassungsgesetz von 1952 besetzt, nachdem adidas weniger als 2.000 Arbeitnehmer in Deutschland hat.

Umsatz 1995: *3.500,2 Mio. (incl. Lizenznehmer: 4.950,0 Mio.)*
Umsatz 1994: *3.196,4 Mio. (incl. Lizenznehmer: 4.667,0 Mio.)*
Umsatz 1993: *2.544.5 Mio. (incl. Lizenznehmer: 3.911,0 Mio.)*

Gewinn 1995: *244,9 Mio.*
Gewinn 1994: *117,3 Mio.*
Gewinn 1993: *13,9 Mio.*
(Verlust 1992: –149,4 Mio.)

Steueraufkommen 1995: *42,9 Mio.*

Grund- bzw. Stammkapital 1995: *226,7 Mio.*

Der Aktiennennbetrag wurde im Oktober 1995 von 50,– DM auf 5,– DM reduziert. Die Dividende 1995 betrug DM 0,25 pro Aktie.

Beschäftigte 1995: *5.730*
Beschäftigte 1994: *5.087*
Beschäftigte 1993: *5.096*

Umsatz pro Mitarbeiter 1995: *610.855,– DM*
Umsatz pro Mitarbeiter 1994: *628.347,– DM*
Umsatz pro Mitarbeiter 1993: *499.313,– DM*

Löhne und Gehälter 1995: *326,1 Mio.*
Löhne und Gehälter 1994: *321,0 Mio.*
Durchschnittsgehalt 1995: *56.911,– DM*
Soziale Abgaben und Aufwendungen 1995: *63,1 Mio.*
Soziale Abgaben und Aufwendungen 1994: *56,4 Mio.*

Bezüge pro Vorstandsmitglied 1995: *2.752.500,– DM*
Tantiemen pro Aufsichtsrat 1995: *35.909,– DM*

Regionalstrukturen in Europa, Nordamerika, Asien/Pazifik und Lateinamerika, um den Marktgegebenheiten in den Regionen flexibel begegnen zu können. adidas will seine Lizenzgeschäfte weiter zurückfahren und die Initiative weltweit selbst in die Hand nehmen, verfolgt die Strategie, die Distribution von unabhängigen Distributoren und Lizenznehmern hin zu Joint-venture-Partnern und direkten Vertriebstochtergesellschaften zu verlagern. Allein 1995/96 wurden weltweit 15 neue Tochtergesellschaften gegründet. Weitere Tochtergesellschaften und Joint-ventures sind weltweit geplant, um die jeweiligen Märkte noch besser bedienen zu können. Der Schuster aus Herzogenaurach ist ein »Global player« geworden. Verstärkt werden soll 1996/97 die Präsenz in Asien, vornehmlich in Korea und China, wo außer in Shanghai und Kanton weitere Sportshops in Peking geplant sind. Dieser Verlagerungsprozeß hat zu einer umfangreichen Umschichtung des Produktionsvolumens geführt. Nahezu alle Bekleidungs- und Schuhprodukte des Unternehmens werden in »Ländern mit geringeren Lohnkosten« hergestellt. Schuhprodukte werden in Asien beschafft, Textilien werden aus Asien, Europa, Nordafrika sowie Nord- und Südamerika bezogen. Die Folge: Flexibilität des Unternehmens und geringere Lieferzeiten. adidas hat allerdings am Ort des Global Technology Centers in Scheinfeld eine Produktionsstätte beibehalten, die Premium-Fußballschuhe und Schuhe für olympische Sportarten herstellt – mit dem Prädikat »Made in Germany«. Nachdem in den letzten Jahren zahlreiche Produktionsstätten verkauft bzw. geschlossen worden sind (Werke Uffenheim und Thüngfeld) und der neue Vorstand sich von Teilbereichen in Frankreich getrennt hat, sind in Deutschland nur noch die Produktionsstätten Herzogenaurach und Scheinfeld verblieben. Als Folge der Reduzierung der Eigenfertigung gingen die Beschäftigten in Deutschland 1995 auf 1.400 zurück. 1996 beschäftigte adidas etwa 70% seiner Mitarbeiter in nationalen und regionalen Vertriebsorganisationen, die für mehr als 160 Länder zuständig sind. Hinter Nike und Reebok liegt adidas auf Platz drei in der Welt, bei Sportschuhen ist adidas mit 37% Weltmarktführer vor Nike, Reebok und Puma. In Europa ist adidas der größte Anbieter von Markenschuhen und Sportbekleidung.

»BÜNDNIS FÜR ARBEIT«. adidas 1996: »Frische Energie und erhöhte Motivation ist in allen Abteilungen, in allen Ländern und auf allen Unternehmensebenen spürbar. Im Engagement des adidas-Managements und der adidas-Mitarbeiter schlägt sich ein neues, optimistisches Klima nieder, Mitarbeiter und Management sind darauf aus zu gewinnen – wie jeder Sportler.« Zum Weltunternehmen adidas: »In der adidas Unternehmenszentrale z. B. arbeiten Menschen aus mehr als 20 verschiedenen Herkunftsländern zusammen, und die lebendige multikulturelle Atmosphäre inspiriert fortwährend zu neuen Ideen.« adidas meint damit kreatives Denken in puncto Design und Produktentwicklung, die Neuordnung der Geschäftsabläufe, die Kombination von kompetenten und erfahrenen langjährigen Mitarbeitern zu Teams mit einer dynamischen jungen Generation, die nur ein Ziel haben: adidas zur Weltspitze führen.

UMWELTSCHUTZ. adidas führte 1995/96 eine grundlegende Umweltanalyse des Standortes Herzogenaurach durch. Zum Standort Herzogenaurach zählen dabei die adidas-Zentrale, die Vertriebsgesellschaft adidas Deutschland, das adidas-Zentrallager in Uffenheim und die adidas-Produktionsstätte in Scheinfeld. Ziel des Projektes ist es, so adidas, »eine seriöse und glaubwürdige Basis für umfassende Umweltschutzmaßnahmen zu schaffen«. Das Projekt heißt Eco-Audit und wird von der Abteilung »Environment Europe« bei adidas unter Beratung der Nürnberger Firma Intechnica durchgeführt.

KOMMENTAR. Zwei Franzosen, zwei Amerikaner und ein Engländer sind seit 1995 die neuen Eigentümer des traditionsreichen adidas-Konzerns – und haben es geschafft, adidas wieder zur Spitzenmarke zu machen. Der Börsengang in Frankfurt/Main und Paris 1995 war ein voller Erfolg, der Gewinn 1995 ein Rekordergebnis in der adidas-Geschichte. Innovative Produkte, moderne Kommunikationsstrategien, aufwendige Imagewerbung und einschneidende Strukturveränderungen innerhalb der ganzen adidas-Gruppe haben die drei Streifen wieder zum Marktführer gemacht.

Doch bevor es soweit war, hatte adidas turbulente Jahre hinter sich gebracht, die nach dem Boom der frühen 80er Jahre einen tiefen Sturz brachten. 1990 platzte am Rande der Fußballweltmeisterschaft in Rom die Bombe: Die adidas AG ging in französischen Besitz über. Der französische Multi-Unternehmer und Präsident des Fußballclubs Olympique Marseille, Bernard Tapie, hatte den 80%igen Besitzanteil der vier Töchter des Unternehmensgründers Adi Dassler für rund 480 Mio. DM, zu 100% über Bankkredite (Crédit Lyonnais) finanziert, gekauft. Tapie kündigte vor einer begeisterten Presse an, die angeschlagene Marke gegen die amerikanische Konkurrenz Nike und Reebok wieder zum führenden Sportartikel-Hersteller der Welt zu machen. Hinzu kam, daß er adidas-Repräsentant Franz Beckenbauer zum Cheftrainer von Olympique Marseille machte, deren Präsident Tapie war. Doch Tapie konnte die Kredite nicht zurückzahlen und begann mit seinen adidas-Aktien gewinnbringend zu spekulieren. Trotz der französischen Wirtschaftsexpertin Gilberte Beaux als kurzzeitige Vorstandsvorsitzende für den nach Meinungsverschiedenheiten ausgeschiedenen einstigen Hoffnungsträger René Jäggi, trotz Sanierens und Rationalisierens, Werksschließungen und Massenentlassungen zogen die Konkurrenten Nike und Reebok an adidas vorbei. Tapie schließlich, der sein adidas-Engagement einmal als die »größte Affäre seines Lebens« bezeichnet hatte, ging mit nahezu allen seinen französischen Firmen in Konkurs, verlor alle politischen Mandate, riß die Crédit Lyonnais mit in das Finanzdebakel und wurde 1995 in Frankreich zu zwei Jahren Gefängnis verurteilt.

1993 gab es einen deutlichen Einschnitt. Eine gänzlich neue Eigentümerstruktur und ein Restrukturierungsprogramm mit der Konzentration auf die Kerngeschäfte des Unternehmens sollten adidas wieder an die Weltspitze bringen. Garant des Erfolges sollte der Franzose Robert Louis-Dreyfus sein, der zuvor Chef des Londoner Werbemultis Saatchi & Saatchi gewesen war. Louis-Dreyfus stieg auch mit Geld bei adidas ein und schaffte es, nach einer neuerlichen grundlegenden Umstrukturierung den Konzern zu sanieren und adidas binnen zweier Jahre wieder an die Weltspitze zu führen – mit einem jüngeren Image, ohne jemals die traditionellen drei Streifen in Frage zu stellen. Anfang 1995 übernahm Louis-Dreyfus mit vier weiteren Partnern adidas zu fast

Investitionen 1995:
58,0 Mio.
Investitionen 1994:
40,0 Mio.
Investitionen 1993:
39,0 Mio.

Mitbewerber: *Amer, Aritmas, Asics, Benetton, Descente, Diadora, Fila, Lotto, Mizuno, Nike, Pentland, Puma, Reebok, Russell, Salomon, Umbro*

100%, ein Jahr später plazierte er das Unternehmen an der Börse. Das neue Selbstbewußtsein von adidas zeigt sich auch in der Mitte 1996 verkündeten Absicht, Hauptsponsor beim Ex-Tapie-Club Olympique Marseille zu werden.

AEG siehe Daimler-Benz
Agfa-Gevaert siehe Bayer

AGIV

Standort:
Wöhlerstraße 10
60323 Frankfurt/Main

Postanschrift:
Postfach 170 135
60075 Frankfurt/Main

***Telefon:** (069) 17080-0*
***Telefax:** (069) 17080-800*

***Branche:** Holdinggesellschaft*

***Rechtsform:** Aktiengesellschaft*

***Geschäftsjahr:** 1.1.-31.12.*

***Gründungsjahr:** 1974 durch Fusion der 1881 gegründeten »Deutsche Local- und Straßenbahn-Gesellschaft« (ALOKA) und der 1901 ins Leben gerufenen »Aktiengesellschaft für Verkehrswesen« (AGV)*

Öffentlichkeitsarbeit/ Investor Relations:
Werner Renzel
Tel.: (069) 17080-520
FAX: (069) 17080-850

***Verbände:** Vereinigung Deutscher Elektrizitätswerke (VDEW), Frankfurt/Main*

GESCHICHTE UND ENTWICKLUNG. Die heutige Aktiengesellschaft für Industrie und Verkehrswesen (AGIV) ist aus dem 1974 vollzogenen Zusammenschluß zweier Gesellschaften hervorgegangen: der 1881 gegründeten und später unter ihrer Kurzbezeichnung ALOKA bekannten »Deutsche Local- und Straßenbahn-Gesellschaft« sowie der 1901 ins Leben gerufenen und unter ihrer Kurzbezeichnung VERKEHRSWESEN bekannten »Aktiengesellschaft für Verkehrswesen«, die in den 30er Jahren über mehr als ein Viertel des gesamten Privatnetzes Deutschlands verfügte. Beide waren Gründungen der Berliner Handels-Gesellschaft (BHG), heute Berliner Handels- und Frankfurter Bank (BHF-BANK), die den Zweck verfolgten, auf dem Gebiet des Straßenbahn- und Eisenbahnverkehrs aktiv zu werden. An beiden sich selbständig und zunächst in unterschiedlichen Richtungen entwickelnden Gesellschaften blieb die Bank beteiligt. Häufige Firmenänderungen und Sitzverlegungen begleiteten die Entwicklung der beiden Firmen.

BESITZVERHÄLTNISSE/EIGENTUMSSTRUKTUR.

- BHF-Bank AG (Berliner Handels- und Frankfurter Bank), Frankfurt/Main und Berlin (48,7% – die Bank ist in Streubesitz)
- Energie-Versorgung Schwaben AG, Stuttgart (mehr als 10%)
- In- und ausländische institutionelle Investoren (23% – darunter Banken, Versicherungen und rund 200 zumeist deutsche Investmentfonds)
- Privatpersonen (14%)

Ausländische Aktionäre, im wesentlichen aus europäischen Nachbarländern, halten rund 10% des Grundkapitals.

KONZERNÜBERBLICK. Die AGIV-Gruppe ist dezentral organisiert. Die AGIV-Holding, Frankfurt/Main, ist für die strategische Führung verantwortlich. Dazu gehören insbesondere Fragen des Wertmanagements und der Portfoliozusammensetzung und -steuerung. Die einzelnen Tochtergesellschaften haben die volle operative und funktionale Verantwortung für ihr Geschäft auf der Basis abgestimmter strategischer Planungen für die gesamte Gruppe. Die Tochtergesellschaften der AGIV sind führende Anbieter von Maschinen, Anlagen und Systemen für die verarbeitende und die Investitionsgüterindustrie. Dazu zählen insbesondere die Bereiche Textil- und Chemiefasern, Papier

und Zellstoff, Stahl und weitere Grundstoffe sowie Bereiche der Umwelttechnik. Weitere Tochtergesellschaften sind bekannte Dienstleister im Markt für Gebäudetechnik und Energieversorgung. Die Unternehmen des Bereiches Bauindustrie und Zulieferungen sind im Ingenieur-, Hoch- und Tiefbau sowie im Bauten- und Korrosionsschutz tätig. Hinzu kommen Transport- und Logistikdienstleistungen.
Die AGIV gliedert sich in die Unternehmensbereiche Maschinenbau und Elektronik (Umsatz 1995: 3.602,4 Mio. DM; Beschäftigte 1995: 15.973), Energietechnik und -versorgung (Umsatz 1995: 1.708,0 Mio. DM; Beschäftigte 1995: 7.719), Bauindustrie und Zulieferung (Umsatz 1995: 3.706,1 Mio. DM; Beschäftigte 1995: 12.265) sowie Verkehr und Logistik (Umsatz 1995: 788,6 Mio. DM); Beschäftigte 1995: 4.162).

BETEILIGUNGEN. Weltweit zählen zur AGIV-Gruppe knapp 400 Gesellschaften. In den Konzernabschluß 1995 wurden außer der AGIV selbst 179 (Vorjahr: 194) inländische und 154 (Vorjahr: 152) ausländische Unternehmen einbezogen. Auf 23 inländische und 38 ausländische Tochtergesellschaften wurde wegen ihrer untergeordneten Rolle verzichtet. Entscheidend für den Konzernabschluß 1995 der AGIV aber waren die 15 mehrheitlich gehaltenen Teilkonzerne, überwiegend in einer Größenordnung von 500 bis 1.000 Mio. DM Jahresumsatz. Die wesentlichsten Beteiligungen der AGIV in den vier Unternehmensbereichen sind:

Maschinenbau und Elektronik:
- Barmag AG, Remscheid-Lennep, (52,9% – Allianz-Gruppe mehr als 15%), mit zahlreichen Tochter- und Beteiligungsgesellschaften im In- und Ausland. Produkte und Leistungen: Spinnmaschinen, Textilmaschinen, Extrusionssysteme. Umsatz 1995: 1.119,0 Mio. DM (Vorjahr: 1.222,0 Mio.); Beschäftigte 1995: 4.301 (Vorjahr: 4.693).
- Carl Schenk AG, Darmstadt, (50,5% – INDA Verwaltungsgesellschaft der Herbert-Quant-Gruppe 25%), mit zahlreichen Tochter- und Beteiligungsgesellschaften im In- und Ausland. Produkte und Leistungen: Wägetechnische Anlagen und Systeme, Prüf- und Simulationssysteme, Plattenanlagen und Transportsysteme, Fahrzeugprüfung und Montagetechnik, Auswucht- und Prüfsysteme. Umsatz 1995: 1.194,0 Mio. DM (Vorjahr: 958,0 Mio.); Beschäftigte 1995: 4.647 (Vorjahr: 4.954).
- Maschinenfabrik Andritz Actiengesellschaft, Graz/Österreich, (60,2% – Creditanstalt Bankverein rund 30%), mit zahlreichen Beteiligungen. Produkte und Leistungen: Holzplatztechnik, Refinersysteme, Fasertechnik, Papiertechnik, Oberflächen-Veredelungstechnik, hydraulische Maschinen, Umwelt- und Prozeßtechnik, Futtermitteltechnik. Umsatz 1995: 630,7 Mio. DM (Vorjahr: 631,0 Mio.); Beschäftigte 1995: 3.008 (Vorjahr: 2.529).
- SPECTRIS GmbH Sensoren und Systeme, Frankfurt/Main (100%), mit zahlreichen Tochter- und Beteiligungsgesellschaften in 90 Ländern. Produkte und Leistungen: akustische Meß- und Prüftechnik, Wägetechnik, industrielle Meßtechnik, Dickschicht-Hybridschaltungen, Sensoren für die Zellstoff- und Papierindustrie, Beschichtungsmaschinen und Streichmesser für die Zellstoff- und Papierindustrie, Spezialventile. Umsatz 1995: 572,0 Mio. DM (Vorjahr: 562,0 Mio.); Beschäftigte 1995: 2.920 (Vorjahr: 2.959).

Vorstand:
- *Stark, Udo G. (Vorsitzender), Königstein/Taunus*
- *Briese, Peter-M., Dr., Eschborn*
- *Krauß, Karl-Hermann, Dr., Frankfurt/Main*

Vorstandsbezüge 1995:
2.314.000,– DM

Aufsichtsrat:
- *Schroeder-Hohenwarth, Hanns Christian, Dr. (Ehrenvorsitzender; Ehrenvorsitzender des Aufsichtsrates der BHF-Bank AG), Bad Homburg v.d.H.*
- *Graebner, Wolfgang, Dr. (Vorsitzender; Geschäftsinhaber der BHF-Bank AG), Frankfurt/Main*
- *Hahn, Carl Horst, Dr. (stellv. Vorsitzender; Mitglied des Aufsichtsrates der Volkswagen AG), Wolfsburg*
- *Neipp, Gerhard, Prof. Dr. (Vorsitzender des Vorstandes der Ruhrkohle AG), Essen*
- *Niethammer, Frank, Dr. (stellv. Vorsitzender; Aufsichtsratsvorsitzender der Kübler & Niethammer Papierfabrik Kriebstein AG), Königstein/Taunus*
- *Strutz, Wolfgang (Sprecher des Vorstandes der BHF-Bank AG), Frankfurt/Main*
- *Wrede, Bernd (Vorsitzender des Vorstandes der Hapag-Lloyd AG), Hamburg*

**Garbrecht, Eberhard*
**Groß, Peter*
**Peters, Wilhelm*

Aufsichtsratstantiemen 1995: *345.000,– DM*

BÖRSE, AKTIEN, KURSE
Grundkapital 1995:
200,0 Mio.
Jahreshöchstkurs 1995:
51,50 DM
Jahrestiefstkurs 1995:
23,00 DM
Aktie Jahresende 1995:
31,30 DM
Dividende pro Aktie 1995:
0,00 DM

Die Dividende bezieht sich auf je 5,– DM Aktiennennbetrag. Die Aktien lauten auf den Inhaber. Die AGIV-Aktie wird an allen acht deutschen Börsen amtlich notiert. Der massive Kurseinbruch der AGIV-Aktie hing mit Meldungen über massive Ergebniseinbrüche bei der Barmag AG im August und November 1995 zusammen.

Umsatz 1995: *9.994,0 Mio.*
Umsatz 1994: *9.601,0 Mio.*
Umsatz 1993: *9.321,0 Mio.*

Gewinn/Verlust 1995:
–55,8 Mio.
Gewinn/Verlust 1994:
138,9 Mio.
Gewinn/Verlust 1993:
133,2 Mio.

Cash flow 1995: *275,0 Mio.*
Cash flow 1994: *539,0 Mio.*
Cash flow 1993: *539,0 Mio.*

Cash flow: *Der Cash flow floß maßgeblich in Investitionen in allen Bereichen des Konzerns. Zur Finanzierung des negativen Cash flows aus laufender Geschäfts- und Investitionstätigkeit wurden 1995 Kredite in einem Umfang von 366 Mio. DM aufgenommen.*

Steueraufkommen 1995:
11,8 Mio.

Energietechnik und -versorgung:
- Kraftanlagen AG, Heidelberg, (96,9%), mit zahlreichen Tochter- und Beteiligungsgesellschaften im In- und Ausland. Produkte und Leistungen: Gebäudetechnik, Energietechnik, Engineering und Anlagenbau, thermische Prozeß- und Filtertechnik. Umsatz 1995: 913,0 Mio. DM (Vorjahr: 1.067,0 Mio.); Beschäftigte 1995: 3.467 (Vorjahr: 3.797).
- Gesellschaft für elektrische Anlagen AG, Fellbach (70%). Produkte und Leistungen: Leitungsbau (Strom), Rohrleitungsbau, Technische Gebäudeausrüstung, Telekommunikation/Telematik. Umsatz 1995: 760,0 Mio. DM (Vorjahr: 681,0 Mio.); Beschäftigte 1995: 3.691 (Vorjahr: 3.777).
- EUD Heidelberg – Gesellschaft für Energie- und Umweltdienste mbH, Heidelberg (98,5%). Produkte und Leistungen: Energieconsulting, Contracting, Anlagenbau und -betrieb. Umsatz 1995: 45,0 Mio. DM (Vorjahr: 72,0 Mio.); Beschäftigte 1995: 253 (Vorjahr: 262).

Bauindustrie und Zulieferung:
- Wayss & Freytag AG, Frankfurt/Main (72,8%), mit Tochter- und Beteiligungsgesellschaften weltweit. Produkte und Leistungen: Ingenieur-, Hoch- und Tiefbau, Auslandsbau, baunahe Aktivitäten, Projektentwicklung. Bauleistung 1995: 2.807,0 Mio. DM (Vorjahr: 2.646,0 Mio.); Beschäftigte 1995: 5.653 (Vorjahr: 5.811).
- Ernst Peiniger GmbH Unternehmen für Bautenschutz, Essen (100%), mit Beteiligungsgesellschaften im In- und Ausland. Produkte und Leistungen: Korrosionsschutz, Instandhaltung, Gerüstbau, Dachdecker- und Malerarbeiten. Bauleistung 1995: 556,0 Mio. DM (Vorjahr: 539,0 Mio.); Beschäftigte 1995: 4.794 (Vorjahr: 4.294).
- Triton-Belco AG, Hamburg (63,5%). Produkte und Leistungen: Fachgroßhandel Heizung/Sanitär, Schiffsausrüstung. Umsatz 1995: 496,0 Mio. DM (Vorjahr: 487,0 Mio.); Beschäftigte 1995: 1.190 (Vorjahr: 1.196).
- Münchener Baugesellschaft mbH, Frankfurt/Main (99,9%), mit zahlreichen Immobiliengesellschaften. Produkte und Leistungen: Projektentwicklung, Bestandsgeschäft. Betriebsleistung 1995: 102,0 Mio. DM (Vorjahr: 129,0 Mio.); Beschäftigte 1995: 77 (Vorjahr: 169).

Verkehr und Logistik:
- LOG SPED Holding GmbH, Viernheim (100%). Produkte und Leistungen: Logistik, Spedition. Umsatz 1995: 516,0 Mio. DM (Vorjahr: 492,0 Mio.); Beschäftigte 1995: 2.987 (Vorjahr: 2.894). Dieses Unternehmen wurde von der AGIV im April 1996 nach erheblichen Verlusten veräußert.
- DEG-Verkehrs-GmbH, Frankfurt/Main (100%), mit zahlreichen privaten Eisenbahngesellschaften und Buslinien sowie Speditionen. Produkte und Leistungen: Eisenbahn, Omnibus, Luftfrachtspedition, Consulting. Umsatz 1995: 216,0 Mio. DM (Vorjahr: 208,0 Mio.); Beschäftigte 1995: 941 (Vorjahr: 910).
- Bayerische Zugspitzbahn AG, Garmisch-Partenkirchen (99,9%). Produkte und Leistungen: Zahnrad- und Luftseilbahnen. Umsatz 1995: 35,0 Mio. DM (Vorjahr: 36,0 Mio.); Beschäftigte 1995: 265 (Vorjahr: 253).
- Tourplan Reiseservice GmbH, Frankfurt/Main (100%). Produkte

und Leistungen: Reisedienstleistung. Umsatz 1995: 23,0 Mio. DM (Vorjahr: 15,0 Mio.); Beschäftigte 1995: 57 (Vorjahr: 35).
Assoziierte Unternehmen: Lahmeyer International GmbH, Frankfurt/Main (25%); München-Kölner-Assekuranz Versicherungsmaklerges. mbH, München (50%).

NEUE BUNDESLÄNDER. Die Unternehmen aus den Bereichen Bauindustrie und Zulieferung sowie Energietechnik und -versorgung waren von Beginn an in den neuen Bundesländern in vorderer Reihe engagiert. Die Gesellschaften der AGIV-Gruppe haben im Osten Deutschlands rund 75 Niederlassungen oder Tochterunternehmen. 1995 entfielen 22% des Umsatzes der AGIV-Gruppe auf Ostdeutschland.

STANDORT DEUTSCHLAND. Die AGIV-Gruppe sieht sich Mitte 1996 aufgrund sich drastisch verschärfender Wettbewerbsbedingungen an einer »Zeitenwende«. Zu sehr sind Management und Aktionären die zum Teil drastischen Einbrüche in einigen Geschäftsbereichen in die Glieder gefahren (Dividendenausfall 1995, erstmaliger Jahresfehlbetrag in der Unternehmensgeschichte), vor allem der Einbruch bei der Barmag AG und die kostenintensive Beendigung des LOG SPED-Engagements im April 1996. Eine grundlegende Änderung der bisherigen Strukturen, eine Überarbeitung der Unternehmensstrategie und des AGIV-Portfolios sind avisiert. Bereits 1995 wurde darangegangen, »Verlustquellen« zu beseitigen, nicht zu den Kerngeschäften zählende Einheiten abzugeben bzw. sie in ihrem Umfang an die Marktmöglichkeiten anzupassen. Der Vorstandsvorsitzende der AGIV: »Die übergeordnete Zielsetzung aller notwendigen Veränderungen besteht darin, das volle Wert- und Ergebnispotential aller AGIV-Gesellschaften im Sinne eines konsequenten Wertmanagements freizusetzen.« Oder anders: Das Ziel ist, »den Unternehmenswert der AGIV für unsere Eigentümer zu steigern«. In diesem Zusammenhang wurden 1995 die Hydraulik-Gesellschaften der Barmag AG und der Geschäftsbereich Abgastechnik der Kraftanlagen AG verkauft. Die Spectris GmbH veräußerte Anfang 1996 die Produktlinie Wasser- und Abwasseranalyse (USA). Auf der anderen Seite wurden gezielt Akquisitionen zur Abrundung von Kernbereichen vorgenommen.

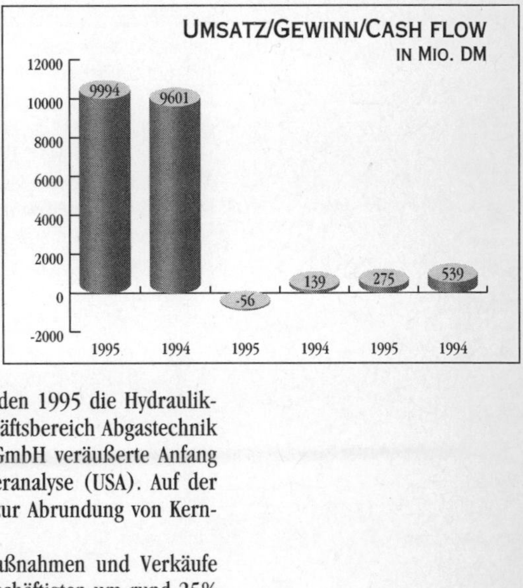

Seit 1992 wurde durch Rationalisierungsmaßnahmen und Verkäufe von Unternehmenseinheiten die Zahl der Beschäftigten um rund 25% verringert. Für 1996 sind vor allem im Maschinenbau und in der Bauindustrie, die besonders in den neuen Bundesländern über die Auftragslage klagt, weitere Stelleneinsparungen geplant. Bis Ende 1996 erwartet die AGIV einen Stellenabbau um weitere 2.000 bis 2.500 Beschäftigte, allein 1.100 (von 4.600) beim Spezialmaschinenhersteller Barmag, der sich im Rahmen einer strategischen Neuausrichtung auf das Kerngeschäft der Herstellung von Maschinen zur Erzeugung und Veredlung von Chemiefasern konzentrieren wird. Die Schenk-Gruppe

Beschäftigte 1995: *38.230*
Beschäftigte 1994: *38.270*
Beschäftigte 1993: *39.300*

Umsatz pro Mitarbeiter 1995: *261.418,– DM*
Umsatz pro Mitarbeiter 1994: *250.875,– DM*
Umsatz pro Mitarbeiter 1993: *237.176,– DM*

Personalaufwand 1995: *3.311,7 Mio.*
Personalaufwand 1994: *3.165,5 Mio.*
Durchschnittsaufwand 1995: *86.626,– DM*

Bezüge pro Vorstandsmitglied 1995: *771.333,– DM*
Tantiemen pro Aufsichtsrat 1995: *34.500,– DM*

Investitionen 1995:
412,0 Mio.
Investitionen 1994:
441,0 Mio.
Investitionen 1993:
510,0 Mio.

Forschung und Entwicklung 1995: *152,0 Mio.*
Forschung und Entwicklung 1994: *153,0 Mio.*

Von den gesamten F+E-Aufwendungen der AGIV werden rund 90% von den Gesellschaften des Bereichs Maschinenbau und Elektronik getätigt.

Mitbewerber (Mischkonzerne): *Heraeus, ITT, Preussag, Röchling, Veba, VIAG, Werhahn*

hat im Rahmen einer durchgreifenden Rationalisierung seit 1992 1.400 Stellen abgebaut, bei Wayss & Freytag stehen bis Ende 1997 rund 1.000 Stellen zur Disposition, die aber möglicherweise durch ein firmeninternes Bündnis für Arbeit abgefangen werden können. Obwohl der Problembereich Kraftanlagen AG nach erheblichen Umstrukturierungen mit »personellen Anpassungsmaßnahmen« und Bereinigungen im Beteiligungsbereich wieder flottgemacht werden konnte, hat die AGIV entschieden, die drei Unternehmen Kraftanlagen AG, Gesellschaft für elektrische Anlagen AG und EUD Heidelberg in den vier Geschäftsbereichen Technische Gebäudeausrüstung/Technisches Gebäudemanagement, Energieverteilung und Kommunikation, Energieerzeugung sowie Ingenieurdienste zu bündeln und regional zu verstärken. Eine einheitlich geleitete Unternehmensgruppe mit einem Umsatz von rund 1,6 Mrd. DM und 6.500 Beschäftigten mit Sitz in Heidelberg firmiert ab Juli 1996 unter GAH Anlagentechnik AG, Heidelberg. Der AGIV-Konzern soll sich nach allen Restrukturierungen und Kostensenkungsprogrammen bei 33.000 Beschäftigten einpendeln. Obwohl Deutschland für die AGIV-Gruppe der wichtigste Markt ist, verlagert sich das Engagement zahlreicher Gesellschaften zunehmend aufs Ausland, besonders für Fertigungen vor Ort.

»BÜNDNIS FÜR ARBEIT«. Zahlreiche AGIV-Unternehmen praktizieren innerbetriebliche Arbeitszeitmodelle und haben entsprechende Regelungen zwischen den Betriebsräten und den Geschäftsleitungen getroffen. Innerhalb des AGIV-Konzerns waren Ende 1995 rund 1.400 Jugendliche in der Ausbildung.

UMWELTSCHUTZ. Einen zentral kontrollierten Umweltschutz gibt es bei der AGIV nicht. Umweltschutzberichte veröffentlichen einige der AGIV-Unternehmen selbst. Im Bereich Umweltschutz erzielten die AGIV-Unternehmen Kraftanlagen AG, Andritz, EUD Heidelberg, Wayss & Freytag und Ernst Peininger auch 1995 wieder erhebliche Umsatzzuwächse.

ALCATEL SEL

Standort:
Lorenzstraße 10
70435 Stuttgart

Postanschrift:
Postfach 40 07 49
70407 Stuttgart

Telefon: *(0711) 821-0*
Telex: *7 2 526-0 sel d*
Telefax: *(0711) 821-6055*

GESCHICHTE UND ENTWICKLUNG. Die Standard Elektrik Lorenz AG wurde 1958 aus der zu ITT gehörenden Standard Elektrik AG und der C. Lorenz AG gegründet. Ursprüngliches Unternehmen von SEL aber war die 1879 gegründete »Telephon-, Telegraphen- und Blitzableiterfabrik Mix & Genest«, Berlin, die 1929 als »Mix & Genest AG« unter das Dach der neu gegründeten Holdinggesellschaft Standard Elektrizitäts-Gesellschaft AG kam, an der ITT, New York, beteiligt war. 1945 totale Demontage der Fabrikstätten. Nachdem die Firma wieder zu produzieren begonnen hatte, ging sie 1954 endgültig in der Standard Elektrizitäts-Gesellschaft AG auf und übernahm deren Namen. 1956 Änderung des Namens in Standard Elektrik AG. Die Lorenz-Werke wurden 1880 in Berlin durch Carl Lorenz gegründet und firmierten 1906 zur C. Lorenz AG um, die bahnbrechende

Entwicklungen auf dem Gebiet der Telegraphie machte. 1930 wurde C. Lorenz mehrheitlich von ITT übernommen. 1945 vollständige Demontage der Berliner Werke. Wiederaufbau in Stuttgart, Esslingen und Pforzheim. 1958 Fusion beider ITT-Tochtergesellschaften zur SEL AG. Als die SEL nach expansiven Jahren 1965 erstmals die Milliardengrenze überschritt, gehörten ihr u. a. auch die Graetz GmbH, Stuttgart, und ITT Schaub-Lorenz, Pforzheim. Nach Auf- und Verkäufen zahlreicher Unternehmen und Firmenverschiebungen innerhalb des ITT-Verbundes verkauften die New Yorker die SEL AG am 1. Januar 1987 mit 85,93% an die Alcatel N.V., einen Konzern, an dem die Compagnie Générale d'Electricité S.A. (CGE), Paris, mit 55,6% und die ITT Corporation, New York, mit 37% beteiligt sind. Seit Juli 1992 firmiert der Unternehmensverbund in Deutschland unter Alcatel SEL AG. 1996 neuerliche Umstrukturierung und Gründung der Alcatel Deutschland GmbH, unter deren Dach die Alcatel SEL AG durch einen Beherrschungsvertrag agiert.

BESITZVERHÄLTNISSE/EIGENTUMSSTRUKTUR.
● Die Alcatel Alsthom Compagnie Générale d'Electricité (Alcatel Alsthom), Paris, ist indirekt über die Alcatel N.V., Amsterdam, an der Alcatel SEL AG mit nahezu 99% beteiligt.
SEL gehörte bis Ende 1986 der International Standard Electric Corporation, New York/USA (85,93%, Rest Streubesitz), einer 100%igen Tochter des US-Multis ITT. Durch einen Zusammenschluß der Telekommunikationsaktivitäten von ITT und dem zwischenzeitlich umbenannten französischen Staatskonzern Alcatel Alsthom Compagnie Générale d'Electricité (Alcatel Alsthom) zur Alcatel N.V., Amsterdam (Anfang 1987), sind die Besitzverhältnisse an der Alcatel SEL AG jetzt folgendermaßen: Alcatel-Alsthom (Frankreich) über Alcatel N.V. (Niederlande) 98,5%; außenstehende Aktionäre 1,5%. Alcatel N.V. ist die Telekommunikationsgesellschaft von Alcatel Alsthom, die wiederum zu den zehn größten Industrieunternehmen der Welt gehört. Die drei Tätigkeitsfelder dieses Konzerns sind Kommunikation, Energie und Transport. Über 60% des Umsatzes von Alcatel Alsthom entfallen auf Alcatel. Alcatel SEL ist eine der größten Tochtergesellschaften von Alcatel. Alcatel Alsthom beschäftigte 1995 knapp 200.000 Mitarbeiter und erreichte einen Umsatz von rund 48 Mrd. DM.

KONZERNÜBERBLICK. Alcatel N.V. ist der weltweit führende Telekommunikationshersteller. Die größte Tochtergesellschaft des Konzerns, die deutsche Alcatel SEL, gliedert sich nach einer 1994 vollzogenen Umstrukturierung in sieben Produktbereiche. 1996 fand durch die Gründung der Alcatel Deutschland GmbH (Bündelung aller Alcatel Alsthom-Aktivitäten in Deutschland) und die Eingliederung der Alcatel SEL AG in diese Industriegruppe eine neuerliche Umstrukturierung statt, die aber erst 1997 zum Tragen kommt.
◆ Kommunikationsnetze mit Vermittlungs- und Übertragungssystemen: digitale Vermittlungssysteme und Konzentratoren auf der Basis Alcatel 1000 S12 mit Analog- und ISDN-Teilnehmeranschlüssen für öffentliche Orts- und Fernnetze, für Sondernetze mit Spezialleistungsmerkmalen, für Vermittlungsstellen in digitalen Mobilfunknetzen; intelligente Netze; Netzmanagementsysteme; professionelle Video- und Audiocodesysteme für private und öffentliche Netze; Fernwirk- und

Branche: *Elektrotechnik (einschl. Datenverarbeitung)*

Rechtsform: *Aktiengesellschaft*

Geschäftsjahr: *1.1.-31.12.*

Gründungsjahr: *1879; AG seit 1889; 1958 aus Standard Elektrik AG und C. Lorenz AG zu Standard Elektrik Lorenz AG (SEL); seit 1992 Alcatel SEL AG*

Öffentlichkeitsarbeit:
Dr. Theo Wichers
Tel.: (0711) 821-4913
FAX: (0711) 821-5445

Verbände: *Zentralverband der elektrotechnischen Industrie e.V., Frankfurt/Main; Bundesverband der deutschen Luft- und Raumfahrtindustrie e.V., Bonn-Bad Godesberg; Stifterverband für die deutsche Wissenschaft e.V., Essen; zahlreiche Fachverbände der einzelnen Unternehmenssparten*

Vorstand:
▌*Mecklinger, Roland, Dr. (Vorsitzender), Stuttgart*
▌*Landsberg, Peter (stellv. Vorsitzender), Stuttgart*
▌*Fritsche, Klaus, Dr., Stuttgart*
▌*Schlag, Siegfried, Stuttgart*
▌*Sellner, Jörg, Dr., Stuttgart*

Vorstandsbezüge 1995:
2.499.000,– DM

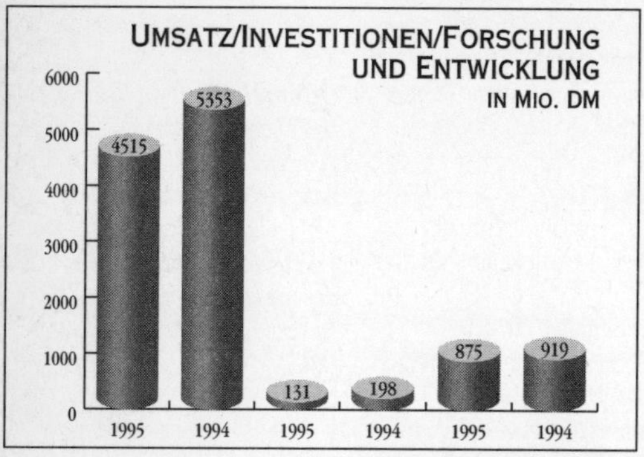

Leitstellensysteme; hybride Verteilkommunikationssysteme mit Glasfaser- und Koaxialkabeln, interaktiv für Video on Demand; aktive und passive optische Teilnehmeranschlußsysteme; Funkzugangssysteme für dicht und dünn besiedelte Gebiete; Zugangsknoten; Breitbandvermittlungssysteme; Metropolitan Area Networks. Im Zuge der Konzentration zum Bereich Kommunikationsnetze wurde Mitte 1995 auch das Tochterunternehmen Alcatel SEL RFT GmbH mit der Alcatel SEL verschmolzen.

◆ Verteidigungssysteme: Kommunikationssysteme, Aufklärungssysteme, Führungs- und Informationssysteme; digitale Richtfunksysteme, analoge Richtfunksysteme für TV-Programmverteilung.

◆ Mobile Communication in der Alcatel Mobile Communication Deutschland GmbH, Stuttgart: digitale Zellularnetze (GSM – Global System for Mobile Communications, DCS – Digital Cellular System) mit sämtlichen Netzkomponenten, Validations- und Testsysteme; Bündelfunksysteme (PMR – Private Mobile Radio).

◆ Air Navigation Systems in der Alcatel Air Navigation Systems GmbH, Stuttgart (gemeinsam mit Alcatel Italia SpA): Navigations- und Landesysteme; Fernwartungs- und Überwachungssysteme für Navigationsgeräte; Flughafen-Bereichskontrollsysteme, Rollfeldführung und -überwachung; elektronische Flughafensysteme, schlüsselfertig für regionale und internationale Flughäfen. Das Unternehmen ist zweitgrößter Hersteller für Flugsicherungstechnik auf dem Weltmarkt.

◆ Business Systems in der Alcatel Business Systems Deutschland GmbH, Stuttgart: Kommunikationssysteme (ISDN-Telekommunikationsanlagen, Sprechanlagen aller Art); Kommunikationsendgeräte (analoge und digitale Telefone, ISDN-Endgeräte, Multimedia-Terminals, Fernkopierer, Handys und Autotelefone); Datenkommunikation (Datenkommunikationsnetze, Datenterminals, LANs, PCs, Drucker, Gebäude- und Campusnetze, Verkabelungssysteme).

◆ Transportsysteme: Anlagen und Systeme für die Transportautomation im Nah- und Fernverkehr (elektronische Stellwerksysteme, Systeme für signalisierten Zugleitbetrieb, elektronische Fernsteuersysteme, Gleisfreimeldeeinrichtungen, Weichenantriebe, Signale, Ankündigungsanlagen); Wähler; Lichtsignale; Zugbeeinflussungssysteme (rechnergesteuerte Zugüberwachung, vollautomatische Betriebsablaufsteuerungen für Nahverkehr); GPS-Systemanwendungen für Flottenmanagement und Notruf; automatische Identifikationseinrichtungen für Fahrzeuge und Ladungen.

◆ Bauelemente: elektronische Systeme (Hybride, Multi-Chip-Module); Faseroptik (LWL-Steckverbinder, Koppler, Sender, Empfänger und Verstärker); Motoren und Getriebe (Gleich- und Wechselstrom-Kleinmotoren, Jalousie- und Stellantriebe); Motoren und Lüfter (Lüfter, Kleinpumpen, Gleichstrom-, Spaltpol- und Kondensatormotoren); Antriebe (mechanische und elektronische Antriebe, Sondergetriebe, Drehzahlregelungen).

Für Forschung und Entwicklung wendete Alcatel SEL 1995 rund 875

Mio. DM auf, 19% des Umsatzes. Ende 1995 beschäftigte Alcatel SEL in diesem Bereich 3.501 Mitarbeiter.

BETEILIGUNGEN. Wesentliche Tochter- und Beteiligungsgesellschaften der Alcatel SEL AG: Alcatel SEL Beteiligungsgesellschaft mbH, Stuttgart (100%); Alcatel SEL Finanz Beteiligungs- und Anlagegesellschaft mbH, Berlin (100%); Alcatel Business Systems Deutschland GmbH, Stuttgart (100%); ke Kommunikations-Elektronik GmbH & Co., Hannover (51%); Alcatel Mobile Communication Deutschland GmbH, Stuttgart (100%); Wilhelm Stadtmüller GmbH, München (100%); Hans Heynau GmbH, Landshut (100%); Alcatel Air Navigation Systems GmbH, Stuttgart (69% – 31% bei Alcatel Italia SpA); Alcatel SEL Fachhandel GmbH, Koblenz (100%); Alcatel Dethloff-Electronic GmbH, Stuttgart (100%); Alcatel SEL TLH a.s., Liptovsky Hrádok/Slowakische Republik (60%); Alcatel SEL Señalización S.A., Madrid/Spanien (100%); Alcatel Air Navigation Systems SpA, Mailand/Italien (100%); YDRIA Motors d.o.o, Idrija/Slowenien (61%); ESG Elektroniksystem- und Logistik-Gesellschaft mbH, München (30%); Electrocycling Anlagen GmbH, Goslar (25%); Telenet GmbH Kommunikationssysteme, München (26%); Alcatel Holding B.V., Amsterdam/Niederlande (45,8%); Alcatel Canada Inc., Montreal/Kanada (47,8%).

NEUE BUNDESLÄNDER. In den neuen Bundesländern baut Alcatel SEL im Auftrag der Deutsche Telekom AG (Telekom) das Telefonnetz auf und aus. Im April 1990 wurde gemeinsam mit den früheren VEB Kombinat Nachrichtenelektronik Berlin, VEB Nachrichtenelektronik Arnstadt, VEB Stern-Radio Rochlitz und VEB Funk- und Fernmeldeanlagenbau Berlin das Gemeinschaftsunternehmen RFT-SEL Nachrichtenelektronik GmbH, Berlin, gegründet, an dem die Alcatel SEL AG bereits ein Jahr später 100% besaß. Das Unternehmen firmierte anschließend unter Alcatel SEL RFT GmbH, Berlin, und wurde Mitte 1995 auf die Alcatel SEL AG verschmolzen. Im Zuge von Stillegungen und umfangreichen Restrukturierungsmaßnahmen wurde das sächsische Werk Rochlitz geschlossen, Berlin ebenfalls abgebaut und die Fertigung in den neuen Bundesländern auf den Standort Arnstadt in Thüringen konzentriert. Die ostdeutsche Dependance konzentriert sich neben dem Ausbau der Telekommunikationsgeschäfte in den neuen Bundesländern auch auf die Geschäfte in den GUS-Staaten. Über das Werk Arnstadt wickeln die Stuttgarter auch den Auftrag für die Modernisierung und Erweiterung der Fernmeldenetze in Kasachstan und Usbekistan ab, den Alcatel SEL Anfang 1993 erhalten hat (digitales Telefonvermittlungssystem »1000 S12«).

STANDORT DEUTSCHLAND. Sicherlich war das Rekorddefizit von 7,5 Mrd. DM im Geschäftsjahr 1995, der höchste Verlust der französischen Firmengeschichte, ein Grund mit für die von der Pariser Konzernzentrale angekündigten harten Strukturmaßnahmen mit einem weltweiten Abbau der Belegschaft um rund 30.000 Stellen bis Ende 1998, davon allein in Deutschland rund 4.000. Es durfte nicht wundern, daß es die Deutschen besonders hart traf, waren sie es doch, die 1995 von der französischen Mutter mit 1,3 Mrd. DM alimentiert werden mußten. Denn im Geschäftsjahr 1995 sank der Umsatz von

Aufsichtsrat:

- *Falk, Erhard (Ehrenvorsitzender), Hannover*
- *Cornu, Jozef (Vorstandsmitglied der Alcatel N.V.), Paris*
- *Fritz, Lorenz (Generaldirektor der Alcatel Austria AG), Wien/Österreich*
- *Halbron, Jean-Pierre (Direktor Strategie und Finanzen der Alcatel Alsthom Compagnie Générale d'Electricité), Paris/Frankreich*
- *Herrmann, Jobst, Prof. Dr. (ehem. Sprecher des Vorstandes des Carl Zeiss), Oberkochen*
- *Lennings, Manfred, Dr. (Industrieberater), Düsseldorf*
- *Mecklinger, Roland, Dr. (Vorsitzender des Vorstandes der Fichtel & Sachs AG), Schweinfurt*
- *Oppenhoff, Michael (Rechtsanwalt), Köln*
- *Plinke, Wolfgang C., Dr. (Vorsitzender des Vorstandes der Alcatel Beteiligungs-AG), Hannover*
- *Stupperich, Karl-Heinz (Vorsitzender der Geschäftsführung der AEG Anlagen- und Automatisierungstechnik GmbH), Frankfurt/Main*
- *Tchuruk, Serge (Präsident der Alcatel Alsthom Compagnie Générale d'Electricité), Paris*

**Zambelli, Gerhard (stellv. Vorsitzender)*
**Götz, Reinhold*
**Lausmann, Horst*
**Mamouris, Dimitrios*
**Müller, Heinz*
**Oberhofer, Hermann*
**Schebela, Alois*
**Schwab, Dieter*
**Stark, Helmut*
**Süss, Alois*

Aufsichtsratstantiemen 1995: *591.000,– DM*

Umsatz 1995: 4.515,2 Mio.
Umsatz 1994: 5.353,4 Mio.
Umsatz 1993: 5.627,0 Mio.

Gewinn/Verlust 1995:
– 40,1 Mio.
Gewinn/Verlust 1994:
–546,6 Mio.
Gewinn/Verlust 1993:
107,2 Mio.

Zum Cash flow gibt das Unternehmen keine Auskünfte.

Steueraufkommen 1995:
8,1 Mio.

Alcatel SEL gegenüber 1994 um 838 Mio. DM oder 16%. Der Vorstand nennt als Gründe: Schwierigkeiten bei der Lieferung des Vermittlungssystems Alcatel 1000 S12 an die Deutsche Telekom, den Wegfall von Turnkey-Umsätzen für den Ausbau des Telefonnetzes in den neuen Bundesländern, die Konzentration auf Kerngeschäfte und den Verkauf einiger Unternehmen. Die Zeit, da Alcatel SEL automatisch Großaufträge von seiten des Staates und der Kommunen erhielt, gehören endgültig der Vergangenheit an. Der Eindruck entsteht, als habe das Management alle Entwicklungen und Innovationen der letzten Jahre gründlich verschlafen. Die vielbespöttelte Neujahrspanne der Telekom war aufgrund einer fehlerhaften Software von Alcatel SEL zustande gekommen und hatte einen Schaden von rund 70 Mio. DM verursacht, den allerdings die Telekom trug.
Schon 1994 hatte Alcatel SEL ein katastrophales Jahr, teilweise verschuldet durch objektiv ungünstige wirtschaftliche Rahmenbedingungen und einen verschärften Wettbewerb besonders auf dem Sektor der Kommunikationstechnik, teilweise ebenfalls hausgemacht durch Managementfehler (z. B. Verzögerungen bei der Auslieferung digitaler Vermittlungssysteme) und erhebliche Innovationsdefizite. Die Folge auch 1994: ein drastischer Rückgang der Erträge, ein Verlust von über 500 Mio. DM und erhebliche Einschnitte in die Strukturen des Unternehmens. Zahlreiche Standorte wurden geschlossen oder zusammengelegt, ganze Produktionsbereiche aus dem Mutterunternehmen herausgelöst und in selbständige GmbHs eingebracht, die Zahl der Beschäftigten radikal gesenkt.
Das Unternehmen der Telekommunikation am Stammsitz in Stuttgart wurde 1995 geschlossen, die Produktion zu den ostdeutschen Tochterunternehmen verlegt. Im Bereich Verteidigungssysteme wurden die Werke Pforzheim und Mannheim arbeitsteilig zusammengeführt. Standorte in Berlin und Duisburg wurden geschlossen. Aus dem Werk Rochlitz (Sachsen) hat sich Alcatel SEL zurückgezogen, die Leiterplattenbestückung nach Arnstadt/Thüringen verlegt. In den neuen Bundesländern wird die Fertigung nun vollends auf den Standort Arnstadt konzentriert. Es drängt sich der Verdacht auf, daß die französische Mutter nach und nach den Standort Deutschland reduzieren will.

ALCATEL ORDNET SICH NEU. »Alcatel SEL kommt an die kurze Leine« titelte die Süddeutsche Zeitung am 6. Juli 1996. Gemeint war eine neue Struktur, die die französische Mutter den deutschen Alcatel-Unternehmen verpaßte, nachdem der deutsche Teilkonzern nicht aus den roten Zahlen kam. Die veränderte Struktur geht einher mit weitreichenden Veränderungen im Management, mit Firmenzusammenlegungen, -verkäufen und -schließungen (z. B. die Werke Berlin und Duisburg der Alcatel Kabel Beteiligungs-AG, Hannvover) sowie Massenentlassungen. Zum 1. Januar nahm die Muttergesellschaft Alcatel Alsthom eine tiefgreifende organisatorische Veränderung auf Konzernebene vor – global und produktorientiert. Danach werden die Alcatel SEL AG und alle anderen Alcatel Alsthom-Beteiligungen mit Sitz in Deutschland »im Zuge einer Straffung des weltweit tätigen Alcatel Alsthom-Konzerns« und zur Stärkung der »Effizienz der deutschen Konzernunternehmen und deren Marktpräsenz und Gewicht in Deutschland« zusammengefaßt. Alcatel Alsthom wird seine Aktivitäten auf den Gebieten Telekommunikation, Kabel, Anlagenbau, Batterien, Energie und Transport in die neu gebildete deutsche Holding Alcatel Deutschland GmbH, Stuttgart, einbringen, zu der dann auch die Alcatel SEL AG (99%) gehört. Die Alcatel Deutschland GmbH hält damit die Anteile aller Alcatel-Unternehmen in Deutschland. Zwischen der Alcatel SEL AG und den anderen Beteiligungsgesellschaften und der Alcatel Deutschland GmbH wurden Beherrschungsverträge abgeschlossen. Danach unterstellt sich die Alcatel SEL AG als Teilkonzern (17.000 Beschäftigte) der Leitung der Alcatel Deutschland GmbH, die gegenüber dem Vorstand von Alcatel SEL ausdrücklich weisungsbefugt ist. Die neue Industriegruppe Alcatel Deutschland GmbH kommt mit etwa 30.000 Beschäftigten auf einen Umsatz von 8 Mrd. DM. Im Zuge dieser Neuorganisation werden innerhalb des Sektors Alcatel Telecom, in dem die weltweiten Telekommunikationsaktivitäten gebündelt sind und dem Alcatel SEL angehört, acht Produktgruppen (Business Division) mit weltweiter Verantwortung für die Produktstrategie, für Forschung und Entwicklung, Fertigung und Marketing geschaffen. In dieser Struktur wird Alcatel SEL für mehrere Produkte die technische Verantwortung haben, u. a. ist das Unternehmen weiterhin mit der belgischen Schwestergesellschaft Alcatel Bell für die Weiterentwicklung und Fertigung des Vermittlungssystems Alcatel 1000 S 12 zuständig. Durch die neue Struktur hat die Alcatel SEL AG weiter an Einfluß verloren.

Grund- bzw. Stammkapital 1995: *383,9 Mio.*

Die Alcatel Alsthom Compagnie Générale d'Electricité (Alcatel Alsthom), Paris, ist indirekt über die Alcatel N.V., Amsterdam, an der Alcatel SEL AG mit nahezu 99% beteiligt. Das Grundkapital ist in 272.400 Aktien zu 1.000,– DM, 30.000 Aktien zu 100,– DM und 2.171.060 Aktien zu 50,– DM eingeteilt. Es handelt sich um auf den Inhaber lautende Stammaktien. Der Wert der Aktie wird nicht publiziert.

»BÜNDNIS FÜR ARBEIT«. Für die Gewerkschaft und den Betriebsrat von Alcatel SEL handelt es sich um eine »Kahlschlagsanierung«, die nicht akzeptiert werden kann. Rund 3.000 bis 4.000 weitere der noch 17.000 Arbeitsplätze sollen auf Geheiß der Pariser Zentrale in Deutschland bis Ende 1997 gestrichen werden. Dabei waren in den Jahren 1991 bis 1995 bereits schon einmal 4.000 Stellen abgebaut worden. Kostenpunkt für Alcatel SEL: über 1,2 Mrd. DM. Neues erklärtes Ziel der Pariser Zentrale ist es, die in zahlreiche Gesellschaften zersplitterte deutsche Gruppe in eine »Alcatel Alsthom Deutschland« zusammenzulegen. Das kann nicht ohne eine detaillierte Mitwirkung der Arbeitnehmervertretungen vonstatten gehen. Dringend scheinen bei Alcatel SEL Bündnisse für Arbeit geboten. Doch der Vorstand kann und will sich zu betriebsinternen Initiativen nicht äußern. Die politische Diskussion in Deutschland sei zu brisant, die Vorwürfe wegen der Streichung von 3.000 Arbeitsplätzen zu massiv. Das Verhältnis mit den Betriebsräten sei so angespannt, die Situation so prekär, »daß wir uns nicht mehr äußern können und wollen« – so Alcatel SEL Ende Juli 1996.

UMWELTSCHUTZ. Zur umweltgerechten Verwertung von Elektro- und Elektronikschrott hat sich Alcatel SEL an einem Joint-venture mit der Preussag-Tochter Noell, der Telekom und Siemens beteiligt. Die Electrocycling Anlagen GmbH, Goslar, ging 1995 in Betrieb. Bei voller Auslastung kann die Recycling-Anlage jährlich 21.000 Tonnen Telekommunikationsschrott verarbeiten. Alcatel SEL bietet seinen Kunden ein komplettes Dienstleistungspaket mit der Übernahme der gesamten Produktverantwortung – vom Kauf einer Neuanlage bis zur Rücknahme und dem Recycling ausgemusterter Geräte, Komponenten und Systeme. Das Unternehmen garantiert eine komplette Recycling-Logistik: die fachgerechte Demontage vor Ort sowie den Transport. In den Pro-

***Beschäftigte 1995:** 17.065*
***Beschäftigte 1994:** 18.123*
***Beschäftigte 1993:** 21.353*
(Beschäftigte 1992: 22.665)

***Umsatz pro Mitarbeiter 1995:** 264.588,– DM*
***Umsatz pro Mitarbeiter 1994:** 295.393,– DM*
***Umsatz pro Mitarbeiter 1993:** 263.523,– DM*

***Löhne und Gehälter 1995:** 1.527,1 Mio.*
***Löhne und Gehälter 1994:** 1.852,9 Mio.*
***Durchschnittsgehalt 1995:** 89.487,– DM*
***Soziale Abgaben und Aufwendungen 1995:** 337,9 Mio.*
***Soziale Abgaben und Aufwendungen 1994:** 347,9 Mio.*

***Bezüge pro Vorstandsmitglied 1995:** 416.500,– DM*
***Tantiemen pro Aufsichtsrat 1995:** 281.143,– DM*

duktkreislauf werden ca. 70% der Werkstoffe rückgeführt, die restlichen 30% werden umweltfreundlich entsorgt. Der überwiegende Teil aller Produkte wird auf umweltfreundlichen Fertigungsflächen hergestellt. Die Konstruktionsrichtlinien: Umweltschädliche Stoffe werden ersetzt, Schadstoffe und Reststoffe reduziert oder ganz vermieden. Wiederverwertbare Materialien und Bauteile werden optimal genutzt. Kunststoffe werden gekennzeichnet, die Materialvielfalt reduziert. Optimales Erkennen, Trennen, Sortieren und Weiterverarbeiten von Materialien.

DAS LEITENDE PERSONAL. Hohe Verluste, dramatischer Stellenabbau, Management-Pannen, Phantasielosigkeit und mangelnde Innovationen: Ende 1994 mußte der Vorstandsvorsitzende von Alcatel SEL, Gerhard Zeidler, seinen Stuhl räumen. Mit ihm wurde der Vorstand nahezu komplett ausgewechselt. Der krisengeschüttelte Stuttgarter Elektro-Konzern Alcatel SEL war am Boden. Schon seit langem hatte Zeidler zusehends Schwierigkeiten mit der Pariser Mutter: Lieferprobleme im Softwarebereich, Reibereien mit der Telekom, Konventionalstrafen und ausbleibende Aufträge, Überproduktionen. Beim boomenden Digital-Mobilfunk verschlief die Zeidler-Gruppe die entscheidenden Innovationen und vergab leichtfertig ihren technischen Vorsprung der zurückliegenden Jahre. Die Folge: Die Franzosen trennten den Deutschen nach und nach wichtige Produktionsbereiche aus ihrer Verantwortung. Die Glasfaserproduktion wurde von Frankreich, die digitale Telefonvermittlung von Belgien aus gelenkt, die Flugsicherung mit den Italienern geteilt. Die Bürosicherung geriet ebenfalls immer mehr unter französisches Kommando. Nachfolger Zeidlers, der vor dem Vorsitz schon 16 Jahre technisches Vorstandsmitglied gewesen war, wurde Peter Landsberg, zuvor zuständig für den Bereich Kommunikationsnetze.
Zeidlers Vorgänger war Helmut Lohr, der die damalige ITT-Gesellschaft zum Aushängeschild im Ländle gemacht hatte, das in einem Atemzug genannt wurde mit Daimler, Bosch und Porsche. Doch dann kam 1989 das überraschende Aus für Helmut Lohr. Der Vorstandsvorsitzende mußte sich 1990/91 vor Gericht verantworten wegen Untreue, Betrugs und Steuerhinterziehung. Der Vorwurf: Er soll Gewinne aus Aktienoptionen, die ihm von der ITT-Spitze eingeräumt worden waren, nicht versteuert haben, Bauarbeiten an seinen Häusern mit Firmengeldern finanziert und ebenfalls unversteuert gelassen und so mehrere hunderttausend Mark Steuern hinterzogen haben. Lohr wurde vorübergehend festgenommen, gegen eine Kaution von 2,5 Mio. DM wieder auf freien Fuß gesetzt und schließlich zu drei Jahren Gefängnis auf Bewährung verurteilt. Mit in den Strudel um den Absturz Lohrs geriet auch der damalige baden-württembergische Ministerpräsident Lothar Späth, der als Folge der sogenannten »Traumschiff-Affäre« zurücktreten mußte. Späth fand aber umgehend eine neue Betätigung: als Vorstandsvorsitzender der ostdeutschen Jenoptik.
Mitte 1994 geriet dann auch der mächtige Präsident der Alcatel Alsthom S.A. und höchstbezahlte Manager Frankreichs, Pierre Suard, wegen des Verdachts auf Betrug, Urkundenfälschung und Bestechung in die Schlagzeilen. Ihm wurde u. a. vorgeworfen, in zwei Privatwohnungen für rund 1,3 Mio. DM auf Kosten der Alcatel elektronische Sicherheitssysteme eingebaut zu haben. Ein Ermittlungsverfahren wurde ein-

geleitet, die Alcatel-Aktie stürzte auf den Jahrestiefststand. 1995 kam für Suard dann das Aus. Der Mann, der 1986 die Alcatel-Transaktion mit ITT-Chef Rand V. Araskog eingefädelt hatte, der als der »mächtigste Mann Frankreichs« galt und Freund des französischen Staatspräsidenten Jacques Chirac ist, wurde von einem französischen Untersuchungsrichter unter Hausarrest gestellt, vergleichbar einer Untersuchungshaft. Damit durfte Suard keine beruflichen und gesellschaftlichen Aktivitäten im Konzern ausüben. Die Anklage: Untreue, Betrug und Urkundenfälschung sowie überhöhte Rechnungen über mehrere hundert Millionen DM durch die Tochter Alcatel-CIT zu Lasten der staatlichen France Télécom, des Großkunden von Alcatel Alsthom. Nachdem der Einspruch Suards gegen die Suspendierung vom Pariser Berufungsgericht zurückgewiesen worden war, wurde Marc Viénot, Präsident der privaten Großbank Société Générale, vom Verwaltungsrat zum Interimspräsidenten des weltgrößten Telekommunikationsanbieters bestellt. Im Juni 1995 wurde schließlich Serge Tchuruk, zuvor Chef des Erdölkonzerns Total S.A., Paris, zum neuen Präsidenten der Alcatel-Alsthom-Gruppe ernannt.
Der neue starke Mann wird mit wachem Auge auch auf den deutschen Teilkonzern Alcatel SEL schauen. Eines gilt als sicher: Die Stuttgarter werden stärker in den französischen Konzernverbund eingebunden. Wenn es nach den Franzosen ginge, dann würde die deutsche Tochter nicht einmal mehr eine eigene Bilanzpressekonferenz veranstalten. Doch durch das winzige, an deutschen Börsen plazierte Aktienpaket ist die Alcatel SEL publizitätspflichtig.

Investitionen 1995: *131,0 Mio.*
Investitionen 1994: *198,0 Mio.*
Investitionen 1993: *248,0 Mio.*

Forschung und Entwicklung 1995: *875,0 Mio.*
Forschung und Entwicklung 1994: *919,0 Mio.*
Forschung und Entwicklung 1993: *894,0 Mio.*

KOMMENTAR. Die expansivste Tochter des aggressiven Multis ITT im Bereich der Nachrichtentechnik war immer die in Stuttgart ansässige, aber weltweit operierende SEL. Sie war das größte Telekommunikationsunternehmen im ITT-Konzern bis zur Gründung des neuen europäischen Telekommunikationskonzerns Alcatel N.V. Im Rahmen der Umstrukturierung wurde der Unternehmensbereich Audio/Video der Alcatel SEL an das größte finnische Industrieunternehmen, die Oy Nokia AB, Helsinki, verkauft. Betroffen waren ein Viertel der Belegschaft sowie sieben Standorte. Damit gingen die traditionellen SEL-Marken des Unterhaltungselektronik-Bereichs, »ITT«, »Schaub-Lorenz« und »Graetz«, an Finnland.
Wie sich Alcatel N.V. mit Alcatel SEL als größtem Einzelkonzern heute Einfluß auf die Politik und die Schlüsselbranche Telekommunikation verspricht, zeigen zahlreiche Namen internationaler Politiker im Aufsichtsrat dieses Mammutunternehmens. Die SEL war ohnehin schon einer der »Hauskonzerne« und »Hoflieferanten« der Bundespost im Telefonbereich – durch den neuen Superzusammenschluß wollten sich die Franzosen über die ITT-Dependancen (und umgekehrt) den Eintritt in die nationalen Postverwaltungen nahezu aller Länder verschaffen; z. B. ist der belgische Telefonmarkt zu 75% in ITT-Hand. Im Bereich Nachrichtentechnik ist Alcatel SEL besonders aktiv für die Telekom. Bereits 1983 entschied die Bundespost, Alcatel 1000 S12 als Seriensystem in ihrem Fernmeldenetz einzusetzen. Bis Ende 1993 waren 500 Vermittlungsstellen mit rund 4 Mio. Teilnehmeranschlüssen und rund 2 Millionen digitalen Leitungsanschlüssen in den alten und neuen Bundesländern in Betrieb. Weltweit haben sich mehr als 40 Länder für Alcatel 1000 S12 entschieden und rund 50 Mio. Anschluß-

Mitbewerber: *ABB, AEG, Bosch, Daimler-Benz, Deutsche Telekom, Grundig, Miele, Osram, Philips, Siemens, Weltfunk*

einheiten bestellt. Über 4.000 Vermittlungsstellen mit mehr als 30 Mio. Anschlußeinheiten sind international in Betrieb. Wichtige Auslandsmärkte sind Malaysia, wo Alcatel SEL ein landesweites Richtfunknetz aufgebaut hat, Paraguay, Chile, Mexiko und China.
Am Aufbau des europaweiten digitalen Mobilfunknetzes (D-Netz) hat Systemtechnik von Alcatel SEL großen Anteil. Die Systemtechnik Alcatel 900 basiert auf dem europaweit einheitlichen GSM-Standard und entspricht einer kompletten Systemlösung vom Endgerät über die Netzinfrastruktur bis hin zum Testgerät.

ALDI

Standorte: *Essen und Mülheim/Ruhr*

Eckenbergstraße 16
45307 Essen

Telefon: *(0201) 8593-0*
Telefax: *(0201) 8593-252*

Burgstraße 37
45476 Mülheim

Postfach 10 01 53
45466 Mülheim

Telefon: *(0208) 9927-0*
Telefax: *(0208) 9927-278*

Branche: *Lebensmittel-Filialbetriebe, Gebrauchsgüter*

Rechtsform: *GmbH & Co. KG / GmbH & Co. oHG*

Geschäftsjahr: *1.1.-31.12.*

Gründungsjahr: *1962 (erster Aldi-Laden)*

GESCHICHTE UND ENTWICKLUNG. Den Grundstein zu dem gigantischen Feldzug der Brüder Theo und Karl Albrecht legte deren Mutter, die in Essen einen Lebensmittelladen führte, in dem Theo seine Lehrzeit absolvierte. Karl lernte in einem Essener Feinkostgeschäft. Nach dem Krieg übernahmen die Brüder das Geschäft der Mutter. Wenig später begann die Filialisierung. 1955 besaßen die Brüder bereits zahlreiche Läden im ganzen Ruhrgebiet. 1962 eröffneten sie dann den ersten Albrecht-Discount-Laden (Aldi) in Dortmund. 1972 besaßen sie 600 Filialen, 1990 über 2.000. 1996 gehörten zum Aldi-Imperium in Deutschland über 2.900 Läden. Hinzu kamen einige hundert Filialen im Ausland.

BESITZVERHÄLTNISSE/EIGENTUMSSTRUKTUR.
Aldi gehört den Brüdern Karl und Theo Albrecht. Gesellschaftsrechtlich haben sich die beiden Brüder 1961 getrennt. Theo Albrecht regiert seither das Filialnetz im Norden, Karl Albrecht beherrscht den Süden. Die Geschäfte werden über regionale Gesellschaften abgewikkelt. Die Mehrheit an diesen Gesellschaften halten Familienstiftungen, die Theo-Albrecht-Stiftung in Nortorf (Markus-Stiftung) und die Karl-Albrecht-Stiftung in Eichenau/Bayern (Siepmann-Stiftung). Gesellschafter der Nordgruppe sind die Regionalgeschäftsführer (10%) und Theo Albrecht sen. (90%). Gesellschafter der Südgruppe sind die Regionalgeschäftsführer (10%) und Karl Albrecht sen. (90%).
Aldi gilt durch seine gesellschaftsrechtliche Aufsplitterung und regionalisierte Struktur im juristischen Sinne nicht als Konzern, muß also auch keinen Konzernbetriebsrat einsetzen und ist nicht zur Publizität einer Konzernbilanz verpflichtet. So basieren auch die meisten Zahlenangaben auf Schätzungen. Theo Albrecht ist als Mehrheitseigner der zur Geschäftsführung befugten Komplementär-GmbHs der regionalen Aldi-Kommanditgesellschaften (die Theo-Albrecht-Stiftung ist jeweils mit 60% Mehrheitskommanditist der 25 Aldi GmbH & Co. KGs, die restlichen Anteile halten Theo Albrecht und seine Familie) gesellschaftsrechtlich in der Lage, deren Geschäftspolitik zu bestimmen und Geschäftsführer seines Vertrauens einzusetzen. Über Aldi (Süd) gibt es wenig aufschlußreiche Angaben. Die Struktur dürfte aber ähnlich sein. Die »Wirtschaftswoche« (18/1996) recherchierte einige Details

zur Hierarchie in Albrechts Südreich. Danach gibt es ein fünfstufiges, streng gegliedertes Organisationssystem: Kassiererinnen, Filialleiter, Bezirksleiter, regionaler Verkaufsleiter, Niederlassungsleiter. Der regionale Verkaufsleiter, der für rund 50 Filialen zuständig ist, arbeitet – laut »Wirtschaftswoche« – in einem Fünferkreis auf einer Ebene neben dem Einkaufs-, dem Betriebs-, dem Verwaltungs- und dem Expansionsleiter. Dieses »Mittelmanagement-Quintett« untersteht danach dem Niederlassungsleiter, der wiederum an die Zentrale in Mülheim berichtet. Nach der »Wirtschaftswoche« kassieren alle Aldi-Angestellten der Südgruppe jährlich zusammen nur 400 Mio. DM an Löhnen und Gehältern, knapp 2,5% vom Umsatz, der im Süden über 15 Mrd. DM liegt. Keine deutsche Filialkette hat ein so geringes Lohnaufkommen. Im Ausland beherrscht Theo die Aldi-Märkte und akquirierte Ketten in den Niederlanden (Aldi Inkoop und fünf Betriebsgesellschaften: Albrecht Culemborg BV mit 50 Läden, Albrecht Ommen BV mit 55 Läden, Aldo Best BV mit knapp 80 Läden), Belgien, Dänemark und Frankreich; Karl hat die Discountmärkte in Österreich (Hofer KG mit über 190 Läden), Großbritannien (50 Läden) und den USA (angepeilt sind 2.000 Läden) unter seiner Kontrolle. Die Markus-Stiftung besitzt 11% an der amerikanischen Supermarktkette Albertsons Inc. in Idaho, die Siepmann-Stiftung knapp 6% an der holländischen Supermarktkette De Boer Winkelbedrijven. Im Juli 1996 kaufte Aldi die französischen Discountgeschäfte Dia von der in Frankreich an dritter Stelle liegenden Einzelhandels-Großmarktgruppe Promodès S.A., Mondeville/Frankreich.

KONZERNÜBERBLICK/BETEILIGUNGEN. Zum Aldi-Imperium gehören bundesweit über 2.900 Filialen im Discountgeschäft mit einem Marktanteil im Handel mit Nahrungs- und Genußmitteln von ca. 15%. Albrecht hat im Gegensatz zu seinen großen Konkurrenten Tengelmann, Rewe und Metro niemals durch Aufkauf, sondern immer durch Neueröffnungen sein Lebensmittelreich geschaffen. Das Kernsortiment umfaßt lediglich zwischen 450 und 600 Artikel, wozu in den letzten Jahren auch noch ausgesuchte Gebrauchsgüter in hoher Stückzahl, die sogenannte Aktionsware, gekommen ist. Aldi gliedert sich in die Nord- und die Südgruppe.

- Zur Nordgruppe gehören u. a. Aldi Einkauf GmbH & Co. oHG, Essen; Aldi Einkauf GmbH, Herten; mehrere Aldi Einkauf GmbH & Co. KGs; Albrecht Kaffee GmbH & Co. KGs.
- Zur Südgruppe zählen: Aldi Einkauf GmbH & Co. oHG, Mülheim/Ruhr; Aldi Einkauf GmbH, Duisburg; mehrere Aldi GmbH & Co. KGs. Insgesamt werden die Milliardengeschäfte über etwa 30 Gesellschaften in der Rechtsform der GmbH & Co. KG abgewickelt.
- Jüngste Offensive der verschwiegenen Brüder sind die Märkte Frankreichs und Großbritanniens. Mit für französische Verhältnisse geradezu sensationell niedrigen Preisen und einer aggressiven Niederlassungsstrategie gehen die Mülheimer in Frankreich vor. 200 Aldi-Läden wurden in einer ersten Etappe eröffnet. 300 Billigläden planen die Albrecht-Brüder auch in Großbritannien, wo sie ihre Offensive Ende 1990 mit den ersten Geschäften und mit bis zu 30% preiswerteren Waren als bei der Konkurrenz eröffneten. Dabei beschränkt sich Aldi in bewährter Manier auf ein engbegrenztes Sortiment, das von rund 20% der Bevölkerung nachgefragt wird.

Geschäftsführung:
Zur Aldi GmbH & Co. KG, Essen und Mülheim, gehören die Nordgruppe (Essen) und die Südgruppe (Mülheim) mit der Aldi Einkauf GmbH & Co. oHG (Nord) und der Aldi Einkauf GmbH & Co. oHG (Süd). Geschäftsführende Gesellschafter der Nordgruppe: Theo Albrecht sen., Theo Albrecht jun. Geschäftsführende Gesellschafter der Südgruppe: Karl Albrecht, Maria Albrecht (über diverse Stiftungen wie Siepmann-, Oertel-, Elisen- oder Markus-Stiftung).

Aldi Einkauf GmbH & Co. oHG ist eine offene Handelsgesellschaft mit Sitz in Essen. Nach »Hoppenstedt« sind persönlich haftende Gesellschafter: die zur Geschäftsführung berechtigte Aldi Einkauf GmbH, Sitz in Herten. Geschäftsführer: Manfred Hartelt, Helmut Kment sowie weitere 21 ALDI GmbH & Co. KGs mit Sitz in Berlin, Essen, Greven, Herten, München, Nortorf, Radevormwald, Salzgitter, Schloß Holte, Seevetal, Sievershausen, Werl, Weyhe, Hesel, Laasphe, Bargteheide, Rinteln. Weitere zwei Albrecht Kaffee GmbH & Co. KGs mit Sitz in Herten und Weyhe. Gesellschafter sind die Regionalgeschäftsführer mit 10% und Theo Albrecht mit 90%.

Im Süden verhält es sich ähnlich: Aldi Einkauf GmbH & Co. oHG, Mülheim/Ruhr mit der Aldi Einkauf GmbH, Duisburg und mehreren Aldi GmbH & Co. KGs. Gesellschafter dieser Geschäftsführer-GmbH sind die Regionalgeschäftsführer mit 10% und Karl Albrecht mit 90%.

Öffentlichkeitsarbeit:
Eckart Leßner
Tel.: (0201) 8593-0
FAX: (0201) 8593-252
Gisela Janssen (Presse)
Tel.: (0201) 8593-201

Umsatz 1995: *32.500,0 Mio.*
Umsatz 1994: *31.000,0 Mio.*
Umsatz 1993: *28.000,0 Mio.*
(geschätzter Einzelhandelsumsatz der Nord- und Südgruppe; zu Gewinn und Cash flow keine Angaben)

Filialen 1995: *ca. 3.000*
Filialen 1994: *ca. 2.900*
Filialen 1993: *ca. 2.400*

Beschäftigte 1995:
über 20.000
Beschäftigte 1994:
über 20.000
Beschäftigte 1993:
20.000

In Großbritannien eröffnet Aldi nicht nur eigene Märkte, sondern akquirierte erstmals in seiner Firmengeschichte auch bereits bestehende Lebensmittelketten, um sie in seinem Sinne umzufunktionieren. Ähnliches gilt für die USA und Österreich, wo Albrecht durch die Akquisition der Hofer KG und eigene Läden mit einem Umsatz von 1,4 Mrd. DM zum viertgrößten deutschen Unternehmen nach Siemens Österreich, BMW Austria und der Metro-Gruppe wurde. In Frankreich wurde 1996 das Unternehmen Dia France mit den Discountgeschäften Dia (Umsatz 1995: 500 Mio. DM) von der Promodès S.A. übernommen.

NEUE BUNDESLÄNDER. Obwohl Aldi sich mit der Einrichtung eigener Filialen in den neuen Bundesländern viel Zeit ließ – erst Ende 1990 starteten die Aldi-Strategen in Ost-Berlin durch –, reden Experten davon, daß jede dritte D-Mark, die Bürger der ehemaligen DDR für Süßigkeiten ausgeben, in den Aldi-Kassen landet. Aldi plant ein flächendeckendes Filialnetz analog zu Westdeutschland, vorausgesetzt, die Eigentumsfragen der Filialen werden hinreichend geklärt. Anfang 1996 besaß Aldi in den neuen Bundesländern rund 450 Filialen.

KONZERNPHILOSOPHIE. Auf wenigen Quadratmetern mit geringem Personalaufwand einen möglichst hohen Umsatz bzw. Gewinn zu erwirtschaften und darüber nach außen hin Stillschweigen zu bewahren.

STANDORT DEUTSCHLAND. Aldi konzentriert sich in erster Linie auf den Ausbau seines Filialnetzes in Deutschland und die Abwehr von Billigkonkurrenten. Das Auslandsgeschäft wird weniger expansiv betrieben als z. B. von Tengelmann, Edeka und Spar. Der Kampf um den Standort Deutschland im Discount-Markt hat sich allerdings in den letzten Jahren verschärft. Jede vierte Mark im deutschen Lebensmittelhandel wird im Discount-Mark ausgegeben (vor 20 Jahren war es jede 15. Mark). Das sind rund 230 Mrd. DM, die sich über 12.000 Billigläden in Deutschland teilen. Neben Aldi kämpfen um die Anteile Tip (Asko), Netto (Spar), Norma (Norma-Roth), Lidl (Lidl & Schwarz), Penny Markt (Rewe), Plus (Tengelmann).

UMWELTSCHUTZ. Über Umweltschutz-Initiativen macht Aldi keine Angaben. Ein Leben aus dem Karton ...

KOMMENTAR. Vom Kleinkrämer zum Großkrämer und vor allem zum Geheimniskrämer. Aldi gilt als die publizitätsfeindlichste Firma der Bundesrepublik. Die beiden Brüder Albrecht lassen keinerlei Informationen an die Öffentlichkeit, selbst Angaben zum Umsatz basieren auf einer Schätzung, die aber wohl realistisch sein dürfte – ein eigenartiges Verhalten beim größten deutschen Einzelhändler, durch dessen Kassen jede neunte Mark fließt, die im deutschen Lebensmittelhandel ausgegeben wird. Durch eine raffinierte Aufsplitterung ihres Imperiums in rechtlich selbständige Untergesellschaften entziehen sich die Albrechts auch weitgehend einer gewerkschaftlichen Mitbestimmung bzw. Kontrolle. Theo und Karl Albrecht haben sich ihr Reich aus gesellschaftsrechtlichen Gründen aufgeteilt. Theo herrscht über mehr als 1.700 Filialen im Norden, Karl regiert die ca. 1.200 Niederlassungen im Süden der Republik. Und die Kunden leben aus

den Aldi-Kartons recht preisgünstig: kaum Werbung und trotzdem volle Kassen.
50% aller Hausfrauen im Lande kaufen im Laufe eines Monats mindestens einmal bei Aldi ein. Zum Vergleich: Obwohl die Tengelmann-Discount-Tochter »Plus« mit über 2.300 Filialen über ein nahezu ebenso großes Filialnetz wie Aldi verfügt, kaufen dort weniger als 25% aller Hausfrauen.
Der entscheidende Durchbruch gelang Aldi Anfang der 70er Jahre auf spektakuläre Weise, als Bruder Theo vom Düsseldorfer Rechtsanwalt Heinz-Joachim Ollenburg entführt worden war und erst gegen ein Lösegeld von sieben Millionen Mark wieder auf freien Fuß kam – was der Discount-König auch prompt als Werbekosten von der Steuer abzusetzen versuchte. Von nun an ging's bergauf mit den Aldi-Brüdern, den Königen des Einzelhandels, den »Pfennigfuchsern«.
Jetzt treibt die Aldi-Senioren die Nachfolgefrage um. Da die Discount-Brüder ihren Kindern offensichtlich nicht allzuviel zutrauen, haben sie die Mehrheiten ihres Konzerns in die Markus- bzw. Siepmann-Stiftung eingebracht, Familienstiftungen, die keine Flops zulassen. Senior Karl Albrecht hat einen Sohn, den 48jährigen Karl jun., Bruder Theo die beiden Söhne Theo jun. und Berthold, die beide im Management neben Familienfremden derzeit nur eine Nebenrolle spielen. Das Wirtschaftsmagazin »Capital« (5/94) über den sich anbahnenden Generationskonflikt im Reich der Albrechts: »Offensichtlich quält beide Brüder der Gedanke, ob die nächste Generation das Zeug zur erfolgreichen Zukunftsgestaltung hat. Jung Theo zum Beispiel gilt als noch größere Krämerseele, als der Senior es je war. Berthold Albrecht hingegen soll zuviel Herz für Mitarbeiter und sogar für seine eigene Familie haben.«

Mitbewerber: *Allkauf, Asko, AVA, Deutsche SB-Kauf, Edeka, Gedelfi, Globus, Kaiser's, Karstadt/Hertie, Kaufhof, Kaufring, Lekkerland, Lidl & Schwarz, Mann, Metro, Nanz, Norma-Roth, Plus, Rewe, Schlecker, Spar, Tengelmann*

ALLIANZ

GESCHICHTE UND ENTWICKLUNG. Gegründet wurde die Allianz 1890 durch den Versicherungskaufmann Carl von Thieme und den Bankier Wilhelm von Finck, die bereits 1880 die Münchener Rückversicherung aus der Taufe gehoben hatten. Sitz der Allianz Versicherungs-Aktien-Gesellschaft war Berlin. Die ursprünglich als Spezialgesellschaft für die Unfall- und Haftpflichtversicherung geplante Allianz dehnte sich schnell auf andere Versicherungsfelder aus und expandierte ins Ausland. Sie war Vorreiter bei der Einführung der Haftpflichtversicherung und etablierte die Maschinenversicherung. Ihr internationales Image erhielt sie über ihre Transportversicherung. Im Rahmen von Inflation und Weltwirtschaftskrise wurde die Allianz durch Akquisitionen zahlreicher in Schwierigkeit geratener deutscher Versicherungsunternehmen zu einem großen Konzern ausgebaut. 1911 Aufnahme der Betriebsunterbrechungsversicherung. 1918 Gründung der Kraftversicherungs-AG. 1922 Gründung der Allianz Lebensversicherungs-AG. Expansion durch Akquisitionen während des Dritten Reiches. Durch den Krieg Verlust eines Drittels des deutschen Geschäfts im Osten und des gesamten Auslandsgeschäfts.

Standort:
Königinstraße 28
80802 München

Postanschrift:
80790 München

Telefon: *(089) 3800-0*
Telex: *5 230 110 am d*
Telefax: *(089) 349941*

Branche: *Versicherungen*

Rechtsform:
Aktiengesellschaft

Geschäftsjahr: *1.1.-31.12.*

Gründungsjahr: *1890 als Allianz Versicherungs-AG; 1985 Gründung der Allianz AG Holding*

Öffentlichkeitsarbeit:
Emilio Galli-Zugaro
Tel.: (089) 3800-3345
FAX: (089) 3800-2114

1949 Verlegung der Hauptverwaltung von Berlin nach München. Seit 1970 rasanter Wiederaufbau des Auslandsgeschäfts; Beteiligungen und Firmenkäufe. 1985 Neuordnung des Konzerns unter dem Dach der Allianz AG Holding. Ende der 80er Jahre Großakquisitionen: 1984/87 stufenweiser Erwerb der Kapitalmehrheit der Riunione Adriatica di Sicurtà S.p.A. (RAS), der zweitgrößten italienischen Versicherungsgruppe. 1986 Übernahme der britischen Cornhill Insurance PLC; 1989 Beteiligung von 50% an Via/Rhin et Moselle, der Versicherungsgruppe des französischen Mischkonzerns Compagnie de Navigation Mixte. 1990 Übernahme des DDR-Versicherungsgeschäfts; Beteiligung an der Hungária in Budapest; 1990 Gründung der Deutschen Versicherungs-AG in Ost-Berlin. 1991 aufsehenerregender Kauf der amerikanischen Versicherungsgruppe Fireman's Fund für 5,3 Mrd. DM. 1994 erwarb die Allianz von der Schweizer Rück deren Erstversicherungsgeschäft mit Mehrheitsbeteiligungen an der Elvira-Gruppe, Zürich, der italienischen Lloyd Adriatico, Triest, und der Vereinte Versicherungsgruppe, München, für knapp 6 Mrd. DM, die größte Akquisition in der Allianz-Geschichte. Aus kartellrechtlichen Gründen wurde die Vereinte Versicherungsgruppe vorübergehend an die Münchener Rück weiterverkauft, dann aber Mitte 1996 im Rahmen eines Tausches endgültig von der Allianz übernommen. Im Rahmen dieses Tausches ging die 51%-Mehrheitsbeteiligung der Allianz an der DKV Deutsche Krankenversicherung AG, Köln, an die Münchener Rück über, während die Allianz von der Münchener Rück wiederum die Mehrheitsbeteiligung an der Hermes Kreditversicherungs-AG, Hamburg, übernahm. 1995 Mehrheitsbeteiligung von 65% an der französischen Assurances Fédérales IARD, einer Tochter der Crédit Lyonnais.

BESITZVERHÄLTNISSE/EIGENTUMSSTRUKTUR.
- Münchener Rückversicherungs-Gesellschaft AG (etwas mehr als 25%)
- Deutsche Bank AG, Frankfurt/Main (10%)
- Dresdner Bank AG, Frankfurt/Main (10%)
- Bayerische Vereinsbank AG, München (10%)
- Familie von Finck (ca. 5%)
- Rest Streubesitz bei ca. 48.000 Aktionären (davon sind etwas über 10% ausländische Aktionäre)

KONZERNÜBERBLICK. Die Allianz gehört zu den zehn größten Versicherungsunternehmen der Welt und ist Europas führende Versicherungsgruppe mit einem weltweiten Beitragsaufkommen 1997 von über 70 Mrd. DM (Vorjahr: 66 Mrd.). Weltweit hat die Allianz-Gruppe 69.236 angestellte Mitarbeiter, davon im Innendienst über 50.000. Hinzu kamen 142.000 haupt- und nebenberufliche Vertreter. Die Allianz AG Holding ist die Dachgesellschaft des Allianz-Konzerns, der in 55 Ländern der Erde mit 311 Konzernunternehmen, Beteiligungen und Kooperationen seinen Kunden im Versicherungsbereich zur Verfügung steht. Der Konzern gliedert sich im Inland in die Unternehmensbereiche Schaden-/Unfallversicherung (Allianz Sachversicherungsgesellschaften), Lebensversicherung (Allianz Lebensversicherungs-AG) und Krankenversicherung. Hinzu kommen die Unternehmensbereiche Europa, Nordamerika und Übersee.
Die Allianz Sachversicherungsgruppe unter Führung der Allianz Versi-

cherungs-AG ist der größte deutsche Schaden- und Unfallversicherer. Sie betreibt alle Sparten der Privatkunden-, Gewerbe- und Industrieversicherung. Die Beitragseinnahmen beliefen sich 1995 auf 14,1 Mrd. DM bei einem Bestand von 29,2 Mio. Verträgen mit 40,8 Mio. versicherten Risiken. Die Kraftfahrtversicherung ist mit ca. 43% am gesamten Beitragsaufkommen der inländischen Sachversicherungsgesellschaften die größte Einzelbranche. Das Lebensversicherungsgeschäft wird von der Allianz Lebensversicherungs-AG mit Hauptverwaltung in Stuttgart betrieben. Der mit Abstand größte Lebensversicherer der Republik besitzt ca. 8 Mio. Verträge mit einer Versicherungssumme von rund 280 Mrd. DM. Etwa 45% ihres Prämienaufkommens holt sich die Allianz-Gruppe auf ausländischen Märkten, wo sie mit einem weltweiten Netz von Tochtergesellschaften, Niederlassungen, Beteiligungen und Kooperationen vertreten ist.

BETEILIGUNGEN. Zum Allianz-Konzern gehören weltweit über 350 Tochtergesellschaften und Beteiligungen im Versicherungsbereich. Neben der Allianz AG wurden 1995 in den Konzernabschluß 33 inländische und 204 ausländische Unternehmen einbezogen. Die Allianz besitzt in Frankreich (u. a. die Allianz Via Assurances und Rhin et Moselle-Gruppe), Italien (Riunione Adriatica di Sicurtà S.p.A., Mailand; Lloyd Adriatico, Triest), Großbritannien (Cornhill Insurance, London), Spanien (Eurovida S.A.), Schweiz (Elvia-Gruppe, Zürich) und anderen westeuropäischen Ländern einige der jeweils größten Versicherungskonzerne dieser Länder. Hinzu kommen in all diesen Staaten eigene Allianz-Töchter. In den USA griff die Allianz 1990 nach den Versicherungs-Sternen. Neben ihrer Präsenz durch u. a. die Tochtergesellschaft Allianz of America, Inc., Delaware, und die North American Life and Casualty Co. erwarb die Allianz eine der größten amerikanischen Sachversicherungsgesellschaften, die Versicherungsgruppe Fireman's Fund Insurance Company in Novato/Kalifornien. Die Allianz ist in ganz Nordamerika, dem größten Versicherungsmarkt der Welt, durch eine flächendeckende Organisation eigener Versicherungsgesellschaften vertreten. Alle Fäden laufen in Novato/Kalifornien zusammen, wo die einheitliche Strategie- und Führungszentrale liegt.
● Zu den wichtigsten inländischen Konzern-Unternehmen rund um den Versicherungsbereich gehören u. a.: Allianz Versicherungs-AG, München (100%); Allianz Verwaltungsgesellschaft mbH, München (100%); Allianz Beteiligungsgesellschaft mbH, München (89,2%); Allianz Lebensversicherungs-AG, Berlin/München mit Hauptverwaltung in Stuttgart (46,5%); Bayerische Versicherungsbank AG, München (45%); Deutsche Versicherungs AG, Berlin (100%); Deutsche Lebensversicherungs-AG, Berlin (100%); Frankfurter Versicherungs-AG, Frankfurt/Main (49,9%); Komet Automobil-Beteiligungsgesellschaft mbH, München (100%); Tela Versicherung AG, Berlin/München (25%); zahlreiche Vermögensverwaltungsgesellschaften, u. a. Nona-Vermögensverwaltungsgesellschaft mbH, München (100%); Lambda-Vermögensverwaltungsgesellschaft mbH, München (70,5%).
● Sonstige Anteile an Versicherungsunternehmen: AMB Aachener und Münchener Beteiligungs-AG, Aachen (5%); Berlinische Lebensversicherung AG, Berlin/Wiesbaden (30%); Hamburg-Mannheimer Sachversicherungs-AG, Hamburg (20,7%); Hamburg-Mannheimer Versicherungs-AG, Hamburg (20%); Hermes Kreditversicherungs-AG,

Vorstand:
- *Schulte-Noelle, Henning, Dr. (Vorsitzender)*
- *Breipohl, Diethart, Dr. (Finanzen)*
- *Bremkamp, Detlev (Unternehmensbereich Europa II – Ost, Übersee; Rückversicherung und Internationale Industrieversicherung)*
- *Gavazzi, Roberto, Dr. (Unternehmensbereich Europa I – West)*
- *Hagemann, Rainer, Dr. (Arbeitsdirektor; Schaden- und Unfallversicherung Deutschland)*
- *Hansmeyer, Herbert F. (Betriebswirtschaft; Unternehmensbereich Nordamerika)*
- *Rupprecht, Gerhard, Dr. (Lebens- und Krankenversicherung Deutschland)*

Vorstandsbezüge 1995:
7.438.000,– DM

Aufsichtsrat:
- *Liesen, Klaus, Dr. Dr. h.c. (Vorsitzender; Vorsitzender des Aufsichtsrates der Ruhrgas AG)*
- *Bierich, Marcus, Dr. Dr. h.c. (Vorsitzender des Aufsichtsrates der Robert Bosch GmbH)*
- *Burgard, Horst, Dr. (Mitglied des Aufsichtsrates der Deutsche Bank AG)*
- *Dieter, Werner H., Dr. E.h. (ehem. Vorsitzender des Vorstandes der Mannesmann AG)*
- *Franz, Hermann, Dr. E.h. (Vorsitzender des Aufsichtsrates der Siemens AG)*
- *Gieske, Friedhelm, Dr. (ehem. Vorsitzender des Vorstandes der RWE AG)*
- *Müller, Wolfgang, Dr. (ehem. Mitglied des Vorstandes der Allianz AG)*
- *Reuter, Edzard (ehem. Vorsitzender des Vorstandes der Daimler-Benz AG)*
- *Röller, Wolfgang, Dr. (stellv. Vorsitzender; Vorsitzender des Aufsichtsrates der Dresdner Bank AG)*
- *Schmidt, Albrecht, Dr. (Sprecher des Vorstandes der Bayerische Vereinsbank AG)*

**Ley, Frank (stellv. Vorsitzender)*
**Carlin, Klaus*
**Daniel-Hauser, Renate*
**Forster, Christoph, Dr.*
**Mascher, Ulrike*
**Miller, Karl*
**Pohl, Reinhold*
**Rasp, Manfred*
**Renner, Gerhard*
**Stroebel, Klaus-Rüdiger, Dr.*

***Aufsichtsratstantiemen 1995:** 1.023.000,– DM*

Hamburg (75,3%); Karlsruher Lebensversicherung AG, Karlsruhe (36,1%); Münchener Hagelversicherungs-AG, München (23%); Münchener Rückversicherungs-Gesellschaft AG, München (25%); Vereinte Versicherungs-Gruppe (51%).

● Sonstiger Dauerbesitz an börsennotierten Unternehmen: Barmag AG, Remscheid (15,0%); BASF AG, Ludwigshafen (10,7%); Bayer AG, Leverkusen (5%); Bayerische Hypotheken- und Wechsel-Bank AG, München (22,9%); Beiersdorf AG, Hamburg (37,7%); Berliner Handels- und Frankfurter Bank KGaA, Frankfurt/Berlin (15,1%); Continental AG, Hannover (5,1%); Deutsche Bank AG, Frankfurt/Main (5%); DLW AG, Bietigheim-Bissingen (12,7%); Dresdner Bank AG, Frankfurt/Main (22,7%); Th. Goldschmidt AG, Essen (10,4%); IKB Deutsche Industriebank AG, Düsseldorf/Berlin (12%); Lahmeyer AG für Energiewirtschaft, Frankfurt/Main (24,9%); Leifheit AG, Nassau/Lahn (10,1%); Linde AG, Wiesbaden (11%); Monachia Grundstücks-AG, München (45,2%); Rheinelektra AG, Mannheim (10%); RWE AG, Essen (10,4%); Schering AG, Berlin (10%); Schloßgartenbau-AG, Stuttgart (7%); Süd-Chemie AG, München (10%); VEBA AG, Düsseldorf (10,3%).

BETEILIGUNGS-COUP VON ALLIANZ UND MÜNCHENER RÜCK. Der Übernahme-Coup des Erstversicherungsgeschäfts der Schweizer Rück (zweitgrößter Rückversicherer der Welt) mit der Elvia-Gruppe, Zürich, der italienischen Lloyd Adriatico, Triest, und der Vereinte Versicherungsgruppe, München, durch die Allianz 1994 sorgte für reichlich Aufsehen. Immerhin zahlte die Allianz für das komplette Paket einen Kaufpreis von 6 Mrd. DM. Doch der Deal geriet in die Mühlen des Kartellamtes. Besaß doch die Allianz mit der Deutsche Krankenversicherung AG (DKV) bereits den deutschen Branchenprimus. Jetzt wollte sie auch noch mit der Vereinte Versicherungsgruppe den zweitgrößten deutschen privaten Krankenversicherer übernehmen. Die Auflage der Kartellbehörden an die Allianz: Verkauf der Vereinte Versicherungsgruppe. Doch bevor die Vereinte Versicherungsgruppe in die Hände der Konkurrenz gelangen würde, landete die Allianz einen neuerlichen Beteiligungs-Coup. In einem spektakulären Ringtausch erwarb die Allianz von der ihr verbundenen Münchener Rückversicherungs-Gesellschaft deren 25%ige Beteiligung an der Vereinte und die Mehrheitsbeteiligung (50,3%) an der Hermes Kreditversicherungs-AG, Hamburg. Dafür verkaufte sie ihre Mehrheitsbeteiligung von 51% an der DKV Deutsche Krankenversicherung AG, Köln, an die Münchener Rück. Damit hatte die Allianz die Vereinte im Portfolio, zusätzlich die lukrative Hermes-Gruppe (»strategischer Einstieg ins Kreditversicherungsgeschäft«) und konnte die DKV beim Schwesterunternehmen Münchener Rück plazieren. Die Kartellbehörden konnten nur noch zustimmen. Am 29. Juli 1996 vermeldete die Allianz triumphierend: »Zufrieden mit 1995, zuversichtlich für 1996. Allianz startet nach dem Vereinte-Deal durch.«

NEUE BUNDESLÄNDER. Das große Geschäft, den Einstieg bei der ehemals Staatlichen Versicherung der DDR, wickelte die Allianz noch mit der letzten DDR-Regierung de Maizière ab. Die Allianz wurde auch in Ostdeutschland zur unumschränkten Nummer eins, nachdem ihr die DDR-Regierung und schließlich die Treuhand 51% der neu gegründeten Deutschen Versicherungs-AG verkauft hatten. Die restlichen 49% verblieben vorerst bei der Treuhand, wurden aber später ebenfalls der Allianz offeriert, die beherzt zugriff, wenngleich der Deal anfänglich für die Allianz mit hohen Verlusten verbunden war. Doch vom Ende her gerechnet, gelang der Allianz ein »Jahrhundert-Geschäft«. Für die Allianz bedeutete das den Zugriff auf den überwiegenden Teil des DDR-Versicherungswesens mit rund 30 Mio. Verträgen. Als die Allianz die ehemalige staatliche Monopol-Versicherung übernahm, beschäftigte sie in 160 Niederlassungen rund 13.500 Mitarbeiter. Heute arbeiten im Innendienst der Deutschen Versicherungs-AG noch 4.000 Beschäftigte, zum Erreichen des westdeutschen Produktionsniveaus sollen noch einmal rund 1.000 Stellen gestrichen werden.

STANDORT DEUTSCHLAND. »In den aufstrebenden Volkswirtschaften Osteuropas und im asiatisch-pazifischen Raum wollen wir eine führende Rolle als Versicherer spielen«, verkündete der Vorstandsvorsitzende der Allianz AG, Henning Schulte-Noelle, im Juli 1996. Nachdem es auf der westeuropäischen Karte für die Allianz-Strategen so gut wie keine weißen Flecken mehr gibt, konzentrieren sie sich jetzt in der Rolle des »Global player« auf die sogenannten Wachstumsmärkte. In Japan, Singapur, Indonesien und Hongkong ist die Allianz bereits fest etabliert, andere Länder sollen folgen. »In Märkten mit viel Potential, aber hohen Eintrittsbarrieren wie etwa China, Indien oder Vietnam arbeiten wir beharrlich daran, den Zugang zum Markt zu erhalten« (Henning Schulte-Noelle). Viele Menschen, viele Versicherungen. In Osteuropa ist die Allianz bereits massiv vertreten. Schon 1989 kaufte sich der Versicherungs-Multi mit 80 Mio. DM bei der Hungária Biztosito in Budapest ein, die dort mit 44% Marktführer ist. In verschiedenen Ländern Osteuropas wurden inzwischen Tochtergesellschaften gegründet, so in Tschechien, der Slowakei und Rußland. Polen steht als nächstes auf der Liste. Große Potentiale für »profitables Wachstum« sieht die Allianz weltweit in der Lebens- und Krankenversicherung, auch und besonders durch die Kooperation mit Banken, wo bereits 1996 Allianz-Kunden weltweit in über 10.000 Bankfilialen Versicherungsschutz erwerben konnten.

Aber der ungebremste Expansionsdrang der Allianz geht auch einher mit einem straffen Kostenmanagement, der Restrukturierung und Straffung betrieblicher Abläufe, der Zusammenlegung eigenständiger Gesellschaften, der Sanierung unprofitabler Geschäftsfelder und einer klaren Portfoliobereinigung im In- und Ausland. So wurde beispielsweise im August 1996 die Beteiligung an der Allgemeine Kreditversicherung AG, Mainz, an die Rewe-Handelsgruppe veräußert. Im Inland nahm die Zahl der Beschäftigten »als Folge der Neugestaltung von Arbeitsabläufen zur Verbesserung der internen Effizienz« 1995 um rund 2.200 ab, während durch die Erweiterung des Konsolidierungskreises und den Neuerwerb von Unternehmen die Mitarbeiterzahl insgesamt zunahm. Im Ausland stieg der Personalstand um rund 4.300 Beschäftigte, nicht zuletzt durch die Übernahme der Gesellschaften Elvia und Lloyd Adriatico. Wenige Wochen nach der Übernahme der Vereinten Versicherungsgruppe wurden im Rahmen von Kompetenzzusammenlegungen und der Nutzung von Synergien mehrere hundert Arbeitsplätze in Frage gestellt.

BÖRSE, AKTIEN, KURSE
Grundkapital 1995:
1.131,4 Mio.
Jahreshöchstkurs 1995:
2.785,00 DM
Jahrestiefstkurs 1995:
2.211,82 DM
Aktie Jahresende 1995:
2.816,00 DM
Dividende pro Aktie 1995:
16,00 DM

Die Dividende bezieht sich auf je 50,– DM Aktiennennbetrag. Die Dividendenausschüttung 1995 betrug 362,0 Mio. DM. Mit einem Börsenwert von rund 63,7 Mrd. DM zu Ende 1995 ist die Allianz die Gesellschaft mit der höchsten Börsenkapitalisierung in Deutschland. Europaweit nimmt sie einen Platz unter den ersten 10 ein. Die Allianz-Aktie ist in den amtlichen Handel aller deutschen Börsen sowie an den Börsen London, Zürich, Genf und Basel einbezogen. 1995 betrug der Umsatz in Allianz-Aktien 72 Mrd. DM, 4,4% des gesamten Börsenumsatzes in inländischen Aktien. 1997 soll der Nennwert der Allianz-Aktie von 50,– DM auf 5,– DM reduziert werden.

Beitragseinnahmen 1995:
70.548,0 Mio. (Schaden/Unfallversicherung: 40.386,0 Mio.; Lebens-/Krankenversicherung: 30.162,0 Mio.)
Beitragseinnahmen 1994:
66.088,0 Mio. (Schaden/Unfallversicherung: 37.112,0 Mio.; Lebens-/Krankenversicherung: 28.976,0 Mio.)
Beitragseinnahmen 1993:
65.549,0 Mio. (Schaden/Unfallversicherung: 36.160,0 Mio.; Lebens-/Krankenversicherung: 29.389,0 Mio.)

Gewinn 1995: 2.021,0 Mio.
Gewinn 1994: 1.336,0 Mio.
Gewinn 1993: 1.457,0 Mio.

Steueraufkommen 1995:
1.022,0 Mio.

Eigenkapital 1995:
18.480,6 Mio.
Kapitalanlagen des Allianz-Konzerns 1995:
282.016,0 Mio.
(davon: Grundvermögen 17.484,0 Mio.; Beteiligungen, Aktien, Investmentanteile 45.725,0 Mio.)
Ergebnis aus Kapitalanlagen 1995: 16.727,0 Mio.
Versicherungstechnische Rückstellungen 1995:
243.000,0 Mio.
Leistungen an Kunden 1995: 62.276,0 Mio.

Beschäftigte 1995: 69.236
Beschäftigte 1994: 67.780
Beschäftigte 1993: 69.859

Löhne und Gehälter 1995:
4.623,4 Mio.
Löhne und Gehälter 1994:
4.221,5 Mio.
Durchschnittsgehalt 1995:
66.777,– DM
Soziale Abgaben und Aufwendungen 1995:
1.390,0 Mio.
Soziale Abgaben und Aufwendungen 1994:
1.294,2 Mio.

Der Allianz-Vorstand warnt die Bonner Regierung davor, die sich im Besitz von Banken und Versicherungen befindlichen Industriebeteiligungen per Gesetz auf einen Höchstsatz von 10% oder 5% zu begrenzen. Den kapitalsuchenden Gesellschaften sei damit nicht gedient, hieß es, die Mittel der kapitalanlegenden Institute würden dann nur ins Ausland verlagert. Die Senkung der Beteiligungsgrenze würde einen zusätzlichen Nachteil für den Standort Deutschland bedeuten.

»BÜNDNIS FÜR ARBEIT«. Die Allianz betont, daß bei ihr Entscheidungen vor Ort getroffen werden, daß die einzelnen Gesellschaften weitgehende Autonomie besitzen, um durch ein Höchstmaß an operativer Selbständigkeit flexibel am Markt zu agieren. Ausdruck dieses Führungsprinzips sei »eine bewußt schlanke Personalausstattung der Holding, für die nur 350 Mitarbeiter tätig sind«. Für die Allianz-Gruppe arbeiten weltweit über 70.000 Beschäftigte im Innen- und Außendienst, davon fast die Hälfte außerhalb Deutschlands. Fortlaufend werde geprüft, ob die Geschäftsabläufe in den einzelnen Gesellschaften zwecks weiterer Kostenvorteile noch »schlanker« zu organisieren, die Qualifikation, Servicebereitschaft und Flexibilität der Mitarbeiter weiter zu optimieren seien. Dabei gehe es um die Vereinfachung betriebsinterner Prozesse, um eine »spürbare Verkürzung der Entscheidungs- und Arbeitswege«, die Vermeidung »unnötiger oder Doppelarbeit und die Erledigung aller notwendigen Vorgänge möglichst an einer Stelle«. Das Motto: »Schneller, flexibler, schlanker.« Rund 49% der bei der Allianz Beschäftigten sind Frauen. Die mittlere Betriebszugehörigkeit beträgt 13 Jahre.

UMWELTSCHUTZ. Als erster Versicherer präsentierte die Allianz 1995 eine 50 Seiten starke Ökobilanz. In einer Input-Output-Bilanz werden nach den Kriterien Umlaufgüter, Anlagegüter, Energie, Wasser, Luft, Boden (Input) sowie Produkte/Service, Abfall, Energieabgabe, Abwasser und Abluft (Output) die betrieblichen Vorgänge auf ihre Umweltrelevanz erfaßt sowie Maßnahmen zur Verbesserung der Ökobilanz vorgeschlagen. Bereits 1990 wurde mit einem Stiftungskapital von 100 Mio. DM die Allianz Stiftung zum Schutz der Umwelt ins Leben gerufen, die besonders im Umwelt-, Natur- und Landschaftsschutz, in Wissenschaft und Forschung, Kunst und Kultur, öffentlicher Gesundheitspflege sowie im Bereich Bildung und Erziehung engagiert ist. Über Förderprojekte entscheidet ein Kuratorium.

KOMMENTAR. Die Allianz ist der mit Abstand größte Versicherungskonzern Europas und im Verbund mit der Münchener Rückversicherungs-Gesellschaft AG (»Münchener Rück«) einer der mächtigsten Versicherungskonzerne der Welt – durch eine gegenseitige Beteiligung von jeweils 25% sind die beiden Konzerne untrennbar miteinander verzahnt. Beide sind mit jeweils knapp 46% an ihrer gemeinsamen Tochter, der Allianz Lebensversicherungs-AG, Stuttgart, beteiligt und kontrollieren sich wechselseitig in den Aufsichtsräten von Allianz und Münchener Rück. Allianz und Münchener Rück sind ein Versicherungs-Konsortium, das in Europa seinesgleichen sucht. Der Allianz-Konzern deckt ein Risikovolumen von mehreren hundert Milliarden Mark ab, eine Summe, die weit über der des Bundeshaushaltes liegt. Im amerikanischen Magazin »Business Week« wurde die Allianz

Mitte 1990 bezüglich ihres Börsenwertes in der Liste der 1.000 größten Unternehmen der Welt an 35. Stelle genannt. Mit einem Börsenwert von mehr als 60 Mrd. DM wurde sie als teuerstes deutsches Unternehmen bzw. teuerstes Versicherungsunternehmen der Welt bezeichnet. Die Allianz ist über ein ausgeklügeltes Beteiligungsgefüge unter dem Dach der Münchner Holding, in der alle Fäden zusammenlaufen, einer der einflußreichsten Konzerne innerhalb der deutschen Wirtschaft, auch über den Versicherungsbereich hinaus. Eher leise hatte sich der Versicherer unter der Ägide des früheren Vorstandsvorsitzenden Wolfgang Schieren ein riesiges Anlage- und Beteiligungsportefeuille zusammengekauft, das auch unter dem jetzigen Vorstands-Chef Henning Schulte-Noelle fortgeführt und ausgebaut wird. Die Allianz gehört darüber hinaus mit der Münchener Rück zu den größten Anlegern im Immobilienbereich. Mehrere Milliarden Mark hat sie in den letzten zwei Jahrzehnten in den Grundstückskauf und in Bauprojekte gesteckt. Aus rund 40.000 Mietwohnungen kassiert der Assekuranzriese jährlich mehrere hundert Millionen Mark Miete.

Bezüge pro Vorstandsmitglied 1995: *1.062.571,– DM*
Tantiemen pro Aufsichtsrat 1995: *51.150,– DM*

Mitbewerber: *Aachener Münchener, Albingia, Colonia, Continentale, Gerling, Gothaer, HUK Coburg, Iduna, Nordstern, Nürnberger, Provinzial, R+V, Signal, Victoria*

ALLKAUF

GESCHICHTE UND ENTWICKLUNG. 1962 begann der steile Weg der allkauf-Gruppe. Die beiden Kaufleute Eugen Viehof sen. und Gerhard Ackermans etablierten als eine der ersten den Cash & Carry-Vertrieb in der Bundesrepublik. Mit dem ersten SB-Warenhaus waren sie 1968 erneut Pioniere einer neuen Vertriebsform. 1972 erfolgte die Gründung der Tochtergesellschaft allkauf-Möbel. 1978 ging das Unternehmen mit der allkauf Foto GmbH von der grünen Wiese in ausgesuchte City-Lagen. 1981 Übernahme des Touristik-Unternehmens Tjaereborg. 1985 gründete allkauf gleich zwei Unternehmenstöchter: allkauf Optik und allkauf Haus. 1987 übernahm die Gruppe 16 Tacke-Möbelhäuser. 1988 erweiterte die allkauf Haus GmbH & Co. KG ihr Angebot von Ausbauhäusern um den Massivhaus-Bau. Im selben Jahr erwarb die Familie Viehof die Firmenanteile der Familie Ackermans.
Durch Verkauf an die LTU reduzierte allkauf 1989 seine Beteiligung an Tjaereborg auf 47,6%. Gründung der allkauf Touristik Vertrieb GmbH. Seit April 1990 ist die allkauf-Gruppe erstes deutsches Mitglied in der Associated Marketing Services AG (AMS), der Firmen aus insgesamt elf europäischen Ländern angehören.
Anfang August 1990 startete die allkauf-Gruppe in Ostdeutschland das erste provisorische SB-Warenhaus in Bannewitz bei Dresden. 1991 wurde zur Stärkung des Filialnetzes die allkauf Franchise GmbH für die Bereiche Foto, Optik und Touristik gegründet. 1993 Trennung vom Bereich Möbel. 1995 Expansion nach Polen. 1996 neue Konzernstruktur.

Standort:
Reyerhütte 51
41065 Mönchengladbach

Postanschrift:
41051 Mönchengladbach

Telefon: *(02161) 403-0*
Telex: *85 24 16*
Telefax: *(02161) 403-426*

Branche: *Einzelhandel*

Rechtsform: *GmbH & Co. KG*

Geschäftsjahr: *1.1.-31.12.*

Gründungsjahr: *1962*

Öffentlichkeitsarbeit:
Bettina Scheulen
Tel.: (02161) 403 728
FAX: (02161) 403 866

BESITZVERHÄLTNISSE/EIGENTUMSSTRUKTUR.

- Viehof GmbH, Mönchengladbach (99,34%). Mitbegründer Gerhard Ackermans hat seine 50%ige Beteiligung 1988 an die Familie Viehof verkauft.
- allkauf Verwaltungsgesellschaft mbH, Mönchengladbach (0,66%).

Geschäftsführung:
▌ *Viehof, Michael (Vorsitzender; Konzernmarketing, Revision, Öffentlichkeitsarbeit)*
▌ *Jüsche, Erhard (Finanzen/Rechnungswesen; Informationstechnologien)*
▌ *Zimmermann, Hans J. (Unternehmensentwicklung; Beschaffung, Logistik; Personal und Recht)*

Bezüge der Geschäftsführung 1995: *keine Angaben*

Vertriebsleitung:
▌ *Schnichels, Theo (Prokurist)*

Marketingleitung:
▌ *Walterscheidt, Edgar (Prokurist)*

Beirat:
▌ *Viehof, Eugen (Vorsitzender des Beirates der allkauf-Gruppe und Präsident des Bundesverbandes der Filialbetriebe und SB-Warenhäuser)*
▌ *Hansen, Bernhard*
▌ *Ahlqvist, Fritz*
▌ *Janßen, Otto*

Umsatz 1995: *6.401,0 Mio.*
Umsatz 1994: *6.338,0 Mio.*
Umsatz 1993: *6.127,0 Mio.*

Ergebnis vor Steuern 1994: *190,0 Mio.*

allkauf macht über Umsatz und Gewinn nur spärliche und andeutungsweise Angaben.

Grund- bzw. Stammkapital 1995: *157,1 Mio.*

KONZERNÜBERBLICK. Seit einer 1996 erfolgten Umstrukturierung des Konzerns fungiert als Dachgesellschaft die allkauf Konzern-Verwaltungs GmbH. Wichtigste Tochtergesellschaft ist die allkauf SB-Warenhaus GmbH & Co. KG. allkauf gehört zu den größten SB-Warenhaus-Unternehmen in Deutschland und gilt als Entdecker der »grünen Wiese«. Vom Kernland Nordrhein-Westfalen aus werden in einem ausgeklügelten logistischen System alle Filialen mit rund 40.000 Artikeln versorgt – von Lebensmitteln bis zu Bekleidung, von Elektroware, Autozubehör bis zu Heimwerkerbedarf, alles unter einem Dach. Zur allkauf-Gruppe gehörten 1996:

- 74 SB-Warenhäuser, davon 50 in West- und 24 in Ostdeutschland
- 93 Fotofachgeschäfte und 70 Fotofachabteilungen in Warenhäusern (allkauf Foto)
- über 140 Reisebüros (allkauf Touristik Vertriebs GmbH)
- 5 Cash & Carry-Großhandelsbetriebe (Selgross/Selbego C+C)
- 48 Augenoptik-Fachgeschäfte (allkauf Optik)
- 49 Beratungsstellen incl. 11 Musterhaus-Standorte (allkauf Haus)
- 18 Kundendienst-Stationen (allkauf Kundendienst)

BETEILIGUNGEN. Unter dem Dach der allkauf Konzern Verwaltungs GmbH agieren: allkauf SB-Warenhaus Verwaltungs GmbH, allkauf SB-Warenhaus GmbH & Co. KG; allkauf Fruchtzentrale GmbH (Verteilungszentrum für Obst und Gemüse); Selgross Viehof GmbH (C+C-Betrieb); allkauf Franchise Foto und Optik GmbH (Fotofacheinzelhandel); allkauf Touristik Vertriebs GmbH (Reisebüros); allkauf Reisen GmbH (Tjaereborg Deutschland); allkauf Haus GmbH & Co. KG, allkauf Haus Verwaltungs GmbH (Vertrieb von Ausbau- und Massivhäusern), allkauf alltronic Kundendienst GmbH (diese Firmen verfügen über ein auf die gesamte Bundesrepublik Deutschland verteiltes Filialnetz).

NEUE BUNDESLÄNDER. Die 24 ostdeutschen Filialen setzten 1995 mehr als 1,3 Mrd. DM um. Wachstumsimpule brachten besonders die allkauf Haus-Gesellschaft und allkauf Reisen. Durch einen Boom in Ostdeutschland konnten 1995 1.026 (Vorjahr 572) Ausbau-Häuser verkauft werden (Umsatz: rund 190 Mio. DM). allkauf ist in den neuen Bundesländern in allen Segmenten analog zum Westen vertreten.

STANDORT DEUTSCHLAND. allkauf klagte Mitte 1996 über das Konsumklima. »Hohe Abgaben, mäßige Einkommensperspektiven und eine hohe Sockelarbeitslosigkeit verhindern eine Trendwende im Handel. Mit den derzeitigen Umsatzzuwächsen kann der deutsche Handel nicht zufrieden sein.« Aus dem Grund fordern auch die allkauf-Manager die völlige Liberalisierung der Ladenöffnungszeiten, mäßige Tarifabschlüsse und eine Senkung der Abgabenlast. Ein Weg von allkauf besteht in Restrukturierungsprogrammen und weiteren Expansionen. 1993 trennte sich allkauf von allen Möbel-Aktivitäten. Ansonsten expandierten die Mönchengladbacher auf allen Gebieten. 1995 machte allkauf den Schritt nach Polen. Gemeinsam mit der niederländischen Einzelhandelskette Koninklijke Ahold NV, Zaandam, wurde im Rahmen eines Joint-ventures mit je 50%-Anteilen eine gemeinsame Handelsgesellschaft gegründet. Beide betreiben mit dieser Handelsgruppe Supermärkte, SB-Warenhäuser sowie Cash & Carry-Märkte und Discountmärkte. Ahold ist bereits außer in den Niederlanden, den USA und Portugal erfolgreich in der Tschechischen Republik (35 Filialen der Supermarktkette »Mana«) vertreten. Das Engagement in Polen schließt ausdrücklich weitere Partnerschaften mit polnischen Einzelhandelsgesellschaften ein. So wurde das polnische Unternehmen Mawax-Pomar übernommen, das Cash & Carry-Märkte in der Region Bielsko-Biala im Süden Polens betreibt. Im August 1996 gab allkauf eine Kooperation mit der Konsumgenossenschaft Dortmund-Kassel eG, Dortmund, zur Gründung einer gemeinsamen Einkaufs- und Logistikgesellschaft, bekannt. allkauf beteiligt sich darüber hinaus an den beiden Vertriebslinien Pro GmbH, Dortmund, und Plaza GmbH, Dortmund.

»BÜNDNIS FÜR ARBEIT«. allkauf macht keine konkreten Angaben zu innerbetrieblichen Regelungen, beschwört aber das Engagement der Mitarbeiter, die Motivation und die Kompetenz des Führungsteams und die Zusammenarbeit mit dem Betriebsrat. Das Motto der allkauf-Manager heißt »Kunde im Mittelpunkt«. Im Rahmen einer neuen Konzernstruktur sollen alle Energien auf verbesserte Leistungen zur Umwerbung des Kunden gelegt werden.

UMWELTSCHUTZ. Über die Umweltschutzaktivitäten der allkauf-Gruppe gibt es keine Informationen. allkauf initiiert allerdings seit Jahren eine Kunstreihe »Kunst und Umwelt«, in der Künstler vorgestellt werden, die sich in ihren Werken mit dem Dialog Kunst und Umwelt auseinandersetzen.

Aral siehe Veba
Asko siehe Metro
Audi siehe Volkswagen
AVA siehe Edeka
Barmag siehe AGIV

Beschäftigte 1995: *11.360*
Beschäftigte 1994: *11.680*
Beschäftigte 1993: *11.700*

Umsatz pro Mitarbeiter 1995: *563.468,– DM*
Umsatz pro Mitarbeiter 1994: *542.637,– DM*
Umsatz pro Mitarbeiter 1993: *523.675,– DM*

Löhne, Gehälter und soziale Abgaben 1995: *335,5 Mio.*
Löhne, Gehälter und soziale Abgaben 1994: *329,6 Mio.*

Investitionen 1995: *88,0 Mio.*
Investitionen 1994: *85,0 Mio.*
Investitionen 1993: *177,0 Mio.*

Mitbewerber: *Aldi, Asko, Dohle, Douglas, Edeka, Globus, Karstadt/Hertie, Kaufhof, Lekkerland, Lidl & Schwarz, Mann, Metro, Rewe, Schlecker, Spar, Tengelmann, Woolworth*

BASF

GESCHICHTE UND ENTWICKLUNG. Am 6. April 1865 gründete Friedrich Engelhorn, Besitzer einer Leuchtgasfabrik in Mannheim, die Aktiengesellschaft »Badische Anilin- & Soda-Fabrik« auf der gegenüberliegenden Rheinseite in Ludwigshafen. Anfänglich mit der Herstellung von Teerfarbstoffen beschäftigt, entwickelte sich das Werk rasch zu einem bedeutenden Chemiekonzern. Schon in den 70er Jahren des letzten Jahrhunderts zahlreiche Akquisitionen und Fusionen und die ersten Niederlassungen in den USA, Frankreich und Rußland. Zahlreiche Patente und Erfindungen, u. a. 1890 Patent zur Herstellung von Indigo. Aus dem Katalog zur Weltausstellung in Paris 1900: »Die Badische Anilin- & Soda-Fabrik ist unbestritten die größte chemische Fabrik der Welt. Sie beschäftigt in Ludwigshafen am Rhein 148 wissenschaftlich gebildete Chemiker, 75 Ingenieure und Techniker, 305 kaufmännische Beamte. Die Zahl der Arbeiter, welche im

Standort:
Carl-Bosch-Straße 38
67063 Ludwigshafen

Postanschrift:
67056 Ludwigshafen

Telefon: *(0621) 60-0*
Telex: *46 499-0 bas d*
Telefax: *(0621) 60-42525*

Branche: *Chemische Industrie, Chemiefasern und Kunststoffe*

Rechtsform:
Aktiengesellschaft

Geschäftsjahr: *1.1.-31.12.*

Gründungsjahr: *1865; I.G. Farbenindustrie AG 1925; Neugründung im Zuge der I.G.-Entflechtung am 30.1.1952*

Gründungsjahre der Fabrik, 1865, 30 betrug, ist fortdauernd gestiegen, sie erreichte am 1. Januar 1900 6.207.«
Im Ersten Weltkrieg wurde das Unternehmen in die Kriegswirtschaft eingebunden. Lieferungen für die Rüstungs- und Sprengstoffindustrie; chemische Produkte wurden als Kampfgase an der Front eingesetzt. Erweiterungen des Oppauer Ammoniakwerkes, neues Ammoniakwerk der BASF in Leuna. Nach dem Krieg Beschlagnahme der Fabrikationsstätten, Werke und Patente durch die Siegermächte. Die chemische Industrie erholte sich schnell. 1925 fusionierte die BASF mit fünf weiteren Firmen (darunter Hoechst und Bayer) zur »Interessengemeinschaft Farbenindustrie Aktiengesellschaft« (I.G. Farben) und verlegte ihren Sitz nach Frankfurt. Bahnbrechende Erfindung des Magnetophonbandes in den 30er Jahren. Im Zweiten Weltkrieg Umstellung auf die Kriegswirtschaft, besonders in den Bereichen Stickstoff, Gummi und Benzin. I.G. Farben rekrutierte Zwangsarbeiter und KZ-Häftlinge. Als 1945 die I.G. Farben als mit Abstand größter Chemiekonzern der Welt – übermächtig in Deutschland, mit einem Zweigwerk in Auschwitz (Buna-Werk) und Mitproduzent von Zyklon B für die Gaskammern der KZs – von den alliierten Siegermächten zerschlagen wurde, hatte der Konzern rund 500 ausländische Beteiligungen. Die drei wichtigsten Nachfolger der I.G. Farben wurden die BASF (bereits 1948 wieder 22.000 Mitarbeiter; 1952 Neugründung im Rahmen der I.G.-Entflechtung), Bayer und Hoechst. 1973 Umfirmierung der Gesellschaft in BASF Aktiengesellschaft. Durch Akquisitionen in aller Welt und zahlreiche Firmengründungen wurde die BASF in den 70er und 80er Jahren größer, als es die I.G. je gewesen war. Erfindung von Indanthren, der Ammoniak-Synthese, von Styropor.

BESITZVERHÄLTNISSE/EIGENTUMSSTRUKTUR.

- Allianz AG Holding, München/Berlin (12,36%)
- Rest Streubesitz bei 293.000 Aktionären.

(Stimmrechtsbeschränkung auf nominal 80 Mio. DM. 25.000 ausländische Aktionäre halten knapp 27% des Aktienkapitals. Rund 98.000 inländische Kleinaktionäre besitzen pro Kopf nicht mehr als 20 Aktien.)
Die einzelnen Anlegergruppen sind wie folgt am Grundkapital von BASF beteiligt:

- Privatpersonen (35%)
- Investmentgesellschaften (21%)
- Versicherungen/Banken (38%)
- Industrie/Handel (3%)
- Sonstige Anleger (3%)

KONZERNÜBERBLICK. BASF gehört zu den größten Chemiekonzernen der Welt und ist multinational tätig. Der Konzern verfügt über weltweite Produktionsstätten und einen entsprechenden Vertrieb, durch den BASF-Produkte in nahezu allen Ländern der Erde verkauft werden. Die Arbeitsgebiete der BASF umfassen Öl und Gas, Produkte für die Landwirtschaft, Kunststoffe und Fasern, Chemikalien, Farbstoffe und Veredlungsprodukte, Verbraucherprodukte und sonstiges. Das Stammwerk der BASF befindet sich in Ludwigshafen. In 39 Ländern betreibt die BASF-Gruppe Produktionsanlagen; Geschäftsbeziehungen mit Kunden bestehen weltweit in über 170 Ländern. Ein Schwerpunkt der BASF lag immer im Bereich Forschung und Entwicklung. Zahlreiche von der BASF entwickelte Verfahren gelten innerhalb der modernen Chemie als bahnbrechend. Der Bestand an Patenten und Anmeldungen betrug Ende 1995 weltweit rund 67.000. 1995 tätigte die BASF weltweit 933 Erstanmeldungen. In den Forschungslaboratorien der BASF-Gruppe arbeiteten 1995 10.531 Mitarbeiter, davon 2.367 Hochschulabsolventen. In deutschen Forschungseinrichtungen der BASF waren 8.404 Mitarbeiter beschäftigt. Der Konzern gliedert sich in sechs Arbeitsgebiete, die 1995 neu geordnet wurden:

◆ Gesundheit und Ernährung: Zu diesem Arbeitsgebiet gehören: Pharma (Arzneimittel), Feinchemikalien, insbesondere Vitamine, Pflanzenschutz- und Düngemittel. Das Angebot umfaßt: Arzneimittel zur Behandlung von Erkrankungen des Herz-Kreislauf-Systems, des Nervensystems und des Magen-Darm-Traktes sowie Schmerzmittel und Medikamente zur Wundheilung; Pharmachemikalien; Vitamine und andere Feinchemikalien für die pharmazeutische, die Lebensmittel- und Kosmetikindustrie sowie die Tierernährung; Pflanzenschutzmittel, insbesondere Herbizide und Fungizide; ein breites Sortiment von stickstoffhaltigen Einzel- und Volldüngern. Durch die 1995 erfolgte Übernahme der Pharmasparte der Boots plc wurden die Märkte USA, Frankreich, Spanien und Großbritannien weiter ausgebaut. Hinzu kamen Beteiligungsgesellschaften in Indien und Pakistan. BASF erwarb 1996 zusätzlich die Mehrheit an dem japanischen Pharmaunternehmen Hokuriku Seiyaku. BASF Generics nahm 1995 mit der Einführung von zehn Generika das Geschäft auf.

Bei Produkten für die Landwirtschaft gehört die BASF zu den führenden Unternehmen der Welt; BASF ist weltweit der bedeutendste Hersteller, der sowohl Pflanzennährstoffe als auch Pflanzenschutzmittel anbietet. Düngemittel aller Kategorien, Pflanzenschutzmittel, Futterzusatzstoffe für die Tierernährung, Wachstumsregulatoren. Die deutschen Kali- und Steinsalzaktivitäten der Kali und Salz AG wurden Mitte 1993 ausgegliedert. Ende 1993 wurde die Zusammenführung der Kali- und Steinsalzaktivitäten der Kali und Salz AG (Kalidünger, Magnesiumsalze, Steinsalz) und der Mitteldeutschen Kali AG zur Kali und Salz GmbH vollzogen. Umsatz des Arbeitsgebietes 1995: 7.986,0 Mio. DM (Vorjahr: 7.274,0 Mio.).

◆ Farbmittel und Veredlungsprodukte: Farbstoffe, Pigmente, Veredlungsmittel, Prozeßchemikalien, Dispersionen, Drucksysteme, Lacke und Farben für die Industriezweige Bau, Chemie, Druck, Klebstoffe, Lacke, Leder, Papier und Textil. Umsatz des Arbeitsgebietes 1995: 10.766,0 Mio. DM (Vorjahr: 10.751,0 Mio.).

◆ Chemikalien: An den Produktionsstandorten Ludwigshafen und Antwerpen werden wichtige Grundchemikalien überwiegend für den eigenen Bedarf hergestellt: Ethylen, Propylen, Benzol, Ammoniak, Methanol, Schwefelsäure, Chlor und Natronlauge. Auf dieser Basis werden in zahlreichen Veredlungsstufen Chemikalien für den industriellen Einsatz und Zwischenprodukte für chemische Synthesen hergestellt. Die Spezialchemikalien werden u. a. verwendet für Wasch- und Reini-

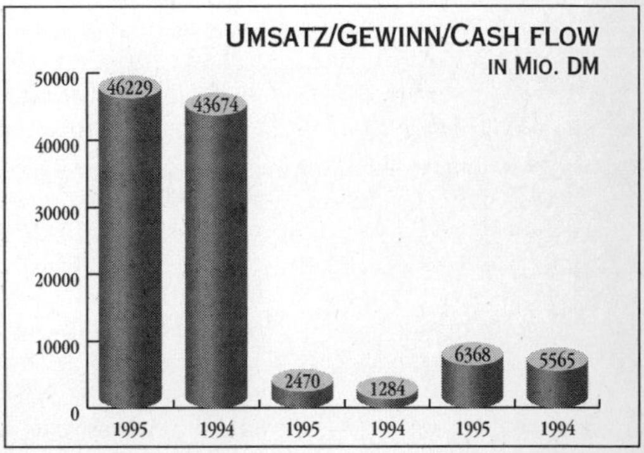

Öffentlichkeitsarbeit:
Dr. Rolf-Dieter Acker
Tel.: (0621) 60-99286
FAX: (0621) 60-21487
Dr. Matthias Hensel
(Pressestelle)
Tel.: (0621) 60-99223
FAX: (0621) 60-20129
Online: matthias.hensel.
azoa.@400.basf-ag.de
Internet: http://www.basf.de
(Informationen über die BASF)

Verbände: *Verband der Chemischen Industrie e.V., Frankfurt/Main*

Vorstand:
▌ *Strube, Jürgen, Dr. (Vorsitzender; Recht, Steuern und Versicherung, Planung und Controlling)*
▌ *Stechl, Hanns-Helge, Dr. (stellv. Vorsitzender; Industriechemikalien, Zwischenprodukte, Feinchemie, Grundchemikalien; Nordeuropa; Antwerpen)*
▌ *Eckell, Albrecht, Dr. (Dispersionen, Farbmittel und Prozeßchemikalien, Spezialchemikalien, Textil- und Lederchemie, Lacke und Farben; Südeuropa)*
▌ *Kley, Max Dietrich (Arbeitsdirektor; Finanzen, Personal BASF-Gruppe, Informatik und Kommunikationstechnik, Personal BASF AG, Umwelt, Arbeitssicherheit und Energie)*
▌ *Quadbeck-Seeger, Hans-Jürgen, Prof. Dr. (Ammoniaklaboratorien, Farbenlaboratorien, Technische Entwicklung, Hauptlaboratorien, Kunststofflaboratorien)*
▌ *Stein, J. Dieter, Dr. (Faserprodukte; Nordamerika: Chemie, Lacke und Farben, Kunststoffe, Verbraucherprodukte/Zentralamerika; Nordamerika: Finanzen)*
▌ *Trautz, Volker, Dr. (Schaumstoffe und Reaktionsharze, Polyurethane, Polyolefine und PVC, Technische Kunststoffe; Ostasien, Japan, Südostasien/Australien)*
▌ *Werner, Dietmar, Prof. Dr. (Öl und Gas, Rohstoffeinkauf; Südamerika, Osteuropa, Asien, Westasien; Ingenieurtechnik, Werkstechnik BASF AG)*
▌ *Wolf, Gerhard R. (Düngemittel, Kali und Salz, Pflanzenschutz, Pharma; Zentraleuropa; Logistik)*

Vorstandsbezüge 1995:
17.000.000,– DM

gungsmittel, bei der Ölförderung, zum Kfz-Kühlerschutz oder als Kraftstoffadditive. Umsatz des Arbeitsgebietes 1995: 7.255,0 Mio. DM (Vorjahr: 6.437,0 Mio.).

◆ Kunststoffe und Fasern: Die Kunststoffproduktion reicht von Standardkunststoffen wie Polyolefinen, Polyvinylchlorid (PVC), Polystyrol und dem Marktrenner unter den Schaumstoffen, Styropor, über eine Vielzahl von Spezialkunststoffen wie Styrolcopolymeren, Polyacetalen, Polyamiden, Polyester, Polyetherketonen, Polysulfonen, Polyurethanen und Reaktionsharzen bis hin zu Konstruktions- und Acrylglaswerkstoffen. BASF-Kunststoffe finden Anwendung im Flugzeugbau, in der Automobil- und Elektroindustrie, im Fertigteilbau, bei der Herstellung von Haushaltsgeräten etc. Das Geschäft mit synthetischen Fasern und Fäden wird von der BASF Corporation wahrgenommen. Im März 1994 erwarb BASF die westeuropäischen Polypropylen-Aktivitäten der ICI und bereits 1992 die Mobil Chemicals. Umsatz des Arbeitsgebietes 1995: 12.456,0 Mio. DM (Vorjahr: 11.387,0 Mio.).

◆ Öl und Gas: Die Suche und Gewinnung von und der Handel mit Erdöl und Erdgas sowie die Rohölverarbeitung liegen bei der Wintershall AG mit ihren Beteiligungsgesellschaften innerhalb der BASF-Gruppe. Sie liefern Brennstoffe wie Heizöl und Erdgas zur Energieerzeugung sowie petrochemische Grundstoffe. Gerade für die chemische Industrie (Werk Ludwigshafen) stellen Erdöl und Erdgas die wichtigsten Rohstoffe dar. Das Werk Ludwigshafen ist der größte industrielle Erdgasabnehmer in Deutschland. Produktion von Kraftstoffen, Motorenölen und Schmierstoffen. (Wintershall ist zu 15% an der Aral AG beteiligt.) Schwerpunkte der eigenen Exploration waren Norddeutschland, die holländische Nordsee, Libyen und Kanada. Über Deminex war Wintershall an der Exploration in der britischen und norwegischen Nordsee, in Syrien, Ägypten, Indonesien und Argentinien beteiligt. Das Arbeitsgebiet wird gemeinsam mit der russischen Gazprom ausgebaut. (Investitionen von 3,5 Mrd. DM in ein 1.100 km langes Leitungsnetz). Die Wintershall-Gruppe erreichte 1995 einen Umsatz von 4.527,0 Mio. DM und beschäftigte 1.997 Mitarbeiter. Umsatz des Arbeitsgebietes 1995: 4.207,0 Mio. DM (Vorjahr: 4.075,0 Mio.).

◆ Informationssysteme (früher Verbraucherprodukte): Die Produkte der BASF Magnetics GmbH umfassen Audio- und Videobänder für professionelle Studio- und Duplizieranwendung, Audio- und Videocassetten für Endverbraucher sowie Datenmedien. Der Vertrieb und die Vermietung von EDV-Anlagen und Speichergeräten ist das Arbeitsfeld der Comparex Informationssysteme GmbH. Umsatz des Arbeitsgebietes 1995: 2.465,0 Mio. DM (Vorjahr: 2.701,0 Mio.). Mitte August 1996 teilte die BASF mit, ihr gesamtes Magnetprodukte-Geschäft zum 1. Januar 1997 an den türkischen Audio- und Videocassetten-Hersteller RAKS, Izmir, zu veräußern.

DAS WERK LUDWIGSHAFEN. Im Inland produziert BASF vor allem im Werk Ludwigshafen, mit über 2.000 Gebäuden und Anlagen der Stammsitz des Konzerns und fast eine eigene Stadt. Hier werden jährlich über 8.000 verschiedene chemische Verkaufsprodukte hergestellt. In den über 130 Jahren seit der Gründung der BASF hat sich das Werk in Ludwigshafen am Rhein zum größten zusammenhängenden Chemie-Areal der Welt entwickelt. In mehr als 350 Produktionsbetrieben, Hunderten von Labors, Werkstätten, Büros und Serviceeinrichtungen sind rund 44.500 BASF-Mitarbeiter beschäftigt. Zusätzlich arbeiten etwa 7.000 Mitarbeiter fremder Firmen im Werk. Die ungeheuren Strommengen, die das Werk jährlich verbraucht (ca. 5,9 Mrd. kWh), werden überwiegend in BASF-eigenen Kraftwerken erzeugt oder kommen vom RWE. BASF verfügt zur Rohstoffzufuhr (Erdöl, Erdgas etc.) über Pipeline-Verbindungen zu verschiedenen Raffinerien. Für Kühlzwecke werden jährlich 1,1 Mrd. Kubikmeter gefiltertes Rheinwasser verwendet. Weitere Kennzahlen des Werkes Lugwigshafen zur Verkehrsinfrastruktur und zu den Güterströmen: 115 km Straßen, 211 km Bahngleise, 2.000 km oberirdische Rohrleitungen, 23 Schiffsladungen täglich, 1.500 Lastkraftwagen täglich, 620 Güterwagen täglich. Im Werk Ludwigshafen sind in vier Ambulanzen 174 Mitarbeiter tätig, darunter 20 Werksärzte und zwei Zahnärzte.

BETEILIGUNGEN. Zum BASF-Konzern gehören weltweit ca. 350 Gesellschaften, darunter etwa 150 Produktionsgesellschaften.

● Wichtige Tochter- und Beteiligungsgesellschaften der BASF AG im Inland: Wintershall AG, Celle/Kassel (100% – Erdöl, Erdgas, Mineralölprodukte. Die Wintershall AG ist wiederum u. a. beteiligt an: Aral AG, Bochum, mit 15%; Deminex-Deutsche Erdölversorgungsgesellschaft mbH, Essen, mit 18,5%); Rheinische Olefinwerke GmbH, Wesseling (50%, die übrigen 50% gehören der Deutsche Shell AG. Polyolefine, Styrol, Butadien, Epoxidharze, thermoplastischer Kautschuk); BASF Lacke + Farben AG, Münster (100% – Lacke, Anstrichmittel, Druckfarben, Pigmente); Knoll AG, Ludwigshafen (100% – Arzneimittel, Pharmachemikalien); Elastogran GmbH, Lemförde (100% – Polyurethan-Grundprodukte und -Systeme, PUR-Spezialelastomere und technische Teile); BASF Magnetics GmbH, Mannheim (100% – Magnetische Aufzeichnungsträger für Audio, Video und Datentechnik); Comparex Informationssysteme GmbH, Mannheim (100% – Vertrieb und Vermietung von EDV-Anlagen und Speichergeräten, Dienstleistungen); BASF Schwarzheide GmbH, Schwarzheide (100% – Polyurethanprodukte und -systeme, Schaumstoffe, Pflanzenschutzmittel, Wasserbasislacke). Die Kali und Salz AG, Kassel (Kali, Steinsalz, anorganische Chemikalien, Düngemittel) wurde Ende 1993 mit der Mitteldeutschen Kali AG zur Kali und Salz GmbH zusammengelegt (51%; 49% bei der Beteiligungs-Management Gesellschaft Berlin mbH als Nachfolgegesellschaft der Treuhand – nicht mehr im Konsolidierungskreis der BASF).

● Wichtige Tochter- und Beteiligungsgesellschaften der BASF AG im Ausland: BASF Antwerpen N.V., Antwerpen/Belgien (100% – Düngemittel, Kunststoffe, Vorprodukte für Kunststoffe und Fasern, Chemikalien); BASF Española S.A., Barcelona/Spanien (100% – Chemikalien, Kunststoffe, Veredlungsprodukte, Produkte für die Landwirtschaft); BASF Italia Spa, Cesano Maderno/Italien (100% – Farbmittel, Veredlungsprodukte); BASF France S.A., Levallouis-Perret/Frankreich (100% – Vertrieb von Dünge- und Pflanzenschutzmitteln, Chemikalien, Kunststoffen, Farbmitteln und Veredlungsprodukten); BASF Peintures + Encres S.A., Clermont/Frankreich (100% – Lacke, Anstrichmittel, Druckfarben, Pigmente); BASF Vernici e Inchiostri Spa, Cinisello Balsamo/Italien (100% – Lacke, Anstrichmittel, Druckfarben, Pigmente); BASF Corporation, Mount Olive, New Jersey/USA (100% – Chemikalien, Pflanzenschutzmittel, Kunststoffe, Fasern, Farb-

Aufsichtsrat:

- *Seefelder, Matthias, Prof. Dr. (Ehrenvorsitzender), Heidelberg*
- *Albers, Hans, Dr. (Vorsitzender), Bad Dürkheim*
- *Bierich, Marcus, Dr. (Vorsitzender des Aufsichtsrates der Robert Bosch GmbH), Stuttgart*
- *Davignon, Etienne Graf (Präsident der Société Générale de Belgique), Brüssel*
- *Eigen, Manfred, Prof. Dr. (Direktor am Max-Planck-Institut für biophysikalische Chemie), Göttingen*
- *Jentzsch, Wolfgang, Dr., Mannheim*
- *Langmann, Hans Joachim, Prof. Dr. (Vorsitzender der Geschäftsleitung der Merck KGaA), Jugenheim/ Bergstraße*
- *Schulte-Noelle, Henning, Dr. (Vorsitzender des Vorstandes der Allianz AG), München*
- *Studer, Robert (Präsident der Konzernleitung der Schweizerischen Bankgesellschaft), Zürich*
- *Weiss, Ulrich, Dr. (Mitglied des Vorstandes der Deutsche Bank AG), Bad Soden*
- *Werner, Helmut (Vorsitzender des Vorstandes der Mercedes-Benz AG), Stuttgart*

**Obenauer, Volker (stellv. Vorsitzender)*
**Hick, Lothar*
**Küppers, Ulrich*
**Messmer, Karlheinz*
**Nickel, Ulrich*
**Schneider, Ellen*
**Sebastian, Gerhard*
**Söllner, Gerhard*
**Südhofer, Klaus*
**Walter, Jürgen*

Aufsichtsratstantiemen 1995: *1.900.000,– DM*

BÖRSE, AKTIEN, KURSE
Grundkapital 1995:
3.048,8 Mio.
Jahreshöchstkurs 1995:
336,80 DM
Jahrestiefstkurs 1995:
277,20 DM
Aktie Jahresende 1995:
323,00 DM
Dividende pro Aktie 1995:
14,00 DM

Die Dividende bezieht sich auf je 50,– DM Aktiennennbetrag. Dividendensumme der BASF AG 1995: 854,0 Mio. DM. Anzahl der Aktien: 61,0 Mio. Stück. Die BASF-Aktie wird an allen acht deutschen Wertpapierbörsen sowie an zehn ausländischen Börsen amtlich notiert. 1995 wurden allein an der Frankfurter Börse BASF-Aktien im Wert von 43 Mrd. DM umgesetzt. Die BASF-Aktie gehörte damit zu den meistgehandelten Werten in Deutschland.

mittel und Veredlungsprodukte, Verbraucherprodukte); BASF Argentina S.A., Buenos Aires/Argentinien (100% – Styropor, Veredlungsprodukte, Pflanzenschutzmittel); BASF de México S.A. de C.V., México D.F./Mexiko (100% – Chemikalien, Farbmittel und Veredlungsprodukte, Lacke); BASF Quimica Colombiana S.A., Medellin/Kolumbien (100% – Chemikalien, Polyesterharze, Veredlungsprodukte, Pflanzenschutzmittel); BASF S.A., São Bernardo do Campo/Brasilien (100% – Chemikalien, Farbmittel, Veredlungsprodukte, Lacke und Anstrichmittel, Pflanzenschutzmittel, Styropor, Audio- und Video-Cassetten); BASF Australia Ltd., Melbourne/ Australien (100% – Styropor, technische Kunststoffe, Veredlungsprodukte); BASF India Ltd., Bombay/Indien (100% – Styropor, Farbmittel, Veredlungsprodukte, Pflanzenschutzmittel); BASF Japan Ltd., Tokio/Japan (100% – Veredlungsprodukte, Kunststoffe); BASF (Malaysia) Sdn. Bhd., Petaling Jaya/Malaysia (100% – Styropor); Hyosung-BASF Co. Ltd., Seoul/Korea (100% – Styropor, Polystyrol, Styrolcopolymere); Mitsubishi Chemical BASF Company Ltd., Yokkaichi/Japan (100% – Styropor, Polymerdispersionen, Schaumstoffolien).

NEUE BUNDESLÄNDER. BASF war das erste Großunternehmen, das ein chemisches Werk auf dem Gebiet der ehemaligen DDR übernahm. BASF erwarb von der Treuhand den früheren VEB Schwarzheide in Brandenburg, jetzt BASF GmbH Schwarzheide. BASF kaufte das ehemalige Synthesewerk, das zu DDR-Zeiten als »Perle« der Ostchemie galt, unter der Bedingung der Freistellung von allen Altlasten. Die Beschäftigten wurden von rund 4.900 auf knapp 2.100 abgebaut. Im Mai 1994 nahm die BASF in Schwarzheide drei neue Produktionsanlagen in Betrieb für die Herstellung von Pflanzenschutzmitteln, Lacken und Schaumstoffen, die im Bauwesen und als Polstermaterial Verwendung finden. Bis Ende 1996 will BASF in Schwarzheide insgesamt 1,3 Mrd. DM investieren. Das Unternehmen Wintershall ist in großem Stil in das Gasgeschäft der ehemaligen DDR eingestiegen. Von der Treuhandanstalt wurde eine Beteiligung an der Verbundnetz Gas AG von 15% übernommen. Ansonsten hat die BASF in Ostdeutschland ein flächendeckendes Vertriebsnetz aufgebaut und macht besonders mit Produkten für die Landwirtschaft gute Geschäfte.

KALI UND SALZ. Bischofferode ist zum Synonym geworden für Rücksichtslosigkeit, unsentimentale Geschäfte, Ohnmacht der Ostdeutschen gegenüber den Brüdern und Schwestern aus dem Westen. Die Kali-Kumpel mußten sich nach hartem Arbeitskampf, Werksbesetzungen und Hungerstreik schließlich mit der Liquidierung ihres traditionsreichen Unternehmens abfinden. Unumstößlich stand fest: Die alten Werte sind passé, die neuen heißen Markt, Wachstum und Profit. Unter diesem Vorzeichen war mit dem Verkauf der Mitteldeutschen Kali durch die Treuhand an die BASF-Tochter Kali und Salz in Kassel und deren Zusammenführung in die Kali und Salz GmbH klar, daß alle als unrentabel definierten Standorte in Ostdeutschland über kurz oder lang die Tore schließen würden, verbunden mit massenhaften Entlassungen. Die westdeutsche Gewerkschaft, die ihrerseits ausschließlich die Arbeitsplatz- und Standortsicherung im Westen im Visier hatte und ohnehin eine mögliche ostdeutsche Konkurrenz scheute, stellte sich ganz auf die Seite der Kali-Manager und hintertrieb eine ostdeutsche Standortsicherung noch zusätzlich. 700 Arbeiter verloren ihre Arbeitsplätze. Die Kommission der Europäischen Gemeinschaft stimmte der Fusion nach langem Zögern zu und besiegelte damit das Ende von Bischofferode. An der Kali und Salz GmbH hält BASF über die Kali und Salz Beteiligungs AG 51% und die bundeseigene Beteiligungs-Management-Gesellschaft Berlin mbH als Nachfolgeorganisation der Treuhandanstalt 49%. Im gesamten Kali-Bereich soll bis Ende 1997 nach Stilllegungen in Ost- und Westdeutschland die Belegschaft auf 7.500 reduziert werden. Nachdem 1993 zwei Werke stillgelegt worden sind, betreibt Kali und Salz jetzt noch acht Kali- und drei Steinsalzwerke. Nach der Ausgliederung der Kali- und Steinsalzaktivitäten aus der BASF konzentriert sich das Geschäft der Kali und Salz Beteiligungs AG im wesentlichen auf das Entsorgungsgeschäft und die Steuerung der Beteiligungsgesellschaften. Im August 1996 teilte die BASF mit, 51% der Kali und Salz Beteiligungs AG an die kanadische Potash Corp. of Saskatchewan Inc. verkaufen zu wollen. Danach würde BASF nur noch 25% an Kali und Salz-Beteiligungen halten, deren größte Gesellschaft die Kali und Salz GmbH mit ihren Bergwerken in Hessen, Thüringen, Sachsen-Anhalt und Niedersachsen ist. Kali und Salz ist der einzige Kaliproduzent in Deutschland, Potash das größte Kaliunternehmen der Welt. Die »Süddeutsche Zeitung« titelte am 16. August 1996: »BASF plant Ausverkauf des Kalibergbaus.«

WINTERSHALL UND GAZPROM. 1990 wurde zwischen der Wintershall AG und der russischen Gazprom, dem größten Erdgas-Produzenten und -Exporteur der Welt, ein bis zum Jahr 2000 angelegter Vertrag über Gaslieferungen via die Gas-Fernleitungen MIDAL und STEGAL abgeschlossen. In das Gasfernleitungsprojekt MIDAL/STEGAL wurden vom deutsch-russischen Gemeinschaftsunternehmen Wintershall Gas GmbH (Wingas), Kassel, an dem die BASF-Tochter Wintershall AG und die russische Aktiengesellschaft Gazprom (35%) beteiligt sind, rund 4 Mrd. DM investiert. BASF und Gazprom planen bis 1998 den Bau von gaschemischen Großanlagen zur Herstellung von Polyäthylen im sibirischen Nowyj Urengoi. Gazprom betreibt den Anschluß Westeuropas an die Erdgasvorkommen auf der sibirischen Halbinsel Jamal zur langfristigen Deckung des europäischen Erdgasbedarfs. Eine zweite Erdgasleitung soll von den Jamal-Feldern in Sibirien durch Weißrußland und Polen nach Frankfurt/Oder führen. Nachdem sich die BASF Ludwigshafen als größter deutscher Verbraucher von Erdgas 1994 von der Erdgasversorgung durch ihren bisherigen Lieferanten Ruhrgas AG völlig losgesagt hat und sich vom Gemeinschaftsunternehmen Wingas versorgen läßt, plant Wintershall nun auch ein Vordringen mit eigenen Erdgasleitungen ins Ruhrgebiet, in die ureigene Domäne der Ruhrgas.

STANDORT DEUTSCHLAND. Standortbereinigung, Restrukturierung und Rationalisierung stehen bei BASF zur »Kostenentlastung« auch 1996/97 ganz oben an. Kompromißlos hat sich BASF in den letzten Jahren von zahlreichen Verlustquellen getrennt und die Ertragsbereiche weiter ausgebaut. Das bedeutete Umstrukturierung, Kooperation, Verkauf oder Stillegung ganzer Unternehmensbereiche und Produktionslinien. Von 1990 bis 1995 gab die BASF unter dem Motto »Stärken stärken – Schwächen bereinigen« für die »Zukunftsgestal-

Umsatz 1995: *46.229,1 Mio.*
(Ausland: 33.615,0 Mio.)
Umsatz 1994: *43.674,0 Mio.*
(Ausland: 31.693,8 Mio.)
Umsatz 1993: *40.568,0 Mio.*
Ausland: 28.460,3 Mio.)

Gewinn 1995: *2.470,5 Mio.*
Gewinn 1994: *1.284,0 Mio.*
Gewinn 1993: *857,7 Mio.*

Cash flow 1995: *6.368,0 Mio.*
Cash flow 1994: *5.565,0 Mio.*
Cash flow 1993: *4.635,0 Mio.*

Cash flow: *Die Investitionsmittel konnten vollständig aus dem Cash flow, dem neuerlich höchsten in der Geschichte der BASF, gedeckt werden. Die Zugänge im Anlagevermögen betrugen insgesamt 4.975 Mio. DM, mehr als 2.075 Mio. DM gegenüber dem Vorjahreswert. An diesem Anstieg war der Erwerb von Pharmaaktivitäten der Boots plc mit 1.738 Mio. DM beteiligt. Der Finanzbedarf des Konzerns und die ausgeschüttete Dividende wurden vollständig aus dem Cash flow finanziert.*

Steueraufkommen 1995:
1.704,9 Mio.
Mineralöl-/Erdgassteuer 1995: *3.173,5 Mio.*

Beschäftigte 1995: *106.565*
Beschäftigte 1994: *106.266*
Beschäftigte 1993: *112.020*

Umsatz pro Mitarbeiter 1995: *433.811,– DM*
Umsatz pro Mitarbeiter 1994: *438.189,– DM*
Umsatz pro Mitarbeiter 1993: *384.955,– DM*

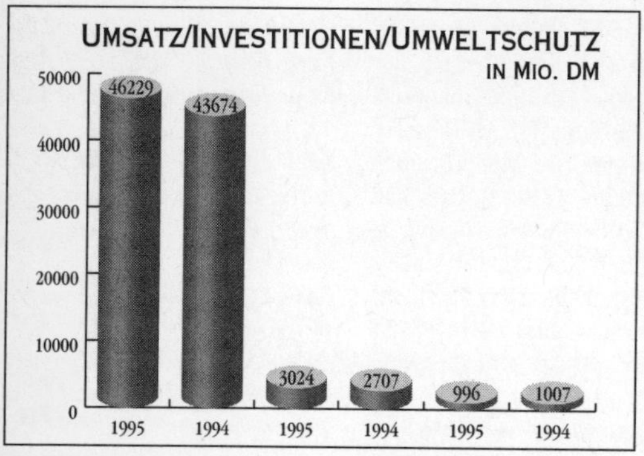

tung« fast 40 Mrd. DM aus. Für Restrukturierungsmaßnahmen im Personalbereich wandte der Konzern in diesem Zeitraum 3,6 Mrd. DM auf. Die Belegschaften der BASF-Gruppe verringerten sich in dieser Zeit weltweit um etwa 28.000 auf rund 106.500 Personen, im Inland um beinahe 25.000 auf 63.700 Beschäftigte. Auch in den ersten acht Monaten des Jahres 1996 wurden bereits über 2.600 Stellen gestrichen, verschiedene Werke in den Bereichen Textil- und Lederchemie, Farbmittel, Prozeß- und Spezialchemikalien sowie Dispersionen sollen schließen. Ständig werden weitere lokale Produktionen außerhalb Europas in Betrieb genommen. So fiel die Entscheidung des Konzerns Mitte 1996 für eine neue in Zusammenarbeit mit Shell Chemicals Europe Ltd. geplante Kunststoffabrik (Styrol, Propylenoxyd) zugunsten eines niederländischen Standortes aus, obwohl eigentlich die deutschen Standorte Wesseling oder Ludwigshafen den Zuschlag erhalten sollten. »Globalisierung heißt für uns aber nicht nur, Produktionen vor Ort aufzubauen,« betonte der Vorstandsvorsitzende Jürgen Strube im März 1996. »Ebenso wichtig ist die vorherige Markterschließung, die wir durch den Aufbau von Marketing- und Vertriebsstrukturen konsequent vorantreiben.« BASF wählt seine Standorte dort, wo sichergestellt ist, daß die am Weltmaßstab dimensionierten Produktionsanlagen zu 70% den heimischen Markt beliefern können. (Ein Nebeneffekt: die Unabhängigkeit von Währungsschwankungen.) Der »Standort Deutschland«, so der Vorstand, muß seinen Platz in der neuen globalen Arbeitsteilung suchen.

Der nordamerikanische Markt wird fast ausschließlich durch Produktionen vor Ort beliefert. Die starke Produktionsbasis im NAFTA-Raum ermöglicht es BASF, Drittmärkte auch verstärkt aus dem nordamerikanischen Raum zu versorgen. Die BASF ist an 24 Standorten in 15 Staaten Osteuropas vertreten. Im Zuge ihrer weiteren Internationalisierung verbreitert die BASF ihre lokale Produktionsbasis in Süd- und Ostasien. Jürgen Strube: »Wir müssen uns daran gewöhnen, daß die Konjunkturmusik zunehmend im asiatischen Raum gespielt wird. Wer im globalen Wettbewerb eine führende Rolle behalten will, muß im asiatischen Orchester unüberhörbar mitspielen.« In China ist die BASF bereits maßgeblich an sechs Gemeinschaftsunternehmen beteiligt und steuert in den kommenden Jahren auf diesem Markt einen Umsatz von 1 Mrd. DM an. Damit ist die BASF der größte ausländische Chemieinvestor in China. Mit der Shanghai Dyestuff Corp. wurde 1995 in Pudong bei Shanghai die Pigmentproduktion in großem Stil begonnen. 1997 soll das Gemeinschaftsunternehmen mit der Yangzi Petrochemical Corp. zur Produktion für Styrol und Polystyrol in Nanjing seine Arbeit aufnehmen. In einem weiteren Joint-venture mit drei chinesischen Unternehmen werden ab 1997 in großem Stil Nylon und Nylonteppichfasern produziert. Joint-ventures für die Herstellung von Fahrzeuglacken, Vitaminen und Neopentylglykol sind geplant. Im westindischen Mangalore entstehen Produktionsanlagen für Farbmittel und Dispersionen.

Im August unterzeichnete BASF mit der türkischen RAKS-Gruppe eine Vereinbarung, nachdem RAKS zum 1. Januar 1997 das weltweite Magnetprodukte-Geschäft (3.700 Beschäftigte) der BASF übernehmen soll. Darüber hinaus soll der ebenfalls zum Arbeitsgebiet Informationssysteme gehörende Comparex-Umsatz unter sonstige geführt werden, nachdem im Frühjahr 1996 bereits 40% der Comparex-Gruppe an die südafrikanische Persetel-Gruppe verkauft worden waren. Vieles spricht dafür, daß sich BASF ganz von seinem traditionellen Arbeitsgebiet Informationssysteme trennen will, nachdem bereits in den vergangenen Jahren alle Magnetbandaktiviäten in der BASF Magnetics-Gruppe zusammengefaßt worden waren und die Standorte Berlin, Ettenheim und Gien (Frankreich) geschlossen wurden. BASF Magnetics erzielte 1995 einen Umsatz von über 1,2 Mrd. DM.

Der deutsche Kali und Salz-Standort geht mit Mehrheit in kanadische Hände über, nachdem die BASF diesen Bereich nicht mehr als Kernarbeitsgebiet ausweist. Im August gaben die Ludwigshafener den Verkauf von 51% der Kali und Salz Beteiligungs mbH an die kanadische Potash Corporation of Saskatchewan Inc. bekannt. Die Kali und Salz-Gruppe der BASF erzielte 1995 einen Umsatz von 2,1 Mrd. DM und hatte Mitte 1996 noch 9.200 Beschäftigte. Die größte Gesellschaft, die Kali und Salz GmbH, machte davon mit 8.300 Beschäftigten einen Umsatz von 1,7 Mrd. DM.

Löhne und Gehälter 1995: *8.404,3 Mio.*
Löhne und Gehälter 1994: *8.304,6 Mio.*
Durchschnittsgehalt 1995: *78.865,– DM*
Soziale Abgaben und Aufwendungen 1995: *2.414,1 Mio.*
Soziale Abgaben und Aufwendungen 1994: *2.086,1 Mio.*

Bezüge pro Vorstandsmitglied 1995: *1.888.889,– DM*
Tantiemen pro Aufsichtsrat 1995: *90.476,– DM*

»BÜNDNIS FÜR ARBEIT«. Die drastischen Kostensenkungsprogramme und der gewaltige Personalabbau lassen den BASF-Vorstand und die Aktionäre jubeln: Der höchste Umsatz der Geschichte, fast 2,5 DM Milliarden Gewinn nach Steuern. Aber die BASF beklagt dennoch das Lohnniveau, das in manchen Geschäftsfeldern die Produktion in Deutschland einfach zu teuer mache. Für sie sind die vermeintlichen Nebenkosten das Hauptproblem. Den moderaten Tarifabschluß in der Chemieindustrie 1996 bezeichnet die BASF als einen »Solidarpakt zur Standortsicherung und Beschäftigungsförderung«. Danach wurden die Entgelte um 2% erhöht, die Ausbildungsvergütungen um einheitlich 25 DM. Zusätzlich gab es Maßnahmen zur Beschäftigungssicherung und -förderung. Danach sagten die Arbeitgeber zu, den Beschäftigungsabbau ab 1. Juli 1996 zu beenden und den Personalbestand bis zum 28. Februar 1997 (Ende der Laufzeit des Tarifabschlusses) nicht zu unterschreiten. Weitere Maßnahmen: Die Zahl der Ausbildungsplätze soll gehalten oder gesteigert werden (BASF erhöhte die Ausbildungsplätze ab September 1996 um knapp 6% auf 778 Stellen); Langzeitarbeitslose sollen durch abgesenkte Einstelltarife eine neue Chance erhalten, der Freizeitausgleich von Mehrarbeit soll forciert werden, ein Tarifvertrag zur Förderung von Altersteilzeit ist vereinbart, wonach 55jährige und ältere Arbeitnehmer mit dem Arbeitgeber eine Teilzeitbeschäftigung vereinbaren können, die auf einen Zeitraum von fünf Jahren verteilt werden kann bei 85% der bisherigen Einkommensbezüge. In einer »Sozialpartner-Initiative zur Standortsicherung und Beschäftigungsförderung« wurde an die Betriebsparteien appelliert, verstärkt auf flexible Arbeitszeiten zu setzen, Teilzeitarbeit zu fördern, Arbeitszeiten zu differenzieren und mehr Ausgebildete zu übernehmen.

BASF UND DIE UMWELT. Im Rahmen der Sandoz-Katastrophe 1987 entdeckte die Staatsanwaltschaft, daß BASF schnell »nachge-

Investitionen 1995:
3.024,0 Mio.
Investitionen 1994:
2.707,0 Mio.
Investitionen 1993:
4.139,0 Mio.

Umweltschutz 1995:
996,0 Mio. (Betriebskosten Werk Ludwigshafen)
Umweltschutz 1994:
1.007,0 Mio.
(Werk Ludwigshafen)
Umweltschutz 1993:
1.051,0 Mio.
(Werk Ludwigshafen)

Forschung und Entwicklung 1995: *2.088,0 Mio.*
Forschung und Entwicklung 1994: *1.916,0 Mio.*
Forschung und Entwicklung 1993: *1.934,0 Mio.*

kippt«, also im Zuge der allgemeinen Verschmutzung ebenfalls giftige Chemikalien in den Rhein geleitet hatte – eine Tatsache, auf die Umweltschützer seit Jahren hingewiesen hatten. Ende 1986 wurde die Einleitung des Herbizids Metazachlor in den Rhein publik, Ende 1987 flossen bei einem Störfall Fungizide in den Rhein. Für den Bund für Umwelt und Naturschutz (BUND) sind die Genehmigungen und Freibriefe, die BASF von den Behörden erhält, schlicht »haarsträubend«. Die behördlichen Auflagen werden nach gehörigem Druck der BASF-Manager nicht selten abgemildert und zurechtgebogen. Der »Stern« (22.1.1987) schrieb über die »amtlich genehmigte Rheinvergiftung«, die es BASF erlaubte, »Tag für Tag 1300 Tonnen Chemie-Gifte in den Fluß zu pumpen«: »Wie sehr der Strom als Abfallrinne der BASF und anderer Chemie-Giganten mißbraucht werden darf, richtet sich nicht nach dem Gesundheitsschutz für 20 Millionen Menschen, die das mühsam aufbereitete Rheintrinkwasser trinken müssen. Es richtet sich auch nicht danach, ob Fische und Wasser die chemische Verseuchung verkraften. Das Gift-Maß bestimmen die Parteien. Bei der für die Überwachung der BASF zuständigen CDU-Bezirksregierung im rheinland-pfälzischen Neustadt kann der Chemiegigant quasi selbst entscheiden, was ihm gestattet ist.« Und zum Thema Luft und BASF meinte der »Stern«: »Auch die Luft darf der größte Steuerzahler des Landes Rheinland-Pfalz verpesten, ohne daß die Neustädter Bezirksregierung oder das Umweltministerium in Mainz aufmucken.« 1984 gab die BASF bekannt, daß es im November 1953 in der Ludwigshafener BASF eine Dioxin-Katastrophe gegeben hatte. Bei einem Produktionsunfall sei das Seveso-Gift Dioxin freigesetzt worden, an dem in den darauffolgenden Jahren 43 Arbeiter gestorben seien. Dies gab einer der Direktoren des Chemiekonzerns auf der Hauptversammlung des Unternehmens zu und bestätigte damit kursierende Pressemeldungen. Anfang 1991 wurde erneut massiver Bürgerprotest laut gegen den Plan der BASF, in Ludwigshafen eine Produktionsanlage zur gentechnischen Herstellung des Medikaments Tumor Nekrose Faktor (TNF) zu errichten, die von der Stadt Ludwigshafen trotz des noch offenen Genehmigungsverfahrens gebilligt worden war. Und dann gab es immer wieder Störfälle, zuletzt Anfang 1996, als wiederholt aus Anlagen giftige Chemikalien, Chlorwasserstoff, Schwefelsäure und Chlor entwichen.

UMWELTSCHUTZ. All diese Szenarien sollen sich nicht wiederholen bzw. frühzeitig entdeckt, behoben und veröffentlicht werden. Umweltschutz wird bei BASF seit Jahren großgeschrieben; man will vor allem ein besseres Verhältnis zur Öffentlichkeit und dadurch auch eine höhere Akzeptanz der Standorte erreichen. Durch eine transparente Öffentlichkeitsarbeit, umfassende Umweltberichte und hohe Investitionen in den Umweltschutz will BASF einerseits die Produktionsstandorte sicherer und für die Außenwelt erträglicher machen, zum anderen aber auch die eigenen Produkte optimal vermarkten. Wasserreinhaltung, Luftreinhaltung, Lärmschutz und die Entsorgung werden von Umweltbeauftragten auf allen Produktionsebenen überwacht und kontrolliert. In den vergangenen fünf Jahren wurden bei der BASF AG 1,2 Mrd. DM in Umweltschutzprojekte investiert. BASF setzt auf »innovationsintegrierten Umweltschutz« bei allen Problemlösungen der Produktion. 1995 legte BASF die 7. Umweltbilanz vor. Hinzu kommt der detaillierte Umweltbericht 1995. BASF fühlt sich darin den Zielen des »Sustainable Development« verpflichtet, wonach die chemische Industrie ihrer ökonomischen, sozialen und ökologischen Verantwortung ausgewogen gerecht werden will. Obenan stehen dabei die Ressourcenschonung und die Minderung der Umweltbelastung. Danach konnten Menge und Schmutzfracht des Abwassers im Werk Ludwigshafen, dem größten Chemie-Produktionsareal Europas, erheblich gesenkt werden, die Emissionen in der Luft und die Reststoffe auf Deponien zurückgefahren werden. In einem 120 Aktenordner umfassenden Abwasserkataster für das Werk Ludwigshafen wurden alle Abwasserströme registriert. Trotz aller Umweltschutzaktivitäten sind die Emissionsmengen, obwohl in den vergangenen zehn Jahren mehr als halbiert, vergleichsweise hoch: Die BASF produzierte 1995 rund 8 Mio. Tonnen Verkaufsprodukte. Pro Tonne belasteten nach Angaben des Unternehmens rund 4,2 kg Stoffe die Luft und das Wasser im Raum Ludwigshafen. Weitere 7,2 kg Stoffe pro Tonne Verkaufsprodukte gelangten auf Deponien. Die zwölf führenden Hersteller des Kunststoffes Polyvinylchlorid (PVC) in Europa, darunter die BASF, haben 1995 eine Umweltcharta mit freiwilligen Zielvorgaben zur Reduzierung der Schadstoffemissionen unterzeichnet. Den wichtigsten Beitrag zum Klimaschutz leisten die – so das Management – Dämm- und Schaumstoffe aus der Produktion der BASF, einem der gewinnträchtigsten Produktionszweige in Sachen Umweltschutz. Die BASF will den Ausstoß an Kohlendioxyd bis zum Jahr 2005 um 30% gegenüber den Werten von 1990 senken. Gewässer und Luft im Raum Mannheim/Ludwigshafen werden ständig überwacht. Eine BASF-Leitlinie 1996 zum Umweltschutz: »Wirtschaftliche Belange haben keinen Vorrang gegenüber dem Umwelt- und Arbeitsschutz.«

Mitbewerber: *Akzo Nobel, Bayer, Beiersdorf, Benckiser, Boehringer Ingelheim, Ciba-Geigy, Dow Chemical, DuPont, Hoechst, Hüls, ICI, E. Merck, Rhone-Poulenc, Roche, Rütgerswerke, Sandoz, Schering, Solvay, Wacker*

BAYER

GESCHICHTE UND ENTWICKLUNG. Die Firma Friedr. Bayer wurde 1863 zur Herstellung von Anilinfarbstoffen in Wuppertal gegründet. Bereits wenige Jahre später weitere Fabrikationsstätten und Agenturen in den USA und in europäischen Ländern. 1881 Umwandlung in eine Aktiengesellschaft. 1884 Eintritt Carl Duisbergs in die Firma. Bahnbrechende Erfindungen. 1899 wurde Aspirin eingeführt, das fortan bekannteste Medikament der Welt. 1904 wurde das »Bayer-Kreuz« zum Warenzeichen des Konzerns. 1912 Verlegung des Firmensitzes nach Leverkusen, nachdem Bayer bereits 1891 die kleine Ultramarin-Fabrik Leverkus & Söhne gekauft hatte.
Bereits 1913 verfügte Bayer über 8.000 Patente und beschäftigte mehr als 10.000 Mitarbeiter. 1917 Produktion im Werk Dormagen, Agfa-Farbrasterplatte, erstes Farbmaterial. 1925 fusionierte Bayer mit den größten deutschen Chemiekonzernen zur I.G. Farbenindustrie Aktiengesellschaft. 1951 Entflechtung der I.G. Farben. Neugründung der Farbenfabriken Bayer AG mit den Werken Leverkusen, Elberfeld, Dormagen und Uerdingen mit dem Vorstandsvorsitzenden Ulrich Haberland.

Standort:
Bayerwerk
51368 Leverkusen

Telefon: *(0214) 30-1*
Telex: *8 5 103-0 by d*
Telefax: *(0214) 30-8923*

Rechtsform:
Aktiengesellschaft

Geschäftsjahr: *1.1.-31.12.*

Gründungsjahr: *1863; 1925 Einbringung in den I.G.-Farben-Konzern; 1951 Neugründung der Bayer AG*

Branche: *Chemische Industrie, Chemiefasern und Kunststoffe; Pharmazeutische Industrie und Kosmetik; Erdöl- und Erdgasgewinnung, Mineralölverarbeitung; Gummi- und Asbestindustrie, Groß- und Außenhandel*

Öffentlichkeitsarbeit:
Heiner Springer
Tel.: (0214) 30-81038
FAX: (0214) 30-50243
Internet: http://www.bayer-ag.de
http://www.bayer.com

Verbände: *Verband der Chemischen Industrie e.V., Frankfurt/Main; Gesellschaft Deutscher Chemiker, Göttingen; Deutsche Gesellschaft für chemisches Apparatewesen, Berlin*

ENTWICKLUNG, ENTFLECHTUNGS- UND LIQUIDATIONSMASSNAHMEN DER I.G. FARBEN AG. Hoppenstedt – »Handbuch der deutschen Aktiengesellschaften 90/91«: »Die Gesellschaft entstand am 9.12.1925 durch den Zusammenschluß der sechs größten deutschen Chemieunternehmen, in dem die fünf Gesellschaften Farbenfabriken vorm. Friedr. Bayer & Co., Leverkusen; Farbwerke vorm. Meister Lucius & Brüning, Höchst; Actiengesellschaft für Anilinfabrikation, Berlin; Chemische Fabriken vorm. Weiler ter Meer, Uerdingen, und die Chemische Fabrik Griesheim-Elektron, Frankfurt, ihr Vermögen auf die Badische Anilin- & Soda-Fabrik, Ludwigshafen, übertrugen. Bei dieser Gelegenheit änderte die BASF ihren Firmennamen in I.G. Farbenindustrie AG.
Nach dem Zweiten Weltkrieg wurde im Zuge der alliierten Dekartellisierungs- und Entflechtungsmaßnahmen das gesamte Vermögen der Gesellschaft beschlagnahmt und unter alliierte Verwaltung gestellt. Aufgrund des Gesetzes Nr. 35 der Alliierten Hohen Kommission war das Unternehmen in eine Reihe von Gesellschaften (Nachfolgegesellschaften) aufzuspalten. Die I.G. trat zum 1.1.1952 in Liquidation.« Die Nachfolgegesellschaften der I.G. Farben sind Bayer, BASF und Hoechst.

BESITZVERHÄLTNISSE/EIGENTUMSSTRUKTUR.
Streubesitz bei ca. 295.000 Aktionären
- 2.100 Banken und Versicherungen (42,9%)
- 1.600 Investmentgesellschaften (18,6%)
- 4.500 Firmen aus Handel und Industrie (3,3%)
- 282.600 Privatpersonen (28,9%)
- 4.200 sonstige (6,3%)

Der Anteil der Belegschaft am Grundkapital liegt bei 4% (56.000 Belegschaftsaktionäre enthalten bei Privatpersonen). 47% der Bayer-Aktien sind in ausländischem Besitz, wobei die meisten Aktien in Großbritannien und den USA gehalten werden. Die Bayer-Aktie ist an 15 ausländischen und acht deutschen Börsen notiert.

KONZERNÜBERBLICK. Bayer ist eines der weltweit führenden Unternehmen der chemisch-pharmazeutischen Industrie und auf allen Chemiemärkten der Welt präsent. Bayer ist ein multinational operierender Universalchemiekonzern, der etwa 10.000 Produkte in seinen verschiedenen Geschäftsbereichen herstellt und vertreibt (weltweit ca. 150.000 feste Kunden und 50.000 Lieferanten). Zentrum des Unternehmens sind die Werke in Leverkusen, Dormagen, Uerdingen, Wuppertal und Brunsbüttel. Das Bayer-Werk in Leverkusen ist Hauptwerk und Herzstück des Chemie-Multis. Es umfaßt allein über 600 Gebäude auf 3,4 qkm Fläche und entwickelte sich zu einem der größten europäischen Produzenten für anorganische und organische Produkte, Pharmazeutika, Farbstoffe, Polyurethane und Kautschuke. Es ist das Zentrum der Bayer-Forschung und Verwaltungssitz des Konzerns, von dem aus das Bayer-Weltimperium regiert wird. Der Konzern untergliedert sich in die folgenden sechs Arbeitsgebiete:

◆ Polymere mit den Geschäftsbereichen Kunststoffe, Kautschuk und Fasern (Dralon, Perlon, Dorlastan) sowie Wolff Walsrode (Verpackungs- und technische Folien). Umsatz 1995: 8.198,0 Mio. (Vorjahr: 7.516,0 Mio.); Beschäftigte 1995: 20.860 DM (Vorjahr: 20.580).

◆ Organica mit den Geschäftsbereichen Organische Chemikalien (Bayer ist weltweit größter Anbieter), Farben (Umstrukturierung aufgrund veränderter Marktbedingungen: Gründung des Gemeinschaftsunternehmens DyStar Textilfarben GmbH mit der Hoechst AG; Spezialprodukte), EC Erdölchemie (petrochemische Produkte) und die Firmengruppe Haarmann & Reimer (Parfümöle und Aromen). Umsatz 1995: 5.900,0 Mio. (Vorjahr: 5.862,0 Mio.); Beschäftigte 1995: 20.890 (Vorjahr: 21.960).

◆ Industrieprodukte mit den Geschäftsbereichen Anorganische Industrieprodukte, Polyurethane (Baytherm), Lackrohstoffe und Sondergebiete (Bayhydrol, Desmodur, Desmophen) und dem Unternehmen Hermann C. Starck (Ausgangsstoffe für Ingenieur-Keramik). Umsatz 1995: 8.298,0 Mio. DM (Vorjahr: 7.814,0 Mio.); Beschäftigte 1995: 23.650 (Vorjahr: 24.220).

◆ Gesundheit mit den Geschäftsbereichen Pharma (produziert wird in 35 Ländern), Consumer Care (Medikamente in allen Varianten, z. B. Aspirin und Alka-Seltzer; Haushalts-Insektizide), Diagnostika (Sitz bei Miles Inc., USA; Bayer gehört weltweit zu den vier größten Anbietern von Diagnostika). Umsatz 1995: 11.103,0 Mio. DM (Vorjahr: 11.170,0 Mio.); Beschäftigte 1995: 38.990 (Vorjahr: 40.270).

◆ Sektor Landwirtschaft mit den Geschäftsbereichen Pflanzenschutz, Tiergesundheit. Umsatz 1995: 4.544,0 Mio. DM (Vorjahr: 4.304,0 Mio.); Beschäftigte 1995: 13.890 (Vorjahr: 14.290).

◆ Agfa-Gruppe mit den Geschäftsbereichen Foto (Geschäftsfelder Film, Finishing – Fotopapiere und -chemikalien –, Laborgeräte), Grafische Systeme (fotografische Materialien, elektronische Druckvorbereitung, Farb- und Schwarzweißkopierer, Scanner, Drucksysteme), Technische Bildsysteme (diagnostische Bildsysteme/Röntgen, Mikrografie). Umsatz 1995: 6.537,0 Mio. DM (Vorjahr: 6.754,0 Mio.); Beschäftigte 1995: 24.620 DM (Vorjahr: 25.380).

Bayer gehört zu den forschungsintensivsten Unternehmen der Welt. Weltweit arbeiten 12.900 Wissenschaftler im Forschungs- und Entwicklungsbereich, über 7.000 davon allein in Deutschland. Eines der modernsten Forschungszentren auf dem Gebiet der Pflanzenschutz- und Veterinäraktivitäten liegt in Monheim. Bayer unterhält Forschungseinrichtungen in Europa, den USA und Japan. Schwerpunkte der Forschung bilden die Gebiete Gesundheit, Landwirtschaft und Informationstechnik. Bayer ist zunehmend engagiert auf dem Gebiet der Gentechnologie und verfügt in den USA bereits über verschiedene Produktionsanlagen.

Beteiligungen. 1995 wurden in den Abschluß des Bayer-Konzerns 30 inländische und 141 ausländische Tochtergesellschaften einbezogen (50% und mehr Anteile). Unberücksichtigt blieben 133 Tochtergesellschaften und 43 assoziierte Unternehmen im In- und Ausland. Zu den wichtigsten Unternehmen der Bayer AG zählen:

Agfa-Gevaert AG, Leverkusen (100%); Agfa-Gevaert N.V., Mortsel/Belgien (100% – zur Agfa-Gruppe gehören weitere 44 Gesellschaften; Gruppenumsatz 1995: 6,5 Mrd.); EC Erdölchemie GmbH, Köln (50%, die restlichen 50% hält die Deutsche BP AG); Wolff Walsrode AG, Walsrode (100%); H. C. Starck GmbH & Co. KG, Goslar (100%); Haarmann & Reimer GmbH, Holzminden (100%); Bayer Faser GmbH, Dormagen (100%); Rhein-Chemie Rheinau GmbH, Mannheim

Vorstand:

▌ *Schneider, Manfred, Dr.*
(Vorsitzender; Vorsitz Konzernkoordinierung, Finanzen; Konzerntagung, AG-Konferenzen)

▌ *Bamelis, Pol, Dr.*
(Vorsitz Forschung und Entwicklung, Investitionen und Techik, Umweltschutz und Sicherheit; Fernost; Zentrale Konferenz Forschung und Entwicklung)

▌ *Becher, Dieter, Dr.*
(Vorsitz Investitionen und Technik, Umweltschutz und Sicherheit; Sprecher für Region Fernost; ZK Produktion und Technik)

▌ *Loehr, Helmut*
(Vorsitz Finanzen, Konzernkoordinierung, Personal; Personalkonferenz, obere Führungskräfte)

▌ *Mohr, Hans-Jürgen*
(Arbeitsdirektor; Vorsitz Personal, Finanzen, Marketing und Logistik; Europa; ZK Personal)

▌ *Oels, Udo, Dr.*
(Vorsitz Umweltschutz und Sicherheit, Forschung und Entwicklung, Konzernkoordinierung; ZK Umweltschutz und Sicherheit)

▌ *Pfleger, Manfred*
(Vorsitz Marketing und Logistik, Investitionen und Technik, Personal; Südamerika, Afrika und Nahost)

▌ *Wenninger, Walter, Dr.*
(Forschung und Entwicklung, Marketing und Logistik; Nordamerika)

Vorstandsbezüge 1995:
13.163.212,– DM

(100%); Bayer Bitterfeld GmbH, Wolfen (100%); DyStar Textilfarben GmbH, Frankfurt/Main (50% – DyStar mit 20 weiteren Gesellschaften ist der Zusammenschluß der Textilfarbstoffgeschäfte von Bayer und Hoechst); Bayer Antwerpen N.V., Antwerpen/Belgien (100%); Bayer S.p.A., Mailand/Italien (100%); Bayer plc, Newbury/Großbritannien (100%); Bayer Corporation, Pittsburgh/USA (100% – ehem. Miles Inc., Umsatz 1995: 11,4 Mrd.; Beschäftigte 1995: 23.500; 50 Werke); Polysar Rubber Corporation, Toronto/Kanada (100%); Bayer de México S.A. de C.V., México D.F./Mexiko (100%); Bayer S.A., São Paulo/Brasilien (100%); Bayer Argentina S.A., Buenos Aires/Argentinien (100%); Bayer Australia Ltd., Sydney/Australien (100%); Bayer (Proprietary) Ltd., Pretoria/Südafrika (82,5%); Bayer (India) Ltd., Bombay/Indien (51%); Bayer Yakuhin, Ltd., Osaka/Japan (75,6%); Bayer Ltd., Tokio/Japan (100%).

DAS BAYER-KREUZ IN NORDAMERIKA. Seit dem Ersten Weltkrieg und der Beschlagnahme und Enteignung der US-Tochter Bayer Company (einschließlich aller Patente, Marken- und Warenzeichen) als Feindvermögen durfte Bayer seine Produkte in den USA nicht mehr unter seinem Namen vertreiben und das Bayer-Kreuz nicht benutzen. Dazu gehörte auch das komplette Bayer-Aspirin-Geschäft für die USA, Kanada und Puerto Rico. Bayer führte einen jahrzehntelangen Kampf um die Schutzrechte an seinem Namen, die 1918 von der amerikanischen Firma Sterling Drug (heute: Sterling Winthrop) für 5,3 Mio. US $ ersteigert worden waren; dieses Unternehmen vertrieb seitdem in Amerika das Schmerzmittel »Aspirin« mit dem »Bayer-Kreuz«. Im Mai 1994 wurde die inzwischen zum Eastman Kodak-Konzern gehörende Sterling Winthrop Inc. überraschend zum Verkauf angeboten. Nachdem der britisch-amerikanische Pharmakonzern SmithKline Beecham (SKB) plc. das weltweite Selbstmedikationsgeschäft der Sterling Winthrop von Eastman Kodak erworben hatte, reagierte Bayer schnell. Ende 1994 einigte man sich mit SKB über die Akquisition des nordamerikanischen Sterling-Geschäftes für 1 Mrd. US $. Bayer kann nun weltweit uneingeschränkt unter seinem Firmennamen und dem Bayer-Kreuz auftreten. Im April 1995 wurde umgehend als erster Schritt die amerikanische Tochter Miles Inc., unter deren Namen Bayer das Pharmageschäft in Nordamerika betrieben hatte, in Bayer Corporation umbenannt. Durch die Übernahme von Bayer Aspirin in den USA rechnet der Konzern mit einem weltweiten Umsatz allein dieses »Jahrhundert-Pharmakons« von 1 Mrd. DM in schon wenigen Jahren. Nordamerika gilt als weltweit größter Markt für rezeptfreie Arzneimittel.

NEUE BUNDESLÄNDER. Bayer hatte sich bereits 1991 mit der Gründung der Bayer Bitterfeld GmbH am traditionsreichen Chemiestandort Ostdeutschlands engagiert. Gesamtinvestitionen von 650 Mio. DM flossen nach Bitterfeld. Ende 1994 begann im neuen Lackharzbe-

Aufsichtsrat:
- *Grünewald, Herbert, Prof. Dr. (Ehrenvorsitzender), Leverkusen*
- *Hansen, Kurt, Prof. Dr. (Ehrenvorsitzender), Leverkusen*
- *Strenger, Hermann J. (Vorsitzender; ehem. Vorsitzender des Vorstandes der Bayer AG), Leverkusen*
- *Ackermann, Josef, Dr. (Präsident der Generaldirektion der Schweizerischen Kreditanstalt), Zürich*
- *Alberti, Klaus, Dr. (Chemiker), Leverkusen*
- *Heereman von Zuydtwyck, Constantin Freiherr (Präsident des Deutschen Bauernverbandes e.V.), Bonn-Bad Godesberg*

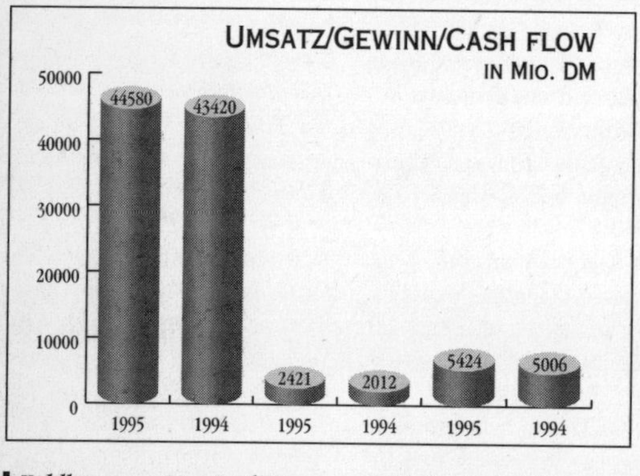

- *Kohlhaussen, Martin (Sprecher des Vorstandes der Commerzbank AG), Frankfurt/Main*
- *Kopper, Hilmar (Sprecher des Vorstandes der Deutsche Bank AG), Frankfurt/Main*
- *Lennings, Manfred, Dr. (Industrieberater), Essen*
- *Leysen, André, Dr. h.c. (Vorsitzender des Verwaltungsrates der Gevaert N.V.), Mortsel/Belgien*
- *von Pierer, Heinrich, Dr. (Vorsitzender des Vorstandes der Siemens AG), München*

trieb Bitterfeld (für umweltfreundliche Lacke), dem größten Einzelprojekt am ostdeutschen Bayer-Standort, die Produktion. Zuvor schon war von Wolff Walsrode unter dem Dach der Bayer Bitterfeld GmbH eine neue Anlage für Methylcellulose in Betrieb genommen worden, die als Hilfsmittel für Bau-, Anstrich- und Klebstoffe eingesetzt wird. 1995 folgte ebenfalls in Bitterfeld der Betrieb zur Herstellung von jährlich rund 3,5 Mrd. Tabletten der Bayer-Präparate Aspirin, Alka Selzer und Talcid. Im gleichen Jahr gab es auch den Vertragsabschluß zur Übernahme und Sanierung des Ionenaustauschergeschäftes von der Chemie GmbH, Bitterfeld-Wolfen. 1994 ging in Freiberg (Sachsen) die Bayer Solar GmbH in Betrieb (Herstellung von Siliciumscheiben). Im Werk Gera werden von Agfa Laborgeräte produziert.

STANDORT DEUTSCHLAND. Bayer beklagte in den vergangenen Jahren seine sich zunehmend verschlechternde Wettbewerbsposition auf dem Weltmarkt. Die Gründe: das Wegbrechen des osteuropäischen Marktes, Turbulenzen im Europäischen Währungssystem, Importe aus Niedriglohnländern. Dennoch wurde 1995 der höchste Gewinn der Bayer-Geschichte erzielt. Die umfangreichen Restrukturierungsmaßnahmen mit einem tiefgreifenden Personalabbau – von 1990 bis 1995 sank die Zahl der Beschäftigten im Konzern um 22.700 auf 146.000 – hatten sich für die Aktionäre ausgezahlt. Mit einer Dividendensumme von 1,1 Mrd. DM wurde eine Rekordmarke erreicht. Die Dividende: 15,– DM. Das hatte es seit zehn Jahren nicht gegeben. Die Belegschaft der Bayer AG wird 1996 um weitere 1.700 Mitarbeiter reduziert, 80% des Personalabbaus entfällt auf die Gesellschaften im Inland.
Bayer versteht sich als internationales Unternehmen mit Standbeinen in allen Kontinenten. Die größte wirtschaftliche Dynamik bieten für Bayer der asiatisch-pazifische Wirtschaftsraum sowie Nordamerika. In diesen Regionen plant Bayer große Investitionen. Bis zum Jahr 2000 will man im asiatisch-pazifischen Raum 1 Mrd. DM investieren – außer in Japan besonders in China, wo 1995/96 zahlreiche Joint-ventures abgeschlossen wurden unter dem Dach der Ende 1994 gegründeten Holdinggesellschaft Bayer (China) Ltd. In Thailand wurde die Mehrheit an zwei Werken in den Bereichen Kunststoffe und Sondermetalle erworben. In Indien hat sich Bayer an der Kunststoffirma Chemplast beteiligt, in Taiwan wird eine große Anlage zur Produktion von Polyurethankunststoffen errichtet. Ziel ist es, den Asien-Umsatz von jetzt 7,6 Mrd. DM innerhalb der nächsten zehn Jahre zu verdoppeln und damit seinen Anteil am Konzernumsatz auf 25% zu steigern. Wenngleich eine gezielte Verlagerung von Standorten nicht »auf der Tagesordnung« steht, so verlange die für den Geschäftserfolg notwendige Kundennähe, daß »insbesondere bei Erweiterungsinvestitionen stärker als bisher die großen Auslandsmärkte berücksichtigt werden«. Besonders in den USA ist Bayer mit der Umfirmierung aller Konzernaktiviäten in die Bayer Corporation weiter äußerst expansiv. Das nordamerikanische Sterling-Selbstmedikationsgeschäft wurde für 1 Mrd. US $ erworben (und damit die Zurückgewinnung des Bayer-Kreuzes); 28,3% der Anteile des amerikanischen Generika-Unternehmens Schein Pharmaceuticals wurden gekauft sowie eine Beteiligung am Feinchemie-Spezialisten ChemDesign. Durch die Übernahme des nordamerikanischen Sterling-Selbstmedikationsgeschäftes wurde Bay-

❙ *Staab, Heinz A., Prof. Dr. Dr. (Max-Planck-Institut), Heidelberg*
❙ *Wunderlich, Hermann, Dr. (ehem. Mitglied des Vorstandes der Bayer AG), Bergisch-Gladbach*
**Nietzard, Rolf (stellv. Vorsitzender)*
**Bischoff, Werner*
**Bodenhage, Helmut*
**Busbach, Adolf*
**Ginter, Hans, Dr. h.c.*
**Peppmeier, Hans-Dieter*
**Rappe, Hermann, Dr. h.c.*
**Schlaefke, Waltraut*
**Schmoldt, Hubertus*

Aufsichtsratstantiemen 1995: *2.073.037,– DM*

BÖRSE, AKTIEN, KURSE
Grundkapital 1995:
3.527,0 Mio.
Jahreshöchstkurs 1995:
387,80 DM
Jahrestiefstkurs 1995:
333,30 DM
Aktie Jahresende 1995:
380,20 DM
Dividende pro Aktie 1995:
15,00 DM

Die Dividende bezieht sich auf je 50,– DM Aktiennennbetrag. Ausgeschüttet wurde 1995 der Bilanzgewinn von 1.058,0 Mio. DM. Bereits 1994 hatte die Bayer-Hauptversammlung die Stimmrechtsbeschränkung (Fünf-Prozent-Klausel) aufgehoben. Es gilt das Prinzip »Eine Aktie – eine Stimme«.

Umsatz 1995: *44.580,0 Mio. (Auslandsgeschäft: 80,5%)*
Umsatz 1994: *43.420,0 Mio. (Auslandsgeschäft: 81,6%)*
Umsatz 1993: *41.007,0 Mio. (Auslandsgeschäft: 81,0%)*

Gewinn 1995: *2.421,0 Mio.*
Gewinn 1994: *2.012,0 Mio.*
Gewinn 1993: *1.372,0 Mio.*

Cash flow 1995: *5.424,0 Mio.*
Cash flow 1994: *5.006,0 Mio.*
Cash flow 1993: *4.852,0 Mio.*

Cash flow: *Aus dem Cash flow gingen 3,2 Mrd. DM in die Investitionen, für 1,5 Mrd. DM wurde akquiriert.*

Steueraufkommen 1995:
1.764,0 Mio.

er eines der größten Unternehmen auf dem amerikanischen Markt in der Selbstmedikation. Im Frühjahr 1995 wurde noch der amerikanische Parfümöl- und Aromaspezialist Florasynth für 470 Mio. DM erworben. Bayer ist vom Export aus Deutschland in die USA völlig unabhängig. In den USA setzt Bayer mit dort produzierten Produkten fast 10 Mrd. DM um. 1995 wurde noch das ABS-(Acrylnitril-Butadien-Styrol-)Geschäft des US-amerikanischen Unternehmens Monsanto C. für 830 Mio. DM übernommen.
Zum neuen Chrom-Standort des Konzerns wurde Südafrika auserkoren, wodurch die Chrom-Produktionsanlagen in Leverkusen geschlossen und verlagert werden sollen. So wird die südafrikanische Tochter der Bayer AG gemeinsam mit der südafrikanischen Chemiegruppe Sentrachem Ltd. eine der größten Fabriken der Welt für Chromchemikalien bauen. Im Januar 1996 übernahm Agfa-Gevaert das Druckplattengeschäft von Hoechst mit Produktionsstätten in Deutschland, den USA, Italien, Brasilien und Südkorea für 700 Mio. DM. Gemeinsam mit der Hüls AG soll ein Joint-venture gegründet werden, in das beide Partner (je 50%) ihre weltweiten Latex-Aktivitäten einbringen werden. Mitte 1995 wurde das Textilfarbstoffgeschäft in den neu gegründeten DyStar-Konzern ausgegliedert, an dem die Bayer AG und die Hoechst AG zu jeweils 50% beteiligt sind.

»BÜNDNIS FÜR ARBEIT«. Der Vorstandsvorsitzende der Bayer AG plädiert immer wieder für den radikalen Stopp der ständig steigenden Kosten am Standort Deutschland. Ohne einen solchen Stopp würden weitere »personelle Anpassungen nach unten« vorgenommen. Man sucht aber bei Bayer gemeinsam mit den Tarifpartnern und Arbeitnehmervertretungen im Konzern nach Lösungen, den Personalabbau zu beenden und die bestehenden Arbeitsplätze zu sichern.
Bayer entwickelt neue Arbeitsformen für Mitarbeiter in der Produktion. Interdisziplinär besetzte Teams sollen in den Produktionsbereichen der Bayer AG die bisher funktionale Arbeitsteilung ersetzen. Ziel: die Erhöhung der Produktivität durch eine stärkere Beteiligung an den betrieblichen Abläufen und Entscheidungen. Unter aktiver Einbeziehung der Mitarbeiter, des Betriebsrates und des Gesamtsprecherausschusses sollen für jeden Betrieb individuelle Lösungen erarbeitet werden. Zur Wahrung der Mitbestimmungsrechte des Betriebsrates und zur Klärung übergeordneter personalpolitischer Fragen, wie z. B. Entgeltregelungen oder Flexibilisierung der Arbeitszeit, wird eine paritätisch besetzte Kommission gebildet.
Dieses »Bündnis für Arbeit« ist bei Bayer weit gediehen. Die Flexibilisierung der Arbeitszeit und die Einführung neuer Arbeitsformen werden in Pilotprojekten erprobt oder sind bereits eingeführt. In der Bayer AG existieren bereits verschiedene Systeme bzw. Grundformen der Arbeitszeit, wie z. B. Tagschicht (feste Arbeitszeit), Wechselschichtbetrieb, gleitende Arbeitszeit und Teilzeitarbeit. Auf dieser Basis werden entsprechend jeweiliger betrieblicher Gegebenheiten ca. 100 Arbeitszeitmodelle in betriebsspezifischer Ausprägung praktiziert. Teilzeitarbeit wird in rd. 400 individuellen, auf die einzelnen Mitarbeiter bezogenen Varianten geleistet.
Das flexibelste Arbeitszeitsystem ist die gleitende Arbeitszeit, an der etwa 40% aller Bayer-Mitarbeiter teilnehmen. Hochflexible Einzelmo-

delle gibt es – mit täglichen Betriebszeiten von bis zu 16 Stunden und individuellen Arbeitszeiten von 4 bis 10 Stunden.
Bayer ist dabei, ein auf der Grundlage neuester arbeitswissenschaftlicher Erkenntnisse basierendes neues 5-Schicht-System einzuführen, das flächendeckend im Jahre 1997 abgeschlossen sein soll. Schichtblöcke werden durch Freischichten aufgelockert, auf Nachtschichten folgen angemessene Freizeiten.
Teilzeit bei Bayer: halbwöchentliche Arbeitsplatzteilung, wobei jeder Mitarbeiter eine halbe Woche arbeitet und die andere Hälfte frei hat; gearbeitet werden kann von Montag bis Mittwoch oder von Mittwoch bis Freitag. Wöchentliche Arbeitsplatzteilung, wodurch ein Vollzeitarbeitsplatz auf zwei Beschäftigte aufgeteilt werden kann; es wird 40 Stunden pro Woche gearbeitet, die nächste Woche ist frei. Teilzeit-Mehrfachbesetzungssystem, wobei vier gleichartige Arbeitsplätze à 40 Wochenstunden auf fünf Mitarbeiter à 32 Wochenstunden aufgeteilt werden können. Die Beschäftigten arbeiten dann nach einem rotierenden System an vier Tagen in der Woche acht Stunden und haben jeweils einen Tag frei.
Hinzu kommen flexiblere Arbeitszeiten und befristete Auflösung des Arbeitsverhältnisses bei der Pflegebedürftigkeit von Angehörigen, dazu Bonus- und Prämiensysteme (leistungsbezogen) und die Möglichkeit, Belegschaftsaktien zu Vorzugspreisen zu erwerben. Großzügige Regelungen zum Wiedereinstieg in den Beruf nach Erziehungspausen sowie die einmalige Teilung der Betreuungszeiten zwischen Mutter und Vater, wenn beide dem Unternehmen angehören. Ziel ist im Rahmen der »Frauengleichstellung« und Chancengleichheit die Unterstützung und Vereinbarkeit von Familie und Beruf. Betriebliche Familienpause, verschiedene Teilzeitmodelle und vielfältige Unterstützung bei der Kinderbetreuung.

Beschäftigte 1995: *142.900*
(davon im Ausland: 74.300)
Beschäftigte 1994: *146.700*
Beschäftigte 1993: *150.400*

Umsatz pro Mitarbeiter 1995: *311.966,– DM*
Umsatz pro Mitarbeiter 1994: *295.978,– DM*
Umsatz pro Mitarbeiter 1993: *269.961,– DM*

Löhne und Gehälter 1995: *11.050,0 Mio.*
Löhne und Gehälter 1994: *11.212,0 Mio.*
Durchschnittsgehalt 1995: *77.327,– DM*
Soziale Abgaben und Aufwendungen 1995: *3.574,0 Mio.*
Soziale Abgaben und Aufwendungen 1994: *3.245,0 Mio.*

Bezüge pro Vorstandsmitglied 1995: *1.645.402,– DM*
Tantiemen pro Aufsichtsrat 1995: *94.229,– DM*

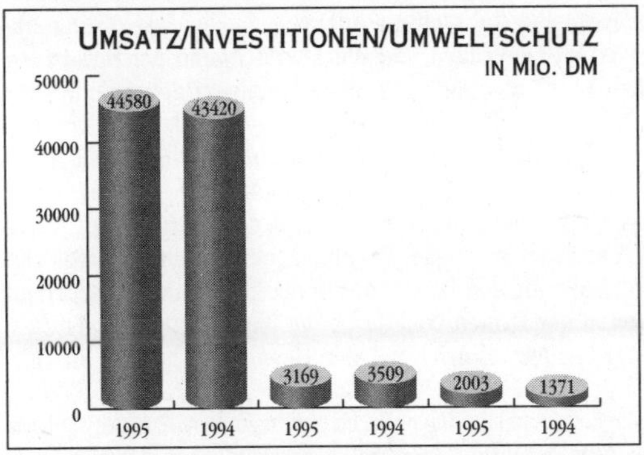

1995 erhielten 750 Jugendliche einen Ausbildungsplatz, 8% mehr als im Vorjahr. Alle zur Vermittlung anstehenden 840 Ausgebildeten wurden in ein Arbeitsverhältnis übernommen. Im August 1996 erhöhte Bayer die Ausbildungsplätze noch einmal um 100, nachdem das Kontingent bereits im Frühjahr von 750 auf 800 angehoben worden war.

UMWELTSCHUTZ. Auch Bayer gerät beim Umweltschutz immer wieder in die Kritik. Vertrauen zu wecken ist deshalb hohes Ziel der Leverkusener. Der offene Dialog im Unternehmen wird ebenso propa-

Investitionen 1995:
3.169,0 Mio.
Investitionen 1994:
3.509,0 Mio.
Investitionen 1993:
3.156,0 Mio.

Umweltschutz (Betriebskosten) 1995: *2.003,0 Mio.*
Umweltschutz (Betriebskosten) 1994: *1.371,0 Mio.*
Umweltschutz (Betriebskosten) 1993: *1.352,0 Mio.*

Forschung und Entwicklung 1995: *3.259,0 Mio.*
Forschung und Entwicklung 1994: *3.177,0 Mio.*
Forschung und Entwicklung 1993: *3.157,0 Mio.*

Mitbewerber: *BASF, Boehringer, Ciba-Geigy, Dow Chemical, DuPont, Fuji, Hoechst, Hüls, ICI, Imperial Chemical, Kodak, 3M, E. Merck, Roche, Sandoz, Schering, Solvay, Wacker*

giert wie der mit der Öffentlichkeit. Umweltschutz gilt bei Bayer als eine unternehmerische Aufgabe ersten Ranges. An der Spitze steht der Vorstandsausschuß Umweltschutz und Sicherheit. Vor jeder größeren Investition sind ökologische und toxikologische Beurteilungen vorgeschrieben. Die Leiter der deutschen Bayer-Werke an den Produktionsstandorten Leverkusen, Dormagen, Krefeld-Uerdingen, Wuppertal-Elberfeld und Brunsbüttel sind die Störfallbeauftragten des Unternehmens. Auf allen Ebenen gibt es Umweltschutz-Abteilungen und Umweltschutz-Beauftragte. Ziele: Reduzierung der Emissionen in die Luft, der Abwasserfrachten und -mengen sowie des Abfallaufkommens entsprechend der Rangfolge »vermeiden, vermindern, verwerten«. Senkung des Energie- und Rohstoffverbrauchs. Gewährleistung der Betriebs- und Anlagensicherheit im Bereich der Produktions- und Entsorgungsanlagen. Sicherung der Abwassersysteme. Durch das 1987 gestartete und inzwischen abgeschlossene Investitionsprogramm in Höhe von 3 Mrd. DM wurden die Emissionen an allen Produktionsstandorten erheblich reduziert. Die Bayer AG gibt alle zwei Jahre einen umfassenden Umweltbericht heraus, gegenwärtig liegt der Umweltbericht 1995 vor.

Bayer verfährt im Umweltschutz nach vier Devisen: Fortsetzung der Maßnahmen zur Entwicklung und Umsetzung von Produktionsverfahren in geschlossenen Kreisläufen mit dem Ziel des »Integrierten Umweltschutzes«. Recycling-Kooperationen mit den Abnehmer-Industrien. Weitere Optimierung im Energieeinsatz. Ausrichtung aller Aktivitäten auf die internationale »Responsible-Care«-Verpflichtung. Das Bayer-Werk Dormagen wurde 1995 mit seinen 55 Betrieben nach dem neuen Öko-Audit der EU zertifiziert. Bayer arbeitet intensiv an einem ökologisch sinnvollen Einsatz von Pflanzenschutzmitteln. Immer wieder wurden die Leverkusener wegen der Produktion angeblich grundwassergefährdender Pflanzenschutzmittel von Greenpeace kritisiert. Bayer ist in der Welt die Nummer eins bei Insektiziden, die Nummer zwei bei Fungiziden und die Nummer zehn bei Herbiziden. Bayer verkauft – so das Unternehmen – in keinem Entwicklungsland Pflanzenschutzmittel, die nicht zumindest den Zulassungskriterien Deutschlands oder der USA entsprechen. Die »Kritischen Bayer-Aktionäre« und die »Internationale Koordinationsstelle – Aktiv gegen Bayer-Umweltgefährdung e.V.« prangerten den Konzern in den letzten Jahren immer wieder an wegen hochgradiger Umweltverschmutzung, z. B. der Verklappung von Dünnsäure in den Rhein, der Verseuchung von Gebieten in der Dritten Welt durch die Bayer-Werke, des Engagements in der Gentechnologie und der Herstellung giftiger Pharma-Produkte.

In die Schlagzeilen geriet Bayer auch in Zusammenhang mit einem Skandal um HIV-infizierte Präparate ihrer japanischen Tochter Bayer Yakuhin, an denen sich in den 80er Jahren rund 2.000 Bluterkranke infiziert hatten, von denen mittlerweile rund 400 an Aids gestorben sind. Neben Bayer waren in den Skandal weitere vier Unternehmen involviert. Im März entschuldigte sich die Bayer-Tochter formell bei den Klägern und stimmte mit den anderen betroffenen Unternehmen einem außergerichtlichen Vergleich zu, der Bayer etwa 110 Mio. DM kosten dürfte. Der Japan-Chef des Bayer-Konzerns, Knut Kleedehn, sprach (so die »Süddeutsche Zeitung« vom 15. März 1996) von der »teuersten Wiedergutmachung unserer Firmengeschichte«.

BAYERISCHE HYPOTHEKEN- UND WECHSEL-BANK (HYPO-BANK)

GESCHICHTE UND ENTWICKLUNG. »Als hochwichtige, vaterländische Anstalt« wurde die Bayerische Hypotheken- und Wechsel-Bank 1835 von König Ludwig I. gegründet, der sich selbst mit 400.000 Gulden aus seiner Privatschatulle als Gründungsaktionär an der Bank beteiligte. Die Gründungsstatuten sahen eine gemischte Bank vor: Drei Fünftel des Grundkapitals mußten für Darlehen auf Grund und Boden ausgereicht werden, zwei Fünftel waren für sonstige Bankgeschäfte bestimmt. So war sie von Anfang an eine Hypotheken- und Geschäftsbank und hatte auf privatwirtschaftlicher Basis auch wichtige öffentliche Aufgaben zu erfüllen.
1896 Ausdehnung des Darlehensgeschäfts auf das ganze Reichsgebiet. Bereits 1908 war die Hypo-Bank die Nummer eins unter den deutschen Realkreditinstituten mit Zweigbüros ihrer Hypothekenabteilung in fast allen Großstädten des Reiches. Sie fungierte vor der Reichsgründung als Notenbank Bayerns und trat erst 1875 das Notenbankprivileg samt Filialnetz an die Bayerische Notenbank ab. Das bedeutete, das ebenfalls reichsweit betriebene Versicherungsgeschäft wurde 1906 ausgegliedert und 1923 auf dem Höhepunkt der Inflation an die Allianz übertragen. Nach der Jahrhundertwende ging die Bank daran, in Bayern und der Pfalz ein Filialnetz neu aufzubauen, das am Ende des Zweiten Weltkrieges ca. 200 Stellen umfaßte. 1921 erste Auslandsrepräsentanz in Salzburg. Auch die Hypo-Bank litt unter der weltweiten Wirtschafts- und Bankenkrise Anfang der 30er Jahre. 1933 Einstellung des Neugeschäfts. Heranziehung der Bank zur Rüstungs- und Kriegsfinanzierung.
Nach der Währungsreform 1948 begann für die Hypo-Bank der neuerliche Aufschwung, ihr Weg in die Spitzengruppe der deutschen Banken. Sie akquirierte im Inland, expandierte im Ausland und gehört heute zu den fünf größten privaten Banken Deutschlands.

BESITZVERHÄLTNISSE/EIGENTUMSSTRUKTUR.

- Allianz-Konzern (22,6%)
- Bayerische Versicherungskammer (rund 10%)
- Lebensversicherung von 1871 a.G. (rund 4%)
- Münchener Rückversicherungs-Gesellschaft AG, München (rund 5,8%)
- Rest Streubesitz bei mindestens 90.000 in- und ausländischen Aktionären, darunter ca. 15.000 Belegschaftsaktionäre, die 2% des gezeichneten Kapitals halten. Ausländische Investoren, überwiegend aus Europa, halten etwas über 14% des Kapitals. Aktionärsstruktur nach Anlegergruppen:

– Private Investoren (20,53%)
– Versicherungen, Investment-Fonds, Banken (68,16%)
– Andere Gesellschaften (2,81%)
– unbekannt (6,58%. Da nur Inhaberaktien ausgegeben werden, können nicht alle Aktionäre identifziert werden.)
– andere (1,93%)

Standort:
Arabellastraße 12
81925 München

Postanschrift:
80278 München

Telefon: (089) 9244-0
Telex: 5 28 65-0
Telefax: (089) 9244-2880

Branche: Kreditinstitute
Rechtsform:
Aktiengesellschaft

Geschäftsjahr: 1.1.-31.12.

Gründungsjahr: 1835

Öffentlichkeitsarbeit:
Peter Kulmburg
Tel.: (089) 9244-4960
FAX: (089) 9244-4967

Die Hypo-Bank ist stark engagiert im Kultursponsoring.

Vorstand:
- *Martini, Eberhard, Dr. (Sprecher; Unternehmensplanung, Vorstandsinformation, Zentrale Marketingaufgaben, Unternehmens-Kommunikation)*
- *Fey, Hans, Dr. (Realkredit, Baukredit)*
- *Friedl, Hans H., Dr. (Firmenkunden und Banken)*
- *Hausser, Joachim, Dr. (Konsortialgeschäft)*
- *Heiss, Klaus, Dr. (Immobilienkunden; Immobilien und Bau)*
- *Hoch, Peter, Dr. (Geschäftskunden und Freie Berufe; Organisation und EDV)*
- *Huber, Franz (Privatkunden und Service)*
- *Kölsch, Martin (Investment Managing/Vermögensanlage)*
- *Münstermann, Werner (stellv. Mitglied; Kredite Ausland, Kredite Inland, Kreditüberwachung, Rechnungswesen, Recht und Steuern, Revision)*
- *Schütte, Martin, Dr. (Personal/Mitarbeiterbetreuung und -entwicklung)*
- *Wertschulte, Josef F. (Geld-, Devisen- und Wertpapiergeschäft; Dienstleistungszentrum)*

Vorstandsbezüge 1995:
11.400.000,– DM

Generalbevollmächtigte:
- *Ausfelder, Johannes*
- *Rachinger, Horst*
- *Stumpf, Peter*
- *Schlappig, Arno*
- *Szantyr, Jan, Dr.*
- *Wüst, Rudolf, Dr.*

KONZERNÜBERBLICK. Obwohl sich die Bayerische Hypotheken- und Wechsel-Bank schon lange zu einer der einflußreichsten und größten deutschen Universalbanken entwickelt hat, also zu einem Kreditinstitut, das alle Geldgeschäfte unter einem Dach vereinigt, liegt eine ihrer Prioritäten nach wie vor im Hypothekenbankgeschäft, wo sie in der Spitzengruppe rangiert. Schwerpunkt ist neben dem Wohnungsbau (überwiegend Eigenheimfinanzierungen) der Gewerbebau, vornehmlich in der Finanzierung von Handels-, Büro- und Verwaltungsbauten.
Im Allfinanzbereich ist die Hypo-Bank massiv ins Bauspargeschäft eingestiegen – über ihre Zusammenarbeit mit der Heimstatt Bauspar-AG. Den Versicherungsbereich (Lebens- und Sachversicherungen) für ihre Kunden erschließt sie über die Kooperation mit der Bayerischen Versicherungsbank (BVB/Allianz Versicherung). Über die Hypo-Tochter Hypo-Immobilien-Service GmbH werden Wohn- und Gewerbeimmobilien sowie Grundstücke aller Art vermittelt. In Europa arbeitet die Hypo-Bank mit großen Kreditinstituten zusammen, die ihren Service in Baufinanzierungen und Vermögensanlagen beispielsweise den Hypo-Bank-Kunden vor Ort anbieten. Verstärkt engagiert sich die Hypo-Bank im Investment-Management. Die Hypo-Bank plant über ihre bestehenden Vertriebskanäle international auf allen Ebenen des Bankgeschäftes weitere Akquisitionen oder Joint-ventures. Die Umsetzung dieser Strategie ist in England und Spanien weitgehend abgeschlossen, u. a. durch Gemeinschaftsgründungen mit dem großen Vermögensverwalter Foreign & Colonial in London sowie in Madrid mit der Banco Popular Español S.A., mit 1.200 Filialen die fünftgrößte Bank Spaniens. 1995 wurde in Italien eine neue Kooperationsvereinbarung mit dem Credito Italiano SpA geschlossen.
Ähnlich wie auch die Bayerische Vereinsbank hat sich die Hypo-Bank 1993 eine divisionale Struktur gegeben, die 1995 konsequent weiterentwickelt wurde. Der Hypo-Konzern ist vertikal in sechs ergebnisverantwortliche Unternehmensbereiche gegliedert, denen auch die Tochterunternehmen zugeordnet sind: Privatkunden und Service, Geschäftskunden und Freie Berufe, Investment-Management (Unternehmensbereich AG: Vermögensanlage), Immobilienkunden, Firmenkunden und Banken, Geld-, Devisen-, Wertpapiergeschäft. Weltweit wickelt die Hypo-Bank ihre Geschäfte mit über 2.000 Korrespondenzbanken und Tochterbanken in West- und Osteuropa sowie Beteiligungsinstituten, Niederlassungen und Repräsentanzen ab. Auslandsniederlassungen hat die Hypo-Bank in Großbritannien, den USA, den Cayman-Inseln und Hongkong; Repräsentanzen in China (Peking, Shanghai), Italien (Mailand) und den GUS-Staaten (Moskau).

BETEILIGUNGEN. Zum Hypo-Bank-Konzern gehören ca. 200 nationale und internationale Banken mit ihren jeweils verbundenen Tochtergesellschaften, Grundstücksverwaltungs-, Immobilien- und Vermögensverwaltungsgesellschaften.
● Zu den wichtigsten Konzernunternehmen gehören folgende in- und ausländischen Geschäfts- und Hypothekenbanken:
Bankhaus Maffei & Co. GmbH, München (100%); HSB. Hypo Service-Bank AG, Berlin (100%); Westfalenbank AG, Bochum (97,1%); Württembergische Hypothekenbank AG, Stuttgart (76%); Westfälische Hypothekenbank AG, Dortmund (75%); Direkt Anlage Bank GmbH,

München (100%); H.C.M. Hypo Capital Management Vermögensbetreuungs-GmbH, München (100%); H.F.S. Hypo-Fondsbeteiligungen für Sachwerte GmbH, München (100%); Allfonds Gesellschaft für Investmentanlagen mbH, München (100%); Hypo Capital Management Investmentgesellschaft mbH, München (100%); Direkt Anlage Bank GmbH, München (100%); Heimstatt Bauspar-AG, München (89%); Internationales Immobilien-Institut GmbH, München (50%); August Lenz & Co., München (25%); Agrob Aktiengesellschaft & Co. Grundbesitz oHG, München (76%); Hypo Consult GmbH, München (100%); HMT Informations Systeme GmbH, Grasbrunn (100%); Hypo-Bank International S.A., Luxemburg (100%); Salzburger Kredit- und Wechsel-Bank AG, Salzburg/Österreich (über 99%); Westfalenbank International S.A., Luxemburg (100%); Anlage- und Kreditbank AKB, Zürich/Schweiz (100%); Hypo Securities Inc., New York/USA (100%); Hypo-Mortgage Services Ltd., London/Großbritannien (100%); H.C.M. Hypo Capital Management Luxemburg S.A., Luxemburg (100%); SKWB-Invest Kapitalanlagegesellschaft mbH, Salzburg/Österreich (über 99%); Hypo Foreign & Colonial Management (Holdings) Ltd., London/Großbritannien (100%); Hypo Finance (Ireland), Shannon/Irland (über 99%); Hypo-Bank CZ a.s., Prag/Tschechien (100%); Hypo-Bank Hungaria Rt., Budapest/Ungarn (100%); Hypo-Bank Polska S.A., Warschau/Polen (100%); Hypo-Bank Slovakia a.s., Bratislava/Slowakei (100%); Banco Popular Hipotecario S.A., Madrid/Spanien (50%); Rasbank S.p.A., Mailand/Italien (10%); Banca di Trento e Bolzano Spa, Trient/Italien (17%); First Liechtenstein Investment Fonds Verwaltungs-AG, Vaduz/Liechtenstein (50%); Bank für Kärnten und Steiermark AG, Klagenfurt/Österreich (10%); Banco Popular Español S.A., Madrid/Spanien (2%).

● Die Hypo-Bank ist direkt oder über zahlreiche Vorschalt- oder Beteiligungsgesellschaften an den verschiedensten Industrieunternehmen beteiligt. Zu den wichtigsten Engagements gehören u. a.: Allianz AG Holding, Berlin und München (5%); VIAG AG, München (10,06% – über HI-Vermögensverwaltungsgesellschaft mbH, München); Brau und Brunnen Aktiengesellschaft, Berlin und Dormund (33,6%); Neue Baumwoll-Spinnerei und Weberei Hof AG, Hof (26%); Gabriel Sedlmayr Spaten-Franziskaner-Bräu KGaA, München (37% – bezogen auf das Kommandit-Aktienkapital; der Anteil am Gesellschaftskapital beträgt rund 18%); Rheinhold & Mahla AG, München (15%); Rosenthal AG, Selb (15%); Karwendelbahn AG, Mittenwald (11%); Isarwerke GmbH, München (13,6%); Pro Sieben Television Aktiengesellschaft, Unterföhring (38%).

NEUE BUNDESLÄNDER. Im Sommer 1989 gründete die Hypo-Bank die HYPO Consult, München. Das Angebot dieses Unternehmens war und ist besonders vor dem Hintergrund größerer Akquisitionen und Firmengründungen auf dem Gebiet der ehemaligen DDR zu sehen: spezielle Beratungs- und Vermittlungsdienstleistungen bei Restrukturierungen sowie beim Erwerb und der Veräußerung von Unternehmen, Unternehmensteilen, Beteiligungen, Fusionen und Gemeinschaftsgründungen. Die neu gegründete BNL Beteiligungsgesellschaft Neue Länder investierte bis Ende 1994 320 Mio. DM in zwölf Unternehmen, an denen die Hypo-Bank beteiligt ist. Ansonsten ist die Hypo-Bank in den neuen Bundesländern in nahezu jeder größeren

Aufsichtsrat:
- *Götte, Klaus, Dr. (Vorsitzender; Vorsitzender des Vorstandes der MAN AG), München*
- *von Bayern, S.K.H. Prinz Franz (Dipl.-Kaufmann; Schloß Nymphenburg), München*
- *Geiger, Klaus, Dr. (ehem. Mitglied des Vorstandes der Bayerische Hypotheken- und Wechsel-Bank AG), München*
- *Haasen, Uwe, Dr. (ehem. Vorsitzender des Vorstandes der Allianz Versicherungs-AG), München*
- *Holzer, Jochen, Dr. (Vorsitzender der Aufsichtsräte VIAG AG und Bayernwerk AG), München*
- *Kley, Max Dietrich (Mitglied des Vorstandes der BASF AG), Ludwigshafen*
- *Meinhardt, Hans, Dr. (Vorsitzender des Vorstandes der Linde AG), Wiesbaden*
- *Rieger, Walter, Dr. (Rechtsanwalt), München*

**Kreuser, Hanns-Peter (stellv. Vorsitzender)*
**Eigner, Ernst*
**Jürgens, Jürgen*
**Klamann, Heinz*
**Koch, Friedrich*
**Rachinger, Horst*
**Schönbeck, Doris*
**Sprengling, Karl Heinz*

Aufsichtsratstantiemen 1995: *1.300.000,– DM*

Beiratstantiemen 1995: *700.000,– DM (für ca. 90 Beiräte aus Wirtschaft, Verbänden und Politik überwiegend des süddeutschen Raums)*

BÖRSE, AKTIEN, KURSE
Grundkapital 1995:
1.285,3 Mio.
Jahreshöchstkurs 1995:
40,90 DM
Jahrestiefstkurs 1995:
33,19 DM
Aktie Jahresende 1995:
36,18 DM
Dividende pro Aktie 1995:
1,45 DM

Die Dividende bezieht sich auf je 5,– DM Aktiennennbetrag.

Bilanzsumme 1995:
298.563,0 Mio.
Bilanzsumme 1994:
275.446,0 Mio.
Bilanzsumme 1993:
265.546,0 Mio.

Kreditvolumen 1995:
231.353,1 Mio.
Kreditvolumen 1994:
215.081,0 Mio.
Kreditvolumen 1993:
199.258,9 Mio.

Jahresüberschuß 1995:
676,2 Mio.
Jahresüberschuß 1994:
518,4 Mio.
Jahresüberschuß 1993:
530,8 Mio.

Steueraufkommen 1995:
680,6 Mio.

Stadt präsent. Die Hypo-Bank betont immer wieder, daß sie im Gegensatz zu anderen Großbanken weder Filialen noch Kreditbestände der alten DDR übernommen hat, sondern ihr Filialnetz von Grund auf neu aufgebaut hat.

STANDORT DEUTSCHLAND. Die Banken folgen ihrer Klientel an die neuen Standorte ins Ausland bzw. empfangen sie in schon bestehenden Repräsentanzen. So auch zunehmend die Hypo-Bank. Besonders expansiv und kundennah ist die Hypo-Bank neben dem Bereich Asien/Pazifik (Fernost wird ein eigener Geschäftsbereich) mit den Repräsentanzen Peking und Shanghai in China (neben der seit 1988 bestehenden Niederlassung Hongkong) besonders in den osteuropäischen Staaten. Neben der Niederlassung in Moskau für die Staaten der GUS gibt es die in Prag gegründete Tochter Hypo-Bank CZ a.s. mit 13 Filialen und sechs Repräsentanzorten, die Hypo-Bank Hungaria Rt., Budapest, mit fünf Filialen, die Hypo-Bank Polska in Warschau und seit 1996 die Hypo-Bank Slovakia a.s. in Bratislava.
Bereits 1995 baute die Hypo-Bank im Inland rund 500 Stellen ab. Trotz einer internen Betriebsvereinbarung über eine »Nullrunde« sollen 1996/97 besonders in der Zentrale weitere Stellen gestrichen werden. Der Vorstand: »Durch konsequentes Straffen von Arbeitsabläufen sowie teilweisen Verzicht auf nichtkundennahe Tätigkeiten wurde ein Gesamteinsparungspotential von ca. 600 Stellen, das entspricht rund einem Fünftel, in der Zentrale identifiziert. Hiervon wird 1996 ein Großteil auf sozialverträgliche Weise – vornehmlich durch Ausnutzen der Fluktuation – realisiert. Das Ziel, schlanke Stäbe und effiziente Dienstleistungseinheiten, werden wir somit größtenteils 1996 erreichen. Eine Ergebnisbelastung durch die getroffenen Entscheidungen tritt nicht ein. Die Effekte der Kostenentlastung werden 1997 voll wirksam.«

»BÜNDNIS FÜR ARBEIT«. In einer Betriebsvereinbarung zwischen der Hypo-Bank und dem Gesamtbetriebsrat wurde Anfang 1996 ein Übereinkommen über teilweise »Arbeit zu Hause/Telearbeit« getroffen. Danach sollen die Beschäftigten der Hypo-Bank künftig ihren Arbeitsplatz zeitweise nach Hause verlegen können – die Technik macht's möglich. Die Bank bezahlt dabei auch die Kosten der »zweiten Büroeinrichtung« in den eigenen vier Wänden – Home Terminal, Online-Anschluß zum Großrechner der Bank, PC, Laptop, Büromöbel. Wichtig: der Mitarbeiter behält weiterhin seinen Schreibtisch in der Bank. Wenn die Tätigkeit es erlaubt, können sich alle Mitarbeiter der Hypo-Bank an diesem Modell beteiligen. Die Voraussetzungen für die Arbeit zu Hause: Freiwilligkeit, geeignete Arbeitsaufgaben bzw. Tätigkeiten und ein geeigneter Arbeitsplatz. In jedem Fall, so sieht es die Betriebsvereinbarung vor, ist zwischen Bank und Mitarbeiter eine schriftliche Vereinbarung über die teilweise Arbeitsleistung zu Hause abzuschließen. Der Mitarbeiter ist weiterhin Arbeitnehmer der Bank mit allen Rechten und Pflichten. Der arbeitsrechtliche und sozialversicherungsrechtliche Status bleibt danach unverändert. Die Dauer der regelmäßigen Arbeitszeit bleibt unverändert, Gleitzeit-Betriebsvereinbarungen bleiben davon unberührt. In der Praxis soll die Absprache mit den Vorgesetzten und Kollegen erfolgen, die Arbeit für zwei oder drei Tage die Woche im häuslichen Arbeitszimmer zu erledigen. Mit

dem zuständigen örtlichen Betriebsrat kann generell oder in Einzelfällen auch eine flexible Handhabung der Arbeitszeit unter Einhaltung von Rahmenvorgaben vereinbart werden. Die Vorteile für die Bank: mehr Eigenverantwortlichkeit und Selbständigkeit des Angestellten, erhöhte Kundenorientierung durch individuellere Ansprache auch außerhalb der Arbeitszeit im Büro, Erhöhung der Produktivität und Effektivität, Fortsetzung der Maßnahmen zur Chancengleichheit und Vereinbarkeit von Beruf und Familie. Die Vorteile für den Mitarbeiter: Sparen von Zeit und Geld durch entfallende Fahrten zum Arbeitsplatz, mehr Flexibilität bei der Gestaltung der Arbeitszeit, Steigerung der Lebensqualität, Verbindung zwischen Beruf und Familie, besserer Wiedereinstieg nach dem Erziehungsurlaub.
Zur Erreichung einer besseren Abstimmung zwischen betrieblichen und persönlichen Belangen wurden im Rahmen örtlicher Betriebsvereinbarungen bei der Hypo-Bank weitgehend gleitende Arbeitszeiten eingeführt. Die flexiblen Arbeitszeiten werden ständig fortgeschrieben und optimiert. Es gibt Arbeitszeitmodelle in zahlreichen Varianten, die individuell abgestimmt werden können, und Job-Sharing, also zwei aufeinander abgestimmte Teilzeitarbeitsverhältnisse. Betriebliche Arbeitszeiten gelten immer dann als flexibel, so die Hypo-Bank, wenn kurzfristige Schwankungen des Arbeitsanfalls (z. B. unterschiedliche Kundennachfrage) und Personalverfügbarkeit (z. B. Urlaub oder Krankheit) jeweils durch Anpassung von Lage und Verteilung der Arbeitszeit aufgefangen werden können.
In einer Betriebsvereinbarung über Chancengleichheit sowie Vereinbarkeit von Familie und Beruf zwischen der Geschäftsleitung und dem Gesamtbetriebsrat waren bereits 1991 Regelungen zur Teilzeitarbeit, zum »Hypo-Elternurlaub« und zu Betreuungs- und Wiedereingliederungsprogrammen getroffen worden.
Ende 1995 wurde eine Betriebsvereinbarung getroffen, die das Ziel hat, »den gesamten Personalkostenblock gegenüber 1995 nicht steigen zu lassen«. Diese geplante »Nullrunde« der Personalkosten, so der Vorstand, soll erreicht werden durch einschneidende Maßnahmen und durch die Limitierung der Sachkosten.

UMWELTSCHUTZ. Ökologische Verantwortung gehört bei der Hypo-Bank zu den Unternehmensgrundsätzen. 1996 wurde ein Umweltbericht veröffentlicht, der alle Maßnahmen und Ziele des Umweltschutzes festschreibt, um die eigene Dienstleistungs- und Produktpalette auf ökologische Verträglichkeit hin zu überprüfen und zu optimieren und das Arbeitsumfeld und die Betriebe der Bank in ein schlüssiges Umweltgesamtkonzept einzubringen.

KOMMENTAR. Anfang 1995 wurde die Hypo-Tochter H.C.M. Hypo Capital Management Vermögensbetreuungsgesellschaft bundesweit in allen Inlandsrepräsentanzen Ziel einer umfangreichen Steuerfahndungsaktion. Allein in München wurden 350 Ordner Konten- und Kundenunterlagen sichergestellt. Der Grund für die Steuerfahndung: Verdacht auf Beihilfe zu Steuerhinterziehung und illegalen Finanztransfers ins Ausland. So soll die HCM, die sich auf die Beratung vermögender Kunden spezialisert hat, Geldüberweisungen ins Ausland verschleiert und über ihre Luxemburger Dependance abgewickelt haben. Grundlage der staatsanwaltschaftlichen Aktion waren zahlreiche

Eigenkapital 1995:
9.140,0 Mio.
Beteiligungen 1995:
818,0 Mio.
Sachanlagen 1995:
2.939,0 Mio.
Kundengelder 1995:
104.282,0 Mio.

Risikovorsorge 1995:
833,0 Mio.
Risikovorsorge 1994:
864,3 Mio.

Filialen 1995: *633*
Filialen 1994: *649*

Beschäftigte 1995: *18.982*
Beschäftigte 1994: *19.064*
Beschäftigte 1993: *17.997*

Löhne und Gehälter 1995: *1.544,8 Mio.*
Löhne und Gehälter 1994: *1.461,6 Mio.*
Durchschnittsgehalt 1995: *81.382,– DM*
Soziale Abgaben und Aufwendungen 1995: *395,2 Mio.*
Soziale Abgaben und Aufwendungen 1994: *328,9 Mio.*

Bezüge pro Vorstandsmitglied 1995: *1.036.364,– DM*
Tantiemen pro Aufsichtsrat 1995: *81.250,– DM*

Selbstanzeigen von steuerflüchtigen Kunden der HCM. Die HCM betreut rund 3.500 wohlhabende Kunden mit einem Depotvolumen von etwa 2,2 Mrd. DM. Die Konten der HCM-Kunden werden größtenteils über das zur Hypo-Bank gehörende Bankhaus Maffei & Co. GmbH geführt, die als HCM-Depotbank fungiert.

Den dubiosen Plutoniumschmuggel von Moskau nach München, dessen Aufklärung mit zahlreichen Festnahmen am Münchener Flughafen die Behörden anfänglich euphorisch feierten und der sich im nachhinein als mögliche Inszenierung des Bundesnachrichtendienstes mit vermutlich politischer Rückendeckung entpuppte, brachte auch die Hypo-Bank in die Schlagzeilen. Die Münchner »Abendzeitung« titelte am 10. April 1995: »Atom-Schmuggel: Hypo-Bank stellte 435 Millionen bereit.« Das Münchner Geldhaus sollte danach in einer »geheimen Aktion« 435 Millionen Mark bereitgestellt haben, um das Plutonium zu kaufen. Die Bank gab wenig später zu, auf ausdrückliche Bitte des Bayerischen Landeskriminalamtes zur Bekämpfung des Plutoniumhandels Mitte 1994 für einen V-Mann, der seiner Klientel Geld anbieten sollte, eine Bonitätserklärung über 276 Millionen Dollar erstellt zu haben. Es habe aber weder eine Zahlungsgarantie noch eine Kreditzusage gegeben. Man sei also an dem fingierten Atomschmuggel nicht durch die Bereitstellung von Geld beteiligt gewesen.

Der Hypo-Bank-Vorstand tut sich mit der Selbstdarstellung immer schwerer, seit man sich zu den renommierten Großbanken zählt und mit den Frankfurtern gleichgezogen hat. Denn schon lange sind die Aktivitäten der Hypo-Bank nicht mehr nur auf Bayern und den süddeutschen Raum beschränkt. Die Bank macht ihre Geschäfte bundesweit, wenngleich durch personelle Querverbindungen in Politik und Wirtschaft Bayern die Domäne der Hypo-Banker bleibt.

Aber die »elegante« Hand der Frankfurter Großbanker haben die eher derben Hypo-Manager offensichtlich nicht. Immer wieder geraten sie in Affären, so daß der Begriff von der »Bayerischen Affären- und Wechsel-Bank« nicht nur in München die Runde macht. Krumme Anlagen- und Kreditgeschäfte, dubiose Geschäfte eines Frankfurter Beratungsunternehmens, zu dem die Hypo ihre Klientel genötigt haben soll, stürzten zahlreiche Kreditkunden ins Unglück.

Auf der Strecke blieben nach Hypo-Interventionen so renommierte Unternehmen wie die Münchner Großdruckerei Karl Thiemig (700 Beschäftigte); eine katastrophale Hand bewiesen die Banker und ihre Sanierer bei den Firmen Götz Metallbau (Deggendorf), Carrera (Fürth) oder »Ralph-Modelle« (München). Allen Krisen haftete der Geruch des Skandals an. In den Pleitensog der Immobiliengruppe Schneider geriet 1994 auch die Hypo-Bank, die Schneider konzernweit Kredite in Höhe von 486 Mio. gewährt hatte.

Auf der Sympathieskala der Hypo-Bank lange Zeit ganz oben: die bayerischen Konzerne März und Moksel. Gerade hatte Anfang der 90er Jahre die Hypo-Bank den März-Einstieg bei Moksel von 33,8% finanziert, schlitterte der Fleischfabrikant aus Buchloe in eine Finanzkrise (siehe Moksel). Schließlich mußte März Konkurs anmelden, der Rosenheimer Konzern hatte nicht zuletzt mit Rückendeckung der Hypo-Bank allzu leichtfertig expandiert – Fehlinvestitionen in Folge. 700 Mio. DM Schulden, März mußte für 400 Mio. DM die lukrative Bavaria St. Pauli-Brauerei (Jever) an den Getränkekonzern Brau und Brunnen verkaufen. Mit von der Partie: die Hypo-Bank, Großaktionär von Brau und Brunnen. Aber auch Brau und Brunnen meldete niedrigere Erträge und schlechte Aktienkurse. Auf der Hauptversammlung im Juli 1996 mußte sich die Hypo-Bank von zahlreichen Aktionären eine negative Einflußnahme auf den Getränkekonzern vorwerfen lassen.

BAYERISCHE VEREINSBANK

GESCHICHTE UND ENTWICKLUNG. Die Wurzeln der Bayerischen Vereinsbank liegen in der 1869 als Kredit- und Hypothekenbank gegründeten Bayerischen Vereinsbank und der Bayerischen Staatsbank von 1780, die 1971 auf die Vereinsbank verschmolzen wurde. Die Bayerische Vereinsbank hat sich in den vergangenen Jahrzehnten von einer bayerischen Kredit- und Hypothekenbank zu einer deutschen Universalbank entwickelt, die weltweit operiert. Der Vereinsbank gelang es 1983, durch die Akquisition des renommierten, 1748 gegründeten Frankfurter Bankhauses Gebrüder Bethmann das Entrée zum Norden der Republik zu erhalten. Ende 1990 stockte die Bayerische Vereinsbank auch noch ihre Schachtelbeteiligung an der Vereinsbank und Westbank, Hamburg, zum Mehrheitsbesitz auf, wodurch sie nunmehr in der ganzen Bundesrepublik über ein flächendeckendes Filialnetz verfügt. Neues äußerliches Erscheinungsbild seit 1994. Auf allen Ebenen firmiert der Konzern jetzt unter dem Logo »Vereinsbank« als »institutsübergreifendes Qualitätsmerkmal«.

BESITZVERHÄLTNISSE/EIGENTUMSSTRUKTUR.
- Bayerische Landesstiftung/Bayerische Forschungsstiftung, München (10,5% – gehört dem Freistaat Bayern; die Hälfte sind stimmrechtslose Vorzugsaktien)
- Deutsche Bank AG, Frankfurt/Main (5,2%)
- Rest Streubesitz bei 125.600 Aktionären (davon ca. 14.000 Belegschaftsaktionäre)

– Private inländische Anleger (28%)
– Institutionelle inländische Anleger (34%)
– Ausländische Investoren (18%)
– Rest nicht erfaßt

KONZERNÜBERBLICK. Die Bayerische Vereinsbank hat sich eine neue Geschäftsstruktur verpaßt. Seit Anfang 1994 arbeitet die BV in fünf Geschäftsbereichen, eigenständig in Marktauftrag und Ergebnisverantwortung – Privatkunden, Firmenkunden, Finanzinstitute/Institutionelle Kunden, Immobilien und Kommunaldarlehen sowie Treasury. Hinzu kommen drei Dienstleistungsbereiche mit Unterstützungsfunktion der Geschäftsbereiche – Bankbetrieb, Konzernsteuerung und Konzern-Services. Die BV hat rund 2,1 Mio. Privatkunden und 200.000 meist mittelständische Firmenkunden. Schwerpunkt dieser unter den fünf größten deutschen Banken rangierenden Universalbank ist das klassische Bank- und Hypothekenbankgeschäft. Die Vereinsbank nimmt die Aufgaben einer Hypothekenbank (Hypotheken und Kommunaldarlehensgeschäft) wahr, in erster Linie zur Finanzierung des

Standort:
Kardinal-Faulhaber-Straße 1 + 14
80333 München

Postanschrift:
80311 München

Telefon: *(089) 378-0*
Telex: *5 24 959 bvm d*
Telefax: *(089) 378-25699*

Branche: *Kreditinstitute*

Rechtsform:
Aktiengesellschaft

Geschäftsjahr: *1.1.-31.12.*

Gründungsjahr: *1869*

Öffentlichkeitsarbeit/ Presseabteilung:
Thomas Pfaff
Tel.: (089) 378-25801
FAX: (089) 378-25699

Vorstand:
- *Schmidt, Albrecht, Dr. (Sprecher)*
- *Eisele, Egbert, Dr.*
- *Hauenschild, Caspar von*
- *Juchem, Norbert, Dr.*
- *Knoth, Rainer*
- *Nolting, Claus, Dr. (stellv. Mitglied)*
- *Rampel, Dieter (stellv. Mitglied)*
- *Rauch, Eberhard, Dr.*
- *Schüller, Stephan, Dr.*
- *Siebertz, Paul, Dr.*
- *Sprißler, Wolfgang, Dr. (stellv. Mitglied)*

Vorstandsbezüge 1995:
10.153.000,– DM

Aufsichtsrat:
- *Premauer, Werner, Dr. (Ehrenvorsitzender), Rottach-Egern*
- *Hackl, Maximilian, Dr. (Vorsitzender), Krailling*
- *Gröpl, Erhard, Dr. (Mitglied des Vorstandes der Bayerischen Landesstiftung), München*
- *Jannott, Edgar, Dr. (Vorsitzender der Vorstände der Victoria-Gesellschaften), Düsseldorf*
- *Johann, Heribert, Dr. (Sprecher der Unternehmensleitung, Geschäftsführender Gesellschafter der C. H. Boehringer Sohn), Ingelheim*
- *von Kuenheim, Eberhard, Dr. E.h. (Vorsitzender des Aufsichtsrates der BMW AG), München*
- *Lüst, Reimar, Prof. Dr. (Präsident der Alexander-von-Humboldt-Stiftung), Hamburg*
- *Pfeiffer, Alfred, Dr. (Mitglied des Aufsichtsrates der VIAG AG), München*
- *Schrempp, Jürgen E. (Vorsitzender des Vorstandes der Daimler-Benz AG), Stuttgart*

Wohnungsbaus und gewerblicher Bauten. Mit einem Marktanteil von rund 5% bei den Wohnungsbaufinanzierungen und 9% bei den gewerblichen Finanzierungen ist der Vereinsbank-Konzern die führende deutsche Immobilienbank. Die BV kontrolliert die größte Gruppe von Hypothekenbanken in Europa und erreicht damit über 40% ihres Geschäftsvolumens. Im Wertpapierbereich verwaltet die Vereinsbank weltweit über 600.000 Depots. Im Allfinanzbereich, also der Ausweitung der Geschäfte auf finanznahe Bereiche, kooperiert die Bayerische Vereinsbank seit Anfang 1990 mit der VICTORIA-Versicherungsgruppe in der Vermittlung von Lebens- und Sachversicherungen durch die Bank sowie von Immobiliendarlehen und Kapitalanlagen durch die Versicherungsgruppe (Vereinsbank Victoria Bauspar AG).
Die Bayerische Vereinsbank verfügt weltweit über ein Netz an Stützpunkten und Niederlassungen. In den USA unterhält sie Filialen in New York, Chicago und Los Angeles. In Fernost ist die BV in Tokio, Hongkong, Peking und Shanghai vertreten. 1995 wurden eine Filiale in Singapur sowie eine Repräsentanz in Bombay eröffnet. Zusammen mit Allianz und BASF betreibt sie in Tokio die internationale Investmentbanking-Gesellschaft BV Capital Markets (Asia) Ltd. Die BV kooperiert in Europa mit der spanischen Banco de Sabadell, der Banco Portugues do Atlantico, der britischen Lloyds Bank, der italienischen Bankengruppe ARCA NordEst und dem bedeutendsten französischen Spezialinstitut des Immobilienkredits, der Crédit Foncier de France. In Osteuropa ist die BV in Ungarn, Bulgarien, Polen und Rußland mit Geschäftsstellen vertreten. In Tschechien hat die BV seit 1995 eine Lizenz für das Hypothekenbankgeschäft.
1996 hat die Vereinsbank die strategischen Felder definiert, auf denen sie über Kernkompetenz verfügt und die sie in den nächsten Jahren weiter ausbauen will: die Immobilienfinanzierung, insbesondere im langfristigen Hypothekenbankgeschäft, die Außenhandelsfinanzierung, Corporate Finance, Asset Management und Treasury.

BETEILIGUNGEN. Zum Konzern der Bayerischen Vereinsbank gehören über 130 in- und ausländische Beteiligungen: Banken mit ihren Tochterunternehmen, Immobilien- und Leasing-Gesellschaften, Grundstücks- und Vermögensverwaltungsgesellschaften sowie andere Beteiligungen.
- Inländische Geschäftsbanken: Vereins- und Westbank (Gruppe), Hamburg (75%); Bankhaus Gebrüder Bethmann, Frankfurt (100%); Franken WKV Bank GmbH, Nürnberg (100%); Bayerisch-Bulgarische Handelsbank GmbH, München (51%); Bankhaus Neelmeyer AG, Bremen (78,9%); Bayerische Handelsbank AG, München (76,4%); Nürnberger Hypothekenbank AG, Nürnberg (85,4%); Süddeutsche Bodencreditbank, München (54,7%); Vereinsbank Victoria Bauspar AG, München (70%); Geestemünder Bank AG, Bremerhaven (95%); Hanseatische Investitions-Bank GmbH, Hamburg (100%); Bayerische Kapitalanlagegesellschaft mbH, München (100%); Nordinvest Norddeutsche Investment-Gesellschaft mbH, Hamburg (100%); ADVANCE BANK AG, München (100% – Direktbank).
- Ausländische Geschäftsbanken: Vereinsbank International S.A., Luxemburg (100%); Bank von Ernst & Cie. AG, Bern/Schweiz (100%); Schoellerbank AG, Wien/Österreich (100% – durch diese Akquisition ist die Bayerische Vereinsbank in Österreich flächendeckend vertre-

ten); Bayerische Vereinsbank S.A. (BV-France), Paris/Frankreich (100%).

● Sonstige Unternehmen: Bavarian Finance Company B.V., Amsterdam/Niederlande (100%); Bayerische Immobilien-Leasing GmbH, München (100%); BV Finance Praha s.r.o., Prag/Tschechien (100%); Schwäbische Bank AG, Stuttgart (25,1%); Deutsche Schiffsbank AG, Bremen/Hamburg (20%); BV Finanziaria S.p.A., Mailand/Italien (100%); BV Capital Markets (Asia), Hongkong (50%); Vereinsbank Capital Corporation, New York/USA (100%); Wirtschafts- und Privatbank, Zürich/Schweiz (50%); Banque Internationale de Crédit et de Gestion Monaco, Monaco (51%); ADIG-Investment Luxemburg S.A., Luxemburg (37,5%); ADIG Allgemeine Deutsche Investment-Gesellschaft mbH, München (41,7%); Central-European International Bank Ltd., Budapest/Ungarn (13,2%); International Moscow Bank, Moskau/Rußland (12%); Hanseatische Leasing GmbH, Hamburg (100%); Salvatorplatz-Grundstücksgesellschaft mbH & Co. oHG Verwaltungszentrum, München (100%); BV Informations-Verarbeitungs-GmbH, München (100%); Bayerische Immobilien-Leasing (Gruppe), München (95%); Bayerische Kapitalanlagegesellschaft mbH, München (100%); Bankgeschäft Heinrich Alten mbH, Uelzen (50%); Düsseldorf-Münchener Beteiligungsgesellschaft mbH, Düsseldorf (100%); Tivoli Handels- und Grundstücks-Aktiengesellschaften, München (99,5%).

● Industriebeteiligungen: Allianz AG Holding, Berlin und München (10%); Münchener Rückversicherungs-Gesellschaft AG, München (10%); VIAG AG, München (10,5% – über die VI-Industrie Beteiligungsgesellschaft mbH, München); Aktienbrauerei Kaufbeuren AG, Kaufbeuren (75,7%); Hasen-Bräu AG, Augsburg (77,3%); Allgäuer Brauhaus AG, Kempten (32,1%); Neue Baumwoll-Spinnerei und Weberei Hof AG, Hof (42,4%); Bavaria Filmkunst GmbH, München (32%).

NEUE BUNDESLÄNDER. In den neuen Bundesländern war die BV-Gruppe Mitte 1996 analog zum Westen flächendeckend vertreten.

STANDORT DEUTSCHLAND. Auch die Vereinsbank trägt dem Strukturwandel im Bankensektor Rechnung – neue Vertriebswege (ADVANCE BANK), neue Technologien (Telefon- und Computerbanking), die zunehmende Globalisierung. Wachstumszentren in ehemaligen Entwicklungsländern entstehen, die Dynamik der traditionellen Industrienationen stagniert oder nimmt ab. »In diesen zunehmend offeneren Märkten konkurrieren die Universalbanken deutscher und die Investmentbanken angelsächsischer Prägung immer unerbittlicher«, resümiert und prognostiziert der Vorstandsvorsitzende der BV, Albrecht Schmidt, gleichermaßen. Ein Schwerpunkt der Geschäftspolitik der BV war 1995 daher auch die weitere Internationalisierung der Bank, nicht zuletzt vor dem Hintergrund der immer stärker ins Ausland expandierenden deutschen Konzerne. 1995 trug das Auslandsgeschäft lediglich 12% zum Betriebsergebnis der BV bei. Neben Deutschland gehören Österreich und Tschechien zum Kernmarkt der Vereinsbank. In Österreich verfügt die BV mit der Schoellerbank über eine flächendeckende Marktposition, in der Schweiz strebt sie eine ebensolche Stellung durch die Übernahme der Ernst & Cie. AG, Bern, an. Traditionell stark ist die BV in den osteuropäischen Ländern. Seit

▌*Sureth, Eva Maria (Geschäftsführende Gesellschafterin der Textilwerke Deggendorf GmbH), Grünwald bei München*
▌*Trautner, Richard, Dr. (stellv. Vorsitzender), Krailling*
**Betz, Herbert (stellv. Vorsitzender)*
**Bauer, Rudolf*
**Betz, Jürgen*
**Dennl, Heidi*
**Grünewald, Klaus*
**Harbauer, Heinz-Georg*
**Kardinal, Horst*
**König, Peter*
**Reich, Manfred*
**Wunder, Helmut*

Aufsichtsratstantiemen 1995: *1.715.000,– DM*

Beiratstantiemen 1995: *745.000,– DM*

BÖRSE, AKTIEN, KURSE
Grundkapital 1995: *1.320,4 Mio.*
Jahreshöchstkurs 1995: *47,00 DM*
Jahrestiefstkurs 1995: *38,75 DM*
Aktie Jahresende 1995: *44,55 DM*
Dividende pro Aktie 1995: *1,50 DM*

Die Dividende bezieht sich auf je 5,– DM Aktiennennbetrag. Der Bilanzgewinn 1995 betrug 398,0 Mio. DM.

Bilanzsumme 1995:
356.543,0 Mio.
Bilanzsumme 1994:
318.169,0 Mio.
Bilanzsumme 1993:
289.212,0 Mio.

Kreditvolumen 1995:
281.000,0 Mio.
Kreditvolumen 1994:
254.000,0 Mio.
Kreditvolumen 1993:
231.800,0 Mio.

Jahresüberschuß 1995:
656,5 Mio.
Jahresüberschuß 1994:
564,7 Mio.
Jahresüberschuß 1993:
584,3 Mio.

Steueraufkommen 1995:
680,0 Mio.

Risikovorsorge 1995:
721.000,0 Mio.
Risikovorsorge 1994:
949.000,0 Mio.
Risikovorsorge 1993:
951.000,0 Mio.

Eigenkapital 1995:
10.312,5 Mio.
Sachanlagen 1995:
4.062,7 Mio.
Beteiligungen 1995:
938,3 Mio.
Kundeneinlagen 1995:
136.798,0 Mio.

Filialen 1995: *774*
Filialen 1994: *788*
Filialen 1993: *766*

1979 ist sie am ersten west-östlichen Joint-venture, der Central-European International Bank (CIB) in Budapest, beteiligt; 1987 gemeinsame Gründung der Bayerisch-Bulgarischen Handelsbank mit der Bulgarischen Außenhandelsbank. 1989 Beteiligung mit vier westlichen und drei östlichen Partnern an der International Moscow Bank, dem ersten Banken-Joint-venture in der früheren Sowjetunion. Als erste deutsche Bank eröffnete die Vereinsbank Anfang 1992 eine Filiale in Prag, dann Filialen in Brünn und Pilsen. In Tschechien ist die BV unter den deutschen Banken die Nummer eins. Bedeutende Stützpunke unterhält die BV in Moskau, St. Petersburg und Warschau. Hinzu kommt der nordamerikanische Markt mit Stützpunkten in Los Angeles, Chicago und New York. Massiv drängt die Vereinsbank auf die »dynamischen asiatischen Märkte«. Neben den Stützpunkten in Tokio, Hongkong, Peking und Shanghai wurden 1995 eine Filiale in Singapur und eine Repräsentanz in Bombay eröffnet; eine Repräsentanz in Hanoi ist geplant. Mit der Eröffnung eines Standortes in Mexico-City wurde die Präsenz in Lateinamerika verstärkt.

»BÜNDNIS FÜR ARBEIT.« Die Vereinsbank setzt zunehmend auf die »aufgabenbezogene Flexibilität und geographische Mobilität« ihrer Mitarbeiter. Das sei eine Voraussetzung, um auch künftig »kunden- und bedarfsorientierte Finanzdienstleistungen anbieten zu können«. Schwerpunkt neuer innerbetrieblicher Regelungen und Übereinkünfte mit hoher Akzeptanz der Belegschaft war 1995 die Verankerung eines leistungsorientierten Vergütungssystems und einer beitragsabhängigen Altersversorgung. Hinzu kam eine umfassend durchgeführte Mitarbeiter-Meinungsumfrage. Das neue Vergütungssystem, das erste seiner Art in einer deutschen Großbank, gilt für alle tariflichen und außertariflichen Mitarbeiter. Maßstab der Leistungskomponente ist der Grad der Zielerreichung sowie das Teamverhalten. Die jeweiligen Jahresziele werden in Mitarbeitergesprächen zwischen Führungskräften und Mitarbeitern am Beginn eines Jahres verabredet. Es besteht die Möglichkeit für »leistungsstarke und teamorientierte Mitarbeiter«, bis zu 30%, bezogen auf das Jahreseinkommen, als Bonus zu verdienen. Der Leistungsbonus ist Gehaltsbestandteil.
Ende 1995 startete das Pilotprojekt »Außerbetriebliche Arbeitsstätten« (Teleworking), durch das Mitarbeiter ihre Arbeit überwiegend von zu Hause aus erledigen können. Es wurde auch eine Kontaktstelle »Teilzeitförderung« eingerichtet. Ende 1995 nutzten, so die Vereinsbank, mehr als 1.500 bzw. 11% der Beschäftigten in der AG die verschiedenen angebotenen Formen der Teilzeitbeschäftigung.
Ein ganz eigenwilliges »Bündnis für Arbeit« schlug der Vorstandsvorsitzende der Bayerischen Vereinsbank, Albrecht Schmidt, anläßlich der Hauptversammlung der Bank am 30. April 1996 vor. Grundlage seiner Überlegungen war eine 1994 getroffene Vereinbarung bei der in finanzielle Bedrängnis geratenen US-Fluggesellschaft United Airlines. 54.000 Mitarbeitern der Fluglinie wurden Aktien im Nennwert von insgesamt 4,9 Mrd. US $ übereignet. Die Aktien wurden von den Mitarbeitern aber nicht in Bargeld bezahlt, sonders in einer auf sechs Jahre festgeschriebenen Änderung der tariflichen Arbeitsbedingungen: Lohnsenkungen zwischen 8 und 16%, Kürzungen der Sozialleistungen, Verlängerung der Arbeitszeit. Der Marktwert des übertragenen Betei-

ligungsbesitzes, so Schmidt, entsprach ungefähr dem Barwert des effektiven Lohnverzichts. Die Fluggesellschaft sei wieder in die Gewinnzone geflogen und heute erfolgreicher Partner der Deutschen Lufthansa. Nach Ansicht Schmidts lag der »Kern dieses Deals« darin, Beteiligungsbesitz dazu einzusetzen, »um den Arbeitnehmern Lohnsenkungen abzukaufen«. Lohnbestandteile sollen in »barwertmäßig gleichwertige Dividendenansprüche« umgewandelt werden. Und nach Schmidts Auffassung noch ein Vorteil: »Arbeitssuchende, die nach dem Deal neu eingestellt werden, arbeiten ohne Beteiligungsanspruch zu den neu vereinbarten Niedriglöhnen.«
In diesem Zusammenhang schlug Schmidt für den Standort Deutschland eine Senkung der Tariflöhne in einer Größenordnung von 10% und ihre Festschreibung auf fünf Jahre vor. Als wertgleiche Gegenleistung für die effektive Lohnkürzung könnten die Beschäftigten Aktien der Unternehmen erhalten, dauerhaft verzinsliche, nicht rückzahlbare Wertpapiere oder in eine Kombination von Erfolgsbeteiligung und Mindestverzinsung einbezogen werden. Schmidt sieht einen Vorteil für alle Beteiligten: Die Altaktionäre profitierten, weil Wachstum und Gewinne der Unternehmen stiegen; die Arbeitsplätze der Mitarbeiter würden sicherer; für Arbeitslose könnten neue Stellen geschaffen werden, allerdings zu niedrigeren Löhnen.

UMWELTSCHUTZ. 1996 legte die Bayerische Vereinsbank erstmalig eine Öko-Bilanz vor, die in einen Umweltbericht einfloß und alle Umweltschutzaktivitäten der Bank nach innen und außen dokumentierte.

Beschäftigte 1995: *22.188*
Beschäftigte 1994: *22.029*
Beschäftigte 1993: *21.546*

Löhne und Gehälter 1995: *1.835,2 Mio.*
Löhne und Gehälter 1994: *1.738,8 Mio.*
Durchschnittsgehalt 1995: *82.711,– DM*
Soziale Abgaben und Aufwendungen 1995: *501,6 Mio.*
Soziale Abgaben und Aufwendungen 1994: *477,3 Mio.*

Bezüge pro Vorstandsmitglied 1995: *923.000,– DM*
Tantiemen pro Aufsichtsrat 1995: *81.667,– DM*

Bayernwerk siehe VIAG

BAYWA

GESCHICHTE UND ENTWICKLUNG. Die gegen Ende des 19. Jahrhunderts in zahlreichen Orten Bayerns entstandenen Genossenschaften beschäftigten sich hauptsächlich mit dem gemeinsamen Einkauf von Betriebsmitteln und dem Verkauf von landwirtschaftlichen Bodenerzeugnissen. Sie übertrugen ihre genossenschaftlichen Warengeschäfte auf die Bayerische Zentral-Darlehenskasse (BZDK), die spätere Bayerische Raiffeisen-Zentralbank (BRZ). Durch den wirtschaftlichen Druck innerhalb der Landwirtschaft beschloß 1923 die Bank die Einrichtung einer eigenen Warenzentrale, die unter der Bezeichnung »Bayerische Warenvermittlung Landwirtschaftlicher Genossenschaften AG« firmierte und im Volksmund »BayWa« genannt wurde. An der Zeichnung des Grundkapitals beteiligten sich die Zentral-Darlehenskassen und rund 1.500 bayerische Genossenschaften. 1933 geriet die BayWa zusehends unter staatliche Führung, im Krieg wurde die gesamte landwirtschaftliche Produktion an den Staat geliefert.
Nach dem Krieg ging es mit der BayWa steil bergauf. Lagerstätten für Getreide, Reparaturwerkstätten, zentraler Einkauf von Maschinen, Ersatzteillager für Landmaschinen etc. ließen die BayWa boomen. 1959 erzielten 8.500 BayWa-Mitarbeiter einen Umsatz von 1,1 Mrd. DM, 20

Standort:
Arabellastraße 4
BayWa-Haus
81925 München

Postanschrift:
Postfach 81 01 08
81901 München

Telefon: *(089) 9222-0*
Telefax: *(089) 9222-3448*
e-mail: *100 635.275 a*

Branche: *Groß- und Außenhandel, Einzelhandel; Agrar-, Baustoff- und Mineralölhandel; technische Angebote; Haustechnik; Bau- und Gartenfachmärkte*

Rechtsform:
Aktiengesellschaft

Geschäftsjahr: *1.1.-31.12.*

Gründungsjahr: *1923*

Öffentlichkeitsarbeit:
Dr. Marion Soceanu
Tel.: (089) 9222-3690
FAX: (089) 9222-3698

Vorstand:
- *Deml, Wolfgang (Vorsitzender)*
- *Braunhofer, Karl, Dr.*
- *Dannheuser, Ulrich*
- *Pröll, Siegfried*
- *Trager, Rolf*

Vorstandsbezüge und Aufsichtsratstantiemen 1995:
keine Angaben nach § 286 Abs. 4 HGB

Aufsichtsrat:
- *Folz, Willibald, Dr. (Vorsitzender), München*
- *Eichwald, Berthold, Dr. (Mitglied des Vorstandes der DG Bank), Frankfurt/Main*
- *Empl, Martin, Augsburg*
- *Klein, Erich (Raiffeisenbank Feldkirchen)*
- *Linseisen, Martin (Raiffeisenbank Hallertau eG)*
- *Nüssel, Manfred, Rimlas bei Bad Berneck*
- *Sorge, Bernhard (Bayerische Raiffeisen-Beteiligungs AG), Griesstätt*
- *Spanner, Josef (Raiffeisenbank Mengkofen/Ndb.)*

**Nitsche, Horst (stellv. Vorsitzender)*
**Auhuber, Klaus*
**Beck, Franz*
**Geutler, Dieter*
**Kurtz, Theodor*
**Richter, Erich*
**Schmidkonz, Alfred*
**Steiger, Lothar*

Jahre später lag er bei 5,4 Mrd. DM, 1994 bei mehr als 6,6 Mrd. DM. Die BayWa ist inzwischen ein vielseitiges Handels- und Dienstleistungsunternehmen, der Agrarhandel macht 30% des Umsatzes aus. Wichtige Geschäftsbereiche sind der Handel mit Baustoffen, Mineralölen, Haustechnik sowie technische Angebote.

BESITZVERHÄLTNISSE/EIGENTUMSSTRUKTUR.
- Bayerische Raiffeisen-Beteiligungs-AG, München (42,1%)
- Genossenschaften (30,3%)
- Sonstige Aktionäre (27,6%)

KONZERNÜBERBLICK. Die BayWa ist Deutschlands größtes Handelshaus im Genossenschaftssektor. Die drei Hauptgeschäftsfelder sind: Betriebsmittel für die Landwirtschaft, der Handel mit Baustoffen und Dienstleistungen für den Umweltschutz. Die BayWa AG ist ein genossenschaftlicher Handelskonzern, der wichtigste Partner der bayerischen Landwirtschaft und eines der führenden Unternehmen im Baustoffhandel. Sie versteht sich als Wirtschaftspartner des ländlichen Raums. In Sachsen sowie in Teilen von Brandenburg, Thüringen und Sachsen-Anhalt verfügt die BayWa über ein eigenes Betriebsstättennetz und arbeitet dort auch über Franchise- und Händlerverträge mit Partnern zusammen.
Mit der gewerblichen Wirtschaft, vor allem der Bauwirtschaft und dem Bauhandhandwerk, aber auch mit den Kommunen und privaten Verbrauchern betreibt die BayWa Groß- und Einzelhandel mit Baustoffen, Hobby- und Gartenartikeln (Bau- und Gartenfachmärkte für Verbraucher), Mineralölen und Brennstoffen. Die BayWa verfügt über zahlreiche große Tanklager, Tankstellen und Tankfahrzeuge. Die Haustechnik, vor allem Heizungsbau und Sanitärinstallation, ist ein weiterer Konzerngeschäftsbereich.
Die BayWa vermarktet landwirtschaftliche Bodenerzeugnisse und Produkte im In- und Ausland. Andererseits versorgt sie die Landwirtschaft mit landwirtschaftlichen Betriebsmitteln und Dienstleistungen. Zum Angebot für Landwirte zählen Produkte wie Saat- und Pflanzengut, Dünge- und Pflanzenbehandlungsmittel, Futtermittel, Mineralöle und Schmierstoffe. Die Produktion von Kraftfutter erfolgt in den Mischfutterwerken Raiffeisen-Kraftfutterwerke Süd GmbH (RKW), Würzburg.
Die BayWa bietet der Landwirtschaft darüber hinaus ein komplettes Programm an Maschinen und technischen Anlagen für den Bauernhof. Dazu kann die Landwirtschaft auf Spezialisten und Kundenberater der BayWa zurückgreifen. Die BayWa ist ferner die Warenzentrale für rund 300 lokale Genossenschaften, z. B. für viele Raiffeisengenossenschaften Bayerns. Sie betreibt den Großhandel mit der getreide- und kartoffelverarbeitenden Industrie, also mit Mühlen, Brauereien, Mälzereien und Lebensmittelunternehmen.
Insgesamt gibt es die BayWa in knapp 500 Orten Bayerns und der neuen Bundesländer. Die BayWa AG in Zahlen (Stand Dezember 1995): 59 selbstbilanzierende Betriebe, davon 9 Spezialbetriebe. Darin sind integriert: 650 Betriebsstätten an 500 Orten in Bayern, Thüringen, Sachsen, Sachsen-Anhalt und Brandenburg; 270 Baustoff-Fachhandelsbetriebe (die BayWa ist größter Anbieter von Baustoffen in Bayern); 70 Bau & Garten Fachmärkte mit je über 1.000 qm um-

bauter Verkaufsfläche, 118 Einzelhandelsmärkte mit einem Teilsortiment für Do-it-yourself und Garten; 312 Betriebsstätten für den Vertrieb von Mineralölen und Brennstoffen (237 Tanklager bei Betrieben, 2 Großtanklager, 100 Tankstellen, davon 60 mit Bio-Diesel-Zapfsäulen); 45 Standorte mit Haustechnik; 273 Betriebsstätten mit Vertrieb und Service für Landtechnik, Gewerbe- und Umwelttechnik; 343 Betriebsstätten mit Agrarumsatz; Fuhrpark von 4.000 Kraftfahrzeugen (Stapler, Lkw, Kranfahrzeuge, Tankfahrzeuge, Pkw).

BETEILIGUNGEN. Zu den wichtigsten Beteiligungen der BayWa AG gehören: Karl Theis GmbH, München (100%); DTL Donau-Tanklagergesellschaft mbH & Co. KG, Deggendorf (93,3%); Erfurter Saatgut-Grundstücksgesellschaft mbH, München (100%); Leipziger Saatgut-Grundstücksgesellschaft mbH, München (100%); Bayerische Futtersaatbau GmbH, Ismaning (100%); BRVG Bayerischer Raiffeisen- und Volksbanken Verlag GmbH, München (25%); Raiffeisen-Kraftfutterwerke Süd GmbH, Würzburg (50%); Raiffeisen Bauzentrum GmbH, Kiel (51%); SSG Sünchinger Stärke GmbH, Sünching (19%); BayWa-BHG Baustoff-Fachhandel Chemnitz GmbH, Grimma (51%); Deutsche Raiffeisen-Warenzentrale GmbH, Frankfurt (17,8%); R+V Allgemeine Beteiligungs-GmbH, Wiesbaden (10%); Raiffeisen-Warenverband Tirol GmbH, Innsbruck/Österreich (51%); BOR GmbH, Chocen/Tschechische Republik (33%); BayWa Hungaria GmbH, Budapest/Ungarn (100%); »Unser Lagerhaus« Warenhandelsgesellschaft m.b.H., Klagenfurt/Österreich; BayWa Vorarlberg Handels GmbH, Lauterach/Österreich. Die 49 BayWa-BHG-Franchise-Partner, die 1995 rund 730,0 Mio. DM umsetzten, werden von der BayWa Handelssysteme Service GmbH (BHSS), München, betreut.

NEUE BUNDESLÄNDER. Die BayWa ist besonders in Sachsen, Sachsen-Anhalt, Brandenburg und Thüringen engagiert. 1991 hatte die BayWa sechs Saatgutbetriebe mit rund 40 Betriebsstätten der früheren DDR erworben. Verschiedene dieser Betriebsstätten wurden zu Vertriebsstellen mit mehreren Geschäftspartnern oder zu Spezialbetrieben entwickelt und ausgebaut und inzwischen auf die Münchner Muttergesellschaft verschmolzen. Neben den sechs BayWa-Betrieben gibt es 55 angeschlossene Betriebsstätten. Dazu kommen 42 Franchise-Nehmer – verteilt auf alle neuen Bundesländer, die von der BayWa Handels-Systeme-Service GmbH, einer hundertprozentigen BayWa-Tochter, betreut werden.

STANDORT DEUTSCHLAND. Kernarbeitsgebiete der BayWa sind Bayern, Sachsen und Teile von Thüringen und Brandenburg. Daneben Ausbau der Auslandsaktivitäten über Beteiligungen und Kooperationen, besonders in Österreich, der Tschechischen Republik und Ungarn. In den Beteiligungen, die die BayWa auf dem österreichischen Markt hält, wurden 1995 mit 1.000 Mitarbeitern rund 450,0 Mio. DM umgesetzt. In der mit Schwierigkeiten kämpfenden Baubranche griffen sogenannte Kostenentlastungsprogramme, durch die sich die Beschäftigtenzahl in der zweiten Jahreshälfte deutlich verringerte. Die leichte Personalzunahme resultiert überwiegend aus dem Ausbau und der Intensivierung der Geschäftsbereiche Baustoffhandel und Fachmärkte in den neuen Bundesländern.

BÖRSE, AKTIEN, KURSE
Grundkapital 1995:
127,2 Mio.
Jahreshöchstkurs 1995:
404,00 DM
Jahrestiefstkurs 1995:
238,00 DM
Aktie Jahresende 1995:
244,00 DM
Dividende pro Aktie 1995:
7,00 DM

In genossenschaftlichem Besitz befinden sich 72,4 % der Aktien. Die Dividende bezieht sich auf einen Nennbetrag von DM 100,–.

Umsatz 1995: *6.550,2 Mio.*
Umsatz 1994: *6.587,6 Mio.*
Umsatz 1993: *6.152,4 Mio.*

Gewinn 1995: *17,5 Mio.*
Gewinn 1994: *14,5 Mio.*
Gewinn 1993: *10,4 Mio.*

Cash flow 1995: *179,7 Mio.*
Cash flow 1994: *211,0 Mio.*
Cash flow 1993: *179,5 Mio.*

Cash flow: *Der gesamte Finanzbedarf für die Investitionstätigkeit (ohne Verschmelzungen) sowie die vorgeschlagene Dividendenausschüttung konnten damit aus dem Cash flow gedeckt werden.*

Steueraufkommen 1995:
21,7 Mio.

Beschäftigte 1995: *12.050*
Beschäftigte 1994: *11.952*
Beschäftigte 1993: *11.951*

Löhne und Gehälter 1995: *560,2 Mio.*
Löhne und Gehälter 1994: *538,1 Mio.*
Durchschnittsgehalt 1995: *46.490,– DM*
Soziale Abgaben und Aufwendungen 1995: *148,6 Mio.*
Soziale Abgaben und Aufwendungen 1994: *160,5 Mio.*

Investitionen 1995: *167,0 Mio.*
Investitionen 1994: *140,1 Mio.*
Investitionen 1993: *148,9 Mio.*

Mitbewerber: *Privater Landhandel, Landmaschinenhandel, Mineralölhandel, Baustoffhandel, Bau- und Fachmärkte*

»BÜNDNIS FÜR ARBEIT«. Das Personal der BayWa hat 1995 leicht zugenommen, die Teilzeitbeschäftigungen stiegen um 7,9%, resultierend aus der Einführung flexibler Arbeitszeiten im Einzelhandel. Teilzeit-Mitarbeiter machten 1995 mehr als 10% aus. Damit verbunden waren neue Arbeitsplätze für Frauen. Erhebliche Personalverschiebungen zwischen den einzelnen Geschäftssparten, so die BayWa, ermöglichten die flexible Anpassung an veränderte Marktverhältnisse. 1995 wurden 15% mehr Auszubildende eingestellt (über 600 Auszubildende); an Weiterbildungen nahm ca. ein Drittel der Mitarbeiter teil. Ziel: die Kreativität und Eigenverantwortlichkeit im Unternehmen zu stärken.

UMWELTSCHUTZ. Unternehmensleitlinien: Die Umwelt schonen und natürliche Ressourcen sinnvoll nutzen. Die Förderung von Vertrieb und Einsatz nachwachsender Rohstoffe (Schmieröle auf Pflanzenbasis, Bio-Diesel), Ökobaustoffe. Die BayWa selbst spricht von dem hohen Umweltbewußtsein ihrer Kunden und will durch ihre Mittlerfunktion zwischen Angebot und Nachfrage entscheidenden Einfluß auf die Qualität der Waren nehmen. So wurde 1995 erstmals in Bayern ein großes Sortiment an Öko-Baustoffen angeboten, wurden bereits 1993 alle BayWa-Märkte verpflichtet, in ihr Sortiment kein Tropenholz mehr aufzunehmen. In einem Pilotprojekt fördert die BayWa den Anbau und die Verwendung von Flachs als Dämm-Material. Erneuerbare Energien, Kompostierung, Lärmschutz und Entsorgung sind weitere Geschäftsfelder. Im Bereich Gewerbe- und Umwelttechnik ist die BayWa Marktpartner für den Bau von Kompostieranlagen. BayWa-Märkte organisieren den Kompost-Absatz.
Öko-Renner der BayWa aber sind die eigenen Tankstellen mit dem alternativen Kraftstoff Bio-Diesel. Das Zapfstellennetz wird ständig erweitert. Auch andere Großabnehmer beziehen immer mehr Bio-Diesel und biologisch abbaubare Schmierstoffe, 1996 bereits 24 Schmierstoff-Produkte. Die BayWa bietet den Landwirten Verträge, in denen die Abnahme von Getreide garantiert ist, das nach kontrollierten ökologischen Anbaumethoden produziert wurde. Ähnliches gilt für andere Bereiche des Nahrungsmittelanbaus. Eine computergestützte Düngeplanung erleichtert den bedarfsgerechten Einsatz der Mittel und einen entsprechenden Verwendungsnachweis. Jede Art von Pflanzenschutz soll »ökonomisch sinnvoll und ökologisch verträglich« sein.

BEIERSDORF

Standort:
Unnastraße 48
20253 Hamburg

Postanschrift:
20245 Hamburg

GESCHICHTE UND ENTWICKLUNG. 1882 gründete der märkische Apotheker Carl Paul Beiersdorf in Hamburg nach der Erfindung des neuartigen medikamentösen Pflasters »Guttaplaste« eine kleine Firma. Gemeinsam mit dem Dermatologen Paul Gerson Unna entwickelte Beiersdorf Salbenstifte, Pastenstifte und medizinische Seifen. Nach einer persönlichen Krise verkaufte Beiersdorf 1890 das Unternehmen, das in eine offene Handelsgesellschaft umgewandelt wurde. Der neue Besitzer, der 27jährige schlesische Apotheker Oscar

Troplowitz, brachte mit seinen Wissenschaftlern 1901 Leukoplast auf den Markt, 1906 erschien das Lassoband als erstes technisches Klebeband, dann die Pebeco-Zahnpasta. 1909 kam der Lippenpflegestift »Labello« auf den Markt, bis heute wie fast alle Beiersdorf-Produkte ein Verkaufsschlager.
Zur Jahreswende 1911/12 erschien dann Nivea. Ausweitung des Geschäftes auf zahlreiche europäische Länder und die USA. Zu Beginn des Ersten Weltkrieges bestanden Fabrikationsstätten für Beiersdorf-Produkte in Buenos Aires, Kopenhagen, Mexiko, Moskau, New York, Paris und Sydney. In 29 Ländern waren Vertretungen ernannt. Nach dem Tod von Oscar Troplowitz, der keine direkten Nachkommen hatte, wurde Beiersdorf zuerst in eine GmbH (1920) und schließlich zur Beiersdorf & Co. AG (1922) umfirmiert.
Unter den Nazis geriet Beiersdorf in Schwierigkeiten. Es sei ein jüdisches Unternehmen, hieß es, Deutsche dürften kein Leukoplast oder Hansaplast mehr kaufen. »Wer Nivea-Artikel kauft, unterstützt damit eine Judenfirma!« Verschiedene Manager und Vorständler des Unternehmens gingen ins Ausland, der Konzern produzierte weiter.
Nach dem Krieg ging es mit Beiersdorf steil nach oben. Nivea erschien 1947 neu auf dem Markt, 1951 wurde als erste desodorierende Seife in Europa 8x4 herausgebracht, ebenso pH5-Eucerin, eine kosmetische Salbe. 1955 begann die Erfolgsgeschichte von »Atrix«. Beiersdorf expandierte und baute einen weltweit operierenden Konzern auf. 1965 Sortimentseinführung von tesa. 1967 Umwandlung in Beiersdorf AG, 1973 Rückerwerb der im Krieg beschlagnahmten Warenzeichen in den USA, 1982 Produktionsaufnahme von tesa-Klebebändern in den USA. Seit 1989 reorganisiert sich der Konzern auf seine eigentlichen Hauptfelder und baut diese aus. Ende 1992 Rückerwerb der nach dem Zweiten Weltkrieg verlorengegangenen Nivea-Markenrechte von Großbritannien und zahlreichen Commonwealth-Staaten. 1995 Gründung eines Joint-ventures zwischen der Beiersdorf AG und Four Pillars Enterprise Co. Ltd., Taipeh/Taiwan, unter der Firmierung Four Pillars-Beiersdorf Pte. Ltd. mit Sitz in Singapur für das Klebeband- und Etikettengeschäft im chinesischen und ostasiatischen Raum. 1996 Übernahme der amerikanischen Marken Futuro und Curad von der Kendall Comp., Mansfield/USA.

BESITZVERHÄLTNISSE/EIGENTUMSSTRUKTUR.

- Allianz Aktiengesellschaft Holding, Berlin/München (37%)
- Tchibo Holding AG, Hamburg (25,9% – Tchibo gehört zu 100% der Familie Herz, Hamburg.)
- Mitglieder der Gründerfamilie
- Kleinaktionäre

KONZERNÜBERBLICK. Beiersdorf zählt zu den führenden Unternehmen in der Herstellung von Körperpflegemitteln, pharmazeutischen Präparaten, Pflastern und Hospitalbedarf sowie technischen Klebebändern und Klebern. Weltweit gilt Beiersdorf mit seiner Marke tesa als zweitstärkster Anbieter von Klebebandtechnik. Ein zweiter Klassiker des Konzerns ist »Nivea«. Die 1912 erstmalig auf den Markt gebrachte Rezeptur einer »besonders hautverträglichen und pflegewirksamen Wasser-Fett-Emulsion« wird in 150 Ländern verkauft und ist die größte und berühmteste Körperpflegemarke der Welt. Mit dem

Telefon: *(040) 569-0*
Telex: *21 951-0*
Telefax: *(040) 569-3434*

Branche: *Chemische Industrie, medical-Produkte, Klebebänder und Kosmetik*

Rechtsform: *Aktiengesellschaft*

Geschäftsjahr: *1.1.-31.12.*

Gründungsjahr: *1882; Aktiengesellschaft seit 1922*

Presse & Public Relations:
Peter Nebel
Tel.: (040) 569-2001
FAX: (040) 569-6143
Manuela Rousseau
Tel.: (040) 569-3991
Fax: (040) 569-3434/6143

Verbände: *Verband der Chemischen Industrie e.V., Frankfurt/Main; Bundesverband der Pharmazeutischen Industrie e.V., Frankfurt/Main*

Vorstand:
- *Kunisch, Rolf, Dr. (Vorsitzender)*
- *Meyer-Burgdorf, Hans H. (medical)*
- *Opgenoorth, Werner, Dr. (Personal)*
- *Schäfer, Peter, Dr. (Finanzen)*
- *Steinmeyer, Dieter W. (tesa)*
- *Wölfer, Uwe (cosmed)*

Vorstandsbezüge 1995:
5.123.000,– DM

Aufsichtsrat:
- *Claussen, Georg W. (Ehrenvorsitzender)*
- *Meinhardt, Hans, Dr. (Vorsitzender)*
- *Boysen, Wilfried N.*
- *Breipohl, Diethart, Dr.*
- *Herz, Günter (stellv. Vorsitzender)*
- *Stracke, Hans, Dr.*
- *Wöbcke, Hans-Otto*

**Käding, Günther (stellv. Vorsitzender)*
**Buhse, Margret*
**Fahlbusch, Detlef*
**Krause, Jürgen*
**Mälzer, Gustav*
**Ungerath, Kurt*

Aufsichtsratstantiemen 1995: *1.134.000,– DM*

Namen Beiersdorf verbinden sich aber noch weitere Markenklassiker: Leuko- und Hansaplast, ABC-Pflaster, atrix-Handpflege und 8x4 Deo. Beiersdorf produziert und vertreibt seine Produkte in mehr als 50 Werken bzw. Tochtergesellschaften in 36 Staaten. In 39 Ländern werden Beiersdorf-Produkte durch 44 Lizenznehmer hergestellt und verkauft. Das Unternehmen gliedert sich in die Sparten cosmed, medical und tesa, also in kosmetische, medizinisch-pharmazeutische und Klebeprodukte. Beiersdorf verfügt in Deutschland über zwölf produzierende Werke (einschließlich Tochtergesellschaften), davon fünf in Hamburg und weitere in Berlin, Emmerich, Harrislee (Flensburg), Offenburg, Stuttgart, Heitersheim und Baden-Baden.

◆ Die Sparte cosmed entwickelt und vermarktet Produkte in den Bereichen Haut- und Körperpflege. Die Hauptmarken: Nivea (Nivea Visage), 8x4, Labello, doppeldusch, Basis pH, atrix, Limara, Lian, Gammon. Zu diesem Bereich gehören die Produktpaletten der Tochtergesellschaften Juvena International AG, Zürich, und La Prairie Inc., New York. Umsatz 1995: 2.909,3 Mio. DM (Vorjahr: 2.786,5 Mio.)

◆ In der Sparte medical wurden die früheren Teilbereiche medical und pharma zusammengefaßt. Die Sparte medical besteht aus den Geschäftsfeldern professionelle Wundversorgung (Wundmanagement, Verbandfixierung, Brandnarbentherapie), Dermatologie (Eucerin/Laceran), Orthopädie/Phlebologie (Stützen und Schienen im Orthopädiebereich) und »Personal Health Care« (Pflaster). Die Hauptmarken: ph5-Eucerin-Programm, Hansaplast-Programm, Leukoplast, ABC-Pflaster, Cutinova. Die nicht-dermatologischen Arzneimittel wie Herz- und Kreislaufmittel (Novodigal, Aquaphor) wurden in die Beteiligungsgesellschaft Beiersdorf-Lilly GmbH, Hamburg, eingebracht. Weitere Produkte: Eloflex, Acrylastic (Binden), Manex (OP-Handschuhe). Desinfektions- und Reinigungsmittel in der Tochtergesellschaft Bode Chemie GmbH, Hamburg, medizinische Kompressionsstrümpfe in der Tochtergesellschaft Jobst GmbH, Emmerich. 1996 erwarb Beiersdorf die Bereiche Futuro-Bandagen und Curad-Pflaster von der Kendall Comp., einer Tochtergesellschaft der Tyco International Ltd., Exeter/New Hampshire, in den USA. Curad ist die führende Pflastermarke in den USA, Futuro Marktführer bei Kompressionsstrümpfen und orthopädischen Bandagen. Umsatz 1995: 1.159,1 Mio. DM (Vorjahr: 1.138,2 Mio.)

◆ Die Sparte tesa gliedert sich in neun Geschäftseinheiten. Im Bereich Industrie sind das die Geschäftseinheiten Verpacken, Elektroanwendungen, Abdecken, Schützen, Konfektionieren, technicoll Industrie-Klebstoffe und Etiketten; im Bereich consumer die Bereiche Schule/Haushalt/Büro und Do-it-yourself. Die Hauptmarken: alle Klebebänder der Marke tesa (tesafilm, tesaband, tesakrepp, tesamoll, tesafix, Power-Strips), technische Kleber unter den Namen technicoll und techniplast Dichtungsmassen. 70% des tesa-Programms entfallen auf Spezialprodukte für die Industrie. Umsatz 1995: 1.276,3 Mio. DM (Vorjahr: 1.227,9 Mio.)

Beiersdorf ist im Bereich Forschung und Entwicklung äußerst engagiert. Unternehmensstrategie ist die verstärkte Forschung auf dem Gebiet der Dermatologie, da die Haut seit jeher ein wesentliches Betätigungsfeld der Beiersdorfer war. Das gilt für Produkte zur Behandlung von kranker Haut ebenso wie für Körperpflegemittel. Die Forschung konzentriert sich in erster Linie auf das in Hamburg ansässige neue und moderne Paul Gerson Unna-Forschungszentrum mit 200 Mitarbeitern. Insgesamt sind in der Forschung, Entwicklung und Qualitätssicherung weltweit rund 1.000 Mitarbeiter beschäftigt.

BETEILIGUNGEN. Beiersdorf-Produkte werden in 65 Ländern produziert und in mehr als 100 Ländern verkauft. In 50 Ländern der Welt besitzt Beiersdorf 67 eigene Gesellschaften. Zu den wichtigsten Tochter- und Beteiligungsgesellschaften zählen:
Cosmed-Produktions GmbH, Berlin (100% – Bade- und Duschzusätze, Haarshampoos und -spülungen); Hirtler GmbH, Heitersheim (100%); Bode Chemie GmbH & Co., Hamburg (75% – Desinfektions- und Konservierungsmittel); Jobst GmbH, Medical Stockings, Emmerich (100% – Medizinische Kompressionsstrümpfe); Juvena Produits de Beauté GmbH, Baden-Baden (100% – Tochtergesellschaft: La Prairie GmbH); NOPI GmbH, Harrislee (100% – Verpackungs- und Spezialklebebänder); tesa-Werke Offenburg GmbH, Offenburg (100% – Klebebänder überwiegend der Produkte tesakrepp, -band, -fix, -film und -pack); tesa-Etikettendruckerei GmbH, Stuttgart (100%); Juvena (International) AG, Volketswil/Schweiz (100% – Depot-Kosmetik; zahlreiche Tochtergesellschaften); Beiersdorf, Inc., Norwalk/Connecticut, USA (100%); Nivea-Kao Co., Ltd., Tokio/Japan (60%); Jobst Institute, Inc., Charlotte/N.C., USA (100%); tesa tape inc., Charlotte/N.C., USA (100%); Four Pillars-Beierdorf Pte. Ltd., Singapur (50% – mit zahlreichen Tochtergesellschaften in Singapur, Malaysia, Hongkong und der Volksrepublik China).

NIVEA, HANSAPLAST UND TESA. Als eine weltweit operierende Unternehmensgruppe ist Beiersdorf überall in der Welt ein Begriff. Doch der Name Beiersdorf ist den meisten Menschen weniger bekannt als die sich hinter diesem Konzern verbergenden Produkte, die in Deutschland 70% der Menschen kennen. Zum Beispiel Nivea. Die 1912 erstmalig auf den Markt gebrachte Rezeptur wird in 150 Ländern verkauft. Längst ist es nicht mehr bei der Creme geblieben, ein ganzes Set, vom Duschbad bis zum After-shave, entzückt die Menschen rund um den Globus und die Konzernbesitzer in Hamburg. 1996 soll allein die Marke Nivea weltweit 2,3 Mrd. DM umsetzen (1995: 2 Mrd. DM) und damit ihre Position als weltweit größte und bekannteste Körperpflegemarke ausbauen. Neueste Renner aus dem Hause Beiersdorf: Nivea Visage, neue Segmente der Nivea-Haarpflege, Nivea Baby. Neben diesem Evergreen unter den Kosmetika wartet Beiersdorf mit zahlreichen weiteren bekannten Marken auf, die besonders im Ausland für Riesenumsätze sorgen: das 8x4 Deomittel-Programm, die Gammon-Herren-Duftprodukte, die Limara-Parfüm-Sprays und – der Renner in Japan – ein Lippenstift-Programm unter der Marke Shine flonée. In Japan ist Beiersdorf bei Deodorants führend. Dazu kommen Hits wie Labello, atrix, die Hansaplast-Reihe und das riesige tesa-Programm.

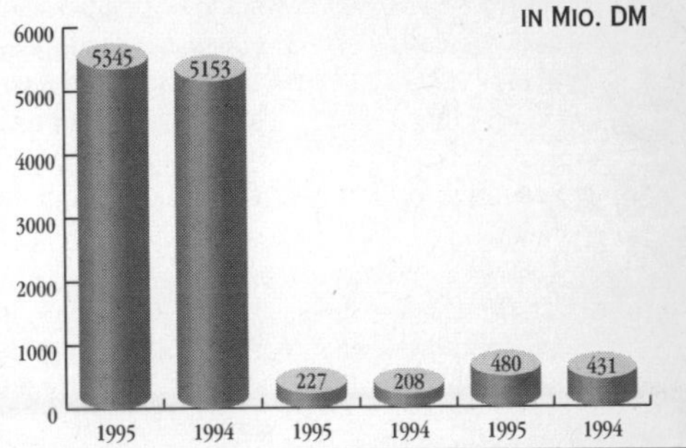

UMSATZ/GEWINN/CASH FLOW IN MIO. DM

BÖRSE, AKTIEN, KURSE
Grundkapital 1995:
210,0 Mio.
Jahreshöchstkurs 1995:
1.190,00 DM
Jahrestiefstkurs 1995:
930,00 DM
Aktie Jahresende 1995:
1.010,00 DM
Dividende pro Aktie 1995:
17,00 DM

Die Dividende bezieht sich auf je 50,– DM Aktiennennbetrag. Der Bilanzgewinn 1995 betrug 87,6 Mio. DM. Das Grundkapital von 210,0 Mio. DM ist eingeteilt in 208.000 Inhaber-Aktien zu 1.000,– DM, 14.000 Inhaber-Aktien zu 100,– DM und 12.000 Inhaber-Aktien zu 50,– DM. Das gesamte Grundkapital wurde im August 1996 aus Gesellschaftsmitteln von 210,0 Mio. DM auf 420,0 Mio. DM erhöht und in 5-DM-Aktien eingeteilt.

Umsatz 1995: *5.344,7 Mio.*
(davon Ausland: 3.330,7 Mio.)
Umsatz 1994: *5.152,6 Mio.*
(davon Ausland: 3.285,9 Mio.)
Umsatz 1993: *4.763,4 Mio.*
(davon Ausland: 2.983,0 Mio.)

Gewinn 1995: *227,1 Mio.*
Gewinn 1994: *207,8 Mio.*
Gewinn 1993: *179,4 Mio.*

Cash flow 1995: 480,1 Mio.
Cash flow 1994: 431,3 Mio.
Cash flow 1993: 401,4 Mio.

Cash flow: Alle Investitionen wurden durch den Cash flow finanziert. Im Vordergrund stand der Erwerb des Geschäftes der Futuro Inc. in den USA einschließlich der Warenzeichen Futuro (Kompressionsstrümpfe und orthopädische Bandagen) und Curad (Wundpflege) von der Kendall Company.

Steueraufkommen 1995: *232,9 Mio.*

Beschäftigte 1995: *17.040*
Beschäftigte 1994: *16.886*
Beschäftigte 1993: *16.880*

Umsatz pro Mitarbeiter 1995: *313.656,– DM*
Umsatz pro Mitarbeiter 1994: *305.140,– DM*
Umsatz pro Mitarbeiter 1993: *282.192,– DM*

Löhne und Gehälter 1995: *995,2 Mio.*
Löhne und Gehälter 1994: *1.021,4 Mio.*
Durchschnittsgehalt 1995: *58.404,– DM*
Soziale Abgaben und Aufwendungen 1995: *271,9 Mio.*
Soziale Abgaben und Aufwendungen 1994: *272,3 Mio.*

Bezüge pro Vorstandsmitglied 1995: *853.883,– DM*
Tantiemen pro Aufsichtsrat 1995: *87.231,– DM*

Bei »tesafilm« hält Beiersdorf in Deutschland einen Marktanteil von 80%, beim Pflastergeschäft in den Apotheken einen Anteil von 70%. Im Bereich cosmed liegt Beiersdorf weltweit auf Platz 10, bei medical auf Platz 6, bei tesa auf Platz 2. Mit seiner internationalen Markenartikel-Philosophie verfolgt Beiersdorf die Strategie, Produkte international so einheitlich wie möglich zu vermarkten.

NEUE BUNDESLÄNDER. Beiersdorf bedient die neuen Bundesländer mit den in westdeutschen Fabriken produzierten Artikeln. Alle Beiersdorf-Produkte haben in Ostdeutschland eine äußerst hohe Akzeptanz.

STANDORT DEUTSCHLAND. »Die Strategie des Konzerns zielt darauf ab, in wichtigen Teilmärkten eine führende Stellung zu erreichen und sich aus dieser Stärke heraus geographisch zu verbreitern.« Der Beiersdorf-Vorstand setzt ganz auf weitere Internationalisierung. 1995 wurden bereits fast zwei Drittel des Geschäftes außerhalb Deutschlands getätigt. In den USA akquirierten die Hamburger die Futuro Inc. und damit die US-amerikanischen Marktführer auf den Gebieten Kompressionsstrümpfe und orthopädische Bandagen (Futuro) und Pflaster (Curad). Ein strategisch entscheidender Schritt in den für Beiersdorf so wichtigen asiatischen Markt war 1995 die Beteiligung der Sparte tesa an dem ostasiatischen Joint-venture Four Pillars-Beiersdorf Pte, Ltd., Singapur, mit zahlreichen Tochtergesellschaften, besonders für die Geschäfte in den Märkten Südostasiens einschließlich der Volksrepublik China. Beiersdorf expandiert auch zunehmend nach Südamerika und setzt auf das Geschäft in den osteuropäischen Ländern. Beiersdorf will in seinen drei starken Bereichen der Konkurrenz von Unilever, Procter & Gamble, L'Oreal und anderen auf den internationalen Märkten verschärft Paroli bieten. Mit hohen Investitionen und großem Forschungsaufwand baut Beiersdorf diese Geschäftsfelder aus und plant rationellere und größere Produktionsstätten weltweit. Diesem Ziel diente auch die 1993 abgeschlossene Umstrukturierung des Konzerns, die Konzentration auf die drei Unternehmensbereiche cosmed, medical und tesa, in denen Beiersdorf international anerkannte Kompetenz besitzt. Die gezielte geographische Expansion soll auch 1996/97 fortgesetzt und die Führungsposition auf möglichst vielen Teilmärkten weiter ausgebaut werden.

»BÜNDNIS FÜR ARBEIT«. Bei Beiersdorf wird auf allen Ebenen verstärkt auf »Flexibilität, Innovation und Veränderungsbereitschaft« gesetzt. In zahlreichen Seminaren, Workshops und Veranstaltungen wurden Organisationsstrukturen einer gründlichen Überprüfung unterzogen. Die Basis dafür war eine ausführliche Mitarbeiterbefragung. In zahlreichen Werken gibt es flexible Arbeitszeitmodelle, Gruppenarbeit und entsprechende Beurteilungssysteme. 1995 fand die konstituierende Sitzung des sogenannten Europa-Dialogs statt, eines Kommunikations- und Informationsforums für Mitglieder der Mitarbeitervertretungen und der Geschäftsleitungen der europäischen Tochtergesellschaften.

UMWELTSCHUTZ. Umweltschutzorientierte Produktentwicklung, produktionsintegrierter Umweltschutz und umweltschonende Entsorgung sind die Aktivitätsfelder des integrierten Umweltschutzes bei Bei-

ersdorf. Denn umfangreichen Umweltschutz und hohe Sicherheitsstandards hat sich Beiersdorf zum Grundsatz gemacht. Beiersdorf arbeitet weltweit an allen Produktionsstandorten nach eigener Auskunft an der Optimierung aller Abluft- und Abwasser-Reinigungs- und Aufbereitungsanlagen sowie an der Ressourcenschonung.
Umweltverträgliche Produkte garantieren natürlich beste Geschäfte; Produkte zur Pflege und zum Schutz der Haut verlangen einen hohen ökologischen Standard. International geht Beiersdorf nach einem dreistufigen Umweltkonzept vor: umweltschutzorientierte Produktentwicklung, produktionsintegrierter Umweltschutz und umweltschonende Entsorgung. Schwerpunkte der Forschung sowie der Produkt- und Packungsentwicklung: Einsatz reiner und umweltschonender Rohstoffe, Vermeidung von Konservierungsstoffen; Entwicklung neuer, umweltverträglicher Systeme von Klebstoffen und ihrer Träger; Entwicklung umweltschonender Verpackungen und weitere Reduzierung des Verpackungsaufwandes (Nivea Creme ohne Konservierungstoffe, tesa-Vielzweckkleber und tesa-Klebestifte ohne Lösungsmittel). In zunehmendem Maße wird auf Faltschachteln, Trays, Wellpappeinlagen und andere Verpackungen verzichtet bzw. an umweltfreundlichen Alternativen gearbeitet. Durch die Weiterentwicklung von Produkten und Verpackungen wurden 1995 1.000 Tonnen Verpackungsmaterial eingespart. Ähnliches gilt für den Abwasserbereich und für die Verringerung von Abfällen. Beiersdorf veranstaltet mehrmals im Jahr Ökologie-Seminare, hat Spartenbeauftragte und einen Unternehmensbeauftragten für den Umweltschutz und hat für Auszubildende Umweltschutz als Pflichtfach eingeführt. Beiersdorf veröffentlicht eine gesonderte Umweltschutzbroschüre über die Aktivitäten des Konzerns, macht aber über Investitionen im Umweltschutz keine Angaben.

Investitionen 1995:
398,1 Mio.
Investitionen 1994:
306,7 Mio.
Investitionen 1993:
256,7 Mio.

Mitbewerber: *Avon, Bayer, BASF, Bristol Myers, Cederoth, Dow Chemicals, Henkel, Hoechst, Hoffmann-La Roche, Hüls, Johnson & Johnson, Kendall, 3M, Nitto, L'Oréal, Procter & Gamble, Schering, Shiseido, Smith & Nephew, Unilever, US Surgical, Wacker, Wella*

BENCKISER

GESCHICHTE UND ENTWICKLUNG. Den Grundstein zum Unternehmen legte der Chemiker und Bijouteriewaren-Hersteller Johann Adam Benckiser, der 1823 in Pforzheim in einer kleinen, von ihm übernommenen Salmiakhütte mit der Produktion von Ammoniumsäuren begann. Herstellung von Chemikalien für die Schmuck- und Textilindustrie. Der junge Chemiker und spätere Schwiegersohn Benckisers, Ludwig Reimann, den Benckiser zur Sanierung der Hütte eingestellt hatte, erweiterte das Angebot um verschiedene Säuren und wurde Mitinhaber. Reimann war es auch, der 1858 eine Weinsäurefabrik in Ludwigshafen kaufte und den Firmensitz der Chemischen Fabrik Johann Adam Benckiser dorthin verlegte. Großproduktion von Wein- und Citronensäure bis zum heutigen Tag. Noch heute wird Citronensäure bei Benckiser mit C geschrieben.
Nach dem Ersten Weltkrieg Beginn der Phosphatchemie, dem Spezialitätengeschäft für Nahrungs- und Genußmittel und der Wasserbehandlung. 1930 Beginn mit der Produktion von Reinigungsmitteln, Anfang der 50er Jahre Produktion von Weichspülern und Waschpulvern. 1956 Erwerb der Calgon-Lizenz von der amerikanischen Calgon

Standort:
Ludwig-Bertram-Straße 8 + 10
67059 Ludwigshafen

Postanschrift:
Postfach 21 01 67
67001 Ludwigshafen

Telefon: *(0621) 5903-0*
Telefax: *(0621) 5903-504*

Branche: *Chemische Industrie, Waschmittel und Kosmetik*

Rechtsform: *Gesellschaft mit beschränkter Haftung (GmbH)*

Geschäftsjahr: *1.1.-31.12.*

Gründungsjahr: *1823; GmbH seit 1929*

Öffentlichkeitsarbeit:
Michael Kruesmann
Tel.: (069) 59 79 02 84
FAX: (069) 95 96 10 11

Verbände: *Bundesverband der Chemischen Industrie e.V., Frankfurt/Main*

Geschäftsführung:
- *Harf, Peter, Dr. (Hauptgeschäftsführer)*
- *Klein, Manfred, Dr.*
- *Webersinke, Udo*
- *Berglar, Christoph, Dr.*
- *Krüger, Bernd, Dr.*

Bezüge der Geschäftsführung 1995:
keine Angaben

Aufsichtsrat:
- *Gruber, Martin (Vorsitzender)*
- *Gentz, Manfred, Dr.*
- *Mönch, Thorsten, Prof.*
- *Reimann-Dubbers, Günter*
- *Weiss, Karl Heinz, Dr.*
- *Ziener, Gerhard, Dr.*

**Kittel, Hartmut (stellv. Vorsitzender)*
**Hensel, Karl-Heinz*
**Hoppe, Dagmar*
**Ramsauer, Bernd*
**Rösler, Wolfgang*
**Zöbrer, Günther, Dr.*

Aufsichtsratstantiemen 1995: *keine Angaben*

Corp. Waschpulver wurden zum ganz großen Erfolg. Bis heute ist Benckiser im Besitz der aus dem Schwarzwald kommenden Gründerfamilie. 1980 gehörte Benckiser mit einem Umsatz von 400 Mio. DM eher noch zum mittelständischen Bereich, bevor dann ab 1982 unter dem jetzigen Hauptgeschäftsführer Peter Harf eine aggressive Akquisitionspolitik eingeläutet wurde, die das Unternehmen binnen weniger Jahre zu einem bedeutenden Konzern und einem der größten der Branche wachsen ließ. Auf der Einkaufsliste der Ludwigshafener standen 25 namhafte Unternehmen, u. a. Mira Lanza, Panigal, Ecolab, Joop, Camp, Bogner, Monteil/Lancaster, Quintessence, Coty, Margaret Astor und European Brands. Traditionsprodukt war die »Citronensäure« von Benckiser, Calgon für die Waschmaschine und Calgonit für den Geschirrspüler. Gründliche Strukturveränderung 1993 mit der Festlegung auf drei Divisions für das internationale Geschäft, 1996 neuerliche Straffung und Reduzierung auf zwei Divisions.

BESITZVERHÄLTNISSE/EIGENTUMSSTRUKTUR.

● Benckiser Holding GmbH, Ludwigshafen (100%). Benckiser ist zu 100% im Besitz der Familie Reimann. Etwa 60% der Anteile an der Holding liegen beim »Nachlaß Dr. Albert Reimann und Frau Paula Reimann« mit fünf Adoptivkindern. 40% gehören vier Nichten und Neffen des verstorbenen Ehepaares. Diese neun Einzelgesellschafter bilden die Gesellschafterversammlung der Benckiser Holding GmbH.

KONZERNÜBERBLICK. Kern und Muttergesellschaft des Benckiser-Konzerns unter dem Dach der Benckiser Holding GmbH ist die Joh. A. Benckiser GmbH in Ludwigshafen. Benckiser ist nach wie vor ein reines Familienunternehmen. Das Unternehmen ist auf folgenden Gebieten tätig: Markenartikel für Waschen, Spülen, Reinigen; organische Säuren; Wassertechnik; Industriereiniger; Kosmetika und Parfüms. Benckiser ist eines der größten Waschpulver-Unternehmen der Welt. Bei Maschinengeschirrspülmitteln und Wasserenthärtern verfügt Benckiser mit den Marken Calgon, Calgonit, Finish, Neophos, Electrasol über die weltweite Marktführerschaft. Spitzenreiter ist das Waschmittel Calgon. 30% der 120 Markenartikel dieses Bereiches sind Marktführer. 12% nehmen in dem jeweiligen Marktsegment die zweite Position ein.
Benckiser betreibt seine Geschäfte weltweit in zwei Divisionen, die Wasch- und Reinigungsmittel-Division mit Joh. A. Benckiser GmbH und die Kosmetik-Division, die seit Anfang 1996 in der Coty Inc. mit Sitz in New York und der europäischen Zentrale in Paris organisiert ist. Zur Coty Inc. gehören die Lancaster Group (hochpreisige Kosmetik und Düfte) und die Coty Group (Kosmetika und Düfte der mittleren Preislagen). Die Coty Inc. forciert auch das Exportgeschäft sowie den Ausbau von Gesellschaften in Ländern, in denen Benckiser noch nicht mit eigenen Tochtergesellschaften vertreten ist.
Die hochpreisigen Düfte und Kosmetika sind weltweit unter dem Dach der Lancaster Group zusammengefaßt. Marken: Davidoff, Jil Sander, Joop, Lancaster und Monteil. Produkteinführungen 1995: die Hautpflegeprodukte Activance von Monteil Paris, die Lancaster-Reihe Skin Therapy mit Produkten für Haut, Augen und Lippen sowie die Herrendüfte Bogner Deep Forest und Nikos Sculpture Homme.

Die weltweiten mittelpreisigen Kosmetik-, Duft- und Körperpflegeprodukte sind in der Coty Group zusammengefaßt (Vanilla Fields, Margaret Astor, Coty, adidas). Produkteinführungen 1995: die Damendüfte ici und Ghost Myst (auf dem amerikanischen Markt) sowie in Europa Route 66, Chipie und Chanson d'Eau.
Im Geschäftsbereich Wasch- und Reinigungsmittel (Calgon, Calgonit) wurden 1995 2.710,6 Mio. DM umgesetzt, in der Lancaster Group 830,8 Mio. DM und in der Coty Group 1.321,9 Mio. DM. Der Inlandsumsatz der Benckiser-Gruppe lag 1995 bei 18,1%.

BETEILIGUNGEN. In den Konzernabschluß waren 1995 neben der Joh. A. Benckiser GmbH als Konzernobergesellschaft 95 ausländische und 21 inländische Tochtergesellschaften einbezogen, an denen die Joh. A. Benckiser GmbH unmittelbar oder mittelbar die Mehrheit der Stimmrechte besitzt. Die Joh. A. Benckiser GmbH ist die Muttergesellschaft des Benckiser-Konzerns. Alle ihre Anteile werden von der Benckiser Holding GmbH, Ludwigshafen, gehalten. Die wichtigsten Benckiser-Beteiligungen sind:

- Wasch- und Reinigungsmittel: Benckiser Produktions GmbH, Ladenburg; Benckiser Deutschland GmbH, Ladenburg; Propack Produkte für Haushalt und Körperpflege GmbH, Ladenburg; Benckiser Export GmbH, Mainz; Benckiser Consumer Products Inc., Danbury/Connecticut, USA (führender amerikanischer Anbieter von umweltfreundlichen Wasch- und Reinigungsmitteln); RCN Products Inc., Laguna Hills/Kalifornien, USA; Benckiser (Japan) Ltd., Tokio/Japan; Mira Lanza SpA, Genua/Italien.
- Coty Group Worldwide: Margaret Astor GmbH, Main (mit adidas Adventure); Cofa Cosmetik-Fabrikations GmbH, Michelstadt; Coty Inc., New York/USA (die Coty-Division ist der führende Anbieter von mittelpreisigen Damen- und Herrendüften in den USA und seit Anfang 1996 die Führungsgesellschaft des Benckiser-Kosmetik-Bereiches); Beauty International Ltd., Theale/Reading, Großbritannien; Coty Mexico S.A. de C.V., Mexico City/Mexico; Rimmel-Chicogo International Cosmetic GmbH, Erkrath (100%).
- Lancaster Group Worldwide: Lancaster Group Worldwide Inc., New York/USA; Lancaster Group Deutschland GmbH, Wiesbaden, mit: Jil Sander Cosmetics GmbH, Wiesbaden; Parfums Joop GmbH, Wiesbaden; Joop AG, Zug/Schweiz; Monteil Cosmetics GmbH, Wiesbaden; Bogner Cosmetics GmbH, München; Nikos GmbH, Ludwigshafen.

NEUE BUNDESLÄNDER. Die neuen Bundesländer werden von den Stammunternehmen im Westen mitversorgt.

STANDORT DEUTSCHLAND. Anfang 1996 wurde die Reorganisation des weltweiten Kosmetik- und Duftgeschäftes unter einer Kosmetik-Dachgesellschaft weiter vorangetrieben. Ziele der neuen Struktur: größtmögliche Nutzung der Mitarbeiter-Ressourcen, Kosteneinsparungen in den bereits bestehenden Märkten, eine verstärkte Internationa-

Umsatz 1995: *4.760,1 Mio.*
(davon Ausland: 3.899,9 Mio.)
Umsatz 1994: *4.842,3 Mio.*
Umsatz 1993: *4.765,0 Mio.*

Gewinn 1995: *100,9 Mio.*
Gewinn 1994: *12,8 Mio.*
Gewinn 1993: *33,1 Mio.*

Cash flow 1995: *414,4 Mio.*
Cash flow 1994: *231,9 Mio.*
Cash flow 1993: *255,0 Mio.*

Cash flow: *Die Investitionen wurden aus dem Cash flow bezahlt, Verbindlichkeiten reduziert.*

Steueraufkommen 1995: *88,5 Mio.*

Grund- bzw. Stammkapital 1995: *100,0 Mio.*

UMSATZ/GEWINN/CASH FLOW
IN MIO. DM

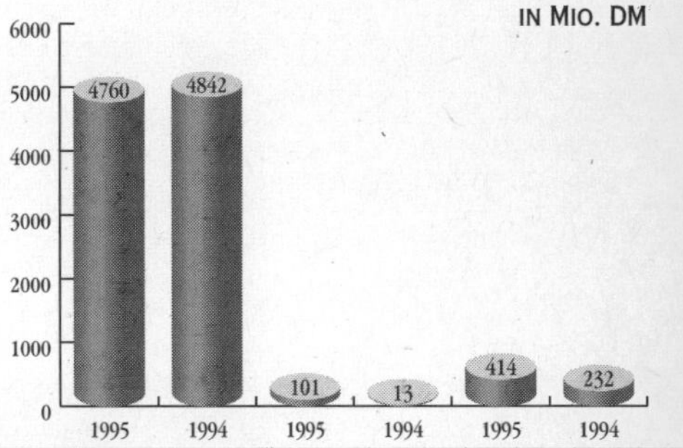

Beschäftigte 1995: *9.463*
(davon im Ausland: ca. 8.000)
Beschäftigte 1994: *10.317*
Beschäftigte 1993: *10.105*

Umsatz pro Mitarbeiter 1995: *503.022,– DM*
Umsatz pro Mitarbeiter 1994: *469.352,– DM*
Umsatz pro Mitarbeiter 1993: *471.549,– DM*

Löhne und Gehälter 1995: *565,5 Mio.*
Löhne und Gehälter 1994: *562,4 Mio.*
Durchschnittsgehalt 1995: *59.759,– DM*
Soziale Abgaben und Aufwendungen 1995: *142,9 Mio.*
Soziale Abgaben und Aufwendungen 1994: *160,4 Mio.*

lisierung der Kosmetikaktivitäten besonders in Fernost und Südamerika, die weitere Unterstützung der Benckiser-Märkte und mehr Marktnähe, »verbunden mit höherer Flexibilität und Anpassungsfähigkeit an veränderte Marktbedingungen und Konsumgewohnheiten«. Besonders sollen in verschiedenen Ländern lokale Marken zu Marktführern entwickelt werden, die »leichter gegen den internationalen Wettbewerb zu verteidigen sind« – für Benckiser eine Notwendigkeit in einem »sehr aggressiven Markt«. Auf diese Weise okkupierte Benckiser 1995 durch den Erwerb der Rechte an fünf Düften in Mexiko den mexikanischen Markt. Die neue mexikanische Tochtergesellschaft soll die Einführung anderer international erfolgreicher Marken in Mexiko erleichtern.

Der neue Kosmetikkonzern mit allen Kosmetikinteressen der Benckiser-Gruppe firmiert unter Coty Inc. mit Sitz in New York und Paris für Europa. In diesem Zusammenhang wurden mehrere Restrukturierungsprojekte an Standorten in Australien, Deutschland, Frankreich, Großbritannien und den USA abgewickelt. Bereits 1994 wurden aus der Lancaster Group AG, Wiesbaden, die bis dahin sowohl Holding war als auch operative Funktionen betreut hatte, die operativen deutschen Aktivitäten ausgegliedert und in entsprechende Tochtergesellschaften eingebracht. Der Firmensitz der Gruppe wurde von Wiesbaden nach New York verlegt. Die Entwicklung neuer Produktlinien und deren Marketingkonzepte wurden 1994 von der Benckiser Corporate Creative Center S.a.r.l., Paris, bzw. der Lancaster Group Worldwide Inc., New York, übernommen. Die mittelpreisige Kosmetik und Körperpflege wurde in diesem Zusammenhang organisatorisch in der Coty Group Worldwide zusammengeführt, ein erster Schritt zum neuen Kosmetik-Konzern.

Der Anstieg der Beschäftigten auf knapp 10.200 in der ersten Hälfte 1996, der stark mit der Gründung neuer Tochtergesellschaften in Mittel- und Osteuropa zusammenhing, darf nicht darüber hinwegtäuschen, daß Benckiser im Rahmen der grundlegenden Restrukturierung besonders in der Kosmetik-Sparte die Beschäftigten im Inland drastisch reduziert hat. Weitere Personaleinsparungen sind geplant: An den Standorten Michelstadt (dekorative Kosmetik), im Werk Erkrath (Rimmel-Chicogo International) und in Ladenburg (Benckiser) werden einige hundert Beschäftigte eingespart.

Benckiser ist nach wie vor ein äußerst expansiver Konzern. Jüngste Akquisition: der Kauf der europaweit tätigen Rimmel-Chicogo-Gruppe (800 Beschäftigte) für dekorative Kosmetik von Unilever im März 1996 mit der Rimmel-Chicogo International und den Rechten an den Marken Rimmel, Pierre Robert, Sensiq und Chicogo sowie den Werken in Ashford/Großbritannien und Erkrath bei Düsseldorf. Im Bereich dekorative Kosmetik kam Coty durch diese Übernahme in Europa auf Platz 2 hinter L'Oréal. Nach rund 25 Akqusitionen in den letzten Jahren in Höhe von 4,5 Mrd. DM und Bankschulden von über 2 Mrd. DM setzt man nun einerseits auf organisches Wachstum, andererseits aber auf eine weitere Internationalisierung. Besonders die Märkte in Osteuropa, Südamerika und Asien sollen durch die Einführung neuer Produkte systematisch erschlossen werden. In Polen hält Benckiser inzwischen die Marktführerschaft bei Waschmitteln, in Tschechien und der Slowakei wird nachgezogen. In Lateinamerika (besonders Venezuela und Mexiko) wurde die Expansion fortgesetzt durch die 1995 vollzogene Übernahme des Kosmetikgeschäftes von SmithKline Beecham plc. Auch China und Indien haben die Ludwigshafener im Visier. In China wurde Anfang 1996 ein Joint-venture mit dem bedeutenden Konsumgüterhersteller Power 28 (Group) Co. Ltd. abgeschlossen (Benckiser 60%), das Waschmittel und Haushaltsreiniger entwickeln, herstellen und vermarkten wird.

»BÜNDNIS FÜR ARBEIT«. »Wir haben unsere interne Unternehmenspolitik im Laufe der Jahre erfolgreich kultiviert. Unsere Mitarbeiter sind engagiert und hoch motiviert. Sie können global denken und lokal handeln. Wir geben diesen Mitarbeitern die Handlungsspielräume, die nötig sind, um Entscheidungsprozesse soweit wie möglich auf die lokale Ebene zu verlagern und damit zu dezentralisieren. Das schafft unternehmerische Freiräume. Diese Art von Unternehmenskultur zieht sich durch alle Bereiche« (Benckiser Geschäftsbericht 1995).

UMWELTSCHUTZ. Über Initiativen in Sachen Umweltschutz macht Benckiser keinerlei Angaben. Für einen Konzern der Bereiche Chemie, Waschmittel und Kosmetik ist diese Verschwiegenheit schwer nachvollziehbar.

Investitionen 1995: *113,5 Mio.*
Investitionen 1994: *191,5 Mio.*
Investitionen 1993: *199,9 Mio.*

Mitbewerber: *Avon, BASF, Bayer, Beiersdorf, DuPont, Henkel, Hoechst, L'Oréal, Procter & Gamble, Unilever*

BERTELSMANN

GESCHICHTE UND ENTWICKLUNG. 1835 Gründung des C. Bertelsmann Verlages mit eigener Buchdruckerei durch Carl Bertelsmann, der seinen verlegerischen Schwerpunkt auf christliche Literatur und allgemeinbildende Bücher legt. 1849 übernimmt Heinrich Bertelsmann den Verlag vom Vater mit 14 Mitarbeitern. Nach dem Tod von Heinrich Bertelsmann gelangt dessen Schwiegersohn Johannes Mohn 1887 an die Spitze des Hauses (85 Mitarbeiter). Ab 1921 führt Heinrich Mohn die Firma. Expansion durch Aufnahme von Unterhaltungsliteratur ins Verlagsprogramm. Wegen liberaler Tendenzen und kirchlichen Engagements vorübergehende Schließung unter den Nazis.
Reinhard Mohn (geb. 1921) übernimmt 1947 die Alleingeschäftsführung. 1950 Gründung des »Leserings« durch Mohns Vertriebschef Fritz Wixforth mit sensationellem Erfolg. Gründung neuer Verlage, einer Lexikonredaktion, des Kartographischen Instituts, der hauseigenen Schallplattenfirma Ariola (1958). 1962 Gründung von Buchgemeinschaften im Ausland. 1968 Zusammenfassung von elf Einzelverlagen zur Verlagsgruppe Bertelsmann. Zahlreiche Aufkäufe von Verlagen aller Couleur. 1969 Einstieg mit vorerst 25% bei Gruner + Jahr. 1970 Übernahme der Papierfabrik Cartiere del Garda/Italien. 1971 Umwandlung des Unternehmens in die Bertelsmann AG. 1977 Gründung der Bertelsmann Stiftung. 1981 wechselt Reinhard Mohn vom Vorstands- in den Aufsichtsratsvorsitz. Er bleibt der alles entscheidende, starke Mann. Akquisitionen von Dutzenden von Verlagen, u. a. Siedler, Goldmann. 1984 Zusammenfassung der Fernseh-

Standort:
Carl-Bertelsmann-Straße 270
33335 Gütersloh

Postanschrift:
Postfach 111
33311 Gütersloh

Telefon: *(05241) 80-0*
Telex: *9 33 868*
Telefax: *(05241) 75166*

Branche: *Verlage, Print- und elektronische Medien, Ton- und Datenträger, Druckbetriebe etc.*

Rechtsform:
Aktiengesellschaft

Geschäftsjahr: *1.7.-30.6.*

Gründungsjahr: *1835 als C. Bertelsmann Verlag; seit 1971 AG*

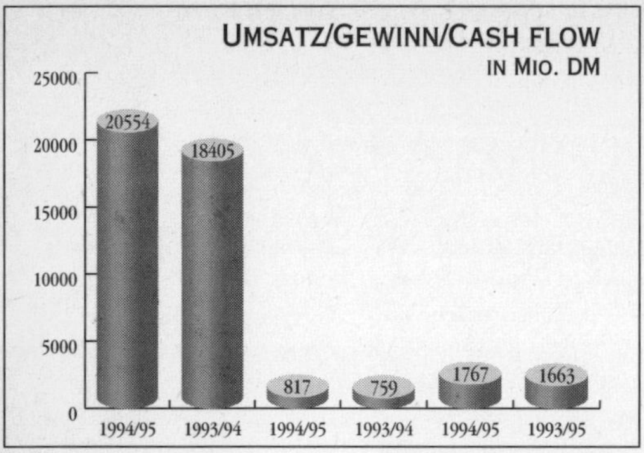

Öffentlichkeitsarbeit:
Manfred Harnischfeger
Tel.: (05241) 80-2765
FAX: (05241) 80-66 120

***Verbände:** Der Konzern ist Mitglied in allen einschlägigen Verbänden entsprechend seiner Unternehmensbereiche.*

aktivitäten von Bertelsmann und Gruner + Jahr in der Ufa Film- und Fernseh-GmbH.
1986 Großakquisitionen in den USA: Übernahme RCA/Ariola International/Gründung BMG, Übernahme des Verlagshauses Doubleday/Gründung Bantam Doubleday Dell Publishing Group. 1987 Errichtung einer Hauptverwaltung in New York. 1989 grundlegende Neustrukturierung des Buchgeschäfts. 1990 massiver Einstieg ins Geschäft auf dem Gebiet der ehemaligen DDR. 1991 zieht sich Reinhard Mohn aus dem Aufsichtsrat der Bertelsmann AG zurück und übernimmt den Vorsitz der Bertelsmann Stiftung. Im Herbst 1993 überträgt Reinhard Mohn die Mehrheit des Aktienvermögens seiner Familie auf die gemeinnützige Bertelsmann Stiftung. 1994-1995 starkes Engagement im Geschäftsfeld Multimedia; Aufbau von Online-Diensten. 1996 Ausbau der strategischen Allianzen im TV-Bereich.

BESITZVERHÄLTNISSE/EIGENTUMSSTRUKTUR.
Kapitalverhältnisse im Konzern (Aktionärskapital):
- Bertelsmann Stiftung*, Gütersloh (68,8%)
- Familie Mohn, Gütersloh (17,9%)
- Reinhard Mohn, Gütersloh (2,6%)
- ZEIT Stiftung (10,7%)

*indirekt durch die 3 Holdinggesellschaften:
– Reinhard Mohn Verwaltungsgesellschaft GmbH 42,65%
– Johannes Mohn GmbH 46,61%
– ZEIT Stiftung 10,74%

DIE BERTELSMANN STIFTUNG. Bei der Gründung der Stiftung 1977 spielten gesellschafts- und unternehmenspolitische Überlegungen eine gleichberechtigte Rolle. Zum einen verfolgt die Bertelsmann Stiftung gemeinnützige Zwecke, indem sie zukunftsorientierte Projekte in den fünf Schwerpunktbereichen Gesellschaftspolitik, Medien, internationale Verständigung, Kultur und Bildung sowie Medizin und Gesundheitswesen fördert. Damit soll sie in institutionalisierter Form das traditionell gesellschaftspolitische Engagement der Familien Bertelsmann und Mohn fortführen. Zum anderen soll sie die Unternehmenskontinuität sichern. Der Stiftung gehören 68,8% des Aktienkapitals. Dem Vorstand der Bertelsmann Stiftung gehört neben dem Vorsitzenden Reinhard Mohn noch Prof. Dr. Werner Weidenfeld an.

KONZERNÜBERBLICK. Bertelsmann ist nach der Time-Warner Inc., New York, der weltweit zweitgrößte Medienkonzern und multinational tätig. Zum Gütersloher Imperium gehören literarische und wissenschaftliche Verlage, Publikumszeitschriften, Wirtschafts- und Spezialmagazine, Buch- und Schallplattenclubs, Druckereien, Distributionsfirmen, die Bereiche Musik, Radio, Film und Fernsehen, Multimedia-Aktivitäten und Online-Dienste – kurz: die gesamte Medienpalette mit weltweit mehr als 500 Unternehmen und über 57.000 Beschäftigten.

Der Bertelsmann-Konzern gliedert sich nach einer einschneidenden Umstrukturierung und inhaltlichen Straffung seit 1995 in vier Produktlinien: Buch AG, BMG Entertainment, Gruner + Jahr AG und Industrie AG. Hinzu kommt mit zunehmender strategischer Bedeutung der Arbeitsschwerpunkt Multimedia (zugeordnet der Produktlinie BMG Entertainment) – der Ausbau eines Online-Dienstes in Partnerschaft mit America Online und die Vorbereitung auf das digitale Unterhaltungs- und Fernsehgeschäft. Die Bertelsmann AG selbst ist die geschäftsführende Holding ohne wesentliche eigene operative Geschäfte. Jede Produktlinie hat ein mit einem Vorstand vergleichbares Führungsgremium, den sogenannten Board, dem in der Regel der AG-Vorstand angehört. Der Board wird vom jeweiligen Fachvorstand geleitet und ist für das operative Geschäft und die strategische Weiterentwicklung des Bereiches zuständig. Die Dezentralisierung der Einzelgesellschaften wird aber nicht aufgehoben.

◆ Produktlinie Buch mit der Bertelsmann Buch AG: Hier sind die Buchclubs, die Buchverlage und die Fachinformationen zusammengeführt. Die Buch AG gliedert sich in die vier Bereiche »Deutschland, Österreich, Schweiz, Osteuropa«, »Europa/Asien«, »Amerika« und »Fachinformation«.

Buchclubs: Weltweit sind rund 25 Mio. Menschen Mitglieder in einem der Bertelsmann-Clubs. Die Mitglieder kaufen jährlich rund 300 Mio. Bücher. 6 Mio. Clubmitglieder gibt es in Deutschland, Österreich und der Schweiz, u. a. in den Bertelsmann-Buchclubs, der österreichischen Buchgemeinschaft Donauland und der Deutschen Buch-Gemeinschaft in Gütersloh. Die Clubs besitzen bundesweit eine Ladenkette mit 300 Club-Filialen. Bertelsmann besitzt die Doubleday-Clubs in USA, Kanada, England und Australien mit 5,5 Mio. Mitgliedern, die Nummer eins Großbritanniens, die Buchclubs BCA (Book Club Associates) mit 2,4 Mio. Mitgliedern, die France-Loisirs-Gruppe in Frankreich, Belgien, der Schweiz und Kanada mit 5,5 Mio. Mitgliedern, die direkt unter der Leitung von Bertelsmann stehen. Dazu kommen Clubs in Spanien, Skandinavien und Südamerika. Die Clubs in Ungarn und der Tschechischen Republik haben 1995 jeweils über 500.000 Mitglieder verbuchen können. In Polen wurde ein Buchclub erfolgreich gestartet.

Buchverlage: Verlage im deutschsprachigen Raum sind u. a. C. Bertelsmann, Knaus, Blanvalet, Blessing, Goldmann und Siedler, RV Verlag, Bertelsmann Lexikon Verlag und das »Chronik-Programm« der Harenberg Kommunikation, Dortmund. Im internationalen Bereich dominieren die Bantam Doubleday Dell Publishing Group in den USA und die spanische Plaza y Janés.

Fachinformationen: über 20 deutsche Fachverlage, z. B. Gabler, Vieweg, Vogel, mit rund 80 Fachzeitschriften auf den Gebieten Wirtschaft/Wissenschaft, Medizin, Verkehr, Bau und Umwelt sowie umfangreichen CD-ROM-Versionen. Umsatz 1994/95: 6.815,0 Mio. DM; davon im Ausland: 4.682,0 Mio. DM (Vorjahr: 6.294,0/4.200,0); Beschäftigte 1994/95: 18.876 (Vorjahr: 17.135); davon im Ausland: 13.178.

◆ Produktlinie BMG Entertainment: Hier sind die weltweiten Musikaktivitäten von Bertelsmann, die immer noch überwiegend in Deutschland ansässigen Film-, Funk- und Fernsehaktivitäten sowie die Produktionsbetriebe für Speichermedien zusammengefaßt.

Vorstand:

- *Wössner, Mark, Dr. (Vorsitzender), Gütersloh*
- *Schulte-Hillen, Gerd (stellv. Vorsitzender; Gruner + Jahr), Hamburg*
- *Dornemann, Michael, Dr. (BMG Entertainment), New York*
- *Luther, Siegfried, Dr. (Hauptverwaltung), Gütersloh*
- *Middelhoff, Thomas, Dr. (Unternehmensentwicklung/ Multimedia), Gütersloh*
- *von Minckwitz, Bernhard (Bertelsmann Fachinformation), München*
- *Thielen, Gunter, Dr. (Bertelsmann Industrie AG), Gütersloh*
- *Wössner, Frank (Bertelsmann Buch AG), Gütersloh/München*

Vorstandsbezüge 1994/95:
30.124.523,– DM

Aufsichtsrat:
- *Mohn, Reinhard (Ehrenvorsitzender; Vorstand der Bertelsmann Stiftung), Gütersloh*
- *Vogel, Dieter, Dr. (Vorsitzender; Vorsitzender des Vorstandes der Thyssen AG), Düsseldorf*
- *Hoffmann-Becking, Michael, Dr. (Rechtsanwalt), Düsseldorf*
- *Lahnstein, Manfred (ehem. Mitglied des Vorstandes der Bertelsmann AG; Bundesminister a. D.), Hamburg*
- *Schmitz, Ronaldo, Dr. (Mitglied des Vorstandes der Deutsche Bank AG), Frankfurt/Main*
- *Spindler, Michael, Cupertino/USA*
- *Terrahe, Jürgen, Dr. (Mitglied des Vorstandes der Commerzbank AG), Frankfurt/Main*
- *Weiss, Heinrich (Vorsitzender des Vorstandes der SMS Aktiengesellschaft), Hilchenbach und Düsseldorf*

**Bender, Helga*
**Ruppik, Erich*
**Swientek, Uwe, Dr.*
**Werner, Jochen*

Aufsichtsratstantiemen 1994/95: *846.660,– DM*

Bertelsmann unterliegt als Tendenzunternehmen nicht der gesetzlichen deutschen Mitbestimmung. Die Drittel-Zuteilung an Arbeitnehmervertretern im Aufsichtsrat geschieht auf freiwilliger Basis.

Bertelsmann Music Group: Durch die Mammut-Akquisition von RCA und die Umfirmierung der früheren Ariola zur Bertelsmann Music Group (BMG) ist Bertelsmann mit den Labels RCA, Ariola und Arista eine der größten Schallplatten- und Tonträgerfirmen der Welt mit Tochtergesellschaften und Beteiligungen in mehr als 40 Ländern. Einen weiteren Coup landete BMG mit dem Ende 1990 abgeschlossenen Lizenz- und Distributionsvertrag mit der MCA Corp., Los Angeles. »Der größte Lizenzvertrag in der Musikgeschichte«, wie die Bertelsmänner stolz erklärten. Danach vertreibt BMG die Schallplatten-Labels MCA, Geffen und GRP weltweit außer in den USA, Kanada und Japan. BMG hält weltweit einen Marktanteil von 13%. BMG residiert mit seiner Weltzentrale auch im 1993 neu eröffneten 44stöckigen Bertelsmann-Headquarter (2.000 Beschäftigte) am New Yorker Broadway/Times Square.
Film, Funk, Fernsehen: In die UFA Film- und Fernseh GmbH sind die europäischen Film-, Fernseh- und Hörfunk-Unternehmungen von BMG Entertainment zusammengefaßt. Unter dem Dach der UFA ist Bertelsmann an RTLplus beteiligt (39,1%) und betreibt seit Anfang 1991 den Pay-TV-Kanal »Premiere« (37,5% – mit Canal Plus S.A., Frankreich, und Teleclub GmbH von Leo Kirch). »Premiere« hat sich mit rund 1,2 Mio. Abonnenten zu einem großen Geschäft entwickelt. Geplant sind weitere Pay-TV-Kanäle. RTL hat sich seit 1993 zum erfolgreichsten kommerziellen Fernsehveranstalter Europas und Marktführer der Fernsehanbieter in Deutschland entwickelt und vereinigt rund ein Drittel aller Fernsehwerbung in Deutschland auf sich und ist damit der größte Werbeträger Europas. Darüber hinaus hält Bertelsmann auch Beteiligungen an RTL2 und VOX (24,9%). Hinzu kommen Hörfunkbeteiligungen (Berliner Rundfunk, Antenne Bayern, Radio NRW, Radio Hamburg, Klassik Radio, die Rundfunk-Nachrichtenagentur RUFA), Filmproduktionen (mit Grundy TV und der Trebitsch Gruppe ist die UFA Marktführer unter den deutschen Produktionsfirmen) und der Handel mit Programmrechten (u. a. die Sportrechte-Vermarktung von über 100 Fußball-Clubs und 20 nationalen europäischen Fußballverbänden, von Tennis- und Leichtatlethik-Großveranstaltungen durch die UFA Film und Fernsehen GmbH, Hamburg).
Multimedia-Entwicklungen: Erkundung und Integration neu entstehender Technologien (Online-Informationsdienste, Online-Technologien, CD-ROM, Multimedia-Programme etc.). Bertelsmann betreibt mit der AOL Bertelsmann Online GmbH & Co. KG, Hamburg, den europäischen Ableger des amerikanischen Online-Anbieters AOL.
Speichermedien: Das wichtigste Unternehmen ist die Tonträgerfabrik Sonopress in Gütersloh mit ihren weltweiten Tochtergesellschaften. Die CD-Fertigungskapazitäten liegen bei mehr als 1,6 Mio. Stück pro Tag. Die CD-Audio-Produktion machte 1995 62% aus, die MC-Produktion 21% und der CD-ROM-Bereich 8%. Umsatz 1994/95: 6.777,0 Mio. DM; davon im Ausland: 5.289,0 Mio. DM (Vorjahr: 5.944,0/4.661,0); Beschäftigte 1994/95: 11.663 (Vorjahr: 9.344); davon im Ausland: 9.674.

◆ Produklinie Gruner + Jahr: G+J gehört zu den größten Zeitschriften- und Zeitungsverlagen Europas. In der Bundesrepublik, Frankreich, Spanien, England und den USA erscheinen in einer Gesamtauflage von rund 520 Mio. Exemplaren 40 Zeitschriften. G+J hält einen Anteil von über 17% am Anzeigengeschäft der deutschen Publikums-

zeitschriften. G+J verfügt über zahlreiche Druckereien und Vertriebsgesellschaften.
Zeitschriften Inland: Stern, Brigitte, Frau im Spiegel, Eltern, Geo, Capital, Art, Impulse, Börse Online, Gala, Sports, Marie Claire, Max, P.M. Magazin, Essen & Trinken, TV Today, Prima, Sandra, Schöner Wohnen, Yps.
Zeitschriften international: Im Sommer 1994 übernahm G+J für rund 600 Mio. DM die Zeitschriften-Gruppe der New York Times Company mit u. a. den Frauenzeitschriften Family Circle (5,1 Mio. Auflage), McCalls (4,6 Mio. Auflage), dem Dekorationstitel American Homestyle (704.000 Exemplare), der Elternzeitschrift Child (547.000) und dem Wellnessmagazin Fitness (388.000). In Frankreich ist Prisma Presse mit elf Titeln der zweitgrößte Zeitschriftenverlag des Landes. In Spanien zählt Gruner + Jahr España mit neun Titeln ebenfalls zu einem der großen Zeitschriftenverlage. Weitere Zeitschriftenverlage mit zahlreichen Titeln besitzt G+J in Großbritannien, Italien und Polen.
Zeitungen: Täglich erscheinen aus G+J-Verlagen und -Druckereien mehr als 1,2 Mio. Tageszeitungen: Berliner Kurier, Berliner Zeitung, Chemnitzer Morgenpost, Dresdner Morgenpost, Hamburger Morgenpost, Sächsische Zeitung sowie zwei Zeitungen in Ungarn (Népszabadság, Délmagyarország) und eine in der Slowakei (Novy Cas). Umsatz 1994/95: 4.384,0 Mio. DM; davon im Ausland: 2.240,0 Mio. DM (Vorjahr: 3.848,0/1.763,0); Beschäftigte 1994/95: 12.555 (Vorjahr: 11.824); davon im Ausland: 5.455.

◆ Produktlinie Industrie: Zu diesem Bereich gehören weltweit 18 Druckereien, die Bertelsmann Distribution, der Deutsche Supplement Verlag und die Papierfabrik in Italien. Die wichtigsten deutschen Druckereien sind die Großdruckerei Mohndruck in Gütersloh und maul-belser in Nürnberg. Eine herausragende Rolle unter den Bertelsmann-Industriebetrieben spielen die italienische Papierfabrik Cartiere del Garda, die Druckerei Arti Grafiche in Bergamo und die amerikanischen Druckbetriebe (u. a. Offset Paperback Manufactures). Umsatz 1994/95: 3.408,0 Mio. DM; davon im Ausland: 1.511,0 Mio. DM (Vorjahr: 3.103,0/1.409,0); Beschäftigte 1994/95: 13.287 (Vorjahr: 12.442); davon im Ausland: 4.767.

BETEILIGUNGEN. Die wichtigsten Konzern-Gesellschaften und Beteiligungen der einzelnen Unternehmensbereiche bzw. Produktlinien gehen aus dem Schaubild auf den Seiten 88 – 90 hervor. Die Bertelsmann AG ist die Holdinggesellschaft für die vier Produktlinien Buch, BMG Entertainment, Gruner + Jahr und Industrie. Zum Bertelsmann-Konzern gehören weltweit über 500 Unternehmen aus dem Medienbereich.

NEUE BUNDESLÄNDER. Mit der Einführung der Währungsunion zum 1. Juli 1990 eröffnete die Deutsche Buch-Gemeinschaft in Ostdeutschland erste Club-Center. Ende 1992 hatten die Bertelsmann-Clubs in den neuen Bundesländern bereits über 1 Million Mitglieder. Mit der Übernahme der Graphischen Großbetriebe Pößneck GmbH, der größten Buchdruckerei Ostdeutschlands, war den Güterslohern ein großer Wurf gelungen. Inzwischen wurde das Unternehmen für rund 100 Mio. DM modernisiert und ausgebaut, auf »westdeutsches

GENUSS-SCHEINE
Grund- bzw. Stammkapital 1995: *610,0 Mio.*
Genußkapital 1995: *1.155,0 Mio.*
Genußschein-Jahreshöchstkurs 1995: *234,80 DM*
Genußschein-Jahrestiefstkurs 1995: *176,50 DM*
Genußschein-Jahresende 1995: *177,00 DM*
Ausschüttung pro Genußschein 1994/95: *15,00 DM*

Die Ausschüttung bezieht sich auf einen Genußschein im Nominalwert von 100,– DM. Die Ausschüttung betrug 1995 insgesamt 132,0 Mio. DM. Die jährliche Gewinnbeteiligung der Mitarbeiter wird in Genußscheinen angelegt. Die Gewinnbeteiligung bleibt damit dem Unternehmen als Kapital erhalten. Die Hälfte des Genußkapitals befindet sich in Händen der Mitarbeiter. Rund 60% aller Mitarbeiter der Bertelsmann-Unternehmen im In- und Ausland erhalten eine Gewinnbeteiligung. Das Genußkapital stellt 38% des Konzerneigenkapitals.

BERTELSMANN
Anteile an Konzerngesellschaften in Prozent

Buch

Deutschland, Österreich, Schweiz, Osteuropa

Literatur und Sachbuch

Albrecht Knaus Verlag, Berlin	
Blanvalet Verlag, München	
C. Bertelsmann Verlag, München	
Goldmann Verlag, München, Berlin	
Siedler Verlag, Berlin	

Nachschlagewerke/Ratgeber/Kartographie

Bertelsmann Lexikon Verlag, Gütersloh, München	
Geo Center International (UK), Basingstoke, Großbritannien	
Geo Center, München	
GeoCenter Prag, Tschechische Republik	
GeoCenter Warschau, Polen	
ILH-Internationales Landkartenhaus, Stuttgart	
Media Sales, München	
Mosaik Verlag, München	
Officina Nova, Budapest, Ungarn	
ORBIS Verlag, München	
Prisma Verlag, München	
RV Reise- und Verkehrsverlag, München, Stuttgart	
Verlagshaus Stuttgart, Stuttgart	

Clubs

Bertelsmann Club, Gütersloh, Rheda-Wiedenbrück	
Buchgemeinschaft Donauland Kremayr & Scheriau, Wien, Österreich	75,0
Buch- und Schallplattenfreunde, Zug, Schweiz	
Deutsche Buch-Gemeinschaft, Gütersloh, Rheda-Wiedenbrück	
Deutscher Bücherbund, Stuttgart	
EBG Buch + Musik, Stuttgart	
Hallo RTL, Gütersloh	
Knizni Klub, Prag, Tschechische Republik	
Magyar Könyvklub, Budapest, Ungarn	
Ring der Musikfreunde, Club TOP 13, Gütersloh	
Swiat Ksiazki, Warschau, Polen	

Europa / Asien

Bertelsmann LEXIKOTHEK Verlag für Bildungssysteme, Gütersloh, Schweiz, Österreich	
BCA, London, Großbritannien	50,0
Bookclub of Ireland, Dublin, Irland	50,0
Circulo de Lectores, Barcelona, Spanien	
Circulo de Leitores, Lissabon, Portugal	
E.C.I. voor Boeken en Platen, Antwerpen, Belgien	66,75
ECI voor Boeken en Platen, Vianen, Niederlande	66,75
Euroboek, Borgerhout, Belgien	
Euroboek, Utrecht, Niederlande	
Euroclub Italia, Novara, Italien	
FRANCE LOISIRS, Paris, Frankreich	50,0
France Loisirs Belgique, Ath, Belgien	50,0
France Loisirs (Suisse), Crissier, Schweiz	50,0
Grambo, Vianen, Niederlande	66,75
Lexicultural, Lissabon, Portugal	
Nederlandse Lezerskring NLK, Amsterdam, Niederlande	66,75
Plaza y Janés Editores, Barcelona, Spanien	
Quebec Loisirs, Montreal, Kanada	50,0
Setradis, Paris, Frankreich	50,0
S.G.E.D., Paris, Frankreich	50,0
S.P.C.L., Paris, Frankreich	50,0

Amerika

Bantam Doubleday Dell Publishing Group, New York, USA	
Doubleday Australia, Sydney, Australien	
Doubleday Canada, Toronto, Kanada	30,0
Doubleday New Zealand, Auckland, Neuseeland	
Doubleday Book Clubs, New York, USA	
Doubleday Book Clubs, Toronto, Kanada	30,0
Transworld Publishers, London, Sydney, Auckland	

Fachinformation

ABI Building Data, Neston South Wirral, Großbritannien	
Autohaus Verlag, Ottobrunn	
Ärzte Zeitung Verlagsgesellschaft, Neu-Isenburg	
AZ Direct Marketing Bertelsmann, Gütersloh	
AZ Direct Marketing Bertelsmann, Wien, Österreich	
Bau-Data Österreich, Hallein-Vigaun, Österreich	
Bau-Data Projekt Informacioses Consulting Iroda, Budapest, Ungarn	52,0
BDB-Bau Datenbank, Celle	99,0
Bertelsmann Fachzeitschriften, Gütersloh, München	
Bertelsmann InformationsService, München	
Bertelsmann Media, BPI CR, Prag, Tschechische Republik	
BSC Citybuch, Zürich, Schweiz	76,5
Codes Rousseau, Les Sables d'Olonne, Frankreich	
Derm-A-Med Verlag, Zürich, Schweiz	
Deutscher Universitäts-Verlag, Wiesbaden	
Deutsches Finanzdienstleistungs-Informationszentrum (DFI), Wiesbaden	
ETRASA Editorial Trafico Vial, Madrid, Spanien	
Entertainment Media, München	37,5
FBO-Fachverlag für Büro- und Organisationstechnik, Wiesbaden	
Friedr. Vieweg & Sohn, Wiesbaden	
Fuchsbriefe Dr. Hans Fuchs, Bonn	
Gabler Verlag, Wiesbaden	
Groupe Impact Médecin, Neuilly-sur-Seine Cedex, Frankreich	50,0
Heinze, Celle	
ILS Institut für Lernsysteme, Hamburg	
i.p. ibau-Planungsinformationen, Münster	
Jaeggi & Weibel Direct Marketing, Zürich, Schweiz	
LTV Lokal-Telefon-Verzeichnis, Zürich, Schweiz	55,0
Medi-A-Derm Verlagsgesellschaft, München	
MMV Medizin Verlag, München	
Mobil Bertelsmann Kiadó, Budapest, Ungarn	
MVS Baumarketing, Schlieren, Schweiz	80,0
Publienvio, Barcelona, Spanien	
RTG Telefonbuchverlag, Gera	
Verlag Aktuelle Information, Frankfurt	
Verlag Heinrich Vogel Fachverlag, München	
Verlag Heinrich Vogel, Zürich, Schweiz	
Westdeutscher Verlag, Wiesbaden	
Wila Verlag Wilhelm Lampl GmbH, München	

Theologische Verlage

Gütersloher Verlagshaus/ Chr. Kaiser, Gütersloh	
Rufer Verlag und Handelsgesellschaft, Gorxheimertal	
Kiefel Verlag, Wuppertal	

BMG Entertainment

Musikfirmen

Arista Records, New York, USA	
BMG Ariola	
Athen, Griechenland	
Auckland, Neuseeland	
Bangkok, Thailand	49,99
Bogotá, Kolumbien	
Brüssel, Belgien	
Budapest, Ungarn	
Buenos Aires, Argentinien	
Dublin, Irland	
Hamburg	
Helsinki, Finnland	
Hilversum, Niederlande	
Hongkong, Hongkong	
Johannesburg, Südafrika	
Kopenhagen, Dänemark	
Kuala Lumpur, Malaysia	
Lissabon, Portugal	
Madrid, Spanien	
Manila, Philippinen	45,0
Mexico City, Mexiko	
München	
Oslo, Norwegen	
Paris, Frankreich	
Prag, Tschechische Republik	
Rio de Janeiro, Brasilien	
Rom, Italien	
Santiago, Chile	
Seoul, Korea	
Singapur, Singapur	
Stockholm, Schweden	
Sydney, Australien	
Taipeh, Taiwan	
Warschau, Polen	
Wien, Österreich	
Zürich, Schweiz	
BMG Ariola Media, München	
BMG Ariola Miller, Quickborn	
BMG Classics/RCA Victor, New York, USA	
BMG Direct, New York, USA	
BMG Music Canada, Toronto, Kanada	
BMG Music, New York, USA	
BMG Musique Quebec, Montreal, Kanada	66,6
BMG Records (UK), London, Großbritannien	
BMG U.S. Latin, Miami, USA	
BMG Victor, Tokio, Japan	90,0
DDD, Mailand, Italien	
Hansa Musik, Berlin	
Private Music, Los Angeles, USA	
RCA Records Label, New York, USA	
Reunion Records, Nashville, USA	50,0
Windham Hill, Palo Alto, USA	50,0
Zoo Entertainment, Los Angeles, USA	

Musikverlage

BMG Songs, Los Angeles, Nashville, New York, USA	
Careers – BMG, New York, USA	
BMG Music Publishing	
Athen, Griechenland	
Bogotá, Kolumbien	
Brüssel, Belgien	
Buenos Aires, Argentinien	
Caracas, Venezuela	
Hilversum, Niederlande	
Hongkong, Hongkong	
Johannesburg, Südafrika	
Kuala Lumpur, Malaysia	
Lissabon, Portugal	
London, Großbritannien	
Los Angeles, USA	
Madrid, Spanien	
Mexico City, Mexiko	
Nashville, USA	
New York, USA	
Paris, Frankreich	
Rio de Janeiro, Brasilien	
Rom, Italien	
Santiago, Chile	
Singapur, Singapur	
Stockholm, Schweden	
Sydney, Australien	
Taipeh, Taiwan	
Tokio, Japan	
Toronto, Kanada	
Atmosphere Music, London, Großbritannien	
Killer Tracks, Hollywood, USA	50,0
Reunion Music Group, Nashville, USA	50,0
Ufa Musikverlage, München	

Video und ander Geschäftsfelder

Blanton/Harrell Entertainment, Nashville, USA	50,0
BMG Video, London, Großbritannien	
BMG Video, New York, USA	
NiceMan Merchandising, New York, USA	50,0
Ufa Video, München	
Ufa Werbefilm, Düsseldorf, Berlin	

Speichermedien

Bertelsmann Speichermedien, Gütersloh	
Sonopress, Gütersloh	
Topac, Gütersloh	
Sonopress Ibermemory, Madrid, Spanien	49,0
Sonopress, Dublin, Irland	
Sonopress, São Paulo, Brasilien	
Sonopress-Rimo Industria, São Paulo, Brasilien	52,0
Sonopress, Rom, Italien	
Sonopress Pan Asia, Hongkong	75,0
Sonopress Pan Asia, Tokio, Japan	75,0
Sonopress, Mexico, Mexiko	
Sonopress, Weaverville, USA	

Film, Funk, Fernsehen[1)]

UFA Film- und Fernseh-GmbH, Hamburg	

Fernsehen

Fratel, Luxemburg, Luxemburg	16,7
Premiere, Hamburg	37,5
RTL plus, Köln, Hannover	39,1
RTL 2, München	8,5
VOX Film- und Fernseh-GmbH, Köln	24,9
CBC, Köln	25,1
TMC, Monte Carlo, Monte Carlo	23,75
SECA, Paris, Frankreich	50,0

Hörfunk

RUFA Rundfunknachrichtenagentur, Bonn	
FPS Funk-Programm-Service, Bonn	
FM Network, Augsburg	51,0
Klassik Radio, Hamburg	61,8
Berliner Rundfunk, Berlin	30,0
Radio Hamburg, Hamburg	29,2
Antenne Bayern, München	16,0
RWR Rundfunkbeteiligungsgesellschaft, Düsseldorf	75,2

Produktion

Arbor TV-Filmproduktion, Tutzingen	74,0
Gyula Trebitsch Fernsehproduktion, Hamburg	74,0
InterPannonia Film, Budapest, Ungarn	37,7
Objectiv Film, Hamburg	74,0
Real-Film, Köln	74,0
TPI Trebitsch Produktion International, Hamburg	74,0
Trebitsch Media AV, Hamburg	74,0
Trebitsch Produktion Holding, Hamburg	74,0
Ufa Berlin Film- und Fernseh-Verwaltungsgesellschaft, Berlin	
Ufa Fernsehproduktion, Berlin	
Ufa Filmproduktion, Berlin	
Ufa Film finance, Berlin	
Grundy Ufa TV Produktion, Berlin	50,5
Westdeutsche Universum-Film, Köln	
Ufa Babelsberg, Potsdam	50,0
New Media Film- und Fernsehproduktion, Hamburg, Köln	50,0
Elf 99 Medienproduktion und Vermarktung, Berlin	50,0
GEO Film, Berlin	
G+J Film-Produktion, Berlin	
Ufa non-fiction Productions, Berlin	

Rechte

Ufa Media und Marketing, Hamburg	

Gruner + Jahr

Zeitschriften/Zeitungen/Druckereien

Druck- und Verlagshaus Gruner+Jahr, Hamburg, Itzehoe	74,9

Zeitschriftenverlage

Börse Online Verlag, München	74,9
Ehrlich & Sohn, Hamburg	74,9
G y J España Ediciones S.L.S. en C., Madrid, Spanien	74,9
G+J (Schweiz), Zürich, Schweiz	74,9
G+J (UK), London, Großbritannien	74,9
G+J Gruner+Jahr Polska sp. z o o., Warschau, Polen	74,9
G+J Zeitschriftenverlag, Berlin	74,9
G+J Verlagsgesellschaft, Wien, Österreich	74,9
Gruner+Jahr Mondadori, Mailand, Italien	49,9
manager magazin Verlagsgesellschaft, Hamburg [1]	24,9
Max Verlag, Hamburg [1]	25,0
M.C. Verlagsgesellschaft, München [1]	50,0
MVF Magazin-Verlag am Fleetrand, Hamburg	74,9
Prisma Presse, Paris, Frankreich	74,9
SPIEGEL-Verlag Rudolf Augstein, Hamburg [1]	24,75
Verlagsgesellschaft Neues Wohnen, Hamburg	74,9

Zeitungen

Berliner Verlag, Berlin	74,9
Morgenpost Verlag, Hamburg [1]	90,0
Morgenpost Sachsen Verlagsgesellschaft, Dresden [1]	60,0

Druckereien/Technische Betriebe

Brown Printing Company, Waseca, USA	74,9
Dresdner Druck- und Verlagshaus, Dresden [1]	60,0
G+J Berliner Zeitungsdruck, Berlin	74,9
Gruner Druck, Itzehoe	74,9

Dienstleistungen

Berliner Pressevertrieb, Berlin	74,9
Deutscher Pressevertrieb Buch-Hansa, Hamburg	74,9
Gruner+Jahr International Services Marketing and Media, Paris, London	74,9
Hamburger Journalistenschule G+J-Die Zeit, Hamburg [1]	95,0
Inland Presse Vertrieb, Hamburg	74,9

Industrie

Druckereien/Technische Betriebe

Berryville Graphics, Berryville (VA), USA	
Delta Lithograph, Valencia (CA), USA	
Druck- und Verlagsanstalt Wiener Verlag, Himberg/Wien, Österreich	75,0
Dynamic Graphic Finishing, Horsham (PA), USA	90,2
Elsnerdruck, Berlin	
Eurohueco, Barcelona, Spanien	65,0
Graphischer Großbetrieb Pößneck, Pößneck	
Gütersloher Druckservice, Gütersloh	
Heichlinger Druckerei, Garching	
maul-belser, Nürnberg	75,0
Mohndruck Graphische Betriebe, Gütersloh	
Nuovo Istituto Italiano d'Arti Grafiche, Bergamo, Italien	98,8
Offset Paperback Manufacturers, Dallas (PA), USA	
Printer Colombiana, Bogotá, Kolumbien	51,0
Printer Industria Gráfica, Barcelona, Spanien	
Printer Portuguesa Indústria Gráfica, Mem Martins, Portugal	

Papierproduktion/-vertrieb

Cartiere del Garda, Riva, Italien	

Dienstleistungen

Bertelsmann Distribution, Gütersloh	
eps BERTELSMANN Electronic Printing Service, Gütersloh	

Spezialverlage

Deutscher Supplement Verlag, Nürnberg	75,0
Editoriale Johnson, Seriate, Italien	87,0

New Media

Multimedia

AOL Bertelsmann Online Europa GmbH, Hamburg [2]	
AOL Bertelsmann Online Verwaltungs-GmbH, Hamburg [2]	
AOL Bertelsmann Online GmbH & Co. KG, Hamburg [2]	
MSI Multimedia Service International GmbH, Heusweiler-Eiweiler	
Bertelsmann Online France S.N.C., Paris, Frankreich [2]	
AOL Bertelsmann Online (UK Management), London, Großbritannien [2]	
AOL Bertelsmann (UK Online), London, Großbritannien [2]	
T1 - New Media Gesellschaft für audiovisuelle Produktionen mbH, Hamburg	65,0
Telemedia GmbH, Gütersloh	
Pixelpark Multimedia Produktionsgesellschaft mbH, Berlin [3]	50,0
Bertelsmann-Springer Gesundheitsgesellschaft, Berlin	50,0

1) Konzernanteil
2) vereinbarte Beteiligung America Online (AOL), Vienna (VA), USA, 50 %
3) vereinbarte Beteiligung

Die Organisationsstruktur gibt die rechtliche Struktur des Konzerns nur teilweise wieder. Firmen ohne Beteiligungsangabe = 100 %

Niveau« gebracht und in die Industriegruppe integriert. Gruner + Jahr übernahm von der PDS den Berliner Verlag, in dem u. a. die »Berliner Zeitung«, die zu einer großen überregionalen liberalen Zeitung ausgebaut werden soll, erscheint. Mit einer Auflage von 235.000 Exemplaren ist sie Berlins größte Abonnementszeitung. Hinzu kamen der »Berliner Kurier« und ein 60%-Anteil am Dresdner Druck- und Verlagshaus. In Dresden erscheint die »Sächsische Zeitung« (51%), dazu die »Dresdner« und »Chemnitzer Morgenpost«. Die »Hamburger Morgenpost« erscheint in Mecklenburg-Vorpommern mit einer eigenen Ausgabe.

STANDORT DEUTSCHLAND. »Bertelsmann ist heute das internationalste Medienunternehmen der Welt und in so vielen Kulturen und Sprachräumen tätig wie niemand sonst. Zwei Drittel des Umsatzes sind internationales Geschäft. Im 160. Jahr des Bestehens der Firma sinkt die relative Bedeutung der deutschen Stammfirmen im Zuge der globalen Entwicklung kontinuierlich.« (Bertelsmann-Vorstandsvorsitzender Mark Wössner, Geschäftsbericht Dezember 1995). Ein vergleichsweise weißer Fleck auf dem Bertelsmann-Globus sind die Länder Asiens. Wössner: »Was uns auf dem Weg zum global agierenden Unternehmen noch fehlt, ist die Dimension Fernost.« China und Indien werden als erstes in Angriff genommen. In der Produktlinie Buch peilt Bertelsmann den asiatischen Raum für Buchclubs an. In China wurde 1994 gemeinsam mit der China Science and Technology Book Company, Shanghai, der Grundstein für ein Bertelsmann-Buchvertriebssystem gelegt, die Bertelsmann Shanghai Culture Company. Infolge der Expansion auf den internationalen Märkten wuchs die Zahl der Mitarbeiter vor allem im Ausland, während sie im Inland leicht zurückging. Bertelsmann beschäftigt in seinen Tochtergesellschaften in mehr als 40 Ländern fast 60.000 Mitarbeiter. Die größten Umsatzsprünge erzielte das Ausland, u. a. in Amerika durch die G+J-Akquisition von sieben, zum Teil in Millionenauflage erscheinende Zeitschriften der New York Times-Gruppe. G+J hat damit eine Position in der Spitzengruppe der US-Zeitschriftenverlage erreicht. Im Inland wird nach wie vor über die angespannte Ertragslage geklagt, verursacht im wesentlichen durch das Druckgeschäft, das unter Papierpreiserhöhungen und der steigenden Konkurrenz aus Niedriglohnländern mit schwächeren Währungen leidet.
Bertelsmann hat auf die Strukturverschiebungen hin zur elektronisch vermittelten Information und Unterhaltung durch die Straffung der unternehmerischen Führung in Spartenorganisationen bzw. Produktlinien reagiert. Das Konzept der Produktlinien verbindet die Vorteile der Unternehmensführung nach dem deutschen Aktienrecht mit den positiven Aspekten des anglo-amerikanischen Board-Systems und soll zu wichtigen Kooperations- und Synergieerfolgen führen – so der Bertelsmann-Vorstand. Der Board an der Spitze der Produktlinien soll für die operative und strategische Entwicklung des Bereichs sorgen. Auch an dieser Konstruktion läßt sich der weitere Expansionsdrang der Gütersloher erkennen.

»BÜNDNIS FÜR ARBEIT«. Bertelsmann legt besonderen Wert auf die Einbeziehung der Mitarbeiter in Entscheidungs- und Gestaltungsprozesse. Das verlangt wiederum die Sicherung der Arbeitsplätze. Im

Umsatz 1994/95:
20.554,0 Mio.
(davon im Ausland: 13.396,0 Mio.)
Umsatz 1993/94:
18.405,0 Mio.
Umsatz 1992/93:
17.170,0 Mio.

Gewinn 1994/95: *817,0 Mio.*
Gewinn 1993/94: *759,0 Mio.*
Gewinn 1992/93: *662,3 Mio.*

Cash flow 1994/95:
1.767,0 Mio.
Cash flow 1993/94:
1.663,0 Mio.
Cash flow 1992/93:
1.465,0 Mio.

Cash flow: *Aus dem Cash flow konnten trotz hoher Aufwendungen für Firmenkäufe rund 88% der Investitionen finanziert werden.*

Steueraufkommen 1994/95:
446,0 Mio.

Beschäftigte 1994/95:
57.397 (davon im Ausland: 33.116)
Beschäftigte 1993/94:
51.767 (davon im Ausland: 27.859)
Beschäftigte 1992/93:
50.437 (davon im Ausland: 26.159)

Umsatz pro Mitarbeiter 1994/95: *358.102,– DM*
Umsatz pro Mitarbeiter 1993/94: *355.535,– DM*
Umsatz pro Mitarbeiter 1992/93: *340.425,– DM*

Gegensatz zu vielen anderen Großkonzernen geht Bertelsmann von der Qualität des Arbeitsplatzes aus, den es auch in wirtschaftlich schwierigeren Phasen durch entsprechende Arbeitszeitmodelle zu erhalten und attraktiv zu gestalten gilt. In einem sogenannten »Pakt für die Arbeit« haben sich Vorstand und Führungskräfte darauf geeinigt, in zukunftsträchtigen Bereichen neue Arbeitsplätze zu schaffen und Arbeitsplätze dort zu sichern, wo sich aufgrund von Marktveränderungen negative Einflüsse abzeichnen. Der Arbeitsplatzverlust im Einzelfall soll minimiert und sozial abgefedert werden, das Einkommen der Beschäftigten möglichst erhalten bleiben. Mit dem Konzernbetriebsrat wurde eine computergestützte konzerninterne Stellenbörse eingerichtet. Diese »Stellenbörse« informiert über Arbeitsplatzangebote in deutschen Bertelsmann-Firmen. Unterschiediche Arbeitszeitmodelle wurden mit dem Ziel, »die Personalkosten einer Firma weitgehend ohne Einkommensverluste für die Mitarbeiter zu senken«, eingeführt. In Übereinstimmung mit den Betriebsräten sowie Betriebsversammlungen wurden verschiedene firmenindividuelle Regelungen zur größeren Flexibilisierung der Arbeitszeit in Angriff genommen.
In der Bertelsmann-Datenverarbeitung, der Hauptverwaltung und bei Mohndruck beispielsweise wurden die Mitarbeiter einzeln um Zustimmung zur Beibehaltung der bestehenden Arbeitszeit oder auch zur Verlängerung der Arbeitszeiten gebeten. Über 95% der angesprochenen Mitarbeiter, so der Bertelsmann-Geschäftsbericht, erklärten sich zu diesen zeitlich befristeten Änderungen ihrer Arbeitsverträge bereit. Die Zentrale Informationsverarbeitung schaffte in einer Übereinstimmung zwischen Geschäftsleitung und Betriebsrat die Kernarbeitszeiten ab und ermöglichte es den Mitarbeitern, ihre Arbeitszeit zwischen 6 Uhr und 22 Uhr in Abstimmung mit Vorgesetzten und Kollegen frei zu gestalten. Auch samstags kann in der Zeit zwischen 6 Uhr und 15 Uhr gearbeitet werden.
Bei Mohndruck setzt zur Arbeitsplatzsicherung in der Druckindustrie ein Konzept auf Flexibilisierung der Arbeitszeit innerhalb eines Korridors von 30 bis 43 Stunden in der Woche und die Verschiebung der geplanten Arbeitszeitverkürzung auf 35 Stunden. Befristet auf zwei Jahre verzichten die Mitarbeiter auf Lohn- oder Gehaltsausgleich für zwei Stunden pro Arbeitswoche, insgesamt für 84 Studen im Geschäftsjahr.
Der für die Bertelsmann Distribution geltende Haustarifvertrag (analog zum Tarif der Buch- und Zeitschriftenverlage), der ab 1. Januar 1996 die 35-Stunden-Woche vorschreibt, wurde durch die Beibehaltung der 36-Stunden-Woche außer Kraft gesetzt. Geschäftsleitung und Betriebsrat kamen zu dieser Übereinkunft, »um die Arbeitsplätze auf lange Sicht zu sichern«.
Bei Sonopress wurde die 37-Stunden-Woche beibehalten. Die in der Druckindustrie vereinbarte Reduzierung der Wochenarbeitszeit um zwei auf 35 Stunden zum 1. April 1995 wurde aufgrund einer innerbetrieblichen Vereinbarung verschoben. Die 37-Stunden-Woche wurde beibehalten, Belegschaft und Gewerkschaft (Firmentarifvertrag) stimmten zu, nachdem die Alternative lautete: statt in drei Schichten in vier Schichten arbeiten.
Bereits seit 1970 praktiziert Bertelsmann für seine Angestellten verschiedene Beteiligungsmodelle. Es gibt Modelle für die Inlandsbetriebe und einige Auslandsbetriebe, für Gruner + Jahr und die Ebene der

Führungskräfte, die ihre Einlagen dem Konzern zur Verfügung stellen und je nach Erfolg oder Mißerfolg ihres Profitcenters (von denen es Hunderte gibt) vergütet bekommen. Die Ausschüttungen an die Mitarbeiter werden immer in Gewinn-Genußscheinen angelegt, die an der Börse verzinst werden und für die es seit ihrer Einführung eine Verzinsung von 15% auf den Nennwert gibt.
Über die Entwicklung im Personal- und Sozialbereich der inländischen Stammfirmen und die Arbeit am Bertelsmann Partnerschafts-Modell wurde eine sogenannte »Sozialbilanz« als Broschüre veröffentlicht.

Löhne und Gehälter 1994/95: *3.766,0 Mio.*
Löhne und Gehälter 1993/94: *3.484,0 Mio.*
Durchschnittsgehalt 1994/95: *65.613,– DM*
Soziale Abgaben und Aufwendungen 1994/95: *889,0 Mio.*
Soziale Abgaben und Aufwendungen 1993/94: *974,0 Mio.*

Bezüge pro Vorstandsmitglied 1994/95: *3.765.565,– DM*
Tantiemen pro Aufsichtsratsmitglied 1994/95: *70.555,– DM*

UMWELTSCHUTZ. Die Medienindustrie ist im großen und ganzen eine »saubere« Industrie – so Bertelsmann. Ihre ökologische Verantwortung zeigt sich vor allem im Druckbereich. Die Unternehmen der Bertelsmann-Gruppe sind auch hier seit Jahren in einer Art Vorreiterrolle. So legt Mohndruck Gütersloh, Europas größte Offsetdruckerei, seit 1991/92 jährlich eine umfassende Ökobilanz vor, die einerseits Rechenschaft über die Umweltverträglichkeit ihrer Produktionsweise gibt, andererseits zum Ziel hat, alle Produktionsprozesse ökologisch zu optimieren. Die Bilanz wird in Zusammenarbeit mit dem unabhängigen Heidelberger IFEU-Institut erstellt. Mohndruck hat bereits die Ökocontrollings zur Vorbereitung des in Zukunft EG-weit vorgeschriebenen Öko-Audits eingeführt. Das gleiche gilt für die Tonträgerfabrik Sonopress. Der Umweltschutzbereich des Unternehmens ist der Produktlinie Industrie der Bertelsmann AG zugeordnet. Die Gruner + Jahr AG hat 1990 ein Umweltreferat eingerichtet, das jährlich einen Umweltbericht erstellt. Gruner + Jahr verfolgt damit das Ziel, für den gesamten Lebensweg seiner Druck- und Pressepapiere ökologische Kriterien zu erarbeiten. Dieses Umweltengagement reicht von einer Energiebilanz für das Pressehaus am Baumwall über geschlossene Kreisläufe für Lösungsmittel beim Druck bis zur Selbstverpflichtung, auf die Papierlieferanten einzuwirken, Roh- und Zellstoffe künftig ausschließlich aus Wäldern zu beziehen, in denen nicht mehr mit Großkahlschlägen geerntet wird. Verstärkt gearbeitet werden soll mit umweltverträglichen Druck- und Pressepapieren und mit Altpapier. Die Rücknahme und Verwertung gebrauchter graphischer Papiere sowie ihr anschließendes Recycling wird gewährleistet. Der Gruner + Jahr-Vorstand: »Für den Lebensweg unserer Zeitschriften und Zeitungen gilt: Von der Waldbewirtschaftung über die Papierherstellung, das Bedrucken bis zur Wiederverwertung sollen alle Prozesse noch umweltverträglicher werden.«

VOX STEIGT AB, VOX STEIGT AUF. VOX verbindet sich mit einer der größten Pleiten in der jungen Geschichte bundesdeutschen Privatfernsehens. Die Medienstrategen aus Gütersloh mit dem damaligen Vorstand Manfred Lahnstein an der Spitze hatten den Flop ihrer Geschichte gelandet. Der Anfang 1993 als »Ereignisfernsehen« und »kommerzielles Qualitätsfernsehen« gestartete Kölner Sender, der mit über 300 Mitarbeitern und dem Segen der nordrhein-westfälischen Landesregierung und ihrer ehrgeizigen Medienplaner anspruchsvolles, liberales und privates Informationsfernsehen machen sollte, war kollabiert. Innerhalb nur weniger Monate hatten sich die Anlaufverluste auf knapp 400 Mio. DM summiert. Ein Gesellschafter nach dem

Investitionen 1994/95:
2.011,0 Mio.
Investitionen 1993/94:
1.081,0 Mio.
Investitionen 1992/93:
966,0 Mio.

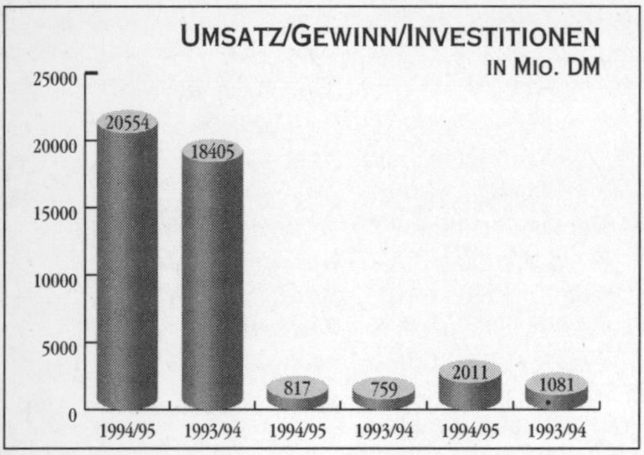

anderen ging von Bord. Zuerst die Holtzbrinck-Gruppe, dann der Süddeutsche Verlag, der 20% innehatte und 80 Mio. DM Verlust einfuhr, und schließlich der VOX-Hauptinitiator Bertelsmann, der über die Ufa 24,9% hielt. Ende März 1994 mußte Lahnstein die Pleite bekanntgeben. Mit in der Kreide: die WestLB, die Kölner Stadt- und Kreissparkassen und die Kölner Stadtwerke, die zusammen 25,1% der Anteile hielten und wohl durch die ehrgeizige Düsseldorfer Staatskanzlei in dieses Engagement gedrängt worden waren, als es darum ging, die »Westschiene« zu vergeben und in Köln anzusiedeln. Wenige Monate später dann auch das Aus für den früheren SPD-Finanzminister Manfred Lahnstein.

Die neu installierte Produktlinie BMG Entertainment, in der die bisherigen Aktivitäten der Bertelsmann Music Group (BMG) und Elektronische Medien unter einem neuen fünfköpfigen Executive-Board (Vorsitz: Michael Dornemann) zusammengefaßt wurden, bot aufgrund der VOX-Pleite für Lahnstein keinen Platz mehr. Er wechselte in den Aufsichtsrat und soll den Bertelsmann-Vorstand künftig in gesellschafts- und medienrechtlichen Fragen beraten.

Und dann das: VOX war gerade abgewickelt, da meldete sich Bertelsmann mit neuerlichen 24,9% zurück und präsentierte gleich zwei neue Mitgesellschafter: die News Corporation des amerikanisch-australischen Medienunternehmers Rupert Murdoch (49,9%) und die französische Gesellschaft Canal plus (24,9%). Mit dieser neuen Gesellschafterstruktur will Bertelsmann diesen »Free-TV-Sender am Markt durchsetzen«. VOX wurde als Abspielsender von Serien und Filmen neu etabliert. Der Bertelsmann-Vorstand: »Wir werden uns mit Nachdruck um den Neuaufbau dieses Senders bemühen.« So war das »Ereignisfernsehen« ursprünglich natürlich nicht gedacht.

BERTELSMANN PLANT GROSSALLIANZEN. Bertelsmann verweist auf die in jüngster Vergangenheit vollzogenen »Mega-Mergers« vor allem von den mit Finanzkraft und Dynamik ausgestatteten amerikanischen Medienunternehmen, die den globalen Wettbewerb maßgeblich beeinflussen und auf die die europäische Medienpolitik reagieren müsse. So zielt auch die Multimedia-Strategie von Bertelsmann darauf ab, internationale Allianzen zu bilden und gemeinsam mit starken Marktpartnern aus den verschiedensten Industriezweigen die Entwicklung voranzubringen. 1995 erwarb Bertelsmann eine Beteiligung an American Online und gründete mit AOL ein gemeinsames Joint-venture für Europa. Ende November 1995 erfolgte der Start in Deutschland. Mit der Telekom wurde eine gegenseitige Beteiligung der Partner an den Online-Diensten von AOL/Bertelsmann Online und T-Online der Telekom vereinbart. Bertelsmann plant auch eine eigene Netzwerk-Gesellschaft.

Der Kampf um den als gigantisch eingestuften deutschen Pay-TV-Markt entbrannte 1996 voll. Mit dem erfolgreichsten Pay-TV-Veranstalter Europas, dem französischen Canal plus, hat eine neue strategische Allianz den europaweiten Aufbau von Pay-TV-Sendern zum Ziel. Weitere

Allianzen wurden mit der luxemburgischen CLT, dem Medien-Großunternehmer Rupert Murdoch und dem Medien- und Werbeunternehmen Havas vereinbart.
Dabei besonders spektakulär der Deal mit dem Medienunternehmen CLT (Compagnie Luxemburgeoise de Télédiffusion), dem 12 Hörfunk- und 11 Fernsehsender in acht Ländern gehören und das mit mehr als 4 Mrd. DM Umsatz Europas größtes Fernsehunternehmen ist. Bertelsmann will sein Fernseh- und Rundfunkgeschäft (Ufa) in die CLT einbringen und im Gegenzug 50% an der neuen Gesellschaft CLT-Ufa übernehmen. Auf diese Weise will Bertelsmann die Nummer eins im deutschen Fernsehen werden, möglichweise sogar in Europa. Gemeinsam mit CLT verfügt Bertelsmann dann über ein rundes Dutzend europäischer Fernsehstationen, vor allem aber über eine Mehrheit von über 80% an Deutschlands Sender Nummer eins, an RTL. Durch die Fusion gehören zum Einflußbereich von Bertelsmann: RTL und RTL2, Super RTL, Vox, RTL4 und RTL5 in den Niederlanden, M6 und TMC in Frankreich, Channel5 in Großbritannien, Premiere und Newco (Konsortium mit Murdoch) sowie die Hörfunksender der RTL-Gruppe. (Vorbehalt: die europäische Kartellbehörde und die deutschen Mediengesetzgeber, da Bertelsmann in Deutschland durch die Fusion nahe an die Anti-Konzentrationsgrenze von 30% gerät und dadurch nur schwer im Bereich neuer digitaler Programme Fuß fassen könnte.) Obendrein kaufte RTL dann noch für die Rekordsumme von 2,25 Mrd. DM die Film- und TV-Serienrechte der amerikanischen MCA Television Group bis zum Jahr 2006.
Die Multimedia-Betriebsgesellschaft (MMBG) in Partnerschaft mit der Deutschen Telekom, Canal plus, ARD, ZDF, RTL und CLT sollte den gemeinsam von Bertelsmann und Canal plus entwickelten Decoder (in Konkurrenz zur Kirch-Gruppe und zu den Vertriebspartnern Vebacom und Metro) zum Empfang digitaler Programme am Markt durchsetzen und einen Europa-Standard im Bereich des digitalen Rundfunks bilden.
Dann im Sommer 1996 eine überraschende Rolle rückwärts, die die Medienkritiker verblüffte und die Bertelsmann-Konsortien-Partner verunsicherte bzw. vor den Kopf stieß. Nachdem zuvor Rupert Murdoch, nicht zuletzt pikiert durch die Bertelsmann-CLT-Kooperation, sein Zusammengehen mit Leo Kirch und den Einstieg in dessen Digitales Fernsehen DF 1 kundgetan hatte, gaben die Bertelsmann-Multimedia-Manager in einer spektakulären Pressekonferenz bekannt, nun ihrerseits ebenfalls gemeinsame Sache mit Leo Kirch machen zu wollen, seinen Decoder zu verwenden, seine digitalen Plattformen zu benutzen und den eigenen Einfluß in Premiere zugunsten Murdochs zurückzuschrauben. Der zweitgrößte Medienkonzern der Welt hatte sich durch ungeschicktes Taktieren zwischen alle Stühle manöveriert. Die »Süddeutsche Zeitung« brachte es am 29. Juli 1996 auf den Punkt: »Chaos bei Bertelsmann.«

Mitbewerber:
CBS, Dai Nippon, Bauer, Burda, Fininvest, von Holtzbrinck, Matra-Hachette, MCA, NBC, News Corporation, Paramount, Polygram, Sony, Springer, Time Warner, Times Mirror, Thomson, Thorn EMI, Walt Disney Company

BILFINGER + BERGER

Standort:
Carl-Reiß-Platz 1-5
68165 Mannheim

Postanschrift:
Postfach 10 05 62
68005 Mannheim

***Telefon:** (0621) 459-0*
***Telex:** 4 63 260 bub d*
***Telefax:** (0621) 459-2366*

***Branche:** Bauindustrie*

Rechtsform:
Bauaktiengesellschaft

***Geschäftsjahr:** 1.1.-31.12.*

***Gründungsjahr:** 1880*

Öffentlichkeitsarbeit:
Ludwig Feldrappe
Michael Weber
Tel.: (0621) 459-2227/2464
FAX: (0621) 459-2866/2500

***Verbände:** Das Unternehmen ist in allen wichtigen Verbänden der Bauindustrie organisiert.*

Vorstand:
- *Roth, Christian, Dr. E.h. (Vorsitzender)*
- *Ehlers, Klaus-Dieter, Dr.*
- *Fischer, Bert*
- *Hock, Hans-Peter*
- *Lampert, Thomas*
- *Schetter, Hans Helmut*
- *Schneider, Jürgen, Dr.*
- *Wittmann, Hans*

Vorstandsbezüge 1995:
7.395.000,– DM

GESCHICHTE UND ENTWICKLUNG. Die heutige Bilfinger + Berger Bauaktiengesellschaft geht auf drei maßgebliche Baukonzerne zurück, die knapp 100 Jahre lang eine entscheidende Rolle im Hoch- und Tiefbau in aller Welt spielten. 1880 Gründung der Baufirma Weis & Bernatz in Speyer, der 1896 der bauleitende Ingenieur der Firma Benckiser (Pforzheim), August Grün, beitritt. 1890 Gründungen der Julius Berger Tiefbaugesellschaft im westpreußischen Zempelburg sowie der Berlinischen Bodengesellschaft (Ursprung der späteren Bauboag) durch Kommerzienrat Haberland in Berlin. 1892 Ausscheiden von August Bernatz aus dem Unternehmen; Eintritt von Regierungsbaumeister Paul Bilfinger, neuer Firmenname: Grün & Bilfinger. 1906 Umwandlung mit Unterstützung der Dresdner Bank in die Grün & Bilfinger AG. Weltweite Bauaktivitäten der drei Firmen: Eisenbahnstrecken, Brücken, Tunnels, Hafenanlagen und Staudämme, Bahnhöfe, Hochhäuser und ganze Städte. Die einzelnen Unternehmen akquirierten zahlreiche Baubetriebe, z. B. 1938 Erwerb der Tesch GmbH, Berlin, durch die Julius Berger AG. Hochkonjunktur der Bauriesen nach dem Zweiten Weltkrieg. Julius Berger verlegt seinen Geschäftssitz von Berlin nach Wiesbaden. 1955 Zusammenschluß von vier Tochtergesellschaften der Berlinischen Bodengesellschaft zur »Bauboag AG für Ingenieurbauten des Hoch- und Tiefbaus« in Düsseldorf. 1969 Fusion der Julius Berger AG mit der Bauboag AG zur »Julius Berger-Bauboag AG«. 1971 Übernahme einer Mehrheitsbeteiligung an der Julius Berger-Bauboag AG durch Grün & Bilfinger. 1973 Eingliederung; 1975 Zusammenführung der Firmen Grün & Bilfinger AG, Mannheim, mit der Julius Berger-Bauboag AG, Wiesbaden, zur Bilfinger + Berger Bauaktiengesellschaft, Mannheim. Bilfinger + Berger ist einer der größten Baukonzerne der Welt.

BESITZVERHÄLTNISSE/EIGENTUMSSTRUKTUR.
- Dresdner Bank AG, Frankfurt/Main, über die FGI Frankfurter Gesellschaft für Industriewerte mbH, Frankfurt/Main (25,1%)
- Rest Streubesitz (ca. 11.000 Aktionäre)

KONZERNÜBERBLICK. Bilfinger + Berger ist eine der größten international tätigen Baugesellschaften. Die Hauptverwaltung und die Operationsbasis für Europa sitzt in Mannheim, das Baugeschehen im außereuropäischen Ausland wird von Wiesbaden aus gesteuert. Bilfinger + Berger bearbeitet seine in- und ausländischen Märkte mit 63 Niederlassungen und Geschäftsstellen sowie mit über 100 Beteiligungsgesellschaften.
Die Tätigkeit des Konzerns unterteilt sich in die Geschäftsbereiche inländisches Baugeschäft traditionell das Stammgeschäft der Bilfinger + Berger Unternehmensgruppe (Umsatz 1995: 3.627,0 Mio.; Vorjahr: 3.454,0 Mio.), europäisches Baugeschäft mit dem Schwerpunkt Frankreich durch die Entreprise Razel Frères S.A. (Umsatz 1995: 751,0 Mio.; Vorjahr: 186,0 Mio.), außereuropäisches Baugeschäft mit großen Unternehmen in Australien, Hongkong, den USA und Nigeria (Umsatz 1995: 3.265,0 Mio.; Vorjahr: 2.994,0 Mio.), Projektentwick-

lung (Umsatz 1995: 395,0 Mio.; Vorjahr: 599,0 Mio.), Umwelttechnik (Umsatz 1995: 729,0 Mio.; Vorjahr: 705,0 Mio.) sowie Baustoffe (Umsatz 1995: 226,0 Mio.; Vorjahr: 317,0 Mio.).
Bilfinger + Berger baut in der ganzen Welt: Wohnanlagen, Verwaltungsgebäude, Ferienappartements in großem Stil, Brückenbauwerke, Straßen, Tunnels, Hafenanlagen, Staudämme, Kanäle, Schleusen, Kraftwerke, Pipelines, Hotels, Sportanlagen und Flughäfen. Die Gesellschaft plant, leitet und führt Bauleistungen aller Art durch. Bilfinger + Berger ist ständig im Inland auf über 2.000 Baustellen im Hoch- und Industriebau sowie im Tiefbau und Spezialtiefbau tätig. Eine Spezialität von Bilfinger + Berger ist der Tunnelbau besonders im U- und S-Bahn-Bereich. 24% der Inlandsleistung wurden im Tiefbau, einschließlich Brücken-, Tunnel- und Spezialtiefbau, 48% im Hochbau, 16% in der Umwelttechnik und der Rest im Industriebau, in der Projektentwicklung und im Bereich Baustoffe erbracht. An der Gesamtleistung der B+B-Gruppe hatte das Auslandsgeschäft 1995 einen Anteil von 47% (Vorjahr: 42%), die ausländischen Beteiligungsgesellschaften erbrachten 86% (Vorjahr: 82%) der Auslandsleistung. Die Schwerpunkte der Geschäftstätigkeit im Ausland lagen in Afrika (B+B ist traditionell marktführend in Nigeria), Nordamerika, Südostasien und Australien (siehe Beteiligungen). 1993 erwarb B+B eines der führenden australischen Bauunternehmen, die Baulderstone Hornibrook-Gruppe mit 23 Niederlassungen und Beteiligungsgesellschaften innerhalb und außerhalb Australiens. Das berühmteste Bauwerk der neuen B+B-Tochter ist das Opernhaus von Sydney. In Europa erwarb Bilfinger + Berger 1994 die Mehrheit an der französischen Baugesellschaft Entreprise Razel Frères und spielt auf dem Baumarkt Frankreichs nun eine herausragende Rolle.

BETEILIGUNGEN. Die wichtigsten Beteiligungen im Inlandsbau: abu Allgemeine Bau-Union GmbH & Co. KG, Wiesbaden (100%); Achatz GmbH Bauunternehmung, Mannheim (100%); Bau-Union Potsdam GmbH, Potsdam (100%); bebit Informationstechnik GmbH, Mannheim (100%); Bilfinger + Berger Baustoffe GmbH, Leipzig (100%); Kieswerke GmbH Nordhausen, Nordhausen (100%); Westsächsische Steinwerke GmbH, Hartmannsdorf (100%); Bilfinger + Berger Projektentwicklung GmbH, Mannheim (100%); GKW Plan Ingenieurbüro für Infrastruktur und Umwelttechnik GmbH, Mannheim (100%); Hüser & Co. GmbH, Mannheim (100%); Franz Kassecker GmbH, Mannheim (57%); Modernbau GmbH, Saarbrücken (100%); Passavant-Werke AG, Aarbergen (100%); Erich R. Moos GmbH & Co. KG, Bürstadt (61%); Schlosser-Pfeiffer GmbH, Aarbergen (100%); Propria Bauträger- und Verwaltungsgesellschaft mbH, Mannheim (100%); Roediger Anlagenbau GmbH, Hanau (100%); Wilhelm Scheidt, Bauunternehmung GmbH, Herford (100%); Sönnichsen & Görtz Baugesellschaft mbH, Kiel (100%); Gottlieb Tesch GmbH, Bauunternehmung, Berlin (100%); Tesch Industrie- und Rohrleitungsbau GmbH, Essen (100%); Klösters Baustoffwerke GmbH & Co. KG, Teltow (50%), Buderus AG, Wetzlar (15%).
Die wichtigsten Beteiligungen im Auslandsbau: A.W. Baulderstone Holdings Pty. Limited, Sydney/Australien (100%), mit zahlreichen Tochter- und Beteiligungsgesellschaften in Australien und mehreren asiatischen Staaten; B+B Asia Ltd., Hongkong (100%), mit zahlreichen

Aufsichtsrat:

- *Sarrazin, Jürgen (Vorsitzender; Sprecher des Vorstandes der Dresdner Bank AG), Frankfurt/Main*
- *Adolff, Peter, Dr. (Vorsitzender der Geschäftsleitung der Allianz Versicherungs-AG), Stuttgart*
- *Becker, Gert (Mitglied des Aufsichtsrates der Degussa AG), Frankfurt/Main*
- *Heigl, Heinz R., Dr., Augsburg*
- *Klose, Horst, Dr. (Geschäftsführender Gesellschafter der MERO-Firmengruppe), Würzburg*
- *Majewski, Otto, Dr. (Vorsitzender des Vorstandes der Bayernwerk AG), München*
- *Otto, Peter, Dr. (Mitglied des Vorstandes der Heidelberger Zement AG), Heidelberg*
- *Pohr, Michael (Vorsitzender des Vorstandes der Asea Brown Boveri AG), Mannheim*
- *Weber, Jürgen (Vorsitzender des Vorstandes der Deutsche Lufthansa AG), Köln*

**Schmitt, Maria (stellv. Vorsitzende)*
**Dengler, Edwin*
**Erdner, Wolfgang*
**Kern, Hanspeter*
**Klode, Rainer*
**Kotsch, Herbert*
**Mulack, Emil*
**Steinmann, Rolf*

Aufsichtsratstantiemen 1995: *861.000,– DM*

BÖRSE, AKTIEN, KURSE
Grundkapital 1995:
180,0 Mio.
Jahreshöchstkurs 1995:
792,00 DM
Jahrestiefstkurs 1995:
497,00 DM

Aktie Jahresende 1995:
556,00 DM
Dividende pro Aktie 1995:
13,50 DM

Die Dividende bezieht sich auf je 50,– DM Aktiennennbetrag. Der Bilanzgewinn 1995 betrug 48,6 Mio. DM. Das Grundkapital ist eingeteilt in 7.400 Stück auf den Inhaber lautende Aktien zu je 1.000,– DM, 23.000 zu je 100,– DM und 3.406.000 zu je 50,– DM.

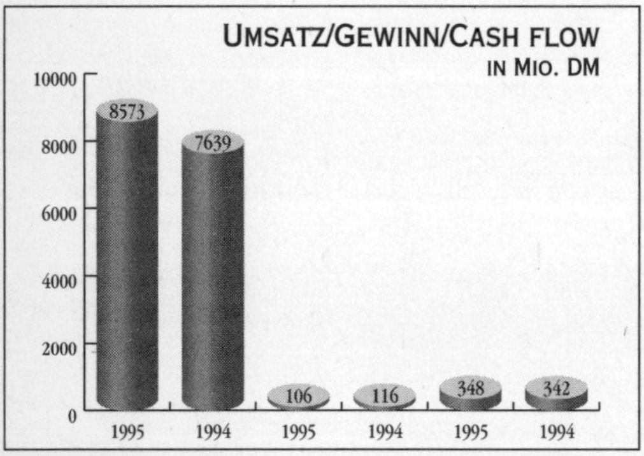

Leistung/Umsatz 1995:
8.573,0 Mio.
Leistung/Umsatz 1994:
7.639,0 Mio.
Leistung/Umsatz 1993:
6.728,0 Mio.

Gewinn 1995: *105,5 Mio.*
Gewinn 1994: *115,8 Mio.*
Gewinn 1993: *105,0 Mio.*

Cash flow 1995: *348,0 Mio.*
Cash flow 1994: *342,0 Mio.*
Cash flow 1993: *362,0 Mio.*

Tochter- und Beteiligungsgesellschaften in ganz Asien; Fru-Con Holding Corporation, Ballwin/Missouri, USA (100%), mit zahlreichen Tochter- und Beteiligungsgesellschaften in Nordamerika; Grün + Bilfinger Gesellschaft mbH, Wien/Österreich (100%); Hydrobudowa S.A., Warschau/Polen (95%); UFIR Holding SA, Saclay/Frankreich (84%), als Holdinggesellschaft der UFIR SA, Saclay/Frankreich (84%), und der Entreprise Razel Frères SA, Saclay/Frankreich (86%), mit zahlreichen Tochter- und Beteiligungsgesellschaften in Frankreich und den USA; Zapadokamen Plzen a.s., Pilsen (94%); Julius Berger Nigeria PLC, Lagos/Nigeria (40%).

NEUE BUNDESLÄNDER. Bilfinger + Berger ist in den neuen Bundesländern flächendeckend vertreten. Hauptunternehmen ist die Bau-Union Potsdam. Wesentliche Umsatzsteigerungen erreichte Bilfinger + Berger 1995 durch das Engagement am Potsdamer Platz in Berlin, einem der bedeutendsten Investitionsstandorte der gesamten Baubranche. Die Bilfinger + Berger Baustoffe GmbH, Leipzig, hat von der Baustellenlogistik Potsdamer Platz GmbH, Berlin, den Auftrag für die zentrale Versorgung aller Bauvorhaben auf dem Potsdamer Platz mit Transportbeton erhalten, den größten jemals in Deutschland erteilten Transportbetonauftrag. Bedingung für diesen Großauftrag war es, die Materialien ausschließlich auf dem Schienenweg oder über Kanäle anzuliefern, um eine weitere Belastung der ohnehin schon angespannten Verkehrssituation im Zentrum Berlins zu vermeiden. B+B verfügt über Rohstofflagerstätten mit eigenem Bahnanschluß. B+B produziert neben den Bahngleisen auf dem Gelände in drei Betonmischanlagen stündlich 300 Kubikmeter Frischbeton. Eine 110 Meter lange Stahlbrücke überspannt den Landwehrkanal und seine beiden stark befahrenen Uferstraßen. Damit wird die Ver- und Entsorgung der Baustellen außerhalb des öffentlichen Verkehrsraumes erfolgen. Insgesamt werden für die geplanten Baumaßnahmen am Potsdamer Platz bis ins Jahr 2002 rund 1,8 Mio. Kubikmeter Transportbeton zu liefern sein.

STANDORT DEUTSCHLAND. Nach Meinung des B+B-Vorstandes wird sich 1996/97 der Abschwung der Baukonjunktur in Deutschland weiter beschleunigen. Die Auslandsmärkte hingegen entwickeln sich um so besser. Deutlich wird das auch an den Beschäftigtenzahlen: Obwohl sich die Belegschaft insgesamt erhöhte, nahm sie im Inland wiederum ab. Besonders zahlreiche Neueinstellungen gab es auf Großbaustellen in Südostasien. Insgesamt hat sich seit 1991 die Beschäftigtenzahl konzernweit von 56.376 auf 49.747 Ende 1995 verringert. 1996 wird die Zahl der Beschäftigten in Deutschland noch einmal schrumpfen. Allein die Passavant-Werke AG soll ihre Mitarbeiter von 2.000 auf 1.500 reduzieren.
1995 wurden die Auslandsgeschäfte von 42% (Vorjahr) auf 47% weiter ausgebaut. An diesen Geschäften waren die ausländischen Beteiligungsgesellschaften mit 86% beteiligt. Traditionell haben die großen

Bauunternehmen ihre Standorte dort, wo sie im Bau aktiv sind. Neben Nordamerika, Australien und dem afrikanischen Nigeria entwickelte sich besonders der asiatisch-pazifische Raum positiv. Die Leistungen der Unternehmen von Bilfinger + Berger, besonders von B+B Asia Limited, Hongkong, entwickelten sich von 1.740 Mio. auf 2.138 Mio. DM. Die Mannheimer setzen ganz auf diesen Zukunftsmarkt, auf Thailand, Hongkong, Indonesien, Malaysia, Taiwan, die Volksrepublik China und Vietnam. Ein Schwerpunkt ist darüber hinaus Australien. So verkündete der Vorstand schon in freudiger Erwartung, daß im Zusammenhang mit der Austragung der Olympischen Spiele 2000 in Sydney/Australien mit Spitzenaufträgen zu rechnen sei. Eine Sonderabschreibung bei der AG wurde auf die erfolgreiche B+B Asia Ltd., Hongkong, wegen möglicher Risiken beim politischen Übergang der Kronkolonie auf die Volksrepublik China vorgenommen. In Osteuropa ist Bilfinger + Berger besonders mit eigenen Unternehmen engagiert in Polen und der Tschechischen Republik. Marktpotential erwartet sich B+B nach dem eingeleiteten Friedensprozeß zwischen Israel und seinen Nachbarstaaten in den Regionen des Nahen Ostens.

»BÜNDNIS FÜR ARBEIT«. Bilfinger + Berger stellt fest: Zum 1. Januar 1996 lief die bisherige Schlechtwetterregelung der Bundesanstalt für Arbeit aus. Die Tarifvertragsparteien einigten sich auf eine tarifliche Ersatzlösung, die eine Flexibilisierung der Arbeitszeit vorsieht. Die Regelung wird von B+B als ein Schritt in Richtung eines ganzjährig gesicherten Einkommens für gewerbliche Arbeitnehmer in der deutschen Bauwirtschaft begrüßt.
Zum Thema »billige Arbeitskräfte«, hierzulande aus dem ehemaligen Ostblock, aber auch aus Südeuropa, meint B+B: »Die anhaltenden Wettbewerbsverzerrungen durch Anbieter aus Billiglohnländern bedrohen zunehmend die Existenz von Unternehmen und Arbeitsplätzen. Es ist deshalb erforderlich, daß der Grundsatz ›gleicher Lohn für gleiche Arbeit‹ notfalls durch eine nationale Regelung erreicht wird.«

UMWELTSCHUTZ. Bilfinger + Berger macht in seinem Geschäftsbereich Umwelttechnik gute Geschäfte, wenngleich dieser Bereich, so das Management, an Dynamik eingebüßt hat. Der Grund: die Finanznöte der öffentlichen Hände. Da die Unternehmen dieses Bereichs besonders auf die Sanierung von Deponien und die kontrollierte Entsorgung von kontaminierten Materialien spezialisiert sind, fallen knappe Kassen besonders ins Gewicht. Zum Bereich Umwelttechnik gehören die Unternehmen Passavant-Werke, Roediger Anlagenbau, B+B Umweltverfahrenstechnik, GKW Plan Ingenieurbüro für Infrastruktur und Umwelttechnik. Auf dem Gebiet der Umwelttechnik stützen sich die praxisorientierten Entwicklungen auf Untersuchungen des Technikums Mannheim und auf die wissenschaftliche Begleitung geeigneter Pilotprojekte. Dabei geht es um Verfahren der naßmechanischen Bodenreinigung und der Biotechnik. Hinzu kommen die Entwicklung geeigneter Bindemittel für die Immobilisierung von Schadstoffen und zahlreiche Verfahren in der Deponietechnik.

BMG siehe Bertelsmann

Cash flow: *Der Cash flow floß überwiegend in die Investitionen.*

Steueraufkommen 1995: *62,3 Mio.*

Umsatz pro Mitarbeiter 1995: *172.332,– DM*
Umsatz pro Mitarbeiter 1994: *162.287,– DM*
Umsatz pro Mitarbeiter 1993: *146.839,– DM*

Beschäftigte 1995: *49.747 (Ausland: 34.861)*
Beschäftigte 1994: *47.071 (Ausland: 31.859)*
Beschäftigte 1993: *45.819 (Ausland: 30.249)*

Löhne und Gehälter 1995: *1.466,7 Mio.*
Löhne und Gehälter 1994: *1.334,8 Mio.*
Durchschnittsgehalt 1995: *29.483,– DM*
Soziale Abgaben und Aufwendungen 1995: *332,3 Mio.*
Soziale Abgaben und Aufwendungen 1994: *282,2 Mio.*

Bezüge pro Vorstandsmitglied 1995: *924.375,– DM*
Tantiemen pro Aufsichtsrat 1995: *50.647,– DM*

Investitionen 1995: *360,0 Mio.*
Investitionen 1994: *688,0 Mio.*
Investitionen 1993: *429,0 Mio.*

Mitbewerber: *Braas, Dyckerhoff, Dywidag, Heidelberger Zement, Heilit + Woerner, Hochtief, Philipp Holzmann, Readymix, Strabag, Teerbau, Walter Bau, Wayss & Freytag, Züblin*

BMW

Standort:
Petuelring 130
BMW-Haus
80809 München

Postanschrift:
80788 München

***Telefon:** (089) 382-0*
***Telefax:** (089) 382-25885*

Branche:
Automobilindustrie

Rechtsform:
Aktiengesellschaft

***Geschäftsjahr:** 1.1.-31.12.*

***Gründungsjahr:** 1916*

Öffentlichkeitsarbeit:
Peik von Bestenbostel
Tel.: (089) 382-24118
FAX: (089) 382-24418

Herbert Quandt-Stiftung:
Die Herbert Quandt-Stiftung wurde als gemeinnütziger Verein von der BMW AG ins Leben gerufen und dient der Pflege des Deutschlandbildes im Ausland.

BMW-Museum und Kultursponsoring:
BMW hat es verstanden, durch eine aktive kulturelle Sponsortätigkeit in den Städten die Kritiker ruhig zu halten, obwohl die Industriebetriebe teilweise inmitten besiedelten Stadtgebietes liegen.

GESCHICHTE UND ENTWICKLUNG. Das Unternehmen wurde 1916 als »Bayerische Flugzeugwerke AG« von Gustav Otto in München gegründet. 1917 tat sich der Unternehmer Otto Rapp (»Rapp Motoren Werke«) mit Gustav Otto zusammen. Beide firmierten ihr Unternehmen am Münchener Oberwiesenfeld in »Bayerische Motoren Werke GmbH« um. 1918 Umwandlung in eine AG. Der Versailler Vertrag verbot den Bau von Flugmotoren; daher Umstellung auf Schiffsmotoren und Beginn der Produktion von Motorrädern. Die erste BMW-Maschine R 32 wurde 1923 auf dem Pariser Automobilsalon eine Sensation. 1928 Übernahme der Fahrzeugwerke Eisenach (Dixi-Werke) mit einer 30jährigen Automobilbauerfahrung. Die Automobilproduktion von BMW Eisenach wurde zu einem Riesenerfolg (Dixi/BMW). Während der Nazi-Zeit Expansion des Flugmotorengeschäfts in München; 1934 Gründung der »BMW Flugmotorenbau GmbH«. 1939 auf Veranlassung des Reichsluftfahrtministeriums Übernahme der »Brandenburgischen Motorenwerke GmbH« in Berlin-Spandau von Siemens; unter dem Firmennamen »BMW Flugmotorenwerke Brandenburg GmbH« Eingliederung in den Konzern. In München, Eisenach und Berlin wurden bis 1945 Zehntausende Flugmotoren gebaut, darunter mit Jet-Antrieb eines der ersten serienmäßig hergestellten Strahlentriebwerke der Welt. Alle BMW-Werke arbeiteten hochgradig für die Rüstungs- und Kriegsproduktion.

Auch bei BMW wurden während des Zweiten Weltkrieges KZ-Häftlinge, Fremdarbeiter und Kriegsgefangene ausgebeutet. Aus dem KZ Dachau und seinen Nebenlagern rekrutierte das Unternehmen einen nie versiegenden Nachschub an Zwangsarbeitern. Die Häftlinge, vermutlich bis zu über 20.000, arbeiteten unter grausamen Bedingungen an der Herstellung von Flugzeugmotorenteilen bei den Bayerischen Motoren Werken und wurden auch zum Bau von unterirdischen Betonhallen für diese Firma eingesetzt.

1945 Beschlagnahme des Vermögens der Bayerische Motoren Werke AG innerhalb der amerikanischen Zone; Stillegung der gesamten Produktion. 1946 Genehmigung zur Produktion von Kfz-Ersatzteilen. Nahezu völlige Demontage und Abtransport aller Werkzeugmaschinen sämtlicher Werke als Reparationsleistung. Verteilung der demontierten Anlagen an 16 Nationen. Enteignung des Werkes Eisenach. 1948/49 Wiederaufbau und Wiederaufnahme der Produktion mit neu erworbenem Maschinenpark im Werk München-Milbertshofen. Beginn der Motorrad-Produktion; Rückerhalt des Werkes Berlin-Spandau. 1952 Beginn der Serienfertigung der ersten BMW-Personenwagen. Expandierendes Geschäft im Motorad- und Automobilbau; Werksgründungen und Niederlassungen im Ausland. Anfang der 60er Jahre Verkauf der BMW Triebwerkbau GmbH an MAN. Konzentration und erfolgreicher Ausbau des Geschäfts mit Autos und Motorrädern zu einer der führenden Marken der Welt. 1991 Diversifikation durch Gründung des Gemeinschaftsunternehmens BMW Rolls-Royce in Oberursel zur Entwicklung und zum Bau von Flugzeugtriebwerken. 1994 Übernahme der Rover Group Holdings plc und der Rover Group USA Inc. durch BMW. Damit gelang BMW der Sprung unter die zwölf größten Automobilproduzenten der Welt.

Besitzverhältnisse/Eigentumsstruktur.

- Erben der Familie Herbert Quandt (48,1% des stimmberechtigten Kapitals; davon: Johanna Quandt, die dritte Ehefrau von Herbert Quandt, 17,9%; ihr Sohn Stefan 17%; ihre Tochter Susanne Klatten 13,2%)
- GFA Gesellschaft für Automobilwerte mbH, Frankfurt/Main (10%). Die GFA gehört: Dresdner Bank-Gruppe 50%, 3 Versicherungen je 10%, Siemens AG 10%, Stefan Quandt 10%.
- Rest Streubesitz

Konzernüberblick. Die BMW-Gruppe besteht aus den Unternehmensbereichen BMW Automobile und Motorräder, Rover Group Automobile und Flugbetriebe sowie den Sparten Finanzdienstleistungen und weitere Beteiligungen. Im BMW-Konzern wurden 1995 insgesamt 1,1 Mio. Automobile der Marken BMW, Rover, Land Rover und MG gefertigt. BMW entwickelt und produziert Fahrzeuge der gehobenen Klasse. Mit einer Produktion von 595.056 (Vorjahr: 573.000) Automobilen war BMW 1995 wiederum die weltweit erfolgreichste Automobilmarke im oberen Marktsegment. Bei Rover wurden 1995 503.526 (Vorjahr: 487.000) Fahrzeuge gefertigt. An Kunden wurden insgesamt 1,07 Mio. Personenwagen ausgeliefert. Damit gehörte der BMW-Konzern zu den fünf größten europäischen Automobilherstellern. Das Motorradgeschäft lag 1995 erstmals bei über 50.000 (Vorjahr: 46.000) Stück. Die wichtigsten Absatzmärkte sind Deutschland, Großbritannien und die USA. In diesen Ländern ist der Konzern auch mit eigenen Automobilwerken vertreten; dort werden rund 60% der im Unternehmen produzierten Fahrzeuge verkauft. In Japan ist der BMW-Konzern mit rund 60.000 Neuzulassungen seiner Marken der größte Automobilimporteur des Landes. Der BMW-Konzern kaufte 1995 weltweit Waren und Dienstleistungen im Wert von 30 Mrd. DM. BMW und Rover beschäftigten Anfang 1996 zusammen knapp 116.000 Mitarbeiter, 6.400 mehr als ein Jahr zuvor, wovon rund 40.000 Mitarbeiter in der Rover Group beschäftigt waren.

Anfang 1994 unterzeichnete BMW einen Vertrag mit der British Aerospace plc über den Kauf der 1884 gegründeten englischen Traditionsmarke Rover Group Holdings plc und der Rover Group USA Inc. und stieß so in völlig neue Marktsegmente vor. Die Modelle der traditionsreichen Rover-Gruppe ergänzen die BMW-Modelle vortrefflich. BMW erwarb mit diesem für über 2 Mrd. DM getätigten und äußerst spektakulären Großeinkauf mit einem Schlag Marktsegmente, die in der Firmenpalette bislang gefehlt hatten und deren Entwicklung Investitionen in Milliardenhöhe verschlungen hätte – den Einstieg in den Markt mit Geländewagen (Land Rover, Range Rover) und den von allen Automobilherstellern entdeckten Kleinwagenmarkt mit der ganzen Palette des »Mini«. Vertraglich festgelegt wurde, daß kein BMW in britischen Fabriken und kein Rover in deutschen Fabriken produziert werden soll. Rover plant, den legendären MG wieder neu zu produzieren.

BMW produziert in den Werken München (3er-Reihe), Dingolfing (7er- und 5er-Reihe), Regensburg (Karosserie-Rohbau, 3er-Reihe, BMW-Cabriolets), Landshut (Kunststoff- und Austauschteile, mechanische Komponenten), Berlin (Motorräder), Eisenach, Steyr/Österreich (Motoren), Spartanburg/USA (Roadster), Toluca/Mexiko (3er-Reihe)

Verbände: *Verband der Automobil-Industrie e.V. (VDA), Frankfurt/Main; Verband der Fahrrad- und Motorradindustrie e.V. (VFM), Bad Soden/Taunus; Landesverband der Bayerischen Industrie e.V., München; Verein der Bayerischen Metall-Industrie, München*

Vorstand:
- *Pischetsrieder, Bernd (Vorsitzender)*
- *Doppelfeld, Volker*
- *Hasselkus, Walter, Dr.*
- *Milberg, Joachim, Prof. Dr. Dr. h.c.*
- *Panke, Helmut, Dr.*
- *Reitzle, Wolfgang, Dr.*
- *Teltschik, Horst, Dr. h.c.*

Vorstandsbezüge 1995:
11.300.000,– DM

Generalbevollmächtigte:
- *Lüderitz, Hagen Dr.*
- *Panke, Helmut, Dr.*

Chefsyndikus:
- *Löchelt, Dieter, Dr.*

Aufsichtsrat:

- *von Kuenheim, Eberhard, Dr. E.h. (Vorsitzender; ehem. Vorsitzender des Vorstandes der BMW AG), München*
- *von der Goltz, Hans Graf (stellv. Vorsitzender; Kaufmann), Bad Homburg v.d.H.*
- *Quandt, Johanna (stellv. Vorsitzende; Mitglied des Aufsichtsrates der Altana AG, die mit über 50% Mitgliedern der Familie Quandt gehört; Rest Streubesitz bei ca. 18.000 Aktionären), Bad Homburg v.d.H.*
- *Kelly, Arthur L. (Geschäftsführender Gesellschafter der KEL Enterprises Ltd.), Chicago*
- *Leibinger, Berthold, Dr. E.h. (Geschäftsführender Gesellschafter der Trumpf GmbH+Co. Maschinenfabrik Stuttgart), Ditzingen*
- *Leysen, André, Dr. h.c. (Vorsitzender des Verwaltungsrates der Gevaert N.V.), Mortsel/Belgien*
- *Markl, Hubert, Prof. Dr. Dr. h.c. (o. Prof. an der Universität Konstanz), Konstanz*
- *Röller, Wolfgang, Dr. (Vorsitzender des Aufsichtsrates der Dresdner Bank AG), Frankfurt/Main*

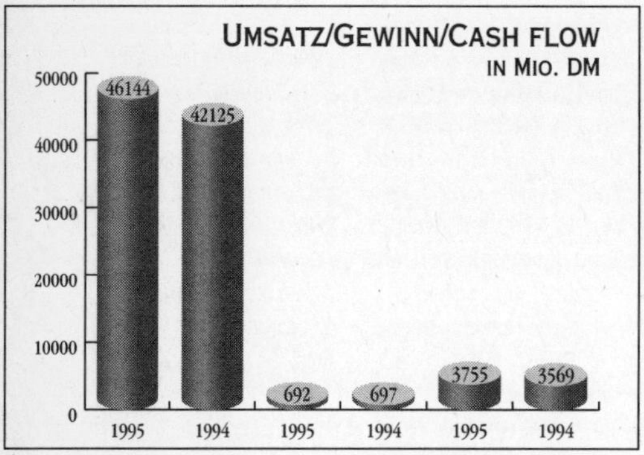

und Rosslyn/Südafrika (Montagewerk für BMW und Rover). Auf dem Gebiet der ursprünglich geplanten WAA Wackersdorf kaufte BWM ein 50 ha großes, vollkommen erschlossenes Industriegelände und baute ein neues Werk, in dem überwiegend Aluminium-Zulieferteile für die übrigen BMW-Werke gefertigt werden sollen. Derzeit liegt der Schwerpunkt auf der Fertigung von Rohkarosserien für BMW-Cabrios. 1992 hatte sich BMW entschlossen, auch im Ausland Autos zu produzieren. Ein erster Schritt war der Bau eines neuen Werkes in Spartanburg/South Carolina (USA), in dem u. a. der neue Roadster (offener zweisitziger Sportwagen) gebaut wird (ausschlielich in den USA). In der Zentrale und im Werk in München arbeiten die meisten BMW-Mitarbeiter, nämlich knapp 23.000, gefolgt vom Werk Dingolfing mit über 18.000.

Rover produziert in den Werken Longbridge (Rover, Mini), Cowley (Rover), Swindon (Preß- und Karosseriewerk von Rover), Solihull bei Birmingham (Land Rover) und Gaydon.

BMW ist mit 16 Vertriebsorganisationen in den wichtigsten Automobilmärkten der Welt vertreten. In den weltweit 4.200 Betrieben der BMW-Handelsorganisation sorgen rund 60.000 Mitarbeiter für die Betreuung der Kunden und den technischen Service. Finanzdienstleistungs-Gesellschaften unterhält BMW in 14 Ländern. Die inländische Handelsorganisation umfaßt rund 900 selbständige Händler und 18 Niederlassungen, zur Vertriebsorganisation für Rover-Fahrzeuge in Deutschland gehörten Ende 1995 rund 240 Händler. 1995 schlossen BMW-Konzerngesellschaften insgesamt 545.000 neue Leasing- und Kreditverträge ab. In dem in München konzentrierten BMW-Forschungs- und Ingenieurzentrum des Konzerns arbeiten mehr als 5.000 hochqualifizierte Wissenschaftler in zahlreichen Projektgruppen an Innovationen in allen BMW-Baureihen. Im Diesel-Entwicklungszentrum in Steyr/Österreich werden alle BMW-Dieselmotoren entwickelt. Die Rover Group begann 1995 mit dem Bau eines Entwicklungszentrums auf ihrem Testgelände in Gaydon, auf dem alle bisherigen Entwicklungsbereiche konzentriert werden sollen.

1995 wurde damit begonnen, Teile und Komponenten sowie Werkstoff- und Technologiekonzepte für BMW- und Rover-Group-Automobile zu vereinheitlichen. Herausragende Bedeutung soll dabei die Entwicklung einer gemeinsamen Elektrik- und Elekronik-Plattform für die Automobile des BMW-Konzerns bekommen.

Gemeinsam mit dem englischen Triebswerkshersteller Rolls-Royce plc. (hat nichts gemein mit dem gleichnamigen Automobilbauer) gründete BMW die BMW Rolls-Royce GmbH, Oberursel. Zuvor hatte BMW die in Oberursel ansässige Luftfahrttechnik von Klöckner-Humboldt-Deutz (KHD) gekauft, um sie in das gemeinsame Geschäft einzubringen. Das neue Unternehmen baut Triebwerke für kleinere City-Jets und Geschäftsflugzeuge.

Ironie der Geschichte: Als BMW Mitte der 60er Jahre aus dem Triebwerksgeschäft ausstieg, um Geld locker zu machen – immerhin ge-

hörte man weltweit zu den Pionieren des Düsentriebwerkbaus und hatte seinerzeit auch das Triebwerk für den Starfighter gebaut –, wurde die BMW-Triebwerksbau GmbH an die MAN AG verkauft. Aus diesem Verkauf entstand nach einem Zusammenschluß mit Daimler-Benz später die MTU Motoren- und Turbinen-Union München GmbH, eine 100%ige Daimler-Benz-Tochter. Vor dem Hintergrund des zunehmend enger werdenden Marktes für Flugzeugmotoren planen BMW und die Daimler-Tochter Dasa die Zusammenlegung des Flugzeug-Triebwerkbaus von BMW Rolls-Royce und MTU.
Bislang liegen im internationalen Triebwerksgeschäft mit jeweils 40% der Marktanteile die US-Gesellschaften General Electric und Pratt & Whitney vor dem traditionsreichen englischen Unternehmen Rolls-Royce. BMW Rolls-Royce schloß 1993 ein Grundsatzabkommen mit der McDonnell Douglas Corp., St. Louis/Missouri, ab über die alleinige Ausrüstung großer Teile des Flugzeugprogramms mit Triebwerken. Es handelt sich um ein Volumen von mehr als 1.000 Flugzeugen der neuen Flugzeugfamilie MD-95. Mitte 1994 nahm BMW Rolls-Royce in Berlin-Dahlewitz ein neues Werk (Triebwerkprüfstände) in Betrieb. Ende 1995 entschied sich die US-amerikanische Fluggesellschaft ValuJet Airlines, Inc. in Atlanta/Georgia für den Kauf des neuen Regionaljets MD-95 der McDonnell Douglas Corp. und für BMW Rolls-Royce-Triebwerke. Dieses Kurz- und Mittelstreckenflugzeug wird ausschließlich mit den neuen BR715-Antriebssystemen von BMW Rolls-Royce ausgerüstet werden. BMW Rolls-Royce ist auch Lieferant der Flugzeughersteller Gulfstream Aerospace Corp. und Bombardier Inc. Im Juli 1996 erhielt BMW Rolls-Royce einen Großauftrag der britischen Regierung zur Lieferung von knapp 100 Triebwerken des Typs BR 710 für das Aufklärungsflugzeug Nimrod 2000 der britischen Marine.

BETEILIGUNGEN. BMW und die Rover Group besitzen verschiedene Produktions-, Vertriebs-, Finanzierungs- und Dienstleistungsgesellschaften im In- und Ausland. Zu den wichtigsten verbundenen Unternehmen und Beteiligungen im Bereich Automobile und Motorräder gehören:

● Automobile und Motorräder BMW AG, München. Entwicklung: BMW Ingenieur-Zentrum GmbH + Co., München (100% – Zentrales Forschungs- und Ingenieurzentrum); BMW Motoren Ges.m.b.H., Steyr/Österreich (100% – Diesel-Entwicklungszentrum); BMW GmbH Gesellschaft für individuelle Automobile, München (100% – Motorsport); BMW Technik GmbH, München (100%); Charles W. Pelly Designworks, Inc., Newbury Park, Ca./USA (100%). Fertigung: Inländische Werke in München, Dingolfing, Regensburg, Wackersdorf, Landshut, Berlin, Eisenach (BMW Fahrzeugtechnik GmbH, Eisenach). Ausländische Werke BMW Motoren Ges.m.b.H., Steyr/Österreich (100%); BMW Manufacturing Corp., Wilmington, Del./USA (100% – das neue Werk Spartanburg in den USA); BMW de México S.A. de C.V., Mexico City/Mexiko (100%); BMW (South Africa) (Pty) Ltd., Pretoria/Südafrika (100%).

● Automobile Rover Group Ltd., Birmingham (100%). Entwicklung: R&D Gaydon. Fertigung: Werke in Longbridge, Solihull, Cowley und Swindon. Rover ist weltweit in 13 Ländern mit Montagen und Vertriebsgesellschaften vertreten, u. a. der Rover Deutschland GmbH, Neuss (100%).

▌ *Soltmann, Dieter, Dr.*
(Persönlich haftender Gesellschafter der Gabriel Sedlmayr Spaten-Franziskaner-Bräu KGaA), München
▌ *van Wachem, Lodewijk C.*
(Vorsitzender des Aufsichtsrates der Royal Dutch Petroleum Company/Shell), Den Haag/Niederlande
**Schoch, Manfred*
(stellv. Vorsitzender)
**Vilsmeier, Johann*
(stellv. Vorsitzender)
**Bauer, Reinhold*
**Baumgärtner, Helmuth*
**Bernhardt, Klaus*
**Glas, Hans*
**Gutsmiedl, Gerhard*
**Lukes, Rudolf*
**Niklas, Hans-Günther*
**Schreiber, Werner*

Aufsichtsratstantiemen 1995: *1.600.000,– DM*

BÖRSE, AKTIEN, KURSE
Grundkapital 1995:
986,9 Mio.
Jahreshöchstkurs 1995:
838,00 DM (Stammaktie);
600,00 DM (Vorzugsaktie)
Jahrestiefstkurs 1995:
665,00 DM (Stammaktie);
482,00 DM (Vorzugsaktie)
Aktie Jahresende 1995:
740,00 DM (Stammaktie);
519,00 DM (Vorzugsaktie)
Dividende pro Aktie 1995:
13,50 DM (Stammaktie);
14,50 DM (Vorzugsaktie)

Das Grundkapital der BMW AG setzt sich zusammen aus 10.599.110 Stammaktien im Nennbetrag von 50,– DM, 225.000 Stammaktien zu je 100,– DM, 368.000 Stammaktien zu je 1.000,– DM und 1.327.890 Vorzugsaktien ohne Stimmrecht im Nennbetrag von 50,– DM. Die Vorzugsaktien sind mit einem Vorabgewinn (Mehrdividende) in Höhe von 1,– DM je Vorzugsaktie ausgestattet. Sämtliche Aktien lauten auf den Inhaber.

● Luftfahrtechnik, Elektronik, Finanz- und weitere Dienstleistungen: BMW Rolls-Royce GmbH, Oberursel (50,5%); Kontron Elektronik GmbH, Eching (100%); BMW Bank GmbH, München (100%); BMW Leasing GmbH, München (100%); Finanzdienstleistungs-Gesellschaften in 14 Auslandsmärkten; Bavaria Wirtschaftsagentur GmbH, München (100%); Softlab GmbH für Systementwicklung und EDV-Anwendung, München (100%); Betek Bau- und Energietechnik GmbH, München (100%); Bavaria Wirtschaftsagentur GmbH, München (100%).

HORST TELTSCHIK – EIN LOBBYIST FÜR BONN. 1990 überraschte der frühere außenpolitische Berater Helmut Kohls mit einem Wechsel auf die Position des Geschäftsführers der Gütersloher Bertelsmann Stiftung. Unumwunden gab Teltschik pekuniäre Interessen als Hauptmotiv seines Wechsels an. Einiges draufgelegt haben dürfte BMW, als sich das Unternehmen den Mann mit der Nähe zu Helmut Kohl und zum Bonner Entscheidungszentrum an seinen Münchner Hof holte. Seine Erfahrungen und Beziehungen zu Bonn sollen dem eigens für ihn geschaffenen Vorstandsressort »Wirtschaft und Politik« zugute kommen (Umweltfragen, Verkehrssysteme, Kontakte zu ausländischen Regierungen und Wirtschaftsverbänden, Betreuung der BMW-Verbindungsbüros in Bonn und Brüssel). Im Klartext bedeutet das: Der CDU-Politiker soll auf der ganzen Linie seinen Einfluß geltend machen, die Interessen BMWs in Bonn zu vertreten. Das heißt vor allem: kein Tempo-Limit oder zumindest das Hinauszögern eines solchen Limits, denn das scheuen die Münchner Autobauer wie der Teufel das Weihwasser. Ziel des neuen Mannes soll es sein, so die »Süddeutsche Zeitung«, »die Politik rund ums Auto, aber auch weit darüber hinaus, zu analysieren und die Diskussion im Sinne des Hauses zu beeinflussen«.

NEUE BUNDESLÄNDER. Nachdem BMW nach dem Fall der Mauer in der Nähe von Eisenach ein 40.000 qm großes Grundstück erworben hatte, wurde Ende 1990 mit dem Bau eines BMW-Werkes für Preßwerkzeuge begonnen. Seit 1992 werden in der BMW Fahrzeugtechnik GmbH, Eisenach, Werkzeuge und Preßteile für die Automobilindustrie gefertigt. Das Werk soll weiter ausgebaut werden. BMW ist damit nach 50 Jahren wieder an einen früheren Produktionsstandort zurückgekehrt.

STANDORT DEUTSCHLAND. BMW errichtet neue Standorte massiv im Ausland – Produktionsverlagerungen mit Langzeitwirkung auf der Basis lokaler Wertschöpfungen. Das heißt: Im Ausland wird für die entsprechenden Märkte erheblich billiger produziert als im Inland. Die neue »Asienoffensive« von BMW hat nach Thailand, Malaysia und Indonesien jetzt auch Vietnam und die Philippinen im Programm. Als erster europäischer Fahrzeughersteller begann BMW in diesen beiden Ländern Anfang 1995 mit der Montage von Autos. Der lokale Partner Vietnam Motors Corporation – ein Joint-venture des vietnamesischen Transportministeriums, der Columbian Motors Group der Philippinen und des japanischen Handelshauses Nichimen Corporation – ist vom Erfolg überzeugt. In Südkorea hat BMW als international erster Autobauer eine Vertriebsgesellschaft gegründet. Auch in China plant der BMW-Vorstand in den nächsten Jahren massiv zu expandieren. BWM schuf 1995 weltweit 6.400 neue Arbeitsplätze, 2.500 bei BMW, 3.900 bei Rover.

»Bündnis für Arbeit«. In Zusammenhang mit der Einführung neuer Arbeitszeitstrukturen wurden 1995 zwei Betriebsvereinbarungen für die inländischen BMW-Werke abgeschlossen, die die Flexibilität und Effizienz des Unternehmens weiter erhöhen und geeignete Entgeltsysteme ermöglichen. Im April 1996 vereinbarten Unternehmensleitung und Gesamtbetriebsrat der BMW AG zur stärkeren Sicherung der Arbeitsplätze die Einführung von Arbeitszeitkonten für die Tarifmitarbeiter in der Produktion. Damit werden größere Spielräume für den Auf- und Abbau von Arbeitszeiten geschaffen. Die Vereinbarung sieht vor, daß der einzelne Mitarbeiter 200 Stunden Mehr- oder Minderarbeit, was rund 25 Arbeitstagen entspricht, innerhalb eines Zeitkorridors von etwa eineinhalb Jahren ansammeln kann. Der Beschäftigte kann über seine Arbeitszeit verfügen, seine Freizeit selbst bestimmen. Auch Überstunden fließen auf das Konto. Eventuelle Kurzarbeit oder Entlassungen in Zeiten geringerer Nachfrage können, so der Vorstand, damit aufgefangen werden. BMW schafft den Akkordlohn ab und ersetzt ihn durch ein neues Entgeltsystem und leistungsbezogene individuelle Gratifikationen für die in Gruppen arbeitenden Beschäftigten, wodurch Motivation, Teamarbeit und Produktqualität verbessert werden sollen. Die Betriebsvereinbarung »Neues Entgelt« gilt vom 1. Januar 1996 für rund 22.000 Arbeiter in den deutschen BMW-Werken. Teilzeitarbeit wird bei BMW in nahezu allen Bereichen eingeführt, für gleitende Arbeitszeit gilt bei BMW ein Ausgleichszeitraum von einem Jahr. Von den 537 Auszubildenden, die ihre Ausbildung 1995 in einem der inländischen BMW-Werke abgeschlossen hatten, wurden 90% in ein festes Arbeitsverhältnis übernommen; die anderen wechselten nach Auskunft des Vorstandes auf weiterführende Schulen.
BMW geht seit Jahren eigene Wege – im Konzern gibt es bereits über 200 verschiedene Arbeitszeitmodelle. Flexible Arbeitszeit gilt unternehmensweit. Unterschiedliche Formen von Gruppenarbeit und flexible Arbeitszeiten sind an der Tagesordnung. Modellcharakter haben inzwischen die neuen Arbeitsstrukturen im Werk Regensburg erlangt. Das Werk, das von Anfang an auf neue Modelle ausgelegt war, ermöglicht eine Auslastung der Fertigungsanlagen von mindestens 99 Stunden in der Woche. Gruppenarbeit betrifft bei BMW inzwischen etwa die Hälfte der Arbeitsplätze in den Fertigungsbereichen. Beim Arbeitszeitmodell im Werk Regensburg wird die persönliche Arbeitszeit der Mitarbeiter von der Betriebszeit abgekoppelt. Inzwischen arbeiten bei BMW 13.000 Beschäftigte nach diesem oder ähnlichen Schichtmodellen in einer persönlichen Viertagewoche. BMW resümiert, daß im Gegensatz zum herkömmlichen Zweischichtbetrieb die Fertigungskapazität ohne zusätzliche Investitionen erhöht werden konnte und die Stückkosten deutlich abnahmen. Die Arbeitszeit wird den Aufgabenumfängen angepaßt, Zeitguthaben durch Gleittage ausgeglichen. Weitere Folgen dieses Modells nach BMW-Lesart: weniger Überstunden, sinkender Krankenstand, gesteigerte Arbeitssicherheit. Tariflich wurde die seit dem 1. Oktober 1995 in der deutschen Metall- und Elektroindustrie auf 35 Stunden verkürzte Wochenarbeitszeit in den Werken der BMW AG durch die bestehenden flexiblen Arbeitszeitmodelle und

Umsatz 1995: *46.144,0 Mio.*
Umsatz 1994: *42.125,0 Mio.*
Umsatz 1993: *29.016,0 Mio.*
(Ohne die Rover Group kam BMW 1995 auf einen Umsatz von 33,2 Mrd. DM.)

Gewinn 1995: *692,0 Mio.*
Gewinn 1994: *697,0 Mio.*
Gewinn 1993: *516,0 Mio.*

Cash flow 1995: *3.755,0 Mio.*
Cash flow 1994: *3.569,0 Mio.*
Cash flow 1993: *2.567,0 Mio.*

Cash flow: *Der Cash flow deckte die Investitionen. Der Kaufpreis für Rover wurde aus Konzernmitteln bezahlt.*

Steueraufkommen 1995: *675,0 Mio.*

Beschäftigte 1995: *115.763*
Beschäftigte 1994: *109.362*
Beschäftigte 1993: *71.034*

Umsatz pro Mitarbeiter 1995: *398.607,– DM*
Umsatz pro Mitarbeiter 1994: *385.189,– DM*
Umsatz pro Mitarbeiter 1993: *408.480,– DM*

Löhne und Gehälter 1995: *7.512,0 Mio.*
Löhne und Gehälter 1994: *7.058,0 Mio.*
Durchschnittsgehalt 1995: *64.891,– DM*
Soziale Abgaben und Aufwendungen 1995: *1.334,0 Mio.*
Soziale Abgaben und Aufwendungen 1994: *1.367,0 Mio.*

Bezüge pro Vorstandsmitglied 1995: *1.614.286,– DM*
Tantiemen pro Aufsichtsrat 1995: *80.000,– DM*

Investitionen 1995: *3.477,0 Mio.*
Investitionen 1994: *3.543,0 Mio.*
Investitionen 1993: *2.214,0 Mio.*

Mitbewerber: *Audi, British Aerospace, Chrysler, Daewoo, Daimler-Benz, Fiat, Ford, General Electric, General Motors, Honda, Hyundai, Isuzu, Lancia, Mazda, Mitsubishi, Nissan, Opel, Peugeot, Porsche, Pratt & Whitney, Renault, Saab-Scania, Suzuki, Toyota, Volkswagen, Volvo*

-regelungen ohne Verringerung der Maschinenlaufzeiten ersetzt. Die Beschäftigten arbeiten individuell an drei bis sechs Tagen in der Woche, im Durchschnitt aber 35 Stunden. Durch die höhere Auslastung der Anlagen und die neuen Flexibilitätsspielräume wurden die Stückkosten erheblich gesenkt. Mittlerweise sind nahezu 15.000 BMW-Mitarbeiter in drei Werken und anderen Bereichen in einer persönlichen Vier-Tage-Woche (35 Stunden) bei vollem Lohnausgleich beschäftigt. Erstmals arbeiteten 1996 rund 1.000 Beschäftigte aus den BMW-Werken in München und Regensburg für eine begrenzte Zeit in der Produktion der neuen 5er-Reihe im Werk Dingolfing.

UMWELTSCHUTZ. Jahrelang galten Teile des Stammwerkes von BMW im Norden Münchens als Dreckschleudern, besonders die Lackiererei. Ein ums andere Mal fanden die Anwohner der Gegend ihre eigenen Autos mit fremden Farbnuancen überzogen. Doch all das ist Vergangenheit – so der Vorstand der Nobelmarke. Neue Technologien in der Lackiertechnik sollen die Emissionen von Lösungsmitteln verhindern und die gesetzlich vorgeschriebenen Emissionsgrenzwerte deutlich unterschreiten. In den Werken München und Dingolfing wurde 1994 mit dem Bau entsprechender Anlagen begonnen. Die Programme zur stetigen Erneuerung der Werke werden, so der BMW-Vorstand, planmäßig fortgesetzt. Die mittelfristigen Strukturinvestitionen sind hierfür mit rund 1 Mrd. DM veranschlagt. In den Werken Regensburg und Spartanburg sind die Lackieranlagen von Beginn der Fertigung an auf Wasserbasislacke ausgelegt worden. Eine weitere Neuerung ist die Verwendung einer lösungsmittelfreien Wachsdispersion zur Hohlraumkonservierung bei Automobilen, die BMW 1995 als erster Hersteller in den Werken München, Regensburg und Spartanburg einführte; Dingolfing folgte Mitte 1996.
Mit zehn Umweltleitlinien ist BMW an die Öffentlichkeit getreten. Neben der Vermeidung von Umweltbelastungen bei der Produktion und der Verbesserung der Fahrzeuge (Minderung des Schadstoffausstoßes, der Lärmemissionen und des Kraftstoffverbrauches) wird besonderer Wert auf das Recycling von Altfahrzeugen gelegt. In dem 1994 in Betrieb genommenen Recycling- und Demontage-Zentrum in Lohhof bei München werden entsprechende Demontage-Analysen durchgeführt und Techniken erprobt. Ein Schwerpunkt der BMW-Recycling-Aktivitäten ist die Wiederverwendung von Kunststoffen.
In Deutschland nehmen inzwischen 50 lizenzierte Verwertungsbetriebe ausgediente BMW-Fahrzeuge an und garantieren eine umweltgerechte Verwertung und Entsorgung. Neben dem Ausbau des Recycling-Programms wird bei BMW an alternativen Antriebskonzepten gearbeitet, auch auf der Basis von Wasserstoff. BMW arbeitet auch an der Entwicklung von Elektroautos für den Stadtverkehr und an Hybridfahrzeugen mit einer Kombination von Otto- und Elektromotoren: emissionsfreier Betrieb im Stadtverkehr und große Reichweiten über Land. Nur an eines wird bei BMW nicht gedacht: ein Tempolimit zum Schutz der Umwelt. BMW-Motto wie eh und je: Freie Fahrt für freie Bürger. Das muß sich auch Vorstandschef Bernd Pischetsrieder gedacht haben, als er im Mai 1995 bei Breitbrunn am Chiemsee einen 380 Stundenkilometer schnellen, 1,5 Mio. DM teuren McLaren F1 mit hoher Geschwindigkeit auf einer Landstraße zu Schrott fuhr und mit leichten Blessuren glücklich davonkam.

BOEHRINGER INGELHEIM

GESCHICHTE UND ENTWICKLUNG. 1885 kaufte der in Stuttgart geborene Albert Boehringer eine kleine Fabrik und ließ sie unter seinem Namen als Fabrik chemischer Produkte in das Binger Handelsregister eintragen. Produziert wurden Weinstein und Weinsäure für Apotheken und Färbereien. Die zufällige Entdeckung des Herstellungsverfahrens von Milchsäure ließ das inzwischen in C. H. Boehringer Sohn umfirmierte Unternehmen zum bedeutendsten Hersteller auf diesem Gebiet werden. Neues Betätigungsfeld auf dem Gebiet der Alkaloide. 1905 Produktion von Morphin und Codein. 1912 Schmerzmittel »Laudanon«, wenige Jahre später die berühmten Herzpräparate »Cadechol« und »Perichol«.
1923 Ausweisung aus Ingelheim durch die französische Besatzungsmacht. Verlegung der Firmenleitung nach Hamburg, Bau des Alkaloidbetriebs in Hamburg-Moorfleet, in dem 1925 die Opiate-Produktion anlief und der die Arbeitsgruppe »Pharmazeutische Spezialitäten« beherbergte. 1931 Rückkehr der Firmenleitung nach Ingelheim. Ende der 30er Jahre Entdeckung und Herstellung von Zitronensäure. 1939 übernahmen die Söhne Albert Boehringers, Albert und Ernst, sowie sein Schwiegersohn Julius Liebrecht die Firma, die zu der Zeit 1.500 Mitarbeiter hatte. Einführung des Asthma-Präparates »Aludrin«, Herstellung synthetischen Coffeins.
Nach zweimonatiger Werksschließung zum Ende des Zweiten Weltkrieges begann die Produktion erneut. 1946 Akquisition der Dr. Karl Thomae GmbH in Biberach, die das erfolgreiche Schmerzmittel »Thomapyrin« auf den Markt brachte. Expansion des Bereiches Pflanzenschutz- und Schädlingsbekämpfungsmittel. In den 60er Jahren zahlreiche Firmengründungen im Ausland. 1984 Schließung der Produktionsanlagen in Hamburg-Moorfleet im Rahmen eines Dioxin-Skandals.

BESITZVERHÄLTNISSE/EIGENTUMSSTRUKTUR.
Familien Boehringer und von Baumbach, Ingelheim (100%)

KONZERNÜBERBLICK. Boehringer Ingelheim ist ein weltweit operierender Firmenverband mit dem Stammhaus in Ingelheim am Rhein. An der Spitze des Unternehmensverbandes Boehringer Ingelheim steht C. H. Boehringer Sohn für das weltweite Geschäft. Daneben – zwar ohne unmittelbare Beteiligung, jedoch durch geschäftsplanmäßige Regelungen eng verbunden – steht die Boehringer Ingelheim GmbH. Die Boehringer Ingelheim International GmbH, einst Muttergesellschaft für die Auslandsaktivitäten des Konzerns, wurde als Tochterunternehmen in die C. H. Boehringer Sohn eingebracht. Boehringer Ingelheim gehört mit mehr als 140 eigenen Produktions-, Vertriebs- und Forschungseinrichtungen zu den weltweit 20 größten Pharmakonzernen. Eigene Zielvorgabe: Bis zum Jahr 2000 wollen die Ingelheimer auf Position 15 vorrücken. Das Unternehmen gliedert sich in das Hauptgeschäftsgebiet Humanpharma (Praxis/Hospital, Indikationsgebiete, Selbstmedikation) und den Unternehmensbereich Industrie- und Spezialprodukte mit den Geschäftsgebieten Chemikalien (Feinchemikalien, Spezialprodukte, Biosysteme), Tiergesundheit sowie Back- und Nahrungsmittel.

Standort:
Binger Straße
55218 Ingelheim

Postanschrift:
55216 Ingelheim

Telefon: *(06132) 77-0*
Telex: *4 187 910 bi d*
Telefax: *(06132) 77-3000*

Branche: *Pharmazeutische und chemische Industrie; Nahrungsmittelindustrie*

Rechtsform: *GmbH, unterschiedlich strukturierter Familienverband*

Geschäftsjahr: *1.1.-31.12.*

Gründungsjahr: *1885*

Öffentlichkeitsarbeit:
Dr. Siegfried Darda
Tel.: (06132) 77-4078
FAX: (06132) 77-3999

Verbände: *Bundesverband der Pharmazeutischen Industrie, Frankfurt/Main; Bundesverband der Chemischen Industrie, Frankfurt/Main*

Unternehmensleitung:
- *Johann, Heribert, Dr. (Sprecher der Unternehmensleitung; Unternehmensbereich Finanzen)*
- *Krebs, Rolf, Prof. Dr. Dr. h.c. (stellv. Sprecher; Unternehmensbereich Pharma)*
- *Leuchs, Hans-Jürgen, Dr. (Unternehmensbereich Technologie und Pharma-Herstellung)*
- *Rohleder, Claus D., Dr. (Unternehmensbereich Personal; Industrie- und Spezialprodukte)*

Bezüge der Unternehmensleitung 1995: *4.459.000,– DM*

Mit Abstand größter Umsatzbringer der Ingelheimer ist das Geschäftsgebiet Humanpharma mit den strategischen Geschäftseinheiten Praxis/Hospital, Indikationsgebiete (Atemwegspräparate, Herz- und Kreislauf-Präparate, Magen-Darm-Präparate, Spezialpräparate) und Selbstmedikation (u. a. Thomapyrin). Mit einem Umsatz von 5.393,0 Mio. DM (Vorjahr: 5.088,0 Mio.) erbrachte dieser Bereich 1995 rund 84% des Boehringer-Weltumsatzes. Davon entfielen 88% auf die Präparate aus Praxis/Hospital und 12% auf das Selbstmedikationsgeschäft. In Deutschland ist im Bereich Pharma neben den beiden großen Gesellschaften Boehringer Ingelheim KG und Dr. Karl Thomae GmbH, Biberach, die Basotherm GmbH in Biberach tätig.
In der Forschung und Entwicklung waren bei Boehringer Ingelheim 1995 weltweit 3.750 Personen beschäftigt (16% der Beschäftigten), davon über 1.900 in den ausländischen Tochtergesellschaften. Der Schwerpunkt der Forschung lag im Bereich Humanpharma bei den Erkrankungen der Atemwege, des Herz-Kreislauf-Systems, des zentralen Nervensystems (Alzheimersche Erkrankung, Schlaganfall), auf den Gebieten Virologie, Immunologie, Entzündungen und Onkologie. In die Forschung und Entwicklung investierte Boehringer 1995 1.068,0 Mio. DM, 16,6% der Gesamterlöse und erstmals in der Unternehmensgeschichte über 1 Mrd. DM. Boehringer Ingelheim ist zahlreiche Kooperationen mit Universitäten und spezialisierten Forschungsfirmen eingegangen. 1996 wurde eine umfangreiche Zusammenarbeit mit führenden amerikanischen Krebsforschungszentren beschlossen.

BETEILIGUNGEN. Boehringer Ingelheim besteht aus insgesamt 152 verbundenen Unternehmen im In- und Ausland. In den Konzernabschluß wurden 1995 neben den Muttergesellschaften C. H. Boehringer Sohn, Boehringer Ingelheim GmbH und Grundstücksverwaltung Boehringer-von Baumbach GBR mbH weitere 26 deutsche und 98 ausländische Gesellschaften einbezogen, an denen die Muttergesellschaften direkt oder indirekt die Mehrheit der Stimmrechte besitzen. 24 Gesellschaften wurden nicht in den Konzernabschluß einbezogen. Zu den wichtigsten in- und ausländischen Gesellschaften unter dem Dach der C. H. Boehringer Sohn gehören:
Boehringer Ingelheim KG, Ingelheim; Dr. Karl Thomae GmbH, Biberach; Basotherm GmbH, Biberach; Delta-Pharma GmbH, Biberach; Boehringer Ingelheim Backmittel GmbH, Ingelheim; Peter Dreidoppel KG, Langenfeld; Boehringer Ingelheim Vetmedica GmbH, Ingelheim; SERVA Feinbiochemica GmbH & Co. KG, Heidelberg; Willy Arnold GmbH, Hamburg; Planta-Subtil Arzneimittel GmbH, Oldenburg; Ratjen Backmittel GmbH & Co, Flintbeck. Die wichtigsten Auslandsgesellschaften werden über die Boehringer Ingelheim International GmbH, Ingelheim, und die Pharma Investment Ltd., Toronto/Kanada, geführt. Zu den bedeutendsten Auslandsgesellschaften gehören: Boehringer Ingelheim Corporation East Asia, Tokio/Japan; Nippon Boehringer Ingelheim Co. Ltd., Kawanishi/Japan; Boehringer Ingelheim Corporation, Ridgefield, Connecticut/USA; Roxane Laboratories Inc., Columbus, Ohio/USA; Boehringer Ingelheim S.A., Mexico City/Mexiko; Boehringer de Angeli Química e Farmaceutica Ltda., São Paulo/Brasilien.

BOEHRINGER INGELHEIM – BOEHRINGER MANNHEIM. Immer wieder werden diese beiden Unternehmen verwechselt, wobei die

Ingelheimer der größere und mächtigere Konzern sind. Die beiden Unternehmen haben außer einem gemeinsamen Ursprung nichts miteinander zu tun. 1859 gründete Christoph Heinrich Boehringer in Stuttgart die chemische Fabrik C. F. Boehringer & Söhne, die aus der 1817 eröffneten Drogenhandlung seines Vaters entstand. 1872 wurde die Firma aus Platzgründen von Stuttgart nach Mannheim verlegt. Nach dem Tod C. H. Boehringers übernahm 1882 dessen Sohn Ernst die Firma. Nach dessen Tod ging Boehringer Mannheim an dessen Schwager Friedrich Engelhorn. C. H. Boehringers jüngster Sohn Albert gründete daraufhin die chemische Fabrik in Ingelheim, die er C. H. Boehringer Sohn bzw. Boehringer Ingelheim nannte. Die Boehringer Mannheim GmbH mit ihrem Stammhaus in Mannheim gehört mehrheitlich der Familie Engelhorn über die Konzernholding Corange Ltd., Hamilton/Bermuda, die 1995 auf einen Weltumsatz von knapp 4 Mrd. DM kam. Konzern-Umsatz Boehringer Mannheim GmbH 1995: 2,36 Mrd. DM; Beschäftigte 1995 im Inland: 8.800; international rund 20.300.

NEUE BUNDESLÄNDER. Die Ingelheimer planen keine eigenen Produktionsstandorte in den neuen Bundesländern. Der ostdeutsche Markt wird von Ingelheim aus beliefert.

STANDORT DEUTSCHLAND. Nach der Umstrukturierung und Straffung des Pharmageschäftes erzielte Boehringer Ingelheim nach 1994 auch 1995 wieder ein Rekordergebnis, das beste in der Unternehmensgeschichte.

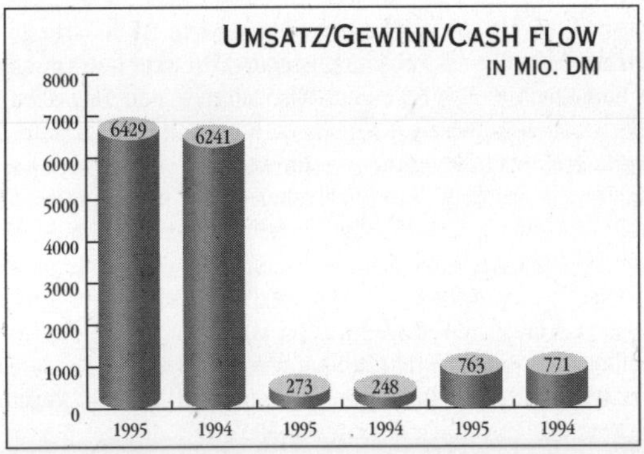

Unter massivem Protest von Belegschaft und Gewerkschaft wurde das Pharmageschäft neu organisiert. Die operativen Einheiten Boehringer Ingelheim KG, Dr. Karl Thomae GmbH, Biberach, Basotherm GmbH und Delta-Pharma GmbH wurden unter eine einheitliche Leitung gestellt und werden Schritt für Schritt neu strukturiert. Diese Maßnahme wurde als »konsequente Antwort auf die nachhaltigen Veränderungen der Rahmenbedingungen im deutschen Pharmamarkt (Gesundheitsstrukturgesetz)« verstanden und deklariert. Damit will man sich vom »Luxus« zweier Pharmaeinheiten trennen. In Biberach sollen die Forschung und Entwicklung konzentriert und die Biotechnologie weiter ausgebaut werden, während in Ingelheim die Pharmaproduktion für ganz Deutschland zusammengefaßt werden soll. Geplant ist die Zu-

Beraterkreis:

- *Hoffmann-Becking, Michael, Dr. (Vorsitzender des Beraterkreises; Rechtsanwalt), Düsseldorf*
- *Breuer, Rolf-E., Dr. (Mitglied des Vorstandes der Deutsche Bank AG), Frankfurt/Main*
- *Goebell, Harald, Prof. Dr. (Direktor der Abt. Gastroenterologie der Med. Klinik und Poliklinik des Universitätsklinikums Essen), Essen*
- *Schiefer, Friedrich, Dr. (stellv. Vorsitzender der Geschäftsführung der Robert Bosch GmbH), Stuttgart*

Gesellschafterausschuß:

- *von Baumbach, Erich (Vorsitzender des Gesellschafterausschusses)*
- *Boehringer, Albert*
- *Boehringer, Hans*
- *Boehringer, Otto*

Umsatz 1995: *6.429,0 Mio.*
(Auslandsanteil: 79%)
Umsatz 1994: *6.241,0 Mio.*
(Auslandsanteil: 78%)
Umsatz 1993: *5.697,0 Mio.*
(Auslandsanteil: 75%)

Gewinn 1995: *273,0 Mio.*
Gewinn 1994: *248,0 Mio.*
Gewinn 1993: *85,0 Mio.*

Cash flow 1995: *763,0 Mio.*
Cash flow 1994: *771,0 Mio.*
Cash flow 1993: *611,0 Mio.*

Cash flow: *Der größte Teil der Investitionen entfiel auf die Geschäftsgebiete Humanpharma und Chemikalien mit den regionalen Schwerpunkten Europa (Deutschland), Amerika (USA) und Japan.*

Steueraufkommen 1995: *426,0 Mio.*

Kapital der Gesellschafter 1995: *727,0 Mio.*

sammenführung von gleichen Produktionsbereichen von bisher zwei auf einen Standort.
Von den knapp 23.300 Beschäftigten von Boehringer Ingelheim arbeiten Anfang 1996 rund 8.300 (36% der Belegschaft) in Deutschland, rund 10% weniger als ein Jahr zuvor. Der Rückgang hängt im wesentlichen mit dem Verkauf des Tochterunternehmens Bioscienta (Medizinische Laboratorien) zusammen, von dem 845 Personen betroffen waren. Die beschlossene Verlagerung zwischen den Standorten Biberach und Ingelheim (das sogenannte »Deutschlandprojekt«) wird erst, so die Boehringer-Unternehmensleitung, in den nächsten Jahren zu »wesentlichen Personaleinsparungen« führen.
Im Rahmen eines »Europa-Projektes« sollen darüber hinaus bis zum Jahr 2000 auch die Produktionsstandorte in Europa nach einer sorgfältigen Analyse konzentriert, Überkapazitäten abgebaut und Technologien und Investitionen an Schwerpunktstandorten gebündelt werden. Ähnliche Rationalisierungskonzepte sind für den NAFTA-Wirtschaftsraum Kanada, USA und Mexiko entwickelt worden. Bereits in der Umsetzung befindet sich der Produktionsverbund Südamerika im Wirtschaftsraum des Mercosul mit Brasilien, Argentinien, Uruguay und Paraguay. Verstärkt will sich Boehringer Ingelheim auf die Wachstumsmärkte in Osteuropa, China und Ostasien orientieren. In China wurde ein Joint-venture mit Sine Pharmaceuticals, Shanghai, eingegangen. Zwei Drittel aller Mitarbeiter von Boehringer sind im Ausland an eigenen Standorten beschäftigt, die auch im wesentlichen die Märkte beliefern. Im Jahr 2000 will Boehringer Ingelheim einen Umsatz von 10 Mrd. DM erwirtschaften.

»BÜNDNIS FÜR ARBEIT«. Bereits 1994 startete Boehringer Ingelheim das sogenannte »Vision and Leadership Program«. Dazu gab es in allen Einheiten des Unternehmens Workshops für die Umsetzung der postulierten Ziele mit den Kernaussagen: »Im Wandel liegt unsere Chance. Werte schaffen heißt vorne sein im Wettbewerb. Innovation in allem ist unsere Herausforderung. Verschwendung ist unser Feind. Unser unverwechselbarer Charakter ist unsere Stärke.« Ziel ist es, so die Unternehmensleitung, »dieses gemeinsame Streben an die Mitarbeiter auf allen Ebenen weltweit als Leitlinien der künftigen Entwicklung des Unternehmens zu vermitteln«. Im gesamten Unternehmensverbund soll eine »Kultur der Innovation« geschaffen werden, von der praktischen Arbeit bis in die Bereiche Forschung und Technik. »Value through innovation« soll Boehringer Ingelheim zur Weltspitze führen. Ein weiteres Programm, das weltweit durchgeführt wird, nennt sich »The Challenge of World-Class-Leadership«. Dadurch soll die »Grundphilosophie« der Boehringer-Führungsgrundsätze weltweit zum Tragen kommen: »Unsere Mitarbeiter sind unser stärkstes Aktivum. Was sie als Einzelpersonen und im Team leisten und wie sie geführt werden, wird letztendlich unseren Erfolg bestimmen.« Ein Teil der Philosophie heißt aber auch »Change«, Wandel und Veränderung – in der Unternehmensstruktur und bei den Beschäftigten. Da setzt man möglichst auf einvernehmliche Lösungen mit den Arbeitnehmervertretern. Boehringer will mit einer Erweiterung des Ausbildungsplatzangebotes (1995 rund 360 Auszubildende) Solidarität zeigen mit der ausgesprochenen Empfehlung der Chemie-Tarifparteien, die Ausbildungsbemühungen zu verstärken.

UMWELTSCHUTZ. In der Präambel der Umweltschutzleitlinien von Boehringer Ingelheim heißt es: »Die Verantwortung gegenüber der Allgemeinheit ist für uns ein verpflichtender Grundsatz. Der Sicherheit am Arbeitsplatz sowie dem Schutz der Umwelt werden große Bedeutung zugemessen.« Boehringer bekennt sich zur weltweiten Initiative »Sustainable Development« und zum Konzept des »Responsible Care«, zum »verantwortungsbewußten Handeln«. Alle Standorte des Unternehmensverbandes legen ihre Programme zur Verbesserung des Umweltschutzes und der Sicherheit nach diesen Grundsätzen fest. Vor dem Hintergrund der bis heute nachwirkenden Umweltkatastrophe bei Boehringer in Hamburg präsentiert sich das Unternehmen an den deutschen Produktionsstandorten als vorbildlich. 1995 wurde ein Umweltbericht über den Standort Ingelheim veröffentlicht, eine »betriebliche Ökobilanz« erstellt, in der die an diesem Standort hinein- und herausfließenden Materialströme in einer »Input-Output-Analyse« dargestellt und ökologisch bewertet werden. Weltweit kümmern sich bei Boehringer rund 400 Mitarbeiter um den Umweltschutz. Eine Öko-Bilanz zur Ermittlung der Umweltbelastung bei der Rohstoffbeschaffung, Herstellung, Anwendung und Entsorgung für jedes einzelne Produktsystem eines Patienten-Jahresbedarfes wurde als Pilotsystem durchgeführt. Für die eigenen Produkte propagiert Boehringer den produktbezogenen Umweltschutz.

BOEHRINGER IN HAMBURG-MOORFLEET. Boehringer Ingelheim ist einer der Konzerne auf dem Pharmasektor, die bis vor wenigen Jahren äußerst öffentlichkeitsscheu waren, stets unauffällig agierten und noch zu einem Zeitpunkt im Windschatten der Chemieriesen segelten, da sie längst zu den Großen und Mächtigen der Branche gehörten. Mit dieser Heimlichtuerei und vorgeschobenen Betriebsgeheimnissen hatte man es über Jahre hinweg verstanden, die Hamburger Behörden ruhig zu halten bzw. unter Druck zu setzen. Jahrelang hatten Umweltschützer auf die »Giftschleuder« Boehringer in Hamburg-Moorfleet hingewiesen und deren Stillegung gefordert, aber die SPD drückte ein ums andere Mal beide Augen zu – aus Angst vor dem möglichen Verlust von Arbeitsplätzen und aus Furcht vor einer »negativen« Signalwirkung für den »Wirtschaftsplatz Hamburg«.
Das Boehringer-Werk Hamburg-Moorfleet, das hauptsächlich Pestizide, u. a. das Insektenvernichtungsmittel »Lindan«, herstellte, hatte allein auf Hamburger Deponien 7.600 Tonnen hochtoxischer Abfälle mit dem Seveso-Gift Dioxin abgeladen, auf Müllkippen im ganzen Bundesgebiet gar 15.500 Tonnen. Erst im Juni 1984 wurde das Hamburger Werk des Chemie-Multis aufgrund staatlicher Auflagen geschlossen, und der »Fall Boehringer« fand ein vorläufiges Ende. Inzwischen hat sich Boehringer Ingelheim ganz still und heimlich aus dem Geschäft mit Pflanzenschutzmitteln zurückgezogen und gegen den Protest der Umweltschützer 1989 einen Teil der Anlagen nach Spanien verkauft.
Im Juli 1990 schrieb die »Frankfurter Rundschau« (dpa): »Jeder dritte Todesfall unter den früheren Beschäftigten des 1984 geschlossenen Hamburger Chemiewerkes C. H. Boehringer ist auf Krebs zurückzuführen. Von den 1520 ehemaligen Mitarbeitern der Chemiefirma sind bis heute 354 gestorben, 114 von ihnen an bösartigen Tumoren. Das geht aus einer Studie hervor, die Hamburgs Gesundheitssenator Ort-

Beschäftigte 1995: *23.277*
Beschäftigte 1994: *23.640*
Beschäftigte 1993: *24.170*

Umsatz pro Mitarbeiter 1995: *276.195,– DM*
Umsatz pro Mitarbeiter 1994: *264.002,– DM*
Umsatz pro Mitarbeiter 1993: *235.705,– DM*

Löhne und Gehälter 1995: *1.612,0 Mio.*
Löhne und Gehälter 1994: *1.590,0 Mio.*
Durchschnittsgehalt 1995: *69.253,– DM*
Soziale Abgaben und Aufwendungen 1995: *412,0 Mio.*
Soziale Abgaben und Aufwendungen 1994: *458,0 Mio.*

Bezüge pro Mitglied der Unternehmensleitung 1995: *1.114.750,– DM*

Forschung und Entwicklung 1995: *1.068,0 Mio.*
Forschung und Entwicklung 1994: *941,0 Mio.*
Forschung und Entwicklung 1993: *924,0 Mio.*

Investitionen 1995: *396,0 Mio.*
Investitionen 1994: *387,0 Mio.*
Investitionen 1993: *363,0 Mio.*

Mitbewerber: *BASF, Bayer, Ciba-Geigy, Dow Chemical, Du Pont, Hoechst, Hüls, ICI, Merck-Gruppe, Procter & Gamble, Roche, Sandoz, Schering, Wacker*

win Runde (SPD) am Donnerstag vorstellte. Darüber hinaus sei eine größere Zahl früherer Boehringer-Arbeiter inzwischen an Krebs erkrankt. Erschreckend hoch, so Arbeitsmediziner Alfred Manz, sei mit 22 Selbstmorden auch die Zahl der Todesfälle, die auf psychische Veränderungen zurückzuführen sei. 1989 hatte ein Hamburger Gericht erstmals die Krebserkrankung eines inzwischen verstorbenen Boehringer-Arbeiters als Berufskrankheit anerkannt.«
Auch noch 1994 hatten die Ingelheimer mit den Spätfolgen ihres früheren Pflanzenschutzwerkes zu kämpfen. Die Sanierung des kontaminierten Geländes stößt immer wieder auf technische Schwierigkeiten und kostete Boehringer insgesamt bereits über 200 Mio. DM. Das ursprüngliche Sanierungskonzept zur Beseitigung der Schäden ließ sich nicht verwirklichen. 1995 wurde damit begonnen, das verseuchte Erdreich mit Betonitwänden bis zu einer Tiefe von 50 Metern und einer festen Oberflächenabdeckung einzuschließen, um so das Austreten weiterer Schadstoffe zu verhindern.

BOEHRINGER ZUM THEMA »DIOXIN«. »Nach dem Unglücksfall in Seveso avancierte das Thema Dioxin zu einem der populärsten Medienthemen. Immer noch wird der Name C. H. Boehringer Sohn oder Boehringer Ingelheim damit in Zusammenhang gebracht. Natürlich ist der Name Boehringer und besonders der Unternehmensbereich, in dem in Hamburg Pflanzenschutzmittel produziert wurden, untrennbar mit Dioxin verknüpft – aber meist anders, als in der Presse darüber berichtet wurde. 1951 begann die Firma mit der Produktion des Unkrautvernichtungsmittels 2,4,5-Trichlorphenoxyessigsäure, kurz T-Säure genannt – ein Produktionsvorgang, bei dem das damals noch unbekannte TCDD als Nebenprodukt entstand. Etwa 60 Arbeiter erkrankten an der Chlorakne. Da Dr. Ernst Boehringer die Gesundheit seiner Mitarbeiter nicht gefährden wollte, veranlaßte er einen Produktionsstopp und ließ nach der Erkrankungsursache suchen. Nachdem schließlich TCDD als Ursache der Chlorakne identifiziert wurde, wurde 1957 ein neues Produktionsverfahren entwickelt und erst danach die Produktion wieder aufgenommen. Alle damals bekannten Hersteller der sogenannten T-Säure oder ihrer Vorprodukte wurden von Boehringer Ingelheim über die Gefährlichkeit der herkömmlichen Produktionsart informiert.
Im Juni 1984 war C. H. Boehringer Sohn ein letztes Mal Thema der öffentlichen Diskussion. Nachdem der Firma von der Hamburger Umweltbehörde unerfüllbare Auflagen gemacht worden waren, konnte die Produktion von Pflanzenschutzmitteln nicht weitergeführt werden. C. H. Boehringer Sohn in Hamburg-Moorfleet schloß seine Tore. Auch nach Schließung des Hamburger Werkes hat sich Boehringer intensiv an der Untersuchung seiner ehemaligen Mitarbeiter beteiligt und finanzielle Unterstützung geleistet, um Betroffenen zu helfen – wohl wissend, daß mit Geld allein nicht wiedergutzumachen ist, was frühere Mitarbeiter an Leid haben auf sich nehmen müssen. Große nationale und internationale Studien wurden in Auftrag gegeben oder mitfinanziert... Das Hamburger Werk soll nach dem neuesten Stand internationaler Technik saniert werden ...« (August 1992).

BOSCH

GESCHICHTE UND ENTWICKLUNG. 1886 eröffnet Robert Bosch (geb. 1861) mit zwei Mitarbeitern in Stuttgart die »Werkstätte für Feinmechanik und Elektrotechnik«. 1897 wird erstmals die Bosch-Niederspannungs-Magnetzündung in einem Kraftfahrzeug eingesetzt. 1898 wird in Großbritannien die erste Bosch-Auslandsvertretung eingerichtet. 1900 Ausrüstung der Daimler-Motoren des ersten Luftschiffes des Grafen Zeppelin mit Bosch-Magnetzündung. 1901 erstes Fabrikgebäude in Stuttgart. 1902 Lieferung des ersten Hochspannungsmagnetzünders und der ersten Bosch-Zündkerzen an die Daimler-Motoren-Gesellschaft. Bosch verkauft seine Magnetzünder in die ganze Welt, alle größeren Automobilfirmen gehören zu seinen Kunden. 1906 Tochtergesellschaft in den USA, 1912 erster Bosch-Anlasser, 1913 erste komplette elektrische Kraftfahrzeuganlage. Bei Kriegsausbruch 1914 liefert Bosch fast 90% seiner Produktion ins Ausland. 1917 Umwandlung in eine AG.

1918 entwirft der Technische Direktor Gottlob Honold das Firmenzeichen, den »Anker im Kreis«. 1921 Aufbau der Bosch-Dienste. In den folgenden Jahren expandiert Bosch durch zahlreiche Akquisitionen (Junkers, Blaupunkt etc.). Marktrenner werden elektrische Scheibenwischer, Einspritzpumpen und die überaus erfolgreichen Bosch-Kühlschränke. 1937 Umwandlung in eine GmbH. 1942 Tod von Robert Bosch.

Nach dem Zweiten Weltkrieg sind 60% aller Werksanlagen zerstört, Wiedereröffnung im Juni 1945 mit 800 Mitarbeitern. Bosch errichtet Fertigungsstätten und Niederlassungen in aller Welt. 1953 Gründung der Robert Bosch Corporation, New York. 1964 übernimmt die als gemeinnützige Gesellschaft tätige Vermögensverwaltung Bosch GmbH (seit 1969: Robert Bosch Stiftung GmbH) die Kapitalmehrheit an der Robert Bosch GmbH. 1967 Gründung der Bosch-Siemens Hausgeräte GmbH. Neue Erfindungen und technische Entwicklungen bringen Bosch schnell wieder an die Weltspitze: neue Benzin-Einspritzpumpen, Transistor-Autoradios, Geschirrspüler, die Lambda-Sonde, ein von Bosch entwickelter Sauerstoffsensor, der der Abgasreinigung von Motoren dient, das Verkehrsinformationssystem ARI von Blaupunkt, das Bosch-Antiblockiersystem (ABS) für Pkw, der erste Schwenkarm-Industrieroboter der Welt.

1974 Neugliederung der Bosch-Gruppe in selbständig arbeitende Geschäftsbereiche. 1981 Mehrheitsbeteiligung an der Telenorma Telefonbau und Normalzeit Lehner & Co. (seit 1990: Telenorma GmbH). 1982 Beteiligung an der ANT Nachrichtentechnik GmbH. Weitere weltweite Akquisitionen Ende der 80er und Anfang der 90er Jahre. 1991/92 Erwerb der MotoMeter AG, Leonberg, und der Signalbau Huber AG, München. 1992 gemeinsam mit der Varta Batterie AG Gründung der VB Autobatterie GmbH, Hannover. 1994 Übernahme der Bomoro Bocklenberg & Motte GmbH & Co. KG, Wuppertal.

1995 Gründung der Bosch Telecom GmbH, Stuttgart. 1995/96 weitere Neugründungen, Akquisitionen und Joint-ventures. 1996 Erwerb des Bremsengeschäftes von der AlliedSignal Inc., Morristown/USA (24 Werke in Nord- und Südamerika sowie in Europa mit 11.000 Beschäftigten).

Standort:
Robert-Bosch-Platz 1
Gerlingen-Schillerhöhe
70839 Gerlingen

Postanschrift:
Postfach 10 60 50
70049 Stuttgart

Telefon: *(0711) 811-0*
Telefax: *(0711) 811-6630*

Branche: *Maschinen- und Anlagenbau; Elektrotechnik (einschl. Datenverarbeitung); Feinmechanik und Optik (einschl. Büromaschinen); Hausgeräte, Kraftfahrzeugausrüstung*

Rechtsform: *GmbH*

Geschäftsjahr: *1.1.-31.12.*

Gründungsjahr: *1886*

Öffentlichkeitsarbeit:
Frank-Ulrich Breitsprecher
Tel.: (0711) 811-6280
FAX: (0711) 811-7612

Verbände: *Verband der Automobil-Industrie (VdA) e.V., Frankfurt/Main; Zentralverband der elektrotechnischen Industrie e.V, Frankfurt/Main; Verband Deutscher Elektrotechniker, Stuttgart*

Geschäftsführung:
- *Scholl, Hermann (Vorsitzender)*
- *Börsig, Clemens*
- *Gutberlet, Heiner*
- *Hahn, Rainer*
- *Todenhöfer, Tilman*
- *Zimmerer, Hubert*

Bezüge der Geschäftsführer 1995: *12.000.000,– DM (10 Mitglieder)*

Direktoren mit Generalvollmacht:
- *Hoffmann, Claus Dieter*
- *Hugendubel, Hans*
- *Oswald, Robert S.*
- *Romberg, Gotthard*

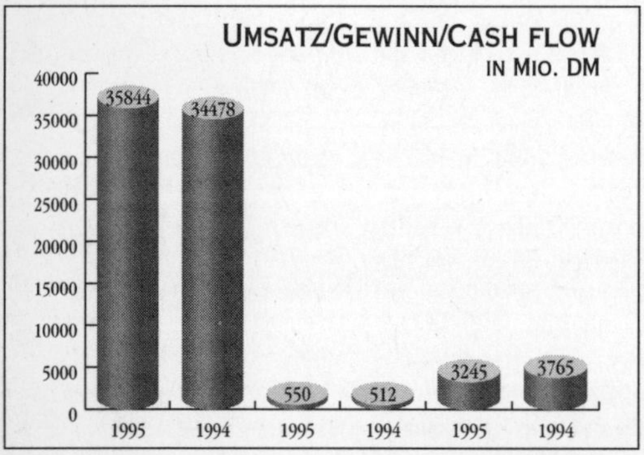

BESITZVERHÄLTNISSE/EIGENTUMSSTRUKTUR.
- Robert Bosch Stiftung GmbH, Stuttgart (ca. 92% des Stammkapitals)
- Familie Bosch (8%)

Im Hinblick auf ihre Gemeinnützigkeit hat die Robert Bosch Stiftung GmbH auf das Stimmrecht aus ihren Geschäftsanteilen an der Robert Bosch GmbH verzichtet. Das Stimmrecht wurde auf die Robert Bosch Industrietreuhand KG übertragen. Deren Aufgabe ist es, die Robert Bosch GmbH im Geist des Unternehmensgründers fortzuführen.

KONZERNÜBERBLICK. Bosch ist weltweit für zahlreiche Produkte und Erzeugnisgebiete ein fester Begriff: für elektrische und elektronische Kraftfahrzeugausrüstung, für private und öffentliche Kommunikationstechnik, Funktechnik und Verkehrsleittechnik, für Elektrowerkzeuge, Hausgeräte, Küchen- und Badmöbel, für Thermotechnik sowie für Automationstechnik und Verpackungsmaschinen. Der weltweit operierende Bosch-Konzern verfügt über Produktionsstätten, Tochter und Beteiligungsgesellschaften sowie Auslandsvertretungen in 128 Ländern. Von den weltweit rund 158.400 Beschäftigten arbeiten 66.500 im Ausland. Außerhalb Deutschlands verfügt Bosch über 140 Produktionsstätten von Tochter- und Beteiligungsgesellschaft. Die Vertriebs- und Kundendienstorganisation von Bosch (überwiegend im Geschäftsbereich Kraftfahrzeugausrüstung) umfaßt weltweit 10.500 rechtlich selbständige, aber vertraglich gebundene Bosch-Dienste mit etwa 100.000 Beschäftigten in 128 Ländern. Weltweit ist Bosch außerdem an 42 Gemeinschaftsunternehmen beteiligt. Mit seinen Einkaufsbüros ist Bosch in allen wichtigen Märkten vertreten. Die Bosch-Gruppe bezog 1995 durch ihre Einkaufsorganisationen weltweit Material, Dienstleistungen und Sachanlagen im Wert von 17,4 Mrd. DM. Bosch gehört zu den größten Abnehmern elektronischer Bauelemente in der Bundesrepublik; ganze Branchen hängen eng vom Wohlergehen der Stuttgarter ab. Weltweit arbeiten rund 12.500 Wissenschaftler, Ingenieure und Techniker an der Entwicklung neuer Bosch-Produkte und -Systeme. Bosch gehört weltweit zu den zehn Unternehmen mit den meisten Patentanmeldungen. Kerngeschäft der Bosch-Gruppe ist die Entwicklung, Herstellung und der Verkauf von Erzeugnissen mit hohem technischen Stand. Die weltweite Struktur der Bosch-Gruppe beinhaltet vier Unternehmensbereiche: Kraftfahrzeugausrüstung, Kommunikationstechnik/Bosch Telecom, Gebrauchsgüter und Produktionsgüter.

◆ Unternehmensbereich Kraftfahrzeugausrüstung: Mit 20,5 Mrd. Umsatz oder 57,2% des Gesamtumsatzes (1995) ist die Kraftfahrzeugausrüstung der größte Bereich der Bosch-Gruppe. Damit ist Bosch der weltweit größte Hersteller von Kraftfahrzeugausrüstung. Der Unternehmensbereich Kraftfahrzeugausrüstung gliedert sich in elf Geschäftsbereiche. Zehn davon entwickeln, fertigen und beliefern die Automobilindustrie weltweit mit Kraftfahrzeugausrüstung. Sie werden vier großen Geschäftsfeldern zugeordnet: Einspritztechnik für Benzin- und

Dieselmotoren, elektrische Maschinen (Starter, Generatoren, Antriebe für Elektrofahrzeuge, Kleinmotoren), Systeme für die aktive und passive Sicherheit (ABS, Airbag, Bremsen, Lichttechnik) sowie Erzeugnisse der Mobilen Kommunikation (Autoradios, Anzeigesysteme, Navigationssysteme und Fahrerinformationssysteme). In Deutschland und im Ausland produziert Bosch diese Erzeugnisse in etwa 90 Fertigungsstätten. Die revolutionierenden Erfindungen der Diesel- und Benzineinspritzsysteme, Zündanlagen und ABS Antiblockiersysteme sind unvermindert weltweite Bestseller. Weltweit werden von Bosch 140 Fahrzeuggrundmodelle von 30 Herstellern mit Bosch-Antiblockiersystemen angeboten, wurden bisher mehr als 50 Mio. Fahrzeuge mit Benzineinspritzsystemen von Bosch ausgerüstet. 1996 übernahm Bosch von der amerikanischen AlliedSignal Inc. das Geschäft mit hydraulischer Bremsausrüstung. Mit der niederländischen Janivo Holding BV gründete Bosch ein Gemeinschaftsunternehmen zur Digitalisierung von Straßenkarten, die in Fahrzeug-Navigationssystemen eingesetzt werden und inzwischen bei verschiedenen Herstellern zur Kraftfahrzeug-Erstausstattung gehören. Bis Ende 1996 wird Bosch rund 40.000 Fahrzeug-Navigationsgeräte mit Sprachausgabe zur Zielführung ausgeliefert haben. Bosch führte als erster Hersteller der Welt 1995 ein neuartiges Stabilisierungssystem für Fahrzeuge in den Markt ein, die Fahrdynamikregelung zur Reduzierung der Schleudergefahr. Im Geschäftsbereich Mobile Kommunikation ist Bosch u. a. mit der in Europa führenden Blaupunkt-Werke GmbH vertreten: Autoradios und Zubehör, Bordanzeigesysteme, Fahrzeugantennen, Mobilfunktechnik, Ortungs- und Navigationssysteme. Fertigung in Braga, Hildesheim und Penang. Ab Anfang 1990 gibt es mit der Grundig AG einen Fertigungsverbund für Autoradiogeräte in Braga/Portugal.

◆ Unternehmensbereich Kommunikationstechnik: Dieser Bereich erzielte 1995 mit rund 21.200 Mitarbeitern einen Umsatz von 5,4 Mrd. DM (15% am Gesamtumsatz der Bosch-Gruppe). Kern des Unternehmensbereiches ist die am 1. Januar 1995 gegründete 100prozentige Bosch-Tochtergesellschaft Bosch Telecom GmbH, Stuttgart. (Die Bosch Telecom GmbH wurde aus den bis dahin selbständig operierenden Gesellschaften ANT Nachrichtentechnik GmbH, Telenorma GmbH, Bosch Öffentliche Vermittlungstechnik GmbH und dem früheren Bereich Funktechnik der Bosch Telecom GmbH zusammengeführt und verschmolzen. Zu Bosch Telecom gehören jetzt alle Aktivitäten der Kommunikationstechnik von ANT, Telenorma, der Tochtergesellschaft Signalbau Huber, der Gesellschaft für Betriebsfunk mbH und Bosch.) Arbeitsgebiete sind die Geschäftsfelder Kommunikationstechnik für öffentliche und private Netze sowie die Sicherheits- und Verkehrsleittechnik einschließlich damit verbundener Dienstleistungen. Die 11 Produktbereiche der Bosch Telecom reichen von Telekommunikationsanlagen und Systemen für Richtfunk, Multiplextechnik, Breitbandkommunikation und Netzmanagement über Brandmelde-, Notrufmelde- und Videoüberwachungsanlagen sowie Geräten für den Betriebs- und Mobilfunk bis hin zu Endgeräten, Verkehrsbeeinflussungsanlagen und Ausrüstung für die Raumfahrttechnik.

◆ Unternehmensbereich Gebrauchsgüter: Hierzu gehören die Geschäftsbereiche Elektrowerkzeuge, Thermotechnik sowie die Bosch-Siemens Hausgeräte GmbH (BSHG), München, an der Bosch und Siemens mit je 50% beteiligt sind. Die Bosch-Siemens Hausgeräte GmbH

Aufsichtsrat:

- *Bierich, Marcus, Dr. h.c. (Vorsitzender; ehem. Vorsitzender der Geschäftsführung der Robert Bosch GmbH), Stuttgart*
- *Adolff, Peter, Dr. (Mitglied der Geschäftsleitung der Allianz Versicherungs-AG), Stuttgart*
- *Ehret, Robert E., Dr. (ehem. Mitglied des Vorstandes der Deutsche Bank AG), Frankfurt/Main*
- *Eychmüller, Wolfgang, Dr. (Vorsitzender des Vorstandes der Wieland-Werke AG), Ulm*
- *Goudswaard, Johan M., Dr. (ehem. stellv. Vorsitzender des Verwaltungsrates der Unilever NV), Wassenaar/Niederlande*
- *Gutbrod, Karl, Dr. (ehem. Geschäftsführer der Robert Bosch GmbH; Vorsitzender Kuratorium Robert Bosch Stiftung GmbH), Stuttgart*
- *Henle, Jörg A. (Vorsitzender des Vorstandes der Peter Klöckner-Stiftung), Berlin*
- *Holzach, Robert, Dr. (Ehrenpräsident der Schweizerischen Bankgesellschaft), Zumikon/Schweiz*
- *Madelung, Gero, Prof. (TU München/Lehrstuhl für Luftfahrttechnik), München*
- *Queisser, Hans-Joachim, Prof. Dr. (Direktor am Max-Planck-Institut für Festkörperforschung), Stuttgart*

**Bauer, Walter (stellv. Vorsitzender)*
**Angstenberger, Knut*
**Baron, Rudolf*
**Blanarsch, Dietfried*
**Fischer-Pusch, Ruth*
**Funk, Hans-Henning*
**Hamacher, Gudrun*
**Sautter, Gerhard*
**Stöber, Joachim*
**Wolff, Hans*

Aufsichtsratstantiemen 1995: *1.000.000,– DM*

Umsatz 1995: *35.844,0 Mio. (Auslandsanteil: 56%)*
Umsatz 1994: *34.478,0 Mio. (Auslandsanteil: 54%)*
Umsatz 1993: *32.469,0 Mio. (Auslandsanteil: 49%)*

Gewinn 1995: *550,0 Mio.*
Gewinn 1994: *512,0 Mio.*
Gewinn 1993: *426,0 Mio.*

Cash flow 1995: *3.245,0 Mio.*
Cash flow 1994: *3.765,0 Mio.*
Cash flow 1993: *3.698,0 Mio.*

Cash flow: *Der Cash flow floß zu großen Teilen in die hohen Investitionen in Sachanlagen.*

Steueraufkommen 1995: *1.096,0 Mio.*

Grund- bzw. Stammkapital 1995: *1.500,0 Mio.*

Bilanzgewinn 1995: *68,0 Mio. (Dividende der Robert Bosch GmbH)*

ist eine selbständige Gesellschaft, der Umsatz wird quotenkonsolidiert und dem Unternehmensbereich Gebrauchsgüter zugerechnet (Umsatz inklusive BSHG: 7,9 Mrd. DM). Bosch zählt weltweit zu den führenden Herstellern von Elektrowerkzeugen. Die Aktivitäten dieses Geschäftsbereiches stützen sich auf drei Säulen: das Geschäft mit Erzeugnissen für Handwerk, Industrie und Heimwerker, Zubehör für Elektrowerkzeuge und Außenbereichswerkzeuge. Der Geschäftsbereich Bosch Thermotechnik mit den Marken Junkers, Radson, Vulcano und Worcester hat sich hauptsächlich auf Gas als umweltverträglichsten Energieträger konzentriert. Das Produktprogramm umfaßt u.a. Gas-Warmwassergeräte (hier ist Bosch Marktführer in Europa), Gas-Zentralheizungsthermen sowie Gas-Heizkessel und Heizungsregelungen. Das Hausgerätegeschäft mit Unterhaltungselektronik betreibt seit 1967 die Bosch-Siemens Hausgeräte GmbH.

◆ Unternehmensbereich Produktionsgüter: Dieser Bereich, der 1995 auf einen Umsatz von 2,0 Mrd. DM kam, unterteilt sich in zwei Geschäftsbereiche: Automationstechnik und Verpackungsmaschinen. Zum 1. April 1996 hat Bosch die bisherigen Geschäftsbereiche Hydraulik und Pneumatik sowie Industrieausrüstung zum neuen Geschäftsbereich Automationstechnik zusammengefaßt, der auf den Gebieten Hydraulik, Pneumatik, Montage-, Entgrat- und Steuerungstechnik sowie Montageanlagen und Sondermaschinen tätig ist. Zum 1. Januar 1997 werden die Entwicklungs- und Vertriebsfunktionen der Produktabteilung Industriewerkzeuge – bisher noch Teil des Geschäftsbereiches Elektrowerkzeuge – hinzukommen.

BETEILIGUNGEN. Die Bosch-Gruppe verfügt über Tochter- und Beteiligungsgesellschaften in 47 Ländern. Rund 140 Produktionsstätten von Tochter- und Beteiligungsgesellschaften außerhalb Deutschlands unterstreichen die multinationale Rolle des Konzerns. Weltweit ist Bosch zusätzlich an 42 Gemeinschaftsunternehmen beteiligt.

● Zu den wichtigsten Unternehmen und Beteiligungen des Bosch-Konzerns im Inland gehören: Blaupunkt-Werke GmbH, Hildesheim (100%); Bomoro Bocklenberg & Motte GmbH, Wuppertal (100%); Bosch-Siemens Hausgeräte GmbH, München (50% – Siemens 50%); Bosch Telecom GmbH, Stuttgart (100% – hierin aufgegangen: Telenorma GmbH, ANT Nachrichtentechnik GmbH); Bosch Telecom Radeberg GmbH, Radeberg (100%); MotoMeter GmbH, Leonberg (100% – Anzeigensysteme für Kraftfahrzeuge); Robert Bosch Elektronik GmbH, Salzgitter (100%); Robert Bosch Elektrowerkzeuge GmbH, Sebnitz (100%); Robert Bosch Fahrzeugelektrik Eisenach GmbH, Eisenach (100%); Signalbau Huber AG, München (100% – Verkehrssignale); VB Autobatterie GmbH, Hannover (35%).

● Die Robert Bosch Internationale Beteiligungen AG in Zürich agiert als Holdinggesellschaft für ausländische Beteiligungen. Frankreich ist der größte Auslandsmarkt der Bosch-Gruppe, gefolgt von den USA. Die wichtigsten Gesellschaften im Ausland: Robert Bosch (France) SA, Saint-Ouen/Frankreich (100%); Robert Bosch Ltd., Denham/Großbritannien (100%); Worcester Group plc, Worcester/Großbritannien (69%); Robert Bosch SpA, Mailand/Italien (100%); Scintilla AG, Solothurn/Schweiz (85%); Blaupunkt Auto-Rádio Portugal Ltd., Braga/Portugal (70%); Robert Bosch SA, Madrid/Spanien (100%); Robert Bosch Produktie NV, Tienen/Belgien (100%); Robert Bosch AG, Wien/

Österreich (100%); Bosch Sanayi ve Ticaret AS, Bursa/Türkei (100%); Robert Bosch Ltda, Campinas/Brasilien (100%); Wapsa Auto Peças Ltda, São Paulo/Brasilien (100%); Robert Bosch SA de CV, Toluca/Mexiko (100%); Robert Bosch Corporation, Broadview/USA (100%); S-B Power Tool Company, Chicago/USA (50%); Vermont American Corporation, Louisville/USA (50%); Bosch KK, Yokohama/Japan (100%); Nippon ABS Ltd., Tokio/Japan (50%); Doowon Precision Industry Co. Ltd., Seoul/Korea (20%); Kefico Corporation, Kunpo-Si/Korea (25%); Robert Bosch (South East Asia) Pte Ltd, Singapur (70%); Robert Bosch (Malaysia) Sdn Bhd, Penang/Malysia (100%); Robert Bosch (Pty) Ltd, Johannesburg/Südafrika (64%); Robert Bosch (Australia) Pty. Ltd, Clayton (Melbourne)/Australien (100%).

Beschäftigte 1995: *158.372*
(davon im Ausland: 66.500)
Beschäftigte 1994: *153.794*
Beschäftigte 1993: *156.615*
(Beschäftigte 1991: 181.000)

Umsatz pro Mitarbeiter 1995: *226.328,– DM*
Umsatz pro Mitarbeiter 1994: *224.183,– DM*
Umsatz pro Mitarbeiter 1993: *207.317,– DM*

BOSCH-SIEMENS HAUSGERÄTE GMBH (BSHG). Die 1967 von den Konzernen Bosch und Siemens mit einem jeweils 50%igen Anteil gegründete Bosch-Siemens Hausgeräte GmbH, München, ist einer der führenden Hersteller elektrotechnischer Gebrauchsgüter in Europa. Mit der Zentrale in München und 21 Produktionsstandorten weltweit sowie zahlreichen Verkaufsbüros, Kundendienstzentren und Lager- und Versandzentren umfaßt das Produktspektrum: Kühl- und Gefriergeräte, Wäschepflegegeräte, Geschirrspüler, Herde und Mikrowellenherde, Küchen, Bodenpflegegeräte, Getränkeautomaten, Warmwassergeräte, Klima- und Kühlaggregate, Fernseh- und Videogeräte, Hi-Fi-Anlagen und tragbare Audiogeräte. Der Vertrieb der Erzeugnisse erfolgt unter den Marken BOSCH, SIEMENS, CONSTRUCTA und NEFF durch die Robert Bosch Hausgeräte GmbH, die Siemens-Electrogeräte GmbH und die Constructa-Neff Vertriebs-GmbH, München, eine 100%ige BSHG-Tochter. Durch die 1991 vereinbarte enge Kooperation der BSHG mit der Maytag Corp., Newton/Iowa, will das Unternehmen expansiv den amerikanischen Markt erobern (in einem neu gebauten Werk am Standort New Bern/North Carolina sollen ab 1997 Geschirrspüler für den nordamerikanischen Markt gebaut werden). Die brasilianische Gruppe Continental S.A., São Paulo (drittgrößter brasilianischer Hausgerätehersteller und Marktführer bei Herden) wurde erworben, drei Gemeinschaftsunternehmen in China für Kühl- und Gefriergeräte, Waschmaschinen und Herde wurden gegründet. Das bedeutendste ist das Joint-venture mit Wuxi Little Swan Co. in China (Montage und Vermarktung von jährlich 500.000 Waschmaschinen). China soll die Produktionsbasis für ganz Südostasien werden. Bosch-Siemens will verstärkt auf den internationalen Märkten expandieren. 1995 wurde der Hausgerätehersteller Gaggenau Werke Haus- und Lufttechnik GmbH, Gaggenau, erworben. In Europa liegt die BSHG mit 16% auf dem zweiten Platz hinter der schwedischen Electrolux mit über 20% und vor der amerikanischen Whirlpool mit rund 11%. Umsatz 1995: 7.743,0 Mio. DM (Vorjahr: 6.881,0 Mio.); Beschäftigte 1995: 27.625 (Vorjahr: 22.675).

ROBERT-BOSCH-STIFTUNG. Seit 1964 gehört die Robert-Bosch-Stiftung zu den großen Industriestiftungen der Bundesrepublik und verkörpert die gemeinnützigen Bestrebungen des Stifters Robert Bosch. Sie ist mit fast 92% am Stammkapital der Robert Bosch GmbH beteiligt. Die ihr anteilig zufließende Dividende verwendet sie ausschließlich und unmittelbar gemeinnützig. Im Gegensatz zur Stiftung

Löhne und Gehälter 1995:
9.158,0 Mio.
Löhne und Gehälter 1994:
9.220,0 Mio.
Durchschnittsgehalt 1995:
57.826,– DM
Soziale Abgaben und Aufwendungen 1995:
2.318,0 Mio.
Soziale Abgaben und Aufwendungen 1994:
2.219,0 Mio.

Bezüge pro Mitglied der Geschäftsführung 1995:
1.200.000,– DM
Tantiemen pro Aufsichtsrat 1995: 50.000,– DM

Volkswagenwerk ist sie nicht ausschließlich auf Wissenschaftsförderung ausgelegt, sondern engagiert sich im sozialen Bereich. So steht im Zentrum der Fördertätigkeit die Finanzierung des Stuttgarter Robert-Bosch-Krankenhauses mit den angeschlossenen medizinischen Instituten. Mehrere Millionen Mark investierte die Stiftung in die neuen Bundesländer – Projekte zur Förderung der deutschen Einheit.

NEUE BUNDESLÄNDER. 1990 gründete die Robert Bosch GmbH mit der Fahrzeugelektrik GmbH, Eisenach, die Robert Bosch Fahrzeugelektrik GmbH mit einer neuen Werksanlage für Kfz-Ausrüstung (Scheinwerfer, Wischeranlagen etc.). Gründung der Robert Bosch Elektrowerkzeuge GmbH in Sebnitz und der ANT Nachrichtentechnik Radeberg GmbH in Radeberg (jetzt Bosch Telecom Radeberg GmbH). Die damalige Telenorma GmbH war im Bereich Fernsprechgroßanlagen und Sicherungssysteme erfolgreich. Erwerb der NAL Telecom GmbH, jetzt Bosch Telecom. 1995 eröffnete die Bosch-Siemens Hausgeräte GmbH in Nauen, westlich von Berlin, den ersten Teil eines Werkes für Wäschetrockner mit einer Kapazität von jährlich 400.000 Stück.

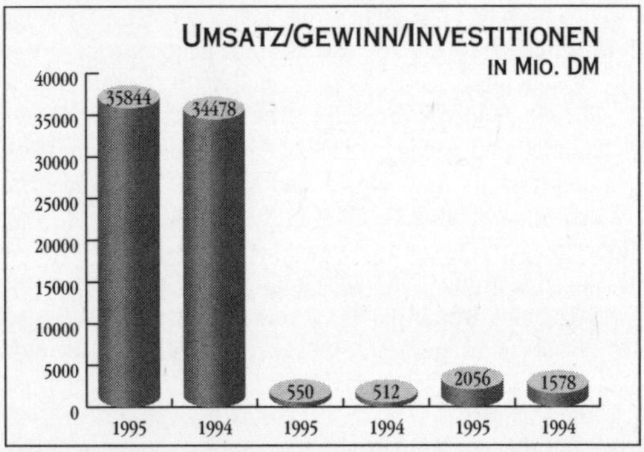

STANDORT DEUTSCHLAND. Rund 180 Standorte mit 140 Produktionsstätten außerhalb Deutschlands unterstreichen die Internationalität des Bosch-Konzerns. Davon entfallen auf Europa (ohne Deutschland) knapp 90 Standorte mit 60 Fertigungsstätten. Weltweit ist Bosch an 42 Gemeinschaftsunternehmen beteiligt. Die Bosch-Gruppe, die 1995 einen Auslandsumsatz von 20,1 Mrd. DM erzielte, konzentriert sich derzeit besonders auf die Wachstumsmärkte Südostasien und USA. 1995 wurden allein in China sechs Gemeinschaftsunternehmen gegründet. In Korea ist Bosch neben der Bosch Korea Ltd. mit fünf Gemeinschaftsunternehmen vertreten. Hinzu kommen die neuen Werke für Elektrowerkzeuge in Malaysia und Indien.
Mangelnde Fexibilität der Arbeitszeit und zu hohe Umweltauflagen würden den Wirtschaftsstandort Deutschland weiter ruinieren. Das jedenfalls äußerte der Bosch-Chef Hermann Scholl anläßlich der Vorstellung des Berichtes zum Geschäftsjahr 1994 im Juni 1995. Die »Firma Deutschland« mache sich lächerlich, eine Volkswirtschaft, die auf veränderte Wettbewerbsbedingungen und eine grundlegend andere globale Lage nicht reagiere, bereite ihren eigenen Abstieg vor (Handelsblatt vom 30. Juni 1995). Hatte Bosch 1990 über 181.000 Beschäftigte, so umfaßte die Belegschaft Anfang 1996 weniger als 158.000 Mitarbeiter. 75% des Stellenabbaus erfolgte im Inland. Der

Grund: Umsatzrückgänge, Gewinneinbrüche, zu hohe Kosten, einschneidende Restrukturierungsmaßnahmen, zu hohe interne Sozialleistungen. Ziel des Managements ist eine konzernweite Reduzierung der Kosten von etwa 30%. Der Personalabbau im Inland wird fortgesetzt. Anfang 1996 waren bei Bosch im Inland noch 90.100 Mirtarbeiter beschäftigt (1994: 95.183); ausländische Standorte werden mit neuen Arbeitsplätzen ausgebaut.
Im Werk 2 in Nürnberg wurde die Fertigung von Benzin-Einspritz-Ventilen eingestellt, Bosch Telecom konzentriert die Fertigung in Deutschland von neun auf sieben Standorte. Die inländischen Standorte Lorch, Möglingen, Wolfenbüttel und Rödermark wurden aufgegeben. Die Teldix GmbH, Heidelberg, wurde Anfang 1996 von der amerikanischen Litton Industries Inc. übernommen. Die räumliche Nähe sogenannter Niedriglohnstandorte läßt verschiedene Bosch-Unternehmen besonders nach Polen, Ungarn und in die Tschechische Republik gehen. Auch in Rußland sind Gemeinschaftsunternehmen geplant. Gründung zahlreicher Gemeinschaftsunternehmen, neuer Werke und Vertriebsgesellschaften.
Als Beitrag zur Sicherung des Industriestandortes Deutschland will Bosch die Investitionsentscheidungen zugunsten zweier neuer Standorte in Baden-Württemberg verstanden wissen. In Reutlingen wurde im Oktober 1995 ein neues Halbleiterwerk in Betrieb genommen (Investitionssumme 220 Mio. DM; bis 1997 wird die Kapazität für weitere 60 Mio. DM um ein Drittel vergrößert). Im Mai 1996 war der Baubeginn eines neuen Prüfgeländes für Fahrzeugversuche in Boxberg für rund 100 Mio. DM Investitionen (Entwicklung und Erprobung von Antiblockiersystemen und Fahrdynamikregelungen). Auslandsakquisitionen nehmen sich da freilich anders aus: Die Übernahme der Bremssparte von AlliedSignal, die Bosch zum Komplettanbieter von Bremsanlagen macht, kostete rund 2,2 Mrd. DM (24 Werke, 11.000 Beschäftigte).

Investitionen 1995: *2.056,0 Mio.*
Investitionen 1994: *1.578,0 Mio.*
Investitionen 1993: *1.552,0 Mio.*

Forschung und Entwicklung 1995: *2.474,0 Mio.*
Forschung und Entwicklung 1994: *2.255,0 Mio.*
Forschung und Entwicklung 1993: *2.215,0 Mio.*

»BÜNDNIS FÜR ARBEIT«. Der Vorstandsvorsitzende von Bosch, Hermann Scholl, hatte Anfang 1996 gefordert, Neueinstellungen, besonders bei Langzeitarbeitslosen, staatlich zu subventionieren. Die Personalkosten müßten um 30 bis 40% unter dem heutigen Lohntarif liegen. Große Gegenliebe fand dieser Vorschlag freilich nicht. Da die Personalkosten bei Bosch aber trotz massiven Belegschaftsabbaus weiter steigen und die tariflich vereinbarten Arbeitszeiten sinken, hat der Konzern Modelle zur flexiblen Arbeitszeitgestaltung eingeführt. Rund 100 verschiedene Arbeitszeitmodelle zur Flexibilisierung der Arbeitszeit und Verlängerung der Maschinenlaufzeiten sind bislang vereinbart worden. Die Nutzungszeiten in den Fertigungen werden der Auftragslage angepaßt. An 17 Standorten wurden Arbeitszeitmodelle eingeführt, die den Samstag als regelmäßigen Arbeitstag einbeziehen oder dies im Bedarfsfall ermöglichen. Für die Arbeit am Samstag erhalten die Mitarbeiter Freizeit an anderen Wochentagen. 1995 wurden rund 900 Lehrlinge eingestellt (+ 5%). Zur Verbesserung der Frauenarbeit im Konzern wurden Modelle entwickelt, die Familie und Beruf besser in Einklang bringen, die Frauen größere Chancen bei der Übernahme von Führungspositionen einräumen und flexible Arbeitszeiten ermöglichen. In der unternehmensinternen Initiative »Netzwerk« treffen sich Frauen regelmäßig zu diesen Themen. Geschäfts-

Mitbewerber: *ABB, AEG, Alcatel SEL, Braun, Electrolux AB, Grundig, ITT Automotive, MAN, Mannesmann, Miele, Philips, Röchling, Siemens, Thyssen, Whirlpool*

leitung und Betriebsräte entwickeln darüber hinaus ein Programm zur Verringerung krankheitsbedingter Fehlzeiten.

UMWELTSCHUTZ. Bosch hat für die gesamte Unternehmensgruppe Richtlinien zum Umweltschutz definiert und einen Maßnahmenkatalog zur Vermeidung und Verminderung rein ökologischer Belastungen erstellt, »auch wenn keine speziellen Vorschriften das verlangen und keine Gefahr von Personen- oder Sachschaden besteht«. Dieses gilt besonders auch für ausländische Gesellschaften an solchen Standorten, wo noch kein ausgeprägtes Umweltbewußtsein vorherrscht. In Deutschland sind bei Bosch konzernweit 50 Umweltschutzbeauftragte tätig. Der Umweltschutz in der Produktion konzentriert sich auf sauberes Abwasser, reine Luft, sparsamen Energieverbrauch, die Reduzierung von Lärm und die Vermeidung von Abfällen. Besonderes Gewicht wird auf den umweltgerechten Umgang mit Chemikalien gelegt. In der Automobiltechnik arbeitet Bosch an Systemen zur Verringerung der Autoabgase. Obwohl Umweltschutz bei Bosch ein integraler Bestandteil der Unternehmenspolitik ist, veröffentlicht das Unternehmen keinen Umweltschutzbericht.

KOMMENTAR. Unruhe bei Bosch Anfang 1993. Ganz gegen die Gepflogenheiten des Unternehmens mußte der Vorsitzende der Geschäftsführung des Bosch-Konzerns, Marcus Bierich, seinen Chefsessel räumen und seinem Nachfolger Hermann Scholl überlassen, der bis dahin in der Geschäftsführung für die Kfz-Zulieferung zuständig gewesen war. Ein Grund: das in die roten Zahlen gerutschte Betriebsergebnis, besonders durch den zunehmenden Preisdruck der Automobilhersteller. Immerhin erwirtschaftet Bosch über 50% seines Umsatzes mit Kfz-Zulieferteilen.
Dieser Vorstandswechsel verblüffte um so mehr, da dem Bosch-Konzern in seiner etwas über 100jährigen Geschichte einschließlich Marcus Bierich lediglich vier Unternehmensführer vorgestanden haben: Dem 1942 verstorbenen Firmengründer Robert Bosch folgte dessen enger Vertrauter Hans Walz, der 1963 von Hans L. Merkle abgelöst wurde. Hans L. Merkle, eine der einflußreichsten Persönlichkeiten der deutschen Wirtschaft, wechselte 1984 als Vorsitzender in den Aufsichtsrat und übergab die Geschäftsleitung an Marcus Bierich. Die Bosch-Chefs hatten im Lande immer ein gewichtiges Wort mitzureden, nicht zuletzt, weil sie maßgeblich an entscheidenden technologischen Entwicklungen beteiligt waren und diese immer mit Vehemenz vorantrieben.
Kein Wunder also, daß sie auch die Regierenden, die politischen Entscheidungsträger und ihre Parteien immer wieder mit reichlichen finanziellen Zuwendungen bedachten. Während des Parteispendenprozesses gegen den früheren Vorsitzenden der Geschäftsführung der Robert Bosch GmbH, Hans L. Merkle, wurde allerdings auch auf die peinliche Rolle des damaligen baden-württembergischen Ministerpräsidenten Lothar Späth verwiesen, der die Bosch-Industriellen geradezu zum Spenden ermutigt haben soll. Der Prozeß gegen Merkle wegen des Verdachts der Steuerhinterziehung über sogenannte Parteispendenwaschanlagen gehörte – es ging um eine angeblich hinterzogene Steuer in Höhe von 3,9 Mio. DM – zu den spektakulärsten seiner Art.

Bosch-Siemens Hausgeräte siehe Bosch

COMMERZBANK

Standort:
Neue Mainzer Straße 32-36
60311 Frankfurt/Main

Postanschrift:
60261 Frankfurt/Main

Telefon: *(069) 1362-0*
Telex: *4 152 530*
Telefax: *(069) 285389*

Branche: *Kreditinstitute*

Rechtsform:
Aktiengesellschaft

Geschäftsjahr: *1.1.-31.12.*

Gründungsjahr: *1870*

Presse- und Öffentlichkeitsarbeit:
Peter Pietsch
Tel.: (069) 1362-2379
FAX: (069) 1362-2008

Vorstand:
- *Kohlhaussen, Martin (Sprecher)*
- *Coenen, Erich, Dr.*
- *Frowein, Dietrich-Kurt*
- *Gloystein, Peter, Dr.*
- *Hochheuser, Kurt, Dr.*
- *Käsbeck, Norbert, Dr.*
- *Lemmer, Jürgen*
- *Müller, Klaus-Peter*
- *Müller-Gebel, Klaus*
- *Patig, Klaus*
- *von Ruedorffer, Axel Frhr., Dr.*

Vorstandsbezüge 1995:
13.753.600,– DM

GESCHICHTE UND ENTWICKLUNG. 1870 wurde die Bank als »Commerz- und Disconto-Bank in Hamburg« von zwölf namhaften Privatbankiers und Kaufleuten mit internationalen Handelsverbindungen gegründet. 1905 Übernahme der Berliner Bank; 1920 Akquisition der Mitteldeutschen Privatbank in Magdeburg mit über 100 Filialen; Umfirmierung in Commerz- und Privat-Bank. 1929 Verschmelzungsvertrag mit der in Frankfurt ansässigen Mitteldeutschen Creditbank mit dem Stammland in Hessen und Sachsen sowie in Süd- und Südwestdeutschland. 1932 Expansion ins Ruhrgebiet durch die Übernahme des Barmer Bankvereins in Wuppertal; weitere Übernahme von Banken führten zu einem Netz von 400 Filialen; Auslandsaktivitäten. 1940 Umfirmierung in Commerzbank AG. Auch die Commerzbank engagierte sich mit den Nazis und massiv in der Rüstungsfinanzierung. 1945 Zerschlagung der Großbanken durch die Siegermächte; Enteignung im Osten; Begrenzung des Bankgeschäftes auf die Besatzungszonen im Westen.
Im Rahmen der alliierten Entflechtungsmaßnahmen Bildung von neun wirtschaftlich selbständigen Nachfolgeinstituten unter neuen Bankennamen. 1952 durfte jede der alten Großbanken drei Nachfolgeinstitute gründen. Im Fall Commerzbank waren das: Bankverein Westdeutschland AG, Düsseldorf; Commerz- und Disconto-Bank AG, Hamburg; Commerz- und Credit-Bank AG, Frankfurt. 1958 erfolgte der Wiederzusammenschluß der drei Banken in der Commerzbank AG mit dem juristischen Sitz in Düsseldorf. Um 1970 Übergang aller zentralen Funktionen nach Frankfurt, 1990 auch des juristischen Sitzes. Die Commerzbank AG begann durch eine Reihe wesentlicher Bankenakquisitionen, den Ausbau des Filialnetzes und eine expansive Auslandsaktivität national und international erneut schnell zu einer der bedeutendsten deutschen Großbanken zu wachsen.

BESITZVERHÄLTNISSE/EIGENTUMSSTRUKTUR.
Streubesitz bei ca. 190.000 Aktionären
- Institutionelle Anleger (50%)
- Arbeitnehmer und Pensionäre (23%)
- Selbständige (9%)
- sonstige private Anleger (18%)

Rund 43% des Kapitals werden von ausländischen Aktionären gehalten und gut 2% von Mitarbeitern und Pensionären der Bank (25.000 Belegschaftsaktionäre). Weltweit gibt es in 120 Ländern Commerzbank-Aktionäre, der überwiegende Teil der im Ausland befindlichen Aktien liegt in der Schweiz, in Großbritannien und den USA. In Japan haben sich rund 4.000 Anleger in der Commerzbank-Aktie engagiert. Größter bekannter Einzelaktionär ist der Banco Central Hispanoamericano S.A., Madrid/Spanien.

KONZERNÜBERBLICK. Die Commerzbank ist eine in allen Bereichen des internationalen Finanzwesens operierende Universalbank. Zentrum des Konzerns ist die Commerzbank AG, Frankfurt/Main, mit ihren weltweiten Niederlassungen und Repräsentanzen. Die Bank glie-

Aufsichtsrat:
Seipp, Walter, Dr. (Vorsitzender; ehem. Vorsitzender des Vorstandes der Commerzbank Bank AG), Frankfurt/Main
Bouillon, Erhard (Vorsitzender des Aufsichtsrates der Hoechst AG), Bad Soden
Happel, Otto, Dr. (Sprecher des Vorstandes der GEA AG), Bochum
Knauer, Hans-Jürgen, Dr. (Vorsitzender des Vorstandes der Stinnes AG; Mitglied des Vorstandes der VEBA AG), Mülheim/Ruhr
Kriwet, Heinz, Dr. (Vorsitzender des Vorstandes der Thyssen AG), Düsseldorf
von Spiegel, Raban Frhr., Dr., Oberursel
Strenger, Hermann Josef (Vorsitzender des Aufsichtsrates der Bayer AG), Leverkusen
Weiss, Heinrich (Vorsitzender des Vorstandes SMS AG), Hilchenbach und Düsseldorf
Werhahn, Wilhelm (Kaufmann; Mitglied des Vorstandes der Fa. Wilh. Werhahn), Neuss
Ziemann, Wolfgang (Mitglied des Vorstandes der RWE AG), Essen
**Jurkat, Hans-Georg (stellv. Vorsitzender)*
**Borchert, Reinhold*
**Foullong, Uwe*
**Herrmann, Gerald*
**Kayser, Detlef*
**Klinger, Dieter*
**Kretschmer, Peter*
**Sauer, Horst*
**Schmelz, Wolfgang*
**Stoffel, Rolf, Dr.*

Aufsichtsratstantiemen 1995: *2.264.800,– DM*

dert sich in die fünf Unternehmensbereiche Konzernsteuerung, Inländisches Filialgeschäft, Internationales Finanzgeschäft, Asset Management und Services. Die über 1.000 Geschäftsstellen betreuen mehr als 3,6 Mio. Kunden mit 6,7 Mio. Konten. Im Rahmen des Allfinanz-Konzepts der Bank – die Zusammenfassung aller Finanzdienstleistungen von Bank, Versicherung und Bausparkasse unter einem Dach – ist die Commerzbank mit 40,1% bei der Leonberger Bausparkasse eingestiegen und hat mit der DBV Holding AG Wiesbaden die Commerzbank Holding AG für Versicherungen aller Art gegründet. Neben den 3,6 Mio. Commerzbank-Kunden sind in diesem Verbund jetzt noch 830.000 Bausparkassen-Kunden und 2 Mio. DBV-Kunden vertreten. Die Commerzbank ist auch im Immobilienbereich engagiert – mit 31,3% an der Düsseldorfer Immobiliengruppe MIPA Müller Verwaltungs-GmbH, dem größten deutschen Vermittler für gewerbliche Immobilien. Sie betreibt das Leasinggeschäft und besitzt teilweise direkt oder über Vorschaltgesellschaften einzelne Pakete an deutschen Industrie-Perlen. Die Manager der Commerzbank sitzen in zahlreichen Aufsichtsräten deutscher Großkonzerne, kontrollieren deren Geschikke maßgeblich mit. Die Commerzbank ist die drittgrößte private deutsche Bank. Vor ihr rangieren nur die beiden anderen Frankfurter Geldkonzerne Deutsche Bank und Dresdner Bank.

BETEILIGUNGEN. Zur Commerzbank gehören direkt oder indirekt über 120 Tochtergesellschaften, Beteiligungen an in- und ausländischen Kreditinstituten sowie an zahlreichen Unternehmen aus diversen Branchen. Die Commerzbank besitzt außerhalb des Finanzbereiches zahlreiche Beteiligungen an großen Konzernen (siehe Schaubild Seite 123). Zu den wesentlichen Beteiligungen der Commerzbank zählen:

● RHEINHYP Rheinische Hypothekenbank AG, Frankfurt/Main (97,6%); Deutsche Schiffsbank AG, Bremen/Hamburg (40%); Leonberger Bausparkasse AG, Leonberg (40,1%); DBV Holding AG, Wiesbaden (12,5%); Hypothekenbank in Essen AG, Essen (51%); Bankhaus Bauer AG, Stuttgart (83,7%); comdirect bank GmbH, Quickborn (100%); ADIG Allgemeine Deutsche Investment-Gesellschaft mbH, München, Frankfurt/Main (41,7%); Commerzbank Investment Management GmbH, Frankfurt/Main (100%); Commerzbank Grundbesitz Investmentgesellschaft mbH, Wiesbaden (75%); Commerz International Capital Management GmbH, Frankfurt/Main (100%); Commerz-Leasing GmbH, Düsseldorf (100%); Commerz Financial Products (CFP), Frankfurt/Main (80% – weltweite Geschäfte mit Derivaten); Karl Baumgartner + Partner Consulting KG, Sindelfingen (50%); MIPA Müller Verwaltungs-GmbH, Düsseldorf (31,3%).

● Commerzbank International S.A., Luxemburg (100%); Commerzbank (Budapest) Rt., Budapest/Ungarn (100%); Commerzbank (Nederland) N.V., Amsterdam/Niederlande (100%); Commerzbank (Schweiz) AG, Zürich/Schweiz (100%); Commerzbank (South East Asia) Ltd., Singapur (100%); Commerzbank Capital Markets Corporation, New York/USA (100%); Commerzbank Europe (Ireland), Dublin/Irland (100%); Commerz (East Asia) Ltd., Hongkong (100%); Commerz Securities (Japan) Company Ltd., Hongkong/Tokio (60%); Hispano Commerzbank (Gibraltar) Ltd., Gibraltar (49,9%); Banca Commerciale Italiana SpA, Mailand/Italien (3%); Banco Central Hispanoamericano S.A., Madrid (4,9%); Korea International Merchant

Paketbesitz der Commerzbank AG außerhalb des Finanzbereichs

ab 5% des Kapitals;

Gesellschaft	Sitz	Anteil
Alno AG	Pfullendorf	**27,6%**
Buderus AG	Wetzlar	**13,7%**
Friatec AG	Mannheim	**10,2%**
Heidelberger Druckmaschinen AG	Heidelberg	**13,8%**[1]
Karstadt AG	Essen	**10,5%**
Kaufring AG	Düsseldorf	**12,5%**[1]
Kolbenschmidt AG	Neckarsulm	**24,9%**
Aktiengesellschaft Kühnle, Kopp & Kausch	Frankenthal	**20,0%**
Linde AG	Wiesbaden	**10,4%**
Linotype-Hell AG	Eschborn	**6,7%**[1]
MAN AG	München	**6,5%**[1]
Salamander AG	Kornwestheim	**10,7%**
Schweizer Electronic AG	Schramberg	**10,0%**
Thyssen AG	Duisburg	**18,1%**[2]

1) indirekt
2) darunter 5,8% indirekt

Bank, Seoul (20,3%); Unibanco – União de Bancos Brasileiros S.A., São Paulo/Brasilien (10,2%); Bank Rozwoju Eksportu SA, Warschau/ Polen (21%); Caisse Centrale de Réescompte, Paris/Frankreich (96,4%); P.T. Bank Finconesia, Jakarta/Indonesien (20%). Hinzu kommen zahlreiche Investment- und Finanzierungsgesellschaften.

NEUE BUNDESLÄNDER. Bereits Ende 1990, also kurz nach der Wiedervereinigung, war die Commerzbank in knapp 50 Städten Ostdeutschlands mit Filialen vertreten. Anfang 1996 waren es 138 Filialen mit 2.400 Beschäftigten. Nach der Verschmelzung der Berliner Commerzbank AG auf die Muttergesellschaft wurde die Gebietsfiliale Berlin über Berlin hinaus auch für das Geschäft im Land Brandenburg und in Teilen von Mecklenburg-Vorpommern zuständig und betreut etwa 100 Geschäftsstellen.

STANDORT DEUTSCHLAND. Schwerpunkt der Verstärkung der Auslandsaktivitäten der Commerzbank sind die dynamischen Wirtschaftsregionen Südostasiens und China. Alle deutschen Großunternehmen sind dort verstärkt engagiert, da darf die Bank nicht fehlen. In Shanghai hat die Commerzbank eine Filiale mit Vollbanklizenz und kann alle von der chinesischen Nationalbank für ausländische Kreditinstitute zugelassenen Geschäfte durchführen. Im Juni 1996 wurde eine Filiale in Malaysia eröffnet, die 20. Auslandsfiliale der Commerz-

BÖRSE, AKTIEN, KURSE
Grundkapital 1995:
1.925,6 Mio.
Jahreshöchstkurs 1995:
350,00 DM
Jahrestiefstkurs 1995:
315,00 DM
Aktie Jahresende 1995:
340,50 DM
Dividende pro Aktie 1995:
13,50 DM

Die Dividende bezieht sich auf je 50,– DM Aktiennennbetrag.

Bilanzsumme 1995:
404.167,0 Mio.
Bilanzsumme 1994:
342.057,0 Mio.
Bilanzsumme 1993:
285.378,0 Mio.

Kreditvolumen 1995:
260.273,0 Mio.
Kreditvolumen 1994:
220.412,0 Mio.
Kreditvolumen 1993:
181.320,0 Mio.

Risikovorsorge 1995:
886,0 Mio.
Risikovorsorge 1994:
1.655,0 Mio.
Risikovorsorge 1993:
1.770,0 Mio.

Jahresüberschuß 1995:
979,3 Mio.
Jahresüberschuß 1994:
1.055,0 Mio.
Jahresüberschuß 1993:
586,4 Mio.

Steueraufkommen 1995:
214,0 Mio.

Geschäftsvolumen pro Mitarbeiter 1995:
13.647.374,– DM
Geschäftsvolumen pro Mitarbeiter 1994:
11.915.871,– DM
Geschäftsvolumen pro Mitarbeiter 1993:
10.192.557,– DM

Eigenkapital 1995:
15.599,0 Mio.
Sachanlagen 1995:
3.312,0 Mio.
Beteiligungen 1995:
2.632,2 Mio.

bank. Dazu kommen eine Repräsentanz in Peking, Tochtergesellschaften in Singapur und Hongkong, Bankenbeteiligungen in Südkorea, Japan und Indonesien. Zweiter Schwerpunkt: die Staaten Mittel- und Osteuropas. Die Bank ist in allen GUS-Staaten vertreten und eröffnete 1994 als erste ausländische Bank eine Repräsentanz im russischen Novosibirsk. Banken oder Bankenbeteiligungen hat die Commerzbank in Budapest, Prag und Warschau. Das Engagement in Polen wird mit der zunehmenden Attraktivität Polens für deutsche Investoren begründet – Polen als kostengünstiger Standort in der Nähe Deutschlands. Insgesamt umfaßt das Auslandsnetz der Commerzbank 1995 mehr als 50 eigene Stützpunkte in über 40 Ländern. Als erste internationale Bank eröffnete die Commerzbank im Mai 1995 in Johannesburg/Südafrika eine Filiale mit Vollbanklizenz. Mitte 1996 übernahm die Commerzbank 4,99% Anteile an der amerikanischen Immobilien-Holdinggesellschaft Security Capital Group Incorp. (SCG) für 200 Mio. DM. Da die Commerzbank vor dem Hintergrund zunehmender Schwierigkeiten des Bankeninlandsgeschäfts keine nennenswerten Marktanteilsgewinne im Privatkundengeschäft erwartet, konzentriert man sich jetzt zunehmend auf das »beratungsintensive Geschäft mit der vermögenden Privatkundschaft«. Dazu will die Commerzbank ihr Engagement, wie schon zuvor die Deutsche und die Dresdner Bank, am Finanzplatz London verstärken. Die Commerzbank hat die britische Bank Jupiter Tyndall Plc. übernommen (Asset Management). Die Commerzbank plant eine weitere Großakquisition zur Stützung ihres Investment Bankings. Zum Ausbau des Investment Bankings in Zentraleuropa beteiligte sich die Commerzbank im Juni 1996 mit 25% an der tschechischen Wood & Company in Prag, einem der größten Aktienbroker in Tschechien, und gründete gemeinsam mit diesem Unternehmen ein Joint-venture für Anleihen. Wie stark das Auslandsgeschäft der Commerzbank geworden ist, zeigt, daß die Geschäfte in Deutschland 1995 nur noch ein Drittel zum Betriebsergebnis beigetragen haben, während außerhalb Deutschlands die Bank 600 Mio. DM verdient hat.
In Frankfurt/Main, am Heimatstandort, baut die Commerzbank derzeit eine neue Konzernzentrale, den mit 258 Metern höchsten Büroturm Europas, der sogar den Messeturm noch um zwei Meter überragen soll. Das 600 Mio. DM teure Commerzbank-Hochhaus mit dem Grundriß eines gleichseitigen Dreiecks soll im Mai 1997 fertiggestellt sein. Adresse: Kaiserplatz 1.

»BÜNDNIS FÜR ARBEIT«. 1995 wurde im Unternehmensbereich Inländisches Filialgeschäft ein Konzept zur leistungsorientierten Vergütung verabschiedet, das seit Anfang 1996 getestet wird und im Falle eines Erfolges für alle Mitarbeiter des Unternehmensbereiches vorgesehen ist. Entschieden wird Wert auf Teamerfolg gelegt, eine zweite Kategorie ist die interne und externe Kundenzufriedenheit. Der individuelle Beitrag zum Teamerfolg wird, so die Commerzbank, »auf der Basis von Zielvereinbarungen und nach dem Grad der Zielerreichung festgesetzt«.

UMWELTSCHUTZ. 1995 bereitete die Commerzbank ihre erste Öko-Bilanz vor, die innerhalb der Verwaltungen und des Filialnetzes ökologische Schwachstellen eruieren soll, um gezielte Umweltverbesserung in die Wege zu leiten.

KOMMENTAR. Im Februar 1996 bekamen die Commerzbank-Zentrale in Frankfurt/Main und die Filialen Hofheim, Hockenheim, Erfurt und Hoechst überraschenden Besuch von der Steuerfahndung. In einer der »größten Durchsuchungsaktionen der Steuerfahndung« (Spiegel 17/1996) durchkämmten rund 250 Ermittlungsbeamte die Commerzbank-Büros einschließlich der Vorstandsetage und beschlagnahmten kistenweise Unterlagen. Der Vorwurf der Frankfurter Staatsanwaltschaft: Verdacht der Beihilfe zur Steuerhinterziehung durch Bankkunden und der Beihilfe zur Steuerhinterziehung durch Mitarbeiter der Bank sowie des Verstoßes gegen das »Geldwäschegesetz«. Die ehrenwerte Gesellschaft kam ziemlich in die Bredouille. Denn betuchte Bundesbürger hatten mit Hilfe ihrer Bank große Geldsummen ins Ausland transferiert, vorbei am Fiskus, schwarz – vor allem nach Luxemburg und in die Schweiz, möglichweise auch nach Gibraltar, um die Zinsen aus den Milliardenbeträgen nicht versteuern zu müssen. Ganz vornean: die 100%ige Commerzbank-Tochter Commerzbank International S.A., Luxembourg (Cisal). Die Steuerfahndung war auf die Praktiken der Commerzbank gestoßen, nachdem eine Computerliste von 1.600 Kunden der Cisal bei einem Erpresser beschlagnahmt worden war und ein Commerzbank-Angestellter Strafanzeige erstattet hatte. Nachdem über 100 Steuersünder ihrer Vernehmung bzw. Verhaftung durch Selbstanzeige bei den Finanzbehörden zuvorgekommen waren, wurde das Ausmaß des Betruges offenkundig. Und es wurde deutlich, daß diese Methode der systematischen Kapitalflucht zwecks Steuerhinterziehung zur Alltagspraxis der Großbanken gehört.
Im Mai 1995 berichtete der »Spiegel« (22/1996), daß die Commerzbank von der Frankfurter Staatsanwaltschaft zur Nachzahlung von mehreren hundert Mio. DM aufgefordert worden sei. Der Grund: Seit 1984 habe die Bank nach Ansicht der Finanzbehörden falsche Steuererklärungen abgegeben und die Steuerlast mit ungerechtfertigten Abzügen und durch »trickreiche Bilanzoperationen« gemindert. Die Commerzbank räumte ein, ihr seien in den Bescheiden für die Finanzbehörden Berechnungsfehler in Höhe von 200 Mio. DM unterlaufen. Auch in bezug auf die Kapitalausstattung der Auslandsbanken in Höhe von 300 Mio. DM gebe es unterschiedliche Rechtsauffassungen zwischen Bank und Finanzbehörden. Aber die Beträge seien durch Steuerrückstellungen von 556 Mio. DM in der Bilanz 1995 schon berücksichtigt. Bereits im März mußte die Commerzbank aufgrund unrichtig vorgenommener Wertberichtigungen 10 Mio. DM Steuern aus den Jahren 1984 bis 1988 nachzahlen.
Die Frankfurter Staatsanwaltschaft leitete im Zusammenhang mit möglicher Steuerhinterziehung Ermittlungsverfahren gegen den früheren Vorstandssprecher und jetzigen Aufsichtsratsvorsitzenden der Commerzbank, Walter Seipp, und zwei weitere ehemalige Vorstandsmitglieder ein.

Computer 2000 siehe VIAG
Contigas siehe VIAG

Filialen 1995: *1.060*
Kunden 1995: *3,7 Mio.*
Konten 1995: *6,7 Mio.*
Kundengelder 1995:
143.169,0 Mio.

Beschäftigte 1995: *29.615*
Beschäftigte 1994: *28.706*
Beschäftigte 1993: *28.241*

Löhne und Gehälter 1995:
2.543,0 Mio.
Durchschnittsgehalt 1995:
85.868,– DM
Soziale Abgaben und Aufwendungen 1995:
743,0 Mio.

Bezüge pro Vorstandsmitglied 1995:
1.250.272,– DM
Tantiemen pro Aufsichtsrat 1995: *113.200,– DM*

CONTINENTAL

Standort:
Vahrenwalder Straße 9
30165 Hannover

Postanschrift:
Postfach 169
30001 Hannover

Telefon: *(0511) 938-01*
Telex: *9217-0 cond*
Teletex: *5 11 83 92=Con*
Telefax: *(0511) 938-2766*

Branche: *Gummi- und kunststoffverarbeitende Industrie*

Rechtsform:
Aktiengesellschaft

Geschäftsjahr: *1.1.-31.12.*

Gründungsjahr: *1871*

Öffentlichkeitsarbeit:
Dr. Dieter von Herz
Tel.: (0511) 938-1485
FAX: (0511) 938-1055

Verbände: *Verband der deutschen Kautschukindustrie, Frankfurt/Main; Verband der Chemischen Industrie, Frankfurt/Main*

GESCHICHTE UND ENTWICKLUNG. Die Continental wurde im Oktober 1871 als Continental-Caoutchouc- und Gutta-Percha Compagnie Aktiengesellschaft in Hannover gegründet. Im Stammwerk wurden u. a. Weichgummiwaren, gummierte Stoffe, Massivbereifungen für Kutschen und Fahrräder hergestellt. Das Unternehmen wurde in der Reifentechnologie schnell die Nummer eins in Deutschland und Europa: erste Luftreifen der Welt mit Profil, erste schlauchlose Reifen, erste spezielle Winterreifen, erster Luftfederbelag für Omnibusse und Lastwagen. Mercedes-Rennwagen und Auto-Union-Fahrzeuge feierten in den ersten Jahrzehnten des Jahrhunderts auf Continental-Bereifungen Triumphe. 1928/29 Fusion mit bedeutenden Betrieben der deutschen Kautschukindustrie zur Continental Gummi-Werke AG. 1960 Beginn der Serienproduktion von Gürtelreifen. Expandierende Phase auf internationaler Ebene. 1979 Übernahme der europäischen Reifenproduktionsstätten von Uniroyal (USA) in Deutschland, Belgien, Frankreich, Großbritannien und Luxemburg. 1983 Vorstellung des als revolutionär geltenden Conti-Reifen-Systems für Pkw. 1985 Erwerb der Semperit Reifenwerke (Österreich), 1987 Kauf der General Tire Inc. (USA) mit Werken in USA, Mexiko und Kanada sowie Beteiligungen in Südamerika, Asien und Afrika. 1988 Erwerb der französischen Anoflex-Gruppe, 1990 Übernahme der britischen Reifenhandelskette National Tyre Service Ltd. (über 400 Filialen). 1991 Ausbau und Entwicklung des Konzernbereiches ContiTech. Zur Intensivierung des Systemgeschäftes mit der Kfz-Industrie wurde 1994 der Konzernbereich Fahrzeugsysteme gegründet. 1995 Kooperationsvertrag mit Michelin.

BESITZVERHÄLTNISSE/EIGENTUMSSTRUKTUR.
- Niedersachsen-Pool (Norddeutsche Landesbank Girozentrale, PreussenElektra, Haftpflichtverband der Deutschen Industrie) ca. 18%
- Institutionelle Anleger (Banken, Versicherungen und Industrieunternehmen) über 17%
- Deutsche Bank AG (über 10%)
- Dresdner Bank (6,5%)
- Allianz AG Holding (über 5%)
- Rest Streubesitz

KONZERNÜBERBLICK. Continental ist das größte Unternehmen für die Herstellung von Kautschukwaren aller Art in Deutschland. Der Konzern produziert und vertreibt Reifen und Schläuche für Pkw, Lkw, Transporter, Busse, Motorräder, Maschinen- und alle nur denkbaren Industriefahrzeuge, Autozubehör und Werkstättenmaterial. Darüber hinaus produziert Continental technische Erzeugnisse aus Gummi und Kunststoffen: Schläuche, Formteile, Profile, Transportbänder und Zubehör, beschichtete Gewebe, Innenaustattungen für Autos, Drucktücher, Keilriemen, Walzenbezüge, Weichschaum, Hartgummi, Schuhbedarf etc. Continental besitzt ein europäisches Netz von rund 1.000 konzerneigenen Reifenhandelsfilialen. 73% des Konzernumsatzes entfielen 1995 auf Reifen, 27% auf technische Produkte. Continental produziert in den inländischen Werken Hannover (3), Korbach, Dannenberg, Northeim, Gohfeld und Mendig. Dazu kommen zahlreiche Produktionsstätten im Ausland. Die Reifenmarken des Continental-Konzerns: Continental, Uniroyal, Semperit, Gislaved, General Tire, Barum, Mabor, Viking und Sava. Continental gliedert sich in folgende Konzernbereiche:

◆ Konzernbereich Pkw-Reifen und Handelsgesellschaften sowie Conti International für alle Märkte außerhalb Europas und Nordamerikas. Umsatz 1995: 4.079,0 Mio. DM (Vorjahr: 3.914,0 Mio.), Beschäftigte 1995: 21.584 (Vorjahr: 23.056). Vom Umsatz entfielen auf die größten Marken Continental 43%, Uniroyal 23% und Semperit 14%.

◆ Konzernbereich Nutzfahrzeugreifen. Umsatz 1995: 1.170,0 Mio. DM (Vorjahr: 1.076,0 Mio.), Beschäftigte 1995: 4.735 (Vorjahr: 4.641). Vom Umsatz entfielen auf die größten Marken Continental 59%, Uniroyal 10% und Semperit 21%.

◆ Konzernbereich Continental General Tire. Umsatz 1995: 2.062,0 Mio. DM (Vorjahr: 2.198,0 Mio.); Beschäftigte 1995: 6.981 (Vorjahr: 7.131). Umsatz nach Produktgruppen: Pkw-Reifen-Erstausrüstung 21%, Pkw-Reifen-Ersatzgeschäft 28%, Private brands 11%, Lkw-Reifen 23%, Landwirtschafts- und Erdbewegungsfahrzeuge 9%, sonstige 8%.

◆ Konzernbereich ContiTech: Hersteller technischer Gummiartikel; Kfz-Innenausstattung/Textil, Schläuche und Schlauchleitungen, Schwingungs- und Dichtungstechnik, Industrietechnik. Zu diesem Bereich gehören zahlreiche Tochter- und Beteiligungsgesellschaften. Umsatz 1995: 2.795,0 Mio. DM (Vorjahr: 2.480,0 Mio.); Beschäftigte 1995: 14.396 (Vorjahr: 13.592). Umsatz nach Sparten: Schwingungs- und Dichtungstechnik 18%, Schläuche und Schlauchleitungen 24%, Industrietechnik 27%, Kfz-Innenausstattung/Textil 31%.

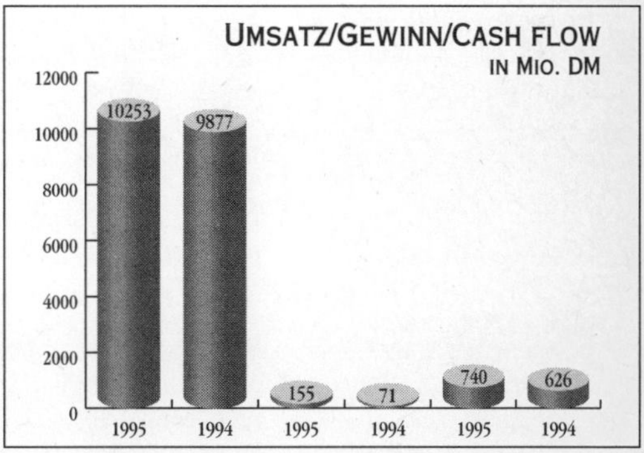

◆ Konzernbereich Fahrzeugsysteme; Systemgeschäft; komplette Fahrwerksysteme für die Automobil- und Nutzfahrzeug-Industrie. Dieser Bereich wurde 1994 gegründet und dient der Ergänzung des Kerngeschäftes Reifen. Durch die Kooperation mit der Temic Telefunken microelectronic GmbH gelang dem Konzernbereich Fahrzeugsysteme 1994 auch der Einstieg in den Elektronikbereich Fahrsysteme. Das Komplettradgeschäft wird mit neuen Vormontagebetrieben in Setubal/Portugal und Hannover für VW ausgebaut.

BETEILIGUNGEN. Der Continental-Konzern (Konsolidierungskreis) umfaßte Ende 1995 neben der Muttergesellschaft 166 in- und ausländische Unternehmen, die überwiegend im Bereich der Gummi- und Reifenindustrie sowie innerhalb der Sparte Kunststoffe angesiedelt sind. Zu den wichtigsten Unternehmen zählen:
Uniroyal Englebert Reifen GmbH, Aachen (100%); Deutsche Semperit GmbH, München (100%); Uniroyal Englebert Tyre Trading GmbH, Aachen (100%); Bamberger Kaliko GmbH, Bamberg (48,3%); Benekke-Kaliko AG, Hannover (48,3%); KA-RI-FIX Transportband-Technik GmbH, Kerpen-Sindorf (100%); Deutsche Schlauchbootfabrik Hans

Vorstand:
▌ *von Grünberg, Hubertus, Dr. (Vorsitzender; Personenwagenreifen)*
▌ *Beller, Hans Albert (Fahrzeugsysteme)*
▌ *Haverbeck, Peter (ContiTech; Arbeitsdirektor)*
▌ *Howaldt, Jens P. (Finanzen, Controlling und Recht)*
▌ *Röker, Klaus-D., Dr. (Nutzfahrzeugreifen; Umwelt und Forschung Reifen)*

Vorstandsbezüge 1995:
8.117.000,– DM

Generalbevollmächtigte:
▌ *Frangenberg, Bernd (President Continental General Tire Inc.)*
▌ *Friedland, Klaus (Personal Konzern)*
▌ *Gieselmann, Helmut (Vorsitzender der Geschäftsführung Vergölst GmbH)*
▌ *Paschke, Werner P. (Konzerncontrolling)*

Aufsichtsrat:
I *Weiss, Ulrich (Vorsitzender; Mitglied des Vorstandes der Deutsche Bank AG)*
I *Angermueller, Hans H. (Anwaltssozietät Shearman & Sterling, New York)*
I *Bodin, Manfred (Vorsitzender des Vorstandes der Norddeutsche Landesbank Girozentrale)*
I *Breipohl, Diethart (Mitglied des Vorstandes der Allianz AG Holding)*
I *Breitschwerdt, Werner (ehem. Vorsitzender des Vorstandes der Daimler-Benz AG)*
I *Ehrnrooth, Casimir (Vorsitzender des Aufsichtsrates der Oy Nokia Ab, Helsinki)*
I *Henkel, Hans-Olaf (Vorsitzender des Aufsichtsrates der IBM Deutschland GmbH)*
I *Saßmannshausen, Günther (Vorsitzender des Aufsichtsrates der Deutsche Bahn AG)*
I *Vita, Giuseppe (Vorsitzender des Vorstandes der Schering AG)*
I *Voss, Bernd W. (Mitglied des Vorstandes der Dresdner Bank AG)*
**Schultze, Wolfgang (stellv. Vorsitzender)*
**Aschermann, Heidemarie*
**Bartels, Adolf*
**Hilverkus, Wilfried*
**Köhler, Richard*
**Kölling, Dieter*
**Mierswa, Werner*
**Schille, Siegfried*
**Stark, Rainer*
**Sumpf, Dirk*

Aufsichtsratstantiemen 1995: *522.000,– DM*

Scheibert GmbH & Co. KG, Eschershausen (100%); Clouth Gummiwerke AG, Köln (100% – soll mit ContiTech verschmolzen werden); KG Deutsche Gasrusswerke GmbH & Co., Dortmund (32,1%); Drahtcord Saar GmbH & Co. KG, Merzig/Saar (50% – die übrigen 50% bei Pirelli Deutschland); Semperit Reifen AG, Wien/Österreich, mit zahlreichen Tochtergesellschaften (99,8%); Continental General Tire (Teilkonzern), Charlotte, North Carolina/USA (100%); SICUP SNC, Sarreguemines/Frankreich (100%); Continental Holding France SARL, Sarreguemines/Frankreich (100%); ContiTech AGES S.p.A., Santena/Italien (100%); Continental Däck Norden AB, Göteborg/Schweden (100%); Continental Tyre & Rubber Group Ltd., West Drayton/Großbritannien (100%); National Tyre Service Ltd., Stockport/Großbritannien (100%); Semperit (Ireland) Ltd., Dublin/Irland (100%); Société des Flexibles Anoflex SA, Caluire/Frankreich (99,9%); Pneu Uniroyal Englebert S.A., Herstal-lez-Liège/Belgien (100%); Barum Continental spol.sr.o., Otrokovice/Tschechien (76%); Continental Caoutchouc (Suisse) S.A., Zürich/Schweiz (100%); Continental Industrias del Caucho SA, Madrid/Spanien (100%); Continental Mabor Indústria de Pneus S.A., Lousado/Portugal (100%); Uniroyal Englebert Tyres Ltd., Newbridge/Großbritannien (100%); Compañía Ecuatoriana del Caucho, Cuenca/Ecuador (38,2%); General Tire & Rubber Company of Morocco, Casablanca/Marokko (34,2%); SAVA-Semperit, Kranj/Slowenien (27,8%).

NEUE BUNDESLÄNDER. Continental hat mit mehreren hundert ostdeutschen Reifenhändlern Hauptlieferantenverträge abgeschlossen.

STANDORT DEUTSCHLAND. 1996 wurde bereits ein Viertel der europäischen Reifen für Pkw und Nutzfahrzeuge in Niedrigkostenländern hergestellt, 40% der Produktion sind angestrebt. Continental konzentriert Teile seiner Reifenproduktion zusehends auf die eigenen Produktionsstandorte in den sogenannten Billiglohnländern wie Portugal, Slowenien, Polen und Tschechien. Diese Produktionsstandorte werden weiter ausgebaut. Das Werk Lousado in Portugal ist inzwischen die leistungsfähigste europäische Fabrik des Continental-Konzerns. Continental ist mit eigenen Fertigungsstätten in Tschechien (Mehrheitsbeteiligung beim tschechischen Reifenhersteller Barum mit 65 Barum-Handelsbetrieben), in Ungarn und in Slowenien (Kooperation mit dem Reifenhersteller SAVA) vertreten. Die Produktion von Landwirtschaftsreifen wurde nach Polen verlegt, Standardfahrreifen werden aus Wettbewerbsgründen zu einem Teil in Thailand hergestellt. 1997 soll ein Werk zur Armierung von Reifenschläuchen für die Volkswagen AG in Mexiko eröffnet werden, in China sind verschiedene Gemeinschaftsunternehmen geplant, in Indien wurde 1996 mit Apollo Tyres Ltd., Neu Delhi, ein Reifenwerk projiziert (Jahreskapazität: 4,7 Mio. Reifen), ebenfalls Indonesien steht auf der Conti-Karte.
Auch ContiTech fertigt aus Wettbewerbsgründen zunehmend an Niedrigkostenstandorten, u. a. bei den Gesellschaften IMAS S.A. in Griechenland sowie ContiTech Elastorsa S.A. in Spanien. 1994 wurde das Gemeinschaftsunternehmen ContiTech Vegum zur Herstellung von Profilen und Formteilen in der Slowakei gegründet. Mit dem amerikanischen Automobilzulieferer Cooper Tire & Rubbe Co., Findlay/Ohio,

wurde Anfang 1995 ein Kooperationsvertrag zur stärkeren Präsenz auf dem amerikanischen Markt geschlossen.
Eine aufsehenerregende Kooperation ging Continental 1995 mit dem weltweit größten Reifenhersteller, der französischen Michelin S.A., Clermont-Ferrand, zur gemeinsamen Produktion von Niedrigpreis-Reifen ein. Die Zusammenarbeit erstreckt sich vom Einkauf bis zur Produktion von Niedrigpreisreifen in einem Gemeinschaftsunternehmen, an dem beide Partner zu je 50% beteiligt sind. Der Produktionsstandort wird vermutlich Portugal sein. Continental erhält in diesem Zusammenhang die unbegrenzte Nutzung der Markenrechte für Uniroyal-Reifen in Europa, die es vor einigen Jahren verloren hatte. Eine Überkreuzbeteiligung von Michelin und Continental ist nicht geplant.
Die inländische Belegschaft wurde in den letzten Jahren um rund 7.000 Mitarbeiter reduziert. (Die Konzernbelegschaft insgesamt blieb durch die Eingliederung neuer Tochterunternehmen wie Barum und Benecke relativ konstant.) 22% des Konzernumsatzes erwirtschaftet Continental in Nordamerika. Die amerikanischen Continental-Unternehmen mit den Werken in Mt. Vernon und Charlotte/North Carolina beliefern auch die europäischen Automobilhersteller an ihren Produktionsstätten in den USA sowie verschiedene US-Automobilhersteller. Bei General Tire wurden in den letzten Jahren aber auch zahlreiche Fabriken geschlossen, 5.000 der zuvor 12.000 Stellen abgebaut.
Die Kosten in Deutschland seien nach wie vor zu hoch. Innerhalb der Konzerns würden die deutschen Arbeitsplätze subventioniert, meinte der Vorstandsvorsitzende der Continental AG, Hubertus von Grünberg, anläßlich der Hauptversammlung im Juni 1996 und legte nach. Eines der zwölf europäischen Reifenwerke des Konzerns müsse geschlossen werden. (»Süddeutsche Zeitung« vom 13. Juni 1996: »Mit der drohenden Schließung eines Werkes seien von allen Standorten Angebote für Kostensenkungen gekommen.« »Frankfurter Allgemeine Zeitung« vom 30. April 1996: »Derzeit befänden sich die Werke im härtesten Wettbewerb untereinander, weil natürlich jeder die Schließung verhindern will.«) In Deutschland arbeiten 42% der Conti-Belegschaft.
Erster Kandidat der Hannoveraner für eine Schließung: die österreichische Semperit Reifen AG, Traiskirchen, mit 2.400 Beschäftigten. Möglicherweise soll die Produktion ins tschechische Werk Barum verlegt werden. Der Continental-Vorstand im Juni 1996: »Wir setzen die Restrukturierung alter Werke fort und verlagern aus Kostengründen die Herstellung nicht mehr wettbewerbsfähiger Produkte nach Mittel- und Südeuropa.« Als Continental im Juli 1996 bekanntgab, von 1997 an die Reifenproduktion im Semperit-Werk zu halbieren und erst einmal 400 Arbeitsplätze abzubauen, brach in Österreich ein Sturm der Entrüstung los. Von »Kolonialismus« war in den Medien die Rede, von »Kapitalismus pur«; einen »Continental-Boykott« erwogen die Gewerkschaften. Zuvor schon war bei Semperit von den Hannoveranern die Abteilung Forschung und Entwicklung geschlossen worden.

»BÜNDNIS FÜR ARBEIT«. Der Vorstand lobt die Arbeitnehmervertreter und ihr Verhalten »zum Wohle des Unternehmens«. »Rechtzeitige Information und Kommunikation trugen dazu bei, tiefgreifende Veränderungen in Organisationsstrukturen und -abläufen ohne Gefährdung des Arbeitsfriedens realisieren zu können.« Der Personalabbau soll sich auch 1996/97 in Europa und den USA in Abstimmung

BÖRSE, AKTIEN, KURSE
Grundkapital 1995:
469,7 Mio.
Jahreshöchstkurs 1995:
23,10 DM
Jahrestiefstkurs 1995:
18,60 DM
Aktie Jahresende 1995:
19,85 DM
Dividende pro Aktie 1995:
0,50 DM

Die Dividende bezieht sich auf je 5,– DM Aktiennennbetrag, nachdem am 15. Juni 1995 die Aktien der Continental AG auf diesen Nennbetrag umgestellt worden sind. Die Continental-Aktie startete das Börsenjahr mit einem Kurs von rechnerisch 22,60 DM (auf Basis der ehemaligen 50-DM-Aktie: 226,– DM). Die Continental-Aktie wird an allen acht deutschen Börsen und an vier Präsenzbörsen in Europa amtlich notiert. Darüber hinaus wird sie seit 1989 in Form eines Sponsored ADR-Programms (American Depositary Receipt) in den USA im OTC-Market (Over the Counter) gehandelt. Neben den traditionellen Belegschaftsaktien führte Continental 1995 das neue Belegschaftsaktienmodell »Conti 100« ein.

Umsatz 1995: *10.252,6 Mio.*
(Auslandsanteil: 66,5%)
Umsatz 1994: *9.876,9 Mio.*
(Auslandsanteil: 67,6%)
Umsatz 1993: *9.369,1 Mio.*
(Auslandsanteil: 65,4%)

Gewinn 1995: *155,2 Mio.*
Gewinn 1994: *70,8 Mio.*
Gewinn 1993: *65,1 Mio.*

Cash flow 1995: *739,7 Mio.*
Cash flow 1994: *625,9 Mio.*
Cash flow 1993: *578,9 Mio.*

Cash flow: *Der Cash flow floß überwiegend in die Konzerninvestitionen. Der Verschuldungsfaktor hat sich 1995 bei gesteigertem Netto-Cash flow (gemessen am Umsatz 7,2%) und einem leichten Rückgang der Finanzschulden von 3,4% auf 2,7% reduziert.*

Steueraufkommen 1995: *39,6 Mio.*

Beschäftigte 1995: *47.918*
Beschäftigte 1994: *48.583*
Beschäftigte 1993: *50.294*

Umsatz pro Mitarbeiter 1995: *213.961,– DM*
Umsatz pro Mitarbeiter 1994: *221.540,– DM*
Umsatz pro Mitarbeiter 1993: *186.287,– DM*

Löhne und Gehälter 1995: *2.535,7 Mio.*
Löhne und Gehälter 1994: *2.537,9 Mio.*
Durchschnittsgehalt 1995: *52.917,– DM*
Soziale Abgaben und Aufwendungen 1995: *738,1 Mio.*
Soziale Abgaben und Aufwendungen 1994: *727,1 Mio.*

mit den Belegschaftsvertretern fortsetzen. Arbeitszeitmodelle zur Sicherung von Arbeitsplätzen sind bei Continental im Rahmen des geltenden Tarifvertrages mit der IG Chemie Realität, ergänzt durch Betriebsvereinbarungen innerhalb der einzelnen für solche Modelle in Frage kommenden Gesellschaften.

UMWELTSCHUTZ. Einen Umweltbericht hat Continental nicht. Detaillierte Veröffentlichungen über mögliche Umweltschädigungen an den Produktionsstandorten der Reifenfabrikation gibt es nicht. Für die interne und externe Bewältigung von Krisenfällen wurde allerdings konzernweit eine Handlungs- und Verhaltensanweisung publiziert und trainiert. Das Werk Korbach (Produktion von Pkw-Reifen und technischen Schläuchen) entspricht der europäischen Öko-Audit-Verordnung. »Vermeiden, vermindern und verwerten in allen Lebensphasen unserer Produkte von der Konzeption, Planung, Entwicklung, Herstellung, Nutzung, Wiederverwertung bis hin zur Entsorgung sind unsere Ziele für den Umweltschutz.« Continental will mit Umweltschutz in erster Linie Geld verdienen, die »Kunden durch Qualität und Preis überzeugen und gleichzeitig die Umwelt schonen«. Continental hat den »umweltfreundlichen« Reifen EcoContact entwickelt, der den Benzinverbrauch drosseln soll, länger haltbar ist und den Lärm reduziert. Bei diesem Pkw-Umweltreifen werden bei den Gummimischungen zu 30% nachwachsende Rohstoffe eingesetzt, in erster Linie Naturkautschuk. In den Continental-Produktionsstätten werden Emissionen, insbesondere durch kohlenwasserstoffhaltige Lösungsmittel, drastisch reduziert. Hinzu kommt die Abfallvermeidung durch groß angelegte Reststoffsammlungen in den Werken. Recycling und Verwertung von Altgummi betreibt die Tochtergesellschaft Vergölst, eine der größten Runderneuerungsbetriebe in Europa. Runderneuerung der Reifen kann bis zu 75% des Markteinsatzes im Vergleich zu Neureifen sparen. Es gibt bei Continental eigene Forschungsprogramme zur Wiederverwendung und Verwertung von Altgummi. Kunden können ihre Altreifen gesichert entsorgen über die REG Reifen-Entsorgungsgesellschaft mbH.

DIE KONKURRENZSITUATION. Der Weltreifenmarkt wird seit Jahren von einem ungeheuren Konkurrenzdruck bestimmt, der sich in einem mit kaum einer anderen Branche vergleichbaren weltweiten Konzentrations- und gnadenlosen Verdrängungsprozeß ausdrückt. Mit dem Erwerb von Uniroyal Goodrich (USA) setzte sich Michelin (Frankreich) mit 24% Anteil am Weltmarkt an die Spitze, gefolgt von Goodyear (USA) mit 19% und Bridgestone (Japan) mit 17% – nach der Übernahme von Firestone/USA. Der Continental-Konzern liegt durch den Einstieg in den amerikanischen General Motors- und Ford-Ausrüster General Tire Inc. und dessen schließlicher Übernahme mit 8% Marktanteil auf Platz 4 unter den größten Gummi-Unternehmen der Welt – noch vor dem italienischen Konzern Pirelli, der in den letzten Jahren alles darangesetzt hat, bei Conti einzusteigen bzw. Conti aufzukaufen, nachdem er bei Firestone nicht zum Zug gekommen war. Der von Continental als feindlich angesehene Übernahmeversuch scheiterte schließlich. In Europa ist Continental nach der Übernahme der europäischen Uniroyal-Englebert-Gesellschaften und der Semperit Reifen AG unter den Gummi-Produzenten an die zweite Stelle gerückt.

KOMMENTAR. »Wir erhalten die Aufträge in Gnade«, meinte der Vorstandsvorsitzende der Continental AG, Hubertus von Grünberg, mit Blick auf die Autoindustrie anläßlich der Bilanzpressekonferenz im April 1994. Die Autoindustrie als entscheidender Abnehmer dominiert die Reifenbranche. Die Autogiganten bestimmen die Preise für Gummi und Kautschuk und zeichnen verantwortlich für den ungeheuren Konkurrenzdruck innerhalb des Gummi-Kartells und somit für den rasanten Konzentrationsprozeß. Die Abschlüsse mit der Automobilindustrie decken seit Jahren nicht einmal die Kosten der Hersteller, wobei Erstausstattungen auch mit Minusabschlüssen deshalb von Bedeutung sind, weil es eine gewisse Reifentreue beim Kunden stabilisiert. Durch den zunehmenden Konkurrenzdruck innerhalb der Branche konzentrieren sich die Beteiligungen in erster Linie auf den Erwerb strategisch interessanter Händler und Handelsketten in Nordamerika, Europa und Japan, d. h. auf den Reifenmarkt, der unabhängig von der Erstausstattung durch die Automobilkonzerne ist, wodurch die Vermarktung der eigenen Produkte gefördert und gesichert werden soll. Continental hat sich Ende der 80er Jahre in zahlreiche Handelsunternehmen eingekauft, u. a. wurde Anfang 1990 die zweitgrößte britische Reifenhandelskette National Tyre Service, Stockport/Manchester, mit über 400 Fachbetrieben übernommen. Die 1995 abgeschlossene strategische Allianz zwischen Michelin und Continental, den Nummern eins und zwei auf dem europäischen Reifenmarkt, die in einem Jointventure Niedrigpreis-Reifen produzieren, Kompletträder montieren und teilweise ihre Einkaufs- und Logistikbereiche zusammenlegen wollen, dürfte den großen Automobilherstellern zumindest zwischenzeitlich Paroli bieten.

Bezüge pro Vorstandsmitglied 1995: *1.623.400,– DM*
Tantiemen pro Aufsichtsratsmitglied 1995: *26.100,– DM*

Investitionen 1995: *591,3 Mio.*
Investitionen 1994: *514,7 Mio.*
Investitionen 1993: *624,1 Mio.*

Mitbewerber: *Bridgestone/Firestone, Goodyear, Michelin, Nokia, Pirelli, Sears, Sumitomo/Dunlop*

DAIMLER-BENZ

GESCHICHTE UND ENTWICKLUNG. 1926 entstand die Daimler-Benz AG durch Verschmelzung der Aktiengesellschaft »Benz & Cie.« (gegr. 1883 als Privatfirma durch Karl Benz) und der Daimler-Motoren-Gesellschaft (gegr. 1890 durch Gottlieb Daimler) mit der Zentralverwaltung in Stuttgart-Untertürkheim. Die Daimler-Motoren-Gesellschaft fungierte dabei als aufnehmende Gesellschaft. Benz und Daimler gehörten zu den innovativsten Persönlichkeiten der aufstrebenden Automobil- und Motorenbranche. Zahlreiche Erfindungen und bahnbrechende Entwicklungen. In den 90er Jahren des letzten Jahrhunderts entwickelte die Firma Benz den ersten Omnibus, die DMG den ersten Lkw der Welt. Ausstattung von Rennwagen mit Daimler-Motoren. 1902 wurde der Name »Mercedes« gesetzlich geschützt. Expansion und internationale Erfolge beider Unternehmen bis zur Fusion als Antwort auf die Wirtschaftskrise der 20er Jahre. Ausbau des Pkw- und Nfz-Programms; Großmotoren-Bau mit Dieselmotoren; Präsentation des Mercedes-Benz-Programms mit sensationellem Erfolg. Expansion durch Akquisitionen. 1934 erste Erfolge der »Silberpfeile«. Einbindung von Daimler-Benz in die Propaganda und schließlich in die Rüstungsexpansion der Nazis, besonders in der Produktion von Groß-

Standort: *70546 Stuttgart*

Telefon: *(0711) 17-0*
Telex: *72 524-0 db d*
Telefax: *(0711) 17-22244*

Branche: *Automobilindustrie, Bahnsysteme, Mikroelektronik, Luft- und Raumfahrt, Verteidigung, Dienstleistungen*

Rechtsform: *Aktiengesellschaft*

Geschäftsjahr: *1.1.-31.12.*

Gründungsjahr: 1883 Firma »Benz u. Cie. Rheinische Gasmotorenfabrik«, Mannheim (erste Automobilfabrik der Welt), 1890 Daimler-Motoren-Gesellschaft, 1926 Zusammenschluß beider Firmen zur Daimler-Benz AG

motoren, Flug- und Schiffsmotoren. Triebwerkskonstruktionen zu Kriegszwecken.
1945 Vernichtung großer Teile der Werke; Enteignung und Demontage der im Osten gelegenen Niederlassungen. Wiederaufnahme der Lkw-Produktion im Westen, 1947 der Pkw-Produktion. In den 50er Jahren Expansion ins Ausland, Gründung zahlreicher bedeutender Tochtergesellschaften vor allem in Süd- und Nordamerika. Bau neuer Werke und Akquisitionen zahlreicher Unternehmen. 1969 Gründung der »Hanomag-Henschel-Fahrzeugwerke« GmbH, Hannover; 1970 gemeinsame Gründung mit MAN der »Motoren- und Turbinen-Union München GmbH« (MTU). Weitere Auslandsniederlassungen und Produktionsstätten, zahlreiche Übernahmen und Beteiligungen in aller Welt. 1985 Erwerb der 50%igen MTU-Beteiligung von MAN sowie der Mehrheit der Geschäftsanteile von Dornier und eine Beteiligung von 24,9% an der AEG, die 1986 zur Mehrheitsbeteiligung wurde und 1988 in einen Beherrschungs- und Gewinnabführungsvertrag mündete. 1989 Übernahme der Mehrheit von MBB und eine grundlegende Neuordnung des Konzerns in die drei Unternehmensbereiche Mercedes-Benz, AEG und Deutsche Aerospace. 1989 Gründung der Deutschen Airbus GmbH. 1990 Gründung der Daimler-Benz Inter Services AG (debis) als vierten Unternehmensbereich. 1993 Übernahme von 51% der niederländischen Fokker. 1996 Teilverkauf der AEG und Auflösung der Frankfurter Zentrale. Einstellung der Zahlungen an Fokker. Das Unternehmen geht daraufhin in Konkurs.

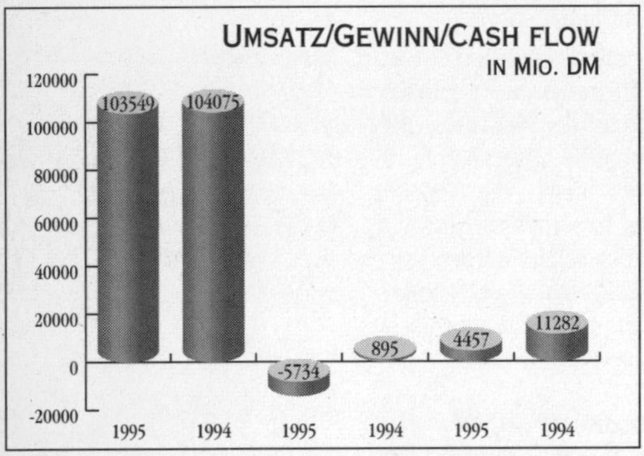

BESITZVERHÄLTNISSE/EIGENTUMSSTRUKTUR.

- Deutsche Bank AG, Frankfurt/Main (24,4%)
- Emirat Kuwait (knapp 13%)
- Streubesitz bei mehr als 450.000 Aktionären

Nach der 1995 vorgenommenen Verschmelzung der Beteiligungsgesellschaft Stella (12,3% des Grundkapitals) auf die Daimler-Benz AG sind die ehemaligen Stella-Investoren nun direkte Anteilseigner der Daimler-Benz AG. Dazu gehören mit geringen Prozentanteilen u. a. Commerzbank AG, Voith GmbH, Robert Bosch GmbH, Landesbank Stuttgart Girozentrale, R+V Allgemeine Versicherung AG.

KONZERNÜBERBLICK. Nach einer einschneidenden Änderung der Organisations- und Führungsstruktur, die bis über das Jahr 2000 hinaus Gültigkeit haben soll, fungiert die Daimler-Benz AG seit Mitte 1989 ausschließlich als geschäftsführende Holding. Sie koordiniert, steuert und kontrolliert nach einer neuerlichen Umstrukturierung von 1996 (teilweiser Verkauf der AEG, Verschmelzung der verbliebenen Geschäftsfelder der AEG Daimler-Benz-Industrie auf Daimler-Benz) die Unternehmensbereiche Mercedes-Benz, Daimler-Benz Aerospace (DASA) und Daimler-Benz InterServices (debis). Neben der Gestaltung des Konzernportfolios, des Managements der Finanzen, der Konzernrechnungslegung und des Controllings ist die Konzernleitung zuständig für die konzernübergreifende Personalarbeit und die weltweite Vertretung des Konzerns nach außen. Von der Vision eines integrierten Technologiekonzerns hat man sich 1996 verabschiedet. Mercedes-Benz und debis werden von Daimler-Benz zu 100% gehalten, die Daimler-Benz Aerospace zu 93,8% (Freie und Hansestadt Hamburg 6,8%).

◆ Unternehmensbereich Mercedes-Benz: Mehr als zwei Drittel des Konzernumsatzes entfallen auf den Automobilbereich. Am 1. Juli 1989 übernahm die neu gegründete Mercedes-Benz AG die Geschäftsbereiche Personenwagen und Nutzfahrzeuge von der Daimler-Benz AG, die ihr alleiniger Aktionär ist. 1995 wurden weltweit 583.400 (Vorjahr: 592.400) Personenwagen abgesetzt, davon in Deutschland 236.800 (Vorjahr: 249.800), was einem Marktanteil von 7,5% (Vorjahr: 8,2%) entsprach. Im Ausland wurde mit 345.800 (Vorjahr: 341.300) Fahrzeugen bzw. einer 19%igen (Vorjahr: 18%) Steigerung eine Höchstmarke in der Daimler-Benz-Geschichte erreicht. Im Bereich Pkw wurde 1995 ein Umsatz 40,5 Mrd. DM (Vorjahr: 42,1 Mrd.) erzielt. Besonders erfolgreich war 1995 der Modellwechsel zur E-Klasse. Der Absatz an Nutzfahrzeugen stieg 1995 um 10% auf 320.100 (Vorjahr: 290.450) Fahrzeuge. Bei Nutzfahrzeugen ist Mercedes der weltweit größte Hersteller von Lastwagen über 6 Tonnen. Das Modellangebot reicht vom Transporter bis zum Schwerlastwagen, vom Spezialfahrzeug bis zum Unimog, vom Reise- und Überland- bis zum Stadtbus. (Neue Produktoffensive 1995 mit dem »Sprinter« und dem »Vito«.) Im Geschäftsfeld Nutzfahrzeuge spielt die Daimler-Benz-Tochtergesellschaft Freightliner (USA) mit 60.900 (Vorjahr: 51.400) Fahrzeugen eine bedeutende Rolle. Anfang 1995 übernahm Mercedes-Benz die Karl Kässbohrer Fahrzeuge GmbH. Die europäischen Busaktivitäten der Mercedes-Benz AG werden seither von der neugegründeten Evo-Bus GmbH mit den vier industriellen Standorten Mannheim, Ulm/Neu Ulm, Ligny-en-Barrois/Frankreich und Hosdere/Davutpasa/Türkei zusammengefaßt.

Die elf Mercedes-Benz-Werke im Inland arbeiten in einem engen Produktionsverbund, die Schaltzentrale befindet sich in Stuttgart-Untertürkheim. Insgesamt unterhält Mercedes-Benz 46 deutsche und ausländische Produktionsstandorte. Mercedes verfügt über ein dichtes Service-Netz mit weltweit 125.000 geschulten Mitarbeitern bei 5.900 Verkaufs- und Service-Stützpunkten in rund 170 Ländern. Umsatz 1995: 72.030,0 Mio. DM (Vorjahr: 70.715,0 Mio.); Investitionen 1995: 3.539,0 Mio. DM (2.939,0 Mio.); Forschung und Entwicklung 1995: 3.726,0 Mio. DM (Vorjahr: 3.333,0 Mio.); Beschäftigte 1995: 197.164 (Vorjahr: 197.568).

Produktionsstandorte im Geschäftsbereich Personenwagen:

- Sindelfingen: Karosserie- und Montagewerk; zentrales Ersatzteillager
- Stuttgart-Untertürkheim: Fertigung von Motoren, Achsen und Getrieben; Gießerei, Schmiede
- Bremen: Karosserie- und Montagewerk
- Berlin: Fertigung von Pkw-Tauschmotoren, Pkw- und Nfz-Motorenteilen, Kleinaggregaten, kleine Roadster (SLK)
- Hamburg: Fertigung von Präzisionsteilen und Kleinaggregaten für Pkw und Nfz
- Bad Homburg: Fertigung von Motorensteuerungsanlagen

Öffentlichkeitsarbeit/Presse:
Roland Klein
Tel.: (0711) 17-93635
FAX: (0711) 17-94686
Ursula Mertzig-Stein
Tel.: (0711) 17-93315
FAX: (0711) 17-94531

Betriebsbesichtigungen der Daimler-Benz-Werke sind möglich in den Werken Untertürkheim, Bremen, Kassel, Gaggenau, Sindelfingen, Berlin-Marienfelde.

Verbände: *Verband der Automobilindustrie e.V. (VDA), Frankfurt/Main; Gesamtverband Deutscher Metallgießereien, Düsseldorf; Gesamtverband Kunststoffverarbeitende Industrie e.V., Frankfurt/Main*

Vorstand:
- *Schrempp, Jürgen E. (Vorsitzender), Stuttgart*
- *Bischoff, Manfred, Dr. (Unternehmensbereich Daimler-Benz Aerospace), München*
- *Gentz, Manfred, Dr. (Finanzen und Personal), Stuttgart*
- *Mangold, Klaus, Dr. (Daimler-Benz InterServices/debis), Stuttgart*
- *Werner, Helmut (Unternehmensbereich Mercedes-Benz), Stuttgart*
- *Weule, Hartmut, Prof. Dr. (Forschung und Technik), Stuttgart*

Vorstandsbezüge 1995:
11.941.418,– DM

- Rastatt: Vorbereitungen für die Produktion der neuen A-Klasse (ab 1997)
- Stuttgart-Bad Cannstatt: Motoren

Produktionsstandorte Nutzfahrzeuge (Inland):
- Mannheim: Fertigung von Nfz- und Industrie-Motoren; Karosserie- und Montagewerk für Omnibusse; Gießerei; Textilfertigung für Pkw
- Wörth: Lkw-Montage einschl. Fahrerhausbau; Fertigung von Kunststoffen
- Gaggenau: Karosserie- und Montagewerk für Unimog und MB-trac; Fertigung von Nfz-Getrieben und Außenplanetenachsen
- Düsseldorf: Karosserie- und Montagewerk für Transporter und Kleinomnibusse; Fertigung von Lenkungen
- Kassel: Fertigung von Nfz-Achsen

Produktionsstandorte Nutzfahrzeuge (Ausland):
- Mercedes-Benz do Brasil S.A., São Bernardo do Campo (Gruppe)
- Freightliner Corporation, Portland/Oregon (Gruppe)
- Mercedes-Benz of South Africa (Pty.) Ltd., Pretoria; Car Distributors Assembly (Pty.) Ltd., East London
- Mercedes-Benz España S.A., Madrid
- Mercedes-Benz Türk A.S., Istanbul/Türkei
- Mercedes-Benz Argentina S.A., Buenos Aires
- Im neuen Mercedes-Benz Werk in Tuscaloosa/Alabama (USA) soll ab 1997 das neu entwickelte Freizeitfahrzeug mit Allradantrieb »All Activity Vehicle« (AAV) produziert werden.

◆ Unternehmensbereich AEG Daimler-Benz Industrie: Anfang Januar 1996 wurde vom Vorstand der Daimler-Benz AG über die Neuordnung dieses Unternehmensbereiches entschieden, den es ab Mitte 1996 in dieser Form nicht mehr gibt. Bei Daimler-Benz verbleiben die Geschäftsfelder Bahnsysteme (Adtranz-Joint-venture mit ABB), Mikroelektronik (Temic), Dieselantriebe (MTU Friedrichshafen) sowie Postautomatisierung (AEG ElectroCom). Im Juni 1996 wurde zur Neuordnung dieser Geschäftsfelder die AEG Aktiengesellschaft auf die Daimler-Benz AG verschmolzen. Alle operativen Bereiche der AEG AG, besonders die Bereiche Energietechnik sowie Anlagen- und Automationstechnik, die nicht mehr zum Daimler-Benz-Konzern gehören sollen, wurden in GmbHs umfirmiert und veräußert. Fazit: das Aus für das einst so traditionsreiche Unternehmen AEG, das Daimler-Benz eigentlich in kleinen Schritten schon seit Jahren vollzogen hatte.
Zu Erinnerung: Im Rahmen der besonders vom damaligen Vorstandsvorsitzenden Edzard Reuter vorangetriebenen Strategie eines integrierten Technologiekonzerns erwarb Daimler-Benz 1986 die Mehrheit an der AEG und begann mit dem konsequenten Ausbau der Bereiche Elektrotechnik und Elektronik. Nachdem die Aktivitäten der AEG in der Luft-, Raumfahrt- und Verteidigungstechnik mit seinerzeit etwa 11.000 Beschäftigten und über 220 Mrd. DM Umsatz ausgegliedert und im Rahmen der Umstrukturierung in die DASA überführt worden waren und auch die AEG-Forschungsinstitute direkt der Daimler-Benz AG zugeordnet wurden, war die AEG seit 1993 in fünf Geschäftsfeldern tätig: Bahnsysteme (Gesamtsysteme, Fernverkehr, Nahverkehr und Wagen); Mikroelektronik (mit TEMIC Telefunken microelectronic GmbH – Halbleiter, Mikrosysteme, Kfz-Ausrüstung,

Sondertechnik); Dieselantriebe; Energietechnik (Energieverteilung, Komponenten); Automatisierungstechnik (Produkte und Basissysteme, Systemtechnik und Support, Industricanlagen, Postautomatisierung).
Der Bereich AEG-Hausgeräte mit der AEG Hausgeräte AG, Nürnberg, wurde im Herbst 1994 aus dem AEG Konzernverbund ausgegliedert und für insgesamt 730 Mio. DM an die Electrolux AB, Stockholm, verkauft. Der niederländische Philips-Konzern übernahm den Leuchtenbereich der AEG, die AEG Lichttechnik GmbH.
Insgesamt umfaßte das Leistungsangebot der AEG 1995 mehr als 8.000 Produkte. Weltweit war der AEG-Konzern in 110 Ländern vertreten. Knapp die Hälfte des Umsatzes wurde im Ausland erzielt. In Deutschland unterhält die AEG 38 Produktionsstandorte und 40 technische Vertriebsniederlassungen.
Ein Schwerpunkt der ehemaligen AEG Daimler-Benz Industrie wird der Bereich Bahnsysteme (Lokomotiven, U-Bahnen, Bahnsysteme aller Art) durch das 1995 vereinbarte Joint-venture zwischen Daimler-Benz und ABB zur ABB Daimler-Benz Transportation (Adtranz), in das die beiden Unternehmen ihre jeweiligen Aktivitäten auf dem Schienenverkehrssektor eingebracht hatten (50:50). Mit dieser Gründung entstand der größte Bahnhersteller der Welt.
Umsatz des Unternehmensbereiches 1995: 10.312,0 Mio. DM (Vorjahr: 10.294,0 Mio.); Beschäftigte 1995: 49.432 (Vorjahr: 44.769).
◆ Unternehmensbereich Daimler-Benz Aerospace (DASA): In der DASA sind alle Luft- und Raumfahrtaktivitäten des Konzerns gebündelt. Anfang 1995 wurde der Unternehmensbereich Deutsche Aerospace in Daimler-Benz-Aerospace umfirmiert, die Messerschmidt-Bölkow-Blohm (MBB) und Telefunken Systemtechnik (TST) auf die DASA verschmolzen. Durch Auftragsrückgänge bzw. Streichungen in der Verteidigungs- (Tiger, Eurofighter 200) und Raumfahrttechnik ist die DASA in eine Krise geraten, die eine neuerliche straffere Organisationsstruktur abfangen soll. 1995 wurden zahlreiche Gemeinschaftsunternehmen mit internationalen Partnern gegründet, um die Wettbewerbsfähigkeit weltweit zu erhöhen. Die DASA ist nach den drei Amerikanern Boeing, McDonnell Douglas und Lockheed die Nummer vier in der Welt.
Im Zusammenhang mit der Neuausrichtung der DASA auf ihre Kernaktivitäten wurden 1995 die MTU Motoren- und Turbinen-Union Friedrichshafen GmbH sowie die Temic Telefunken microelectronic GmbH kurzfristig auf die AEG Daimler-Benz-Industrie übertragen und inzwischen auf die Daimler-Benz AG verschmolzen. Im Juni 1996 wurde die Dornier Luftfahrt GmbH durch die US-Gesellschaft Fairchild Aircraft übernommen.
Der Unternehmensbereich gliedert sich in die Geschäftsbereiche Luftfahrt (alle Luftfahrt-Aktivitäten der früheren MBB, der im Sommer 1996 verkauften Dornier und der Anfang 1996 in Konkurs gegangenen Fokker. Entwicklung, Fertigung und Vermarktung von Militärflugzeugen, Regionalverkehrsflugzeugen und Hubschraubern. Die neue Deutsche Aerospace Airbus GmbH, Hamburg, an der die Kreditanstalt für Wiederaufbau/KfW mit 20% beteiligt ist, ist seit 1992 in der DASA konsolidiert. Produktionsstätten: Ottobrunn, Augsburg, Manching, Nabern, Schrobenhausen, Lampoldshausen); Raumfahrt (alle Raumfahrt-Aktivitäten von Dornier und MBB. Satelliten- und Nutzungssysteme, Raumtransport und Antriebssysteme, orbitale Infrastruktur,

Direktoren:
- *Baumgart, Hansjörg (Daimler-Benz Kunstbesitz)*
- *Berger, Martin (Rechnungswesen Konzern)*
- *Buderath, Hubertus (Konzernrevision)*
- *Cordes, Eckhard, Dr. (Konzernentwicklung; mit Generalvollmacht)*
- *Kleinert, Matthias (Politik und Außenbeziehungen; mit Generalvollmacht)*
- *Krämer, Michael, Dr. (Forschung 1)*
- *Pollmann, Werner, Prof. (Umweltbevollmächtigter des Daimler-Benz-Konzerns)*
- *Walther, Christoph, Dr. (Unternehmenskommunikation)*
- *Wick, Paul, Dr. (Finanzen und Steuern; mit Generalvollmacht)*
- *Wittig, Solms, Dr. (Recht; mit Generalvollmacht)*
- *Woriescheck, Gerd (Personal Konzern)*

Wichtige Beteiligungsgesellschaften der Daimler-Benz AG

Mercedes-Benz

Mercedes-Benz AG
Stuttgart
DEM 1.950.000.000
Bet. 100 %

EvoBus GmbH
Stuttgart
DEM 150.000.000
Bet. 100 %

Maschinenfabrik
Esslingen AG
Esslingen a. N.
DEM 42.515.000
Bet. 99,0 %

Holzindustrie
Bruchsal GmbH
Bruchsal
DEM 22.000.000
Bet. 100 %

Mercedes-Benz CharterWay
GmbH
Stuttgart
DEM 1.000.000
Bet. 100 %

Mercedes-Benz
España S.A.
Madrid/Spanien
ESP 22.296.291.000
(DEM 262,9 Mio.)
Bet. 100 %

Mercedes-Benz
(United Kingdom) Ltd.
Milton Keynes/Großbritannien
GBP 50.000.000
(DEM 110,7 Mio.)
Bet. 100 %

Mercedes-Benz
Nederland B.V.
Utrecht/Niederlande
NLG 57.000.000
(DEM 50,9 Mio.)
Bet. 100 %

Mercedes-Benz
Belgium S.A./N.V.
Brüssel/Belgien
BEF 1.800.050.000
(DEM 87,6 Mio.)
Bet. 100 %

Mercedes-Benz
France S.A.S.
Rocquencourt/Frankreich
FRF 430.000.000
(DEM 125,8 Mio.)
Bet. 100 %

Mercedes-Benz
Italia S.p.A.
Rom/Italien
ITL 107.500.000.000
(DEM 97,2 Mio.)
Bet. 100 %

Mercedes-Benz
(Schweiz) AG
Zürich/Schweiz
CHF 6.000.000
(DEM 7,5 Mio.)
Bet. 51 %

NAW Nutzfahrzeuge AG
Arbon/Schweiz
CHF 15.000.000
(DEM 18,7 Mio.)
Bet. 100 %

MC Micro Compact Car AG
Biel/Schweiz
CHF 50.000.000
(DEM 62,3 Mio.)
Bet. 51 %

Mercedes-Benz Österreich
Vertriebsgesellschaft m.b.H.
Salzburg/Österreich
ATS 10.000.000
(DEM 1,4 Mio.)
Bet. 50 % 1)

Mercedes-Benz Hellas S.A.
Athen/Griechenland
GRD 3.766.000.000
(DEM 22,8 Mio.)
Bet. 100 %

Mercedes-Benz Portugal
Comércio de Automóveis, S.A.
Abrunheira/Portugal
PTE 500.000.000
(DEM 4,8 Mio.)
Bet. 100 %

Mercedes-Benz Danmark AS
Hillerød/Dänemark
DKK 70.000.000
(DEM 18,1 Mio.)
Bet. 100 %

Mercedes-Benz Sverige AB
Spanga/Schweden
SEK 70.000.000
(DEM 15,0 Mio.)
Bet. 100 %

Freightliner Corp.
Portland, Oregon/USA
USD 180.000.000
(DEM 258,0 Mio.)
Bet. 100 %

Mercedes-Benz
of North America, Inc.
Montvale, New Jersey/USA
USD 130.000.000
(DEM 186,4 Mio.)
Bet. 100 %

Mercedes-Benz
Canada, Inc.
Toronto/Kanada
CAD 5.000.000
(DEM 5,2 Mio.)
Bet. 100 %

Mercedes-Benz
Mexico S.A. de C.V.
Mexico D.F./Mexiko
MXN 94.519.721
(DEM 17,9 Mio.)
Bet. 100 %

Mercedes-Benz do Brasil S.A.
São Bernardo
do Campo/Brasilien
BRL 609.285.000
(DEM 898,9 Mio.)
Bet. 100 %

Mercedes-Benz
Argentina S.A.
Buenos Aires/Argentinien
ARS 30.000.000
(DEM 43,0 Mio.)
Bet. 100 %

Mercedes-Benz of
South Africa (Pty.) Ltd.
Pretoria/Republik Südafrika
ZAR 31.837.500
(DEM 12,5 Mio.)
Bet. 87 %

Anambra Motor Manufacturing
Co. Ltd. (ANAMMCO)
Enugu/Nigeria
NGN 37.500.000
(DEM 2,4 Mio.)
Bet. 40 % 2)

Mercedes-Benz Türk A.S.
Istanbul/Türkei
TRL 1.500.000.000.000
(DEM 37,5 Mio.)
Bet. 55,6 %

Mercedes-Benz
Japan Co. Ltd.
Tokio/Japan
JPY 8.000.000.000
(DEM 111,3 Mio.)
Bet. 100 %

P.T. German Motor
Manufacturing
Jakarta/Indonesien
IDR 5.103.000.000
(DEM 3,2 Mio.)
Bet. 33,3 % 2)

P.T. Star Motors
Indonesia
Jakarta/Indonesien
IDR 899.640.000
(DEM 0,6 Mio.)
Bet. 45,6 % 2)

Iranian Diesel Engine
Manufacturing Comp. (IDEM)
Täbris/Iran
IRR 5.000.000.000
(DEM 2,4 Mio.)
Bet. 30 % 2)

Tata Engineering and
Locomotive Comp. Ltd. (TELCO)
Bombay/Indien
INR 2.314.588.952
(DEM 94,8 Mio.)
Bet. 10,3 % 2)

Bajaj Tempo Ltd.
Poona/Indien
INR 98.583.777
(DEM 4,0 Mio.)
Bet. 16,9 % 2)

Mercedes-Benz
(Australia) Pty. Ltd.
Mulgrave, Melbourne/Australien
AUD 70.000.000
(DEM 74,8 Mio.)
Bet. 100 %

AEG
Daimler-Benz Industrie

AEG Aktiengesellschaft
Berlin und
Frankfurt am Main
DEM 931.171.700
Bet. 93,2 % 3)

AEG Bahnsysteme GmbH
Berlin
DEM 131.000.000
Bet. 100 %

ABB Daimler-Benz
Transportation GmbH
Berlin
DEM 2.000.000
Bet. 50 % 1)

TEMIC TELEFUNKEN
microelectronic GmbH
Heilbronn
DEM 238.200.000
Bet. 100 %

Siliconix Inc.
Santa Clara, Kalifornien/USA
USD 59.552.894
(DEM 85,4 Mio.)
Bet. 80,4 %

Matra MHS S.A.
Nantes, Frankreich
FRF 286.000.000
(DEM 83,7 Mio.)
Bet. 50,0 %

MTU Motoren- und Turbinen-
Union Friedrichshafen GmbH
Friedrichshafen
DEM 100.000.000
Bet. 88,4 %

E.I.B. S.A.
Dison, Belgien
BEF 406.718.094
(DEM 19,8 Mio.)
Bet. 74,2 %

AEG Starkstromanlagen
Dresden GmbH
Dresden
DEM 19.200.000
Bet. 100 %

AEG Fábrica de Motores S.A.
Terrassa, Barcelona/Spanien
ESP 1.500.000.000
(DEM 17,7 Mio.)
Bet. 100 %

AEG ElectroCom
International Inc.
Irving Texas/USA
USD 269.800.000
(DEM 386,8 Mio.)
Bet. 100 %

AEG Schneider Automation
International S.A.S.
Boulogne-Billancourt/Frankreich
FRF 300.000.000
(DEM 87,8 Mio.)
Bet. 50 % 1)

AEG Electrocom GmbH
Konstanz
DEM 60.000.000
Bet. 100 %

AEG Austria Gesellschaft m.b.H.
Wien/Österreich
ATS 360.000.000
(DEM 51,2 Mio.)
Bet. 100 %

AEG do Brasil
Energia e Automacao Ltda.
São Paulo/Brasilien
BRL 29.836.976
(DEM 44,0 Mio.)
Bet. 100 %

AEG Ibérica de
Electricidad S.A.
Madrid/Spanien
ESP 2.550.000.000
(DEM 30,1 Mio.)
Bet. 100 %

Daimler-Benz Aerospace

Daimler-Benz Luft- und
Raumfahrt Holding AG
München
DEM 2.008.042.000
Bet. 93,8 %

Daimler-Benz Aerospace AG
München
DEM 873.000.050
Bet. 100 %

Daimler-Benz Aerospace Airbus
GmbH
Hamburg
DEM 930.000.000
Bet. 100 %

N.V. Koninklijke Nederlandse
Vliegtuigenfabriek Fokker
Amsterdam/Niederlande
NLG 525.292.000
(DEM 469,3 Mio.)
Bet. 51,0 % 4)

Eurocopter Holding S.A.
Paris/Frankreich
FRF 3.720.587.500
(DEM 1.088,4 Mio.)
Bet. 40 % 5)

Airbus Industrie G.I.E.
Toulouse/Frankreich
FRF –
(DEM –)
Bet. 37,9 % 2)

MTU Motoren- und Turbinen-
Union München GmbH
München
DEM 156.600.000
Bet. 100 %

MTU Maintenance GmbH
Langenhagen
DEM 30.000.000
Bet. 100 %

Dornier GmbH
Friedrichshafen
DEM 150.402.800
Bet. 57,6 % 6)

Dornier Luftfahrt GmbH
Oberpfaffenhofen
DEM 50.000.000
Bet. 100 %

Daimler-Benz InterServices (debis)

Daimler-Benz InterServices
(debis) AG
Berlin
DEM 600.000.000
Bet. 100 %

debis Systemhaus GmbH
Hamburg
DEM 150.726.900
Bet. 80,4 %

Diebold Deutschland GmbH
Eschborn
DEM 1.098.000
Bet. 100 %

Mercedes-Benz Finanz GmbH
Stuttgart
DEM 240.000.000
Bet. 100 %

Mercedes-Benz Credit Corp.
Norwalk, Connecticut/USA
USD 274.970.000
(DEM 394,2 Mio.)
Bet. 100 %

debis Assekuranz
Vermittlungs GmbH
Stuttgart
DEM 6.115.000
Bet. 100 %

debis International Trading
GmbH
Berlin
DEM 10.000.000
Bet. 100 %

debis Marketing Services GmbH
Frankfurt am Main
DEM 7.000.000
Bet. 100 %

debitel Kommunikations-
technik GmbH & Co. KG
Stuttgart
DEM 10.000.000
Bet. 60 %

Sogeti S.A.
Grenoble/Frankreich
FRF 769.132.600
(DEM 225,0 Mio.)
Bet. 34 % 1)

Holding- und Finanzgesellschaften

Daimler-Benz
Holding AG
Zürich/Schweiz
CHF 147.000.000
(DEM 183,1 Mio.)
Bet. 100 %

Daimler-Benz UK plc
London/Großbritannien
GBP 116.000.000
(DEM 256,8 Mio.)
Bet. 100 %

Daimler-Benz Holding
France S.A.
Rocquencourt/Frankreich
FRF 270.000.000
(DEM 79,0 Mio.)
Bet. 100 %

Daimler-Benz
Holding Nederland B.V.
Utrecht/Niederlande
NLG 150.000.000
(DEM 134,0 Mio.)
Bet. 100 %

Daimler-Benz Holding
Belgium S.A./N.V.
Brüssel/Belgien
BEF 3.370.000.000
(DEM 164,1 Mio.)
Bet. 100 %

Daimler-Benz
Coordination Center S.A.
Zaventem/Belgien
BEF 12.300.000.000
(DEM 598,8 Mio.)
Bet. 100 %

Daimler-Benz España S.A.
Madrid/Spanien
ESP 17.514.911.000
(DEM 206,5 Mio.)
Bet. 87,9 %

Daimler-Benz Holding
Skandinavien AS
Hillerød/Dänemark
DKK 184.617.000
(DEM 47,7 Mio.)
Bet. 100 %

Daimler-Benz North America
Corporation
New York, N.Y./USA
USD 1.554.984.000
(DEM 2.229,1 Mio.)
Bet. 100 %

Daimler-Benz Mexico S.A. de C.V.
Mexico D.F./Mexiko
MXN 1.670.282.913
(DEM 316,7 Mio.)
Bet. 100 %

Anmerkung:

Ausgewählte konsolidierte und nichtkonsolidierte Beteiligungsgesellschaften.

Kapitalmäßige Anbindung wichtiger Beteiligungsgesellschaften ersichtlich aus der Tabelle auf Seite 73 sowie der Beteiligungsliste nach § 313 HGB.

Beteiligungsquote bezogen auf die jeweilige Obergesellschaft.

( ) Kapital umgerechnet in DEM zu Jahresendkursen.

1) Einbeziehung at equity.

2) Nicht konsolidiert.

3) Stand 29.02.1996.

4) Über Zwischenholdings.

5) Anteilmäßig konsolidiert.

6) Stimmrechte 87,5 %.

Aufsichtsrat:
▌ *Kopper, Hilmar (Vorsitzender; Mitglied des Vorstandes der Deutsche Bank AG), Frankfurt/Main*
▌ *Breuel, Birgit, Dr. h.c. (Generalkommissarin der Weltausstellung EXPO 2000), Berlin*
▌ *Curien, Hubert, Prof. (Minister a. D. für Forschung und Technologie der Republik Frankreich), Paris*
▌ *Endres, Michael, Dr. (Mitglied des Vorstandes der Deutsche Bank AG), Frankfurt/Main*
▌ *Hartmann, Ulrich (Vorsitzender des Vorstandes der Veba AG), Düsseldorf*
▌ *Kohlhaussen, Martin (Sprecher des Vorstandes der Commerzbank AG), Frankfurt/Main*
▌ *Sarrazin, Jürgen (Sprecher des Vorstandes der Dresdner Bank AG), Frankfurt/Main*
▌ *Schelling, Roland, Dr. (Rechtsanwalt und Notar), Stuttgart*
▌ *Schneider, Manfred, Dr. (Vorsitzender des Vorstandes der Bayer AG), Leverkusen*
▌ *Semler, Johannes, Prof. Dr. (Rechtsanwalt), Kronberg/Taunus*
**Feuerstein, Karl (stellv. Vorsitzender)*
**Böhm, Willi*
**Gabele, Wolfgang*
**Göbels, Manfred*
**Klemm, Erich*
**Kuda, Rudolf*
**Lense, Helmut*
**Riester, Walter*
**Schönfelder, Peter*
**Wurl, Bernhard*

Aufsichtsratstantiemen 1995: *445.257,– DM*

Satelliten zur Überwachung der Umwelt, zur Wetterbeobachtung, Kommunikations- sowie Aufklärungs- und Verifikationssatelliten. Internationale Raumfahrtprogramme; 1995 Planung der beiden gemeinsam mit Aerospatiale vereinbarten Joint-ventures EMS European Satellite Systems und ESI European Satellite Industries, die die Aktiviäten auf den Gebieten Lenkflugkörper und Satellitensysteme der beiden Partner zusammenfassen soll); Verteidigungstechnik und Zivile Systeme (Waffensysteme, Radar, Funk- und Sensorsysteme, Aufklärung, Luftverteidigung, Zielsysteme, militärische Ausrüstung, Logistik und Ausbildung); Antriebe (alle Aktivitäten von MTU in den Produktbereichen Triebwerke und Dieselmotoren. Entwicklung, Fertigung und Betreuung von Triebwerken für Verkehrs- und Transportflugzeuge, Hubschrauber, Turbopropflugzeuge, Kampf- und Trainerflugzeuge. Produktionsstätten u. a. in München, Peißenberg und Friedrichshafen). Die bisher selbständigen vier Parteien des Airbus-Konsortiums – die französische Aerospitale, die British Aerospace, die spanische Casa und die deutsche DASA – wollen sich zu einem großen europäischen Luftfahrtkonzern zusammenschließen.
1992 war die DASA mit über 50% beim niederländischen Flugzeughersteller Fokker NV, Amsterdam, eingestiegen. Die Fokker-Gruppe, die 1993 erstmals konsolidiert wurde, wurde von Daimler-Benz am 22. Januar 1996 mit sofortiger Wirkung wegen zu hoher Verluste aus dem Portfolio gestrichen. Umsatz 1995: 15.037,0 DM (Vorjahr: 17.394,0 Mio.); Beschäftigte 1995: 50.784 (Vorjahr: 75.581).
◆ Unternehmensbereich Daimler-Benz InterServices AG (debis): Dieser 1990 gegründete Unternehmensbereich konzentriert alle Dienstleistungen innerhalb des Daimler-Benz-Konzerns. Erreichung einer hohen Effizienz und Qualität der Dienstleistungen, Bündelung und Transfer von Know-how.
debis besteht aus sechs Geschäftsbereichen: Systemhaus mit der debis Systemhaus GmbH (zentrale Informationsverarbeitung, alle Großrechenzentren des Konzerns, Entwicklung von Software); Finanzdienstleistungen mit der Mercedes-Benz Finanz GmbH, Stuttgart (Absatzfinanzierung, Leasing); Versicherungen mit der debis Assekuranz Vermittlungs GmbH (Versicherung für alle Konzernunternehmen, für Mitarbeiter und Drittkunden); Handel (Kompensationsgeschäfte mit devisenschwachen Ländern der Dritten Welt und Osteuropas); Mobilfunkdienste mit der debitel Kommunikationstechnik GmbH & Co. KG, Stuttgart, und der Bosch Telecom Service (BTS); Immobilienmanagement mit der debis Gesellschaft Potsdamer Platz und Immobilienmanagement GmbH (Bauprojekt Berlin, Potsdamer Platz). Der bis dato siebte Geschäftsbereich Marketing/Services mit der debis Marketing-Services GmbH, Frankfurt/Main (Marketing-Beratung, Media-Planung, Planung und Management, Messe- und Ausstellungsaktivitäten), wurde im Juli 1996 verkauft. Umsatz 1995: 11.784,0 Mio. DM (Vorjahr: 10.804,0 Mio.); Beschäftigte 1995: 10.196 (Vorjahr: 9.226).
Insgesamt wurden vom Daimler-Benz-Konzern 1995 weltweit Güter und Dienstleistungen im Wert von 66,9 Mrd. DM (Vorjahr: 61,1 Mrd.) eingekauft.

BETEILIGUNGEN. Der Konsolidierungskreis umfaßte 1995 neben der Daimler-Benz-AG 319 (Vorjahr: 357) in- und ausländische Tochterunternehmen sowie 18 (Vorjahr: 16) Gemeinschaftsunternehmen.

Nicht konsolidiert wurden 367 (Vorjahr: 291) Tochterunternehmen, deren Einfluß auf die Vermögens-, Finanz- und Ertragslage des Konzerns von untergeordneter Bedeutung ist. Die wichtigsten Beteiligungsgesellschaften sind dem Schaubild auf den Seiten 136 – 137 zu entnehmen.

JÜRGEN SCHREMPP – DER HARDLINER IM VORSTAND. Im Mai 1995 folgte auf den zum Schluß recht unglücklich operierenden Edzard Reuter der von ihm stets geförderte Jürgen Schrempp im Vorstandsvorsitz der Daimler-Benz AG. Reuter, der 1986 angetreten war, aus der Auto-Nobelmarke einen »integrierten Technologiekonzern« zu bauen, und dieses Ziel durch Großakquisitionen wie die von Dornier, AEG, Telefunken, MBB und Fokker in die Tat umsetzte, scheiterte letztendlich aufgrund von Managementfehlern (immerhin hatte sein Konzernumbau auch 70.000 Menschen den Arbeitsplatz gekostet) und objektiven gesellschaftlichen Veränderungen wie dem Zusammenbruch des Ostblocks und dem Rückgang der Rüstungsgeschäfte. Der Konzern geriet in den Unternehmensbereichen AEG und DASA in die roten Zahlen. Die Bilanz des Vorstandsvorsitzenden Reuter wurde schließlich beim Vorstandswechsel auf Schrempp von Aufsichtsräten und Aktionären gleichermaßen negativ quittiert, zumal sich der Sohn des früheren Regierenden Bürgermeisters von Berlin, Ernst Reuter, auch noch vor den Karren der unseriösen Olympia-Bewerbung Berlins für das Jahr 2000 hatte spannen lassen und auf der ganzen Linie gescheitert war. Und vor der Hauptversammlung 1996 verließ Edzard Reuter, der einstige Visionär, als Sündenbock auch noch den Daimler-Benz-Aufsichtsrat, dessen Vorsitzender er ursprünglich hätte werden wollen. Jürgen Schrempp, Vorstandsvorsitzender der DASA und Mitglied des Vorstandes der Daimler-Benz AG, setzte sich gegen den ambitionierten Mercedes-Chef Helmut Werner durch. Schrempp, knapp über 50, soll bei Daimler-Benz einen Generationswechsel markieren. Für ihn sprach aber auch sein rigoroses Vorgehen bei den Sanierungsversuchen innerhalb der Daimler-Benz Aerospace. Und Schrempp gilt als Kind des Konzerns, der es vom Kfz-Lehrling bis in den Vorstand gebracht hat. Die Bilderbuchkarriere: Nach einem Ingenieurstudium kam er in die Konzernzentrale, wurde ins Management der südafrikanischen Tochtergesellschaft entsandt, schließlich Präsident und Sanierer des von Daimler-Benz übernommenen Lkw-Herstellers Euclid in den USA. 1985 wurde er Chef von Mercedes Südafrika, 1987 als Bereichsleiter ins Management der Nutzfahrzeugsparte berufen und schließlich Vorstandsvorsitzender von Daimler-Benz Aerospace. Nach dem Wechsel in den Vorstandsvorsitz von Deutschlands größtem und mächtigstem Konzern übernimmt Schrempps enger Vertrauter und Ex-DASA-Finanzchef Manfred Bischoff den vakanten Posten bei Daimler-Benz Aerospace und dürfte damit nach Schrempp der zweite starke Mann im Konzern werden.
Als Schrempp zu der von ihm so genannten »Generalbereinigung« der Verlustquellen ansetzte, die dem Konzern Verluste in Milliardenhöhe beschert hatten (allein die von ihm bis dahin geführte DASA wies einschließlich der Fokker-Belastungen einen Konzern-Jahresfehlbetrag von 4,2 Mrd. DM aus), wurde die AEG kurzerhand aufgelöst und verkauft, die niederländischen Fokker-Werke durch die radikale Einstellung aller Zahlungen in den Konkurs getrieben und Dornier unter Zu-

BÖRSE, AKTIEN, KURSE
Grundkapital 1995:
2.568,0 Mio.
Jahreshöchstkurs 1995:
762,00 DM
Jahrestiefstkurs 1995:
609,00 DM
Aktie Jahresende 1995:
724,00 DM
Dividende pro Aktie 1995:
0,00 DM

Die Daimler-Aktie gehörte 1995 zu den meistgehandelten Werten an den deutschen Aktienbörsen. Mit einem Kurswert von 159 Mrd. DM (Vorjahr: 211 Mrd.) entsprach dieses Volumen mehr als 10% des Umsatzes aller inländischen Aktien. (Nach erheblichen Kursverlusten 1995 stieg die Daimler-Benz-Aktie Anfang 1996 mit der Ankündigung des Vorstandes, die Fokker-Werke aufzugeben und die AEG auf die Daimler-Benz-Industrie zu verschmelzen.) Die Daimler-Benz-Aktie ist außer an den acht deutschen Wertpapierbörsen an neun ausländischen Börsenplätzen notiert: Basel, Genf und Zürich, Tokio, London, Wien, Paris, New York, Singapur. (Seit Oktober 1993 notiert Daimler-Benz als erstes deutsches Unternehmen an der New Yorker Stock Exchange. In New York wird die Daimler-Benz-Aktie in Form von American Depositary Shares/ ADS gehandelt.) Der Anteil der in den USA gehaltenen Aktien liegt bei 8%. Mit einem Börsenkurswert von 41,7 Mrd. DM (Ende Februar 1996) und mehr als 450.000 Aktionären gehört Daimler-Benz zu den größten deutschen Publikumsgesellschaften. In Händen von Konzern-Mitarbeitern befinden sich über 900.000 Aktien.

Umsatz 1995: *103.549,0 Mio.*
(davon im Ausland:
65.434,0 Mio.)
Umsatz 1994: *104.075,0 Mio.*
(davon im Ausland:
65.060,0 Mio.)
Umsatz 1993: *97.737,0 Mio.*
(davon im Ausland:
59.418,0 Mio.)

Gewinn/Verlust 1995:
– 5.734,0 Mio.
Gewinn/Verlust 1994:
895,0 Mio.
Gewinn/Verlust 1993:
615,0 Mio.

Cash flow 1995:
4.457,0 Mio.
Cash flow 1994:
11.282,0 Mio.
Cash flow 1993:
9.913,0 Mio.

Cash flow: *Der Cash flow ging 1995 um 6,8 Mrd. DM zurück. Ausschlaggebend war hierfür insbesondere die – um Konsolidierungskreisänderungen, Währungseffekte und das außerordentliche Ergebnis bereinigte – Entwicklung des Working Capital; allein diese wirkte sich im Vergleich der beiden Jahre mit – 7,0 Mrd. DM aus. Der Cash flow floß überwiegend in die Investitionen des Konzerns.*

Steueraufkommen 1995:
1.015,0 Mio.

zahlung von rund 300 Mio. DM an die US-Flugzeugfirma Fairchild verkauft. Schrempp, der neue Hardliner, muß sich aber auch massive Vorwürfe gefallen lassen. Denn er war es, der als »treuer Diener seines Herrn« und Chef der DASA maßgeblich an der nun als verfehlt diagnostizierten Unternehmenspolitik beteiligt gewesen war.

NEUE BUNDESLÄNDER. Ende 1992 unterzeichnete Mercedes-Benz mit dem Tennisprofi Boris Becker einen Vertrag, durch den der Sportler im Juli 1993 die Mercedes-Vertretung in Stralsund und Ribnitz-Damgarten übernahm und selbst bis zu 20 Mio. DM in den Bau neuer Betriebsanlagen investieren will (Autohaus Boris Becker GmbH & Co. KG). Mercedes-Benz ist in den neuen Bundesländern mit fünf Niederlassungen (Berlin, Rostock, Magdeburg, Leipzig und Dresden) und 180 Betriebsstätten vertreten. Den geplanten Bau eines Lkw-Werkes im brandenburgischen Ahrensdorf zog die Mercedes-Benz AG zur Enttäuschung der gesamten Region wieder zurück. Daimler-Benz ist neben der Fahrzeugbranche auf allen Geschäftsfeldern in den neuen Bundesländern vertreten, allen voran immer die ehemalige AEG Daimler-Benz Industrie. Sie hatte bereits frühzeitig zahlreiche ehemalige DDR-Betriebe übernommen – so Anfang 1991 den ehemaligen VEB »Otto Buchwitz« Starkstrom-Anlagenbau und jetzige AEG Starkstromanlagen Dresden GmbH.

STANDORT DEUTSCHLAND. 1995 bebte die Daimler-Welt: Das Renommierunternehmen hatte einen Rekordverlust von 5,7 Mrd. DM zu verzeichnen, für die Aktionäre gab es erstmals in der Daimler-Geschichte keine Dividende. Der Vorstand hatte das Desaster trotz zwischenzeitlich anderer Bekundungen kommen sehen und durch Umstrukturierungen kräftig gegengesteuert, so daß sich die Verluste nicht zuletzt aufgrund sogenannter »Bereinigungen« auf diese Rekordmarke erhöhten. Unter dem Motto »Zurück zu den Kernbereichen« nahm der neue Vorstandsvorsitzende Schrempp Abschied vom »integrierten Technologiekonzern« seines Vorgängers Edzard Reuter, den er jahrelang mit Verve mitgetragen hatte.
Nachdem Daimler-Benz in den zurückliegenden drei Jahren weltweit rund 70.000 Stellen abgebaut hat, sollen 1996/97 noch einmal ca. 15.000 Arbeitsplätze gestrichen werden. Auch der Konzernholding blieben von den 500 Beschäftigten mit Konzernleitfunktionen 1996 nur noch 300 übrig.
Effizienzsteigerung und Rationalisierung bedeuten aber auch den Wegfall von Arbeitsplätzen und den Rückzug aus Standorten und Aktivitäten, die nicht zu den neu definierten Kernkompetenzen zählen. 1995 haben im Daimler-Benz-Konzern rund 20.000 Beschäftigte ihre Arbeit verloren, knapp 10.000 davon im Inland. Standortverlagerungen hierzulande könnten nur durch weiteren Personalabbau verhindert werden. Angekündigt wurde z. B. im Juli 1996 eine drastische Reduzierung der Nutzfahrzeug-Produktion im Werk Mannheim. Personalzuwächse kann es nach Meinung des Daimler-Benz-Vorstandes nur im Ausland geben. Stellt die Daimler-Tochter Mercedes-Benz bislang jeden 50. Personenwagen im Ausland her, so soll schon in wenigen Jahren jeder 10. Wagen im Ausland gefertigt werden. Es wird dann neben Südafrika und Mexiko auch in den USA (demnächst auch einen Geländewagen gemeinsam mit Porsche), in Indien, Südkorea und

schließlich auch in Vietnam produziert, wo Daimler-Benz 1995 die Produktionslizenz zum Bau eines Automobilwerkes erhalten hat. Mercedes wird in Ho-Tschi-Minh-Stadt Busse, Kleinlaster und Luxuslimousinen herstellen. Bei den Nutzfahrzeugen werden schon heute 60% in Übersee gebaut. Im neu erbauten Werk im amerikanischen Tuscaloosa/Alabama wird ab 1997 ein neues Freizeitfahrzeug, das All Activity Vehicle, hergestellt. Der Auslandsanteil bei der Produktion von Nutzfahrzeugen soll im Jahr 2000 von jetzt 48% auf 59% steigen. Die Globalisierungsstrategie besonders im asiatischen Transportergeschäft soll massiv vorangetrieben werden. Ähnliches ist für die Länder des ehemaligen Ostblocks geplant, u. a. zusammen mit dem russischen Nutzfahrzeughersteller Uljanowsk.

Daimler-Benz steht trotz massiver Kritik zu seiner Entscheidung, das sog. Micro Compact Car (MCC), das »Swatch«-Auto, im französischen Hambach produzieren zu lassen. Die Entscheidung für den lothringischen Produktionsstandort fiel auch wegen der Kostenersparnis von 500 bis 1.000 Mark pro Fahrzeug im Vergleich zu einer Fertigung in Deutschland. Das »Stadtauto der Zukunft«, das Daimler-Benz gemeinsam mit der MC Micro Compact Car AG, Biel/Schweiz (49%), einer Tochter des Schweizer Uhrenkonzerns SMH (Erfinder der Swatch-Uhr), 1997 vom Band laufen lassen will, soll zum Preis von 15.000 bis 20.000 Mark angeboten werden. Die Investitionen in die neue Fabrik für ca. 2.000 Beschäftigte belaufen sich auf über 1 Mrd. DM. Jährlich sollen 200.000 Kleinwagen »Smarts« vom Band rollen. Für die Krisenregion Lothringen war die Swatch-Mobil-Entscheidung von großer Bedeutung, für Daimler-Benz die günstigere Lösung. 1998 sollen im Bereich Planung, Entwicklung und Produktion rund um das Swatch-Mobil in Europa 11.000 Arbeitsplätze entstehen.

Beschäftigte 1995: *310.993*
(davon im Ausland: 68.907)
Beschäftigte 1994: *330.551*
(davon im Ausland: 79.297)
Beschäftigte 1993: *366.736*
(davon im Ausland: 82.160)

Umsatz pro Mitarbeiter 1995: *332.962,– DM*
Umsatz pro Mitarbeiter 1994: *304.397,– DM*
Umsatz pro Mitarbeiter 1993: *263.366,– DM*

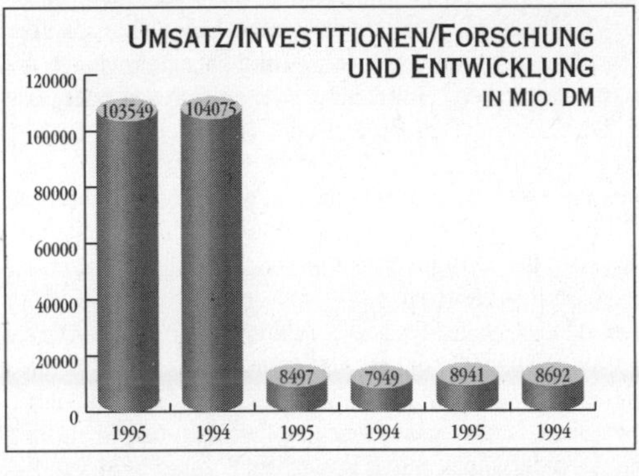

Die Strukturkrise der Airlines, mangelnde Rüstungsnachfrage, Streichungen im Raumfahrtprogramm und der aus deutscher Sicht exportfeindliche Stand des US-Dollars haben die DASA in Schwierigkeiten gebracht und die Verluste in den letzten drei Jahren etwa auf über 2 Mrd. DM auflaufen lassen – mit einschneidenden Konsequenzen: Standortschließungen und Entlassungen in großem Stil. Bis Ende 1998 sollen im Rahmen des »Dolores« getauften Sanierungsprogramms nach bereits 16.000 Stellen im Jahr 1995 noch einmal rund 18.000 Arbeitsplätze, auch durch Firmenverkäufe, abgebaut werden und mindestens sechs der rund 45 Standorte, z. B. in Neuaubing bei

Löhne und Gehälter 1995:
24.150,0 Mio.
Löhne und Gehälter 1994:
24.145,0 Mio.
Durchschnittsgehalt 1995:
77.654,– DM
Soziale Abgaben und Aufwendungen 1995:
5.928,0 Mio.
Soziale Abgaben und Aufwendungen 1994:
5.963,0 Mio.

Bezüge pro Vorstandsmitglied 1995:
1.990.236,– DM
Tantiemen pro Aufsichtsrat 1995: *22.263,– DM*

München, geschlossen werden. Dann wird die DASA nur noch 38.000 Mitarbeiter haben. Von 1990 bis 1996 hat die DASA bereits 26.000 Stellen eingespart. Das Werk im Bereich Flugzeugbau in Lemwerder bei Bremen mit 1.200 hochqualifizierten Arbeitsplätzen konnte nur durch eine Auffanggesellschaft des Landes Niedersachsen gerettet werden. Auf diese Weise hofft Niedersachsen, den Standort mit zumindest 1.000 Beschäftigten für wenigstens zwei Jahre halten zu können.
Ernsthaft wird in Erwägung gezogen, Teile der Flugzeug- und Triebwerksproduktion, vor allem der Hamburger Airbus-Produktion und der Triebwerksherstellung in München, nach Asien zu verlagern. Das »Handelsblatt« vom 20. April 1995 kommentiert: »Am Ende könnte die in Deutschland angesiedelte Luft- und Raumfahrtindustrie vorwiegend aus militärischem Flugzeugbau, Satelliten und Waffenherstellung bestehen. Mit deutschen Steuergeldern entwickeltes Know-how würde Richtung Südostasien abwandern, ganz abgesehen von den überflüssig werdenden hochqualifizierten Arbeitskräften. Die Airbus-Privatisierung hätte eine fatale Wendung genommen.«

AEG ZERSCHLAGEN, FOKKER ABGESTÜRZT, DORNIER VERSCHENKT. Ein weiterer Verlust an Arbeitsplätzen und ein erheblicher Kostenaufwand sollen Daimler-Benz nach Rekordverlusten wieder flottmachen. Das »Portfolio des Konzerns« wurde »unter strengen Renditekriterien« analysiert, die »Verlustquellen« gefunden und radikal verändert: die AEG Daimler-Benz Industrie und der Luftfahrtbereich. Im »Interesse der Aktionäre« wurde die AEG zerschlagen und in kleinen Happen an industrielle Partner verkauft. Die im Konzern verbliebenen Aktivitäten, wie das Verkehrs-Joint-venture AD tranz, die Mikroelektroniktochter Temic oder die Postautomatisierung, wurden über eine EHG Elektroholding GmbH auf die Daimler-Benz AG verschmolzen. Doch diese Entwicklung kam nicht ganz überraschend: Seit Jahren wurde das einstige Traditionsunternehmen AEG demontiert und zerstückelt, zahlreiche Werke geschlossen oder verlagert, ganze Geschäftsfelder abgegeben oder zugemacht. 1992 wurde AEG Olympia geschlossen. Das Geschäftsfeld Hausgeräte wurde 1994 an Electrolux veräußert. 1995 wurde die Bahntechnik in ein Joint-venture mit ABB eingebracht. Von den rund 50.000 Beschäftigten der AEG waren 30.000 von der Verschmelzung betroffen, 20.000 von den Verkäufen an andere Unternehmen.
Anfang 1996 stellte Daimler-Benz alle Zahlungen für sein verlustreiches Tochterunternehmen Fokker N.V., Amsterdam, ein. Nachdem kein weiterer Geldgeber gefunden wurde – die niederländische Regierung weigerte sich, Fokker aufzufangen –, kam das Aus für den traditionsreichen niederländischen Flugzeugbauer. Am 15. März 1996 meldete Fokker Konkurs an. Von den 7.900 Beschäftigten wurden rund 6.000 entlassen. Bis April 1997 wird Fokker die noch in den Auftragsbüchern verbliebenen Aufträge für Flugzeuge ausführen. Wie es dann weitergehen wird, ist trotz der im Juli 1996 angekündigten Übernahme von Teilen der Fokker Aviation durch den niederländischen Maschinenbau- und Technologiekonzern Stork NV ungewiß. Die Dornier Luftfahrt GmbH wurde im Juni 1996 gegen den Willen der Familie Dornier vom Daimler-Benz-Vorstand an die amerikanische Flugzeugfirma Fairchild verkauft. Als Mitgift zahlte Daimler-Benz für den Flugzeugbauer, der 1995 eine halbe Milliarde Verlust verbuchen muß-

te, noch 300 Mio. DM obendrauf. Denn, so sagt Jürgen Schrempp, »der Vorstand orientiert sich in erster Linie daran, Ihnen, den Anteilseignern der Daimler-Benz AG, attraktive Renditeaussichten zu bieten.« (Brief an die Aktionäre 1996).

»BÜNDNIS FÜR ARBEIT«. Um international wettbewerbsfähig zu bleiben, verlangt der Vorstand, die Sozialstrukturen, die Arbeits- und Produktionsmethoden noch stärker an der internationalen Konkurrenz zu messen. Verantwortung soll stärker als bisher auf die Mitarbeiter übertragen werden, die die Nähe zum operativen Geschäft besitzen. »Nur so, in flachen Hierarchien, dezentral und in flexiblen Einheiten organisiert, wird jener unternehmerische Tatendrang freigesetzt, in dem sich die Kultur des Unternehmens entwickeln kann« (Jürgen Schrempp). Management und Arbeitnehmervertreter haben 1995 damit begonnen, in Vereinbarungen auf betrieblicher Ebene »einige von vielen notwendigen Bündnissen für Arbeit« zur Sicherung des Standortes Deutschland zu initiieren: leistungsbezogene Bezahlung und neue Steuerungsgrößen, »die das Unternehmensergebnis direkt an den nach US-Standards erstellten Kenngrößen messen«. Variable Vergütungssysteme werden im Konzern kontinuierlich entwickelt (vorerst für erste und zweite Führungskräfte). Dabei basiert ein Teil des Gehalts auf der Erreichung qualitativer und quantitativer Zielvorgaben. Im Rahmen einer »Produkt-, Produktivitäts- und Globalisierungsoffensive« soll das Unternehmen flexibler und zielgerichteter werden. Es wurden eigenverantwortliche, prozeßbezogene Produkt- bzw. Regionalsparten gebildet. In der Sparte Lkw Europa wurden beispielsweise alle Funktionen gebündelt, die sich auf Produkte Lkw über 6 Tonnen und Unimog in der Region Europa beziehen. Die Vorteile: mehr Eigenverantwortung, mehr Motivation aller beteiligten Mitarbeiter, kürzere Entscheidungswege, höhere Marktkenntnis, Kundennähe und Flexibilität. In einer Vereinbarung zwischen Werksleitung und Betriebsrat wurde Anfang 1996 für die rund 17.500 Beschäftigten des Werkes Stuttgart-Untertürkheim ein neues Arbeitszeitsystem vereinbart, nachdem künftig im Dreischichtbetrieb gearbeitet werden kann. Ende 1995 waren bei Daimler-Benz in Deutschland 10.100 Jugendliche in der Berufsausbildung, weltweit waren es 13.800 Auszubildende, Praktikanten und Doktoranden. Die betriebliche Altersversorgung bildet den Kern der Sozialleistungen im Konzern.

UMWELTSCHUTZ. Auch 1995 legte Daimler-Benz einen Umweltbericht vor. Erstmals hat Daimler-Benz 1993 einen Umweltbericht präsentiert, in dem über die Umweltdaten im Konzern informiert wurde, wie Emissionen, Energieaufwand und Abfallaufkommen während der Produktion. Der Bericht 1995 dokumentiert auch diejenigen Aktivitäten, die die schädlichen Auswirkungen der Produktion auf die Umwelt minimieren sollen. 1995 wurden 211 Mio. DM (Vorjahr: 133 Mio.) in den Umweltschutz investiert, 870 Mio. DM für laufende Umweltschutzmaßnahmen aufgewendet. Zusätzlich ist über 1 Mrd. DM in den Umweltschutz dienende Forschungs- und Entwicklungsprojekte geflossen. Abfallvermeidung und »Wirtschaften in Kreisläufen« sind die Schwerpunkte im Daimler-Umweltschutz. Schwerpunkte der Recyclingforschung sind die Lackaufbereitung, die Elektronikschrottaufbereitung und die technische Nutzung nachwachsender Rohstoffe mit dem Ziel

Investitionen 1995: *8.497,0 Mio.*
Investitionen 1994: *7.949,0 Mio.*
Investitionen 1993: *5.548,0 Mio.*

Forschung und Entwicklung 1995: *8.941,0 Mio.*
Forschung und Entwicklung 1994: *8.692,0 Mio.*
Forschung und Entwicklung 1993: *9.043,0 Mio.*

Mitbewerber: *ABB, Alcatel SEL, BMW, Bosch, British Aerospace, Chrysler, Fiat, Ford, General Motors, Honda, Hyundai, IBM, Isuzu, MAN, Mannesmann, Mazda, Nissan, Peugeot, Philips, Renault, Saab-Scania, Siemens, Thomson, Toyota, Volkswagen, Volvo, Whirlpool, Boeing, McDonnel, Lockheed, Aerospatiale*

der Herstellung sogenannter Öko-Komposites im Rahmen biologischer Kreislaufprozesse (Kunststoffe aus Ölen auf pflanzlicher Basis). Daimler-Benz arbeitet mit Mitsubishi Heavy Industries auf dem Gebiet des Recyclings von Kunststoffabfällen und Elektronikschrott zusammen. 1995 wurde eine Versuchsanlage errichtet zur umweltgerechten Aufbereitung von Platinschrott. Im Rahmen des Projektes »Ganzheitliche Bilanzierung« (Ökobilanz) arbeiten Daimler-Benz und Mitsubishi verstärkt daran, bereits beim Design eines Bauteils Umweltgesichtspunkte einzuarbeiten. Umweltgesichtspunkte sind auch von Anfang an in die 1995 auf den Markt gekommene E-Klasse eingeflossen: reduzierte Abgasemissionen, niedrigerer Kraftstoffverbrauch, Teile des Fahrzeugs aus Recyclaten oder nachwachsenden Rohstoffen.

ESKAPADEN VON VORSTAND UND AUFSICHTSRAT. Das für den Bereich Marketing innerhalb der DASA zuständige Vorstandsmitglied Karl Dersch geriet in die Schlagzeilen und mußte den Hut nehmen. Über Jahre hinweg hatte der stramme Rechtsaußen und langjährige Freund von Franz Josef Strauß die Reichskriegsflagge mit Eisernem Kreuz und Reichsadler im Garten seines Münchner Privathauses gehißt. Der »Waffennarr«, der es von Münchens Autohändler Nummer 1 zum Vorstandsmitglied gebracht hatte, war zuvor schon gemeinsam mit Rüstungslobbyist Erich Riedl in die Schußlinie geraten, als er trotz großen Protests in der Öffentlichkeit in Peenemünde eine Gedenkfeier zum 50. Jahrestag des ersten Abschusses einer V-2-Rakete veranstalten wollte. Anfang 1993 die Affäre Steinkühler. Der »Arbeiterführer« und stellvertretende Daimler-Benz-Aufsichtsratsvorsitzende von Arbeitnehmerseite hatte im Zusammenhang mit der zum Jahresende 1993 geplanten Verschmelzung der Mercedes-Aktien-Gesellschaft-Holding (MAH) auf Daimler-Benz und der in diesem Zusammenhang vorgenommenen Umbewertung der Aktien selbst für 1 Mio. DM Aktien zu Spekulationszwecken gekauft und dadurch sein Insiderwissen auf skandalöse Weise mißbraucht. Dem kurz danach von seinem Amt als Chef der IG Metall zurückgetretenen Franz Steinkühler wurde auf der Hauptversammlung sogar die Entlastung verweigert. 1996 trat sogar die Staatsanwaltschaft auf den Plan, als sie gegen verschiedene Manager des Konzerns zu ermitteln begann, inwieweit das bewußte Verschweigen von zu erwartetenden Milliardenverlusten gegen das Aktiengesetz (§ 400 »Unrichtige Darstellung«) verstößt. Der Vorwurf lautete, die Manager hätten 1995 die Gewinnsituation des Konzerns bewußt falsch dargestellt. Hatte Edzard Reuter noch einen Gewinn von 1 Mrd. DM in Aussicht gestellt, verkündete Jürgen Schrempp einen möglichen Rekordverlust von 1,5 Mrd. DM, der schließlich bei unglaublichen 5,7 Mrd. lag und die Aktionäre in Rage versetzte. Besonders in der Kritik: Finanzvorstand Manfred Gentz, gegen den die Staatsanwaltschaft wegen Irreführung der Aktionäre ermittelte, und der Aufsichtsratsvorsitzende und Sprecher der Deutschen Bank, Hilmar Kopper. Anfang 1996 nahm sich der langjährige Finanzchef des Daimler-Benz-Konzerns, Gerhard Liener, das Leben.

DASA siehe Daimler-Benz
DEA siehe RWE

DEGUSSA

GESCHICHTE UND ENTWICKLUNG. Die im Jahr 1873 als Aktiengesellschaft Deutsche Gold- und Silber-Scheideanstalt, vormals Roessler, in Frankfurt am Main gegründete Degussa ging aus der 30 Jahre zuvor in Betrieb genommenen Frankfurter Scheideanstalt hervor. Sie begann sehr bald zu expandieren. Der Konzern wurde stark geprägt von der Familie Roessler, in der fast alle Chemiker waren. 1880 begann die Degussa mit der Produktion von feuerfestem Glanzgold zur Dekoration von Glas, Porzellan und Keramik nach einem von Heinrich Roessler entwickelten Verfahren. Das Glanzgoldgeschäft wurde zum Welterfolg. In den USA errichtete man bereits 1882 eine eigene Fabrikation, aus der dann die Roessler & Hasslacher Chemical Co., New York, hervorging. 1898 Gründung der Electro-Chemischen Fabrik Natrium in Frankfurt; Ausbau der Chemieproduktion durch Gründung eines Werkes in Rheinfelden, Ausgangspunkt vielseitiger Entwicklungen wie z. B. Aktivsauerstoffverbindungen. 1904 als erstes Unternehmen der Welt Einrichtung eines Bleich- und Anwendungslabors zur Entwicklung und Verbreitung von Bleichchemikalien. Mit dem von Degussa gelieferten Natriumperborat konnte Henkel 1907 das Waschmittel »Persil« (Perborat und Sil) auf den Markt bringen. 1909 Beteiligung an der Norddeutschen Affinerie, Hamburg, der damals größten Kupferhütte Europas. Zahlreiche Neugründungen und Übernahmen von Fabrikations- und Forschungsstätten weltweit. Nach dem Zweiten Weltkrieg entwickelte sich die Degussa nicht nur zu einem der größten Edelmetallverarbeiter der Welt, sondern auch zu einem bedeutenden Chemie- und Pharmaunternehmen.

BESITZVERHÄLTNISSE/EIGENTUMSSTRUKTUR.

- GfC Gesellschaft für Chemiewerte mbH, Düsseldorf, 39,07% (Henkel KGaA 46%, Dresdner Bank AG 27%, Münchener Rückversicherungs-Gesellschaft 27%)
- Insgesamt hat die Degussa AG ca. 32.000 Aktionäre, darunter ca. 7.700 Belegschaftsaktionäre

KONZERNÜBERBLICK. Die Degussa versteht sich in ihrem Selbstverständnis in erster Linie als Chemieunternehmen. Nach einer eingehenden Umstrukturierung und der Konzentration auf die angestammten Kerngebiete befindet sich der Konzern wieder im Aufwind. Entscheidender Einschnitt war 1994 der Verkauf der Leybold-Gruppe nach Verlusten von 500 Mio. DM an die Züricher Oerlikon Bührle Holding AG. Degussa hatte das Unternehmen 1987 als Leybold-Heraeus GmbH übernommen und zur Leybold AG umgewandelt. Die Leybold AG ist in den Bereichen Vakuumtechnik, Vakuummetallurgie und Beschichtungstechnik aktiv und auf diesen Sektoren führend in der Welt.
Nach wie vor gehört der Frankfurter Konzern zu den größten Edelmetallverarbeitern und -händlern der Welt. Die Degussa zählt zu den wenigen Unternehmen, deren Feingold- und Feinsilberbarren auf allen Weltmärkten anerkannt und zum Handel an den führenden Börsen zugelassen sind. Degussa betreibt in Hanau-Wolfgang eine der größten

Standort:
Weißfrauenstraße 9
60311 Frankfurt/Main

Postanschrift:
60287 Frankfurt/Main

Telefon: *(069) 218-01*
Telex: *4 222-0 dg d*
Telefax: *(069) 218-3218*

Branche: *Chemie, Edelmetalle, Pharma*

Rechtsform:
Aktiengesellschaft
Geschäftsjahr: *1.10.-30.9.*

Gründungsjahr: *1873*

Öffentlichkeitsarbeit:
Michael Tschugg
Tel.: (069) 218-3239
FAX: (069) 218-3849

Konzernkommunikation:
Eva-Maria Geiblinger
Tel.: (069) 218-2860
FAX: (069) 218-3743

Verbände: *Verband der Chemischen Industrie e.V., Verband der Deutschen Dentalindustrie e.V., beide Frankfurt/Main; Bundesfachverband Edelmetallerzeugnisse und verwandte Industrien, Schwäbisch Gmünd*

Vorstand:
- *Bufe, Uwe-Ernst, Dr. (Vorsitzender; Konzernkommunikation, Unternehmensstrategie, Lizenzen, Patente)*
- *Coenen, Paul (Personal und Organisation, Recht und Versicherungen)*
- *Offermanns, Heribert, Prof. Dr. (Industrie- und Feinchemikalien; Ingenieurtechnik, Zentrale Forschungseinrichtungen)*
- *Voigt, Carl, Dr. (stellv. Mitglied; Anorganische Chemieprodukte; Umweltschutz und Sicherheit)*
- *Wagner, Heinz-Joachim (stellv. Mitglied; Finanzen)*
- *Wohlenberg, Günter (Edelmetalle, Pharma; Zentrale Konzernaufgaben, Beschaffung und Verkehr)*

Vorstandsbezüge 1994/95:
7.354.000,– DM

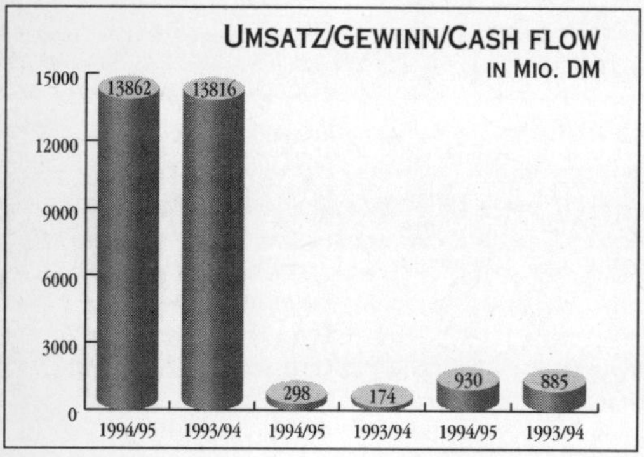

Edelmetallscheiden der Welt. Doch Gold, Silber und Platin bestimmen schon lange nicht mehr allein die Geschäfte der Degussa. Neben den Edelmetallen ist die Degussa im Chemie- und Pharmabereich tätig. Chemie, Edelmetall und das Dentalgeschäft firmieren unter dem Dach der Degussa AG, die in- und ausländischen Pharmaaktivitäten des Konzerns bündeln sich in der Tochtergesellschaft ASTA Medica AG und den dazu gehörenden Unternehmen.
Die Palette der Degussa-Gesellschaften aus eigenen Produktionsstätten in 25 Ländern umfaßt Edelmetalle, Edelmetallerzeugnisse, Chemikalien, Arzneimittel, chemische, chemisch-technische und metallurgische Erzeugnisse, technische Geräte und Anlagen. Zu den wichtigsten Produktionsstätten im Inland zählen die Werke in Beuel, Bruchhausen, Kalscheuren, Knapsack, Mombach, Rheinfelden und Wesseling. Eine Zweigniederlassung mit Produktionen und Forschungseinrichtungen gibt es in Hanau-Wolfgang. Verkaufsstellen besitzt die Degussa in 13 deutschen Städten, 214 Tochter- und eigene Vertriebsgesellschaften in 30 Ländern. Die Degussa exportiert in über 130 Länder. Im Bereich Forschung und Entwicklung arbeiten konzernweit 2.405 Mitarbeiter. Der Konzern gliedert sich in drei zentrale Unternehmensbereiche:
◆ Unternehmensbereich Chemie. Geschäftsbereiche: Industrie- und Feinchemikalien, Anorganische Chemieprodukte sowie Cerdec-Konzern, in den der frühere Geschäftsbereich Keramische Farben und Spezialprodukte überführt wurde. Die Cerdec AG wurde gemeinsam mit Ciba, Basel, im April 1993 mit Sitz in Frankfurt/Main gegründet. Die Degussa hält an diesem Konzern 70%. Als Rußanbieter rangiert die Degussa weltweit auf Platz zwei. Degussa ist einer der führenden Katalysatorenhersteller in Europa und der Welt. Auf dem Gebiet der Zeolithe, Silikate, der gefällten und pyrogenen Kieselsäuren hat die Degussa die weltweit größte Fertigungskapazität. Bei Wasserstoffperoxid mit Anlagen in Deutschland, Belgien, Österreich und den USA – demnächst auch in Brasilien und Kanada – ist Degussa auf der Welt die Nummer 2, bei Methionin die Nummer 1. Umsatz 1994/95: 5.176,0 Mio. DM (Vorjahr: 4.830,0 Mio.); Beschäftigte 1994/95: 14.473 (Vorjahr: 14.376).
◆ Unternehmensbereich Metall. Dazu gehörten bislang die Geschäftsbereiche Edelmetalle, die inzwischen auf die Degussa fusionierte Demetron-Gruppe (einschließlich zugeordneter Elektronikaktivitäten anderer Degussa-Tochterunternehmen) und die Leybold Durferrit GmbH, Köln. Die Mahler Dienstleistungs-GmbH wurde an das englische Unternehmen Bodycote International plc veräußert. Das neue Konzept, das die Edelmetallaktivitäten der Degussa auf die Scheidung, den Handel und die Herstellung edelmetallhaltiger Produkte konzentrieren will, führte zu einer völligen Einstellung des Geschäftsbereiches Primärgewinnung Ende September 1993 und der Veräußerung der Bergwerkaktivitäten in Australien und Papua-Neuguinea. Mit der Veräußerung der Leybold AG wurde die Leybold Durferrit GmbH auf die Degussa AG übertragen und gehört somit nicht mehr zum Leybold-Konzern. Umsatz 1994/95: 6.570,0 Mio. DM (Vor-

jahr: 6.836,0); davon Edelmetall-Handelsumsätze 1994/95: 3.493,0 Mio. DM (Vorjahr: 3.985,0 Mio.); Beschäftigte 1994/95: 5.239 (Vorjahr: 5.609).

◆ Unternehmensbereich Pharma. Hierzu gehören der Geschäftsbereich Dental mit allen Produkten und Verarbeitungssystemen für Zahnmedizin/Zahntechnik und der ASTA Medica Konzern einschließlich zugeordneter Pharmasparten von Degussa-Tochterunternehmen. ASTA produziert und vertreibt auf den Gebieten Biologie und Pharmazie und ist in der Entwicklung und Forschung auf dem Gebiet von Arzneimitteln tätig. Massive Präsenz auf dem amerikanischen Markt durch die Gründung der Asta Medica Inc., New Jersey, der Abkit Inc., New York, und den Erwerb einer Minderheitsbeteiligung an der Muro Pharmaceutical Inc., Tewksbury bei Boston. Umsatz 1994/95: 2.116,0 Mio. DM (Vorjahr: 2.150,0 Mio.); Beschäftigte 1994/95: 7.260 (Vorjahr: 7.217).

Zu 100% im Besitz des Konzerns ist die Degussa Bank GmbH, eine im In- und Ausland tätige Universalbank mit den Schwerpunkten Konzerndienstleistungen (inkl. Firmengeschäft), Wertpapiergeschäft und Privatkundengeschäft.

Mit Beginn des Geschäftsjahres 1996/97 am 1. Oktober 1996 gab sich die Degussa eine neue Organisationsstruktur, die sich aber an die alten Unternehmensbereiche anlehnt. Die operativen Geschäftseinheiten werden künftig in drei neue Segmente gegliedert. Zum Segment Chemieprodukte gehören die Geschäftsbereiche (GB) Spezialchemikalien, Kautschukchemikalien und Pigmente, Kieselsäuren und Chemiekatalysatoren sowie Polymere. Das Segment Gesundheit und Ernährung umfaßt die ASTA Medica AG, den GB Dental und den GB Futtermitteladditive. Zum dritten Segment Edelmetall und Bank gehören die GB Edelmetalle sowie Autoabgaskatalysatoren, die Cerdec AG und die Degussa Bank GmbH.

BETEILIGUNGEN. Zu den wichtigsten Beteiligungen der Degussa AG gehören:

● Allgemeine Gold- und Silberscheideanstalt AG, Pforzheim (87,62%); ASTA Medica AG, Dresden (100%), mit Tochtergesellschaften und zahlreichen Beteiligungen, u. a. Arzneimittelwerk Dresden GmbH, Radebeul, sowie Temmler-Gruppe, Marburg; Cerdec AG Keramische Farben, Frankfurt/Main (70%); Degussa Bank GmbH, Frankfurt/Main (100%); Leybold Durferrit GmbH, Köln (100%).

● Von den über 160 ausländischen Konzernunternehmen die größten: B.V. United Metal & Chemical Company, Amsterdam/Niederlande (100%); Degussa Corporation, Ridgefield Park/USA (100%); Degussa s.a., Guarulhos/Brasilien (100%); Degussa Antwerpen N.V., Antwerpen/Belgien; Leukon AG, Zürich/Schweiz (100%), mit der Degussa Austria GmbH, Wien/Österreich (100%); mehrere Ruß-Gesellschaften u. a. in Ambès/Frankreich und Malmö/Schweden.

● Weitere wichtige Beteiligungen: Norddeutsche Affinerie AG, Hamburg (30%). Dieser im Jahr 1866 gegründete Konzern mit zahlreichen Tochtergesellschaften arbeitet in den Bereichen Gewinnung von Metallen, besonders Kupfer, Herstellung von Chemikalien sowie Pflanzenschutz- und Schädlingsbekämpfungsmitteln; Ducera Dental-Gesellschaft mbH, Rosbach v.d.H. (100%); Kommanditgesellschaft Deutsche

Aufsichtsrat:

▮ *Henkel, Konrad, Dr. Dr. h.c. (Ehrenvorsitzender), Düsseldorf*

▮ *Sibler, Helmut, Prof. Dr. Dr. (Vorsitzender; Mitglied des Gesellschafterausschusses der Henkel KGaA), Düsseldorf*

▮ *Dieter, Werner H., Dr. E.h., Lohr am Main*

▮ *Keim, Wilhelm, Prof. Dr. Dr. h.c. (Rheinisch-Westfälische Technische Hochschule), Aachen*

▮ *Kessler, Claus, Dr. (ehem. Mitglied des Zentralvorstandes der Siemens AG), München*

▮ *Manchot, Jürgen, Dr. (stellv. Vorsitzender des Gesellschafterausschusses der Henkel KGaA), Düsseldorf*

▮ *Sarrazin, Jürgen (Sprecher des Vorstandes der Dresdner Bank AG), Frankfurt/Main*

▮ *Schinzler, Hans-Jürgen, Dr. (Vorsitzender des Vorstandes der Münchener Rückversicherungs-Gesellschaft), München*

▮ *Staab, Heinz A., Prof. Dr. Dr. (Max-Planck-Institut für medizinische Forschung), Heidelberg*

▮ *Strenger, Hermann Josef (Vorsitzender des Aufsichtsrates der Bayer AG), Leverkusen*

▮ *Strube, Jürgen, Dr. (Vorsitzender des Vorstandes der BASF AG), Ludwigshafen*

**Schäfer, Egon (stellv. Vorsitzender)*

**Adam, Günter*

**von Auer, Frank*

**Bäcker, Wolfgang*

**Freyberg, Rolf-Jürgen, Dr.*

**Holdinghausen, Franz A., Dr.*

**Kreiling, Bernd*

**Pohl, Karl-Heinz*

**Rakow, Paul*

**Riesop, Walter*

Aufsichtsratstantiemen 1994/95: *1.627.000,– DM*

BÖRSE, AKTIEN, KURSE
Grundkapital 1995:
428,9 Mio.
Jahreshöchstkurs 1995:
486,00 DM
Jahrestiefstkurs 1995:
398,00 DM
Aktie Jahresende 1995:
446,00 DM
Dividende pro Aktie 1995:
12,50 DM

Die Dividende bezieht sich auf je 50,– DM Aktiennennbetrag. Die Dividendensumme betrug 1995 107,2 Mio. DM

Umsatz 1994/95:
13.861,8 Mio.
(Auslandsanteil: 74,9%)
Umsatz 1993/94:
13.815,8 Mio.
(Auslandsanteil: 73,2%)
Umsatz 1992/93:
14.901,2 Mio.
(Auslandsanteil: 72,7%)

Gewinn 1994/95: *297,9 Mio.*
Gewinn 1993/94: *174,4 Mio.*
Gewinn 1992/93: *120,8 Mio.*

Cash flow 1994/95:
930,0 Mio.
Cash flow 1993/94:
885,0 Mio.
Cash flow 1992/93:
688,0 Mio.

Cash flow: *Der Cash flow wurde im wesentlichen zur Finanzierung der Investitionen sowie der Rückführung der monetären Verschuldung verwendet.*

Steueraufkommen 1994/ 1995: *106,2 Mio.*

Gasrußwerke GmbH & Co., Dortmund (54,35%); Ultraform GmbH, Ludwigshafen (50%); Muro Pharmaceutical, Inc., Tewksbury/USA (20,40% – Degussa plant die vollständige Übernahme des Unternehmens); Nippon Aerosil Co. Ltd., Tokio/Japan (50%); Ordeg Co., Ltd., Seoul/Südkorea (50%).
Das größte Auslandsengagement der Degussa ist die Degussa Corporation in den USA, in die bislang rund 1,5 Mrd. DM investiert wurden. Der Buchwert des Sachanlagevermögens der Degussa Corporation ist inzwischen größer als der Buchwert der Sachanlagen in der Degussa AG.

NEUE BUNDESLÄNDER. Der ehemalige Geschäftsbereich Keramische Farben und Spezialprodukte der Degussa AG (Cerdec) erwarb Ende 1990 die komplette Magmalor GmbH im sächsischen Colditz. Die Magmalor GmbH war führender Hersteller von Dekorfarben und Farbkörpern für die Keramik- und Glasindustrie der ehemaligen DDR. Die ASTA Medica AG erwarb 1992 die Arzneimittelwerke Dresden GmbH (AWD). Die durch die AWD erworbene Germed Handelsgesellschaft mbH, Berlin, soll das Exportgeschäft mit den Nachfolgestaaten der Sowjetunion und den osteuropäischen Staaten weiterentwickeln. Die AWD sind Marktführer in den neuen Bundesländern. Mitte 1995 schloß die Degussa mit der Chemiewerk Bad Köstritz GmbH bei Gera in Thüringen eine Kooperation zur Produktion von Spezialzeolithen.

STANDORT DEUTSCHLAND. Die Konzernspitze unterscheidet immer deutlicher zwischen dem Wirtschaftsstandort und dem Produktionsstandort Deutschland. Produziert wird verstärkt im Ausland, dort, wo Kunden und Nachfragen lokalisiert sind. Der Degussa-Vorstand definiert sich als »Global player«. 56% aller Degussa-Investitionen flossen 1995 ins Ausland. Schwerpunkte waren die großen Chemiewerke in Antwerpen (Belgien) und Mobile (USA). Über die Hälfte aller Degussa-Geschäfte spielen sich im Ausland ab, der Konzern wächst schneller als die AG. Das Ergebnis der Degussa Corporation, des größten Auslandsengagements der Degussa, hat sich im letzten Geschäftsjahr verdoppelt. Der amerikanische Markt wird zu 85% aus lokaler Produktion bedient. In Antwerpen werden zwei Großanlagen in Betrieb genommen. Der Anteil der ausländischen Konzerngesellschaften am Umsatz betrug 1994/95 52,6% (Vorjahr: 48,4%). Für die Degussa soll sich der Trend ins Ausland noch beschleunigen.
In Zukunft will sich der Konzern auf wenige, dafür aber international wettbewerbsfähige Arbeitsgebiete konzentrieren. Anfang 1995 wurden als Folge der einschneidenden Umstrukturierung 4.900 Mitarbeiter weniger beschäftigt als ein Jahr zuvor, ein Minus von 15%. In den beiden Jahren zuvor wurden bereits 5.200 Stellen gestrichen und zahlreiche deutsche Standorte, u. a. Pforzheim, geschlossen. Von den Beschäftigten im Konzern waren 1995 11.275 (Vorjahr: 10.860) im Ausland und 15.854 (Vorjahr: 16.350) im Inland, davon 9.648 in der Degussa AG, beschäftigt. Im Rahmen der »Verschlankung« des Konzerns reduzierte die Degussa ihren Vorstand von acht auf sechs Vorstandsmitglieder.
Unter dem Namen ASTA Medica wurden Marketinggesellschaften in Ungarn, der Tschechischen und der Slowakischen Republik, in Polen, Bulgarien, Rumänien, Rußland und der Ukraine gegründet. Die zur

Degussa Austria GmbH gehörende Ögussa in Wien und ihre Tochtergesellschaften sind mit Marketinggesellschaften in Tschechien und den an Österreich angrenzenden Reformländern vertreten. In der Slowakischen Republik wurde mit dem Pharmazie- und Biotechnologieunternehmen Biotika AG das Joint-venture Fermas s.r.o. gegründet, an der die Degussa 51% hält. Joint-ventures ist Degussa auch in China und Japan eingegangen. Eines der größten ist das 1994 abgeschlossene deutsch-chinesische Industrieruß-Joint-venture Quingdao Degussa Chemical Company Ltd.

Beschäftigte 1994/95: 27.129
Beschäftigte 1993/94: 27.202
Beschäftigte 1992/93: 32.094

Umsatz pro Mitarbeiter 1994/95: 510.959,– DM
Umsatz pro Mitarbeiter 1993/94: 507.896,– DM
Umsatz pro Mitarbeiter 1992/93: 464.299,– DM

Löhne und Gehälter 1994/95: 1.910,7 Mio.
Löhne und Gehälter 1993/94: 1.869,1 Mio.
Durchschnittsgehalt 1994/95: 70.430,– DM
Soziale Abgaben und Aufwendungen 1994/95: 544,5 Mio.
Soziale Abgaben und Aufwendungen 1993/94: 558,9 Mio.

Bezüge pro Vorstandsmitglied 1994/95: 1.225.667,– DM
Tantiemen pro Aufsichtsratsmitglied 1994/95: 77.476,– DM

»BÜNDNIS FÜR ARBEIT«. Schon vor der politischen Diskussion um das »Bündnis für Arbeit« im Herbst 1995 und unabhängig von tarifvertraglichen Einflüssen hat die Degussa AG nach personalpolitischen Lösungen bezogen auf die Probleme des Arbeitsmarktes gesucht. Im Geschäftsjahr 1994/95 arbeiteten in der Degussa AG ca. 72% der Mitarbeiter in Gleitzeit, knapp 6% in Normalzeit mit festen Arbeitszeiten und 22% in teil- oder vollkontinuierlichen Schichtsystemen. Bereits Anfang 1993 hatte die Degussa die Betriebsvereinbarungen über gleitende Arbeitszeit durch Betriebsvereinbarungen über die Flexibilisierung der Arbeitszeit ersetzt. Die bis dahin geltenden Kernzeiten wurden durch Funktionszeiten abgelöst. Innerhalb der bereichs- und abteilungsspezifischen Funktionszeit können die Mitarbeiter nach gegenseitiger Absprache und in Abstimmung mit dem Vorgesetzten ihre Arbeitszeit frei wählen. So läßt sich auf wechselnde Arbeitsbelastungen durch steigende oder sinkende Nachfrage flexibel reagieren. Funktionszeiten gelten teilweise auch in der Produktion, wo starre Schichtzeiten durch variable Funktionszeiten von z. B. 6.00 Uhr bis je nach Beruf maximal 22.00 Uhr abgelöst werden.

Seit Anfang 1995 werden in der Produktion der Degussa AG auch Jahresarbeitszeitmodelle erprobt. Ausgangspunkt ist die anhand der tariflichen Wochenarbeitszeit ermittelte Jahressollarbeitszeit, die für jeden einzelnen Mitarbeiter in entsprechende Schichten umgerechnet wird. Im Rahmen der Schichtplanung werden die Zeitsalden der einzelnen Mitarbeiter als Soll-Ist-Vergleich dargestellt. Dabei sind Über- wie Unterdeckungen der jeweils anteiligen Jahressollarbeitszeit möglich. Es entstehen sogenannte Arbeitszeitkonten. Oberster Grundsatz im Bereich der Mehrarbeit aber ist, Überstunden so weit wie möglich zu vermeiden. Sind Überstunden unvermeidbar, ist Ausgleich in Freizeit zu gewähren. Erfolgt der Freizeitausgleich innerhalb eines Monats, so entfällt nach dem insoweit neugefaßten Manteltarifvertrag der chemischen Industrie der Mehrarbeitszuschlag. Nur in Ausnahmefällen, wenn aus betrieblichen oder arbeitsorganisatorischen Gründen kein Freizeitausgleich gegeben werden kann, wird Abgeltung in Geld vorgenommen.

Seit 1994 hat die Degussa AG jedem Mitarbeiter, der dies wünscht, einen Rechtsanspruch auf Teilzeitbeschäftigung eingeräumt. Jeder Mitarbeiter kann seine persönliche Arbeitszeit auf maximal die Hälfte der regelmäßigen tariflichen wöchentlichen Arbeitszeit reduzieren. Darüber hinaus besteht seit Mitte 1995 eine Gesamtbetriebsvereinbarung zur besseren Vereinbarung von Familie und Beruf. Jeder Mitarbeiter hat bei familiären Problemen (z. B. Erkrankung von Kindern, pflegebedürftige Eltern) unter bestimmten Voraussetzungen einen Rechtsanspruch auf Freistellung. Er kann Teilzeitbeschäftigung wählen mit ei-

Investitionen 1994/1995:
492,0 Mio.
Investitionen 1993/1994:
462,0 Mio.
Investitionen 1992/1993:
498,0 Mio.

Umweltschutz 1994/95:
109,0 Mio.
Umweltschutz 1993/94:
102,0 Mio.
Umweltschutz 1992/93:
99,0 Mio.

Forschung und Entwicklung 1994/95: 433,0 Mio.
Forschung und Entwicklung 1993/94: 407,0 Mio.
Forschung und Entwicklung 1992/93: 469,0 Mio.

nem Recht auf Rückkehr zur Vollzeitbeschäftigung oder bei Ausscheiden aus dem Beschäftigungsverhältnis eine Wiedereinstellungsgarantie erhalten. In der chemischen Industrie ist 1996 ein Tarifvertrag zur Förderung der Altersteilzeit abgeschlossen worden, der einige individuelle Regelungen zur Verteilung der Arbeitszeit und der Entgeltregelung vorsieht.
Die Degussa AG hat 1995 ca. 21% mehr Auszubildende eingestellt und damit die Zusage der letzten Tarifrunde der chemischen Industrie übertroffen. Soweit trotz persönlicher Qualifikation den Ausgebildeten kein Dauerarbeitsverhältnis angeboten werden kann, gibt die Degussa AG ihren Auszubildenden die Zusage, ein auf 12 Monate befristetes, auf die Hälfte der regelmäßigen Arbeitszeit beschränktes Teilzeitarbeitsverhältnis anzutreten.

UMWELTSCHUTZ. Die Degussa hat 1996 einen detaillierten Umweltbericht 1995 herausgegeben, der in seiner Gestaltung und Rechenschaft nichts zu wünschen übrig läßt. In allen Einzelheiten wird auf die Umweltschutzmaßnahmen in den inländischen Werken eingegangen, auf die Emissionen in Luft und Wasser, auf die Lärmquellen, die Bodensanierung, aber auch auf die dort gefertigten Umweltprodukte. Eine Bilanz 1995 wurde erstellt, Pläne und Vorhaben für 1996/97 fixiert. Degussa legt besonderen Wert auf sechs Tätigkeitsbereiche: Produktverantwortung, Umweltschutz, Anlagensicherheit und Gefahrenabwehr, Gesundheitsschutz, Transportsicherheit und Dialog. Sicherheit und Umweltschutz werden bei der Degussa seit einigen Jahren großgeschrieben. Besonders im Chemiebereich haben umweltverträgliche Produkte höchste Priorität – so die Konzernspitze. Am für die Umwelt gefährlichsten Standort in Hanau-Wolfgang wurde ein Pilotprojekt zur Umsetzung der Öko-Audit-Verordnung des Hessischen Wirtschaftsministeriums durchgeführt. Auf diese Weise soll der Chemiestandort für die Nachbarschaft und die Öffentlichkeit transparent gemacht werden. Degussa versucht vor allem, ständig die Luft rund um die Werke zu verbessern. Dem Vorstand unterstellt ist ein Referat Umwelt und Sicherheit.
Besonderer Wert wird auf die Reduzierung der Abwasser-Einleitwerte in die Flüsse gelegt. Der Schwermetallgehalt der in den Rhein abgeleiteten Abwasser unterschreitet die Grenzwerte weit – so die Degussa. Dennoch beklagt Degussa die langwierigen Prozeduren genehmigungsbedürftiger Anlagen und setzt die Genehmigungsverfahren und den internationalen Wettbewerb immer in einen Zusammenhang. Degussa beanstandet auch die aus ihrer Sicht unzureichenden rechtlichen Voraussetzungen in der Gentechnik.
Auch die Degussa hat den lukrativen Markt für Umweltprodukte längst erkannt. Im Chemiebereich ist Degussa einer der bedeutenden Hersteller von Aktivsauerstoffverbindungen, insbesondere Wasserstoffperoxid (Alternative zum Chlor in der Papierbleiche), und umweltfreundlichen, phosphatfreien Waschmittelzusätzen. Degussa ist führend im Bereich Katalysatoren, der Welt zweitgrößter Hersteller von Spezialrußen, die Nummer eins in der Herstellung von weißen Füllstoffen und damit an umweltfreundlichen Entwicklungen der Reifenindustrie beteiligt.
Zur Erinnerung: Die Degussa kam über Jahre aus den Schlagzeilen nicht heraus. Im Atomgeschäft konnte die Degussa auf eine bis ins Jahr 1940 zurückreichende Vergangenheit schauen (Herstellung von

Uranmetall) und hatte schon nach Kriegsende den Ruf einer bedeutenden »Nuklearfirma«. Degussa gehörte zu den Initiatoren und Mitbegründern der Hanauer Nuklearbetriebe zur Entwicklung und Produktion u. a. von Brennstoffen und Brennelementen für Atomreaktoren (Nukem, Alkem, Reaktor-Brennelement Union GmbH/RBU). 1960 Gründung der Nukem GmbH (Nuklear-Chemie und -Metallurgie GmbH) als Spezialunternehmen zur Herstellung von Kernbrennstoffen (67% Degussa). Nach wechselnden Kapitalbeteiligungen (u. a. RWE 45%, Degussa 35%) kam es 1987 zum aufsehenerregenden Atom-Skandal, einer Schmiergeldaffäre rund um den Transport radioaktiver Abfälle, in dessen Zentrum die Firma Transnuklear stand, eine 100%ige Tochter der Nukem. Als Folge des Skandals übernahm die Degussa die Federführung bei den Hanauer Atomwerken und stellte das neue Management. Mit dem Aus für die WAA Wackersdorf und dem Ende des Kernenergie-Booms verkaufte die Degussa 1990 ihre Nukem-Beteiligung an RWE.

Mitbewerber: *(je nach Produktgruppen unterschiedlich) Bergmann, Cabot, Engelhard, Diehl, Du Pont, Fuchs, Hella, Heraeus, Johnson Matthey, KM-kabelmetal, Metallgesellschaft, Preussag, Rhone Poulenc, Solvay, Wieland*

DEUTSCHE BABCOCK

GESCHICHTE UND ENTWICKLUNG. Die Deutsche Babcock AG wurde 1898 unter dem Namen »Deutsche Babcock & Wilcox Dampfkessel-Werke AG« in Oberhausen gegründet und befand sich im Verbund der internationalen Babcock & Wilcox-Organisation. Die Amerikaner George Herman Babcock und Stephen Wilcox hatten einen Dampferzeuger, den »Sektionalkessel«, entwickelt, den sie in England und Deutschland nachbauen ließen. 1899 begann die Produktion mit 30 Mitarbeitern. Rund um den Standort Oberhausen – Kesselschmiede, Gießerei, Rohr-, Armaturen- und Vorwärmerfabrik – begann die Expansion der Babcock, die sich kontinuierlich vergrößerte, aber erst nach dem Zweiten Weltkrieg durch bedeutende Akquisitionen zum Großkonzern aufstieg.
Seit ihrer Gründung vor über 90 Jahren ist die Babcock führend bei Energieerzeugungsanlagen und in der Kraftwerkstechnik. Heute ist die Deutsche Babcock eine unabhängige Unternehmensgruppe, die seit 1976 unter ihrer jetzigen Bezeichnung firmiert.

BESITZVERHÄLTNISSE/EIGENTUMSSTRUKTUR.

- Westdeutsche Landesbank Girozentrale (ca. 10%)
- Streubesitz bei 40.000 Aktionären. 45% des Anteilsbesitzes liegen bei Ausländern.

Aktionärsstruktur: Privatpersonen (35%); Versicherungen und Banken (42%); Investmentgesellschaften (14%); Rest sonstige.

KONZERNÜBERBLICK. Die Deutsche Babcock AG ist die Management-Holding der Babcock-Gruppe. Sie ist zuständig für die strategische Führung, Planung und Kontrolle der Unternehmensgruppe. Zu der Holding gehören über 160 weltweit operierende Gesellschaften. Die Gruppe Deutsche Babcock ist weltweit tätig auf den Gebieten Energie- und Umwelttechnik, im Maschinenbau, in der Industrie-

Standort:
Duisburger Straße 375
46049 Oberhausen

Postanschrift:
46041 Oberhausen

Telefon: *(0208) 833-0*
Telex: *08 56 951 dbab d*
Telefax: *(0208) 26091*

Branche: *Maschinen- und Anlagenbau sowie Energie- und Umwelttechnik*

Rechtsform:
Aktiengesellschaft

Geschäftsjahr: *1.10.-30.9.*

Gründungsjahr: *1898*

Öffentlichkeitsarbeit:
Norbert C. Schulz
Tel.: (0208) 833-4330
FAX: (0208) 833-2519

Verbände: *Verband Deutscher Maschinen- und Anlagenbau e.V. (VDMA), Frankfurt/Main*

Vorstand:
▌ *Schmiedeknecht, Heyo, Dr. (Vorsitzender), Oberhausen*
▌ *Gerlach, Jürgen, Dr., München*
▌ *Kall, Fritz, Oberhausen*

Vorstandsbezüge 1994/95:
7.072.860,– DM

Operative Bereiche:
▌ *Kostrzewa, Siegfried (Deutsche Babcock Energie- und Umwelttechnik AG), Overath*
▌ *Münnich, Walter (A. Friedr. Flender AG), Hamminkeln*
▌ *Westphal, Hans (Deutsche Babcock-Borsig AG), Berlin*

und Systemtechnik und in der Antriebstechnik. Babcock setzt sich aus selbständigen Unternehmen zusammen, die nach Produkt- und Marktgesichtspunkten in sechs Unternehmenskreisen zusammengefaßt sind. (1996/97 werden im Rahmen einer grundlegenden Umstrukturierung, die Ende 1997 abgeschlossen sein soll, die bisher noch bestehenden Zwischenholdings aufgelöst. Die neue Struktur der Gruppe Deutsche Babcock wird künftig im wesentlichen nur noch aus zwei Säulen bestehen: Anlagenbau mit dem Schwerpunkt Energie- und Umwelttechnik und Maschinenbau mit den Schwerpunkten Textilmaschinen und Mechanische Antriebstechnik von Flender.)

◆ Energie- und Umwelttechnik unter dem Dach der Deutsche Babcock Energie- und Umwelttechnik AG mit den Geschäftsfeldern Umwelttechnik und Energietechnik: Großdampferzeuger, Abhitzekessel, Kraftwerkfeuerungen, Montagen, Service und technische Dienstleistungen, Heiz- und Kombi-Kraftwerke, Gas- und Dampfturbinen-Kraftwerke, Rauchgasreinigungsanlagen, Verbrennungsanlagen für Haus-, Industrie- und Sondermüll, Abfallaufbereitungsanlagen, Kompostierungsanlagen, Schlammbehandlungsanlagen, Verfahrens- und Prozeßleittechnik. Umsatz 1994/95: 2.227,0 Mio. DM (Vorjahr: 2.210,0 Mio.); Beschäftigte 1994/95: 6.240 (Vorjahr: 6.670).

◆ Maschinenbau unter dem Dach der Deutsche Babcock-Borsig AG mit den Geschäftsfeldern Fördertechnik, Präzisionsmaschinen/Präzisionsnormteile, Textilveredlungsmaschinen, Verfahrenstechnik, Spezial-Maschinenbau, Anlagen, Apparate und Maschinen zur Aufbereitung von Gipsen, zur Herstellung von Putzgips, Gipskartonplatten, Gipsfaserplatten und Gipsbauelementen, Anlagen für die Holzindustrie, Ventilatoren, Imprägnieranlagen. Umsatz 1994/95: 1.570,0 Mio. DM (Vorjahr: 1.478,0 Mio.); Beschäftigte 1994/95: 6.753 (Vorjahr: 6.435).

◆ Industrie und Systemtechnik unter dem Dach der Deutsche Babcock Industrie und Systemtechnik AG mit den Geschäftsfeldern Armaturen, Rohrleitungsbau, Wassertechnik, Gebäudetechnik, Rückkühltechnik und Apparatebau, Komponenten und Systeme der Klima- und Gebäudetechnik, Windenergieanlagen, Rückkühlanlagen für Kraftwerke, Oberflächentechnik, Verdampfungstechnik, Brauereitechnik. Umsatz 1994/95: 2.712,0 Mio. DM (Vorjahr: 2.665,0 Mio.); Beschäftigte 1994/95: 10.489 (Vorjahr: 11.026).

◆ Antriebstechnik unter dem Dach der A. Friedr. Flender AG mit den Geschäftsfeldern Guß, elektrische und mechanische Antriebstechnik: Getriebe, Getriebemotoren, Kupplungen und Antriebselemente, Elektromotoren und elektrische Regeleinrichtungen, Apparatebau. Umsatz 1994/95: 1.963,0 Mio. DM (Vorjahr: 1.696,0 Mio.); Beschäftigte 1994/95: 8.919 (Vorjahr: 9.371).

◆ Nordamerika unter dem Dach der Deutsche Babcock Technologies, Inc., mit den Geschäftsfeldern Handel, Industrie und Systemtechnik, Maschinenbau, Energie- und Umwelttechnik: eigenständiger Unternehmensbereich für alle Babcock-Geschäfte in Nordamerika. Umsatz 1994/95: 635,0 Mio. DM (Vorjahr: 786,0 Mio.); Beschäftigte 1994/95: 1.919 (Vorjahr: 1.909).

◆ Handel unter dem Dach der Deutsche Babcock Handel GmbH mit den Geschäftsfeldern: NE-Metall-Halbfabrikate, Walzstahl und Röhren. Umsatz 1994/95: 402,0 Mio. DM (Vorjahr: 340,0 Mio.); Beschäftigte 1994/95: 203 (Vorjahr: 194).

BETEILIGUNGEN. Zur Deutsche Babcock AG gehören mehr als 150 in- und ausländische Konzernunternehmen. Die wichtigsten Konzerngesellschaften und wesentlichen Beteiligungen:

● Unternehmenskreis Energie- und Umwelttechnik: Deutsche Babcock Energie- und Umwelttechnik AG, Oberhausen (100%); Babcock Lentjes Kraftwerkstechnik GmbH, Oberhausen (60%); Deutsche Babcock Anlagen GmbH, Oberhausen (100%); Bergemann GmbH Maschinen- und Apparatebau, Wesel (100%); Babcock-Omnical Industriekessel GmbH, Oberhausen (100%); Burmeister & Wain Energi A/S, Virum/Dänemark (60%); Babcock Prozeßautomation GmbH, Oberhausen (60%).

● Unternehmenskreis Maschinenbau: Deutsche Babcock-Borsig AG, Berlin (100%); Babcock-BSH AG, Krefeld-Uerdingen (65,5%); Babcock Textilmaschinen GmbH, Seevetal (65,5%); Schumag AG, Aachen (70%); Vits Maschinenbau GmbH, Langenfeld (65,5%); NEUMAG-Neumünstersche Maschinen- und Anlagenbau GmbH, Neumünster (42,6%); Kieserling GmbH, Solingen (70%); Turbo-Lufttechnik GmbH, Zweibrücken (65,5%); Moenus AG, Frankfurt/Main (47,5%); H. Krantz Textiltechnik GmbH, Aachen (65,5%); Hacoba Textilmaschinen GmbH & Co. KG, Wuppertal (47,5%); Sucker-Müller-Hacoba GmbH & Co., Mönchengladbach (47,5%).

● Unternehmenskreis Industrie- und Systemtechnik: Deutsche Babcock Industrie und Systemtechnik AG, Oberhausen (100%); BDAG Balcke-Dürr AG, Ratingen (63%); H. Krantz-TKT GmbH, Bergisch Gladbach (63%); Babcock Rohrleitungsbau GmbH, Oberhausen (100%); Babcock-Sempell AG, Korschenbroich (100%); WABAG Wassertechnische Anlagen GmbH, Kulmbach (63%); Industrie- und Kraftwerksrohrleitungsbau Bitterfeld GmbH, Bitterfeld (100%).

● Unternehmenskreis Antriebstechnik: A. Friedr. Flender AG, Bocholt (75,5%); Flender Getriebewerk Penig GmbH, Penig (75,5%); Loher AG, Ruhstorf an der Rott (64,4%); Flender Guß GmbH, Wittgensdorf (75,5%); Flender ATB-Loher Antriebstechnik AG, Welzheim (64,4%); Flender-Himmelwerk GmbH, Tübingen (75,5%).

● Unternehmenskreis Nordamerika: Deutsche Babcock Technologies Inc., Worcester/Massachusetts (100%); DB Riley Consolidated Inc., Worcester/Massachusetts (100%); Ford, Bacon & Davis Companies Inc., Duluth/Georgia (100%); TLT-Babcock Inc., Akron/Ohio (100%); Baldwin Steel Company, Jersey City/New Jersey (100%); Bergemann USA, Inc., Atlanta/Georgia (100%); Krantz America, Inc., Charlotte/North Carolina (100%).

● Unternehmenskreis Handel: Deutsche Babcock Handel GmbH, Oberhausen (100%).

NEUE BUNDESLÄNDER. Babcock ist in den neuen Bundesländern mit elf Gesellschaften und neun Niederlassungen und Vertriebsstützpunkten auf allen Geschäftsfeldern vertreten. Einige Babcock-Unternehmen: Babcock Lentjes Kraftwerkstechnik GmbH, Berlin; Meeraner Dampfkesselbau GmbH, Meerane; Babcock-Omnical-Industriekessel GmbH, Zwickau; Borsig-Service Böhlen GmbH, Böhlen; Deutsche Babcock-Borsig AG, Leuna; Chema Balcke-Dürr Verfahrenstechnik GmbH Rudisleben, Rudisleben; Nema Wärmetauscher GmbH, Netschkau; Verzinkerei Netschkau GmbH, Netschkau; Balcke-Dürr Kühlturmbau Leipzig GmbH, Leipzig; Wabag Leipzig GmbH Wassertechnische Anlagen, Markkleeberg; H. Krantz-TKT GmbH, Dresden; Industrie- und

Aufsichtsrat:

▌*Ewaldsen, Hans L., Dr. E.h. (Ehrenvorsitzender), Essen*
▌*Neuber, Friedel (Vorsitzender; Vorsitzender des Vorstandes der Westdeutschen Landesbank Girozentrale), Düsseldorf*
▌*Esser, Friedrich H. (ehem. Vorsitzender des Vorstandes der Steag AG), Essen*
▌*Henle, Christian Peter (Unternehmensberater), Mülheim a. d. Ruhr*
▌*Kirchhoff, Jochen F., Dr. (Vorsitzender der Geschäftsleitung der Kirchhoff-Gruppe), Iserlohn*
▌*Kracht, Adolf (Mitglied des Vorstandes der Gerling-Konzern Rheinische Versicherungs-Gruppe AG), Köln*
▌*Krämer, Hermann, Dr. (Mitglied des Vorstandes der VEBA AG), Düsseldorf*
▌*Schadow, Ernst, Dr. (Mitglied des Vorstandes der Hoechst AG), Frankfurt/Main*
▌*von Schimmelmann, Wulf, Prof. Dr. (Mitglied des Vorstandes der BHF-Bank AG), Frankfurt/Main*
▌*Theye, Joachim, Dr. (Rechtsanwalt), Bremen*
▌*Wunderlich, Hermann, Dr. (stellv. Vorsitzender des Vorstandes der Bayer AG), Leverkusen*
**Westfeld, Heinz Georg (stellv. Vorsitzender)*
**Gehrke, Hans-Hermann*
**Hemer, Wilhelm*
**Holtmeyer, Günther, Dr.*
**Kühl, Bernd*
**Lück, Detlef*
**Pilgermann, Werner*
**Schartau, Harald*
**Witzke, Siegfried*
**Wurl, Bernhard*

Aufsichtsratstantiemen 1994/95: *523.860,– DM*

BÖRSE, AKTIEN, KURSE
Grundkapital 1995:
350,0 Mio.
Jahreshöchstkurs 1995:
205,00 DM
Jahrestiefstkurs 1995:
124,00 DM
Aktie Jahresende 1995:
124,00 DM
Dividende pro Aktie 1995:
0,00 DM

Das Grundkapital ist eingeteilt in 7.000.000 Inhaber-Stammaktien zu je 50,– DM. Die Babcock-Aktie wird an allen deutschen Wertpapierbörsen und in der Schweiz in Basel, Genf und Zürich gehandelt.

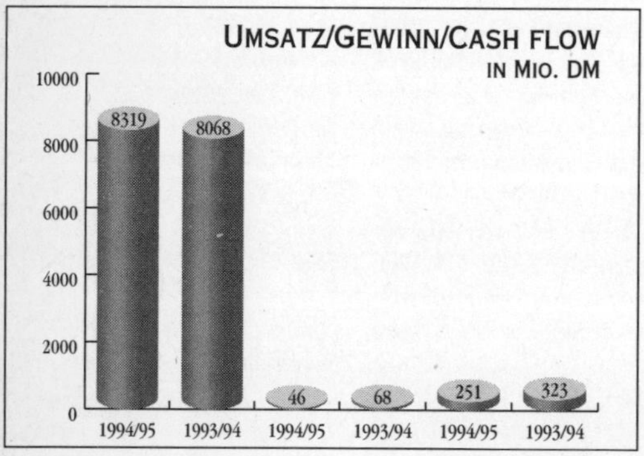

Kraftwerksrohrleitungsbau Bitterfeld GmbH, Bitterfeld und Leuna; Ingenieurbüro Antriebstechnik Dresden GmbH, Dresden; Flender Guss GmbH, Wittgensdorf; Flender Getriebewerk Penig GmbH, Penig; Deutsche Babcock Handel GmbH, Bitterfeld. Die Deutsche Babcock baut das Großkraftwerk Lippendorf bei Leipzig, das größte und modernste Braunkohlekraftwerk der Welt. Ende 1995 beschäftigte die Deutsche Babcock in den neuen Bundesländern 5.450 Mitarbeiter, knapp 20% der inländischen Belegschaft.

CRASH-PROGRAMM FÜR DIE DEUTSCHE BABCOCK. Anzeichen deuteten schon lange darauf hin, im Sommer 1996 war es dann gewiß: Die Deutsche Babcock befand sich in einer tiefgreifenden Krise (Standortkosten, Währungsveränderungen, Managementfehler, Fehlakquisitionen). Konzernverluste bis zu 400 Mio. DM wurden Realität. Babcock dementierte zwar die an den Börsen kursierenden Gerüchte über Existenzprobleme, mußte aber eingestehen, daß der Konzern in verschiedenen Portfoliobereichen ins Schlingern geraten war. Die Folge: ein tiefgreifendes, von rund 50 kreditgebenden Banken unter Federführung des Babcock-Großaktionärs WestLB mit Finanzierungshilfen von mehreren hundert Millionen DM sanktioniertes Sanierungsprogramm, das eine radikale Umstrukturierung des gesamten Konzerns vorsieht. Wesentliches Element der neuen Konzernstruktur ist eine »schlanke« Finanz- und Führungs-Holding für sechs selbständige Gesellschaften innerhalb der beiden Kernbereiche Anlagen- und Maschinenbau. Straff gegliedert, ergebnisorientiert. Der Holding-Vorstand wurde auf drei Mitglieder verkleinert. Die drei aus dem Vorstand Ausgeschiedenen behielten ihre Verantwortung für die operativen Bereiche. Der neuen Holding werden ohne irgendwelche Zwischenholdings die operativen Kernbereiche Anlagenbau (Deutsche Babcock Energie und Umwelt, Balcke-Dürr AG, Rohrleitungsbau) und Maschinenbau (Flender AG, der Textilmaschinenbereich, Borsig BSH) zugeordnet. Die Holding greift aber nicht in die operativen Geschäfte der einzelnen Gesellschaften ein. Sie ist für die strategische Führung zuständig, betreibt das Portfolio-Management und besetzt die wichtigsten Führungspositionen. Zwischen den einzelnen Tochterunternehmen wird es zu weitgehenden Umverteilungen der Aufgabengebiete kommen.

Das Sanierungskonzept sieht zahlreiche Stillegungen und Beteiligungsverkäufe vor, in erster Linie bei der Armaturen- und Rohrbaugruppe. Die Basis dafür ist das sogenannte Babcock-Ergebnissteigerungsprogramm 1996 (B-EST-Programm) zur »nachhaltigen Verbesserung der Ergebnissituation«.

Die Magdeburger Armaturenwerke GmbH, als ehemaliges DDR-Kombinat mit 6.000 Mitarbeitern von Babcock übernommen und 1996 noch 400 Beschäftigte zählend, werden stillgelegt. Ebenfalls aufgegeben werden Borsig Kugelhahn und Teile des Rohrleitungsbaus. Der Apparatebau der Babcock BSH soll ins Ausland verlegt, der Standort

Krefeld für die Fertigung geschlossen werden. Der Spezialmaschinenhersteller Schumag AG, eine Perle der Babcock, soll verkauft werden. Noch einmal 3.500 Beschäftigten wird dieser Crash-Kurs den Arbeitsplatz und den Konzern viel Geld kosten. Ende 1996 werden in der Deutschen Babcock 31.000 Beschäftigte arbeiten.
Die Sanierung soll Ende 1997 abgeschlossen sein, der Konzernumsatz durch Verkäufe und Stillegungen von Produktionsstandorten auf rund 6 Mrd. DM heruntergefahren werden. Für das Geschäftsjahr 1997/98 will die »neue« Babcock dann wieder eine Dividende zahlen. Das Konzept der neuen Konzernstruktur ist auf Seite 156 zu sehen.

STANDORT DEUTSCHLAND. Angesichts der hiesigen Markt- und Standortbedingungen hält es die Deutsche Babcock als Investitionsgüterhersteller für absolut notwendig, das internationale Geschäft mit lokalen Partnern auszubauen und jeweils vor Ort zu produzieren. Der süd- und südostasiatische Wachstumsmarkt ist für deutsche Lieferungen nicht mehr erreichbar. Fazit: Produktion vor Ort, neue Standorte am Point of sale. Diejenigen Geschäfte werden verstärkt internationalisiert, bei denen sich Kostenvorteile ergeben. Die stärkere Präsenz vor Ort soll hauptsächlich über Joint-venture-Gesellschaften in Schwerpunktmärkten wie Indien, China und Thailand erreicht werden, über den Aufbau von Fertigungsstätten und die Heranziehung lokaler Ingenieurkapazitäten. Durch solche strategischen Allianzen und Joint-ventures will sich die Deutsche Babcock auf den bedeutendsten Auslandsmärkten die Position eines »inländischen Anbieters« verschaffen. Ein Schwerpunkt ist dabei die Kraftwerkstechnik. Aus dieser Region erwartet Babcock 50% der künftigen weltweiten Kraftwerksneubauten. Immer größere Teile der Wertschöpfungskette in der Produktivität sollen ins Ausland verlegt werden, in Deutschland will man sich mehr und mehr auf kapital- und wissensintensive Produktionen, Service, höherwertiges Engineering und die Konzeption von Gesamtanlagen und Systemleistungen konzentrieren.
In allen Konzerngesellschaften werden die Anstrengungen zum »Outsourcing« und »Supply Management« forciert. Zulieferungen aus Tschechien, Polen und der Slowakei ermöglichen für deutsche Maschinenbauer, so die Babcock, Kosteneinsparungen von 30 bis 40 Prozent gegenüber dem deutschen Niveau. Gleiches gilt für Hersteller von Komponenten und Teilen aus Asien. Die konzerninterne Arbeitsteilung führt zu einem verstärkten Bezug von Komponenten und Engineering-Leistungen durch ausländische Babcock-Gesellschaften. So wird z. B. die konzerneigene indische Engineering-Gesellschaft IDEA durch Datenaustausch künftig noch stärker in die Auslegung und Konstruktion von Projekten in anderen Teilen der Welt eingebunden. Im Vergleich zu Deutschland kostet eine Konstruktionsstunde in Indien weniger als ein Zehntel. Ähnliche Vorteile ergeben sich bei der Einbeziehung ausländischer Fertigungsstätten. Kostet die Fertigungsstunde in Deutschland 100%, so sind es in den USA 65%, in Indien lediglich 20%. Die Mischkalkulation unter Einbeziehung von Niedrigkostenländern soll eine weitere Reduzierung der inländischen Wertschöpfungskette zur Folge haben, dafür aber die internationale Wettbewerbsfähigkeit der Deutsche Babcock-Gesellschaften verbessern.
Um international wettbewerbsfähig zu bleiben, so die Babcock, wurden innerhalb von sechs Jahren über 17.000 Arbeitsplätze eingespart.

Umsatz 1994/95:
8.318,6 Mio.
(Auslandsanteil: 44%)
Umsatz 1993/94:
8.067,7 Mio.
(Auslandsanteil: 43%)
Umsatz 1992/93:
8.203,1 Mio.
(Auslandsanteil: 44%)

Gewinn 1994/95: *46,2 Mio.*
Gewinn 1993/94: *67,9 Mio.*
Gewinn 1992/93: *19,5 Mio.*

Cash flow 1994/95:
251,0 Mio.
Cash flow 1993/94:
323,0 Mio.
Cash flow 1992/93:
278,0 Mio.

Cash flow: *Die Investitionen wurden weitgehend aus dem Cash flow gedeckt.*

Steueraufkommen 1994/95:
57,6 Mio.

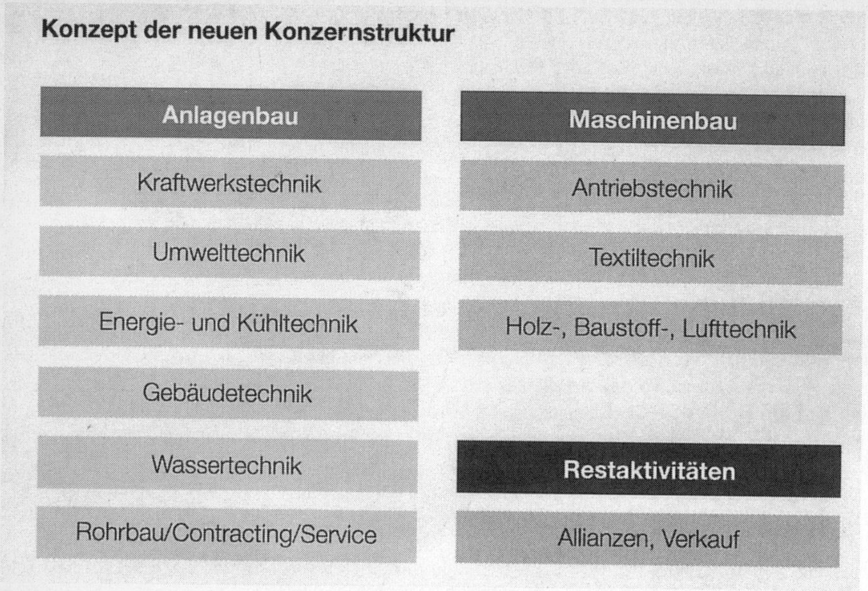
Konzept der neuen Konzernstruktur
Anlagenbau
Kraftwerkstechnik
Umwelttechnik
Energie- und Kühltechnik
Gebäudetechnik
Wassertechnik
Rohrbau/Contracting/Service
Maschinenbau
Antriebstechnik
Textiltechnik
Holz-, Baustoff-, Lufttechnik
Restaktivitäten
Allianzen, Verkauf

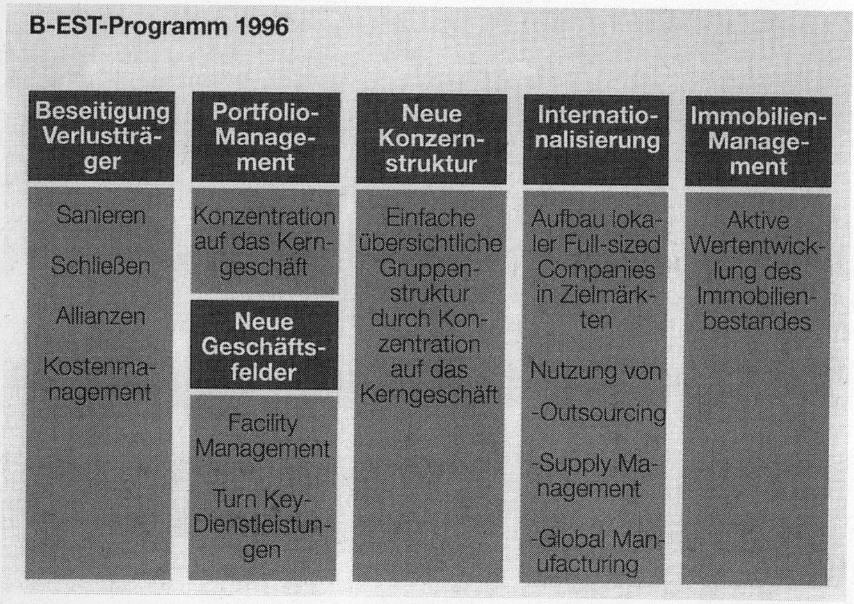
B-EST-Programm 1996
Beseitigung Verlustträger
Sanieren
Schließen
Allianzen
Kostenmanagement
Portfolio-Management
Konzentration auf das Kerngeschäft
Neue Geschäftsfelder
Facility Management
Turn Key-Dienstleistungen
Neue Konzernstruktur
Einfache übersichtliche Gruppenstruktur durch Konzentration auf das Kerngeschäft
Internationalisierung
Aufbau lokaler Full-sized Companies in Zielmärkten
Nutzung von
-Outsourcing
-Supply Management
-Global Manufacturing
Immobilien-Management
Aktive Wertentwicklung des Immobilienbestandes

Und dieser Weg soll durch »intensives Portfoliomanagement« fortgesetzt werden: Randaktivitäten werden abgestoßen, Kerngeschäftsfelder ausgebaut, die Belegschaft im Inland weiter reduziert, während sie im Ausland steigt. Ohne Berücksichtigung von Neuzugängen nahm die inländische Belegschaft 1995 um knapp 3.000 Beschäftigte ab (u. a. vorzeitige Pensionierungen, Aufhebungsverträge). Babcock-Vorstandschef Heyo Schmiedeknecht hatte bereits im April 1994 (SZ 13.4.1994) verkündet: »Es ist schlimm, aber Personalabbau ist zur Zeit die Investition mit dem schnellsten Kapitalrückfluß.«

»BÜNDNIS FÜR ARBEIT«. Im Rahmen des Babcock-Ergebnissteigerungs-Programms (B-EST-Programm) entwickelte der Konzern, so sieht er es selbst, als eines der ersten Unternehmen in Deutschland ein »Bündnis für Arbeit«. Damit sollen vor allem eine Flexibilisierung der Arbeitszeit und die Reduzierung der Personalkosten erreicht werden. Babcock hat mit dem Konzernbetriebsrat eine Rahmenvereinbarung getroffen, die vor künftigen »Personalanpassungen« folgende Maßnahmen zur Prüfung vorsieht: Gründung einer Qualifizierungsgesellschaft bzw. Durchführung von geförderten Qualifizierungsmaßnahmen, Absenkung der Arbeitszeit für Betriebe oder Betriebsteile auf 30 Wochenstunden ohne Teillohnausgleich, Teilzeitarbeit mit entsprechendem Einkommensverzicht sowie Freizeitausgleich bei Mehrarbeit. Außerdem hält es Babcock für dringend geboten, vor dem Hintergrund der wirtschaftlichen Situation des Konzerns die Sozialplankosten deutlich zu senken. Zukünftige Sozialplanformeln sollen sich ausschließlich nach den »ökonomisch vertretbaren Budgets« richten. Das variable Vergütungssystem für Führungskräfte, das sich an konkret vereinbarten Zielen orientiert, wurde im ganzen Konzern verankert und soll auf andere Ebenen ausgedehnt werden. Gruppenarbeit und Gruppenabsprachen bei der Projektarbeit und Abwicklung internationaler Großaufträge gewinnen ständig an Bedeutung. Durch die vereinbarten Einsparprogramme mit zunehmender Nutzung flexibler Arbeitszeiten in Gesellschaften mit schwankender Auslastung konnten Arbeitsplätze gesichert und Kosten gesenkt werden.

UMWELTSCHUTZ. Babcock ist traditionell in verschiedenen Bereichen der Umwelttechnik tätig. Die Konzerngesellschaften liefern weltweit umwelttechnische Produkte und Know-how. Vielfach wurden Erzeugnisse und Leistungen durch unternehmenseigene Forschungs- und Entwicklungsaktivitäten umweltfreundlicher und zugleich energiesparender produziert. Neue Werkstoffe für Kessel mit hohem Dampfdruck, hohe Gasreinheit mit Heißgasfiltertechnik, Dämmplatten aus Abfallzellulose, die Umrüstung westdeutscher Kraftwerke auf emissionsarme Feuerungen, der Bau hochmoderner, schadstoffarmer Braunkohlekraftwerke in Ostdeutschland, Müllverbrennungsanlagen und Vergärungsanlagen für Bioabfälle sind Bestandteile einer breiten Umwelttechnik-Palette im Babcock-Konzern.
Ein neues Arbeitsgebiet ist die Energieerzeugung mit Windenergieanlagen. Die Konzerntochter BDAG Balcke-Dürr AG übernahm mehrheitlich den norddeutschen Windanlagenhersteller Nordex Energieanlagen GmbH (Rerik), einen weltweit bedeutenden Anbieter von Windkraftturbinen zwischen 150 und 1.000 Kilowatt. Mit Balcke-Dürr ist erstmals ein industrielles Großunternehmen in den Markt für

Beschäftigte 1994/95: *34.769*
Beschäftigte 1993/94: *36.157*
Beschäftigte 1992/93: *39.527*

Umsatz pro Mitarbeiter 1994/95: *239.253,– DM*
Umsatz pro Mitarbeiter 1993/94: *223.130,– DM*
Umsatz pro Mitarbeiter 1992/93: *207.532,– DM*

Löhne und Gehälter 1994/95: *2.463,6 Mio.*
Löhne und Gehälter 1993/94: *2.478,8 Mio.*
Durchschnittsgehalt 1994/95: *70.856,– DM*
Soziale Abgaben und Aufwendungen 1994/95: *518,3 Mio.*
Soziale Abgaben und Aufwendungen 1993/94: *516,8 Mio.*

Bezüge pro Vorstandsmitglied 1994/95: *1.178.810,– DM*
Tantiemen pro Aufsichtsrat 1994/95: *24.946,– DM*

Investitionen 1994/95: *205,0 Mio.*
Investitionen 1993/94: *255,0 Mio.*
Investitionen 1992/93: *270,0 Mio.*

Forschung und Entwicklung 1994/95: *171,0 Mio.*
Forschung und Entwicklung 1993/94: *169,0 Mio.*
Forschung und Entwicklung 1992/93: *201,0 Mio.*

Mitbewerber:
Altana, ITT Automotive, KHD, Klöckner-Werke, Krupp-Hoesch, Liebherr, Linde, Mannesmann, MAN, Preussag, PreussenElektra, Rheinmetall, RWE, SMS-Gruppe, Thyssen, VEBA, Viag

Windkraftanlagen aller Leistungsklassen eingestiegen. Unter der Firmierung Nordex Balcke-Dürr wird die neue Tochtergesellschaft ihre Windkraftanlagen weltweit vertreiben. Hohes Interesse signalisieren die Schwellenländer Asiens. Allein in Indien sind in den letzten Jahren Windkraftanlagen mit einer Gesamtleistung von 500 Megawatt installiert worden. Auch China setzt immer stärker auf die Windenergie. Weltweit wird mit jährlich 2.000 Megawatt an Windenergiekapazitäten gerechnet, was einem Marktvolumen von 2 bis 2,5 Mrd. DM entspricht.

Die Babcock-Produktionsstätten haben sich auch auf die höheren gesetzlichen Anforderungen der letzten Jahre – Abfallwirtschaftsgesetz, strengere Abwasserrichtlinien – eingestellt. Firmeneigene Umweltschutzbeauftragte überwachen die Richtlinien. Der Konzern steht auch in ständiger Diskussion bezüglich umweltrelevanter Fragen mit dem Fachverband Dampfkessel-, Behälter- und Rohrleitungsbau e. V. zur Einführung des europaweit geltenden Öko-Audits.

DEUTSCHE BANK

Standort:
Taunusanlage 12
60325 Frankfurt/Main

Postanschrift:
60262 Frankfurt/Main

Telefon: *(069) 910-00*
Telex: *4 1 730-900 fm d*
Telefax: *(069) 910-34225*

Branche: *Kreditinstitute*

Rechtsform:
Aktiengesellschaft

Geschäftsjahr: *1.1.-31.12.*

Gründungsjahr: *1870; 1957 Neugründung der Deutsche Bank AG als Rechtsnachfolgerin der Deutschen Bank*

Öffentlichkeitsarbeit:
Hellmut Hartmann
Bernhard Schmaltz
Tel.: (069) 915-33400/33405
FAX: (069) 910-33422

GESCHICHTE UND ENTWICKLUNG. Die Deutsche Bank wurde 1870 in Berlin gegründet und expandierte schnell zum führenden deutschen Kreditinstitut. Hauptgründer der Bank war Georg von Siemens. Zahlreiche Akquisitionen im Bankenbereich, Gründung eines aufwendigen Auslandsnetzes. 1888 Erteilung der Konzession zum Bau der Anatolischen Eisenbahn. 1922 Übernahme der Deutschen Petroleum AG. 1929 große Bankenfusion mit der damals zweitgrößten deutschen Bank, der Disconto-Gesellschaft von 1851. Maßgeblicher Einfluß auf zahlreiche bedeutende Industrieunternehmen, u. a. Mannesmann, BMW, Daimler-Benz, Rheinische Braunkohle, Reemtsma. Weitreichendes Engagement mit der Nazi-Regierung. Mit der aggressiven Politik der Nationalsozialisten dehnte die Deutsche Bank ihren Einflußbereich auf die Territorien der überfallenen Länder aus. 1938 Kontrolle über Österreichs größte Bank, der Creditanstalt-Bodenverein.

Die Deutsche Bank beherrschte die AEG, die I.G. Farben und die Mannesmann-Röhrenwerke. Sie finanzierte maßgeblich die Kriegs- und Rüstungswirtschaft der Nazis. »Die Deutsche Bank spielte eine führende Rolle unter den Geschäftsbanken bei der Ausbeutung der wirtschaftlichen Reserven der annektierten, okkupierten und zu Satelliten gemachten Länder Europas.« So in einer Zusammenfassung der »OMGUS – Ermittlungen gegen die Deutsche Bank« der amerikanischen Militärregierung nach Beendigung des Zweiten Weltkrieges. »Seit dem ›Anschluß‹ im Jahre 1938 ging sie mit großer Aggressivität daran, ihr Bankimperium über die alten Grenzen Deutschlands hinaus auszudehnen.« Während des Krieges rückte die Deutsche Bank immer in die von den Nazis eroberten Länder nach, akquirierte Banken und Industriebetriebe, »arisierte« Industrie- und Finanzunternehmen, besonders in Osteuropa. »Die Deutsche Bank benutzte ihre gewaltige Macht in der deutschen Wirtschaft, um bei der Durchführung der

verbrecherischen Politik des Nazi-Regimes auf wirtschaftlichem Gebiet mitzuwirken.«
OMGUS empfahl, daß »1. die Deutsche Bank liquidiert wird, 2. die verantwortlichen Mitarbeiter der Deutschen Bank angeklagt und als Kriegsverbrecher vor Gericht gestellt werden, 3. die leitenden Mitarbeiter der Deutschen Bank von der Übernahme wichtiger oder verantwortlicher Positionen im wirtschaftlichen und politischen Leben Deutschlands ausgeschlossen werden«.
Bereits im Mai 1945 wurde die Deutsche Bank ebenso wie die anderen Berliner Großbanken von den Siegermächten stillgelegt. Im Osten Enteignung aller Einrichtungen der Deutschen Bank, in den Westzonen Dezentralisierung in zehn unter Verwaltung stehende Niederlassungen, die 1952 zu drei Regionalbanken zusammengefaßt wurden: Norddeutsche Bank AG in Hamburg, Rheinisch Westfälische Bank AG in Düsseldorf, Süddeutsche Bank AG in München. 1957 Zusammenschluß der drei Regionalbanken zur Deutsche Bank AG mit Sitz in Frankfurt. Unter Vorstandssprecher Hermann Josef Abs, der auch während des ganzen Kriegs der Bank »gedient« hatte, begann der neuerliche Aufschwung der Deutschen Bank zur deutschen Nummer eins und zu einer der mächtigsten Banken der Welt. Die alten Großbeteiligungen wurden wieder übernommen, die Deutsche Bank agierte, als hätte es Nazi-Deutschland und den Krieg nie gegeben.

BESITZVERHÄLTNISSE/EIGENTUMSSTRUKTUR.

Aktionärsstruktur Ende 1995:
Streubesitz bei 286.000 Aktionären, davon

- 190.500 Arbeitnehmer und Pensionäre (20,2% – darunter 51.300 Belegschaftsaktionäre mit 2,5%)
- 57.600 sonstige Privatpersonen (8,1%)
- 29.300 Selbständige (9,4%)
- 8.600 institutionelle Anleger und Unternehmen (62,3% – davon Ausländer, zumeist institutionelle Investoren, rund 40%; größter bekannter Einzelaktionär ist die Allianz AG mit 5%)

KONZERNÜBERBLICK. Die Deutsche Bank rangiert unter den zehn größten Banken der Welt. Sie ist ein weltweit operierender Finanzkonzern. Als Universalbank ist sie in allen wesentlichen Bereichen des Finanzgeschäfts auf allen Kontinenten tätig. Schwerpunktregionen der Deutschen Bank in Übersee sind der amerikanische Kontinent und die asiatisch-pazifische Region. Der Konzern Deutsche Bank war Anfang 1996 in über 50 Ländern mit 2.494 Niederlassungen vertreten, davon mit 1.691 Geschäftsstellen mit 6,5 Mio. Kunden in Deutschland. In Spanien hat die Deutsche Bank 1994 die Banco de Madrid mit 300 Geschäftsstellen übernommen und mit ihren anderen Aktivitäten unter dem Namen Deutsche Bank S.A.E. zusammengeführt. Mit jetzt 350 Filialen ist sie Spaniens größte Auslandsbank. 1993 wurde bereits die italienische Bank Banca Popolare di Lecco mit 250 Geschäftsstellen gekauft, die jetzt den Zusatz »Divisione della Deutsche Bank« im Namen führt und mit der aus der Banca d'America e d'Italia hervorgegangenen Deutsche Bank S.p.A. 1994 fusionierte. Damit ist die Deutsche Bank die Nummer eins unter den Auslandsbanken Italiens. Kernstück des Konzerns ist natürlich die Muttergesellschaft Deutsche Bank AG mit ihrer Zentrale in Frankfurt/Main. Neben zahlreichen Be-

Vorstand:

- *Kopper, Hilmar (Sprecher; Stabsbereich: Konzernentwicklung, Führungskräfte Konzern, Kommunikation)*
- *von Boehm-Bezing, Carl L. (Unternehmensbereich Firmen und Institutionen: Mittelstand/Absatzfinanzierung)*
- *Breuer, Rolf-E., Dr. (Unternehmensbereich: Investment Banking – Global Markets)*
- *Cartellieri, Ulrich, Dr. (Stabsbereich: Treasury; Überseebereich: Asien/Pazifik)*
- *Dobson, Michael (Unternehmensbereich Investment Banking: Equities)*
- *Endres, Michael, Dr. (Stabsbereich: Recht; Unternehmensbereich Konzerndienste: Personal)*
- *von Heydebreck, Tessen (Unternehmensbereich Privatkunden: Privat- und Geschäftskunden)*
- *Krumnow, Jürgen, Dr. (Stabsbereich: Rechnungswesen und Controlling/Risikocontrolling, Steuern; Unternehmensbereich Unternehmen und Institutionen: Konzerne/Kommunen)*
- *Krupp, Georg (Unternehmensbereich Privatkunden: Privates Anlage-Management, Private Banking/International)*
- *Schmitz, Ronaldo H. (Unternehmensbereich Investment Banking: Investment Banking Division, Emerging Markets, Inst. Asset Management; Übersee-Region: Nordamerika)*
- *Schneider-Lenné, Ellen R. (Stabsbereich: Marktrisiken, Volkswirtschaft, Kreditrisiken; Unternehmensbereich Unternehmen und Institutionen: Financial Institutions, Gewerbliche Immobilien)*

▌ *Weiss, Ulrich, Dr.*
(Stabsbereich: Compliance, Revision; Unternehmensbereich Konzerndienste: IT/Operations, IT/Operations Investment Banking)

Vorstandsbezüge 1995:
23.546.236,– DM

Aufsichtsrat:
▌ *Christians, F. Wilhelm, Dr. (Vorsitzender; ehem. Sprecher des Vorstandes der Deutsche Bank AG), Düsseldorf*
▌ *Bierich, Marcus, Dr. (Vorsitzender des Aufsichtsrates der Robert Bosch GmbH), Stuttgart*
▌ *Burgard, Horst, Dr., Frankfurt/Main*
▌ *Franz, Hermann Oskar, Dr. E.h. (Vorsitzender des Aufsichtsrates der Siemens AG), München*
▌ *Hughes, Louis R. (President General Motors International Operations), Glattbrugg/Zürich*
▌ *Kracht, Adolf (ehem. Vorsitzender des Vorstandes der Gerling Konzern Versicherungs-Beteiligungs-AG), Köln*
▌ *Leibinger, Berthold, Prof. Dr. E.h. (Vorsitzender der Geschäftsführung der Trumpf GmbH + Co.), Ditzingen*
▌ *Liesen, Klaus, Dr. (ehem. Vorsitzender des Vorstandes der Ruhrgas AG), Essen*
▌ *Otto, Michael, Dr. (Vorsitzender des Vorstandes der Otto-Versand GmbH & Co.), Hamburg*
▌ *Woeste, Albrecht (Vorsitzender des Aufsichtsrates und Gesellschafterausschusses der Henkel KGaA), Düsseldorf*

teiligungen im Bereich der Geschäftsbanken und Realkreditinstitute besitzt die Deutsche Bank weltweit zahlreiche Investmentbanken, Kapitalmarkt- und Kapitalanlagegesellschaften, Absatzfinanzierungs- und Leasinggesellschaften, Spezialinstitute wie die Bauspar-AG und die Lebensversicherungs-AG. Dazu kommen Beratungs- und Vermittlungsgesellschaften, z. B. die Gesellschaft für Mittelstandsberatung oder die Roland Berger & Partner Holding. Das Hypothekenbankgeschäft des Konzerns mit der Deutschen Centralbodenkredit-AG, der Frankfurter Hypothekenbank AG und der Lübecker Hypothekenbank AG, die eine Spitzenposition in der Immobilienfinanzierung einnimmt, wurde 1995 unter der Firmierung Frankfurter Hypothekenbank Centralboden AG zusammengefaßt, auf die anschließend die Deutsche Centralbodenkredit-AG verschmolzen wurde. Zusätzlich wurde ein neuer Geschäftsbereich »Gewerbliche Immobilien« gegründet. Mit der 1996 vorgenommenen Neugründung »Bank 24« will die Deutsche Bank überwiegend junge Menschen erreichen, die mit ihrer Bank ausschließlich über die Mittel der Telekommunikation (Telefon, Fax, PC, Internet, T-Online) verkehren sollen. Die filiallose Bank 24, die rund um die Uhr zu benutzen und – so die Deutsche Bank – immer und überall von jedem Ort der Welt erreichbar ist, hat ihren Sitz in Bonn. Insgesamt waren Anfang 1996 rund ein Drittel aller Kunden elektronisch mit der Deutschen Bank verbunden oder nutzten Electronic-Banking-Produkte.
Ziel der Deutschen Bank ist eine Art »Finanzkaufhaus«, in dem der Kunde alles, was mit Geld und Versicherungen zusammenhängt, unter einem Dach findet. Der Deutsche-Bank-Konzern betreut weltweit über 250.000 sogenannte »vermögende Privatkunden« mit einem Kreditvolumen von über 160 Mrd. DM. Eine der größten Bankenakquisitionen der Deutsche Bank AG erfolgte 1989 mit dem Kauf der britischen Merchant Bank Morgan Grenfell Group plc, London. 1995 wurde Morgan Grenfell in die übrigen Investment-Banking-Aktivitäten des Konzerns Deutsche Bank integriert und unter dem gemeinsamen Markennamen Deutsche Morgan Grenfell in einem weltweit verantwortlichen Unternehmensbereich unter dem Dach einer einheitlichen Managementstruktur in London zusammengefaßt. Deutsche Morgan Grenfell bietet in mehr als 40 Ländern mit rund 7.000 Mitarbeitern alle Produkte des Investment Banking an. Allein in London, wo alle Aktivitäten koordiniert werden, waren 1996 bereits 3.000 Mitarbeiter beschäftigt. Die Deutsche Morgan Grenfell besteht aus sieben Kernbereichen: Global Markets, Equities, Investment Banking Division, Structured Finance, Emerging Markets, Asset Management, Development Capital (außerhalb Deutschlands). Die Deutsche Bank will nach eigenem Bekunden die führende europäische Investmentbank werden und weltweit zur Spitzengruppe aufschließen.

BETEILIGUNGEN. Die Deutsche Bank AG besitzt von allen deutschen Banken die mit Abstand größte Anzahl an Tochtergesellschaften im In- und Ausland, an Beteiligungen an nationalen und internationalen Kredit- und Finanzierungsinstituten sowie die potentesten Beteiligungen an Industrieunternehmen, Unternehmen aller Art und Großkonzernen. Hinzu kommen zahlreiche Grundstücks-, Wohnungsbau-, Vermietungs- und Verwaltungsgesellschaften. Der Anteilsbesitz der Deutschen Bank umfaßte Anfang 1996 über 735 Unternehmen. Es gibt innerhalb der deutschen Wirtschaft kaum einen wichtigen Zweig, den die Deutsche Bank nicht abdeckt. Ein Novum 1996: Die Deutsche Bank kaufte sich mit 5,21% bei einer anderen Großbank, der Bayerische Vereinsbank, ein. Die Höhe der Beteiligung wurde bekanntgegeben, weil die Deutsche Bank die meldepflichtige Marke von 5% überschritten hatte. In den Konzernabschluß 1995 wurden neben der Deutschen Bank 91 inländische und 276 ausländische Unternehmen einbezogen. Die wichtigsten Unternehmen des Konzerns Deutsche Bank im Bereich Banken sind den Seiten 164 – 165 zu entnehmen, der wesentliche Anteilsbesitz im Nichtbankenbereich der Seite 168.

NEUE BUNDESLÄNDER. Die Deutsche Bank-Kreditbank AG der ehemaligen DDR-Staatsbank wurde mit ca. 150 Filialen auf die Deutsche Bank verschmolzen. Die Tochtergesellschaften Deutsche Beteiligungsgesellschaft (DBG) und Deutsche Industrie-Holding GmbH & Co. KG (DIH) haben sich in den neuen Bundesländern an ca. 60 Unternehmen beteiligt. Durch knapp 30 von der damaligen Treuhandanstalt gekauften Betriebe wollte die Deutsche Bank in den neuen Bundesländern wettbewerbsfähige mittelständische Unternehmen schaffen.

NEUE FÜHRUNGSSTRUKTUR DER DEUTSCHEN BANK. Durch die Veränderungen im internationalen Bankgeschäft, die zunehmende Globalisierung, die technologischen Entwicklungen und die damit verbundenen neuen Unternehmensschwerpunkte hat der Vorstand sich und der Bank 1996 eine neue Struktur bzw. Ausrichtung gegeben und die Vorstandsaufgaben neu organisiert. Der Vorstand hat sich, so sieht er es selbst, »eine kunden- und produktbezogene, also vertikale Organisation« geschneidert, durch die die Bedürfnisse der Kunden erfüllt und die Möglichkeiten der Technik optimal genutzt werden können. »Unsere Strukturreform ist in die Initiative Kundennähe übergegangen.« Sämtliche Bankgeschäfte wurden im Juli 1996 in vier weltweit tätige und verantwortliche Unternehmensbereiche gebündelt: Privatkunden, Unternehmen und Institutionen, Investment Banking und Konzerndienste. Die vier Bereiche sollen wie große Dienstleistungsunternehmen operieren. Waren die Vorstände bisher nicht nur für ein Fachressort, sondern auch für eine Region im In- und Ausland zuständig, so werden sie jetzt Konzernvorstände für fest definierte, global agierende Unternehmensbereiche, ohne die Aufgabengebiete wie bisher selbst zu übernehmen. Die operative Verantwortung für die einzelnen Unternehmensbereiche liegt jetzt bei neugeschaffenen Bereichsvorständen, die zwischen drei und fünf Vorstandsmitglieder umfassen. Generalbevollmächtigte und Direktoren wird es künftig nicht mehr geben. Neben den fachlich klar definierten Unternehmensbereichen bleiben Stabsbereiche bestehen, die konzernübergreifend beraten und steuern. Ihnen stehen ebenfalls Konzernvorstände vor, operativ ergänzt durch Stabsbereichsleiter. Zusätzlich gibt es zwei Geschäftsleitungen für die Regionen Asien/Pazifik und Nordamerika. Viermal jährlich soll der »Konzernführungskreis« tagen, der neben den zwölf Konzernvorständen, die sieben Stabsbereichsleiter, 15 Bereichsvorstände und zwei Geschäftsleiter der Überseeregionen umfaßt. Der zwölf Personen umfassende Konzernvorstand tagt wie gehabt einmal wöchentlich.

**Findeisen, Hagen (stellv. Vorsitzender)*
**Bartoschek, Jürgen*
**Förster, Heidrun*
**Kaufmann, Ulrich*
**Kindermann, Elmar, Dr.*
**Mönig-Raane, Margret*
**Neuhaus, Heinz-Jürgen*
**Renner, Gerhard*
**Seebold, Herbert*
**Wacker, Lothar*

***Aufsichtsratstantiemen 1995:** 2.136.700,– DM*

Beraterkreis der Gesamtbank:

- *Dieter, Werner, Dr. E.h. (Vorsitzender; ehem. Vorsitzender des Vorstandes der Mannesmann AG), Düsseldorf*
- *Necker, Tyll, Dr. h.c. (stellv. Vorsitzender; Geschäftsführender Gesellschafter der Hako-Werke GmbH & Co.), Bad Oldesloe*
- *Angermueller, Hans H. (Rechtsanwalt), New York*
- *Baumann, Karl-Hermann, Dr. (Mitglied des Vorstandes der Siemens AG), München*
- *Deuss, Walter, Dr. (Vorsitzender des Vorstandes der Karstadt AG), Essen*
- *Hartmann, Ulrich (Vorsitzender des Vorstandes der VEBA AG), Düsseldorf*
- *van Hooven, Eckart, Dr., Hamburg*
- *Kracht, Adolf (Vorsitzender des Vorstandes der Gerling-Konzern Rheinische Versicherungs-Gruppe AG), Köln*
- *Kruse, Hans Jakob, Hamburg*
- *Kurosawa, Yoh (President IBJ The Industrial Bank of Japan, Ltd.), Tokio*
- *Leysen, André, Dr. h.c. (Vorsitzender des Aufsichtsrates der Agfa-Gevaert-Gruppe), Mortsel/Belgien*

Loehr, Helmut (Mitglied des Vorstandes der Bayer AG), Leverkusen
Mer, Francis (Président Directeur Général d'Usinor Sacilor), Paris
Piëch, Ferdinand, Dr. h.c. (Vorsitzender des Vorstandes der Volkswagen AG), Wolfsburg
Quadbeck-Seeger, Hans-Jürgen, Prof. Dr. (Mitglied des Vorstandes der BASF AG), Ludwigshafen
Reuter, Edzard (ehem. Vorsitzender des Vorstandes der Daimler-Benz AG), Stuttgart
Rüschen, Gerhard, Dr. (Vorsitzender des Aufsichtsrates der Nestlé Deutschland AG), Frankfurt/Main
Simon, David A. G., Sir CBE (Chairman of the Board The British Petroleum Company p.l.c.), London
Stihl, Hans Peter (Geschäftsführender persönlich haftender Gesellschafter der Firma Andreas Stihl), Waiblingen
Trömel, Frank, Dr. (Vorsitzender des Vorstandes der Delton AG für Beteiligungen), Bad Homburg v. d. Höhe
Wössner, Mark, Dr. (Vorsitzender des Vorstandes der Bertelsmann AG), Gütersloh
Zapp, Herbert, Dr., Frankfurt/Main

DER MÄCHTIGE VORSTAND. Durch die Umstrukturierung des Vorstandes mit einer stärkeren globalen Ausrichtung dürften Macht und Einfluß dieses Gremiums noch gestiegen sein. Der Vorstand der Deutschen Bank besteht aus elf Herren und einer Frau. Understatement und leises Auftreten ist für die Spitzen-Crew der deutschen Wirtschaft Philosophie, weshalb das »Peanuts«-Zitat Hilmar Koppers im Zusammenhang mit der Schneider-Pleite eher als Ausrutscher anzusehen ist. Die Bankiers der Deutschen Bank – sieben von ihnen haben promoviert – verzichten auf das Tragen ihrer Doktortitel. Die Vorstandsmannschaft um Sprecher Hilmar Kopper – alle Entscheidungen werden bei der Deutschen Bank einstimmig getroffen, »so daß niemand allein zur Verantwortung gezogen werden und niemand plaudern kann« (Spiegel) – verwaltet rund 150 Aufsichtsratsmandate und sitzt in weit mehr als 200 Verwaltungs- und Beiräten, hat also Schlüsselstellungen innerhalb der deutschen Wirtschaft inne und kontrolliert somit die Geschicke eines Großteils der mächtigsten deutschen Konzerne. Der Vorstand beeinflußt die Besetzungen der Vorstandsetagen der ganz Großen, sei es nun bei Daimler, der Metallgesellschaft, VW oder Philipp Holzmann. Schließlich läuft über die Konten der Deutschen Bank mehr als ein Viertel des gesamten deutschen Außenhandels und ein rundes Drittel aller Geschäfte mit dem Ostblock. »In Konzernen mit breiter Aktienstreuung haben die Herren der Deutschen Bank aufgrund des sogenannten Depotstimmrechts das Sagen: Kleinaktionäre treten im allgemeinen ihre Stimmrechte an die Bank ab, bei der sie ein Depot unterhalten«, schrieb der »Spiegel« (7/1985). »Da die Deutsche Bank auch die meisten Kleindepots besitzt, kann sie – ohne selbst Eigentümer zu sein – auf diese Weise große Aktiengesellschaften wie etwa Bayer, BASF und Mannesmann beherrschen.« Und wer kontrolliert die Deutsche Bank? Aufsichtsrat und Vorstand harmonieren in aller Regel, schon deshalb, weil der Aufsichtsratsvorsitzende fast immer ein früherer, pensionierter Vorstandschef der Deutschen Bank ist. Ansonsten ist der Deutsche Bank-Aufsichtsrat stets optimal besetzt – von mit der Bank verbundenen Industriemanagern.

STANDORT DEUTSCHLAND. Die Strategie der Deutschen Bank setzt auf multinationale Aktivitäten und Diversifikation. Die Internationalisierung der Geschäfte bezieht sich in erster Linie auf die USA und Asien sowie auf eine stärkere Präsenz in Osteuropa. In den USA erwarb die Deutsche Bank im Mai 1995 für 1,4 Mrd. DM die ITT-Finanztochter ITT Commercial Finance Division, die 1996 in Deutsche Financial Services Corp. (DFS) umfirmiert wurde. Das Unternehmen mit 40 Büros ist ein Full-Service-Anbieter in der Absatz- und Lagerfinanzierung in den USA mit über 16.000 Händlern und etwa 1.800 Herstellern und Großhändlern. Die Deutsche Bank setzt in Nordamerika verstärkt auf das Firmenkundengeschäft. In der Region Asien/Pazifik ist die Deutsche Bank mit 60 operativen Einheiten in 17 Ländern mit 3.200 Mitarbeitern vertreten. In nahezu allen Ländern Osteuropas steht die Deutsche Bank unter den Auslandsbanken in vorderster Reihe.
Die hohen Investitionen in den neuen lukrativen Unternehmensbereich des Investment Bankings wurden teilweise durch drastische Restrukturierungsmaßnahmen und ein striktes Kostenmanagement vor allem im klassischen Inlandsgeschäft kompensiert. »Es geht darum,

im traditionellen Geschäft stark zu bleiben und im Investment-Banking stark zu werden.« Damit will die Deutsche Bank auf den »dramatischen Wandel im Bankgewerbe« reagieren. Der trifft die Filialen besonders durch die weiter voranschreitende Automatisierung und Standardisierung. »Jedes Produkt an jedem Ort persönlich anzubieten, ist nicht zeitgemäß und rechnet sich nicht mehr«, so der Vorstand im Frühjahr 1996. Die Umgestaltung vieler interner Geschäftsprozesse sorgt für eine »schlankere und effizientere Organisation«. Arbeiten am Bankplatz London inzwischen rund 3.000 teilweise mit höchsten Gehältern ausgestattete Mitarbeiter, so sind am Standort Deutschland weitere drastische Kosteneinsparungen geplant – und das bedeutet Stellenabbau besonders in den inländischen Filialen. Die Deutsche Bank konzidiert selbst, daß der leichte Personalanstieg 1995 trügt und »gegenläufige Trends« verdeckt. Knapp 3.100 Neueinstellungen im Auslandskonzern standen 1995 2.500 gestrichene Stellen im Inland gegenüber. Insgesamt sind bei der Deutschen Bank über 22.000 Mitarbeiter im Ausland beschäftigt, rund 30% der Belegschaft. Für 1996/97 ist im Inland ein weiterer Stellenabbau von etwa 1.500 Beschäftigten vorgesehen.

»BÜNDNIS FÜR ARBEIT«. Zu innerbetrieblichen Regelungen und Vereinbarungen, die den Personalbereich betreffen, macht die Deutsche Bank ausdrücklich keine Angaben. Dem Geschäftsbericht 1995 ist zu entnehmen, daß in einer umfassenden Mitarbeiterbefragung im Jahr 1995 über die Stärken und Schwächen der Deutschen Bank Kritik an der »Kundenorientierung, dem Führungsstil und der Kommunikation« innerhalb der Bank geübt wurde. In allen Bereichen, so der Vorstand, wurden »Veränderungsprozesse« in Gang gesetzt. Die beiden Initiativen »Kundennähe« und »Kontinuierliche Verbesserungsprozesse« sollen Auswirkungen auf die Arbeitsabläufe haben. Die 1995 eingeführte »Vorgesetztenbeurteilung« will der Vorstand zum »festen Bestandteil der Führungskultur« machen. Dabei werden die leitenden Angestellten systematisch und anonym von ihren Mitarbeitern beurteilt. Die anschließende Diskussion soll bei allen Beteiligten »Veränderungsbereitschaft und Konfliktfähigkeit« fördern. Ende 1995 befanden sich bei der Deutschen Bank konzernweit 4.000 Jugendliche in der Berufsausbildung. Insgesamt nahmen 32.000 Mitarbeiter an rund 6.200 Seminaren zur Aus- und Weiterbildung teil.

UMWELTSCHUTZ. Da sich die Deutsche Bank als »umweltorientiertes Dienstleistungsunternehmen« versteht, sollen alle Umweltkriterien in die Geschäftspolitik, das gesellschaftliche Engagement und die innerbetrieblichen Abläufe der Bank integriert werden. Zum »Umweltengagement der Deutschen Bank« gibt es eine entsprechende Broschüre, die aber eher allgemein und unverbindlich gehalten ist.

DIE FINANZ-JONGLEURE. Die Deutsche Bank kauft auf, akquiriert oder übernimmt in wirtschaftlichen Schwierigkeiten befindliche Groß- und Kleinunternehmen, saniert sie und bringt sie anschließend mit großen Gewinnen wieder an die Börse und an neue Besitzer. Ob es sich dabei um die Privatisierung von Staatsvermögen (VEBA, VW) oder beispielsweise um die Liquidierung bzw. Börsenplazierung des skandalgeschüttelten, anrüchigen Flick-Imperiums gehandelt hat, im-

BÖRSE, AKTIEN, KURSE
Grundkapital 1995:
2.492,0 Mio.
Jahreshöchstkurs 1995:
72,80 DM
Jahrestiefstkurs 1995:
62,00 DM
Aktie Jahresende 1995:
67,50 DM
Dividende pro Aktie 1995:
1,80 DM

Die Dividende bezieht sich auf je 5,– DM Aktiennennbetrag. Die Deutsche Bank-Aktie wird an allen acht deutschen Wertpapierbörsen und an elf ausländischen Börsen (Amsterdam, Antwerpen, Basel, Brüssel, Genf, London, Luxemburg, Paris, Tokio, Wien und Zürich) amtlich notiert. 1995 gehörte die Deutsche Bank-Aktie zu den drei Umsatzspitzenreitern an den deutschen Börsen; sie vereinigte 8,9% aller Umsätze in inländischen Aktien auf sich. Mit einem Marktwert von rund 33,9 Mrd. DM entfielen zum Jahresende 1995 gut 4% der gesamten deutschen Börsenkapitalisierung des deutschen Marktes auf die Deutsche Bank. Die Dividendensumme 1995 betrug 897,0 Mio. DM. Zum Jahresende 1995 waren 498.434.290 Stück 5-DM-Aktien im Umlauf.

Die Deutsche Bank legte 1995 erstmals einen Konzernabschluß nach den International Accounting Standards (IAS) vor, der anders als der bisherige Abschluß nach dem Handelsgesetzbuch (HGB) ausfällt. Die Zahlen von 1994 wurden dem IAS angepaßt. Alle anderen Zahlen gelten nach den Bewertungsvorschriften des HGB.

Unternehmen des Konzerns Deutsche Bank

Banken

Deutsche Bank AG
Frankfurt am Main

Bank 24 AG
Bonn

Deutsche Bank Lübeck AG vormals Handelsbank
Lübeck

Deutsche Bank Saar AG
Saarbrücken

Grunelius KG Privatbankiers
Frankfurt am Main

Deutsche Bank Argentina S.A.
Buenos Aires

Deutsche Bank (Asia Pacific) Ltd.
Singapur

Deutsche Bank Canada
Toronto

Deutsche Bank de Bary N.V.
Amsterdam

Deutsche Bank de Investimento, S.A.
Lissabon

Deutsche Bank Luxembourg S.A.
Luxemburg

Deutsche Bank (Malaysia) Bhd.
Kuala Lumpur

Deutsche Bank Polska S.A.
Warschau

Deutsche Bank S.A. – Banco Alemão
São Paulo

Deutsche Bank, S.A.E.
Barcelona

Deutsche Bank S.p.A.
Mailand

Deutsche Bank (Suisse) S.A.
Genf

Deutsche Bank Trust Company
New York

Morgan Grenfell & Co. Ltd.
London

Kapitalmarkt-gesellschaften

Bain & Company Ltd.
Sydney

DB Australia Ltd.
Sydney

DB Securities Sociedad de Valores y Bolsa, S.A.
Madrid

Deutsche Bank Argentina Sociedad de Bolsa S.A.
Buenos Aires

Deutsche Bank Capital Markets (Asia) Ltd.
Hongkong – Tokio

Deutsche Bank France S.N.C.
Paris

Deutsche Bank Futures Corp.
New York

Deutsche Bank Gilts Ltd.
London

Deutsche Bank Securities SIM S.p.A.
Mailand

Deutsche Morgan Grenfell Canada Ltd.
Toronto

Deutsche Morgan Grenfell/ C.J. Lawrence Inc.
New York

Deutsche Morgan Grenfell Financial Products Corp.
New York

Deutsche Morgan Grenfell SdB S.N.C.
Paris

Deutsche Sharps Pixley Metals Inc.
New York

Deutsche Sharps Pixley Metals Ltd.
London

Morgan Grenfell Asia Holdings Pte. Ltd.
Singapur

Kapitalanlage-gesellschaften

Deutsche Asset Management GmbH
Frankfurt am Main

Deutsche Gesellschaft für Fondsverwaltung mbH
Frankfurt am Main

Deutsche Grundbesitz-Investmentgesellschaft mbH Frankfurt am Main

Deutsche Immobilien Anlagegesellschaft mbH
Frankfurt am Main

DWS Deutsche Gesellschaft für Wertpapiersparen mbH
Frankfurt am Main

DB Gestión Sociedad Gestora de Instituciones de Inversión Colectiva, S.A.
Madrid

DB Investment Management S.A.
Luxemburg

DB Investment Management S.A. Sociedad Gerente de Fondos Comunes de Inversión Buenos Aires

Deutsche Bank Fondi S.p.A.
Mailand

Finanza & Futuro S.p.A.
Mailand

Morgan Grenfell Asset Management Ltd.
London

Morgan Grenfell Development Capital Holdings Ltd.
London

Realkreditinstitute und Bauspargesellschaft

- **Deutsche Bank Bauspar-AG**
  Frankfurt am Main
- **Frankfurter Hypothekenbank Centralboden AG**
  Frankfurt am Main
- **Lübecker Hypothekenbank AG**
  Lübeck
- **Schiffshypothekenbank zu Lübeck AG**
  Hamburg
- **Europäische Hypothekenbank S.A.**
  Luxemburg

Absatzfinanzierungs- und Leasinginstitute

- **ALD AutoLeasing D GmbH**
  Hamburg
- **DB Export-Leasing GmbH**
  Frankfurt am Main
- **Deutsche Immobilien Leasing GmbH**
  Düsseldorf
- **GEFA Gesellschaft für Absatzfinanzierung mbH**
  Wuppertal
- **GEFA-Leasing GmbH**
  Wuppertal
- **DB Leasing – Sociedade de Locação Financeira Mobiliária, S.A.**
  Lissabon
- **Deutsche Bank Credit, S.A.**
  Madrid
- **Deutsche Bank Factoring S.p.A.**
  Mailand
- **Deutsche Bank Leasing S.p.A.**
  Mailand
- **Deutsche Financial Services Corp.**
  St. Louis

Versicherungen

- **Deutscher Herold Allgemeine Versicherungs-AG der Deutschen Bank**
  Bonn
- **Deutscher Herold Lebensversicherungs-AG der Deutschen Bank**
  Bonn
- **Deutscher Herold Rechtsschutzversicherungs-AG der Deutschen Bank**
  Bonn
- **Globale Krankenversicherungs-AG**
  Köln
- **DB Vida – Companhia de Seguros de Vida, S.A.**
  Lissabon
- **DB Vida Compañía de Seguros y Reaseguros, S.A.**
  Barcelona
- **DB Vita Compagnia di Assicurazioni e Riassicurazioni sulla Vita S.p.A.**
  Mailand

Analyse-, Beratungs- und Vermittlungsgesellschaften

- **Bonndata Gesellschaft für Datenverarbeitung mbH**
  Bonn
- **Bonnfinanz AG für Vermögensberatung und Vermittlung**
  Bonn
- **DB Immobilien GmbH**
  Heidelberg
- **DB Research GmbH Gesellschaft für Wirtschafts- und Finanzanalyse**
  Frankfurt am Main
- **Deutsche Gesellschaft für Mittelstandsberatung mbH**
  München
- **Roland Berger & Partner Holding GmbH**
  München
- **Vertriebsgesellschaft mbH der Deutschen Bank für Privatkunden**
  Frankfurt am Main

Bilanzsumme 1995:
721.665,0 Mio.
Bilanzsumme 1994:
592.634,0 Mio.
Bilanzsumme 1993:
556.636,0 Mio.
Bilanzsumme 1990:
399.850,0 Mio.
Bilanzsumme 1980:
174.594,0 Mio.
Bilanzsumme 1970:
38.398,0 Mio.

Kreditvolumen 1995:
379.411,0 Mio.
Kreditvolumen 1994:
348.531,0 Mio.
Kreditvolumen 1993:
332.793,0 Mio

Jahresüberschuß 1995:
2.120,0 Mio.
Jahresüberschuß 1994:
1.715,0 Mio.
Jahresüberschuß 1993:
2.243,0 Mio.
Jahresüberschuß 1990:
1.067,0 Mio.
Jahresüberschuß 1980:
457,0 Mio.
Jahresüberschuß 1970:
131,0 Mio.

Steueraufkommen 1995:
1.445,0 Mio.

mer machte die Deutsche Bank Riesengewinne und übernahm das Ruder in den Aufsichtsräten. Sie brachte das in »Feldmühle Nobel« umgetaufte Flick-Reich zwar über Aktien breit gestreut unters Volk, behielt aber die Depots im Hause. Durch den Verkauf der hochkarätigen Flick-Beteiligungen Daimler-Benz, Gerling und der US-Computerfirma Grace für 5,4 Mrd. DM sowie durch raffinierte steuerliche Transaktionen lancierte die Deutsche Bank ganz legal rund 2 Mrd. DM an den Finanzämtern vorbei.

Ebenso bei der AEG-Sanierung, wo alle draufzahlten – die Beschäftigten, die kleinen Lieferanten –, nur die Deutsche Bank nicht. Sie verteilte den AEG-Kuchen an ihr verbundene Unternehmen und machte über 2 Mrd. DM Überschuß mit dem maroden Großkonzern, dessen potente Teile schließlich von Daimler-Benz übernommen wurden. Und auch beim durch Spekulationen an den Rand des Zusammenbruchs geratenen Handelshaus Klöckner & Co. verdiente die Deutsche Bank kräftig, als sie es anfänglich auffing, aufpäppelte und dann an die VIAG-Bayernwerk-Gemeinschaft verkaufte. Die Deutsche Bank zog auch die Fäden bei einer der größten deutschen Unternehmenszusammenführungen nach dem Kriege, der Verschmelzung der Hoesch AG auf Krupp zur Fried. Krupp AG Hoesch-Krupp. Eigentlich gibt es keine große Unternehmensentscheidung in Deutschland, die nicht von der Deutschen Bank zumindest sanktioniert werden muß. Bei der bislang größten deutschen Börsenplazierung, derjenigen der Telekom 1996, wird die Deutsche Bank innerhalb eines internationalen Bankenkonsortiums die herausragende Rolle spielen.

KHD, DAIMLER, METALLGESELLSCHAFT UND HERR SCHNEIDER. Das gab es bei der Deutschen Bank noch nie. Vorstandssprecher Hilmar Kopper in den Schlagzeilen, in Rechtfertigungsinterviews, in Talkshows. Das Understatement der Bank gesprengt, die Fassade zerbröckelt. Und das innerhalb weniger Wochen gleich zweimal. Ende 1993 der Absturz der Metallgesellschaft und im Frühjahr 1994 die spektakuläre Schneider-Pleite, 1996 der Milliardenverlust bei Daimler-Benz und der scheinbar unaufhaltsame Niedergang von Klöckner-Humboldt-Deutz (KHD).

Der Skandal um die renommierte Metallgesellschaft: der dreisteste Spekulationsabsturz der letzten Jahre, bei dem die Deutsche Bank ihre Aufsichtsratspflichten grob vernachlässigt hatte (siehe Metallgesellschaft). Klagen und Schadensersatzforderungen in dreistelliger Millionenhöhe gegen die Deutsche Bank wurden 1995 vom Management der für die Affäre verantwortlichen amerikanischen Metallgesellschaft Corp. wegen unzulässiger Einmischung seitens der Deutschen Bank eingereicht.

Die Schneider-Affäre: die größte Immobilienpleite der Nachkriegszeit. Immer dabei: die Großbanken, allen voran die Manager der Deutschen Bank. Anfang 1994 platzte die Bombe. Das Immobilien-Imperium des Bauunternehmers Jürgen Schneider brach zusammen, die Dr. Jürgen Schneider AG meldete Konkurs an. Schneider selbst war mit rund einer halben Milliarde DM untergetaucht. Haftbefehl, eine Belohnung in Millionenhöhe für seine Ergreifung. 250 Zulieferer und Handwerksbetriebe zitterten um ihre Zukunft und bangten um ihre 200 Mio. DM Außenstände, Hilmar Kopper sprach im Vergleich zum Geschäftsvolumen seiner Bank von »Peanuts«. Auf den rund 120

Schneider-Immobilien lasteten rund 5 Mrd. DM Bankschulden. Die Schneider-Immobilien dürften aber nur die Hälfte wert sein, obwohl es sich um Prunkstücke in bester Lage handelte, das Palais Bernheimer im München beispielsweise, die Zeil-Galerie Les Facettes in Frankfurt oder die Nobel-Einkaufspassage in Leipzig mit »Auerbachs Keller«. Neben der Deutschen Bank hingen weitere 50 Geldinstitute in der Pleite, insgesamt traten 120 Gläubigervertreter auf. Immer wieder hatte die Deutsche Bank Schneider Millionenkredite gewährt, insgesamt für 1,2 Mrd. DM. Die Deutsche Bank war dem größten Kreditbetrug der deutschen Wirtschaftsgeschichte aufgesessen. Und dann stellte sich heraus: Das Immobilien-Imperium Schneiders war seit Jahren total überschuldet, Bauunternehmen arbeiteten schon lange nicht mehr mit ihm zusammen, und die Deutsche Bank hatte kurz nach dem Untertauchen Schneiders als erste von der Pleite erfahren und dieses Wissen für die Bereinigung zahlreicher Geschäfte genutzt, bevor die übrigen Gläubiger auf den Plan traten.

Ob die Deutsche Bank über die Verhaftung Schneiders Anfang 1995 in Miami/Florida und seine Auslieferung wirklich glücklich ist, muß bezweifelt werden. Denn kurz vor seiner Verhaftung hatte Schneider in einem dem ZDF zugespielten offenen Brief bzw. Statement die Deutsche Bank maßgeblich der Mitschuld an dem Finanzdesaster seines Unternehmens bezichtigt und hält diese Vorwürfe auch aus der deutschen Gefängniszelle aufrecht.

Konsequenzen bei der Deutschen Bank gab es zuvor schon Mitte 1994, als zwei Vorstandsmitglieder der damaligen Deutschen Centralbodencredit-AG, einer Tochter der Deutschen Bank, die für die Kreditvergabe an Schneider maßgeblich Verantwortung getragen hatte und deren Einbruch nur durch einen Zuschuß der Deutschen Bank ausgeglichen werden konnte, ihre Hüte nehmen mußten. Nicht zuletzt vor dem Hintergrund der Schneider-Pleite wurde 1995/96 der Bereich »Gewerbliche Immobilien« neu strukturiert, »um das an den verschiedenen Stellen des Konzerns Deutsche Bank vorhandene Wissen und Können auf dem Gebiet der gewerblichen Immobilien zusammenzuführen und damit unsere Marktposition zu stärken«, so der Vorstand. Die Verschmelzung der Deutschen Centralbodencredit-AG auf die Frankfurter Hypothekenbank AG ist vor diesem Hintergrund zu sehen.

Auch im Zusammenhang mit den Milliardenverlusten bei Daimler Benz geriet die Deutsche Bank in die Kritik. Der Grund: Ihr Sprecher Hilmar Kopper als Aufsichtsratsvorsitzender soll wesentliche Weichenstellungen des Automobilkonzerns mitgetragen haben, die sich letztendlich als unternehmerisch unverantwortliches Desaster herausgestellt haben. Als im Mai 1996 der traditionsreiche Anlagenbauer Klöckner-Humboldt-Deutz (KHD), der nach einer tiefgreifenden Finanzkrise und einem weitreichenden, von der Deutschen Bank als Großaktionär (45%) mit rund 500 Mio. DM ausgestatteten Sanierungsprogramm gerade wieder Boden unter den Füßen zu haben schien, durch kriminelle Machenschaften des Managements seiner Tochter Humboldt Wedag 650 Mio. DM abschreiben mußte, war die Deutsche Bank wieder in der ersten Reihe. Die Frankfurter gehörten zu den großen Kreditgebern, stellten den Aufsichtsrat und begleiteten die Geschäfte von KHD wie keine andere Bank. Durch die existenzgefährdenden Bilanzmanipulationen wuchsen die Schulden von KHD auf

Eigenkapital 1995:
28.043,0 Mio.
Finanzanlagen 1995:
49.372,0 Mio.
Sachanlagevermögen 1995:
9.062,0 Mio.
Kapitalanlagen der Versicherungsgesellschaften 1995: *20.664,0 Mio.*
Grundstücke und Gebäude 1995: *4.456,0 Mio.*

Verbindlichkeiten gegenüber Kunden 1995:
301.386,0 Mio.
Forderungen an Kunden 1995: *409.529,0 Mio.*

Risikovorsorge 1995:
1.347,0 Mio.
Risikovorsorge 1994:
2.169,0 Mio.

Geschäftsstellen 1995:
2.494 (davon im Ausland: 803)
Geschäftsstellen 1994:
2.483 (davon im Ausland: 761)
Geschäftsstellen 1993:
2.431 (davon im Ausland: 697)

Wesentlicher Anteilbesitz im Nichtbankenbereich

	Anteil am Kapital in %	Marktwert 31.12.1995 in Mio DM
Aachener und Münchener Beteiligungs-AG	5,0	255
Allianz AG Holding	10,0	6 379
Continental AG	10,1	195
Daimler-Benz AG	24,4	9 063
FUCHS PETROLUB AG OEL + CHEMIE (Anteil am stimmberechtigten Kapital 9,3%)	10,0	25
Hapag-Lloyd AG	10,0	262
Heidelberger Zement AG (Anteil am stimmberechtigten Kapital 10,4%)	10,1	386
Philipp Holzmann AG	25,8	595
Hutschenreuther AG*	25,1	14
Karstadt AG	10,0	494
Klöckner-Humboldt-Deutz AG**	45,0	232
Leifheit AG	11,0	35
Leonische Drahtwerke AG*	12,5	25
Linde AG	10,1	719
Metallgesellschaft AG	16,6	706
Münchener Rückvers.-Ges. AG	10,0	2 530
Nürnberger-Beteiligungs-AG**	25,9	349
Phoenix AG	10,0	35
Salamander AG	10,7	45
Schmalbach-Lubeca AG	10,0	76
Südzucker AG (Anteil am stimmberechtigten Kapital 15,7%)	12,8	444
Vereinigte Elektrizitätswerke AG* (Anteil am stimmberechtigten Kapital 3,9%)	6,3	662
VERSEIDAG AG	10,4	13
Vögele AG***	10,0	8
Vossloh AG*	7,6	26
WMF Württembergische Metallwarenfabrik AG* (Anteil am stimmberechtigten Kapital durchgerechnet 13,6%)	9,1	39
Summe		**23 612**
CNI Communications Network International GmbH	33,3	
Deutsche Interhotel Holding GmbH & Co. KG*	45,6	
Gerling-Konzern Versicherungs-Beteiligungs-AG* (Anteil am stimmberechtigten Kapital 24,9%)	30,0	
Intertractor AG*	99,5	

* indirekt gehalten; ** direkt und indirekt gehalten; *** Anteile per 1. 1. 1996 verkauft

über 1,5 Mrd. DM. Das Unternehmen geriet in eine existenzbedrohende Krise. Mit einem neuerlichen, eilig geschnürten Sanierungskonzept für KHD von 1 Mrd. DM, von dem die Deutsche Bank mehr als die Hälfte aufbringen und darüber hinaus auf alte Forderungen in Höhe von knapp 200 Mio. DM völlig verzichten mußte, sollte der Konzern erst einmal gerettet werden, um ihn anschließend, in möglichst rentable Einzelteile zerlegt, verkaufen zu können. Die Holdingstrukturen von KHD werden aufgelöst; künftig soll KHD nur noch im Motorengeschäft tätig sein und als Deutz AG firmieren.

KOMMENTAR. Die Deutsche Bank und mit ihr einige weitere große Geldhäuser – die Dresdner Bank, die Commerzbank und neuerdings auch die Bayerische Vereinsbank und die Münchener Hypo-Bank – kontrollieren maßgeblich die Republik. In ihren voluminösen Schaltzentralen, den höchsten und prunkvollsten Gebäuden der Republik, wird Politik gemacht, werden die wirtschaftlichen Weichen gestellt, die schließlich durch die Regierungen umgesetzt werden müssen; hier wird über Wohl und Wehe von Millionen Beschäftigter entschieden, werden die Kreditkonditionen und -linien für den größten Teil der deutschen Wirtschaft bestimmt, werden nationale und internationale Wirtschaftstransaktionen durchgeführt, die weltweit für Menschen und Nationen von erheblicher Bedeutung sind.
Die Deutsche Bank wie auch die anderen großen Banken umhegen ihre Großkunden durch ein raffiniertes System von ca. 750 Beiräten. Alles, was Rang, Namen, Einfluß und Geld hat – auch aus der Politik –, wird in Beiräten und Regionalbeiräten, geographisch gesplittet bis hinunter in kleinere Städte und entfernte Regionen, gehätschelt und gepflegt – zum Wohle der Bank. Und alle kommen gerne. Wie überhaupt die Nähe zu den Großbankiers – und auch da wieder die Deutsche Bank ganz vorne – von höchsten Regierungsstellen gesucht wird. Da muß sich die Bank gar nicht aufdrängen, die Kanzler kommen. »Ich bin kein Generaldirektor, ich ernenne Generaldirektoren«, hatte der frühere Ehrenvorsitzende der Deutschen Bank, die graue Eminenz des deutschen Geldadels, Hermann Josef Abs, gesagt. Abs und die Seinen, die trotz massiver finanzieller Unterstützung der Nazis und eigennütziger Bereicherungen in von der Wehrmacht eroberten Ländern ihre Rolle im Dritten Reich unbeschadet überstanden hatten, spielten bereits Anfang der 50er Jahre wieder die entscheidende Rolle in der Bundesrepublik. Das Motto von Hermann Josef Abs: »Was gut ist für die Deutsche Bank, das ist auch gut für die deutsche Bundesrepublik.« Hermann Josef Abs beriet Konrad Adenauer und beeinflußte diesen massiv, so daß der ihn – laut »Spiegel« – sogar zum Außenminister machen wollte. Abs' Nachfolger Karl Klasen (der spätere Bundesbankpräsident) und Franz Heinrich Ulrich berieten die SPD-Kanzler Willy Brandt und Helmut Schmidt. Die Vorstandssprecher Friedrich Wilhelm Christians und Wilfried Guth (besonders letzterer) standen Helmut Schmidt besonders nahe. Erster Berater Helmut Kohls war bis zu seiner Ermordung 1989 Alfred Herrhausen. Neben Hilmar Kopper ist wichtiger Berater der Bonner Regierung Vorstandsmitglied Ulrich Cartellieri.

Beschäftigte 1995: *74.119*
Beschäftigte 1994: *73.450*
Beschäftigte 1993: *73.176*

Geschäftsvolumen pro Mitarbeiter 1995: *9.736.572,– DM*
Geschäftsvolumen pro Mitarbeiter 1994: *8.068.536,– DM*
Geschäftsvolumen pro Mitarbeiter 1993: *7.606.811,– DM*

Löhne und Gehälter 1995: *6.480,0 Mio.*
Löhne und Gehälter 1994: *5.989,0 Mio.*
Durchschnittsgehalt 1995: *87.427,– DM*
Soziale Abgaben und Aufwendungen 1995: *2.276,0 Mio.*
Soziale Abgaben und Aufwendungen 1994: *2.004,0 Mio.*

Bezüge pro Vorstandsmitglied 1995: *1.962.186,– DM*
Tantiemen pro Aufsichtsrat 1995: *106.835,– DM*

DEUTSCHE BP

Standort:
Überseering 2
22297 Hamburg

Postanschrift:
Postfach 60 03 40
22291 Hamburg

Telefon: *(040) 6395-0*
Telex: *2 17 007-0*
Telefax: *(040) 6395-2314*

Branche: *Mineralölindustrie; Mineralölverarbeitung und -vertrieb*

Rechtsform:
Aktiengesellschaft

Geschäftsjahr: *1.1.-31.12.*

Gründungsjahr: *1904*

Öffentlichkeitsarbeit:
Klaus Peter Harms
Tel.: (040) 6395-2715
FAX: (040) 6395-2314

Verbände: *Verband der Chemischen Industrie e.V., Frankfurt/Main; Mineralölwirtschaftsverband e.V., Hamburg*

GESCHICHTE UND ENTWICKLUNG. 1904 gründete eine Gruppe von Wiener Industriellen die Aktiengesellschaft für österreichische und ungarische Mineralölprodukte mit dem Namen OLEX. 1911 übernahm die deutsche Erdöl-AG die Aktienmehrheit der OLEX und funktionierte sie zu ihrer Vertriebsorganisation um. Einen anderen Ursprung hat die Deutsche BP in der Deutschen Petroleum-Verkaufs-Gesellschaft, die zu den schon groß angelegten Ölinteressen der Deutschen Bank gehörte. Nach dem Ersten Weltkrieg schloß sich die OLEX, von den Ölquellen abgeschnitten, 1926 mit der DPVG zusammen. Bis 1931 wurde die so gebildete neue OLEX zur Tochtergesellschaft der damaligen Anglo-Persian Oil Company, der heutigen British Petroleum Company. Nach starker Zerstörung im Zweiten Weltkrieg wurde aus der regenerierten OLEX und der Europäischen Tanklager und Transport AG (Eurotank), die in Hamburg eine Raffinerie besaß, die BP Benzin und Petroleum GmbH, die später zur Aktiengesellschaft wurde. 1974 Umfirmierung von BP Benzin und Petroleum AG in Deutsche BP Aktiengesellschaft. Gemeinsam mit der Bayer AG Gründung der EC Erdölchemie GmbH, eines der größten petrochemischen Unternehmen in Europa. 1979 Übernahme der Gelsenberg AG von der VEBA AG. Ende der 80er Jahre Umstrukturierung der Deutschen BP zur Dachgesellschaft verschiedener Betriebsführungsgesellschaften. Anfang 1993 Umfirmierung in Deutsche BP Holding AG.

BESITZVERHÄLTNISSE/EIGENTUMSSTRUKTUR.
- The British Petroleum Company, p.l.c., London/Großbritannien (100%), gehalten über die Tochtergesellschaft BP Europe Holdings Ltd., Hemel Hempstead/Großbritannien. Die British Petroleum Company kam 1995 auf einen Umsatz von über 80 Mrd. DM.

KONZERNÜBERBLICK. BP gehört zu den größten in Deutschland agierenden Mineralölkonzernen. Nach einer über Jahre dauernden Umstrukturierung, bei der die BP AG als Dachgesellschaft verschiedener Betriebsführungsgesellschaften fungierte und die schließlich mit der Ausgliederung der Raffineriebetriebe Vohburg/Ingolstadt GmbH vorübergehend abgeschlossen wurde, firmierte sich die Deutsche BP Anfang 1993 neuerlich um in Deutsche BP Holding AG. Die Holding bildet das gemeinsame Dach für die Bereiche Öl, Chemie und Gas und tritt im operativen Geschäft an die Stelle der Deutschen BP AG als Geschäftsherr und Vertragspartner. Ebenso handelt die neugegründete BP Oil Deutschland GmbH, in der alle Ölaktivitäten der Deutschen BP gebündelt sind. Der Chemiebereich wird durch die EC Erdölchemie GmbH repräsentiert, der Gasbereich durch die Gelsenberg AG mit einer 25%-Beteiligung an der Ruhrgas AG.
Kernstück der BP ist das moderne Tankstellennetz, das jetzt grundlegend modernisiert und auf ein international gültiges Erscheinungsbild ausgelegt wurde. Das Tankstellennetz umfaßte Anfang 1996 1.430 (Vorjahr: 1.465) Stationen. BP ist dabei, sein Tankstellennetz mit einem europaweit einheitlichen elektronischen Steuerungssystem zur Verbesserung des Betriebes der Tankstellen und zur Optimierung ih-

rer Wirtschaftlichkeit einzurichten. Durch dieses System sollen alle elektronischen Datenflüsse einer Tankstelle von der Steuerung des Tankfeldes über die Kassenbedienung bis hin zur Warenwirtschaft erfaßt werden. Anfang 1996 verfügten 260 BP-Tankstellen in Deutschland über einen »Express Shopping«, bereits jeder zweite war mit einem »Petit Bistro« ausgestattet. Die FMH Service und Vertriebs GmbH ist ein von BP und Lekkerland betriebenes Joint-venture-Unternehmen (beide zu je 50%) zur Versorgung und Sortimentserweiterung des Shop-Geschäfts. BP-Tankstellen entwickeln sich immer stärker zu Einzelhandelsgeschäften für die Versorgung mit Waren des täglichen Bedarfs. Sie sind nicht nur zu den expansivsten Vertriebswegen im Einzelhandel geworden, sondern erbringen auch noch die höchsten Umsätze pro Quadratmeter Verkaufsfläche.
Die Deutsche BP setzte 1995 insgesamt 13,9 Mio. Tonnen Mineralölprodukte (Motorenbenzin, Dieselkraftstoff, leichtes Heizöl, schweres Heizöl, sonstige Produkte) ab. Sie gehört zu den bedeutendsten Lieferanten namhafter nationaler und internationaler Luftfahrtgesellschaften und ist auf allen großen deutschen Flughäfen vertreten. BP versorgt auch die internationale Schiffahrt in den deutschen Seehäfen. Die Deutsche BP gründete Mitte 1991 auf dem Gelände der BP oiltech GmbH in Hamburg das Technology Centre Hamburg (TCH). Hier wurden für die gesamte Deutsche BP die Forschungs- und Entwicklungsbereiche sowie die Anwendungstechnik zusammengefaßt.

BETEILIGUNGEN. Zur Deutsche BP Holding AG gehören in den Bereichen Öl, Chemie und Gas zahlreiche Tochter- und Beteiligungsgesellschaften.

- Öl: BP Oil Deutschland GmbH, Hamburg (100%). In diesem Unternehmen sind die meisten Ölaktivitäten der Deutschen BP Holding AG konzentriert. Hier wird das operative Geschäft der Deutschen BP abgewickelt. Der Geschäftsführung stehen die Vorstände der Holding vor. Raffineriegesellschaft Vohburg/Ingolstadt mbH, Vohburg (62,5% – 37,5% Agip Deutschland); BP Handel GmbH, Hamburg (100% – Regionalgesellschaften Mülheim und München); BP Bunker GmbH, Hamburg (100%); BP Euroservice GmbH, Hamburg (100%); FMH-Service und Vertriebs GmbH, Ellerau (50%); Union-Tank Eckstein GmbH und Co. KG, Kleinostheim (49%); Transpetrol GmbH Internationale Eisenbahnspedition, Hamburg (29%); Rhein-Main-Rohrleitungsgesellschaft mbH, Köln (31%); Deutsche Transalpine Oelleitung GmbH, München (11%); Nord-West Oelleitung GmbH, Wilhelmshaven (15%); Hydranten-Betriebsgesellschaft Flughafen Frankfurt/M., Frankfurt/Main (11%); TBN Tanklager-Betriebsgesellschaft Nürnberg mbH, Nürnberg (40%); Tanklagergesellschaft Köln-Bonn (TGK), Hamburg (14%); Tanklager-Gesellschaft Tegel (TGT), Hamburg (33%); TLS Tanklager Stuttgart GmbH, Stuttgart (45%); zahlreiche Tankdienstgesellschaften.
- Chemie: EC Erdölchemie GmbH, Köln (50% –Bayer AG 50%. EC ist eines der größten Petrochemie-Unternehmen Europas); Aethylen-Rohrleitungs-GmbH & Co. KG, Marl (16,67%).
- Gas: Gelsenberg AG, Essen (100%); Ruhrgas AG, Essen (25,52%).

NEUE BUNDESLÄNDER. BP verfügte Anfang 1996 in den neuen Bundesländern über 74 Tankstellen. Das Netz soll zügig auf etwa 100 Tankstellen ausgebaut werden. 1995 wurde in Magdeburg die erste

Vorstand:
- *Vogler, Winfried (Vorsitzender)*
- *Busch, Hartwig*
- *Stockebrand, Frank*

Vorstandsbezüge 1995:
1.091.000,– DM

Aufsichtsrat:
- *Stomberg, Rolf, Dr. (Vorsitzender; Managing Director der British Petroleum Company p.l.c.), London*
- *Etzel, Piet-Jochen (Mitglied des Vorstandes der Dresdner Bank AG), Frankfurt/Main*
- *Gohlke, Reiner, Dr. (Vorsitzender der Geschäftsführung der Süddeutscher Verlag GmbH), München*
- *King, Christopher P., London*
- *Kohlhase, Klaus (British Petroleum Company p.l.c.), London*
- *Zetsche, Dieter, Dr. (stellv. Mitglied des Vorstandes der Mercedes Benz AG), Stuttgart*

**Swierzy, Claus (stellv. Vorsitzender)*
**Benk, Jürgen*
**Gebhard, Franz*
**Kühr, Heinrich, Dr.*
**Löding, Rainer*
**Sichler, Franz-Peter*

***Aufsichtsratstantiemen 1995:** 261.000,– DM*

Umsatz 1995: *15.305,0 Mio. (davon Mineralölsteuer: 8.615,0 Mio.)*
Umsatz 1994: *15.085,0 Mio. (davon Mineralölsteuer: 8.224,0 Mio.)*
Umsatz 1993: *14.655,0 Mio. (davon Mineralölsteuer: 7.082,0 Mio.)*

Gewinn 1995: *298,0 Mio.*
Gewinn 1994: *100,0 Mio.*
Gewinn 1993: *2,0 Mio.*

Cash flow: *BP veröffentlicht keinen Cash flow.*

Steueraufkommen 1995: *37,1 Mio.*
Mineralölsteuer 1995: *8.615,0 Mio.*
Tankstellen 1995: *1.430*

Grund- bzw. Stammkapital 1995: *1.000,0 Mio.*

Beschäftigte 1995: *1.963*
Beschäftigte 1994: *2.477*
Beschäftigte 1993: *2.787*

Umsatz pro Mitarbeiter 1995: *7.796.740,– DM*
Umsatz pro Mitarbeiter 1994: *6.090.028,– DM*
Umsatz pro Mitarbeiter 1993: *5.258.342,– DM*

Löhne und Gehälter 1995: *193,0 Mio.*
Löhne und Gehälter 1994: *233,0 Mio.*
Durchschnittsgehalt 1995: *98.319,– DM*
Soziale Abgaben und Aufwendungen 1995: *28,0 Mio.*
Soziale Abgaben und Aufwendungen 1994: *29,0 Mio.*

Bezüge pro Vorstandsmitglied 1995: *363.667,– DM*
Tantiemen pro Aufsichtsrat 1994: *21.750,– DM*

Tankstelle mit einem »Car Bistro« eröffnet. Betreiber der neuen BP-Tankstellen ist die BPM Tankstellen-Betriebsgesellschaft mbH, Dresden, die aus einer Kooperation mit der Mineralölgesellschaft VEB Minol hervorgegangen ist.

STANDORT DEUTSCHLAND. Drastische Kostensenkungsprogramme haben die Deutsche BP wieder hohe Gewinne machen lassen. Bereits 1993 hatte sich die Deutsche BP grundlegend umstrukturiert, rationalisiert und die Belegschaft neuerlich um 800 auf 2.800 reduziert. Damit wollte man auf die neuen Marktbedingungen (Wiedervereinigung, Öffnung der osteuropäischen Märkte) und den härteren Wettbewerb reagieren. Im Mittelpunkt stand die Konzentration auf die Ölsparte und die Bündelung dieser Aktivitäten in der neu gegründeten BP Oil Deutschland GmbH mit den Zielen der Vereinfachung der internen Geschäftsabläufe, des Abbaus von Reibungsverlusten und der massiven Kostensenkung. Ein Jahr später wurden weitere Struktur- und Personalanpassungsmaßnahmen eingeleitet. Im Klartext bedeutete das die nochmalige Streichung von 300 Stellen an deutschen Standorten. 1995 hat sich die Zahl der Beschäftigten der Deutschen BP (einschließlich der Beteiligungen von mehr als 50%) um 514 auf 1.963 Ende 1995 verringert. Ein Teil der Mitarbeiter wurde allerdings von den auf Pächter übertragenen BP Truckstops übernommen. 40 Stationen wurden 1995 aus Wirtschaftslichkeitsgründen geschlossen. In den 80er Jahren hatte die Deutsche BP bereits ihre Raffineriekapazitäten radikal abgebaut. 1990 hatte die Deutsche BP 6.270 Beschäftigte.
Kein anderer Ölmulti hat die deutschen Standorte so zusammengestrichen wie BP. Schwerpunkt der Rationalisierungsmaßnahmen ist eine noch »schlankere und effizientere Tankstellenorgansiation« sowie im Bereich Schmierstoffe die Verlagerung eines Teiles der Blending- und Gebindeabfüllaktivitäten von der Schmierölraffinerie Hamburg-Neuhof in das Schmierölwerk Gent in Belgien, um, so BP, Synergien zwischen den verschiedenen Schmierstoffbetrieben und der BP in Europa zu nutzen und Kosten zu senken.
»Das ernergie- und umweltpolitische Umfeld in Deutschland bleibt schwierig. Mit Sorge verfolgen wir die Diskussion um die mögliche nationale Einführung einer Ökosteuer«, beklagt der BP-Vorstand und sieht die Diskussion letztendlich wieder auf eine Erhöhung der Mineralölsteuer hinauslaufen. Nicht zuletzt vor diesem Hintergrund und den zunehmend schwieriger werdenden Rahmenbedingungen im Öl- und Raffineriegeschäft haben die BP-Gruppe und die Mobil Oil-Gruppe beschlossen, ihre europäischen Aktivitäten im Raffineriebereich und Marketing von Kraft- und Brennstoffen sowie von Schmierstoffen zusammenzulegen. In allen 43 europäischen Ländern sollen entsprechende Partnerschaften für das europäische Geschäft gebildet werden. Für das Geschäft mit Kraft- und Brennstoffen wird die BP als Operator tätig sein, für das Schmierstoffgeschäft die Mobil Oil. Die Zusammenlegung der europäischen Raffinerie- und Öl-Marketing-Aktivitäten beider Unternehmen soll Effizienz- und Produktivitätssteigerungen ermöglichen, Kostensenkungsvorteile bringen und Doppelarbeiten vermeiden helfen.

»BÜNDNIS FÜR ARBEIT«. Vor dem Hintergrund des gleichbleibenden Überhangs an europäischen Raffineriekapazitäten und der angesichts eines rückläufigen Mineralölverbrauchs schlechten Aussichten für eine spürbare Erholung der Raffineriemargen hat die Raffineriegesellschaft Vohburg/Ingolstadt mbH (RVI) ein Selbsthilfeprogramm in Angriff genommen, das bis zum Jahr 1998 umgesetzt sein soll. Es sieht im wesentlichen Maßnahmen zur Kostenreduzierung im Einkaufsbereich, Effizienzverbesserungen in der Produktion, flexible Arbeitszeitmodelle, aber auch einen weiteren Abbau von Personal vor.

Investitionen 1995: *131,0 Mio.*
Investitionen 1994: *120,0 Mio.*
Investitionen 1993: *146,0 Mio.*

Mitbewerber: *Agip, Amoco, Aral, Chevron, Elf Aquitaine, Esso, Minol, Mobil Oil, Ruhrkohle, RWE-DEA, Shell, Total, Veba Oel, Wintershall/ BASF*

UMWELTSCHUTZ. Im Mittelpunkt der Umweltschutzaktivitäten von BP stehen die Luftreinhaltung sowie der Gewässer- und Bodenschutz. Die Schwerpunkte der Maßnahmen bestehen bei den Tankstellen in der Erfüllung der Anforderungen des Bundesimmissionsschutzgesetzes und der verschärften Gewässerschutzauflagen der Länder. Durch Installation der sogenannten »Saugrüssel«-Systeme werden die bei der Fahrzeugbetankung auftretenden Benzindämpfe in den Vorratstank der Tankstelle zurückgeführt. Hinzu kommen die flüssigkeitsdichte Fahrbahnversiegelung im Zapfsäulenbereich sowie die Installation von doppelwandigen Erdtanks, von Leckanzeigern und von Wasseraufbereitungssystemen für Autowaschanlagen. Diese Maßnahmen sind Bestandteil bei Tankstellen-Neubauten; alte Tankstellen werden nachgerüstet. In den Tanklagern Gustavsburg, Hünxe und Köln wurden Dämpferückgewinnungsanlagen zur Reduzierung der Kohlenwasserstoffemissionen in Betrieb genommen. Darüber hinaus werden Abfallwirtschaftskonzepte entwickelt und die Umwelt-Management-Systeme verbessert. 1994 brachte BP die Broschüre »Mineralölprodukte und Luftreinhaltung« heraus. Mit der Umweltbehörde Hamburg schloß BP 1995 einen öffentlich-rechtlichen Vertrag über eine Laufzeit von sechs Jahren (1995-2000) ab, der ein Sanierungskonzept für die Schmierölraffinerie Hamburg-Neuhof festschreibt. Festgelegt wurden ein zeitlicher Rahmen und Einzelmaßnahmen der technischen Nachrüstung von Lagertanks und Umschlageinrichtungen zur sicheren Verhinderung von Leckunfällen.

Deutsche SB-Kauf siehe Metro

DEUTSCHE SHELL

GESCHICHTE UND ENTWICKLUNG. 1890 Gründung der »Koninklijke Nederlandsche Petroleum Maatschappij tot Exploitatie van Petroleumbronnen in Nederlandsch-Indie«, der Königlich Niederländischen Petroleumgesellschaft oder Royal Dutch. 1897 gründete Marcus Samuel The »Shell« Transport and Trading Company Limited. Die größer werdende Konkurrenz der amerikanischen Standard Oil ließ die beiden Gesellschaften seit 1903 mit der gemeinsamen Vertriebsgesellschaft »Asiatic Petroleum« immer dichter zusammenrücken. 1907 fusionierte die Royal Dutch mit The »Shell« Transport and Trading Company, p.l.c. zur Royal Dutch/Shell-Gruppe. Beide Unternehmen vereinbarten, die Interessen im Verhältnis 60:40

Standort:
Überseering 35
22297 Hamburg

Postanschrift:
Postfach 60 05 20
22205 Hamburg

Telefon: *(040) 6324-0*
Telex: *21 957-0 shh d*
Telefax: *(040) 6321051*

Branche: *Erdöl- und Erdgasgewinnung, Erdgasvertrieb, Mineralölverarbeitung und -vertrieb, Chemie (Herstellung und Vertrieb)*

Rechtsform:
Aktiengesellschaft

Geschäftsjahr: *1.1.-31.12.*

Gründungsjahr: *1902*

Öffentlichkeitsarbeit:
Klaus-Peter Johanssen
Tel.: (040) 6324-5432
FAX: (040) 6324-5652
Online: 100727.1153 @ compuserve.com

Verbände: *Verband der Chemischen Industrie e.V., Frankfurt/Main; Mineralölwirtschaftsverband e.V., Hamburg*

einzubringen, während die getrennte Identität gewahrt bleiben sollte. Heute steht diese Bezeichnung für eine Gruppe von Gesellschaften, die weltweit in über 100 Ländern in den Geschäftsbereichen Erdöl und Erdgas, Chemie und Kohle tätig und Europas größtes Unternehmen ist. Die Deutsche Shell entstand 1902 mit der Gründung der »Benzinwerke Rhenania G.m.b.H.« in Düsseldorf durch die Royal Dutch zur Errichtung einer Benzinfabrik zur Verarbeitung von Rohbenzin. 1909 wurde in Deutschland das »Shell«-Zeichen eingeführt. 1917 Gründung der »Mineralölwerke Rhenania A.G.«; 1924 erste Shell-Tanksäule mit Stellin-Benzin in Neuss. 1925 Kauf der 1888 gegründeten Hamburger »Ölwerke Stern-Sonneborn AG«. Fusion zur »Rhenania-Ossag Mineralölwerke AG«. 1930 Umzug von Düsseldorf nach Hamburg. Nach fast völliger Zerstörung der Raffinerien, Werke und Lager im Zweiten Weltkrieg wandelte die Royal Dutch/Shell-Gruppe 1947 bei Wiedereröffnung ihre Tochter in »Deutsche Shell AG« um.

BESITZVERHÄLTNISSE/EIGENTUMSSTRUKTUR.

● Royal Dutch/Shell Gruppe (100% – im Verhältnis 60:40)

Das Grundkapital von 20 Mio. Inhaberaktien im Nennbetrag von 50,– DM befindet sich voll in den Händen von Gesellschaften der Royal Dutch/Shell Gruppe. Die Shell Petroleum N.V., Den Haag/Niederlande, ist unmittelbar im Besitz der Mehrheit der Aktien der Deutsche Shell AG, Hamburg.

Als Muttergesellschaften üben die niederländische Royal Dutch Petroleum Company (Royal Dutch) mit 60% und die britische The »Shell« Transport and Trading Company, p.l.c. (Shell Transport) mit 40% selbst nicht unmittelbar Betriebstätigkeiten aus. Sie sind Aktiengesellschaften, jeweils eine mit Sitz in den Niederlanden und in Großbritannien. An der Royal Dutch sind rund 350.000 Aktionäre (Privatpersonen und institutionelle Anleger), an der Shell Transport etwa 300.000 Aktionäre beteiligt. Die Aktien der Gesellschaften werden an den Börsen in acht europäischen Ländern und in den USA gehandelt. Die Muttergesellschaften besitzen direkt oder indirekt Aktien der Holdinggesellschaften der Gruppe, u. a. der Shell Petroleum N.V., Niederlande, und der The Shell Petroleum Company Limited, Großbritannien. Diese Holdinggesellschaften besitzen unmittelbar oder mittelbar Beteiligungen an den zahlreichen Gesellschaften, die mit dem Sammelnamen Royal Dutch/Shell-Gruppe bezeichnet werden. Dazu gehören alle Betriebsgesellschaften in über 100 Ländern (ausgenommen die amerikanische Shell Oil Company und deren Tochtergesellschaften), also auch die Deutsche Shell AG und ihre Tochter- und Beteiligungsgesellschaften.

KONZERNÜBERBLICK. Die Royal Dutch/Shell-Gruppe ist einer der führenden Erdölproduzenten der Welt. Die Gruppe betreibt heute in über 100 Ländern der Welt Betriebsgesellschaften in den Geschäftsbereichen Erdöl und Erdgas, Chemie, Kohle und Sonstige Sparten. Die Deutsche Shell ist ein Konzern unter vielen im Royal Dutch/Shell-Geflecht. Sie ist ein integriertes Energie- und Chemie-Unternehmen und nach dem Business-Center-Prinzip organisiert: Die Bereiche der Mineralölverarbeitung und der Produktion, des Verkaufs und des Marketings operieren innerhalb des Gesamtunternehmens als eigenständige und eigenverantwortliche Geschäftszentren. Die Deutsche Shell ist in die drei Sparten Mineralöl, Erdgas und Chemie gegliedert. Hinzu kommen einige andere Sparten und die deutsche Shell-Forschung. Zum Produktionsprogramm gehören Motor- und Flugturbinenkraftstoffe, Leicht- und Schwerbenzine für die Petrochemie, leichtes und schweres Heizöl, Heizgase, Petroleum, Kraftfahrzeug-, Luftfahrt- und Industrieschmierstoffe, Bitumen. Schwerpunkt im Mineralölgeschäft von Shell ist der Absatz über Tankstellen. Das Shell-Tankstellennetz umfaßte Mitte 1996 1.733 Tankstellen. Für den Heizölhandel ist die Deutsche Gesellschaft für Erdölinteressen mbH mit zwölf großen Gesellschaften und an die 100 Verkaufsstellen zuständig.

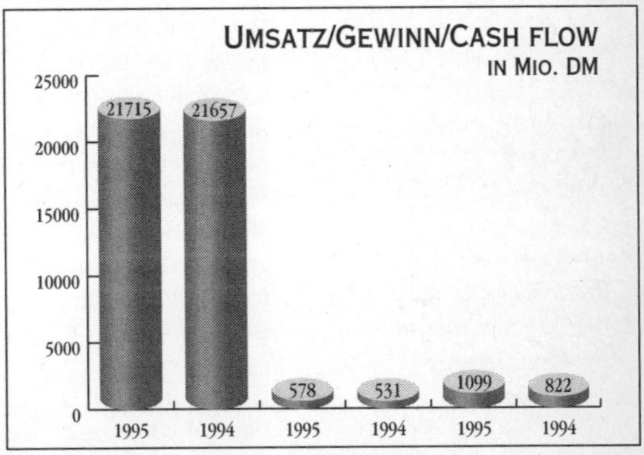

Shell betreibt zwei Raffinerie-Zentren. Die Raffinerie in Hamburg-Harburg, die 1928 in Betrieb genommen wurde, verarbeitet jährlich 4,8 Mio. Tonnen Rohöl zu Otto- und Dieselkraftstoffen, leichtem und schwerem Heizöl, Grundölen für die Schmierstoffproduktion, Testbenzinen und Flugkraftstoffen. Die Shell-Raffinerie in Köln-Godorf wurde 1960 eröffnet. Ihre Produktion: 8,5 Mio. Tonnen pro Jahr. Neben Benzin und Heizöl werden im wesentlichen Grundprodukte für die chemische Industrie hergestellt. An der Suche und Förderung von Erdöl und Erdgas ist die Deutsche Shell über ihre 50%ige Beteiligungsgesellschaft BEB Erdgas und Erdöl GmbH, Hannover, beteiligt. Das Shell-Schmierstoffwerk in Hamburg-Grasbrook, das bereits 1888 gegründet wurde, stellt heute 650 verschiedene Schmierstoffarten her und ist zum Zentrum eines grenzübergreifenden Versorgungsnetzes für Shell Schmierstoffe im nordeuropäischen Raum geworden. Über ihre 100%ige Tochtergesellschaft, die Deutsche Tanker Gesellschaft mbH, verfügt die Deutsche Shell über eine eigene Tankerflotte (drei Schiffe mit einer Tragfähigkeit von 680.000 tdw). Die Bereederung liegt in den Händen der Shell Shipping Ltd., London/Großbritannien. Im Zentrum der Forschungs- und Entwicklungsaktivitäten steht das Shell PAE-Labor in Hamburg-Harburg, das im weltweiten Verbund mit 13 Laboratorien der Royal Dutch/Shell Gruppe arbeitet und sich in erster Linie auf die Weiterentwicklung von Motorenbetriebsstoffen konzentriert.

BETEILIGUNGEN. Die wichtigsten Beteiligungsgesellschaften der Deutschen Shell: Brigitta Erdgas und Erdöl GmbH, Hannover (50%), Elwerath Erdgas und Erdöl GmbH, Hannover (50%); BEB Erdgas und Erdöl GmbH, Hannover (50%); Deutsche Shell-Tanker-Gesellschaft mbH, Hamburg (100%); Rhein-Main-Rohrleitungstransportgesellschaft mbH, Köln (41%); Gesellschaft für Mineralölveredelung und Distribution Rhäsa G.m.b.H., Bodenbach (38%); Deutsche Gesellschaft für Erdölinteressen mbH, Hamburg (100% – 11 Shell Mineralölhandel und Heizungs-Dienst GmbHs zu jeweils 100%); Flüssiggas-Terminal Emden GmbH, Emden (100%); Propan-Menke, Chr. Menke & Co. GmbH, Hamburg (100%); Thüringer Flüssiggas-Vertrieb GmbH, Hamburg (50%); Caratgas Flüssiggas-Versorgungs-Gesellschaft mbH, Wuppertal (50%); Shell Gastechnik GmbH, Gladenbach (100%); Deutsche Gesellschaft für Ölwärmeinteressen mbH, Hamburg (100%);

Vorstand:

- *Duncan, Peter (Vorsitzender)*
- *Durry, Jürgen*
- *Gerhartz, Peter J.*
- *Korsmeier, Thies J.*

Vorstandsbezüge 1995:
3.639.474,– DM

Aufsichtsrat:

- *Herkströter, Cornelius, A. J. (Vorsitzender)*
- *Endler, Rolf*
- *Lennings, Manfred, Dr.*
- *Luijk, Hans van*
- *Saßmannshausen, Günther, Dr. E.h.*

**Kleinesper, Rolf (stellv. Vorsitzender)*
**Andres, Gerd*
**Lüdemann, Klaus*
**Müller, Heinz Günter*
**Schlüter, Sabine*

Aufsichtsratstantiemen 1995: *255.000,– DM*

Umsatz 1995: 21.715,3 Mio.
(davon Mineralölsteuer:
11.292,5 Mio.)
Umsatz 1994: 21.657,0 Mio.
(davon Mineralölsteuer:
11.010,1 Mio.)
Umsatz 1993: 21.367,3 Mio.
(davon Mineralölsteuer:
9.819,2 Mio.)

Gewinn 1995: 577,6 Mio.
Gewinn 1994: 531,4 Mio.
Gewinn 1993: 228,5 Mio.

Cash flow 1995: 1.099,3 Mio.
Cash flow 1994: 822,4 Mio.
Cash flow 1993: 1.104,5 Mio.

Cash flow: Der Cash flow wurde zu Investitionen und Dividendenzahlungen herangezogen.

Steueraufkommen 1995:
345,1 Mio.
Mineralölsteuer 1995:
11.292,5 Mio.

Anzahl der Tankstellen 1995: 1.733
Anzahl der Tankstellen 1994: 1.728

Grund- bzw. Stammkapital 1995: 1.000,0 Mio.

Shell Bautechnik mbH, Hamburg (100%); AIT Abdichtungs- und Isoliertechnik GmbH, Neuss (100%); Colas Rositz Bauchemie GmbH, Rositz (100%); Colas Bauchemie GmbH, Hamburg (50%); Deutsche Shell Chemie GmbH, Eschborn (100%); Shell Agrar Beteiligungs-GmbH, Eschborn (100%); Rheinische Olefinwerke GmbH, Wesseling (50%); Technochemie GmbH – Verfahrenstechnik, Dossenheim (100%). Die Shell-Straßenatlanten und -Karten erscheinen in Mairs Geographischem Verlag.

NEUE BUNDESLÄNDER. Anfang 1996 besaß Shell in den neuen Bundesländern 131 Tankstellen. Anfang 1997 wird die Endausbaustufe von 150 Tankstellen im Osten erreicht sein. Die Shell-Tochtergesellschaft Colas Bauchemie in Rositz hat Anlagen der Sächsischen Olefinwerke zur Produktion von Bitumen-Emulsionen übernommen. Shell hat ein eigenes flächendeckendes Händlernetz für den Vertrieb von Dieselkraftstoff und leichtem Heizöl aufgebaut. Im Erdgasbereich hat sich die Shell Beteiligungsgesellschaft BEB Erdgas und Erdöl mit 10% an der Verbundnetz Gas AG, Böhlitz-Ehrenberg, beteiligt. Shell betreibt gemeinsam mit Esso und Aral ein Großtanklager in Rhäsa bei Dresden. Shell hält an diesem Projekt 38%.

STANDORT DEUTSCHLAND. Auch Shell befindet sich in einem Umstrukturierungsprozeß und bündelt seine Aktivitäten an Schwerpunkten. Geplant ist die verstärkte Zusammenarbeit auf europäischer Ebene mit Schwestergesellschaften, die Standortverlagerungen ausdrücklich einbezieht. Shell beklagt die »gefährlichen politischen Rahmenbedingungen« des Raffineriestandortes Deutschland. Zu hohe Lohn- und Lohnnebenkosten, übermäßige Energie- und Umweltkosten. Shell schließt nicht aus, daß unter den gegebenen Rahmenbedingungen im deutschen Raffineriebereich weitere Stillegungen erfolgen können. Die deutsche Dependance des Multis beklagt auch die mangelnde europäische Harmonisierung im Umweltbereich und auf dem Sektor der Mineralölsteuern sowie im Steuer- und Gesellschaftsrecht. »Ein Teil unserer Raffineriemisere ist neben den europäischen Überkapazitäten auf die Sonderlasten zurückzuführen, die uns die deutsche Vorreiterrolle im Umweltbereich beschert hat«, klagte Peter Duncan, der Vorstandsvorsitzende der Deutschen Shell, im März 1996 anläßlich der Vorstellung der Jahresergebnisse. »Drei bis vier DM pro Tonne ist unsere Raffinerieproduktion allein hierdurch teurer als bei unseren europäischen Nachbarn.« Für den Shell-Chef ist der Raffineriestandort Deutschland »extrem gefährdet«.

»BÜNDNIS FÜR ARBEIT«. »Shell verdient gut, investiert kräftig – und baut Personal ab.« So titelte die »Frankfurter Allgemeine Zeitung« am 27. März 1996. Kein Wunder: In den vergangenen beiden Jahren wurden über 700 Arbeitsplätze abgebaut, bei der geringen Beschäftigtenzahl des deutschen Shell-Konzerns eine stattliche Zahl. In Übereinstimmung mit den »Mitbestimmungsgremien« des Konzerns kam man überwiegend zu sozialverträglichen Lösungen und vereinbarte weitere innerbetriebliche Regelungen. Das Ziel: mehr Flexibilität in der Personalpolitik, leistungsorientierte Bezahlungsmodelle, ein neues Beurteilungssystem für das Management und außertariflich bezahlte Mitarbeiter. In einem Pilotprojekt wurde ein Verfahren erarbeitet, das den Vorgesetzten Rückmeldung über ihr Führungsverhalten gibt. Ein weiteres Pilotprojekt beschäftigt sich mit dem bestehenden Gleitzeitsystem und der Möglichkeit, durch die Einrichtung von Funktionsarbeitszeiten mehr Verantwortung auf einzelne Mitarbeiter oder Arbeitsgruppen zu legen. Im Rahmen zu mehr Selbstverantwortung, aber sicherlich auch zu einer stärkeren Identifikation der Beschäftigten mit dem Unternehmen, nicht zuletzt nach den desaströsen Umweltdebakeln der jüngsten Zeit, wurde ein neues Modell für den Erwerb von Belegschaftsaktien eingeführt. So erhielten alle Beschäftigten der deutschen Shell unentgeltlich zwei Royal Dutch Aktien. Zusätzlich wurden die vermögenswirksamen Leistungen in eine tarifvertragliche Vereinbarung über Vermögensbildung in Form von Belegschaftsaktien umgewandelt. Der Belegschaft wird angeboten, 1996 für bis zu ein Prozent ihres pensionsfähigen Bruttojahresgehaltes Royal Dutch Aktien zu kaufen, wobei 50% des Kaufpreises von der Deutschen Shell bezahlt werden.

UMWELTSCHUTZ. Shell begann 1995 mit dem Aufbau eines Managementsystems, einem umfassenden Regelwerk für Qualität, Arbeitssicherheit, Gesundheits- und Umweltschutz. Einige Projektbeispiele: In der Hamburger Raffinerie wurde 1994 ein altes Kohlekraftwerk durch ein modernes Gasturbinen-Heizkraftwerk ersetzt. Eine zweite Gas-Öl-Entschwefelungsanlage ist im Bau. Das verseuchte ehemalige Shell-Gelände in Hamburg-Wilhelmsburg wird weiter saniert. 1995 wurde in der Raffinerie Hamburg-Harburg eine Entschwefelungsanlage für Mitteldestillate eingeführt, neue Benzindämpfe-Rückgewinnungsanlagen wurden in den Tanklagern Würzburg und Flörsheim errichtet. Im Tankstellennetz wurden Umweltschutz-Maßnahmen flächendeckend umgesetzt, u. a. die Einführung des »Saugrüssels« zum Auffangen von Emissionen, die beim Tanken freigesetzt werden, der Bau flüssigkeitsdichter Fahrbahnen und der Einbau doppelwandiger Tanks. Shell engagiert sich zusehends im Recycling von Kunststoffabfällen. Shell ist beteiligt an der Kunststoffverwertungs-Gesellschaft m.b.H., Frankfurt/Main, die im Rahmen des Dualen Systems Deutschland arbeitet. 1995 investierte Shell in den Umweltschutz 135 Mio. DM, davon 47 Mio. in die Verbesserung der Luft, 75 Mio. im Bereich Gewässer und 5 Mio. in den Lärmschutz.
Mitte 1996 holte die Deutsche Shell und ebenso Esso die Vergangenheit wieder ein. Im Raum steht eine Rückzahlung von rund 3,3 Mrd. DM an die niederländische Nederlandse Aardolie Maatschappij (NAM) für möglicherweise zu hohe Erdgasentnahmen im gemeinsam betriebenen Erdgasfeld Groningen (Emsmündung) im deutsch-niederländischen Grenzgebiet. Die Shell und Esso gemeinsam gehörende Brigitta Erdgas und Erdöl GmbH (BEB) soll seit den 60er Jahren aus den zwischen Deutschland und den Niederlanden paritätisch aufgeteilten Erdgasreserven mehr Erdgas entnommen und erhalten haben, als ihr zustand.

BRENT SPAR UND NIGERIA. »Shell. Wir kümmern uns um mehr als Autos.« So annoncierte die Deutsche Shell bundesweit mit großem Aufwand eine Kampagne, die den Umweltschutz ausdrücklich einbezog. »Wir wollen etwas ändern« (Süddeutsche Zeitung vom 3. März 1995). Als es darum ging, die fast 20 Jahre alte, ausgediente Ölplatt-

Beschäftigte 1995: *4.773*
Beschäftigte 1994: *5.770*
Beschäftigte 1993: *6.300*

Umsatz pro Mitarbeiter 1995: *4.549.612,– DM*
Umsatz pro Mitarbeiter 1994: *3.753.380,– DM*
Umsatz pro Mitarbeiter 1993: *3.391.635,– DM*

Löhne und Gehälter 1995: *326,4 Mio.*
Löhne und Gehälter 1994: *351,6 Mio.*
Durchschnittsgehalt 1995: *68.385,– DM*
Soziale Abgaben und Aufwendungen 1995: *248,4 Mio.*
Soziale Abgaben und Aufwendungen 1994: *313,0 Mio.*

Bezüge pro Vorstandsmitglied 1995: *909.869,– DM*
Tantiemen pro Aufsichtsrat 1995: *25.500,– DM*

Investitionen 1995:
372,3 Mio.
Investitionen 1994:
336,5 Mio.
Investitionen 1993:
416,3 Mio.

Umweltschutz 1995:
306,6 Mio.
Umweltschutz 1994:
214,4 Mio.
Umweltschutz 1993:
205,7 Mio.

Forschung und Entwicklung 1995: *45,6 Mio.*
Forschung und Entwicklung 1994: *53,0 Mio.*
Forschung und Entwicklung 1993: *45,7 Mio.*

Mitbewerber: *Agip, Aral, Avia, BASF, BP, Esso, Elf, Fina, Minol, Mobil Oil, Ruhrgas, RWE-DEA, Total, Wintershall*

form Brent Spar als kostengünstigste Variante im Atlantik zu versenken, hagelte es Proteste, geriet der Konzern in eine Lage, die auch neue Werbemillionen so schnell nicht wettmachen können. Greenpeace kämpfte in spektakulären Aktionen gegen die Versenkung der angeblich mit schwermetallhaltigen Ölschlämmen und radioaktiv verseuchten Salzen belasteten Plattform, da man einen Präzedenzfall für die rund 200 weiteren Bohrinseln in der Nordsee fürchtete. Der Funke sprang besonders in Deutschland auf die Bevölkerung über. Die unterschiedlichsten gesellschaftlichen Gruppen riefen zum Boykott von Shell-Tankstellen und Shell-Produkten auf. Umsatzeinbußen, Proteste, ein restlos ramponiertes Image.
Aber die britische Shell, verantwortlich für die Versenkung, blieb anfänglich stur, fühlte sich im Recht, hatte sie doch den Segen der britischen Regierung zu dieser Giftentsorgung in 2.400 Meter Tiefe. Der Protest eskalierte, und über einen Boykott, das Geld also, scheint auch ein Multi in die Knie zu gehen. Shell UK teilte am 20. Juni 1995 lapidar mit, auf die Versenkung verzichten zu wollen und eine andere Entsorgungslösung anzustreben. Die Deutsche Shell, gerade dabei, sich mittels einer aufwendigen Werbekampagne ein neues Image zu verschaffen, wurde zum Buhmann. Peter Duncan in einer neuerlichen Großkampagne: »Wir werden uns ändern« (Handelsblatt vom 27. Juni 1995). Und am 10. Juli 1995 in einem offenen Brief: »Mit der Änderung des Entsorgungsplanes als Reaktion auf die Anliegen der um die Umwelt besorgten Menschen haben wir erkannt, daß wir zukünftig mehr und transparenter über solche Entscheidungen mit der Öffentlichkeit kommunizieren und besser verstehen müssen, was unsere Kunden denken und fühlen.« Auch wenn sich nachträglich die Angaben des Shell-Konzerns über die Inhaltsstoffe auf der Brent Spar als richtig herausstellten und Greenpeace falsche Angaben gemacht hatte, erlebte Shell ein Desaster, von dem es sich bis heute nicht erholt hat. Über die Entsorgung der Brent Spar, die auch Mitte 1996 in einem norwegischen Fjord vor Anker lag, ist noch nicht entschieden. 400 Vorschläge zur Entsorgung an Land liegen vor, ein lukratives Geschäft für Umweltunternehmen. Shell zu den Konsequenzen: »Wir wissen, daß wir Stellung beziehen müssen. Die moralische Verantwortung für die Handlungen eines Konzerns, der in allen Teilen der Welt tätig ist, ist nicht teilbar. Umwelt- oder Menschenrechtsprobleme machen vor Landesgrenzen nicht halt.«
Shell weiß, was gemeint war. Denn der Konzern war erneut in die Schlagzeilen geraten. Der Vorwurf: Shell sei in Nigerias Erdölregion für eine Umweltkatastrophe riesigen Ausmaßes verantwortlich, für die rücksichtslose Ausbeutung der Lagerstätten im nigerianischen Ogoni-Gebiet bei gleichzeitiger Verelendung der Bevölkerung, der Kumpanei mit den dortigen Militärmachthabern und dadurch indirekt zumindest moralisch mitschuldig an der trotz weltweiter Proteste erfolgten Hinrichtung des nigerianischen Menschenrechtlers und Schriftstellers Ken Saro-Wiwa. Besonders peinlich wurde der Fall, als die Londoner Shell-Zentrale des Konzerns versuchte, gegen das letzte Buch des Menschenrechtlers vorzugehen. Titel: »Flammen der Hölle«. Untertitel: »Nigeria und Shell: Der schmutzige Krieg gegen die Ogoni«.

DEUTSCHE TELEKOM

Standort: Zentrale
Friedrich-Ebert-Allee 140
53113 Bonn

Postanschrift:
Postfach 2000
53105 Bonn

Telefon: (0228) 181-0
Telefax: (0228) 181-8872

Branche: Telekommunikation

Rechtsform:
Aktiengesellschaft

Geschäftsjahr: 1.1.-31.12.

Gründungsjahr: 1990
Deutsche Bundespost Telekom;
1995 Umwandlung in Deutsche
Telekom AG

Öffentlichkeitsarbeit:
Marion Schöberl
Tel.: (0228) 181-9420
FAX: (0228) 181-8604

Presse- und Unternehmenskommunikation:
Jürgen Kindervater
Tel.: (0228) 181-4949
FAX: (0228) 181-8941

Vorstand:
- Sommer, Ron, Dr. (Vorsitzender; Unternehmensstrategie; Konzernrevision)
- Hultzsch, Hagen, Dr. (Technik Dienste)
- Kröske, Joachim, Dr. (Finanzen, Controlling, Einkauf, Hochbau)
- May, Herbert, Dr. (Geschäftskunden)
- Tenzer, Gerd (Technik Netze)

Vorstandsbezüge 1995:
6.328.483,– DM

GESCHICHTE UND ENTWICKLUNG. 1989 Beginn der Umwandlung der Telekom von einer Ministerialbehörde zu einem global agierenden Unternehmen der Telekommunikation. Mit der Postreform I wurde zum 1. Januar 1990 der Betriebsbereich der Deutschen Bundespost in drei Unternehmenseinheiten mit eigenverantwortlichen Managementstrukturen gegliedert. Telekom, Postdienst und Postbank wurden zu selbständigen öffentlichen Unternehmen. Beginn der Gründung von Auslands-Tochtergesellschaften. Liberalisierung des Endgerätemarktes. Mit der Vereinigung der beiden deutschen Staaten im Oktober 1990 fusionierten deren Telekommunikationsgesellschaften. Die Deutsche Bundespost Telekom war jetzt zuständig für ganz Deutschland. Kooperation mit France Telecom. Europaweite Expansion durch zahlreiche Kooperationen.
Im Juli 1991 stieg Telekom in den digitalen Mobilfunk mit dem Startschuß für D1 ein. Im Juli 1993 nahm die Mobilfunktochter DeTeMobil ihre Arbeit auf. 1994 Kooperationsverträge mit Intel und Microsoft. Juni 1994 Postreform II des Bundestages mit parteiübergreifendem Konsens zur Umwandlung der Telekom in eine AG zum 1. Januar 1995 und dem Börsengang 1996. Am 1. Januar 1995 wurde aus der Deutschen Bundespost Telekom die Deutsche Telekom AG.

BESITZVERHÄLTNISSE/EIGENTUMSSTRUKTUR.
Bundesrepublik Deutschland (100%). Der Bund als Alleinaktionär nimmt seine Rechte über die Bundesanstalt für Post und Telekommunikation wahr. Es ist beabsichtigt, die Deutsche Telekom im Rahmen verschiedener Kapitalerhöhungen, an der sich der Bund nicht beteiligen wird, ab November 1996 an der Börse einzuführen. Das geplante »Going-Public« der Deutschen Telekom steht für den größten Börsengang der deutschen Wirtschaftsgeschichte. Der Weg einer der größten milliardenschweren Aktientranchen an die Börse, die es bisher weltweit gegeben hat, wird von einem internationalen Bankenkonsortium unter Federführung der Deutschen Bank, der Dresdner Bank und der Goldman Sachs geleitet. Die Positionierung der Deutsche Telekom als »Global player« soll besonders internationale Investoren anziehen, aber auch im Inland auf möglichst breiter Basis getragen werden.

KONZERNÜBERBLICK. Seit 1. Januar 1995 ist die Deutsche Telekom AG die Rechtsnachfolgerin der Deutschen Bundespost Telekom. Die Deutsche Telekom ist der umsatzstärkste europäische und weltweit drittgrößte Telefonnetzbetreiber. Mit einem Investitionsvolumen von 120 Mrd. DM hat die Deutsche Telekom seit ihrer Umwandlung und Loslösung aus der Post 1989 eine grundlegend neue Telekommunikations-Infrastruktur in Deutschland geschaffen. Dabei hat sich die Deutsche Telekom konsequent auf Kundengruppen ausgerichtet. Sie gliedert sich in die Bereiche Privatkunden (34 Mio.), Geschäftskunden (1,7 Mio.), Systemkunden (die 200 größten Kunden der Telekom) und Mobilkommunikation (über 3,5 Mio. Kunden).
Insgesamt gehörten zum Einfluß der Deutschen Telekom Mitte 1996 über 41 Mio. Telefon- und ISDN-Anschlüsse. Die Zahl der ISDN-An-

Aufsichtsrat:
- *Leister, Rolf-Dieter (Vorsitzender)*
- *Becker, Gert (Vorsitzender des Vorstandes der Degussa AG)*
- *Funke, Rainer (MdB; Bundesministerium der Justiz)*
- *Glotz, Peter, Prof. Dr. (MdB)*
- *Götte, Klaus, Dr. (Vorsitzender des Vorstandes der MAN AG)*
- *Haller, Gert, Dr. (Staatssekretär a. D.; Sprecher der Wüstenrot Holding GmbH)*
- *Hundt, Dieter, Dr. (Allgaier Werke GmbH & Co. KG)*
- *Krüger, Paul, Dr. (MdB, Bundesminister a. D.)*
- *Leister, Rolf-Dieter (Wirtschaftsberater)*
- *Leysen, André, Dr. h.c. (Vorsitzender des Aufsichtsrates der Agfa Gevaert)*
- *Stolte, Dieter, Prof. Dr .h.c. (Intendant des ZDF)*

**Altmeyer, Veronika (stellv. Vorsitzende)*
**Burkhart Paul*
**Girnstein, Hans*
**Holzwarth, Lothar*
**Klare, Franz-Josef*
**Löffler, Michael*
**Pagel, Maud*
**Pleines, Klaus*
**Russ, Willi*
**Steinke, Ursula*

Aufsichtsratstantiemen 1995: *keine Bezüge; Rückstellungen 1,3 Mio. DM*

Grundkapital 1995:
10.000,0 Mio.
2 Mrd. DM bestehen aus auf Inhaber lautenden Stammaktien im Nennwert von je 5,– DM. Der Vorstand der Deutschen Telekom ist bis zum Jahr 2000 ermächtigt, das Grundkapital durch Ausgabe neuer Aktien einmal oder mehrmals um insgesamt 5 Mrd. DM zu erhöhen.

schlüsse konnte 1995 mit 925.000 Basisanschlüssen gegenüber 1994 um 82% gesteigert werden. Damit entwickelte sich das digitale Telekommunikationsnetz ISDN zum Topprodukt der Deutschen Telekom im Privat- und Geschäftskundenbereich.
Die Deutsche Telekom ist mit Abstand der weltweit erfolgreichste ISDN-Netzbetreiber. Zusammen mit 25 Netzbetreibern in 20 Ländern wurde 1994 das Euro-ISDN mit über 1,8 Mio. ISDN-Kanälen eröffnet. Die Deutsche Telekom verfügt über das weltweit größte Breitbandkabelnetz mit rund 16 Mio. Kabelanschlußkunden.
T-Online ist mit 1,2 Mio. Teilnehmern und über 14 Mio. Anrufen im Monat der größte Online-Dienst Deutschlands (Marktanteil 70%). Zur besseren Vermarktung wurde T-Online im September 1996 aus dem Telekom-Konzern ausgegliedert und der Online Pro Dienste GmbH & Co. KG mit Sitz in Darmstadt übertragen.

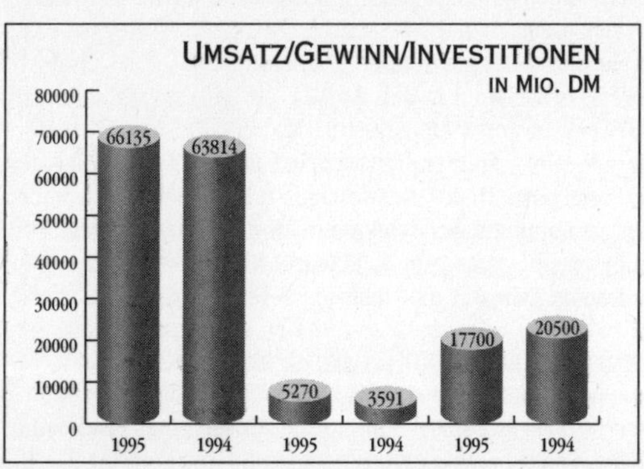

Der Mobilfunkbereich der Deutschen Telekom ist in der Tochtergesellschaft Deutsche Telekom Mobilfunk GmbH (T-Mobil) gebündelt, die das C- und D1-Netz mit rund 2,5 Mio. Kunden betreibt. T-Mobil ist auch Vollsortimenter im Bereich Mobilfunk. 1994 wurde mit der Neuordnung der Niederlassungen, der ehemaligen Fernmeldeämter, zur Stärkung des operativen Geschäftes begonnen.
Besonders das Big Business hat es der Telekom angetan. Mit dem Großkundenmanagement wurde eine eigene Vertriebs- und Supportorganisation mit bundesweit 40 Vertriebsstellen zur Betreuung der 3.500 größten Geschäftskunden geschaffen. Jeder Großkunde erhält einen eigenen Großkundenmanager, der ihm alles entwickelt – vom normalen Telefonanschluß bis zu Netzwerkkonzepten.
Die 200 größten Kunden der Deutschen Telekom werden durch den Bereich Systemkunden (Deutsche Telekom Systemlösungen GmbH) mit der Zentrale in Frankfurt/Main und zehn Niederlassungen an den wichtigsten deutschen Wirtschaftsstandorten betreut. Da die großen Firmenkunden der Deutschen Telekom durch ihre internationalen Beteiligungen und Produktionsstandorte immer stärker weltweit vernetzt agieren und ihre Produkte anbieten, bietet ihnen die Deutsche Telekom neuerdings »Global Seamless Services« – Dienste, die grenzenlos und weltweit funktionieren und von einem einzigen Anbieter mit vollem Service schnell und preiswert angeboten werden können.

BETEILIGUNGEN. Die wichtigsten Tochtergesellschaften und Beteiligungen der Deutsche Telekom AG im In- und Ausland sind der Seite 182 zu entnehmen.

NEUE BUNDESLÄNDER. Die Deutsche Telekom sieht in ihrem Bereich die deutsche Einheit als weitgehend vollzogen an. Ende 1995 waren mehr als 7 Mio. Telefonanschlüsse in den neuen Bundesländern geschaltet (zum Zeitpunkt der Wiedervereinigung gab es 1,8 Mio. Telefonanschlüsse in der DDR mit Ost-Berlin), was als weltweit beispiellose Leistung gilt und dem Wirtschaftsstandort Deutschland zugute kommen dürfte. Die Telekom ist der größte Einzelinvestor in den neuen Bundesländern. Seit 1990 wurden in Ostdeutschland mehr als 40 Mrd. DM investiert; bis zum Abschluß des Investitionsprogrammes »Aufbau Ost« Ende 1997 sollen es mehr als 50 Mrd. DM sein.

STANDORT DEUTSCHLAND. Zur Steigerung des Wettbewerbs und zur Erhöhung der Gesamtproduktivität, so die Deutsche Telekom, soll die Beschäftigtenzahl bis zum Jahr 2000 auf 170.000 Kräfte gesenkt werden. Durch eine systematische Analyse der Arbeitsabläufe hatte das Management schon vor der Privatisierung einen »Personalüberbestand« von 60.000 Arbeitskräften festgestellt. Die Personalreduzierung erfolgt durch die natürliche Fluktuation und soll möglichst sozialverträglich abgewickelt werden (Vorruhestandsregelungen für ältere Mitarbeiter, Abfindungsregelungen für jüngere Beschäftigte). Die Versorgungsansprüche der Beamten werden über eine Unterstützungskasse abgewickelt, so die Deutsche Telekom. Danach verpflichtet das Postpersonalrechtsgesetz die Deutsche Telekom zu jährlichen Zahlungen in Höhe von 2,9 Mrd. DM für die Jahre 1995 bis 1999. Ab dem Jahr 2000 bemessen sich die jährlichen Zahlungen der Deutschen Telekom auf 33% der Bruttobezüge der aktiven Beamten. Fehlbeträge in der Unterstützungskasse gleicht der Bund aus, da er weiterhin Dienstherr der Beamten ist.
Oberste Priorität hat darüber hinaus für die Deutsche Telekom eine verstärkte Internationalisierung. Dafür wurde der neue Vorstandsbereich »International« eingerichtet.

»BÜNDNIS FÜR ARBEIT«. Die Deutsche Telekom will trotz aller Umwälzungen und Veränderungen durch die Umwandlung von der Deutschen Bundespost Telekom zur Deutsche Telekom AG, trotz Privatisierung und Börsengang in der Personalpolitik weitgehende Kontinuität wahren. Danach sollen die beamtenrechtlichen Bestimmungen ebenso fortbestehen wie die neu geschlossenen Tarifverträge. Der drastische Personalabbau auf 170.000 Beschäftigte bis zum Jahr 2000 soll überwiegend sozialverträglich vonstatten gehen – in Übereinstimmung mit den Arbeitnehmervertretungen. Der Vorstand der Deutschen Telekom betont, daß durch die Umwandlung in die AG die Möglichkeit einer stärkeren markt- und leistungsorientierten Personalpolitik möglich wurde. »Das Unternehmen kann in Personalfragen flexibler reagieren.« Auf diese Weise seien 1995 die rechtlichen Voraussetzungen für eine größere Mobilität des Personals geschaffen worden. Betont wird in diesem Zusammenhang, daß die Deutsche Telekom 1995 den bundesweit ersten Tarifvertrag über Teleheimarbeit abgeschlossen hat. Die Gestaltung effizienter und kundenfreundlicher Geschäfts-

Umsatz 1995: *66.135,0 Mio.*
Umsatz 1994: *63.814,0 Mio.*
Umsatz 1993: *58.988,0 Mio.*

Gewinn/Verlust 1995: *5.270,0 Mio.*
Gewinn/Verlust 1994: *3.591,0 Mio.*
Gewinn/Verlust 1993: *– 2.874,0 Mio.*

Cash flow 1995: *31.600,0 Mio.*
Cash flow 1994: *31.100,0 Mio.*

Cash flow: *Die Gesamtinvestitionen des Konzerns wurden 1995 vollständig aus dem operativen Cash flow finanziert. Darüber hinaus wurden planmäßige und außerplanmäßige Finanzverbindlichkeiten weiter getilgt.*

Ablieferung an den Bund 1995: *3.778,0 Mio.*
Steueraufkommen 1995: *680,0 Mio.*

Beschäftigte 1995: *219.752*
Beschäftigte 1994: *231.294*
Beschäftigte 1993: *234.000*

Umsatz pro Mitarbeiter 1995: *310.000,– DM*
Umsatz pro Mitarbeiter 1994: *279.000,– DM*
Umsatz pro Mitarbeiter 1993: *258.000,– DM*

Löhne und Gehälter 1995: *13.197,0 Mio.*
Löhne und Gehälter 1994: *13.099,0 Mio.*
Durchschnittsgehalt 1995: *60.054,– DM*
Soziale Abgaben und Aufwendungen 1995: *5.305,0 Mio.*
Soziale Abgaben und Aufwendungen 1994: *5.058,0 Mio.*

BETEILIGUNGSSTRUKTUR DER DEUTSCHEN TELEKOM

5

prozesse verlangt weitere flexible Organisationsmuster. Die Anzahl der Auszubildenden betrug 1995 rund 11.400 Jugendliche.

UMWELTSCHUTZ. Umweltschutz nimmt bei der Deutschen Telekom einen hohen Stellenwert ein. Anfang 1995 hat die Deutsche Telekom AG ihre Aktivitäten für den Umweltschutz in einer Zentralstelle für Umweltschutz in Darmstadt gebündelt, die über Bereichs- und Regionalstellen im ganzen Bundesgebiet verfügt. Die Zentralstelle entwickelt ein Umweltmanagementsystem mit dem Ziel, die Einwirkungen der Deutschen Telekom auf die Umwelt zu reduzieren. So sollen beispielsweise beim Einkauf weniger umweltbelastende Materialien und Produkte berücksichtigt und bestehende Ressourcen optimal genutzt werden. Der Energieverbrauch soll gesenkt, Recyclingmaterial verwendet und die Abfallmengen reduziert werden. Das Umweltschutzkonzept der Deutschen Telekom umfaßt weitreichende Programme, z. B. zur Wiederaufbereitung von Telefonen und ganzen Telefonanlagen, von Kabeln und Telefonkarten, die Einführung »umweltfreundlicher« Telefonhäuschen (u. a. auf der Basis von Wind- und Sonnenenergie). Die Electrocycling GmbH, Goslar, verfügt über Recyclinganlagen für Elektronikschrott. Gearbeitet wird auch an der Reduzierung des Schadstoffausstoßes der Telekom-Kraftfahrzeug-Flotte. Die Deutsche Telekom unterhält den größten zivilen Fuhrpark Europas mit 65.000 Fahrzeugen.

KOMMENTAR. Aus dem nationalen Postunternehmen wird ein multinational operierender Konzern. Auf europäischer Ebene beschlossen 1994 die Postminister der Europäischen Union, die Telefondienst- und Netzmonopole in der EG zum 1. Januar 1998 abzuschaffen und damit den offenen Wettbewerb in allen Bereichen der Telekommunikation zu ermöglichen (nur Spanien, Portugal und Griechenland dürfen die Liberalisierung bei Bedarf um fünf Jahre verschieben).

Besonders in der immer stärker werdenden Konkurrenz durch die massiv in die Telekommunikation expandierenden großen Stromversorgungsunternehmen (RWE, VEBA, VIAG, VEW) sieht die Deutsche Telekom den Grund, ihr internationales Engagement ausbauen. Sie hat sich weltweit in erheblichem Maße in Partnerschaften und Joint-ventures engagiert oder Tochtergesellschaften gegründet. Mit France Telecom wurde bereits im Dezember 1993 eine strategische Allianz eingegangen. Diese Partnerschaft wurde 1995 um den US-Carrier Sprint Corp. erweitert. Über ihr globales Joint-venture »Global One« bieten die drei Unternehmen heute Sprach-, Daten- und Videodienste für multinationale Unternehmen, internationale Telefonkarten für Privatkunden sowie internationale Dienstleistungen für andere Telekommunikationsunternehmen an. Mit der Trans-Europe-Line (TEL) wurde 1994 der erste Informations-Highway nach Osteuropa eröffnet. Auslandstöchter und Repräsentanzen besitzt die Telekom bereits in 20 Metropolen.

Dazu kommt eine Beteiligung an der Telefongesellschaft Satelindo in Indonesien und eine Mehrheitsbeteiligung am ungarischen Netzbetreiber MATAV (gemeinsam mit dem US-Unternehmen Ameritech). In weiteren Staaten (Ukraine, Tschechien, Rußland, Kasachstan) hat die Deutsche Telekom Beteiligungen. In Österreich hat die Deutsche Te-

Bezüge pro Vorstandsmitglied 1995:
1.265.696,– DM
Tantiemen pro Aufsichtsrat 1995: *?*

Investitionen 1995:
17.700,0 Mio.
Investitionen 1994:
20.500,0 Mio.
Investitionen 1993:
24.400,0 Mio.

Forschung und Entwicklung 1995:
1.300,0 Mio.

Telefonanschlüsse 1995:
40,4 Mio. (davon neue Bundesländer: 7,0 Mio.)

ISDN 1995: *Basisanschlüsse: 924.700; Primärmultiplexanschlüsse: 36.900; Kanäle: 2.956.400*
ISDN 1994: *Basisanschlüsse: 509.200; Primärmultiplexanschlüsse: 27.600; Kanäle: 1.845.300*
ISDN 1993: *Basisanschlüsse: 281.300; Primärmultiplexanschlüsse: 18.700; Kanäle: 1.122.900*

Mobilkommunikation (T-Mobil) – Funktelefonanschlüsse 1995:
im C-Netz: 684.000;
im D1-Netz: 1.482.000
Mobilkommunikation (T-Mobil) – Funktelefonanschlüsse 1994: *im C-Netz: 724.000; im D1-Netz: 887.000*
Mobilkommunikation (T-Mobil) – Funktelefonanschlüsse 1993: *im C-Netz: 794.000; im D1-Netz: 481.000*

T-Online-Kunden 1995:
965.400
Datex-P-Anschlüsse 1995:
92.400

Öffentliche Münztelefone 1995: *82.600*

Öffentliche Kartentelefone 1995: *82.400*

Mitbewerber: *ABB, Alcatel SEL, Bosch, Mannesmann, Röchling, Siemens, Telenorma, VEBA; alle internationalen Telekommunikationsgesellschaften*

lekom gemeinsam mit ihren Konsortialpartnern die Lizenz zum Aufbau eines digitalen Mobilfunknetzes erhalten. Die Deutsche Telekom hat sich auch beteiligt am Betreiber des größten europäischen Satellitensystems Astra (16,67%), an der Société Européenne des Satellites (SES). Mit dem Software-Marktführer Microsoft und dem Chip-Hersteller Intel ging die Deutsche Telekom eine Kooperation auf dem Gebiet der Multimediatechnologie ein. 1995 gründeten die Deutsche Telekom, ARD, ZDF, RTL und Bertelsmann die Multimedia-Betriebsgesellschaft MMBG zur Schaffung einer möglichst einheitlichen Decoder-Infrastruktur für digitales Fernsehen, das nicht zuletzt als Antwort auf die diesbezüglichen Alleingänge der Kirch-Gruppe verstanden werden sollte.

DG BANK

Standort:
Am Platz der Republik
60325 Frankfurt/Main

Postanschrift:
60265 Frankfurt/Main

Telefon: *(069) 7447-01*
Telex: *412 291 dg d*
Telefax: *(069) 7447-1685*

Branche: *Kreditinstitute*

Rechtsform: *Körperschaft des öffentlichen Rechts*

Geschäftsjahr: *1.1.-31.12.*

Gründungsjahr: *1895*

Öffentlichkeitsarbeit:
Dr. Detlef Marquardt
Tel.: (069) 7447-2009
FAX: (069) 7447-6702

GESCHICHTE UND ENTWICKLUNG. Die Idee, mit genossenschaftlichen Banken auch Handwerkern und Bauern Kredite zu gewähren, die ihnen die etablierten Banken versagten, wodurch sie sie in die Arme von Geldverleihern und Wucherern trieben, hatten Mitte des letzten Jahrhunderts der Jurist und Parlamentarier Hermann Schulze-Delitzsch (1808–1883) und der rheinpreußische Landbürgermeister Friedrich Wilhelm Raiffeisen (1818–1888). Sie riefen zur Selbsthilfe und zur Gründung genossenschaftlicher Banken auf. Nachdem Genossenschaften und Genossenschaftsbanken zahlreich entstanden waren, wurde 1895 auf gesetzlicher Grundlage die Preußische Central-Genossenschafts-Kasse (»Preußenkasse«) in Berlin gegründet. (In diesem Jahr gab es in Deutschland bereits rund 6.000 Genossenschaften.) 1921 Bildung der Deutschen Genossenschafts-Hypothekenbank durch die »Preußenkasse«. 1931 Umfirmierung der »Preußenkasse« in Deutsche Zentralgenossenschaftskasse. 1949 wurde als ihr Funktionsnachfolger die Deutsche Genossenschaftskasse (DGK) mit Sitz in Frankfurt gegründet. 1957 Verleihung des Emissionsrechts. 1972 erste Beteiligung an einer Bankgründung im Ausland (Luxemburg). 1976 trat das Gesetz über die Deutsche Genossenschaftsbank in Kraft. Expansion der DG BANK mit zahlreichen Beteiligungen und Akquisitionen. Weitere Filialen und Repräsentanzen an europäischen Bankenplätzen (u. a. Zürich und London), in den USA (New York, Atlanta), Hongkong, Rio de Janeiro, Singapur und Tokio; Beteiligungen an Banken. Ende 1990 übernahm die DG BANK das Zentralbankgeschäft der Genossenschaftsbank Berlin und fungiert seitdem als Zentralbank für die Kreditgenossenschaften in der ehemaligen DDR.

BESITZVERHÄLTNISSE/EIGENTUMSSTRUKTUR.
- Genossenschaftliche Holdinggesellschaften und Zentralbanken (80,43%)
- Kreditgenossenschaften (2,66%)
- Sonstige Genossenschaften (4,41%)
- Bundesrepublik Deutschland (0,04%; inkl. Anteile an der Holding Genossenschaftsbank Berlin von 6,15%)

- Bundesländer (0,24%)
- Sonstige juristische Personen (12,22% – davon: REWE 4,2%)

KONZERNÜBERBLICK. Die DG BANK – eine Körperschaft des öffentlichen Rechts – ist das Spitzenkreditinstitut der deutschen Genossenschaftsorganisationen. Sie hat den gesetzlichen Auftrag, das deutsche Genossenschaftswesen zu fördern, und betreibt als universell und international arbeitende Geschäftsbank mit Emissionsrecht Bankgeschäfte aller Art, die unmittelbar oder mittelbar der Erfüllung dieses Zweckes dienen. Sie ist Bindeglied zwischen den genossenschaftlichen Banken und den nationalen und internationalen Finanzmärkten und unterhält Stützpunkte an den wichtigsten internationalen Finanz- und Handelsplätzen.
Für rund die Hälfte der 2.590 Kreditgenossenschaften mit über 20.000 Bankstellen nimmt die DG BANK auch die Funktion der Zentralbank wahr. Dazu gehören die Volksbanken und Raiffeisenbanken im Norddeutschen Genossenschaftsverband Schleswig-Holstein und Hamburg, im Genossenschaftsverband Weser-Ems, im Genossenschaftsverband Berlin-Hannover, im Genossenschaftsverband Bayern und die Volks- und Raiffeisenbanken in Ostdeutschland sowie die kurhessischen Raiffeisenbanken im Genossenschaftsverband Hessen/Rheinland-Pfalz/Thüringen, ferner die Post- und Darlehensvereine. Die genossenschaftliche Bankengruppe steht im Geschäft mit 30 Millionen Kunden, von denen 13,5 Millionen gleichzeitig Mitglieder der Volksbanken und Raiffeisenbanken sind. Die addierte Bilanzsumme der genossenschaftlichen Bankengruppe betrug 1995 rund 1,3 Billionen DM.
Als universell arbeitende Geschäftsbank stellt die DG BANK ihre Produkte und Dienstleistungen vor allem den deutschen genossenschaftlichen Zentralbanken, den Kreditgenossenschaften sowie Firmen und institutionellen Anlegern zur Verfügung. Der Tätigkeitsbereich umfaßt sämtliche Bereiche des Kreditgeschäftes, den Geld- und Devisenhandel, das Wertpapier-Konsortialgeschäft, den Zahlungsverkehr, den Wertpapierhandel, die Vermögensverwaltung und alle Sparten des Auslandsgeschäfts. Verwaltungssitz und Zentrale der Bank ist Frankfurt/Main. Die DG BANK unterhält 21 Niederlassungen und Geschäftsstellen in Deutschland sowie 18 Stützpunkte an den wichtigsten Finanzplätzen Europas, Amerikas und Asiens. Im Rahmen der Unico-Bankengruppe unterhält die DG BANK enge Beziehungen zu genossenschaftlichen Spitzeninstituten in Österreich, Frankreich, Belgien, den Niederlanden und Finnland.
Zum Konsolidierungskreis der DG BANK gehören eine der größten privaten Hypothekenbanken der Republik, die Deutsche Genossenschafts-Hypothekenbank AG, Hamburg/Berlin, die DG Diskontbank GmbH für Spezialfinanzierungen, die Bausparkasse Schwäbisch Hall (BSH), die Deutsche Verkehrsbank (DVB) und verschiedene Gesellschaften auf dem Gebiet des Mobilien- und Immobilien-Leasings (DG Anlagegesellschaft mbH, Frankfurt/Main, DG Immobilien Management Gesellschaft mbH, Frankfurt/Main, DG Agropartners Absatzberatungs- und Projekt-GmbH, Frankfurt/Main). Die DG BANK ist außerdem an der mächtigen Versicherungsgruppe R+V mit ihrem gesamten Versicherungsverbund und an der großen deutschen Fondsgesellschaft Union-Invest beteiligt. Die Kapitalanlagen der Versicherungsgruppe

Vorstand:

- *Thiemann, Bernd, Dr. (Vorsitzender; Beteiligungen, Compliance Office, Personal, Revision, Vorstandsstab/ Kommunikation)*
- *Bruns, Heiko, Dr. (Kredit; Berlin/Neue Bundesländer)*
- *Eichwald, Berthold, Dr. (Kreditgenossenschaften/ Zentralbanken; Bayern)*
- *Erdland, Alexander, Dr. (Immobilienkunden; Hannover)*
- *Flach, Uwe E. (Geld und Devisen, Investment Banking, Wertpapiere/Anlageberatung)*
- *Flesch, Johann-Rudolf, Dr. (EDV/Organisation, Finanzen, Unternehmenssteuerung)*
- *Malt, Friedbert, Dr. (Auslandskunden; Ausland; Hamburg)*
- *Panner, Bedo (Leasing/ Factory, Recht, Sonderengagements, Verwaltung; Kassel)*
- *Pleister, Christopher, Dr. (Firmenkunden/Mittelstand; Zahlungssysteme/Electronic Banking; Volkswirtschaft; Weser-Ems)*
- *von Stechow, Friedrich-Leopold Freiherr, Dr. (Firmenkunden/Großkunden, Institutionelle Kunden; Handelsadministration)*

Bezüge des Vorstandes 1995: *9.015.000,– DM*

Verwaltungsrat:

- *Grüger, Wolfgang (Vorsitzender; Präsident des Bundesverbandes der Deutschen Volksbanken und Raiffeisenbanken e.V.)*
- *Dahlgrün, Volker, Dr. (stellv. Vorsitzender; Sprecher des Vorstandes der Volksbank Hannover eG)*
- *Heinke, Eberhard (stellv. Vorsitzender; Vorsitzender des Vorstandes der WGZ-BANK)*

❙ *Bentrup, Hans-Hermann, Dr.*
❙ *Best, Enno (Mitglied des Vorstandes der Volksbank Bookholzberg-Lemwerder eG)*
❙ *Birkmann, Andreas, Dr.*
❙ *Brixner, Jörg, Dr. (Präsident des Deutschen Raiffeisenverbandes e.V.)*
❙ *Brixner, Ulrich, Dr. (Vorsitzender des Vorstandes der SGZ-BANK Südwestdeutsche Genossenschafts-Zentralbank AG)*
❙ *Degen, Hansgeorg (Mitglied des Vorstandes der GZB-Bank Genossenschaftliche Zentralbank AG Stuttgart)*
❙ *Ewald, Alfred (Vorsitzender des Vorstandes der Volksbank Bezirk Schwetzingen eG)*
❙ *Funke, Karl-Heinz*
❙ *Geisendörfer, Ulrich (Bundesministerium für Wirtschaft)*
❙ *Gessner, Hans Heinrich, Frankfurt/Main*
❙ *Heereman von Zuydtwyck, Constantin Freiherr (Präsident des Deutschen Bauernverbandes e.V.)*
❙ *Henke, Joachim, Dr. (Bundesministerium der Finanzen)*
❙ *Hübner, Bernd (Raiffeisenbank Beeskow)*
❙ *Koschka, Helmut (Mitglied des Vorstandes der GZB-Bank Genossenschaftliche Zentralbank AG Stuttgart)*
❙ *Langenbucher, Horst (Mitglied des Vorstandes der co op Schleswig-Holstein eG)*
❙ *Latten, Reiner (Präsident des Rheinischen Landwirtschaftsverbandes e.V.)*
❙ *Neuhaus, Horst (Edeka Zentrale AG)*
❙ *Partenheimer, Jürgen (Vorsitzender des Vorstandes der Münchner Bank eG Volksbank)*

R+V lagen 1995 bei über 32 Mrd. DM, die Beitragseinnahmen der R+V Versicherungsgruppe betrugen 1995 8,3 Mrd. DM. Die Schwäbisch Hall ist mit ihren 6,9 Mio. Verträgen und über 250 Mrd. DM Bausparsumme die mit Abstand größte deutsche Bausparkasse. Sie betreut jetzt 4,6 Millionen Vertragspartner. 1995 erreichte das Neugeschäft 34 Mrd. DM Bausparsumme.

BETEILIGUNGEN. Die DG BANK besitzt über 100 Grundstücksverwaltungs-, Immobilien- und Baugesellschaften allein im Inland. Darüber hinaus verfügt sie über zahlreiche Tochtergesellschaften und Beteiligungen im In- und Ausland. Zu den wichtigsten Unternehmen gehören:
Bausparkasse Schwäbisch Hall AG, Schwäbisch Hall (50,01%); Deutsche Genossenschafts-Hypothekenbank AG, Hamburg/Berlin (100%); DG Diskontbank GmbH, Frankfurt/Main (100%); R+V Versicherung AG, Wiesbaden (50% – mit allen R+V Versicherungen, u. a. R+V Allgemeine Versicherung AG, R+V Lebensversicherungs AG); Bankhaus Hallbaum, Maier & Co. AG, Hannover (60,86%); DEVIF Deutsche Gesellschaft für Investment-Fonds GmbH, Frankfurt/Main (63%); Union-Investment-Gesellschaft mbH, Frankfurt/Main (36,76%); Deutsche Verkehrs-Bank AG, Frankfurt/Main (59,86%); EDEKABANK AG, Hamburg (25,20%); VR-Leasing GmbH, Eschborn/Taunus (54,92%); DG Capital Management GmbH, Frankfurt/Main (70%); Österreichische Volksbanken-AG (ÖVAG), Wien/Österreich (25% plus 1 Aktie); DG Bank Luxembourg S.A., Luxemburg (77,24%); DG Bank (Schweiz) AG, Zürich (100%); Banco Cooperativo Español S.A., Madrid/Spanien (15%); DG European Securities Corporation, New York/USA (61,90%); LFG Leasing und Finanz GmbH, Frankfurt/Main (100%); Deutsche Immobilien Fonds AG (DIFA), Hamburg (60%); DG Immobilien Management Gesellschaft mbH, Frankfurt/Main (100%); GENO-Grundstücksgesellschaft mbH, Frankfurt/Main (100%); DSV Silo- und Verwaltungsgesellschaft mbH, Frankfurt/Main (50%); Deutsche Raiffeisen-Warenzentrale GmbH, Frankfurt/Main (25%); AIH Agrar-Industrie-Holding GmbH, Mannheim (25%); GZS Gesellschaft für Zahlungssysteme mbH, Frankfurt/Main (20%).

NEUE BUNDESLÄNDER. Seit dem 1. Juli 1990 fungiert die DG BANK als Zentralinstitut mit Zentralbankfunktionen für die ostdeutschen Kreditgenossenschaften. 1990 wurde das Geschäft der ehemaligen »Bank für Landwirtschaft und Nahrungsgüterwirtschaft der DDR«, die zwischenzeitlich in »Genossenschaftsbank Berlin« umfirmierte, übernommen. Diese Bank hatte zuvor die staatliche Geld- und Kreditpolitik der DDR im Bereich der Land-, Forst- und Nahrungsgüterwirtschaft verwaltet. Geschäftsstellen gibt es in neun Städten der neuen Bundesländer.

STANDORT DEUTSCHLAND. Die DG BANK unterhält 18 Stützpunkte an den wichtigsten Finanzplätzen Europas, Amerikas und Asiens. Besonders Osteuropa und Asien sollen ausgebaut werden. Sie ist nunmehr in Bombay und Shanghai sowie seit Anfang 1996 in Warschau und Budapest vertreten. Außerdem hat sich die DG BANK an der Österreichischen Volksbanken-AG (ÖVAG), dem Spitzeninstitut der österreichischen Volksbanken, mit 25% plus 1 Aktie beteiligt. Über

das Stützpunktnetz der ÖVAG sollen zusätzlich die Märkte in der Slowakei, in Tschechien, Slowenien und Ungarn erschlossen werden. Dadurch erhalten auch die deutschen lokalen Volks- und Raiffeisenbanken über die DG BANK einen Zugriff auf die ausländischen Märkte, ohne über eigene Auslandsrepräsentanzen verfügen zu müssen. Auf diese Weise können die Volks- und Raiffeisenbanken auch im Auslandsgeschäft die gleichen Bankdienstleistungen anbieten wie die international tätigen Großbanken. Das ist um so wichtiger, da sich auch immer mehr mittelständische Betriebe, zu deren Hausbanken die Volks- und Raiffeisenbanken vielfach zählen, stärker an ausländischen Stützpunkten orientieren.
Über die aus acht genossenschaftlichen Banken Europas gebildete Unico Banking Group mit insgesamt über 38.000 Filialen bzw. Geschäftsstellen, zu der auch die DG BANK zählt, ergeben sich Synergieeffekte bei grenzüberschreitenden Geschäften im Ausland. Besonders aktiv ist die Schwäbisch Hall in der Slowakei und Tschechien, wo sie gemeinsam mit Partnern die Erste Bausparkasse AG in Bratislava und die Tschechisch-Mährische Bausparkasse AG in Prag gegründet hat, die bereits rund 1,2 Mio. Kunden verzeichnen und in ihren Ländern jeweils die Marktführer im Bauspargeschäft sind.

»BÜNDNIS FÜR ARBEIT«. Die DG BANK hat ein Projekt initiiert unter dem Motto »Lernende Bank«, durch das Erfahrungspotentiale mobilisiert, Kreativität genutzt und Eigeninitiative gestärkt werden sollen. Dazu wurden vom »Personalmanagement« Instrumente wie »interne Potentialanalysen, Teamentwicklungsmaßnahmen und die Identifikation von Erfolgspotentialen« in Pilotprojekte integriert. »Die ›Lernende Bank‹ versteht sich als kontinuierlicher Prozeß, denn: Nur lebenslanges Lernen sichert den Vorsprung in einem sich immer dynamischer entwickelnden Umfeld.« Der Vorstand lobt besonders die »konstruktive Zusammenarbeit mit den Personalvertretungen« zu Themen wie »außertarifliche Stellenbewertung, Teilzeitkonzeption und Potentialförderprogramm«.

KOMMENTAR. Die DG BANK hat ihr vor vier Jahren begonnenes Restrukturierungsprogramm abgeschlossen und das Unternehmen auf neue Beine gestellt, nachdem sie sich über Jahre mit großspurigen Beteiligungen und einer winkelzügigen Finanzpolitik heftig verhoben hatte. Sichtbares Zeichen der »neuen« DG BANK ist ihre neue futuristische Hochhaus-Zentrale in der Frankfurter Innenstadt, die ein Zeichen setzen soll, daß sich das genossenschaftliche Spitzeninstitut endgültig unter den größten der Branche etabliert hat und hinter den großen Konkurrenten in nichts mehr zurücksteht. Die Anteile am DG BANK-Turm im Frankfurter Westend mit einem Fondsvolumen von insgesamt 1 Mrd. DM konnten bei den genossenschaftlichen Banken plaziert werden, womit die Restrukturierungs- und Sanierungsarbeiten bei der Bank als abgeschlossen betrachtet werden. Das alte Vertrauen der Volksbanken und Raiffeisenbanken sei wiederhergestellt – so der Vorstand.
Der Blick zurück: Der frühere Vorsitzende der DG BANK, Helmut Guthardt, in dessen Ära die Genossenschaftsbank nicht nur zu einem der größten deutschen Kreditinstitute expandiert war, sondern auch zu einem aggressiven und vergleichsweise hemmungslosen Großunterneh-

- *Reischl, Hans (Vorsitzender des Vorstandes der REWE-Zentral AG und REWE-Zentralfinanz eG)*
- *Schack, Reinhold (Volksbank Itzehoe eG)*
- *Schmidt, Peter, Dr. (Bundesministerium für Landwirtschaft)*
- *Schnitker, Paul (Ehrenpräsident des Zentralverbandes des Deutschen Handwerks)*
- *Sollfrank, Wilhelm (Mitglied des Vorstandes der Raiffeisen-Volksbank Augsburg e.G.)*
- *Sorge, Bernhard (Raiffeisen-Volksbank Gräfing)*
- *Späth, Heribert (Präsident des Zentralverbandes des Deutschen Handwerks)*
- *Steinert, Jürgen (Präsident des Gesamtverbandes der Wohnungswirtschaft e.V.)*
- *Vogt, Gert, Dr. (Sprecher des Vorstandes der Kreditanstalt für Wiederaufbau)*
- *Zimmermann, Franz (Volksbank Neumünster)*
- *Zimpelmann, Uwe (Landwirtschaftlichen Rentenbank)*

Kommissar der Bundesregierung:
- *Caspari, Karl-Burkhard*
- *Schiffner, Reinhard (Vertreter)*

Verwaltungsratstantiemen 1995: *867.000,– DM*

Bilanzsumme 1995: *291.221,0 Mio.*
Bilanzsumme 1994: *248.165,0 Mio.*
Bilanzsumme 1993: *221.257,0 Mio.*

Kreditvolumen 1995: *183.612,0 Mio.*
Kreditvolumen 1994: *160.871,0 Mio.*
Kreditvolumen 1993: *152.707,0 Mio.*

Jahresüberschuß 1995:
184,6 Mio.
Jahresüberschuß 1994:
140,0 Mio.
Jahresüberschuß 1993:
153,4 Mio.

Steueraufkommen 1995:
230,5 Mio.

Grund- bzw. Stammkapital 1995: *2.533,9 Mio.*

Risikovorsorge 1995:
426,8 Mio.
Risikovorsorge 1994:
1.387,8 Mio.

Fremde Gelder 1995:
261.351,0 Mio.
Eigene Mittel 1995:
5.508,5 Mio.
Beteiligungen 1995:
1.422,3 Mio.
Sachanlagen 1995:
2.511,0 Mio.

Beschäftigte 1995: *11.352*
Beschäftigte 1994: *10.554*
Beschäftigte 1993: *10.205*

Löhne und Gehälter 1995:
931,5 Mio.
Löhne und Gehälter 1994:
814,0 Mio.
Durchschnittsgehalt 1995:
82.054,– DM
Soziale Abgaben und Aufwendungen 1995:
300,9 Mio.
Soziale Abgaben und Aufwendungen 1994:
254,8 Mio.

Bezüge pro Vorstandsmitglied 1995: *901.500,– DM*
Tantiemen pro Verwaltungsrat 1995: *27.094,– DM*

men, hatte eine Spur gelegt, die mit dem alten Genossenschaftsgedanken nur wenig gemein hatte. Da gab es den Devisenskandal 1984, das Desaster um die Bayerische Raiffeisen-Zentralbank, die die DG BANK in große Turbulenzen stürzte und zu einer Kapitalerhöhung zwang, Schlagzeilen um den Erwerb der damals gewerkschaftseigenen Volksfürsorge, das Debakel um die co op und die Geschäfte des Filmhändlers Leo Kirch. Schließlich 1990 der Rentenhandel-Skandal mit zahlreichen französischen Banken – kriminelle Manipulationen, Verhaftungen. Allein durch die dubiosen Rentengeschäfte soll die Bank um 800 Mio. DM geschädigt worden sein. Das Image der DG BANK war gründlich ruiniert, der Vorstand wurde fast vollständig ausgetauscht.

Die DG BANK hat sich nun von einem Teil ihrer Beteiligungen und Immobilien getrennt und die Bank auf die sie tragenden Organisationen und ihren eigentlichen Sinn und Zweck zurückgeführt. Sie will innerhalb der Genossenschaftsorganisationen wieder stärker als Produktspezialist und Dienstleister auftreten und sieht besonders in den neuen Bundesländern einen Schwerpunkt ihrer Aktivitäten. Zu diesem Zweck mußte die völlig angeschlagene und taumelnde Bank mit mehreren Milliarden DM saniert werden, Gelder, die zum Teil von den Genossenschaften und ihren Organisationen als Bilanzhilfe zur Verfügung gestellt und von der DG BANK wieder zurückgezahlt werden mußten, und Gelder, die die DG BANK aus eigener Kraft, etwa durch Beteiligungsverkäufe, aufbringen mußte. Die Versöhnung mit der Organisation, ein stärkeres Engagement vor Ort auf heimischem Terrain sei notwendig, so damals der neue Vorstand, um die DG BANK wieder für ihre eigentliche Aufgabe zu rüsten und sie stärker auf die Kreditgenossenschaften zuzuschneiden. Und diese Klientel ist groß: Immerhin gibt es beispielsweise allein in Bayern 670 genossenschaftliche Banken (Volks- und Raiffeisenbanken). Weg von Fremdgeschäften und hin zu fachnahen Kooperationen. So wird es jetzt noch intensivere geschäftliche Verbindungen mit genossenschaftlichen Banken anderer Länder geben. Ende 1992 unterzeichnete die DG BANK ein Kooperationsabkommen mit der französischen Agrarbanken-Gruppe Crédit Agricole, Paris, immerhin dem Spitzenreiter sämtlicher französischer Finanzinstitute. Ende 1992 wurde von der DG BANK ebenfalls ein Kooperationsabkommen mit der Rabo-Bank, Utrecht, dem niederländischen Spitzeninstitut der Genossenschaftsbanken, geschlossen. Alle drei Institute arbeiten bereits in der Unico-Gruppe zusammen, einem Zusammenschluß von sieben großen europäischen Genossenschaftsbanken. Anfang 1996 wurde eine »strategische Allianz« mit der Österreichischen Volksbanken-AG, dem Spitzeninstitut des österreichischen Volksbankensektors, abgeschlossen.

Trotz aller Eskapaden der Vergangenheit soll die DG BANK als Zentralbank und Spitzeninstitut für alle deutschen Kreditgenossenschaften und für die großen Waren- und Dienstleistungsgenossenschaften bestehen bleiben. Die Anteilseigner wollen allerdings den Bankern in Zukunft deutlicher auf die Finger schauen und alle Ausflüge in branchenfremde Geschäfte unterbinden. An den genossenschaftlichen Strukturen soll nicht gerüttelt werden.

DKV siehe Münchener Rück
Dornier siehe Daimler-Benz

DOUGLAS

GESCHICHTE UND ENTWICKLUNG. Die Douglas Holding AG ist aus der 1821 in Hamburg als Seifen- und Parfümfabrik gegründeten Firma Douglas & Söhne (der Gründer war Schotte) hervorgegangen. Deren fünf kleine Parfümerien wurden 1969 von dem 1949 in Hagen gegründeten Süßwarenfilialbetrieb Hussel übernommen, nachdem sich die Hussel Holding AG Ende der 60er Jahre zusehends in der Kosmetikbranche engagiert und bereits zahlreiche Parfümerien erworben hatte. (1968 kam der einstige Süßwarenhersteller Hussel mit 270 Geschäften auf einen Umsatz von 87 Mio. DM.) 1975 Eröffnung der ersten Drogeriemärkte; 1979 Übernahme der Montanus-Buchhandlungen sowie der Weiss-Juweliergeschäfte. 1984 Einstieg in den Sportbereich durch Voswinkel. Hinzu kam der Bereich Mode durch die Beteiligung an Appelrath-Cüpper. 1989 wurde Hussel in Douglas Holding AG umfirmiert, weil die Douglas-Parfümerien zum bedeutendsten und erfolgreichsten Geschäftszweig des Unternehmens geworden waren. Weitere Neugründungen und Akquisitionen. 1990 Beteiligungen an der BiBa Mode GmbH und dem Jeans-Spezialisten Werdin. Mit einer 65,5%-Beteiligung an der Christ Holding GmbH, Hanau, wurde die Douglas-Gruppe Anfang 1995 zu einem der größten europäischen Anbieter für Schmuck und Uhren.

BESITZVERHÄLTNISSE/EIGENTUMSSTRUKTUR.

- Herbert Eklöh – Konsortium, Hagen (ca. 35%)
- Dr. August Oetker, Bielefeld (14,5%)
- Next GmbH (8%)
- Rest Streubesitz bei ca. 2.500 Kleinaktionären

KONZERNÜBERBLICK. Die Douglas-Gruppe ist mit 1.821 Fachgeschäften (davon 257 im Ausland) der unterschiedlichsten Segmente eine feste Größe im deutschen Einzelhandel und im westeuropäischen Ausland. Die Douglas-Gruppe betreibt Fachgeschäfte in den Branchen Parfümerie (Douglas), Schmuck (Christ und Weiss), Mode und Sport (Appelrath-Cüpper, BiBa, Werdin, Pohland, Voswinkel), Drogerien (Drospa), Bücher (Phönix-Montanus, Stilke) und Süßwaren (Hussel, Feller). In allen Bereichen legt Douglas Wert auf höchstes Qualitätsniveau.

Das größte Segment der Douglas-Gruppe ist der Bereich Parfümerien (565 Parfümerien; Vorjahr: 545) mit einem Umsatz von 1.566,0 Mio. DM (Vorjahr: 1.492,0 Mio.) bei 6.535 (Vorjahr: 6.309) Beschäftigten. Im Bereich Drogerien (251 Filialen; Vorjahr: 253) wurden 1995 626,0 Mio. DM (Vorjahr: 636,0 Mio.) umgesetzt und 1.873 (Vorjahr: 2.000) Mitarbeiter beschäftigt. Im Bereich Mode/Sport stieg der Umsatz 1995 auf 657,0 Mio. DM (Vorjahr: 627,0 Mio.) bei 2.357 (Vorjahr: 2.354) Beschäftigten in 183 (Vorjahr: 180) Fachgeschäften. Mit Büchern wurden in 112 (Vorjahr: 139) Geschäften 303,0 Mio. DM (Vorjahr: 321,0 Mio.) umgesetzt; Beschäftigte: 1.036 (Vorjahr: 1.206). Der Bereich Süßwaren/Cafés mit Hussel und Feller kam in 259 (Vorjahr: 266) Geschäften bei 1.301 (Vorjahr: 1.376) Beschäftigten auf einen Umsatz von 178 Mio. DM (Vorjahr: 174 Mio.). Der

Standort:
Kabeler Straße 4
58099 Hagen

Postanschrift:
58085 Hagen

Telefon: *(02331) 690-0*
Telex: *823 879*
Telefax: *(02331) 690-271*

Branche: *Kosmetik; Einzelhandel; Parfümerien, Schmuck, Bücher, Süßwaren, Mode/Sport, Drogerien*

Rechtsform:
Aktiengesellschaft
Geschäftsjahr: *1.1.-31.12.*

Gründungsjahr:
1821 Douglas & Söhne;
1969 Übernahme von der 1949 in Hagen gegründeten Hussel Süßwarenfachgeschäfte GmbH;
seit 1989 Douglas Holding AG

Öffentlichkeitsarbeit:
Uwe Schedlbauer
Tel.: (02331) 690-366
FAX: (02331) 690-690

Vorstand:
- *Kreke, Jörn, Dr. (Vorsitzender)*
- *Kruse, Heinz (Mode und Sport)*
- *Rausch, Rolf (Personal, Recht, Immobilien)*
- *Schmidt, Heinz (Konzernrechnungslegung, Finanzen und Steuern)*
- *Maiwaldt, Jan-Christoph (Schmuck und Controlling)*
- *Mingers, Claus (Parfümerien und Drogerien)*

Vorstandsbezüge 1995:
5.982.000,– DM

Aufsichtsrat:
- *Sandler, Guido, Dr. (Vorsitzender), Bielefeld*
- *Bierbaum, Detlef, Köln*
- *Eklöh, Hartmut, Hagen*
- *Hellwig, Hans, Hagen*
- *Huth, Klaus-Dieter, Dr., Hamburg*
- *Kreke, Henning, Schwaig b. Nürnberg*
- *Neuber, Friedel, Duisburg*
- *Oetker, Maja, Bielefeld*

**Pinkowski, Margarete (stellv. Vorsitzende)*
**Engel, Dietmar*
**Fuß, Wolfgang*
**Giese, Heinz-Joachim*
**Harth, Isabelle*
**Meiwald, Gerhard*
**Schumacher, Gudrun*
**Vahldiek, Elke*

Aufsichtsratstantiemen 1995: *875.000,– DM*

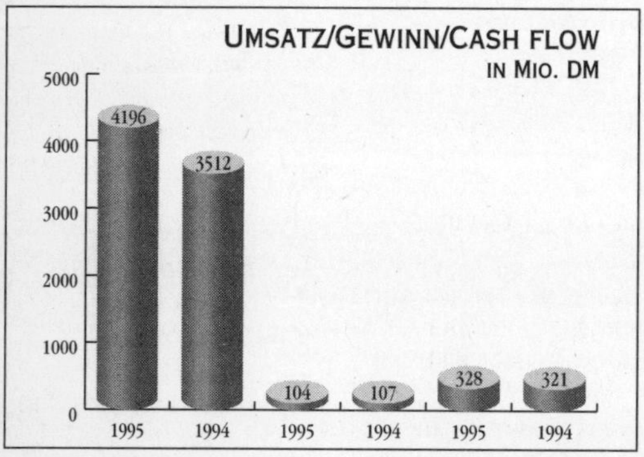

BÖRSE, AKTIEN, KURSE
Grundkapital 1995: *160,2 Mio.*
Jahreshöchstkurs 1995: *60,00 DM*
Jahrestiefstkurs 1995: *41,85 DM*
Aktie Jahresende 1995: *50,60 DM*
Dividende pro Aktie 1995: *1,40 DM*

Die Dividende bezieht sich auf einen Nennbetrag von 5,– DM.

Geschäftsbereich Schmuck erzielte 1995 einen Umsatz von 866,0 Mio. DM (Vorjahr: 262,0 Mio.) in 451 (Vorjahr: 88) Fachgeschäften mit 3.481 (Vorjahr: 984) Mitarbeitern. Dazu trug die 1995 vollzogene Akquisition der Christ-Gruppe mit knapp 300 Filialen in Deutschland und 60 Filialen in der Schweiz bei. Mit der Akquisition von Christ ist die Douglas-Gruppe in allen Segmenten der Schmuck- und Uhrenbranche an vorderer Stelle vertreten: mit Brinckmann & Lange (Bremen) und René Kern (Düsseldorf) im exklusiven Bereich, mit Christ- und Weiss-Fachgeschäften im mittleren Marktsegment und mit Gold Maier- und Gold Meister-Filialen im preisaggressiven Bereich, vornehmlich in SB-Warenhäusern.

BETEILIGUNGEN. Douglas besaß 1995 1.821 Geschäfte (Vorjahr: 1.471) der Bereiche Parfümerien, Schmuck, Mode/Sport, Drogerien, Bücher, Süßwaren/Cafés. In den Konzernabschluß der Douglas Holding AG wurden neben der Muttergesellschaft 60 deutsche und 20 ausländische Gesellschaften einbezogen. Die wichtigsten Gesellschaften und Beteiligungen der Douglas Holding AG sind:

- Parfümerien: Parfümerie Douglas GmbH, Hagen (100%); IPA Brixner GmbH, Hagen (75%); Er + Sie Parfümerie GmbH, Hagen (100%); Douglas Dessous GmbH, Hagen (100%).
- Schmuck: Christ Holding GmbH, Hanau (65,5%); Christ GmbH, Hanau (65,5%); Christ Juweliere und Uhrmacher seit 1863 GmbH, Hanau (65%); René Kern GmbH, Düsseldorf (65,5%); Christ Uhren und Schmuck AG, Zürich/Schweiz (100%); Goldmeister GmbH, Hanau (65,5%); Gold Maier Schmuck und Uhren Handelsgesellschaft mbH, Hanau (32,75%); Juwelier Weiss GmbH, Hagen (65,5%); Brinckmann & Lange GmbH, Hagen (65,5%).
- Mode/Sport: inter-moda GmbH, Hagen (100%); Reiner Appelrath-Cüpper Nachf. GmbH, Köln (75%); Reiner Appelrath-Cüpper GmbH, Aachen (75%); BiBa Mode GmbH, Hagen (92,8%); Werdin GmbH & Co. KG, Lübeck (70%); Sport Küpper GmbH, Hagen (100%); Sport Voswinkel GmbH & Co. KG, Bochum (96,25%); Pohland GmbH & Co. Herrenbekleidung, Düsseldorf (25%).
- Drogerien: Drospa Holding GmbH & Co. KG, Hagen (72,5%); Drospa Drogeriemärkte GmbH, Potsdam (72,5%); Drogerie Markt Fuchs GmbH, Hagen (72,5%).
- Bücher: Buchhandlung Phönix-Montanus GmbH, Hagen (75%); Stilke Buch- und Zeitschriftenhandels GmbH, Hamburg (74,05%).
- Süßwaren/Cafés: Hussel Süßwarenfachgeschäfte GmbH, Hagen (100%); Hussel Süßwarenfachgeschäfte GmbH Ost, Berlin (100%); Confiserie Feller GmbH, Karlsruhe (100%); Confiserie Feller AG, Rüti/Schweiz (100%); Spörri Café-Conditorei AG, Teufen/Schweiz (100%).
- Dienstleistungen: Kontaplan Werbeagentur GmbH, Hagen (100%); City Security GmbH, Hagen (60%); Weltweit-Reisen GmbH Reisevermittlung, Hagen (65%); Märkische Beteiligungs- und Verwaltungs GmbH, Duisburg (20,8%).

Neue Bundesländer. Die Douglas Holding ist mit ihren Fachgeschäften an allen wichtigen Orten der neuen Bundesländer vertreten und verfügt über ein Logistikzentrum in Potsdam, besonders für die Belieferung der 160 Drogerien in Berlin und dem Osten Deutschlands.

Standort Deutschland. Die Douglas-Gruppe plant in allen Geschäftsfeldern neue Fachgeschäfte in guten Lagen. Auch das Geschäft der Auslandsgesellschaften soll ausgebaut werden. Mitte 1996 hatte Douglas 1.811 Filialen. Douglas plant zahlreiche Akquisitionen. Anfang 1995 erwarb Douglas die Mehrheit (65,5%) an dem traditionsreichen Schmuck- und Uhrenunternehmen Christ Holding GmbH. Die Douglas Holding AG brachte ihre Juwelier Weiss GmbH in die Christ Holding GmbH ein. Die Christ-Weiss-Gruppe wurde durch diese Fusion zu einem der größten europäischen Schmuckunternehmen. Als wichtige Erfolgsfaktoren am Standort Deutschland nennt Douglas: neue Ladenkonzepte, Flächenoptimierungen, Wahl-Arbeitszeit für Mitarbeiter, Kundenkreditkarten (Douglas Card), die Einführung einer geschlossenen Warenwirtschaft und ein angemessenes Preismarketing. Im Rahmen eines neuen Marketingkonzeptes hin zu größeren Flächen im Bereich Bücher verkaufte Stilke 1994 23 kleinere Filialen. Für alle Bereiche von Douglas gilt: Die außerstädtischen Bereiche werden für den Einzelhandel lukrativer, die City-Zentren verlieren an Boden. »Die derzeitigen Bedingungen in den Innenstädten sind tendenziell gekennzeichnet von hohen Mieten, zu wenig Parkmöglichkeiten, steigender Kriminalität und Zugangsbeschränkungen für den Pkw-Besucher«, meint der Vorstand. Douglas setzt dennoch ganz auf innerstädtische Standorte, auf die Revitalisierung der Innenstädte: Erstklassige Sortimente, attraktive, größere Läden und fachkompetente, sympathische Mitarbeiter sollen die Kundenzufriedenheit optimieren. In den meisten Geschäftsbereichen blieb die Zahl der Beschäftigten in etwa konstant. Der deutliche Anstieg der Beschäftigtenzahl lag in erster Linie an der Integration der Christ-Gruppe.

»Bündnis für Arbeit«. Douglas begrüßt die Lockerung des Ladenschlußgesetzes mit längeren Öffnungszeiten und sieht darin eine Chance: Die Einführung der flexiblen Arbeitszeit wird immer wichtiger und dringlicher – so der Douglas-Vorstand. Man werde die Öffnungszeiten je nach Standort den Wünschen und Bedürfnissen der Kunden anpassen. Das flexible Arbeitszeitsystem nütze dem Unternehmen durch eine umsatzorientierte Einsatzplanung. Man wolle erreichen, daß die Mitarbeiter dann in den Geschäften sind, wenn die Kunden ihre Beratung wünschen. Andererseits sei aber die flexible Arbeitszeit besonders für die über 90% weiblichen Arbeitnehmer im Konzern von Vorteil, die teilweise vor dem permanenten Problem der Vereinbarkeit von Familie und Beruf stehen.
Die bei Douglas angebotene Wahlarbeitszeit, nach der die Beschäftigten einer Filiale weitgehend selbst bestimmen, zu welchen Zeiten sie arbeiten wollen, schafft »Zeitsouveränität und bietet die Chance für eine familienfreundlichere Gestaltung der Arbeitswelt«. In den geschäftsarmen Sommermonaten kann beispielsweise ein mehrwöchiger Urlaub genommen werden, von dem die aufgelaufenen »Minus-Stunden« im Weihnachtsgeschäft wieder eingearbeitet werden können. Mit

Umsatz 1995: *4.195,7 Mio.*
Umsatz 1994: *3.511,9 Mio.*
Umsatz 1993: *3.451,9 Mio.*

Gewinn 1995: *103,5 Mio.*
Gewinn 1994: *106,5 Mio.*
Gewinn 1993: *89,0 Mio.*

Cash flow 1995: *328,3 Mio.*
Cash flow 1994: *321,1 Mio.*
Cash flow 1993: *373,6 Mio.*

Steueraufkommen 1995: *92,3 Mio.*

Beschäftigte 1995: *16.773*
Beschäftigte 1994: *14.407*
Beschäftigte 1993: *14.351*

Löhne und Gehälter 1995: *664,4 Mio.*
Löhne und Gehälter 1994: *535,5 Mio.*
Durchschnittsgehalt 1995: *39.611,–*
Soziale Abgaben und Aufwendungen 1995: *126,5 Mio.*
Soziale Abgaben und Aufwendungen 1994: *102,8 Mio.*

Bezüge pro Vorstandsmitglied 1995: *997.000,– DM*
Tantiemen pro Aufsichtsratsmitglied 1995: *54.688,– DM*

Investitionen 1995: *171,6 Mio.*
Investitionen 1994: *138,2 Mio.*
Investitionen 1993: *148,9 Mio.*

Mitbewerber: *Asko, Fegro/Selgros, Globus, Karstadt, Kaufhof, Metro, Schlecker, Woolworth*

816 Auszubildenden im Jahr 1995 nahm die Zahl gegenüber dem Vorjahr um 9,1% zu.

UMWELTSCHUTZ. Einen besonderen Umweltschutzbericht gibt es bei der Douglas nicht. Orientiert wird sich an der Verpackungsverordnung. Eingeführt werden soll eine geschlossene Warenwirtschaft.

DRESDNER BANK

Standort:
Jürgen-Ponto-Platz 1
60329 Frankfurt/Main

Postanschrift:
Postfach 11 06 61
60041 Frankfurt/Main

Telefon: *(069) 263-0*
Telex: *415 240*
Telefax: *(069) 263-4831*

Branche: *Kreditinstitute*

Rechtsform:
Aktiengesellschaft

Geschäftsjahr: *1.1.-31.12.*

Gründungsjahr: *1872*

Öffentlichkeitsarbeit:
Volkmar Kübler (Presse und Investor Relations)
Tel.: (069) 263-4585
FAX: (069) 263-4821

GESCHICHTE UND ENTWICKLUNG. 1871 Gründung der Dresdner Bank in Dresden als Aktienbank durch ein Gründungskonsortium verschiedener Kreditinstitute. Sofortige Übernahme des bereits 100 Jahre bestehenden Bankhauses Kaskel als Basis der geschäftlichen Tätigkeit; 1884 Verlegung der Geschäftsleitung der Dresdner Bank nach Berlin. Expansion durch Übernahme zahlreicher Banken; rege Auslandsaktivitäten, Filialnetz im Ausland; Aufbau von Industrieunternehmen und Finanzierungsgesellschaften. 1906 Gründung der Deutschen Orientbank und der Deutsch-Südamerikanischen Bank. 1931/32 Bankenkrise und wirtschaftlicher Einbruch, Rettung durch die Verschmelzung mit der kurz vor dem Zusammenbruch stehenden renommierten Darmstädter und Nationalbank und ihrem Filialnetz. Großer Einfluß auf die deutsche Wirtschaft durch Akquisition zahlreicher eng mit der Wirtschaft verbundener Banken, u. a. der Oldenburgischen Landesbank. Unter der Federführung der Dresdner Bank Zusammenfassung der Firmen Audi, Horch, DKW und Wanderer zur Auto-Union.

Keine Großbank verschrieb sich Nazi-Deutschland stärker als die Dresdner Bank. Akquisitionen zahlreicher Industrieunternehmen und Banken aus jüdischem Besitz; Expansion durch rücksichtslose »Arisierung« zahlreicher Unternehmen. Aus der Zusammenfassung der Akten der amerikanischen Militärregierung »OMGUS – Ermittlungen gegen die Dresdner Bank«: »Die beherrschende Stellung, zu der sie in den zwölf Jahren der Nazi-Herrschaft aufstieg, resultierte aus ihrer skrupellosen Ausnutzung aller Bereicherungsmöglichkeiten, die das Nazi-Regime ihr bot, zunächst innerhalb Deutschlands, später in allen eroberten Ländern Europas.«

Die Dresdner Bank gehörte durch zahlreiche Beteiligungen an bedeutenden Industrieunternehmen und personelle Verflechtungen und Querverbindungen zwischen Industrie und Politik zu den entscheidenden Finanziers ganzer Schlüsselbereiche des deutschen Wiederaufrüstungsprogramms. Leitung des Bankenkonsortiums, das 1937 das Grundkapital der Hermann Göring-Werke finanzierte. Im Vorstand und Aufsichtsrat der Dresdner Bank saßen maßgebliche SS-Führer. »Mit ihren Zweigniederlassungen und Filialen bildete sie sowohl in Deutschland als auch in den eroberten Ländern die treibende Kraft zur Zwangs›arisierung‹ von Unternehmen in jüdischem Besitz. Viele große und kleinere Firmen gingen in ihren Besitz über, nachdem die jüdischen Eigentümer ins Gefängnis oder in Konzentrationslager ver-

schleppt worden waren, wo man sie unter Androhung der Todesstrafe zwang, ihre Geschäftsanteile der Dresdner Bank zu übertragen.« So weiter in der OMGUS-Zusammenfassung. Vorstand, Aufsichtsrat und die verantwortlichen Mitarbeiter der Dresdner Bank wurden als »Kriegsverbrecher« bezeichnet, die »von wichtigen Positionen im politischen und wirtschaftlichen Leben Deutschlands zu entfernen und für die Zukunft davon auszuschließen« seien.
Auf die Stillegung der Dresdner Bank in Berlin, ihre Schließung und Enteignung im Osten und ihre regionale Aufsplitterung in den westlichen Besatzungszonen folgte 1952 aufgrund des »Großbankengesetzes« die Gründung der drei Nachfolgeorganisationen Hamburger Kreditbank AG, Rhein-Main Bank AG in Frankfurt und Rhein-Ruhr Bank AG in Düsseldorf. 1957 fusionierten die drei Banken aufgrund des Gesetzes zur Aufhebung der Beschränkung des Niederlassungsbereiches für Großbanken zur Dresdner Bank AG mit Sitz in Frankfurt. 1967 erste Nachkriegsgründung einer deutschen Bank im Ausland, in Luxemburg. Mit zahlreichen alten Gesichtern und früheren Beteiligungen begann die Dresdner Bank ihre neuerlichen Expansions- und Akquisitionszüge und stieg zur zweitgrößten Bank der Republik auf.

BESITZVERHÄLTNISSE/EIGENTUMSSTRUKTUR.
- Allianz AG Holding, München (22,3%)
- FGF Frankfurter Gesellschaft für Finanzwerte mbH, Frankfurt (etwa 10%)
- Vermo Vermögensverwaltungsgesellschaft mbH, Düsseldorf (etwa 10%). FGF und Vermo gehören ersten Adressen aus der Industrie- und Versicherungswirtschaft.
- Rest Streubesitz bei rund 200.000 Aktionären, darunter zahlreiche institutionelle Investoren aus dem In- und Ausland. Unter den Aktionären befinden sich rund 43.000 Mitarbeiter und Pensionäre des Dresdner Bank-Konzerns, die 1,9% des Grundkapitals halten.

KONZERNÜBERBLICK. Die Dresdner Bank-Gruppe ist neben ihrem deutschen Filialnetz mit Vertretungen an allen wichtigen Finanzplätzen der Welt präsent, mit Niederlassungen, Filialen, Repräsentanzen, Tochter- und Beteiligungsgesellschaften. Die Dresdner Bank gehört nach Bilanzsumme, Marktwert und Zahl der Kunden zu den führenden europäischen Banken. Sie unterhält Geschäftsbanken (mit der Dresdner Bank als wichtigster Bank), Hypothekenbanken, agiert im Bausparbereich, verfügt über zahlreiche Kapitalanlage-, Investment- und Asset Management-Gesellschaften, Immobilien- und Finanzierungs-, Kapitalbeteiligungs-, Beratungs- und Vermittlungsgesellschaften. Sie kooperiert mit großen Versicherungsunternehmen (Allianz Versicherungs-AG, Deutscher Herold Lebensversicherungs AG, Hamburg-Mannheimer Versicherungs-AG und Victoria Lebensversicherungs-AG) im Verkauf von Bank- bzw. Versicherungsdienstleistungen. Die Dresdner Bank betreut im Firmenkundengeschäft rund 200.000 Unternehmen, engagiert sich stark mit den Finanzproblemen mittelständischer Unternehmen und ist ins Leasinggeschäft eingestiegen – vom Kfz-Leasing bis zum Immobilien- und Großanlagenleasing sowie dem Mobilienleasing.
Die Dresdner Bank hatte mit der Ausrichtung auf Europa und dem sich öffnenden Binnenmarkt schon frühzeitig eine stärkere Auslands-

Vorstand:
- *Sarrazin, Jürgen*
- *Adenauer, Hans G., Dr.*
- *Carstensen, Meinhard*
- *Eberstadt, Gerhard*
- *Etzel, Piet-Jochen*
- *Hofmann, Hansgeorg B.*
- *Morgen, Kurt*
- *Müller, Horst, Dr.*
- *Platzek, Heinz-Jörg*
- *Seidel, Christian, Prof. Dr.*
- *Voss, Bernd W., Dr.*
- *Walter, Bernhard*
- *von Harbou, Joachim (stellv. Mitglied)*
- *Lipp, Ernst-Moritz, Prof. Dr. (stellv. Mitglied)*

Vorstandsbezüge 1995:
22.257.836,– DM

1996 Neuorganisation des Vorstandes zur Reaktion auf die veränderten Bedingungen im Bankengeschäft und orientiert an den Kundengruppen: Firmenkunden, Privatkunden, Investment Banking, Ressourcen/Unterstützungsfunktionen. Die Koordination aller Vorstandsbereiche liegt beim Vorstandssprecher.

Generalbevollmächtigte:
- *Bezold, Andreas*
- *Fahrholz, Bernd*
- *Burghagen, Volker*
- *Fugelsang, George N.*
- *Knopf, Heinz*
- *Puchta, Rudi*
- *Schaudwet, Manfred, Dr.*
- *Schneider, Siegbert, Dr.*
- *Spaniol, Uwe*
- *Willi, Rolf*

Chefsyndikus:
- *Franken, Paul, Dr.*

Aufsichtsrat:
▌Röller, Wolfgang, Dr. (Vorsitzender; ehem. Sprecher des Vorstandes der Dresdner Bank AG), Frankfurt/Main
▌Beusch, Karl (Rechtsanwalt; ehem. Justitiar und Generalbevollmächtigter der Siemens AG), Grünwald bei München
▌Gieske, Friedhelm, Dr. (ehem. Vorsitzender des Vorstandes der RWE AG), Essen
▌von der Goltz, Hans Graf (Vorsitzender des Aufsichtsrates der DELTON Aktiengesellschaft für Beteiligungen), Bad Homburg v. d. H.
▌Hilger, Wolfgang, Prof. Dr. Dr. E.h. (ehem. Vorsitzender des Vorstandes der Hoechst AG), Frankfurt/Main
▌Schinzler, Hans-Jürgen, Dr. (Vorsitzender des Vorstandes der Münchener Rückversicherungs-Gesellschaft AG), München
▌Timmer, Jan D. (Präsident der Philips Electronics N.V.), Eindhoven
▌Titzrath, Alfons, Dr. (ehem. Mitglied des Vorstandes der Dresdner Bank AG), Köln
▌Wahl, Jacques Henri (Vice-Président der Banque Nationale de Paris S.A.), Paris
▌Werner, Kurt, Dr. Dr. h.c. (Vorsitzender des Aufsichtsrates der Maschinenfabrik Goebel GmbH), Darmstadt
**Plucinski, Uwe (stellv. Vorsitzender)*
**Bieler, Harald C.*
**Carlin, Klaus*
**Dauernheim, Marina*
**Drönner, Reinhard*
**Fenn, Karl*
**Haimerl, Peter*
**Leonhard, Manfred*
**Rose, Gunter*
**Salam, Sultan*

***Aufsichtsratstantiemen 1995:** 2.065.720,– DM*

präsenz in die Wege geleitet, so u. a. die Mehrheitsbeteiligung an der Banque Internationale de Placement SA, Paris, erworben, sowie zuvor schon die bedeutende Banque Veuve Morin-Pons, Lyon. Zur internationalen Geschäftsstrategie der Dresdner Bank gehört auch die Zusammenarbeit mit dem Kooperationspartner Banque Nationale de Paris (BNP), die 1993 vollends privatisiert wurde. Gemeinsam mit der BNP ist die Dresdner Bank an maßgeblichen weiteren Banken beteiligt. 1995 übernahm die Dresdner Bank die britische Investmentbank Kleinwort Benson Group plc., 1996 die amerikanische Vermögensverwaltungsgesellschaft RCM Capital Management (RCM). Im Ausland verfügt die Dresdner Bank über zahlreiche Niederlassungen, Tochterbanken und Repräsentanzen in mehr als 60 Ländern. Sie ist die führende deutsche Auslandsbank in Mittel- und Osteuropa.

BETEILIGUNGEN. Die Dresdner Bank ist an knapp 200 Unternehmen und Gesellschaften sowie deren zahlreichen Töchtern in aller Welt beteiligt, darunter auch Dutzenden großer Banken, Leasinggesellschaften, Bau- und Grundstücksverwaltungsgesellschaften sowie Industrieunternehmen.
Zu den wichtigsten Tochtergesellschaften und Beteiligungen im Bankbereich gehören: Bankhaus Reuschel & Co., München (über 50 %), sowie dessen Töchter WKV-Bank GmbH, München, und Privatinvest Bank AG, Salzburg (64%); Oldenburgische Landesbank AG, Oldenburg (63% – hält für die Dresdner Bank eine Beteiligung an der Preussag AG unter 20%); Deutsch-Südamerikanische Bank AG, Hamburg (100%); Hardy & Co. Privatbankiers, Frankfurt/Main (100%); Dresdner Bauspar AG, Frankfurt/Main (100%); Norddeutsche Hypotheken- und Wechselbank AG, Hamburg (96%); Deutsche Hypothekenbank Frankfurt AG, Frankfurt/Main (97%); Hypothekenbank in Hamburg AG, Hamburg (86%); dresdnerbank investment management Kapitalanlagegesellschaft mbH, Frankfurt (100%); DEUTSCHER INVESTMENT-TRUST Gesellschaft für Wertpapieranlagen mbH, Frankfurt (100%); DEGI Deutsche Gesellschaft für Immobilienfonds mbH, Frankfurt/Main (100%); Banque Internationale de Placement SA, Paris (100%); Europa Bank AG, Luxemburg (100%); Banque Veuve Morin-Pons, Lyon (100%); Dresdner Bank Luxembourg SA, Luxemburg (100%); Dresdner Bank AG (Schweiz), Zürich (100%); Dresdner Bank Canada, Toronto (100%); Dresdner (South East Asia) Ltd., Singapur (100%); Dresdner Finanziaria SpA, Mailand/Italien (100%); Dresdner Australia Ltd, Sydney/Australien (100%); Dresdner Bank (Ireland) plc, Dublin/Irland (100%); Dresdner Bank México SA, Mexico City/Mexico (100%); DAS – Dresdner Bank, Santiago de Chile/Chile (88%); Privatinvest Bank AG, Salzburg/Österreich (64%); Dresdner Securities (USA) Inc., New York/USA (100%); dresdnerbank asset management SA, Luxemburg (100%); Dresdner Securities (Asia) Ltd, Hongkong/Tokio (100%); Oechsle International Advisors LP, Boston/USA (66%); Thornton & Co. Ltd., St. Helier/Jersey, USA (97% – hält Mehrheitsbeteiligungen an 11 weiteren Konzerngesellschaften); Kleinwort Benson Group plc., London/Großbritannien (100%).
Die Beteiligungen an bedeutenden Industrieunternehmen und Versicherungsgesellschaften (teils direkt, teils durch Vorschaltgesellschaften gehalten) sind der Seite 195 zu entnehmen. Über verschiedene Gesellschaften ist die Dresdner Bank an diversen Atomkraftwerken

WESENTLICHER ANTEILBESITZ IM NICHTBANKENBEREICH

Firma	Anteile %	Marktwert Mio DM
Bilfinger + Berger Bauaktiengesellschaft, Mannheim	25,1	490,5
Heidelberger Zement Aktiengesellschaft, Heidelberg	20,9	791,7
Buderus AG, Wetzlar	17,6	249,9
Oppermann Versand AG, Neumünster[1])	17,1	26,7
Brau und Brunnen Aktiengesellschaft, Berlin und Dortmund	14,8	144,9
Bremer Woll-Kämmerei AG, Bremen	14,7	11,2
Metallgesellschaft AG, Frankfurt am Main	14,6	618,7
AMB Aachener und Münchener Beteiligungs-AG, Aachen	13,5	661,6
Münchener Rückversicherungs-Gesellschaft AG, München	11,9	2 995,0
Degussa AG, Frankfurt am Main	10,6	439,2
Allianz AG Holding, Berlin/München	10,0	6 371,9
Dyckerhoff AG, Wiesbaden	10,0	131,9
(Anteil am stimmberechtigten Kapital 15,0 %)		
Hapag-Lloyd AG, Hamburg/Bremen[1])	10,0	261,9
Herlitz Falkenhöh AG, Berlin	10,0	–[2])
Continental AG, Hannover	6,4	121,9
Fresenius AG, Bad Homburg v.d.H.	6,2	183,1
Fuchs Petrolub AG Öl + Chemie, Mannheim	5,4	13,5
(Anteil am stimmberechtigten Kapital 6,5 %)		
Moenus Aktiengesellschaft, Frankfurt am Main	5,2	2,7
Bayerische Motorenwerke AG, München	5,0	716,2

1) Im geregelten Markt notiert.
2) Keine Angabe, da nicht börsennotiert.

beteiligt, z. B. am Atomkraftwerk Mülheim-Kärlich über ihre 25%-Beteiligung an der Société Luxembourgeoise de Centrales Nucléaires.

Bezüge des Verwaltungsbeirates 1995: *1.255.000,– DM (43 Personen überwiegend aus der Großindustrie)* ***Bezüge der Landesbeiräte 1995:*** *3.292.500,– DM (ca. 600 Personen)*

NEUE BUNDESLÄNDER. Die Dresdner Bank 1995: »Nach der deutschen Wiedervereinigung war es für uns angesichts des historischen Ursprungs unserer Bank eine Verpflichtung, uns früh und entschlossen in den neuen Bundesländern zu engagieren.« Zur Erinnerung: Mit Beginn der Wirtschafts- und Währungsunion am 1. Juli 1990 verfügte die Bank über ein flächendeckendes Netz von 107 Geschäftsstellen, davon 72 über die mit der DDR Staatsbanknachfolge Deutsche Kreditbank gegründete, danach übernommene und fusionierte Dresdner Bank Kreditbank. Die Dresdner Bank hatte Mitte 1996 in den neuen Bundesländern 330 Geschäftsstellen und betreute 1,1 Mio. Firmen- und Privatkunden. Der Vorstand im April 1996: »Unsere Pionierrolle in den neuen Bundesländern und unser hohes Engagement dort haben sich ausgezahlt: mehr als 33.000 Firmenkunden haben uns ihr Vertrauen geschenkt; unser konzernweites Kreditengagement bei Firmenkunden in den neuen Ländern ist 1995 auf über 16 Mrd. DM (+23%) gestiegen; auf über 8 Mrd. DM (+34%) nahmen die Kommunaldarlehen zu.« In den neuen Bundesländern hat die Dresdner Bank 7.100 Beschäftigte.

STANDORT DEUTSCHLAND. 1995 verdiente die Dresdner Bank 1,2 Mrd. DM nach Steuern. Und daran hat zunehmend das Geschäft außerhalb Deutschlands teil. »Im Ausland stehen wir nationalen und multinationalen Konzernen, Finanzinstitutionen, öffentlichen Stellen und vermögenden Privatpersonen, aber auch größeren mittelständischen Unternehmen mit einem umfassenden, wettbewerbsfähigen Beratungs- und Produktangebot zur Verfügung, wie es im deutschen Geschäft üblich ist. Das hohe Ansehen, das deutsche Unternehmen im

BÖRSE, AKTIEN, KURSE
Grundkapital 1995:
2.225,5 Mio.
Jahreshöchstkurs 1995:
37,05 DM
Jahrestiefstkurs 1995:
31,20 DM
Aktie Jahresende 1995:
35,25 DM
Dividende pro Aktie 1995:
1,20 DM

Die Dividende bezieht sich auf je 5,– DM Aktiennennbetrag. Die Dividendensumme 1995 betrug 600,9 Mio. DM. Die Dresdner Bank-Aktie wird an allen acht deutschen Wertpapierbörsen sowie an neun europäischen Auslandsbörsen und in Tokio gehandelt. Mit einem Handelsvolumen von mehr als 23 Mrd. DM allein an der Frankfurter Wertpapierbörse und einem durchschnittlichen Tagesumsatz von über 2,3 Mio. Stück zählte die Dresdner Bank-Aktie 1995 zu den 20 meistgehandelten Titeln. Der Marktwert des gesamten Nicht-Banken-Anteilsbesitzes des Dresdner-Bank-Konzerns beträgt rund 16 Mrd. DM.

Ausland im Hinblick auf Produktqualität und Service genießen, ist auch für uns als Finanzdienstleister Maßstab und Anspruch.« Die Dresdner Bank ist in über 60 Ländern der Welt vertreten, zunehmend im asiatisch-pazifischen Raum mit 41 Stützpunkten in 14 Ländern und seit 1995 auch in Vietnam. Zur Unterstützung der Kundschaft beim China-Geschäft wurde eine Kooperation mit der Bank of China geschlossen. Die Aktivitäten in diesem Wachstumsmarkt werden von Singapur aus koordiniert. Auch in Südamerika legte die Dresdner Bank 1995 zu. Die Tochtergesellschaft Deutsch-Südamerikanische Bank AG, Hamburg, erwarb 1995 die Banco Crédit Lyonnais Chile S.A., so daß sich die operative Präsenz der Dresdner Bank in Lateinamerika jetzt auf die Länder Brasilien, Mexiko, Chile und Panama erstreckt. Gemeinsam mit ihrer Partnerbank Banque Nationale de Paris (BNP) ist die Dresdner Bank besonders aktiv in Mittel- und Osteuropa. Mit der BNP wurde die Tochterbank BNP-Dresdner Bank (Rossija) in St. Petersburg, die BNP-Dresdner Bank a.s., Prag, die BNP-KH-Dresdner Bank Rt., Budapest, und 1995 die BNP-Dresdner Bank (Polska) S.A., Warschau, gegründet. Im bulgarischen Sofia wurde eine Beteiligungsbank operativ.

Im August 1995 übernahm die Dresdner Bank für einen Kaufpreis von 2,2 Mrd. DM zu 100% die traditionsreiche englische Merchant Bank Kleinwort Benson, die Nummer drei am Londoner Bankenplatz. Mit dem Verkauf der 200 Jahre alten Kleinwort Benson Group Plc ging nach Barings und Warburg auch die letzte noch in englischem Besitz verbliebene große Investmentbank in ausländischen Besitz über. Die Deutsche Bank hatte bereits 1990 die Morgan Grenfell Bank übernommen. Mit dieser Großakquisition will die Dresdner Bank vor dem Hintergrund des wachsenden internationalen Wettbewerbs ihr weltweites Investment Banking-Geschäft weiter ausbauen. Anfang 1996 ging auch noch die RCM Capital Management and Travelers Group, San Francisco, ein bedeutender Asset Manager (Vermögensverwalter) in den USA, für 450 Mio. DM in den Besitz der Dresdner Bank über. Zu den Kunden von RCM gehören bedeutende institutionelle Anleger, darunter, so die Dresdner Bank, namhafte US-Firmen, bekannte Stiftungen und diverse Bundesstaaten. Die Dresdner Bank will sich in den Segmenten Investment und Asset Management verstärkt weltweit engagieren; international gehören die Frankfurter besonders unter dem Markennamen Dresdner Bank-Kleinwort Brenson im Beratungsgeschäft sowie der Anleihe- und Aktienfinanzierug zu den führenden Banken. Bereits 1996 resultierten mehr als 40% des bilanzwirksamen Geschäfts aus den internationalen Engagements. Die Dresdner Bank zu ihrer Rolle als Vermögensverwalter: »Ende 1995 waren uns 260 Mrd. DM zur Verwaltung und Betreuung anvertraut. Davon stammen ca. 70% von unseren institutionellen Kunden, wie z. B. Zentralbanken, Pensionsfonds und Versicherungen.« Oder anders gesagt: Die Dresdner Bank hat weltweit 260 Mrd. DM gewinnbringend anzulegen.

Das euphorische Auslandsgeschäft der Dresdner Bank kann aber nicht darüber hinwegtäuschen, daß im inländischen Bankengeschäft zunehmend rationalisiert und kostensenkend vorgegangen wird. Im inländischen Filialnetz wurden seit 1994 2.300 Stellen gestrichen, der Beschäftigtenzuwachs resultiert aus den zahlreichen Akquisitionen. Durch weitere Veränderungen im deutschen Filialnetz ist mit einem neuerlichen Stellenabbau zu rechnen.

»BÜNDNIS FÜR ARBEIT«. Zur Stärkung der Ertragslage der Bank und zur Sicherung der Arbeitsplätze gelte es, so die Dresdner Bank, auf den ständigen Wandel der Finanzplätze und des Bankengeschäftes flexibel zu reagieren. »Um für den Markt fit zu sein, müssen wir im Interesse unserer Kunden noch schneller, besser und kostengünstiger werden.« Dazu hat die Dresdner Bank 1995 verschiedene Projekte initiiert, u. a. zur Nachwuchssicherung auf hohem Niveau, besonders im lukrativen Investment-Banking. 1995 wurden von insgesamt 242 akademischen Nachwuchskräften 153 Hochschulabsolventen für einen Direkteinstieg in dieses Segment und 89 für eine qualifizierte Vorbereitung darauf eingestellt. Hinzu kamen hohe Aufwendungen für die Weiterbildung. Die Zahl der Auszubildenden hingegen wurde dem allgemeinen Rückgang und der Rationalisierung des inländischen Filialgeschäftes »angepaßt« – so die Dresdner Bank. Ende 1995 befanden sich 3.078 (Vorjahr: 3.554) Jugendliche in der Ausbildung. Mit der »variablen Arbeitszeit« wurde 1995 die schon lange bestehende gleitende Arbeitszeit weiterentwickelt. Arbeitszeit und Personalentwicklung sollen sich noch stärker an der Kundennachfrage und dem Arbeitsanfall orientieren. Gleichzeitig erhalten die Mitarbeiter größere Freiräume, ihre Arbeitszeit eigenverantwortlich zu gestalten. In Workshops werden variable Arbeitszeitregelungen entwickelt. 11% der Beschäftigten der Dresdner Bank arbeiten in Teilzeit. Es gibt Teilzeitvereinbarungen auf Jahresbasis sowie »traditionelle Halbtagesmodelle«. »Mit dem Pilotprojekt ›außerbetriebliche Arbeitsstätten/Telearbeit‹ haben wir nicht nur eine Form flexibler Arbeitszeitgestaltung, sondern darüber hinaus von flexibler Arbeitsorganisation geschaffen.«

BESTEUERUNG VON ZINSEINKÜNFTEN. Eine aufsehenerregende Durchsuchungsaktion bei der Dresdner Bank Anfang 1994. Staatsanwaltschaft und Steuerfahndung filzten die Geschäftsräume der Bank in Düsseldorf und Frankfurt/Main und beschlagnahmten zahlreiche Akten und Konten. Der Verdacht: Die Bank soll betuchten Kunden beim Finanztransfer hoher Geldsummen nach Luxemburg Hilfestellung bei der Hinterziehung von Steuern geleistet haben, speziell der Zinsabschlagsteuer. Wütender Protest der Bank: Die Durchsuchung und die Beschlagnahme von Zahlungsbelegen seien nicht nur unzulässig, sondern würden auch noch gegen das Bankgeheimnis verstoßen. Der »Spiegel« (21/1995): »Allein in der Region Düsseldorf sollen 1200 Bürger 3,5 Milliarden Mark ins Großherzogtum geschafft haben.« Die Dresdner Bank rief das Bundesverfassungsgericht an und unterlag gleich zweimal: Das Gericht wies die Verfassungsbeschwerde im März und im Dezember 1994 zurück. Es gebe genügend Anhaltspunkte für die Staatsanwaltschaft, Ermittlungen gegen die Bank wegen der Beihilfe zur Steuerhinterziehung einzuleiten. Im Mai 1995 und im Februar 1996 wurden erneut Wohnungen von Mitarbeitern der Luxemburger Tochtergesellschaft der Dresdner Bank bzw. zahlreiche Filialen der Bank in der Pfalz durchsucht. Insgesamt standen und stehen über 8.000 Kunden der Dresdner Bank im Verdacht der Steuerhinterziehung. Bundesweit wurde ermittelt, zahlreiche Ermittlungsverfahren eingeleitet, auch gegen Mitarbeiter der Dresdner Bank. Laut »Spiegel« (4/1996) haben allein in Nordrhein-Westfalen über 1.000 Bürger vor Ermittlungsbeginn ihre Steuererklärung stillschweigend nachgebessert. Denn aufgeflogen war die ganze Affäre durch die Selbstanzeige

Bilanzsumme 1995:
484.482,0 Mio.
Bilanzsumme 1994:
400.134,0 Mio.
Bilanzsumme 1993:
380.756,0 Mio.

Kreditvolumen 1995:
289.881,0 Mio.
Kreditvolumen 1994:
251.186,0 Mio.
Kreditvolumen 1993:
244.158,0 Mio.

Jahresüberschuß 1995:
1.208,7 Mio.
Jahresüberschuß 1994:
1.029,6 Mio.
Jahresüberschuß 1993:
1.065,4 Mio.

Steueraufkommen 1995:
791,9 Mio.

Eigenkapital 1995:
13.793,5 Mio.
Beteiligungen 1995:
7.707,9 Mio.
Sachanlagen 1995:
8.970,9 Mio.

Risikovorsorge 1995:
681,0 Mio.
Risikovorsorge 1994:
1.245,0 Mio.
Risikovorsorge 1993:
1.770,0 Mio.

Geschäftsstellen 1995: *1.629*
Geschäftsstellen 1994: *1.583*
Geschäftsstellen 1993: *1.564*

Privatkunden Inland 1995:
6,1 Mio.
Kundengelder 1995:
212.937,9 Mio.
Fremde Gelder insgesamt 1995: *442.180,0 Mio. (Bankeneinlagen, Kundeneinlagen, verbriefte Verbindlichkeiten) Firmenkunden weltweit 1995: über 200.000*

Beschäftigte 1995: *46.890*
Beschäftigte 1994: *44.884*
Beschäftigte 1993: *45.508*

Geschäftsvolumen pro Mitarbeiter 1995:
10.332.310,– DM
Geschäftsvolumen pro Mitarbeiter 1994:
8.914.847,– DM
Geschäftsvolumen pro Mitarbeiter 1993:
8.366.793,– DM

Löhne und Gehälter 1995:
3.689,4 Mio.
Löhne und Gehälter 1994:
3.383,1 Mio.
Durchschnittsgehalt 1995:
78.682,– DM
Soziale Abgaben und Aufwendungen 1995:
985,0 Mio.
Soziale Abgaben und Aufwendungen 1994:
912,6 Mio.

Bezüge pro Vorstandsmitglied 1995: *1.589.845,– DM*
Tantiemen pro Aufsichtsrat 1995: *103.286,– DM*

einiger betroffener Kunden der Bank, um der Steuerfahndung zuvorzukommen. Im August 1996 wurden in der Affäre um Schwarzgeldkonten in Luxemburg erstmals Mitarbeiter der Dresdner Bank rechtskräftig verurteilt.
Der Vorstandvositzende Jürgen Sarrazin im April 1996: »Mit der seit einiger Zeit gegen Kunden unseres Hauses – wie auch anderer Banken – gerichteten Flächenfahndung und Ermittlungen gegen Bankmitarbeiter wird von Justiz und Steuerfahndung erklärtermaßen eine großangelegte Verunsicherung in den Markt getragen; zugleich werden Tausende steuerehrlicher und gesetzestreuer Bürger und auch Firmen pauschal verdächtigt, ja kriminalisiert. Das in Deutschland geltende Bankgeheimnis wird systematisch ausgehöhlt. Dies bedeutet Geschäftsschädigung für die betroffenen Institute und darüber hinaus Schaden für das Ansehen des Finanzplatzes Deutschland.« Der Vorstand verlangt die Harmonisierung der Steuern auch bei der Besteuerung von Zinseinkünften. »Denn Freizügigkeit der Kapitalströme bei unterschiedlicher Besteuerung enthält einen grundsätzlichen Widerspruch.«

KOMMENTAR. Die Dresdner Bank ist hinter der Deutschen Bank die Nummer zwei der deutschen Großbanken. Größter Coup der letzten Jahre war die Verschachtelung von Dresdner Bank und Allianz, die sogar das Kartellamt auf den Plan rief. Die Überkreuz-Kapitalverflechtung mit dem Versicherungskonzern Allianz AG Holding, München, störe erheblich den Wettbewerb – so das Bundeskartellamt. Die Allianz hält an der Dresdner Bank eine Beteiligung von knapp über 22%, während die Bank an der Versicherung mit 10% beteiligt ist. Für dubiose Schlagzeilen war die Dresdner Bank aber immer schon gut.
Der Mord an dem früheren Vorstandsvorsitzenden Jürgen Ponto und die unglückliche Rolle des damaligen Bonner Wirtschaftsministers und späteren Vorstandssprechers Hans Friderichs haben die Bank monatelang in die Öffentlichkeit gebracht. Besonders Hans Friderichs und seine Verstrickungen in den Flick-Skandal – und der dann publik gewordene Part der Dresdner Bank in dieser Affäre – haben den Ruf der Bank ramponiert. Der Ex-Wirtschaftspolitiker und Bankmanager Hans Friderichs wurde 1984 wegen Bestechlichkeit angeklagt. Er soll während seiner Ministerzeit 375.000 DM kassiert und als Gegenleistung der Steuerbefreiung des Flick-Konzerns zugestimmt haben, als dieser 850 Mio. DM von dem 1,9-Milliarden-Erlös aus dem Verkauf der Daimler-Aktien an der Steuer vorbei wieder angelegt hatte.
Hinzu kam der Vorwurf, Friderichs habe während seiner späteren Tätigkeit als Vorstandssprecher der Dresdner Bank Steuern hinterzogen. So soll er mindestens 1,7 Mio. DM Steuern im Zusammenhang mit Spendenzahlungen der Dresdner Bank an politische Parteien unterschlagen haben. Im Februar 1985 mußte Friderichs seinen Frankfurter Chefsessel räumen. Zwei Jahre später wurde er zwar vom Vorwurf der Bestechung bzw. Bestechlichkeit freigesprochen (viele Zweifel blieben), aber wegen Steuerhinterziehung und Beihilfe dazu zu 61.500 DM Geldstrafe verurteilt.

Dynamit Nobel siehe Metallgesellschaft
Dywidag siehe Walter Bau

EDEKA

GESCHICHTE UND ENTWICKLUNG. Die EDEKA wurde 1907 als »Einkaufsgenossenschaft der Kolonialwarenhändler« gegründet. Dabei ging es den selbständigen Kaufleuten vor allem um bessere Konditionen in den Verhandlungen mit der Markenartikelindustrie. Aus der »Zentraleinkaufsgenossenschaft des Verbandes deutscher kaufmännischer Genossenschaften eGmbH« wurde die heutige EDEKA ZENTRALE AG. 1909 Gründung der EDEKABANK zur Vergabe von Warenkrediten und finanziellen Hilfeleistungen an die Genossenschaftsmitglieder und Händler. 1911/12 sogenannter »Markenartikelkampf«, in dem 44 Markenartikelfabrikanten die Zentraleinkaufsgenossenschaft boykottierten. Anfang der 20er Jahre zählte der EDEKA-Einzelhandel mehr als 30.000 Mitglieder. 1924 einheitliche Kennzeichnung aller Geschäfte mit »EDEKA«. Ende der 20er Jahre Umfirmierung der Genossenschaften in »EDEKA Großhandel«. Während der Nazi-Zeit Integration in die Reichsgruppe Handel. Nach dem Krieg expandierte die EDEKA zu einer der größten Handelsorganisationen in der Bundesrepublik. In der DDR setzten sich die HO-Geschäfte durch. 1969 Gründung der EDEKA Zentralhandelsgesellschaft mbH. Mitte der 70er Jahre ca. 50 Großhandelsbetriebe und 4.000 EDEKA-Märkte. Kooperation mit der Horten AG im Lebensmittelbereich. Ende der 80er Jahre Beginn einer großen Restrukturierungskampagne und die damit verbundene langsame Umorientierung auf die private Konkurrenz. Einstieg bei der AVA AG mit 50% (minus einer Aktie), bei der Nanz-Gruppe (25%) und der GEDELFI GmbH + Co. KG (50%).

BESITZVERHÄLTNISSE/EIGENTUMSSTRUKTUR.

- Regionale Großhandelsbetriebe (84,8%)
- EDEKA Zentralinstitutionen und Sonstige (15,2%)

Nach dem Selbstverständnis der EDEKA erfolgen der Aufbau und die Willensbildung des gesamten Unternehmens von »unten nach oben«. Die ca. 6.850 EDEKA-Kaufleute (selbständige Lebensmitteleinzelhändler) sind Mitglieder der regionalen EDEKA-Genossenschaften, die über 14 EDEKA-Großhandelsbetriebe verfügen. Diese Genossenschaften sind Aktionäre der EDEKA ZENTRALE AG und der EDEKABANK AG sowie Mitglieder des EDEKA Verbandes kaufmännischer Genossenschaften e.V., des Prüfungsverbandes für die zur EDEKA-Gruppe gehörenden Genossenschaften.

KONZERNÜBERBLICK. Die EDEKA-Gruppe ist ein freiwilliger Zusammenschluß selbständiger Einzelhandels-Kaufleute des Lebensmittel-Handels und eine der größten Kooperations-Gruppen des Handels in Europa. EDEKA hielt Anfang 1996 am deutschen Lebensmittelhandel (Nahrung, Genußmittel und Drogerie) einen Anteil von 21,9% (Vorjahr: 20,9%). Der Umsatz auf der Einzelhandelsstufe betrug im Jahr 1995 31,3 Mrd. DM (Vorjahr: 30,6 Mrd.), einschließlich der Beteiligungsgesellschaften wie AVA, Nanz und GEDELFI sogar 53,2 Mrd. DM (Vorjahr: 52,5 Mrd.). Die Einzelhandelsstufe der Gruppe umfaßte 1995 insgesamt 11.118 (Vorjahr: 11.414) Geschäfte mit ca. 4,00 Mio. (Vorjahr: 3,97 Mio.) qm Verkaufsfläche. Der Trend zu großflächigen

Standort:
New-York-Ring 6
22297 Hamburg

Postanschrift:
22291 Hamburg

Telefon: *(040) 6377-0*
Telex: *21 953-202 ed d*
Telefax: *(040) 6377-2231*

Branche: *Einzelhandel, Groß- und Außenhandel, Getränkeindustrie, Drogeriemärkte*

Rechtsform:
Aktiengesellschaft

Geschäftsjahr: *1.1.-31.12.*

Gründungsjahr: *1907 als »Zentral-Einkaufsgenossenschaft des Verbandes deutscher kaufmännischer Genossenschaften e.G.m.b.H.«; 1972 Umwandlung der EDEKA ZENTRALE eGmbH in EDEKA ZENTRALE AG*

Öffentlichkeitsarbeit:
Folker des Coudres
Tel.: (040) 6377-2505
FAX: (040) 6377-2478

Vorstand:
- *Neuhaus, Horst (Vorsitzender), Duisburg*
- *Lindemann, Kurt, Wrist*

Vorstandsbezüge 1995:
keine Angabe

Aufsichtsrat:
▌ *Nolte, August (Vorsitzender), Wiesbaden*
▌ *Ruetz, Hermann J. (stellv. Vorsitzender), Würzburg*
▌ *Fanderl, Reiner, Ingolstadt*
▌ *Jäntsch, Erhard, Neumünster*
▌ *Paschmann, Heinz Wilhelm, Mülheim/Ruhr*
▌ *Schmidt, Joachim A.F., Minden*
▌ *Süllau, Günter, Trittau*
▌ *Werberger, Bartholomäus, Offenburg*
**Dörling, Karl-Heinz*
**Plückthun, Gerda*
**Tepp, Udo*
**Trautwein, Kurt*

Aufsichtsratstantiemen 1995: *187.500,– DM*

Umsatz 1995: *27.383,0 Mio. (Gruppe)*
Umsatz 1994: *26.673,0 Mio. (Gruppe)*
Umsatz 1993: *21,577,0 Mio. (Gruppe)*

Ausgeschüttete Vergütung 1995: *697,3 Mio.*
Ausgeschüttete Vergütung 1994: *663,9 Mio.*
Ausgeschüttete Vergütung 1993: *569,8 Mio.*

Zur EDEKA-Gruppe gehören: EDEKA ZENTRALE AG (Agenturgeschäft) mit Beteiligungsgesellschaften, EDEKA Zentralhandelsges. mbH (aktives Warengeschäft), EDEKA Produktions- und Handelsges. mbH & Co. (Produktions- und sonstiges Eigengeschäft), EDEKA Fruchtkontor GmbH und EDEKA Fruchtkontor B.V. (Obst- und Gemüsegeschäft), GEDELFI GmbH + Co. KG (Agentur- und Eigengeschäft)

Geschäften bei gleichzeitiger Reduzierung kleinerer Geschäfte hält unvermindert an. So lag der Umsatzanteil kleiner Geschäfte mit Verkaufsflächen bis 200 qm Ende 1995 bei 13,7% (Vorjahr: 15,6%), während der Anteil großer Geschäfte über 400 qm 72,4% (Vorjahr: 69,5%) erreichte. Fazit: Der »Tante-Emma-Laden« hat bei den EDEKA-Managern in Zukunft kaum noch eine Chance.
Die 14 EDEKA-Großhandelsbetriebe dienen der Warenversorgung des angeschlossenen Einzelhandels. (Durch radikale Rationalisierung wurde seit 1985 die Zahl der Großhandelsbetriebe zum Teil durch Fusionen von 31 auf 14 reduziert.) Hinzu kommen die Organisation und die Durchführung gemeinsamer Vertriebsmaßnahmen, die Mitgliederbetreuung und die Sicherung neuer Einzelhandels-Standorte. Der Umsatz der Großhandelsbetriebe betrug 1995 25,5 Mrd. DM (Vorjahr: 24,8 Mrd.). Die EDEKA-Großhandelsbetriebe unterhalten 18 Fleischwerke zur Versorgung des Einzelhandels mit Fleisch- und Wurstwaren sowie 80 C+C-Läger, in erster Linie für die Versorgung der Gastronomie, Hotellerie und sonstiger Großverbraucher. Außerdem werden Betreuungs- und Beratungsaufgaben für den Einzelhandel wahrgenommen. Die EDEKA Datenverarbeitungs-Gesellschaft mbH übernimmt die EDV-Arbeiten sowohl für die EDEKA ZENTRALE AG als auch für die Mehrzahl der EDEKA-Großhandelsbetriebe. Eine wichtige Dienstleistung stellt die Zentralregulierung aller Warenbezüge im Vertragsgeschäft für die EDEKA-Großhandelsbetriebe, Beteiligungsgesellschaften und Kooperationspartner dar. Das Volumen belief sich 1995 umsatzmäßig auf über 24 Mrd. DM; es dokumentiert sich in rund 6,6 Mio. Ein- und Verkaufsbuchungen zuzüglich rund 4,9 Mio. Vergütungs- und Provisionsabrechnungen oder 13,3 Mio. Rechnungsseiten. Seit einigen Jahren ist EDEKA auch in das Eigenmarken-Geschäft eingetreten. EDEKA-Exklusivmarken für die EDEKA-Händler sind Gelati Mario (Eis), Bancetto (Pizzen), Backstube, Rio Grande, Gemüse Küche, frischfein, Domino, Kingsgold und Asia House. Diese Marken gelten als entscheidender Wettbewerbsfaktor, sollen dem Kunden Produktsicherheit und -information geben über Herkunft und Qualität. Im Drogeriemarkt hat EDEKA die Exklusivmarken Blütenweiss, Frapan und Sandra. Das Drogeriemarkt-Geschäft wird im Franchise-Verfahren unter dem Zeichen »elkos« betrieben. Ende 1995 gehörten zur EDEKA-Gruppe 825 (Vorjahr: 763) elkos-Vertriebstellen.
Im Rahmen einer Corporate Identity, durch die EDEKA seine Handelsgruppe im Markt stärken will, wurden folgende EDEKA-Linien kreiert: EDEKA Friedrichsen (Nachbarschaftsmarkt bis 400 qm Vkfl.), EDEKA aktiv markt (Supermarkt 400 – 1.000 qm Vkfl.), EDEKA neukauf (Verbrauchermarkt 1.000 – 2.500 qm Vkfl.), EDEKA center (SB Warenhaus ab 2.500 qm Vkfl.), EDEKA elkos drogeriemarkt (Drogeriemarkt ab 220 qm Vkfl.), EDEKA C+C Großmarkt (C+C Großmarkt ab 2.000 qm Vkfl.).

BETEILIGUNGEN. Die wichtigsten Tochtergesellschaften des EDEKA-Konzerns sind: EDEKA Zentralhandelsgesellschaft mbH, Hamburg (100% – Dieser Bereich ist zuständig für das aktive Warengeschäft im Food-Sortiment. Die Gesellschaft hält außerdem 50%ige Beteiligungen an 14 in der Rechtsform der »EDEKA Handelsgesellschaft« geführten Großhandelsbetrieben der Gruppe; Rest bei den regionalen Genossenschaften); EDEKA Produktions- und Handelsgesellschaft m.b.H. & Co.,

Hamburg (100% – Eigengeschäft einschließlich Import und Produktion. Hierzu gehört die Zentralkellerei Bingen); EDEKA Fruchtkontor GmbH, Hamburg, und EDEKA Fruchtkontor B.V. (100% – zuständig für das Obst- und Gemüsegeschäft); Rheinberg Kellerei GmbH, Bingen (100%); Königstein Kellerei GmbH, Bingen (100%); St. Josefskellerei GmbH, Bingen (100%); Kofur Handelsgesellschaft mbH, Hamburg (100%); TAWA Handelszentrale für Tabakwaren GmbH, Hamburg (100%); EDEKABANK AG, Hamburg (30%). Die 1914 gegründete Universalbank ist das zentrale Finanzierungsinstitut der EDEKA-Gruppe.

● GEDELFI GmbH + Co. KG, Köln (50%). Die GEDELFI ist ein traditionsreiches Kölner Einkaufskontor mit einem Umsatz von rund 5 Mrd. DM und zahlreichen Tochtergesellschaften.

● AVA Allgemeine Handelsgesellschaft der Verbraucher AG, Bielefeld (50% minus eine Aktie). Die AVA-Gruppe erzielte 1995 einen Umsatz von 8,6 Mrd. DM bei mehr als 26.000 Beschäftigten. Zur AVA gehören u. a. die Lebensmittel-, SB- und Baumärkte der Marktkauf GmbH, Bielefeld; Kaufmarkt (OHG), Nürnberg; dixi GmbH, Bielefeld; basar GmbH, Bielefeld; Krane Optik und Akustik GmbH & Co. Betriebs KG, Rheda-Wiedenbrück; HELCO KG, Göttingen; FG Frischwaren GmbH, Bielefeld; Plaza Nürnberg GmbH, Nürnberg. Ende 1993 stieg die AVA mit inzwischen 40% bei der Nanz-Gruppe, Stuttgart, ein und übernahm die operative Verantwortung.

● Nanz-Gruppe, Stuttgart (25% – weitere 40% bei der AVA), mit allen Unternehmen, u. a. 400 Filialen, Nanz-Supermärkte, Eza-Märkte, 1a, Preisfux, aktuell. Die AVA übt die operative Führung bei der Nanz-Gruppe aus. Nanz kam 1995 auf einen Umsatz von 2,2 Mrd. DM und beschäftigte etwas über 9.000 Mitarbeiter.

NEUE BUNDESLÄNDER. In den neuen Bundesländern führte der EDEKA-Einzelhandel (ohne Beteiligungsgesellschaften) Ende 1995 1.666 Märkte (Vorjahr: 1.353) mit einer Verkaufsfläche von rund 756.000 qm (Vorjahr: 650.000). Die Umsätze in den neuen Bundesländern betrugen Ende 1995 6,6 Mrd. DM (Vorjahr: 5,1 Mrd.), ohne Beteiligungsgesellschaften. Von den rund 2.000 Handelseinheiten, die die Treuhand zur Privatisierung des Handels Anfang 1991 ausgeschrieben hatte, hatte die EDEKA zunächst 400 Läden übernommen. 19 Verkaufsstellen übernahm EDEKA von der früheren HuG Strausberg (Handels- und Gaststätten GmbH, vormals HO). Es folgten weitere Übernahmen aus dem Konsumbereich und neu errichtete Geschäfte. Die EDEKA-Gruppe nimmt mit ihren Beteiligungsgesellschaften, besonders der AVA-Gruppe, die führende Position im Lebensmittelhandel in den neuen Bundesländern ein.

STANDORT DEUTSCHLAND. EDEKA setzt ganz auf neue wettbewerbsstarke Verkaufsflächen in Form von Neueröffnungen und Geschäftsausweitungen. Kleine Einheiten werden gestrichen, größere, konkurrenzfähige Geschäfte, möglichst mit Verkaufsflächen von mehr als 800 qm, gebildet. Die durchschnittliche Verkaufsfläche aller EDEKA-Geschäfte soll Anfang 1997 400 qm erreichen. Die Tendenz zu größeren Flächen und damit höheren Margen soll 1996/97 erreicht werden durch die Eröffnung von 350 neuen Geschäften bei gleichzeitiger Schließung von 700 bis 800 kleineren Läden. Bereits 1995 standen 407 Geschäftseröffnungen (davon 150 in den neuen Bundesländern)

Umsatzerlöse 1995:
16.653,1 Mio.
(Konzern EDEKA ZENTRALE AG)
Umsatzerlöse 1994:
16.357,4 Mio.
(Konzern EDEKA ZENTRALE AG)
Umsatzerlöse 1993:
14.404,6 Mio.
(Konzern EDEKA ZENTRALE AG)

Gewinn 1995: *109,6 Mio.*
(Konzern)
Gewinn 1994: *45,7 Mio.*
(Konzern)
Gewinn 1993: *23,4 Mio.*
(Konzern)

Steueraufkommen 1995:
12,4 Mio.

Grund- bzw. Stammkapital 1995: *60,0 Mio.*

Das Grundkapital der EDEKA ZENTRALE AG von 60,0 Mio. DM setzt sich zusammen aus 30.000 vinkulierten Namensaktien bzw. Stammaktien im Nennwert von je 1.000,– DM = 30,0 Mio. DM (18 Aktionäre, alle auch gleichzeitig Vorzugsaktionäre), von denen je 500,– DM Nennbetrag eine Stimme gewähren, sowie 60.000 stimmrechtslosen vinkulierten Namensaktien bzw. Vorzugsaktien im Nennwert von je 500,– DM = 30,0 Mio. DM (386 Aktionäre).

Beschäftigte 1995:
795 (Konzern)
Beschäftigte 1994:
813 (Konzern)
Beschäftigte 1993:
738 (Konzern)

Inklusive der EDEKA-Großhandelsbetriebe, Kooperationspartner und Beteiligungen sind in der Gruppe 20.000 Mitarbeiter beschäftigt.

Löhne und Gehälter (Konzern) 1995: *71,1 Mio.*
Durchschnittsgehalt (Konzern) 1995: *89.434,-*
Soziale Abgaben und Aufwendungen (Konzern) 1995: *18,9 Mio.*
Tantiemen pro Aufsichtsrat 1995: *15.625,– DM*

Investitionen 1995:
330,8 Mio.

Mitbewerber: *Aldi, Allkauf, Deutsche SB-Kauf, Globus, Lidl & Schwarz, Kaisers, Karstadt, Kaufring, Lekkerland, Metro (Asko, Kaufhof, Horten), Rewe, Schaper, Schlecker, Spar, Tengelmann*

767 Schließungen (130 in Ostdeutschland) gegenüber. Vor zehn Jahren wurden bei der EDEKA 12.700 Geschäfte mit einer Verkaufsfläche unter 200 qm gezählt, 1995 waren es nur noch 5.140. Durch diese Konzentration auf größere Geschäftseinheiten konnte die einst als Genossenschaftsidee zur Stärkung der selbständigen Unternehmer im Handel gedachte EDEKA der privaten aggressiven Konkurrenz von Aldi, Tengelmann, Metro, Schaper und Rewe begegnen. Die großen Privaten diktieren der Markenartikelindustrie Konditionen, rationalisieren ihre Filialen bis in den letzten Winkel und können Verkaufskonzepte ohne langwierige Diskussionen durchsetzen. Das genossenschaftliche Unternehmen Rewe hat durch das Zusammengehen mit dem »Tante-Emma-Laden-Schlucker« Leibbrand schon vor Jahren gezeigt, wohin der Weg geht – zu immer stärkeren und mächtigeren Einheiten. Vor diesem Hintergrund ist auch die neue Konzeption der EDEKA zu verstehen, mit der sie sich immer stärker von der traditionellen Dreistufigkeit – Einzelhandel, regionaler Großhandel und Zentrale – wegbewegt und auf wirtschaftliche und konkurrenzfähige Einheiten setzt.

»BÜNDNIS FÜR ARBEIT«. Die EDEKA-Gruppe macht über innerbetriebliche Regelungen keine Angaben. Die AVA-Gruppe hat Haustarife abgeschlossen, flexible Arbeitszeitmodelle eingeführt, Nachwuchsförder- und Weiterbildungsprogramme aufgelegt sowie für alle Beschäftigten eine zusätzliche Altersversorgung eingeführt.

UMWELTSCHUTZ. EDEKA legt großen Wert auf hohe Qualität ihrer Produkte, besonders bei den eigenen Exklusivmarken. Das Qualitätsmanagement verlangt die Festlegung der Produktqualität in Form einer mit den Herstellern vertraglich festgelegten Produktspezifikation, die Kontrolle des Herstellungsprozesses vor Ort und die Überprüfung der Qualitätsmanagement-Systeme der Hersteller. Die EDEKA-Gruppe ist im Rahmen des Entsorgungskonzeptes DSD mit einem hohen Mehrweganteil an Getränkebehältern vertreten. Die AVA-Gruppe hat zahlreiche Mehrwegsysteme eingeführt, Recycling-Programme aufgelegt und zählt sich selbst zum Vorreiter der IFCO-Kiste für Obst und Gemüse.

ESSO

Standort:
Kapstadtring 2
22297 Hamburg

Postanschrift:
22285 Hamburg

Telefon: *(040) 6393-0*
Telex: *2 17 006-0*
Telefax: *(040) 6393-3368*

GESCHICHTE UND ENTWICKLUNG. Die Esso AG ist die älteste deutsche Mineralölgesellschaft. Sie wurde 1890 unter dem Namen Deutsch-Amerikanische Petroleum-Gesellschaft (DAPG) mit Sitz in Bremen gegründet und war ein »Joint-venture« zwischen den norddeutschen Reedern und Kaufleuten Wilhelm Anton Riedemann, Franz-Ernst und Carl Schütte sowie der amerikanischen Standard Oil Company (heute EXXON Corporation), New York, des John D. Rockefeller. Das Importhaus Schütte & Sohn galt als Marktführer im Leuchtölhandel, der Reeder Riedemann hatte 1886 den überhaupt ersten Tankdampfer der Welt in England bauen lassen. Ab jetzt wurden

Petroleum und andere Mineralöle nicht mehr im Faß, sondern »in bulk« verschifft. Vom Start weg erreichte die DAPG mit 90% Marktanteil fast eine Monopolstellung.
1904 übernahm die Standard Oil das gesamte Aktienkapital der Deutschen sowie fast alle Genußscheine der DAPG und brachte »Dapolin«, das »beste Automobil- und Motorradbenzin«, auf den Markt. In diesem Jahr wurde die Zentrale der DAPG von Bremen nach Hamburg verlegt. 1923 eröffnete die DAPG ihre erste Straßenzapfstelle in Hamburg, nachdem bis zu diesem Zeitpunkt Benzin und Petroleum ausschließlich aus Kanistern verkauft worden waren, und errang wieder eine führende Marktstellung. 1927 erste Großtankstelle mit verschiedenen Kraftstoffen unter einem Dach. Durch den Krieg Zerstörung des Tankstellennetzes und der Tankerflotte von 48 Schiffen. 1951 Namensänderung in ESSO AG. 1966 Einführung des Tigers in die Werbung. Esso besaß von den 41.000 Tankstellen in der Bundesrepublik 5.700 – heute sind es nicht einmal 1.700 – und beschäftigte 5.500 Mitarbeiter. Bis Mitte der 70er Jahre erneut mehr als 30 Hochseetanker in Betrieb (u. a. »Esso Deutschland«), Bau von Rohölpipelines durch die Esso A.G. Abbau der Kapazitäten in den 80er Jahren. 1982 Schließung der Kölner Raffinerie unter großem Protest der Belegschaft und der Kommunalpolitiker. 1986 Stillegung der Deurag-Nerag-Raffinerie bei Hannover, 1987 Schließung der Esso-Raffinerie in Hamburg. 1989 Entwicklung eines Profit-Center-Konzepts für Tankstellen, Raffinerien/Versorgung, Vertriebscenter Nord, Vertriebscenter Süd, Schmierstoffe, Produkt-Distribution, Erdöl/Erdgas.

Branche: *Erdöl- und Erdgasgewinnung, Mineralölverarbeitung*

Rechtsform: *Aktiengesellschaft*

Geschäftsjahr: *1.1.-31.12.*

Gründungsjahr: *1890*

Öffentlichkeitsarbeit:
Dr. Rudolf Eich
Tel.: (040) 6393-3717
FAX: (040) 6393-2211
Irmin Alexander Geck
Tel.: (040) 6393-3622
FAX: (040) 6393-2211

Verbände: *Mineralölwirtschaftsverband e.V., Hamburg; Wirtschaftsgemeinschaft Erdöl-Gewinnung und -verarbeitung, Hamburg*

BESITZVERHÄLTNISSE/EIGENTUMSSTRUKTUR.
EXXON Corporation, Irving/Texas, USA (100%)

KONZERNÜBERBLICK. Esso-Deutschland gliedert sich unter dem Dach der Hamburger Zentrale in die Sparten Mineralölgeschäft (Verarbeitung, Lagerung, Transport und Vertrieb), Erdgas und Erdöl (Exploration, Förderung und Vertrieb) sowie Chemie und Auslandsgesellschaften. Esso ist auf dem Gebiet der Förderung, Gewinnung, Verarbeitung, Lagerung sowie im Transport und Vertrieb von Erdöl, Erdgas und Kraftstoffen tätig. Aus Rohöl und Rohölprodukten stellt Esso u. a. her: Vergaserkraftstoffe, Dieselkraftstoffe, technische Benzine, Flugzeugkraftstoffe, Petroleum, Heizöle, Industrieschmierstoffe, Schmierstoffe für Kraftfahrzeuge, Flugmotorenöle, Bitumen, Flüssiggas, Grundstoffe für die Petrochemie, chemische Produkte, Erdgas.
Esso verfügte in Deutschland Anfang 1996 über ein Tankstellennetz von 1.582 Stationen. Im Zuge einer ständigen Modernisierung des Tankstellennetzes wurden inzwischen über 450 Esso »Snack & Shop«-Stationen eingerichtet, von denen wiederum über 200 mit dem neuen Back-Shop ausgestattet sind. Inzwischen ist das Esso-Tankstellennetz, so der Vorstand, zur größten Bäckerei-Ladenkette Deutschlands geworden, zudem sei man einer der drei führenden Zigarettenverkäufer Deutschlands. Im Shop-Geschäft wurde 1995 bereits ein Drittel des Einkommens der Esso-Tankstellenpartner erwirtschaftet, die Dienstleistungen und der Verkauf von Kraft- und Schmierstoffen sind ebenfalls mit je einem Drittel am Einkommen beteiligt.
Fast 50% des Inlandsabsatzes aller Esso-Produkte werden über die Esso-Vertretungen abgewickelt. Die Vertriebsorganisation besteht aus

Vorstand:
- *Siemer, Jobst D. (Vorsitzender), Hamburg*
- *Dreyer, Jens, Hamburg*
- *Hanson, Paul A., Hamburg*
- *Ziegert, Eckhard, Hamburg*

Vorstandsbezüge 1995:
2.653.448,– DM

Aufsichtsrat:
- *Kohlmorgen, Thomas (Vorsitzender), Hamburg*
- *Asche, Klaus, Dr., Hamburg*
- *Assmann, Horst, Dr., Hamburg*
- *Dieter, Werner H., Dr., Lohr*
- *Schadt, Dieter, Dr., Mülheim/Ruhr*
- *Seidel, Christan, Prof. Dr., München*

**Barkow, Walter (stellv. Vorsitzender)*
**Ballo, Rolf*
**Böhme, Norbert*
**Heitmann, Joachim*
**Malott, Günter*
**Schlüter, Fritz-Georg*

Aufsichtsratstantiemen 1995: *322.500,– DM*

12 Esso-Mineralölvertriebsgesellschaften. Von diesen Gesellschaften aus wird über einige hundert Vertragspartner das gesamte Verbraucher- und Industriegeschäft für die Esso A.G. mit leichtem Heizöl, Dieselkraftstoff und Schmierstoffen wahrgenommen und abgewickelt. Die BEB Erdgas und Erdöl GmbH, Hannover, hat für Esso in den Bereichen Erdgas und Rohöl sämtliche Aktivitäten von der Suche über die Förderung bis zum Vertrieb inne. Esso-Produkte kommen zu zwei Dritteln aus der inländischen Mineralölproduktion der beiden Esso-Raffinerien in Karlsruhe und Ingolstadt.

BETEILIGUNGEN. Zu den wichtigsten Esso-Gesellschaften gehören in den Sparten:

- Mineralölgeschäft: Favorit Unternehmens-Verwaltungs-GmbH, Hamburg (100% – Betrieb von 69 Fernheizwerken); Deutsche Transalpine Oelleitung GmbH (16%); TBN Tanklager Betriebsges. Nürnberg mbH, Nürnberg (60%); 2 Transportgesellschaften mbH (51%); 12 regionale Mineralölvertriebs-GmbHs (100%); 3 kleinere Gesellschaften mit unterschiedlichen Aufgaben (100%); TLS Tanklager Stuttgart GmbH, Stuttgart (55%); Esso Tankdienstgesellschaft Bremen GmbH, Bremen (100%); ETS Esso Tankdienstgesellschaft Stuttgart mbH, Stuttgart (100%); MVD Rhäsa GmbH, Rhäsa (38,1%).
- Erdgas und Erdöl: Thyssengas GmbH, Duisburg (25%); BEB Erdgas und Erdöl GmbH, Hannover (50%); Brigitta Erdgas und Erdöl GmbH, Hannover (50%); Elwerath Erdgas und Erdöl GmbH (50%); Schubert KG (29,9% über Elwerath); Erdölraffinerie Deurag-Nerag GmbH (10% über Esso A.G., 80% über Elwerath); Ruhrgas AG, Essen (25% über Brigitta, 15% über Schubert KG); Norddeutsche Erdgas Transport GmbH (50% Ruhrgas AG, 50% Thyssengas GmbH); Mittelrheinische Erdgas Transport GmbH (66,7% Ruhrgas AG, 16,7% Esso A.G.); Süddeutsche Erdgas Transport GmbH (50% Ruhrgas AG, 25% Esso A.G.); Deutsche Erdgas-Transport GmbH, Essen (50% Ruhrgas AG, 25% Esso A.G.).
- Chemie und Auslandsgesellschaften: Deutsche EXXON CHEMICAL GmbH, Köln (100%); Esso Standard N.V., Brüssel (100%); Esso GmbH, Prag/Tschechische Republik (100%); Esso Polen GmbH, Posen/Polen (100%); Esso Slowakei GmbH, Bratislava/ Slowakei (100%); Esso Coordination Center N.V., Oudergem/Niederlande (55,1%).

NEUE BUNDESLÄNDER. Anfang 1996 umfaßte das Esso-Stationsnetz in den neuen Bundesländern 119 Betriebe, die dem neuesten Stand der Technik, des Umweltschutzes und des Marketings entsprachen. An der Gesellschaft für Mineralölveredlung und Distribution Rhäsa mbH (MVD Rhäsa) in Sachsen ist die Esso A.G. mit 38,1% beteiligt.

STANDORT DEUTSCHLAND. Einschneidende Veränderungen am Raffineriestandort Karlsruhe. Nachdem die Esso-Raffinerien in Karlsruhe und Ingolstadt 1995 einen Verlust von 100 Mio. DM verbuchen mußten (Gründe für den Esso-Vorstand: die Raffinerie-Überkapazitäten in Europa und die vergleichsweise hohen Umweltkosten am Standort Deutschland), wurden im Juni 1996 einschneidende Konsequenzen gezogen: Die Gesellschafter der Oberrheinischen Mineralölwerke GmbH (OMW) – DEA Mineralöl AG, Conoco Inc. und Ruhr Oel GmbH

(eine Tochtergesellschaft der Veba Oel) – und die Esso AG legen ihre benachbarten Raffineriebetriebe in Karlsruhe zusammen. Die Gesellschafter der OMW und Esso bringen ihre Betriebsstätten in eine neue Gesellschaft ein, an der die Esso AG 25% hält (Conoco 18,75%, DEA 32,25%, Ruhr Oel 24%). Der Raffinerieverbund, der die süddeutschen Raffineriestrukturen grundsätzlich verändert, wird als Lohnverarbeiter für die beteiligten Gesellschafter tätig werden. Bereits in einer Rede zum Thema »Nationale Alleingänge in Energie- und Umweltpolitik« vom 27. November 1995 kam der Esso-Vorstandsvorsitzende Jobst D. Siemer zu dem Fazit: »Sie sind in politischer und wirtschaftlicher Hinsicht sowie gerade auch im Interesse des Umweltschutzes kontraproduktiv. Fehlende Harmonisierung schlägt sich unmittelbar in der Schließung bestehender Produktionsstätten in der Bundesrepublik Deutschland nieder. Das Schlagwort vom Export von Arbeitsplätzen ist irreführend. Exportiert werden Investitionen, die arbeitslosen Menschen bleiben hier.« Siemer machte immer wieder auf den Ernst der Lage nach der Schließung der Mobil-Raffinerie in Wörth aufmerksam. Die Schließung aller deutschen Raffinerien und eine Verlagerung der Produktion ins Ausland würden 50.000 Arbeitsplätze kosten. Die Industrie sei gefordert, so Siemer im Mai 1996, Lösungen für die Sicherung des Raffineriestandortes Deutschland zu finden, den die Politik leichtfertig aufs Spiel setze. Auch am Standort Ingolstadt sind Veränderungen geplant.
Einerseits hat der Standort Deutschland bei Esso weiter eine hohe Akzeptanz, andererseits wird von der deutschen Esso das Geschäft mit Osteuropa ausgebaut. Tochtergesellschaften hat die deutsche Esso in Polen, der Tschechischen Republik, der Slowakei und Ungarn. In allen vier Ländern ist ein flächendeckendes Vertriebsnetz für Esso-Schmierstoffe aufgebaut worden, seit Anfang 1994 nimmt die Esso A.G. außerdem den gesamten Schmierstoffverkauf auch in den Nachfolgestaaten der ehemaligen Sowjetunion wahr. Esso beklagt allerdings den sogenannten »Tanktourismus« der Verbraucher ins jeweils benachbarte Ausland der niedrigen Benzinpreise wegen. Spitzenreiter unter den Esso-Rohöllieferanten ist Rußland; es verwies damit Norwegen auf den zweiten Platz.

»BÜNDNIS FÜR ARBEIT«. Esso hatte bereits in den 80er Jahren in solch drastischem Maße rationalisiert, Personal abgebaut (um 1.400 auf unter 2.000) und Werke stillgelegt, daß sich die Produktivität von 1980 bis 1994 etwa verdoppelt und trotz aller Spuren, die die Rezession auch im Energieverbrauch hinterließ, keine Einbrüche zu verzeichnen hatte. Aber dieses Programm hatte auch einen Haken: Durch drastische Einstellungsstopps über viele Jahre hinweg ist die Esso-Belegschaft, so der Vorstand, heute überaltert. Esso versucht nun über gezielte Neueinstellungen und altersbedingtes Ausscheiden von Beschäftigten eine weitreichende »Verjüngung für den Esso Tiger« durchzuführen – so der offizielle Tenor. Dabei soll besonders bei jüngeren Mitarbeitern der Wunsch nach Teilzeitarbeit, soweit dies betriebliche Belange zulassen, berücksichtigt werden.
Zur Sicherung des Raffineriestandortes Deutschland wurde eine gemeinsame Initiative der IG Chemie, Papier, Keramik und des Mineralölwirtschaftsverbandes (MWV), dessen Vorsitzender Jobst D. Siemer ist, gestartet (siehe Standort Deutschland).

Umsatz 1995: *18.987,9 Mio. (davon Mineralölsteuer: 9.119,2 Mio.)*
Umsatz 1994: *19.226,3 Mio. (davon Mineralölsteuer: 9.185,8 Mio.)*
Umsatz 1993: *19.374,8 Mio. (davon Mineralölsteuer: 8.251,5 Mio.)*

Gewinn 1995: *512,1 Mio.*
Gewinn 1994: *398,9 Mio.*
Gewinn 1993: *223,2 Mio.*

Cash flow 1995: *756,0 Mio.*
Cash flow 1994: *627,0 Mio.*
Cash flow 1993: *543,0 Mio.*

Cash flow: *Der Schwerpunkt der Investitionen, die überwiegend aus dem Cash flow finanziert wurden, lag wiederum im Vertriebssektor beim Neubau bzw. der Modernisierung von Esso-Stationen.*

Steueraufkommen 1995: *260,9 Mio.*
Mineralölsteuer 1995: *9.119,2 Mio.*

Anzahl der Tankstellen 1995: *1.582*
Anzahl der Tankstellen 1994: *1.627*

Grund- bzw. Stammkapital 1995: *600,0 Mio.*

Das Grundkapital ist eingeteilt in 60.000 Namensaktien im Nennwert von je 10.000,– DM. Alleinige Aktionärin ist die Exxon Corporation, Irving/Texas, USA. Der amerikanischen Mutter wurde 1995 eine Dividende von 491 Mio. DM angewiesen.

Beschäftigte 1995: 2.353
Beschäftigte 1994: 2.374
Beschäftigte 1993: 2.413

Umsatz pro Mitarbeiter 1995: 8.069.656,– DM
Umsatz pro Mitarbeiter 1994: 8.098.694,– DM
Umsatz pro Mitarbeiter 1993: 8.029.341,– DM

Löhne und Gehälter 1995: 302,8 Mio.
Löhne und Gehälter 1994: 305,7 Mio.
Durchschnittsgehalt 1995: 128.687,– DM
Soziale Abgaben und Aufwendungen 1995: 160,9 Mio.
Soziale Abgaben und Aufwendungen 1994: 155,9 Mio.

Bezüge pro Vorstandsmitglied 1995: 663.362,– DM
Tantiemen pro Aufsichtsrat 1995: 26.875,– DM

UMWELTSCHUTZ. Esso definiert Umweltschutz für sich als bedeutendes Unternehmensziel. Esso kritisiert immer wieder den deutschen Öko-Aktionismus, der auf vielen Gebieten weit über das Ziel hinausschieße, so daß deutsche Lösungen von der übrigen EU nicht akzeptiert würden. »Öko-Steuern sind Gift für die Wirtschaft«, befand Vorstandsvorsitzender Jobst D. Siemer anläßlich der Bilanzpressekonferenz am 13. Mai 1996. Nach seiner Bewertung seien die durch eine solche Steuer zu erreichenden Effekte – mehr Umweltschutz und mehr Arbeitsplätze – ein Trugschluß. Esso propagiert die sogenannte »Drei-Parteien-Initiative« für das Auto/Öl-Programm zur Realisierung von Luftqualitätszielen einschließlich der Verringerung der Ozonkonzentration. Die Beteiligten: die EU-Kommission, der Europäische Automobilverband ACEA und der Europäische Mineralölwirtschaftsverband EUROPIA. Zahlreiche Industrieverbände, vorne weg die Mineralölindustrie, haben im März 1996 Selbstverpflichtungserklärungen gegenüber der Bundesregierung abgegeben zur »Umweltschutzharmonisierung auf hohem Niveau« und der »Mitwirkung der Industrie am Erreichen des CO_2-Reduktionszieles«.
Kritik übt Esso an allen lokalen Fahrverboten und Verkehrsbeschränkungen zur sommerlichen Ozonminderung und verlangt landesweite Regelungen. Esso befürwortet eine Arbeitsteilung, bei der die Regierung die Umweltstandards setzt, es aber der Industrie überläßt, die optimalen Lösungen zu finden. Umweltanforderungen sollten danach aber zur Vermeidung von Wettbewerbsverzerrungen für alle gleichermaßen gelten. Esso zielt damit auf die seiner Meinung nach zu hohen und kostenintensiven Umweltschutzauflagen im Raffineriebereich. Esso ist dabei, alle großen Tankstellen auf die sogenannten »Saugrüssel« umzurüsten.
Auch gegen die Esso A.G. gab es im Zuge der geplanten Versenkung der Ölplattform »Brent Spar« im Atlantik Boykottforderungen. Die britische Schwestergesellschaft von Esso ist an der »Brent Spar« zu 50% beteiligt. Betreiber der Ölplattform ist jedoch der britische Partner, die Shell UK.

ESSO-ENERGIEPROGNOSE '95 BIS ZUM JAHR 2010. Auch die jüngste Energieprognose geht von einem anhaltend starken politisch-gesellschaftlichen Druck zu einem weiteren Energiesparen und einer zunehmenden Verflechtung von Umwelt- und Energiepolitik aus. Ausgegangen wird von einer langfristig konstanten Bevölkerungszahl von 82 Mio. Einwohnern und einem stabilen Wirtschaftswachstum von jährlich durchschnittlich 2,5%. Der Energieverbrauch bewegt sich 2010 auf einem Niveau, das gegenüber heute trotz einer um 50% höheren Wirtschaftsleistung nur geringfügig höher liegt. Esso erwartet mittelfristig bis zum Jahr 2000 einen steigenden Verbrauch in den Bereichen Verkehr, Haushalte und Kleinverbraucher. Langfristig bis zum Jahr 2010 sinkt der Energieverbrauch in allen Sektoren. Im Verkehrssektor nähert sich die Kraftfahrzeugsdichte allmählich ihrer Sättigungsgrenze. Der Einfluß neu zugelassener, sparsamerer Kraftfahrzeuge auf die gesamte Kraftfahrzeugflotte nimmt zu. Der Mineralölverbrauch bleibt mittelfristig bis zum Jahr 2000 aufgrund des Nachholbedarfs in den neuen Bundesländern auf heutigem Niveau. Deutliche Zunahmen ergeben sich beim Dieselkraftstoff und bei den übrigen Mineralölprodukten. Nach 2000 wird mit einem deutlichen Verbrauchsrückgang bei fast allen Mineralölprodukten gerechnet.

Dennoch wird auch im Jahr 2010 Mineralöl noch mit Abstand der wichtigste Energieträger mit einem Anteil von 38% am Primärenergieverbrauch gegenüber 40% 1995 sein.
Der Pkw-Bestand wächst im Zeitraum 1995 bis 2010 von 40,5 auf 46 Mio. Kraftfahrzeuge. Der Anteil der Pkw mit Dieselantrieb nimmt in diesem Zeitraum, bezogen auf die Pkw-Flotte, von 13,7 auf 25,7% zu. Der durchschnittliche spezifische Kraftstoffverbrauch fällt bei Benzin-Pkw von 9,0 auf 7,2 Liter je 100 km, bei Diesel-Pkw von 7,6 auf 5,8 Liter je 100 km. Die durchschnittliche jährliche Fahrleistung sinkt für Benzin-Pkw von 12.400 auf 12.200 km und für Diesel-Pkw von 17.100 auf 15.400 km. Der Kraftstoffverbrauch im Straßenverkehr – inkl. Lkw und Busse – vermindert sich um 7,4% von 52,9 (1995) auf 49,0 Mio. Tonnen im Jahr 2010. Im gleichen prozentualen Maße werden die verkehrsbedingten CO_2-Emissionen im Jahr 2010 niedriger sein als 1995.

Investitionen 1995: *741,0 Mio.*
Investitionen 1994: *501,0 Mio.*
Investitionen 1993: *622,0 Mio.*

Umweltschutz 1995: *90,0 Mio.*
Umweltschutz 1994: *116,0 Mio.*

Mitbewerber: *Agip, Amoco, Aral, BP, Chevron, Elf Aquitaine, Mobil Oil, RWE-DEA, Shell, Total, Veba Oel*

ESSO ZU TANKSTELLEN IN DEUTSCHLAND. In den vergangenen 20 Jahren hat sich im deutschen Tankstellenmarkt ein dramatischer Strukturwandel vollzogen. Der durch Wirtschaftlichkeitsprobleme verursachte Konzentrationsprozeß ließ die Zahl der Tankstellen zwischen 1970 und 1994 um knapp 60% von 44.600 in Westdeutschland auf 18.300 in Gesamtdeutschland sinken. Parallel dazu erhöhte sich der Bestand an Benzin-Pkw von knapp 15 auf über 34 Millionen, der Benzinabsatz stieg von rund 21 auf 37 Millionen Kubikmeter. Danach versorgte 1971 eine Station im Schnitt 340 Pkw, Ende 1994 waren es 1.900. Infolge der Restrukturierung verfünffachte sich der Durchschnittsabsatz einer Tankstelle auf rund 2,7 Millionen Liter Kraftstoff (Benzin und Diesel) pro Jahr. Bis zu 2.000 Kundenkontakte pro Tag sind an Straßenstationen keine Seltenheit. Der durchschnittliche Umsatz pro Station liegt bei rund 1 Mio. DM. Esso in eigener Sache: Die rund 1.600 Esso-Stationen übertreffen mit jeweils 3,6 Millionen Litern den Durchschnittsabsatz aller bundesdeutscher Tankstellen um rund ein Drittel und erwirtschaften einen Jahresumsatz von 7 Mio. DM – 75% entfallen auf das Kraft- und Schmierstoffgeschäft, 25% verteilen sich auf das Dienstleistungs- und Shop-Geschäft.

Ferrostaal siehe MAN
Fichtel & Sachs siehe Mannesmann

FORD

GESCHICHTE UND ENTWICKLUNG. 1925 Gründung der Ford Motor Company AG, Berlin. Das erste in Deutschland montierte T-Modell lief im April 1926 vom Band, bis zum Jahresende bauten 100 Mitarbeiter ca. 2.700 »Tin Lizzies«. Gründung der Ford Credit AG. 1931 Schließung des Werkes Berlin, Produktion des Modells »A« im neuen Kölner Werk. 1938 erreichte das Kölner Werk eine Jahresproduktion von knapp 37.000 Einheiten. 1939 Umbenennung in »Ford-Werke AG«. 1939–1945 Produktion von Ford-Lkw. Die Pkw-Produktion kam in den letzten Kriegsjahren fast zum Erliegen, 1945 Produk-

Standort:
Henry-Ford-Straße 1
50735 Köln

Postanschrift:
50725 Köln

Telefon: *(0221) 90-0*
Telefax: *(0221) 90-12984*

Branche: *Automobilindustrie*

Rechtsform:
Aktiengesellschaft

Geschäftsjahr: *1.1.-31.12.*

Gründungsjahr: *1925*

Öffentlichkeitsarbeit:
Rainer Nistl
Tel.: (0221) 90-17000
FAX: (0221) 90-12984

Verbände: *Verband der Automobilindustrie e.V. (VDA), Frankfurt/Main*

Vorstand:
- *Boddie, William W. (Vorsitzender)*
- *Sviggum, Ingvar M. (stellv. Vorsitzender)*
- *Becker, Hans Peter*
- *Göransson, Claes*
- *Hollman, Hermann H., Dr.*
- *Kalkert, Werner, Prof. Dr.*
- *Küchmann, Ernst*
- *Nistl, Rainer*
- *Thursfield, David S.*

Vorstandsbezüge 1995:
7.400.000,– DM

tion von Austauschmotoren und Einzelteilen. 1. Oktober 1948 Produktionsaufnahme des ersten »Taunus«. 1958 Jahresproduktion von 130.000 Autos. Neue Werke in Wülfrath und im belgischen Genk, in Düren und Saarlouis. 1968 Beginn der Ford-Escort-Produktion in Genk. 1969 Einführung des »Capri«. 1976 Einführung des »Fiesta« und vieler neuer Modellreihen. 1993 Einführung des »Mondeo« und serienmäßige Airbags für alle Modelle. 1995 Einführung der Großraumlimousinen Galaxy und Windstar. Produktion des zehnmillionsten Fiesta im Stammwerk Köln-Niehl.

BESITZVERHÄLTNISSE/EIGENTUMSSTRUKTUR.
- Ford Motor Company, Dearborn/Mich., USA (99,8%)
- Rest Streubesitz

Der amerikanische Konzern gehört der Ford Foundation (26,8%), der Familie Ford (11%) und knapp 300.000 Stammaktionären.

KONZERNÜBERBLICK. Die Ford-Werke sind nach VW und Opel der drittgrößte Automobilhersteller Deutschlands. Knapp 990.000 Fahrzeuge der Typen Fiesta, Escort/Orion, Mondeo/Sierra, Scorpio, Probe, Explorer, Maverick, Galaxy, Windstar, Fiesta Van & Courier, Escort Express und Transit wurden 1995 in Deutschland produziert (Vorjahr: knapp 940.000). 1995 wurden 64,5% aller in Deutschland produzierten Fahrzeuge in 100 Länder exportiert. Insgesamt verkauften die Ford-Werke AG 1995 zum dritten Mal in ihrer Geschichte über 1 Mio. Fahrzeuge.
Der Fiesta war 1995 der meistverkaufte Kleinwagen, der Mondeo der erfolgreichste Mittelklassewagen und der Transit der marktführende Transporter in Europa. Hauptabnehmer für Produkte von Ford-Deutschland sind Großbritannien, Italien, Frankreich, Spanien, die Benelux-Staaten und Schweden. Innerhalb Deutschlands hatte Ford 1995 bei Neuzulassungen einen Marktanteil an Pkw von 11,3% (Vorjahr: 10,2%), an leichten Nutzfahrzeugen innerhalb Europas von 16,6% (Vorjahr: 16,0%) und an mittleren Nutzfahrzeugen von 19,3% (Vorjahr: 19,2%) – mit dem Transit als Marktführer. Von den 1995 in Deutschland produzierten Autos entfielen auf die Ford-Werke etwas über 19%. Der Mondeo ist das meistverkaufte Modell im Angebot der Ford-Werke AG. Ford Deutschland produziert auch Motoren.
Weltweit unterhält der amerikanische Ford-Konzern in 30 Ländern Montagestätten und verkauft jährlich rund 4,5 Mio. Pkw sowie 2 Mio. Lkw. In über 200 Ländern beschäftigt Ford 320.000 Mitarbeiter, außer in der Automobilindustrie in Bereichen wie Elektronik-Industrie, Glas- und Kunststoff-Fabrikation und Landentwicklungsunternehmen. 1996 wurde die Ford Motor Company mit der Übernahme der amerikanischen Mietwagenfirma Budget Rent a Car (seit 1994 hält Ford bereits die Mehrheit am Hertz) zum größten Autovermieter der Welt. Ford ist darüber hinaus mit 33,4% an der japanischen Mazda Motor Corp. beteiligt.

Ford-Deutschland verfügt über fünf Produktionsstandorte:
- Stammwerk Köln: Getriebe, Gelenkwellen, Bremsscheiben (Köln-Getriebewerk); Motoren (Köln-Motorenwerk); Montage und Fertigung der Baureihen Fiesta und Scorpio. Beschäftigte 1995: 22.376 (Vorjahr: 22.170).

● Werk Düren: Kupplungs- und Getriebegehäuse, Hinterachsen, Getriebe- und Antriebsaggregate, Antriebswellen, Bremstrommeln, Vorderachsenwellen. Beschäftigte 1995: 1.481 (Vorjahr: 1.445).
● Werk Genk (Belgien): Räder, Kunststoff-Stoßfänger; Montage und Fertigung der Baureihen Mondeo und Transit. Beschäftigte 1995: 12.452 (Vorjahr: 12.799).
● Werk Saarlouis: Montage und Fertigung des Escort. Beschäftigte 1995: 6.379 (Vorjahr: 6.373).
● Werk Wülfrath: Servolenkungen, manuelle Lenkungen, Achsschenkel und Schwenklager, Getriebeteile. Beschäftigte 1995: 972 (Vorjahr: 865).
Ende 1995 gab es in Deutschland 2.548 Ford-Händlervertriebe, davon 1.508 mit Werkstätten. 85% seines Einkaufs tätigt Ford bei 400 Lieferanten, die seit 1995 in einem Lieferanten-Kommunikationsnetz zusammengefaßt sind. Der Materialeinkauf der Ford-Werke AG belief sich 1995 auf 16.968,8 Mio. DM (Vorjahr: 15.452,6 Mio.). Die Ford Bank AG, Köln, mit 14 Filialen in Deutschland ist eine Tochtergesellschaft der Ford Credit Europe Plc. mit Sitz in Großbritannien (Finanzdienstleistungen in 24 Ländern, 12.000 Beschäftigte, davon knapp 700 in Deutschland).
1994 gründeten die Ford-Werke AG ein neues Grundlagenforschungszentrum in Aachen, das zweite innerhalb des Ford-Welt-Konzerns. Der weltweite Forschungs- und Entwicklungsbereich von Ford ist seit 1995 in Europa angesiedelt, in Dunton/Großbritannien und in Köln.

BETEILIGUNGEN. Ford Credit Europe plc, Brentwood/England (21,8%); Ford Treasury Services Dublin, Dublin/Irland (100%); Ford-Werke AG & Co. KG, Berlin (90% – Herstellung und Vertrieb von Kfz-Teilen und -zubehör); Ford-Werke AG und Co. Leasing KG, Lockstedt (49%); Saar-Industrie (gegründet 1920) GmbH, Köln (100%); Ford Investitions-GmbH, Köln (100% – Automobilhandelsgeschäfte aller Art); Ford Motor Company (Austria), Salzburg/Österreich (100% – Vertrieb von Ford-Erzeugnissen in Österreich); Ford Versorgungs- und Unterstützungseinrichtung GmbH, Köln (95%); Ford Investitions-GmbH & Co. OHG, Köln (100%); Jaguar Deutschland GmbH, Kronberg (100%); Ford-Forschungszentrum Aachen GmbH, Aachen (100%); AutoEuropa Automoveis Lda., Palmela/Portugal (50% – Gemeinschaftsprojekt mit VW zur Herstellung einer Großraumlimousine in Portugal); Ford Versicherungs-Vermittlungs-GmbH (FVV), Köln (20%); IMV Sonderabfall GmbH & Co. KG, Köln (3%).

NEUE BUNDESLÄNDER. In den neuen Bundesländern ist Ford seit 1995 flächendeckend vertreten. Ein eigener Produktionsstandort ist nicht vorgesehen.

STANDORT DEUTSCHLAND. Am Standort Deutschland investierte Ford 1995 knapp 1 Mrd. DM, nachdem der wenige Jahre zuvor stark angeschlagene Konzern (1992/93) aufgrund erfolgreicher Modell-Neueinführungen (Mondeo) und einem durchgreifenden »Restrukturierungsprogramm«, das rund 4.000 Beschäftigte den Arbeitsplatz kostete und die Kosten um rund 1 Mrd. DM gesenkt hatte, bereits 1994 wieder einen Gewinn von knapp 700 Mio. DM verbuchen konnte. Mit dieser Vereinbarung zur Investitionssicherung Anfang 1995 wurden

Aufsichtsrat:
Caspars, Albert (Vorsitzender)
Bartolini, Nicholas P.
Cook, Donald S.
Cosgrove, William J.
Fite, Richard P.
Leite, Roger
Nasser, Jacques A.
(alle Ford of Europe Inc.)
Inden, Wilhelm
Müller- Klaus-Peter
Schneider, Dieter, Dr.
Wendelstadt, Dieter
**Kuckelkorn, Wilfried (stellv. Vorsitzender)*
**Breuer, Johann*
**Güldiken, Salih*
**Hartz, Kurt*
**Hinkelmann, Dieter*
**Klein, Dieter*
**Nigmann, Heiko*
**Röhrig, Theo*
**Roth, Siegfried*
**Weber, Rolf*

Aufsichtsratstantiemen 1995: *200.000,– DM*

Umsatz 1995: *25.030,5 Mio.*
(davon Ausland: 62%)
Umsatz 1994: *23.398,0 Mio.*
(davon Ausland: 66%)
Umsatz 1993: *21.188,8 Mio.*
(davon Ausland: 64%)

Gewinn/Verlust 1995:
270,5 Mio.
Gewinn/Verlust 1994:
676,2 Mio.
Gewinn/Verlust 1993:
– 132,0 Mio.

Cash flow 1995: *3.211,3 Mio.*
Cash flow 1994: *1.064,2 Mio.*
Cash flow 1993: *1.312,4 Mio.*

Cash flow 1994: *Alle Investitionen wurden aus dem hohen Cash flow finanziert, wovon allein 1,7 Mrd. DM in die 100%ige Tochtergesellschaft Ford Treasury Services in Dublin/Irland und 900 Mio. DM in Produktinnovationen flossen.*

Steueraufkommen 1995:
239,8 Mio.

Grund- bzw. Stammkapital 1995: *720,0 Mio.*

Zur Ausschüttung kam 1995 der Bilanzgewinn von 270,5 Mio. DM, also der komplette Jahresüberschuß.

die Standorte der Ford-Werke AG langfristig gesichert. Im Gegenzug wurden die Tarifergebnisse auf übertarifliche Bestandteile des Lohn- und Gehaltsbereiches angerechnet. Alle Standorte der Ford-Werke AG profitierten von den hohen Investitionen: neue Fertigungseinrichtungen, veränderte Arbeitsorganisationen, der erfolgreiche Anlauf neuer Modelle. In Köln-Niehl wurden zum Start des neuesten Fiesta-Modells 180 Mio. DM investiert, die Tagesfertigung um 20% erhöht. Insgesamt wurden am Standort Köln 1995 knapp 800 Mio. DM investiert. Den Zuschlag hatte Köln innerhalb des weltweiten Ford-Unternehmensverbundes gegen starke Konkurrenz erhalten. »Die Produktiviät des deutschen Standortes, das hohe Ausbildungsniveau, gesteigerte Flexibilität, der Standard der vorhandenen Fertigungseinrichtungen sowie der Produktqualität waren ausschlaggebend für die Entscheidung zugunsten des Kölner Werkes« (Ford-Vorstand im Mai 1996).
Im Export waren Escort und Mondeo die erfolgreichsten Modelle; im Inland führten Fiesta und Mondeo. Dennoch beklagt Ford die hohen Kosten am Industriestandort Deutschland im internationalen Vergleich und rechnet vor, daß der Kleinwagen Fiesta in Spanien erheblich günstiger produziert werden könne als in Köln – um einige hundert Dollar pro Wagen. In Valencia wird auch das geplante Billigauto »Ka« gebaut. Immer wieder tauchten Mitte 1996 Gerüchte auf, wonach Ford plant, die Produktion von Escort und Fiesta mittelfristig ins Ausland zu verlegen.

FORD 2000. Ford, der zweitgrößte Automobilhersteller der Welt, beschloß 1994 die einschneidendste Neuorganisation in der Geschichte des Unternehmens seit der Einführung der Fließbandarbeit. Das Projekt »Ford 2000« bezeichnet eine für sämtliche Unternehmensbereiche und -prozesse geltende, global einheitliche Struktur. Um die Produktvielfalt zu erhöhen und neue Märkte zu erschließen, wurde Anfang 1995 die »Ford Automotive Operations« (FAO) gegründet; sie führt die beiden bislang größten Ford-Märkte der Welt, Amerika und Europa, zusammen. Die Integration der übrigen Welt-Wirtschaftsräume ist geplant. Ziel ist die Harmonisierung sämtlicher Kommunikations- und Arbeitsprozesse rund um den Globus, der doppelte Entwicklungen beim Design und der Fahrzeugkonstruktion, bei der Planung, der Fertigung und der Produktinvestition vermeiden soll. Der neue weltweite Unternehmensbereich »Process Leadership« soll effiziente und flexible Prozesse identifizieren, weiterentwickeln und schließlich global im Rahmen eines ganzheitlichen Netzwerkes aller Unternehmensabläufe im Ford-Konzern einführen.
Die Verantwortung für Entwicklung und Konstruktion ist jetzt global nach Produktgruppen in fünf Fahrzeugzentren (»Vehicle Centers«) geordnet, die Verantwortung für Design, Entwicklung und Produktion bestimmter Fahrzeuggruppen tragen – weltweit und für die gesamte Lebensdauer des Produkts. Unter Berücksichtigung der unterschiedlichen Kundenanforderungen werden individuell zugeschnittene Automobil-Modelle für die lokalen Märkte auf der Basis verringerter Plattformen produziert. (Joint-ventures in China, Indien, Thailand und Vietnam wurden abgeschlossen, eine Vertriebsgesellschaft in Korea gegründet, neue Standorte in Brasilien und Argentinien errichtet, die Märkte in Südafrika und Ägypten erschlossen.) Vier Fahrzeugzentren für die größeren Modellreihen mit Front- und Heckantrieb sowie für

leichte und schwere Nutzfahrzeuge werden in den USA angesiedelt sein, das Fahrzeugzentrum mit weltweiter Verantwortlichkeit für Vierzylinder-Benzin- und Dieselmotoren sowie kleine und mittlere frontgetriebene Personenwagen (vom Stadtauto bis zum Mittelklassewagen Mondeo) ist in Köln und Dunton/Großbritannien angesiedelt. Diese Produktklasse ist mit 50% Weltmarktanteil größtes Marktsegment bei Ford und expandiert besonders auf den Wachstumsmärkten im pazifisch-asiatischen Raum. Damit übernimmt die Ford-Werke AG eine entscheidende weltweite Verantwortung und Rolle im Konzern. Ergebnisse von »Ford 2000« im Jahr 1995: Die Reduzierung der Entwicklungszeit neuer Modelle von 48 auf 37 Monate, die Reduktion der Bodengruppen (Plattformen) von 24 auf 16, der verschiedenen Lenkräder von 50 auf 11 und der diversen Startbatterien von 40 auf 14 sowie die Vielfalt der Motoren und Getriebe um 30%.

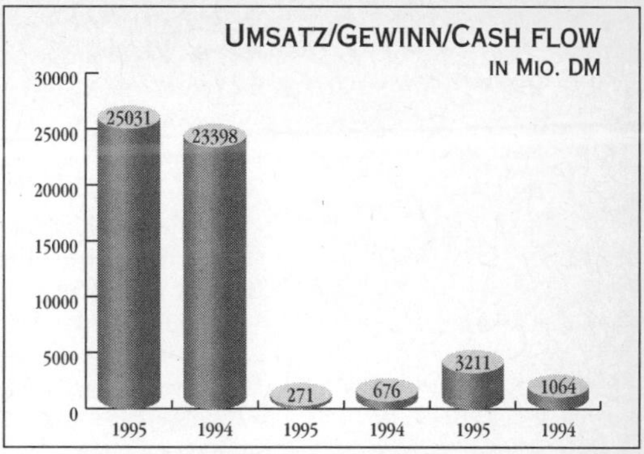

Beschäftigte 1995: *43.970*
Beschäftigte 1994: *43.970*
Beschäftigte 1993: *43.804*
(Beschäftigte 1992: 47.670)

Umsatz pro Mitarbeiter 1995: *569.263,– DM*
Umsatz pro Mitarbeiter 1994: *532.136,– DM*
Umsatz pro Mitarbeiter 1993: *483.718,– DM*

Löhne und Gehälter 1995: *3.476,6 Mio.*
Löhne und Gehälter 1994: *3.022,9 Mio.*
Durchschnittsgehalt 1995: *79.068,– DM*
Soziale Abgaben und Aufwendungen 1995: *1.075,1 Mio.*
Soziale Abgaben und Aufwendungen 1994: *1.038,3 Mio.*

Bezüge pro Vorstandsmitglied 1995: *822.222,– DM*
Tantiemen pro Aufsichtsrat 1995: *9.524,– DM*

»BÜNDNIS FÜR ARBEIT«. Ford hat in Übereinstimmung von Vorstand und Arbeitnehmerseite Ende 1995 ein eigenes »Bündnis für Arbeit« für ein flexibles Arbeitszeitmodell geschlossen, das Anfang 1996 in Kraft trat. Ziel, so beide Seiten, ist die Sicherung der Wettbewerbsfähigkeit und der Arbeitsplätze. Die Kernpunkte der Vereinbarung sind: Beibehaltung der 37,5-Stunden-Woche, obwohl tariflich die 35-Stunden-Woche gilt; Abgeltung von Überstunden in Freizeit und das Ansparen von Überstunden auf dem sogenannten »Seniorenkonto«. Mit dem Betriebsrat wurde vereinbart, die Differenz zwischen 37,5 Stunden pro Woche und der 35-Stunden-Woche durch bis zu 15 Freischichten (freie Tage) pro Jahr unter Berücksichtigung betrieblicher Belange abzugelten. Auf diese Weise kann Ford auf Schwankungen in Produktion und Nachfrage reagieren. Das Seniorenkonto soll Mitarbeitern, wenn gewünscht, einen vorgezogenen Ruhestand oder Teilzeitarbeit ermöglichen. Auch eine neue Überstundenregelung wurde getroffen: Ford-Mitarbeiter können »in ausgewiesenen Überhangbereichen« auf freiwilliger Basis die ersten 15 Überstunden eines Monats in Freizeit abgelten. Der 50%ige Überstundenzuschlag wird ausgezahlt, während die Grundvergütung selbst in Freizeit umgewandelt wird. Neben den Arbeitszeitmodellen gibt es bei Ford flächendeckend Gruppenarbeit und zahlreiche von Auftragslage und Produktion abhängige Arbeitszeitregelungen.

UMWELTSCHUTZ. Umweltschutz ist bei Ford Unternehmensziel – entsprechend wird die Umwelt in den Vordergrund aller Aktivitäten gestellt – sowohl in der Produktion als auch in den Werken in puncto Sicherheit und Transparenz (Umwelterklärung 1996; Escort-Produktion; Fertigungs- und Montagewerk Saarlois). Umweltschutz gilt für den gesamten Entstehungsprozeß des Autos – von der Forschung über die Produktion bis zum Recycling. Die Umweltleitlinien von Ford: Integration des Umweltschutzes in Produkt- und Prozeßentwicklung, Vermeidung des Einsatzes von Problemstoffen, recyclinggerechte Fahrzeugkonstruktion und abfallarme Produktion, Pflege und Ausbau

Investitionen 1995:
2.819,9 Mio.
Investitionen 1994:
1.095,9 Mio.
Investitionen 1993:
1.054,2 Mio.

Forschung und Entwicklung 1995: *1.187,0 Mio.*
Forschung und Entwicklung 1994: *945,0 Mio.*
Forschung und Entwicklung 1993: *1.016,0 Mio.*

Mitbewerber: *Audi, Chrysler, Daewoo, Daimler-Benz, Fiat, General Motors, Honda, Lancia, Mazda, Mitsubishi, Nissan, Opel, Peugeot, Porsche, Renault, Saab-Scania, Suzuki, Toyota, Volkswagen, Volvo*

von ökologischen Schutzzonen an Ford-Standorten, Einbindung der Zulieferer in die Ford-Umweltschutz-Strategie. Diese Richtlinien gelten für jeden einzelnen Standort der Ford-Werke. Dazu gibt es ein umfangreiches Störfall-Management in den einzelnen Werken, die ständige Fortschreibung und Optimierung der Umwelt-Management-Systeme und die ständige Analyse von Umwelteinwirkungen durch Produktionsprozesse in den Werken und deren Umgebung.
Die Programme zur Reduzierung und Vermeidung von Lärm, Luftschadstoffen, Abwasser und Abfall sowie der Schonung der Ressourcen wie Energie und Wasser sollen weiterentwickelt werden. Der Einsatz umweltverträglicher Substanzen wird forciert, ein konstruktiver Dialog mit der Öffentlichkeit angestrebt. Im März 1996 wurde Saarlouis als erster Ford-Standort nach der EG-Öko-Audit-Verordnung zertifiziert.
1995 bildete die Rücknahme gebrauchter Fahrzeuge aller Fabrikate zur fachgerechten Demontage und Verwertung einen Schwerpunkt der »Ford-Initiative für Umwelt und Sicherheit«. Auf diese Weise wurden 140.000 Autos zurückgenommen und recycelt. Das in Köln ansässige werkseigene Recycling-Forschungszentrum arbeitet an den bestmöglichen Demontage- und Recyclingtechniken für den weltweiten Ford-Verbund.

FREUDENBERG

Standort:
Höhnerweg 2-4
69469 Weinheim/Bergstraße

Postanschrift:
Postfach 10 03 63
69465 Weinheim/Bergstraße

Telefon: *(06201) 80-1*
Telex: *4 65 531-0*
Telefax: *(06201) 80-3430 oder 69300*

Branche: *Textil; Gummi- und kunststoffverarbeitende Industrie; Ledererzeugung und -verarbeitung (einschl. Schuhe), Dichtungs- und Schwingungstechnik*

Rechtsform:
Kommanditgesellschaft

Geschäftsjahr: *1.1.-31.12.*

GESCHICHTE UND ENTWICKLUNG. 1849 übernahm Carl Johann Freudenberg in Weinheim eine Gerberei, die schnell expandierte und über Jahrzehnte hinweg eine der größten Lederfabriken Europas war. 1900 Einführung der Chromgerbung als erstes Unternehmen in Europa. 1921 Gründung der Dachgesellschaft Freudenberg & Co. sowie der ersten Auslandsgesellschaften. 1929 Herstellung von Lederdichtungen, Entwicklung des Simmerring; weltweiter Erfolg. Akquirierung der Schuhfabriken Gustav Hoffmann (heute Freudenberg-Schuh GmbH) und Conrad Tack. 1936 Einsatz von Synthesekautschuk für Dichtungsringe (Simrit), Entwicklung von Vliesstoffen.
1948 brachte Freudenberg die ersten Vliesstoffprodukte auf den Markt: Vileda Haushaltstuch und Vlieseline Bekleidungseinlage. Fertigung von Bodenbelägen (Kautschuk). 1960 Beteiligung an Dichtungs- und Vliesstoffunternehmen in Japan. 1963 Beginn der Schaumkunstlederfertigung (Helia), 1965 Spinnvlies-Produktion. Vliesstoffprodukte für Medizin und Hygiene. Firmengründungen in den USA, Vliesstoffgesellschaft in Brasilien. 1988 Serienfertigung neuartiger Komponenten aus faserverstärkten Kunststoffen für den Kfz-Motor. 1989 Gründung der Freudenberg-NOK General Partnership, USA, für die deutsch-japanische Dichtungs- und Schwingungstechnik für Nordamerika. 1990 Übernahme des Spinnvliesstoffwerkes Colmar/Elsaß von Rhone-Poulenc; Produktionsbeginn Spinnvliesstoffe in Taiwan. 1993 Minderheitsbeteiligung an dem Dichtungshersteller Elring und Übernahme seines französischen Werkes Procal, Langres. 1995 ge-

meinsame Gründung eines Vliesstoffwerkes in der Volksrepublik China mit der Japan Vilene Company (JVC).

BESITZVERHÄLTNISSE/EIGENTUMSSTRUKTUR.

● Familie Freudenberg, Freudenberg-Stiftung (100%)

Die Unternehmensgruppe Freudenberg ist ein Familienunternehmen. Dachgesellschaft der Gruppe ist Freudenberg & Co., Weinheim/Bergstraße (100%), eine Kommanditgesellschaft mit Sitz in Weinheim. Die Kapitalanteile werden von 257 zur Familie gehörenden Kommanditisten (auch über die Freudenberg Stiftung GmbH) gehalten. Aus dem Gesellschaftervertrag, den 1936 18 Gesellschafter geschlossen hatten, können Familienangehörige keine Ansprüche auf eine Tätigkeit im Unternehmen ableiten. Die Unternehmensleitung besteht aus den persönlich haftenden Gesellschaftern und gegebenenfalls aus anderen Mitgliedern. Sie wird von einem durch die Gesellschafterversammlung gewählten Gesellschafterausschuß beraten, zu dem auch Mitglieder zählen, die nicht der Familie Freudenberg angehören. Seine Zustimmung ist für eine Reihe von Beschlüssen erforderlich. Übertragbar sind Gesellschafteranteile lediglich innerhalb des engeren Familienkreises. Ein Verkauf von Anteilen an familienfremde Personen ist nicht möglich. Freudenberg & Co. ist eine Holding-Gesellschaft, die keinerlei Industrie- oder Handelsgeschäfte direkt betreibt. Ihr unterstehen einzelne Gesellschaften, die die Bereiche abdecken.

KONZERNÜBERBLICK. Freudenberg ist trotz seiner Größe und wirtschaftlichen Potenz nach wie vor ein reines Familienunternehmen. Obwohl es in der Bundesrepublik kaum einen Privathaushalt ohne Freudenberg-Produkte gibt, war dieser Mammut-Konzern aus Weinheim der Öffentlichkeit bislang kaum bekannt. Erst durch neue handelsrechtliche Vorschriften wurde die Personenhandelsgesellschaft Freudenberg verpflichtet, einen Konzernabschluß- und Konzernlagebericht aufzustellen und offenzulegen. Das macht das Unternehmen transparenter.

Freudenberg ist international führend in der Herstellung technischer Produkte auf Gummi- und Kunststoffbasis, insbesondere bei Dicht-Elementen und Schwingungsdämpfern sowie Vliesstoffen. Hauptkunden von Freudenberg sind die Autoindustrie und die Investitionsgüterindustrie, die Bekleidungsindustrie und die Schuh- und Lederwarenindustrie sowie der Groß- und Einzelhandel. Dachgesellschaft der Unternehmensgruppe ist die Freudenberg & Co., die die Funktion einer Holding-Gesellschaft ausübt. Mitte 1995 wurden die Aktivitäten von Carl Freudenberg neu geordnet und in neun selbständige Produktions- und Servicegesellschaften ausgegliedert, alle in der Rechtsform der KG und der Konzernholding Freudenberg & Co. direkt unterstellt. 37,5% des Freudenberg-Umsatzes entfallen auf Deutschland, 33% auf die übrigen EU-Länder, 20,5% auf Nordamerika. Freudenberg untergliedert sich in die Bereiche Technische Produkte, Vliesstoffe und Weitere Aktivitäten.

◆ Technische Produkte: Zum Unternehmensbereich Technische Produkte zählen die Sparten Dichtungs- und Schwingungstechnik (Radialwellendichtringe/Simmerring, Dichtungen, Membranen, Manschetten, Gummi-Metall-Komponenten, Kupplungen, Akustikteile und Motorkomponenten für das Auto, Auto-Formteile/Simrit), Spezial-

Gründungsjahr: *1849 gegr. durch Carl Johann Freudenberg; 1921 Gründung der Dachgesellschaft Freudenberg & Co.*

Öffentlichkeitsarbeit:
Dietrich von der Ropp
Tel.: (06201) 80-5808
FAX: (06201) 80-3430

Verbände: *Bundesverband der Chemischen Industrie, Frankfurt/Main; Bundesverband der Kunststoffverarbeitenden Industrie, Frankfurt/Main*

Unternehmensleitung:

- *Freudenberg, Reinhart, Dr. (pers. haftender Gesellschafter; Sprecher), Heidelberg*
- *Bettermann, Peter, Dr. Dr. (pers. haftender Gesellschafter; Finanzen und Recht, Betriebswirtschaft, EDV), Weinheim*
- *Dahlström, Norbert (pers. haftender Gesellschafter; Vliesstoffe, Werbung) Weinheim*
- *Hüchting, Hans-Jochen, Dr. (pers. haftender Gesellschafter; Personal- und Sozialwesen), Weinheim*
- *Schön, Ernst, Dr. (pers. haftender Gesellschafter; Bausysteme, Zentrale Technik, Forschung und Entwicklung), Weinheim*
- *Stehle, Peter, Dr. (pers. haftender Gesellschafter; Dichtungs- und Schwingungstechnik), Weinheim*

Bezüge der Unternehmensleitung 1995: *6.355.000,– DM*

Gesellschafterausschuß:
- *Freudenberg, Hermann (Vorsitzender), Weinheim*
- *Rogowski, Michael, Dr. (stellv. Vorsitzender), Heidenheim a. d. Brenz*
- *Fabricius, Walter, Dr., New York*
- *Freudenberg, Dieter, Weinheim*
- *Freudenberg, Wolfram, Dr., Stuttgart*
- *Hahne, Bettina, Dr., Wangen/Frankreich*
- *Hoffmann, Norbert, Frankfurt/Main*
- *Scharpff, Rudolf, Stuttgart*
- *Sigle, Walter, Dr., Stuttgart*
- *Wentzler, Martin, München*

Bezüge des Gesellschafterausschusses 1995:
200.000,– DM

schmierstoffe (Klüber-Gruppe), Technischer Handel, Flexible Leiterplatten (Simflex) und Pharmaverschlüsse.

◆ Vliesstoffe: Zum Unternehmensbereich Vliesstoffe – Freudenberg gilt als der vielseitigste Vliesstoffhersteller der Welt – zählen die Sparten Faservliesstoffe und Spinnvliesstoffe. Freudenberg betreibt in zehn Ländern insgesamt 17 eigene Werke, in denen rund 4.500 Mitarbeiter Vliesstoffe herstellen. Hinzu kommt seit 1996 ein Werk in China mit der Produktion von Einlagevliesstoffen für den chinesischen Markt.

◆ Weitere Aktivitäten: Freudenberg gliedert seine weiteren Aktivitäten in die Geschäftsgruppen Bausysteme, Haushaltsprodukte sowie Leder und Schuhe. Hauptprodukte bei den Bausystemen sind Bodenbeläge und andere Beläge auf Kautschukbasis, auch für spezielle Anwendungen wie Schutz vor elektrostatischen Entladungen. Die Geschäftsgruppe Haushaltsprodukte bietet Tücher und Schwämme auf Vliesstoff- bzw. Viskosebasis, Reinigungsgeräte für Haushalt und gewerbliche Reinigung, Handschuhe, Autotücher – Vileda, Enka, Wettex, Wischmat, Ultra-Mop. Produziert wird in 20 eigenen Werken in zwölf Ländern für die unterschiedlichsten Anwendungsgebiete. Die Geschäftsgruppe Leder und Schuhe spielt bei Freudenberg eine große Rolle: Mit der Freudenberg Schuh GmbH (früher Elefanten-Schuh), Europas größter Kinderschuh- und Schuhfabrik, und der Schuh-Einzelhandelskette Conrad Tack (33 Geschäfte) gehören die Weinheimer zu den großen Schuhfabrikanten.

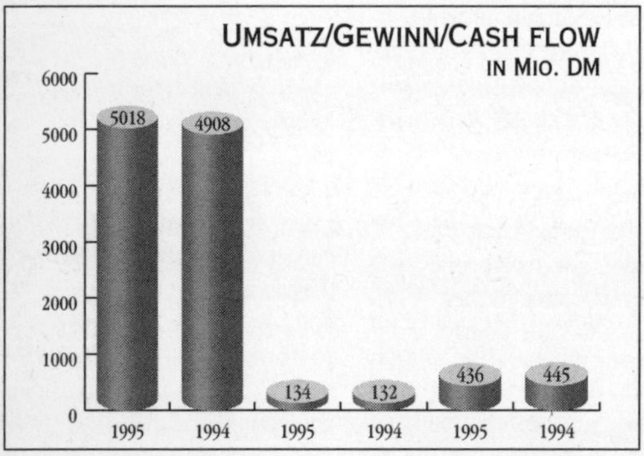

Umsatz 1995: *5.017,7 Mio.*
(Ausland: 3.136,0 Mio.)
Umsatz 1994: *4.907,7 Mio.*
(Ausland: 3.136,0 Mio.)
Umsatz 1993: *4.653,1 Mio.*
(Ausland: 2.939,0 Mio.)

Freudenberg hält darüber hinaus zahlreiche lukrative Minderheitsbeteiligungen an deutsch-japanischen Gesellschaften mit einem Umsatz von knapp 4,5 Mrd. DM.

BETEILIGUNGEN. Zur Unternehmensgruppe Freudenberg gehörten Ende 1995 175 Gesellschaften in 34 Ländern. 133 Gesellschaften wurden voll konsolidiert, darunter 51 Produktions- und 46 Vertriebsgesellschaften. Freudenberg hält darüber hinaus zahlreiche lukrative Minderheitsbeteiligungen, besonders in Japan (NOK Corporation, Japan Vilene Company Ltd.), die nicht in die Bilanz einfließen, aber einen Umsatz von ca. 4,5 Mrd. DM ausmachen.

● Unter der Führungsgesellschaft Freudenberg & Co., die als Holding Konzernfunktionen wie Finanzen, Konzernrechnungswesen und -controlling, Steuern, Recht und Personal (Führungskräfte) wahrnimmt, firmieren folgende neun Gesellschaften: Freudenberg Dichtungs- und Schwingungstechnik KG, Freudenberg Faservliesstoffe KG, Freudenberg Spinnvliesstoffe KG, Freudenberg Bausysteme KG, Freudenberg Leder KG, Freudenberg Anlagen- und Werkzeugtechnik KG, Freudenberg Informatik KG, Freudenberg Kaufmännische Dienste KG, Freudenberg Technische Dienste KG.

● Zu den wichtigsten inländischen Produktionsgesellschaften gehören: Freudenberg Schuh-GmbH, Kleve (100% – ehemals Elefanten-Schuh); Klüber Lubrication München KG, München (100% – Spezialschmierstoffe, eigene Produktions- und Vertriebsgesellschaften in 17 Ländern); Freudenberg Mektec GmbH & Co. KG, Weinheim (60%); Freudenberg Haushaltsprodukte Augsburg GmbH & Co. KG, Augsburg (100%); Klüber Chemie KG, Nürnberg (100%); Convert Vliesveredlung GmbH & Co. KG, Waldfischbach-Burgalbern (60%); Freudenberg Anlagen- und Werkzeugtechnik KG, Laudenbach (100%); Freudenberg Dichtungs- und Schwingungstechnik GmbH, Berlin-Friedrichshain (100%); Elring Klinger GmbH, Dettingen (20,1%).

● Zu den wichtigsten inländischen Vertriebsgesellschaften gehören: Conrad Tack Kommanditgesellschaft, Weinheim/Offenbach (100%); Vileda GmbH, Weinheim (100%); Freudenberg Vertrieb Einlagestoffe KG, Weinheim (100%); Jela Schuh GmbH, Kleve (100%); Exled Warenhandels-GmbH, Hamburg (100%); FHP Export GmbH, Weinheim (100%); Technischer Handel Freudenberg KG, Weinheim (100%); Hesscon GmbH Wälzlager und Industriebedarf, Laatzen (100%); Schauz Technik und Logistik, Stuttgart (über 50%).

NEUE BUNDESLÄNDER. Zu Freudenberg in den neuen Bundesländern gehören u. a. Freudenberg Dichtungs- und Schwingungstechnik GmbH, Velten, sowie die Freudenberg Dichtungs- und Schwingungstechnik GmbH, Berlin.

STANDORT DEUTSCHLAND. Freudenberg erwartet für 1996/97 für die meisten Geschäfte der Gruppe stagnierende Märkte und eine verschärfte Konkurrenzsituation. Nachdem Freudenberg bis 1994 rund 3.000 Stellen abgebaut hatte, nahm die Belegschaft 1995 wieder leicht zu. Dennoch soll der Personalbestand nach der Aufsplitterung von Carl Freudenberg in neun einzelne KGs auf ungefähr 8.000 Beschäftigte reduziert werden. Das Inlandsgeschäft macht bei Freudenberg 37,5% aus, in Deutschland arbeiteten Ende 1995 knapp über 12.000 Mitarbeiter. Freudenberg will auch in Zukunft neue Produktionskapazitäten eher im Ausland als im Inland aufbauen. In China wurde eine Produktionsstätte für schwingungstechnische Produkte und Vliesstoffe gegründet, in Indien werden neue Standorte gesucht. Freudenberg plant als Antwort auf die Struktur- und Absatzkrise eine tiefgreifende Umstrukturierung im Bereich Kfz-Zulieferung und die Konzentrierung der verschiedenen Produktlinien auf jeweils ein Werk im In- und Ausland. So werden seit 1993 alle europäischen dichtungs- und schwingungstechnischen Aktivitäten in der Sparte Dichtungs- und Schwingungstechnik zusammengefaßt. Sie gliedert sich nach Produktgruppen in sieben Geschäftsbereiche. Ihre 17 Produktionsstandorte – sieben davon in Deutschland – spezialisieren sich ihrerseits auf bestimmte Produkte. So wurde die Fertigung von Ventilschaftabdichtungen in Italien und die Produktion von Stoßdämpferdichtungen in England und Spanien zusammengefaßt. Der Geschäftsbereich Gummiformteile schloß Ende 1993 sein Werk in Erbach im Odenwald und verlagerte die Fertigung in die Werke Reichelsheim und Kufstein/Österreich. Das Simmering-Programm als wichtige Programmgruppe wird künftig nur noch in Weinheim und in einem französischen Werk produziert, Tufting- und Hygieneartikel nur noch in Kaiserslautern.

»BÜNDNIS FÜR ARBEIT«. Freudenberg betont, daß es die hohe Qualität und das Bildungspotential seiner Mitarbeiter dazu nutzen will, die Nachteile des Standortes Deutschland auszugleichen. Freudenberg beruft sich auf die Kooperation, die Kreativität, den Einsatz und die Flexibilität seiner Beschäftigten bei der Reorganisation der Unterneh-

Gewinn 1995: *134,3 Mio.*
Gewinn 1994: *132,2 Mio.*
Gewinn 1993: *59,6 Mio.*

Cash flow 1995: *436,0 Mio.*
Cash flow 1994: *445,0 Mio.*
Cash flow 1993: *397,0 Mio.*

Cash flow: *Der Cash flow diente der Erhöhung des Anlage- und Umlaufvermögens sowie der Verminderung des langfristigen Fremdkapitals.*

Steueraufkommen 1995: *121,3 Mio.*
Grund- bzw. Stammkapital 1995: *300,0 Mio.*

Beschäftigte 1995: *25.672*
Beschäftigte 1994: *25.443*
Beschäftigte 1993: *25.609*

Umsatz pro Mitarbeiter 1995: *195.454,– DM*
Umsatz pro Mitarbeiter 1994: *192.890,– DM*
Umsatz pro Mitarbeiter 1993: *181.698,– DM*

Löhne und Gehälter 1995: *1.369,2 Mio.*
Löhne und Gehälter 1994: *1.344,6 Mio.*
Durchschnittsgehalt 1995: *53.334,– DM*
Soziale Abgaben und Aufwendungen 1995: *345,9 Mio.*
Soziale Abgaben und Aufwendungen 1994: *368,5 Mio.*

Bezüge pro Mitglied der Unternehmensleitung 1995: *1.059.167,– DM*
Bezüge pro Mitglied des Gesellschafterausschusses 1995: *20.000,– DM*

Investitionen 1995:
295,0 Mio.
Investitionen 1994:
227,0 Mio.
Investitionen 1993:
312,0 Mio.

Mitbewerber: *Akzo, Bosch, Continental, Fichtel & Sachs, Kolbenschmidt, Salamander, Solvay, VDO Schindling, Carl Zeiss, ZF*

mensgruppe und der Umwandlung der Aktivitäten des Stammhauses in selbständige Kommanditgesellschaften 1995. Konkrete Angaben über entsprechende innerbetriebliche Modelle bzw. Bündnisse macht Freudenberg nicht.

UMWELTSCHUTZ. Umweltschutz und Arbeitsschutz, so Freudenberg, stehen gleichwertig neben den sozialen und wirtschaftlichen Belangen der Gruppe. Für die Umsetzung der weltweit in allen Freudenberg-Unternehmen geltenden »Leitlinien für den Umwelt- und Arbeitsschutz bei Freudenberg« sind die einzelnen Gesellschaften verantwortlich. Ein zentrales Umweltschutz-Management-System kennt Freudenberg nicht. Über Details und die Kosten des Umweltschutzes macht Freudenberg keine Angaben. Angestrebt wird in den Produktionsstätten eine gefahrlose und umweltschonende Fertigung und Entsorgung. An mehreren Standorten wurden aufgrund der Leitlinien Maßnahmen zum vorbeugenden Boden- und Gewässerschutz, z. B. durch Unterwannung von Produktions- und Lagerbereichen, durchgeführt. Es laufen mehrere Pilotprojekte mit dem Ziel der Auszeichnung nach der EU-Öko-Audit-Verordnung. Im Stammwerk Weinheim werden geschlossene Kreisläufe bei Metallbehandlungen und Maßnahmen zur Vermeidung oder Verwertung von Abfällen getestet. Freudenberg im Mai 1996: »Erfreulich wenig Altlasten fanden externe Fachleute bei der Untersuchung des in Weinheim aufgegebenen Werksgeländes ›Müllheimer Tal‹, obwohl Freudenberg an diesem, seinem ältesten Standort von 1848 bis 1994 ununterbrochen produziert hat: zunächst viele Jahrzehnte Leder, dann seit Anfang der dreißiger Jahre Simmeringe. Das innenstadtnahe Gelände wird für den Wohnungsbau geräumt.«

GEA

Standort:
Dorstener Straße 484
44809 Bochum

Postanschrift:
Postfach 10 08 30
44708 Bochum

Telefon: *(0234) 980-0*
Telex: *820 350-0*
Telefax: *(0234) 980-1053*

Branche: *Maschinen- und Anlagenbau; Ingenieurbau; Prozeßtechnik, Wärme- und Energietechnik, Luft- und Kältetechnik*

GESCHICHTE UND ENTWICKLUNG. Die GEA wurde 1920 als »Gesellschaft für Entstaubungs-Anlagen mbH« (GEA) in Bochum durch Otto Happel gegründet. Keimzelle der GEA-Gruppe war die Idee, Luft statt Wasser als Kühlung, z. B. in der chemischen und petrochemischen Prozeßkühlung, einzusetzen. Die GEA-Luftkühler waren bahnbrechend. Eine weitere weitreichende Erfindung in den 20er Jahren war das elliptische Rippenrohr, Kernelement für luftgekühlte Wärmetauscher. 1925 erhielt die Firma den Namen GEA Luftkühlergesellschaft mbH.
Gründung der ersten Tochtergesellschaft in den fünfziger Jahren; Anwendung des elliptischen Rippenrohres in der Heizungstechnik. Gründung von ersten Tochtergesellschaften im europäischen Ausland und in den USA in den 60er Jahren. 1979 Einstieg in die Prozeßtechnik durch die Übernahme einer Gesellschaft zur Herstellung von Molkereianlagen. Nach dem Tod Otto Happels Leitung des Unternehmens durch seine Frau Elisabeth Happel; 1974 Übergabe der Gruppe an Sohn Otto. 1979 Übernahme der Eduard Ahlborn GmbH und Beginn der Diversifizierung. Konzernweit starke Expansion in den 80er Jahren. Zunehmende Konzentration auf umwelttechnologische Entwick-

lungen. 1988 gehörten rund 30 Gesellschaften mit 4.900 Beschäftigten und einem Umsatz von 946 Mio. DM zur GEA GmbH. 1988 Änderung der Gruppenstruktur; Zusammenfassung aller Gesellschaften der GEA-Gruppe zur GEA AG & Co. als Holding. 1989 Gründung der GEA AG und Gang an die Börse. Die Gründerfamilie behielt nach der Börseneinführung 37,5% des gesamten Aktienkapitals in Form von Stammaktien, konnte aber wegen der Stimmrechtslosigkeit der Vorzugsaktien 75% der Stimmrechte auf sich vereinigen. 1991 Erwerb der niederländischen Grasso-Gruppe; 1993 Übernahme der dänischen Niro A/S; 1994 mehrheitlicher Einstieg bei der Westfalia Separator AG, Oelde; 1995 Übernahme der Tuchhagen-Gruppe; 1996 Erwerb der englischen Barr & Murphy-Gruppe. 1996 Präsentation des neuen Firmenlogos, das Ausdruck für Globalität und Dynamik sein und die Zusammengehörigkeit der Gesellschaften in einem starken Weltverbund symbolisieren soll. Der neue Slogan: »Leading Technologies. Individual Solutions.«

BESITZVERHÄLTNISSE/EIGENTUMSSTRUKTUR.

- Familie Happel, Herne (über 50% der Stammaktien; davon Otto Happel 46,12%)
- Rest Streubesitz

KONZERNÜBERBLICK. Die GEA ist ein weltweit operierender Konzern in der Entwicklung, Herstellung und dem Vertrieb von Komponenten, Systemen und schlüsselfertigen Anlagen, insbesondere auf dem Gebiet der Energie-, Umwelt- und Prozeßtechnik. An der Spitze des Konzerns steht eine Holdinggesellschaft; die operativen Geschäfte werden von den Gesellschaften getätigt, die in den Unternehmensbereichen als Profit-Center geführt werden. Im GEA-Center in Bochum, dem zentralen Sitz der Unternehmensgruppe (60 Mitarbeiter), laufen die »Fäden« von 150 operativen Gesellschaften in weltweit 50 Ländern zusammen. Die GEA versteht sich als eine global operierende Technologie-Gruppe, die sich auf die Unternehmensbereiche Prozeßtechnik, Wärme- und Energietechnik sowie Luft- und Kältetechnik spezialisiert hat.

- Unternehmensbereich Prozeßtechnik mit den Geschäftsbereichen Flüssigkeitsverarbeitung, Mechanische Trenntechnik und Landtechnik, Verdampfung und Trocknung. Wesentliche Produktgruppen im Geschäftsbereich Flüssigkeitsverarbeitung: komplette Prozeßlinien zur Verarbeitung flüssiger Nahrungsmittel; Prozeßautomation; Ultrahocherhitzungsanlagen; Ventile und Flow Components, Abfüll- und Reinigungsanlagen, Form-, Füll- und Verschließmaschinen. Geschäftsbereich Mechanische Trenntechnik und Landtechnik: Separatoren und Dekanter; Homogenisatoren und Hochdruckpumpen; Melkmaschinen und Fütterungssysteme. Geschäftsbereich Verdampfung und Trocknung: Verdampfer, Trockner, Agglomeratoren, Granulatoren und Coater; Gaswaschanlagen; Spiralwärmetauscher; Strahlpumpen/Vakuumsysteme; Pulver-Absack- und Verpackungsmaschinen. Umsatz 1995: 2.354,0 Mio. DM (Vorjahr: 1.774,0 Mio.); Beschäftigte 1995: 9.914.
- Wärme- und Energietechnik mit den Geschäftsbereichen Wärmetechnik und Energietechnik. Wesentliche Produktgruppen im Geschäftsbereich Wärmetechnik: luftgekühlte Wärmetauscher für die Prozeßtechnik; luftgekühlte Wärmetauscher für die Rückkühltechnik;

Rechtsform:
Aktiengesellschaft

Geschäftsjahr: *1.1.-31.12.*

Gründungsjahr: *1920;*
AG seit 1989

Öffentlichkeitsarbeit:
Michael Küch
Tel.: (0234) 980-1081
FAX: (0234) 980-1087

Verbände: *alle Fachverbände aus den Unternehmensbereichen und Arbeitsgebieten des GEA-Konzerns*

Vorstand:
- *Happel, Otto, Dr. (Sprecher; Zentrale Funktionen), Bochum*
- *Andersen, Ole (Prozeßtechnik), Bochum*
- *Koch, W. Herbert (Wärme- und Energietechnik), Bochum*
- *Lüders, Uwe (Luft- und Kältetechnik), Herne*
- *Schildmann, Rolf (Arbeitsdirektor; Wärme- und Energietechnik), Bochum*
- *Sturany, Klaus, Dr. (Controlling und Finanzen), Bochum*

Vorstandsbezüge 1995:
4.960.000,– DM

Aufsichtsrat:
▌*Heraeus, Jürgen, Dr. (Vorsitzender; Vorsitzender der Geschäftsleitung der Heraeus Holding GmbH), Hanau*
▌*Aulinger, Leonard, Dr. (Rechtsanwalt und Notar), Bochum*
▌*Kriwet, Heinz, Dr. (ehem. Vorsitzender des Vorstandes der Thyssen AG), Düsseldorf*
▌*Kroll, Peter (Generalbevollmächtigter der Commerzbank AG), Frankfurt/Main*
▌*Peskes, Gerd (Wirtschaftsprüfer), Düsseldorf*
▌*Schulenburg, Franz (Ehrenpräsident der IHK zu Bochum), Bochum*
* Stöber, Joachim (stellv. Vorsitzender)*
* Delaveaux, Gerd*
* Fischer, Karl-Hermann*
* Göersmeier, Heinz-Werner*
* Markau, Iris*
* Mengen, Manfred*

***Aufsichtsratstantiemen 1995:** 210.000,– DM*

Wärmetauscher für Kraft- und Arbeitsmaschinen; Wärmetauscher für Heizung, Klimatisierung und Trocknung. Energietechnik: Trocken- und Naßkühltürme; luftgekühlte Kondensatoren für Kraftwerke und Müllverbrennungsanlagen; Wärmerückgewinnungsanlagen und Energiespartechnik. Umsatz 1995: 704,0 Mio. DM (Vorjahr: 637,0 Mio.); Beschäftigte 1995: 2.983.

● Luft- und Kältetechnik mit den Geschäftsbereichen Lufttechnik und Kältetechnik. Wesentliche Produktgruppen im Geschäftsbereich Lufttechnik: zentrale und dezentrale Klimatechnik; Luftheizung; Industrieventilatoren; Luftfilter; Gasheizgeräte. Kältetechnik: Hubkolben- und Schraubenverdichter sowie Aggregate; kältetechnischer Anlagenbau; Verdampfer und Verflüssiger. Umsatz 1995: 995,0 Mio. DM (Vorjahr: 882,0 Mio.); Beschäftigte 1995: 4.875.

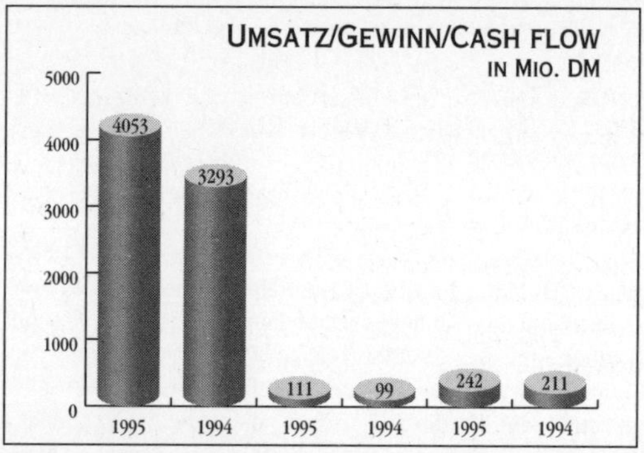

BETEILIGUNGEN. Neben der GEA AG wurden 1995 40 inländische und 173 ausländische Tochterunternehmen in den Konzernabschluß einbezogen. Die wichtigsten Tochterunternehmen und Beteiligungen der GEA AG sind in den Unternehmensbereichen:

● Prozeßtechnik. Flüssigkeitsverarbeitung: Otto Tuchenhagen GmbH, Herne (100% – mit 20 Gesellschaften in 15 Ländern); GEA Ahlborn GmbH, Sarstedt (100%); GEA Ecoflex GmbH, Sarstedt (100%); GEA Finnah GmbH, Ahaus (100%); GEA Till GmbH & Co., Kriftel (100%); Scami S.A., Nanterre/Frankreich (100%). Mechanische Trenntechnik und Landtechnik: Westfalia Separator AG, Oelde (100% – mit 27 Gesellschaften in 25 Ländern); Centrico, Inc., Northvale/USA (82%); Niro-Soavi S.p.A., Parma/Italien (100%); Niro Separation A/S, Horsens/Dänemark (100%). Verdampfung und Trocknung: Niro A/S, Søborg/Dänemark (100% – mit 30 Gesellschaften in 19 Ländern); GEA Wiegand GmbH, Ettlingen (100%); GEA Canzler GmbH, Düren (100%); Aeromatic-Fielder Ltd., Hampshire/Großbritannien (100%); Barr-Rosin Ltd., London/Großbritannien (100%); Damrow Company, Inc., Fond du Lac/USA (100%).

● Wärme- und Energietechnik. Wärmetechnik: GEA Luftkühler GmbH, Bochum (100%); Renzmann & Grünewald GmbH, Monzingen (100%); Batignolles Technologies Thermiques S.A., Paris/Frankreich (100%); GEA Scambiatori di Calore S.r.l., Monvalle/Italien (100%); GEA Klimator Spólka z o.o., Swiebodice/Polen (95%); GEA Spiro-Gills Ltd., Stafford/Großbritannien (100%); GEA Rainey Corp., Tulsa/USA (100%); GEA do Brasil Intercambiadores Ltda., São Paulo/Brasilien (100%);

GEA Aircooled Systems Ltd., Sandton/Südafrika (100%). Energietechnik: GEA Energietechnik GmbH, Bochum (100%); GEA Wärme- und Umwelttechnik GmbH, Bochum (100%); Polacel B.V., Doetinchem/Niederlande (100%); EGI Contracting/Engineering Co. Ltd., Budapest/Ungarn (86%); GEA Power Cooling Systems Inc., San Diego/USA (100%); GEA Thermal-Dynamic Towers, Inc., Lakewood/USA (100%).
● Luft- und Kältetechnik. Lufttechnik: GEA Happel Klimatechnik GmbH, Herne (100% – mit 5 Gesellschaften in 5 Ländern); Delbag-Luftfilter GmbH, Berlin (100%); Paul Pollrich GmbH & Comp., Mönchengladbach (100%); DWS Wärmesysteme GmbH, Bietigheim-Bissingen (100%). Kältetechnik: Grasso's Koninklijke Machinefabrieken N.V., s'Hertogenbosch/Niederlande (100% – mit 17 Gesellschaften in 10 Ländern); Kühlautomat Berlin GmbH, Berlin (100%); Industrie Technofrigo Dell'Òrto S.p.A., Castel Maggiore/Italien (80%); Küba Kältetechnik GmbH, Baierbrunn (100%).

NEUE BUNDESLÄNDER. Die GEA-Gruppe ist mit zahlreichen Gesellschaften der Unternehmensbereiche in den neuen Bundeländern ähnlich wie im Westen präsent, besonders in der Umwelttechnologie. In Leppersdorf bei Dresden richteten sechs GEA-Gesellschaften des Unternehmensbereiches Prozeßtechnik Europas größte Molkerei mit einer Kapazität zur Verarbeitung von 1 Mrd. Liter Milch jährlich ein. Das Auftragsvolumen dieses zur Molkerei Müller gehörenden Milchwerkes betrug 60 Mio. DM, laut GEA der größte Einzelauftrag, den die deutsche Molkereiindustrie jemals vergeben hat.

STANDORT DEUTSCHLAND. Kaum ein anderer Konzern ist in den letzten Jahren so rasant gewachsen wie die Bochumer GEA. Von 1984 bis 1995, also in nur zwölf Jahren, hat sich der Umsatz der GEA nahezu verachtfacht, der Cash flow verneunfacht und der Gewinn mehr als verzwölffacht. 1984 betrug der Umsatz noch 521 Mio. DM. Die GEA hat in außergewöhnlichem Maße akquiriert – überwiegend namhafte, in ihren Märkten international führende Unternehmen. Daraus ist, so der Vorstand, die »neue« GEA entstanden. Die GEA hebt besonders hervor, daß sie die Stärke eines großen Industrieunternehmens mit »der Flexibilität von dezentral geführten, marktnahen Firmen in der ganzen Welt« verbindet. Globalisierung ist »strategisches Ziel« der Bochumer. 70% des Umsatzes werden mit Kunden außerhalb Deutschlands getätigt. Durch die dezentrale Unternehmensstruktur unter dem Dach der Bochumer Holding ist die GEA in der Lage, ihre Kunden »marktnah« und flexibel zu betreuen; die Gesellschaften arbeiten weitgehend eigenverantwortlich und frei in ihren Entscheidungen. Die Zentrale gibt die strategische Ausrichtung vor, bündelt Synergien und nimmt zentrale Aufgaben wahr (Controlling und Finanzen). Aber auch bei der GEA wird restrukturiert. Zur »Optimierung der Fertigung« wurden 1995 Standorte in Deutschland, Dänemark, Großbritannien und der Schweiz zusammengelegt oder geschlossen. Der Anstieg der Beschäftigten war akquisitionsbedingt; tatsächlich nahm die Zahl der Mitarbeiter 1995 um 540 ab, fast ausnahmslos an deutschen Standorten. 1996 stehen noch einmal 500 Arbeitsplätze auf der Streichliste. Der Vorstand: »Von der Reduzierung sind hauptsächlich Hochlohnländer betroffen. Parallel dazu kommt es zu einem leichten Aufbau in den Wachstumsmärkten Südostasien,

BÖRSE, AKTIEN, KURSE
Grundkapital 1995:
207,5 Mio.
Jahreshöchstkurs 1995:
Stammaktie: 621,00 DM
Vorzugsaktie: 548,00 DM
Jahrestiefstkurs 1995:
Stammaktie: 488,00 DM
Vorzugsaktie: 417,00 DM
Aktie Jahresende 1995:
Stammaktie: 522,00 DM
Vorzugsaktie: 460,00 DM
Dividende pro Aktie 1995:
Stammaktie: 10,00 DM
Vorzugsaktie (ohne Stimmrecht): 11,00 DM

Die Dividende bezieht sich auf je 50,– DM Aktiennennbetrag. Das Grundkapital besteht je zur Hälfte aus Stammaktien und Vorzugsaktien ohne Stimmrecht. Der Bilanzgewinn 1995 betrug 58,9 Mio. DM.

Umsatz 1995: *4.052,6 Mio.*
Umsatz 1994: *3.292,9 Mio.*
Umsatz 1993: *2.708,0 Mio.*

Gewinn 1995: *110,7 Mio.*
Gewinn 1994: *98,7 Mio.*
Gewinn 1993: *74,6 Mio.*

Cash flow 1995: *242,0 Mio.*
Cash flow 1994: *211,0 Mio.*
Cash flow 1993: *161,0 Mio.*

Cash flow: *Der Cash flow floß überwiegend in die Investitionen, u. a. in die Tuchenhagen-Gruppe.*

Steueraufkommen 1995:
33,0 Mio.

Beschäftigte 1995: *17.833*
Beschäftigte 1994: *16.778*
Beschäftigte 1993: *11.509*

Umsatz pro Mitarbeiter 1995: *227.252,– DM*
Umsatz pro Mitarbeiter 1994: *196.262,– DM*
Umsatz pro Mitarbeiter 1993: *235.294,– DM*

Löhne und Gehälter 1995: *1.016,9 Mio.*
Löhne und Gehälter 1994: *795,8 Mio.*
Durchschnittsgehalt 1995: *57.023,– DM*
Soziale Abgaben und Aufwendungen 1995: *241,9 Mio.*
Soziale Abgaben und Aufwendungen 1994: *183,1 Mio.*

Bezüge pro Vorstandsmitglied 1995: *826.666,– DM*
Tantiemen pro Aufsichtsrat 1995: *17.500,– DM*

Investitionen 1995: *137,0 Mio.*
Investitionen 1994: *81,0 Mio.*
Investitionen 1993: *96,0 Mio.*

Mitbewerber: *ABB, Alfa-Laval, APV, Altana, Brochier, Deutsche Babcock, Didier, Klöckner-Werke, Krupp-Hoesch, Lurgi, MAN, Mannesmann, Preussag, Thyssen*

China und Osteuropa.« Der Auslandsanteil der Beschäftigten liegt bei 53%. Nach den großen Wachstumssprüngen der letzten Jahre soll 1996/97 eine Phase der Konsolidierung eintreten.

»BÜNDNIS FÜR ARBEIT«. »Unsere Mitarbeiterinnen und Mitarbeiter sind eine wesentliche Quelle unseres Erfolges. Auf ihrem Wissen und ihren Fähigkeiten, ihrer Motivation und Flexibilität beruhen die Wettbewerbsstärke und die zukünftige Entwicklung der GEA.« So flexibel, wie die Unternehmen der GEA-Gruppe auf die Märkte reagieren wollen, so beweglich müssen sie auch in ihren inneren Strukturen sein. Gruppenarbeit und flexible Arbeitszeitmodelle werden auch in den GEA-Gesellschaften diskutiert und teilweise in Pilotprojekten angewendet. Durch den »weltmarktbedingten Zwang zur Rationalisierung und Umstrukturierung« sollen alle »personalpolitischen Maßnahmen und Instrumente in Zukunft noch stärker darauf ausgerichtet werden, unter Kosten- und Effizienzgesichtspunkten einen Beitrag zur Stärkung des Unternehmens am Markt und damit einen Beitrag zur Sicherung der Arbeitsplätze zu liefern«. 1995 haben die Unternehmensleitung und der Konzernbetriebsrat die Diskussion über neue Formen der Arbeitsorganisation und Arbeitszeitgestaltung aufgenommen, die 1996/97 mit konkreten Ergebnissen praktische Anwendung finden sollen. Motivation, Kreativität und Leistung sind bei der GEA drei maßgebliche Kriterien der Personalpolitik. Gefordert wird, daß die interne Organisation flexibel und ständig änderbar bleibt. »Eine permanent fließende Organisation wird die alten Starrheiten abbauen. Weder Qualifikation, Dauer der Betriebszugehörigkeit, Hierarchiestufe, Abteilungszugehörigkeit usw. dürfen tabu sein« (aus: GEA 1920-1995. Tradition, Profile, Vision). GEA verlangt auf allen Ebenen eine »neue Beweglichkeit«. Durch die kontinuierliche Globalisierung der GEA-Gruppe wird besonderer Wert auf Aus- und Weiterbildungsprogramme gelegt.

UMWELTSCHUTZ. Umweltschutz und Umwelttechnologien entwikkeln sich zu einem führenden Wirtschaftsfaktor weltweit. Das hat die GEA früh erkannt. Der Umweltbereich ist für die GEA inzwischen zu einem lukrativen Geschäftszweig geworden. Denn die Ingenieurleistungen und Kerntechnologien der einzelnen Unternehmensbereiche spielen bei Lösungen zum Schutz der Umwelt eine entscheidende Rolle. In der Prozeßtechnik wurden Anlagen zur Luftreinhaltung und Abfallbehandlung entwickelt, Luftfilter und Ventilatoren zur Abscheidung unerwünschter flüssiger oder fester Emissionen, umweltfreundliche Gefrier- und Kühlsysteme für den Anlagenbau in der Luft- und Kältetechnik. In der Wärme- und Energietechnik, bei der Wärmerückgewinnung und Mehrfachnutzung von Energie besonders in industriellen Anlagen ist GEA führend.

Gedelfi siehe Edeka
Gehe siehe Haniel
Gerresheimer Glas siehe VIAG

GRUNDIG

GESCHICHTE UND ENTWICKLUNG. Max Grundig beginnt 1945 in einer kleinen Werkstatt mit der Herstellung von Transformatoren für Rundfunkempfänger. 1947 Bau einer eigenen Fabrikation und Konstruktion des »Heinzelmann«, der ihn bundesweit bekannt macht. Errichtung weiterer Fertigungsstätten, weil der Bedarf an Rundfunkgeräten ungeheuer groß ist. 1949 verläßt das 150.000. Radiogerät das Band. Erstes Kofferradio »Grundig-Boy«. 1950 UKW-Empfänger mit Drucktastenbedienung. 1950 wird das 500.000. Radio produziert. Beginn der Tonbandgeräte-Produktion. 1952 Bau einer Werkshalle für die ersten Fernseher. Auf allen Gebieten der Unterhaltungselektronik hat Grundig immer die Nase vorn.
1956 ist er größter Musikschrank-Hersteller der Welt. 1957 Erwerb der Triumph-Werke, Nürnberg, und der Adler-Werke, Frankfurt; Expansion auf dem Büromaschinenmarkt – Familienschreibmaschine »Gabriele«. Zahlreiche neue Werke für die Holz- und Kunststoffgehäuse-Fertigung werden errichtet. 1959 hat Grundig 26.000 Beschäftigte. Radios, Tonbandgeräte und Fernseher bescheren Max Grundig einen unvergleichlichen Boom. 1965 Werk Braga/Portugal, neue Produktionsstätten im Inland. 1966 sind weltweit 16,5 Millionen Grundig-Geräte verkauft. 1968 Verkauf von Triumph und Adler an den US-Konzern Litton. Neue Werke in Italien, Frankreich und Nürnberg. 1972 Umwandlung in eine AG. 1976 – »Super-HiFi«, Grundig beschäftigt 33.000 Mitarbeiter. 1978 Videorecorder-Werk in Nürnberg (Video 2000). In den 80er Jahren gerät Grundig in eine existentielle Krise: Produktstagnation, starke japanische und amerikanische Konkurrenz. 1984 Einstieg des Philips-Konzerns. Ende der 80er Jahre findet Grundig wieder Anschluß an das Weltniveau. Seit 1992 erneute Krise mit erheblichen Umsatzeinbrüchen und weitreichendem Personalabbau. Philips übernimmt die unternehmerische Verantwortung für den Grundig-Konzern. 1994 Aufgliederung von Grundig in elf rechtlich selbständig agierende GmbHs unter dem Dach einer Management-Holding. Bildung von fünf Business Groups.

BESITZVERHÄLTNISSE/EIGENTUMSSTRUKTUR.

- Grundig E.M.V. Elektro-Mechanische Versuchsanstalt Max Grundig holländ. Stiftung & Co. KG (E.M.V. & Co. KG), Fürth (76,5%). Komplementär ist die Grundig Verwaltungs-GmbH. Kommanditisten sind: Max Grundig-Stiftung, Fürth (67,97%), und Grundig Beteiligungs-GmbH, Fürth (32,03%), die zu 100% der Philips/Niederlande gehört.
- Max Grundig-Stiftung, Fürth (9,2%)
- Familie Grundig (7,2%)
- Philips GmbH, Hamburg (7,1%)

Anteilsmäßig halten die Max Grundig-Stiftung, Fürth, und Familie Grundig 68,4% (davon 52% über E.M.V. & Co. KG) sowie Philips Electronics N.V., Eindhoven, 31,6% des Kapitals (davon 24,5% über E.M.V. & Co. KG). Zwischen der E.M.V. & Co. KG und dem Konzern der Grundig AG bestehen umfangreiche wirtschaftliche Beziehungen. Die Geschäftstätigkeit der E.M.V. & Co. KG umfaßt im wesentlichen Forschung und Entwicklung einschließlich Formgestaltung auf dem

Standort:
Kurgartenstraße 37
90762 Fürth

Postanschrift:
90748 Fürth

Telefon: *(0911) 703-0*
Telex: *6 23 431*
Telefax: *(0911) 705376*

Branche: *Elektronik, Unterhaltungselektronik*

Rechtsform:
Aktiengesellschaft

Geschäftsjahr: *1.1.-31.12.*

Gründungsjahr: *1945*

Öffentlichkeitsarbeit:
Thomas Mickeleit
Tel.: (0911) 703-8629
FAX: (0911) 709687
Online: presse a grundig-de

Verbände: *Zentralverband der elektrotechnischen Industrie, Düsseldorf; Deutsches Video Institut, Berlin; Bundesverband Kabel und Satellit e.V., Bonn*

Vorstand:
- *van der Wal, Pieter W. (Vorsitzender)*
- *Bruch, Herbert, Dr.*
- *Burkhard, Hans*
- *van Splunter, Johan Adriaan*
- *Troost, Herman*
- *Wieland, Karl Heinz*

Vorstandsbezüge 1995:
3.459.000,– DM

Gebiet der Unterhaltungselektronik mit Ausnahme der Aktivitäten für Autoradios. Das komplizierte Beteiligungsmodell wurde 1984 wegen kartellrechtlicher Bedenken erdacht. Die Familien-Stiftung des Gründers Max Grundig erhält danach bis zum Jahr 2004 eine jährliche Garantiedividende von 50 Millionen DM. Der Unternehmensvertrag zwischen der E.M.V. & Co. KG und der Grundig AG soll Ende 1996 in gegenseitigem Einvernehmen aufgehoben werden, womit ab dem 1. Januar 1997 entstehende Gewinne oder Verluste der Grundig AG nicht mehr vertraglich von der E.M.V. & Co. KG übernommen werden. Grundig muß dann die Finanzierung aus eigener Kraft sicherstellen.

PHILIPS UND DIE TEILUNG GRUNDIGS. Philips hält an der Grundig AG direkt und indirekt insgesamt 31,6% des Aktienkapitals. Die Holländer sind aber die unternehmerische Führungsgesellschaft, eine in der deutschen Unternehmenslandschaft einmalige Konstruktion. Philips strebt auch die Kapitalmehrheit bei Grundig an, die ihr indirekt durch den Erwerb von zusammen 60% der Genußscheine der Grundig Verwaltungs-GmbH, die von den drei Banken Dresdner Bank (22%), Bayerische Vereinsbank (19%) und Schweizerische Bankgesellschaft (19%) gehalten wurden, zugefallen ist. Die Holländer versichern aber, dieses Kapital nicht vor 1997 in Aktienkapital umwandeln zu wollen. Ohnehin steht dieses Thema derzeit bei Grundig nicht zur Diskussion, da der Konzern 1994 im Rahmen seiner neuen Holdingstruktur in elf operative Tochtergesellschaften in GmbH-Form umgewandelt und so auch ins Handelsregister eingetragen wurde. Die Gesellschaften werden jeweils mit einem Kapital von 50.000 DM ausgestattet. Alle Werte, die der AG gehörten, wurden auf die GmbHs übertragen.
Ziel der Operation war eine stärkere Eigenverantwortlichkeit der einzelnen Geschäftsbereiche. Grundig engagiert sich zusehends auch außerhalb der Unterhaltungselektronik mit ihrer Business Group Telekommunikation und den Business Units Telekommunikations-Endgeräte und Home Security.

KONZERNÜBERBLICK. Grundig ist der führende deutsche Hersteller auf dem Elektronik-Sektor. Das Produkt- und Leistungsprogramm von Grundig unterteilt sich nach der Umstrukturierung 1994 in fünf eigenverantwortliche Unternehmensbereiche, sogenannte Business Groups: Bild, Audio/HiFi, Telekommunikation, Car Audio, Professionelle Elektronik. Die Business Groups und zwei Vertriebe sind unter dem Dach einer Management-Holding tätig. In der Business Group Bild sind die Business Units Fernsehen, Sat (Satellitentechnik), Video (VCR und Camcorder), Multimedia und Komponenten (Schlüsselkomponenten) zusammengefaßt. In der Business Group Audio/HiFi sind alle Radio- und Hifi-Aktivitäten des Konzern in den Units Audio und HiFi gebündelt. Zur Business Group Telekommunikation zählen die Business Units Telekommunikations-Endgeräte (schnurlose Telefone DECT, Anrufbeantworter, Faxgeräte) und Home Security (Funk-Schloß-Sender, Einbruchmeldetechnik). Mit einem Marktanteil von über 10% hält die Business Group Car Audio eine Spitzenposition in der europäischen Branche mit Autoradios und entsprechenden Systemen. Zur Business Group Professionelle Elektronik zählen die Units Video und Sicherheitstechnik, Numeric, Meßtechnik, Mobilfunk, Produktionstechnologie, Büroelektronik.

Produktionsstätten für Fernsehgeräte, Rundfunkgeräte, Radio- und Video-Recorder, Cassetten-Recorder, Bürogeräte und professionelle Elektronik hat Grundig in Fürth, Nürnberg-Langwasser, Bayreuth und Hannover. Im Ausland produziert Grundig in Braga/Portugal, Brugg/Schweiz, Eindhoven/Niederlande, Wien/Österreich, Warschau/Polen, Penang/Malaysia und Jakarta/Indonesien. Hinzu kommen das inländische Entwicklungszentrum in Fürth, die ausländischen Entwicklungszentren in Braga/Portugal, Glostrup/Dänemark, Penang/Malaysia und Wien/Österreich sowie zahlreiche Vertriebsgesellschaften im In- und Ausland. Rund 800 Grundig-Mitarbeiter, 7% der Gesamtbelegschaft, arbeiten in der Forschung sowie der Vor- und Produktentwicklung. Schwerpunkte der Entwicklungs- und Produktionstätigkeit bilden die PALplus oder 16:9-Technologie, DAB (Digital Audio Broadcasting), DVB (Digital Video Broadcasting) sowie digitale TV-Receiver (Set-Top-Boxen). Auf wesentlichen Auslandsmärkten ist die Grundig International Marketing & Sales GmbH für den Konzern tätig.

BETEILIGUNGEN. Zu den wichtigsten Beteiligungen des Grundig Konzerns unter der Grundig AG gehören in Produktion und Vertrieb: Grundig Fernseh-Video Produkte und Systeme GmbH, Nürnberg (100%); Grundig Professional Electronics GmbH, Fürth (100%); Grundig-Gildemeister Automation GmbH, Hannover (100%); Grundig Austria Gesellschaft m.b.H., Wien/Österreich (100%); Grundig Numeric B.V., Eindhoven/Niederlande (100%); Grundig ATEK Systems AG, Brugg/Schweiz (100%); P.T. Grundig International Indonesia, Jakarta/Indonesien (75%); Grundig Polska, Sp.z o.o., Warschau/Polen (65%); Grundig Auto-Radio Portugal Lda., Braga/Portugal (60%); Grundig Audio International Lda., Braga/Portugal (100%); Grundig Indústrias Portugal Lda., Braga/Portugal (100%); Grundig Research and Development (Malaysia) SDN.BHD., Penang/Malaysia (100%); Grundig (Malaysia) SDN.BHD., Penang/Malaysia (100%). Vertrieb: Grundig Marketing und Vertriebs Europa, Fürth (100%); Grundig Vertriebs-GmbH, Fürth (100%); Grundig CAR Audio-Produkte GmbH, Fürth (100%); Grundig Telekommunikations-Produkte GmbH, Fürth (100%); Grundig International Marketing & Sales GmbH, Fürth (100%); Grundig TV-Communications GmbH, Fürth (80%); Grundig Multimedia Solutions (GMS) GmbH, Fürth (84%); Grundig Home Security Systems GmbH, Fürth (100%); Grundig Öko-Technologie GmbH, Fürth (100%). Entwicklung: Grundig Autoradio-Entwicklungs GmbH, Fürth (74%); Grundig TV-Communications ApS, Albertslund/Dänemark (80%).

NEUE BUNDESLÄNDER. Mit dem Fall der Mauer bestand bei der Bevölkerung Ostdeutschlands ein großer Nachholbedarf im Elektronikbereich, besonders an Video-Recordern, HiFi-Anlagen und Fernsehern, den Grundig anfänglich auf der ganzen Linie nutzen konnte. Ende 1990 arbeiteten bereits 850 Einzelhändler mit Grundig zusammen. 1992 schwächte sich der Boom aber merklich ab; nicht zuletzt das stagnierende Ostgeschäft, auf das Grundig so gesetzt hatte, führte den Konzern in eine schwere Krise.

STANDORT DEUTSCHLAND. Auch 1996 Krisenstimmung bei Grundig mit einem Verlust von knapp 600 Mio. DM 1995, von dem

Aufsichtsrat:
- *Schwarz-Schilling, Christian, Dr. (Vorsitzender; MdB), Büdingen*
- *Bayer, Georg, Dr. (Vorsitzender des Aufsichtsrates der Nürnberger Versicherungsgruppe), Nürnberg*
- *Breipohl, Diethart, Dr. (Mitglied des Vorstandes der Allianz AG), München*
- *Das, Lourens P.H. (Group Director, Corporate Office, Mergers & Acquisitions, Philips International B.V.), Eindhoven*
- *Eberstadt, Gerhard (Mitglied des Vorstandes der Dresdner Bank AG), Frankfurt/Main*
- *Helm, Adolf, Dr. (Rechtsanwalt), Nürnberg*
- *Kleinschnittger, Karl-Heinz, Dr. (Mitglied des Vorstandes der Max Grundig-Stiftung), Fürth*
- *Rutgers, Johan A. (General Secretary Philips Electronics N.V.), Eindhoven*
- *Schaum, Hermann (Mitglied des Vorstandes der Max Grundig-Stiftung), Baden-Baden*

**Lobodda, Gerd (stellv. Vorsitzender)*
**Appelt, Dieter*
**Citlak, Esin*
**Dobrowolski, Klaus*
**Händel, Thomas*
**Lödel, Karl-Heinz*
**Polzmacher, Richard*
**Thiede, Detlef*
**Zwingel, Robert*

***Aufsichtsratstantiemen 1995:** 389.000,– DM*

Umsatz 1995: *3.507,7 Mio.*
Umsatz 1994: *3.540,0 Mio.*
Umsatz 1993/94:
3.379,1 Mio.

Gewinn/Verlust 1995:
– 598,0 Mio.
Gewinn/Verlust 1994:
– 126,0 Mio.
Gewinn/Verlust 1993/94:
– 347,5 Mio.

Grund- bzw. Stammkapital 1995: *262,5 Mio.*

Beschäftigte 1995: *11.459*
Beschäftigte 1994: *13.239*
Beschäftigte 1993/94:
14.049
(Beschäftigte 1991/92: 19.879)

Umsatz pro Mitarbeiter 1995: *306.109,– DM*
Umsatz pro Mitarbeiter 1994: *267.392,– DM*
Umsatz pro Mitarbeiter 1993/94: *240.522,– DM*

Löhne und Gehälter 1995:
618,1 Mio.
Löhne und Gehälter 1994:
567,9 Mio.
Durchschnittsgehalt 1995:
53.940,– DM
Soziale Abgaben und Aufwendungen 1995: *165,9 Mio.*
Soziale Abgaben und Aufwendungen 1994:
129,7 Mio.

Bezüge pro Vorstandsmitglied 1995: *576.500,– DM*
Tantiemen pro Aufsichtsrat 1995: *21.611,– DM*

die E.M.V. & Co. KG aufgrund des Unternehmensvertrages 566 Mio. DM übernommen hat. Die Folge: ein drastischer Sanierungsplan, der die Streichung 3.000 weiterer Arbeitsplätze vorsieht. Und schließlich kündigte Philips 1996 auch noch den Beherrschungsvertrag und kommt nur noch bis Ende 1996 für die Verluste auf. Philips verlangt für 1997 von Grundig schwarze Zahlen.
Die Stagnation am ostdeutschen Markt, die sinkenden Durchschnittspreise bei Farbfernsehgeräten, Videorecordern, Camcordern, Satelliten-Receivern und -Antennen, die preisgünstige ausländische Konkurrenz teilweise aus Ländern mit Lohnkosten von einem Zehntel des hiesigen Niveaus hatten den Fürthern zunehmend zu schaffen gemacht. Rote Zahlen und eine Strukturkrise ließen die niederländische Philips auf den Plan treten. Die Führungsgesellschaft Philips forderte drastische Sparmaßnahmen, möglichst über einen einschneidenden Stellenabbau. So arbeiten Ende 1995 bei Grundig nur noch 11.400 Beschäftigte, 5.870 davon im Inland. Zur Erinnerung: Grundig hatte in den 70er Jahren rund 37.500 Beschäftigte und 1991/92 noch knapp 20.000. Der Vorstand 1996: »Diese Entwicklung ist Ausdruck des anhaltenden Restrukturierungsdrucks, den die wirtschaftliche Lage des Unternehmens erzeugt.« 1996/97 soll eine weitere Restrukturierungsstufe gestartet werden. Die inländischen Fertigungsaktivitäten sollen weiter drastisch verringert werden. Die Zahl der Beschäftigten, vor allem in Deutschland, wird weiter reduziert. Die Einsparungsmaßnahmen am Standort Deutschland betreffen in erster Linie die Business Groups Bild und Professionelle Elektronik, hinzu kommt die Marketing- und Vertriebsorganisation Europa sowie Dienstleister und Stäbe. Konzernweit sind etwa 3.000 Arbeitsplätze betroffen, davon rund 2.200 in Deutschland, allein in Fürth 1.560. Zielgröße ist eine Belegschaft von 8.400 Beschäftigten. Die Verringerung der Beschäftigung im Ausland resultiert aus der Schließung des nur zu 40% von Grundig selbst ausgelasteten Werkes in Penang/Malaysia, wo rund 720 Mitarbeiter beschäftigt waren. 600 Beschäftigten wurde gekündigt.
Das französische Werk in Creutzwald wurde bereits Anfang 1994 an die britische Gooding Consumer Electronics verkauft, im Lautsprecherwerk Georgsgemünd und im Reparaturwerk Nürnberg wechselte der Besitzer durch Management-Buy-Out, die Data Scanner GmbH wurde an einen US-Konzern verkauft, das Werk Miesau bei Kaiserslautern an die Vogt Electronic AG veräußert, die Bereiche Numeric und Metallfertigung am Standort Fürth geschlossen.
Grundig setzt verstärkt auf die Wachstumsregionen in Asien, Südamerika, den Mittleren Osten und Osteuropa, wo bereits ein umfangreiches System an Vertriebsstützpunkten bzw. Vertriebsgesellschaften aufgebaut wurde. Der Auslandsanteil lag 1995 bei 47%. In Indonesien und Indien wurden Joint-ventures gegründet, in Singapur eine Gesellschaft, die die Aktivitäten in der Gesamtregion Südostasien, insbesondere in Thailand und Malaysia, koordiniert, in China ist eine eigene Produktionsstätte geplant. Im Iran ist Grundig International Marktführer. In Rußland und Polen wurden Vertriebsgesellschaften etabliert. In Polen wurde 1995 wie zuvor schon in Portugal ein neuer Fabrikationsstandort errichtet, dem ein Schwerpunkt im Konzern zukommen soll. Ab 1996 produziert Grundig im polnischen Kalisz mit der Grundig Polska (mit einer Minderheitsbeteiligung polnischer Partner) Farbfernseher. Das Werk verfügt über eine Kapazität von 1 Mio. Gerä-

ten pro Jahr und wird über Polen hinaus auch internationale Märkte beliefern.
Die westeuropäischen Kapazitäten werden weiter drastisch reduziert. Der Grund für das zunehmende Osteuropa-Engagament: die hohen Arbeitskosten hierzulande, die lokale Wertschöpfung, die Produktion mit billigeren Arbeitskräften im Ausland. Einfache und lohnintensive Tätigkeiten werden noch stärker in internationaler Arbeitsteilung durchgeführt. Gelingt es im Fernsehbereich nicht, an den beiden westeuropäischen Produktionsstandorten Nürnberg und Wien preiswerter zu produzieren, wird Grundig den deutschen Markt auch mit Geräten »Made in Poland« bedienen. Erhalten und stärken will Grundig dagegen die »Kernkompetenzen« in der Entwicklung, Fertigung, Logistik, im Vertrieb und im Marketing. In einem Gemeinschaftsprojekt mit dem amerikanischen Fernsehsender TVN will Grundig von 1996 an Digital-Receiver an US-Haushalte liefern, die an das Kabelnetz angeschlossen sind.
Der Plan, im Jahr seines 50jährigen Bestehens erstmals seit Jahren wieder schwarze Zahlen zu schreiben, ging gründlich daneben.

Investitionen 1995: *140,0 Mio.*
Investitionen 1994: *149,0 Mio.*
Investitionen 1993/94: *123,0 Mio.*

Umweltschutz 1995: *5,0 Mio.*

Forschung und Entwicklung 1995: *135,0 Mio.*

»BÜNDNIS FÜR ARBEIT«. Zu dem drastischen Rückgang der Beschäftigtenzahl habe, so Grundig, auf möglichst sozialverträglicher Basis die »gesamte Palette der betrieblichen Möglichkeiten beigetragen«: Qualifizierungsmaßnahmen, Umschulungen, das Seniorenprogramm für Mitarbeiter über 54 Jahre, der Verzicht auf Fluktuationsersatz sowie Aufhebungsvereinbarungen. Für einige Bereiche sei 1995 Outsourcing die »beste Lösung zur Erhaltung von Arbeitsplätzen« gewesen, so Grundig: Die Fotoabteilung in Fürth wurde von der Agentur AMC übernommen, mit dem Komponentenwerk in Miesau gingen 441 Arbeitsplätze an die Firma electronic Mietron GmbH über, die zentrale Materialversorgung in Nürnberg-Langwasser wurde von der Spedition Hopfengärtner übernommen. Die Vorfertigung (Metallverarbeitung) des Werkes für Audio- und HiFi-Geräte in Braga/Portugal mit insgesamt 416 Beschäftigten wurde in ein Management Buy Out überführt. Die Tochtergesellschaft Grundig Numeric GmbH, Fürth, wurde 1996 an die Dr. Johannes Heidenhain GmbH in Traunreuth abgegeben. Im August 1996 verkaufte Grundig das Leiterplattenwerk in Nürnberg-Langwasser (250 Beschäftigte) an zwei ehemalige Grundig-Manager. Zum Abbau von weiteren 3.000 Stellen 1996/97 wurde Anfang 1996 ein Sozialplan unterschrieben, der vorübergehend auch Arbeitszeitreduzierungen bei Lohnverzicht und Teilzeitarbeit vorsieht.
Grundig arbeitet im Rahmen der tarifvertraglichen Möglichkeiten an der Modifizierung der Entgeldsysteme mit dem Ziel einer »anforderungsgerechten, leistungs-, erfolgs- und marktorientierten Bezahlung«. Gehaltskürzungen werden offen diskutiert. In der qualifizierten Berufsausbildung (249 Auszubildende) sieht Grundig eine »gesellschaftliche Verpflichtung«.

UMWELTSCHUTZ. Im Zuge der Neustrukturierung des Unternehmens hat Grundig auch den Umweltschutz weiterentwickelt. Die Umweltschutzaktivitäten sind bei Grundig zur Managementaufgabe geworden: die Verankerung des Umweltschutzes in den Unternehmenszielen, die Bestellung von Beauftragten für Qualität, Umweltschutz und Produktsicherheit sowie die Erstellung von jährlichen Ökologie-Busi-

Mitbewerber: *Alcatel Alshtom, Canon, General Electric, Hitachi, Goldstar, Loewe Opta, 3M, Mitsubishi, NEC, Nokia, Philips, Pioneer, Samsung, Sanyo, Sharp, Siemens, Sony, Thomson, Toshiba, Yamaha*

nessplänen in allen Geschäftseinheiten, denen die zentralen Einrichtungen zur Verfügung stehen. Das betriebliche Umweltcontrolling unterstützt vor allem die Fertigungswerke im operativen Umweltschutz. Ein interdisziplinär zusammengesetztes Öko-Team entwickelt übergreifende Ökologiestrategien. Das Fensehgeräte-Werk Nürnberg wurde nach der EU-Öko-Audit-Verordnung zertifiziert. 1995 informierte Grundig erstmals in einem Umweltbericht über alle Umweltaspekte im Unternehmen: Umweltmanagement, Produkte, Produktionsprozesse, Verwertung, Ökonomie und Kommunikation.
Unter der Federführung von Grundig arbeiten verschiedene Hersteller sowie das Öko-Institut Freiburg an der Entwicklung des »Grünen Fernsehers«. Ziel des Projekts: Zukunftsweisende Lösungen, die die Produktion eines umwelt- und recyclinggerechten TV-Gerätes ermöglichen. Die auf der IFA '95 vorgestellte Öko-Geräteserie »Greenville« wurde auf umweltfreundlicher und recyclingfähiger Basis entwickelt und produziert.
Weitere Aktivitäten: Umstellung der Innenverpackungen von Styropor auf Papierbasis bei technischen Geräten, zunehmendes Geräte-Recycling in Abstimmung mit Händlern und Lieferanten und die Entwicklung einer Kreislaufwirtschaft bei allen technischen Produkten. Grundigs Ziele zur ökologischen Produktgestaltung und -fertigung: umweltschonender Materialeinsatz (Minimierung des Materialaufwandes, Ressourcenschonung, Verwendung recyclingfähiger Werkstoffe, Substitution bzw. Minimierung des Schadstoffinhalts), Demontagefreundlichkeit der Geräte, umweltschonende Fertigungsverfahren. Seit 1992 gibt Grundig eine Rücknahmegarantie für TV-Geräte. Grundig verfügt über einen eigenen Recyclingbetrieb für Geräte- und Kunststoffrecycling.

Gruner + Jahr siehe Bertelsmann
Hamburg-Mannheimer siehe Allianz

HANIEL

Standort:
Franz-Haniel-Platz 1
47119 Duisburg-Ruhrort

Postanschrift:
47118 Duisburg

Telefon: *(0203) 806-0*
Telex: *8 55 892*
Telefax: *(0203) 806-204*

Branche: *Holdinggesellschaft; Handel, Dienstleistung, Transport*

GESCHICHTE UND ENTWICKLUNG. Der Industriellen-Clan Haniel ist das älteste Gründergeschlecht an Rhein und Ruhr. Franz Haniel ist der Enkel des Firmengründers Jan Willem Noot, der 1756 mit einer Sondergenehmigung Friedrichs des Großen in Ruhrort ein Wohn- und Geschäftshaus (»Packhaus«), das heutige Haniel-Museum, aufgebaut hat. Der 1779 in Ruhrort geborene Franz Haniel (1779–1868) gründete 1800 eine Kohlenhandlung und erwarb mit seinem Bruder Gerhard Anteile an den Hütten »St. Antony« und »Neu-Essen«. 1808 Erwerb der Hütte »Gute Hoffnung« von Helene Amalie Krupp. Gründung der »Hüttengewerkschaft und Handlung Jacobi, Haniel & Huyssen« (JHH, Rechtsvorgängerin der Gutehoffnungshütte, GHH), einem Verbund der Hütten St. Antony, Neu-Essen und Gute Hoffnung. Entstehung des ersten deutschen Montan-Imperiums. Haniel wurde zu einem eisen- und stahlerzeugenden Unternehmen und arbeitete früh im Maschinenbau. Es firmierte nach familieninternen Besitzverschiebungen unter »Jacobi, Haniel & Huyssen«. Besitzer waren neben den Gebrüdern Haniel deren Schwäger Gottlob Jacobi und Heinrich Huyssen. Franz Haniel aber war immer der maßgebende Unternehmer im Konzern. Bau von Dampfmaschinenteilen, ab 1820 komplette Dampfmaschinen. Bau der ersten deutschen Rheindampfschiffe. Franz Haniel führte 1821 an der Ruhr den ersten geschlossenen Koksofen ein und wurde zu einem Pionier im Steinkohlebergbau auch unter Tage. Er trieb den Ausbau des Ruhrorter Hafens voran, den Straßenbau und die Einrichtung von Eisenbahnstrecken. 1840 erfolgte dann die Produktion der ersten Lokomotive »Ruhr«. 1844 Bau der werkseigenen Siedlung »Eisenheim« in Oberhausen-Osterfeld. Bau des ersten deutschen Seeschiffes mit eisernem Rumpf. 1857 Beginn der bergbaulichen Erschließung der Zeche »Rheinpreussen« in Homberg und damit der erste Versuch, auf der linken Rheinseite Kohle zu gewinnen. 1858 ist Haniel mit knapp 3.600 Arbeitern der größte Arbeitgeber des Ruhrgebietes. 1917 wurde aus der offenen Handelsgesellschaft Franz Haniel & Co. mit Zechenbesitz, Kohlenhandel, Reederei und Spedition die Franz Haniel & Cie. GmbH. In der fünften Generation ist die Konzerngründerfamilie bis 1996 auf ca. 930 Personen angewachsen. Die Familie Haniel gilt als eine der reichsten Familien Deutschlands.

BESITZVERHÄLTNISSE/EIGENTUMSSTRUKTUR.
- Mitglieder der Familie Haniel (99%). Die Anzahl der Gesellschafter beträgt 420, die der Familienmitglieder ca. 930
- Rest Streubesitz

KONZERNÜBERBLICK. Seit nunmehr 240 Jahren ist die Firma Haniel in Duisburg angesiedelt – einer günstigen europäischen Verkehrsdrehscheibe für den kombinierten Güterverkehr, dem größten Binnenhafen der Welt mit Seeanschluß über Rotterdam, mit hochmodernen Containerterminals und Freihafen. Der Haniel-Konzern gehört zu den größten deutschen und internationalen Handelsunternehmen – mit einer Bandbreite von der eigenen Produktion im Baustoffbereich bis zu einem weit verzweigten Versand- und Vertriebssystem sowie einer Reihe von Geschäfts- und Handelsketten. Der Konzern ist in folgenden Bereichen aktiv: Pharma-Produktion, Recycling und Bearbeitung von Rohstoffen für die Edelstahlindustrie, Baustoffhandel, Pharma-Großhandel, Waschraumhygiene und Umweltschutz. Der Haniel-Konzern gliedert sich nach einer neuerlich grundlegenden Umstrukturierung unter der strategischen Führungsholding Haniel & Cie GmbH (1996 wurde der Vorstand von sechs auf vier Mitglieder verringert) in sechs eigenständige Unternehmensbereiche:
◆ CWS International AG, Baar bei Zug/Schweiz (100%). Waschraumhygiene (Stoffhandtuchspender, Seifenspender, Air-Control-Luftreiniger, waschbare Handtuchrollen); Schmutzfangmatten-Service. Tochtergesellschaften in der Schweiz, in Belgien, Deutschland, Frankreich, Großbritannien, Italien, in den Niederlanden, Österreich, Singapur, Hongkong, Korea, Spanien, Liechtenstein und Malaysia. CWS ist auf dem Gebiet der Waschraumhygiene führend in Europa. Umsatz 1995: 424,8 Mio. DM (Vorjahr: 342,2 Mio.); Beschäftigte 1995: 2.076 (Vorjahr: 1.791).
◆ ELG Haniel GmbH, Duisburg (100%). Aufbereitung und Recycling von Rohstoffen für die Edelstahlindustrie sowie internationaler Handel

Rechtsform: *GmbH*

Geschäftsjahr: *1.1.-31.12.*

Gründungsjahr: *1756*

Öffentlichkeitsarbeit:
Jutta Stolle/Ernst Arelmann
Tel.: (0203) 806-123/625
FAX: (0203) 806-622
Internet: http://www.haniel.de

Verbände: *Deutsche Gruppe der Internationalen Handelskammer, Köln; Deutscher Verein für internationales Seerecht, Hamburg*

Vorstand:
- *Schadt, Dieter, Dr. (Vorsitzender), Mülheim/Ruhr*
- *Alers, Ernst, Dr., Mülheim/Ruhr*
- *Hülse, Günther, Krefeld*
- *Siegert, Theo, Dr., Düsseldorf*

Vorstandsbezüge 1995:
9.228.000,– DM

Geschäftsleitungen der Unternehmensbereiche:
- *Wilhelm, Werner (CWS)*
- *Terörde, Fritz (ELG Haniel)*
- *Kämmerer, Dieter (GEHE)*
- *Dornia, Michael, Dr. (Haniel Bauindustrie)*
- *Giegel, Horst (Haniel Enviro Service)*
- *Askerlund, Friedhelm (Haniel Reederei)*

Aufsichtsrat:
▌von Haeften, Jan (Vorsitzender), Hamburg
▌Libbert, Jürgen (stellv. Vorsitzender), Hamburg
▌von Dürckheim, Christian, Entraching
▌Groos, Peter, München
▌von Haniel, Markus, Meerbusch
▌von Haniel, Rudolf, London
▌Haslöwer, Robert, Duisburg
▌Koch, Hans-Rainer, Düsseldorf
▌Schmahl, Uwe, Schwerin
▌von Stark, Wulf, Dr., Gräfelfing
▌Tadsen, Rainer, Neukirchen-Vluyn
▌Wätjen, Johann Diedrich, Gielde-Altenrode
**Hütz, Jürgen (stellv. Vorsitzender)*
**Herzberg, Gerd*
**Herzog, Otto*
**Wessel, Gerald*

Aufsichtsratstantiemen 1995: *405.000,– DM*

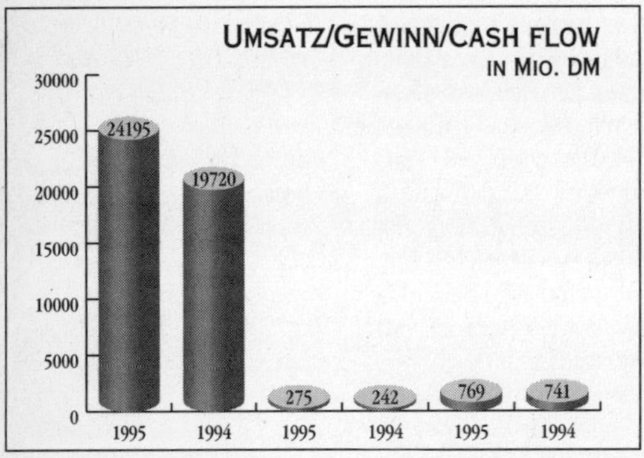

mit Metallrohstoffen und Legierungen. Tochtergesellschaften und Niederlassungen u. a. in Frankreich, Großbritannien, Italien, den Niederlanden, der Schweiz, Spanien, Taiwan, Korea, den USA, Südafrika und Australien. Zur ELG-Gruppe gehören über 30 Recyclingbetriebe. Umsatz 1995: 1.553,0 Mio. DM (Vorjahr: 1.190,3 Mio.); Beschäftigte 1995: 720 (Vorjahr: 663).

◆ GEHE AG, Stuttgart (50,32% – weitere 10% Nordstern Allgemeine Versicherungs-AG, Köln, Rest Streubesitz). Pharma-Großhandel, Pharma-Produktion, Gesundheitsdienste/Homecare, Versandhandel von Büro- und Betriebseinrichtungen. Im Rahmen einer neuen Führungsstruktur wurde die GEHE AG die Führungsholding der Unternehmensgruppe für die Geschäftsbereiche Pharma-Produktion, Pharma-Großhandel, Versandhandel und seit 1995 Gesundheitsdienste. Die GEHE-Gruppe ist der größte Pharmagroßhändler Europas. Zum Bereich Pharma-Großhandel (Umsatz 1995: 15,1 Mrd. DM) gehören die Unternehmen der GEHE-Gruppe Deutschland mit 18 Niederlassungen (Umsatz 1995: 4,9 Mrd. DM), die französische OCP-Gruppe (Umsatz 1995: rund 10,0 Mrd. DM) und die britische AAH-Gruppe (Umsatz 1995: 2,6 Mrd. DM). 1993 hatte GEHE für 770 Mio. DM den mit ca. 42% Marktanteil führenden französischen Pharma-Großhändler Office Commercial Pharmaceutique S.A. (OCP), Paris, vollständig übernommen. 1995 wurden für rund 900 Mio. DM 96% der Anteile an der Amalgamated Anthracite Holdings Plc (AAH), Lincoln, erworben. AAH ist mit einem Anteil von 30% Marktführer im Pharma-Großhandel in Großbritannien. Mit dieser Akquisition erreichte GEHE im europäischen Pharma-Großhandel einen Marktanteil von rd. 24%. Aus rund 100 Niederlassungen in den Ländern der EU werden mehrmals täglich über 38.000 Apotheken mit Arzneien versorgt. Geplant ist die Großakquisition der britischen Apothekenkette Lloyds Chemists plc, die Rang zwei im britischen Pharma-Einzelhandel hält, für rund 1,5 Mrd. DM. Die Produktionssparte wird im wesentlichen von der Jenapharm GmbH und dem Generika-Hersteller Azupharma GmbH getragen. Den Versandhandel betreibt die Kaiser + Kraft-Gruppe mit 21 operativen Gesellschaften in Europa und Nordamerika. Die GEHE-Unternehmen im Bereich Gesundheitsdienste versorgen zu Hause pflegebedürftige Patienten mit qualitativ hochwertigen Produkten, wie Pflegebetten, Rollstühlen, Gehhilfen und Krankenpflegeartikeln aller Art. Dieser sogenannte Homecare-Markt wird in Europa auf ca. 13 Mrd. DM geschätzt. Der GEHE-Konzern erwirtschaftete 1995 einen Umsatz von 19.156,3 Mio. DM (Vorjahr: 15.200,6 Mio.) bei 18.758 Beschäftigten (Vorjahr: 11.773).

◆ Haniel Bau-Industrie GmbH, Duisburg (100%). Mit Wirkung vom 1. Januar 1996 wurden die bisherigen Unternehmensbereiche Haniel Baustoff-Industrie und Halfen zur neuen Haniel Bau-Industrie vereint. Arbeitsgebiete: Wandbaustoffe, Betonprodukte, Zuschlagstoffe, Befestigungstechnik. Herstellung und Vertrieb von Verankerungs-, Befestigungs- und Montagesystemen für die Bauindustrie. Gewinnung und

Herstellung von Hoch- und Tiefbaustoffen, Baustoffhandel. Tochtergesellschaften in Deutschland, Belgien, Frankreich, Großbritannien, Italien, den Niederlanden, der Schweiz und den USA. Umsatz 1995: 989,2 Mio. DM (Vorjahr: 1.025,8 Mio.); Beschäftigte 1995: 3.132 (Vorjahr: 2.952).

◆ Haniel EnviroService GmbH, Duisburg (100%). Die bisherigen Unternehmensbereiche Haniel Envirotec und Haniel Industrie-Service wurden 1996 zum neuen Unternehmensbereich Haniel EnviroService zusammengefaßt. Dieser Bereich bündelt ab 1996 alle Dienstleistungen der Haniel-Gruppe im Umweltbereich: Öko-Consulting, Wertstoff-Recycling, Industrie-Service, Rohr- und Kanalreinigung, Verkehrssicherheit, Envirotec (Brand- und Wasserschadensanierung, Schadstoffbeseitigung). Tochtergesellschaften und Niederlassungen in zahlreichen deutschen Städten, in Belgien, Großbritannien, Österreich, Italien, der Schweiz, den USA und Frankreich. Umsatz 1995: 695,0 Mio. DM (Vorjahr: 704,1 Mio.); Beschäftigte 1995: 3.044 (Vorjahr: 3.347).

◆ Haniel Reederei Holding GmbH, Duisburg (100%). Binnenschifffahrt und Industrie-Logistik mit den Geschäftseinheiten Schiffahrt, Spezialschiffahrt (Säuren, Laugen, Mineralölprodukte) und Befrachtung. Tochtergesellschaften in Deutschland, Belgien, Frankreich und den Niederlanden. Rund 100 Schiffe mit einer Gesamttragfähigkeit von 180.000 Tonnen. Umsatz 1995: 330,8 Mio. DM (Vorjahr: 302,1 Mio.); Beschäftigte 1995: 517 (Vorjahr: 542).

BETEILIGUNGEN. Neben der Franz Haniel & Cie. GmbH wurden 1995 517 (Vorjahr: 372) in- und ausländische Tochterunternehmen konsolidiert, die unter der einheitlichen Leitung der Franz Haniel & Cie. GmbH stehen und bei denen der Muttergesellschaft oder einem Tochterunternehmen die Mehrheit der Stimmrechte zustehen. 1994 schied der Unternehmensbereich Scrivner, Inc. mit 58 Tochterunternehmen durch Verkauf aus dem Konsolidierungskreis aus. Ende 1995 erfolgte der Verkauf der Unternehmensbereiche trans-o-flex Schnell-Lieferdienst AG, Weinheim, und die Oldenburg-Portugiesische Dampfschiffs-Rhederei GmbH, Hamburg. Die französische Pharma-Handelsgruppe Office Commercial Pharmaceutique (OCP), Paris, mit 50 Gesellschaften und 5.900 Beschäftigten wurde 1995 in den Konzernabschluß übernommen. Der Unternehmensbereich GEHE hat mit Wirkung vom 1. April 1995 100% der Anteile an der AAH plc, Runcorn/Großbritannien, inklusive 178 Tochtergesellschaften (davon 151 Mantelgesellschaften) übernommen. Die Franz Haniel & Cie. GmbH wirkt für alle Konzernaktivitäten als Holdinggesellschaft. Die wichtigsten Tochterunternehmen mit ihren jeweiligen Produktions- und Vertriebsbereichen sowie Beteiligungen sind den aufgeführten Unternehmensbereichen zu entnehmen.

Zu wesentlichen Beteiligungen der GEHE-AG gehören: GEHE Pharma Handel GmbH, Stuttgart (100%); GEHE Medica GmbH, Stuttgart (100%); allphamed Arzneimittel-Gesellschaft mbH, Göttingen; Kaiser + Kraft GmbH, Stuttgart (100%); Jenapharm GmbH, Jena (100%); Azupharma GmbH, Gerlingen (75%); Office Commercial Pharmaceutique – OCP S.A., Paris/Frankreich (96%); AAH plc, Lincoln/Großbritannien (100%).

Haniel ist zu 33,3% an der Metro AG beteiligt. Die Beteiligung wird gehalten über die Metro Vermögensverwaltungs GmbH & Co. KG, Düs-

Umsatz 1995: *24.194,9 Mio. (Auslandsumsatz: 63%; Steigerung durch britischen Pharma-Großhandel AAH um 2,9 Mrd. DM)*
Umsatz 1994: *19.719,7 Mio. (Auslandsumsatz : 58%; Rückgang nach Verkauf der Scrivner-Gruppe)*
Umsatz 1993: *24.416,8 Mio.*

Gewinn 1995: *275,2 Mio. (Vom Gewinn stehen 126,0 Mio. fremden Anteilseignern am Kapital der Konzerngesellschaften, insbesondere der GEHE AG, zu.)*
Gewinn 1994: *242,3 Mio.*
Gewinn 1993: *192,6 Mio.*

Cash flow 1995: *769,0 Mio.*
Cash flow 1994: *741,0 Mio.*
Cash flow 1993: *755,0 Mio.*

Cash flow: *Der Cash flow enthielt Abschreibungen in Höhe von 476,0 Mio. und floß in erster Linie in die Investitionen des Konzerns. Der größte Teil der Investitionen wurde für den Erwerb des britischen Pharmagroßhändlers AAH plc durch die Gehe AG aufgebracht.*

Steueraufkommen 1995: *175,0 Mio.*

Grund- bzw. Stammkapital 1995: *450,0 Mio.*

Die Besitzer des Konzerns erhielten 1995 54 Mio. DM als Gewinn. Auf der Grundlage des Stammkapitals von 450 Mio. DM wurde für je 100,– DM-GmbH-Anteil im April 1996 eine Dividende von 17,14 DM gezahlt.

Beschäftigte 1995: *28.485*
(davon 42% im Inland)
Beschäftigte 1994: *24.737*
Beschäftigte 1993: *39.295*

Umsatz pro Mitarbeiter 1995: *849.391,– DM*
Umsatz pro Mitarbeiter 1994: *797.174,– DM*
Umsatz pro Mitarbeiter 1993: *621.372,– DM*

Löhne und Gehälter 1995: *1.567,6 Mio.*
Löhne und Gehälter 1994: *1.367,2 Mio.*
Durchschnittsgehalt 1995: *55.032,– DM*
Soziale Abgaben und Aufwendungen 1995: *370,9 Mio.*
Soziale Abgaben und Aufwendungen 1994: *334,6 Mio.*

Bezüge pro Vorstandsmitglied 1995: *2.307.000,– DM*
Tantiemen pro Aufsichtsrat 1995: *25.313,– DM*

seldorf. Zur Metro gehören als wichtigste Bereiche der Cash & Carry-Selbstbedienungsgroßhandel, Kaufhof und Asko. Eine weitere wesentliche Beteiligung: Thyssen Haniel Logistic GmbH (THL), Duisburg (33,3%). Dieses Unternehmen gehört zu den führenden europäischen Dienstleistungsunternehmen mit den Bereichen Spedition, See-, Luft- und Landtransporte, Distributionslogistik und Binnenschiffahrt.

NEUE BUNDESLÄNDER. Haniel ist mit allen Unternehmensbereichen in den neuen Bundesländern an rund 100 Standorten vertreten. Die Haniel Bau-Industrie GmbH hat sich im Bereich Bauwirtschaft eine feste Marktposition gesichert. Haniel ist im Baustoff-Geschäft beim größten Kalksandsteinwerk der früheren DDR in Niederlehme eingestiegen. 1994 wurde in Flechtingen in Sachsen-Anhalt ein Hartsteinwerk errichtet. Am engagiertesten in den neuen Bundesländern aber ist die GEHE AG mit zahlreichen Arzneimittel-Großhandelsdepots, die auf einen Anteil von über 50% bei der Belieferung der etwa 2.000 ostdeutschen Apotheken kommen. GEHE hat im Bereich der Pharmaherstellung die Azupharma GmbH, Gerlingen, und die Jenapharm GmbH, Jena, übernommen. Jenapharm ist der erfolgreichste Pharmahersteller Ostdeutschlands in Westdeutschland. Zum 1. Juli 1995 wurde die Zentralisierung sämtlicher fester Arzneimittelformen in dem neuen Fertigungsstandort Weimar erfolgreich abgeschlossen. Hinzu kommen die Bereiche Hygieneservice (im April 1996 wurde in Leipzig eine neue Zentralwäscherei für die neuen Bundesländer eröffnet) und der gewinnversprechende Bereich Umweltschutz.

STANDORT DEUTSCHLAND. Obwohl Umsatz, Gewinn und Cash flow des Haniel-Konzerns allesamt erhebliche Steigerungsraten aufweisen, klagt der Vorstand über die konjunkturelle Situation im Inland und kündigt auch für 1996/97 weitere strikte Maßnahmen zur Rationalisierung und Kapazitätsanpassung an. Haniel weist darauf hin, daß die Steigerungsraten des Konzerns überwiegend im Ausland erzielt wurden (63%), während die Geschäftsentwicklung im Inland stagniere. Vom Ergebnis wurde nur ein Drittel in Deutschland erwirtschaftet. Im Inland arbeiten lediglich 42% der Haniel-Beschäftigten.
1994 verkaufte Haniel die im Lebensmittelgroßhandel tätige US-Tochtergesellschaft Scrivner, Inc., Oklahoma City, für 420 Mio. DM an den US-Großhändler Fleming Companies Inc. Mit diesem Abgang verließen 15.100 Beschäftigte den Konzern, womit die Beschäftigtenzahl auf knapp über 24.700 zurückging. Der Umsatz sank durch die Veräußerung um knapp 6 Mrd. DM. Zum Jahresende 1995 wurden der Schnell-Lieferdienst trans-o-flex und die Seereederei Oldenburg-Portugiesische Dampfschiffs-Rhederei GmbH verkauft.
Gekauft wurden über die GEHE AG die französische OCP-Gruppe für 780 Mio. DM und 1995 die britische AAH-Gruppe für rund 900 Mio. DM. GEHE stieß mit seinem AAH-Engagement allerdings auf erhebliche Kritik, da die Akquisition von den Briten als feindliche Übernahme aufgefaßt wurde. Nachdem die OCP bereits 1994 voll konsolidiert worden war, wurde der britische Marktführer im Pharma-Großhandel, AAH, wenige Wochen nach der Mehrheitsübernahme voll in die GEHE-Gruppe eingegliedert. Der alte AAH-Vorstand wurde nahezu komplett ausgewechselt. Mit diesen beiden Großakquisitionen, die Umsatz und Beschäftigtenzahlen außerhalb des Standortes Deutsch-

land wieder steigen ließen, kontrolliert Haniel knapp ein Viertel des europäischen Pharma-Großhandels. Die GEHE AG setzt ihren Expansionskurs fort: 1996 wurde den Aktionären der britischen Firma Lloyds Chemists plc (u. a. 900 Apotheken) ein Kaufangebot unterbreitet. Kommt der Deal zustande, dürfte das GEHE bzw. Haniel rund 1,5 Mrd. DM kosten. Aufgrund der dezentralen Organisationstruktur mit überschaubaren Betriebsgrößen gelang es Haniel, sich in allen Geschäftsfeldern den veränderten Marktverhältnissen schnell anzupassen. Den einzelnen Unternehmensbereichen wird unter der strategischen Führung der Konzernzentrale möglichst viel Autonomie eingeräumt. Verstärkt expandiert wird in Osteuropa, in Nordamerika und besonders in Asien.

»BÜNDNIS FÜR ARBEIT«. Zu innerberieblichen Regelungen und Abmachungen gibt Haniel keinerlei Auskunft.

UMWELTSCHUTZ. Haniel hat Anfang 1996 seine Aktivitäten in Sachen Umweltschutz, Umweltschutz-Produkte bzw. Umweltschutz-Know-how in der Haniel EnviroService zusammengefaßt. Dazu gehören die Bereiche Umwelt-Service, Wertstoff-Recycling und Öko-Consulting, die Sparten Instandhaltung, Industriereinigung, Kanal- und Rohrreinigung, Kanal-TV-Untersuchung, Korrosionsschutz, Kraftwerk-Service, Reststoffbehandlung und Sonderabfalltransporte. Haniel EnviroService ist ein hochspezialisierter Dienstleister in der Brand- und Wasserschadensanierung, beim vorbeugenden Brandschutz, in der Maschinen- und Anlagenüberholung, in der Elektroniksanierung, Asbestsanierung, beim Oberflächen- und Korrosionsschutz, im Flächenrecycling, in der Wasserversorgung, im Ingenierbau, in den Bereichen Öko-Audits, Emission/Immission, präventiver Umweltschutz. Das Unternehmen versteht sich als Partner bei allen Umweltfragen, ist Experte bei Ölunfällen, Brandschäden oder Wasserverunreinigungen. Hinzu kommt die ELG, die im expandierenden Wachstumsmarkt Recycling eines der erfolgreichsten Unternehmen am Weltmarkt und führend beim Recycling von Rohstoffen für die Edelstahlindustrie ist.

Investitionen 1995:
1.561,0 Mio.
Investitionen 1994:
738,0 Mio.
Investitionen 1993:
1.713,0 Mio.

Mitbewerber: *Deutsche Bahn, Ferrostaal, Klöckner & Co., Kühne & Nagel, Mannesmann, Preussag, Raab Karcher, Ruhrkohle Handel, Schenker Rhenus, Stinnes, Thyssen-Handelsunion, Thyssen-Schulte*

HAPAG LLOYD

GESCHICHTE UND ENTWICKLUNG. 1847 wurde die Hamburg-Amerika Linie als Hamburg-Amerikanische Packetfahrt-Actien-Gesellschaft (H.A.P.A.G.) gegründet. Zehn Jahre später, 1857, Gründung des Norddeutschen Lloyd in Bremen. Beide Linien richteten Dampferdienste nach Nordamerika, Ostasien und Australien ein, expandierten schnell im Personen- und Frachtverkehr, beförderten im Export Chemikalien und Maschinen und transportierten Agrarerzeugnisse wie Tee und Tabak, Kopra und Kopalharz für Europa. Hapag und Norddeutscher Lloyd wurden die beiden größten Reedereien der Welt. Ihre Schiffe fuhren auf allen Weltmeeren.
1890 begann mit dem Dampfer »Kaiser Wilhelm II« die erste Kreuzfahrt in der Geschichte der Seefahrt, der Beginn luxuriöser Kreuz-

Standort:
Hamburg und Bremen

Ballindamm 25
20095 Hamburg

Postanschrift:
20079 Hamburg

Telefon: *(040) 3001-0*
Telex: *214 609 hldv d*
Telefax: *(040) 336432*

Gustav-Deetjen-Allee 2-6
28215 Bremen

Postanschrift:
28189 Bremen

***Telefon:** (0421) 3500-0*
***Telex:** 244 241 hb d*
***Telefax:** (0421) 3500-228*

***Branche:** Transport und Touristik*

Rechtsform:
Aktiengesellschaft

***Geschäftsjahr:** 1.1.-31.12.*

***Gründungsjahr:** 1970 fusionierten die Hamburg-Amerika-Packetfahrt-Actien-Gesellschaft (gegründet 1847) und der Norddeutsche Lloyd (gegründet 1857) zur Hapag-Lloyd AG.*

Öffentlichkeitsarbeit:
Eva Gjersvik
Tel.: (040) 3001-2529
FAX: (040) 33 53 60

***Verbände:** Verband Deutscher Reeder, Hamburg; Verein Hamburger Reeder; Bremer Reederverein*

Vorstand:
- *Wrede, Bernd (Vorsitzender)*
- *Casjens, Günther (Linienschiffahrt)*
- *Kulenkampff-Bödecker, Claus-Peter (Arbeitsdirektor)*
- *Wülfers, Claus (Touristik)*

Vorstandsbezüge 1995:
5.678.000,– DM

fahrt-Jahrzehnte. Vor dem Ersten Weltkrieg waren beide Reedereien unangefochtene Marktführer im internationalen Kreuzfahrtgeschäft. Nach dem Krieg wurden die Liniendienste nach Übersee wieder aufgebaut, 1925 Wiederaufnahme der Kreuzfahrttradition durch Lloyd, ein Jahr später durch Hapag. Bau von Kreuzfahrtschiffen der Superlative, schwimmende Grand Hotels, verschärfte internationale Konkurrenz. Die »Milwaukee« der Hapag war 1937 das erste Kurhotel auf See mit kurmedizinischen Einrichtungen und Fachärzten. Nach dem Zweiten Weltkrieg Neugründung der Handelsschiffahrt. Die erste Lloyd-Kreuzfahrt 1955 mit der »Berlin«, drei Jahre später die Hapag mit der »Ariadne«. 1960 Einsatz der »Bremen« durch Lloyd. 1970 schlossen sich der Lloyd und die Hapag vor dem Hintergrund der immer stärker werdenden Konkurrenz in der Fracht und eines Einbruchs in der Passagierschiffahrt zur Hapag-Lloyd AG mit Sitz in Hamburg und Bremen zusammen. 1973 Aufnahme des Charterflugverkehrs. Ausbau einer großen Container-Flotte auf allen großen Linien der Welt.

BESITZVERHÄLTNISSE/EIGENTUMSSTRUKTUR.
- GEVAERT N.V., Brüssel/Belgien (knapp 18%)
- Deutsche Lufthansa AG, Köln (knapp 18%)
- VEBA AG, Düsseldorf/Berlin (knapp 18%)
- Kaufhof Holding AG, Köln (15%)
- Deutsche Bank AG, Frankfurt/Main (10%)
- Dresdner Bank AG, Frankfurt/Main (10%)
- Veritas Vermögensverwaltungsgesellschaft m.b.H., München (10% – daran beteiligt: Allianz Versicherungs-AG, Berlin/München, 55%; Münchener Rückversicherungs-Gesellschaft, München, 45%)
- Rest Streubesitz

KONZERNÜBERBLICK. Hapag-Lloyd gliedert sich in die drei Unternehmensbereiche Linienschiffahrt, Touristik und übrige Aktivitäten (Spedition). Die Gesellschaft hat ihren Sitz und ihre Hauptverwaltungen in Hamburg und Bremen. Der Konzern verfügt darüber hinaus über zahlreiche Niederlassungen, Vertriebsbüros und Agenturen in der ganzen Welt. Hapag-Lloyd gehört zu den weltweit bedeutendsten Linienreedereien und besitzt eine der führenden Containerschiff-Flotten der Welt.

Die Schwerpunkte des Konzerns sind die Linienschiffahrt und die Touristik. Die Linienschiffahrt machte 1995 mit 2.298,0 Mio. DM (Vorjahr: 2.266,0 Mio.) rund 57% des Konzernumsatzes aus. Die Hapag-Lloyd-Flotte fährt auf allen Routen der Welt, ihre Frachtflotte verfügt über 18 eigene Containerschiffe. Zusätzlich ist für die Hapag-Lloyd eine größere Anzahl gecharterter Schiffe im Einsatz. Mit ihrer Frachtschiff-Flotte betreibt Hapag-Lloyd Liniendienste auf den internationalen Ost-/West-Routen. Über 140 Häfen werden auf allen Kontinenten regelmäßig angelaufen, in Europa und Übersee unterhält Hapag-Lloyd eigene Niederlassungen und Agenturen, weltweit über 250. Der Konzern verfügt über 160.000 Container in etwa 20 verschiedenen Typen. 1993 wurde die Division Linienschiffahrt grundlegend reorganisiert. Neben der unabhängig operierenden Rickmers-Linie, bei der alle konventionellen Dienste zusammengefaßt sind, wurde die Entscheidungskompetenz für Transport-Abschlüsse, Preise, Kosten etc. in die drei

ergebnisverantwortlichen Regionen Europa, West (Nord-, Mittel- und Südamerika) und Ost (Asien sowie Australien/Neuseeland) dezentralisiert. Diese Regionen mit ihren jeweiligen Zentralen Hamburg, New York und Singapur sind ihrerseits in »Areas« untergliedert, die die jeweiligen Nationalstaaten bedienen.
Paradestück des Touristik-Bereiches bei Hapag-Lloyd ist das »Traumschiff« MS Europa, der einzige große Kreuzfahrer unter deutscher Flagge. Die MS Europa wurde 1996 vom Berlitz Cruise Guide, der international führenden Qualitätsbewertung von Kreuzfahrtschiffen, weltweit an die 2. Stelle unter 220 erfaßten Kreuzfahrtschiffen gesetzt. Seit 1995 besitzt Hapag-Lloyd auch das Kreuzfahrtschiff MS Bremen, 1997 soll die MS Columbus hinzukommen. Hinzu kommen 25 Flugzeuge der Marken Airbus (A 310) und Boeing (Boeing 737-400) mit einem Durchschnittsalter von etwa fünf Jahren. Hapag-Lloyd verfügt zur Flotten-Wartung über eine eigene Flugzeug-Werft in Hannover. 1995 beförderte Hapag-Lloyd 4,5 Mio. Passagiere. Das Unternehmen besitzt mehr als 360 (Vorjahr: 300) Hapag-Lloyd-Reisebüros und nimmt sowohl im Firmenreise- als auch im Feriengeschäft eine führende Position ein. Der Unternehmensbereich Touristik kam 1995 auf einen Umsatz von 1.748,0 Mio. DM (Vorjahr: 1.608,0 Mio.) bzw. 40% des Konzernumsatzes. Der Bereich Touristik soll zukünftig die beiden Geschäftsfelder Firmenreisedienst und Urlaubsreisen in gesellschaftsrechtlich getrennten Unternehmen betreiben.
Die Hapag-Lloyd-Gruppe verfügt mit der Pracht Spedition + Logistik GmbH, Haiger, außerdem über ein Unternehmen, das sich auf die Organisation europäischer Sammelladungsverkehre sowie die Lagerung und Distribution von Konsumgütern konzentriert. Darüber hinaus offeriert Pracht individuelle Dienstleistungen innerhalb der Transportkette – von der Qualitätskontrolle bis zur Installierung von Geräten bei Privatkunden.

BETEILIGUNGEN. Hapag-Lloyd verfügt im Bereich des Transportwesens über eine Anzahl von Nebenbetrieben, Tochtergesellschaften wie z. B. Vercharterungsgesellschaften und Beteiligungen. Zu den wichtigsten Gesellschaften gehören: Rickmers-Linie GmbH, Hamburg (100% – Mehrzweck-Frachtdienste zwischen Europa und Asien, Nordamerika und Asien sowie Europa und Lateinamerika); Hapag-Lloyd Fluggesellschaft mbH, Langenhagen (100% – Passagier-Charterfluggeschäft mit 25 Flugzeugen der Marken Airbus und Boeing); Hapag-Lloyd Reisebüro GmbH, Bremen (100% – mehr als 360 Reisebüros im deutschsprachigen Raum, von denen sich etwa 170 ausschließlich auf den Geschäftsreiseverkehr konzentrieren. Beteiligungen an zahlreichen anderen Reisebüros, u. a. Bremer Reisebüro GmbH, Bremen; Atlas Reisebüro GmbH, München; Reisebüro Atlantis-Akademischer Reisedienst GmbH, Wunstorf. Hapag-Lloyd hält eine wesentliche Beteiligung an der TUI Touristik Union International GmbH, Hannover, von 30%); Hapag-Lloyd Kreuzfahrten GmbH, Bremen (100% – Diese Firma hat 1990 für 120 Mio. DM 96,3% der Anteile an der Kommanditgesellschaft MS Europa erworben. Die 1982 in Dienst gestellte MS Europa, 33.819 BRT/600 Passagiere, ist das einzige Schiff dieser Größe und Klasse unter deutscher Flagge und unternimmt weltweite Kreuzfahrten. Neu im Einsatz und von Hapag-Lloyd 1995 gekauft ist die MS Bremen.); Hapag-Lloyd Tours GmbH, Bremen, (100% – Veranstalter für

Aufsichtsrat:
- *Leysen, André, Dr. h.c., (Vorsitzender; Vorsitzender des Verwaltungsrates der Gevaert N.V.), Antwerpen*
- *Carstensen, Meinhard (Mitglied des Vorstandes der Dresdner Bank AG), Hamburg*
- *Corsten, Ralf, Dr. (Vorsitzender des Vorstandes der Touristik Union International GmbH & Co. KG), Hannover*
- *Ficker, Rudolf (Mitglied des Vorstandes der Münchener Rückversicherungs-Gesellschaft AG), München*
- *Hartmann, Ulrich (Vorsitzender des Vorstandes der VEBA AG), Düsseldorf*
- *Krumnow, Jürgen, Dr. (Mitglied des Vorstandes der Deutsche Bank AG), Frankfurt/Main*
- *Kruse, Hans Jakob (Kaufmann), Hamburg*
- *Urban, Wolfgang (Sprecher des Vorstandes der Kaufhof Holding AG), Köln*
- *Vogelsang, Günter, Dr. (Kaufmann), Düsseldorf*
- *Weber, Jürgen (Vorsitzender des Vorstandes der Deutsche Lufthansa AG), Köln*

**Dickhausen, Günter (stellv. Vorsitzender)*
**Benze, Dieter*
**Degen, Gudrun*
**Höhns, Claus*
**Klein, Uwe*
**Müller, Frank*
**Peters, Erhard*
**Schaffranek, Jörg*
**Schmidt, Marina*
**Schulz, Hartmut*

***Aufsichtsratstantiemen 1995:** 2.178.000,– DM*

BÖRSE, AKTIEN, KURSE
Grundkapital 1995:
135,0 Mio.
Jahreshöchstkurs 1995:
1.050,00 DM
Jahrestiefstkurs 1995:
950,00 DM
Aktie Jahresende 1995:
970,00 DM
Dividende pro Aktie 1995:
16,00 DM

Die Dividende bezieht sich auf je 50,– DM Aktiennennbetrag. Der Bilanzgewinn betrug 1995 43,2 Mio. DM. Das Grundkapital ist eingeteilt in 2.700.000 Aktien im Nennbetrag von 50,– DM.

Gruppen- und Sonderreisen hauptsächlich für Zeitschriften- und Zeitungsverlage sowie Vereine; Spezialist für Hochsee- und Flußkreuzfahrten); Pracht Spedition + Logistik GmbH, Haiger (100% – Europäische Distributions- und Logistikaktivitäten).

DAS OST-ENGAGEMENT. Hapag-Lloyd ist im Bereich Touristik in den neuen Bundesländern stark vertreten.

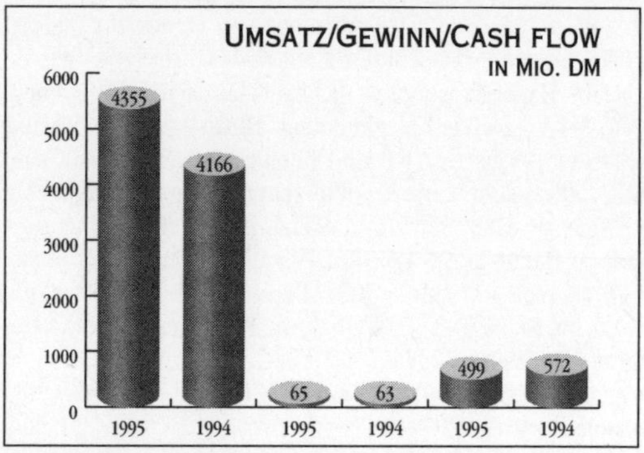

STANDORT DEUTSCHLAND. Hapag-Lloyd ist dezentral organisiert und verfügt als international tätiges Unternehmen traditionell über eigene Niederlassungen und Agenturen in allen wichtigen Wirtschaftsregionen der Welt. In der Touristik-Division erzielte Hapag-Lloyd auch 1995 große Zuwächse. Der Urlaubs-Boom hält unvermindert an. Spitzenreiter unter den Urlaubszielen waren einmal mehr die spanischen Feriengebiete. Auch durch die Internationalität der Hapag-Lloyd-Flotten ist der Konzern relativ rezessionsunabhängig, wenngleich die Container-Linienschiffahrt durch eine globale Verminderung der Frachtraten auf Vollkostenbasis jahrelang rote Zahlen schrieb. Kooperationen und die erfolgte Neustrukturierung der Verkehre in die Karibik sowie der Drei-Kontinente-Dienst, der Europa, Nordamerika und Asien effektiver miteinander verbindet, leisten wichtige Beiträge zur Ergebnisverbesserung.
1996 startete das 1995 vereinbarte Linienkonsortium zwischen Hapag-Lloyd, Nippon Yusen Kaisha (Japan), Neptune Orient Line (Singapur) und P&O Container Lines (Großbritannien). Diese »Grand Alliance« wird ab Ende 1997 die großen Ost-West-Verkehre zwischen Europa, Asien und Nordamerika gemeinsam bedienen. Die vier Partner werden das größte Konsortium der weltweiten Linienschiffahrt bilden. Sie erwarten bereits für 1996 ein Transportvolumen von 3,8 Mio. TEU, was einen Marktanteil in den betreffenden Fahrtgebieten von durchschnittlich 20% bedeutet. Der Grund für das Konsortium laut Hapag-Lloyd: das Erschließen von »Kostensenkungspotentialen«, die Verkleinerung der gemeinsam genutzten Flotte um gut 10% auf insgesamt 75 Containerschiffe, mehr Flexibilität bei der Erneuerung bzw. Ausweitung der eigenen Flotte. Nach der Gründung der Tochtergesellschaft in Australien und einer Repräsentanz in Vietnam im Jahr 1994 wurden 1996 in China, Hongkong und Neuseeland eigene Vertriebs- und Logistikorganisationen aufgebaut, die die bisher tätigen Fremdagenturen ersetzen.

Hapag-Lloyd läßt immer häufiger große Schiffe auf ausländischen Werften, mit Vorzug in Asien bauen. Bei der koreanischen Samsung-Werft wurden drei Neubauschiffe mit einer Kapazität von jeweils 4.400 TEU bestellt, die 1997/98 in Dienst genommen werden sollen.

Die Touristik-Division ist weiter auf dem Vormarsch. Allein 1995 wurden über 60 Vertriebsstellen neu eröffnet bzw. übernommen. Kleinere, aber wirtschaftlich interessante Reisebürogesellschaften, wie beispielsweise die Münchener Atlas Reisebüro GmbH, werden übernommen. Rund 70 weitere Reisebüros sollen 1996/97 noch zugekauft werden. Durch den Expansionskurs im Touristikbereich wurde die Zahl der Beschäftigten am Standort Deutschland 1995 von 4.000 auf 4.700 erhöht. Den größten Anteil an dieser Steigerung hatte die Reisebüro-Organisation.

Hapag-Lloyd plant, in naher Zukunft aus Gründen des internationalen Wettbewerbs einen Teil seiner Schiffsflotte nicht mehr unter deutscher Flagge fahren zu lassen, sondern in Singapur registrieren zu lassen. 1995 wurden die ersten beiden Containerschiffe in das Schiffsregister Singapurs umgeflaggt, um Kostennachteile abzubauen, die sich, so Hapag-Lloyd, je Schiff abhängig von seinem Alter auf 1 bis 2 Mio. DM belaufen. Weitere fünf Schiffe der 18 Konzern-Schiffe umfassenden Flotte folgten Mitte 1996. Von der »Ausflaggung« sind besonders die Besatzungen auf den Containerschiffen betroffen, die bislang nach deutschen Tarifen bezahlt wurden. Hapag-Lloyd: »Flaggenbedingte Kostennachteile für Hapag-Lloyd, die sich vor allem aus dem hohen nationalen Tarifniveau ergeben, sind durch technische Innovationen nicht mehr auszugleichen.« Unabhängig von der Flagge, unter der Hapag-Lloyd auf seinen Schiffen auftritt, soll auch in Zukunft deutsches Führungspersonal beschäftigt werden. Der Konzern garantiert seinen Kunden einen gleichbleibenden Standard im Service.

»BÜNDNIS FÜR ARBEIT«. Mitte 1996 wurde zwischen Hapag-Lloyd und der ÖTV eine Vereinbarung »zur Sicherung deutscher Arbeitsplätze an Bord der Schiffe« abgeschlossen. Die Vereinbarung sieht vor, die zehn bisher im deutschen Erstregister eingetragenen Containerschiffe sowie drei 1997/98 zum Einsatz kommende neue Schiffe im deutschen Zweitregister zu registrieren. Mußten im Erstregister alle Beschäftigten nach deutschem Heuertarif bezahlt werden, sind es im Zweitregister je Schiff nur sieben Mitarbeiter. Ausländische Seeleute werden nach dem Tarif der Internationalen Transportarbeiter Gewerkschaft (ITF) bezahlt. Die sieben anderen Schiffe werden weiter unter Singapur-Flagge fahren. Der für die deutschen Besatzungsmitglieder neu strukturierte Tarifvertrag, der erst möglich wurde, nachdem Anfang 1995 das Bundesverfassungsgericht eine Klage der Gewerkschaften gegen ein deutsches Zweitregister abgelehnt hatte, wird eine Flexibilisierung der Einsatzzeiten unabhängig von Sonn- und Feiertagen enthalten und sieht Heuerkürzungen gegen höheren Freizeitanspruch vor. Hinzu kommen Vorruhestandsregelungen und Umschulungs-, Weiterbildungs- und Qualifizierungsmaßnahmen besonders für jüngere Beschäftigte, die den »erforderlichen Personalabbau sozialverträglich« gestalten sollen. Betriebsbedingte Kündigungen sind nicht beabsichtigt.

»Schlanke, flache Strukturen und effiziente Abläufe – sowie natürliche Rentabilität – sind Voraussetzungen für insgesamt sichere Arbeits-

Umsatz 1995: *4.354,9 Mio.*
Umsatz 1994: *4.165,8 Mio.*
Umsatz 1993: *3.908,8 Mio.*

Gewinn 1995: *65,0 Mio.*
Gewinn 1994: *63,2 Mio.*
Gewinn 1993: *40,2 Mio.*

Cash flow 1995: *499,0 Mio.*
Cash flow 1994: *572,0 Mio.*
Cash flow 1993: *573,0 Mio.*

Cash flow: *Der Cash flow floß nahezu vollständig in Investitionen für Schiffe und Flugzeuge.*

Steueraufkommen 1995: *53,3 Mio.*

Beschäftigte 1995: *8.878*
Beschäftigte 1994: *8.336*
Beschäftigte 1993: *8.667*

Umsatz pro Mitarbeiter 1995: *490.989,– DM*
Umsatz pro Mitarbeiter 1994: *499.736,– DM*
Umsatz pro Mitarbeiter 1993: *450.998,– DM*

Löhne und Gehälter 1995: *627,3 Mio.*
Löhne und Gehälter 1994: *574,4 Mio.*
Durchschnittsgehalt 1995: *70.658,– DM*
Soziale Abgaben und Aufwendungen 1995: *128,2 Mio.*
Soziale Abgaben und Aufwendungen 1994: *131,9 Mio.*

Bezüge pro Vorstandsmitglied 1995: *1.135.600,– DM*
Tantiemen pro Aufsichtsrat 1995: *108.900,– DM*

Investitionen 1995:
685,0 Mio.
Investitionen 1994:
448,0 Mio.
Investitionen 1993:
547,0 Mio.

Mitbewerber: *Carnival Group, Condor, DER, Deutsche Bahn, ITS, LTU, Lufthansa, NUR, Phoenix Reisen, Royal Caribbean, Schenker Rhenus, Seatours, TUI, Thyssen Haniel*

plätze.« Der Vorstandsvorsitzende der Hapag-Lloyd, Bernd Wrede, propagiert dieses interne »Bündnis für Arbeit«, das letztendlich den Renditen des Konzerns zugute kommt und sich in der hohen Börsenbewertung ausdrückt. Es wird konstatiert, daß die kontinuierliche Verbesserung der Ablaufstrukturen hohe Anforderungen und Belastungen an jeden einzelnen Mitarbeiter stellt. Im Bereich Linienschifffahrt hatten weniger Mitarbeiter ein deutlich gestiegenes Geschäftsvolumen zu bewältigen. Auf allen Ebenen sei zur Bewältigung erhöhter Anforderungen die Flexibilität der Belegschaft gefragt. Es wurde 1995 damit begonnen, die Flexibilisierung von Arbeitszeiten in die Tagesrandzonen und in das Wochenende hinein umzusetzen, »um jederzeit für unsere Kunden erreichbar zu sein«. Im gewerblichen Bereich (Spedition Pracht) wurde die Flexibilisierung der Arbeitszeit ausgeweitet, »um die Dienstleistung noch stärker den Kundenwünschen anpassen zu können«. 1995 waren im Hapag-Lloyd-Konzern 500 Auszubildende in 13 verschiedenen Berufen tätig. Die meisten von ihnen wurden in Reisebüros ausgebildet, nach Hapag-Lloyd-Lesart das »ausbildungsstärkste Unternehmen seiner Branche in Deutschland«.

UMWELTSCHUTZ. 1996 wurde bei Hapag-Lloyd ein umfangreiches Umweltmanagement-System eingeführt, das die Anforderungen an Mitarbeiter und Dienstleiter neu strukturiert und systematisiert. Diese neue Festlegung der Umweltpolitik bündelt aber nur die seit Jahren praktizierte umweltorientierte Unternehmenspolitik. Denn der Hapag-Lloyd-Konzern nimmt für sich seit Jahren ein hohes Umweltbewußtsein und eine verstärkte ökologische Orientierung in Anspruch, im Güterverkehr und besonders im Bereich der Touristik. Immerhin gehört Hapag-Lloyd zu den bedeutendsten europäischen Fernfliegern. Die Hapag-Lloyd Flug GmbH erstellte deshalb 1994 erstmals eine Ökobilanz, in der alle bekannten Umweltbeeinflussungen, die mit der Tätigkeit als Fluggesellschaft zusammenhängen, aufgeführt wurden: Schadstoffemissionen, Lärm, Energieverbrauch und Abfall. Hapag-Lloyd versucht, Umweltbewußtsein mit wirtschaftlichen Prinzipien zu harmonisieren, weist aber auch auf das Spannungsfeld zwischen Ökologie und Ökonomie hin, solange es keine Harmonisierung der europäischen Wettbewerbsbedingungen gibt.
Hapag-Lloyd Flug setzt inzwischen nur noch sogenannte »Flüsterjets« ein, die leiser sind und einen geringeren Treibstoffverbrauch haben, also auch weniger Schadstoffemissionen verursachen.
In der Linienschiffahrt wurden umfangreiche Energie- und Abfallkonzepte entwickelt, inzwischen Standard auf allen Schiffen. Auf der »Europa« wird der Müll getrennt, ein Teil der schiffseigenen Müllverbrennungsanlage zugeführt, der Rest im Hafen fachgerecht entsorgt. Die »Europa« verfügt darüber hinaus über biologische Kläranlagen sowie Anlagen zur Brauchwasseraufbereitung. Ein umfangreiches Umweltkonzept praktiziert seit Jahren die Spedition Pracht, die sich besonders im Segment Abfallentsorgung zunehmend als Ökospedition versteht.

Heidelberger Druckmaschinen siehe RWE
Heilit+Woerner siehe Walter Bau

HEIDELBERGER ZEMENT

Standort:
Berliner Straße 6
69120 Heidelberg

Postanschrift:
Postfach 10 44 20
69034 Heidelberg

Telefon: *(06221) 481-0*
Telefax: *(06221) 481-477*

Branche: *Zement und andere Baustoffe*

Rechtsform: *Aktiengesellschaft*

Geschäftsjahr: *1.1.-31.12.*

Gründungsjahr: *1873; AG seit 1889*

Marketing Kommunikation:
Dr. Norbert Fritz
Tel.: (06221) 481-250
FAX: (06221) 481-249

Verbände: *Bundesverband Steine und Erden e.V., Frankfurt/Main; Bundesverband der Deutschen Zementindustrie e.V., Köln*

GESCHICHTE UND ENTWICKLUNG. 1873 kaufte der aus Mosbach (Baden) stammende Johann Philipp Schifferdecker in einem Konkursverfahren die in Heidelberg am Neckar gelegene »Bergheimer Mühle« und begann mit ihrer Umrüstung zu einer Zementfabrik. 1874 Eintragung als »Portland-Cement-Werk, Heidelberg, Schifferdecker & Söhne« ins Handelsregister. 1875 Beginn der Zementproduktion. Erwerb und Öffnen von zahlreichen Steinbrüchen. 1889 Umwandlung in eine Aktiengesellschaft, die als »Portland-Cementwerk Heidelberg AG, vorm. Schifferdecker & Söhne« firmiert. In den folgenden Jahren starke Expansion, Bau neuer Zementwerke. 1901 Fusion der »Portland-Cement« mit der »Mannheimer Portland-Cement-Fabrik AG« zur »Portland-Cement-Werke Heidelberg und Mannheim AG«. »Heidelberg-Mannheim« erwarb zahlreiche Kalkstein- und Tonvorkommen, beteiligte sich an weiteren Zementwerken, u. a. an der »Portland-Cementfabrik Blaubeuren, Gebr. Spohn AG«, und änderte in den kommenden Jahren häufig den Namen. Nach mehreren Fusionen und Zusammenlegungen firmierte das Unternehmen ab 1938 schließlich unter »Portland-Zementwerke Heidelberg Aktiengesellschaft«. 1977 Expansion nach Nordamerika mit der Gründung der Heidelberg Cement, Incorporated, Wilmington/Delaware, und der Übernahme der Lehigh Portland Cement Company, Allentown/Pennsylvania. 1978 Namensänderung in Heidelberger Zement Aktiengesellschaft. Weitere Expansion, besonders in den USA. Mitte der 80er Jahre Erweiterung des Beteiligungsportfolios um baunahe Unternehmen. 1989 Engagement in Ungarn; 1990 Gründung der Heidelberger Kunststofftechnik GmbH zur Bündelung der Kunststoffverarbeitung; 1991 Engagements in Tschechien und Frankreich. 1993 Einstieg mit 42,4% in die belgische S.A. Cimenteries CBR und erheblicher Umsatzsprung. Zusammenführung der Potentiale von Heidelberger Zement und CBR mit grundlegender Neuausrichtung des Managements. 1996 Erwerb des türkischen Zementproduzenten Canakkale Cimento Sanayii, Istanbul.

BESITZVERHÄLTNISSE/EIGENTUMSSTRUKTUR.
- Schwenk Beteiligungen GmbH & Co. KG, Ulm (24,9% der Stimmrechte; Familie Eberhard Schleicher)
- Dresdner Bank AG, Frankfurt/Main (20,5% der Stimmrechte)
- Deutsche Bank AG, Frankfurt/Main (10% der Stimmrechte)
- Dr. h.c. Adolf Merckle, Blaubeuren (10,4% der Stimmrechte)
- kleinere Anteile von jeweils unter 5% in Familienbesitz (Familie Wiesböck, Rohrdorf; Familie Merckle-Spohn, Blaubeuren) und bei B. Metzler seel. Sohn & Co. KGaA, Frankfurt/Main
- mehr als ein Drittel des stimmberechtigten Kapitals befindet sich in Streubesitz bei ca. 10.000 Aktionären

KONZERNÜBERBLICK. Heidelberger Zement ist der größte deutsche Baustoffhersteller. Die Basis des Geschäftes ist seit der Gründung von 1873 Zement. Im Lauf der Jahrzehnte kamen immer neue Produkte hinzu. Heute ist Heidelberger Zement ein internationaler Bau-

stoffproduzent mit einer umfangreichen Produktpalette auch und besonders für spezielle Bereiche (Markenzeichen: der gelbe Ring an den Werken und Fahrzeugen). Der Konzern besteht aus den beiden Säulen Heidelberger Zement und der 1993 erfolgten 48,9%-Beteiligung an der belgischen S.A. Cimenteries CBR, Brüssel, die sich auch im Führungskonzept des Vorstandes niederschlagen.
Zum Produktprogramm von Heidelberger Zement rund ums Bauen, Sanieren und Modernisieren gehören: Zemente (Portlandzemente, Hochofenzemente, Spezialzemente, Putz- und Mauerbinder), Transportbeton und Transportmörtel, Betonwaren- und -fertigteile, Sand und Kies, Baustofftechnik (Beton- und Mörtelzusatzmittel, Spezialmörtel für den Ingenieurbau, Betoninstandsetzungs-Systeme, Betonschutz-Systeme. Beschichtungs-Systeme für Industrieböden und den Gewässerschutz sowie Abdichtungs-Systeme für Betonbrücken und Parkbauten, elastische Dichtstoffe und Montageschäume für Handwerk und Bau, Klebewerkstoffe für die industrielle Verbindungstechnik), Kalkstein und Kalkprodukte, Putzmörtel und Mörtel (Gipse und Estrich), Spezialgipse, Naturwerksteine, Kalksandsteine, Wärmedämmsysteme (für Dach, Wand, Fußboden und Decke), Umwelttechnik (Spezialprodukte und Dienstleistungen für Deponiebau und Altlastensanierung).
Heidelberger Zement unterteilt sich in die Geschäftsbereiche Zement, Beton (Transportbeton, Betonprodukte, Zuschlagstoffe) und Baustoffe (Baustofftechnik, Kalk, Putz-Mörtel-Gips, Kalksandstein, Dämmsysteme, Naturstein, Servicebereiche). Der Konzern ist gegliedert in die Regionen Zentraleuropa-West (Deutschland, Österreich und die Schweiz; Umsatz 1995: 2.518,0 Mio.; Beschäftigte 1995: 7.312), Westeuropa (Frankreich, Benelux mit dem zweiten Hauptstandbein CBR in Brüssel; Umsatz 1995: 1.400,0 Mio.; Beschäftigte 1995: 4.237), Zentraleuropa-Ost (Polen, Tschechien, Ungarn und Kroatien; Umsatz 1995: 456,0 Mio.; Beschäftigte1995: 6.160) und Nordamerika (USA und Kanada; Umsatz 1995: 1.665,0 Mio.; Beschäftigte 1995: 6.007). Durch den Zusammenschluß von Heidelberger Zement und CBR verfügt die Gruppe allein in den USA flächendeckend unter dem Markenbegriff »Lehigh« über zwölf Zementwerke und mehr als 150 Transportbetonwerke zur Produktion und Vermarktung von jährlich 8 Mio. t Zement und 6 Mio. cbm Transportbeton.

BETEILIGUNGEN. In den Konzernabschluß 1995 wurden neben der Heidelberger Zement AG 56 inländische und 172 ausländische Tochterunternehmen einbezogen. Zu den wichtigsten Beteiligungen gehören in den Geschäftsbereichen:
● Zement: Heidelberger Zement International Holding GmbH, Heidelberg (100%); Anneliese Zementwerke AG, Enningerloh (39,5%); Nordzement AG, Hannover (27,8%); Südbayer. Portland-Zementwerk Gebr. Wiesböck & Co. GmbH, Rohrdorf (31,3%); ZEAG Zementwerk Lauffen – Elektizitätswerk Heilbronn AG, Heilbronn (27,4%); TBG Transportbeton Neuper GmbH & Co. KG, Rostock (100%); S.A. Cimen-

Vorstand:
- *Hülstrunk, Rolf (Vorsitzender), Heidelberg*
- *Falleur, Bernard Boon (Mitglied des Verwaltungsrates und Executive Committee der S.A. Cimenteries CBR), Prag*
- *Fallon, Donald (Präsident und Generaldirektor der S.A. Cimenteries CBR), Brüssel*
- *von Glass, Walter, Heidelberg*
- *Krobotb, Karl, Dr., Heidelberg*
- *Otto, Peter, Dr., Heidelberg*
- *Vanfrachem, Paul (Mitglied des Verwaltungsrates und Executive Committee der S.A. Cimenteries CBR), Brüssel*
- *Wolf, Horst, R., Heidelberg*

Vorstandsbezüge 1995:
10.525.000,– DM

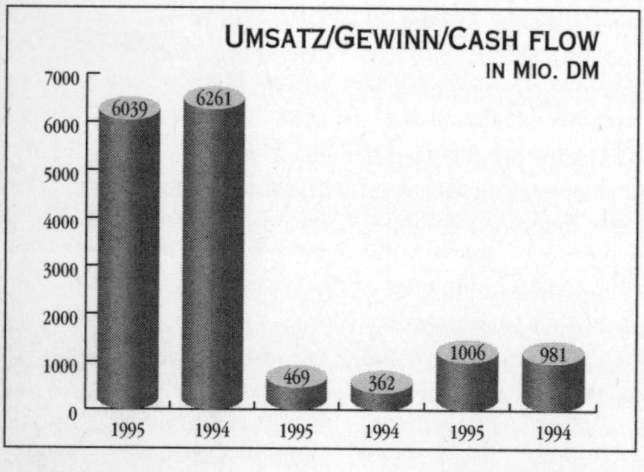

Aufsichtsrat:
- *Röller, Wolfgang, Dr. (Vorsitzender; Vorsitzender des Aufsichtsrates der Dresdner Bank AG), Frankfurt/Main*
- *Becker, Gert (ehem. Vorsitzender des Vorstandes der Degussa AG), Königstein/Taunus*
- *Dieterich, Ernst (Forstdirektor i. R.; Gesellschafter der Südbayer. Portland-Zementwerk Gebr. Wiesböck & Co. GmbH), Rohrdorf*
- *Merckle, Adolf, Senator E.h., Dr. h.c. (Rechtsanwalt; geschäftsf. Gesellschafter der Merckle GmbH), Blaubeuren*

teries CBR, Brüssel/Belgien (48,9%); ENCI N.V., s'Hertogenbosch/Niederlande (100%); Vicat S.A., Paris/Frankreich (24,9%); Beremendi Cement-és Mészipari Rt., Beremend/Ungarn (49,9%); Dunai Cement-és Mészmü Kft., Vác/Ungarn (50%); Cement Bohemia Praha a.s., Beroun/Tschechien (81%); Cementárny a vápenky Mokrá, a.s., Mokrá/Tschechien (64,1%); Cementownia Gorazdze S.A., Gorazdze/Polen (30,2%); Cementownia Strzelce Opolskie S.A., Strzelce Opolskie/Polen (53%); ISTRA Cement International, Pula/Kroatien (50,1%); Heidelberg Cement, Inc. (HCI), Wilmington/USA (66,7%); Lehigh Portland Cement Co., Allentown/USA (100%); Texas-Lehigh Cement Co., Buda/USA (50%); CBR Cement Canada Ltd., Calgary/Kanada (100%); CBR Investment Corporation of America, Allentown/USA (100%).

● Beton: Vulkan Verwaltungs- und Beteiligungsgesellschaft mbH, Heidelberg (100%); BLG Betonlieferungsgesellschaft mbH, München (75%); Johann Lüssen GmbH & Co. KG, Bremen (75%); WIKA-BETON GmbH & Co. KG, Stade (79,6%); Baustoffe Wittmer + Klee GmbH, Waghäusel (100%); Neuper Beton Baustoffwerke GmbH & Co. KG, Neukloster (100%); Hornbach Kläranlagen GmbH & Co. KG, Hagenbach (100%); Kronimus AG, Iffezheim (24,9%); Inter-Beton S.A., Brüssel/Belgien (96,6%); Gralex S.A., Brüssel/Belgien (50%); Grafin S.A., Brüssel/Belgien (100%); Sterkovny a piskovny Brno, Brünn/Tschechien (99,5%); Constar Inc., Birmingham/USA (100%); Sherman International Corp., Birmingham/USA (75%).

● Baustoffe: Baustoffwerke Durmersheim GmbH, Durmersheim (100%); Baustoffwerke Dresden GmbH & Co. KG, Dresden (76%); Deitermann Chemiewerk GmbH & Co. KG, Datteln (100%); Heidelberger Baustofftechnik GmbH, Heidelberg (100%); Heidelberger Dämmsysteme GmbH, Heidelberg (100%); Kalkwerk D. Funk GmbH & Co. KG, Regensburg (79,9%); Kiefer-Reul-Teich Naturstein GmbH, Kelheim (100%); Hebel AG, Emmering (10%); Marmoran AG, Volketswil/Schweiz (50%); Rocogips GmbH, Osterode (100%); Christian Moldan KG, Kuchl bei Salzburg/Österreich (63,4%); Kraftverkehr Bayern GmbH, München (95%); »Südkraft« Süddeutsche Kraftwagen-Speditions-GmbH, München (100%); Soya Mainz GmbH, Mainz (29,7%); Société Mosellane d'Anhydrite S.A., Faulquemont/Frankreich (100%); Styropol Sp. z o.o., Biskupiec/Polen (51%).

NEUE BUNDESLÄNDER. Heidelberger Zement ist mit mehreren »leistungs- und wettbewerbsfähigen Standorten« in den neuen Bundesländern vertreten und beliefert besonders die Großbaustellen. Die Geschäftsbereiche Beton und Baustoffe konnten 1995 die Einbußen in den alten Bundesländern durch die gute Auftragslage in Ostdeutschland kompensieren. 1995 wurde die Neuper Beton übernommen, die in Mecklenburg-Vorpommern und Brandenburg Kalksandsteine, Betonprodukte sowie Betonzuschlagstoffe produziert. Heidelberger Zement verfügt u. a. über die Baustoffwerke Dresden. 1996 werden drei Werke zur Produktion von Fertigdecken und -wänden in Betrieb genommen.

STANDORT DEUTSCHLAND. 1994 war für Heidelberger Zement ein Rekordjahr in jeder Hinsicht: Die erstmalige Konsolidierung der CBR und die hohe Baunachfrage im Inland führten zur Verdoppelung des Umsatzes und Ertrages. Heidelberger Zement gehörte zu den Top

▌Schleicher, Eberhard, Senator E.h., Dr. (pers. haftender Gesellschafter der E. Schwenk KG), Ulm
▌Schuhmacher, Peter, Senator E.h., Heidelberg
▌Seidel, Christian, Prof. Dr. (Mitglied des Vorstandes der Dresdner Bank AG), Frankfurt/Main
▌Weiss, Ulrich, Dr. (Mitglied des Vorstandes der Deutsche Bank AG), Frankfurt/Main
** Hinner, Herwig (stellv. Vorsitzender)*
** Fritz, Bruno*
** Fürst, Wilhelm*
** Kimmel, Hans*
** Köbele, Bruno*
** Schirmer, Heinz*
** Schneider, Günter*
** Schwerdhöfer, Wilhelm*

Aufsichtsratstantiemen 1995: *1.907.000,– DM*

BÖRSE, AKTIEN, KURSE
Grundkapital 1995:
220,0 Mio.
Jahreshöchstkurs 1995:
Stammaktie: 1.240,00 DM
Vorzugsaktie: 860,00 DM
Jahrestiefstkurs 1995:
Stammaktie: 870,00 DM
Vorzugsaktie: 610,00 DM
Aktie Jahresende 1995:
Stammaktie: 900,00 DM
Vorzugsaktie: 635,00 DM
Dividende pro Aktie 1995:
Stammaktie: 15,00 DM
Vorzugsaktie: 17,00 DM

Die Dividende bezieht sich auf je 50,– DM Aktiennennbetrag. Der Bilanzgewinn 1995 betrug 67,1 Mio. DM. 192,5 Mio. DM des Grundkapitals bestehen aus Stammaktien, 27,5 Mio. DM aus Vorzugsaktien. Der Aktiennennwert wurde 1996 von 50,– DM auf 5,– DM geändert.

Umsatz 1995: 6.038,5 Mio.
Umsatz 1994: 6.260,8 Mio.
Umsatz 1993: 3.148,7 Mio.

Gewinn 1995: 468,6 Mio.
Gewinn 1994: 362,3 Mio.
Gewinn 1993: 158,8 Mio.

Cash flow 1995: 1.006,0 Mio.
Cash flow 1994: 981,0 Mio.
Cash flow 1993: 488,0 Mio.

Cash flow: Der Cash flow floß u. a. in den Erwerb einer Beteiligung von 10% an der Hebel AG, einem der weltweit führenden Porenbetonhersteller, und den weiteren Ausbau der Engagements der CBR an Gorazdze und Mokrá sowie den Erwerb der restlichen 50% KG-Anteile an der Neuper Beton Baustoffwerke.

Steueraufkommen 1995: 226,6 Mio.

Beschäftigte 1995: 23.716
Beschäftigte 1994: 24.169
Beschäftigte 1993: 11.857

Umsatz pro Mitarbeiter 1995: 254.617,– DM
Umsatz pro Mitarbeiter 1994: 259.042,– DM
Umsatz pro Mitarbeiter 1993: 265.556,– DM

Löhne und Gehälter 1995: 1.062,5 Mio.
Löhne und Gehälter 1994: 1.067,8 Mio.
Durchschnittsgehalt 1995: 44.800,– DM
Soziale Abgaben und Aufwendungen 1995: 291,8 Mio.
Soziale Abgaben und Aufwendungen 1994: 303,4 Mio.

Bezüge pro Vorstandsmitglied 1995: 1.315.625,– DM
Tantiemen pro Aufsichtsrat 1995: 119.187,– DM

100 in der Republik. 1995 wurde die Euphorie gedämpft, besonders durch die zunehmende Konkurrenz aus den ehemaligen Ostblockländern, die massiv in den internationalen Zementhandel einstiegen und in den klassischen HZ-Märkten (z. B. Benelux) auftauchten, aber auch durch die Abschwächung der Baukonjunktur. Der eingeschlagene Weg der Internationalisierung soll nach der »harmonischen Zusammenführung der Potentiale von Heidelberger Zement und CBR« zur »Erschließung von Synergien, Verstärkung des Reaktionsvermögens und der Kompetenzoptimierung im Konzern« konsequent weiter beschritten werden. 1995 und 1996 wurde von der belgischen Tochtergesellschaft CBR eine »ausbaufähige Minderheitsbeteiligung« an der China Century Cement (Provinz Guangdong) mit drei Zementwerken übernommen. Am größten türkischen Zementwerk Canakkale Cimento Sanayii, einem »kostengünstigen und leistungsstarken« Küstenort an der Ägäis, übernahm CBR 97,7% der Anteile. Darüber hinaus gibt es zwischen Canakkale und der türkischen Haci Ömer Sabanci Holding A.S. eine intensive Zusammenarbeit der verschiedenen Zementunternehmen. Einer der Hauptmärkte von Heidelberger Zement sind die Staaten der HZ-Region Zentraleuropa-Ost: Polen, Tschechien, Ungarn und Kroatien. In den kommenden Jahren sollen die Baustoffaktivitäten in diesen Ländern weiter ausgebaut werden. Im Rahmen der Straffung der Unternehmensstruktur will man sich im Inland aber verstärkt von »Randbereichen« trennen. Verschiedene kleinere Werke werden verkauft, stillgelegt oder anders in den Konzernverbund eingegliedert.

»BÜNDNIS FÜR ARBEIT«. Verstärkt wird durch den Ausbau dezentraler Organisationsstrukturen die Zusammenarbeit in Projektgruppen propagiert, die sich aus Mitarbeitern unterschiedlicher Verantwortungsbereiche bilden und übergreifende Aufgaben lösen sollen. Der geringe Personalabbau betraf in Übereinstimmung mit Behörden und Gewerkschaften, so der Vorstand, die Werke in Zentraleuropa-Ost und die Verpackungssparte. Der Vorstand beschwört nach der geglückten Internationalisierung des Konzerns die »Qualität, Belastungsfähigkeit und den Teamgeist« der Belegschaft in 17 verschiedenen Ländern. In Deutschland ist nur noch ein knappes Drittel der Belegschaft beschäftigt. »Das Konzept des bereichs- und länderübergreifenden Miteinander bindet die Arbeitnehmervertreter ein, mit denen auch ein künftiger Informations- und Gedankenaustausch auf europäischer Ebene vorbereitet wird.«

UMWELTSCHUTZ. Heidelberger Zement legt Wert auf eine umweltorientierte Unternehmensführung. Eigentlich muß umweltbewußtes Verhalten bei einem Zement- und Baustoffhersteller in der Natur der Sache liegen. Denn immer sind auch Anwohner von der Produktion betroffen, wird in die Landschaft durch Steinbrüche und Kiesgruben besonders intensiv eingegriffen. Heidelberger Zement ist engagiert an der freiwilligen Verpflichtung der Zementindustrie zur Verminderung der CO_2-Emissionen. Die Staubwerte der Zementwerke wurden in den vergangenen Jahren erheblich gesenkt. Zur Entwicklung der durch Steinbrüche veränderten Landschaft hat Heidelberger Zement eine detaillierte Broschüre über Maßnahmen und Möglichkeiten zur sinnvollen Gestaltung von Steinbrüchen herausgegeben. Zum Thema Öko-Bi-

lanz wird gemeinsam mit dem Bundesverband Steine und Erden und dem Forschungsinstitut der Deutschen Zementindustrie ein Leitfaden für Baustoffe erarbeitet. Auch bei der CBR wird zunehmend auf Umweltschutzmaßnahmen Wert gelegt. So wurde 1995 ein Vertrag zwischen der Region Wallonien und der belgischen Zementindustrie zum Einsatz alternativer Energieträger festgelegt. Heidelberger Zement vergibt einen internen Umweltvorsorgepreis für seine in- und ausländischen Werke, die sich durch besonders innovative Maßnahmen im Umweltschutzbereich hervorgetan haben. Das ungarische Zementwerk von Heidelberger Zement hat den vom ungarischen Staat gestifteten Umweltpreis 1995 erhalten – für herausragende Maßnahmen zur Reinhaltung der Luft.
Zu einem lukrativen Unternehmenszweig bei Heidelberger Zement hat sich in den letzten Jahren der Umweltschutz entwickelt. In vielen Bereichen hat das Unternehmen richtungsweisende Lösungen entwickelt und angeboten, so z. B. im Lärmschutz, bei der Luftreinhaltung und mit Landschaftsschutzmaßnahmen. Die Heidelberger Umwelttechnik mit einer Niederlassung in Dresden speziell für die Anforderungen der neuen Bundesländer konzipiert Produkte für die Bereiche Altlastensanierung/Einkapselung, Wasserbau, Deponiebau, Basisabdichtung, Deponiebetrieb, Bodeninjektion und Recycling. Dienstleistungen werden angeboten in Consulting, Schadenserfassung und Analysen, Entwicklung von Lösungskonzepten, Verfahrenstechnologie bei Schadstoffimmobilisierung, Projektrealisierung und Überwachung.

Investitionen 1995: *937,0 Mio.*
Investitionen 1994: *1.136,0 Mio.*
Investitionen 1993: *1.624,0 Mio.*

Mitbewerber: *Dyckerhoff, Holderbank, Lafarge, Readymix*

HELM

GESCHICHTE UND ENTWICKLUNG. 1900 gründete Karl O. Helm in Hamburg die Firma für den Export von Riechstoffen nach Indien und für den Verkauf von Blockschokolade und Haushaltswaren. Als der heutige Hauptaktionär Hermann Schnabel 1950 die durch den Krieg zum Erliegen gekommene Firma übernahm, hatte sie bei einem Umsatz von 300.000 DM nur noch vier Beschäftigte. Das sollte sich schnell ändern. Schnabel richtete Chemikalienlager in verschiedenen deutschen Städten ein und beschäftigte 1958 rund 100 Angestellte. 1962 Eröffnung des ersten Auslandsbüros in Kopenhagen und systematischer Aufbau des Auslandsgeschäfts. Das Helm-Lieferprogramm umfaßte 300 Produkte – von Aceton bis Zitronensäure.
Nach der weltweiten Einrichtung einer logistisch ausgeklügelten Ein- und Verkaufsorganisation und einem Umsatz von 350 Mio. DM (1971) begann in den 70er Jahren der Helm-Boom. 1974 bereits 1,9 Mrd. DM Umsatz. 1984 übergab Hermann Schnabel die Geschäfte an Sohn Dieter. Weitere Expansion in den 80er Jahren. 1985 Änderung des Firmennamens in HELM Aktiengesellschaft. 1995 unterhielt HELM weltweit Niederlassungen und Büros in insgesamt 37 Ländern.

BESITZVERHÄLTNISSE/EIGENTUMSSTRUKTUR.
- Hermann Schnabel, Hamburg (75%)
- Dieter Schnabel, Hamburg (25%)

Standort:
Nordkanalstraße 28
20097 Hamburg

Postanschrift:
Postfach 10 30 60
20021 Hamburg

Telefon: *(040) 2375-0*
Telex: *2 170 150*
Telefax: *(040) 2375-1845*

Branche: *Groß- und Außenhandel für Chemikalien und Pharmaka; Spedition und Lagerei*

Rechtsform:
Aktiengesellschaft

Geschäftsjahr: *1.1.-31.12.*

Gründungsjahr: *1900;*
AG seit 1978

Öffentlichkeitsarbeit:
Rolf Rüdiger Reichardt
Tel.: (040) 2375-1820
FAX: (040) 2375-1845

Vorstand:
▌*Schnabel, Dieter (Vorsitzender; Organisation; Arzneimittel; Revision, Informatik)*
▌*Gordian, Wolfgang (Sparte Chemical Liquids; Deutsche Sinochem GmbH; Trinidad & Tobago Methanol Co. Ltd.; Rechtswesen)*
▌*Böttcher, Udo A. (Sparte Chemical Solids; Verschiffung + Versicherung; Umweltschutz/ Gefahrgut; Countertrade)*
▌*Thost, Hartwig (Sparte Pharma und Rohstoffe; Vetiquima Produtos Quimicos Lda.)*
▌*Hinrichs, Jörn (Sparte Niederlassungen Ausland; VOS B.V.)*

Vorstandsbezüge 1995:
keine Angaben

Aufsichtsrat:
▌*Gänger, Ulf (Vorsitzender)*
▌*Seifert, Karl, Dr.*
▌*Zinken, Heinrich*

Umsatz 1995: *6.359,9 Mio.*
Umsatz 1994: *5.813,3 Mio.*
Umsatz 1993: *4.069,1 Mio.*

Gewinn 1995: *24,5 Mio.*
Gewinn 1994: *26,9 Mio.*
Gewinn 1993: *4,5 Mio.*

Steueraufkommen 1995:
9,9 Mio.

Grund- bzw. Stammkapital 1995: *40,0 Mio.*

1995 wurden 8,0 Mio. DM an die Aktionäre Hermann Schnabel und Sohn Dieter ausgeschüttet.

KONZERNÜBERBLICK. Die Helm AG gehört zu den führenden Handelshäusern der Welt in den Sparten Chemie, Pharma, Düngemittel, Pflanzenschutz und Stahl. Zum Helm-Verkaufsprogramm gehören die Produkte: Arzneimittel, ätherische Öle, anorganische und organische Chemikalien, Aroma-Chemikalien, Aromaten, Düngemittel, Futtermittelzusätze, Kunststoffe, Lebensmittelzusatzstoffe, Lösungsmittel, Olefine, Pflanzenschutzmittel und Pharma-Rohstoffe.
Die internationale Handelsorganisation Helm (Stammhaus in Hamburg) mit 44 Ein- und Verkaufsabteilungen gliedert sich in die Sparten: Chemie Deutschland, Chemical Liquids, Chemical Solids, Pharma-Rohstoffe, Feed + Food. Hinzu kommen die Geschäftsbereiche Feedstocks, Arzneimittel und Düngemittel. In 37 Ländern ist Helm mit Büros, Tochterunternehmen und Beteiligungen tätig. In Deutschland betreiben zwölf Verkaufsbüros ein regionales Verteilergeschäft zur Versorgung der Industrie mit den oben genannten Produkten oder übernehmen die Handelsvertretung verschiedener Hersteller der Industrie. International agiert Helm als lokaler Distributor, länderorientierter Exporteur und Spediteur. Handel treibt Helm mit mehr als 120 Ländern rund um den Globus.
Helm hat sich durch den Devisenmangel verschiedener Länder – besonders in der Dritten Welt – auch auf Kompensationsgeschäfte spezialisiert und einen eigenen Countertrade-Bereich eingerichtet. Besonders Chemikalien und Pharma-Rohstoffe werden im Gegengeschäft akzeptiert, mitunter auch Pfeffer, Zimt, Kaffee, Krankenhausausrüstungen oder Zigaretten. Schnelligkeit, Flexibilität und ein Jonglieren mit den Weltmarktpreisen ist bei Helm oberstes Gebot. Helm chartert im Jahr mehr als 400 Schiffe. Der Warenumschlag beläuft sich auf 4 Millionen Tonnen.

BETEILIGUNGEN. Mit Verkaufsbüros, Niederlassungen und Beteiligungen ist Helm auf allen Kontinenten vertreten – von Ho-Chi-Minh-City/Vietnam bis Johannesburg/Südafrika. Helm ist u. a. an folgenden Unternehmen beteiligt: Helm Düngemittel GmbH, Hamburg (75%); Helm Fertilizer Great Britain Ltd., Wakefield/Großbritannien (75%); Helm Engrais France S.A., St. Germain-en-Laye/Frankreich (75%); Helm Fertilizer Asia Pte. Ltd., Singapur (75%); Helm Fertilizer Corp., Tampa/USA (100%); Helm Fertilizer Terminal Inc., Memphis/USA (100%); Helm Fertilizer Helena Terminal Inc., Helena/USA (100%); Helm Chile S.A., Santiago/Chile (75%); Helm Mahaboon Ltd., Bangkok/Thailand (50%); Helm Tong Sing Chem. Corp., Taipeh/Taiwan (50%); Van Ommeren Tank Terminal Ningbo Co. Ltd., Ningbol/China (30%); Deutsche Sinochem GmbH, Hamburg und Peking (40%); Helm Pharmaceuticals GmbH, Hamburg (100%); Rotexmedica GmbH, Trittau (100%); Lagerei Kraeft GmbH, Hamburg (100%); Vos B.V., Alphen a. d. Rijn/Niederlande und Antwerpen/Belgien (100%); Vetiquima Produtos Quimicos Lda., Lissabon/Portugal (100%); Trinidad & Tobago Methanol Comp. Ltd., Point Lisas/Trinidad & Tobago (15%).

NEUE BUNDESLÄNDER. In den neuen Bundesländern besteht eine Niederlassung in Leipzig.

STANDORT DEUTSCHLAND. Die Unternehmensstruktur und die sich daraus ergebende Internationalität der Geschäfte macht den Chemiehandels-Konzern Helm von Standorten unabhängig. Entscheidende Umsatzimpulse erhielt Helm besonders durch die Geschäfte und Wachstumsraten in Südostasien, im Fernen Osten und in Osteuropa. In der Helm-Organisation sind Mitarbeiter aus 41 Nationen tätig. Im Rahmen der fortgesetzten Globalisierung des Chemiehandels weitet Helm die Auslandsgeschäfte weiter aus. Ein entscheidender Markt ist China. Wie abhängig Helm und andere Händler im internationalen Chemiegeschäft von den Chinesen sind, spürten sie 1995, als die Volksrepublik für einige Monate alle Einkäufe einstellte. Größter Chemie-Einzelmarkt ist aber nach wie vor die Bundesrepublik Deutschland. Vom weltweiten Umsatz der Helm-Gruppe in Höhe von 6,4 Mrd. DM entfielen 1995 auf die Niederlassungen und Beteiligungen im Ausland 3,7 Mrd. DM. 1994 erwarb Helm 15% an der Trinidad & Tobago Methanol Company Ltd. (Methanolanlage), zu 100% die Vetiquima Produtos Quimicos Lda., Lissabon (Feinchemikalien), und 30% des größten Chemie-Tankterminals Chinas, die Van Ommeren Tank Terminal Ningbo Co. Ltd.. Der Vorstand: »Die Regionalisierung der Märkte und die damit verbundenen Änderungen der Warenströme erfordern eine zunehmend eigenständige Präsenz der Tochtergesellschaften im Ausland. Ziel der Geschäftspolitik der HELM AG ist es daher, das nationale Verteilergeschäft vor Ort durch selbständig agierende Töchter wahrzunehmen.«

UMWELTSCHUTZ. Da man bei Helm nur im Chemie- und Pharma-Handel und nicht in der Produktion tätig ist, hat man mit dem Umweltschutz nur im Bereich der Logistik zu tun. Ein Vorstandsmitglied ist deshalb auch zuständig für den Bereich Umweltschutz/Gefahrgut.

Beschäftigte 1995: *1.393*
Beschäftigte 1994: *1.361*
Beschäftigte 1993: *1.251*

Löhne und Gehälter 1995: *99,7 Mio.*
Durchschnittsgehalt 1995: *71.572,– DM*
Soziale Abgaben und Aufwendungen 1995: *12,9 Mio.*

Investitionen 1995: *130,2 Mio.*
Investitionen 1994: *129,8 Mio.*
Investitionen 1993: *130,8 Mio.*

Mitbewerber: *Andreae-Noris-Zahn, Gehe, Intrac, Phoenix, Reichelt, Sanacorp, Ferd. Schulze*

HENKEL

GESCHICHTE UND ENTWICKLUNG. Fritz Henkel gründete die Henkel & Cie. im Jahre 1876 in Aachen. 1878 verlegte er die Firma wegen der besseren Verkehrsanbindungen an den Rhein nach Düsseldorf. Um die Jahrhundertwende zog das Unternehmen in den Vorort Holthausen, den jetzigen Standort. Das Werksgelände ist von anfänglich 55.000 qm bis heute auf rund 1.500.000 qm gewachsen und durch eine Pipeline für die Rohstoffzufuhr mit dem Rheinhafen Düsseldorf-Reisholz verbunden. 1878 Einführung des Waschmittels »Henkel's Bleichsoda«. 1907 kam als erstes selbsttätiges Waschmittel »Persil« auf den Markt, benannt nach zwei wichtigen Bestandteilen: Perborat und Silikat. Persil brachte stürmisches Wachstum und internationale Anerkennung. Bau weiterer Fabrikationsanlagen. 1913 Gründung der ersten Tochterfirma, 1914 bereits 120 Henkel-Vertreter. 1920 kam der erste Haushaltsreiniger auf den Markt: das Scheuerpulver »ATA«. 1923 Gründung des Klebstoffwerkes. 1935 Übernahme der Deutschen Hydrierwerke in Rodleben und der Böhme Fettchemie in Chemnitz, die zuvor mit »Fewa« das erste synthetische Waschmittel der Welt auf den Markt gebracht hatten.

Standort: *Henkelstraße 67 40589 Düsseldorf*

Postanschrift: *40191 Düsseldorf*

Telefon: *(0211) 797-0*
Telex: *85 817-117*
Telefax: *(0211) 798-4008*

Branche: *Chemische Industrie; Kunststoffe; Waschmittel aller Art; Kosmetik*

Rechtsform: *Kommanditgesellschaft auf Aktien (KGaA)*

Geschäftsjahr: *1.1.-31.12.*

Gründungsjahr: *1876*

Öffentlichkeitsarbeit:
Werner Baier
Tel.: (0211) 797-355
FAX: (0221) 798-4040
Online: http://www.henkel.com

Verbände: *Verband der Chemischen Industrie e.V., Frankfurt/Main*

Geschäftsführung:
Persönlich haftende geschäftsführende Gesellschafter:
- *Winkhaus, Hans-Dietrich, Dr. (Vorsitzender)*
- *Morwind, Klaus, Dr. (Wasch-/Reinigungsmittel)*
- *Schulz, Roland, Dr. (Personal/Hygiene/Henkel-Ecolab)*
- *Specht, Uwe, Prof. Dr. (Kosmetik/Körperpflege)*

Mitglieder:
- *De Keersmaecker, Guido (Klebstoffe/Chemisch-technische Markenprodukte)*
- *Krautter, Jochen, Dr. (Metallchemie/Informations-Systeme)*
- *Lehner, Ulrich, Dr. (Finanzen/Logistik)*
- *Umbach, Wilfried, Dr. (Forschung/Technik)*
- *Wulff, Harald, Dr. (Chemieprodukte)*

Bezüge der Geschäftsführung 1995: *11.688.000,– DM*

1945 Besetzung des Henkel-Werkes durch amerikanische Truppen. Verhaftung von fünf Mitgliedern der Familie Henkel, der Geschäftsleitung und des Aufsichtsrates. Demontage von Teilen der Öl-, Glyzerin- und Waschmittelfabrik. 1947 Rückkehr der Familie Henkel in die Firma; Beginn der Produktion von Körperpflegemitteln und Kosmetika, u. a. »Poly«. Gründungen zahlreicher Auslandsgesellschaften, u. a. in Südafrika und Japan. 1954 Einführung der Seife »Fa«. 1955 »Wipp« und »Pattex«. 1956 470 Mio. Umsatz, 7.500 Mitarbeiter. 1957 »Dixan« mit gebremstem Schaum; 1958 »Pril flüssig«. 1960 Gründung der Henkel International GmbH als Exportgesellschaft der Gruppe. 1966 knapp über 2,6 Mrd. Umsatz. 1969 Einführung des »Pritt-Klebestiftes«. Großakquisitionen in den 70er und 80er Jahren in aller Welt; Gründungen von Tochtergesellschaften. Der Umsatz der Henkel-Gruppe lag 1975 bei 5,3 Mrd. DM; knapp 33.000 Mitarbeiter. Führungsgesellschaft der Henkel-Gruppe ist seit 1975 die Henkel KGaA; 1985 Börseneinführung von Henkel-Vorzugsaktien. Ende 1990 zog sich Gründer-Enkel Konrad Henkel aus den Aufsichts- und Gesellschaftergremien zurück. 1990 Rückkauf des 1946 enteigneten Waschmittelwerkes Genthin. 1991 Joint-venture mit Ecolab. 1996 Öffnung eines Teils der Stammaktien für familienfremde Anleger.

Besitzverhältnisse/Eigentumsstruktur.

- Familie Henkel (100% der stimmberechtigten Stammaktien und ca. 33% der Vorzugsaktien). Kommanditaktionäre sind die Familien Henkel – Familie Fritz Henkel 40%, Familie Hugo Henkel 40%, Familie Emmy Henkel 20%; Komplementäre sind Klaus Morwind, Prof. Dr. Roland Schulz, Dr. Uwe Specht, Dr. Hans-Dietrich Winkhaus. Aus den drei Kindern des Gründers wurde eine rund 70 Personen umfassende Eigentümerfamilie mit Stammaktienbesitz.
- Rest Vorzugsaktien breit gestreut bei ca. 41.000 Aktionären

Konzernüberblick. Führungszentrum des Henkel-Konzerns ist die Henkel KGaA in Düsseldorf mit ihrem Stammwerk in Düsseldorf-Holthausen. Henkel verfügt über 140 Produktionsstätten in aller Welt. Schwerpunkte sind Europa und Nordamerika, Mexiko, Brasilien und Südostasien. Henkel ist der größte Hersteller der Welt von fettchemischen Produkten aus nativen Fetten und Ölen sowie der Klebstoffhersteller mit der weltweit breitesten Produktpalette. Weltweit ist er der bedeutendste Hersteller von Fettalkoholen auf der Basis natürlicher Rohstoffe; bei Wasch- und Reinigungsmitteln, Körperpflege- und Kosmetikprodukten zählt Henkel in Europa zur Spitze. In den fettchemischen Betrieben des Henkel-Stammwerkes werden jährlich rund 400.000 Tonnen natürliche Öle und Fette verarbeitet. Diese Arbeit ist auf zwei große Anlagenkomplexe verteilt: die Ölbetriebe und die Fettalkoholbetriebe. In Holthausen werden in großtechnischem Maßstab unter anderem Tenside für Wasch- und Reinigungsmittel und Kosmetika hergestellt. Henkel betreibt in 16 Ländern Sulfieranlagen, sieben allein in Holthausen. In Holthausen entstehen heute täglich mehr als 1.000 Tonnen Waschmittel.

Henkel stellt über 10.000 Produkte her. Das Geschäft ist in sechs Markt-Unternehmensbereiche gegliedert, die rund um den Globus operieren. Ihnen sind jeweils Marketing, Produktion und Anwendungstechnik zugeordnet.

◆ Chemieprodukte mit den Bereichen Oleochemie (einschließlich Feinchemie), Organische Spezialchemie sowie Anorganische Produkte. Oleochemie/Feinchemie – Produktgruppen: Fettsäuren, Glycerin und Fettsäurederivate, Fettalkohole, Produkte für die kosmetische und pharmazeutische Industrie sowie Wasch- und Reinigungsmittel, Riechstoffe/Kompositionen, Nahrungs- und Futtermitteladditive, Vitamin E und Beta-Karotin natürlichen Ursprungs. Organische Spezialchemie – Produktgruppen: Grundstoffe und Additive für Kunststoffe, Lacke und Farben, Produkte für die Textil-, Leder- und Papierherstellung, Spezialprodukte für den Bergbau und die Ölförderung sowie für Schmierstoffe, Pflanzenschutzmittel und die Bauindustrie. Anorganische Produkte: Wasserglas. Umsatz 1995: 4.025,0 Mio. DM (Vorjahr: 4.072,0 Mio.).

◆ Metallchemie mit den Produktgruppen: Chemieprodukte und Anwendungssysteme für die Oberflächenbehandlung von Metallen und Substituten, Schmierstoffe, Reinigungsmittel, Korrosionsschutzmittel, Produkte zur Konversionsbehandlung und zur Wasserbehandlung, Engineering, Frost- und Korrosionsschutzmittel für Kfz-Kühlsysteme, CKW-Ersatz für die Reinigung, Dispersionsklebstoffe. Umsatz 1995: 949,0 Mio. DM (Vorjahr: 937,0 Mio.).

◆ Klebstoffe/Chemisch-technische Markenprodukte mit den Bereichen Chemisch-technische Markenprodukte und Industrieklebstoffe. Chemisch-technische Markenprodukte – Produktgruppen: Tapetenkleister, Decken-, Wandbelags-, Fliesenkleber, Renovierungsprodukte, Fugendichtungsmassen, Polyurethanschäume, Kontaktkleber, Holzleime, PVC-Rohrkleber, Verlegewerkstoffe, bauchemische Hilfsmittel, Beschichtungen, Kfz-Reparaturprodukte, Sekundenkleber, Klebestifte und -roller, Korrekturprodukte. Industrieklebstoffe – Produktgruppen: Dispersionsklebstoffe, Stärke-, Dextrin- und Kaseineleime, Schmelzklebstoffe, Polyurethankleb- und -dichtstoffe, Kontaktklebstoffe, anaerob und aerob härtende Acrylate, Cyanacrylate, Polyamide, Gummi-/Metall-Bindemittel, Beflockungsklebstoffe, Kabelfüllmassen. Henkel-Markenartikel: Pattex, Ponal, Pritt, Methylan, Dufix, Gori, Sista, Ceresit, Polifac. Umsatz 1995: 2.165,0 Mio. DM (Vorjahr: 1.990,0 Mio.).

◆ Kosmetik/Körperpflege. Produktgruppen: Feinseifen, Bade- und Duschzusätze, Deodorantien, Hautcremes, Hautpflegeprodukte, Produkte für die Zahnpflege und Mundhygiene, Haarwasch- und -pflegemittel, Haarcolorationen, Haarstylingprodukte, Dauerwellmittel, Parfüms und Duftwässer, Friseurgeschäft. Henkel-Markenartikel: Fa City Men, Thera-med, Vademecum, Poly, AOK-Hautpflege, Diadermine, Moschus, Musk. Die Produktlinie »Fa« ist die bedeutendste europäische Marke. Umsatz 1995: 1.377,0 Mio. DM (Vorjahr: 1.404,0 Mio.). 1995 übernahm Henkel die Schwarzkopf-Gruppe mit allen Produkten: Schauma, Drei Wetter Taft und Gliss in der Haarkosmetik; Kaloderma und Bac in der Körperpflege.

◆ Wasch-/Reinigungsmittel. Produktgruppen: Universalwaschmittel, Spezialwaschmittel, Avivagemittel, Geschirrspülmittel, Haushaltsreiniger, Scheuermittel, Boden- und Teppichpflegemittel, Bad- und WC-Reiniger, Glasreiniger und Brillenputztücher, Möbel- und Küchenpflegemittel, Schuh- und Wäschepflegemittel, Pflanzenpflegemittel. Henkel-Markenartikel: Persil, Weißer Riese, Spee, Dixan, Wipp, Le Chat, Vernel, Perla, Pril, Somat, Dor, General, Ata, Sapur, Sofix, Substral,

Gesellschafterausschuß:

- *Henkel, Konrad, Dr. Dr. hc (Ehrenvorsitzender der Henkel-Gruppe)*
- *Woeste, Albrecht (Vorsitzender; zählt zur vierten Henkel-Generation aus dem Erbenzweig Emmy Lüps)*
- *Henkel, Christoph (stellv. Vorsitzender; Kaufmann)*
- *Manchot, Jürgen, Dr. (stellv. Vorsitzender; Chemiker; Neffe Konrad Henkels aus dem Erbenzweig Fritz Henkel)*
- *Huneke, Walter (Unternehmer)*
- *Maucher, Helmut (Präsident und Delegierter des Verwaltungsrates der Nestlé S.A.)*
- *Plichta, Christa, Dr. (Ärztin)*
- *Röller, Wolfgang, Dr. (Vorsitzender des Aufsichtsrates der Dresdner Bank AG)*
- *Sihler, Helmut, Prof. Dr. Dr. (ehem. Vorsitzender der Geschäftsführung der Henkel KGaA)*

Bezüge des Gesellschafterausschusses 1995:
1.800.000,– DM

Aufsichtsrat:
▌Henkel, Konrad, Dr. Dr. h.c. (Ehrenvorsitzender der Henkel-Gruppe)
▌Woeste, Albrecht (Vorsitzender; Unternehmer)
▌Cartellieri, Ulrich, Dr. (Mitglied des Vorstandes der Deutsche Bank AG)
▌Fairchild, Ursula (Fotografin)
▌Frey, Johann-Christoph (Unternehmer)
▌Herman, Benedikt-Joachim Freiherr von (Forstwirt)
▌Sarrazin, Jürgen (Sprecher des Vorstandes der Dresdner Bank AG)
▌Wendelstadt, Dieter (Vorsitzender des Aufsichtsrates der Colonia Konzern AG)
**Neuen, Gottfried (stellv. Vorsitzender)*
**Mehnert, Hans*
**Puderbach, Herbert*
**Ruch, Erich*
**Spaas, Kläre*
**Vonderhagen, Hans*
**Walter, Jürgen*
**Zander, Winfried*

Aufsichtsratstantiemen 1995: *700.000,– DM*

Sidolin, Biff, Paral (nur Vertrieb). Mit Persil Megaperls gelang Henkel 1994 die erfolgreichste Neueinführung ins Waschmittelgeschäft der letzten Jahrzehnte. Umsatz 1995: 4.096,0 Mio. DM (Vorjahr: 4.110,0 Mio.).
◆ Hygiene. Produktgruppen: Hygieneprodukte, Geräte und Maschinen für die Anwendungsgebiete Reinigen, Waschen, Pflegen, Spülen und Desinfizieren bei öffentlichen und privaten Großabnehmern sowie in der Ernährungs- und Getränkeindustrie und in der Landwirtschaft. Das Hygiene-Geschäft wird in Europa gemeinsam mit dem amerikanischen Henkel-Partner Ecolab Inc., St. Paul/Minnesota, USA, als Jointventure Henkel-Ecolab betrieben. Umsatz 1995: 1.371,0 Mio. DM (Vorjahr: 1.345,0 Mio.).

Das Henkel-Forschungszentrum in Düsseldorf steht allen Konzerngesellschaften offen. Weitere wichtige Forschungszentren besitzt der Konzern im amerikanischen Santa Rosa/Kalifornien und in Ambler/ Pennsylvania. Zahlreiche Konzerngesellschaften der weltweit operierenden Henkel-Gruppe unterhalten eigene Laboratorien für Produkt- und Verfahrensentwicklung sowie Anwendungstechnik.

BETEILIGUNGEN. Zum Henkel-Konzern zählen weltweit rund 270 Gesellschaften in 59 Ländern, von denen 1995 42 inländische und 171 ausländische Unternehmen in den Konzernabschluß einbezogen wurden, an denen die Henkel KGaA direkt oder indirekt die Mehrheit der Stimmrechte besitzt oder die unter ihrer einheitlichen Leitung stehen. Die meisten verbundenen Unternehmen vertreiben in den europäischen Ländern die gesamte Palette der Henkel-Produkte. Zu den wichtigsten Gesellschaften der Henkel-Gruppe gehören:
● Henkel-Ecolab GmbH & Co. OHG, Düsseldorf (50% + 1 Anteil – Joint-venture-Gesellschaften; über 42 Gesellschaften in 24 europäischen Ländern; zuständig für ganz Europa. Reinigungs-, Sanitär- und Hygieneprodukte und -systeme, Rasenpflege); Grünau Illertissen GmbH, Illertissen (100% – Nahrungs- und Futtermitteladditive, Feuerschutzbeschichtungen, Abdichtungssysteme); Henkel-Klebstoff-Gruppe, Düsseldorf (100% – Zusammenfassung der europäischen Klebstoffaktivitäten mit den Unternehmen: Henkel Bautechnik GmbH, Düsseldorf; Sichel-Werke GmbH, Hannover; Dr. Rudolf Schieber Chemische Fabrik GmbH + Co. KG, Bopfingen); Henkel Teroson GmbH, Heidelberg (100% – Kleb- und Dichtstoffe, Korrosions- und Lärmschutzprodukte); Henkel Benelux, Brüssel, Belgien (100%); Henkel-France-Gruppe, Boulogne-Billancourt/Frankreich (100%); Sidobre-Sinnova S.A., Saint Martory-Boussens/Frankreich (100% – Fettchemische und chemisch-technische Produkte); Henkel Ltd., London/Großbritannien (100%); Henkel SpA, Ferentino/Italien (100%); Henkel-Austria-Gruppe, Wien/Österreich (100%); Henkel-Norden-Gruppe, Stockholm/Schweden (100%); Henkel & Cie AG, Pratteln/Schweiz (100%); Henkel Ibérica SA, Barcelona/Spanien (100%); Henkel Turyag A.S., Izmir/Türkei (100%); Türk Henkel A.S., Istanbul/Türkei (100%); Henkel SA Indústrias Quimicas, São Paulo/Brasilien (100%); Henkel Mexicana SA de CV, Ecátepec de Morelos und Mexiko, D.F., Mexiko (100%); Henkel South Africa (Pty) Ltd., Alrode/Südafrika (100%); Henkel of America Inc., Gulph Mills/Pennsylvania, USA (100%); Henkel-Asia-Pacific-Gruppe, Hongkong (100%).
● Weitere Beteiligungen: AOK-Nerval Cosmetics & Perfumes GmbH, München (100%); Böhme Fettchemie GmbH, Hamburg (100% – Rei-

nigungsmittel); Ceresit GmbH, Düsseldorf (100% – Farben, Putze); Gerhard Collardin GmbH, Herborn (100%); Columbia Cosmetics GmbH, Berlin (100%); Cordes & Co. GmbH, Porta Westfalica (100% – Produkte für die Tapeten-Industrie); Floordress Reinigungsgeräte GmbH, Lorch-Waldhausen (100% – Geräte für Gebäudereinigung); Henkel & Cie. GmbH, Düsseldorf (100%); Henkel Genthin GmbH, Genthin (100%); Henkel Cosmetic GmbH, Düsseldorf (100%); Kepec Chemische Fabrik GmbH, Siegburg (100% – Kepec-Farben, Schuhkappen); Lang Apparatebau GmbH, Siegsdorf/Obb. (100% – Dosiergeräte für Wasch- und Spülmittel, Desinfektionsgeräte, Rohrtrenner); Neynaber Chemie GmbH, Loxstedt (100%); omniTechnic GmbH, Hannover (100% – »omniFit«-Produkte); Siegert & Cie. GmbH, Neuwied (100% – Produkte aus Fetten und Ölen, Olein, Stearin, Seifen); Thera Cosmetic GmbH, Düsseldorf (100% – Körper- und Haarpflegemittel, Seifen); Thompson GmbH, Düsseldorf (100% – Vertrieb von Waschmitteln, Reinigungs- und Pflegemitteln, Schädlingsbekämpfungsmitteln, Dünger); Thompson-Siegel GmbH, Düsseldorf (100% – u. a. Wohnungs- und Autopflegemittel, Insektizide, Düngemittel); Henkel Klebstoff GmbH, Düsseldorf (100%); Nowa Cosmetics GmbH, Köln (50%); Tricosal GmbH, Illertissen (50% – 50% hält die Dyckerhoff AG – Zusatzmittel für Beton, Mörtel, Gips); PKL Verpackungssysteme GmbH, Linnich (100%); Hans Schwarzkopf GmbH, Hamburg (77% – 23% bei der Familie Hans Peter Schwarzkopf).

● Weitere wesentliche Beteiligungen: Degussa AG über GFC Gesellschaft für Chemiewerte mbH, Düsseldorf. Die Henkel KGaA ist mit 45,8% an der GFC beteiligt, die 39,1% des Grundkapitals der Degussa AG, Frankfurt/Main, hält. Umsatz 1994/95: 13.862,0 Mio. DM; Ecolab Inc., St. Paul/Minnesota, USA (22,2% – Umsatz 1995: 1.341,0 Mio. US $; Produktgruppen: Chemieprodukte, Geräte und Maschinen für Reinigung und Pflege sowie Wasserbehandlung und Schädlingsbekämpfung); The Clorox Company, Oakland/Kalifornien, USA, (27,8% – Umsatz 1994/95: 1.984,0 Mio. US $; Produktgruppen: Bleichmittel, Haushaltsprodukte, Nahrungsmittel); Loctite Corporation, Hartford/ Connecticut, USA (33,4% – Umsatz 1995: 785,0 Mio. US $; Produktgruppe: Spezialklebstoffe. Henkel ist größter Einzelaktionär des Unternehmens).

● In Rußland hat Henkel 1993 knapp 79% der Anteile der ERA AG, Tosno, in der Nähe von St. Petersburg erworben (Wasch- und Reinigungsmittel, Klebstoffe – der Rest der Anteile wird von der Belegschaft gehalten). Zur »besseren Bearbeitung des russischen Marktes« wurde die Henkos Cosmetic GmbH gegründet, die exklusiv den Henkel-Vertrieb für die gesamte GUS übernimmt. In Polen hat Henkel 1993 alle Anteile an der Henkel Cosmetic Sp.z.o.o., Helenowek bei Warschau, erworben. Gemeinschaftsunternehmen wurden in Slowenien mit den Waschmittel- und Kosmetikfirmen Zlatorog (jetzt Henkel-Ecolab) und Riviera gegründet, in Ungarn mit dem Waschmittelproduzenten Metakemia und dem Klebstoffhersteller Taurus. Dazu kommen die Henkel-Palma spol. s.r.o. in Tsche-

BÖRSE, AKTIEN, KURSE

Grundkapital 1995:
729,9 Mio.

Jahreshöchstkurs 1995:
583,50 DM

Jahrestiefstkurs 1995:
508,00 DM

Aktie Jahresende 1995:
538,00 DM

Dividende pro Aktie 1995:
10,50 DM (je Stammaktie); 11,50 DM (je Vorzugsaktie)

Die Dividende bezieht sich auf je 50,– DM Aktiennennbetrag. Das Grundkapital teilt sich wie folgt auf: 400,0 Mio. DM Inhaber-Stammaktien; 330,0 Mio. DM stimmrechtslose Inhaber-Vorzugsaktien. Die Aktien stückeln sich in: 270.000 Stammaktien zu je nom. 1.000,– DM; 200.000 Stammaktien zu je nom. 100,– DM; 2.200.000 Stammaktien zu je nom. 50,– DM; 6.600.000 Vorzugsaktien zu je nom. 50,– DM. Die Dividendensumme 1995 betrug 159,9 Mio. DM. Die Familie Henkel hat auf einen Teil der auf die Stammaktien satzungsgemäß entfallenden Dividende verzichtet.

UMSATZ/GEWINN/CASH FLOW IN MIO. DM

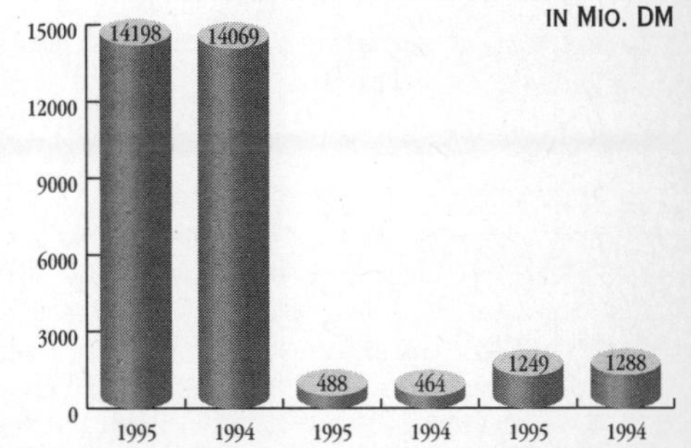

Mitte 1996 gab der Vorsitzende der Geschäftsführung bekannt, daß in Zukunft auch familienfremde Anleger Stammaktien erwerben können. Bislang

konnten Außenstehende nur stimmrechtslose Vorzugsaktien kaufen. Bei der Umstellung des Nennwertes der Aktien von 50,– DM auf 5,– DM wird jede zehnte Vorzugsaktie in eine stimmberechtigte Stammaktie umgetauscht. Auf diese Weise gelangen erstmals stimmberechtigte Aktien außerhalb des Henkel-Familieneinflusses. Allerdings wurde in einem familieninternen Vertrag festgehalten, daß die Familie mindestens bis zum Jahr 2016 50 % plus 1 Aktie der stimmberechtigten Stammaktien behalten muß. Dann wird familienintern neu verhandelt. Ein Grund für die Aktion: Der Umtausch verschafft Henkel mehr Raum für die Erhöhung des Vorzugskapitals und sichert ein Verbleiben in den DAX-Werten. So haben die über 70 Mitglieder der Familie Henkel erstmals in der Unternehmensgeschichte die Möglichkeit, ihren Anteil an den Stammaktien von heute 100% um knapp 50% zu verringern. Darüber hinaus soll das Höchststimmrecht von 10% abgeschafft werden.
Hintergrund der vorsichtigen Henkel-Öffnung hin zu einer Publikumsgesellschaft dürfte sein, daß die zahlreichen Enkel der Familie endlich Bargeld aus der Dividende sehen wollen oder in die Möglichkeit versetzt werden, ihre Anteile an der Börse plazieren bzw. verkaufen zu können. Bislang war vertraglich festgelegt, daß der größte Teil des Jahresüberschusses nicht als Dividende ausgeschüttet wird, sondern in die konzerninternen Gewinnrücklagen fließt.

chien und die künftig als Henkel-Polska firmierende Pollena S.A. in Polen.
In China wurde das Joint-venture Tianjin Henkel Detergents and Cleaning Products Co. Ltd. gegründet, so daß Persil, Wipp Express und Henko aus eigener regionaler Produktion in einigen Regionalmärkten eingeführt werden konnten. Für den chinesischen Markt wurde die Henkel Cosmetics Ltd., Hongkong, gegründet. Die Henkel-Produkte werden aber in Zhaoquing in China produziert. Die Shanghai Henkel Oleochemicals Ltd., an der Henkel 85% hält, verfügt über eine neue Fabrik mit kompletter Infrastruktur und wurde 1995 erstmals ebenso wie die Henkel Teroson Adhesives & Coatings Ltd. in die Konsolidierung einbezogen. Mit der Shanghai Kemeng Group, Shanghai, gründete Henkel im Kosmetiksektor 1995 mit einer 60%-Beteiligung das Joint-venture Henkel Kemeng Cosmetics Ltd. Nach der 1995 erfolgten Gründung der Henkel (China) Investment Co. Ltd., Peking, ist Henkel mit elf Unternehmen im chinesischen Markt vertreten, womit nahezu alle Produktbereiche abgedeckt sind.

NEUE BUNDESLÄNDER. Henkel erwarb von der Treuhandanstalt gleich nach dem Fall der Mauer sein früheres Waschmittelwerk in Genthin (Sachsen-Anhalt) zurück. Über das Waschmittelwerk Genthin GmbH werden Waschmittel aus Düsseldorf sowie die bisherigen Genthin-Produkte vertrieben. Genthin-Renner waren die DDR-Marktführer »Spee« und »Spee Color«, die Henkel in Rezeptur, Umweltverträglichkeit (phosphatfrei) und Ausstattung (Düsseldorfer Duftstoffe) auf westdeutsches Niveau gebracht hat. Die Beschäftigten wurden von einst 1.500 um 1.000 reduziert. Anfang 1995 wurde die Henkel-Produktion der flüssigen Wasch- und Reinigungsmittel von Düsseldorf nach Genthin verlegt. Eine neue Produktionsanlage für flüssige Wasch- und Reinigungsmittel ging bei der Henkel Genthin GmbH, der einzigen Zweigniederlassung der Henkel KGaA, 1995 in Betrieb. In Magdeburg wurde die Firma Henkel Härtol GmbH gegründet; mit dem von der Härtol GmbH übernommenen Werk besitzt Henkel eine zweite Produktionsstätte für Metallchemie-Produkte in Deutschland. Von den Leuna-Werken wurde deren Geschäft mit Schmelzklebstoffen für die holzverarbeitende Industrie in Heidenau bei Dresden übernommen und in die neugegründete Firma Citax Klebetechnik GmbH eingebracht.

STANDORT DEUTSCHLAND. Die Henkel-Geschäftsführung jubelte 1995 wie schon ein Jahr zuvor wiederum über das höchste Ergebnis nach Steuern in der Unternehmensgeschichte. Nie zuvor hatten die Waschmittelhersteller so gut verdient – 488 Mio. DM. Ziel der Henkel-Strategen ist es, die Netto-Umsatzrendite auf 4% zu steigern. Henkel-Chef Hans-Dietrich Winkhaus hatte es schon Anfang 1995 angekündigt: »Unser internes Ziel ist es, den Umsatz in Zukunft alle sieben Jahre zu verdoppeln« (Süddeutsche Zeitung vom 15.2.1995).
Endlich griffen die Restrukturierungsmaßnahmen, die Entlassungen, für die immerhin rund 150,0 Mio. DM aufgewendet worden waren. Der drastische Stellenabbau um ca. 15% hatte sich für die Henkel-Spitze gelohnt. Seit dem Rezessionsjahr 1993 wurden bei Henkel rund 3.500 Mitarbeiter entlassen, über 2.000 im Stammwerk Düsseldorf-Holthausen und bei inländischen Tochtergesellschaften. Hunderte Mitarbeiter, die auf sanftes Drängen der Geschäftsleitung in den Vorru-

hestand wechselten, um so Stellen frei zu machen, mußten merken, daß ihre Arbeitsplätze kurzerhand gestrichen wurden.
Henkel stellt den Chemiestandort Deutschland nicht ernsthaft in Frage, zumal sich die wesentlichen Henkel-Aktivitäten auf das Stammwerk in Düsseldorf-Holthausen konzentrieren. 1995 wurde zusätzlich die Hans Schwarzkopf GmbH von Hoechst übernommen. Dennoch werden mit großem Aufwand die Standorte in den USA und der Region Asien/Pazifik weiter ausgebaut. In China ist Henkel bereits mit elf Unternehmen vertreten und beteiligt sich an »Programmen zur beschleunigten Ausbildung chinesischer Mitarbeiter«. »Die Internationalisierung unserer Geschäfte hat sich weiter verstärkt«, resümierte die Geschäftsführung Anfang 1996. »Vor allem durch Akquisitionen und erstmals konsolidierte Joint-ventures hat sich die Zahl der Mitarbeiter weltweit erhöht; im Inland dagegen ging der Personalbestand durch Restrukturierungsmaßnahmen weiter zurück.« Auch im europäischen Bereich gab es Veränderungen. Sogenannte »strategische Standortentscheidungen« führten zur Aufgabe und Zusammenlegung von verschiedenen Produktionsstandorten in Europa. Ziel der Henkel-Geschäftsführung ist es, »Europa jeweils nur noch von einer Produktionsstätte aus zu versorgen«.

»BÜNDNIS FÜR ARBEIT«. 1995 wurden den Beschäftigten Leitlinien zur Zusammenarbeit und zur Führung vorgestellt, an denen verschiedene Teams des weltweiten Konzernverbundes mitgewirkt hatten. Die Leitlinien, in denen »auf der Grundlage von Vertrauen ergebnis- und leistungsorientiert« zusammengearbeitet werden soll mit dem Ziel von »Kreativität, Verantwortung und Freude an der Arbeit«, sind weltweit verbindlich. »Diese Unternehmenskultur soll sich auch unseren Kunden, unseren Lieferanten und unserem Umfeld mitteilen.«
In verschiedenen Unternehmenbereichen wird auf den unterschiedlichen regionalen Entscheidungsebenen in Teams gearbeitet. Zum Produktmanagement gehören multinationale und damit multikulturelle Teams, bei denen Mitarbeiter aus Europa und Übersee vernetzt zusammenarbeiten, um »den Herausforderungen und Wandlungen auf den globalen Märkten schneller und wirkungsvoller zu begegnen«. In der Chemie- und Waschmittelproduktion wurden 1995 in der Fertigung verstärkt Gruppenarbeitsmodelle, mit der Verlagerung von Planungs-, Gestaltungs- und Steuerungsaufgaben in die Gruppen, eingeführt. So wurden beispielsweise laut Henkel mit der Inbetriebnahme der Megaperls-Fabrik in Düsseldorf traditionelle Arbeitsstrukturen, die durch Hierarchie und Ressort-Denken geprägt waren, durch Gruppenarbeit abgelöst. »An die Stelle der vorherrschenden Verrichtungsorientierung trat die Prozeßorientierung.« Der einzelne Mitarbeiter hat plötzlich eine andere Verantwortung und Kompetenz innerhalb der Gruppe. »Die Gruppenarbeit hat sowohl zu einer Verbesserung der Arbeitsbedingungen, Qualifikation und Selbstbestimmung der Mitarbeiter als auch zu einer höheren Flexibilität, Produktivität und Qualität in der Produktion geführt.« Seit Anfang 1994 haben bei Henkel männliche Beschäftigte die Möglichkeit, mit 58 Jahren in Pension zu gehen, weibliche Angestellte bereits mit 57. Flexible Gestaltung der Arbeitszeit sowie Teilzeit stehen in Absprache mit Betriebsräten und Gewerkschaften in der Umsetzung der tarifvertraglichen Arbeitszeitkürzungen von 39 auf 37,5 Wochenstunden auf dem Programm.

Umsatz 1995: *14.198,0 Mio.*
(Auslandsanteil 71,2%)
Umsatz 1994: *14.069,0 Mio.*
(Auslandsanteil 71,6%)
Umsatz 1993: *13.867,0 Mio.*
(Auslandsanteil 71,0%)

Gewinn 1995: *488,0 Mio.*
Gewinn 1994: *464,0 Mio.*
Gewinn 1993: *385,0 Mio.*

Cash flow 1995: *1.249,0 Mio.*
Cash flow 1994: *1.288,0 Mio.*
Cash flow 1993: *1.443,0 Mio.*

Cash flow: *Aus dem Cash flow wurden die Investitionen in Sach- und Finanzanlagen sowie der zusätzliche Mittelbedarf im Umlaufvermögen voll gedeckt. Die hohen Finanzanlagen wurden im wesentlichen durch die Akquisition von Schwarzkopf bestimmt.*

Steueraufkommen 1995: *273,0 Mio.*

Beschäftigte 1995: 41.664
(Ausland: 26.710)
Beschäftigte 1994: 39.907
(Ausland: 24.489)
Beschäftigte 1993: 40.480
(Ausland: 23.735)

Umsatz pro Mitarbeiter 1995: 340.774,– DM
Umsatz pro Mitarbeiter 1994: 352.545,– DM
Umsatz pro Mitarbeiter 1993: 342.564,– DM

Löhne und Gehälter 1995: 2.443,0 Mio.
Löhne und Gehälter 1994: 2.518,0 Mio.
Durchschnittsgehalt 1995: 58.636,– DM
Soziale Abgaben und Aufwendungen 1995: 798,0 Mio.
Soziale Abgaben und Aufwendungen 1994: 792,0 Mio.

Bezüge pro Mitglied der Geschäftsführung 1995: 1.298.667,– DM
Bezüge pro Mitglied des Gesellschafterausschusses 1995: 200.000,– DM
Tantiemen pro Aufsichtsrat 1995: 43.750,– DM

Investitionen 1995: 2.109,0 Mio.
Investitionen 1994: 1.007,0 Mio.
Investitionen 1993: 981,0 Mio.

Umweltschutz 1995: 395,0 Mio.
Umweltschutz 1994: 383,0 Mio.
Umweltschutz 1993: 369,0 Mio.

UMWELTSCHUTZ. Henkel sieht Umweltschutz als globale Aufgabe und hat 1995 einen für alle Mitarbeiter der Henkel-Gruppe verbindlichen Orientierungs- und Handlungsrahmen geschaffen. Im Rahmen eines weltweiten Umwelt-Audits werden umweltrelevante Notwendigkeiten ermittelt und entsprechende Ziele formuliert, die in einem jährlichen Umweltbericht detailliert vorgestellt werden. Der Umweltbericht 1996 listet die Ziele für die wichtigsten Henkel-Standorte weltweit auf und veröffentlicht konzernweite, an 31 Standorten gemessene Umweltdaten in den Bereichen Energieverbrauch, Kohlendioxid-, Schwefeldioxid-, und Stickoxid-Emissionen, Geruch, Lärm, Wasser, Verpackungen und Abfall, aber auch der empfohlenen Waschmittel-Dosierung am Beispiel Persil. Für den Umwelt- und Verbraucherschutz wurden 1995 rund 395 Mio. DM ausgegeben, 99 Mio. DM davon flossen in den Bereich Forschung und Entwicklung, besonders in die Tenside-Forschung. Seit 1989 sind alle Waschmittel der Henkel-Gruppe phosphatfrei. Ein Schwerpunkt des betrieblichen Umweltschutzes liegt immer im Werk Holthausen.
Im Düsseldorfer Stammwerk kam es im Oktober 1994 zu einer schwerwiegenden Betriebsstörung, bei der ein giftiges Gemisch entwich. Seitdem ist es ein erklärtes Ziel, die Stoffmengen, die bei Betriebsstörungen entweichen können, drastisch zu minimieren. Hinzu kommt der Aufbau eines AOX-Katasters für das Werksabwasser, Umweltschutzschulungen für 1.600 Mitarbeiter und die Einrichtung eines zentralen Krisenstabes sowie die jährliche brandschutzliche Überprüfung von 20% aller Gebäude. Henkel setzt in Holthausen auf Transparenz und Öffentlichkeit.
Aber Umweltschutz ist bei Henkel auch Selbstzweck. »Henkel ist das ökologisch führende Chemie-Unternehmen.« Mit dem Umweltschutz auf den Fahnen zum großen ökonomischen Erfolg. »Eine von der Öffentlichkeit wahrgenommene Führungsrolle des Unternehmens in Fragen des Umwelt- und Verbraucherschutzes, die in Wettbewerbsvorteile umgesetzt werden kann.« Henkel unterstreicht in seiner Unternehmensstrategie, in jedem Segment beim Umweltschutz führend sein zu wollen. Und Henkel weiß, daß gerade in seinen Unternehmensbereichen und bei seinen Produkten, besonders auf dem Waschmittelsektor, mit Ökologie sehr viel Geld verdient werden kann. Wenn man den Kunden ökologieorientierte Produkte anbietet, dann sei das nichts als gutes Marketing. »Die Umweltverträglichkeit von Produkten ist selbstverständlicher Bestandteil eines ganzheitlichen Qualitätsbegriffs bei Henkel.« In der Megaperls-Kampagne (»Kugelrunde Kraftpakete«) wurde an vorderer Stelle die Umweltverträglichkeit dieser »neuen Generation von Kompaktwaschmitteln« herausgestellt.

FAMILIE HENKEL. Obwohl der Name Henkel seit Anfang 1991 erstmals in keinem der Konzern-Gremien auftaucht, ist Konrad Henkel, bis 1990 offiziell und jetzt inoffiziell das unumschränkte Familienoberhaupt der Henkels, der »Spezialist für angewandte Chemie«. Er hatte es immer verstanden, auch die aufmüpfigsten Henkel-Ableger durch siebenstellige Ausschüttungen und raffinierte Verträge zufriedenzustellen und außerhalb des Geschäfts zu lassen. Sogar beim Ausbau des Chemiekonzerns und seiner Börseneinführung 1985 ließ Konrad Henkel sich und seinem Clan das Zepter nicht ein Stück weit aus der Hand nehmen. Seine Frau Gabriele Henkel, Kunstliebhaberin, Mä-

zenin, Beirätin des New Yorker Museum of Modern Art, ist die reklamewirksame Gesellschaftsdame des Clans mit besten Beziehungen zu Politik und Wirtschaft.
Obwohl der Enkel des Firmengründers Ende 1990 seine Ämter an die vierte Generation weitergab, geht zumindest in Nordrhein-Westfalen auch in Zukunft so gut wie nichts ohne das mächtige Ehepaar Konrad und Gabriele Henkel. Konrad Henkel übergab den Vorsitz des Aufsichtsrates und des Gesellschafterausschusses zum Jahreswechsel 1990/91 an den Urenkel des Firmengründers, an Albrecht Woeste (Erbenzweig Emmy Lüps). Ganz nebenbei leitet Woeste als Unternehmer die Firma R. Woeste & Co., ein metallverarbeitendes Unternehmen mit einem Jahresumsatz von rund 100 Mio. DM. Konrad Henkel ist Ehrenvorsitzender im Gesellschafterausschuß und im Aufsichtsrat der Henkel-Gruppe.

Forschung und Entwicklung 1995: *369,0 Mio.*
Forschung und Entwicklung 1994: *369,0 Mio.*
Forschung und Entwicklung 1993: *402,0 Mio.*

Mitbewerber: *BASF, Beiersdorf, Colgate-Palmolive, Dow Chemical, Gillette, Hoechst, ICI, S.C. Johnson, L'Oréal, Procter & Gamble, Roche, Shiseido, Unilever*

HERAEUS

GESCHICHTE UND ENTWICKLUNG. Noch heute liegt ein Schwerpunkt des Familienunternehmens in der Verarbeitung von Platin und anderen Edelmetallen. Damit knüpft das Hanauer Unternehmen nahtlos an die 1851 vom Apotheker und Chemiker Wilhelm Carl Heraeus gegründete erste deutsche Platinschmelze an. 1891 kam das erste Heraeus-Patent heraus: die Herstellung von Platin-Gold-Kesseln. Es folgten Elektro-Wärmeöfen (Platin/Rhodium-Heizentwicklung), die ersten keramischen Farben und die Aufnahme des chemischen Apparatebaus. 1901 wurde die Heraeus Quarzschmelze gegründet, drei Jahre später kam das erste Platin-Widerstandsthermometer auf den Markt. 1906 Erfindung der künstlichen Höhensonne, 1910 erster Vakuumschmelzofen, 1914 erste Platin-Katalysatornetze. Entwicklung der Höhensonne in den 30er Jahren; bahnbrechende Innovationen auf dem Dentalmarkt. Heraeus präsentierte der Öffentlichkeit die ersten Dentallegierungen.
1945 Gründung der Heraeus Edelmetalle GmbH. Mit der Gründung erster Auslandstöchter 1958 und zahlreichen Firmenneugründungen (u. a. 1967 Leybold-Heraeus) begann der Aufstieg des Hanauer Unternehmens; in den 70er Jahren folgten große Beteiligungen in den USA, England und Japan sowie weitere Auslandsunternehmen. 1978 Einführung einer neuen Brutschrank-Technologie. Erstmals stieg der Umsatz über die Milliardengrenze. Weitere Großakquisitionen in den USA und Fernost. 1983 erste eigene Laser. 1985 Eröffnung von Quarzglaswerken in Japan und USA. 1987 Verkauf von Leybold-Heraeus an die Degussa AG. 1990 generelle Umstrukturierung des Konzerns in fünf selbständig operierende Geschäftsfelder unter dem Dach einer Management-Holding, die 1995 auf vier reduziert wurden.

BESITZVERHÄLTNISSE/EIGENTUMSSTRUKTUR.
- Familie Heraeus (100%)

Standort:
Heraeusstraße 12-14
63450 Hanau

Postanschrift:
Postfach 15 61
63405 Hanau

Telefon: *(06181) 35-1*
Telex: *415 202-0 hud*
Telefax: *(06181) 35-809*

Branche: *Holdinggesellschaft; Edelmetalle, NE-Metalle, Elektrotechnik, Feinmechanik, Sonderkeramik, Quarzglaserzeugnisse; Maschinen- und Anlagenbau; Groß- und Außenhandel*

Rechtsform: *Gesellschaft mit beschränkter Haftung (GmbH)*

Geschäftsjahr: *1.1.-31.12.*

Gründungsjahr: *1851*

Öffentlichkeitsarbeit:
Dr. Ralf Schrank
Tel.: (06181) 35-5100
FAX: (06181) 35-809

Verbände: *Die einzelnen Sparten sind nach ihren Aufgabenfeldern in den entsprechenden Fachverbänden organisiert.*

Geschäftsleitung Heraeus Holding:
- *Heraeus, Jürgen, Dr. (Vorsitzender), Maintal*
- *Goffloo, Klaus, Dr., Oberursel*
- *Vischer, Peter, Dr., Hanau*

Bezüge der Geschäftsleitung 1995: *keine Angaben*

Geschäftsleitungen der operativen Führungsgesellschaften:
W.C. Heraeus GmbH:
- *Baumann, Andreas, Hanau*
- *Ritzert, Gerhard, Dr., Hanau*

Heraeus Kulzer GmbH:
- *Domes, Anton, Bruchköbel*
- *Schödel, Dieter, Dr., Wiesbaden*

Heraeus Quarzglas GmbH:
- *Vilsmeier, Gerhart, Aschaffenburg*

Heraeus Electro-Nite Int. N.V.:
- *Kleyn, Hendrik J.C., Houthalen/Belgien*

»Zur Sicherung der langfristigen Eigenständigkeit als Familiengesellschaft« haben die Familieneigentümer, inzwischen über 140 Gesellschafter, 1994 die Einhorn Verwaltungsgesellschaft mbH (EVG) gegründet (in Anlehnung an die Einhorn-Apotheke, aus der der Konzern hervorging). In die EVG brachten die Eigentümer 90% der bisher persönlich gehaltenen Anteile an der Heraeus Holding GmbH ein. Die übrigen 10% halten die Gesellschafter weiterhin direkt und verfügen damit über das 100%ige Stimmrecht. Die bei der EVG liegenden Anteile sind stimmrechtslos. Die Heraeus Holding GmbH bleibt Konzernobergesellschaft. Durch die Bündelung in der EVG sollte heimlichen Veräußerungen von Anteilen an der Heraeus-Gruppe vorgebeugt werden.

KONZERNÜBERBLICK. Heraeus ist Hersteller und Verarbeiter hochwertiger Stoffe wie Gold, Silber, Platin, Quarzglas und spezieller Kunststoffe. Domänen des Hanauer Konzerns sind die Edel- und Sondermetall-Technologie, die Edelmetallchemie, der Bereich der Dentaltechnik, die Entwicklung und Produktion von Geräten für Medizin, Forschung und Industrie, die Meß- und Regeltechnik, die Produktion von Quarzglas und Quarzgut. In den Bereichen Quarzglas, im Edelmetallsektor, bei medizinischen Lasern und Lampen und in Teilen der Sensortechnik gehören die Hanauer weltweit zu den Marktführern. Unter dem Dach einer Management-Holding, die sich übergreifenden strategischen Aufgaben widmet, bestehen vier weltweit operierende Führungsgesellschaften auf in sich geschlossenen Arbeitsgebieten. Diese Gesellschaften führen weltweit alle im Arbeitsgebiet tätigen Tochter- und Beteiligungsunternehmen. Zwei weitere Gesellschaften betreuen die Arbeitsgebiete Medizintechnik und Laborgeräte.

◆ Das Arbeitsgebiet W.C. Heraeus (Metalle/Chemie) mit der operativen Führungsgesellschaft W.C. Heraeus GmbH gliedert sich in die Bereiche Materialtechnik und Handel sowie Chemie. Hier werden die Gebiete Metalle, Metallchemie und -technologie mit dem Schwerpunkt der Verarbeitung von Platin und anderen Edelmetallen zusammengefaßt, einschließlich des Edelmetallhandels. WCH konzentriert sich auf den industriellen Einsatz von Edelmetallen. Das reicht von der Gewinnung der reinen Metalle aus Erzen und edelmetallhaltigen Schrotten über die Herstellung keramischer Dekorfarben und Edelmetallpräparate bis zur Fertigung hochwertiger Elektronik-Bauteile wie Chip-Träger oder Kontaktmaterialien. Die Materialtechnik umfaßt die Gebiete Elektronik, Metalltechnik, Lasertechnik, Gießereitechnik und Bijouterie (Geschäft mit Bijouterie-Halbzeug zur Schmuckherstellung). Die Chemie umfaßt die Gebiete Edelmetallchemie, Katalysatoren, Dickfilm, Keramische Farben, Elektrochemie. Der Unternehmensbereich W.C. Heraeus zählt weltweit zu den ersten Adressen im industriellen Edel- und Sondermetallgeschäft. Umsatz 1995: 3.137,0 Mio. DM (Vorjahr: 2.998,0 Mio.); Beschäftigte 1995: 2.335 (Vorjahr: 2.158).

◆ Das Arbeitsgebiet Heraeus Kulzer (Dental) mit der operativen Führungsgesellschaft Heraeus Kulzer GmbH enstand Mitte 1990 durch Fusion der Heraeus Edelmetalle GmbH, Hanau, und der Kulzer GmbH, Wehrheim/Taunus. Heraeus Kulzer umfaßt die Gebiete Dentallabor, Zahnarztpraxis, Medizintechnik und Labortechnik. Durch weltweit operierende Vertriebsgesellschaften und Produktionsstätten wird eine globale Präsenz angestrebt. Führend ist dieser Bereich auf dem Gebiet der Dentalwerkstoffe und Dentaltechnik für die Zahnprothetik. 1995 übernahm Heraeus Kulzer das Geschäftsfeld Dental der Bayer AG mit Standorten in Deutschland, den Niederlanden, den USA, Japan und China. In Japan unterhält die Heraeus-Kulzer GmbH ein Joint-venture zum Vertrieb der Dentalwerkstoffe und -geräte, die Pana Heraeus Dental Co., Ltd. Umsatz 1996: 644,0 Mio. DM (Vorjahr: 593,0 Mio.); Beschäftigte 1995: 1.207 (Vorjahr: 723).

◆ Das Arbeitsgebiet Heraeus Quarzglas (Quarzglas) mit der operativen Führungsgesellschaft Heraeus Quarzglas GmbH entstand aus der früheren Heraeus Quarzschmelze GmbH, die Anfang 1990 in Heraeus Quarzglas GmbH umfirmiert wurde und einer der größten Quarzglas-Hersteller der Welt ist. Zu den Abnehmern gehören die chemische und die Halbleiter-Industrie (Silizium-Chip-Herstellung) und die optische Telekommunikation (Basismaterial für die Produktion von Lichtleitfasern). Quarzglas ist unverzichtbar für hochwertige optische Komponenten. Die Heraeus Quarzglas GmbH betreibt in Japan ein 50:50-Joint-venture, die Shin-Etsu Quartz Products Co. Ltd. in Tokio. Außerdem unterhält Heraeus Quarzglas ein internationales Netz von »Fabricator Shops«, die überall dort angesiedelt sind, wo z. B. Microchips gefertigt werden. Heraeus Quarzglas gliedert sich in die Bereiche Chemische Industrie, Halbleiterindustrie, Lichtwellenleiter, Optik und Lampen sowie Strahlquellen.

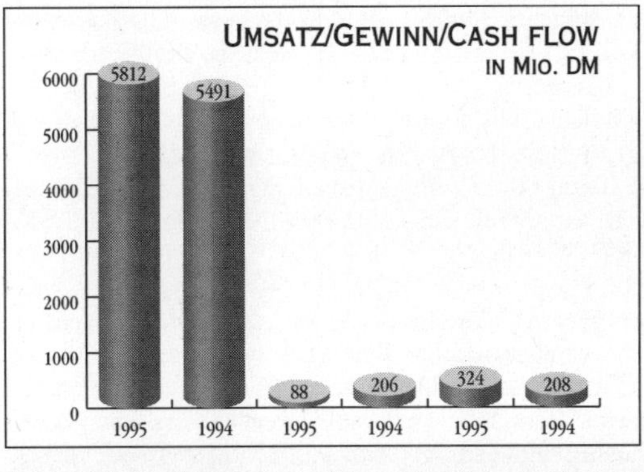

◆ Das Arbeitsgebiet Heraeus Electro-Nite (Sensoren) mit der operativen Führungsgesellschaft Heraeus Electro-Nite Int. N.V. entstand nach der Akquisition der belgischen Electro-Nite-Gruppe im Jahre 1988 und der Bündelung aller Aktivitäten auf dem Gebiet der Sensoren im Jahr 1990, wovon der angestammte Hanauer Sensor-Bereich von Heraeus besonders profitierte. Mit ihren 20 Fertigungsstätten in Belgien, England, Frankreich, Kanada, den USA, Brasilien, Japan, Südafrika und Australien und mit Vertretungen in allen wichtigen Industrieländern haben sich die Hanauer eine internationale Basis für ihre Temperatur-Meßtechnik geschaffen. 1995 wurde die Metallurgical Products Division von Leeds & Northrup mit Gesellschaften in den USA und Großbritannien übernommen. Die Geschäftsbereiche: Metallanalyse, Temperatursensoren, Temperaturmeßsysteme. Umsatz 1995: 437,0 Mio. DM (Vorjahr: 381,0 Mio.); Beschäftigte 1995: 2.154 (Vorjahr: 1.852).

◆ Weitere Arbeitsgebiete: Heraeus Instruments GmbH betreibt das Geschäft mit Laborgeräten, im wesentlichen Öfen, Wärmeschränken,

Aufsichtsrat:
- *Saßmannshausen, Günther, Dr. (Vorsitzender), Hannover*
- *Büchel, Karl-Heinz, Prof. Dr., Burscheid*
- *Conring, Warner, Hannover*
- *Eychmüller, Wolfgang, Dr., Ulm*
- *Heidsieck, Horst, Dr., Schaan/Liechtenstein*
- *Necker, Tyll, Dr., Bad Oldesloe*

**Ostermeier, Hans (stellv. Vorsitzender)*
**Güldenpfennig, Rolf*
**Mathes, Horst*
**Östreich, Gerlinde*
**Pilz, Michael*
**Urban, Dieter*

Aufsichtsratstantiemen 1995: *keine Angaben*

Umsatz 1995: *5.811,9 Mio.*
(Auslandsanteil: 63%)
Umsatz 1994: *5.490,9 Mio.*
(Auslandsanteil: 61%)
Umsatz 1993: *4.915,8 Mio.*
(Auslandsanteil: 61%)

Gewinn 1995: *87,9 Mio.*
Gewinn 1994: *205,8 Mio.*
Gewinn 1993: *43,2 Mio.*

Cash flow 1995: *324,0 Mio.*
Cash flow 1994: *208,0 Mio.*
Cash flow 1993: *189,0 Mio.*

Cash flow: *Der Cash flow floß überwiegend in die Investitionen. Rund 50% der Finanzmittel wurden außerhalb Deutschlands, überwiegend zur Verbesserung der Quarzglasstandorte in Amerika und Asien, investiert. Ein Investitionsschwerpunkt war auch die Kapazitätserweiterung des Quarzglaswerkes Bitterfeld.*

Steueraufkommen 1995: *138,9 Mio.*

Grund- bzw. Stammkapital 1995: *105,0 Mio.*

Brutschränken, Sicherheitswerkbänken und Zentrifugen. Die Hauptkunden kommen aus der Chemie, Pharmazie, Medizin, Biotechnik sowie Forschung und Entwicklung. Das Geschäft Heraeus Medical wird in Europa und Asien von der Heraeus Med GmbH und in Amerika von der Heraeus Surgical Inc., Milpitas/Kalifornien, vertreten. Zum Geschäftsprogramm gehören Operationsleuchten, chirurgische Laser, dermatologische Bestrahlungsgeräte und notfallmedizinische Produkte.

BETEILIGUNGEN. Der Heraeus-Konzern umfaßt weltweit an die 100 Tochter- und Beteiligungsgesellschaften mit Standorten an allen wichtigen Hochtechnologiezentren in Europa, den USA und Fernost. Konsolidiert wurden 1995 neben der Heraeus Holding GmbH 20 inländische und 60 ausländische Tochtergesellschaften, die unter einheitlicher Leitung der Heraeus Holding GmbH stehen.
Zu den wichtigsten Tochtergesellschaften und Beteiligungen der Heraeus Holding GmbH gehören: W.C. Heraeus GmbH, Hanau (100%); Heraeus Metallhandels-Gesellschaft mbH, Hanau (100%); Heraeus Elektrochemie GmbH, Rodenbach (100%); Gsänger Optoelektronik GmbH, Planegg (100%); Heraeus Elektrochemie Bitterfeld GmbH, Bitterfeld (100%); Heraeus-Asalmaz Katalysatoren GmbH, Hanau (100%); Heraeus Super Calor GmbH, Hanau (100%); Heraeus Kulzer GmbH, Hanau (100%); ZL-Microdent-Attachment GmbH, Brekkerfeld (75%); Heraeus Quarzglas GmbH, Hanau (100%); I.P. Quarz-Form GmbH, München (100%); Heraeus Nobelight GmbH, Kleinostheim (100%); I.P. Quarz-Forum GmbH, München (100%); Heraeus Electro-Nite International N.V., Houthalen/Belgien (100%); Heraeus Sensor GmbH, Kleinostheim (100%); Heraeus Electro-Nite GmbH, Hagen (100%); Heraeus Instruments GmbH, Hanau (100%); Heraeus Med GmbH, Hanau (100%); Titan-Aluminium-Feinguß GmbH, Bestwig (50%); Bachmann Gießerei und Formenbau GmbH & Co. KG, Frankfurt/Main (49%).

NEUE BUNDESLÄNDER. In Bitterfeld ist die zu W.C. Heraeus gehörende Heraeus Elektrochemie Bitterfeld GmbH im Bereich der Aktivierung, Reaktivierung und Reparatur von Elektroden zum Einsatz in der Diaphragma- und Membranzellen-Elektrolyse tätig. Die Heraeus Quarzglas GmbH, Bitterfeld, stellt synthetisches Quarzglas zur Herstellung von Lichtleitfasern her. Auf dem Arbeitsgebiet Quarzglas baut Heraeus 1996/97 die Kapazität des Werkes Bitterfeld aus.

STANDORT DEUTSCHLAND. Heraeus gehört zu den wenigen Konzernen, in denen die Belegschaft zugenommen hat. Erstmals in der Firmengeschichte stieg die Zahl der Beschäftigten 1995 über die Marke von 10.000. In Deutschland sank zwar die Belegschaft leicht auf 5.507 Mitarbeiter (–2,5%), an außerdeutschen Standorten wurde aber kräftig zugelegt – auf 4.515 Mitarbeiter (+21,4%). Aber auch in Deutschland wurden in den produzierenden Gesellschaften der Arbeitsgebiete Quarzglas (+9%) und Sensoren (+6%) neue Arbeitsplätze geschaffen. Besonders durch die boomende Halbleiter- und Telekommunikationsindustrie sieht Heraeus große Chancen für die nächsten Jahre und wartet 1996 mit dem größten Investitionsvolumen seiner Unternehmensgeschichte auf. Heraeus beschwört die strategische Ausrichtung auf die Kerngebiete, auf die Bereiche, in denen man die absolute Kompetenz hat, und auf die neuen Wachstumsmärkte in Südostasien, in Japan und den USA. Man komme nicht umhin, seinen Kunden in den pazifischen Raum zu folgen, um die dortigen asiatischen und amerikanischen Kunden zu gewinnen. 1995 wurden zusätzlich Niederlassungen in Taiwan und China gegründet sowie ein Fertigungsstandort in der Region Shanghai in Betrieb genommen. Eine neue Fabrik in Korea ist im Bau. Kooperationen, Akquisitionen und Desinvestitionen werden auch 1996/97 weiter ein Thema sein.

»BÜNDNIS FÜR ARBEIT«. Für Heraeus steht fest, daß die Kommunikation der Mitarbeiter über Kontinente hinweg und die effiziente Verbreitung von Know-how über das globale Netzwerk der Heraeus-Gesellschaften entscheidend für den Erfolg des Unternehmens ist. Kundennähe und Kostensenkung sind das Programm. Neue Arbeitszeitprogramme und Programme der Arbeitsabläufe sind deshalb für Heraeus unausweichlich. 1995 wurde eine flexible Arbeitszeit eingeführt, die es den Mitarbeitern ermöglicht, Plus- und Minuszeiten von bis zu 80 Stunden anzusammeln. Zur Durchsetzung dieser Betriebsvereinbarung wurde zwischen der Heraeus-Geschäftsleitung und der IG Metall monatelang gerungen. Durch Gruppenarbeit und »Projekte zur Vereinfachung und Beschleunigung von Arbeitsprozessen« wurde die Produktion erheblich verbessert. Über 1.000 Mitarbeiter der Sparten UV- und IR-Strahler, Laborgeräte, Edelmetallprodukte und Elektrochemie waren 1995 in solche Projekte eingebunden. Das Ergebnis für Heraeus: die Halbierung der Lagerbestände, eine »erfolgreiche« Delegierung der Verantwortlichkeiten »nach unten«, die Reduzierung der Dauer von Entwicklungsprojekten und die schnellere Reaktion auf Kundenwünsche. Die Flexibilisierung der Arbeitszeiten der etwa 2.400 Beschäftigten im Stammwerk Hanau führte 1995, so Heraeus, trotz höherer Auslastung der Produktion zu einem Abbau der Überstunden um 23% gegenüber 1994. 1995 beschäftigte Heraeus 256 Auszubildende, davon 233 im Ausbildungszentrum Hanau, etwas über 5% weniger als 1994.
Neue Arbeitszeitmodelle, verbunden mit einer Kostenreduzierung, eröffnen völlig neue, wenn auch nicht unumstrittene Perspektiven. Der Vorsitzende der Geschäftsleitung, Jürgen Heraeus, während seiner Jahrespressekonferenz 1996 am 30 April: »Es ist denkbar, bestimmte Produkte für den asiatischen Markt in Deutschland, z. B. in den neuen Bundesländern, zu produzieren, wenn mit der Belegschaft eine Übereinkunft getroffen werden kann, daß die Rahmenbedingungen so sein müssen, daß es möglich ist, die Kosten auf einem Niveau zu halten, das von den asiatischen Kunden akzeptiert wird.« Heraeus weist auf die Chipherstellung von Siemens in Dresden hin, die auf einem solchen Modell, nämlich der Vereinbarung der Belegschaft über Arbeitszeit, auch ohne Entlohnung, basiere. »Ohne diese vom Flächentarifvertrag abweichende Vereinbarung hätte Siemens dieses Unternehmen selbst mit hohen Subventionen nie in Dresden erstellt.« In einem Gespräch mit der FAZ vom 20. Mai 1996 macht Jürgen Heraeus klar, daß für ihn die flexible Entlohnung das Schlüsselwort für die Lösung des Problemfalls »Produktionsstandort Deutschland« ist. Dringend notwendig seien Öffnungsklauseln in den Flächentarifverträgen im Hinblick auf die Arbeitszeit, die Löhne und die Lohnzusatzkosten wie das Urlaubs- oder Weihnachtsgeld.

Beschäftigte 1995: *10.022 (davon im Ausland: 45%)*
Beschäftigte 1994: *9.364 (davon im Ausland: 40%)*
Beschäftigte 1993: *9.230 (davon im Ausland: 36%)*

Umsatz pro Mitarbeiter 1995: *579.914,– DM*
Umsatz pro Mitarbeiter 1994: *586.384,– DM*
Umsatz pro Mitarbeiter 1993: *532.589,– DM*

Löhne und Gehälter 1995: *596,2 Mio.*
Löhne und Gehälter 1994: *568,8 Mio.*
Durchschnittsgehalt 1995: *59.489,– DM*
Soziale Abgaben und Aufwendungen 1995: *143,2 Mio.*
Soziale Abgaben und Aufwendungen 1994: *129,6 Mio.*

Investitionen 1995:
122,0 Mio.
Investitionen 1994:
111,0 Mio.
Investitionen 1993:
135,0 Mio.

Umweltschutz 1995:
25,0 Mio.
Umweltschutz 1994:
20,0 Mio.
Umweltschutz 1993:
20,0 Mio.

Forschung und Entwicklung 1995: *82,7 Mio.*
Forschung und Entwicklung 1994: *77,8 Mio.*
Forschung und Entwicklung 1993: *75,2 Mio.*

Mitbewerber: *Degussa, Metallgesellschaft, Röchling, Preussag, Schott, Carl Zeiss*

UMWELTSCHUTZ. Heraeus behauptet von sich, an allen Standorten eine offensive Umweltschutzpolitik zu betreiben. Seit 1989 hat Heraeus einen Umweltberater, der neben der achtköpfigen Umweltschutzabteilung für die Einhaltung der Umweltschutzbestimmungen besonders im Bereich der W.C. Heraeus in Hanau sorgt. Dieses inzwischen als vorbildlich geltende Engagement in Sachen Umweltschutz kommt aber nicht von ungefähr. Denn immer wieder kamen in den vergangenen Jahren die »Giftküchen« von Heraeus Hanau in die Schlagzeilen, schließlich fallen bei Hunderten von chemischen Prozessen zur Metallschmelze, Galvanik und Scheidegutaufarbeitung auch chemische Abfälle an. So war Heraeus 1985 maßgeblich daran beteiligt, als chlorierter Kohlenwasserstoff ins Grundwasser gelangte und zu einer hochgradigen Gefährdung der Bevölkerung und der Umwelt führte. Anfang 1986 wurde die Affäre durch einen außergerichtlichen Vergleich aus der Welt geräumt: Die Hanauer Stadtwerke erhielten 2 Mio. DM Schadenersatz, 700.000 DM mußte Heraeus zur Sanierung von Erdreich und Grundwasser aufwenden. 1991/92 wurden in der Luft über Hanau Dioxin-Konzentrationen gemessen, die über dem Landesdurchschnitt lagen und einschneidende Gegenmaßnahmen erforderten. Heraeus war ein maßgeblicher Verursacher dieser erhöhten Dioxin-Werte. In Zusammenarbeit mit den Behörden wurden im Stammwerk Hanau zwei Anlagen, die zur Verbrennung edelmetallhaltiger Altmaterialien dienten, als Verursacher identifiziert. 1994 wurden diese Anlagen im Bereich Chemie stillgelegt und die Produktion auf Anlagen neuerer Bauart verlagert. Die technischen Standards zur Dioxinvermeidung in allen Verbrennungsanlagen des Konzerns sollen weltweit auf das gleiche hohe Niveau wie in Hanau gehoben werden. Heraeus will an allen Standorten eine offensive Umweltschutzpolitik betreiben. 1995 wurde ein Programm gestartet, mit dem weltweit alle Anlagen zur thermischen Präparation von edelmetallhaltigen Rohstoffen auf gleich hohe technische Standards angehoben werden sollen. Dies betrifft besonders die Verringerung der Konzentration von Dioxinen und Furanen in der Abluft. Ziel dieser Offensive sei es, so Heraeus, die von den nationalen Gesetzgebungen geforderten Grenzwerte an allen Standorten deutlich zu unterschreiten. Erreicht wurde dieses Ziel 1995 an zwei Standorten: in der Edelmetall-Scheideanstalt in Hongkong und am Scheidebetrieb in Pforzheim. 1995 wurde darüber hinaus im Stammwerk Hanau eine neue Abwasseranlage gebaut, die vor allem den Abscheidegrad für Schwermetalle deutlich verbessern soll. Die Bereiche Arbeitssicherheit und Umweltschutz hat der Konzern 1994 zusammengeführt. Aus gutem Grund. Denn Ereignisse ganz anderer Art suchten Heraeus 1991 heim: Im Hanauer Stammwerk zerstörte im Februar 1991 ein Brand praktisch alle technischen Anlagen der Platinscheideanstalt. Bundesweites Aufsehen erregte im Oktober 1991 die Detonation eines Wasserstofftanks auf dem Hanauer Werksgelände der Heraeus Quarzglas GmbH. Ein Drittel des Werksgeländes wurde zerstört. Nur dem Glücksfall, daß sich die Explosion in den frühen Morgenstunden ereignete, war es zu verdanken, daß es nur wenige Leichtverletzte gab. Aber es entbrannte in der Öffentlichkeit eine lebhafte Diskussion über Industrieansiedlungen nahe Ballungsgebieten und über Technologierisiken.

Hertie siehe Karstadt

HEWLETT-PACKARD

GESCHICHTE UND ENTWICKLUNG. Die Hewlett-Packard Company wurde 1947 nach kalifornischem Recht als Rechtsnachfolgerin einer im Jahre 1939 von William R. Hewlett und David Packard gegründeten Gesellschaft in das Handelsregister eingetragen. Nachdem sich HP zunächst auf Meßinstrumente und elektronische Bauteile konzentriert hatte, diversifizierte man in den 80er Jahren in das Geschäft mit Computern. Im Bereich Laser- und Tintenstrahldrukker ist HP weltweit führend. Der Konzern besitzt heute 57 Fertigungsstätten in 16 Ländern. Die Fertigungspalette umfaßt über 24.000 verschiedene Produkte. 600 Geschäftsstellen in 120 Ländern sind für Verkauf und Kundendienst zuständig. Die Hewlett-Packard GmbH, Deutschland, wurde 1959 als erste und eine der größten Auslandstöchter des Konzerns gegründet. Böblingen ist Sitz der Hauptverwaltung und der meisten Geschäftsbereiche.

BESITZVERHÄLTNISSE/EIGENTUMSSTRUKTUR.
- Hewlett-Packard Europe B.V., Amstelveen/Niederlande (90%)
- Hewlett-Packard Company, Palo Alto, Kalifornien/USA (10%)

Aktionäre des Gesamtkonzerns sind David Packards Nachfolger (17,1%) und William R. Hewlett (12,2%). Rest Streubesitz bei ca. 73.000 Aktionären. HP setzte 1995 weltweit mit 102.300 Beschäftigten 32 Mrd. US $ um. Damit konnte HP innerhalb der letzten vier Jahre den Umsatz um weit über 50% steigern.

KONZERNÜBERBLICK. Als zweitgrößte Tochter des weltweit operierenden Hewlett-Packard-Konzerns spielen die Böblinger innerhalb Europas die zentrale Rolle. (Am Umsatz gemessen ist nur die Tochter Singapur größer; von der Mitarbeiterzahl her ist Deutschland die größte Tochter.) Die Hewlett-Packard GmbH fertigt und vertreibt Produkte und Systeme aus allen HP-Unternehmensbereichen: Geräte, Systeme und Softwareprogramme auf den Gebieten der Computer-, Kommunikations- und Meßtechnik. Organisiert ist HP in die Geschäftsbereiche Test- und Meßtechnik, Meßsysteme, Computerprodukte, Computersysteme sowie Service und Support. Unter dem Dach der deutschen Hewlett-Packard GmbH sind Organisationen aus allen Unternehmensbereichen des Konzerns angesiedelt, zum Teil in weltweiter Verantwortung für definierte Produktlinien. Sämtliche Unternehmensbereiche sind in Deutschland mit eigenen Vertriebs- und Dienstleistungsorganisationen vertreten. HP ist weltweit Führer bei Laser- und Tintenstrahldruckern.
Böblingen ist Sitz der Hauptverwaltung, des Vertriebs und der Geschäftsbereiche mit Ausnahme der Chemischen Analysetechnik, die sich in Waldbronn bei Karlsruhe befindet. 1993 wurde in Böblingen ein neues Werk für elektronische Leiterplatten in Betrieb genommen. An insgesamt neun Standorten ist die Vertriebsorganisation mit den Funktionen Kundendienst, Verkauf, Systemberatung und Schulungen vertreten. Hinzu kommt ein breites Netz von Händlern und Vertriebspartnern. Eine Spezialität des Konzerns ist die Lieferung von integrierten Systemlösungen nach individuellen Wünschen. Über 94% aller

Standort:
Herrenberger Straße 130
71034 Böblingen

Postanschrift:
Postfach 14 30
71004 Böblingen

Telefon: *(07031) 14-0*
Telefax: *(07031) 14-2999*

Branche: *Meß-, Computer- und Kommunikationstechnik; Informationstechnik*

Rechtsform: *GmbH*

Geschäftsjahr: *1.11.-31.10.*

Gründungsjahr: *1959*

Öffentlichkeitsarbeit: *N.N.*
Tel.: (07031) 14-3631
FAX: (07031) 14-3682

Presse/Kommunikation:
Jeanette Weißschuh
Tel.: (07031) 14-2108
FAX: (07031) 14-3682

Verbände: *Verband Deutscher Elektrotechniker e.V. (VDE), Frankfurt/Main*

Geschäftsführung:
- *Harms, Jörg Menno (Vorsitzender), Böblingen*
- *Hohmann, Hans-Günter, Waldbronn*
- *Laidig, Klaus-Dieter, Böblingen*
- *Schuller, Fritz, Böblingen*
- *Speier, Rudi, Böblingen*

Bezüge der Geschäftsführung 1994/95:
5.223.000,– DM

Aufsichtsrat:
- *Nawratil, Franz (Vorsitzender), Genf/Schweiz*
- *Carnahan, Doug, Boise/USA*
- *Holdenried, Ulrich, Palo Alto/USA*
- *Knoblauch, Eberhard, Böblingen*
- *Seifert, Karl-Gerhard, Dr., Frankfurt/Main*
- *Windthorst, Elmar, Dr., Stuttgart*

**Oechsle, Ulrich (stellv. Vorsitzender)*
**Berndt, Karl-Heinz*
**Halverscheid, Hartmut*
**Kolb, Roswitha*
**Schramm, Herbert*
**Stachelhaus, Regine*

Aufsichtsratstantiemen 1994/95: *60.000,– DM*

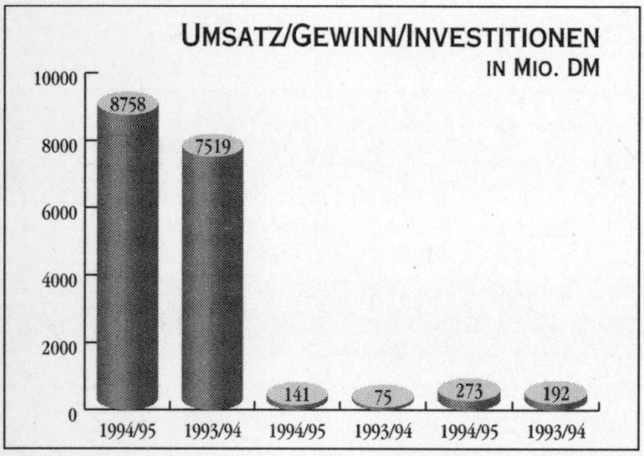

Umsatz 1994/95:
8.758,3 Mio.
Umsatz 1993/94:
7.519,3 Mio.
Umsatz 1992/93:
6.651,8 Mio.

Gewinn 1994/95: *141,0 Mio.*
Gewinn 1993/94: *75,3 Mio.*
Gewinn 1992/93: *69,7 Mio.*

Steueraufkommen 1994/95:
64,2 Mio.

Grund- bzw. Stammkapital 1995: *300,0 Mio.*

Computerhändler in Deutschland vertreiben Drucker und PCs von Hewlett-Packard. Die Exportquote von HP-Deutschland betrug 1995 knapp 57%.

Weltweite Verantwortung trägt HP-Deutschland für folgende Produktlinien: Elektronische Meßtechnik (digitale Verifikationslösungen, Glasfaser-Meßgeräte), Chemische Analysetechnik (Flüssigkeitschromatographie, UV-Spektroskopie, Kapillarelektrophorese), CAD-Software (CAD-Lösungen für Mechanik und Elektromechanik), Automatische Testsysteme (digitale IC-Tester), Medizinelektronik und Informations-Management (Gesamtlösungen für den Perinatal-, Intensiv- und Anästhesiebereich, Krankenhausinformationssysteme), Netzwerk- und Systemmanagement-Software.

Europaweit ist HP-Deutschland Marketing- und Verteilungszentrum für elektronische Bauelemente, für Computerperipherie- und Computerprodukte, für Computersysteme, die Computerfertigung (Workstations, Mehrplatzsysteme) und Leiterplatten. Durch die Übernahme der amerikanischen Apollo Computer Inc. wurde Hewlett-Packard zum weltgrößten Hersteller von Arbeitsplatzrechnern (Workstations). HP-Deutschland ist auch das Verteilungszentrum für Ersatzteile und das europäische Remarketingzentrum.

In Deutschland werden alle HP-Produkte vertrieben. HP arbeitet zusammen mit rund 700 Händlern, Systemhäusern oder Distributoren. Als Lieferanten sind über 1.000 Anbieter verzeichnet (mit Kundendienst und Finanzservice). HP will 1996/97 seine starke Marktposition bei Druckern, Workstations und Servern ergänzen durch eine noch stärkere Stellung bei Personal Computern.

BETEILIGUNGEN. Idacom Electronics GmbH, Darmstadt (100%); CAP debis sfi-Systemhaus für Informationsverarbeitung GmbH, Berlin (16,6%); Logistics Group International GmbH, Böblingen (19%).

NEUE BUNDESLÄNDER. Hewlett-Packard verfügt in den neuen Bundesländern über ein funktionierendes Vertriebsnetz. Zusammen mit der Daimler-Benz-Tochter debis hat Hewlett-Packard in Berlin das Sofwarehaus sfi gegründet, das größte Systemhaus Ostdeutschlands.

STANDORT DEUTSCHLAND. 1995 wurde die deutsche HP-Organisation grundlegend umgebaut mit dem Ziel der »Konzentration auf kundennahe Aktivitäten« und dem Ausbau »technologischer Kernkompetenzen«. In diesem Zusammenhang wurde die ehemalige Metallfertigung in Böblingen an die Blechverarbeitung Steiner GmbH in Nufringen bei Böblingen übertragen. Große Teile des Logistikbereiches wurden in die Neugründung Logistics Group International eingebracht, die mehrheitlich zur Unternehmensgruppe Willi Betz, Reutlingen, gehört. Ende 1995 wurde die schon lange angekündigte Übernahme der ehemaligen HP-Leiterplattenbestückung durch die neugegründete Solectron GmbH, eine Tochter der weltweit tätigen Solectron Corporation, Milpitas/Kalifornien, USA, vollzogen. Solectron ist

ein Spezialist für Vertragsfertigung besonders bei der Montage elektronischer Systeme und Baugruppen und arbeitet in den USA bereits mit HP zusammen. Die Beschäftigten im Raum Böblingen/Sindelfingen wurden größtenteils übernommen. Die Geschäftsstellen der Hewlett-Packard GmbH in Deutschland wurden 1995 von 15 auf neun konzentriert. Obwohl mit den Verkäufen ganzer Firmenteile zahlreiche Mitarbeiter HP verlassen mußten, wurden im Rahmen der Ausweitung der Geschäftstätigkeiten am Standort Böblingen fast ebenso viele neue Arbeitsplätze geschaffen. Alle Ansätze zur Neugestaltung der Rolle der Hewlett-Packard GmbH fügen sich, so die Geschäftsführung, in die globale Arbeitsteilung innerhalb des HP-Konzerns. Im Rahmen der Neuordnung der Fertigungs-, Logistik- und Distributionsaktivitäten des Böblinger Computerwerkes wurden zur direkteren Kommunikation mit dem Kunden und vor allem für die schnellere Abwicklung der Aufträge mehrere Funktionen in Böblingen europaweit zentralisiert und ausgebaut. Im Rahmen der internationalen Arbeitsteilung kommt der deutschen Tochtergesellschaft und damit dem Standort Deutschland die Aufgabe zu, den gesamten europäischen Markt mit Workstations und Servern zu bedienen.
Zu den Schwerpunkten der Investitionstätigkeit von HP-Deutschland für 1996/97 gehört der Bau einer neuen Werksanlage für Fertigung, Logistik und Distribution von Workstations und Servern in Herrenberg, die 1997 den Betrieb aufnehmen soll.

»BÜNDNIS FÜR ARBEIT«. Insgesamt hatten 1995 433 Mitarbeiter Teilzeitarbeitsplätze. 159 Jugendliche befanden sich in der Ausbildung. Der Akademikeranteil der Beschäftigten stieg von 58,3% auf 63,2%. Die Gewinnbeteiligungsumme in Deutschland betrug 62 Mio. DM, was pro Beschäftigten eine Gewinnbeteiligung von 150% eines Monatseinkommens ausmachte.

UMWELTSCHUTZ. Hewlett-Packard weist keine eigenen Umweltdaten aus, ist aber auf dem Gebiet der Wiederverwertung von Computern engagiert. Die Remarketingorganisation überholt gebrauchte Rechner in der Böblinger Fertigung und bietet sie Kunden in Europa an. Das Geschäft mit solchen Geräten aus Vorführbeständen oder Leasingverträgen bzw. Rückgaben von Kunden verzeichnet eine steigende Nachfrage und gutes Wachstum. Für die HP-Manager sind nach eigenem Bekunden durch den raschen technischen Wandel und kürzere Produktzyklen gebrauchte Geräte auch unter Umweltgesichtspunkten eine sinnvolle Investition. Als Hersteller, so die HP-Manager, realisiere man möglichst nur noch energie- und ressourcenschonende Techniken bei Druckern und PCs. Ende 1995 wurde von HP-Computersysteme die sogenannte »Green Workstation« eingeführt, ein Rechner, der speziell nach ökologischen Gesichtspunkten bei der Materialauswahl, beim Energieverbrauch, der Wiederverwertbarkeit und Zerlegbarkeit entwickelt wurde. HP-Deutschland hat unterhalb der Geschäftsführungsebene einen zentralen Dienst »Umwelt und Sicherheit« eingerichtet.

Hochtief siehe RWE

Beschäftigte 1994/95: *6.033*
Beschäftigte 1993/94: *6.280*
Beschäftigte 1992/93: *6.290*

Löhne und Gehälter 1994/95: *839,0 Mio.*
Löhne und Gehälter 1993/94: *735,7 Mio.*
Durchschnittsgehalt 1994/95: *139.068,– DM*
Soziale Abgaben und Aufwendungen 1994/95: *154,2 Mio.*
Soziale Abgaben und Aufwendungen 1993/94: *143,2 Mio.*

Umsatz pro Mitarbeiter 1994/95: *1.451.732,– DM*
Umsatz pro Mitarbeiter 1993/94: *1.197.341,– DM*
Umsatz pro Mitarbeiter 1992/93: *1.057.520,– DM*

Bezüge pro Mitglied der Geschäftsführung 1994/95: *1.044.600,– DM*
Tantiemen pro Aufsichtsratsmitglied 1994/95: *5.000,– DM*

Investitionen 1994/95: *273,0 Mio.*
Investitionen 1993/94: *192,0 Mio.*
Investitionen 1992/93: *237,0 Mio.*

Forschung und Entwicklung 1994/95: *158,4 Mio.*
Forschung und Entwicklung 1993/94: *144,0 Mio.*
Forschung und Entwicklung 1992/93: *132,0 Mio.*

Mitbewerber: *Actebis, Apple, Compaq, Computer 2000, Digital, IBM, Siemens-Nixdorf, Thomson, Vobis*

HOECHST

Standort:
Brüningstraße 50
65929 Frankfurt/Main

Postanschrift:
65926 Frankfurt/Main

Telefon: *(069) 305-0*
Telex: *4 1 234-0 ho d*
Telefax: *(069) 303665/66*

Branche: *Pharma, Landwirtschaft, Chemische Industrie, Chemiefasern und Kunststoffe, Chemikalien und Spezialchemikalien*

Rechtsform:
Aktiengesellschaft

Geschäftsjahr: *1.1.-31.12.*

Gründungsjahr: *1863*

GESCHICHTE UND ENTWICKLUNG. In den 60er Jahren des letzten Jahrhunderts entstanden an vielen Orten sogenannte Chemieküchen – in Basel, Ludwigshafen, Elberfeld und Frankfurt-Höchst. Hoechst wurde 1863 zur Herstellung von Teerfarben gegründet; eine der ersten Entwicklungen war der rotviolette Farbstoff Fuchsin, der Hoechst den Beinamen »Rotfabrik« einbrachte. Hoechst-Farbstoffe wurden in den kommenden Jahren weltberühmt. »Meister, Lucius & Co.«, wie die Firma damals nach ihren Gründern Carl F.W. Meister, Eugen Lucius und Adolf v. Brüning hieß, begann durch bahnbrechende Erfindungen schnell zu wachsen. 1880 wurde das Unternehmen mit inzwischen 1.200 Mitarbeitern in die Aktiengesellschaft »Farbwerke vorm. Meister Lucius & Brüning« umgewandelt. 1878 errichtete Hoechst eine Farbenfabrik in Moskau, 1883 in Paris und Liverpool. 1883/84 industrielle Herstellung des Schmerzmittels Antipyrin. 1897 kam das fiebersenkende Mittel Pyramidon in den Handel. Hoechst arbeitete eng zusammen mit Robert Koch (entdeckte den Erreger der Tuberkulose, Hoechst stellte das Tuberkulose-Diagnostikum her), Emil von Behring (Impfstoffe gegen die bis dahin tödlichen Krankheiten Diphtherie und Tetanus) und Paul Ehrlich (Entdeckung des Erregers der Syphilis). Beginn der modernen Chemotherapie. Hoechst entwickelte ständig sensationelle Medikamente und Farbstoffe, z. B. mit Hansa-Gelb das erste organische Pigment. Entdeckung der Verwendbarkeit von PVC; Salpetersäure wurde aus Ammoniak erzeugt (1912). 1923 erhielt Hoechst die erste deutsche Lizenz zur Herstellung von Insulin.

In der Folge des Ersten Weltkrieges, dem Verlust der ausländischen Patente und der damit verbundenen Weltvormachtstellung der deutschen Chemieriesen, entstanden in den 20er Jahren in den USA und Großbritannien riesige Chemie-Konzerne und weltweite Konkurrenz. 1925 Zusammenschluß der größten deutschen Unternehmen in die I.G.-Farbenindustrie Aktiengesellschaft. Finanzstarke Unterstützung Hitlers; allmächtige Rolle der IG. 1942/43 war die IG auf dem Höhepunkt ihrer Macht mit mehr als 3 Mrd. RM Umsatz, einer Steigerung von 55% gegenüber 1939. Massive Kriegsunterstützung.

Nach Kriegsende kam es zur Entflechtung der IG (siehe Bayer und BASF); als 1953 die alliierte Kontrolle endete, hatte Hoechst bereits wieder 28.400 Beschäftigte bei einem Umsatz von knapp einer Milliarde DM. Neue Bereiche: Petrochemie, Kunststoffe. Großtechnische Herstellung von Penicillin; Entwicklungen von Kunststoffen und Fasern wie Hostalen (1955) und Trevira. Stürmisches Wachstum in den 50er und 60er Jahren. 1954 Mittel gegen Kinderlähmung. 1957 war Hoechst in 68 Ländern vertreten; eigene Produktionsstätten; rege Akquisitionspolitk in den 70er Jahren. 1974 Umbenennung von »Farbwerke Hoechst« in Hoechst AG. 1985 überschritt der Forschungsaufwand erstmals die 2-Milliarden-Grenze. 1987 erwarb Hoechst für über 5 Mrd. DM das bedeutende US-Chemieunternehmen Celanese Corporation und verschmolz es mit American Hoechst zur Hoechst Celanese. 1990 waren rund 170.000 Menschen in 120 Ländern für Hoechst tätig. Weitere Akquisitionen und Aufstockung vorhandener

Beteiligungen Anfang der 90er Jahre. 1994 umfassende Neustrukturierung des Hoechst-Konzerns: »Aufbruch '94«. 1995 Erwerb von Marion Merrell Dow, eines Tochterunternehmens des amerikanischen Chemiekonzerns Dow Chemical, zur stärkeren Präsenz auf dem US-Pharmamarkt.

Besitzverhältnisse/Eigentumsstruktur.
Die 10 größten Aktionärsgruppen halten zusammen rund 28 Mio. Aktien oder 48% des gezeichneten Kapitals:

- Kuwait Petroleum Corporation (24,5%)
- Frankfurter Gesellschaft für Chemiewerte (10,2%)
- DEKA Fonds (2,7%)
- DWS Fonds (2,4%)
- DEGEF Fonds (1,7%)
- Deutsche Investment Trusts (1,6%)
- Dresdner Fonds (1,5%)
- Frankfurt Trust (1,1%)
- Union Investment (1,1%)
- Lazard Frères (0,9%)
- Rest Streubesitz bei ca. 330.000 Aktionären

Die Dresdner Bank hat Anfang 1991 mit Kapitalsammelstellen die Frankfurter Gesellschaft für Chemiewerte gegründet, die 10,2% des Hoechster Grundkapitals von 2,9 Mrd. DM hält. Diese Initiative geht von Hoechst selbst aus zur »aktiven Gestaltung des Aktionärskreises«, wie es heißt.
Die Aktien werden außer in Deutschland in mehr als 100 Ländern gehalten. Rund 50% des Grundkapitals befinden sich in ausländischem Besitz. Unternehmen, Banken, Versicherungen sowie Investmentfonds und Vermögensverwaltungen besitzen zusammen 58% von Hoechst. Die Hoechst-Aktie ist an 18 Börsen notiert.

Konzernüberblick. Nachdem Hoechst für über 5 Mrd. DM den amerikanischen Chemie-Konzern Celanese gekauft hatte und mit der amerikanischen Hoechst-Tochter zur Hoechst Celanese Corporation (HCC), Sumerville/New Jersey, fusionieren ließ, wurde der Frankfurter Konzern zur Nummer eins innerhalb der deutschen Chemiebranche, also vor BASF und Bayer. Weltweit liegt jetzt lediglich noch der US-Multi Du Pont vor den Deutschen, der in der Bundesrepublik rund 2,75 Mrd. DM umsetzt. Hoechst verfügt über ein weltweites Geflecht an Firmen und Beteiligungen in den Bereichen Chemikalien, pharmazeutische Produkte, Kunststoffe und Lacke.
Nach der großen Restrukturierung des Konzern gliedert sich Hoechst in die drei Arbeitsgebiete Gesundheit, Landwirtschaft und Industrielle Chemie (mit zahlreichen Geschäftsfeldern) sowie den Bereich Beteiligungsgesellschaften auf.

◆ Gesundheit mit den Geschäftsbereichen Pharma und Diagnostika (der Bereich Kosmetik wurde 1995 veräußert). Produkte: Medikamente zur Behandlung von Herz-Kreislauf-Krankheiten, Antibiotika, Präparate zur Behandlung von Allergien und Asthma, Antidiabetika, Analgetika, Dermatika, Medikamente für die Intensiv-Medizin, Impfstoffe, Hormone; Diagnostika, Reagenzien und Diagnostiksysteme. Kunden: Ärzte und Kliniken, Zahnärzte, Diagnose-Labors, Apotheker; Krankenkassen, Health Maintenance Organizations, Patienten. Markt-

Corporate Communications/Öffentlichkeitsarbeit:
Dr. Hans-Bernd Heier
Tel.: (069) 305-7112
FAX: (069) 302076

Unternehmenskommunikation:
Dr. Friedmar Nusch
Tel.: (069) 305-7256
FAX: (069) 305-80554
Online: nusch (a) szoea.hoechst.hoechst-ag.o/400.de
Internet: http://www.hoechst.com/

Betriebsbesichtigungen:
Giselher Sommer
Tel.: (069) 305-7409
FAX: (069) 305-15099

Sponsoring:
Karl Strohmeier
Tel.: (069) 305-7544
FAX: (069) 331893

Verbände: *Verband der Chemischen Industrie e.V., Frankfurt/Main*

Vorstand:
▮ *Dormann, Jürgen (Vorsitzender)*
▮ *Drew, Ernest H., Dr. (Chemikalien und Technische Kunststoffe; Amerika)*
▮ *Felcht, Utz-Hellmuth, Prof. Dr. (Herberts; Forschung und Technologie; Personal)*
▮ *Mische, Justus (Fasern; Europa, Afrika)*
▮ *Schadow, Ernst (Kunststoffe; Messer Griesheim; Sicherheit und Umwelt; Werk Höchst)*
▮ *Schmieder, Klaus-Jürgen, Dr. (stellv. Mitglied; Finanz- und Rechnungswesen, Recht, Patente, Steuern, Versicherungen; Central Services Informatik und Kommunikation)*
▮ *Seifert, Karl-Gerhard, Dr. (Spezialchemikalien, Diagnostika)*
▮ *Sonder, Claudio (stellv. Mitglied; AgrEvro, Hoechst Roussel Vet; Materialwirtschaft)*
▮ *Waesche, Horst (Hoechst Marion Roussel; Asien)*

Vorstandsbezüge 1995:
12.543.420,– DM

position: In Europa ist Hoechst bei Pharma und Diagnostika einer der führenden Hersteller. In Amerika und Asien soll der Marktanteil zügig ausgebaut werden. Umsatz 1995: 12.329,0 Mio. DM (Vorjahr: 11.633,0 Mio.); Beschäftigte 1995: 53.310.

◆ Landwirtschaft mit den Gesellschaften AgrEvo und Hoechst Roussel Vet. Produkte: Pflanzenschutzmittel – Herbizide, Insektizide, Fungizide; Produkte zur Schädlingsbekämpfung in Haushalt und Gewerbe, zur öffentlichen Hygienevorsorge und zum Materialschutz; Impfstoffe und Arzneimittel für die Tiergesundheit, Futterzusatzstoffe. Anfang 1994 hat Hoechst (60%) sein Geschäft mit Pflanzenschutz- und Schädlingsbekämpfungsmitteln in das Gemeinschaftsunternehmen mit Schering (40%), Hoechst Schering AgrEvo mit Sitz in Berlin, eingebracht. Kunden: Landwirte, Erwerbsgärtner, Behörden; Tierärzte, Viehzüchter und -halter; Schädlingsbekämpfer. Marktposition: Mit einem Weltmarktanteil von rund 9% zählt AgrEvo zu den führenden Pflanzenschutzanbietern. Im Bereich Tiergesundheit nimmt Hoechst eine vordere Stellung in Europa ein. Mitte 1996 kaufte AgrEvo 75% der niederländischen Gesellschaft Plant Genetics Systems International (PGS) N.V., Amsterdam, einem Spezialisten für biotechnische Behandlung von Saatgut, u. a. für die gentechnische Veränderung von Mais und Raps zur Resistenz gegen Insekten. Umsatz 1995: 3.752,0 Mio. DM (Vorjahr: 4.023,0 Mio.); Beschäftigte 1995: 8.789.

◆ Industrielle Chemie mit den Geschäftsfeldern Chemikalien, Spezialchemikalien, Fasern, Kunststoffe, Technische Kunststoffe. Kunden: Chemie- und Pharmaindustrie, Papierindustrie; Hersteller von Wasch- und Reinigungsmitteln, Baustoffen, Lacken, Textilien; Kunststoffverarbeiter, Lebensmittelindustrie; Automobilbau, Elektrotechnik und Elektronik, Konsumgüterindustrie, Apparatebau.

– Chemikalien: Essigsäure und Folgeprodukte, Oxoprodukte/Amine, Anorganika. Umsatz 1995: 5.391,0 Mio. DM (Vorjahr: 5.239,0 Mio.); Beschäftigte 1995: 9.927.

– Spezialchemikalien: Tenside und Hilfsmittel; Pigmente, Feinchemikalien, Masterbatches, Polymerisate/Alkylose, Lebensmittelzusatzstoffe, Additive und Wachse. Marktposition: Weltweit ist Hoechst einer der führenden Hersteller von Tensiden, Pigmenten und Masterbatches. Umsatz 1995: 8.160,0 Mio. DM (Vorjahr: 8.376,0 Mio.); Beschäftigte 1995: 27.865.

– Fasern: Polyester-Fasern und -Fäden für textile und technische Anwendungen, Acetatfasern; PET für Verpackungen. Marktposition: Hoechst ist der weltweit größte Hersteller von Polyester. Umsatz 1995: 7.195,0 Mio. DM (Vorjahr: 7.289,0 Mio.); Beschäftigte 1995: 21.445.

– Kunststoffe und Technische Kunststoffe: Polyethylen, Polypropylen, PVC, PET-, OPP- und Hartfolien; Polyacetal, Hochleistungspolymere. Bei Polyacetal ist Hoechst führender Anbieter in Europa, Amerika und Asien. Umsatz 1995: 5.044,0 Mio. DM (Vorjahr: 4.520,0 Mio.); Beschäftigte 1995: 11.479.

◆ Zum Bereich Beteiligungsgesellschaften gehören folgende Unternehmen:

● Messer Griesheim. Produkte: technische Gase für Industrie, Medizin und Umweltschutz; Sauerstoff, Kohlensäure, Wasserstoff, Edelgase; Gase-Anlagen und -Anwendungstechnik; Schweiß- und Schneidetechnik. Messer Griesheim zählt zu den führenden Anbietern von technischen Gasen. Umsatz 1995: 2.290,0 Mio. DM; Beschäftigte 1995: 7.486.

● SGL Carbon. Graphitelektroden, Kathoden und Kohlenstoffelektroden; Spezialgraphit; technische Werkstoffe aus Carbon und Graphit. SGL Carbon ist weltweit größter Hersteller von Kohlenstoff- und Graphitprodukten. Umsatz 1995: 1.549,0 Mio. DM; Beschäftigte 1995: 5.463. Das Unternehmen wurde Mitte 1996 von Hoechst an der Börse verkauft.
● Herberts. Automobil-Serienlacke, Autoreparaturlacke, Industrielacke und Beschichtungssysteme, Klebstoffe, Pulverlacke. Führende Position bei Autoreparatur- und Autoserienlacken. Umsatz 1995: 2.151,0 Mio. DM; Beschäftigte 1995: 6.891.
Mit einem Forschungsaufwand von rund 3,5 Mrd. DM zählt Hoechst weltweit zu den forschungsintensivsten Unternehmen. Rund 15.500 Mitarbeiter, davon 3.500 Wissenschaftler, arbeiten in Forschungsstätten in 18 Ländern an der Entwicklung neuer Produkte und Verfahren. Von den Forschungsmitteln fielen 1995 über 50% in das Geschäftsfeld Gesundheit.

BETEILIGUNGEN. Im Inland gehören zum Unternehmen außer dem Werk in Frankfurt-Höchst 11 weitere Werke und zahlreiche Beteiligungsgesellschaften. Wie verzweigt das Konzern-Netz der Hoechst AG weltweit gespannt ist und welches Machtpotential sich auf den einzelnen Märkten dahinter verbirgt, wird deutlich, wenn man sich die mehr als 400 Unternehmen anschaut, an denen Hoechst unmittelbar oder mittelbar mit mehr als 50% beteiligt ist. Durch die Fusion mit einem der größten Chemiekonzerne der USA, der Celanese Corporation, zur Hoechst Celanese Corp., Sumerville/New Jersey (Umsatz 1995: 10.598,0 Mio. DM), die eine 100%ige Hoechst-Tochter ist, ist Hoechst auch auf dem US-Markt federführend. Mit dem 1995 erfolgten Erwerb des US-amerikanischen Pharmaunternehmens Marion Merrell Dow, Kansas City/Missouri, USA, hat Hoechst seine Position im wichtigen Pharmamarkt USA entscheidend ausgebaut. Der Geschäftsbereich Pharma gilt als zukünftig strategisch wichtigstes Arbeitsgebiet im Hoechst-Konzern. Zu den größten Produktionsstätten und Vertriebsnetzen gehören die Hoechst do Brasil, Hoechst Argentina, Quimica Hoechst de México, Hoechst Japan, Hoechst South Africa sowie Société Française Hoechst Gruppe, Puteaux/Frankreich, und die Roussel Uclaf Gruppe, Paris (56,6%). Hoechst exportiert aus Deutschland in etwa 170 Länder. In 65 Ländern werden Produkte von Hoechst hergestellt.
Zu den wichtigsten inländischen Konzernunternehmen, die ihrerseits wiederum mit ihren Tochtergesellschaften international tätig sind, gehören:
Behringwerke AG, Marburg (100% – Impfstoffe, Sera, Diagnostika und Diagnostik-Geräte, Human-Plasmaproteine, Humanspezialitäten); Herberts GmbH, Wuppertal (100% – Produktion von Auto- und Industrielacken); Hoechst Diafoil GmbH, Wiesbaden (66,7%); Hoechst Schering AgrEvo Gruppe, Berlin (60% – Pflanzenschutzmittel); Hoechst Trevira GmbH & Co. KG, Frankfurt/Main (100%); Hoechst Roussel Vet., Wiesbaden (83% – Vertrieb von Produkten für die Tiergesundheit und Tierernährung); Messer Griesheim GmbH, Frankfurt/Main (66,7% – Rest im Besitz der Familie Messer; technische Gase und Schweißtechnik); DyStar Textilfarben Gruppe, Frankfurt/Main (50%); Wacker-Chemie GmbH, München (50% – die anderen 50% im Besitz der Dr. Alexander Wacker Familienges. mbH).

Aufsichtsrat:
- *Sammet, Rolf, Prof. Dr. Dr. h.c. (Ehrenvorsitzender; ehem. Vorsitzender des Vorstandes der Hoechst AG)*
- *Bouillon, Erhard (Vorsitzender; ehem. Mitglied des Vorstandes der Hoechst AG)*
- *Buhamrah, Khaled S. (Chairman & Managing Director der Petrochemical Industries Co. K.S.C., Kuwait)*
- *Dieter, Werner H., Dr. E.h. (ehem. Vorsitzender des Vorstandes der Mannesmann AG)*
- *Frowein, Dietrich-Kurt (Mitglied des Vorstandes der Commerzbank AG)*
- *Furgler, Kurt, Dr. Dr. h.c. (ehemals Bundesrat und Bundespräsident der Schweizerischen Eidgenossenschaft)*
- *Harnisch, Heinz, Prof. Dr. Dr. E.h. (ehem. Mitglied des Vorstandes der Hoechst AG)*
- *Markl, Hubert, Prof. Dr. Dr. h.c. (Lehrstuhl für Biologie, Universität Konstanz)*
- *Sarrazin, Jürgen (Sprecher des Vorstandes der Dresdner Bank AG)*
- *Schinzler, Hans-Jürgen, Dr. (Vorsitzender des Vorstandes der Münchener Rückversicherungs-Gesellschaft)*
- *Viermetz, Kurt F. (Vice Chairman der J.P. Morgan & Co. Inc.)*

**Weber, Arnold (stellv. Vorsitzender)*
**Eßer, Willi*
**Hilger, Jürgen*
**Hornke, Ingolf, Dr.*
**Konrad, Hermann-Heinz*
**Kumlehn, Rainer*
**Schäfer, Egon*
**Starnecker, Konrad*
**Vetter, Wolfgang*
**Wegehingel, Adam*

Aufsichtsratstantiemen 1995: *2.064.000,– DM*

BÖRSE, AKTIEN, KURSE
Grundkapital 1995:
2.940,0 Mio.
Jahreshöchstkurs 1995:
390,00 DM
Jahrestiefstkurs 1995:
278,80 DM
Aktie Jahresende 1995:
390,00 DM
Dividende pro Aktie 1995:
13,00 DM

Verkauft wurden zum 1. Juli 1995 die Kosmetikgesellschaften Hans Schwarzkopf GmbH, Jade Cosmetic GmbH, Marbert GmbH sowie Riedel-de Haën AG. Das Arbeitsgebiet Textilfarbstoffe wurde Mitte 1995 in das mit der Bayer geführte Gemeinschaftsunternehmen DyStar eingebracht. Verkauft wurden 1996 die Tochterunternehmen Uhde GmbH, BK Ladenburg GmbH und Hoechst CeramTec AG. Auf die Hoechst AG fusioniert wurden 1995 die Cassella AG, Hoechst Guben GmbH, Spinnstofffabrik Zehlendorf AG und die Ticona Polymerwerke GmbH. Mitte 1996 trennte sich Hoechst von der SGL Carbon Gruppe, Wiesbaden (59,3% – Produktion und Vertrieb von Graphitelektroden, Kohlenstoffelektroden u. a. für die Reaktor- und Raketentechnik).

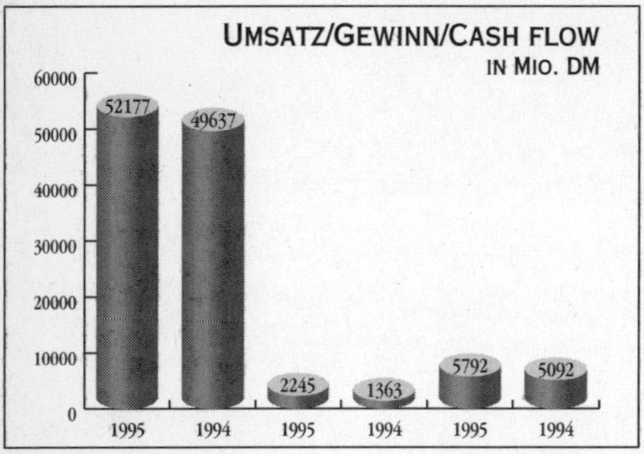

Die Dividende bezieht sich auf je 50,– DM Aktiennennbetrag. Die Dividendensumme des Hoechst-Konzerns betrug 1995 957,0 Mio. DM, von der 764,0 Mio. DM ausgeschüttet wurden, 43% des auf die Hoechst AG entfallenden Jahresüberschusses. Die Hoechst-Aktie gehörte an deutschen Börsen zu den meistgehandelten Aktien. 1995 wurden in Deutschland rund 139 Mio. Hoechst-Aktien mit einem Kurswert von mehr als 41 Mrd. DM umgesetzt. Im Ausland wird die Hoechst-Aktie an den Börsen in Amsterdam, Antwerpen, Basel, Brüssel, Genf, London, Luxemburg, Paris, Tokio, Wien und Zürich notiert. Der Nominalwert der Hoechst-Aktie wurde 1996 von 50,– DM auf 5,– DM herabgesetzt.

WACKER. Die Wacker-Chemie gehört auf den Gebieten der Reinstsiliciumtechnik und der Silicone zu den führenden Unternehmen der Welt. Umsatzstärkster Geschäftsbereich sind die Silicone. Hier liegt Wacker mit etwa 15% auf Platz drei am Weltmarkt nach dem amerikanischen Konzern Dow Corning und General Electric/ Toshiba. Wacker produziert in seinen Werken in Burghausen, Wasserburg, Kempten, Köln, Stetten, Freiberg und Grefrath vinylacetatabhängige Kunststoffe (Vinnapas) und Silicone, Ätznatron, organische Zwischenprodukte, hochdisperse Kieselsäure und Salz. Vinylacetat-Polymere werden weltweit in der Klebstoff-, Bau-, Farben-, Textil- und Vliesstoffindustrie eingesetzt. Das operative Geschehen des Konzerns gliedert sich in vier ergebnisverantwortliche Geschäftsbereiche: Silicone, Polymere, Halbleiter und Werkstoffe. Wacker-Chemie ist ein in mehr als 100 Ländern operierender Konzern mit zahlreichen Tochter- und Beteiligungsgesellschaften. Für das PVC-Geschäft hat Hoechst gemeinsam mit der Wacker-Chemie das Jointventure Vinnolit gegründet, an dem Hoechst 50% hält. Die Hoechst-Produktionsanlagen in Knapsack und Gendorf wurden in das Gemeinschaftsunternehmen eingebracht. Umsatz 1995: 3.918,0 Mio. DM (Vorjahr: 3.577,0 Mio.); Beschäftigte 1995: 14.123 (Vorjahr: 12.979). Zu den wichtigsten Beteiligungsgesellschaften dieses multinational operierenden Konzerns gehören im Inland: Alzwerke GmbH, München (100%); Consortium für elektrochemische Industrie GmbH, München (100%); Dederer GmbH, Hohenbrunn (100%); Elektroschmelzwerk Kempten GmbH, München (99,67%); Wacker Siltronic Gesellschaft für Halbleitermaterialien AG, Burghausen (100%); Aldehyd GmbH, München (50%).

DIE NEUEN BUNDESLÄNDER. Anfang 1992 wurde das Faserwerk Chemiefaser Guben in Guben übernommen und in Hoechst Guben GmbH umbenannt. Guben stellt textile und technische Fäden aus Polyester und Polyamid her. Hoechst Guben wurde 1995 auf die Hoechst AG fusioniert. Die Aktivitäten von Messer Griesheim mit 16 Betrieben an 14 Standorten in Ostdeutschland sind in der Messer Griesheim Industriegase GmbH, Leipzig, zusammengefaßt. Die Hoechst-Tochter Herberts GmbH hat die Industrielackfabriken Coswig Lacke GmbH,

Coswig, und Leipzig Lacke GmbH, Leipzig, aus dem Besitz des ehemaligen Kombinats Lacke und Farben, Lacufa, übernommen und zur Herberts Industrielacke GmbH fusioniert. Mit dem Kauf der Colorpalast GmbH ist Hoechst ein kleineres Engagement in der Herstellung von Farbpräparationen für Kunststoffe, sogenannte Masterbatches, eingegangen. Die SGL Carbon Gruppe, Wiesbaden, hat die Diabon Prozeßtechnik GmbH, Bitterfeld, übernommen.

STANDORT DEUTSCHLAND. »Aufbruch '94«. Nach massiven wirtschaftlichen Einbrüchen und zahlreichen spektakulären Störfällen und Unglücken in den Frankfurter Werken, die die Öffentlichkeit erschütterten, schied der langjährige Vorstandsvorsitzende Wolfgang Hilger, der ohnehin die Altersgrenze erreicht hatte, 1994 aus dem Führungsgremium des Konzerns aus, der Vorstand wurde im Rahmen der umfangreichen Restrukturierung von elf auf neun Mitglieder reduziert – als ein Zeichen der Effizienz wollten es die neuen Macher verstanden wissen. So sollen sich auch die neu geschaffenen, in sogenannten Corporate Centers zusammengefaßten Konzernfunktionen von der operativen Tätigkeit der Hoechst AG mit selbständigen und eigenverantwortlichen Einheiten deutlich absetzen. 1995/96 wurde die Konzernstruktur ein weiteres Mal gestrafft, die Konzentration auf die Kernbereiche durch Unternehmensverkäufe und Fusionen weiter vorangetrieben.

Der neue Vorstandsvorsitzende Jürgen Dormann nahm besonders im Europageschäft sofort nach Amtsantritt einschneidende Strukturmaßnahmen in Angriff. Dazu gehörte die Einstellung aller Produktionsanlagen für vollhalogeniertes FCKW in Europa. In Deutschland wurden u. a. der Standort Trier (Mikrofilme und Erzeugnisse für die Druckindustrie) und ein Kosmetikwerk von Schwarzkopf in Berlin geschlossen.

Ende Juni 1996 waren bei Hoechst nur noch 147.058 Mitarbeiter (Vorjahr: 162.488) beschäftigt, in der Hoechst AG 37.008 (Vorjahr: 42.145). Der drastische Rückgang der Beschäftigten hing wesentlich mit dem Verkauf von Uhde, SGL Carbon und Hoechst Ceram Tec zusammen. Seit 1991 wurden rund 20.000 Arbeitsplätze abgebaut, überwiegend in Deutschland, da im Ausland neue Mitarbeiter durch zahlreiche Firmen-Akquisitionen hinzukamen. Im Pharmaverbund des Konzerns werden bis 1997 durch Synergieeffekte aufgrund der Großakquisitionen weltweit aber noch einmal rund 8.000 Stellen, 1.400 davon in Deutschland, abgebaut. Die Aufwendungen für Strukturmaßnahmen im Konzern, überwiegend beim Personalabbau, betrugen seit 1991 rund 5 Mrd. DM. An weitere Standortschließungen in Deutschland ist vorerst nicht gedacht. Hoechst plant aber für 1997 die rechtliche Verselbständigung seines internationalen Pharmageschäftes unter dem Namen Hoechst Marion Roussel. Davon betroffen ist auch das deutsche Pharmageschäft.

Der Vorstand konzentriert sich auf die strategische Führung des Konzerns, auf ein ausgewogenes Unternehmens-Portfolio und die angemessene Präsenz und Entwicklung der Kerngeschäfte in den wichtigsten Wirtschaftsregionen. In der Umsetzung bedeutet das auch den zunehmenden Zusammenschluß von ähnlichen Firmen unter einer Führungsebene. Dazu zählte im Inland die Verschmelzung des 125 Jahre alten Frankfurter Pharmaherstellers Cassella, der Spinnstoff-

Umsatz 1995: *52.177,0 Mio.*
(Ausland: 41.135,0 Mio.)
Umsatz 1994: *49.637,0 Mio.*
(Ausland: 38.768,0 Mio.)
Umsatz 1993: *46.047,0 Mio.*
(Ausland: 35.697,0 Mio.)

Gewinn 1995: *2.245,0 Mio.*
Gewinn 1994: *1.363,0 Mio.*
Gewinn 1993: *756,0 Mio.*

Cash flow 1995: *5.792,0 Mio.*
Cash flow 1994: *5.092,0 Mio.*
Cash flow 1993: *4.870,0 Mio.*

Cash flow: *Die Anschaffungskosten für Marion betrugen 9,9 Mrd. DM. Davon wurden 4,7 Mrd. DM aus den flüssigen Mitteln des Hoechst-Konzerns entnommen, die übrigen 5,2 Mrd. DM wurden fremdfinanziert. Der durchschnittliche Zinssatz lag bei niedrigen 6,5%. Der Cash flow stieg um 14% auf rund 5,8 Mrd. DM. Für Investitionstätigkeit wurden 10,7 Mrd. DM verwendet, aus Finanztätigkeit resultierte ein Mittelzufluß von 4,4 Mrd. DM. Die Finanzschulden im Hoechst-Konzern sind im wesentlichen aufgrund des Erwerbs von Marion auf 12,7 Mrd. DM gestiegen. Das 2,2fache des Cash flow reicht aus, um die Finanzschulden zu begleichen.*

Steueraufkommen 1995: *1.846,0 Mio.*

Beschäftigte 1995: *161,618 (davon im Ausland: 100.035)*
Beschäftigte 1994: *165.671*
Beschäftigte 1993: *170.161*
(Beschäftigte 1992: 177.668)

Umsatz pro Mitarbeiter 1995: *322.842,– DM*
Umsatz pro Mitarbeiter 1994: *292.395,– DM*
Umsatz pro Mitarbeiter 1993: *266.965,– DM*

Löhne und Gehälter 1995: *11.842,0 Mio.*
Löhne und Gehälter 1994: *11.916,0 Mio.*
Durchschnittsgehalt 1995: *73.272,– DM*
Soziale Abgaben und Aufwendungen 1995: *3.065,0 Mio.*
Soziale Abgaben und Aufwendungen 1994: *3.004,0 Mio.*

Bezüge pro Vorstandsmitglied 1995: *1.045.285,– DM*
Tantiemen pro Aufsichtsrat 1995: *98.286,– DM*

fabrik Zehlendorf, der Ticona Polymerwerke und der Hoechst Guben auf die Hoechst AG. Hoechst hat in diesem Zusammenhang seine Kosmetiksparte mit den Unternehmen Schwarzkopf, Jade, Marbert und Riedel de-Haën verkauft. 1996 wurde das Anlagenbau-Unternehmen Uhde an Krupp verkauft. Ebenso wurden das Druckplattengeschäft, der Hersteller technischer Keramik Hoechst CeramTec und der Hersteller von Spezialphosphaten BK Ladenburg veräußert. Das Umsatzvolumen der Verkäufe umfaßt etwa 2 Mrd. DM und betrifft 5.400 Beschäftigte. Die Erlöse fließen in das Marion-Merrell-Geschäft. Der Geschäftswert von Marion beträgt insgesamt 8,1 Mrd. DM und wird über einen Zeitraum von 20 Jahren in gleichen Teilbeträgen abgeschrieben. Mitte 1996 trennte sich Hoechst im Rahmen der Konzentration auf die Kerngebiete auch von der SGL Carbon AG, Wiesbaden.
Hoechst betrachtet die Globalisierung als Chance, sieht sich selbst auf dem Weg zu einem global agierenden internationalen Pharma- und Chemiekonzern mit Sitz der Gruppe in Deutschland. Von rund 53 Mrd. DM Umsatz 1995 entfiel auf Nordamerika gut ein Viertel, der Anteil Deutschlands betrug weniger als 20%. Ziel ist eine »ganzheitliche« Unternehmenspräsenz (Jürgen Dormann) von Forschung, Entwicklung und Produktion – überall da, wo die Märkte sind. (Auch der Vorstand wird zunehmend international besetzt.) Neben den USA gewinnt die Region Asien immer mehr an Bedeutung. Unter der Holdinggesellschaft Hoechst China Investment Corporation hat Hoechst in China an 20 Standorten mit lokalen Partnern Joint-ventures in praktisch allen Kernarbeitsgebieten gegründet, die Hauptniederlassung als Signal für den Standort China von Hongkong nach Peking verlegt. 50% hält Hoechst an der expandierenden Hoechst India. Auf dem indischen Subkontinent sind Investitionen in Höhe von 800 Mio. DM geplant, in China 1,5 Mrd. DM bis zum Jahr 2000.
Entscheidender Pfeiler der Globalisierungsstrategie von Hoechst ist das Pharmageschäft mit einem Ziel: die Frankfurter wollen auf diesem Gebiet weltweit die Nummer 1 werden. Der amerikanische Diagnostikhersteller Syva wurde Mitte 1995 gekauft, das Joint-venture gemeinsam mit der Rhône-Poulenc Rorer auf dem Gebiet Plasmaprodukte Anfang 1996 eingegangen, dem nunmehr weltweit führenden Anbieter von Plasmaprodukten. Der größte Coup in Richtung Globalisierung aber war der Erwerb des US-Pharmaunternehmens Marion Merrell Dow (Marion).

STANDORT AMERIKA – HOECHST KAUFT MARION MERRELL. Hoechst erwartet durch die Neuordnung des Gesundheitswesens in den USA eine erhebliche Steigerung des Geschäfts mit Generika und hat sich daher 1993 mehrheitlich in den amerikanischen Generikahersteller Copley Pharmaceutical eingekauft. Der Erfolg innovativer Pharmaunternehmen, so Hoechst, wird künftig in erster Linie von einer starken Position in dem tonangebenden Markt USA abhängen.
Der ganz große Deal dann 1995: Mit dem Erwerb von 100% der Anteile an der traditionsreichen Marion Merrell Dow Inc., Kansas City, dem Tochterunternehmen des amerikanischen Chemiekonzerns Dow Chemical, stellte Hoechst die Weichen für eine stärkere Präsenz auf dem US-Pharmamarkt. Marion Merrell Dow erzielte 1994 mit etwa 10.000 Beschäftigten einen Umsatz von 3,1 Mrd. US $. Davon entfielen

60% auf dem Heimatmarkt USA. Der Geschäftsbereich Pharma des Hoechst-Konzerns mit den regionalen Schwerpunkten in Europa, Amerika und Asien erzielte 1995 einen Umsatz von 11,5 Mrd. DM. Welche Bedeutung Hoechst dem amerikanischen Pharmamarkt beimißt, wird durch dieses Geschäft deutlich. Hoechst hat für die Anteile an Marion Merrell 7,1 Mrd. US $ gezahlt, das 2,3fache des Umsatzes und das 16fache des Netto-Ergebnisses von 1994. Für dieses Geschäft erhielt die US-Holdinggesellschaft Hoechst Corporation im Wege einer Kapitalzuführung von der Hoechst AG 2,5 Mrd. US $. Die übrigen 4,6 Mrd. US $ wird die Hoechst Corporation fremd finanzieren. Diese Mammutübernahme ist die größte jemals von einem deutschen Unternehmen getätigte Auslandsinvestition. Hoechst wird mit diesem Einstieg im Medikamentenmarkt weltweit gleichziehen mit den Riesen der Branche, mit der amerikanischen Merck & Co. und der britischen Glaxo/Wellcome. Hoechst hat für dieses Geschäft doppelt soviel ausgegeben wie für den ersten großen Kauf auf dem amerikanischen Markt 1987, den Erwerb der Celanese Corporation. Die Gründe für den 10-Milliarden-DM-Deal werden in der hervorragenden Vertriebsorganisation von Marion Merrell gesehen, die Hoechst in den USA selbst nicht hat. Dadurch könne man den Absatz der eigenen Produkte auf dem US-Markt optimieren. Die bekanntesten Hoechst-Medikamente: Trental (Gefäßkrankheiten), Claforan und Rulid (Infektionen), Daonil (Diabetes), Novalgin (Schmerzen).

Investitionen 1995:
13.864,0 Mio.
(davon in Beteiligungen: 10.490,0 Mio.)
Investitionen 1994:
3.490,0 Mio.
Investitionen 1993:
5.169,0 Mio.

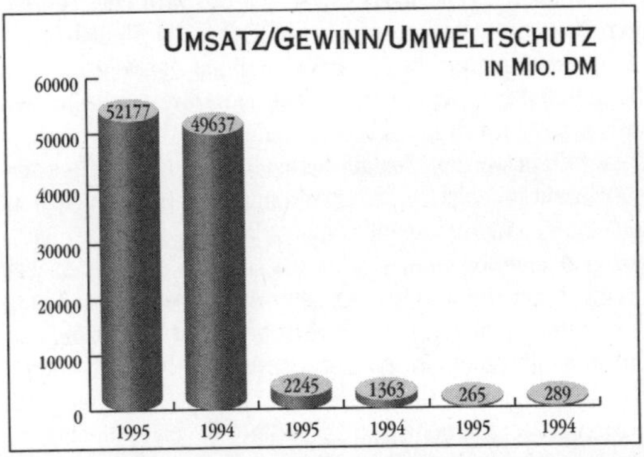

Hinzu kommt der Einstieg in die zukunftsträchtige Biotechnologie, die Bündelung der Forschungskapazitäten und das Ansehen bei der amerikanischen Zulassungsbehörde. Dazu ist Marion Merrell ein angesehener Partner der großen amerikanischen Gesundheitsbehörden. Im übrigen sei es Hoechst, so der Vorstandsvorsitzende Jürgen Dormann, in den vergangenen Jahren nicht gelungen, »aus eigener Kraft in Nordamerika eine gute Position aufzubauen«. Die Pharmaaktivitäten von Hoechst, Roussel Uclaf und Marion werden jetzt weltweit unter der Spartenbezeichnung Hoechst Marion Roussel betrieben. Die Zahl der Forschungsstätten im Bereich Pharma wird 1996/97 von elf auf vier verringert – und zwar auf Frankfurt/Main, Romainville/Frankreich, Sumerville, New Jersey/USA und Kawagoe/Japan. Zur weltweiten Beschleunigung der Produktentwicklung und -zulassung entsteht ein Drug Development Center in den USA. Die gentechnische Forschung des Hoechst-Konzerns wird auf die USA konzentriert. Kooperationsver-

Umweltschutz-Investitionen 1995: 265,0 Mio.
Umweltschutz-Investitionen 1994: 289,0 Mio.
Umweltschutz-Investitionen 1993: 270,0 Mio.

Forschung und Entwicklung 1995: 3.479,0 Mio.
Forschung und Entwicklung 1994: 3.311,0 Mio.
Forschung und Entwicklung 1993: 3.039,0 Mio.

träge mit dortigen Biotechnologie-Firmen wurden bereits abgeschlossen. Die Wirkstoffproduktion wird von jetzt 16 auf 10 Standorte konzentriert, die Hälfte der 77 Arzneimittelwerke soll geschlossen werden. In Europa werden die ehemals 32 Fertigungsstätten auf 14 reduziert. Nach Abschluß aller Maßnahmen werden im Geschäftsbereich Pharma rund 35.000 Mitarbeiter beschäftigt sein, 8.000 weniger als Anfang 1994. Hoechst fühlt sich in dieser größten Akquisition seiner Firmengeschichte auch bestätigt durch die Großfusion von Sandoz und Ciba Geigy in der Schweiz und die damit weltweit zunehmende Konzentration auf dem Sektor Pharma.

»BÜNDNIS FÜR ARBEIT«. Arbeitsbasis bei der Hoechst AG ist die 37,5-Stunden-Woche laut Tarifvertrag der chemischen Industrie. In den Verwaltungsbereichen und in der Forschung der Hoechst AG ist Gleitzeit nahezu vollständig eingeführt. Die Mitarbeiter können bis auf definierte Kernarbeitszeiten und eine festgelegte Mindestanwesenheitszeit (Gleitzeitspannen) ihren Arbeitstag selbst bestimmen. Überstunden können bis zu einer gewissen Anzahl in ganzen oder halben freien Tagen ausgeglichen werden. Die Zeiterfassung erfolgt zentral. 26% aller Mitarbeiter der Hoechst AG, überwiegend im gewerblichen Bereich, arbeiten in Schicht. Unternehmensweit gibt es verschiedene teil- oder vollkontinuierliche Wechselschichtmodelle. 3,5% der Arbeitskräfte (1.200) bei Hoechst sind Teilzeitarbeitskräfte. Hoechst bietet auf vielen Ebenen Teilzeitarbeitsplätze an. Es wird eine Teilzeitbörse eingerichtet, um gezielte Anträge auf Teilzeit in ähnlichen Arbeitsfeldern zu kombinieren. Es soll individuell auf die Wünsche und Belange der Beschäftigten eingegangen werden. Durch Teilzeitarbeit soll auf Basis des Tarifvertrages auch der gleitende Übergang in den Ruhestand angestrebt werden. Sozialleistungen bei Hoechst: Altersversorgung, Betriebskrankenkasse, Werkswohnungen. 1995 wurden in Deutschland 1.095 Auszubildende eingestellt, insgesamt erhielten 3.171 Mitarbeiter eine Ausbildung. Hoechst schwebt eine Arbeitswelt vor, »die weniger von Hierarchie oder Seniorität, sondern von Teamgeist, Eigenverantwortung und Projektarbeit bestimmt ist«. Damit verbunden und in praktischer Umsetzung: Übernahme höherer Verantwortung, leistungsorientierte Gehaltssysteme. Tarifmitarbeiter erhalten in einigen Hoechst-Werken neben ihrem Tarifgehalt seit 1995 eine leistungsabhängige individuelle Zulage, die bisherige Zahlen zum Teil deutlich übersteigt. Führungskräfte erhalten eine vom persönlichen und geschäftlichen Erfolg abhängige Bonuszahlung. Im Rahmen einer Stellenanalyse sollen 1996 für obere Fürhungskräfte konzernweit und dem internationalen Austausch dienende vergleichbare Vergütungsstrukturen eingeführt werden. Durch das Aktionsprogramms »Chancengleichheit für Frauen« sollen Frauen bei Hoechst bessere Entwicklungsmöglichkeiten erhalten, auch um Familie und Beruf besser miteinander zu vereinbaren. Das langfristig angelegte Projekt »Business Process Exellence« zielt darauf ab, das Verhalten aller Mitarbeiter »auf höhere Kundenorientierung, auf Offenheit und Flexibilität« hin auszurichten.

UMWELTSCHUTZ. Auch Jürgen Dormann preist Hoechst in Sachen Umweltschutz als vorbildlich, wenngleich er Fehler in der Vergangenheit einräumt. Hohe Investitionen, rigorose Entscheidungen und eine intensive Öffentlichkeitsarbeit sollten das Unternehmen aus den Negativschlagzeilen der vergangenen Jahre bringen. Die Beendigung der Produktion von FCKW, von Phosphor und Waschmittelphosphaten sowie die Stillegung von Anlagen für einige Farbstoffvorprodukte und Feinchemikalien waren der Anfang. 1995 wurde am Standort Frankfurt/Main damit begonnen, die Managementsysteme für Qualität, Arbeitsschutz, Anlagensicherheit, Umwelt- und Gesundheitsschutz zu integrieren und unter zentralen Vollmachten zusammenzuführen. Gezielte Sicherheitsvorkehrungen, wie z. B. Ein- und Ausgangskontrollen an allen Standorten, sollten die Risiken für Mitarbeiter, Anwohner und Umwelt vermindern.

__Mitbewerber:__ Akzo, BASF, Bayer, Beiersdorf, Boehringer Ingelheim, Ciba-Geigy, Degussa, Dow Chemical, DuPont, Grace, Henkel, Hüls, ICI, Imperial Chemical, E. Merck, Roche, L'Oréal, Sandoz, Schering, SmithKline Beecham, Solvay

In der Vergangenheit hatte es Umweltaffären am laufenden Band gegeben: die Verschmutzung des Rheinwassers, zweifelhafte Deponiegenehmigungen, die Planung einer Giftmüll-Verbrennungsanlage auf dem Gelände des Stammwerkes in Hoechst, Medikamenten-Skandale (Boykottaufrufe von Greenpeace gegen Hoechst-Medikamente), die Zerstörung der Ozonschicht durch die FCKW-Produktion. Es hagelte Proteste gegen die Herstellung von synthetischem Humaninsulin und die erstmalige Genehmigung einer Arzneimittel-Produktionsanlage mit genetisch veränderten Mikroorganismen in Deutschland. Es gab Streiks gegen Hoechst in Australien: Im Werk Sydney, in dem Hoechst Pigmente und Kunststoffe produziert, sollten die Arbeiter erhöhter Krebsgefahr ausgesetzt sein. Im Frankfurter Werk Griesheim wurden Anfang 1993 zehn Tonnen zum Teil giftige, krebserregende Chemikalien freigesetzt, die über zwei Stadtteilen niedergingen. Ein 42 Hektar großes Wohngebiet im Westen Frankfurts mußte gereinigt werden. Eine Explosion mit Todesfolge für einen Mitarbeiter im Stammwerk Hoechst bildete schließlich den Höhepunkt einer Serie von mehr als einem Dutzend Betriebsstörungen, die das Management immer ärger in Bedrängnis brachten.

Nachdem schließlich in zwei Frankfurter Werken des Konzerns Salzsäure in den Main geflossen und hochkonzentrierte Schwefelsäure entwichen war, wurde der Hoechst-Vorstand zum hessischen Umweltminister zitiert. Das Ministerium ordnete eine Zuverlässigkeitsprüfung des Sicherheitsmanagements an und stellte den Chemiestandort Frankfurt erstmals in Frage. Der »Fall Hoechst« belastete die gesamte deutsche Chemie und führte zu einem zusätzlichen Vertrauensschwund dieser von vielen Menschen ohnehin mißtrauisch beobachteten Branche.

Im Januar 1996 traten im Werk Griesheim, einem Produktionsbetrieb der AgrEvo, giftige Pflanzenwirkstoffe aus und wehten in die Wohngebiete, wenig später gelangten aus dem Werk Hoechst größere Mengen Säuren ins Grundwasser und in den Main. Als Folge der jüngsten in der Öffentlichkeit erneut heftig kritisierten Störfälle – Hoechst gab die Umweltvergiftungen erst nach 28 Stunden zu – wurde ein Sicherheits-Manager für das Werk Griesheim ernannt, ein Aktionsprogramm zur Erhöhung der Anlagensicherheit beschlossen.

Hoechst gab einen Orientierungsrahmen für das unternehmerische Handeln in Sachen Umwelt, Sicherheit und Gesundheit heraus: den Progress Report »Sustainable Development« 1995.

HOLTZBRINCK

Standort:
Gänsheidestraße 26
70184 Stuttgart

Postanschrift:
Postfach 10 50 40
70044 Stuttgart

Telefon: *(0711) 2150-0*
Telex: *723 767*
Telefax: *(0711) 2150-269*

Branche: *Verlagswesen und Druckereigewerbe*

Rechtsform: *GmbH*

Geschäftsjahr: *1.1.-31.12.*

Gründungsjahr: *1971*

Verbände: *Bundesverband Deutscher Zeitungsverleger e.V., Bonn; Bundesverband Druck e.V., Wiesbaden*

GESCHICHTE UND ENTWICKLUNG. 1937 hatte Georg von Holtzbrinck die 1876 gegründete »Bibliothek der Unterhaltung und des Wissens« übernommen, aus der 1948 die »Stuttgarter Hausbücherei« hervorging, die 1957 im »Deutschen Bücherbund« (vom Düsseldorfer Droste Verlag gekauft) aufging. Gründung und Kauf weiterer Buch- und Schallplattenclubs. Kauf von »Christ und Welt«, später »Deutsche Zeitung/Christ und Welt«. 1959 Gründung des Coron Verlages. 1962 Erwerb des traditionsreichen S. Fischer Verlages, wodurch die Öffentlichkeit auf den kauffreudigen Wahl-Schwaben aus dem westfälischen Hagen aufmerksam wurde. 1967 Mehrheitsbeteiligungen bei zahlreichen Buchverlagen, u. a. Steingrüben, Krüger, Goverts und Stahlberg. 1967 Erwerb des Bücherbundes, Wien. 1969/70 Einstieg in die Düsseldorfer »Handelsblatt«-Gruppe. Fusion des »Handelsblattes« mit der Konkurrenz »Industriekurier«. Schrittweise Aufstockung der Beteiligung. Beteiligungen bei zahlreichen großen Tageszeitungen, u. a. »Saarbrücker Zeitung«. 1970 Einkauf bei Droemer mit 46%. 1971 Einstieg in den Rowohlt Verlag (26%).

1971 Zusammenfassung des Beteiligungs-Portefeuilles unter der neuen Holding Verlagsgruppe Georg von Holtzbrinck GmbH, Stuttgart. 1973 wurde Monika Schoeller geb. von Holtzbrinck Verlagsleiterin von S. Fischer. 1980 vollständige Übernahme der Droemerschen Verlagsanstalt Th. Knaur und der »Wirtschaftswoche«. 1980 Wechsel im Vorsitz der Geschäftsführung des Konzerns von Georg von Holtzbrinck auf seinen Sohn Dieter.

1981 Übernahme des renommierten Schulbuchverlages Schrödel und des Kindler Verlages, der schließlich unter das Dach des Droemer-Knaur-Verlages kam. 1983 vollständige Übernahme des Rowohlt Verlages und eine Beteiligung von 66,7% am Rowohlt Taschenbuchverlag, die ein Jahr später auf 100% erhöht wurde. 1983 Übernahme des Handelsblattes zu 100%. Im gleichen Jahr Tod des 73jährigen Firmengründers Georg von Holtzbrinck. 1984 Kauf des Rainer Wunderlich Verlages. 1985 erste Expansion in den USA mit dem Kauf des traditionsreichen Verlagshauses Henry Holt von CBS. 1986 Kauf von Scientific American, New York.

1989 Verkauf des eigentlichen Stammhauses der Gruppe, des »Deutscher Bücherbund« (1,5 Mio. Mitglieder, 100 deutsche Filialen) an Leo Kirch und eine weitere Expansion im Bereich der elektronischen Medien (SAT.1-Beteiligung von 15%; zahlreiche private Rundfunksender). Einstieg in das Basler Forschungs- und Beratungsunternehmen Prognos. 1991 Erwerb der Tageszeitung »Main-Post«, Würzburg. 1992 Übernahme der Berliner Zeitung »Der Tagesspiegel« und damit einer der drei großen Abonnementzeitungen Berlins neben der »Berliner Morgenpost« (Axel Springer) und der »Berliner Zeitung« (Gruner + Jahr).

1994 Beteiligung am New Yorker Mutimedia-Verlag Voyager. Verkauf der Musikfirma Intercord an EMI. 1995 Beteiligung von 70% an der Macmillan-Gruppe, London. 1996 Übernahme der Wochenzeitung »Die Zeit«, Hamburg, und Einstieg beim TV-Nachrichtensender n-tv mit 25%.

BESITZVERHÄLTNISSE/EIGENTUMSSTRUKTUR. Familie von Holtzbrinck (100%). Der Konzern gehört zu gleichen Teilen Dieter von Holtzbrinck, Dr. Stefan von Holtzbrinck und Monika Schoeller.

KONZERNÜBERBLICK. Von allen Medien-Konzernen der Bundesrepublik ist er der unbekannteste – aber einer der umtriebigsten und einflußreichsten. Aus der nicht mehr als 50 Mitarbeiter umfassenden Stuttgarter Konzernzentrale heraus steuern die Holtzbrincks einen im In- und Ausland weitverzweigten Konzern, in dem die einzelnen Unternehmen aber überwiegend freie Hand haben (analog zum Bertelsmann-Konzern).

Zum Holtzbrinck-Konzern gehören über 50 Unternehmen aus der Medien- und Verlagsbranche: Buchverlage, Tageszeitungen, Fachzeitschriften, Wochenblätter, Fernsehsender, Radiostationen und Druckereien. Nach Bertelsmann ist die Holtzbrinck-Gruppe der zweitgrößte deutsche Buchkonzern. Hinter vielen renommierten deutschen Verlagen steckt – unbeachtet von der Öffentlichkeit – die Familie von Holtzbrinck.

Die Schwerpunktaktivitäten der Gruppe liegen in folgenden Branchen: Buchverlage, Wirtschafts- und Wissenschaftsinformationen, Regionalzeitungen, Druckereien und Neue Medien. Der Familie von Holtzbrinck gehören so renommierte Buchverlage wie Rowohlt, Fischer, Droemer Knaur, Kindler und Schroedel. Hinzu kommen namhafte Verlage aus dem Bereich Fachbuch und Wissenschaft. Den Stuttgartern gehört die Handelsblatt-Gruppe mit dem Handelsblatt und der Wirtschaftswoche, das Wirtschaftsforschungsinstitut Prognos, eine 15%-Beteiligung an SAT.1, Fernsehproduktionen, 15 Radiosender-Beteiligungen, seit 1996 25% des Nachrichtensenders n-tv und 12,5% des Senders Wetter und Reise Television, Druckereien und zahlreiche große Tageszeitungen: Saarbrücker Zeitung, Lausitzer Zeitung, Trierischer Volksfreund, Südkurier, Main-Post. Hinzu kommt der Berliner »Tagesspiegel«, mit dem sich die Holtzbrincks das Entree in die Hauptstadt, bislang die Domäne des Springer-Verlages, verschafft hatten. Zum »Tagesspiegel« gehören die Mercator-Druckerei (26%) und Beteiligungen wie der Argon Verlag und die Potsdamer Neueste Nachrichten. Zu einem bedeutenden Joint-venture ist es zwischen der Verlagsgruppe Georg von Holtzbrinck und Dow Jones, New York, gekommen (Wall Street Journal). 1994 Erwerb von Farrar, Straus & Giroux, New York; Anfang 1995 vom Verlag Moritz Diesterweg, Frankfurt/Main. Mitte 1995 Übernahme von 70% der renommierten britischen Verlagsgruppe Macmillan Ltd., London. 1996 gelang den Schwaben ein Coup besonderer Art: Sie übernahmen die renommierte Hamburger Wochenzeitung »Die Zeit«.

BETEILIGUNGEN. Alle nicht besonders gekennzeichneten Unternehmen sind zu 100% im Besitz der Verlagsgruppe Georg von Holtzbrinck.

● Buchverlage:

Belletristik/Sachbuch: S. Fischer Verlag, Frankfurt/Main; Fischer Taschenbuch Verlag, Frankfurt/Main; Wolfgang Krüger Verlag, Frankfurt/Main; Droemer-Knaur-Verlag, München; Kindler Verlag, München; Rowohlt Verlag, Reinbek; Rowohlt Berlin Verlag; Rowohlt Taschen-

Geschäftsführung:

- *von Holtzbrinck, Dieter (Vorsitzender; Schöngeistige Verlage deutscher Sprachraum; Wirtschaftspublizistik)*
- *McCormack, Tom (Schöngeistige Buchverlage von Macmillan/St. Martin's Press; Aufsichtsratsmitglied bei den übrigen schöngeistigen Verlagen in den USA)*
- *Grabner, Michael (Zeitungsverlage; Druck; Produktionskoordination)*
- *Hanley, John J. (College- und Wissenschaftsverlage)*
- *Mahlert, Arno, Dr. (Schulbuchverlage deutscher Sprachraum; Finanzen, Steuern, Controlling; Logistik – Koordination)*
- *Shaw, Nicholas Byam (Macmillan, weltweit in 32 Ländern, ohne schöngeistigen Buchbereich)*
- *Ziffzer, Stefan, Dr. (Elektronische Medien: TV; Hörfunk; Multimedia)*

Bezüge der Geschäftsführung 1995: *keine Angaben*

Verlagsgruppe von Holtzbrinck – Beteiligungsstruktur

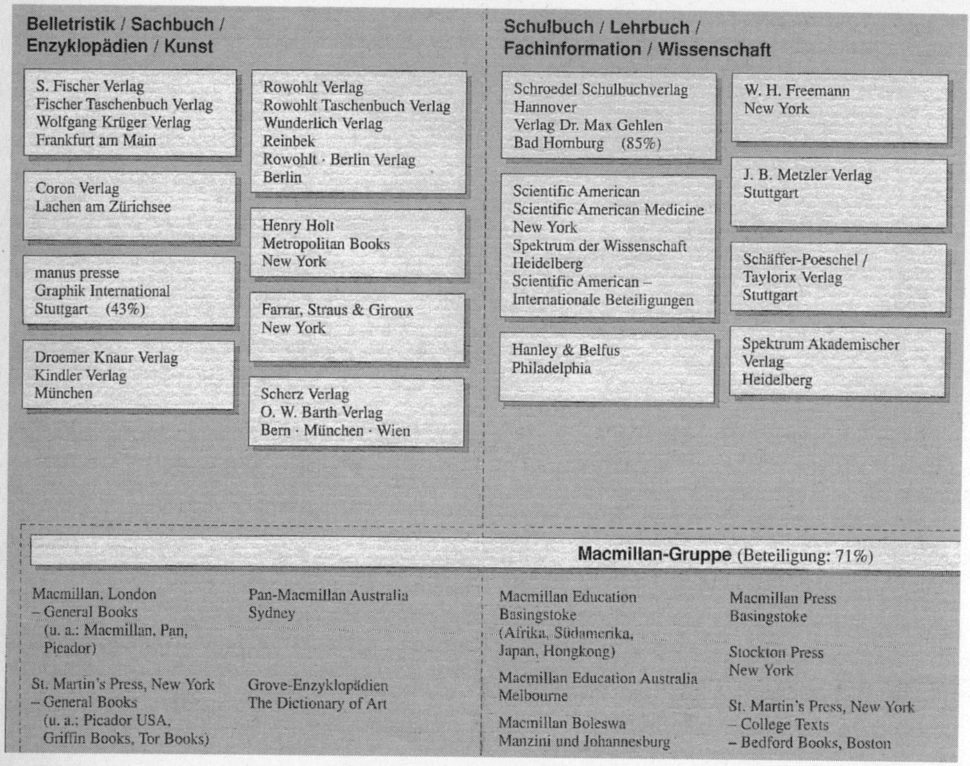

Prokuristen:
- *Aschermann, Rolf, Dr.*
- *Glökler, Hans*
- *Hehl, Gerhard, Dr.*
- *Kunsemüller, Johannes, Dr.*

Controlling/ Informationen:
Dr. Stefan Wilms
Tel.: (0711) 2150-267
FAX: (0711) 2361330

buch Verlag, Reinbek; Wunderlich Verlag, Reinbek; Metropolitan Books, New York/USA; Henry Holt, New York/USA; Ferrar, Straus & Giroux, New York/USA; Macmillan-Gruppe, London/Großbritannien (70%, mit St. Martin's Press, New York/USA; Macmillan Publishers Australia).
Enzyklopädien/Kunst: Coron Verlag, Lachen/Schweiz (mit Verlag Fretz & Wasmuth); manus presse Graphik International, Stuttgart (43%).
Schulbuch/Lehrbuch: Schroedel Schulbuchverlag, Hannover; Verlag Dr. Max Gehlen, Bad Homburg (85%); Verlag Moritz Diesterweg, Frankfurt/Main; Otto Salle Verlag, Frankfurt/Main.
Fachbuch/Wissenschaft: Spektrum Fachverlage Stuttgart: Schäffer-Poeschel Verlag, J.B. Metzler Verlag, Spektrum Akademischer Verlag, Heidelberg/Berlin/Oxford; Gustav Fischer, Stuttgart/Jena; Jungjohann Verlag, Neckarsulm; W.H. Freeman, New York; Hanley & Belfus, Philadelphia; Worth Publishers, New York/USA; Macmillan International, London/Großbritannien; Macmillan Education, London/Großbritannien, St. Martin's Press, New York/USA.
Wissenschaft/Fachinformation: Scientific American, New York/USA; Scientific American Medicine, New York/USA; Spektrum der Wissen-

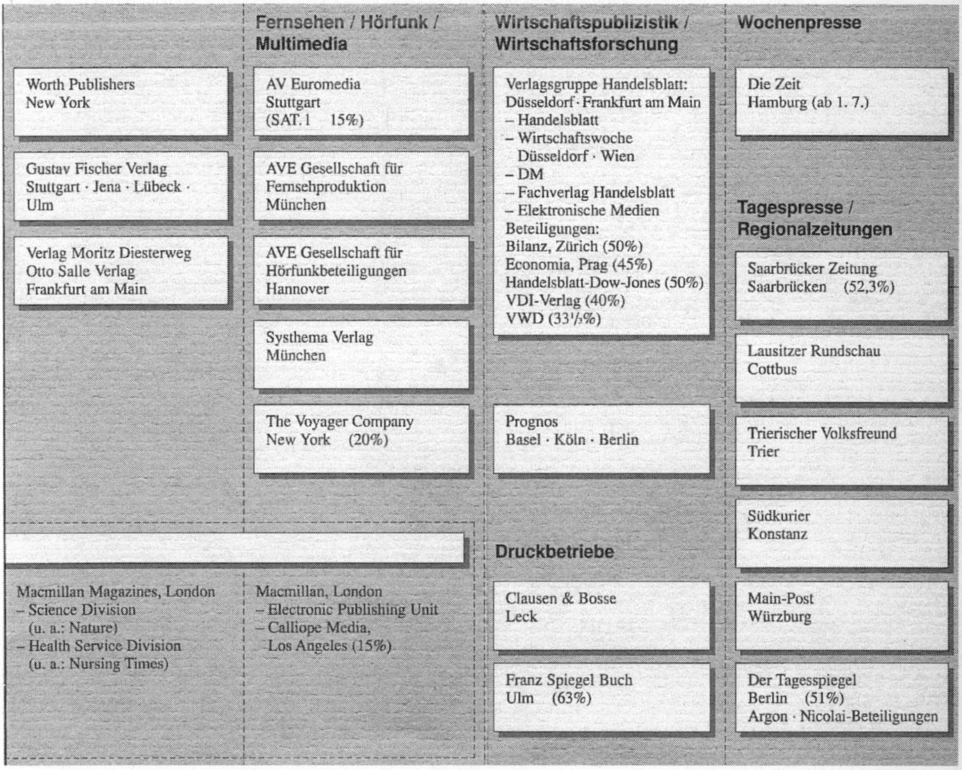

schaft Verlagsgesellschaft, Heidelberg; Scientific American – Internationale Beteiligungen; Macmillan Magazines, London/Großbritannien.

● Wirtschaftspublizistik:
Verlagsgruppe Handelsblatt GmbH, Düsseldorf/Frankfurt am Main, mit Handelsblatt, Wirtschaftswoche und DM. Wirtschaftspublikationen des Handelsblatt-Fachverlages: absatzwirtschaft, Der Betrieb, atomwirtschaft/atomtechnik, Chemische Industrie, Creditreform, Recycling, Wirtschaft und Wettbewerb, Archiv für Presserecht, zfbf-Zeitschrift für betriebswirtschaftliche Forschung, Handelsjournal, M & A Review. Lebensmittel Praxis Verlag GmbH, Verlag Wirtschaft und Finanzen. Im Bereich Elektronische Medien bietet die Verlagsgruppe Handelsblatt mit »Genios« die größte deutsche Online-Wirtschaftsdatenbank an. Das Angebot von »WSP Word-Patentservice« umfaßt elektronisch gestützte Recherchen und Überwachung im Patentbereich. Beteiligung von 60% an der GWF Gesellschaft für Wirtschaftsfernsehen GmbH, die u. a. die »Telebörse« produziert. Beteiligungen der Verlagsgruppe Handelsblatt GmbH: VDI-Verlag (40%); Wirtschaftswoche Zeitschriften Verlagsgesellschaft mbH, Wien/Österreich; WM Wirtschafts-Medien AG, Zürich/Schweiz (50% – Bilanz); Handelsblatt-Dow Jones GmbH,

Beirat:
- *Bierich, Marcus, Dr. (Vorsitzender)*
- *von Holtzbrinck, Stefan, Dr.*
- *Leibinger, Berthold F., Prof. Dr.*
- *Pöppel, Joachim, Dr.*
- *Rissel, Kurt, Dr.*
- *Schoeller, Monika*
- *Sigle, Walter, Dr.*

Beiratstantiemen 1995:
keine Angaben

Umsatz 1995: *2.802,0 Mio.*
Umsatz 1994: *2.329,8 Mio.*
Umsatz 1993: *2.434,9 Mio.*

Gewinn 1995: *keine Angaben*

Grund- bzw. Stammkapital 1995: *keine Angaben*

Beschäftigte 1995: *9.800*
Beschäftigte 1994: *7.200*
Beschäftigte 1993: *7.600*

Beschäftigte der Stuttgarter Holding 1995: *50*

Frankfurt/Main (50% – Wall Street Journal); Economia, Prag/Tschechische Republik (45%).
Wirtschaftsforschung: Prognos AG, Basel/Schweiz (70% – eines der bedeutendsten europäischen Wirtschaftsforschungsunternehmen).

- Wochenpresse: Die Zeit, Hamburg.
- Tagespresse/Regionalzeitungen:

Saarbrücker Zeitung, Saarbrücken (52,3%), die die Lausitzer Rundschau, Cottbus (mit Druckerei und Anzeigenblättern), den Trierischen Volksfreund, Trier, und den Pfälzischen Merkur, Zweibrücken, besitzt. Südkurier Konstanz, Konstanz (mit Alb Bote – Zimmermann GmbH & Co., Waldshut, und der Druckerei Konstanz GmbH); Main-Post – Mainpresse Richter Druck und Verlag, Würzburg (mit zahlreichen weiteren Regionalausgaben); Der Tagesspiegel, Berlin (51% – mit der Druckerei Mercator und den Argon- und Nicolai-Beteiligungen).

- Druckbetriebe:

Clausen & Bosse, Leck; Franz Spiegel Buch, Ulm (63%).

- Fernsehen, Hörfunk, Multimedia:

SAT.1 (15% – über AV Euromedia), Stuttgart; AVE Gesellschaft für Fernsehproduktion, München (mit GWF Gesellschaft für Wirtschaftsfernsehen/Telebörse und Tele Bremen); AVE Gesellschaft für Hörfunkbeteiligung, Hannover, mit Beteiligungen an Antenne Niedersachsen (22%); Antenne Mecklenburg-Vorpommern (19%); Antenne Sachsen (22%); Antenne Thüringen (15%); Antenne Sachsen-Anhalt/Radio Brocken, Halle (24%); Radio Regenbogen, Mannheim (15%); Radio Ladies First, Baden-Baden (50%); Radio Gong 2000, München (10%); Regionalsender Ulm (22%), Regionalsender Stuttgart (12,8%); Regionalsender Oberschwaben, Leutkirch (28,9%) und zahlreiche weitere Radio-Beteiligungen; The Voyager Company, Inc., New York/USA (20%); Systema Verlag, München; Macmillan Electronic Publishing Unit, London/Großbritannien; Wetter und Reise Television GmbH & Co. KG, Düsseldorf (12,5%); n-tv Nachrichtenfernsehen GmbH & Co. KG, Berlin (25%).

NEUE BUNDESLÄNDER. Alle Bereiche der Holtzbrinck-Gruppe sind über die ihr gehörenden Verlage in den neuen Bundesländern präsent. Die Gruppe besitzt die Lausitzer Rundschau, Cottbus, und über den Tagesspiegel die Potsdamer Neueste Nachrichten.

STANDORT DEUTSCHLAND. Neben ihren deutschen Standorten expandiert die Verlagsgruppe von Holtzbrinck durch Akquisitionen großen Stils, wie 1995 mit der Beteiligung von 70% an der britischen Macmillan-Gruppe, zunehmend auch ins Ausland. Macmillan hat eine starke Position auf dem amerikanischen Markt.

»BÜNDNIS FÜR ARBEIT«. Zu diesem Thema macht die Holtzbrinck-Gruppe keine Angaben, auch nicht für die Druckbetriebe.

UMWELTSCHUTZ. Das Thema Umweltschutz stellt sich für die Verlagsgruppe als reine Holding nicht.

KOMMENTAR. Kein deutsches Verlagshaus, kein Konzern hält sich so bedeckt wie die in Stuttgart ansässige Verlagsgruppe von Holtzbrinck. Nicht einmal eine Pressestelle hat das Unternehmen. Auch wenn die Holtzbrinck-Zentrale immer wieder versichert, in keiner Weise Einfluß zu nehmen auf ihre Besitztümer, sie vielmehr an der langen Leine beläßt (Verlagsleiterin bei S. Fischer ist allerdings Monika Schoeller geb. von Holtzbrinck), so ist diese Verschwiegenheit gerade bei einem Haus sonderbar, zu dessen Perlen das Handelsblatt und die Wirtschaftswoche zählen, zwei Wirtschaftsfachblätter, die immer vehement größere Transparenz im deutschen Unternehmens-Dschungel fordern und die Grenzen der Publizitätspflicht in Deutschland ein ums andere Mal beklagen. Doch die Holtzbrincks sind für Handelsblatt und Wirtschaftswoche kein Thema.

Mitbewerber: *Bertelsmann, Burda, Gruner + Jahr, Springer, Kirch, TV- und Radio-Sender*

PHILIPP HOLZMANN

GESCHICHTE UND ENTWICKLUNG. 1849 gründete Johann Philipp Holzmann (1805-1870) in Sprendlingen bei Frankfurt eine Firma, die zunächst im Eisenbahnbau tätig war, sich aber schon bald auf den Hoch- und Tiefbau spezialisierte. Nach der Übergabe des Geschäfts an seine beiden Söhne und verschiedenen gesellschaftsrechtlichen Umfirmierungen begann der steile Aufstieg der Holzmanns. 1882 wurde mit dem Bau des Hauptbahnhofs in Amsterdam der erste große Auslandsauftrag übernommen, der Philipp Holzmann Anerkennung und weitere Großaufträge brachte. Holzmann baute die Alte Oper in Frankfurt, den Justizpalast in München, das Rathaus in Hamburg. 1895 beschäftigte das Unternehmen bereits mehr als 5.000 Mitarbeiter. Holzmann baute beispielsweise an der Bagdadbahn mit und tätigte Eisenbahnbauten in Ostafrika. In ganz Deutschland entstanden Zweigniederlassungen, im Ausland Tochtergesellschaften. 1917 entstand durch Verschmelzung der Philipp Holzmann & Cie. mit der Internationalen Baugesellschaft AG die Philipp Holzmann AG. Von Holzmann in Südamerika gegründete Gesellschaften waren in Argentinien, Brasilien, Chile, Kolumbien, Peru und Uruguay tätig und bauten Kraftwerke, Untergrundbahnen, Stadtentwässerungen, Brücken und Hochbauten. Nach dem Zweiten Weltkrieg konnte Holzmann seine Auslandstätigkeiten erst wieder 1950 aufnehmen; 1977 wurde das frühere Volumen des Inlandsmarktes erreicht. 1979 Übernahme eines der führenden amerikanischen Bauunternehmen, J. A. Jones Construction Company, Charlotte/North Carolina, das zahlreiche spektakuläre Hochhäuser und Prachthotels in den USA gebaut hatte. Zwei Jahre später übernahm Holzmann die Lockwood Greene Engineers, Inc., Spartanburg/South Carolina, die auf dem Gebiet großer Industrieanlagen älteste Firma in den USA. Die USA-Gesellschaften wurden zur wesentlichen Stütze innerhalb der weltweit agierenden Holzmann-Gruppe.

In den 80er Jahren erfolgten zahlreiche Großakquisitonen zur weiteren Diversifikation, u. a. 1989 der Erwerb der Steinmüller-Gruppe, eines der bedeutendsten deutschen Unternehmen der Energie-, Verfahrens- und Umwelttechnik. Anfang der 90er Jahre Erwerb von Beteiligungen an der britischen Tilbury Douglas Plc., der französischen Nord-France S.A. (beide Hoch- und Tiefbau; Projektentwicklung),

Standort:
Taunusanlage 1
60329 Frankfurt/Main

Postanschrift:
60299 Frankfurt/Main

Telefon: *(069) 262-1*
Telex: *411145a phd*
Telefax: *(069) 262-433*

Branche: *Bauindustrie; Energie- und Umwelttechnik; Verkehrswegebau; Baustoffgewinnung*

Rechtsform:
Aktiengesellschaft

Geschäftsjahr: *1.1.-31.12.*

Gründungsjahr: *1849*

Öffentlichkeitsarbeit:
Claus Pfeiffer
Tel.: (069) 262-754
FAX: (069) 262-759

Verbände: *Fachverbände der Bauindustrie*

Vorstand:
▮ *Mayer, Lothar, Dr. Dr. E.h. (Vorsitzender; Konzernentwicklung, Öffentlichkeitsarbeit, Forschung und Entwicklung, Revision, Recht, Bautechnik)*
▮ *Freitag, Lothar G. (Allgemeiner Bau – USA, Energie- und Umwelttechnik)*
▮ *Klee, Rainer (Rechnungswesen, Finanzen, Investor Relations, Controlling, Steuern, Einkauf, Beteiligungen, Organisation und Information/Datenverarbeitung)*
▮ *Lögters, Gerhard, Dr. (Allgemeiner Bau – übriges Ausland, Verkehrswegebau und Baustoffgewinnung)*
▮ *Rappert, Dieter (Personal- und Sozialwesen, Qualitätssicherung, Maschinentechnik; Allgemeiner Bau – Inland)*
▮ *Schönwasser, Jürgen (Dienstleistungen: Integrierte Planung, Immobilien-Projektentwicklung, Anlagen-Projektentwicklung, Immobilien- und Anlagen-Management)*

Vorstandsbezüge 1995:
3.337.000,– DM

dem spanischen Unternehmen JOTSA, der niederländischen Hillen & Roosen und der österreichischen Ed. AST.
Seit Beginn der 90er Jahre Stärkung der Präsenz in Südostasien mit der Philipp Holzmann (Thai) Ltd. in Thailand sowie Niederlassungen u. a. in Malaysia und Hongkong. Tonangebend im Holzmann-Konzern waren immer die Banken, an vorderer Stelle die Deutsche Bank. Die Schachtelbeteiligung der Deutschen Bank geht auf das Jahr 1872 zurück, als Philipp Holzmann nach der Abfindung seines Bruders die Internationale Bau- und Eisenbahn-Gesellschaft als Teilhaber in das Unternehmen nahm und selbst in deren Vorstand eintrat.

BESITZVERHÄLTNISSE/EIGENTUMSSTRUKTUR.
- Deutsche Bank AG, Frankfurt/Main (25,83%)
- RWE AG und Hochtief AG, Essen (mehr als 25%)
- BfG Bank AG, Frankfurt/Main (10%)
- Streubesitz bei ca. 12.000 Aktionären, davon rund 3.000 Belegschaftsaktionäre

KONZERNÜBERBLICK. Philipp Holzmann ist in über 60 Ländern rund um den Globus tätig. Die Philipp Holzmann AG ist zusammen mit ihren in- und ausländischen Beteiligungsgesellschaften eines der führenden Unternehmen der Welt in der Planung und Ausführung von Bauten und Anlagen aller Art. Dazu gehören u. a. Finanzierungen, Projektentwicklungen, Beschaffung von Materialien, Geräten und Einrichtungsgegenständen, Wartung und Betrieb fertiger Anlagen einschließlich Personaltraining. Die Philipp Holzmann AG baut Brücken, Tunnels, Hafenanlagen, Kernkraftwerke, Flughäfen, Fabriken, Talsperren, ganze Stadtviertel und Wolkenkratzer. Das Unternehmen baute beispielsweise die beiden Frankfurter Türme der Deutsche Bank AG und arbeitete 1995/96 an den 450 Meter hohen Doppeltürmen des Petronas Tower in Kuala Lumpur/Malaysia, dem höchsten Gebäude der Erde.

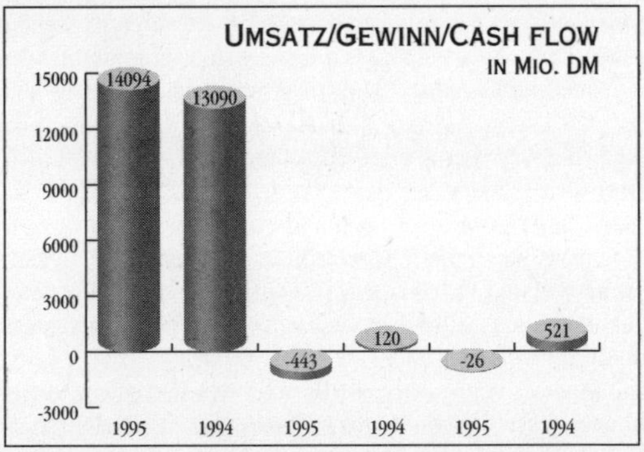

Der größte deutsche Baukonzern verfügt über folgendes Leistungsangebot: Planen und Bauen im Hoch- und Industriebau, Brücken-, Tief- und Wasserbau; industrielles Bauen, Beton- und Holzkonstruktionen; Ausbau und Ausstattung, Natursteinarbeiten; Bautenschutz und Instandsetzung; Spezialtiefbau, Boden- und Grundwasserreinigung; Straßenbau, Mischanlagen, Baustoffe, Betonwaren, Steinbrüche; tech-

nischer Umweltschutz; Planung und Ausführung von Anlagen der Energie-, Verfahrens- und Umwelttechnik; Consulting und Engineering; Wartung, Serviceleistungen, Projektmanagement; Projektentwicklung; Unternehmens- und Immobilienverwaltung.
Die Muttergesellschaft Philipp Holzmann AG befindet sich in Frankfurt/Main, von wo aus auch das Auslandsgeschäft außerhalb Europas abgewickelt wird. In der Bundesrepublik sind zehn Hauptniederlassungen mit zahlreichen angeschlossenen Zweigniederlassungen eigenverantwortlich für die Planung und Ausführung von Bauvorhaben aller Art in den entsprechenden Regionen und dem angrenzenden Ausland zuständig. Im Rahmen einer konzernweiten Umstrukturierung des Inlandsgeschäftes sollen 1996/97 zur Straffung des Konzerns und zur Kosteneinsparung je zwei der zehn Hauptniederlassungen der Philipp Holzmann AG zu fünf Direktionen zusammengeschlossen werden, die dann jeweils für das Geschäft eigenverantwortlich und für die in den regionalen Bereichen ansässigen Baugesellschaften zuständig sind. In den USA, dem umsatzstärksten Auslandsbereich, ist Holzmann durch die Jones Group, Inc. und die Lockwood Greene Engineers, Inc. vertreten, beides führende Unternehmen im Bereich der Bauausführung sowie der Projektierung und Umsetzung von kompletten Industrieanlagen. Geleitet wird der amerikanische Markt durch die Philipp Holzmann USA, Inc. in Wilmington/Delaware. Holzmann gehört zu den Konzernen, die in der Lage sind, auf allen Gebieten des Bauens Komplettlösungen anzubieten.
Die Aktivitäten des Konzerns sind in vier Geschäftsbereiche unterteilt: Allgemeiner Bau; Verkehrswegebau und Baustoffgewinnung; Energie- und Umwelttechnik; Dienstleistungen.

◆ Zum Allgemeinen Bau, dem Schwerpunkt der Holzmann-Aktivitäten, zählen Wohnungsbau, öffentlicher Hochbau, Wirtschaftsbau, Industriebau, Tief- und Spezialbau, Brückenbau, Fertigteilbau, Holzbau, Stahlbau und Instandsetzung. Die beiden Führungsgesellschaften im Inland sind die Philipp Holzmann AG und die imbau/INTECH-Gruppe. Mit 70% Anteil (1995) an der Leistung des Konzerns bildet der Allgemeine Bau das Kerngeschäft. Leistung 1995: 9.794,0 Mio. DM; Beschäftigte 1995: 31.216.

◆ Der Geschäftsbereich Verkehrswegebau und Baustoffgewinnung umfaßt den Wasser-, Straßen- und Eisenbahnbau sowie Steinbrüche, Sandgruben und Mischanlagen. Zum Verkehrswegebau gehören die drei Führungsgesellschaften Deutsche Asphalt GmbH, Josef Möbius Bau-Gesellschaften (GmbH & Co.) und die Holzmann Gleisbau GmbH. Die Deutsche Asphalt GmbH ist operative Führungsgesellschaft für Straßenbau, Mischgutproduktion und Baustoffgewinnung. Neben der Beteiligung an der Berneburg-Gruppe hat sie auch die Beteiligungen an der Scheid Straßenbaugesellschaft mbH, der Josef Skipiol Straßenbaustoffe GmbH & Co. KG, der Hartstein- und Kieswerke Sachsen-Anhalt GmbH & Co. KG und die Straßenbaubetriebe der Philipp Holzmann-Held & Francke Bau AG übernommen. Leistung 1995: 1.594,0 Mio. DM; Beschäftigte 1995: 5.784.

◆ Im Geschäftsbereich Energie- und Umwelttechnik stehen die Energie-, Abfall- und Wassertechnik sowie Gasreinigung, Kompostierung, Bodenreinigung und Grundwasserreinigung im Vordergrund. Gas-, Boden- und Grundwasserreinigung sowie Kompostierung dienen der Reinhaltung und Sanierung der Umwelt. Dieser Geschäftsbereich agiert unter

Aufsichtsrat:

- *Becker, Hermann, Senator E.h., Prof. (Vorsitzender), Bad Vilbel*
- *von Boehm-Bezing, Carl L. (Mitglied des Vorstandes der Deutsche Bank AG), Frankfurt/Main*
- *Esser, Klaus, Dr. (Mitglied des Vorstandes der Mannesmann AG), Düsseldorf*
- *Felcht, Utz-Hellmuth (Mitglied des Vorstandes der Hoechst AG), Frankfurt/Main*
- *Harig, Hans-Dieter, Dr. (Vorsitzender des Vorstandes der PreussenElektra AG), Hannover*
- *Holzer, Jochen, Dr. (Vorsitzender der Aufsichtsräte Bayernwerk AG und Viag AG), München*
- *Hubbert, Jürgen (Mitglied des Vorstandes der Mercedes-Benz AG), Stuttgart*
- *Metzler, Friedrich von (Teilhaber des Bankhauses B. Metzler seel. Sohn & Co. KGaA), Frankfurt/Main*
- *Seifert, Heinz, Senator E.h., Frankfurt/Main*
- *Wilhelm, Günter, Dr. E.h. (Mitglied des Vorstandes der Siemens AG), Erlangen*

**Mahneke, Jürgen (stellv. Vorsitzender)*
**Göbbel, Walter*
**Haas, Hans-Dieter*
**Hickler, Helmut*
**Lange, Gerd*
**Laux, Ernst-Ludwig*
**Maier, Max*
**Röll, Willi*
**Schröder, Oskar*
**Wiechmann, Eberhard*

Aufsichtsratstantiemen 1995: *108.000,– DM*

BÖRSE, AKTIEN, KURSE
Grundkapital 1995:
219,4 Mio.
Jahreshöchstkurs 1995:
855,00 DM
Jahrestiefstkurs 1995:
481,00 DM
Aktie Jahresende 1995:
525,00 DM
Dividende pro Aktie 1995:
0,50 DM

Die Dividende bezieht sich auf je 50,– DM Aktiennennbetrag. Das Grundkapital ist eingeteilt in 201.000 Aktien zu je 1.000,– DM; 27.200 Aktien zu je 100,– DM; 313.100 Aktien zu je 50,– DM. Knapp 40% der Aktien werden von Einzelaktionären und institutionellen Investoren (vornehmlich Aktien- und Pensionsfonds sowie Versicherungen) gehalten.

den Führungsgesellschaften L. & C. Steinmüller GmbH und Scheu + Wirth AG. Leistung 1995: 1.450,0 Mio. DM; Beschäftigte 1995: 5.224.
◆ Zum 1996 neu eingerichteten Geschäftsbereich Dienstleistungen zählen: integrierte Planung, Immobilien-Projektentwicklung, Anlagen-Projektentwicklung, Immobilien- und Anlagen-Management. Die Führungsgesellschaften für das Geschäft in Deutschland sind: Philipp Holzmann Planungs GmbH, Holzmann BauProjekt AG, Holzmann Anlagen GmbH, HSG Holzmann Technischer Service GmbH. Die Leistungen dieses neuen Bereiches waren bis Ende 1995 auf die anderen Geschäftsbereiche verteilt. Leistung 1995: 1.872,0 Mio. DM; Beschäftigte 1995: 5.131.

BETEILIGUNGEN. Das Beteiligungsgeschäft der Holzmann-Gruppe liegt weit über dem der Philipp Holzmann AG. In den Konzernabschluß 1995 wurden neben der Philipp Holzmann AG 100 inländische und 163 ausländische Konzernunternehmen, zum Teil maßgebliche Baukonzerne, einbezogen. Die größten und wichtigsten Unternehmen, die ihrerseits wiederum zahlreiche Tochtergesellschaften und Beteiligungen aufweisen, sind in den Geschäftsbereichen:
● Allgemeiner Bau: Philipp Holzmann-Held & Franke Bau AG, München (100%); Franki Grundbau GmbH, Düsseldorf (74,9%); Imbau Industrielles Bauen GmbH, Frankfurt/Main (100%); INTECH Verwaltungsgesellschaft mbH, Berlin (100%); INTECH Baugesellschaft mbH, Berlin (100%); imbau Sachsen Baugesellschaft mbH, Dresden (100%); Gebrüder Kemmer GmbH, Berlin (100%); Lömpel-Bautenschutz GmbH & Co. KG, Arnstein (100%); Stahlbau Lavis Offenbach GmbH, Offenbach (100%); Zeidler & Wimmel GmbH & Co., Kirchheim (100%); Zenker-Fenster GmbH & Co. KG, Höxter (100%); Philipp Holzmann Ibérica, S.A., Madrid/Spanien (100%); Philipp Holzmann (Thai) Ltd., Bangkok/Thailand (49%); Tilbury Douglas Plc, Twyford/Großbritannien (29,5%); Philipp Holzmann USA Inc., Wilmington/Del., USA (100%); J. A. Jones, Inc., Charlotte/N.C., USA (100%); Hillen & Roosen B.V., Amsterdam/Niederlande (100%); JOTSA, S.A., Madrid/Spanien (50%); Nord-France-Gruppe, Paris/Frankreich (91,8%); Philipp Holzmann Österreich G.m.b.H., Wien (100%); Dubbers Malden Groep B.V., Malden/Niederlande (100%); Ed. Ast & Co. Baugesellschaft m.b.H., Kalsdorf/Österreich (100%).
● Verkehrswegebau und Baustoffgewinnung: Deutsche Asphalt GmbH, Frankfurt/Main (100%); Deutsche Asphalt Berlin GmbH, Berlin (100%); Holzmann Naturstein GmbH, Frankfurt/Main (100%), Straßenbau Berneburg Hans Berneburg GmbH & Co. KG, Hannover (100%); Asphaltmischwerke Garbsen und Leer GmbH & Co. KG, Hannover (100%); Josef Möbius Bau-Gesellschaft (GmbH & Co.), Hamburg (50%); Sächsische Quarzporphyrwerke GmbH, Röcknitz (83%); Scheid Straßenbaugesellschaft mbH, Limburg (100%); Josef Skipiol Straßenbaustoffe GmbH & Co. KG, Kindsbach (100%); Haniel Baustoff-Industrie Zuschlagstoffe Haldensleben GmbH, Haldensleben (40%).
● Energie- und Umwelttechik: Scheu + Wirth AG, Regensburg (50%); Steinmüller-Gruppe, Gummersbach (74,9% – 25,1% VEW AG); L. & C. Steinmüller (Afrika) (Pty) Ltd., Rivonia/Südafrika (38,2%); Rompf Klärwerkeinrichtungen GmbH & Co. KG, Driedorf (100%).
● Dienstleistungen: Concept Bau Projektentwicklung und Wohnungsbau GmbH, München (100%); Garten und Heim GmbH, Köln

(99,8%); G.E.O.S. Freiberg Ingenieurgesellschaft mbH, Freiberg/Sachsen (100%); GiP Gewerbe im Park GmbH, Düsseldorf (75,2%); Holzmann Anlagen GmbH, Frankfurt/Main (100%); Holzmann BauProjekt AG, Frankfurt/Main (100%); IMS Ingenieurgesellschaft mbH, Hamburg (100%); Sofitec Société Financière et Technique S.A., Basel/Schweiz (100%); Vebag AG, Zug/Schweiz (100%); Lockwood Greene Engineers, Inc., Spartanburg/S.C., USA (80%); Regent Partners, Inc., Atlanta/GA, USA (100%).

NEUE BUNDESLÄNDER. Philipp Holzmann ist in den neuen Bundesländern flächendeckend mit Repräsentanzen, Zweigniederlassungen und Tochtergesellschaften vertreten. Seine Hauptniederlassung in Ostdeutschland hat Holzmann für Nordhessen-Thüringen in Erfurt, für Berlin-Brandenburg in Berlin und für Sachsen in Dresden. Sachsen-Anhalt wird von Hannover und Mecklenburg-Vorpommern von Hamburg aus betreut. In den neuen Bundesländern verfügt Holzmann über 100 Stützpunkte.

HOCHTIEF ATTACKIERT HOLZMANN. Der zu RWE gehörende Bau-Konzern Hochtief streckt seit Monaten die Hände nach Deutschlands größtem Bauunternehmen Philipp Holzmann aus. Zu den 20%, die Hochtief bereits an Holzmann besitzt, wurde noch ein bei der Commerzbank liegendes Paket von 4,9% erworben. Vor dem Hintergrund, daß die Philipp Holzmann AG eine Hauptversammlungspräsenz von 80% hat, wird bereits dieser Erwerb als ein feindlicher Übernahmeakt auf die Unabhängigkeit Holzmanns gewertet. Zuvor wollte Hochtief bereits das 10%-Paket der BfG erwerben, seine Aktienanteile also auf 35% aufstocken. Dieses wurde zur Freude des Holzmann-Vorstandes vom Kartellamt erst einmal untersagt, wogegen Hochtief Beschwerde einlegte. Die BfG hält für den Fall eines Votums zugunsten der RWE-Tochter die 10% für Hochtief bereit. Der Rechtsstreit dürfte bis zum Bundesgerichtshof (BGH) gehen. Bis dahin ruht das beim Kartellamt anhängige Verfahren um die »feindliche Übernahme«.

STANDORT DEUTSCHLAND. Im Juni 1996 fiel die Holzmann-Aktie auf ein Jahrestief, Verluste in dreistelliger Millionenhöhe, besonders durch den Preisverfall im Immobilienprojektgeschäft, ließen den Vorstand erschreckt reagieren. Immerhin wurde erstmals seit 1949 den Holzmann-Aktionären keine Dividende gezahlt. Als Vorwürfe laut wurden, der Vorstand blicke durch sein Geflecht von über 550 Beteiligungsgesellschaften selbst nicht mehr durch, wurde umgedacht. Nach der anfänglichen Ost-Euphorie mit einem fast ungezügelten Bau-Boom, einem ungehemmten Expansionsdrang »und teilweise auch Größenwahn« (FAZ vom 11. Juni 1996) ist man auf den harten Boden der Realität zurückgekehrt. Die Zahl der Arbeitslosen im Bauhauptgewerbe stieg bundesweit bis Ende März 1996 auf über 300.000. Neuerlich sollen der Konzern umstrukturiert, Arbeiten gebündelt und Kosten gesenkt werden. Dadurch sollen gleichgerichtete Aktivitäten zusammengefaßt und die Effizienz gesteigert werden. Die bereits 1995 begonnene Straffung des Beteiligungsbereiches auf wenige starke Führungsgesellschaften wird auch im Geschäftsbereich Allgemeiner Bau fortgesetzt werden. Geplant ist auch eine »schlankere« Konzernzentrale, die nur noch zentrale Aufgaben für den Konzern übernimmt. Für

Leistung/Umsatz 1995:
14.094,0 Mio.
(davon Ausland: 4.386,0 Mio.)
Leistung/Umsatz 1994:
13.090,0 Mio.
(davon Ausland: 4.024,0 Mio.)
Leistung/Umsatz 1993:
12.465,0 Mio.
(davon Ausland: 4.288,0 Mio.)

Gewinn/Verlust 1995:
– 442,8 Mio.
Gewinn/Verlust 1994:
120,0 Mio.
Gewinn/Verlust 1993:
106,1 Mio.

Cash flow 1995: *–26,0 Mio.*
Cash flow 1994: *521,0 Mio.*
Cash flow 1993: *471,0 Mio.*

Steueraufkommen 1995:
57,7 Mio.

Beschäftigte 1995: *47.355 (davon Philipp Holzmann AG: 11.311; Beteiligungen: 36.044)*
Beschäftigte 1994: *43.264 (davon Philipp Holzmann AG: 9.919; Beteiligungen: 33.345)*
Beschäftigte 1993: *43.798 (davon Philipp Holzmann AG: 10.777; Beteiligungen: 33.021)*

Umsatz pro Mitarbeiter 1995: *297.624,– DM*
Umsatz pro Mitarbeiter 1994: *302.561,– DM*
Umsatz pro Mitarbeiter 1993: *284.602,– DM*

Löhne und Gehälter 1995: *2.650,4 Mio.*
Löhne und Gehälter 1994: *2.582,4 Mio.*
Durchschnittsgehalt 1995: *55.969,– DM*
Soziale Abgaben und Aufwendungen 1995: *602,5 Mio.*
Soziale Abgaben und Aufwendungen 1994: *575,6 Mio.*

Bezüge pro Vorstandsmitglied 1995: *556.167,– DM*
Tantiemen pro Aufsichtsrat 1995: *5.400,– DM*

den Vorstand steht fest, daß der organisatorische Umbau des Konzerns zahlreiche Arbeitsplätze kosten wird und daß einige verlustträchtige Beteiligungsgesellschaften abgestoßen werden.
Die Probleme, die Philipp Holzmann im Inland hat, sind im Auslandsgeschäft völlig unbekannt. Im Auslandsbau hat sich Philipp Holzmann an die Spitze der deutschen Bauindustrie gesetzt. 42% der Aufträge für 1996/97 kamen aus dem Ausland. Neben den USA sind die Boom-Märkte der Frankfurter Asien mit China, Thailand und Indien sowie Südafrika. Auch in den osteuropäischen Ländern Polen, Tschechien und Ungarn werden gute Geschäfte gemacht und sind zahlreiche Niederlassungen gegründet worden. Die Zunahme der Beschäftigten 1995 ist auf die Ausweitung der Geschäfte in den USA und Thailand zurückzuführen, während die Zahl im Inland leicht zurückging. Auch im ersten Halbjahr 1996 wuchs die Belegschaft um rund 4.000 Beschäftigte auf 51.479 (30. Juni 1996) – in erster Linie durch die Ausweitung des Auslandsgeschäftes in Südostasien. Im Inland nahm die Zahl der Beschäftigten dagegen um 3,5% ab.

»BÜNDNIS FÜR ARBEIT«. Philipp Holzmann will die Umstrukturierung des Konzerns verträglich und in Absprache mit den Arbeitnehmervertretern bewerkstelligen. Der Vorstand zum Tarifabschluß ´96: »Der moderate Tarifabschluß ist ein erster Versuch, die Situation der Bauindustrie zu verbessern. Weitere einschneidende Maßnahmen zur Reduktion der Nebenkosten sind erforderlich, um den Standort Deutschland wieder attraktiv zu machen und den Bauwettbewerb in Europa zu harmonisieren.« Begrüßt werden auch das Entsendegesetz und die Einigung zwischen den Tarifparteien zur Schlechtwettergeldregelung. 1995 wurden in der Philipp Holzmann AG 560 Jugendliche ausgebildet, eine Steigerung von 17% gegenüber dem Vorjahr. Aufgrund häufiger Korruptionsfälle in der Bauindustrie und zahlreicher Verstöße gegen das Kartellgesetz hat der Philipp Holzmann-Vorstand gemeinsam mit seinen Niederlassungsleitern und Geschäftsführern der inländischen Tochtergesellschaften die »ethischen Grundsätze der Unternehmensführung« überarbeitet und zum Bestandteil der Arbeitsverträge gemacht.

UMWELTSCHUTZ. 1996 legte Holzmann nach 1994 zum zweiten Mal einen Umweltbericht über die Umweltschutzaktivitäten der Philipp Holzmann AG und ihrer Beteiligungsgesellschaften vor.
Der Holzmann-Konzern besitzt seit 1993 ein funktionierendes Umweltschutzmanagement mit einem Konzernbeauftragen für Umweltschutz, einem Umweltcontrolling in den Konzernunternehmen sowie Umweltschutzbeauftragte in den einzelnen Beteiligungsgesellschaften. Als Umweltschutzziele für sämtliche Konzernbereiche gelten: Reduzieren der Bauabfälle entsprechend der Rangfolge Vermeiden, Verwerten und Entsorgen; Senken des Energieverbrauches durch energiesparendes Bauen; Senken des Rohstoffverbrauches durch Recycling; Gewährleisten der Betriebs- und Anlagensicherheit im Bereich der Baustellen, Betriebe und Werkplätze; Reduzieren der Emissionen in Luft, Wasser und Boden sowie Drosselung des Baulärms; Verwenden umweltfreundlicher Baustoffe und Produkte. Erreicht werden sollen diese Ziele durch die Entwicklung von Abfallwirtschaftskonzepten (Kreislauf) für alle Arten von Bauabfällen im Dialog mit den am Bau Betei-

ligten und dem Gesetzgeber, durch die Einführung umweltverträglicher Baustoffe und Baumaterialien, durch umweltfreundliche, energie- und rohstoffsparende Bauweisen und die systematische Entwicklung von Recyclinganlagen.
Umweltschutz gehört aber auch in allen Geschäftsbereichen zum Leistungsangebot. Durch die Bautätigkeit und den Geschäftsbereich Energie- und Umwelttechnik ist Holzmann auf der einen Seite mit Umweltauflagen konfrontiert, andererseits besonders durch die Steinmüller-Gruppe aber im Geschäft mit Umweltschutz äußerst engagiert.

Horten siehe Metro
Hüls siehe VEBA

Investitionen 1995: *685,0 Mio.*
Investitionen 1994: *486,0 Mio.*
Investitionen 1993: *632,0 Mio.*

Mitbewerber: *Bilfinger + Berger, Dywidag, Heidelberger Zement, Heilit+Woerner, Hochtief, Strabag, Walter Bau, Wayss & Freytag, Züblin*

IBM DEUTSCHLAND

GESCHICHTE UND ENTWICKLUNG. IBM (International Business Machines) Deutschland ist aus der DEHOMAG, Deutsche Hollerith Maschinen GmbH, Berlin, hervorgegangen. Hermann Hollerith (1860) gilt als Begründer des Lochkartenverfahrens und damit der Anwendung der maschinellen Datenverarbeitung. Die Idee kam ihm als Statistiker bei der manuellen Auszählung der Daten einer Volkszählung; 1890 wurden dann erstmals bei einer Volkszählung in den USA die von ihm entwickelten Lochkartenmaschinen eingesetzt. Hollerith gründete 1910 die DEHOMAG als eigenes Unternehmen zur kommerziellen Nutzung seiner Erfindungen, aus dem die IBM Deutschland GmbH hervorgegangen ist. Heute ist IBM Deutschland eine der größten der über 130 Töchter des mit rund 225.000 Mitarbeitern und einem Umsatz von 72 Mrd. US $ und einem Gewinn von 4,2 Mrd. US $ (1995) mächtigsten Computerkonzerns der Welt. Anfang 1993 grundlegende Umstrukturierung von IBM Deutschland; Aufspaltung in selbständige Unternehmen unter dem Dach der Holdinggesellschaft IBM Deutschland GmbH (Holding), Berlin.

BESITZVERHÄLTNISSE/EIGENTUMSSTRUKTUR.
- IBM World Trade Corporation, Armonk, N.Y./USA (82,05%)
- IBM Beteiligungs-Gesellschaft mbH, Stuttgart (17,95%)

KONZERNÜBERBLICK. IBM Deutschland ist wie weltweit alle nationalen IBM-Gesellschaften ein weitgehend selbständig und eigenverantwortlich agierendes Unternehmen. Sie entwickelt, produziert, vertreibt und wartet Systeme und Geräte auf dem Gebiet der Informations- und Kommunikationstechnik: Computer-Großsysteme, Workstations, mittlere Systeme, Netzwerkprodukte, Multimedia, Personal-Computer, Telekommunikationssysteme, Software und Dienstleistungen. IBM bietet für alle komplexen Probleme im Informations- und Kommunikationsbereich der unterschiedlichsten Sparten wie Wirtschaft, Verwaltung, Wissenschaft, Bildung, Medizin, Raumfahrt, Sport adäquate Lösungen an. Schwerpunkte sind die Installation von branchenspezifischen Anwendungen und die Vernetzung von Systemen. Darüber

Standort:
IBM Deutschland GmbH (Holding)
Ernst-Reuter-Platz 2
10587 Berlin

Telefon: *(030) 3115-0*
Telefax: *(030) 3115-1447*

IBM Deutschland Informationssysteme GmbH
Pascalstraße 100
70569 Stuttgart

Postanschrift:
70548 Stuttgart

Telefon: *(0711) 785-0*
Telefax: *(0711) 785-3511*

Branche: *Informations- und Kommunikationstechnik*

Rechtsform: *GmbH*

Geschäftsjahr: *1.1.-31.12.*

Gründungsjahr: *1910*

Öffentlichkeitsarbeit:
Dr. Doris Larmann
(Leiterin Kommunikation)
Tel.: (0711) 785-2233
FAX: (0711) 785-2519

Verbände: *Verband Deutscher Maschinen- und Anlagenbau, Frankfurt/Main*

Geschäftsführung:
IBM Deutschland GmbH (Holding):
- *Hug, Edmund (Vorsitzender; Vorsitzender der Geschäftsführung IBM Deutschland Informationssysteme GmbH)*
- *Pierlo, Winfried, Dr. (Vorsitzender der Geschäftsführung IBM Deutschland Produktion GmbH)*
- *Reitermann, Hans-Jürgen*
- *Richter, Hans-Werner*

Bezüge der Geschäftsführung 1995:
7.793.000,– DM

Generalbevollmächtigter:
- *Erdmann, Ulrich, Dr.*

hinaus ist die IBM Deutschland der führende Anbieter im Bereich IT-Dienstleistungen.

Zu Beginn des Jahres 1993 hat sich die IBM Deutschland grundlegend neu strukturiert. Unter dem Dach der Holdinggesellschaft IBM Deutschland GmbH mit Sitz in Berlin arbeiten auf bestimmte Aufgabenfelder spezialisierte Tochterunternehmen weitgehend eigenständig. Aus der einst großen IBM wurde ein Verbund neuer, kleinerer und – so das Ziel des Managements – beweglicherer und damit am Markt wirkungsvollerer Unternehmen. Die wichtigsten Unternehmen der IBM Deutschland sind:

◆ IBM Deutschland Informationssysteme GmbH, Stuttgart. Sie ist die Marketing- und Serviceorganisation der IBM Deutschland und nach wie vor die Kernzelle des deutschen Konzerns. Von hier aus werden die Kundenzentren im ganzen Bundesgebiet betreut. Dieses IBM-Kernunternehmen unterteilt sich in die Geschäftsbereiche Branchen, Systeme (Groß- und Speichersysteme, AS/400, RISC/600, Drucksysteme, Netzprodukte), Dienstleistungen (Unternehmens- und IT-Beratung, Systemintegration und Projektgeschäft, Weiterbildung, technischer Außendienst, Systeme und Netze), Software, Vertriebswege und Mittelstand, PC-Geschäft. Anfang 1996 wurden, unter Beibehaltung der Kundenorientierung und der Organisationsstruktur, die IBM Deutschland Informationssysteme GmbH, die IBM Deutschland Systeme und Netze GmbH, die IBM Deutschland Bildungsgesellschaft mbH, die IBM Deutschland Mittelstand GmbH sowie die IBM Deutschland Systems und Service Ost GmbH zu einer Einheit zusammengefaßt.

◆ IBM Deutschland Systeme und Netze GmbH, Ehningen: IT-Outsourcing (Teile oder die gesamte IT-Organisation des Kunden werden übernommen und verantwortlich betrieben; verantwortlich für die Informationsverarbeitung aller IBM-Konzerngesellschaften); Netzservices (Bereitstellen des weltweiten IBM-Netzes/IBM Global Network mit dem Zugriff auf Informationsdatenbanken und Internet sowie die elektronische Kommunikation und Geschäftsabwicklung). Die IBM Deutschland Systeme und Netze GmbH gehört zu den führenden Anbietern im Outsourcing-Geschäft in Deutschland.

◆ IBM Deutschland Bildungsgesellschaft mbH, Herrenberg: Diese Gesellschaft ist mit weiteren Bildungszentren in Mainz, Essen und Hannover sowie durch die WBI Weiterbildungsgesellschaft für Informationstechnik mbH in Berlin, Dresden, Hamburg und Düsseldorf vertreten. Einige Schwerpunkte: Weiterbildung von Kunden und IBM-Mitarbeitern in allen Themen der Informationstechnologie. IT-Fachausbildung für Experten und Endbenutzer.

◆ IBM Deutschland Speichersysteme GmbH, Mainz. Nach der Auflösung der Holding-Tochter IBM Deutschland Produktions GmbH, Stuttgart, produziert IBM Deutschland nur noch mit der IBM Deutschland Speichersysteme GmbH. Sie ist mit ihrem Werk in Mainz innerhalb von IBM-Europa für Speichersysteme zuständig. Darüber hinaus hat die IBM Speichersysteme GmbH in Mainz die Rolle des europäischen Kompetenzzentrums für Speichertechnologien übernommen. Die Halbleiterfertigung der IBM am Standort Böblingen wurde Anfang März 1995 in die SMST SubMicron Semiconductor Technologies GmbH, ein Gemeinschaftsunternehmen von IBM und Philips, eingebracht. Die Leiterplattenproduktion in Sindelfingen übernahm die ohnehin mit IBM kooperierende Meyer & Cie, Albstadt.

◆ IBM Deutschland Entwicklung GmbH, Böblingen, mit Entwicklungszentren in Berlin und Böblingen. Hier sind die Entwicklungs- und Forschungsaktivitäten für Hardware- und Softwareprodukte zusammengefaßt. Hierzu gehören im Bereich Software die Entwicklung von Anwendungs- und System-Software und im Bereich Hardware die Entwicklung von Informationssystemen, Bankenprodukten und intelligenten Chipkarten. Hinzu kommt das Wissenschaftliche Zentrum Heidelberg der IBM, das als führend in der Entwicklung neuer Technologien gilt. In der Entwicklung waren 1995 rund 1.500 Mitarbeiter beschäftigt.

◆ Weitere IBM-Unternehmenseinheiten: IBM Deutschland Direktvertrieb GmbH, Herrenberg; IBM Anwendungssysteme GmbH, Stuttgart; IBM Unternehmensberatung GmbH, Hamburg; CSG Computer Service GmbH, Berlin; SerCon Service-Konzepte für Informations-Systeme GmbH, Böblingen.

Seit Anfang 1995 arbeitet der IBM-Vertrieb mit neuer Struktur. Dazu wurde die bisher geographisch gegliederte Vertriebsorganisation in 14 branchenorientierte Bereiche (»Industry Solution Units«) umgestaltet, die länderübergreifend operieren. Ziel dieser Neuordnung ist mehr Markt- und Kundennähe.

Werke hat die IBM Deutschland in Mainz und und Böblingen. Werk Mainz: Fertigung von Technologiekomponenten für Festplattenspeicher von PCs bis hin zu Großsystemen, Dünnfilm-Platten und -Magnetköpfe, Magnetplattenspeicher sowie die Konfiguration der Speichereinheiten. Werk Böblingen: Produktion von Speicher- und Logikprodukten. Die früheren Werke Berlin und Hannover sind zu Software- und Servicezentren umgewandelt worden, das Werk Sindelfingen wurde veräußert.

Das Warenverteilungszentrum von IBM ist Rodgau. IBM-Niederlassungen gibt es in rund 50 deutschen Städten. Der technische Außendienst ist mit einem dichten Service-Netz und über 30 technischen Geschäftsstellen vertreten.

BETEILIGUNGEN. Die Holding IBM Deutschland GmbH besitzt folgende Tochtergesellschaften:

IBM Deutschland Informationssysteme GmbH, Stuttgart (100%); IBM Deutschland Bildungsgesellschaft GmbH, Herrenberg (100%); IBM Deutschland Systeme und Netze GmbH, Stuttgart (100%); IBM Deutschland Mittelstand GmbH, Stuttgart (100%); IBM Deutschland Systeme und Service Ost GmbH, Dresden (100%); IBM Deutschland Direktvertrieb GmbH, Herrenberg (100%); IBM Anwendungssysteme GmbH, Stuttgart (100%); IBM Deutschland Speichersysteme GmbH, Mainz (100%); IBM Deutschland Entwicklung GmbH, Böblingen (100%); IBM Deutschland Leiterplatten GmbH, Stuttgart (100%); CSD Computer-Systemdienste GmbH, Chemnitz (100%); CSP Computer Service Partner GmbH, Berlin (100%); IBB Informationssysteme Beratungs- und Betriebsgesellschaft mbH, Stuttgart (100%); IBO Informationssysteme Beratungs- und Outsourcing-Gesellschaft mbH, Stuttgart (100%); SerCon Service-Konzepte für Informationssysteme GmbH, Böblingen (100%); IBM Deutschland Kreditbank GmbH, Sindelfingen (100%); SMST SubMicron Semiconductor Technologies GmbH, Böblingen (50%); Telecash Kommunikations-Service GmbH, Stuttgart (50%); Boss Branchen-Organisation und Software-Systeme

Aufsichtsrat:

▌ *Henkel, Hans-Olaf (Vorsitzender; Präsident des Bundesverbandes der Deutschen Industrie e.V.; ehem. Chairman of the Board and Chief Executive Officer IBM World Trade Corporation), Paris/Frankreich*

▌ *Cassani, Kaspar V. (ehem. Vice Chairman of the Board der IBM Corporation), Uitikon/Schweiz*

▌ *Hilger, Wolfgang, Prof. Dr. (ehem. Vorsitzender des Vorstandes der Hoechst AG), Frankfurt/Main*

▌ *Necker, Tyll, Dr. h.c. (Geschäftsführender Gesellschafter der Hako-Werke GmbH & Co.), Bad Oldesloe*

▌ *Reis, Tony (IBM EMEA), Paris/Frankreich*

▌ *Riesenfelder, Gert, Dr. (Vorsitzender des Aufsichtsrates der IBM Österreich), Wien/Österreich*

▌ *Riverso, Renato (ehem. Präsident der Alitalia), Rom/Italien*

▌ *Sparberg, Lothar F.W., Prof. (ehem. Vorsitzender der Geschäftsführung der IBM Deutschland GmbH), Sindelfingen*

▌ *Stihl, Hans P. (pers. haftender Gesellschafter der Andreas Stihl KG), Waiblingen*

▌ *Werner, Helmut (Vorsitzender des Vorstandes der Mercedes-Benz AG), Stuttgart*

**Lausenmeyer, Manfred (stellv. Vorsitzender)*
**Backen, Uwe*
**Engel, Fritz*
**Gillert, Karlheinz*
**Hußenöder, Helmut*
**Malaisé, Otto von*
**Pfandl, Alfred*
**Richter, Horst*
**Rothbarth, Heinz*
**Zekl, Renate*

Aufsichtsratstantiemen 1995: *412.000,– DM*

Umsatz 1995: 12.229,8 Mio.
Umsatz 1994: 12.917,7 Mio.
Umsatz 1993: 12.590,7 Mio.

Gewinn/Verlust 1995:
911,6 Mio.
Gewinn/Verlust 1994:
898,0 Mio.
Gewinn/Verlust 1993:
– 582,1 Mio.

Cash flow 1995: 2.993,0 Mio.
Cash flow 1994: 2.601,0 Mio.
Cash flow 1993: 1.783,0 Mio.

Cash flow: Investitionsschwerpunkt mit 432 Mio. DM waren 1995 Maschinen der Informations- und Kommunikationstechnik für das Finanzierungsgeschäft.

Steueraufkommen 1995:
731,6 Mio.

Grund- bzw. Stammkapital 1995: 2.000,0 Mio.

GmbH, Bremen (22,5%); inasys Gesellschaft für Informations- und Analyse-Systeme mbH, Bonn (40%).

NEUE BUNDESLÄNDER. IBM faßt seine Aktivitäten in Ostdeutschland in der IBM Deutschland System und Service Ost GmbH, Dresden, zusammen. Um die mittelständische Wirtschaft in den neuen Bundesländern kümmert sich schwerpunktmäßig die CSD Computer-Systemdienste GmbH, Chemnitz. Die CSP Computer Service Partner GmbH, Berlin, wurde 1991 als Gemeinschaftsunternehmen der ehemaligen Robotron-Betriebe Computer-Vertriebs-Union Berlin GmbH, Bürotechnik Chemnitz GmbH, Büro- & Datentechnik Vertriebs GmbH, Erfurt, mit der IBM Deutschland GmbH gegründet. CSD und CSP gehören jetzt zu 100% IBM.

STANDORT DEUTSCHLAND. Arbeiteten 1991 noch mehr als 31.500 Beschäftigte bei IBM, so waren es zum Jahresende 1995 nur noch rund 20.150. Die Zahl der ganztags Festangestellten lag Ende 1995 mit sogar nur rund 15.200 um knapp 7.000 unter der von 1994. 9.000 Beschäftigte verloren in den vergangenen Jahren allein in Böblingen ihre Arbeitsplätze. 1994 gingen mehr als 4.200 IBM-Mitarbeiter in den vorgezogenen Ruhestand, 1995 waren es weitere 1.225. 1.500 Arbeitsplätze wurden aber auch in Joint-ventures eingebracht oder durch den Verkauf von Produktionsbereichen erhalten, 700 Mitarbeiter im Facility Management-Geschäft von IBM-Kunden übernommen. Insgesamt ließ sich IBM Deutschland seine »Umstrukturierungs- und Personalanpassungsmaßnahmen« knapp 2 Mrd. DM kosten.
Die Gründe für die drastischen Einschnitte am Standort Deutschland waren die 1992/93 einsetzende Stagnation der Branche, die weltweite wirtschaftliche Rezession, die verschärfte internationale Konkurrenz. Die International Business Machines Corp., Armonk/N.Y., einst die Perle der amerikanischen Wirtschaft, machte plötzlich Verluste in Milliardenhöhe. Weltweit baute IBM von seinen 300.000 Beschäftigten rund 100.000 ab, restrukturierte und reorganisierte den Konzern. Davon blieb auch die bis dahin so erfolgsverwöhnte deutsche Tochter, stets stabiler Faktor und Vorzeigefirma im Imperium von IBM-Welt, nicht verschont. Armonk verlangte auch von der deutschen Tochter rigorose Restrukturierungsprogramme.

UMSATZ/GEWINN/CASH FLOW
IN MIO. DM

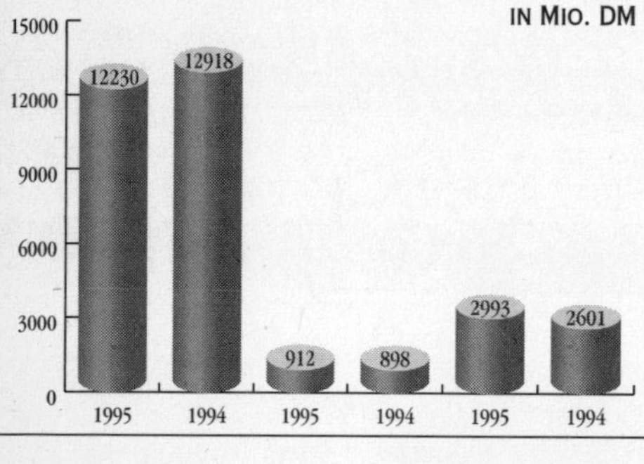

Auch die deutschen IBM-Manager reagierten auf sinkende Gewinne und stagnierende Umsätze mit einer grundlegenden Umstrukturierung des deutschen Konzerns. Sie zerlegten IBM Deutschland unter einer Holding mit Sitz in Berlin in neue, rechtlich selbständige Unternehmen (neben den bereits existierenden Tochter- und Beteiligungsfirmen). Dabei wurde die eigentliche Nachfolgerin der alten IBM die IBM Deutschland Informationssysteme GmbH, Stuttgart. Sie betreibt das gewinnbringende Geschäft mit dem Vertrieb von Computern und Software sowie das Servicegeschäft. Den Produktionsbereich mit dem Werk Mainz betreibt die IBM Deutschland Speichersysteme GmbH.

1994 erwirtschaftete IBM Deutschland bereits wieder große Gewinne, 1995 lag der Jahresüberschuß bereits bei über 900 Mio. DM nach Steuern. 1995 begann die deutsche IBM sogar wieder mit der vorsichtigen Einstellung neuer Beschäftigter, besonders am erfolgreichen Standort Mainz, von wo aus auch die anderen europäischen Teile des IBM-Konzerns mit Produkten der Magnetspeichertechnik versorgt werden sollen. Die Entscheidung der IBM-Zentrale, mit hohen Investitionsprogrammen nach Mainz zu gehen, wertet die deutsche IBM-Geschäftsführung als Anerkennung für die zurückliegenden Restrukturierungsanstrengungen.
Mitte 1995 gab die IBM Corporation, Armonk/New York, bekannt, ihrer deutschen Tochtergesellschaft IBM Deutschland GmbH, Berlin, zum Jahresende das Stammkapital auf eine Milliarde zu halbieren. Der Grund, so die deutsche IBM, liege in der Restrukturierung der vergangenen Jahre mit nunmehr weniger Produktionskapazitäten. Damit hätten sich die Risiken des Unternehmens aus Hochtechnologie-Investitionen verringert. Die Milliarde gehe als Barmittel an die Mutter zurück, die 1995 einen Gewinn von 4,2 Mrd. US $ verbuchen konnte und mit dem Einstieg in das weltweit drittgrößte Softwarehaus Lotus Development Corporation, Cambridge/Massachusetts (nach Microsoft und Novell), für einen Kaufpreis von 3,5 Mrd. US $ für die bisher größte Fusion in der Softwarebranche und damit für Furore sorgte.
Zur Erhaltung des Produktionsstandortes Deutschland sieht die IBM-Geschäftsführung ihr Anfang 1995 abgeschlossenes Joint-venture mit der deutschen Philips zur gemeinsamen Produktion und Entwicklung von Halbleitertechnologie in Deutschland. Die Böblinger Halbleiterproduktion wurde in das IBM-Philips-Gemeinschaftsunternehmen SMST SubMicron Semiconductor Technologies GmbH, Böblingen, eingebracht. Damit sei eine langfristige Perspektive für den Hochtechnologiestandort Böblingen gewährleistet.

Beschäftigte 1995: *20.150*
Beschäftigte 1994: *22.572*
Beschäftigte 1993: *24.955*
(Beschäftigte 1991: 31.536)

Umsatz pro Mitarbeiter 1995: *609.938,– DM*
Umsatz pro Mitarbeiter 1994: *545.465,– DM*
Umsatz pro Mitarbeiter 1993: *467.308,– DM*

Löhne und Gehälter 1995: *2.339,2 Mio.*
Löhne und Gehälter 1994: *2.570,5 Mio.*
Durchschnittsgehalt 1995: *116.089,– DM*
Soziale Abgaben und Aufwendungen 1995: *870,2 Mio.*
Soziale Abgaben und Aufwendungen 1994: *971,7 Mio.*

Bezüge pro Mitglied der Geschäftsführung 1995: *1.948.250,– DM*
Tantiemen pro Aufsichtsratsmitglied 1995: *20.600,– DM*

»BÜNDNIS FÜR ARBEIT«. Nach der Umstrukturierung und dem damit verbundenen Austritt von IBM Deutschland aus dem Arbeitgeberverband schloß IBM 1994 einen separaten Tarifvertrag (Ausnahme die Produktion GmbH; jetzt Speichersysteme GmbH) mit der DAG ab, der tarifvertraglich die Rückkehr zur 38-Stunden-Woche, die bei Bedarf ohne Überstundenzuschläge um bis zu drei Stunden kürzer oder länger sein kann, festschrieb. Die festen Gehaltsempfänger erhielten nur noch 90 Prozent ihres Einkommens als Grundgehalt, den Rest als Leistungszulage oder Erfolgsbonus. Auf diese Weise wurde die für die Metallindustrie ausgehandelte Arbeitszeit von 36 Stunden für ungültig erklärt und unterlaufen.
Im Juni 1996 hat sich die IBM Deutschland Informationssysteme GmbH, Stuttgart, mit der DAG erneut auf einen Tarifvertrag geeinigt, der einseits die Wettbewerbsfähigkeit von IBM verbessern und auf der anderen Seite die Arbeitsplätze sichern soll. Der vom 1. Juli 1996 bis Ende 1998 geltende Tarifvertrag sieht wiederum ein flexibles Arbeitszeitmodell vor, nachdem die wöchentliche Arbeitszeit bis zu drei Stunden über die tarifliche Regelarbeitszeit von 38 Stunden hinaus verlängert oder reduziert werden kann. Zu einem geringen Teil kann die Mehrarbeit durch Geld ausgeglichen werden bzw. bei Minderarbeit das Gehalt reduziert werden, bevorzugt wird ein Freizeitausgleich. Die Beschäftigten können die Verteilung ihrer Arbeitszeit wochentags zwi-

Investitionen 1995:
802,0 Mio.
Investitionen 1994:
752,0 Mio.
Investitionen 1993:
967,0 Mio.

Forschung und Entwicklung: *Finanzierung durch die Muttergesellschaft.*

Mitbewerber: *Apple, Debis Systemhaus, Hewlett-Packard, Compaq, Computer 2000, Metro, NEC, Siemens-Nixdorf, Vobis*

schen 6 Uhr und 20 Uhr selbst bestimmen. Bis zum Ende der Laufzeit des Tarifvertrages darf es keine betriebsbedingten Kündigungen geben. IBM hat sich darüber hinaus verpflichtet, bis Ende 1998 1.500 Mitarbeiter neu einzustellen (etwa so viele dürften aber auch durch Vorruhestandsregelungen vorzeitig das Unternehmen verlassen) und Ersatzarbeitsplätze zu schaffen, falls durch Umstrukturierungsmaßnahmen Stellen verlorengehen. IBM hat ebenfalls innerbetriebliche Vereinbarungen zur Telearbeit getroffen; nach IBM-Lesart die »flexiblen Arbeitsplätze der Zukunft«. Bei IBM arbeiteten 1995 237 Auszubildende und 297 Studierende der Berufsakademie.

UMWELTSCHUTZ. IBM Deutschland empfindet sich als ein Vorreiter in Sachen Umweltschutz seit vielen Jahren. Der Umweltschutz wird von der IBM Corporation für alle Unternehmen weltweit vorgegeben. Die wichtigsten Grundsätze sind: Einhaltung aller einschlägigen Gesetze und Verordnungen, Schonung der natürlichen Ressourcen, Reduzierung von Emissionen jeder Art, Wahrnehmung der gesellschaftlichen Verantwortung, Kontrolle und Überprüfung. In den einzelnen IBM-Gesellschaften liegt die Verantwortung für das Umweltmanagement bei den jeweiligen Geschäftsführungen. Je nach den gesetzlichen Anforderungen des Bundesimmissionsschutzgesetzes, des Wasserhaushaltsgesetzes, des Abfallgesetzes oder des Gefahrengutgesetzes sind für die Betriebsstätten die erforderlichen Betriebsbeauftragten bestellt, die die Niederlassungsleiter in ihren Aufgaben unterstützen. Die in den Werken der IBM kontrollierten umweltrelevanten Daten lassen sich in sechs Kategorien gliedern: Chemikalien, Emissionen aus Kälteanlagen, Energieverbrauch, Wasserverbrauch, Rückstände, Verpakkungen. Verstärkt engagiert sich IBM im Bereich Produktrücknahme. Betriebsbeauftragte und Umweltberater arbeiten eng mit der Fachfunktion Umweltschutz der IBM Deutschland zusammen. IBM erstellt einen Umweltplan, in dem alle quantifizierbaren Umweltdaten wie Mengen und Verbräuche in einem Datensystem erfaßt werden. IBM gab 1995 einen Umweltbericht heraus.

ITT
GESELLSCHAFT FÜR BETEILIGUNGEN

Standort:
Guerickestraße 7
60488 Frankfurt/Main

Postanschrift:
Postfach: 90 01 20
60441 Frankfurt/Main

Telefon: *(069) 7603-1*
(ITT-Automotive, Frankfurt/Main)

GESCHICHTE UND ENTWICKLUNG. ITT (International Telephone and Telegraph Corporation) wurde 1920 in Baltimore/Maryland als Aktiengesellschaft gegründet. Bei der Gründung erwarb die als Holdinggesellschaft auftretende Firma u. a. die Puerto Rico Telephone Company, Puerto Rico, und die Cuban Telephone Company, Delaware, sowie eine 50%ige Beteiligung an der Cuban American Telephone and Telegraph Company, Havanna, die den Telefonverkehr zwischen Kuba und den USA betrieb. 1924 Aufbau des spanischen Telefonnetzes und Ausweitung der Tätigkeiten auf neue Geschäftsbereiche. 1925 Erwerb der International Western Electric Company, Ausweitung zu multinational aktiven Produktions- und Vertriebsgesellschaften.

Gründung der Standard Electric Corporation für die europäischen Geschäfte. Erwerb und Gründung zahlreicher Telefonnetze sowie Telefon-, Telegrafen- und Produktionsgesellschaften auf der ganzen Welt.
Mitte der 30er Jahre war ITT einer der größten Konzerne der Welt und durch seine Nachrichtenübermittlungssysteme in vielen Ländern auch einer der einflußreichsten und mächtigsten. Laut »Hoppenstedt« gehörten ihm zu dieser Zeit 20 ausländische Telefon- und Funkgesellschaften und 29 Produktionsgesellschaften außerhalb der USA an. Nach dem Krieg und teilweisen Enteignungen der ITT-Monopole in verschiedenen Ländern orientierte sich der Multi auf neue Bereiche, wobei er mit dem Besitz von SEL immer noch eines der größten und mächtigsten Unternehmen in der Fernmelde-Elektrotechnik besaß.
»Größte industrielle Operation Nachkriegseuropas« betitelte die »Neue Zürcher Zeitung« (6.8.1986) die Fusion von ITT und CGE. ITT-Telekommunikation kam damit unter das Dach der CGE-Tochter Alcatel, was den größten französischen Telefonbauer, die staatliche Compagnie Générale d'Electricité (CGE), zur mächtigsten Telekommunikationsgruppe der Welt aufsteigen ließ (noch vor dem amerikanischen Konzern AT&T und Siemens). Für rund 1,5 Mrd. DM hatte sich ITT-Telekommunikation von ihren europäischen Telefoninteressen – zwölf Töchter mit rund 120.000 Mitarbeitern – getrennt und sie unter das Alcatel-Dach gebracht, an dem sie anfänglich mit 40% beteiligt war, das aber dann ganz auf die Franzosen überging. Attraktivste Tochter bei diesem Super-Deal war die deutsche ITT-Tochter SEL, die jetzt unter der Firmierung Alcatel SEL AG zu über 90% der Alcatel N.V., Amsterdam, gehört, die eine Tochter der französischen Alcatel Alsthom ist. Der ITT-Konzern verfügt heute über ein Produktionsprogramm, das von kompletten Telefongesellschaften und Ölgesellschaften über die 500 Hotels der Sheraton Corporation bis zu militärischen und nachrichtendienstlichen Installationen wie Radiosystemen für die Armee und Infrarot-Nachtferngläsern sowie Finanzierungs- und Versicherungsgesellschaften reicht. Größter deutscher ITT-Konzern ist die ITT Automotive Europe GmbH, Frankfurt/Main. Die Interessen von ITT Deutschland bündeln sich im ITT Industries-Verbund über die ITT Gesellschaft für Beteiligungen GmbH, Frankfurt/Main.

Telex: *415 255-0 at d*
Telefax: *(069) 76 10 61*

Branche: *Holdinggesellschaft (Verwaltung von Beteiligungen)*

Rechtsform: *GmbH*

Geschäftsjahr: *1.1.-31.12.*

Gründungsjahr: *1970*

Öffentlichkeitsarbeit:
Peter Schwerdtmann
(ITT-Automotive)
Tel.: (069) 7603-4000
FAX: (069) 7603-3861

Verbände: *Die einzelnen ITT-Unternehmen sind in ihren jeweiligen Fachverbänden organisiert.*

Besitzverhältnisse/Eigentumsstruktur.

- ITT Industries Inc., Wilmington/Delaware, USA (0,5%)
- International Standard Electric Corporation, Wilmington/Delaware, USA (99,5%)

Konzernüberblick. Gegenstand des Unternehmens ist es, für die ITT Corporation und die ihr verbundenen Gesellschaften Beteiligungen an Wirtschaftsunternehmen aller Art, insbesondere der Industrie und des Handels, zu erwerben und zu leiten bzw. zu verwalten. Die ITT-Gesellschaften sind im wesentlichen in den Geschäftsbereichen Automobil-Zulieferindustrie, elektronische und elektrotechnische Industrie sowie Flüssigkeitstechnologien tätig. Der mit Abstand größte Konzern der ITT Gesellschaft für Beteiligungen ist die ITT Automotive Europe GmbH, Frankfurt/Main, mit weltweit zahlreichen Tochtergesellschaften und Beteiligungen.
1993 wurden die ITT-Gesellschaften SWF Auto-Electric GmbH, Bietigheim-Bissingen, de Koning GmbH, Ebernhahn, Wilhelm Vorneweg

Geschäftsführung:

- *Lederer, Klaus, Dr. (Vorsitzender), Walldorf*
- *Verleger, Erhard (stellv. Vorsitzender), Wendelstein*
- *Berthold, Walter, Dr., Freiburg i. Br.*
- *Fischer, Thomas, Dr., March*
- *Hüttmann, Klaus, Meersburg*
- *Meins, Jon, Dreieich*
- *Sattig, Bernd, Leonberg*
- *Senff, Joachim, Remseck*

Bezüge der Geschäftsführung 1995: *13.400.000,– DM*

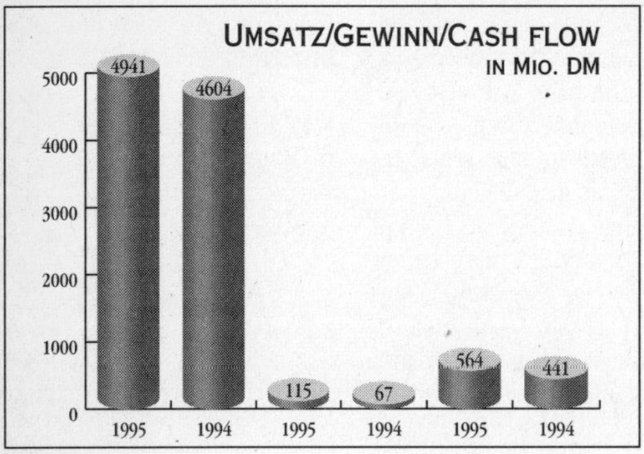

Aufsichtsrat:

- *Morgen, Kurt (Vorsitzender)*
- *Danner, Max, Prof. Dr.*
- *Hillenbrand, Werner*
- *Kamber, Martin*
- *Kinze, Werner*
- *Leuliette, Timothy D.*
- *Müller, Gerhard*
- *Oppenhoff, Michael*
- *Warnecke, Hans-Jürgen, Prof. Dr.*

**Eickmann, Wilfried (stellv. Vorsitzender)*
**Büschke, Horst*
**Denner, Karl-Josef*
**Genswürger, Ursula*
**Kraft, Manfred*
**Lueken, Eleonore*
**Strittmatter, Michael*

Aufsichtsratstantiemen 1995: *400.000,– DM*

GmbH, Marsberg, ITT Bergneustadt Management GmbH, Bergneustadt, und Alfred Teves GmbH und Co. OHG, Bergneustadt, auf die Alfred Teves GmbH, Frankfurt/Main, zur ITT Automotive Europe GmbH, Frankfurt/Main, verschmolzen. Neben der Hauptverwaltung und dem Entwicklungszentrum Bremsensysteme und ABS in Frankfurt/Main hat ITT Automotive Europe folgende Standorte: Rheinböllen (Scheibenbremsen), Gifhorn (Tandem-Hauptzylinder, Bremskraftverstärker, Regler, Schläuche, ABS-Komponenten), Reichenbach (Bremskraftverstärker), Bietigheim (Entwicklungszentrum Elektrische Systeme, Elektromotoren, Wischersysteme), Wemding (Schalter, Kleinmotoren, Sensoren), Neuses (Wischeranlagen, Heck- und Blinkleuchten), Bergneustadt (Sitzsysteme, Automobil-Bauteile), Marsberg (Fluid-Leitungen), Ebernhahn (Stoßdämpfer), Ehingen (Drehteile, Kunststoffteile für Schalter). Hinzu kommen zahlreiche Standorte im Ausland. Das 1906 gegründete Traditionsunternehmen Alfred Teves GmbH, heute ITT Automotive Europe GmbH, ist Weltmarktführer bei elektronischer Bremsentechnik (ABS/ASR-Systeme) und einer der führenden Hersteller von hydraulischen Bremsensystemen, Scheibenwischersystemen, Elektromotoren, Schaltern, Sensoren und Leuchten. Das Unternehmen setzte im Geschäftsjahr 1995 mit 17.169 Beschäftigten an weltweit 25 und in Deutschland 13 Standorten 4,3 Mrd. DM um, knapp 82% des Gesamtumsatzes.

Die Produktgruppen: Bremsensysteme (elektronische Bremsensysteme, Radbremsensysteme, Bremsenbetätigungssysteme), Elektrische Systeme (Wischersysteme, Elektromotoren, Sensoren, Schalter und Heckleuchten), Metall-Produkte (Sitzsysteme, Präzisionsguß, Automobilbauteile), Fluid-Leitungssysteme (Flüssigkeitsleitungen, Rohrleitungen, Schnellverschlüsse, Leitungsbündel), Aftermarket-Produkte (ATE Bremsenprodukte, AIMCO Bremsen-Komponenten, KONI Stoßdämpfer, SWF Scheibenwischer).

ITT Automotive ist der international größte Hersteller von Bremsen. Nachdem die ITT Automotive Inc., Auburn Hills/ Michigan, USA, 1994 80% der Anteile der Elektrische Systeme-Gruppe der Delco Chassis Division der General Motors Automotive Components Group (ACG) übernommen hat, ist ITT Automotive weltweit an über 70 Standorten mit insgesamt 34.600 Mitarbeitern vertreten. Mit dieser Akquisition gehört ITT Automotive zu den fünf weltweit größten Unternehmen der Automobilzulieferindustrie. Als Folge der Amerika-Akquisitionen im Bereich Autoelektrik wurde 1995 die Leitung dieses Bereiches von Frankfurt/Main in die USA verlegt. Weltweit von Frankfurt/Main aus werden jetzt noch die Sparten Bremsen und Fahrwerkssysteme dirigiert. Forschungs- und Entwicklungsaktivitäten vieler Gesellschaften der ITT Gesellschaft für Beteiligungen mbH sind in den weltweiten Verbund der ITT Automotive integriert.

Die Muttergesellschaft ITT Corp., New York, die aus den drei Bereichen Versicherungen, Industrieprodukte und Hotels (Sheraton) einschließlich Unterhaltung besteht, erzielte 1995 mit über 100.000 Mitarbeitern einen Umsatz von mehr als 25 Mrd. US $. Im Juni 1995 gab

ITT bekannt, die drei Hauptgeschäftsfelder des Mischkonzerns in börsennotierte Einzelunternehmen aufzuteilen. Der Versicherungsbereich wird als ITT Hartford Group geführt, der Industriebereich, zu dem die ITT Automotive Europe (vorm. Alfred Teves) gehört, erhält den Firmennamen ITT Industries, und in der ITT Corp. werden die Hotel- und Unterhaltungsaktivitäten einschließlich der Sheraton Hotel Corp., (400 Hotels der Luxus-Kategorie sowie Hotels der gehobenen und mittleren Klasse) dem Kasinounternehmen Ceasars's World, Las Vegas, und dem New Yorker Madison Square Garden gebündelt.

BETEILIGUNGEN. Die wichtigsten Gesellschaften der ITT Gesellschaft für Beteiligungen mbH sind der Schautafel auf den Seiten 290 – 291 zu entnehmen.

NEUE BUNDESLÄNDER. Die verschiedenen ITT-Unternehmen haben sich unabhängig voneinander je nach Geschäftsausrichtung in den neuen Bundesländern engagiert. Die ITT Automotive Europe (vormals Alfred Teves) unterhält in Reichenbach/Vogtland das Werk Reichenbach.

STANDORT DEUTSCHLAND. »Wir haben schon 15% unserer Mitarbeiter in Ländern beschäftigt, wo Arbeit weniger als 15 DM in der Stunde kostet.« Der Geschäftsführer der ITT Automotive Europe, Klaus Lederer, rechnet bis zum Jahr 2000 gar mit 30% (Süddeutsche Zeitung vom 19. Mai 1995). In Deutschland wird man sich dann vor allem auf die Entwicklung neuer Technologien konzentrieren. Investitionen in neue Produktionsanlagen werden jedenfalls überwiegend ins Ausland fließen. Besonders in Osteuropa ist die ITT Automotive Europe-Gruppe äußerst aktiv – und die ITT Automotive will weiter Arbeit nach Tschechien, Ungarn und auch nach Portugal verlagern. Mit ITT Automotive Hungary in Veszprem/Ungarn besitzt ITT ein Werk für Schalter und Kabel. In Tschechien werden ab 1996 Bremskraftverstärker und Hauptbremszylinder produziert. In der Volksrepublik China wurde 1994 zwischen der ITT Automotive Europe und der Shanghai Automotive Industry Corp. ein Joint-venture abgeschlossen, 1996 folgte ein Gemeinschaftsunternehmen mit der SIIC Transportation Electric Co., Shanghai, die ITT Shanghai Automotive Electric Systems Co. Ltd. für Wischersysteme und Elektromotoren für Anti-Blockier-Systeme (ABS). In Argentinien wird seit 1996 eine Bremsenfabrik gebaut, in Mexiko ist eine größere Akquisition geplant. Die Ende 1995 (als Tochtergesellschaft der ITT Automotive Europe GmbH) gegründete ITT Industries n.v./s.a., Brüssel, wird die Funktion des internationalen Koordinierungszentrums für Devisenhandelsgeschäfte innerhalb des europäischen ITT-Industries-Verbundes übernehmen. ITT Automotive Europe, die sich mit Bosch einen harten Konkurrenzkampf um die weltweite Marktführerschaft bei Antiblockiersystemen liefert, hat in den letzten Jahren die Belegschaft um mehrere tausend Beschäftigte reduziert. 1996/97 soll durch einen weiteren Stellenabbau um 700 Arbeitsplätze die Belegschaft auf etwa 12.200 Beschäftigte schrumpfen. Am Sitz des Unternehmens in Frankfurt/Main arbeiteten Mitte 1996 2.700 Mitarbeiter. Der Druck, den die Autoindustrie auf ihre Zulieferer ausübt, wird sich in den kommenden Jahren noch verschärfen. Weitere deutsche Standorte und damit Tausende Arbeitsplätze sind in Gefahr. Die »laufenden Programme zur Produktivitätssteigerung und Kostensenkung« sollen konsequent weitergeführt werden.

Umsatz 1995: *4.941,3 Mio.*
(Auslandsanteil: 45,8%)
Umsatz 1994: *4.603,6 Mio.*
(Auslandsanteil: 43,5%)
Umsatz 1993: *4.261,3 Mio.*
(Auslandsanteil: 42%)

Gewinn 1995: *115,4 Mio.*
Gewinn 1994: *66,6 Mio.*
Gewinn 1993: *30,4 Mio.*

Cash flow 1995: *564,0 Mio.*
Cash flow 1994: *441,0 Mio.*
Cash flow 1993: *402,0 Mio.*

Cash flow: *Aus dem Cash flow wurden Investitionen in allen Konzern-Unternehmen getätigt.*

Steueraufkommen 1995: *8,9 Mio.*

Grund- bzw. Stammkapital 1995: *202,8 Mio.*

Beschäftigte 1995: *20.251*
Beschäftigte 1994: *19.444*
Beschäftigte 1993: *20.012*

Umsatz pro Mitarbeiter 1995: *244.003,– DM*
Umsatz pro Mitarbeiter 1994: *236.762,– DM*
Umsatz pro Mitarbeiter 1993: *212.937,– DM*

Löhne und Gehälter 1995: *1.288,2 Mio.*
Löhne und Gehälter 1994: *1.231,2 Mio.*
Durchschnittsgehalt 1995: *63.612,– DM*
Soziale Abgaben und Aufwendungen 1995: *362,1 Mio.*
Soziale Abgaben und Aufwendungen 1994: *359,8 Mio.*

Bezüge pro Mitglied der Geschäftsführung 1995: *1.675.000,– DM*
Tantiemen pro Aufsichtsrat 1995: *25.000,– DM*

Die Beteiligungsstruktur des Konzerns

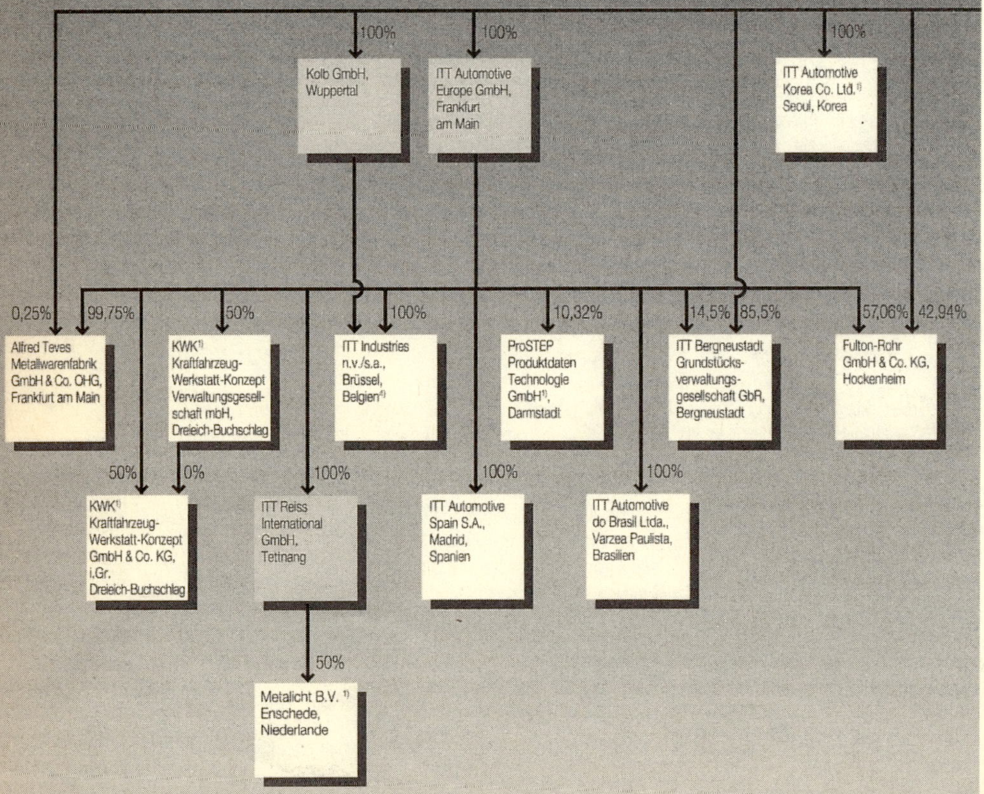

Stand der wesentlichen Beteiligungen Dezember 1995

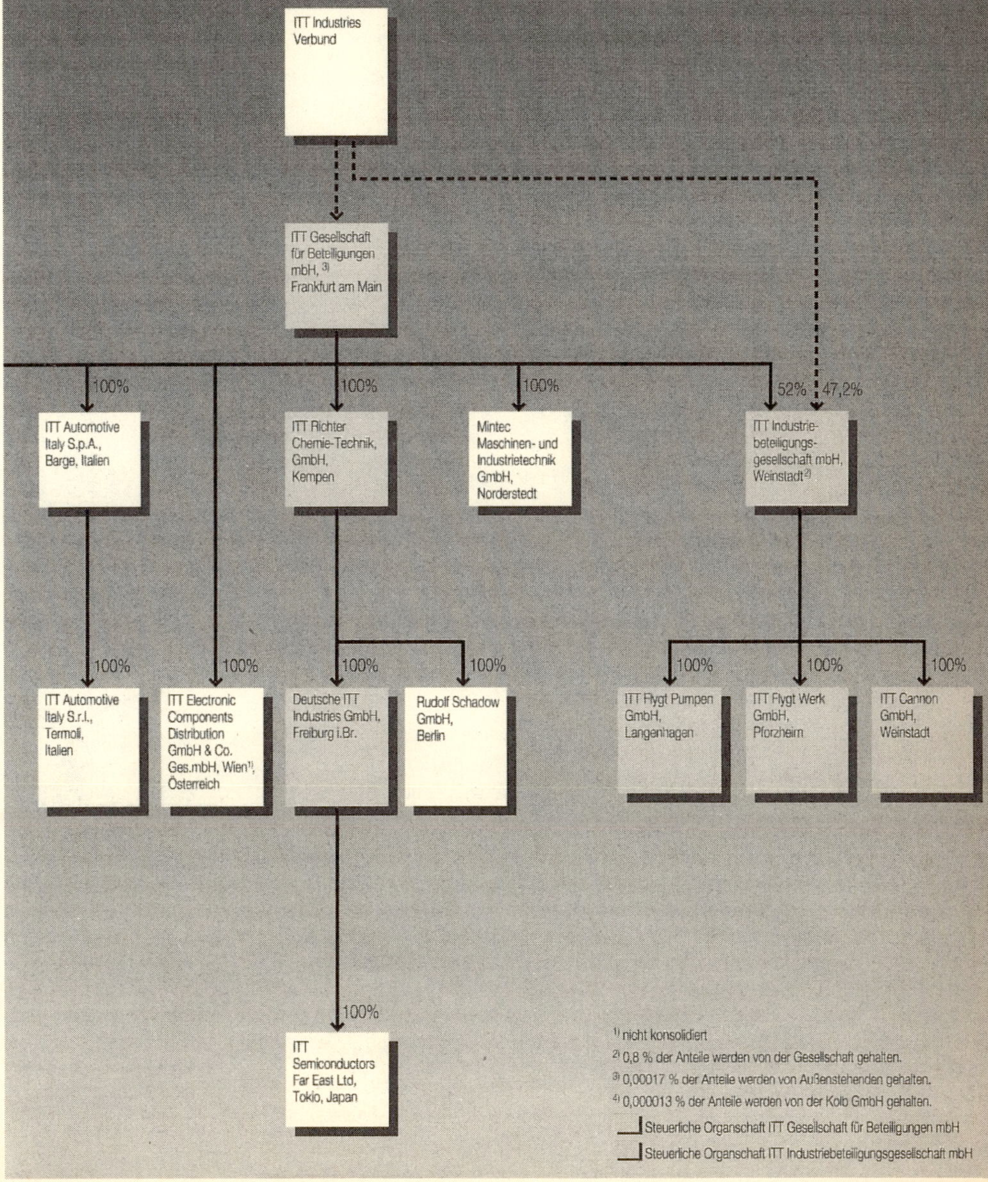
ITT Industries Verbund
ITT Gesellschaft für Beteiligungen mbH, 3) Frankfurt am Main
100%
ITT Automotive Italy S.p.A., Barge, Italien
100%
ITT Richter Chemie-Technik, GmbH, Kempen
100%
Mintec Maschinen- und Industrietechnik GmbH, Norderstedt
52%
47,2%
ITT Industrie-beteiligungs-gesellschaft mbH, Weinstadt2)
100%
ITT Automotive Italy S.r.l., Termoli, Italien
100%
ITT Electronic Components Distribution GmbH & Co. Ges.mbH, Wien1), Österreich
100%
Deutsche ITT Industries GmbH, Freiburg i.Br.
100%
Rudolf Schadow GmbH, Berlin
100%
ITT Flygt Pumpen GmbH, Langenhagen
100%
ITT Flygt Werk GmbH, Pforzheim
100%
ITT Cannon GmbH, Weinstadt
100%
ITT Semiconductors Far East Ltd, Tokio, Japan
1) nicht konsolidiert
2) 0,8 % der Anteile werden von der Gesellschaft gehalten.
3) 0,00017 % der Anteile werden von Außenstehenden gehalten.
4) 0,000013 % der Anteile werden von der Kolb GmbH gehalten.
Steuerliche Organschaft ITT Gesellschaft für Beteiligungen mbH
Steuerliche Organschaft ITT Industriebeteiligungsgesellschaft mbH

Investitionen 1995:
462,0 Mio.
Investitionen 1994:
401,7 Mio.
Investitionen 1993:
341,0 Mio.

Forschung und Entwicklung 1995: 261,2 Mio.
Forschung und Entwicklung 1994: 239,5 Mio.
Forschung und Entwicklung 1993: 240,1 Mio.

Mitbewerber: ABB, Behr, Bosch, FAG Kugelfischer, Fichtel & Sachs, Freudenberg, Karmann, Kolbenschmidt, Philips, VDO Schindling, Würth, ZF Friedrichshafen

»BÜNDNIS FÜR ARBEIT«. Alle internen Bündnisversuche haben bislang (August 1996) nicht funktioniert, die Geschäftsführungen und Arbeitnehmervertreter konnten sich nicht einigen – so äußert sich die ITT Automotive. Der Prozeß sei »fließend«, und man versuche neue Bündnisse und Regelungen, beispielsweise zur Einführung flexibler Arbeitszeiten. Einzig eine Betriebsvereinbarung sei bislang bei ITT zustande gekommen: die Einführung der Wochenendarbeit in der gesamten Produktion der Deutsche ITT Industries GmbH (Intermetall), Freiburg. (Es gibt allerdings immer wieder Spekulationen darüber, daß die amerikanische Mutter ITT Corp. Intermetall verkaufen will.) Der FAZ vom 3. Juli 1996 ist allerdings zu entnehmen, daß vor dem Hintergrund einer von der ITT Automotive angekündigten Kostenreduzierung um mehr als 20%, von der die rund 12.000 Beschäftigten an den 13 Standorten betroffen wären, verschiedene Vereinbarungen abgeschlossen wurden. So werde im Einvernehmen mit den Betriebsräten eine Kürzung des Weihnachtsgeldes um 30% vorgenommen, wofür der Belegschaft eine Beschäftigungsgarantie bis 1999 gegeben wurde. Im früheren Teves-Werk Rheinböllen, so die FAZ, könne die tarifliche Monatsarbeitszeit von 152 Stunden je nach Auftragslage um 60 Stunden über- oder unterschritten werden. Dadurch würden keine teuren Überstunden mehr bezahlt. Die Einführung der Gruppenarbeit wurde 1995/96 an deutschen Standorten fortgeführt – so ITT. Von insgesamt 453 Auszubildenden 1995 wurden nur 109 auf Planstellen an den einzelnen Standorten übernommen.

UMWELTSCHUTZ. ITT selbst macht zum Umweltschutz keine Angaben. Die ITT Automotive Europe legt einen Umweltschutzbericht vor.

Kali und Salz siehe BASF

KARSTADT

Standort:
Theodor-Althoff-Straße 2
45133 Essen

Postanschrift:
45119 Essen

Telefon: (0201) 727-1
Telex: 8 579 751
Telefax: (0201) 727-5216

Branche: Einzelhandel, Warenhäuser, Versandhandel, Touristik

Rechtsform:
Aktiengesellschaft

GESCHICHTE UND ENTWICKLUNG. 1881 eröffnete Rudolph Karstadt (1856–1944) in Wismar (Mecklenburg) sein erstes »Tuch-, Manufactur- und Confectionsgeschäft«. Seine Geschäftspolitik: Er forderte billige, aber feste Preise anstelle des damals üblichen Verhandelns und Schacherns und verlangte Barzahlung. Dadurch erhielt er die notwendige Liquidität, konnte genauestens kalkulieren und günstige Einkaufskonditionen wahrnehmen. Der Laden kam beim Publikum an. 1885 übernahm Theodor Althoff (1858 bis 1931) im westfälischen Dülmen das mütterliche »Kurz-, Woll- und Weißwaarengeschäft«. Er führte sein Geschäft in ähnlicher Weise wie Karstadt. Beide, Karstadt und Althoff, eröffneten in den Folgejahren eine Reihe von Waren- und Kaufhäusern. 1920 fusionierten die beiden Unternehmen unter dem Namen Rudolph Karstadt AG, wobei die Althoff-Filialen aber den Namen Theodor Althoffs behielten. Es folgte eine stürmische Expansion, 1929 herrschten die beiden bereits über 89 Filialen. 1926 Gründung der nach amerikanischem Vorbild konzipierten EPA Einheitspreis AG (später Kepa Kaufhaus GmbH), die es umgehend auf über 50 Filialen brachte. Im Zuge der Weltwirtschaftskrise Reorganisation und Umstrukturierung der Karstadt AG, u. a. durch Aufgabe der eigenen Werk- und Fabrikationsstätten. Nach dem Zweiten Weltkrieg erfolgte die Enteignung aller in der sowjetischen Besatzungszone liegenden Warenhäuser; von 67 Filialen blieben 45 zum Teil völlig zerstörte Kaufhäuser in Westdeutschland und Westberlin. Mit der Währungsreform wiederum rasanter Aufstieg Karstadts. 1963 Umfirmierung der Rudolph Karstadt AG in Karstadt Aktiengesellschaft. 1969 Verlegung der Verwaltung nach Essen. Expansive 70er Jahre ließen Karstadt zum führenden Warenhaus-Konzern der Republik werden. 1977 Übernahme der in wirtschaftliche Schwierigkeiten geratenen Neckermann Versand AG und verschiedener Neckermann-Warenhäuser im Laufe der nächsten Jahre; Integration der KEPA-Kaufhäuser und der Karstadt SB-Warenhäuser in das Karstadt-Warenhaus-Filialnetz. 1981 Übernahme der NUR Neckermann + Reisen GmbH; 1982 Umwandlung in NUR Touristic GmbH. 1984 Eingliederung der Neckermann Versand AG in den Karstadt-Konzern und weitere Akquisitionen. 1990 Expansion nach Ostdeutschland mit dem Erwerb der GmbH-Anteile von sechs »Centrum«-Warenhäusern von der Treuhandanstalt; Anmietung von zwei »Magnet«-Kaufhäusern. 1992 Kooperation mit dem Warenhaus GUM, Moskau. 1994 Erwerb des Stammkapitals (100%) der Hertie Waren- und Kaufhaus GmbH.

BESITZVERHÄLTNISSE/EIGENTUMSSTRUKTUR.

- Hertie-Stiftung und Gesamthandsgemeinschaft Karg/von Norman (deutlich über 25%)
- Commerzbank AG, Frankfurt/Main (10%)
- Deutsche Bank AG, Frankfurt/Main (10%)
- Mehrere private Großaktionäre
- Rest Streubesitz

KONZERNÜBERBLICK. Der Karstadt-Konzern ist der größte Warenhaus-Konzern des europäischen Kontinents. Mit der spektakulären Übernahme des Hertie-Konzerns 1994 konnte der Karstadt-Konzern seinen Umsatz 1995 auf 26.098 Mio. DM (vor der Hertie-Übernahme: 20.940 Mio.) bei nunmehr 105.130 Beschäftigten (vor der Hertie-Übernahme: 75.950) steigern. Seit der 1977 erfolgten Übernahme der Mehrheitsbeteiligung an der Neckermann Versand AG ist Karstadt auch in den Bereichen Versandhandel und Touristik tätig. Der Karstadt-Konzern ist im wesentlichen auf drei Geschäftsfelder konzentriert: den stationären Einzelhandel, den Versandhandel und den wesentlich von der Touristik geprägten Dienstleistungsbereich. (Darüber hinaus wird auch Großhandel betrieben.) Der Karstadt-Konzern wird nun durch die vier Säulen Karstadt AG, Hertie Waren- und Kaufhaus GmbH, Neckermann Versand AG und NUR Touristic GmbH getragen.
Der Karstadt-Konzern verfügte Ende 1995 über 241 Warenhäuser, 167 Karstadt-Häuser und 74 Hertie-Häuser. Dazu kommen sechs Fachmarktketten mit insgesamt 191 Verkaufsbetrieben (Wehmeyer, Schürmann, Schaulandt, Runners Point, Optic Point, WOM). 59 Lebensmittelmärkte und 79 Gastronomiebetriebe werden von der NUG Optimus und Le Buffet überwiegend in den eigenen Hertie-Warenhäusern unterhalten. Hinzu kommen 33 spezialisierte Sporthäuser, Einrichtungshäuser und Teppichboden-Center der Karstadt AG. Karstadt (inkl. Rat

Geschäftsjahr: *1.1.-31.12.*

Gründungsjahr: *1881*

Öffentlichkeitsarbeit:
Dr. Ralf Beke-Bramkamp
Tel.: (0201) 727-2538
FAX: (0201) 727-4791

Verbände: *Bundesarbeitsgemeinschaft der Mittel- und Großbetriebe des Einzelhandels, Köln; Hauptverband des Deutschen Einzelhandels, Köln*

Vorstand:
- *Deuss, Walter, Dr. (Vorsitzender)*
- *Krüger, Jürgen (stellv. Vorsitzender)*
- *Ciesielski, Manfred*
- *Eierhoff, Klaus, Dr.*
- *Koep, Reinhard*
- *Plagge, Heinz*
- *Momberger, Wolfgang*

Vorstandsbezüge 1995:
12.661.000,– DM

Aufsichtsrat:
- *Sandler, Guido, Dr. (Vorsitzender; Vorsitzender des Vorstandes der Hertie-Stiftung), Bielefeld*
- *Adenauer, Hans-Günther, Dr. (Mitglied des Vorstandes der Dresdner Bank AG), Düsseldorf*
- *Appell, Jochen (Chefjustitiar der Commerzbank AG), Frankfurt/Main*
- *Cartellieri, Ulrich, Dr. (Mitglied des Vorstandes der Deutsche Bank AG), Frankfurt/Main*
- *Gieske, Friedhelm, Dr. (ehem. Vorsitzender des Vorstandes der RWE AG), Essen*
- *Kohlhaussen, Martin (Sprecher des Vorstandes der Commerzbank AG), Frankfurt/Main*
- *von Norman, Reginald Graf (Vorsitzender des Vorstandes der Gemeinnützige Hertie-Stiftung), Egling bei Wolfratshausen*
- *Rätz, Heinz (Mitglied der Direktion der Hansa AG), Basel/Schweiz*
- *Rehmann, Klaus, Dr. (Geschäftsführender Vorstand der Hertie-Stiftung), Saulheim bei Mainz*
- *Strenger, Hermann Josef (Vorsitzender des Aufsichtsrates der Bayer AG), Leverkusen*

**Strohmeier, Günter (stellv. Vorsitzender)*
**Behrens, Wilfried*
**Dehn, Bodo*
**Fuß, Wolfgang*
**Gartz, Hubert*
**Kahl, Fritz*
**Lajosbanyai, Franz*
**Pokriefke, Wolfgang*
**Schubert, Christa*
**Wiethold, Franziska, Dr.*

Aufsichtsratstantiemen 1995: *1.785.000,– DM*

und Tat, Runners Point, Katrans, Optic Point, Neckermann CC, EuroLloyd, KVV) erzielte 1995 einen Umsatz von 13.207 Mio. DM (Vorjahr: 12.934 Mio.) mit 60.163 Beschäftigten (Vorjahr: 61.442), davon Karstadt AG 57.957 (Vorjahr: 60.575). Der Hertie-Bereich (inkl. Wehmeyer, Schaulandt, Schürmann, WOM, Le Buffet, NUG Optimus) kam 1995 auf einen Umsatz von 6.166 Mio. DM (Vorjahr: 6.352 Mio.) bei 33.327 Beschäftigten (Vorjahr: 35.354), davon Hertie Waren- und Kaufhaus GmbH 25.478 (Vorjahr: 27.630).

Neckermann-Versand nimmt täglich rund 100.000 Bestellungen entgegen und bearbeitet am Tag bis zu 70.000 Päckchen, Pakete und Großversandstücke. Im Zentrum der Neckermann-Logistik steht ein Rechenzentrum mit über 100 Mitarbeitern. Neckermann-Renner sind Textilien, Hartwaren und Möbel.

Neckermann kam 1995 mit seinen Beteiligungen auf einen Umsatz von 4.731 Mio. DM (davon Neckermann Versand 3.256 Mio.) und beschäftigte inkl. Walz-Gruppe und Saalfrank 9.625 Mitarbeiter (davon Neckermann Versand 7.354).

Die NUR Touristic GmbH wickelt jährlich rund 4,4 Mio. Reisen ab. NUR Touristic bietet ihre Leistungen unter den Markennamen Neckermann Reisen (Standard), Terramar (oberes Preissegment), Aldiana (Cluburlaub), Gut-Reisen (Griechenland-Spezialist und familienbetontes Programm), Club 28 (Reisen für junge Leute) und TIP (flugbetontes Sonderprogramm) an. An der Royaltur-Gruppe, Palma de Mallorca, die 6 Hotelgesellschaften umfaßt, ist NUR mit 95,7% beteiligt. Die mit Abstand bedeutendste Marke ist »Neckermann Reisen« mit 73% am gesamten Buchungsaufkommen der NUR. NUR hat die beiden Kreuzfahrtschiffe MS Italia Prima und MS Astra II unter Vertrag. Zum NUR-Vertriebsnetz gehören 9.610 (Vorjahr: 8.280) Reisebüros, davon 153 NUR Touristic-Reisebüros, 150 Karstadt-Reisebüros, 97 Neckermann-Reisebüros und rund 9.100 (Vorjahr: 7.900) Partner-Reisebüros. Darunter sind auch 3.500 TUI-Agenturen, die jetzt nach langem Streit auch Produkte der NUR Touristic verkaufen. Mitte 1995 übernahm die Karstadt AG 51% der Lufthansa-Tochter EuroLloyd Reisebüro GmbH, Köln. Die 72 Reisebüros der Hertie-Filialen, die bis zur Übernahme von ITS betrieben wurden, wurden bis Mitte 1996 von der Karstadt-Reisebüroorganisation übernommen und neu ausgerichtet. (Ende 1995 unterhielt Hertie noch 59 in diesem Sinne ausgerichtete Reisebüros.) NUR kam 1995 auf einen Umsatz von 4.413 Mio. DM (davon NUR Touristic 3.449 Mio.) und beschäftigte inkl. Paradiana und ausländischen Reiseveranstaltern in Holland und Belgien 2.014 (davon NUR Touristic 1.341) Mitarbeiter.

Ein neuer Schwerpunkt der Karstadt-Aktivitäten liegt im Bereich Multimedia. In den Karstadt-Warenhäusern wurden 1996 120 sogenannte Internet-Cafés eingerichtet; mit dem Aufbau eines Online-Handels-Systems hat der Konzern begonnen, das die Kunden in die Lage versetzen soll, von zu Hause aus zu bestellen. Hinzu kommt die Einrichtung interaktiver, in das Warenwirtschaftssystem des Konzerns integrierter Kundenterminals.

BETEILIGUNGEN. Die wichtigsten Beteiligungsgesellschaften der Karstadt AG:

● Karstadt: Kepa Kaufhaus GmbH, Essen (100%); Karstadt SB Warenhausgesellschaft mbH, Essen (100%); Karstadt Versicherungs-Vermittlung GmbH, Essen (100%); Rat und Tat Technischer Kundendienst GmbH, Essen (100%); Runners Point Warenhandelsgesellschaft mbH, Essen (100%); Katrans Speditionsgesellschaft mbH, Essen (97%); Karstadt Heideloh GmbH, Heideloh (100%); Optic Point Warenhandelsgesellschaft mbH, Essen (100%); EuroLloyd Reisebüro GmbH, Köln (51%).

- Hertie: Hertie Waren- und Kaufhaus GmbH, Oberursel/Taunus (100%); Le Buffet System-Gastronomie und Dienstleistungs-GmbH, Dreieich (100%); NUG Optimus Lebensmittel-Einzelhandelsgesellschaft mbH, Frankfurt/Main (100%); Schürmann Elektrohandelsgesellschaft mbH, Moers (100%); Schaulandt GmbH, Hamburg (100%); Wehmeyer GmbH & Co. KG, Aachen (75%); WOM World of Music Produktions- und Verlags-GmbH, Kiel (95%); Warenhaus Wertheim GmbH, Berlin (100%).
- Neckermann: Neckermann Versand AG, Frankfurt (100%); Neckermann Bekleidungswerke GmbH, Frankfurt (100%); Versandhaus Walz GmbH, Baby-Walz, Die moderne Hausfrau, Bad Waldsee (100%); Saalfrank Qualitätswerbeartikel GmbH (100%).
- NUR Touristic: NUR Touristic GmbH, Oberursel/Taunus (100%) mit verschiedenen Beteiligungsgesellschaften und Beteiligungen an Hotels und Clubanlagen in Zielgebieten der NUR.

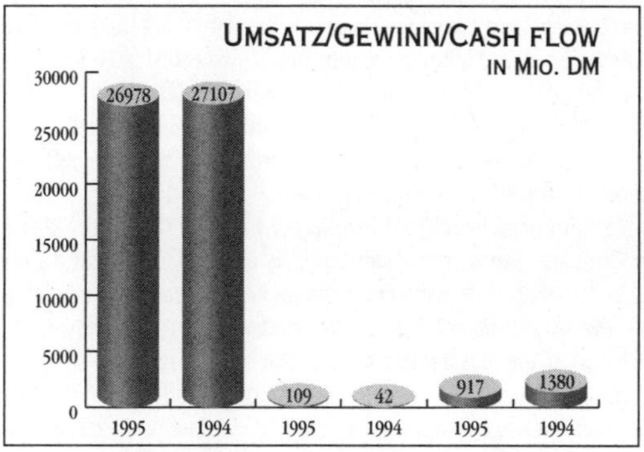

NEUE BUNDESLÄNDER. Karstadt ist in seinen Bereichen Warenhaus, Versandhandel und Touristik in den neuen Bundesländern inzwischen flächendeckend vertreten. Von der Treuhandanstalt hatte Karstadt Anfang 1991 sämtliche Geschäftsanteile der CENTRUM-Warenhausgesellschaften in Dresden, Görlitz, Halle, Hoyerswerda, Leipzig (einschließlich der Filiale Leipzig-Lindenau) und Magdeburg übernommen. Alle Filialen wurden in KARSTADT umfirmiert und in das Karstadt-Filialnetz einbezogen. Darüber hinaus besitzt bzw. besaß Karstadt zwei »Magnet«-Kaufhäuser in Wismar und Brandenburg (inzwischen aufgegeben). Mit dem Standort Wismar kehrte Karstadt an den Ort seines Ursprungs zurück; hier hatte Firmengründer Rudolph Karstadt 1881 sein erstes Einzelhandelsgeschäft eröffnet. Die Kaufhäuser in Görlitz, Leipzig und Wismar befanden sich bis zu ihrer Enteignung durch die sowjetische Militärregierung im Eigentum von Karstadt. Insgesamt dürfte sich der Essener Konzern aber schwer tun, Ansprüche auf Rückübereignung der alten Karstadt-Häuser geltend zu machen, da diese ausnahmslos von den Sowjets vor 1949 enteignet worden waren. Die Neckermann Versand AG hat in

BÖRSE, AKTIEN, KURSE
Grundkapital 1995:
420,0 Mio.
Jahreshöchstkurs 1995:
679,00 DM
Jahrestiefstkurs 1995:
524,00 DM
Aktie Jahresende 1995:
590,00 DM
Dividende pro Aktie 1995:
13,00 DM

Die Dividende bezieht sich auf je 50,– DM Aktiennennbetrag. Der Bilanzgewinn betrug 109,2 Mio. DM. Das Grundkapital ist eingeteilt in 2.040.000 Inhaberaktien im Nennbetrag zu je 50,– DM, 108.000 Inhaberaktien im Nennbetrag zu je 100,– DM, 307.200 Inhaberaktien im Nennbetrag zu je 1.000,– DM.

Umsatz 1995: *26.977,9 Mio.*
Umsatz 1994: *27.107,2 Mio.*
Umsatz 1993: *20.940,2 Mio.*

Gewinn 1995: *109,0 Mio.*
Gewinn 1994: *41,9 Mio.*
Gewinn 1993: *226,8 Mio.*

Cash flow 1995: *917,0 Mio.*
Cash flow 1994: *1.380,0 Mio.*
Cash flow 1993: *1.013,0 Mio.*

Cash flow: *Der Cash flow floß überwiegend in die Investitionen zur Erweiterung und zum Ausbau der Warenhäuser.*

Steueraufkommen 1995: *49,1 Mio.*

Verkaufshäuser, Verkaufsstellen und Fachmärkte 1995: *569 (Konzern) 167 (Karstadt AG)*

Ostdeutschland ein umfassendes Netz von Verkaufsstellen und Bestellzentren aufgebaut. NUR Touristic ist in den neuen Bundesländern ebenfalls flächendeckend durch konzerneigene und über 1.200 als Agenturen tätige Reisebüros vertreten. Neckermann Versand eröffnete 1995 in Sachsen-Anhalt das Logistikzentrum Heideloh.

STANDORT DEUTSCHLAND. Das 1882 in Gera von Oscar Tietz gegründete »Garn-, Knopf-, Posamentier-, Weiß- und Wollwarengeschäft«, das für die damalige Zeit als revolutionär galt und das nach dem Geldgeber und Onkel Oscars, Hermann Tietz (»Hertie«), benannt wurde, ging 1994 in den Besitz von Karstadt über. Mit der Horten-Übernahme durch den Kaufhof und der Akquisition Herties durch Karstadt zu 100% aller Geschäftsanteile beherrschen nun nur noch zwei große Warenhaus-Konzerne die Republik. Im Gegenzug zur Hertie-Akquisition erwarben die bisherigen Hertie-Eigentümer von der Deutschen Bank AG und von der Commerzbank AG den größeren Teil des von den beiden Banken jeweils gehaltenen, mehr als 25%igen Karstadt-Eigenkapitals. Die bisherigen Hertie-Eigentümer, Hertie-Stiftung und Gesamthandsgemeinschaft Karg/von Norman, wurden mit mehr als 25% größte Einzelaktionäre der Karstadt AG. Obwohl die Hertie-Gruppe voll in den Karstadt-Konzern eingegliedert wurde, soll Hertie auch in Zukunft als eigenständiges Unternehmen fortbestehen. Karstadt verspach sich von dem nach langen Debatten schließlich vom Kartellamt mit geringen Auflagen genehmigten Erwerb der Hertie Waren- und Kaufhaus GmbH zusätzliche Synergiepotentiale auf den Gebieten der Warenwirtschaft und Logistik. Anfang 1996 war die Umstellung der Hertie Waren- und Kaufhaus GmbH auf die Karstadt-Geschäftssysteme vollzogen. Die strategische Zielsetzung: die Position von Karstadt im innerstädtischen Einzelhandel weiter ausbauen. Dabei hat es den Karstadt-Managern besonders das Hertie-Flaggschiff KaDeWe in Berlin angetan. Ein weiterer Vorteil liegt in neuen Vertriebspunkten für die weiter boomende NUR-Touristic.
Die Hertie-Übernahme hat Standorte gekostet und viele Beschäftigte den Arbeitsplatz. Oder wie es der Vorstandsvorsitzende Walter Deuss ausdrückt: »Die für ihre Eingliederung erforderliche Reorganisation der Hertie Waren- und Kaufhaus GmbH hat deutliche Spuren hinterlassen« (Karstadt-Information vom 13. Juni 1996). Im Zuge der Neuordnung des Vertriebsnetzes – es umfaßte zum Zeitpunkt der Übernahme 80 Warenhäuser – wurde aus 36 zumeist größeren Hertie-Verkaufshäusern mit insgesamt 533.000 qm Verkaufsfläche eine neue Division gebildet, die mit der gleichen Eigenverantwortlichkeit und den gleichen Zugriffsmöglichkeiten auf die Konzernressourcen wie die Karstadt-Division als Hertie-Division geführt wird. In 19 Städten sind Häuser der Hertie- und Karstadt-Division gemeinsam vertreten. Den Karstadt-Divisions wurden bis zum Mai 1996 19 Hertie-Filialen (davon 16 allein 1996) mit einer Verkaufsfläche von insgesamt 161.700 qm eingegliedert und als Karstadt-Betriebe weitergeführt. 12 Hertie-Häuser wurden bis Mitte 1996 geschlossen, 12 weitere sollen folgen. Die Beschaffungsfunktionen einschließlich der warenwirtschaftlichen Steuerung wird vom Karstadt-Zentraleinkauf vorgenommen. Die Hertie-Division soll schließlich aus 35 eigenständigen Häusern bestehen. Der Vorstand kündigt weitere Veränderungen an: »Die Zukunftsaussichten der verbleibenden Hertie-Filialen beurteilen wir in der Nut-

zung als Warenhäuser kritisch. Eine Verwertung außerhalb des Karstadt-Konzerns können wir daher nicht ausschließen.« Die zur Hertie-Eingliederung entwickelte Konzeption war zur Jahreswende 1995/96 im wesentlichen realisiert. Der Integrationsprozeß soll im Verlauf des Jahres 1997 endgültig abgeschlossen sein. Von 1998 an soll Hertie positiv zum Karstadt-Ergebnis beitragen.
Durch Standortveränderungen, Schließungen und Umgruppierungen verloren in den Bereichen Karstadt, Hertie und Neckermann über 5.000 Beschäftigte ihre Arbeit. Die Hauptverwaltung der Hertie Waren- und Kaufhaus GmbH wurde 1995 von Frankfurt/Main nach Oberursel/Taunus verlegt, wo die Tochtergesellschaft NUR Touristic GmbH ihren Sitz hat. Bei Hertie verringerte sich die Zahl der Beschäftigten um 2.150. Entlassungen gab es 1995 durch die Wechsel von Filialen bzw. Abteilungen zwischen Karstadt und Hertie, im Zusammenhang mit der Schließung der Karstadt-Filialen Dortmund-Hombruch, Monheim und Flensburg, durch die Umstrukturierungen in den Verkaufshäusern selbst, den Rationalisierungsmaßnahmen im Bereich Logistik sowie der Übernahme der Verwaltungsfunktionen durch Karstadt.
1995 beteiligte sich die Karstadt AG mit 51% an der EuroLloyd Reisebüro GmbH, Köln, und übertrug ihr das gesamte Firmendienstreisegeschäft.

»BÜNDNIS FÜR ARBEIT«. Der Karstadt-Vorstand im Mai 1996: »Ein von Offenheit und Vertrauen getragenes Führungsklima ist eine der entscheidenden Voraussetzungen für den Unternehmenserfolg. Daher wird von unseren neuen Leitlinien für Führung und Zusammenarbeit gefordert, daß alle Mitarbeiterinnen und Mitarbeiter ihren Vorgesetzten regelmäßig Rückmeldung geben, wie sie das Klima der Führung und Zusammenarbeit erleben.«
1995 wurden bei der Karstadt AG 902 Auszubildende eingestellt.

UMWELTSCHUTZ. Im Juni 1996 erschien der detaillierte Umweltbericht '95, der über umweltverträgliche Produkte Auskunft gab, eine Umwelt-Checkliste enthielt und besonders die Bereiche Verpackung und Transport sowie die Entsorgung unter die Lupe nahm. Basis des Umweltberichtes ist das 1994 von Karstadt verabschiedete umfassende »Umweltschutzleitbild«, das von allen Tätigkeitsbereichen im Konzern umweltschutzbewußtes Handeln verlangt. Das gilt in erster Linie für die Sortimentsgestaltung, die Verpackungsoptimierung, den Einsatz von Ge- und Verbrauchsmaterialien, den Energieverbrauch und die Entsorgung incl. Materialrecycling. Karstadt nimmt einen großen Teil seiner Produkte nach Gebrauch zum Zwecke der Kreislaufverwertung zurück. 1995 wurden in den Verkaufshäusern und sonstigen Betriebsstellen Mitarbeiter zu Umweltkoordinatoren ernannt. Hertie und Neckermann arbeiten ähnlich, wobei Hertie mit durchgreifenden Maßnahmen auftritt. Bereits Mitte 1995 bot Hertie als erste deutsche Kaufhaus-Gruppe nur noch ökologisch vertretbare Putz-, Wasch- und Reinigungsmittel an. Gemeinsam mit dem Bund für Umwelt- und Naturschutz hatte man die Regale durchforstet und von 300 Produkten 100 ausgemustert. Hertie gibt einen umfassenden Umwelt-Report heraus.

Kaufhof siehe Metro
Klöckner & Co. siehe VIAG

Beschäftigte 1995: *105.129*
Beschäftigte 1994: *108.286*
Beschäftigte 1993: *75.951*

Umsatz pro Mitarbeiter 1995: *256.617,– DM*
Umsatz pro Mitarbeiter 1994: *250.330,– DM*
Umsatz pro Mitarbeiter 1993: *275.707,– DM*

Löhne und Gehälter 1995: *4.075,2 Mio.*
Löhne und Gehälter 1994: *3.979,6 Mio.*
Durchschnittsgehalt 1995: *38.764,– DM*
Soziale Abgaben und Aufwendungen 1995: *1.036,5 Mio.*
Soziale Abgaben und Aufwendungen 1994: *1.008,3 Mio.*

Bezüge pro Vorstandsmitglied 1995: *1.808.714,– DM*
Tantiemen pro Aufsichtsrat 1995: *89.250,– DM*

Investitionen 1995: *865,9 Mio.*
Investitionen 1994: *4.443,4 Mio.*
Investitionen 1993: *838,7 Mio.*

Mitbewerber: *Hapag-Lloyd, Horten, Lufthansa, LTU, Metro (Asko, Kaufhof), Quelle, TUI, Woolworth*

KLÖCKNER-WERKE

Standort:
Klöcknerstraße 29
Klöcknerhaus
47057 Duisburg

Postanschrift:
Postfach 10 08 53
47008 Duisburg

Telefon: *(0203) 396-0*
Telex: *8 55 817 kd u d*
Telefax: *(0203) 396-3535*

Branche: *Maschinenbau; Kunststoffverarbeitung*

Rechtsform:
Aktiengesellschaft

Geschäftsjahr: *1.10.-30.9.*

Gründungsjahr: *1897*

Öffentlichkeitsarbeit:
Wolfgang Christian
Tel.: (0203) 396-3296
FAX: (0203) 343 695

Verbände: *Die einzelnen Unternehmensbereiche und Sparten sind in den jeweiligen Verbänden organisiert.*

Vorstand:
- *Schmitz, Heinz-Ludwig, Dr. (Vorsitzender), Mülheim/Ruhr*
- *Barschkett, Siegfried, Hennef*
- *Noll, Johann, Duisburg*

Vorstandsbezüge 1994/95:
2.976.000,– DM

GESCHICHTE UND ENTWICKLUNG. Im Jahr 1923 hatte der 1863 als Sohn eines Koblenzer Werftbesitzers geborene und im damals größten deutschen Stahlhandelshaus Spaeter in Köln gelernte Peter Klöckner seinen Konzern geschaffen. Er firmierte den 1897 gegründeten »Lothringer Hütten- und Bergwerksverein«, nachdem durch den verlorenen Krieg 1918 alle in Lothringen gelegenen Werke und Erzgruben an Frankreich gefallen waren, zur »Klöckner Werke AG Rauxel-Berlin« um bei gleichzeitiger Fusion mit den in seinem Besitz befindlichen Unternehmen Georgs-Marien-Bergwerks- und Hüttenverein in Osnabrück, Eisen- und Stahlwerke Haspe bei Hagen, Mannstaedt-Werke in Troisdorf und Düsseldorfer Eisen- und Drahtindustrie. Denn seit Peter Klöckner 1906 gemeinsam mit seinem Bruder Florian das Handelshaus (heutiges Klöckner & Co.) gegründet hatte, wurde es zu seiner Spezialität, marode Unternehmen aufzukaufen und auf Vordermann zu bringen oder eine erfolgreiche Rolle als Sanierer zu spielen, aber nicht ohne sich vorher jeweils die Kapitalmehrheit gesichert zu haben. Dazu gehörten Hütten, Zechen und Erzgruben. 1925 folgte in Köln die Gründung der Humboldt-Deutz-Motorenwerke; 1938 wurde die dann ebenfalls von ihm zusammengekaufte Unternehmensgruppe »Klöckner-Humboldt-Deutz« (KHD) in die Klöckner-Werke integriert. In diesem Jahr wurde die Hauptverwaltung von Castrop-Rauxel nach Duisburg verlegt.
1945 Liquidation der Klöckner-Werke durch alliierten Beschluß. Die einzelnen Gesellschaften wurden aber ab 1952 nach und nach unter der Obergesellschaft der »Nordwestdeutsche Hütten- und Bergwerksvereins AG« durch Anteilsübernahmen wieder zusammengefaßt. Im Zuge der Entflechtungsmaßnahmen Lösung der Verbindung zwischen den Klöckner-Werken und KHD. 1954 nahm die »Nordwestdeutsche Hütten- und Bergwerksverein AG« die alte Firmenbezeichung »Klöckner-Werke AG« wieder an. Zahlreiche Firmen kehrten zurück unter das alte Klöckner-Dach. Es folgten Jahrzehnte der Expansion, Akquisitionen, Beteiligungen und Neugründungen.
Nach einer existentiellen Krise wurden die Klöckner-Werke 1994 grundlegend neu strukturiert, der Stahlbereich mit der Klöckner Stahl GmbH aus dem Konzernverbund ausgegliedert.

BESITZVERHÄLTNISSE/EIGENTUMSSTRUKTUR.
- Klöckner & Co. AG, Duisburg (13,04%)
- Rest Streubesitz bei rund 40.000 Aktionären (darunter: Gigant C. Itoh and Co., Tokio/Japan mit 3,4%)

KONZERNÜBERBLICK. Für Klöckner begann 1994 eine neue Zeitrechnung: die Zeit »nach Stahl«. Im Rahmen einer grundlegenden Umstrukturierung aufgrund der existentiellen Krise des Stahlbereiches 1992/93, an dem beinahe die gesamte Gruppe kollabiert wäre, wurde Stahl 1994/95 endgültig ausgegliedert und gehört seither nicht mehr zum Konzern. Damit sanken der Konzernumsatz und die Zahl der Beschäftigten um rund ein Drittel. Die Klöckner-Werke sind nach der Umstrukturierung nur noch in den beiden Unternehmensbereichen

Maschinenbau und Kunststoffverarbeitung tätig. An der Spitze des Konzerns steht eine Holding, die sich ausschließlich um Zentralfunktionen und nicht um das operative Geschäft kümmert.
Zur Erinnerung: Nachdem Mitte der 80er Jahre der Stahl in eine große Krise geraten war, reagierten die Klöckner-Manager und gliederten diesen Bereich in die neu geschaffene Klöckner Stahl GmbH aus. Es sollte verhindert werden, daß der damals marode Stahlbereich die Unternehmensbereiche Maschinenbau und Kunststoffe belastete und wirtschaftlich in Mitleidenschaft zog. Die Klöckner-Stahl-Krise 1992/93 sollte zeigen, wie richtig diese Entscheidung war. Auf diese Weise konnte verhindert werden, daß der gesamte Konzern zusammenbrach. Der Konzern wurde neu gegliedert: im Sinne größerer Kundennähe nach Märkten und Kundengruppen und nicht mehr nach Produkten und Herstellungsverfahren.
Dadurch entstanden die Hauptgeschäftsfelder Automobilzulieferung, Folien, Abfüll- und Verpackungstechnik sowie weitere Märkte. Auf jedem dieser Geschäftsfelder gehören die Klöckner-Werke zu den bedeutendsten Anbietern, bei vielen Produkten ist die Gruppe Marktführer. Jedem der drei Hauptgeschäftsfelder stehen Führungsgremien aus den Vorsitzenden der Einzelgesellschaften vor. Produkte: Kunststoffteile für den Automobilbau (z. B. Stoßstangen, Armaturentafeln, Türseitenverkleidungen, Kunststoffkraftstofftanks), Verpackungen aller Art, Kanister und Behälter, komplette Produktionsanlagen für technische Teile und Verpackungen, Klarsichtkartonagen, Materialien für Büromittel, Folien und Ringe, Spezialmaschinen für die Getränke- und Lebensmittelindustrie, Spritzgußmaschinen, Verpackungsmaschinen, Apparate zur Getränkeherstellung, komplette Abfüllanlagen, Behälterbau. Knapp 50% des Konzernumsatzes entfallen auf das Geschäftsfeld Automobilzulieferung.

BETEILIGUNGEN. Zum multinational operierenden Duisburger Konzern gehören neben der Klöckner-Werke AG weltweit rund 120 Unternehmen und Beteiligungen. Zwischenholding-Gesellschaften: Klöckner Mercator Maschinenbau GmbH, Duisburg (100%); Klöckner Capital Corporation, Gordonsville/USA (100%).
● Geschäftsfeld Automobilzulieferung mit insgesamt 31 Produktionsstätten: EUROTEC-Gruppe mit EUROTEC Systemteile GmbH, Bötzingen (99% – führende Position in Europa bei Stoßfängern, Schalttafeln, Türverkleidungen und Kunststoff-Heckklappen); Peguform-Werke GmbH, Bötzingen (100%); Inerga Plásticos S.A., Polinya/Spanien (100%); Plastimat a.s., Liberec/Tschechien (76,6%); Kautex-Gruppe mit der Kautex Werke Reinhold Hagen AG, Bonn (59% – weltweite Spitzenstellung bei Kunststofftanks; 13 Produktionsstandorte weltweit, u. a. in den USA und Kanada); MPI Holding Inc., Rochester Hills/USA (100% – Marktführer bei Feinschneidteilen in Nordamerika).
● Geschäftsfeld Folien mit insgesamt 4 Produktionsstätten: Klöckner Pentaplast-Gruppe mit der Klöckner Pentaplast GmbH, Heiligenroth bei Montabaur (100%); Klöckner Pentaplast of America, Inc., Gordonsville/USA (100%); Klöckner Pentapack GmbH, Ranstadt (100%).
● Geschäftsfeld Abfüll- und Verpackungstechnik mit insgesamt 17 Produktionsstätten: KHS Maschinen- und Anlagenbau AG, Duisburg (96,4% – weltweit führender Komplettanbieter im Maschinen- und Anlagenbau für die Getränkeindustrie; Werke in Deutschland, Brasilien, Mexiko und den USA); KHS America Inc., St. Louis/USA (100%);

Aufsichtsrat:
- *Wollschläger, Burkhard (Vorsitzender; Vorsitzender des Vorstandes der Krauss-Maffei AG), München*
- *Adenauer, Hans-G., Dr. (Mitglied des Vorstandes der Dresdner Bank AG), Düsseldorf*
- *Biedenkopf, Kurt, Prof. Dr. (Ministerpräsident des Freistaates Sachsen), Dresden*
- *Breuer, Rolf-E., Dr. (stellv. Vorsitzender; Mitglied des Vorstandes der Deutsche Bank AG), Frankfurt/Main*
- *Burmester, Helmut (Vorsitzender des Vorstandes der Klöckner & Co. AG), Duisburg*
- *Eckell, Albrecht, Dr. (Mitglied des Vorstandes der BASF AG), Ludwigshafen*
- *Grohe, Rainer (Mitglied des Vorstandes der VIAG AG), München*
- *Harnisch, Jürgen (Vorsitzender des Vorstandes der Krupp-Hoesch Automotive GmbH), Bochum*
- *Kußmaul, Karl, Prof. Dr. Dr. E.h. (Materialprüfungsanstalt der Universität Stuttgart), Reutlingen*
- *Ringel, Johannes, Dr. (Mitglied des Vorstandes der WestLB), Düsseldorf*
- *Schrader, Jürgen (Vorsitzender des Aufsichtsrates der Deutsche Unilever GmbH), Hamburg*

**Bleicher, Siegfried (stellv. Vorsitzender)*
**Amann, Gerhard*
**Barczynski, Jörg*
**Börsch, Horst-Dieter*
**Fuchs, Anke*
**Rosendahl, Hans*
**Terbrack, Hans*
**Uhrlau, Werner*
**Weber, Helmut*
**Wilke, Erich*

Aufsichtsratstantiemen 1994/95: *227.000,– DM*

BÖRSE, AKTIEN, KURSE
Grundkapital 1995:
458,1 Mio.
Jahreshöchstkurs 1994/95:
147,00 DM
Jahrestiefstkurs 1994/95:
48,00 DM
Aktie Jahresende 1995:
54,50 DM
Dividende pro Aktie 1994:
0,00 DM

Die Kurse beziehen sich auf einen Aktiennennbetrag von 50,– DM.

Umsatz 1994/95:
4.414,0 Mio.
Umsatz 1993/94:
4.136,1 Mio.
Umsatz 1992/93:
6.101,7 Mio.

Gewinn/Verlust 1994/95:
– 210,0 Mio.
Gewinn/Verlust 1993/94:
4,6 Mio.
Gewinn/Verlust 1992/93:
– 195,5 Mio.

Steueraufkommen 1994/95:
29,3 Mio.

KHS S.A. Indústria de Máquinas, São Paulo/Brasilien (72,3%); KHS Processtechnik GmbH, Dortmund (100%); KHS Verpackungstechnik GmbH, Worms (100%); Klöckner Hänsel GmbH, Hannover (95% – Prozeß- und Verpackungsanlagen für die Nahrungsmittel-, Süßwaren- und Pharmaindustrie; Werke in Deutschland und den Niederlanden); Klöckner Hänsel Tevopharm B.V., Schiedam/Niederlande (100%); Klöckner Bartelt, Inc., Sarasota/USA (100%); Kisters Maschinenbau GmbH, Kleve (76% – Hochleistungs-Sammelpackmaschinen); ZVT Verpackungstechnik GmbH, Arolsen (100%).

● Weitere Märkte mit insgesamt 7 Produktionsstätten: Klöckner Desma GmbH, Duisburg (100%); Klöckner Desma Elastomertechnik GmbH, Fridingen (100%); Klöckner Desma Schuhmaschinen GmbH, Achim (100%); Remak Maschinenbau GmbH, Reinheim (100%); Klöckner-Wilhelmsburger GmbH, Georgsmarienhütte (100%); Klöckner Durulit GmbH, Osnabrück (100%).

NEUE BUNDESLÄNDER. Seine Engagements in den neuen Bundesländern (Rohrwerk Muldenstein, Klöckner Pentatec) hat Klöckner wieder abgegeben.

STANDORT DEUTSCHLAND. Auch nach der Herauslösung des Stahl-Bereiches aus den Klöckner-Werken bewegt sich der Konzern auf einem schmalen Grat. Das Geschäftsjahr 1994/95 endete mit einem Verlust von 210 Mio. DM, die Eigenkapitalquote ging auf 8% zurück, die Finanzschulden beliefen sich immer noch auf 1,4 Mrd. DM. Und das, obwohl sich Klöckner seit 1993/94 ganz auf die verbliebenen Unternehmensbereiche Maschinenbau und Kunststoffverarbeitung konzentriert hat und aus dem einstigen deutschen Montanunternehmen ein internationaler technologisch orientierter Konzern geworden ist. Diese Enwicklung kam natürlich nicht ganz freiwillig.
Die Klöckner-Werke gerieten in die Stahlkrise – mit einschneidenden Folgen für den Konzern und den Stahlstandort Bremen. Der mit 2,7 Mrd. DM hochverschuldete Stahlkonzern konnte seine Zinsen nicht mehr zahlen. Die Vorstände der Klöckner-Werke AG, der Klöckner Stahl GmbH und der Klöckner Edelstahl GmbH stellten wegen Illiquidität und Überschuldung Vergleichsantrag. Der Stahlstandort Bremen stand vor dem Aus. Der Konkurs wurde schließlich abgewendet, ein Vergleich akzeptiert. Die Gläubiger erhielten unter Verzicht auf den Rest 40% der vom Vergleich betroffenen Forderungen. Für die an den Vergleichsverfahren beteiligten Klöckner-Werke AG und ihre beiden Stahltöchter Klöckner Stahl GmbH und Klöckner Edelstahl GmbH bedeutete das eine Entlastung von 1,3 Mrd. DM. Damit wurde eines der größten Vergleichsverfahren der deutschen Wirtschaftsgeschichte rechtskräftig abgeschlossen.
Allerdings mit weitreichenden Konsequenzen für den Klöckner-Konzern: Eine generelle Umstrukturierung mit der Konzentration auf die Kernbereiche Maschinenbau und Kunststoffe, einschneidende Kostensenkungsprogramme (vor allem mit einem drastischen Beschäftigtenabbau in Deutschland) und eine noch stärkere Arbeitsteilung zwischen den deutschen und ausländischen Klöckner-Unternehmen waren die Folge. Diese Internationalisierung der Klöckner-Werke weg vom Standort Deutschland hat sich auch 1995/96 fortgesetzt. 71% des Konzernumsatzes der ersten sechs Monate des Geschäftsjahres 1995/

96 wurden im Ausland erzielt. Der Anteil der Auslandsgesellschaften lag bei knapp 50%. Von den insgesamt 68 Produktionsstandorten (Ende 1995) befanden sich 42 im Ausland, häufig durch einen intensiven Know-how- und Produktionsaustausch miteinander vernetzt. 10 Produktionsstätten wurden 1995 geschlossen oder verkauft. Die Gesamtbelegschaft des Konzerns ging 1993/94 um knapp 8.000 Beschäftigte zurück, 6.200 davon durch die Abgabe der Klöckner Stahl GmbH. Ende 1995 arbeiteten bei Klöckner noch etwas über 19.000 Beschäftigte, Ende März 1996 waren es 18.630. Weitere 10% der Stellen sollen gestrichen werden. Unrentable Unternehmensteile oder Gesellschaften will man ganz oder teilweise abstoßen, indem sie verkauft, an der Börse plaziert oder in Kooperationen eingebracht werden. Fast jeder zweite Klöckner-Werke-Mitarbeiter arbeitet außerhalb Deutschlands, Schwerpunkte sind die USA, Lateinamerika sowie West- und Mitteleuropa. Zunehmend engagiert sich Klöckner auch in Osteuropa.

Die »Bremer Interessentengruppe«. Ende 1993 stimmte der Klöckner-Aufsichtsrat dem sogenannten »Bremer Interessentenmodell« zu, das den Klöckner-Stahlbereich am Standort Bremen, die Bremer Klöckner-Hütte, neu ausrichten sollte, indem verschiedene Bremer Unternehmen der Klöckner Stahl GmbH neues Eigenkapital von 250 Mio. DM zuschießen sollten. Bedingung: eine radikale Reduzierung der Beteiligung der Klöckner-Werke AG mit dem Zufluß neuen Kapitals in Höhe von 375 Mio. DM. Die Klöckner Stahl GmbH und die Klöckner Edelstahl GmbH schieden damit aus dem Klöckner-Konsolidierungskreis aus. Im Rahmen der Strukturhilfe stimmten das Bundeskartellamt und die Bundesländer Bremen, Niedersachsen und NRW zu, so daß die »Bremer Interessentengruppe« im Januar 1994 zwei Drittel der Klöckner Stahl GmbH übernehmen konnte. Voraussetzung: Abbau der Belegschaft von 6.000 auf unter 4.000 Beschäftigte. Außerdem ging der Koksstreit mit der Ruhrkohle AG dahingehend aus, daß die Klöckner-Stahl nur noch 70% des Koksbedarfs zu hohen Preisen bei der Ruhrkohle zu kaufen braucht. Die zum Arbed-Konzern gehörende Sidmar N.V., Gent/ Belgien, stieg mit weiteren 125 Mio. DM ebenfalls in das Konsortium ein. Die neue Beteiligungsstruktur an Klöckner-Stahl sah wie folgt aus: Sidmar 25,01%, Klöckner-Werke 25,01%, Hanseatische Industriebeteiligungen GmbH (Hibeg) 23,99%, Bremer Vulkan 10%, Bremer Stadtwerke 10%, Detlef Hegemann GmbH 6%. 1995 veräußerte die Klöckner-Werke AG ihre restliche Beteiligung an der Stahlwerke Bremen AG (vorher Klöckner Stahl GmbH) von 25,01% an die Sidmar S.A. bzw. an die Hanseatische Industriebeteiligungen GmbH (HIBEG). Die Stahlaktivitäten waren damit vollständig aus dem Konzernverbund der Klöckner-Werke herausgelöst.

»Bündnis für Arbeit«. Der Vorstand hat sich für 1996/97 zum Ziel gesetzt, den Personalaufwand im Konzern drastisch zu reduzieren. Flexible Arbeitszeitmodelle und die deutliche Senkung des Krankenstandes sollen dabei Vorrang vor Entlassungen haben. Mit den Arbeitnehmervertretungen sollen Vereinbarungen über flexible Arbeitszeitsysteme zum Ausgleich saisonaler und konjunktureller Beschäftigungsschwankungen ausgehandelt werden. In den inländischen Gesellschaften beschäftigten die Klöckner-Werke 1995 373 Auszubildende. Die Holding wurde von über 100 auf knapp 70 Mitarbeiter reduziert.

Beschäftigte 1994/95:
19.196
Beschäftigte 1993/94:
19.768
(Der Rückgang der Beschäftigten hing mit der Ausgliederung der Klöckner Stahl GmbH mit knapp 6.200 Personen zusammen.)
Beschäftigte 1992/93:
27.721
(Beschäftigte 1991/92: 33.199)

Umsatz pro Mitarbeiter 1994/95: *231.400,– DM*
Umsatz pro Mitarbeiter 1993/94: *209.232,– DM*
Umsatz pro Mitarbeiter 1992/93: *220.111,– DM*

Löhne und Gehälter 1994/95: *980,5 Mio.*
Löhne und Gehälter 1993/94: *1.014,5 Mio.*
Durchschnittsgehalt 1994/95: *51.078,– DM*
Soziale Abgaben und Aufwendungen 1994/95:
256,9 Mio.
Soziale Abgaben und Aufwendungen 1993/94:
261,9 Mio.

Bezüge pro Vorstandsmitglied 1994/95: *992.000,– DM*
Tantiemen pro Aufsichtsrat 1994/95: *10.809,– DM*

Investitionen 1994/95: *141,5 Mio.*
Investitionen 1993/94: *152,0 Mio.*
Investitionen 1992/93: *398,0 Mio.*

Mitbewerber: *Benteler, Continental, Deutsche Babcock, Krupp-Hoesch, Liebherr, Linde, MAN, Mannesmann, Preussag, Schmalbach-Lubeca, Thyssen*

UMWELTSCHUTZ. Im Zusammenhang mit der Umstrukturierung der Holding wurden die Funktionen Umweltschutz und Sicherheitswesen in dem neuen Bereich Umwelt und Sicherheit konzentriert. Es wurde ein Konzernbeauftragter für den Umweltschutz installiert. Aufgaben: die Erarbeitung von Grundsätzen der Umweltpolitik für den Konzern, die Leitung des Umweltausschusses, die Koordination von Teams und Projektgruppen zu umweltrelevanten Themen. 1995 wurde ein dezentrales Umweltmanagementsystem aufgebaut. An 17 Standorten in Deutschland wurden interne Umweltaudits durchgeführt, die auf der Basis der EU-Öko-Audit-Verordnung zu einer internen Umweltprüfung weiterentwickelt wurden. Alle ausländischen Tochtergesellschaften sollen in das Umweltmanagement einbezogen werden. Die Umweltaktivitäten der Klöckner-Werke konzentrieren sich nach eigener Aussage verstärkt auf die Entwicklung umweltverträglicher Produkte und Verfahren, die Minimierung ökologischer Risiken für Mensch und Umwelt sowie den sparsamen Umgang mit Stoffen und Energie. Im Bereich Abfüll- und Verpackungstechnik führen umweltgerechte Produkte zu steigenden Umsätzen.

FRIED. KRUPP AG HOESCH-KRUPP

Standort:
Essen und Dortmund
Altendorfer Straße 103
45143 Essen

Postanschrift:
45117 Essen

Telefon: *(0201) 188-1*
Telex: *8 57 385 fkes d*
Telefax: *(0201) 188-4100*

Branche: *Holdinggesellschaft; Maschinenbau, Anlagenbau, Automotive, Verarbeitung, Stahl, Handel und Dienstleistungen*

Rechtsform:
Aktiengesellschaft

Geschäftsjahr: *1.1.-31.12.*

Gründungsjahr: *1811*

GESCHICHTE UND ENTWICKLUNG. 1811 gründete Friedrich Krupp mit ursprünglich zwei Teilhabern die Essener Gußstahlfabrik zur fabrikmäßigen Herstellung hochwertigen englischen Gußstahls. 1826 Übernahme des noch kleinen Betriebes durch Alfred Krupp. Fortführung der Gußstahlerzeugung; Herstellung von Endprodukten mit großem Erfolg, besonders beim Ausbau der Eisenbahn. Besonders erfolgreich war das Radreifenwalzwerk in Essen. Neue wirtschaftliche Stahlgewinnungsverfahren; seit 1862 Anwendung des Bessemer-Verfahrens, seit 1869 des Siemens-Martin-Verfahrens. Entstehung erster Werkswohnungen und Arbeitersiedlungen; 1872 eigenes Werkskrankenhaus. 1887 Tod Alfred Krupps; 20.000 Beschäftigte; Übernahme des Werks durch Friedrich Alfred Krupp. Ausbau des Konzerns durch Anlagen- und Schiffsbau. 1897 Inbetriebnahme der ersten Hochöfen. Begründung der wissenschaftlich orientierten Stahlforschung im Essener Werk. 1902 Tod Friedrich Alfred Krupps; 43.000 Beschäftigte; Gründung der Gartenstadt Margarethenhöhe durch Witwe Margarethe Krupp. Tochter Bertha Krupp erbt das Unternehmen. 1903 Umwandlung in eine Aktiengesellschaft; die Aktien verbleiben bis auf vier im Familienbesitz. Berthas Ehemann Gustav Krupp von Bohlen und Halbach war von 1909 bis 1943 Vorsitzender des Aufsichtsrates der Fried. Krupp AG. Immer mehr Macht und Einfluß des Konzerns durch die verstärkte Produktion von Rüstungsgütern während des Ersten Weltkrieges.

Untersagung der Herstellung von Rüstungsgütern durch den Versailler Vertrag; Umstellung der Produktion auf den Lokomotiven-, Maschinen- und Anlagenbau. 1924 Bau der ersten deutschen Dampfturbinen-Lokomotive bei Krupp. Weltweiter Erfolg von Krupp-Stählen (Nirosta). 1928 Bau der größten Schmiedepresse der Welt. Expansion während

des Dritten Reichs. Krupp wurde erneut zur »Kanonenschmiede« und zum führenden Rüstungskonzern der Nazis. 1943 Umwandlung der AG in eine Einzelfirma und Übertragung auf Alfried Krupp von Bohlen und Halbach, den Sohn von Bertha und Gustav Krupp von Bohlen und Halbach, als Alleininhaber.
Nach Kriegsende Zerstörung der Werksanlagen, Demontage und teilweise Enteignung. Verurteilung Alfried Krupp von Bohlen und Halbachs während der Nürnberger Prozesse; 1951 vorzeitige Entlassung. 1953 erneute Leitung der unter alliierter Kontrolle stehenden Werke. 1953 wurde Berthold Beitz Generalbevollmächtigter. Abtrennung der Hütten- und Bergwerke. Schwerpunkt: Industrieanlagen. 1967 Tod Alfried Krupp von Bohlen und Halbach; vorherige Verfügung einer Stiftung nach dem Erbverzicht seines Sohnes Arndt.
1968 Umwandlung des Konzerns in eine Kapitalgesellschaft. 1970 wurde Berthold Beitz Vorsitzender des Aufsichtsrates. Die Mehrheit der Geschäftsanteile liegt bei der gemeinnützigen Alfried Krupp von Bohlen und Halbach-Stiftung. 1969 Einbringung der Kohlebergwerke in die Ruhrkohle AG. 1974 Übernahme von 25,04% des Stammkapitals durch den Staat Iran. 1992 Umwandlung in eine Aktiengesellschaft.
Aufkauf der Aktienmehrheit der Hoesch AG, Übernahme und anschließende Verschmelzung des Hoesch-Konzerns auf die Fried. Krupp AG. Krupp firmiert jetzt unter Fried. Krupp AG Hoesch-Krupp. 1993 grundlegende Umstrukturierung des Konzerns. 1994 Neustrukturierung der Sparte Stahl.

Öffentlichkeitsarbeit:
Dr. Jürgen Claassen
Tel.: (0201) 188-2925
FAX: (0201) 188-4040

***Verbände:** Fachverbände in allen Unternehmensbereichen*

Besitzverhältnisse/Eigentumsstruktur.

- Alfried Krupp von Bohlen und Halbach-Stiftung, Essen (51,61%)
- Islamische Republik Iran (23,55%)
- Westdeutsche Landesbank Girozentrale (WestLB), Düsseldorf (7,21%)
- Rest Streubesitz

Konzernüberblick und Beteiligungen. Der Krupp-Konzern mit der Essener Fried. Krupp AG Hoesch-Krupp als Konzernleitung ist ein multinational operierender, weltweiter Anbieter hochwertiger Investitionsgüter, industrieller Grundstoffe und Dienstleistungen. Krupp entwickelt, produziert und vertreibt seine Produkte in Deutschland und über 40 Ländern der Welt mit über 250 Auslandstochtergesellschaften. Mit der Verschmelzung der Hoesch AG auf Krupp und weiteren ca. 200 Tochter- und Beteiligungsgesellschaften sind die Essener die unumschränkte Macht im Ruhrgebiet und zu einem der größten deutschen Wirtschafts-Imperien avanciert. Die Internationalität von Krupp läßt sich am Konzernabschluß 1995 ablesen: In den Abschluß einbezogen wurden neben der Fried. Krupp AG Hoesch-Krupp als Mutterunternehmen 148 inländische und 119 ausländische Tochterunternehmen (knapp 200 Unternehmen wurden nicht konsolidiert).
Der Krupp-Konzern gliedert sich nach einer grundlegenden strategischen Neuorientierung und Umstrukturierung mit einer stärkeren Ausrichtung auf internationale Märkte seit 1993 in sechs branchenorientierte Sparten unter einer dreistufigen Führungsstruktur mit markt- und kundennah operierenden, eigenverantwortlichen Konzernunternehmen, rechtlich selbständigen Führungsgesellschaften, die für die Steuerung der Sparten zuständig sind, und der Konzernleitung in Form der Management-Holding, die sich im wesentlichen auf die Wahrneh-

Vorstand:
- *Cromme, Gerhard, Dr. (Vorsitzender)*
- *Clever, Friedrich, Dr.*
- *Joos, Gerhard, Dr.*
- *Middelmann, Ulrich, Dr.*
- *Rossberg, Jürgen*

Vorstandsbezüge 1995:
7.300.000,– DM

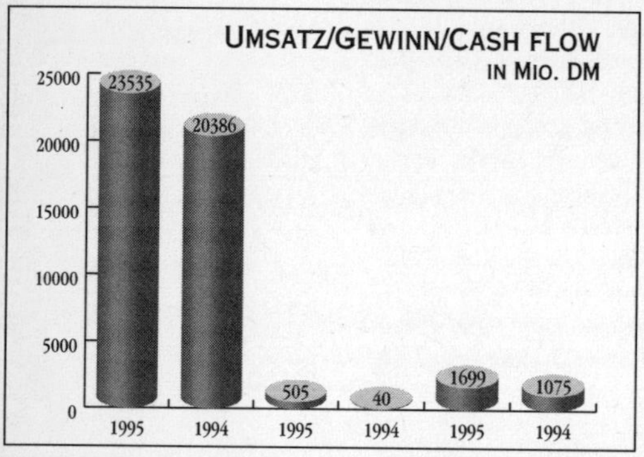

mung strategischer Aufgaben konzentriert. Konzernleitung, Führungsgesellschaften und Konzernunternehmen werden durch rechtlich selbständige Dienstleistungsgesellschaften ergänzt, die unternehmensübergreifende Servicefunktionen auf den Gebieten Forschung und Entwicklung, Informationsverarbeitung, Immobilienverwaltung, Berufsbildung, Versicherung und allgemeine Verwaltung wahrnehmen. Konzernleitung ist die Fried. Krupp AG Hoesch-Krupp.

◆ Maschinenbau. Führungsgesellschaft: Krupp Hoesch Maschinenbau GmbH, Essen. Dazu gehören: Krupp Kunststofftechnik GmbH, Essen: Kunststoffblasformmaschinen, PET-Spritzgießmaschinen, Gummi-/Reifenmaschnen, Blechpackungsmaschinen und Anlagen; Werner & Pfleiderer GmbH, Stuttgart: Kunststoffaufbereitungsmaschinen und -anlagen; Hoesch Rothe Erde GmbH, Dortmund: Großwälzlager, Ringe, Starterkränze, Luftfahrtkomponenten, Armaturen; Berco S.p.A., Copparo/Italien: Laufwerke und Komponenten für raupengetriebene Bau- und Bergbaumaschinen, Werkzeugmaschinen für Motoreninstandsetzung; Krupp Bautechnik GmbH, Essen: Druckluft- und Hydraulikwerkzeuge; Krupp MaK Maschinenbau GmbH, Kiel: Dieselmotoren, Dieselkraftwerke; Werner & Pfleiderer Lebensmitteltechnik GmbH, Stuttgart: Maschinen, Öfen und Aggregate für Frischbackwaren; Krupp Medizintechnik GmbH, Essen: Dentalerzeugnisse, chirurgische Implantate; Krupp Hoesch Tecna AG, Dortmund: Rohrwerksanlagen, Bauteilwerke. Umsatz 1995: 2.874,0 Mio. DM (Vorjahr: 2.599,0 Mio.); Beschäftigte 1995: 10.944 (Vorjahr: 10.944).

◆ Anlagenbau. Führungsgesellschaft: Krupp Anlagenbau GmbH, Duisburg. Dazu gehören: Krupp Fördertechnik GmbH, Duisburg: Tagebausysteme zur Gewinnung von Braunkohle und anderen Rohstoffen, Umschlaganlagen für Massenschüttgüter, Anlagen/Maschinen zur Aufbereitung/Zerkleinerung von Kohle und Erz, Natur- und Kalkstein, Schwimmbagger, Bordkrane, Brückenlegesysteme und Schnellumschlaganlagen für kombinierten Verkehr Schiene/Straße; Krupp Koppers GmbH, Essen: Kokereianlagen und -maschinen, Kohlevergasungs- und Rauchgasentschwefelungsanlagen, Gasbehandlungsanlagen, Anlagen für die Erdöl- und Erdgasindustrie sowie petrochemische und chemische Industrie; Krupp Polysius AG, Beckum: Engineering, Produkte, Systeme und Service für die Zement- und Mineral-Industrie: Mahltechnik, Wärmetechnik, Fördertechnik, Automations-, Labor- und Prozeßleittechnik, verfahrenstechnische Gesamtanlagen; Krupp Industries India Ltd., Pimpri/Indien: Anlagen und Komponenten für die Zementindustrie, Zuckerindustrie, für den Bergbau und Massengüterumschlag, Kessel für kleinere und mittlere Kraftwerke; Uhde GmbH, Dortmund: Planung und Bau von Chemie- und Industrieanlagen auf den Arbeitsfeldern Öl- und Gastechnik, Düngemittel, Kunststoffe und Synthesefasern, organische Chemie, Elektrolysen und Bleichchemikalien, Umweltschutz und Energietechnik. Umsatz 1995: 1.798,0 Mio. DM (Vorjahr: 1.844,0 Mio.); Beschäftigte 1995: 5.864 (Vorjahr: 6.183).

◆ Automotive. Führungsgesellschaft: Krupp Hoesch Automotive GmbH, Bochum, mit den Geschäftsfeldern Structural Components, Antriebsstrang und Lenkung, Systeme und Dienstleistungen. Führungsgesellschaft: Krupp Hoesch Automotive GmbH, Bochum (Krupp Hoesch Automotive of America Inc., Troy/Michigan, USA): Dazu gehören: Hoesch Federn GmbH, Hagen: Federn und Federelemente; Krupp Brüninghaus GmbH, Werdohl: Federn und Federelemente; August Bilstein GmbH & Co. KG, Ennepetal: Stoßdämpfer, Federbeine, Wagenheber; Walter Hundshausen GmbH & Co. KG, Schwerte: Sphärogußteile – roh, vor- und fertigbearbeitet; G. Drauz GmbH, Heilbronn: Großwerkzeugbau, Vorrichtungsbau, Fertigungsstraßen, Prototypenfertigung, Preßteilserienfertigung, Karosseriezusammenbau, Industrieplanung; Camford Engineering PLC, Letchworth/Großbritannien: Entwicklung und Fertigung von Teilen und Baugruppen für Chassis und Radaufhängung, innenhochdruckgeformte Chassiskomponenten, Montagen einbaufertiger Achsen und Getriebebetätigungen; Gerlach-Werke GmbH, Homburg/Saar: Kurbelwellen und Gesenkschmiedestükke – roh, einbaufertig und fertig bearbeitet –, Kaltfließpreßteile, Sintermetallteile, gebaute Nockenwellen, Lenkungsgelenke und Lenkwellen, komplette Lenksäulen; Krupp Metalúrgica Campo Limpo Ltda., Campo Limpo/Brasilien: Kurbelwellen und Gesenkschmiedestücke, Baugruppen für den Fahrzeugbau; Krupp Automotive Systems GmbH, Bochum: Systeme, Dienstleistungen. Umsatz 1995: 2.892,0 Mio. DM (Vorjahr: 2.689,0 Mio.); Beschäftigte 1995: 15.805 (Vorjahr: 16.378).

◆ Verarbeitung. Führungsgesellschaft: Krupp Hoesch Verarbeitung GmbH, Dortmund. Dazu gehören: Krupp VDM GmbH, Werdohl: Bleche, Bänder, Drähte, Stangen und Röhrenvormaterial aus Nickel, Nikkel-Basis-Legierungen und Sonderstählen, Magnetkerntechnologie und Stanzteile, Wärmetauscher aus Aluminium, Münzplättchen, NE-Metallhandel; Hoesch Hohenlimburg GmbH, Hagen: Mittelband-, Breitflachstahl, Kaltbrand, Spezialprofile, Kaltprofile, Abkantprofile, Schweißbauteile; Titan Umreifungstechnik GmbH, Schwelm: Umreifungsmaschinen und -geräte, Verpackungsband; Novoferm GmbH, Isselburg: Garagentore, Industrietore, Türen, Zargen, Garagen, Gerätehäuser, Materialcontainer, Lagersysteme für Gefahrstoffe; AUBI Baubeschläge GmbH, Reinsfeld: Baubeschläge für Türen, Fenster und Fenstertüren; Hoesch Siegerlandwerke GmbH, Siegen: Trapezprofile und Sandwichelemente aus beschichtetem Stahl; Krupp Stahlbau Berlin GmbH, Berlin: Brücken, Stahlhochbauten; Krupp Stahlbau Hannover GmbH, Hannover: Brücken, Stahlhochbauten. Umsatz 1995: 2.968,0 Mio. DM (Vorjahr: 2.990,0 Mio.); Beschäftigte 1995: 8.220 (Vorjahr: 8.591).

◆ Stahl – mit den Geschäftsfeldern Edelstahl-Flach/Nirosta sowie Qualitätsstahl und Profile: Krupp Thyssen Nirosta GmbH, Bochum: Flachprodukte aus nichtrostenden, säure- und hitzebeständigen Stählen; Acciai Speciali Terni S.p.A., Terni/Italien: Flachprodukte aus nichtrostenden, säure- und hitzebeständigen Stählen, Elektrobleche, Kohlenstoffstähle; Krupp Hoesch Stahl AG, Dortmund: Warmflacherzeugnisse, Feinblech – unbeschichtet und oberflächenveredelt –, Platinen – laserstrahl- und quetschnahtgeschweißt –, Vormaterial für die Fertigung von Röhren und Walzstahlerzeugnissen; HSP Hoesch Spundwand und Profil GmbH, Dortmund: Stahlspundwände, Stahlphähle,

Aufsichtsrat:

▌ *Beitz, Berthold, Prof. Dr. h.c. (Ehrenvorsitzender), Essen*
▌ *Lennings, Manfred, Dr. (Vorsitzender), Düsseldorf*
▌ *Djamali, Ebrahim Arabzadeh, Teheran/Iran*
▌ *Gellert, Otto, Dr., Hamburg*
▌ *Leussink, Hans, Prof. Dr. Dr. h.c., Karlsruhe*
▌ *Lüst, Reimar, Prof. Dr., Hamburg*
▌ *Murmann, Klaus, Dr., Neumünster*
▌ *Navab-Motlagh, Mohamad-Mehdi, Dr., Teheran/Iran*
▌ *Neuber, Friedel, Düsseldorf*
▌ *Sarrazin, Jürgen, Frankfurt/Main*
▌ *Seeger, Manfred, Dr., Essen*
**Schulte, Dieter (stellv. Vorsitzender)*
**Alexius, Reiner*
**Nass, Werner*
**Ring, Paul*
**Silberberger, Uwe, Dr.*
**Schartau, Harald*
**Schulte, Jürgen*
**Süwolto, Heinz*
**Wagendorf, Herbert*
**Winkelhake, Gerd*

Aufsichtsratstantiemen 1995: *500.000,– DM*

BÖRSE, AKTIEN, KURSE
Grundkapital 1995:
1.050,0 Mio.
Jahreshöchstkurs 1995:
237,00 DM
Jahrestiefstkurs 1995:
173,00 DM
Aktie Jahresende 1995:
176,00 DM
Dividende pro Aktie 1995:
5,00 DM

Die Aktie der Fried. Krupp AG Hoesch-Krupp wurde 1993 erstmalig zum Börsenhandel mit amtlicher Notierung an den acht deutschen Wertpapierbörsen sowie in Basel, Genf und Zürich zugelassen. Der Kurs für eine Aktie im Nennwert von 50,– DM betrug an diesem Tag 138,– DM. Die Zahl der Aktien lag Ende 1995 bei 21 Mio. Stück. Das Grundkapital ist eingeteilt in 21.002.875 Inhaberaktien im Nennbetrag von je 50,– DM.

Kaltprofile, Form- und Stabstahl, Grubenausbaustahl, Systeme für den Strecken- und Sonderausbau unter Tage; Krupp Edelstahlprofile GmbH, Siegen: Stabstahl, Walzdraht, Blankstahl aus Edelstahl, hochlegierte Schweißzusätze, Spannstahl, vergütete Federdrähte, nichtrostende Bewehrungsstähle. Umsatz 1995: 9.682,0 Mio. DM (Vorjahr: 7.406,0); Beschäftigte 1995: 19.219 (Vorjahr: 18.219).

◆ Handel und Dienstleistungen. Führungsgesellschaft: Krupp Hoesch International GmbH, Essen, mit den Geschäftsfeldern Stahl- und NE-Metallhandel Inland, Transport und Verkehr, Rohstoffe und Recycling. Dazu gehören: Krupp Hoesch Stahlexport GmbH, Essen: Stahlerzeugnisse, NE-Metalle, Rohre; Krupp Nirosta Export GmbH, Essen: Flachprodukte aus nichtrostenden, säure- und hitzebeständigen Stählen; Krupp Hoesch Stahl und Metall GmbH, Gelsenkirchen: Stahlerzeugnisse, NE-Metalle, Rohre, Schweißzusätze; Krupp GfT Gesellschaft für Anlagen-, Bau- und Gleistechnik mbH, Essen: Anlagentechnik, Bautechnik, Gleistechnik, Recyclingtechnik; Krupp Energiehandel GmbH, Essen: Feste und flüssige Brennstoffe; Krupp Druckereibetriebe GmbH, Essen: Druckereierzeugnisse; Krupp Wärmetechnik GmbH, Essen: Haustechnik, Serviceleistungen; Nestrans Logistik GmbH, Duisburg: Logistikleistungen; Krupp Seeschiffahrt GmbH, Hamburg: Internationale Bulk-Reederei; Reisebüro Dr. Tigges GmbH/Panopa Reisebüro GmbH, Essen: Touristik, Geschäftsreisen; Krupp Hoesch Rohstoff und Recycling GmbH, Dortmund: Rohstoffe, IIa-Erzeugnisse, Legierungen, Recycling, Entsorgung, Montage. Umsatz 1995: 6.583,0 Mio. DM (Vorjahr: 6.135,0 Mio.); Beschäftigte 1995: 4.563 (Vorjahr: 4.136).

◆ Weitere Konzernunternehmen. Beteiligungen: O&K Orenstein & Koppel AG, Berlin: Baumaschinen, Hydraulik-Bagger, Radlader, Grader, Mininggeräte; O&K Rolltreppen GmbH, Hattingen: Rolltreppen und Rollsteige. Dienstleistungsgesellschaften: Krupp Entwicklungszentrum GmbH, Essen: Informations- und Simulationstechnik, Meß- und Automatisierungstechnik, Maschinen- und Prozeßtechnik, Werkstofftechnik, Dienstleistungen; Krupp Hoesch Informationsverarbeitung GmbH, Essen: Rechenzentrum, Anwendungen; Krupp Hoesch Immobilien GmbH, Essen: Betreuung und Verwaltung von Grundstücken und Gebäuden; Krupp Hoesch Dienstleistungen GmbH, Essen: Konzerndienstleistungen; Krupp Hoesch Berufsbildung GmbH, Essen: Berufliche Weiterbildung; Westdeutsches Assekuranz-Kontor GmbH, Essen: Versicherungsvermittlung, Risikomanagement. Umsatz 1995: 882,0 Mio. DM (Vorjahr: 551,0 Mio.); Beschäftigte 1995: 1.687 (Vorjahr: 1.687).

KRUPP UND HOESCH. Die Verschmelzung der Hoesch AG auf die Fried. Krupp AG war eine der größten Transaktionen der 90er Jahre in der deutschen Wirtschaft. Die Hoesch AG übertrug ihr Vermögen als Ganzes auf die Fried. Krupp AG gegen Gewährung von Aktien der Fried. Krupp AG. Mit dieser Fusion – anfänglich von Hoesch als feindliche Übernahme empfunden – wollen Hoesch und Krupp in ihren Kernbereichen ihre ohnehin führenden Positionen weiter ausbauen, um als weltweit tätiger Konzern wirkungsvoll operieren zu können. Krupp soll für die Hoesch-Aktien 1,3 Mrd. DM gezahlt haben. Obwohl die Expansionsgelüste der Kruppianer in Richtung Dortmund nicht überraschen konnten – hatte man in Essen doch schon Anfang 1991 mit Hilfe der WestLB über eine heimlich zusammengekaufte Hoesch-

Beteiligung von 24,9% triumphiert –, schlug die Fusion ein wie eine Bombe. Denn das 1871 durch Mitglieder der Familie Hoesch im damals noch dörflichen Dortmund gegründete Eisen- und Stahlwerk Hoesch gehörte zu den traditionsreichsten Unternehmen des Ruhrgebietes. Der Konzern, der ursprünglich fast ausnahmslos im Bereich der Eisen- und Stahlerzeugung und im Bergbau tätig war, hatte es verstanden, seine Struktur im Laufe der Jahre den veränderten Marktbedingungen anzupassen: vom Eisenwerk über den Hersteller von Massenstahl zum Anbieter im Flachstahlbereich; vom reinen Stahlunternehmen zum diversifizierten Industriegüterkonzern. Besonders im Bereich der Verarbeitungs- und Industrietechnik hatte Hoesch in den vergangenen Jahren gewaltig zugelegt und war so für Krupp immer attraktiver geworden. Und Hoesch bildete in wesentlichen Krupp-Bereichen auch eine starke Konkurrenz. Jetzt setzte man auf Synergieeffekte durch Verschmelzung, auf effizientere Unternehmensbereiche.

KRUPP-CHEF GERHARD CROMME. Wirtschaftsjournalisten wählten ihn zum »Manager des Jahres 1992«, die »Zeit« titelte »Hoesch-Eroberer Gerhard Cromme: Hart wie Krupp-Stahl« und bemerkte: »Im Ruhrgebiet ist der Konzernchef wegen seiner rigorosen Art gefürchtet.« Der stets vom Krupp-Patriarchen und früherem Krupp-Chef Berthold Beitz favorisierte Cromme war es dann auch, der mit der Hoesch-Fusion einen spektakulären Triumph über den alten Ruhrgebiets-Rivalen aus Dortmund feiern konnte. Cromme ließ aber auch keinen Zweifel daran, daß er im Rahmen dieser Großfusion mehrere zehntausend Arbeitsplätze abbauen will, um das Unternehmen in den Wind zu bekommen. Der promovierte Jurist begann seine Karriere 1971 beim französischen Konzern Saint Gobain. Bevor er 1986 zu Krupp wechselte, war er Chef der deutschen Tochter Vegla Vereinigte Glaswerke GmbH in Aachen und stellvertretender Generaldelegierter von Saint Gobain in Deutschland. Als Vorstandsvorsitzender der Krupp Stahl AG meisterte er 1987 die Stahlkrise, konnte eine Stillegung von Stahlstandorten verhindern und brachte den Stahl wieder in passable Bahnen. Als Folge der Stahlkrise 1992/93 schloß der nunmehr zum Gesamtchef des Krupp-Hoesch-Konzerns berufene Cromme dann doch den Standort Rheinhausen – gegen den erbitterten Protest der Kumpel und Kocher.

KRUPP-STAHL. Mitte 1994 erfolgte die gesellschaftsrechtliche Verselbständigung der unter Markt- und Produktaspekten sehr unterschiedlichen Geschäftsfelder der Krupp Hoesch Stahl AG. Die neu formierte Sparte Stahl besteht aus folgenden Gesellschaften einschließlich der ihnen zugeordneten Tochtergesellschaften und Beteiligungen: Krupp Thyssen Nirosta GmbH, Bochum (Edelstahl-Flachprodukte), Krupp Hoesch Stahl AG, Dortmund (Veredelung von Qualitätsstahl-Flacherzeugnissen), HSP Hoesch Spundwand und Profil GmbH, Dortmund (schwere Spezialprofile), Krupp Edelstahlprofile GmbH, Siegen (Langprodukte). Ziel der Neustrukturierung war die Bildung markt- und produktorientierter Einheiten sowie die Förderung von deren Eigenständigkeit und Flexibilität. Angestrebt werden verstärkt Kooperationen mit Dritten wie die bereits abgeschlossenen Kooperationen mit der Thyssen Stahl AG in den Bereichen Edelstahl-Flachprodukte und Verpackungsblech. Thyssen brachte seine Edel-

Umsatz 1995: *23.535,0 Mio.*
Umsatz 1994: *20.386,0 Mio.*
Umsatz 1993: *20.504,0 Mio.*

Gewinn/Verlust 1995: *505,0 Mio.*
Gewinn/Verlust 1994: *40,0 Mio.*
Gewinn/Verlust 1993: *– 589,0 Mio.*

Cash flow 1995: *1.699,0 Mio.*
Cash flow 1994: *1.075,0 Mio.*
Cash flow 1993: *715,0 Mio.*

Cash flow: *Der Cash flow wurde zum Abbau der hohen Finanzschulden des Konzerns verwendet. Hinzu kamen Investitionen in Anlagevermögen und für Unternehmenserwerbe.*

Steueraufkommen 1995: *139,0 Mio.*

***Beschäftigte 1995:** 66.352*
***Beschäftigte 1994:** 66.138*
***Beschäftigte 1993:** 78.376*
(Beschäftigte 1992: 88.656)

***Umsatz pro Mitarbeiter 1995:** 354.699,– DM*
***Umsatz pro Mitarbeiter 1994:** 308.234,– DM*
***Umsatz pro Mitarbeiter 1993:** 261.611,– DM*

***Löhne und Gehälter 1995:** 4.214,0 Mio.*
***Löhne und Gehälter 1994:** 4.139,0 Mio.*
***Durchschnittsgehalt 1995:** 63.510,– DM*
***Soziale Abgaben und Aufwendungen 1995:** 1.444,0 Mio.*
***Soziale Abgaben und Aufwendungen 1994:** 1.230,0 Mio.*

***Bezüge pro Vorstandsmitglied 1995:** 1.460.000,– DM*
***Tantiemen pro Aufsichtsrat 1995:** 23.810,– DM*

stahl-Aktivitäten Anfang 1995 in die Krupp Nirosta GmbH ein und firmiert jetzt unter Krupp Thyssen Nirosta GmbH, an der Krupp 60% hält. Das Gemeinschaftsunternehmen Rasselstein Hoesch GmbH nimmt ab Anfang 1995 die Verpackungsblech-Aktivitäten von Krupp und Thyssen wahr. Die industrielle Führung liegt bei Thyssen, Krupp ist mit 25,5% beteiligt. Der Bereich Elektroblech wurde in die neu gegründete EBG Elektroblech GmbH, Bochum, eingebracht, an der Krupp eine Finanzbeteiligung hält. Darüber hinaus hat Krupp zur Stärkung der Kernaktivität Edelstahl-Flachprodukte gemeinsam mit italienischen Partnern den Spezialstahlhersteller Acciai Speciali Terni S.p.A. erworben, an dem Krupp 75% hält. Die AST-Gruppe erzielte 1995 mit 3.500 Beschäftigten einen Umsatz rund 1,5 Mrd. DM.

NEUE BUNDESLÄNDER. Krupp-Hoesch ist mit allen Sparten und zahlreichen Unternehmen in den neuen Bundesländern vertreten. Die in Ostdeutschland übernommenen Firmen sind alle auf die jeweils westdeutschen Krupp-Töchter verschmolzen worden.

STANDORT DEUTSCHLAND. Gerhard Cromme, Vorsitzender des Vorstandes der Fried. Krupp AG Hoesch-Krupp, anläßlich der Hauptversammlung am 27. Juni 1996 in Dortmund: »Für uns als ein international tätiges Unternehmen ist es ein Muß, dort präsent zu sein und zu produzieren, wo unsere Kunden sind. Zum einen verlangen es die Kunden. Zum anderen ist es immer weniger möglich, die Kunden von Deutschland aus zu international wettbewerbsfähigen Kosten zu beliefern.« Krupp hatte bereits Ende der 80er Jahre rund 50% des Umsatzes im Ausland erwirtschaftet, allerdings entfielen davon nur knappe 10% auf Auslandsproduktionen, 40% auf Exporte aus Deutschland. 1996 wurden bei etwa dem gleichen Auslandsumsatz (55%) rund 25% durch Auslandsproduktion erzielt und 30% durch Exporte aus Deutschland. 31% der Krupp-Mitarbeiter arbeiten heute im Ausland.
1995 stellte sich bei Krupp nach Jahren der Restrukturierung und der Verschmelzung von Hoesch auf Krupp erstmals wieder so etwas wie Normalität ein, für den Standort Ruhrgebiet nach Jahren der Turbulenz nicht hoch genug einzuschätzen. Umsatz und Gewinn bei Krupp stiegen, nach langer Abstinenz wurde erstmals wieder eine Dividende gezahlt. Die grundlegende strategische und organisatorische Neuausrichtung des Konzerns nach der Verschmelzung von Krupp und Hoesch, in der alle Aktivitäten innerhalb des Konzerns neu geordnet wurden mit den Zielen Verstärkung der Kundennähe und Marktpräsenz, Konzentration auf Kerngeschäftsfelder, optimale Nutzung der durch die Verschmelzung ermöglichten Synergien, hatte gegriffen. Besonders der Bereich Stahl hatte sich nach der grundlegenden Umstrukturierung mit Unternehmensverkäufen, Fusionen und Massenentlassungen (allein 3.000 durch die Schließung des Stahlstandortes Rheinhausen) wieder erholt, der Bereich Edelstahl, Flach/Nirosta konnte den Umsatz 1995 mit 3,8 Mrd. DM sogar fast verdoppeln. Das Ziel des Vorstandes für 1996/97: das Portfolio zu optimieren und die Internationalisierung vehement voranzutreiben.
So hat Krupp 1995 für rund 700 Mio. DM von Hoechst die Uhde-GmbH, Dortmund (Schwerpunkt Chemieanlagen; geplant ist die Namensänderung in Krupp-Uhde), gekauft und dem Anlagenbau zugeordnet. Dagegen soll die Tochter Orenstein & Koppel AG, Dortmund,

an der Krupp mit 75% beteiligt ist, verkauft werden. O&K kam 1995 mit rund 4.800 Beschäftigten auf einen Umsatz von rund 1,5 Mrd. DM. Die Krupp MaK Maschinenbau GmbH, Kiel, wird an das amerikanische Unternehmen Caterpillar verkauft.
Die »Rückkehr zur Normalität« hat freilich viele Opfer gekostet. Seit der Hoesch-Übernahme wurden von damals 97.000 Stellen über 30.000 gestrichen; die Personalkosten wurden dadurch um knapp 2 Mrd. DM gedrückt. Andererseits kam Krupp dieser Kahlschlag aber auch teuer zu stehen: Allein die Schließung des Stahl-Standortes Rheinhausen kostete an Aufwendungen für Sozialpläne und Rückstellungen rund 1 Mrd. DM. (Hinzu kam ein steuerlicher Verlustvortrag von 2 Mrd. DM.) Auf dem Höhepunkt der Krupp-Krise hatte das Unternehmen Verbindlichkeiten von etwa 6 Mrd. DM. 1995 wurden aufgrund von Rationalisierungs- und Anpassungsmaßnahmen 2.300 Arbeitsplätze abgebaut, andererseits kamen durch die Übernahme des Bereiches Edelstahl-Flachprodukte von Thyssen-Stahl 2.500 Beschäftigte hinzu. Und der Prozeß der »Portfolio-Optimierung und Internationalisierung« geht weiter. Der Krupp-Vorstand 1996: »Im Rahmen einer weltweiten Analyse zur Festigung der internationalen Wettbewerbsfähigkeit in der Triade wurden über 60 strategische Maßnahmen, darunter Beteiligungen und Joint-ventures, sowie rund 260 Maßnahmen zur Verbesserung der Vertriebs- und Kundenorganisationen erarbeitet.«

Investitionen 1995:
1.513,0 Mio.
Investitionen 1994:
670,0 Mio.
Investitionen 1993:
870,0 Mio.

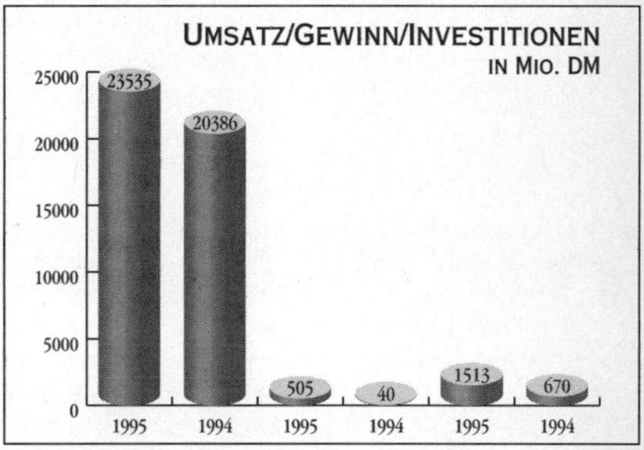

»BÜNDNIS FÜR ARBEIT«. Das 1994 konzernweit initiierte Reengineering-Programm 4K (Kunden, Kosten, Kreativität, Kommunikation) umfaßte Ende 1995 rund 300 Hauptprojekte im In- und Ausland. 2.000 Teammitglieder waren mit der Projektarbeit betraut, insgesamt wurden 10.000 Mitarbeiter direkt angesprochen. Ziel dieses Programms ist die »Steigerung der internationalen Wettbewerbsfähigkeit durch eine stärkere Ausrichtung auf die Kunden, Reduzierung der Kosten, Ausnutzung der kreativen Fähigkeiten aller Mitarbeiter sowie eine intensive externe und interne Kommunikation«. 80 Projekte wurden bereits erfolgreich abgeschlossen, so Krupp. Für eine flächendeckende Erfassung der Geschäftsprozesse im Rahmen eines Masterplanes wurden 300 neue Projekte identifiziert – vor allem sollen »Arbeitsabläufe im Rahmen des Zeitwettbewerbs möglichst einfach, schnell und kostengünstig gestaltet werden«. Das 4K-Programm wird durch die Arbeitnehmervertretungen maßgeblich mit unterstützt.
Krupp setzt ganz auf neue Arbeitszeitmodelle und flexible Arbeitszeiten – auch um Arbeitsplätze an deutschen Standorten abzusichern. Das Argument von Krupp: Mit der Einführung der 35-Stunden-Woche in den Tarifgebieten Metall und Stahl sei die Arbeitszeit zu einem knappen Gut geworden, das bei vollem Lohnausgleich trotz Arbeitszeitverkürzung sowie den tariflichen Lohn- und Gehaltserhöhungen auch noch ständig teurer werde. Dieses »knappe und teure Gut« müsse danach in Arbeitszeitsystemen so eingesetzt werden, daß die tarifliche Arbeitszeit den Schwankungen von Arbeitsanfall (z. B. aufgrund der

***Mitbewerber:** Arbed, Deutsche Babcock, DHS Dillinger Hütte Saarstahl, Didier, Jungheinrich, ITT Automotive, Klöckner Werke, Krauss Maffei, Lentjes, Liebherr, Linde, Lurgi, MAN, Mannesmann, Preussag, Riva, Sidmar, SMS, Stiehl, Thyssen, Voith*

Auftragslage) und Personalverfügbarkeit (z. B. aufgrund von Urlaub und Krankheit) angepaßt werden könne, um einen »auslastungsgerechten Personaleinsatz« weitestgehend sicherzustellen. Gelingt das, so Krupp, könnten solche Arbeitszeitsysteme zukünftig inländische Arbeitsplätze im Krupp-Konzern sichern. Arbeitszeitmodelle bestehen bereits seit 1994, z. B. bei Krupp Fördertechnik, Krupp Maschinentechnik und Krupp Hoesch Stahl. 1995 wurden zahlreiche weitere Arbeitszeitmodelle in allen Bereichen des Konzerns installiert.

In zahlreichen Unternehmen des Krupp-Konzerns wird immer mehr auf den flexiblen Einsatz kleiner Gruppen mit gleichwertig qualifizierten Mitarbeitern gesetzt, die sich jederzeit gegenseitig ersetzen können und über eine hohe Selbständigkeit und Eigenverantwortung verfügen. Das Ziel: kürzere Durchlaufzeiten, erhöhte Anlagennutzung, verbesserte Produktivität, Abbau von Hierarchien, ein größerer Handlungsspielraum der Mitarbeiter verbunden mit einer höheren Qualität. Die Gruppenarbeit wird durch regelmäßige, moderierte Sitzungen der Gruppenmitglieder ergänzt. Durch kontinuierliche Verbesserungsvorschläge sollen die Wirtschaftlichkeit gesteigert und die Arbeitsbedingungen verbessert werden.

Krupp setzt stark auf die Förderung der Gesundheit der Mitarbeiter, besonders mit dem Ziel, die Abwesenheitszeiten zu minimieren. Führungskräfte, Betriebsräte und Mitarbeiter werden in diesem Zusammenhang aufgefordert, Arbeitsplätze zu analysieren und alle Maßnahmen zu ergreifen, die Arbeitsbedingungen zu optimieren.

Krupp fördert in Zusammenarbeit mit den Betriebsräten immer stärker Programme zur Teilzeitarbeit, die besonders Ausgebildeten und Arbeitslosen einen Einstieg ins Berufsleben ermöglichen sollen. Die Konzernunternehmen haben die Zahl der Auszubildenden dem niedrigeren Belegschaftsstand angepaßt und bilden nur noch so viele Personen aus, wie auch hinterher als Fachkräfte übernommen werden können.

UMWELTSCHUTZ. Umweltschutz ist bei Krupp integraler Bestandteil in der Fertigung, der Produktnutzung und im Unternehmensmanagement. In den Konzernunternehmen gibt es jeweils für den Umweltschutz zuständige Vorstandsmitglieder, dazu Stabsabteilungen mit besonders definierten Aufgaben für die Sicherheit und den Umweltschutz, u. a. zur verstärkten Weiterentwicklung umweltfreundlicher Verfahren und Produkte sowie zur Kontrolle von Anlagen auf Einhaltung umweltgesetzlicher Auflagen. Im Krupp-Konzern sind über alle Konzernunternehmen hinweg etwa 150 Umweltbeauftragte benannt. Die Zentralfunktion Energie und Umwelt hat Dr. Manfred Seeger inne. In allen Konzernunternehmen sind die Produktionsanlagen mit Schutzeinrichtungen zur Minderung der Umweltbeeinträchtigung ausgerüstet, versichert das Krupp-Management. Zu diesen Maßnahmen zählen Filteranlagen, die Stäube und Gase zurückhalten, Lärmschutzvorrichtungen wie Schalldämpfer, Anlageneinhausungen oder Schallschutzwände und -wälle, Kläranlagen und Wasserkreisläufe, um sowohl den Wasserverbrauch als auch die Schadstoffeinleitung zu vermindern. Der Hauptwerkstoff der Kruppschen Produktionspalette, Stahl, ist langlebig und fast zu 100% recyclingfähig.

KÜHNE & NAGEL

GESCHICHTE UND ENTWICKLUNG. 1890 gründeten August Kühne und Friedrich Nagel in der Bremer Langenstraße 49 ein kleines Speditions- und Commissionsgeschäft. Das Geschäft expandierte schnell, der Handel mit Baumwolle und Zucker wurde zum lukrativen Geschäft. 1902 Niederlassung in Hamburg im »Haus der Elbeschiffahrt«. Nach dem Tod Friedrich Nagels 1907 wurde August Kühne Alleininhaber des Geschäfts. Bis zum Ersten Weltkrieg verfügte KN über zahlreiche Niederlassungen, eine Seehafen-Spedition, Fachdienste für Baumwolle, Getreide, Holz, Futtermittel und Zucker.
Nach dem Zusammenbruch der deutschen Handelsschiffahrt 1918 und wirtschaftlicher Rezession begann Alfred Kühne in den 20er Jahren mit dem Ausbau seiner Spedition und Stützpunkten in Übersee. Das Geschäft florierte.
1945 Zerstörung von KN-Geschäftshäusern in sieben Städten. Im Zuge des Aufschwungs und beginnenden Handels war auch KN erfolgreich tätig. Wiederaufbau der Niederlassungen und Betriebsanlagen; 1950 Bau einer modernen Lager- und Umschlaghalle im Hamburger Freihafen. Gründungen von Auslands-Dependancen. 1953 bundesweiter Verkehr zwischen zwölf KN-Häusern mit Bahn und Lkw. 1963 trat Klaus-Michael Kühne in dritter Generation als Junior-Partner in das Unternehmen ein. 1965 EDV-Rechenzentrum in Bremen. 1967 systematischer Aufbau von Container-Transporten und Luftfrachtsammelverkehren. 1976 KN-Luftfracht: Charterverkehre nach Fahrplan. 1978 Dezentralisierung des Unternehmens: Deutschland, International, Western Hemisphere. 1981, nach dem Tod Alfred Kühnes, Gründung der Kühne & Nagel AG, Luxemburg. 50%ige Beteiligung des britischen Mischkonzerns Lonrho Plc., London, nach wirtschaftlicher Krise und verlustreichem Engagement in der Schiffahrt. 1988 – 1990 Ausbau und Vernetzung der europäischen KN-Organsiation mit einheitlichen Strukturen. 1991 neuerliche Umstrukturierung des Konzerns und Zusammenfassung aller Aktivitäten in der Konzernzentrale Kühne & Nagel International AG, Pfäffikon/Schweiz. Anfang 1992 Rückkauf sämtlicher Lonrho-Anteile durch Klaus-Michael Kühne. Verlegung der Konzernzentrale nach Schindellegi/Schweiz.
1994 Gang an die Börse. Einstieg der VIAG AG mit über 30%. Die Kühne & Nagel International AG ist als Holding-Gesellschaft die Dachorganisation für sämtliche Gesellschaften der Kühne & Nagel-Gruppe weltweit.

BESITZVERHÄLTNISSE/EIGENTUMSSTRUKTUR.

- Klaus-Michael Kühne, Schindellegi (51,56% des Kapitals; 56,69% der Stimmen)
- VIAG Bayernwerk Beheer BV, Deventer/Niederlande (30,34% des Kapitals; 33,36% der Stimmen)
- Streubesitz bei ca. 180.000 Inhaberaktionären (18,1% des Kapitals; 9,95% der Stimmen)

KONZERNÜBERBLICK. Kühne & Nagel ist eine der größten internationalen Transport- und Logistikgruppen und eines der traditions-

Standorte:
Bremen und Hamburg

Wilhelm-Kaisen-Brücke 1
28195 Bremen (Stammhaus)

Postanschrift:
Postfach 10 39 27
28039 Bremen

Telefon: *(0421) 3605-1*
Telex: *246 161-0*
Telefax: *(0421) 3605-504*

Herrengraben 1
20459 Hamburg
(Zentralkontor)

Telefon: *(040) 37606-0*
Telex: *2 162 542*
Telefax: *(040) 37606-100*

Kühne & Nagel
International AG
Kühne & Nagel-Haus
Postfach 67
CH-8834 Schindellegi

Telefon: *0041-1-786-9511*
Telex: *875 604 KNICH*
Telefax: *0041-1-786-9595*

Branche:
Spedition und Lagerei

Rechtsform:
Aktiengesellschaft

Geschäftsjahr: *1.1.-31.12.*

Gründungsjahr: *1890*

Öffentlichkeitsarbeit:
Wilfried Seifert
Tel.: 0041-1-786-9559
FAX: 0041-1-786-9595
Daniela Frommann
Tel.: (040) 37606-115
FAX: (040) 37606-200

Geschäftsleitung der Kühne & Nagel-Gruppe:
▮ *Kühne, Klaus-Michael *) (Chief Executive; Unternehmenspolitik, Seeverkehr, Public Relations, Nichtspeditionelle Aktivitäten; Afrika, Nah-/Mittelost), Schindellegi*
▮ *Ebert, Fred (Nord-, Mittel- und Südamerika), New York*
▮ *Floss-Kühne, Alfred (Westeuropa ohne Deutschland), Schindellegi*
▮ *Geber, Cornelius *) (Marketing, Verkauf; Deutschland), Hamburg/Schindellegi*
▮ *Hansen, Axel, Dr. *) (Rechtswesen), Hamburg/Schindellegi*
▮ *Herms, Klaus (asiatisch-pazifischer Raum), Hongkong*
▮ *Koop, Jürgen (Osteuropa), Hamburg/Schindellegi*
▮ *Kruse, Peter, Dr. *) (Unternehmensstrategie und -entwicklung, Logistik, Landverkehre, Luftfracht), Schindellegi*
▮ *Pietsch, Klaus-Dieter *) (Personal, Qualitäts-Management, EDV), Hamburg/Schindellegi*
▮ *Salzmann, Bruno *) (Finanzen, Controlling), Schindellegi*
**) Mitglieder der Geschäftsleitung der Kühne & Nagel International AG, Schindellegi/Schweiz*

Bezüge der Geschäftsleitung 1995: *8.744.713,– DM*

Verbände: *Verband Bremer Spediteure, Bremen; Verein Hamburger Seehafenbetriebe; Verband Hamburger Spediteure, Hamburg; International Air Transport Association, Paris*

reichsten Unternehmen dieser Art. Das Unternehmen operiert weltweit an 470 Stützpunkten in 82 Ländern und betreibt auf allen Kontinenten Lagerhäuser, Fuhrparks, Flughafenbüros, Schiffsagenturen und ein detailliertes Containerwesen. Hinzu kommen Reisebüros, Versicherungsgesellschaften und Reederei-Agenturen. Die von Kühne & Nagel bewirtschafteten Lagerkapazitäten belaufen sich auf knapp 1 Mio. Quadratkilometer. Ein Zeichen der Internationalität des Konzerns ist die Tatsache, daß bei internationalen Kühne & Nagel-Tagungen nicht mehr Deutsch im Vordergrund steht, sondern Englisch. Insgesamt beschäftigt das Unternehmen Menschen 70 verschiedener Nationalitäten. Alle Fäden der weltweiten Kühne & Nagel-Organisation laufen in der Geschäftszentrale im schweizerischen Schindellegi zusammen. Der Geschäftsbericht wird auf der Basis Schweizer Franken erstellt. Kühne & Nagel Deutschland wird von der Schweizer Konzernzentrale als ein operatives Geschäftsfeld unter anderen gesehen, wenngleich Deutschland nach wie vor mit über 2,6 Mrd. DM Umsatz (1995) der größte Einzelmarkt ist. Die deutschen Geschäfte werden von den ursprünglichen Konzernzentralen Hamburg und Bremen aus abgewickelt.
Das Unternehmen gliedert sich in die Sparten Seefracht, Luftfracht, Landverkehr/Logistik, Bahnverkehr, Seeschiffahrt, Versicherungsmakler (Nacora-Gruppe) und Reisebürogruppe. Zur Abrundung ihrer Service-Palette ist die Kühne & Nagel-Gruppe auch auf Transportsektoren sowie in transportnahen Branchen aktiv, die teilweise auf einzelne Länder beschränkt sind. Dabei handelt es sich um Versicherungsmakler- und Agenturgeschäfte; Schiffsmakler- und Agenturgeschäfte (Belgien, Deutschland, Niederlande, Kanada, Südafrika); Reisebüroaktivitäten (Kanada, Südafrika, Türkei, Simbabwe); Hafenumschlag und Stauerei (Hamburg, Rotterdam); seemäßige Verpackung (Deutschland); Spezialtransporte (zum Beispiel Möbel, Messe, Kunst).
Traditionell ertragsstärkste Säule der weltweiten Geschäfte des Kühne & Nagel-Konzerns sind die See- und Luftfrachtaktivitäten sowie der Bereich Landverkehr/Logistik. Auf allen großen Schiffahrtslinien der Welt ist Kühne & Nagel aktiv, im internationalen Luftfrachtverkehr werden jährlich über eine Million Aufträge abgewickelt. Kühne & Nagel verfügt im Geschäftsbereich Logistik über ein europaweites Transport-, Lager- und Distributionsnetz, das einzigartig ist. Weltweit unterhält der Konzern mehrere hundert Stützpunkte, allein 35 in den Vereinigten Staaten. Unter den Sparten dominierte 1995 der Bereich Land- und Bahnverkehr/Logistik mit 44% vor der Seefracht mit 25%, der Luftfracht mit 22% und den übrigen Diensten mit 9%. Nach Regionen ergab sich 1995 folgendes Bild: Deutschland 42%, Europa (ohne Deutschland) 23%, Nord-, Mittel- und Südamerika 24%, Asien und pazifischer Raum 8%, Nah-, Mittelost und Afrika 3%.

BETEILIGUNGEN. Dachgesellschaft und Konzernzentrale der weltweit operierenden Kühne & Nagel-Organisation ist die in der Schweiz ansässige Holdinggesellschaft Kühne & Nagel International AG. Die Kühne & Nagel International AG hält direkt und indirekt maßgebliche Beteiligungen an mehr als 200 Gesellschaften in aller Welt, darunter zahlreichen wichtigen internationalen Speditionsunternehmen. Zu den wichtigsten Tochter- und Beteiligungsgesellschaften gehören: Nacora Holding AG, Schindellegi/Schweiz (100% – Als Versicherungsmakler betätigt sich Kühne & Nagel über die Nacora-Gruppe mit 16 Büros in

13 Ländern.); Unimar Shipping Corporation, Schindellegi/Schweiz mit Unimar Seetransport GmbH, Hamburg (100% – Die in der Unimar zusammengefaßte Schiffsmaklergruppe verfügt über Stützpunkte, Reedereiagenturen und Beteiligungsfirmen in der Bundesrepublik, Belgien, den Niederlanden, Kanada und Südafrika. Unimar vertritt die Interessen zahlreicher internationaler Reedereien und auch die Interessen der Kühne & Nagel Travel Group.); Cargopack Verpackungsgesellschaft für Industriegüter mbH, Bremen (100%) mit Betriebsstätten in Grevenbroich, Frankfurt, Kassel und Stuttgart; KN Luftfracht GmbH, Kelsterbach (100%); Kühne & Nagel Beteiligungs AG, Bremen (100%); Kühne & Nagel Speditions-AG, Bremen (100%); Kühne & Nagel (AG & Co.), Bremen (100%); Coreck Maritime GmbH, Hamburg (27,4%); Sloman, Schröer & Co. (GmbH & Co.), Hamburg (25,1% – Umschlaganlage im Hafen Hamburg); Stute Verkehrs-GmbH, Bremen (50,1%); Transcharter GmbH, München (100%); Kühne & Nagel Reisebüro GmbH, Hamburg (100%); Getaway Travel GmbH, München (80% – mit Büros in München, Frankfurt/Main und Regensburg). Seit 1995 sind die Kühne & Nagel-Interessen im deutschen Reisebüromarkt in der Stute Verkehrsgesellschaft mbH, Bremen, gebündelt.

NEUE BUNDESLÄNDER. In den neuen Bundesländern hat Kühne & Nagel ein flächendeckendes Speditionsnetz aufgebaut. In Ost-Berlin wurde Mitte 1990 die Kühne & Nagel GmbH als ostdeutsche Gesellschaft gemeinsam mit dem damaligen VEB Kombinat Deutrans gegründet. Das Unternehmen unterhält Betriebsstätten in Halle, Dresden, Chemnitz und Erfurt. In Genshagen bei Berlin kaufte KN ein rund 110.000 qm großes Grundstück, auf dem ein leistungsstarker Logistikterminal entstehen soll.

STANDORT DEUTSCHLAND. Das weltumspannende Kühne & Nagel-Speditionsnetz wurde 1995 systematisch auf Osteuropa ausgedehnt. Die osteuropäische Kühne & Nagel-Organisation verfügte Mitte 1996 bereits über ein dichtes Servicenetz von 40 Stützpunkten in 14 Ländern. Einen Schwerpunkt bilden dabei die Staaten der GUS, insbesondere Rußland. Dort sollen letztendlich die gleichen »Logistik-Services« eingeführt werden wie in Westeuropa. Wichtigstes Unternehmensziel bei Kühne & Nagel für 1996/97 ist der verstärkte Ausbau der europäischen Organisation. 1995 wurde u. a. die französische Sernam-Gruppe übernommen und eine neue Container-Umschlaganlage im Hafen von Rotterdam in Betrieb genommen. Kühne & Nagel engagiert sich nach den politischen Veränderungen der letzten Jahre auch verstärkt in Nah- und Mittelost sowie in Südafrika. Eine erhebliche Erweiterung des Transportvolumens verspricht sich Kühne & Nagel durch die Partnerschaft mit der VIAG-Gruppe, besonders im innerdeutschen Transportgeschäft.

»BÜNDNIS FÜR ARBEIT«. Große Bedeutung mißt Kühne & Nagel der Qualifikation seiner Mitarbeiter bei – besonders bezogen auf neue Trends und Herausforderungen im internationalen Speditionsgeschäft. Bei unternehmensinternen Seminaren wird besonderer Wert gelegt auf die Vermittlung von logistischer Fachkompetenz sowie Informatik- und Kommunikationswissen. Mitarbeitergespräche und die individuel-

Verwaltungsrat:
- *Kühne, Klaus-Michael (Präsident), Schindellegi*
- *Obermeier, Georg, Dr. (Vizepräsident), München*
- *von Brauchitsch, Eberhard, Monte Carlo*
- *Gellert, Otto, Dr., Hamburg*
- *Gerner, Willi, München*
- *Hausser, Joachim, Dr., München*
- *Pfeiffer, Alfred, Dr., München*
- *Schüring, Peter, Berlin*
- *Staehelin, Thomas, Dr. Basel*

Verwaltungsratstantiemen 1995: *264.991,– DM*

Umsatz 1995: *6.299,1 Mio.*
Umsatz 1994: *6.222,9 Mio.*
Umsatz 1993: *5.797,0 Mio.*

Gewinn 1995: *74,5 Mio.*
Gewinn 1994: *62,8 Mio.*
Gewinn 1993: *52,3 Mio.*

Cash flow 1995: *115,3 Mio.*
Cash flow 1994: *111,2 Mio.*
Cash flow 1993: *94,9 Mio.*

Cash flow: *Der überwiegende Teil des Cash flow floß in die Investitionen.*

Steueraufkommen 1995: *54,9 Mio.*

Grund- bzw. Stammkapital 1995: *124,4 Mio.*

Beschäftigte 1995: *11.139*
(davon Deutschland: 4.312)
Beschäftigte 1994: *10.577*
(davon Deutschland: 4.237)
Beschäftigte 1993: *9.696*
(davon Deutschland: 4.066)

Umsatz pro Mitarbeiter 1995: *565.500,– DM*
Umsatz pro Mitarbeiter 1994: *588.343,– DM*
Umsatz pro Mitarbeiter 1993: *597.875,– DM*

Löhne und Gehälter 1995: *531,9 Mio.*
Löhne und Gehälter 1994: *481,3 Mio.*
Durchschnittsgehalt 1995: *47.751,– DM*
Soziale Abgaben und Aufwendungen 1995: *135,4 Mio.*
Soziale Abgaben und Aufwendungen 1994: *123,2 Mio.*

Bezüge pro Mitglied der Geschäftsleitung 1995: *874.471,– DM*
Tantiemen pro Verwaltungsrat 1995: *29.443,– DM*

le Karriereplanung sollen Nachwuchskräften helfen, größere Aufgaben im Konzern zu übernehmen. Zu den Inhalten der Seminare des weltweiten Kühne & Nagel-Fortbildungskonzeptes gehören Maßnahmen zur kontinuierlichen Verbesserung der innerbetrieblichen Abläufe und die Einführung einer weltweit einheitlichen Verkaufssteuerung. Über innerbetriebliche Regelungen zur Arbeitszeit macht Kühne & Nagel keine Angaben, wenngleich davon ausgegangen werden kann, daß ein Speditionsunternehmen dieser Größenordnung über ein hohes Maß an Flexibilität im Bereich der Logistik verfügen muß.

UMWELTSCHUTZ. Gerade für ein Unternehmen im Bereich der Transport- und Logistikbranche stellt der Umweltschutz immer eine große Herausforderung dar. Aber da die Grundlage des Welthandels, so Kühne & Nagel, eine ebenso weitflächige wie komplexe Infrastruktur sei, können die Belastungen auf die Umwelt zwar reduziert, aber nie vermieden werden. Fünf umweltpolitische Richtlinien hat sich KN gesetzt: »Schonende Nutzung der Transport- und Logistikressourcen bei gleichzeitiger Optimierung der Auslastung. Keine Investitionen in zusätzliche Kapazitäten ohne langfristige Absicherung einer ökonomisch und ökologisch sinnvollen Nutzung. Umweltschonender Bau von Logistikzentren und Bahnanschluß an der Peripherie der Städte. Forcierung von Bahn- und Binnenschiffsprojekten mit dem Ziel, Straßen, Städte und Natur zu entlasten. Entwicklung und verstärkter Einsatz der Informatik zur Optimierung aller Ressourcen zu Lande, auf dem Wasser und in der Luft.«
Kühne & Nagel betrachtet Umweltschutz und die damit verbundenen »umweltbezogenen Herausforderungen« nicht als Belastung, sondern als elementaren Wettbewerbsfaktor und als Möglichkeit der Erschließung neuer Geschäftsfelder. Verstärkt wird auf die Bahn gesetzt, die Lkw-Flotte auf den umweltschonenden »Euro-II-Motor« umgerüstet und die Binnenschiffahrt forciert. In diesem Bereich wurde die systematische Erschließung der europäischen Wasserwege, insbesondere der Donau, in Angriff genommen. Von Regensburg aus soll besonders über die Donauschiffahrt der Handel mit den mittelosteuropäischen Volkswirtschaften betrieben werden. Zu diesem Zweck gründete Kühne & Nagel 1995 eine eigenständige Binnenschiffahrtsabteilung.

DIE INTERNATIONALE GROSS-SPEDITION. Anfang 1992 landete Klaus-Michael Kühne mit dem überraschenden Rückkauf der KN-Anteile seines britischen Partners Lonrho für rund 280,0 Mio. DM den großen Coup. Ganz ohne potente Partner aus der Wirtschaft ging dieses Riesengeschäft natürlich nicht über die Bühne. So konnte die VIAG AG mit einem Paket von über 30% ihr Firmenimperium um eine weitere Perle erweitern, und auch die Deutsche Handelsbank kam zum Zug, die ihre Anteile allerdings 1994 an den Börsen in Frankfurt und Zürich plazierte. Die Kühne & Nagel International AG ist als Holding-Gesellschaft zuständig für alle internationalen Aktivitäten der Kühne & Nagel-Gruppe. Mit dem Ausscheiden der von Lonrho benannten Mitglieder wurde Klaus-Michael Kühne Anfang 1992 alleiniger Chief Executive der Gruppe. Der lang angekündigte Gang an die Börse fand im Mai 1994 mit 18,1% des Kapitals statt. Die VIAG AG hat sich darüber hinaus ein Vorkaufsrecht an den Namensaktien von Klaus-Michael Kühne gesichert, sollte dieser sich irgendwann aus der Geschäftslei-

tung zurückziehen. Doch daran ist vorerst nicht zu denken: Etwa noch ein Jahrzehnt lang beabsichtigt der erfolgreiche Spediteur seinen Konzern weiterzuführen.
Einen großen Boom erlebt Kühne & Nagel seit der Umstellung des logistischen Systems auf EDV. Durch eine elektronisch gesteuerte Warenverteilung, das »stufenlose Frachtsystem«, können die zwölf wichtigsten deutschen Industrie- und Handelszentren über eine Haus-zu-Haus-Belieferung bis zu einer Entfernung von 400 Kilometern im 24-Stunden-Takt bedient werden. Zusätzlich wurde der Luftfrachtbereich wesentlich aktiviert. Kühne & Nagel ist nahezu überall und zu jeder Tages- und Nachtzeit präsent. Allein in der Bundesrepublik besitzt der Spediteur rund 550.000 Quadratmeter Lagerfläche. Zu den Kunden von Kühne & Nagel gehören Konzerne wie der Kaffeegroßröster Tchibo, der französische Unterhaltungselektronik-Konzern Thomson, Colgate-Palmolive, ITT, Sony, Philip Morris und der Haarpflegemittelhersteller Goldwell.
1990 wurde zusätzlich damit begonnen, die gesamte speditionsbezogene Kommunikation auf Electronic Data Interchange (EDI) umzustellen. Durch dieses erstmals bei einem internationalen Großspediteur eingesetzte System werden die konventionellen Kommunikationswege wie Telex, Telefax und Telefon abgelöst. General Electric stellte Kühne & Nagel seine weltweite satelliten- und standleitungsgestützte Netzinfrastruktur mit Großrechnern für die globale Steuerung und Überwachung aller Funktionen zur Verfügung. Kühne & Nagel hat das Informations- und Kommunikations-Management zu einem seiner strategischen Schwerpunkte erhoben. Im Mittelpunkt der EDV-Strategie steht die weltweite Realisierung und Implementierung von »Traffic«, einem integrierten, divisionsübergreifenden Luftfracht-, Seefracht- und Land/Lager-System. »Traffic« dient der optimalen Steuerung aller Logistikabläufe, sorgt für ein Höchstmaß an interner und externer Transparenz (Stichwort: »Gläsernes Transport-Management«) und steigert die Zuverlässigkeit und Servicequalität.

Investitionen 1995:
107,1 Mio.
Investitionen 1994:
78,1 Mio.
Investitionen 1993:
59,6 Mio.

Mitbewerber: *Deutsche Bahn, Haniel, Schenker Rhenus, Stinnes, Lufthansa, Thyssen Handelsunion, UPS*

Laubag siehe RWE

LINDE

GESCHICHTE UND ENTWICKLUNG. 1879 gründete der Hochschullehrer Carl von Linde auf Drängen mehrerer Brauereibesitzer die »Gesellschaft für Linde's Eismaschinen Aktiengesellschaft« in Wiesbaden. Mit Maschinenfabriken wie M.A.N. und Sulzer wurden Verträge zur Produktion der von ihm konstruierten Kältemaschine geschlossen. 1880 Bau der ersten eigenen Eisfabriken in Elberfeld-Barmen und München. 1882 erste künstliche Eislaufbahn während einer Ausstellung in Frankfurt. 1885 erste Auslandsgesellschaft: The Linde British Refrigeration Co., London. Als Carl von Linde 1891 Wiesbaden verließ, um wieder Hochschullehrer zu werden, standen über 700 dieser Kältemaschinen in 445 Brauereien. Bis 1931 blieb Carl von Linde Vorsitzender des Aufsichtsrates des Unterneh-

Standort:
Abraham-Lincoln-Straße 21
65189 Wiesbaden

Postanschrift:
Postfach 4020
65030 Wiesbaden

Telefon: *(0611) 770-0*
Telex: *4 186 833 lind d*
Telefax: *(0611) 770-269*

Branche: *Maschinen- und Anlagenbau*

Rechtsform: *Aktiengesellschaft*

Geschäftsjahr: *1.1.-31.12.*

Gründungsjahr: *1879. Die Linde Aktiengesellschaft wurde 1879 als »Gesellschaft für Linde's Eismaschinen Aktiengesellschaft« gegründet. Durch Beschluß der ordentlichen Hauptversammlung vom 22. Juni 1965 wurde die Firma in »Linde Aktiengesellschaft« umbenannt.*

Öffentlichkeitsarbeit:
Brita Tornow
Tel.: (0611) 770-284
FAX: (0611) 770-455

Verbände: *alle Fachverbände aus den Unternehmensbereichen und Arbeitsgebieten*

Vorstand:
- *Meinhardt, Hans, Dr. (Vorsitzender; Zentralverwaltung, leitende Angestellte)*
- *Brahms, Hero (Bilanzen, Steuern, Betriebswirtschaft, Revision)*
- *Eggendorfer, Gunnar, Dr. (Technische Gase)*
- *Full, Gerhard (Anlagenbau; Patente)*
- *Mundkowski, Rudolf (Fördertechnik – Technik; zentrale technische Aufgaben)*
- *Tandler, Gerold (Kältetechnik ; Finanzen und Personalwesen/Arbeitsdirektor)*
- *Beickler, Joachim (stellv. Mitglied; Fernost)*
- *Goedl, Rainer, Dr. (stellv. Mitglied; Fördertechnik – Vertrieb, kaufmännischer Bereich)*

Vorstandsbezüge 1995: *6.895.817,– DM*

mens; 1934 starb er. 1895 Patenterteilung für »Verfahren zur Verflüssigung atmosphärischer Luft oder anderer Gase« an Carl von Linde; ab 1901 industrielle Auswertung im neu gebauten Werk Höllriegelskreuth bei München. Linde baute weitere Sauerstoff-, Sauerstoffumfüll- und Acetylenwerke, gründete Zweigniederlassungen in England und den USA und beteiligte sich an zahlreichen Gesellschaften. 1910 Bau des ersten Kühlhauses der Gesellschaft in Nürnberg. 1920 Übernahme der Maschinenfabrik Sürth bei Köln, 1926 der Kühlmöbelfabrik G.H. Walb & Co., Mainz, und 1929 der Güldner-Motoren-Gesellschaft, Aschaffenburg. 1935 kam schließlich die Matra-Werke GmbH, Frankfurt/Main, zu Linde.
Starke Zerstörungen im Zweiten Weltkrieg. Verlust aller auf dem Gebiet der ehemaligen DDR gelegenen Werke. 1949 Bildung der Zentralverwaltung in Wiesbaden. Bau mehrerer Acetylen- und Sauerstoffwerke; zahlreiche Akquisitionen und Beteiligungen im In- und Ausland; Inbetriebnahme zahlreicher Kühlhäuser. 1965 Umfirmierung in »Linde AG«. Mit dem Auftrag für eine petrochemische Großanlage begann für Linde das Zeitalter des weltweiten Großanlagengeschäfts. In den 70er Jahren starke Expansion; Akquisitionen, Auslandsausdehnung auf Kanada, Brasilien und Australien. 1972 Bildung der Werksgruppen Industriekälte sowie Kühl- und Einrichtungssysteme in Sürth, TVT München und Technische Gase in Höllriegelskreuth. Weitere Großakquisitionen in den einzelnen Unternehmensbereichen in den 80er Jahren vor allem im Ausland. 1990 größter Einzelauftrag für Linde durch die BASF: Für 1,3 Mrd. DM baute Linde den wohl weltweit größten Steamcracker (Olefinanlage) in Antwerpen, dem belgischen Produktionsstandort der BASF zur Produktion von Äthylen und Propylen (Fertigstellung 1993).

BESITZVERHÄLTNISSE/EIGENTUMSSTRUKTUR.

- Allianz-Gruppe, München/Berlin (11%)
- Commerzbank AG, Frankfurt/Main (10%)
- Deutsche Bank AG, Frankfurt/Main (10%)
- Rest Streubesitz bei ca. 23.000 in- und ausländischen Aktionären.

Der Anteil der vom Ausland gehaltenen Aktien liegt bei 30%. In- und ausländische Investmentfonds halten über 20% des Aktienpaketes. Eine Stimmrechtsbeschränkung liegt bei 10% des Grundkapitals.

KONZERNÜBERBLICK. Die Linde AG ist auf dem Gebiet der Kältetechnik das älteste und von der Produktpalette umfangreichste Unternehmen der Welt. Linde – das war jahrzehntelang Stangeneis, das waren Eisfabriken, Kühlhäuser, Eiserzeugungsmaschinen sowie Kälteanlagen. Seit der spätere Firmengründer Carl von Linde 1872 als Professor für Maschinenlehre an der TU München mit der bahnbrechenden theoretischen Arbeit über die »Wärmeentziehung bei niedrigen Temperaturen durch technische Mittel« ungeheures Aufsehen erregte und später die erste industriell einsetzbare Kompressions-Kältemaschine erfunden hatte, war der Name Linde stets führend in Sachen Kälte. Der Bau von Eisstadien für den Volkssport Schlittschuhlaufen machte den Namen Linde im ganzen Land berühmt. Heute ist Linde ein diversifizierter, einflußreicher Konzern in den vier Bereichen Anlagenbau, Fördertechnik, Kältetechnik und Technische Gase. Die Zentralverwaltung der Linde AG befindet sich in Wiesbaden.

◆ Anlagenbau mit den Werksgruppen Verfahrenstechnik/Engineering und Anlagenbau/Fertigung. Ingenieurbüros und Fertigungsbetriebe in Höllriegelskreuth bei München (Hauptwerk der Linde AG), Schalchen/Oberbayern und Augsburg. Engineering: Chemie- und Petrochemieanlagen, Synthesegasanlagen, Prozeßanlagen, Gasaufbereitungsanlagen, Erdgasanlagen, Luftzerlegungsanlagen, Pharmazieanlagen, Umweltschutzanlagen, thermische Abluftreinigungsanlagen, Öfen für Petrochemie- und Raffinerieanlagen, Kryotechnikanlagen. Fertigung: Anlagenkomponenten, Anlagenmodule, Tanks für verflüssigte Gase, vakuumgelötete Wärmetauscher, Katalysatoren. Umsatz 1995: 1.231,0 Mio. DM (Vorjahr: 1.744,0 Mio.); Beschäftigte 1995: 3.548 (Vorjahr: 3.805).

◆ Fördertechnik mit den Werksgruppen Flurförderzeuge und Hydraulik. Fertigungsbetriebe in Aschaffenburg (Hauptwerk der Linde AG), Ballenstedt, Kahl/Main, Roxheim, Weilbach/Unterfranken und Hamburg (Hauptwerk der Still GmbH). Flurförderzeuge: Frontstapler, Seitenstapler, Containerstapler, Schubmaststapler, Hochregalstapler, Horizontal- und Vertikal-Kommissioniergeräte, Hoch- und Niederhubwagen, Zug- und Plattformwagen, Flurförderzeuge mit Explosionsschutz, fahrerlose Transportsysteme. Hydraulik: Axialkolbenpumpen und -motoren, hydrostatische und mechanische Getriebe, hydraulische und elektronische Steuerungen. Umsatz 1995: 3.639,0 Mio. DM (Vorjahr: 3.107,0 Mio.); Beschäftigte 1994: 13.484 (Vorjahr: 13.107).

◆ Kältetechnik mit den Werksgruppen Kälte- und Einrichtungstechnik. Fertigungsbetriebe in Köln (Stammwerk), Bad Hersfeld, Mainz und Schwelm. Produktion: gewerbliche Kühl- und Tiefkühlmöbel, Kühl- und Tiefkühlzellen, Ladeneinrichtungen, Kälteanlagen für Industrie und Gewerbe, Wärmerückgewinnungsanlagen, Klima- und Lüftungsanlagen. Umsatz 1995: 949,0 Mio. DM (Vorjahr: 953,0); Beschäftigte 1995: 4.392 (Vorjahr: 4.206).

◆ Technische Gase mit der entsprechenden Werksgruppe. Werk Höllriegelskreuth bei München, 12 Gaseproduktionszentren, 30 Gasefüllwerke und 20 Acetylenwerke im Inland (ca. 150 Einzelgase). Produktion: Sauerstoff, Stickstoff und Argon, Acetylen und andere Brenngase, Schweißschutzgase, Kohlensäure, Wasserstoff, Edelgase, Reinstgase, Präzisionsgemische, medizinische Gase, Verfahren, Anlagen und Ausrüstungen für die Gaseanwendung. Umsatz 1995: 2.470,0 Mio. DM (Vorjahr: 2.250,0 Mio.); Beschäftigte 1995: 8.258 (Vorjahr: 8.086).

BETEILIGUNGEN. In den Konzernabschluß der Linde-Gruppe wurden 1995 18 in- und 106 ausländische Unternehmen einbezogen. Nicht einbezogen wurden weitere 100 Gesellschaften. Zu den wichtigsten Gesellschaften zählen: Linde-KCA-Dresden GmbH, Dresden (100%); Selas-Kirchner GmbH, Pullach bei München (100%); STILL GmbH, Hamburg (100%); Wagner Fördertechnik GmbH & Co. KG, Reutlingen (100%); Celsior GmbH, Schwelm (100%); Tega-Technische Gase und Gasetechnik GmbH, Würzburg (100%); TV Kohlensäure Technik und Vertrieb GmbH & Co., Ludwigshafen (66,7%); Linde Heimox GmbH & Co. KG, Unterschleißheim (100%); Fahrzeugbau GmbH Geisa, Geisa (100%); Indumat GmbH & Co. KG, Reutlingen (100%); Matra-Werke GmbH, Frankfurt/Main (100%); nv V.W.A. Hoek's Machine- en Zuurstoffabriek, Schiedam/Niederlande (63,2%),

Aufsichtsrat:

❙ Strenger, Hermann J. (Vorsitzender; Vorsitzender des Aufsichtsrates der Bayer AG)
❙ Beiten, Gerhard, Dr. (Rechtsanwalt)
❙ Jentzsch, Wolfgang H., Dr. (ehem. stellv. Vorsitzender des Vorstandes der BASF AG)
❙ Kaske, Karlheinz, Dr. (Vorsitzender des Aufsichtsrates der MAN AG)
❙ Kopper, Hilmar (Sprecher des Vorstandes der Deutsche Bank AG)
❙ Lohse, Reinhard, Dr. (ehem. Mitglied des Vorstandes der Linde AG)
❙ Schulte-Noelle, Henning, Dr. (Vorsitzender des Vorstandes der Allianz Holding AG)
❙ Seipp, Walter, Dr. (Vorsitzender des Aufsichtsrates der Commerzbank AG)
**Staub, Jakob (stellv. Vorsitzender)*
**Bouillon, Rüdiger*
**Förg, Wolfgang*
**Forchel, Otto*
**Hartig, Joachim*
**Rittlinger, Peter*
**Sandleitner, Herbert*
**Schmidt, Rainer*

Aufsichtsratstantiemen 1995: *1.610.000,– DM*

BÖRSE, AKTIEN, KURSE
Grundkapital 1995:
420,9 Mio.
Jahreshöchstkurs 1995:
937,00 DM
Jahrestiefstkurs 1995:
722,00 DM
Aktie Jahresende 1995:
850,00 DM
Dividende pro Aktie 1995:
16,00 DM

Die Dividende bezieht sich auf je 50,– DM Aktiennennbetrag. Die Dividendensumme betrug 1995 134,4 Mio. DM.

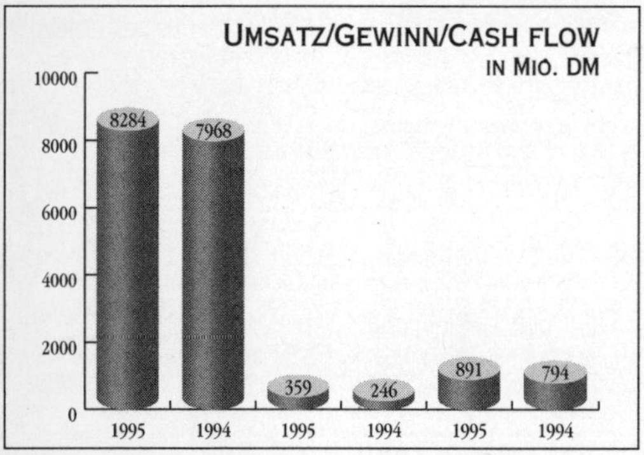

Umsatz 1995: *8.283,8 Mio.*
(Ausland: 4.986,0 Mio.)
Umsatz 1994: *7.967,6 Mio.*
(Ausland: 4.712,0 Mio.)
Umsatz 1993: *7.172,2 Mio.*
(Ausland: 4.025,0 Mio.)

Gewinn 1995: *358,5 Mio.*
Gewinn 1994: *245,8 Mio.*
Gewinn 1993: *178,2 Mio.*

Cash flow 1995: *890,8 Mio.*
Cash flow 1994: *794,0 Mio.*
Cash flow 1993: *760,0 Mio.*

Cash flow: *Der Cash flow floß zu großen Teilen in die Investitionen.*

Steueraufkommen 1995:
261,9 Mio.

mit zahlreichen Werken im Bereich technische Gase; Fenwick-Linde-Gruppe, Frankreich (100%); STILL & SAXBY-Gruppe, Frankreich (100%); Lansing Linde-Gruppe, Großbritannien (100%); Criosbanc S.p.A., Torreglia/Italien (80%); Linde Froid et Climatisation S.A.R.L., Trappes/Frankreich (100%); Linde Technoplyn a.s., Prag/Tschechische Republik (100%); Fiat OM-Gruppe, Italien (75%), mit zahlreichen Werken im Bereich Fördertechnik; Lotepro Corporation, Valhalla/N.Y., USA (100%); Selas Fluid Processing Corp., Blue Bell/Pa., USA (100%); Linde Kältetechnik GmbH, Wien/Österreich (100%).

VORSTANDSMITGLIED GEROLD TANDLER. Peinlich für die CSU sowieso, dem Linde-Konzern hätte es eigentlich zur Abmahnung gereichen müssen, was Linde-Vorstandsmitglied und Arbeitsdirektor Gerold Tandler sich wieder einmal geleistet hatte. Von Affären ohnehin ständig umweht, wurden dem vermeintlich schlauen Tandler seine geschäftlichen Beziehungen zum niederbayerischen Unternehmer Eduard Zwick zum Verhängnis. Tandler hatte seine eigene Amigo-Affäre – und stürzte. Er mußte den Stuhl des stellvertretenden CSU-Vorsitzenden räumen, was der Linde-Vorstand wegen des nun abgerissenen Drahtes in die Parteispitze zwar bedauerte, aber schließlich nicht ändern konnte. Und natürlich hatte sich Tandler »kein unkorrektes Verhalten« vorzuwerfen, nachdem der Verdacht aufgekommen war, er habe seinerzeit als Mitglied des bayerischen Kabinetts, besonders aber als Finanzminister, den Bad Füssinger Unternehmer Eduard Zwick – Freund, Gläubiger und Geschäftspartner der Familie Tandler – begünstigt, als die Niederschlagung Zwickscher Steuerschulden in Höhe von 70 Millionen Mark ausgehandelt worden war. Plötzlich kam alles ans Licht: Tandler und Zwick unterhielten in den achtziger Jahren zwei gemeinsame Firmen, mit denen sie dubiose Geschäfte betrieben hatten. Für Tandler aber verheerender war ein früherer Kredit Zwicks in Höhe von 700.000,– DM, ein Privatdarlehen ohne besondere Verzinsung, ohne feste Laufzeit, ohne Vertrag, von dem Anfang 1994 immer noch 200.000,– DM offenstanden. Die FAZ in einem Kommentar vom 18. März 1994: »Fässer, die ein letzter Tropfen zum Überlaufen bringt, waren schon vorher voll.« Das Landgericht Landshut ging im Mai 1996 in seinem Urteil gegen Zwick jr., das mit einer Bewährungsstrafe für den Arzt und Bäderunternehmer endete, von einem »massiven Mitverschulden« des bayerischen Finanzministeriums in der Steueraffäre aus, dessen Chef u. a. Gerold Tandler war.

NEUE BUNDESLÄNDER. Die Linde AG und das VEB Chemieanlagenkombinat Leipzig-Grimma gründeten das Gemeinschaftsunternehmen »Linde-KCA-Dresden GmbH«, an dem Linde mehrheitlich beteiligt ist. Arbeitsgebiete: Tieftemperaturtechnik, Gasebehandlung, Petrochemie, Pharmazie und Umwelttechnik. Die »Technische Gase Werke Brandenburg GmbH« wurde von Linde vollends akquiriert. Die Linde AG arbeitet eng mit der Leuna Werke AG zusammen, was in einem ersten Schritt so aussah: Der gesunde Geschäftsbereich Technische Gase wurde aus dem ostdeutschen Chemieunternehmen ausgegliedert und mitsamt der Luftzerlegungsanlage an Linde verkauft. Im Großraum Leuna, Buna und Bitterfeld liegt das größte Gasproduktionszentrum der Werksgruppe Technische Gase.

STANDORT DEUTSCHLAND. Linde beklagt das Konjunkturklima in Deutschland und die politischen Rahmenbedingungen. »Wenn sich die Wirtschaftspolitik nicht grundlegend ändert«, so der Vorstand im Mai 1996, »wird Deutschland als führende Industrienation statt Lokomotive nur noch Bremser des Wirtschaftswachstums in Europa sein.« Linde setzt zunehmend aufs Ausland. Die 1995 vorgenommene Kapitalerhöhung um rund 70 Mio. auf 420 Mio. DM soll vor allem dem Ausbau des Auslandsgeschäftes dienen. Denn Linde setzt ganz auf die Expansion außerhalb Europas, besonders auf Asien und Amerika. In der Volksrepublik China soll 1996 die Produktion in der im Joint-venture Linde-Xiamen Gabelstapler GmbH, Xiamen, gebauten Staplerfabrik anlaufen. Darüber hinaus ist ein Gemeinschaftsunternehmen für die Planung und den Bau von Luftzerlegungsanlagen in China perfekt. Ein Joint-venture für Montage und Vertrieb von Kältetechnik wurde in Thailand gegründet. Auf dem amerikanischen Markt ist Linde mit drei Konzerngesellschaften vertreten. Weitere Investitionen und Firmenübernahmen in den USA sind geplant. Expansion auch in Osteuropa: In Ungarn wurden mit zwei bedeutenden Stahlwerken Joint-ventures abgeschlossen und die Linde Gas Ungarn AG, Répcelak/Ungarn, gegründet. Auf dem umsatzmäßig stärksten Arbeitsgebiet Fördertechnik (Stapler und Lagertechnikgeräte) wurde in der Tschechischen Republik im Februar 1993 zusammen mit der Jungheinrich-Gruppe, Hamburg, das Juli Motorenwerk k.s., Brünn (50%), gegründet. Auf dem Arbeitsgebiet Kältetechnik sind vor allem die Linde Frigera spol. s.r.o., Beroun bei Prag, Fertigung von gewerblichen Kühl- und Tiefkühlmöbeln, und in Ungarn die Linde Kältetechnik Hungaria GmbH, Budapest, zu nennen. Mit der Straffung der Arbeitsprozesse wurde an den deutschen Standorten verstärkt rationalisiert und Personal abgebaut. Die Beschäftigtenzahlen erhöhten sich überwiegend durch die Erweiterung des Konsolidierungskreises. Im Laufe der letzten zehn Jahre hat sich im Konzern die Personalstruktur durch ein Anwachsen der Mitarbeiterzahlen im Ausland erheblich verändert. Von 4.372 Beschäftigten im Jahr 1985 (23% der Konzern-Mitarbeiter) verdreifachte sich diese Zahl auf 12.646 Ende 1995 (42%).

»BÜNDNIS FÜR ARBEIT«. Die Organisationsstrukturen in den Serienbetrieben wurden 1995 systematisch fortgeführt. Es entstanden autonome Produktionseinheiten, Gruppenarbeits-Modelle wurden getestet. »Rationalisierungsreserven« sollen erschlossen werden durch größere Flexibilität und stärkere Einflußnahme des einzelnen Mitarbeiters auf die Arbeitsorganisation. Im Rahmen der tariflich vereinbarten Arbeitszeitverkürzung in der Metallindustrie wurden in den betreffenden Arbeitsgebieten neue flexiblere Arbeitszeitmodelle mit Zeitkonten vereinbart. Mit den Arbeitnehmervertretungen wurden dabei standortspezifische Lösungen im gefunden, die, so Linde, sowohl den betrieblichen Interessen wie den Bedürfnissen der Beschäftigten entgegenkommen. Gleitzeitmodelle für die Verwaltungsbereiche wur-

Beschäftigte 1995: *30.068*
Beschäftigte 1994: *29.618*
Beschäftigte 1993: *29.636*

Umsatz pro Mitarbeiter 1995: *275.502,– DM*
Umsatz pro Mitarbeiter 1994: *269.012,– DM*
Umsatz pro Mitarbeiter 1993: *242.010,– DM*

Löhne und Gehälter 1995: *1.916,0 Mio.*
Löhne und Gehälter 1994: *1.785,9 Mio.*
Durchschnittsgehalt 1995: *63.722,– DM*
Soziale Abgaben und Aufwendungen 1995: *498,0 Mio.*
Soziale Abgaben und Aufwendungen 1994: *467,1 Mio.*

Bezüge pro Vorstandsmitglied 1995: *861.984,– DM*
Tantiemen pro Aufsichtsrat 1995: *100.625,– DM*

Investitionen 1995:
933,0 Mio.
Investitionen 1994:
835,0 Mio.
Investitionen 1993:
807,0 Mio.

Forschung und Entwicklung 1995: *229,9 Mio.*
Forschung und Entwicklung 1994: *227,0 Mio.*
Forschung und Entwicklung 1993: *220,0 Mio.*

1995 wurden im In- und Ausland 299 Patente erteilt, 460 Patente neu angemeldet.

Mitbewerber: *ABB, Altana, Brochier, Deutsche Babcock, Didier, GEA, Klöckner-Werke, Krupp-Hoesch, Lurgi, MAN, Mannesmann, Preussag, Schmalbach-Lubeca, Thyssen*

den weiterentwickelt, um längere Ansprechzeiten sicherzustellen und Arbeitszeitspitzen besser ausgleichen zu können. 1995 waren 594 Jugendliche in den Inlandskonzernen in der Ausbildung.

UMWELTSCHUTZ. Umweltschutz als lukrativer Wirtschaftszweig – so sehen die Linde-Manager die Zukunft. Möglicherweise wird der »Umweltschutz« demnächst das fünfte Konzern-Standbein. Die Linde-KCA-Dresden GmbH hat sich in den Bereichen Abwasser- und Schlammbehandlung für Abwässer aus Industrie und Kommunen, Abluft- und Abgasreinigung sowie Bioabfallbehandlung ganz auf ein Umwelt-Leistungsangebot spezialisiert. Linde betrachtet darüber hinaus betrieblichen Umweltschutz als ganzheitliche Maßnahme, die schlüssig und effektiv sein muß. Umweltschutz ist Bestandteil aller Entwicklungs- und Arbeitsprozesse. Produktrecycling auf hohem Niveau, Materialrecycling bzw. die stoffliche Verwertung, die thermische Verwertung und die Abfallbeseitigung sind Bestandteil aller Produktionsprozesse. In der Kältetechnik wurde 1995 die Umstellung der bisher beim Schäumen von Kühlmöbeln verwendeten umweltschädlichen H-FCKW-haltigen Treibmittel auf Pentan abgeschlossen. Im Anlagenbau wird an der Weiterentwicklung der Gas- und Abwasserreinigung für die thermische Müllentsorgung gearbeitet. Ebenfalls wird im Bereich Technische Gase auf umweltfreundliche Materialien umgestellt. »Ökonomie und Ökologie verbindet ein zum Patent angemeldetes Verfahren, mit dem sich Gießereistäube brikettieren lassen.«

LTU

Standort:
Flughafen/Halle 8
40474 Düsseldorf

Telefon: *(0211) 9418-08*
Telex: *8 584 997*
Telefax: *(0211) 9418-557*

Branche: *Schienen-, Straßen-, Luftverkehr; Tourismus; Hotelbetriebe*

Rechtsform: *GmbH & Co. KG*

Geschäftsjahr: *1.11.-31.10.*

Gründungsjahr: *1955*

Öffentlichkeitsarbeit:
Wolfgang Osinski
Tel.: (0211) 9418-530/1/2
FAX: (0211) 9418-557

GESCHICHTE UND ENTWICKLUNG. Die LTU (Lufttransport-Unternehmen GmbH & Co. KG) wurde 1955 durch den Engländer Bernard A. Dromgoole gegründet. Finanzier dieses Unternehmens und baldiger Alleineigentümer wurde der Duisburger Architekt und Bauunternehmer Kurt Conle. 1965 begann für LTU als erste deutsche Chartergesellschaft das Jet-Zeitalter; 1969 flog die Linie nur noch mit Düsenflugzeugen. 1973 nahm LTU mit einer Lockheed-TriStar L-1011-100 das erste Großraum-Flugzeug im Charterbereich in Betrieb. 1983 Gründung der LTU Süd als rechtlich selbständiges Unternehmen. 1988 Gründung der LTE (LTU España) in Palma de Mallorca. Seit 1990 ist die LTU Mitglied der IATA; Einstieg in den Linienverkehr. 1992 Übernahme der Thomas-Cook-Gruppe, einer der weltweit führenden Reiseagenturen, die 1994/95 zu 100% an den LTU-Gesellschafter WestLB ging. 1995 waren 90% aller LTU-Einsätze Linienflüge. Umfirmierung in LTU International Airways.

BESITZVERHÄLTNISSE/EIGENTUMSSTRUKTUR.

- Conle & Co. oHG, Duisburg (60,6%), als Holding der Gründerfamilie Conle. Die Conle-Erben sind: Hilde Conle sowie deren drei verheiratete Töchter Vera Conle-Kalinowski, Beate Hüttner und Ulrike Paulus.
- Westdeutsche Landesbank Girozentrale (WestLB), Düsseldorf (34,3%)
- Erwin Walter Graebner, Köln (5,1%)

Die WestLB ist, nachdem sich ursprünglich Karstadt um den Einstieg bei LTU bemüht hatte, die starke Macht im Konzern. Die Banker lenken die Politik des größten deutschen Charterflugunternehmens und lassen keinen Zweifel daran, daß sie LTU am liebsten an die Börse bringen würden. Wer Herr im Hause ist, zeigte der starke Mann der WestLB, Friedel Neuber, Mitte 1990, als er den bis dato amtierenden Beirat durch einen neuen Verwaltungsrat unter seiner Führung ablösen ließ und den früheren Geschäftsführer des Bereiches Reisebüro bei Hapag Lloyd, Hans-Joachim Driessen, an der amtierenden Geschäftsleitung vorbei zusätzlich im Zentrum plazierte und zum Geschäftsführer machte. Unter Driessen und Brützel arbeiten fünf Direktoren in leitenden Positionen.

KONZERNÜBERBLICK. LTU ist das größte deutsche Ferienflugunternehmen. Die LTU-Gruppe gliedert sich in die beiden Unternehmensbereiche Fluggesellschaft und Touristik-Konzern. Die LTU-Gruppe umfaßt die Airline LTU in Düsseldorf sowie die Fluggesellschaften LTU Süd, München, und LTE (España), Palma de Mallorca. Weiter gehören zur LTU-Gruppe verschiedene Reiseveranstalter, LTI International Hotels, das Unternehmen LTC Catering (bis zu 22.000 Menüs pro Tag) und die LTU Touristik (Düsseldorf, München, Frankfurt/Main) als Vertriebsorganisation der Reiseveranstalter der LTU-Gruppe. Die LTU Reisebüro-Beteiligungsgesellschaft sichert über Beteiligungen an Reisebüros und Reisebüro-Dienstleistungen den Vertrieb der LTU-Gruppe ab.
◆ LTU, LTU Süd verfügten im Juli 1996 über eine Flotte von sechs Airbus A 330-300, vier MD-11TriJet, fünf Boeing 767-300-ER und zehn Boeing 757-200-ER; LTE verfügte über drei Boeing 757-200-ER. Die Flotte gilt als eine der modernsten der Welt. Insgesamt verfügt die LTU-Flotte über ein Sitzangebot von 8.069 Plätzen. 1995 beförderte LTU 6,64 Mio. Passagiere und flog über 60 Urlaubsziele an. Über die Hälfte der Fluggäste zog es nach Spanien, die Domäne der LTU, knapp 20% buchten Fernreisen, davon die Hälfte in die USA. LTU fliegt ab Berlin, Düsseldorf, Frankfurt/Main, Hamburg, Hannover, Köln/Bonn, Leipzig, München, Münster/Osnabrück, Nürnberg und Stuttgart. Hinzu kommt der Flughafen Salzburg/Österreich.
Seit die LTU Mitte 1990 der IATA beitrat, bietet sie fast ausschließlich Linienflüge an. Im Sommer 1996 flog LTU folgende Ziele an: Agadir (Charter), Alicante, Almeria, Antalya, Arrecife, Athen, Bangkok, Barbados, Barcelona/Venezuela (Charter), Cancun, Catania, Colombo, Corfu (Charter), Dalaman, Daytona Beach, Denpasar/Bali, Djerba, Durban, Faro, Fort Myers, Fuerteventura, Funchal, Gerona, Heraklion (Charter), Holguin, Ibiza, Isla Margarita (Charter), Istanbul, Izmir, Kapstadt, Karpathos (Charter), Kavalla, Kos (Charter), Larnaca, Las Palmas, Lesbos (Charter), Los Angeles, Luxor (Charter), Mahon, Málaga, Male, Malta, Miami, Mombasa (Charter), Monastir, Montego Bay, Neapel, New York, Orlando, Palma de Mallorca, Paphos (Charter), Puerto Plata, Punta Cana, Reykjavik, Rhodos (Charter), Salzburg, Samos (Charter), San Francisco, San José, Santo Domingo, Sevilla, Sta. Cruz/La Palma, Tabarka (Charter), Tampa, Teneriffa, Thessaloniki, Varadero, Windhoek, Zakynthos (Charter). Innerdeutsch ist der Lufthansa durch LTU Konkurrenz entstanden, obwohl die Flugtarife beider Linien identisch sind. Innerdeutsche Linienflüge täglich zwi-

Geschäftsführung:
▮ *Driessen, Hans-Joachim (Vorsitzender; Vorsitzender der Geschäftsführung Touristik)*
▮ *Brützel, Christoph, Dr.*

Leitende Positionen:
▮ *Färber, Hans-Dieter, Dr. (Direktor Marketing und Vertrieb)*
▮ *Lehnen, Bertram (Direktor Flugbetrieb)*
▮ *Reckmann, Herbert (Direktor EDV)*
▮ *Wrede, Holger, Dr. (Direktor Controlling)*
▮ *Weigert, Heinrich (Direktor Personal)*

Verwaltungsrat der LTU-Gruppe:
▮ *Neuber, Friedel (Vorsitzender; Vorsitzender des Vorstandes der WestLB), Düsseldorf*
▮ *Lückertz, Paul (Reisebüro Lückertz), Münster*
▮ *Zimmermann, Hans-J. (Thyssen Handelsunion AG), Düsseldorf*

Die LTU betont immer wieder, daß sie nicht veröffentlichungspflichtig ist und daher die Umsatz- und Gewinnzahlen nicht weiter aufschlüsselt. Erstmals einige Angaben 1993/94.

Verbände: *International Air Transport Association (IATA)*

Umsatz 1994/95:
3.904,0 Mio.
Umsatz 1993/94:
3.630,0 Mio.
Umsatz 1992/93:
3.100,0 Mio.

***Gewinn 1994/95:** 124,9 Mio.*
***Gewinn 1993/94:** 162,9 Mio.*

Cash flow 1994/95:
353,0 Mio.
Cash flow 1993/94:
328,0 Mio.

***Cash flow:** Investitionen in neue Flugzeuge; Rückführung von Verbindlichkeiten aus der Flugzeugfinanzierung.*

Steueraufkommen 1994/95:
24,6 Mio.

***Grund- bzw. Stammkapital 1995:** 4,95 Mio.*

***Beschäftigte 1994/95:** 4.990*
***Beschäftigte 1993/94:** 4.610*
***Beschäftigte 1992/93:** 2.700*

schen Düsseldorf und München; Düsseldorf und Hamburg. LTU bietet einen umfassenden Passagier-Service zu den Flughäfen an.

◆ LTU ist die führende deutsche Ferienfluggesellschaft, größter deutscher Fernreiseanbieter und im Zusammenschluß der fünf LTU-Touristikunternehmen mit 2,4 Mio. Gästen pro Jahr der drittgrößte Reiseveranstalter in Deutschland. LTU Touristik ist die Vertriebsorganisation der Veranstalter der LTU-Gruppe:
Jahn Reisen, Meier's Weltreisen, Tjaereborg, Transair, THR Tours. Über die LTI International Hotels (Hotel-Investment und Management-Gesellschaft), Düsseldorf, gehören der LTU 24 Hotels in Spanien, Tunesien, der Türkei, Ägypten, Kenia, den Malediven, Sri Lanka, Thailand, der Dominikanischen Republik und Kuba mit insgesamt 10.850 Hotelbetten. LTI gehören darüber hinaus sechs Nil-Kreuzfahrtschiffe. LTU/LTI hält die Mehrheit der Anteile an der spanischen Hotelgruppe Prinsotel mit insgesamt 3.404 Betten auf den Kanaren und Balearen. Für die LTU-Gruppe wird der Service in den Zielgebieten von Worldwide Destination Services GmbH koordiniert. Die LTU-eigenen Incoming-Agenturen Go America Tours (Meier's Weltreisen), Go Caribic Tours, Go Mexico Tours und Go Thailand Tours sind ebenfalls an Worldwide angeschlossen.

BETEILIGUNGEN. Zu den wichtigsten Beteiligungen der LTU gehören u. a.: Jahn-Reisen GmbH (100%); Transair Flug- und Schiffreisen GmbH (100%); Meier's Weltreisen (100%); Jet & Bett (100%); THR Tours GmbH (100%); Sonnenreisen (95%); Tjaereborg Reisen GmbH (90%); Worldwide (25%); Meier's World Travel Inc., USA (100%); Go America Tours Inc. (100% – Niederlassungen in New York, Miami, Los Angeles, San Francisco und Honolulu; eigene Reiseleiter und Busflotte, Spezialist für USA-Programme); Go Thailand Tours Inc. (25%); Go Caribic Tours (100%); Go Mexico Tours (100%); Meier's World Travel (100%); Hartmann Incoming & Incentive Service GmbH (50%). Analog zu TUI und Quelle bieten LTU und der Otto-Versand über den gemeinsamen Reiseveranstalter MARIS Reisen an.

KONZERNPHILOSOPHIE. LTU-Eigensicht: »Alles aus einer Hand – die Auswahl der Hotels, der Flug in die Sonne, die Betreuung am Zielort: Urlaub von A wie Abflug bis Z wie Zufriedenheit. Das ist die LTU-Philosophie. LTU ist die Fluggesellschaft für Ferienflieger. Und die einzige, die Urlaub auf der ganzen Linie verspricht.«

NEUE BUNDESLÄNDER. Neben den westdeutschen Abflughäfen Düsseldorf, Frankfurt/Main, Hamburg, Hannover, Köln/Bonn, München, Münster/Osnabrück und Nürnberg fliegt die LTU auch von Berlin und Leipzig.

STANDORT DEUTSCHLAND. Deutschland ist Reiseweltmeister, und LTU fliegt den Weltmeister. Wer will da den Standort Deutschland ernsthaft in Frage stellen? Auch für 1996/97 rechnet LTU wieder mit zweistelligen Zuwachszahlen an Passagieren. LTU schließt allerdings nach wie vor eine Verlagerung von Fluzeugen weg vom Standort Düsseldorf nicht aus, wenn Auflagen der rot-grünen Koalition in NRW zu einem Rückgang des Wachstums führen würden. Geplant ist eine Bündelung der LTU-Reisetöchter unter dem Dach des größten LTU-Veranstalters, der in München ansässigen Jahn Reisen GmbH. Davon betroffen sind Transair, Meier's Weltreisen und Tjaereborg, die aber auch nach einer Fusion unter ihren Marken bestehen bleiben. Durch diese Konzentration sollen Buchungen vereinfacht, Überschneidungen vermieden und der Hotel- und Betteneinkauf zentral koodiniert und den einzelnen Marken zugeteilt werden. Geplant sind die drei Profitcenter Spanien, übriges Mittelmeer und Fernreisen.

»BÜNDNIS FÜR ARBEIT«. Arbeitszeitflexibilität ist eine der Grundvoraussetzungen innerhalb des internationalen Flugverkehrs und innerhalb der saisonalen Reisebranche. Betriebsvereinbarungen über Regelungen zur gleitenden Arbeitszeit für das Bodenpersonal gibt es seit 1992, eine Vereinbarung für das Bordpersonal über Freimonate seit 1993 und über Teilzeitarbeit während des Erziehungsurlaubs seit 1995. 1996 wurde eine Betriebsvereinbarung für das Bodenpersonal verabschiedet, das sogenannte »Freimonatsmodell«. Danach kann der Mitarbeiter bis zu sechs Kalendermonaten frei haben und in den übrigen Monaten vollzeitbeschäftigt eingesetzt werden. Teilzeitarbeitsplätze werden einmal im Jahr zum 1. Januar vergeben. Das Modell läuft zur Probe bis zum 31. Dezember 1997.

UMWELTSCHUTZ. 1996 legte LTU erstmals eine Art Umweltbilanz vor, die die Jahre 1992 – 1995 umfaßt. Zu den Umweltschutz-Aktivitäten von LTU zählten in erster Linie der Einsatz moderner, lärmarmer und kerosinsparender Flugzeuge. Aufgelistet werden der Kerosinverbrauch und die Abgasemissionen. Ein weiterer Schwerpunkt ist die Abfallbelastung und -beseitigung des Catering-Bereiches. LTU setzt überwiegend Mehrweggeschirr und Mehrwegtrays ein. Müllvermeidung rangiert vor Müllverwertung; LTU setzt ganz auf Recycling. Auf den von LTU angeflogenen Flughäfen sorgt LTU für eine umweltgerechte Entsorgung des anfallenden Mülls. Wo das nicht möglich ist, greifen andere Maßnahmen: kontinuierliche Müllrückführung von den Malediven, Recycling von Aluminiumdosen und anderen verwendeten Rohstoffen, die Unterstützung diverser Umweltinitiativen in Costa Rica, auf Cuba und in weiteren Ländern. Ein zentrales Umweltschutz-Management gibt es bei der LTU allerdings nicht.

Investitionen 1994/95: *350,0 Mio.*
Investitionen 1993/94: *272,0 Mio.*

1996/97 wird die Modernisierung der Flotte durch die Inbetriebnahme von zwei Airbus 330 (1995 wurden bereits vier dieses Typs angeschafft) sowie je einer Boeing 757 und 767 abgeschlossen. Die Flottenmodernisierung (Durchschnittsalter 4,5 Jahre) hat dann über 1 Mrd. DM gekostet.

Mitbewerber: *Condor, DER, Hapag-Lloyd, ITS, Lufthansa, NUR Touristic, TUI*

LUFTHANSA

GESCHICHTE UND ENTWICKLUNG. Die »Deutsche Luft Hansa Aktiengesellschaft« wurde 1926 durch den Zusammenschluß der Fluggesellschaften »Deutscher Aero Lloyd AG« und »Junkers-Luftverkehr AG« gegründet. Aufnahme des planmäßigen Flugdienstes. Ziel der neuen Einheitsfluggesellschaft war es, neben der Schaffung eines kontinentalen Streckennetzes Flugwege nach dem Fernen Osten, Süd- und Nordamerika auszubauen. 1933 Umbenennung in »Deutsche Lufthansa AG«. 1934 Eröffnung der ersten Transozean-Poststrecke der Welt zwischen Europa und Südamerika. 1936 Erprobung von Nordatlantik-Flügen mit Flugbooten und Schwimmflugzeugen. 1938 Nonstop-

Standort: *Hauptverwaltung Von-Gablenz-Straße 2-6 50679 Köln*

Postanschrift: *50664 Köln*

Telefon: *(0221) 826-0*
Telex: *8 873 531*
Telefax: *(0221) 826-3818*

Lufthansa-Basis:
60549 Frankfurt/Main

Telefon: *(069) 696-0*
Telex: *411 763*
Telefax: *(069) 696-3002*

Branche: *Luftverkehr*

Rechtsform:
Aktiengesellschaft

Geschäftsjahr: *1.1.-31.12.*

Gründungsjahr: *1926*

Öffentlichkeitsarbeit:
Gerd Leidinger
Tel.: (069) 696-2999
FAX: (069) 696-6818

Investor Relations:
Dr. Rolf-Dieter Graß
Stefan Gruber
Tel.: (069) 696-90997
oder -6470
FAX: (069) 696-90990

Besucherdienst:
Tel.: (069) 696-3480

Sponsoring:
Abt. Public Affairs
Tel.: (069) 696-6352

Verbände: *International Air Transport Association (IATA)*

flug einer Focke-Wulf FW200 Condor von Berlin nach New York und zurück. Planmäßiger Flugdienst nach Bangkok und Probeflüge nach Tokio. Während des Krieges wurde die Lufthansa verstärkt Kriegszielen unterworfen; Einsatz der Transportmaschinen bei der Luftwaffe; 1939 Einstellung des Interkontinentalverkehrs, schließlich Ende des Auslandsflugbetriebs und 1945 endgültige Einstellung aller inländischen Liniendienste.

Die Alliierten verboten im August/September 1945 den Deutschen die Herstellung, den Besitz und Betrieb von Flugzeugen. Darüber hinaus wurde die Beschlagnahme des Lufthansavermögens und seine Kontrolle durch die Militärregierung bestimmt. Der Erlaß bezog sich auch auf alle Personen, die nach 1933 für die Lufthansa tätig gewesen waren. Im Februar 1951 wurde die Auflösung der Deutschen Lufthansa beschlossen, die Lufthansa liquidiert.

1953 Neugründung in Köln unter der Firma »Aktiengesellschaft für Luftverkehrsbedarf« (Luftag). 1954 Umbenennung der Luftag in »Deutsche Lufthansa AG«. 1955 Aufnahme des planmäßigen innerdeutschen Luftverkehrs. In den kommenden Jahren begann nach und nach der weltweite Linienverkehr. 1960 Beginn des Jet-Verkehrs mit der Inbetriebnahme einer Boeing 707. 1971 Ausmusterung des letzten Propellerflugzeuges. 1977 Gründung der »German Cargo Services GmbH«. In den 70er und 80er Jahren Gründung zahlreicher Tochter- und Beteiligungsgesellschaften im Flug- und Hotelbereich. 1988 Beteiligung an der deutsch-französischen Gesellschaft Euro Berlin. 1990 Übernahme der PanAm-Berlin-Dienste. Im Oktober 1990 erster Berlin-Linienflug der Lufthansa nach 45 Jahren. 1991 Erweiterung des Streckennetzes nach Osteuropa, u. a. nach Riga und Kiew. Die Lufthansa wird Nummer eins im Osteuropa-Verkehr. 1992 Inbetriebnahme des zentralen Reservierungssystems AMADEUS. 1993 Beteiligungen an Luxair und Lauda Air. Kooperationsabkommen mit United Airlines aufgrund eines Luftverkehrsabkommens zwischen der Bundesrepublik und den USA.

Im Sommer 1994 Start der gemeinsamen Flüge mit der amerikanischen Fluggesellschaft United Airlines. Kooperation mit Thai Airways, SAS und SAA.

BESITZVERHÄLTNISSE/EIGENTUMSSTRUKTUR.

- Bundesrepublik Deutschland (35,68% – dieser Anteil soll bis Ende 1997 verkauft sein)
- Kreditanstalt für Wiederaufbau, Deutsche Postbank AG und Deutsche Bahn AG (3,20%)
- Land Nordrhein-Westfalen (1,77%)
- MGL Münchener Gesellschaft für Luftverkehrswerte (10,05% – daran: Bayerische Landesbank Girozentrale mit 44,5%; Dresdner Bank mit 44,5%; Bayerische Landesanstalt für Aufbaufinanzierung mit 11%)
- Rest Streubesitz bei ca. 40.000 Aktionären: Privatpersonen (u. a. Belegschaft), Versicherungsgesellschaften, Banken, Reisebüros und Schiffahrtgesellschaften (49,30%)

KONZERNÜBERBLICK. Die Deutsche Lufthansa ist die nationale Fluggesellschaft der Bundesrepublik Deutschland. (1994 hat die Bundesrepublik Deutschland, die bis zum Herbst 1994 Hauptaktionärin

des Unternehmens war, im Rahmen einer Kapitalerhöhung und des Verkaufs eines Teils ihres Aktienbestandes die Mehrheit zugunsten privater Investoren aufgegeben.) Gegenstand des Unternehmens ist der Luftverkehr im In- und Ausland und der Betrieb aller mit der Luftfahrt und ihrer Förderung zusammenhängenden Geschäfte und Einrichtungen. Sitz der Hauptverwaltung ist Köln, das Flug- und Verkehrszentrum ist in Frankfurt/Main. Lufthansa hat die Spitzenposition im internationalen Frachtlinienverkehr inne (über 1,57 Mio. Tonnen Frachttransport) und hält den dritten Platz aller großen Luftverkehrsgesellschaften im grenzüberschreitenden Passagierverkehr. Die Lufthansa beförderte 1995 32 Millionen Passagiere (Vorjahr: 29,6 Mio.), zusammen mit dem Charterunternehmen Condor und den anderen Fluggesellschaften des Konzerns waren es 40,7 Mio. (Vorjahr: 37,7 Mio.). Die Lufthansa verfügte Ende 1995 über eine Flugzeugflotte von 314 Flugzeugen, davon 36 Condor-Maschinen der Condor Flugdienst GmbH (über 6 Mio. Passagiere). Beide Flotten fliegen ausschließlich auf Maschinen der Typen Boeing, Airbus und McDonnell Douglas. Im Regionalluftverkehr (Lufthansa CityLine GmbH) werden Maschinen der Typen Canadair, Avro und Fokker eingesetzt. Das Durchschnittsalter der Lufthansa-Passagierflugzeuge liegt bei 5,5 Jahren. Lufthansa betreibt damit eine der modernsten Flotten der Welt.
Die Lufthansa engagiert sich zunehmend auch als Reiseveranstalter. Sie hält maßgebliche Beteiligungen an den Reisebüroketten Euro Lloyd, Deutsches Reisebüro (DER), First Reisebüro, an Hapag-Lloyd und neuerdings über die Condor auch an der Kreutzer Touristik GmbH (37,5%).
Über die 1994 abgeschlossenen Kooperationsvereinbarungen mit der United Airlines und der Thai International Airways wurde die Lufthansa Teil der größten globalen Allianz der Weltluftfahrt. Eine Kapitalverflechtung in naher Zukunft mit United Airlines wird vom Lufthansa-Vorstand nicht ausgeschlossen. Im Mai 1995 schloß die Lufthansa auch einen Kooperationsvertrag mit der Fluggesellschaft Scandinavia Airlines System (SAS), Stockholm, die zu jeweils 28,6% im Besitz der Staaten Dänemark und Norwegen und zu 42,8% im Besitz Schwedens ist. Ein ähnliches Abkommen kam Mitte 1995 auch mit der südafrikanischen South African Airways (SAA) und 1996 mit der Air Canada für Kanada und der brasilianischen Varig für Südamerika zustande.
Im Rahmen der Neustrukturierung des Konzerns Lufthansa nach der weiteren Privatisierung wurden Anfang 1995 die Geschäftsbereiche Fracht mit der Lufthansa Cargo AG, Technik mit der Lufthansa Technik AG und Informatik mit der Lufthansa Systems GmbH rechtlich selbständige und eigenständig wirtschaftende Unternehmen. Die Lufthansa AG selbst betreibt nur noch den Passagierlinienverkehr. 1996 testete die Lufthansa den Ticketautomaten und die Lufthansa ChipCard zum ticketlosen Reisen.

BETEILIGUNGEN. Die bedeutendsten Beteiligungsgesellschaften der Deutsche Lufthansa AG:

- Passage: Condor Flugdienst GmbH, Kelsterbach (100%); Lufthansa CityLine GmbH, Kriftel (100%); Lauda Air Luftfahrt AG, Wien (39,71%); Günes Ekspres Havacilik A.S. (Sun Express), Antalya (40%).
- Fracht: Lufthansa Cargo AG, Kelsterbach (100%); DHL Internatio-

Vorstand:
- *Weber, Jürgen (Vorsitzender)*
- *Schlede, Klaus G., Dr. (stellv. Vorsitzender; Finanzen)*
- *Klein, Hemjö (Marketing)*
- *Lange, Heiko, Dr. (Personal und Arbeitsdirektor)*
- *Nittinger, Klaus, Dr. (Operations)*

Vorstandsbezüge 1995:
4.368.000,– DM

Aufsichtsrat:
- *Röller, Wolfgang, Dr. (Vorsitzender; Vorsitzender des Aufsichtsrates der Dresdner Bank AG), Frankfurt/Main*
- *Henke, Hans Jochen (Bundesministerium für Verkehr), Bonn*
- *Kopper, Hilmar (Sprecher des Vorstandes der Deutsche Bank AG), Frankfurt/Main*
- *Lambsdorff, Otto Graf, Dr. (Rechtsanwalt; Bundesminister a. D.), Bonn*
- *Neubauer, Franz Ludwig (Vorsitzender des Vorstandes der Bayerischen Landesbank Girozentrale), München*
- *Overhaus, Manfred, Dr. (Bundesministerium der Finanzen), Bonn*
- *Peiner, Wolfgang, Dr. (Vorsitzender der Vorstände der Gothaer Versicherungen), Köln*
- *Rau, Johannes, Dr. h.c. (Ministerpräsident des Landes Nordrhein-Westfalen), Düsseldorf*
- *Scheffler, Eberhard, Prof. Dr. (Wirtschaftsprüfer), Hamburg*
- *Zimmermann, Friedrich, Dr. (Rechtsanwalt; Bundesminister a. D.), Planegg*

**Mai, Herbert*
(stellv. Vorsitzender)
**Hagge, Holger*
**Höltl, Helmut*
**Issen, Roland*
**Jorissen, Wolfgang*
**Kreutz, Reinhold*
**Macht, Franz-Eduard*
**Maertzke, Manfred*
**Marowsky, Ingo*
**Strohmer, Ludwig*

Aufsichtsratstantiemen 1995: *329.000,– DM*

BÖRSE, AKTIEN, KURSE
Grundkapital 1995:
1.908,0 Mio.
Jahreshöchstkurs 1995:
227,50 DM
Jahrestiefstkurs 1995:
173,50 DM
Aktie Jahresende 1995:
197,50 DM
Dividende pro Aktie 1995:
5,00 DM

1995 hat Lufthansa eine Abteilung Investor Relations eingerichtet. Lufthansa hat 1996 den Aktiennennwert von 50,– DM auf 5,– DM herabgesetzt. Mit der Umstellung des Nennwertes wurden außerdem die Vorzugsaktien in Stammaktien umgewandelt.

nal Ltd., Bermuda (25%); Cargolux Airlines International S.A., Luxemburg (24,5%).

- Technik: Lufthansa Technik AG, Hamburg (100%); Condor/Cargo Technik GmbH, Frankfurt/Main (100%); Aircraft Maintenance and Engineering Corp., Peking (40%); Shannon Aerospace Ltd., Shannon (35%).
- Reisebüro/Touristik: Lufthansa City Center Reisebüropartner GmbH, Frankfurt/Main (50% – 300 Reisebüros); Deutsches Reisebüro GmbH (DER), Berlin (33,2%); Euro Lloyd Reisebüro GmbH, Köln (49%); Fischer Reisen GmbH, Düsseldorf (100%); Kreutzer Touristik GmbH, München (37,5%); Hapag-Lloyd AG, Hamburg/Bremen (17,95%); alpha Holding GmbH, Frankfurt/Main (30%). Mit der Karstadt AG arbeitet die Lufthansa über die Euro Lloyd GmbH zusammen, mit der Deutschen Bahn AG über die Deutsche Reisebüro GmbH.
- Vertriebssysteme: AMADEUS Data Processing GmbH & Co. Beteiligungs-KG, Erding (29,2%); AMADEUS Global Travel Distribution S.A., Madrid (21,9%); START Holding GmbH, Frankfurt/Main (33,33%).
- Dienstleitung/Finanzierung/Versicherung/Holdinggesellschaft: Lufthansa Systems GmbH, Kelsterbach (75%); Lufthansa Consulting GmbH, Köln (100%); Lufthansa Gebäude Management GmbH, Bergisch-Gladbach (51%); Lufthansa Loewe Druck und Distribution GmbH, Köln (51%); Lufthansa Leasing GmbH, Grünwald (49%); Delvag Luftfahrtversicherungs-AG, Köln (100%); Lufthansa Commercial Holding GmbH, Köln (100%).
- Abfertigung: Lufthansa Airport- and Ground Services GmbH, Frankfurt/Main (100%); Berliner Lufthansa Airport Services GmbH, Berlin (49%).
- Catering: LSG Lufthansa Service GmbH, Frankfurt/Main (100%); LSG-Food & Nonfood Handel GmbH, Frankfurt/Main (100%); LSG Lufthansa Service Nordost GmbH, Berlin (100%); LSG Lufthansa Service Asia Ltd., Hongkong (100%); LSG Lufthansa Service USA Corp., Wilmington (100%); Onex Food Services Inc., Dover (21,88%).

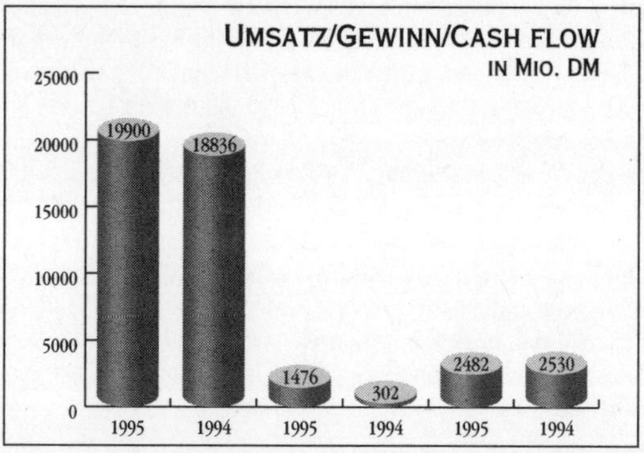

NEUE BUNDESLÄNDER. Nachdem die Lufthansa anfänglich signalisiert hatte, 26% der ostdeutschen Interflug zu übernehmen und sie unter ihrer alten Firmierung bestehen zu lassen, zog sie ihr Angebot Ende 1990 zurück, weil – so Lufthansa-Lesart – das Bundeskartellamt die LH-Beteiligung untersagte und British Airways favorisierte. Die Beteiligung von BA kam nicht zustande, die Interflug wurde liquidiert.

Standort Deutschland. 1995 hat sich die Personalstruktur des Lufthansa-Konzerns als Folge der Umstrukturierung entscheidend und dauerhaft verändert. Im Lufthansa-Konzern ist der Anteil des AG-Personals von 76% auf knapp 48% gesunken. Zu den bestehenden großen und schon frühzeitig ausgegliederten Konzerngesellschaften LSG, Condor und Lufthansa CityLine sind durch Ausgliederungen aus der »alten Lufthansa« drei neue Gesellschaften getreten: Lufthansa Technik AG mit mehr als 10.000 Beschäftigten, Lufthansa Cargo AG mit rund 5.000 Beschäftigten und Lufthansa Systems GmbH mit über 1.000 Beschäftigten. In der Deutsche Lufthansa AG arbeiten an Bord und am Boden knapp 27.500 Mitarbeiter, 43% davon an Bord von Flugzeugen. An vielen, meist ausländischen Flughäfen nutzt die Lufthansa die Dienste dritter Gesellschaften.
Der Vorstand Mitte 1996: »Internationalisierung der Kosten heißt zwangsläufig auch, den Beschäftigungszuwachs verstärkt aufs Ausland zu konzentrieren – nicht nur, weil zu einem Welt-Unternehmen wie Lufthansa eine internationale Mitarbeiterschaft gehört. Beschäftigungszuwachs im Ausland entlastet auch die Kosten und sichert daher Beschäftigung im Inland. Gewerkschaften und Mitarbeitervertretungen sehen diesen Zusammenhang. Mit ihnen gemeinsam wollen wir das Going Global vorantreiben.«
Den Wiederaufschwung der Lufthansa sieht das Management aber auch in den neuen Kooperationen mit United Airlines und der damit erreichten Öffnung des US-Marktes für den »Kranich«, mit Thai Airways sowie mit der skandinavischen SAS, der südafrikanischen SAA, Air Canada und Varig. Gemeinsame Flugverbindungen, zunehmendes Code-Sharing (das Nutzen von Sitzkapazitäten in den Maschinen befreundeter Airlines), bessere Anschlüsse, Verbindungen der Bonusprogramme, gemeinsame Frachtbewegungen, Globalisierung der Netze sind nur einige Vorteile, die aus diesen internationalen strategischen Allianzen erwachsen. Die Lufthansa, so ihr Vorstandsvorsitzender Jürgen Weber, will kein »Local player« sein, sondern sich verstärkt auf die Globalisierung der Weltwirtschaft einstellen. Globaler Wettbewerb bedeutet danach aber auch Internationalisierung der Kosten. Die Folge sind neue Standorte an zahlreichen Punkten der Welt. »Wenn uns der Markt Preise von New York und Singapur aufzwingt, müssen wir entsprechend reagieren können«, so Jürgen Weber (Handelsblatt vom 17. Mai 1995). Das Unternehmen werde nicht mehr unbedingt alles in Deutschland produzieren können. »Aus Made in Germany wird Made by Lufthansa.« Nach Meinung der Lufthansa werden in absehbarer Zukunft alle mittelgroßen Fluglinien, die sich nicht in internationale Allianzen einbinden, keine Überlebenschancen haben. Im Rahmen des sich verschärfenden Wettbewerbs wird es in einigen Jahren nur noch wenige weltweit operierende Fluggesellschaften geben (neben kleineren regionalen Linien).

»Bündnis für Arbeit«. Nachdem die Lufthansa 1992 zum Sanierungsfall geworden war und mit mehreren hundert Millionen Verlusten die Bruchlandung drohte, wurde die Notbremse gezogen. Zuerst wurde der drohende massive Personalabbau noch mit einem gewerkschaftlich abgesegneten Einkommensverzicht gebremst. Seit dem Personalhöchststand Ende Juni 1992 verloren schließlich doch knapp 9.000 Mitarbeiter ihre bis dahin sicher geglaubten Jobs. Das

Umsatz 1995: *19.900,4 Mio.*
Umsatz 1994: *18.835,7 Mio.*
Umsatz 1993: *17.730,7 Mio.*

Gewinn/Verlust 1995:
1.476,2 Mio.
Gewinn/Verlust 1994:
302,0 Mio.
Gewinn/Verlust 1993:
– 91,6 Mio.

Cash flow 1995: *2.481,7 Mio.*
Cash flow 1994: *2.530,4 Mio.*
Cash flow 1993: *1.930,5 Mio.*

Cash flow: *Die Investitionen wurden vollständig aus dem selbsterwirtschafteten Finanz-Cash flow bestritten. Er diente in erster Linie dem Ausbau und der Modernisierung der Flotte.*

Steueraufkommen 1995:
159,1 Mio.

Beschäftigte 1995: *57.586*
Beschäftigte 1994: *58.044*
Beschäftigte 1993: *60.514*

Umsatz pro Mitarbeiter 1995: *345.577,– DM*
Umsatz pro Mitarbeiter 1994: *324.507,– DM*
Umsatz pro Mitarbeiter 1993: *293.002,– DM*

Löhne und Gehälter 1995: *4.375,9 Mio.*
Löhne und Gehälter 1994: *4.215,2 Mio.*
Durchschnittsgehalt 1995: *75.989,– DM*
Soziale Abgaben und Aufwendungen 1995: *1.024,2 Mio.*
Soziale Abgaben und Aufwendungen 1994: *1.040,1 Mio.*

Bezüge pro Vorstandsmitglied 1995: *873.600,– DM*
Tantiemen pro Aufsichtsrat 1995: *16.450,– DM*

Problem der Zusatzversorgung der Lufthansa-Mitarbeiter bei der Versorgungsanstalt des Bundes und der Länder (VBL), die im Falle einer Privatisierung und einer Beteiligung des Bundes unter 50% automatisch weggefallen wäre, wurde durch eine Subventionierung seitens des Bundes von rund 1,5 Mrd. DM und Rücklagen der Lufthansa von knapp 1,1 Mrd. DM mit der gleichzeitigen Übertragung der betrieblichen Altersversorgung auf private Träger gelöst.
Die Sparmaßnahmen der Lufthansa gehen weiter: Im Juni 1995 teilte das Management mit, daß man bei der Lufthansa künftig zehn Prozent ihrer 9.000 Flugbegleiter im Ausland anwerben und nach den dort »ortsüblichen Tarifen« bezahlen wolle. Die Basis war ein Haustarifvertrag zwischen der Lufthansa und den beiden Gewerkschaften ÖTV und DAG, die der untertariflichen Bezahlung zugestimmt hatten. Die Abweichung vom deutschen Tarif bezieht sich nur auf die Entgelthöhe. Alle anderen Vereinbarungen des Manteltarifvertrages wie Urlaub und Arbeitszeit sollen mit den deutschen Bedingungen identisch sein. Unterschiedliche Löhne für gleiche Arbeit im selben Flugzeug. Der Anteil »ausländischer Billigflugbegleiter« darf aber nicht mehr als 10% der gesamten Flugbegleiterbelegschaft ausmachen. Im Mai wurden 58 indische Stewardessen eingestellt, die Fluggäste überwiegend auf den Indienstrecken begleiten, im Juni kamen 120 thailändische Stewardessen in Lufthansa-Uniform hinzu.
Im Rahmen des sogenannten »Programm 15« zur Kostensenkung und Zukunftssicherung ist das Hauptziel der Lufthansa die Absenkung der Stückkosten von heute knapp über 17 Pfennig pro angebotenen Sitzkilometer auf 15 Pfennig im Jahr 2001, was einer Verringerung um 20% entspricht. Alle Kosten stehen auf dem Prüfstand: die Gebühren, die Distributionskosten, der Personalaufwand, der Bezug von Waren und Dienstleistungen. Lufthansa drängt auf eine Veränderung bei den Personal-Tarifstrukturen und will die Mitarbeiter wie schon die Führungskräfte bei niedrigeren Fixkosten erfolgsabhängig stärker am Ergebnis beteiligen. Nach neuerlichen Verlustmeldungen im Juli 1996 kündigte der Lufthansa-Vorstand an, alle Tarifverträge und Betriebsvereinbarungen unter dem Gesichtspunkt der Produktivität auf den Prüfstand zu stellen. Angekündigt wurde ein weiteres Kostensenkungsprogramm von über 1 Mrd. DM, was im Klartext weitere Entlassungen bei der Lufthansa bedeutet. Bereits seit Februar 1996 besteht bei der Lufthansa eine Begrenzung der Mitarbeiterzahl, also ein Einstellungsstopp.

UMWELTSCHUTZ. Erstmals haben sich die Unternehmen des Lufthansa-Konzerns 1995/96 überprüfbare Umweltziele gesetzt und sie im Umweltbericht »Balance« veröffentlicht. Lufthansa will den Treibstoffverbrauch je 100 Passagierkilometer jedes Jahr um 0,1 Liter senken. Lufthansa Cargo will den Treibstoffverbrauch bis zum Jahr 2000 um 10% reduzieren. Denn die großen Fluglinien gelten als wesentliche Klimakiller.
1994 stellte die Lufthansa erstmals einen ausführlichen Umweltbericht vor. Ihre junge Flotte mit einem Durchschnittsalter von 5,5 Jahren (im Gegensatz zum Weltluftverkehr von 11 bis 12 Jahren) und damit eine der jüngsten Passagier-Flotten aller vergleichbaren Airlines, habe die Belastung der Luft durch Schadstoffe in den vergangenen Jahren deutlich reduziert. Die modernen Flugzeuge seien leiser, sparsamer und

schadstoffärmer als alte Flugzeuge. Der Treibstoffverbrauch und der Ausstoß an Kohlendioxid sei seit 1991 um 6% zurückgegangen, obwohl die Verkehrsleistung im gleichen Zeitraum um 23% zugenommen habe. Der durchschnittliche Kerosin-Verbrauch sei 1995/96 auf 5,3 Liter für einen Passagier je 100 Kilometer gesunken und liege damit unter dem des Autos. Spitzenreiter in der Lufthansa-Flotte ist der sparsame Langstrecken-Jet A340 mit 3,7 Liter Kerosinverbrauch. 1995 verbrauchte die Lufthansa-Passagierflotte insgesamt 2,44 Mio. Tonnen Treibstoff. Dabei hat sich seit 1992 der Treibstoffverbrauch um 18,5% verringert.

Die Flottenerneuerung hat auch dazu beigetragen, daß der Lärmpegel rund um die Flughäfen erheblich gesunken ist, so die Lufthansa. Danach entsprechen von den 236 Flugzeugen der Lufthansa AG über 200 den strengsten Lärmwerten. Mit der Einführung des Airbus A319 wurden 1996 die letzten lauten Flugzeuge bei der Lufthansa ausgemustert. Obwohl die Zahl der Flugbewegungen auf deutschen Flughäfen jährlich steige, habe der »äquivalente Dauerschallpegel«, das Maß für die durchschnittliche Lärmbelastung, laufend abgenommen. »So verzeichnete Frankfurt, der größte Flughafen auf dem europäischen Kontinent, 1994 rund 55% mehr Starts als 1980. Der Lärmpegel verringerte sich hingegen um mehr als ein Viertel.«

1996 hat sich Lufthansa eine neue Organisationsstruktur im Umweltschutz gegeben, die die Aufgaben des betrieblichen Umweltschutzes im Konzern dezentralisiert. Diese werden damit von den Konzern- und Beteiligungsgesellschaften eigenverantwortlich übernommen. Dazu wird ein Umwelthandbuch des Konzerns erscheinen. Alle Konzernbereiche haben feste Umweltziele für 1996/97 definiert, denen sie sich überprüfbar verpflichtet fühlen.

Investitionen 1995:
1.365,4 Mio.
Investitionen 1994:
2.086,0 Mio.
Investitionen 1993:
1.741,1 Mio.

Mitbewerber: *Air France, Alitalia, American Airlines, British Airways (Deutsche BA), Delta Airlines, Hapag Lloyd, Iberia, Japan Airlines, KLM, LTU, Northwest Airlines, Quantas, Singapore Airlines, Swissair*

KOMMENTAR. Die Lufthansa versucht nach den großen finanziellen Einbrüchen der letzten Jahre und der vorgenommenen Teilprivatisierung ihr Image aufzubessern. Sie will weg vom Nimbus des Staatsunternehmens und beweisen, daß privates Wirtschaften zum Besseren führt. Das scheint auch dringend geboten. Mag das Image des »Kranichs« im Ausland ja einigermaßen passabel sein, im Inland gilt die deutsche Fluglinie nach wie vor als »Nimmersatt«. Mit keineswegs marktgerechten Tarifen auf Inlandsstrecken, mäßigem Service und unfreundlichem Personal, dazu unzuverlässigen Flugzeiten und einem äußerst holprigen Miles & More-System kann sie ihren Ruf nur schwerlich verbessern. Private Konkurrenz, der sich die Lufthansa mit der Öffnung des EG-Binnenmarkts und dem Wettbewerb unter den europäischen Luftverkehrsgesellschaften nun stellen muß, hatte sie in der Vergangenheit immer wieder durch ihre guten politischen Beziehungen und den nahezu monopolhaften Zugriff auf die Slots (Start- und Landezeiten auf Flughäfen) abwehren können. Heute fliegt erfolgreich Deutsche BA, eine Tochter von British Airways, auf innerdeutschen Strecken. Weitere Linien werden folgen. Die Privatisierung der Lufthansa und die neuen internationalen Herausforderungen haben den müden Kranich munter werden lassen – hoffentlich zum Nutzen der Kunden.

Lurgi siehe Metallgesellschaft

MAN

Standort:
Ungererstraße 69
80805 München

Postanschrift:
Postfach 40 13 47
80713 München

Telefon: *(089) 36098-0*
Telex: *52 15 710 manm d*
Telefax: *(089) 36098-250*

Branche: *Konzernleitende Obergesellschaft (Holding); Nutzfahrzeugbau; Maschinen- und Anlagenbau; Handel*

Rechtsform:
Aktiengesellschaft

Geschäftsjahr: *1.7.-30.6.*

Gründungsjahr: *1758 Gutehoffnungshütte; 1840 M.A.N.; 1986 MAN AG*

Öffentlichkeitsarbeit:
Manfred Plath
Tel.: (089) 36098-380/383
FAX: (089) 36098-382

Verbände: *Die einzelnen Teilkonzerne sind in den ihnen entsprechenden Verbänden organisiert.*

GESCHICHTE UND ENTWICKLUNG. Die Gutehoffnungshütte (GHH) wurde 1873 als Aktiengesellschaft (»Gutehoffnungshütte, Actienverein für Bergbau und Hüttenbetrieb«) gegründet. Sie ist aus der seit 1808 betriebenen Hüttengewerkschaft und Handlung Jacobi, Haniel & Huyssen hervorgegangen. Ihre Keimzelle war die Hütte »St. Antony« bei Osterfeld, die als erstes schwerindustrielles Unternehmen im Ruhrgebiet 1758 ihren Betrieb aufgenommen hatte. – Ab 1917 erfolgte durch Angliederung anderer Unternehmen, wie z. B. Deutsche Werft, M.A.N., Maschinenfabrik Esslingen und Ferrostaal, der Ausbau zu einem Konzern. Das Unternehmen wurde nach Ausgliederung und Zusammenfassung seiner Fertigungsbetriebe in der Gutehoffnungshütte Oberhausen AG zu einer reinen Holding. – Nach dem Zweiten Weltkrieg durch »Entflechtung« auf Anordnung der Alliierten Ausscheiden des Kohlebereiches und der Eisen- und Stahlerzeugung aus dem Konzernverbund. Firmenname ab 1953: Gutehoffnungshütte Aktienverein, ab 1981: Gutehoffnungshütte Aktienverein Aktiengesellschaft.
Die M.A.N. wurde 1840 als Maschinenfabrik in Augsburg gegründet; 1857 Umwandlung in eine Aktiengesellschaft. Sie baute u. a. 1873 die erste deutsche Rotationsmaschine für Zeitungsdruck und die erste Ammoniakkühlmaschine, System Linde. 1893 bis 1897 wurde zusammen mit dem Erfinder Rudolf Diesel der erste Dieselmotor der Welt entwickelt. 1898 Zusammenschluß der Aktiengesellschaft Maschinenfabrik Augsburg mit der 1841 gegründeten Maschinenbau-Actien-Gesellschaft Nürnberg zur späteren Maschinenfabrik Augsburg-Nürnberg AG (M.A.N.). Im Ersten Weltkrieg erlebte M.A.N., der größte süddeutsche Industriebetrieb, durch massive Rüstungsaufträge gerade für die kaiserliche Flotte einen großen wirtschaftlichen Boom. Das Unternehmen baute u. a. U-Boot- und Flugzeugmotoren, Waggons, Lastkraftwagen und Geschützrohre. Nach dem Krieg existentielle Probleme durch Rohstoffmangel, Suche nach einem leistungsfähigen Rohstoffkonzern. – 1920 Anschluß an den GHH-Konzern, 1921 Übernahme der Aktienmehrheit an der M.A.N. durch die GHH-Konzernholding. – Nach dem Zweiten Weltkrieg zahlreiche Neugründungen und Akquisitionen, u. a. M.A.N. Turbo/MTU, GHH Sterkrade, Büssing Automobilwerke, Roland Offsetmaschinenfabrik Faber & Schleicher und die dänische B&W Diesel. 1980 Änderung des Firmennamens in M.A.N. Maschinenfabrik Augsburg-Nürnberg AG. 1986 wurde die M.A.N. Maschinenfabrik Augsburg-Nürnberg AG auf die Obergesellschaft Gutehoffnungshütte Aktienverein AG, Oberhausen, verschmolzen. Umfirmierung in MAN AG. Sitz der neuen MAN wurde München.

BESITZVERHÄLTNISSE/EIGENTUMSSTRUKTUR.

- Regina Verwaltungsgesellschaft mbH, München (über 25% – daran: Allianz AG Holding, Berlin/München, 25%; Allianz Lebensversicherungs-AG, Berlin/München, 25%; Münchener Rückversicherungs-Gesellschaft, München, 25%; Commerzbank AG, Frankfurt/Main, 25%)
- Investment-Gesellschaften (ca. 20%)
- Rest Streubesitz bei ca. 60.000 Aktionären

KONZERNÜBERBLICK. Die MAN Aktiengesellschaft ist die konzernleitende Obergesellschaft des MAN-Konzerns, der 1986 aus der Umstrukturierung des GHH-Konzerns entstanden ist. Der GHH-Konzern war hervorgegangen aus der Verschmelzung der Gutehoffnungshütte Aktienverein AG (GHH) mit der nach der Ausgliederung verschiedener Unternehmensbereiche zur Holding gewordenen M.A.N. Maschinenfabrik Augsburg-Nürnberg AG, an der die GHH einen Anteil von 75,2% gehalten hatte. Die GHH hatte dann durch Beschluß der außerordentlichen Hauptversammlung vom 17. April 1986 ihre Firma in MAN Aktiengesellschaft geändert. Die Unternehmen des MAN-Konzerns sind im Nutzfahrzeugbau, im Maschinen- und Anlagenbau und im Handel tätig. Der MAN-Konzern besteht aus acht Kern-Konzernunternehmen (Teilkonzernen) und zwei wesentlichen Beteiligungen:

◆ MAN Nutzfahrzeuge AG, München: Lastkraftwagen von 6 bis 48 t, Omnibusse, Motoren. Dieser größte Teilkonzern umfaßt neben der MAN Nutzfahrzeuge AG die österreichischen ÖAF und Steyr Nutzfahrzeuge, die Produktionstöchter in Südafrika und Australien, die Fahrzeugwerke Nord in Flensburg, die Leasinggesellschaft in München und Vertriebstöchter u. a. in Italien, Frankreich, Belgien, Großbritannien, den Niederlanden, Polen und der Tschechischen Republik. Umsatz 1994/95: 7.236,0 Mio. DM (Vorjahr: 6.903,0 Mio.); Beschäftigte 1994/95: 25.955 (Vorjahr: 25.469).

◆ Ferrostaal AG, Essen: Handel mit Stahlprodukten, Maschinen und Anlagen, Generalunternehmen für Industrieprojekte und Infrastrukturvorhaben aller Art, weltweiter Vertrieb. Umsatz 1994/95: 4.750,0 Mio. DM (Vorjahr: 4.342,0 Mio.); Beschäftigte 1994/95: 1.589 (Vorjahr: 1.873).

◆ MAN Roland Druckmaschinen AG, Offenbach: Bogenoffsetmaschinen (Produktion Offenbach), Rollenoffsetmaschinen (Produktion Augsburg). Der Konzern ist 1979 durch die Zusammenlegung von MAN mit der Roland Offsetmaschinenfabrik Faber & Schleicher AG entstanden. Sitz der Firma ist Offenbach. Umsatz 1994/95: 2.002,0 Mio. DM (Vorjahr: 2.041,0 Mio.); Beschäftigte 1994/95: 9.878 (Vorjahr: 9.821).

◆ MAN Gutehoffnungshütte AG, Oberhausen: Industrieanlagen, Kran-Systeme, Materialflußsysteme, Förderanlagen aller Größen, Sondermüllverbrennungsanlagen, Bauwesen, Turbinen, Kompressoren, Untertagefahrzeuge. Umsatz 1994/95: 1.563,0 Mio. DM (Vorjahr: 1.774,0 Mio.); Beschäftigte 1994/95: 4.631 (Vorjahr: 5.259).

◆ MAN B&W Diesel AG, Augsburg: Schiffs- und stationäre Dieselmotoren, Abgasturbolader, Nutzturbinen, Öl- und Gasbrenner, Guß-Erzeugnisse, Modell- und Formenbau, schiffbauliche Arbeiten, Propulsionssysteme. Das Unternehmen mit Sitz in Augsburg erhielt seinen Namen nach der Übernahme des dänischen Schiffbaubetriebs Burmeister & Wain. In Dänemark werden Zweitaktmotoren, in Augsburg Viertakter gebaut. In Augsburg entstanden die acht Motoren mit zusammen 130.000 PS, die das schnellste Passagierschiff der Welt, die »Queen Elizabeth II«, antreiben. Umsatz 1994/95: 1.607,0 Mio. DM (Vorjahr: 1.576,0 Mio.); Beschäftigte 1994/95: 5.222 (Vorjahr: 5.097).

◆ MAN Technologie AG, Augsburg: Raumfahrt- und Leichtbautechnik, u. a. Teile für ARIANE, Verteidigungs- und Apparatetechnik, Nachrichtentechnik, Komponenten für Laseranlagen, Systemelektronik, Ener-

Vorstand:

- *Götte, Klaus, Dr. (Vorsitzender), München (ab 1997 Dr. E.h. Rudolf Rupprecht)*
- *Ballestrem, Ferdinand, Graf von, Dr. (Finanzen), München*
- *Brütt, Peter, Dr. (Vorsitzender des Vorstandes der MAN Roland Druckmaschinen AG), Augsburg*
- *von Menges, Klaus, Dr. (Vorsitzender des Vorstandes der Ferrostaal AG), Essen*
- *Rupprecht, Rudolf, Dr. (Vorsitzender des Vorstandes der MAN Nutzfahrzeuge AG), München (ab 1997 Klaus Schubert)*
- *Schmidt, Gerd R., Dr. (Technik, Personal und Recht), München*
- *Thulmann, Gerhard (Vorsitzender des Vorstandes der MAN B&W Diesel AG), Augsburg*
- *Zahn, Philipp J., Dr. (Controlling; stellv. Mitglied), Grünwald bei München*

Vorstandsbezüge 1994/95:
6.515.000,– DM

Generalbevollmächtigter Direktor:

- *Federlin, Gerd, Dr., München*

Aufsichtsrat:
▌*Kaske, Karlheinz, Prof. Dr. (Vorsitzender; ehem. Vorsitzender des Vorstandes der Siemens AG), München (ab 1997 Dr. Klaus Götte)*
▌*Schulte-Noelle, Henning, Dr. (stellv. Vorsitzender; Vorsitzender des Vorstandes der Allianz AG Holding), München*
▌*Gieske, Friedhelm, Dr. (Mitglied des Aufsichtsrates der RWE AG), Essen*
▌*Kruse, Hans Jakob (Mitglied des Aufsichtsrates der Hapag-Lloyd AG), Hamburg*
▌*Meinhardt, Hans, Dr. (Vorsitzender des Vorstandes der Linde AG), Wiesbaden*
▌*Perlet, Helmut, Dr. (Direktor der Allianz Versicherungs-AG), München*
▌*Schinzler, Hans-Jürgen, Dr. (Vorsitzender des Vorstandes der Münchener Rückversicherungs-AG), München*
▌*Seipp, Walter, Dr., (Vorsitzender des Aufsichtsrates der Commerzbank AG), Frankfurt/Main*
▌*Soltmann, Dieter, Dr. (pers. haft. Gesellschafter der Gabriel Sedlmayr Spaten-Franziskaner-Bräu KGaA), München*
▌*Strenger, Hermann J. (Vorsitzender des Aufsichtsrates der Bayer AG), Leverkusen*
**Strauss-Wieczorek, Gerlinde, Dr. (stellv. Vorsitzende)*
**Blank, Michael*
**Bozung, Hanns-Günther, Dr.*
**Hiesinger, Karlheinz*
**Hillebrand, Georg*
**Ossenkop, Wolfgang*
**Pohlmann, Lothar*
**Schmidt, Klaus*
**Stötzel, Paul*
**Vowinkel, Karl-Heinz*

Aufsichtsratstantiemen 1994/95: *998.000,– DM*

gie- und Umwelttechnik, Blockheizkraftwerke, Deponieentsorgungsanlagen, daten- und satellitengestützte Informations- und Kommunikationstechnik. Umsatz 1994/95: 319,0 Mio. DM (Vorjahr: 306,0 Mio.); Beschäftigte 1994/95: 1.043 (Vorjahr: 1.062).
◆ RENK AG, Augsburg: automatische Fahrzeuggetriebe, Antriebselemente, Regel- und Prüfsysteme, Industrie- und Schiffsgetriebe, Kupplungen, Scheibenbremsen und Zahnräder. Umsatz 1994/95: 349,0 Mio. DM (Vorjahr: 362,0 Mio.); Beschäftigte 1994/95: 1.699 (Vorjahr: 1.694).
◆ Deggendorfer Werft und Eisenbau GmbH (DWE), Deggendorf: Schiff-, Bagger- und Apparatebau, Chemiereaktoren, Anlagenbau, Reaktorbau. Umsatz 1994/95: 120,0 Mio. DM (Vorjahr: 80,0 Mio.); Beschäftigte 1994/95: 492 (Vorjahr: 493).
◆ SMS AG, Düsseldorf: Walzwerks- und Stranggießtechnik, Kunststofftechnik, Preß- und Schmiedetechnik. Umsatz 1994/95: 1.752,0 Mio. DM (Vorjahr: 1.899,0 Mio.); Beschäftigte 1994/95: 6.070 (Vorjahr: 5.973).
◆ Schwäbische Hüttenwerke GmbH (SHW), Aalen-Wasseralfingen: Werkzeugmaschinen, Walzen, Pumpen, Komponenten und Teile für die Autoindustrie, Blankstahl, Handwerkzeuge. Umsatz 1994/95: 322,0 Mio. DM (Vorjahr: 293,0 Mio.); Beschäftigte 1994/95: 1.412 (Vorjahr:1.473).
Wichtigste Produktionsstätten: Aalen-Wasseralfingen, Augsburg, Deggendorf, Düsseldorf, Essen, Gustavsburg, Hamburg, Heilbronn, Hilchenbach, Lauchhammer, Leipzig, Meinerzhagen, München, Nürnberg, Oberhausen, Offenbach, Penzberg, Plauen, Rheine, Salzgitter, Groton/USA, Kopenhagen/Dänemark, Steyr/ Österreich, Wien/Österreich.

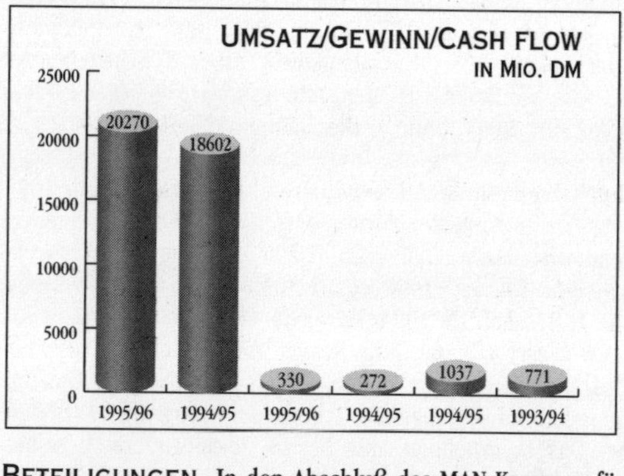

BETEILIGUNGEN. In den Abschluß des MAN-Konzerns für 1994/95 wurden neben der MAN Aktiengesellschaft 70 inländische und 60 ausländische Tochtergesellschaften einbezogen. Zum Kern des 1986 neu strukturierten Konzerns zählen folgende in- und ausländische Gesellschaften:
● MAN Nutzfahrzeuge AG, München (100%); Österreichische Automobilfabrik ÖAF-Gräf & Stift AG, Wien/Österreich (96%); Steyr Nutzfahrzeuge Aktiengesellschaft, Steyr/Österreich (100%).
● Ferrostaal AG, Essen (100%); Deutsche Industrieanlagengesellschaft mbH (DIAG), Essen (100%); Ferrostaal West GmbH, Essen

(100%); Ferrostaal Bewehrungstechnik GmbH, Essen (100%); Franz Kirchfeld GmbH & Co. KG, Düsseldorf (100%); Ferrostaal Inc., Houston/USA (100%); DSD Dillinger Stahlbau GmbH, Saarlouis (38%).

- MAN Roland Druckmaschinen AG, Offenbach (98%); MAN Miller Druckmaschinen GmbH, Geisenheim (100%); MAN Plamag Druckmaschinen Aktiengesellschaft, Plauen (100%); MAN Roland Mainhausen GmbH, Mainhausen (100%); MAN Roland Inc., Groton/USA (100%).
- MAN Gutehoffnungshütte AG, Oberhausen (100%); MAN TAKRAF Fördertechnik GmbH, Leipzig (100%); MAN GHH Logistics GmbH, Heilbronn (100%); GHH-RAND Schraubenkompressoren GmbH & Co. KG, Oberhausen (50%); VACMETAL Gesellschaft für Vakuum-Metallurgie mbH, Dortmund (80%).
- MAN B&W Diesel AG, Augsburg (100%); MAN B&W Diesel A/S, Kopenhagen/Dänemark (100%); S.E.M.T. Pielstick, St. Denis/Frankreich (50%).
- MAN Technologie AG, Augsburg (100%); MAN Dezentrale Energiesysteme GmbH, Augsburg (100%).
- RENK AG, Augsburg (76%).
- Deggendorfer Werft und Eisenbau GmbH, Deggendorf (100%).
- SMS AG, Düsseldorf (Kapital: 51%, Stimmrecht: 50%); SMS Schloemann-Siemag Aktiengesellschaft, Düsseldorf und Hilchenbach (100%); SMS Hasenclever GmbH, Düsseldorf (100%); Battenfeld GmbH, Meinerzhagen (100%); Battenfeld Fischer Blasformtechnik GmbH, Troisdorf (100%); Battenfeld Extrusionstechnik GmbH, Bad Oeynhausen (100%); Battenfeld Kunststoffmaschinen Ges.m.b.H., Kottingbrunn/Österreich (100%); SMS Capital Corporation, Pittsburgh/USA (100%).
- Schwäbische Hüttenwerke GmbH, Aalen-Wasseralfingen (50%).

NEUE BUNDESLÄNDER. Die Unternehmen des MAN-Konzerns sind auf ihren jeweiligen Geschäftsfeldern in den neuen Bundesländern tätig. MAN Roland Druckmaschinen AG, Offenbach, übernahm um die Jahreswende 1990/91 von der Treuhandanstalt das sächsische Rollendruckmaschinen-Unternehmen Plamag Plauener Maschinen AG, Plauen, unter der Neufirmierung MAN Plamag Druckmaschinen AG. MAN Gutehoffnungshütte AG, Oberhausen, erwarb sämtliche Anteile an der TAKRAF Lauchhammer GmbH, Leipzig, einem der weltweit größten Anbieter für fördertechnische Anlagen im Tagebau, im Massengutumschlag und in der Hüttenindustrie. Die MAN-Aktivitäten des Bereiches Fördertechnik in Nürnberg wurden in diese Gesellschaft, die in MAN TAKRAF Fördertechnik GmbH, Leipzig, umbenannt wurde, eingebracht. Am Standort Lauchhammmer nahm im Dezember 1994 eine neue Fabrik den Betrieb auf. Das größte MAN-Konzernunternehmen, MAN Nutzfahrzeuge AG, hatte bereits Ende 1989 unmittelbar nach der Öffnung der Grenze damit begonnen, eine Vertriebsorganisation nach dem gleichen Konzept wie in den alten Bundesländern aufzubauen. Anfang 1996 waren 19 werkseigene Service-Niederlassungen in Betrieb. Weitere sind geplant. Daneben wurden mit 64 Vertragspartnern Werkstatt-Verträge geschlossen. Der Bereich Stahlhandel der Ferrostaal AG, Essen, unterhält zwischenzeitlich die gleichen Liefer- und Kundenbeziehungen wie in Westdeutschland. Es sind Verkaufsbüros in mehreren ostdeutschen Städten eröffnet worden. Vereinbarungen über Zusammenarbeiten bestehen zwischen MAN B&W Diesel AG, Augsburg, und der Maschinenbau GmbH, Halberstadt (Lizenzabkommen für die Fertigung des Viertakt-Dieselmotors L40/54).

BÖRSE, AKTIEN, KURSE
Grundkapital 1995:
771,0 Mio.
Jahreshöchstkurs 1995:
436,00 DM
Jahrestiefstkurs 1995:
323,00 DM
Aktie Jahresende 1995:
397,00 DM
Dividende pro Aktie 1995:
9,50 DM

Die Dividende bezieht sich auf je 50,– DM Aktiennennbetrag. Der Bilanzgewinn betrug 136,5 Mio. DM. Die Angaben beziehen sich auf die MAN-Stammaktien für das Kalenderjahr 1995.

Umsatz 1995/96:
20.270,0 Mio.
(Auslandsanteil: 65,3%)
Umsatz 1994/95:
18.601,9 Mio.
(Auslandsanteil: 62,1%)
Umsatz 1993/94:
18.144,4 Mio.
(Auslandsanteil: 61,8%)

Gewinn 1995/96: *330,0 Mio.*
Gewinn 1994/95: *272,1 Mio.*
Gewinn 1993/94: *160,3 Mio.*

Cash flow 1994/95:
1.037,0 Mio.
Cash flow 1993/94:
771,0 Mio.
Cash flow 1992/93:
1.081,0 Mio.
Cash flow: *Der Cash flow floß u. a. in die Investitionen.*

Steueraufkommen 1995/96:
170,0 Mio.

Beschäftigte 1995/96:
57.813
Beschäftigte 1994/95:
56.503
Beschäftigte 1993/94:
56.997
(Beschäftigte 1992/93: 60.837)

Umsatz pro Mitarbeiter 1994/95: *329.220,– DM*
Umsatz pro Mitarbeiter 1993/94: *318.340,– DM*
Umsatz pro Mitarbeiter 1992/93: *311.112,– DM*

Löhne und Gehälter 1994/95: *4.155,7 Mio.*
Löhne und Gehälter 1993/94: *4.160,7 Mio.*
Durchschnittsgehalt 1994/95: *73.548,– DM*
Soziale Abgaben und Aufwendungen 1994/95: *939,1 Mio.*
Soziale Abgaben und Aufwendungen 1993/94: *914,9 Mio.*

Bezüge pro Vorstandsmitglied 1994/95: *814.375,– DM*
Tantiemen pro Aufsichtsrat 1994/95: *49.900,– DM*

STANDORT DEUTSCHLAND. Der MAN-Konzern hat eine Phase an Umstrukturierungs- und Rationalisierungsmaßnahmen hinter sich, in der das Produktprogramm, insbesondere bei Nutzfahrzeugen und Druckmaschinen, fast vollständig erneuert wurde. Mit dieser Offensive sollten Gegengewichte zu den Kostennachteilen des Standortes Deutschland aufgebaut werden, so MAN, um mit Spitzentechnologien die Marktteile zu gewinnen und zu sichern, die allein durch einen Preiswettbewerb nicht haltbar wären. Ergebnis dieser Politik: Ende 1995 beschäftigte MAN 57.197 Mitarbeiter nach 55.793 ein Jahr zuvor. Bis Ende 1996 sollen 1.000 weitere Arbeitsplätze an deutschen Standorten geschaffen werden. Ein Blick auf die Fünfjahresübersicht des Konzerns zeigt aber, daß seit 1991/92 rund 7.000 abgebaut worden waren. Dieser Personalabbau betraf am stärksten die Bereiche Nutzfahrzeuge und Druckmaschinen, einhergehend mit sogenannten »Standortbereinigungen«, also Standortschließungen.
Nahezu zwei Drittel des Umsatzes macht MAN im Ausland. Die ausländischen Fertigungsstandorte des Konzerns tragen rund 20% zur Gesamtproduktion des Konzerns bei. Das gilt auch für die Mitarbeiterzahl. Daraus resultieren die Überlegungen, Produktionen noch stärker vor Ort zu entwickeln; das trifft besonders für den osteuropäischen Raum und die GUS-Staaten zu, wo MAN für sich einen großen Markt an den klassischen Investitionsgütern des Fahrzeug-, Maschinen- und Anlagenbaus sieht.
Die MAN Nutzfahrzeuge AG hat die industrielle Führung bei der Beteiligungsgesellschaft MAN Kamyon ve Otobüs in Ankara/Türkei übernommen. Von dort soll der Lkw- und Omnibus-Markt in der Türkei und in den Ländern des Mittleren Ostens bedient werden. Der MAN-Vorstand setzt aber neben allen Engagements im Ausland weiter auf den Standort Deutschland, auf die in ihm liegenden Potentiale an Know-how und die Fähigkeiten der Beschäftigten.

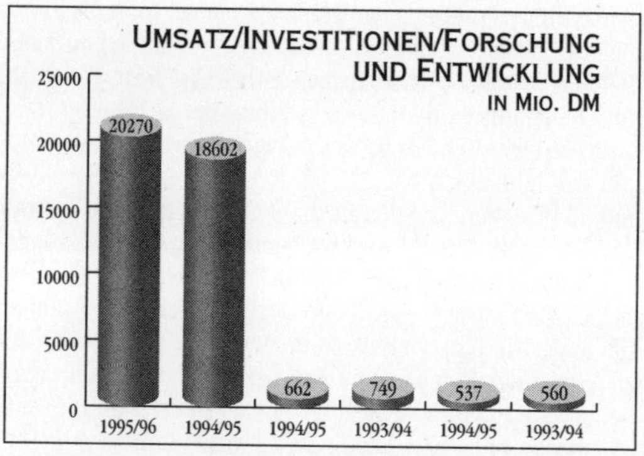

»BÜNDNIS FÜR ARBEIT«. Zahlreiche Vereinbarungen und betriebliche Regelungen, die im Rahmen der geltenden Tarifverträge flexiblere Arbeitszeiten vorsehen, wurden 1995/96 zwischen den Geschäftsleitungen und den betriebsverfassungsrechtlichen Organen der Belegschaftsvertretung getroffen. Mit dieser Entwicklung reagiert der MAN-Konzern auf die öffentliche Diskussion um das »Bündnis für Arbeit«. Mit durchschnittlich 3.900 Auszubildenden betrug die Ausbildungsquote rund 7% der Belegschaft. Alle Auszubildenden wurden in ein Arbeitsverhältnis übernommen.

UMWELTSCHUTZ. Die MAN Aktiengesellschaft hat im Frühjahr 1996 erstmals eine Umweltbroschüre veröffentlicht, in der Konzepte und Leitvorstellungen genannt werden, denen sich der Konzern hinsichtlich des betrieblichen Umweltschutzes verpflichtet fühlt. Der Bericht nennt konkrete Maßnahmen zum Umweltschutz, seine Wirkungen und Kosten und beschreibt für die Mitarbeiter detailliert die Organisation und Arbeitsweise des Umweltmanagements. Ziel dieser neuen Umweltaktivitäten ist die Schaffung eines Bewußtseins für Umweltfragen innerhalb der Belegschaft, das besonders künftige Entwicklungen mit einbeziehen soll.
Beispiele für Umweltschutz-Maßnahmen und -Investitionen in den Produktionsbereichen der MAN-Unternehmen: Umstellung der Fahrerhauslackierung auf Wasserlacke, Nachrüstung der Abluftreinigung von Lackieranlagen, Ersatz herkömmlicher halogenierter Kohlenwasserstoffe für Reinigungszwecke durch neue Verfahren, Reinigung der Abgase von Forschungsprüfständen durch Agglomeration und Schlauchfilter, Umstellung der Energieversorgung auf Fernwärme bzw. Blockheizkraftwerke.
Darüber hinaus ist der MAN-Konzern auch auf zahlreichen Gebieten der Umwelttechnik tätig. Das MAN-Angebot an Produkten und Verfahren zur Vermeidung oder Reduzierung von Umweltbelastungen umfaßt u. a. die Bereiche Schadstoffreduktion, alternative Antriebe, Geräuschminderung, den Einsatz umweltgerechter Materialien (z. B. asbestfreie Bremsbeläge, umweltfreundliche Farben und Lösemittel in Druckmaschinen, Recycling-Kunststoffe), Blockheizkraftwerke zur Kraft-Wärme-Kopplung, Anlagen zur Verbrennung von Sonderabfall, Gleichstrom-Lichtbogenöfen.

Investitionen 1994/95: *662,0 Mio.*
Investitionen 1993/94: *749,0 Mio.*
Investitionen 1992/93: *1.008,0 Mio.*

Forschung und Entwicklung 1994/95: *537,0 Mio.*
Forschung und Entwicklung 1993/94: *560,0 Mio.*
Forschung und Entwicklung 1992/93: *523,0 Mio.*

Mitbewerber: *Altana, Brochier, Deutsche Babcock, Didier, Diehl, Fiat, ITT Automotive, Iveco Magirus, Kässbohrer, Klöckner-Werke, Krupp-Hoesch, Linde, Lurgi, Mannesmann, Mercedes-Benz, Preussag Stahl, Renault, Rheinmetall, Thyssen, Voith, Volvo, VAW, VW*

MANNESMANN

GESCHICHTE UND ENTWICKLUNG. 1890 gelang den Brüdern Reinhard und Max Mannesmann der große Wurf: Sie erfanden ein Walzverfahren zur Herstellung nahtloser Rohre. Gründung der »Deutsch-Österreichische Mannesmannröhren-Werke AG« mit Sitz in Berlin. Aufbau von Stahlwerken, Erwerb von Kohlezechen und Erzbergwerken; Produktionsstätten auch im Ausland. 1910 besaß Mannesmann bereits zehn Röhrenwerke mit entsprechenden Vertriebs- und Handelsketten. 1912 Übersiedlung nach Düsseldorf. Weitere Expansion nach dem Ersten Weltkrieg. Bau des Hüttenwerkes in Duisburg-Huckingen (1929), stürmische Entwicklung in den 30er Jahren. Ab 1940 totale Umstellung des Mannesmann-Konzerns auf die Kriegswirtschaft.
Nach dem Krieg Demontage der Produktionsstätten in der Ostzone, Entflechtung des Mannesmann-Konzerns durch die Alliierten der Westzonen in mehrere Gesellschaften. Mit Beginn der Währungsreform und des Kalten Krieges 1948 Revision des Beschlusses und

Standort:
Mannesmannufer 2
40213 Düsseldorf

Postanschrift:
Postfach 10 36 41
40027 Düsseldorf

Telefon: *(0211) 820-0*
Telex: *8 581 481*
Telefax: *(0211) 820-2163*

Rechtsform:
Aktiengesellschaft

Geschäftsjahr: *1.1.-31.12.*

Branche: *Maschinen- und Anlagenbau, Eisen- und Stahlindustrie, Elektrotechnik, Feinmechanik und Optik, Groß- und Außenhandel*

Gründungsjahr: *1890; Neugründung der Mannesmann AG 1952*

Öffentlichkeitsarbeit:
Manfred Söhnlein
Tel.: (0211) 820-2323
FAX: (0211) 820-2163

Verbände: *Alle Konzernbereiche und die einzelnen Unternehmen sind in ihren spezifischen Fachverbänden organisiert.*

Wiederzusammenführung des Konzerns in der 1952 gegründeten »Mannesmann AG«. 1955 waren alle früheren Mannesmann-Tochtergesellschaften wieder unter dem alten Konzerndach. Erneute Expansion des Konzerns. Bau von Stahl- und Röhrenwerken in Brasilien, Kanada und der Türkei. 1969 wurde der Kohlebergbaubesitz von Mannesmann in die neugegründete Ruhrkohle AG eingebracht. 1970 Zusammenfassung der Röhrenwerke von Mannesmann und Thyssen in die Mannesmannröhren-Werke. Wandlung von Mannesmann zum Maschinen- und Anlagen-Unternehmen und schließlich zum breit gefächerten, global agierenden High-Tech-Konzern. 1975 Erwerb des Hydraulikherstellers Rexroth (größter Hersteller der Welt); 1973/74 Übernahme der Demag AG.
1977 Neugliederung des Konzerns in Unternehmensgruppen mit eigenverantwortlichen Führungsgesellschaften. 1981 Übernahme von Hartmann & Braun (Prozeßleit-, Meß- und Regeltechnik), 1983 von Kienzle (Datenverarbeitung, Informationstechnik »rund ums Auto«, Elektrotechnik, Elektronik). 1987 Erwerb des Fichtel & Sachs-Konzerns und damit für Mannesmann Zugang zur Fahrzeugtechnik. Anfang 1990 mit 51% Teilübernahme des Technikunternehmens Krauss-Maffei (Lokomotiven, Wehrtechnik), nachdem MBB aufgrund des Ministererlasses bezüglich der Fusion Daimler/MBB beim »Leopard«-Hersteller Krauss-Maffei aussteigen mußte. Die 1989/90 neugegründete Mannesmann Mobilfunk GmbH baut ein digitales Mobilfunknetz für Deutschland. 1991 Erwerb von Mehrheitsbeteiligungen an der VDO Adolf Schindling AG, Schwalbach am Taunus, und der Boge GmbH, Eitorf/Sieg. 1995 im Zuge einer Umstrukturierung Veräußerung der Hartmann & Braun AG. Übernahme der 25%-Beteiligung an Krauss-Maffei von der Diehl GmbH & Co. KG. 1996 Eingliederung der Krauss-Maffei AG in die Mannesmann AG.

BESITZVERHÄLTNISSE/EIGENTUMSSTRUKTUR.
Streubesitz bei ca. 200.000 Aktionären, davon etwa 55.000 aktive und ehemalige Mitarbeiter von Mannesmann-Unternehmen. Insgesamt wurden Belegschaftsaktien in Höhe von nominell 139 Mio. DM verkauft. Das sind rund 7% des Grundkapitals. Deutsche Aktionäre besitzen mit 40% den größten Teil des Aktienkapitals. Rund 27% befinden sich in den Händen amerikanischer Aktionäre, 14% in den Portfolios britischer Investoren. Im übrigen Europa werden 15% der Mannesmann-Aktien gehalten, asiatische Investoren besitzen 4% des Grundkapitals von Mannesmann. Besitzt ein Aktionär Aktien im Nennwert von mehr als 5% des Grundkapitals, so darf er nur ein Stimmrecht bis zu 5% wahrnehmen.

KONZERNÜBERBLICK. Die Mannesmann AG ist die Dachgesellschaft des Mannesmann-Konzerns, eines der größten deutschen Industrie-Unternehmen. Jüngste Töchter des Konzerns sind die Mannesmann Mobilfunk GmbH, der Rüstungskonzern Krauss-Maffei AG, der 1996 in die Mannesmann AG eingegliedert wurde, die VDO Adolf Schindling AG und die Boge GmbH. Der Mannesmann-Konzern gliedert sich nach einer 1995 vorgenommenen umfangreichen Umstrukturierung in die vier Unternehmensbereiche Maschinen- und Anlagenbau, Automobiltechnik, Telekommunikation und Rohre und Handel.

◆ Unternehmensbereich Maschinen- und Anlagenbau mit den Unternehmensgruppen Mannesmann Demag, Mannesmann Demag Fördertechik, Mannesmann Rexroth und Krauss-Maffei. Die frühere Unternehmensgruppe Anlagenbau wurde 1995 mit der Mannesmann Demag zusammengefaßt. Umsatz 1995: 13.870,0 Mio. DM (Vorjahr: 12.413,0 Mio.); Beschäftigte 1995: 56.282 (Vorjahr: 51.142). Mannesmann Demag umfaßt die Geschäftsbereiche Hüttentechnik, Verdichter, Drucklufttechnik, Energie- und Umwelttechnik, KTI (Kinetics Technology International) und Kunststofftechnik. Umsatz 1995: 6.408,0 Mio. DM (Vorjahr: 5.651,0 Mio.); Beschäftigte 1995: 21.226 (Vorjahr: 19.676). Zur Mannesmann Demag Fördertechnik gehören die Geschäftsbereiche Komponententechnik, Kran- und Handhabungstechnik, Systemtechnik (förder- und lagertechnische Gesamtanlagen). Umsatz 1995: 1.990,0 Mio. DM (Vorjahr: 2.104,0 Mio.); Beschäftigte 1995: 9.638 (Vorjahr: 9.396). Mannesmann Rexroth umfaßt die Arbeitsgebiete Hydraulik, Pneumatik, NC-Antriebstechnik, Getriebetechnik und Lineare Bewegungstechnik. Mannesmann Rexroth ist weltweit der größte Hydraulikhersteller. Umsatz 1995: 3.824,0 Mio. DM (Vorjahr: 3.335,0 Mio.); Beschäftigte 1995: 18.914 (Vorjahr: 17.088). Krauss-Maffei ist in folgenden Geschäftsfeldern tätig: Kunststofftechnik, Verfahrenstechnik, Verkehrstechnik (Lokomotiven, Magnetbahn Transrapid, Flugzeugelektronik), Automationstechnik, Oberflächentechnik und Wehrtechnik (Flugabwehrsysteme, Kampfpanzer Leopard 2). Umsatz 1995: 1.837,0 Mio. DM (Vorjahr: 1.488,0 Mio.); Beschäftigte 1995: 6.504 (Vorjahr: 4.982). 1996 wurde die Krauss-Maffei AG in die Mannesmann AG eingegliedert.

◆ Unternehmensbereich Automobiltechnik mit den Unternehmensgruppen VDO und Mannesmann Fichtel & Sachs mit ihren deutschen und ausländischen Konzerngesellschaften. Umsatz 1995: 7.200,0 Mio. DM (Vorjahr: 6.707,0 Mio.); Beschäftigte 1995: 35.653 (Vorjahr: 35.173). Die Unternehmensgruppe VDO und die ihr zugeordnete Mannesmann Kienzle sind weltweit Systemzulieferer und Entwicklungspartner der Kraftfahrzeughersteller für Informations-, Steuer- und Regelsysteme sowie Sensoren. VDO rüstet vorwiegend Personenkraftwagen und Mannesmann Kienzle-Nutzfahrzeuge aus. Hinzu kommen Kraftfahrzeug-Nachrüstung sowie Systemtechnik für Wasserfahrzeuge und stationäre Zwecke. Die Luxusuhren-Aktivitäten umfassen die Schweizer Marken IWC und Jaeger-LeCoultre sowie die in Glashütte (Sachsen) reaktivierte deutsche Marke A. Lange & Söhne (hochkomplizierte mechanische Armband- und Taschenuhren). Umsatz 1995: 3.393,0 Mio. DM (Vorjahr: 3.120,0 Mio.); Beschäftigte 1995: 16.127 (Vorjahr: 15.476). Die Unternehmensgruppe Mannesmann Fichtel & Sachs fertigt Komponenten und Systeme für die Märkte Automobil, Zweirad und Schiene: Dämpfer und Dämpfungssysteme, aktive Fahrwerkssysteme für Kraftfahrzeuge, Kupplungen, Kupplungssysteme und Drehmomentwandler, Lüfterkupplungen und Drehzahlhochtriebe, Räder aus Aluminium und Stahl, Gasfedern, Gummimetallverbindungen, Gußteile, Fahrradkomponenten, Zwei- und Viertaktmotoren. Fichtel & Sachs kam 1995 auf einen Umsatz von 3.810,0 Mio. DM (Vorjahr: 3.588,0 Mio.) bei 19.526 (Vorjahr: 19.697) Beschäftigten.

◆ Unternehmensbereich Telekommunikation mit der Mannesmann Mobilfunk GmbH und der Mannesmann Eurokom GmbH, die als Hol-

Vorstand:

- *Funk, Joachim, Dr. Dr. h.c. (Vorsitzender), Düsseldorf*
- *Czeguhn, Klaus, Dr. Dr. E.h. (stellv. Vorsitzender), Düsseldorf*
- *Esser, Klaus, Dr., Düsseldorf*
- *Mihatsch, Peter, Dr. E.h., Düsseldorf*
- *Peter, Wolfgang, Dr., Düsseldorf*
- *Schreiner, Reinhold, Duisburg*
- *Wittgenstein, Peter Prinz, Düsseldorf*

Vorstandsbezüge 1995:
10.241.172,– DM

Generalbevollmächtigte:

- *Braun, Werner*
- *Michaelis, Peter, Dr.*
- *Müller, Götz, Dr.*
- *Picot, Hermann, Dr.*
- *Rees, Heinrich, Dr.*
- *Treptow, Harald, Dr.*
- *Weismüller, Albert*

Aufsichtsrat:
- *Kopper, Hilmar (Vorsitzender; Sprecher des Vorstandes der Deutsche Bank AG), Kronberg/Taunus*
- *Donges, Juergen B., Prof. Dr. (Universität Köln)*
- *Hilger, Wolfgang, Prof. Dr. (ehem. Vorsitzender des Vorstandes der Hoechst AG), Frankfurt/Main*
- *Kimmitt, Robert M. (Managing Director der Lehmann Brothers, Inc., Washington, D.C.), Arlington/USA*
- *Liesen, Klaus, Dr. Dr. h.c. (Vorsitzender des Aufsichtsrates der Ruhrgas AG), Essen*
- *Müller, Hans Günter, Prof. Dr. (ehem. Vorsitzender der Mannesmann Demag AG), Mönchengladbach*
- *Overbeck, Egon, Dr. (ehem. Vorsitzender des Vorstandes der Mannesmann AG), Düsseldorf*
- *Riesenhuber, Heinz, Dr. Dr. h.c. (Bundesminister a. D., MdB), Frankfurt/Main*
- *Schulte-Noelle, Henning, Dr. (Vorsitzender des Vorstandes der Allianz AG Holding), München*
- *Strohauer, Heinrich, Prof. Dr. (Hochschule für Wirtschaft und Politik, Hamburg)*
- *Weck, Manfred, Prof. Dr. Dr. E.h. (PRheinisch-Westfälische Techn. Hochschule Aachen)*

**Zwickel, Klaus (stellv. Vorsitzender)*
**Barcikowski, Rainer*
**Farthmann, Friedhelm, Prof. Dr.*
**Geuenich, Michael*
**Kleinhenz, Werner*
**Köstler, Roland, Dr.*
**Nüsser, Peter*
**Schiffmann, Horst*
**Stock, Wilhelm*
**Tegtmeier, Werner, Dr.*

Aufsichtsratstantiemen 1995: *1.815.330,– DM*

ding die übrigen Telekommunikationsaktivitäten von Mannesmann koordiniert. Umsatz 1995: 2.716,0 Mio. DM (Vorjahr: 1.745,0 Mio.); Beschäftigte 1995: 3.556 (Vorjahr: 2.589). Die 1991 gegründete Mannesmann Eurokom GmbH hält Beteiligungen an dem Corporate-Network-Betreiber CNI Communications Network International GmbH, der GfD Gesellschaft für Datenfunk GmbH, der Omnitel Pronto Italia, dem Bündelfunknetzbetreiber Quickfunk GmbH, dem Funkruf- und Datenfunknetzbetreiber TDR in Frankreich und dem Funknetzbetreiber Cersa in Spanien. Die Mannesmann Mobilfunk GmbH betreibt seit der Erteilung der Mobilfunklizenz das erste private Mobilfunknetz in Deutschland, das D2-Mobilfunk-Netz. D2 ist nahezu flächendeckend ausgebaut und erreicht 98% der Bevölkerung. Im Mai 1995 wurde bereits der millionste Kunde registriert, im August 1996 waren es 2 Mio. Kunden.

◆ Unternehmensbereich Rohre und Handel mit der Unternehmensgruppe Mannesmannröhren-Werke einschließlich der Mannesmann SA, Brasilien, und der Mannesmann Handel AG. Umsatz 1995: 6.796,0 Mio. DM (Vorjahr: 6.852,0 Mio.); Beschäftigte 1995: 21.392 (Vorjahr: 22.814). Der Unternehmensbereich Röhren stellt nahtlose und geschweißte Stahlrohre für alle Anwendungen, das Mannesmann-Pressfitting-System für die Hausinstallation und den industriellen Rohrleitungsbau, Stahlflaschen und Druckbehälter sowie Achsteile für Nutzfahrzeuge her. In Brasilien werden darüber hinaus gewalzte und gezogene Stahlerzeugnisse produziert und Rohstoffe gewonnen. Die Schwerpunkte des Liefer- und Leistungsprogramms von Mannesmann Handel sind Rohre und Walzstahl einschließlich kundenorientierter Anarbeitung, technische Chemikalien, Rohstoffe, Maschinen sowie Ausrüstungen für die Stahl- und Metallverarbeitungsindustrie.

BETEILIGUNGEN. Mannesmann ist ein bis in die hintersten Winkel der Erde operierender multinationaler Konzern mit 500 Unternehmen, Tochter- und Beteiligungsgesellschaften im In- und Ausland. In den Konzernabschluß 1995 wurden neben der Mannesmann AG 131 inländische und 167 ausländische Unternehmen einbezogen, bei denen die Mannesmann AG unmittelbar oder mittelbar die Mehrheit der Stimmrechte hält. Die wichtigsten Mannesmann-Unternehmen, allesamt weltweit operierende Unternehmensgruppen im Konzern, entsprechen der Gliederung nach Unternehmensbereichen und -gruppen im Konzern.

● Unternehmensbereich Maschinen- und Anlagenbau. Unternehmensgruppe Mannesmann Demag: Mannesmann Demag AG, Duisburg (100%); Demag Kunststofftechnik Verwaltungsgesellschaft mbH, Schwaig (100%); Demag Schrader GmbH, Lingen (100%); MDS Mannesmann Demag Sack GmbH, Ratingen (100%); Demag Bagger GmbH, Düsseldorf (100%); Mannesmann Seiffert GmbH, Berlin (100%). Unternehmensgruppe Mannesmann Demag Fördertechnik: Mannesmann Demag Fördertechnik AG, Wetter (100%); Mannesmann Demag Fahrzeugkrane GmbH, Zweibrücken (100%); Stöhr-Förderanlagen Salzer GmbH, Offenbach (100%). Unternehmensgruppe Mannesmann Rexroth: Mannesmann Rexroth GmbH, Lohr (100%); Deutsche Star GmbH, Schweinfurt (100%); Brueninghaus Hydromatik GmbH, Elchingen (100%); Indramat GmbH, Lohr (100%); Lohmann & Stolterfoht GmbH, Düsseldorf (100%); Mannesmann Rexroth Pneumatik GmbH, Hannover (100%). Unternehmensgruppe Krauss-Maffei: Krauss-Maffei AG, München (96,8%); Krauss-Maffei Verkehrstechnik GmbH, München (75%); Hermann Berstorff Maschinenbau GmbH, Hannover (52,3%); Carl Baasel Lasertechnik GmbH, Starnberg (75%).

● Unternehmensbereich Automobiltechnik. Unternehmensgruppe VDO: VDO Adolf Schindling AG, Frankfurt/Main (100%); VDO Adolf Schindling AG & Co. OHG, Villingen-Schwenningen (100%); VDO Kienzle GmbH, Villingen-Schwenningen (100%); IWC Uhren GmbH Deutschland, Frankfurt/Main (100%); Jaeger-LeCoultre Deutschland GmbH, Nürnberg (100%); Lange Uhren GmbH, Glashütte/Sachsen (90%); Max Kammerer GmbH, Oberursel/Taunus (100%); Optrex Europe GmbH, Eschborn (25%); Kienzle-Rheinapp Rheinische Apparate GmbH, Düsseldorf (22,9%). Unternehmensgruppe Mannesmann Fichtel & Sachs: Fichtel & Sachs AG, Schweinfurt (100%), mit zahlreichen in- und ausländischen Tochtergesellschaften; Boge GmbH, Bonn (100%); Mannesmann Kronprinz AG, Solingen (100%); August Rabeneick GmbH, Bielefeld (100%); Stabilus GmbH, Koblenz (100%); Sachs Fahrzeug- und Motorentechnik GmbH, Nürnberg (99,4%); Sachs-Gießerei GmbH, Kitzingen (100%).

● Unternehmensbereich Telekommunikation. Unternehmensgruppe Mannesmann Mobilfunk: Mannesmann Mobilfunk GmbH, Düsseldorf (65,2%). Unternehmensgruppe Mannesmann Eurokom: Mannesmann Eurokom GmbH, Düsseldorf (100%); Mannesmann Autocom GmbH, Düsseldorf (100%); Quickfunk GmbH, Frankfurt/Main (51% – Rest Motorola); CNI Communications Network International GmbH, Eschborn (50% – 16,7% bei RWE AG und 33,3% bei Deutsche Bank AG. Die Deutsche Bank wird ihre Beteiligung an Mannesmann abtreten. CNI hat Anfang 1995 60% der Euronet Deutschland GmbH, Dortmund, übernommen, eines der größten deutschen Internet-Service-Anbieter. Internet ist das derzeit größte internationale Kommunikationsnetz mit über 30 Mio. Teilnehmern.); GfD Gesellschaft für Datenfunk mbH, Essen (19%).

● Unternehmensbereich Rohre und Handel. Unternehmensgruppe Mannesmannröhren-Werke: Mannesmannröhren-Werke AG, Mülheim/Ruhr (75% –Thyssen AG 25%); Mannesmann Handel AG, Düsseldorf (100%); Mannesmannrohr GmbH, Mülheim/Ruhr (100%); Mannesmannröhren-Werke Sachsen GmbH, Zeithain (100%); Röhrenwerke Bous/Saar GmbH, Bous (100%); Mannesmann Stahlflaschen GmbH, Dinslaken (100%); Wälzlagerrohr GmbH, Krefeld (100%); Europipe GmbH, Ratingen (50%); MHP Mannesmann Hoesch Präzisrohr GmbH, Hamm (50%); Röhrenwerk Gebr. Fuchs GmbH, Siegen (50%); Hüttenwerke Krupp Mannesmann GmbH, Duisburg (50%); Mannesmann SA, Belo Horizonte/Brasilien (76%).

● Dienstleistungsgesellschaften, Holding- und sonstige Gesellschaften: Mannesmann Leichtbau GmbH, Düsseldorf (100%); Caspar & Co. Handel GmbH & Co. KG, Aachen (100%); Gebr. Heimer GmbH, Gütersloh (100%); Mannesmann Tally GmbH, Elchingen (100%); Sachs

BÖRSE, AKTIEN, KURSE

Grundkapital 1995:
1.835,0 Mio.

Jahreshöchstkurs 1995:
495,00 DM

Jahrestiefstkurs 1994:
354,00 DM

Aktie Jahresende 1995:
457,00 DM

Dividende pro Aktie 1995:
8,00 DM

Die Dividende bezieht sich auf je 50,– DM Aktiennennbetrag. Der Bilanzgewinn betrug 1995 293,7 Mio. DM. Das Grundkapital der Mannesmann AG ist in 18.204.981 Stammaktien zu je nominell 50,– DM und in 9.250.000 Stammaktien zu je nominell 100,– DM eingeteilt. Im Jahr 1995 wurden an den deutschen Börsen 139 Mio. Mannesmann-Aktien mit einem Kurswert von 60,5 Mrd. DM umgesetzt. Die Mannesmann-Aktie zählt damit zu den zehn umsatzstärksten Werten im deutschen Aktienmarkt.

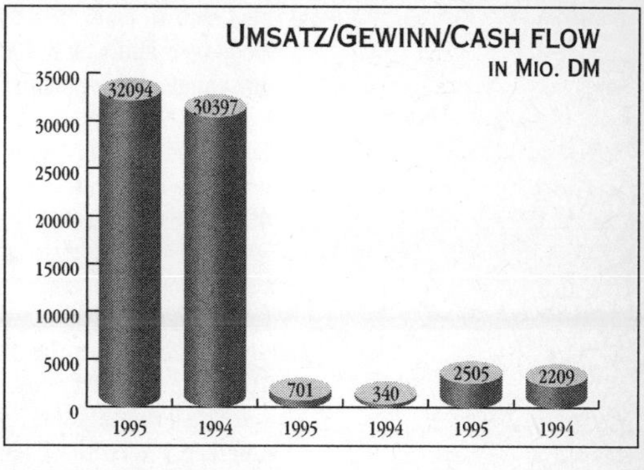

Umsatz 1995: *32.094,0 Mio.*
(davon im Ausland:
18.006,0 Mio.)
Umsatz 1994: *30.397,0 Mio.*
(davon im Ausland:
17.213,0 Mio.)
Umsatz 1993: *27.963,0 Mio.*
(davon im Ausland:
16.066,0 Mio.)

Gewinn/Verlust 1995:
701,0 Mio.
Gewinn/Verlust 1994:
340,0 Mio.
Gewinn/Verlust 1993:
– 513,0 Mio.

Cash flow 1995: *2.505,0 Mio.*
Cash flow 1994: *2.209,0 Mio.*
Cash flow 1993: *1.199,0 Mio.*

Cash flow: *Der Cash flow floß vollständig in die Investitionen.*

Steueraufkommen 1995:
312,0 Mio.

AG, München (100%); Mannesmann Mobilfunk Beteiligungsgesellschaft mbH, Düsseldorf (50%); Bergemann GmbH, Essen (23,6%).

NEUE BUNDESLÄNDER. Die verschiedenen Unternehmensbereiche und -gruppen des Mannesmann-Konzerns sind mit Dutzenden von eigenen Produktions- und Vertriebsgesellschaften in Ostdeutschland vertreten. Schwerpunkte sind der Maschinen- und Anlagenbau und die Rohrproduktion. Mannesmann Handel übernahm den früheren staatlichen Röhrenhandel. Mannesmann Mobilfunk baut das D2-Mobilfunknetz in den neuen Bundesländern auf. Mannesmann Demag produziert Laufkrane und Fahrwerke für Laufkrane in Luisenthal in Thüringen, einem ehemaligen Werk des Schwermaschinenkombinats Takraf. Kunststoff-Spritzgießmaschinen fertigt Demag Kunststofftechnik in Wiehe/Thüringen. Engineering-Gesellschaften in Brandenburg und Dresden, an denen Demag und Demag Fördertechnik die Mehrheit besitzen, befassen sich mit der Konstruktion hüttentechnischer Anlagen sowie mit Logistik und Materialfluß im Betrieb. Mannesmann Maschinen- und Anlagenbau besitzt in Leipzig eine Niederlassung und baut Rohrleitungen für Kraftwerke, für die Industrie und den Energietransport. Mannesmann Seiffert Industrieanlagen betreut in Schwedt und Leuna Energieerzeugungsanlagen und Verteilernetze. Das von Mannesmannröhren-Werke erworbene Rohrwerk Zeithain der Stahl- und Walzwerk Riesa AG wurde in der Mannesmannröhren-Werke Sachsen GmbH zusammengefaßt. Im sächsischen Glashütte wurde die exklusive Uhrenmarke A. Lange & Söhne reaktiviert.

STANDORT DEUTSCHLAND. Mittelfristig will sich Mannesmann ganz auf die Kerngeschäftsfelder Maschinen- und Anlagenbau, Automobiltechnik und Telekommunikation konzentrieren. Nachdem Mannesmann 1994 gewaltig in die roten Zahlen geraten war, entschloß man sich zu einer neuerlichen Umstrukturierung mit dem Ziel, Kosten zu senken und sich auf Kerngeschäfte zu konzentrieren. Der erste und einschneidendste Schritt war die Veräußerung der Unternehmensgruppe Hartmann & Braun an die Elsag Bailey Process Automation N.V., Niederlande, womit sich Mannesmann ganz aus dem Unternehmensbereich Elektrotechnik zurückzog. In der Automobiltechnik wurden zur »strukturellen Verbesserung« das Fahrradgeschäft von Hercules und die Gesellschaft Mannesmann Fahrzeugteile verkauft. Im Unternehmensbereich Maschinen- und Anlagenbau wurde die frühere Gruppe Anlagenbau mit der Demag zur Stärkung des Anlagengeschäfts des Konzerns verschmolzen. Dennoch machte Mannesmann Demag 1996 hohe Verluste. Mit dem 1996 erfolgten Verkauf der auf Drucker spezialisierten Mannesmann Tally GmbH an das englische Unternehmen Legal & Ventures Partners, London, wurde das letzte Segment des vormals bedeutenden Unternehmensbereiches Informationstechnologie abgegeben. Weitere Zusammenlegungen und möglicherweise auch Firmenverkäufe sind im Maschinen- und Anlagenbau geplant. Auch für den Unternehmensbereich Rohre und Handel, der erst 1995 in dieser Form aus den bis dahin getrennt operierenden Unternehmensbereichen Röhren und Handel entstanden war, wird ein ausländischer Partner gesucht, mit dem man ein entsprechendes Joint-venture eingehen will. Besonderes Aufsehen erregte im Juni 1996 die Eingliederung des Krauss-Maffei-Konzerns in die Mannesmann AG. Nachdem Mannes-

mann Anfang 1996 weitere 25% der Krauss-Maffei-Aktien von der Nürnberger Diehl-Gruppe gekauft hatte und damit rund 97% an dem 1838 als Lokomotiv-Firma gegründeten Unternehmen besaß, stand einer vollständigen Integration der Tochter nichts mehr im Wege. Auf die Standort-Diskussion dürfte diese Übernahme aber vorerst keinen Einfluß haben. Keine Veränderungen sind geplant bei der Entwicklung des Mobilfunkbereiches, der die höchsten Wachstumsraten ausweist. Und die Expansion geht weiter:
Mannesmann erhielt im Juli 1996 von der Deutschen Bahn AG gegen die Thyssen AG den Zuschlag zum Einstieg in die Telekommunikations-Tochter DBKom und den damit verbundenen weiteren Ausbau des Telekommunikationsbereiches. Das Mannesmann-Konsortium mit seinen Minderheitsgesellschaftern AT&T und Unisource hält an DBKom 49,8%. (Die Beteiligung kann innerhalb von drei Jahren auf bis zu 74,9% aufgestockt werden.) Mit rund 40.000 Kilometern Leitungen verfügt die DBKom nach der Deutschen Telekom über das zweitgrößte Telekommunikationsnetz der Bundesrepublik, das einen Wert von an die 3 Mrd. DM haben soll. Das Glasfasernetz der Bahn soll bis 1998 von 4.000 auf 14.000 km ausgebaut werden. Geplant ist eine Fusion der DBKom mit der Mannesmann-Tochter CNI Communications Network International. In dieses Unternehmen wird auch das D2-Netz von Mannesmann-Mobilfunk eingebracht. Die unternehmerische Führung der Gesellschaft, die bis zu 10.000 Beschäftigte haben soll, liegt bei Mannesmann.
Außer im Telekommunikationsbereich verringerte Mannesmann aber seit 1992 in allen Unternehmensbereichen die Belegschaft um knapp 15.000 Beschäftigte, obwohl gleichzeitig im Bereich der Telekommunikation 4.000 neue Arbeitsplätze geschaffen wurden. Zur Jahresmitte 1996 arbeiteten bei Mannesmann weltweit rund 120.500 Mitarbeiter. Ungeachtet aller Strukturmaßnahmen expandiert Mannesmann in allen Unternehmensbereichen weiter auf den Weltmärkten. Wo immer sich eine strategische Lücke auftut, wird das entsprechende Unternehmen akquiriert, werden neue Fertigungsbetriebe gegründet, das Vertriebs- und Servicenetz enger geknüpft. Produziert wird möglichst vor Ort für die entsprechenden Märkte oder die Nachbarländer. Die amerikanischen und asiatischen Mannesmann-Geschäfte verzeichnen die höchsten Zuwächse. Mannesmann sei heute, so der Vorstandsvorsitzende Joachim Funk anläßlich der Hauptversammlung der Mannesmann AG am 28. Juni 1996, in Nordamerika allein so groß wie der gesamte Mannesmann-Konzern weltweit im Jahre 1968. Anlehnend an das US-Führungsmodell von Mannesmann soll auch in Südostasien eine alle Geschäfte koordinierende Regionalholding gegründet werden.

»BÜNDNIS FÜR ARBEIT«. Bei Mannesmann gibt es zahlreiche Ansätze und Modelle zur Neuorientierung der Arbeitsorganisation und zur Arbeitszeitflexibilisierung – immer deklariert mit dem Ziel der Steigerung der Produktivität bei gleichzeitiger Sicherung der Arbeitsplätze. Vorstandsvorsitzender Joachim Funk im Juni 1996: »Wir müssen die internationalen Investitionen, die Verteilung unserer Arbeit auf viele Länder in der Welt, weiter voranbringen. Und wir müssen unsere Kosten, insbesondere auch unsere Arbeitskosten, am teuren Standort Deutschland reduzieren, vor allem durch eine flexible Gestaltung der

Beschäftigte 1995: *122.684*
(davon im Ausland: 41.680)
Beschäftigte 1994: *124.914*
(davon im Ausland: 40.487)
Beschäftigte 1993: *127.695*
(davon im Ausland: 39.936)
(Beschäftigte 1992: 136.747)

Umsatz pro Mitarbeiter 1995: *261.599,– DM*
Umsatz pro Mitarbeiter 1994: *243.343,– DM*
Umsatz pro Mitarbeiter 1993: *218.983,– DM*

Löhne und Gehälter 1995: *7.634,0 Mio.*
Löhne und Gehälter 1994: *7.564,0 Mio.*
Durchschnittsgehalt 1995: *62.225,– DM*
Soziale Abgaben und Aufwendungen 1995: *1.834,0 Mio.*
Soziale Abgaben und Aufwendungen 1994: *1.776,0 Mio.*

Bezüge pro Vorstandsmitglied 1995: *1.463.025,– DM*
Tantiemen pro Aufsichtsratsmitglied 1995: *86.444,– DM*

Investitionen 1995: 2.668,0 Mio.
Investitionen 1994: 2.929,0 Mio.
Investitionen 1993: 2.559,0 Mio.

Forschung und Entwicklung 1995: 884,0 Mio.
Forschung und Entwicklung 1994: 939,0 Mio.
Forschung und Entwicklung 1993: 884,0 Mio.

Arbeitszeit, durch eine bessere Ausnutzung unserer Investitionen durch längere Maschinenlaufzeiten und unbedingt auch durch eine Reduzierung des Anteils der Arbeitskosten, der für Zeiten zu zahlen ist, in denen nicht gearbeitet wird.« Großes Gewicht wird in Übereinstimmung mit den Betriebsräten auf die Qualifizierung der Mitarbeiter gelegt. Allein in Deutschland, so Mannesmann, nahmen 1995 konzernweit 46.200 Beschäftigte an Weiterbildungsmaßnahmen teil. 1995 waren bei Mannesmann knapp 1.000 Auszubildende beschäftigt.

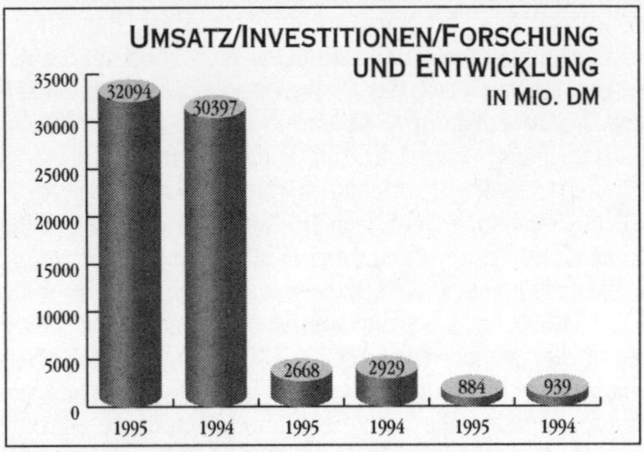

UMWELTSCHUTZ. Umweltschutz bei Mannesmann wird von mehr als 100 Umweltbeauftragten, Koordinatoren und einem Konzernbeauftragten für den Umweltschutz gestaltet und ist integrierter Bestandteil im Management des Mannesmann-Konzerns. Ein konzerneinheitliches Umwelthandbuch setzt den Rahmen des Umweltmanagementsystems. Geplant ist eine vorsorgende und ganzheitliche Umweltschutzkonzeption, in deren Mittelpunkt die konzernweite Harmonisierung des Umweltmanagementsystems stehen soll. Mannesmann strebt möglichst für alle Betriebsstandorte eine Einschätzung nach der EU-Öko-Audit-Verordnung an. Ziel ist dabei die Einbindung des Umweltschutzes in bestehende Betriebsablauforganisationen. Kontinuierliche ökologische Verbesserungen werden in der Altlastensanierung, der Abwasserbehandlung und dem Gefahrguttransport gesehen. Weitere Schwerpunkte sind die Luftreinhaltung und der Lärmschutz.

WERNER H. DIETER. Kurz vor seinem ohnehin geplanten altersbedingten Ausscheiden aus dem Vorstand des Mannesmann-Konzerns im Juli 1994 kam der langjährige Vorsitzende und Top-Manager Werner H. Dieter, seit 1968 bei Mannesmann, noch einmal richtig in die Schlagzeilen. Der Vorwurf: Dieter, der bei Mannesmann ohnehin als autoritär und »despotisch« galt, habe seine privaten Interessen als Teilhaber der zehn Unternehmen umfassenden Hydac-Gruppe im saarländischen Sulzbach (rund 400 Mio. Umsatz) mit seiner Tätigkeit als Vorstandsvorsitzender verquickt und sich auf Kosten des Mannesmann-Konzerns persönlich bereichert. Hydac hatte jahrelang über Strohmänner lukrative Geschäfte mit Mannesmann-Rexroth gemacht, von Mannesmann Milliarden-Aufträge erhalten. Dieter soll so Millionen nebenbei auf eigene Konten gelenkt haben. Als die Geschäfte des mächtigen Herrn Dieter durch den »Spiegel« (24/94) unter der Überschrift »Selbstbedienung in der Chefetage« aufgedeckt wurden, hatte

Dieter den Vorstandsposten bereits verlassen und plante, den Aufsichtsratsvorsitz des Konzerns zu übernehmen. Versäumnisse des Aufsichtsrates im »Fall Dieter« wurden deutlich, da dieser seit Dieters Bestellung in den Vorstand über dessen private Unternehmen informiert gewesen sein soll. Dieter geriet immer mehr in Bedrängnis und legte sein Aufsichtsratsmandat Anfang 1995 nieder. Seine Entlastung auf der Hauptversammlung im Juni 1995 wurde wegen laufender staatsanwaltschaftlicher Ermittlungen erst auf 1996 verschoben und dann erneut auf die Hauptversammlung 1997.

Mitbewerber: *ABB, Benteler, Bosch, Daimler-Benz, Deutsche Aerospace, Deutsche Babcock, Diehl, ITT Automotive, KHD, Klöckner Werke, Krupp-Hoesch, Lentjes, Liebherr, Linde, MAN, Preussag, Röchling, Siemens, Telekom, Thyssen, VAW, Voith, Carl Zeiss*

MediaMarkt/Saturn-Gruppe siehe Metro
Mercedes siehe Daimler-Benz

MERCK

GESCHICHTE UND ENTWICKLUNG. Die Anfänge der Firma Merck reichen zurück bis in das 17. Jahrhundert und haben ihre Wurzeln in der Darmstädter Engel-Apotheke, die Friedrich Jacob Merck 1668 käuflich erwarb. Immer hatten die Mercks mit Pharmazie, den Naturwissenschaften und der Medizin zu tun. Generationen später – 1816 – übernahm Emanuel Merck die Engel-Apotheke. Emanuel hatte das Apothekerhandwerk von der Pike auf gelernt, aber neben dem »handwerklichen Umgang mit Apparaturen und Arzneisubstanzen« auch naturwissenschaftliche Studien betrieben. 1827 begann Merck zuerst im eigenen Apothekenlabor und dann darüber hinaus mit der Produktion und Fabrikation von Morphinen, nachdem kurz zuvor der alkalische Charakter von Opium erkannt worden war. Emanuel Merck gilt als Wegbereiter der industriellen Alkaloidherstellung in Deutschland. Erweiterung des Produktionsprogramms auf alle bekannten Alkaloide und sonstige arzneilich verwendeten Pflanzenstoffe. 1860, fünf Jahre nach Emanuel Mercks Tod, handelten die Mercks bereits mit 800 einzelnen Artikeln. Käufer der Merckschen Erzeugnisse, seiner Morphine und anderen Pflanzenstoffe waren Apotheker, andere Fabrikanten und Grossisten, beispielsweise Rudolf Geigy in Basel. Rasanter Aufschwung der Alkaloidproduktion.
1895 Gründung der offenen Handelsgesellschaft Merck und Co. in New York, die später unabhängig von Merck wurde. Ausbau der Fabrikationsanlagen; zunehmendes Produktsortiment. Hinzu kamen Arzneispezialitäten wie Sera, Impfstoffe, Diagnostika. 1890 Erwerb der Trommsdorffschen Fabrik; Vertretungen in zahlreichen europäischen Ländern; größere Filialen gab es ab 1883 in London, ab 1887 in New York und ab 1899 in Moskau. Expansion des Unternehmens vor und im Ersten Weltkrieg; Interessengemeinschaft von Merck, Boehringer, Knoll, Gehe und Riedel. Große Umsätze durch Heereslieferungen, besonders von Schmerzmitteln. Reorganisation und rascher Wiederaufschwung nach dem Ersten Weltkrieg; neuerliche Kriegsproduktion von morphinähnlichen Schmerzmitteln während des Zweiten Weltkrieges. Ende 1944 Zerstörung der Darmstädter Fabrikanlagen. 1945 Erlaubnis zur Produktion pharmazeutischer Präparate. 1948 Beendigung der treuhänderischen Verwaltung; Rückgabe des Unternehmens und Ver-

Standort:
Frankfurter Straße 250
64293 Darmstadt

Postanschrift:
64271 Darmstadt

Telefon: *(06151) 72-0*
Telex: *4 19 328-0 em d*
Telefax: *(06151) 72-2000*
Internet: *http://www.merck.de*

Branche: *Chemische Industrie, Pharmazeutische Industrie, Laborprodukte*

Rechtsform: *KGaA*

Geschäftsjahr: *1.1.-31.12.*

Gründungsjahr: *1827*

Öffentlichkeitsarbeit:
Dr. Reiner Welters
Tel.: (06151) 72-2578
FAX: (06151) 72-7776

Verbände: *Bundesverband der Chemischen Industrie e.V., Frankfurt/Main; Verband forschender Arzneimittelhersteller e.V., Bonn*

Geschäftsleitung:
(zugleich persönlich haftende Gesellschafter)
- *Langmann, Hans Joachim, Prof. Dr. (Vorsitzender)*
- *Schröder, Harald J., Dr. (stellv. Vorsitzender)*
- *Gruber, Klaus*
- *Hönn, Wolfgang*
- *Roberts, Edward R.*
- *Römer, Michael, Dr.*
- *Schreckenbach, Thomas, Prof. Dr.*

Bezüge der Geschäftsleitung 1995: *keine Angaben*

Gesellschafterrat E. Merck:
- *Baumbauer, Jon (Vorsitzender)*
- *Stangenberg-Haverkamp, Frank, Dr. (stellv. Vorsitzender)*
- *Clemm, Christoph, Prof. Dr.*
- *Hornef, Heinrich, Dr.*
- *Kraft, Karl Heinrich*
- *Merck, Albrecht*
- *Oetker, Arend, Dr.*
- *Ziener, Gerhard, Dr.*
- *Zühlsdorff, Peter*

mögens an Karl, Fritz und Wilhelm Merck. 1949/50 Kauf der ehemaligen Zuckerfabrik Gernsheim am Rhein. Produktion u. a. von Schädlingsbekämpfungsmitteln (Jacutin). Rückerwerb der enteigneten oder beschlagnahmten mittel- und südamerikanischen Tochterunternehmen mit eigenen Abfüll- und Fabrikationsanlagen. In den USA waren die Merck-Geschäfte ganz auf die alte Merck u. Co., USA übergegangen, die 1917 beschlagnahmt worden war. 1955 Regelung mit dem amerikanischen Unternehmen, daß in den USA und Kanada Merck u. Co., in der übrigen Welt Merck Darmstadt das alleinige Recht zur Führung des Namens »Merck« besaßen. Auf den jeweils entsprechenden Märkten firmieren die Mercks mit anderen Namen, die Darmstädter in den USA als »EM Industries« oder »EM Pharmaceuticals«, die Amerikaner in Europa als »MSD Sharp u. Dohme«. 1991 Erwerb von 52% des französischen Lipha-Konzerns. Weitere zahlreiche Großakquisitionen in den Bereichen Pharma und Laborfachhandel, u. a. der Erwerb von 50% an der italienischen Bracco-Gruppe. 1994 Aufstockung der Lipha-Beteiligung auf 95%. Übernahme von 51% der Amerpharm-Gruppe, die in Merck Generics Group umfirmiert wurde. 1995 Gründung der Merck KGaA und Gang an die Börse mit 26% des Kommanditkapitals.

BESITZVERHÄLTNISSE/EIGENTUMSSTRUKTUR.

- Familie Merck, Darmstadt (74%)
- Freie Aktionäre (26%)

Nach ersten Erhebungen des Aktienbesitzes seit der Börseneinführung am 1. Oktober 1995 lassen sich die freien Aktionäre wie folgt einteilen: Privatanleger 28%; institutionelle Anleger 72% – davon in Deutschland 24%, in Großbritannien 20%, in der Schweiz 8%, in den USA 5% und übrige Länder 15%.

Obergesellschaft der Merck-Gruppe war bis zur Gründung der Merck KGaA 1995 nach einer Umstrukturierung Mitte 1994 einzig die offene Handelsgesellschaft E. Merck, Darmstadt, die aber den Zusatz oHG nicht im Namen führt. Mit diesem Schritt wurde die seit 1983 bestehende zweite Obergesellschaft E. Merck Beteiligungen oHG aufgehoben. Alle Geschäfte wurden nun in der E. Merck zusammengeführt. Die Gesellschaftsverträge sahen neben der Gesellschafterversammlung und dem Gesellschafterrat einen Familienrat vor, den es bisher nicht gegeben hatte. Die etwa 90 Gesellschafter bzw. Inhaber des Unternehmens gehören dem Kreis der Familie Merck an und bilden die Gesellschafterversammlung. Wegen der Größe dieses Gremiums benennt die Gesellschafterversammlung einen aus elf Mitgliedern bestehenden Familienrat, der die Interessen der Gesellschafterversammlung wahrnimmt und koordiniert. Dieses Organ ist zuständig für alle grundsätzlichen und familienbezogenen Entscheidungen. Darüber hinaus wählt der Familienrat den Gesellschafterrat, der ähnliche Funktionen wie der Aufsichtsrat einer Aktiengesellschaft erfüllt. In ihn dürfen auch familienfremde Personen entsandt werden. Der Gesellschafterrat besteht aus neun Personen. Ihm gehören seit 1994 neben fünf Mitgliedern des Familienrates vier externe Unternehmerpersönlichkeiten an. Der Gesellschafterrat bestellt die Geschäftsleitung, die die Kompetenz des Vorstandes einer Kommanditgesellschaft auf Aktien (KGaA) besitzt. Mitglieder der Geschäftsleitung, die nicht der Familie angehören, wer-

den als persönlich haftend in den Kreis der Gesellschafter aufgenommen. Persönlich haftender Gesellschafter und Vorsitzender der Geschäftsleitung seit 1970 ist Hans Joachim Langmann.
Während Merck Darmstadt für das gesamte Inlandsgeschäft zuständig ist, fungiert die Merck AG, Zug/Schweiz, als Führungs- und Finanzierungsgesellschaft für fast alle Auslandsunternehmen der Gruppe (nicht für die Lipha-Gruppe). Die Mehrheit ihrer Aktien hält die Merck u. Cie. KG in Altdorf/Schweiz, die wiederum zu 100% E. Merck, Darmstadt, gehört. Delegierter und Präsident des Verwaltungsrates ist Hans Joachim Langmann.
1995 erfolgte dann der Börsengang mit der Einführung von voll stimmberechtigten 5-DM-Stammaktien; eine Emission von 45 Mio. Inhaber-Stammaktien im Nennwert von 225 Mio. DM. Als Voraussetzung für den Börsengang wandelte sich Merck von einer offenen Handelsgesellschaft (oHG) in eine Kommanditgesellschaft auf Aktien (KGaA). Gleichzeitig wurden alle Fremdanteile an der Merck AG, Zug/Schweiz, zurückerworben. Die Merck KGaA gibt die Aktien aus. Dadurch wurden dem Eigenkapital der Unternehmensgruppe Merck zwischen 2,0 und 2,5 Mrd. DM zugeführt. E. Merck ist an der Merck KGaA als Komplementär mit rund 74% des Gesamtkapitals beteiligt, so daß 26% von Aktionären gehalten werden. Die neuen Geldströme sollen der Stärkung der finanziellen Basis dienen; eine Auszahlung von Gesellschaftern ist nicht vorgesehen.

KONZERNÜBERBLICK. Das Produktionsprogramm von Merck Darmstadt (Zusammenfassung von E. Merck und Merck KGaA) umfaßt Arzneimittel, Diagnostica, Reagenzien, Laborgeräte, Industriechemikalien, Feinchemikalien, Flüssigkristalle und Pigmente. Das Sortiment von Merck enthält über 20.000 verschiedene chemische und pharmazeutische Produkte. Zu den wichtigsten inländischen Produktionsstätten zählen neben dem Stammhaus in Darmstadt auch Gernsheim, Reinbek und Hohenbrunn bei München. Der Schwerpunkt sämtlicher Aktivitäten liegt aber nach wie vor in Darmstadt mit Fabrikationsbetrieben, Forschungseinrichtungen, Produktkontrolle, Patent- und Lizenzwesen.
Im Bereich Forschung und Entwicklung arbeiteten 1995 weltweit knapp 2.800 Mitarbeiter, 1560 davon in Deutschland. Der wichtigste Forschungsstandort der Gruppe ist Darmstadt mit 55% aller Forschungs- und Entwicklungsaufwendungen im Inland. Forschung und Entwicklung betreiben darüber hinaus vor allem Lipha in Frankreich, Bracco in Italien sowie die Merck-Gesellschaften in der Schweiz, in Großbritannien, den USA, Japan und Spanien. Mehr als drei Viertel der Forschungsausgaben entfallen auf den Bereich Pharma.
Merck gliedert sich in die Unternehmensbereiche Pharma, Labor und Spezialchemie.
◆ Das Zentrum der Pharmafabrikation liegt bei Merck Darmstadt (Medikamente). Die Merck Produkte-Vertriebsgesellschaft & Co. engagiert sich immer erfolgreicher im ansteigenden Selbstmedikationsgeschäft und hat beispielsweise mit ihren beiden Vitaminpräparaten »Cebion« und »Multibionta« große Umsatzerfolge. Merck bietet Medikamente und Konzepte u. a. auf den Gebieten Herz und Kreislauf, Zentralnervensystem, Krebs, Osteoporose, Stoffwechselerkrankungen, Alkoholkrankheit. Weitere Pharmaproduzenten der Merck-Gruppe

Aufsichtsrat Merck KGaA:
▌Hornef, Heinrich, Dr. (Vorsitzender)
▌Baumhauer, Jon
▌Clemm, Christoph, Prof. Dr.
▌Oetker, Arend, Dr.
▌Ziener, Gerhard, Dr.
▌Zühlsdorff, Peter
**Bendel, Manfred (stellv. Vorsitzender)*
**Battisti, Flavio*
**Brauer, Klaus*
**Kasper, Michael, Dr.*
**Niems, Brigitte*
**Schönhals, Hans*

Aufsichtsratstantiemen 1995: *213.000,– DM*

Umsatz 1995: *6.268,6 Mio.*
Umsatz 1994: *5.659,7 Mio.*
Umsatz 1993: *5.309,4 Mio.*

Gewinn 1995: *368,5 Mio.*
Gewinn 1994: *317,8 Mio.*
Gewinn 1993: *172,7 Mio.*

Cash flow 1995: *773,0 Mio.*
Cash flow 1994: *699,0 Mio.*
Cash flow 1993: *521,0 Mio.*

Cash flow: *Die Investitionsquote stieg 1995 auf 8% vom Umsatz und wurde voll aus dem Cash flow gedeckt. Der größte Teil der Investitionen floß in die ausländischen Gesellschaften.*

Steueraufkommen 1995: *192,8 Mio.*

sind die Hermal Kurt Herrmann auf dem Sektor dermatologischer Produkte und die Allergopharma Joachim Ganzer KG auf dem Spezialgebiet der Hyposensibilisierungspräparate. Hinzu kommen die italienische Bracco-Gruppe und die französische Lipha-Gruppe. 1994 erwarb Merck 51% der Generikafirma Amerpharm, die in Merck Generics Group B.V., Rotterdam/Niederlande, umfirmiert wurde. Das Unternehmen produziert und vertreibt international generische Pharmazeutika und verfügt weltweit über mehr als 700 Zulassungen für etwa 150 Präparate. Durch den Zukauf des französischen Lipha-Konzerns und anderer rangiert Merck im deutschen Pharmabereich an dritter Stelle, europaweit auf Platz 13. Umsatz 1995: 3.377,0 Mio. DM (Vorjahr: 2.970,0 Mio.). 75% ihres Pharma-Umsatzes erzielte die Merck-Gruppe im Ausland.

◆ Der Unternehmensbereich Labor umfaßt die beiden Sparten Laborprodukte und Laborfachhandel. Die Sparte Laborprodukte umfaßt die Geschäftsfelder Allgemeine Reagenzien, Umwelt- und Bioanalytik, Chromatographie, Forschungsreagenzien und Reagenzien, Testsätze und Analysensysteme für die biochemische und immunchemische Diagnostik in Kliniken und Laborgemeinschaften sowie Präparate für Anwendungen in den Bereichen Hämatologie, Mikrobiologie und Zytologie. Im Laborfachhandel ist Merck in Europa Marktführer. Umsatz 1995: 1.596,0 Mio. DM (Vorjahr: 1.382,0 Mio.).

◆ Der Unternehmensbereich Spezialchemie unterteilt sich in die beiden Sparten Spezial- und Feinchemikalien, Pigmente und Kosmetik sowie das Geschäftsfeld Flüssigkristalle (Display-Anwendungen). Die Sparte Spezial- und Feinchemikalien besteht aus den drei Geschäftsfeldern Pharma- und Lebensmittelindustrie (Wirk- und Hilfsstoffe wie Ascorbinsäure, Vitamin- und Mineralsalzmischungen), Elektronikchemikalien (hochreine Prozeßchemikalien für zahlreiche Anwendungen in der Mikroelektronik) sowie Technische Industrie (Fotochemikalien, Chemikalien zur Herstellung von Lichtleitfasern, keramische Oxide, Mischoxide für Varistoren). Die Sparte Pigmente und Kosmetik liefert Produkte für Farb- und Glanzeffekte an die Druck-, Keramik- und Lackindustrie. In der Kosmetikindustrie ist Merck in den Bereichen dekorative Kosmetik, Sonnenschutz, Selbstbräunung und Hautpflege tätig. Die drei Hauptstandorte des Bereiches Chemie sind Deutschland, Japan und die USA. Umsatz 1995: 1.226,0 Mio. DM (Vorjahr: 1.238,0 Mio.). Drei Viertel des Umsatzes wird im Ausland getätigt.

BETEILIGUNGEN. Die Merck-Gruppe ist weltweit tätig. Sie umfaßt neben den deutschen Merck-Gesellschaften unter der Obergesellschaft der Merck KGaA (mit Werken in Darmstadt und Gernsheim sowie verschiedenen Tochtergesellschaften) und der Merck AG in Zug/Schweiz als Holding- und Finanzierungsgesellschaft der meisten ausländischen Gesellschaften auch die Lipha-Gruppe mit Sitz in Lyon und deren Beteiligungen. Die Merck-Gruppe umfaßt weltweit über 230 Tochterunternehmen und Beteiligungen. In 46 Ländern betreiben eigene Gesellschaften das Geschäft. An 66 Standorten in 28 Ländern wird produziert. Zu den wichtigsten Gesellschaften von Merck gehören:
Merck Produkte Vertriebsges. & Co., Darmstadt (100%); Dr. Theodor Schuchardt & Co., Hohenbrunn/München (100%); Hermal Kurt Herrmann, Reinbek (100%); Allergopharma Joachim Ganzer KG, Reinbek

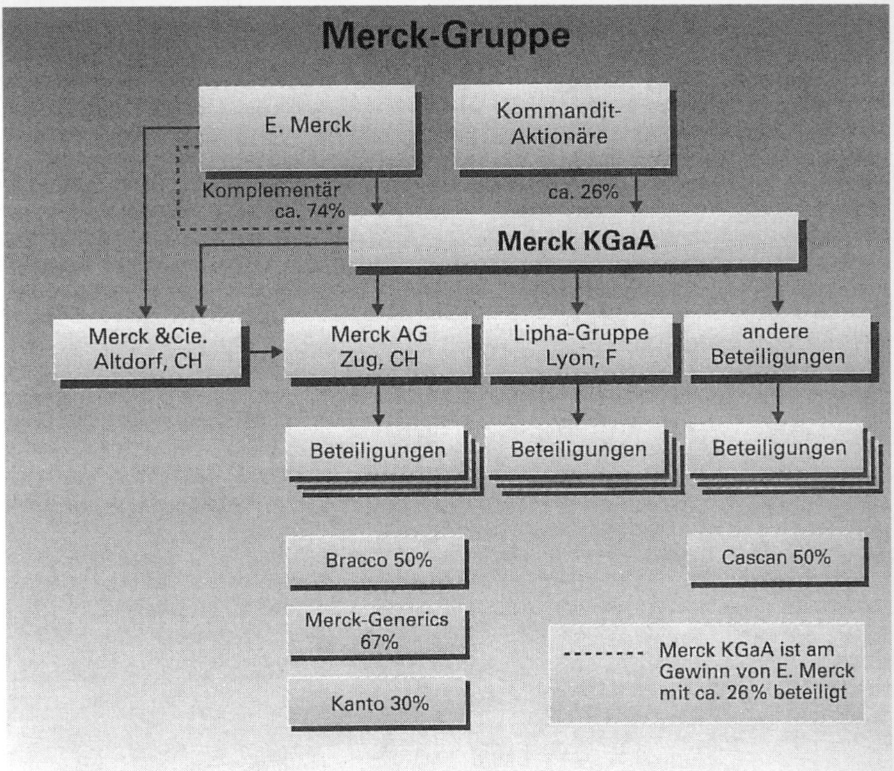

(96%); Bender & Hobein GmbH, München (100%); Lyonnaise Industrielle Pharmaceutique S.A. (Lipha S.A.), Lyon/Frankreich (99,8%); Merck & Cie. KG, Altdorf/Schweiz (100%), Merck Generika GmbH, Darmstadt (100%); Tolexa AG, Glarus/Schweiz (100%); Merck Japan Ltd., Tokio/Japan (100%).
E. Merck und Merck KGaA halten direkt und über die Merck & Cie. fast 100% an der Merck AG, Zug/Schweiz, zu der u. a. die italienische Bracco-Gruppe, Mailand/Italien (50%), die Kanto Kagaku K.K., Tokio/Japan (30%), und die weltweit operierende Merck Generics Group B.V., Rotterdam/Niederlande (75% – vormals Amerpharm; Generika), gehören. VEL N.V., Löwen/Belgien (100%); Aigner GmbH Laborfachhandel, Wien/Österreich (100%); KEBO Lab, Stockholm/Schweden (51% – führender skandinavischer Laborfachhändler); PolyLab, Straßburg/Frankreich (51%); VWR Corporation West, Chester, Pennsylvania/USA (49% – zweitgrößter amerikanischer Laborfachhändler); Amersham International plc, London/Großbritannien (100% – Laborprodukte); Merck Biomaterial France, Valence/Frankreich (100% – Biomaterial); Monot, Dijon/Frankreich (100% – Selbstmedikation); Seven Seas Ltd., Marfleet Hull/Großbritannien (über 50% – Selbstmedikamention).

NEUE BUNDESLÄNDER. Merck ist auf allen seinen Geschäftsfeldern von Darmstadt aus in den neuen Bundesländern aktiv.

Gesellschaftskapital 1995:
860,0 Mio.

Das Gesellschaftskapital setzt sich wie folgt zusammen: Kapitalanteil E. Merck: 635,0 Mio., gezeichnetes Kapital Merck KGaA: 225,0 Mio. Mit der Börsenplazierung von 26% der Merck-Aktien wurden 45 Mio. Aktien mit einem Nennwert von 5,– DM angeboten. Die Aktie der Merck KGaA wird an den Wertpapierbörsen in Frankfurt/Main und Zürich gehandelt. Der Emissionskurs lag bei 54,– DM. Der am letzten Handelstag des Jahres 1995 notierte Kassakurs betrug 58,25 DM, der Schlußkurs des 1. Quartals 1996 lag bei 63,65 DM.

Beschäftigte 1995: *27.762*
Beschäftigte 1994: *25.979*
Beschäftigte 1993: *25.988*

Umsatz pro Mitarbeiter 1995: *225.797,– DM*
Umsatz pro Mitarbeiter 1994: *217.857,– DM*
Umsatz pro Mitarbeiter 1993: *204.302,– DM*

Löhne und Gehälter 1995: *1.563,9 Mio.*
Löhne und Gehälter 1994: *1.470,5 Mio.*
Durchschnittsgehalt 1995: *56.332,– DM*
Soziale Abgaben und Aufwendungen 1995: *433,9 Mio.*
Soziale Abgaben und Aufwendungen 1994: *402,4 Mio.*

Tantiemen pro Aufsichtsrat 1995: *17.750,– DM*

STANDORT DEUTSCHLAND. Die neuen Aktionäre können zufrieden sein. Merck klagt zwar auch 1995 über die schweren wirtschaftlichen Rahmenbedingungen des Standortes Deutschland (Gesundheitsstrukturgesetz, verändertes Verschreibungsverhalten der Ärzte, Budgetierung der Arzneimittelausgaben, behördlich verordnete Marktregulierungen), verkündet aber neuerlich für 1995 (nach 1994) mit 369 Mio. DM nach Steuern den höchsten Gewinn der Unternehmensgeschichte. Merck verdient zunehmend an seinen großen Akquisitionen im Ausland, für die bis 1995 rund 2,5 Mrd. DM ausgegeben wurden (Lipha-Gruppe, Impact, Bracco USA, Merck Generics, Bender & Hobein, Prolabo, VEL, KEBO Lab, PolyLabo). 1996 wurde der britische Generika-Hersteller Seven Seas gekauft. Die Merck-Gruppe erzielt rund drei Viertel ihres Umsatzes mit Kunden im Ausland, die zum großen Teil von Standorten vor Ort bedient werden. Der Umsatz in Deutschland betrug 1995 nur knapp 1,4 Mrd. DM bei rund 8.000 Beschäftigten. In Nordamerika legte Merck 1995 erheblich zu, stärkste Wachstumsregion der Merck-Gruppe war aber auch 1995 mit Abstand der südostasiatische Raum, der weiter ausgebaut werden soll. Merck besitzt Gesellschaften in Südkorea, Malaysia, Singapur, Taiwan und Thailand. Besonders expansiv ist die Merck Kanto Advanced Chemicals in Taiwan. Merck ist auch in verschiedenen Staaten Osteuropas engagiert, u. a. durch Tochtergesellschaften in Ungarn und der Slowakei. Auch 1996/97 will Merck durch gezielte Akquisitionen wachsen.

»BÜNDNIS FÜR ARBEIT«. Merck und die Belegschaftsvertretungen haben in den letzten Jahren eine Reihe von Betriebsvereinbarungen abgeschlossen. Nach monatelangen Verhandlungen einigten sich die Unternehmensleitung und der Gesamtbetriebsrat darauf, ab 1. Januar 1997 bei Merck ein neues Vergütungssystem für die gewerblichen Mitarbeiter einzuführen. Im Zeitlohn oder im Leistungslohn, so Merck, sollen künftig auf Basis der Tarifentgelte verstärkt die betriebliche Leistung und Verantwortung der Beschäftigten differenziert bewertet und entlohnt werden. Gleichzeitig, so sehen es die Verhandlungsparteien, sollen durch das neue Vergütungssystem die Produktivität und Effizienz des Unternehmens gesteigert werden, »um damit auch die Wettbewerbsfähigkeit zu sichern und so Arbeitsplätze langfristig zu erhalten«. Im Rahmen einer Betriebsvereinbarung wurde darüber hinaus die Personalentwicklung neu definiert. Dabei geht es um vier Instrumente der Mitarbeiterbeurteilung, die das zukünftige Beurteilungssystem bilden sollen: der Personalbericht, das Mitarbeitergespräch, das Assessment-Center und der neu eingeführte Profilbericht.

Die flexible Gestaltung der Arbeitszeiten mit dem Ziel, »längere Betriebsnutzungszeiten zu erreichen«, ist 1995 weiterentwickelt worden. In den produkt- und kundennahen Bereichen wurden durch interne Betriebsvereinbarungen »differenzierte Arbeits- und Betriebszeiten vereinbart, die für Mitarbeiter, Unternehmer und Kunden interessant und vorteilhaft sind«.

Eine große Rolle in der Diskussion um neue Formen der Arbeitsorganisation bei Merck, »mit der wettbewerbsfähige Organisations- und Kostenstrukturen geschaffen werden sollen«, spielt die Form der Gruppenarbeit. »Will man den Produktionsstandort Darmstadt langfri-

stig erhalten«, so im Personal- und Sozialbericht 1995, »muß die Wettbewerbssituation des Unternehmens auch in Zukunft gesichert sein.« Seit 1995 wird bei Merck ein Pilotprojekt in der Pharmaproduktion durchgeführt, um Erfahrungen mit der Gruppenarbeit zu sammeln.
Knapp 600 Beschäftigte bei Merck Darmstadt arbeiteten 1995 in Teilzeit (7,2%). Ende 1995 waren bei Merck 274 Jugendliche in der Ausbildung, 7,4% weniger als 1994; eine Quote von 3,3% der Gesamtbelegschaft. 104 Jugendliche wurden 1995 in ein Arbeitsverhältnis übernommen. »Die im Rahmen des Tarifvertrages ausgehandelten Möglichkeiten, Ausgebildeten, Hochschulabgängern sowie Langzeitarbeitslosen zu abgesenkten Entgelten bessere Chancen auf einen Arbeitsplatz zu eröffnen, wurden genutzt.« (Förderprogramme mit dem Arbeitsamt)

UMWELTSCHUTZ. Für die gesamte Merck-Gruppe gelten die »Grundsätze und Strategien Umweltschutz und Sicherheit«, die verbindlich sind für die Arbeit aller Geschäftsbereiche. Danach werden alle Produkte umweltschonend entwickelt, in sicheren Anlagen produziert, sicher gelagert und transportiert, sicher verwendet und entsorgt. Seit Anfang 1995 hat die Merck-Gruppe einen Beauftragten für Umweltschutz und Sicherheit und gleichzeitig den Zentralbereich Umweltschutz, Sicherheit und Feuerschutz geschaffen. In den deutschen Werken sind Programme in Angriff genommen worden zur Vermeidung von Umweltbelastungen, für den Gewässerschutz, die Luftreinhaltung, die Lärmverminderung, die Abfallreduzierung und -entsorgung, die Ressourcenschonung, das Recycling und die Sicherheit. Besonders investiert wurde in die Abwasserreinigungsanlagen in den Werken Darmstadt und Gernsheim. Neu installiert wurde ein Immissionsmeßnetz um das Werk Darmstadt herum. Seit 1994 fährt Merck ein Programm zur Rücknahme, Verwertung oder Entsorgung eigener Chemikalien sowie der Chemikalien von Kunden und anderen Auftraggebern.
Merck sucht vor allem am Standort Darmstadt den Dialog mit der Öffentlichkeit und garantiert im Fall von Störungen und Störfällen umfassende Informationen und Transparenz. Merck hat einen detaillierten Umweltbericht 1995 herausgegeben.
Eine 1995/96 geschlossene Betriebsvereinbarung sieht die Einsetzung einer Umweltkommission vor. Ständige Mitglieder der Kommission: der Beauftragte für Umweltschutz und Sicherheit, je ein Vertreter der Werksleitungen von Darmstadt und Gernsheim, Repräsentanten aus den Bereichen Öffentlichkeitsarbeit, Umweltschutz, Sicherheit und Feuerschutz sowie Vertreter der Betriebsräte der Werke Darmstadt und Gernsheim. Themen: Investitionen im Umweltschutz, Stand von behördlichen Genehmigungsverfahren, Abfallwirtschaft, Gewässer- und Bodenschutz, Recyclingverfahren, Altlastensanierung, Überprüfung von alten und neuen Produktlinien auf ihre Umweltverträglichkeit.

Messer Griesheim siehe Hoechst

Investitionen 1995: *526,0 Mio.*
Investitionen 1994: *405,0 Mio.*
Investitionen 1993: *337,0 Mio.*

Umweltschutz 1995: *144,0 Mio.*
Umweltschutz 1994: *153,0 Mio.*
Umweltschutz 1993: *128,0 Mio.*

Forschung und Entwicklung 1995: *565,0 Mio.*
Forschung und Entwicklung 1994: *541,0 Mio.*
Forschung und Entwicklung 1993: *479,0 Mio.*

Mitbewerber: *Bayer, BASF, Boehringer Ingelheim, Ciba-Geigy, Dow Chemical, Du Pont, Hoechst, Hüls, ICI, Imperial Chemical, Roche, Sandoz, Schering, Solvay, Wacker*

METALLGESELLSCHAFT

Standort:
Reuterweg 14
60323 Frankfurt/Main

Postanschrift:
60271 Frankfurt/Main

Telefon: *(069) 159-0*
Telex: *41 225-0 mgf d*
Telefax: *(069) 159-2125*

Branche: *NE-Metallhandel, Groß- und Außenhandel, Finanzdienstleistungen, Anlagenbau, chemische Industrie, Kunststoffe, Recycling, Zinkprodukte*

Rechtsform:
Aktiengesellschaft

Geschäftsjahr: *1.10.-30.9.*

Gründungsjahr: *1881*

Öffentlichkeitsarbeit:
Lutz E. Dreesbach
Tel.: (069) 159-3435
FAX: (069) 159-3797
Andreas Martin
Tel.: (069) 159-3732
FAX: (069) 159-3797

Verbände: *Alle Konzernbereiche und die einzelnen Unternehmen sind in ihren spezifischen Fachverbänden organisiert.*

GESCHICHTE UND ENTWICKLUNG. Nach ihrer Gründung als Aktiengesellschaft zur Weiterführung eines traditionsreichen Frankfurter Metallhandelsunternehmens im Jahr 1881 nahm die Metallgesellschaft eine atemberaubende Entwicklung. Sie partizipierte voll an den »Gründerjahren«, der schnellen allgemeinen industriellen Entwicklung und der Entwicklung der elektrotechnischen Industrie. Die explosionsartige Steigerung des weltweiten NE-Metallbedarfs führte zur Aufsuchung und Erschließung mächtiger Erzvorräte in Übersee und zur Gründung von Hütten- und Verarbeitungsbetrieben.
Bereits nach wenigen Jahren beherrschten der junge Wilhelm Merton, Mitinhaber des angesehenen und prosperierenden Metallhandelshauses »Philip Abraham Cohen« (aus dem später die MG hervorging), und seine jungen Freunde ein weltumspannendes Unternehmen, das wirtschaftlich zu den erfolgreichsten der »Gründerjahre« zählte und von Lenin als Demonstrationsobjekt monopolkapitalistischer Strukturen herangezogen wurde. Der Nationalökonom Robert Liefmann 1913: »Der Frankfurter Metallhandel, zu dem übrigens noch einige andere Firmen von erheblicher Bedeutung gehören, umfaßt also mit seinen Unternehmungen, namentlich denen des Merton-Konzerns, tatsächlich die ganze Welt.«
Merton, damals 33jährig, hatte wohl vom Moment der Gründung der Metallgesellschaft einen Großkonzern im Visier, denn die explosionsartige Steigerung des weltweiten Metallbedarfs bei gleichzeitiger Erschließung mächtiger Erzvorräte in Übersee versprach ein gigantisches Geschäft. Merton stieg in Grubenbeteiligungen ein, gründete Handelsvertretungen und forcierte verschiedene Produktions- und Verfahrenstechniken. Der Einkauf von Rohstoffen erfolgte durch die Zentrale, die Erzeugung von Metallen in eigenen oder angeschlossenen Hütten und ihr Weiterverkauf durch Handelsorganisationen, die gleichzeitig metallurgische Erfahrungen anboten. Wilhelm Merton organisierte den Metallmarkt im Weltmaßstab.
1897 Gründung der Metallurgischen Gesellschaft (Lurgi) zur Konzentration der Bergbau- und Hüttenaktivitäten sowie neuartiger Verfahrensverwertungen auf metallurgischen und angrenzenden Gebieten. 1906 Gründung der Berg- und Metallbank. 1887 Gründung der American Metal Company, der Vorgängerin der heutigen AMAX. Partner Mertons war sein Bruder Henry, der die Metallgeschäfte in London betrieb. Weltweite Expansion, Entwicklung bahnbrechender Verfahren auf metallurgischem Gebiet. Zu Beginn des Ersten Weltkrieges war die Metallgesellschaft mit 140 Gesellschaften im In- und Ausland das beherrschende Unternehmen auf dem weltweiten NE-Metallmarkt.
Nach Kriegsende 1918 Enteignung des Auslandsvermögens. 1920 Fusion der Berg- und Metallbank mit der Metallurgischen Gesellschaft zur Metallbank und Metallurgischen Gesellschaft AG. 1928 Verschmelzung der Metallgesellschaft AG mit der Metallbank und Metallurgischen Gesellschaft AG.
Während der Nazi-Herrschaft wurde das Unternehmen arisiert; die Nazis besetzten in der Metallgesellschaft Schlüsselpositionen und bauten den Konzern für ihre Rüstungs- und Kriegsziele um. Verschiedene Mit-

glieder des Vorstandes und des Aufsichtsrates der Metallgesellschaft – unter ihnen die Söhne des Firmengründers, Alfred und Richard Merton – mußten emigrieren. Nach dem Zweiten Weltkrieg begann der Wiederaufbau der Metallgesellschaft zur Versorgung der deutschen Wirtschaft mit NE-Metallen und technischem Know-how. Durch Großakquisitionen und Gründungen zahlreicher Tochtergesellschaften wuchs die Metallgesellschaft schnell wieder zum weltumspannenden Konzern, expandierte auf allen Märkten der Welt. Sie geriet 1993 durch exzessive Ölgeschäfte ihrer US-amerikanischen Tochtergesellschaft MG Corp. in eine existenzbedrohende Krise, aus der sie in völlig neuer Form hervorging.

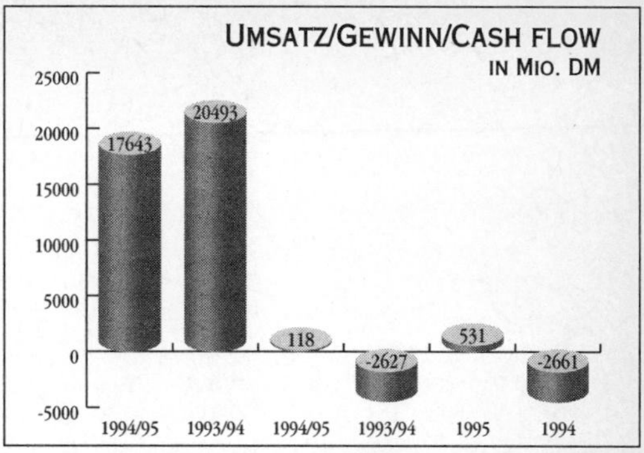

Vorstand:
- *Neukirchen, Karl-Josef, Dr. (Vorsitzender)*
- *Göckmann, Klaus, Dr.*
- *Mertens, Gereon, Dr.*
- *Rieger, Harald, Dr.*
- *Wöhr, Ulrich, Dr.*

Vorstandsbezüge 1994/95:
7.367.461,– DM

BESITZVERHÄLTNISSE/EIGENTUMSSTRUKTUR.
- Allianz AG Holding, München (4,0%)
- Daimler Benz AG, Stuttgart (7,3%)
- Deutsche Bank AG, Frankfurt/Main (16,6%)
- Dresdner Bank AG, Frankfurt/Main (14,6%)
- Kuwait Investment Authority, Kuwait (13,6%)
- Rest Streubesitz

KONZERNÜBERBLICK/BETEILIGUNGEN. Die 1989 euphorisch gefeierte neue Konzernstruktur, die für den Rest des Jahrhunderts Bestand haben sollte, wurde durch den Beinahe-Zusammenbruch des Konzerns 1993 hinfällig. Das grundlegende Umstrukturierungskonzept für die Metallgesellschaft, das mit dem nahezu kompletten Austausch des Vorstandes in Angriff genommen wurde, konnte 1995 abgeschlossen werden.

Die neue Metallgesellschaft (MG) ist ein international tätiger Konzern mit den Schwerpunkten Handel, Anlagenbau, Chemie, Finanzdienstleistungen und Gebäudetechnik. Von wesentlichen Unternehmensbereichen der Vergangenheit trennte man sich. Über ihre operativen Gesellschaften produziert, verarbeitet, veredelt und handelt die MG Metalle und chemische Grundstoffe. Darüber hinaus ist sie führend im Bau von umweltfreundlichen Anlagen, unter anderem für die Bereiche Metallurgie, Chemie und Energie. Außerdem bietet sie durch die Metallbank GmbH Finanzdienstleistungen für Privatpersonen und Unternehmen innerhalb und außerhalb des Konzerns an. Mit der Rheinzink GmbH verfügt die MG über einen internationalen Anbieter von Produkten für Dach, Dachentwässerung und Fassade.

Nach der Veräußerung der Anteile an der Buderus AG, der Kolbenschmidt AG, der Lehnkering Montan Transport AG, der Metall Mining Corp., der Grillo-Werke AG und der B.U.S Berzelius Umwelt-Service AG konzentriert sich der Metallgesellschaft-Konzern auf die Kerngeschäftsfelder Handel, Anlagenbau, Chemie, Finanzdienstleistungen und Gebäudetechnik. Zum Konzern gehörten Ende 1995 noch rund 250 (1994: 450; 1993: 775) in- und ausländische direkte und indirekte Beteiligungen; 160 Unternehmen wurden konsolidiert. Zu den wichtigsten Produktionsstätten im Inland gehören Bielefeld, Chemnitz, Dat-

Aufsichtsrat:
▮ *Schmitz, Ronaldo H., Dr. (Mitglied des Vorstandes der Deutsche Bank AG), Frankfurt/Main*
▮ *Al-Salem, Fahah M. (Government of Kuwait; Kuwait Investment Office), London*
▮ *Breipohl, Diethart, Dr. (Mitglied des Vorstandes der Allianz AG Holding), München*
▮ *Funk, Joachim, Dr. (Vorsitzender des Vorstandes der Mannesmann AG), Düsseldorf*
▮ *Kuhnt, Dietmar, Dr. (Vorsitzender des Vorstandes der RWE AG), Essen*
▮ *Mische, Justus (Mitglied des Vorstandes der Hoechst AG), Frankfurt/Main*
▮ *Schelling, Roland, Dr. (Rechtsanwalt und Notar), Stuttgart*
▮ *Schuhmacher, Peter (Mitglied des Aufsichtsrates der Heidelberger Zement AG), Heidelberg*
▮ *Walter, Bernhard (Mitglied des Vorstandes der Dresdner Bank AG), Frankfurt/Main*
▮ *Zinn, Eberhard, Dr. (Mitglied des Vorstandes der Bayerische Landesbank Girozentrale), München*
**Schumann, Manfred, Dr. (stellv. Vorsitzender)*
**Döss, Manfred, Dr.*
**Freyberg, Rolf-J., Dr.*
**Hartmann, Klaus*
**Kopke, Manfred*
**Lösche, Jürgen*
**Miller, Heinz-Joachim*
**Pulfrich, Hartmut*
**Siegers, Reinhold*
**Wick, Wolfgang*

Aufsichtsratstantiemen 1994/95: *194.653,– DM*

teln, Duisburg, Essen, Langelsheim, Marktredwitz, Plauen, Plochingen, Schlebusch, Troisdorf, Weißenburg.
Seit Beginn des Geschäftsjahres 1994/95 arbeitet die Metallgesellschaft als strategische Management-Holding. Die Holding führt selbst kein operatives Geschäft mehr. Auf diese Weise soll das einst unübersichtliche Konglomerat straff geführt werden. Auch die Teilkonzerne sind als Holding-Gesellschaften strukturiert: die neugegründete Metallgesellschaft Handel & Beteiligungen AG, Lurgi AG, Lentjes AG und Dynamit Nobel AG.

◆ Kernbereich Handel: Die neugegründete MG Handel & Beteiligungen AG, Frankfurt/Main (100%), ist eine eigenständige und operativ eigenverantwortliche Gesellschaft mit einem Umsatz von 8,9 Mrd. DM 1994/95. Sie ist die Führungsgesellschaft für den Kernbereich Handel der Metallgesellschaft AG. Um das operative Geschäft kümmern sich fünf Tochtergesellschaften mit zahlreichen Beteiligungen und Auslandsstützpunkten: MG Erz- & Metallhandel GmbH (NE-Metallkonzentrate, Zink/Blei, Leichtmetall), MG Chemiehandel GmbH (Chemierohstoffe/Säure, Agrarchemie, Industriechemikalien), MG Stahl & Recycling Beteiligungen GmbH (NE-Altmetalle, Stahl- und Edelstahlschrotte, Stahl/Stahlvorstoffe); The Metal and Commodity Company Ltd. (Kupfer, Nickel); Metallgesellschaft Ltd. (Warenbörsengeschäfte). Die Metallgesellschaft Corp. hat das Ölgeschäft, das im Verlauf des Jahres 1993 zu den existenzgefährdenden Verlusten geführt hatte, mittlerweile eingestellt. Über die MG Natural Gas Corp. wird die Aufsuchung sowie der Handel mit Erdgas in reduziertem Umfang weitergeführt. Über die Metallgesellschaft Corp. sollen ferner Akquisitionen für die Konzern-Kernbereiche realisiert werden.

◆ Kernbereich Finanzdienstleistungen: Dem Bereich Finanzdienstleistungen sind neben der Metallbank GmbH, Frankfurt/Main (100%), die Frankfurter Assekuranz Kontor GmbH (Versicherungsabteilung des Konzerns) und die MG Vermögensverwaltungs-AG (Grundstücks- und Immobilien-Aktivitäten der MG) zugeordnet.

◆ Kernbereich Anlagenbau: Dieser Bereich wird durch die Lurgi AG, Frankfurt/Main (100%) repräsentiert, die als Holding-Gesellschaft über ihre operativen Bereiche und Gesellschaften fungiert. Die bis Mitte 1996 neben Lurgi ebenfalls als Teilkonzern gleichgestellte Lentjes AG, Düsseldorf (100%), wurde Lurgi unterstellt. Unter der Lurgi AG stehen nun fünf Gesellschaften mit eigener unternehmerischer Verantwortung: Lurgi Metallurgie GmbH (international bedeutender Anbieter für die metallerzeugende Industrie; Eisen- und Nichteisenmetallurgie), Lurgi Energie und Umwelt GmbH (Energietechnik, Wirbelschicht- und Kombikraftwerke, Abgas- und Abwasserbehandlung, Kohleveredelung und thermische Abfallbehandlung), Lurgi Öl, Gas, Chemie GmbH (Ölraffination, Chemie, Gas- und Synthesetechik; Neubau der Raffinerie in Leuna), Zimmer AG (Bau von Polyesteranlagen; umweltgerechte Acryl- und Cellulosefasertechnologie; Polymer- und Synthesefaserherstellung) sowie die Lentjes AG. Die Lentjes AG ist ein international tätiger Anlagenbauer mit den Kernarbeitsgebieten Kraftwerke/Energie, Entsorgung und Umwelt. Zur Lentjes AG gehören: Lentjes Industriekessel GmbH, Standard-Kessel Ges. Lentjes-Fasel GmbH, Lentjes Umwelttechnik GmbH, Lentjes Bischoff GmbH, ML Entsorgungs- und Energieanlagen GmbH, Babcock Lentjes Kraftwerkstechnik GmbH, Stahlbau Plauen GmbH.

◆ Kernbereich Chemie: Alle Chemieaktivitäten der MG sind nach der grundlegenden Restrukturierung unter dem Dach der Dynamit Nobel AG als operativ orientierter Management-Holding vereinigt. Der Teilkonzern ist jetzt in den fünf Geschäftsfeldern Sprengmittel, Kunststoffe, Hochleistungskeramik, Spezialitätenchemie und Pigmentchemie tätig. Die Dynamit Nobel AG, Troisdorf, fungiert als Holding von fünf eigenständigen operativen Tochtergesellschaften: Dynamit Nobel GmbH (Sprengmittel); Dynamit Nobel Kunststoff GmbH (Kunststoffe), Ceram Tec GmbH, Innovative Ceramics Engeneering (vormals Cerasiv GmbH Hoechst Ceram Tec AG; Hochleistungskeramik), Chemetall GmbH (Spezialitätenchemie), Sachtleben Chemie GmbH (Pigmentchemie).

◆ Kernbereich Gebäudetechnik: Der im Aufbau befindliche Bereich besteht zur Zeit aus der Rheinzink GmbH, einem Anbieter von Bedachungs-, Dachentwässerungs- und Fassadensystemen, sowie der Ruhr-Zink GmbH, einer Zink-Elektrolyse, die ausschließlich als Zulieferer der Rheinzink fungiert. Die Aktivitäten sollen durch weitere Dienstleistungen »rund um Dach und Fassade« ergänzt werden.

BÖRSE, AKTIEN, KURSE
Grundkapital 1995:
670,0 Mio.
Jahreshöchstkurs 1995:
34,90 DM
Jahrestiefstkurs 1995:
21,60 DM
Aktie Jahresende 1995:
31,40 DM
Dividende pro Aktie 1995:
0,00 DM

Die einzelne Aktie hat einen Nennwert von 5,– DM.

NEUE BUNDESLÄNDER. Alle Teilkonzerne der Metallgesellschaft AG sind in den neuen Bundesländern mit zahlreichen Gesellschaften vertreten.

DIE METALLGESELLSCHAFT – DER GROSSE COUP. Mit Wirkung vom 1. Januar 1992 erwarb die MG Industriebeteiligungen AG, Düsseldorf, eine 80%ige Tochter der Metallgesellschaft, die Buderus AG, Wetzlar, und die Dynamit Nobel AG, Troisdorf, von der Feldmühle Nobel AG, Düsseldorf, die nach den Verkäufen ihrerseits in FPB Holding AG umfirmiert wurde und eine Tochter des schwedischen Stora-Konzerns ist, der sich ganz auf den Papiersektor, das Stammgeschäft der Feldmühle, konzentriert. Mit der Übernahme der Chemie-, Keramik- und Zementindustriesparte der Feldmühle Nobel AG für einen Kaufpreis von ca. 1,4 Mrd. DM hatte der Technologiekonzern Metallgesellschaft, der traditionell auf den Geschäftsfeldern Rohstoffe, Dienstleistungen und Technologien zu Hause war, einen zusätzlichen Schwerpunkt gesetzt, der in erster Linie seine Abhängigkeit von den variablen NE-Metall-Preisen und vom Dollarkurs reduzieren sollte. Dynamit Nobel mit den Produktionsbereichen Chemie, Sprengstoffe und Munition, Hochleistungskeramik und Autozulieferung sowie Buderus mit dem Produktionsprogramm Zement, Heizungsprodukte, Gußerzeugnisse, Flugzeugzubehör und Edelstahlerzeugnisse ließen die Metallgesellschaft auf den drei Hauptfeldern Dienstleistungen, Rohstoffproduktion und Industrie operieren. Der Eigentümer der Feldmühle Nobel AG, die Stora AB, Falun/Schweden, behielt lediglich deren Papiersparte.

DIE METALLGESELLSCHAFT – DER TIEFE FALL. Alle Übernahmestrategien und Zukunftsvisisonen des damaligen Vorstandsvorsitzenden Heinz Schimmelbusch, der 1991 noch zum »Manager des Jahres« gewählt worden war und als das Vorzeigekind der deutschen Industrie galt, brachen 1993/1994 in sich zusammen. Die Metallgesellschaft, eine der Perlen der deutschen Industrie, geriet an den Abgrund. Hatte das Unternehmen noch Anfang 1992 durch die Buderus/

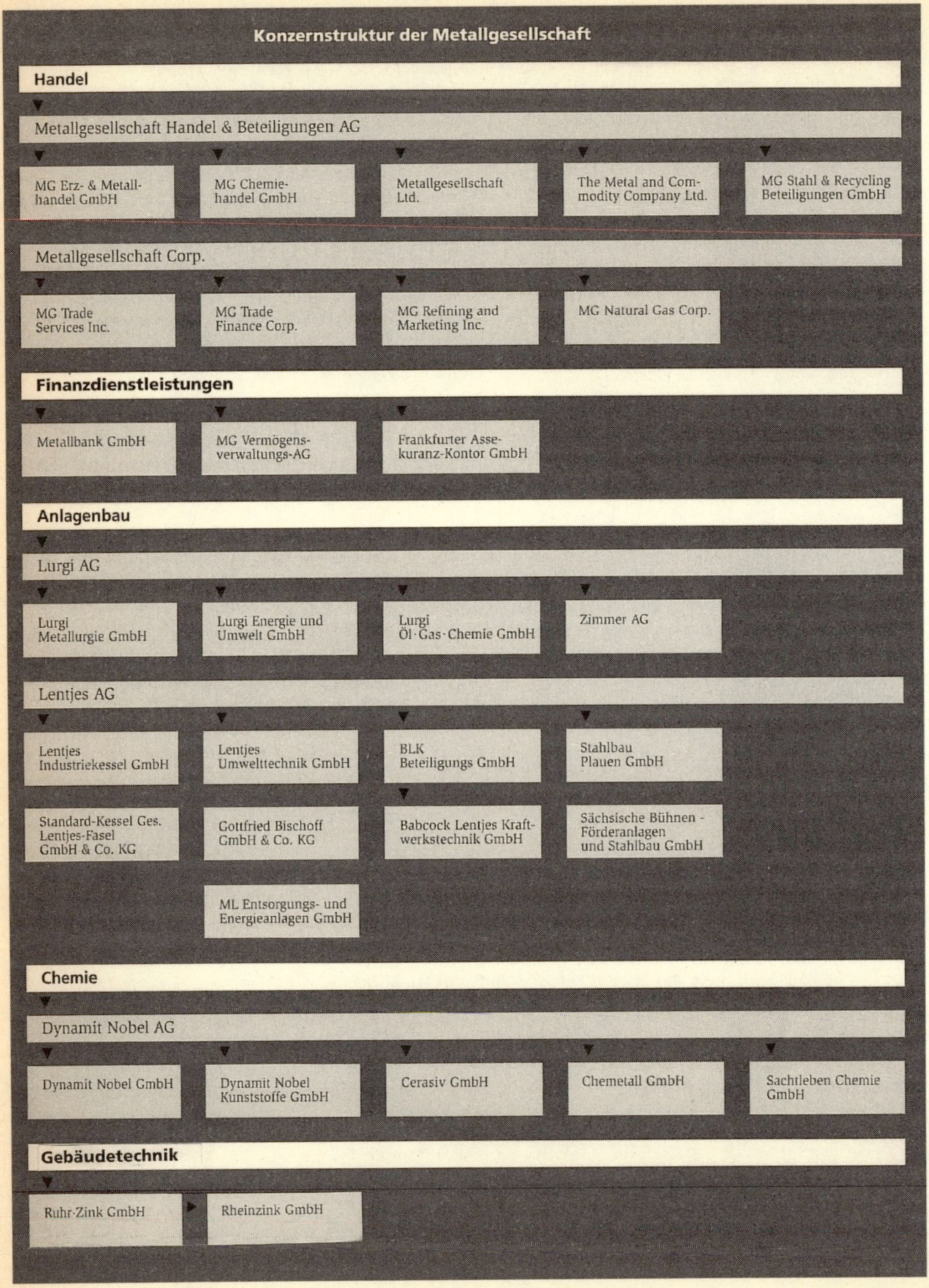
Konzernstruktur der Metallgesellschaft
Handel
Metallgesellschaft Handel & Beteiligungen AG
MG Erz- & Metallhandel GmbH
MG Chemiehandel GmbH
Metallgesellschaft Ltd.
The Metal and Commodity Company Ltd.
MG Stahl & Recycling Beteiligungen GmbH
Metallgesellschaft Corp.
MG Trade Services Inc.
MG Trade Finance Corp.
MG Refining and Marketing Inc.
MG Natural Gas Corp.
Finanzdienstleistungen
Metallbank GmbH
MG Vermögensverwaltungs-AG
Frankfurter Assekuranz-Kontor GmbH
Anlagenbau
Lurgi AG
Lurgi Metallurgie GmbH
Lurgi Energie und Umwelt GmbH
Lurgi Öl·Gas·Chemie GmbH
Zimmer AG
Lentjes AG
Lentjes Industriekessel GmbH
Lentjes Umwelttechnik GmbH
BLK Beteiligungs GmbH
Stahlbau Plauen GmbH
Standard-Kessel Ges. Lentjes-Fasel GmbH & Co. KG
Gottfried Bischoff GmbH & Co. KG
Babcock Lentjes Kraftwerkstechnik GmbH
Sächsische Bühnen - Förderanlagen und Stahlbau GmbH
ML Entsorgungs- und Energieanlagen GmbH
Chemie
Dynamit Nobel AG
Dynamit Nobel GmbH
Dynamit Nobel Kunststoffe GmbH
Cerasiv GmbH
Chemetall GmbH
Sachtleben Chemie GmbH
Gebäudetechnik
Ruhr-Zink GmbH
Rheinzink GmbH

Dynamit Nobel-Übernahmen für Furore und einen sprunghaften Anstieg des Umsatzes und der Mitarbeiterzahlen gesorgt, so drohte jetzt der Konkurs. Der Grund: Ölgeschäfte der amerikanischen Tochtergesellschaft Metallgesellschaft Corp., von denen der Vorstand der Metallgesellschaft nichts gewußt haben wollte. Die Ölhändler der MG hatten langfristige Lieferverträge über kurzfristige Terminkontrakte gesichert.

War anfänglich von 347 Mio. DM Verlust die Rede, so hieß es schon wenig später 1,87 Mrd. DM, ein in diesem Ausmaß bislang in der jüngeren deutschen Industriegeschichte einmaliger Fall. Der Vorstand hatte auch den Aufsichtsrat nicht über das wirkliche Ausmaß der Machenschaften der amerikanischen Tochter informiert. Ende 1993 wurde der Vorstand der MG fast komplett ausgetauscht, einer der profiliertesten Sanierer der Republik, Kajo Neukirchen, übernahm das Steuer. Innerhalb weniger Tage entwarf der neue Vorstand ein Restrukturierungs- und Konsolidierungsprogramm, das Anfang Januar 1994 den rund 100 Gläubigerbanken vorgelegt wurde. Ein völlig neuer Metallgesellschaft-Konzern sollte entstehen, mit einschneidenden Konsequenzen für die Beteiligungen und die Beschäftigten. Angeblich gab es nur ein »Entweder-Oder«, das hieß Pleite und Massenentlassungen einerseits oder ein einschneidendes Sanierungskonzept andererseits. Und das sollte so aussehen: neue Kapitalmaßnahmen, Kapitalerhöhungen, Eigenmittel in Höhe von 2,7 Mrd. DM, Umwandlung von Kreditforderungen in Genußrechte, neue Kreditlinien in einer Größenordnung von 700 Mio. DM, Ausgabe neuer Aktien, Entlassungen, Verkauf zahlreicher Tochtergesellschaften, Schließung einiger Hütten in der verlustträchtigen Hüttensparte. Mit einer vereinfachten Kapitalherabsetzung im Verhältnis 2:1 wurde im März 1995 die Sanierung abgeschlossen.

Kritiker behaupteten, daß das beschlossene Sanierungskonzept überhaupt nur deshalb zum Tragen kam, weil die Hauptgläubiger der Beinahe-Pleite die Großbanken selbst waren, die Deutsche und die Dresdner Bank als Großaktionäre der MG. Die Metallgesellschaft verklagte ihren früheren Vorstandsvorsitzenden Heinz Schimmelbusch sowie den früheren Finanzvorstand Meinhard Forster wegen Verstoßes gegen das Aktiengesetz auf 25 bzw. 2 Mio. DM Schadensersatz. Schimmelbusch wiederum behauptete, MG-Aufsichtsratsvorsitzender Ronaldo Schmitz sei an einer wirklichen Lösung der Krise rund um die Öltermingeschäfte nie interessiert gewesen und habe die MG wissentlich in die Katastrophe laufen lassen. Schimmelbusch verklagte seinerseits wegen der Entlassung die Metallgesellschaft auf Schadensersatz in Höhe von 10 Mio. DM vor dem New Yorker Supreme Court, die aber abgewiesen wurde. Ein außergerichtlicher Vergleich ist nicht ausgeschlossen.

KAJO NEUKIRCHEN – DER CHEFSANIERER. Kajo Neukirchen ist in der deutschen Wirtschaft seit Jahren die Nummer eins, wenn es darum geht, angeschlagene Konzerne wieder auf Kurs zu bringen. Mit harter Hand und viel Geschick brachte er, 1987 vom Vorstandsvorsitz des Schweinfurter Kugellagerproduzenten SKF kommend, den restlos angeschlagenen Kölner Klöckner-Humboldt-Deutz-Konzern ins Lot, nicht ohne gravierende Entlassungen und aufwendige Kostensenkungsprogramme (bis der durch massive Bilanzfälschungen 1996

Umsatz 1994/95:
17.643,0 Mio.
(davon im Ausland:
12.476,0 Mio.)
Umsatz 1993/94:
20.492,6 Mio.
Umsatz 1992/93:
26.094,3 Mio.

Gewinn/Verlust 1994/95:
117,7 Mio.
Gewinn/Verlust 1993/94:
– 2.626,8 Mio.
Gewinn/Verlust 1992/93:
– 1.969,3 Mio.

Cash flow 1995:
531,0 Mio.
Cash flow 1994:
– 2.661,0 Mio.

Cash flow: *Der Cash flow wurde zur Verminderung der Verbindlichkeiten in Höhe von 1.681,0 Mio. DM gegenüber Kreditinstituten herangezogen.*

Steueraufkommen 1994/95:
79,0 Mio.

Beschäftigte 1994/95:
23.378
Beschäftigte 1993/94:
26.324
Beschäftigte 1992/93:
43.292
(Beschäftigte 1991/92: 62.547)

Umsatz pro Mitarbeiter 1994/95: *754.683,– DM*
Umsatz pro Mitarbeiter 1993/94: *778.476,– DM*
Umsatz pro Mitarbeiter 1992/93: *602.751,– DM*

Löhne und Gehälter 1994/95: *1.815,9 Mio.*
Löhne und Gehälter 1993/94: *2.110,2 Mio.*
Durchschnittsgehalt 1994/95: *77.675,– DM*
Soziale Abgaben und Aufwendungen 1994/95:
412,4 Mio.
Soziale Abgaben und Aufwendungen 1993/94:
454,8 Mio.

Bezüge pro Vorstandsmitglied 1994/95:
1.473.492,– DM
Tantiemen pro Aufsichtsratsmitglied 1994/95:
9.732,– DM

wieder an den Rand des Abgrunds geriet). Danach räumte Neukirchen bei Hoesch gründlich auf und sanierte den angeschlagenen Konzern soweit, daß er für die Fusion mit Krupp attraktiv wurde. Schließlich rettete er durch Entlassungen, Firmenverkäufe und ein drastisches Restrukturierungsprogramm die FAG Kugelfischer vor dem Zusammenbruch, bevor er als Retter in der Not zur Metallgesellschaft gerufen wurde, um diese deutsche Industrieperle nicht vollends in den Abgrund gleiten zu lassen. Schon nach wenigen Wochen des Regiments Neukirchen war bei der Metallgesellschaft nichts mehr wie zuvor. Ziel des deutschen Chefsanierers war es, aus der Metallgesellschaft einen »schlanken und ertragsstarken Handels-, Dienstleistungs- und Industriekonzern« zu zimmern, der allerdings an die alte Größe nie mehr heranreichen dürfte. 1996 konnte Neukirchen anläßlich der Hauptversammlung am 4. April in ganzseitigen Zeitungsanzeigen verkünden: »Geschafft!«

STANDORT DEUTSCHLAND. Selten räumte ein Konzern am Standort Deutschland so gründlich auf wie die Metallgesellschaft nach dem Spekulations-Desaster ihrer amerikanischen Tochter Metallgesellschaft Corp. Der Konzern wurde zerlegt und u. a. zur Schuldentilgung veräußert, darunter ehemalige Traditionsbereiche wie der Bergbau, die Lehnkering Montan Transport AG und die Kolbenschmidt AG. Verkauft wurden z. B. der 47%-Anteil an der Kolbenschmidt AG (10.100 Beschäftigte) mit ihren 26 Standorten im In- und Ausland an die Commerzbank AG, die Korf GmbH (2.600 Beschäftigte) an die brasilianische Gerdau-Gruppe und die MG-Engagements in Kanada, Metall Mining Corp. und Methanex Corp. Im Mai 1994 gab Kajo Neukirchen den geplanten Verkauf der MG-Ertragsperle Buderus AG (12.000 Beschäftigte; 79,9%-Beteiligung, Börsenplazierung) und der Lehnkering-Montan-Gruppe (1.500 Beschäftigte; 64,9%) – Käufer war die Preussag-Tochter VTG Vereinigte Tanklager- und Transportmittel GmbH – bekannt. Ende Juni 1994 wurden zwei Millionen Buderus-Aktien über ein Bankenkonsortium breit gestreut an die Börse gebracht und erbrachten 1,2 Mrd. DM – um durch den Erlös wieder zu einer normaleren Verschuldungssituation zurückzukehren. Nicht zuletzt um die Hauptgläubiger-Banken Deutsche Bank und Dresdner Bank, an die die Buderus AG von der MG zum Buchwert für neue Kredite verpfändet worden war, zu beruhigen. Die Dresdner Bank und die Commerzbank haben jeweils 10%-Pakete an der Buderus AG übernommen. Die Rheinische Zinkgesellschaft GmbH (1.460 Beschäftigte) verkaufte Ende 1994 ihren 58,4%-Anteil an der Grillo-Werke AG an die Familie Grillo. Verkauft wurde auch das Gelände der Metallgesellschaft am Frankfurter Reuterweg an die DIFA Deutsche Immobilien Fonds AG, Hamburg. Die B.U.S Berzelius Umwelt-Service AG ging an die Löbbert Holding GmbH. Zum Jahreswechsel 1995/96 verkaufte die Metallgesellschaft die Rheinische Zinkgesellschaft GmbH einschließlich der darin enthaltenen Bleihütten an den amerikanischen Produzenten Quexco International.
Die Bankschulden konnten von 7,5 Mrd. DM auf 1,5 Mrd. DM reduziert werden. Infolge des sogenannten »Desinvestitionsprogramms« sank die Zahl der von der Metallgesellschaft direkt oder indirekt gehaltenen Beteiligungen von 774 (30. September 1993) um 317 auf 457 Ende September 1994. Ende 1995 hatte die Metallgesellschaft

noch rund 250 Beteiligungen. Der Konzernumsatz sank auf unter 18 Mrd. DM, angestrebt ist ein »gesunder Konzern« mit einem Umsatz von etwa 15 Mrd. DM. Die Beschäftigtenzahl hat sich seit 1992 von 62.500 auf knapp 22.900 (1995) reduziert. Mehr als 30.000 Mitarbeiter sind aufgrund von Unternehmensverkäufen aus dem Konzern ausgeschieden, rund 4.000 im Zuge von Rationalisierungen. Angestrebt ist eine Belegschaft von rund 23.000. In allen Kerngeschäftsbereichen soll die Internationalisierung und Globalisierung noch stärker forciert werden, besonders in den asiatisch-pazifischen Wachstumsmärkten.

Investitionen 1994/95:
273,0 Mio.
Investitionen 1993/94:
742,0 Mio.
Investitionen 1992/93:
1.768,0 Mio.

Mitbewerber: *Heraeus, Degussa, Deutsche Babcock, Klöckner, Preussag, Röchling*

»BÜNDNIS FÜR ARBEIT«. Die Ausbildung wird durch die operativen Gesellschaften in eigener Verantwortung intensiviert. Die Holding versteht sich in einer strategischen Rolle, in der für den Konzern Nachwuchskräfte eingestellt und ausgebildet werden. Teilzeitarbeit wird in allen Teilkonzernen angeboten und durchgeführt, Jahresarbeitszeit in Teilbereichen. Die Möglichkeit der Altersteilzeit wird geprüft. Bei der Gleitzeitregelung ist die Kernarbeitszeit festgelegt, darüber hinaus gibt es Gleitzeitkonten mit monatlichem Übertrag und dem Übertrag in ein Jahresgleitzeitkonto. Es besteht die Möglichkeit des monatlichen und des jährlichen Ausgleiches des Gleitzeitkontos.

UMWELTSCHUTZ. Umweltdienstleistungen sind in der Metallgesellschaft zu einem zentralen Arbeitsgebiet ausgebaut worden, die in erster Linie von Lurgi und Lentjes wahrgenommen werden. Die Metallgesellschaft versteht sich als ein verantwortungsbewußtes Unternehmen innerhalb der Gesellschaft und gegenüber der Umwelt. Die Verantwortung liegt bei den Teilkonzernen, die für den Umweltschutz an den jeweiligen Standorten zuständig sind. Ein zentrales MG-Umweltmanagement gibt es nicht.

METRO

GESCHICHTE UND ENTWICKLUNG. 1964 eröffnete die Metro in Mülheim/Ruhr ihren ersten Cash & Carry-Markt und landete damit einen Volltreffer. Das Waren-Angebot war breiter, größer und universeller als das des traditionellen Großhandels, abgestimmt auf die Bedürfnisse der unterschiedlichsten gewerblichen Zielgruppen. Das Entscheidende der Idee hatte Gründer Otto Beisheim aus Amerika mitgebracht: Einzelhändler, Freiberufler, Kneipiers konnten die Waren zum Wiederverkauf erwerben, wenn sie die Artikel bar (»cash«) bezahlten und selber abholten (»carry«). Selbstbedienung auf der Großhandelsstufe – das hatte es bis dahin nicht gegeben. Bislang lieferten Lebensmittel-Großhändler Waren immer gegen Rechnung. Die Verkaufsfläche der ersten Metro von 14.000 qm galt im Handel als Sensation und einmalig. Von Anfang an nutzte die Metro die EDV und entwickelte ein Direct-Mailing-System, indem jeder Kunde einmal wöchentlich Werbeunterlagen ins Haus geschickt bekam. Die Metro expandierte rasant.

Metro Gruppe Deutschland:
(Metro Vermögensverwaltung GmbH & Co. KG)

Hauptverwaltung:
Schlüterstraße 3
40235 Düsseldorf

Telefon: *(0211) 969-0*
Büro Conradi:
(0211) 969-2214

Metro Holding AG:

Standort:
Neuhofstraße 4
Postfach 400
CH-6340 Baar/Zug

***Telefon:** +41 41 7 687171*
***Telefax:** +41 41 7 612523*

***Branche:** Groß- und Einzelhandel mit Nahrungsmitteln und Gebrauchsgütern; Warenhäuser*

Rechtsform:
Aktiengesellschaft

***Geschäftsjahr:** 1.1.-31.12.*

***Gründungsjahr:** 1964*

Doch das alles war nur der Anfang, Otto Beisheim sollte erst so richtig loslegen. Im Laufe der Jahre entstanden durch Neugründungen und Akquisitionen 60 Großmärkte auf einer Verkaufsfläche von 660.000 qm mit rund 100.000 Kundenbesuchen am Tag. 1977 stieg die Metro auch in das Einzelhandelsgeschäft ein. Nach den Akquisitionen der Münchner Hurler-Gruppe und der BLV Bayerische Lagerversorgung GmbH & Co. verfügte die Metro über weit mehr als 100 große Einzelhandelszentren (u. a. Huma- und BLV-SB-Warenhäuser) mit einer Verkaufsfläche von 450.000 qm und einem täglichen Besuch von über 150.000 Kunden.

Seit 1971 ist die Metro in Frankreich aktiv und zählt heute mit 14 Metro C+C-Großmärkten (fünf allein in Paris) zum größten Unternehmen der Branche. Im österreichischen Großhandel ist die Metro seit 1971, im Einzelhandel seit 1977 tätig. Wie überall sind auch hier die Metro-Einkaufszentren die größten ihrer Art des Landes. Italien und Dänemark sind weitere Metro-Länder. Schon 1968 startete Otto Beisheim in den Niederlanden mit seinem ersten Makro-Markt, sechs Länder folgten. Der große Coup gegen das Kartellamt gelang Anfang der 80er Jahre: Otto Beisheim sicherte sich mit zahlreichen Tricks und Transaktionen die Mehrheit und die Kontrolle über den Kaufhof-Konzern. 1990 Einstieg der Metro bei der Asko durch Gründung einer Holdinggesellschaft (MHB Im- und Export Handels AG), unter der verschiedene Vertriebslinien beider Konzerne zusammengeführt wurden (Massa von Asko; Primus, Meister, Huma, BLV von Metro). An der MHB hielten beide Partner 50%, die Metro-Gruppe hatte aber mit 76% der Stimmrechte das Sagen.

1992 gelang der Metro dann der große Wurf, waren Otto Beisheim und sein deutscher Statthalter Erwin Conradi am Ziel ihrer Wünsche: Das Kartellamt gab (mit kleinen Auflagen) grünes Licht für die Übernahme der Asko-Gruppe durch die Metro. Damit schnellte der Umsatz der publizitätsscheuen Metro auf weit über 70 Mrd. DM. 1994 stimmte das Kartellamt der Übernahme der Horten AG durch die Kaufhof AG zu, ein weiterer Metro-Deal. 1993/94 gab sich die Metro eine neue Gruppenstruktur mit der Metro Holding AG, Baar/Schweiz, an der Spitze. 1996 dann der ganz große Wurf: die Verschmelzung von Kaufhof und Asko auf die neue Metro AG, Köln. Präsident: Erwin Conradi.

Die Metro auf dem Weg zum Mega-Konzern. Eine der größten Fusionen der deutschen Unternehmensgeschichte kündigte sich Ende 1995 an und wurde 1996 Realität: Die Verschmelzung der Kaufhof Holding AG, Köln, der Asko Deutsche Kaufhaus AG, Saarbrükken, und der Deutsche SB-Kauf AG (DSKB), Frankfurt/Main, auf die Metro zur Metro AG. Bereits im März 1996 hatte die Metro Vermögensverwaltung GmbH & Co. KG ihre Anteile an der Metro SB-Großmärkte GmbH & Co. KG, an der Asko Deutsche Kaufhaus AG und der Kaufhof Holding AG gegen Erhöhung des Aktienkapitals in ihre 100%ige Tochtergesellschaft Metro AG, Köln, eingebracht. Die deutschen Interessen der drei Unternehmensgruppen Metro Cash & Carry, Kaufhof und Asko (incl. DSKB) werden über die Metro AG zu 57,48% des Kapitals und 64% des stimmberechtigten Kapitals bei der Metro Vermögensverwaltung GmbH & Co. KG, Düsseldorf, liegen, die zu 100% der Metro Holding AG in der Schweiz gehört. Die übrigen Anteile gehören freien Aktionären, die ihre Kaufhof- bzw. Asko-Aktien in

Metro-Aktien umtauschen können. Der Verkehrswert der neuen Metro AG beträgt 15,8 Mrd. DM, wovon 6,2 Mrd. DM auf den Kaufhof und 5,3 Mrd. DM auf die Asko entfallen. Die Gesellschaft wird über ein gezeichnetes Kapital von rund 500 Mio. DM verfügen, weit über 70 Mrd. DM umsetzen und rund 175.000 Mitarbeiter beschäftigen. Die Aktionäre der Kaufhof Holding stimmten im Juni 1996 der Verschmelzung zu, zuvor schon votierten die Asko- und DSKB-Aktionäre für die Mammutfusion und einen entsprechenden Aktientausch. Ende Juli 1996 meldete die Metro: Fusion vollzogen. Mit der Verschmelzung endete auch der Börsenhandel mit den Aktien der verschmolzenen Gesellschaften. Ab Ende Juli 1996 wird die Aktie der Metro AG notiert. Der ehemalige Kaufhof-Chef Wolfgang Urban und der Asko-Vorstandschef Klaus Wiegandt wurden zu gemeinsamen Sprechern des Vorstandes der Metro AG berufen. Otto Beisheim und Erwin Conradi waren am Ziel ihrer Wünsche – dem mit Abstand größten Konzern dieser Sparte in Europa.

BESITZVERHÄLTNISSE/EIGENTUMSSTRUKTUR.
Die Metro Holding AG, Baar/Schweiz, die an der Spitze der Metro-Gruppe steht, gehört zu je einem Drittel dem in der Schweiz residierenden Metro-Gründer Otto Beisheim (über die O.B.V. Vermögensverwaltungsgesellschaft mbH & Co. OHG), den Gesellschafter-Stämmen der Duisburger Familie Haniel (über die Franz Haniel & Cie.) und den Familien Reiner und Michael Schmidt-Ruthenbeck (über Gebrüder Schmidt Verwaltungsgesellschaft) aus Mülheim/Ruhr. Die Metro Holding AG und damit die gesamte Metro-Gruppe wird stimmrechtsmäßig von der Familie Otto Beisheim beherrscht. Geführt wird die Gruppe von Erwin Conradi in der Düsseldorfer Metro-Zentrale Metro Vermögensverwaltung GmbH & Co. KG bzw. in der Schweizer Metro Holding AG. Conradi ist seit 1996 Präsident der Metro Holding AG und steht der zukünftigen Metro AG vor. An der Spitze der operativen Geschäfte der Metro AG stehen gleichberechtigt die bisherigen Vorstandsvorsitzenden der Asko Deutsche Kaufhaus AG, Klaus Wiegandt, und der Kaufhof Holding AG, Wolfgang Urban.

KONZERNÜBERBLICK. Die Metro-Gruppe ist gegliedert in die drei Unternehmensbereiche Metro Cash & Carry, Asko und Kaufhof sowie die Bereiche Dienstleistungen und Beteiligungen. Alle drei Unternehmensbereiche wurden bis zur Verschmelzung auf die Metro AG von autonomen Vorständen im Sinne von Management-Holdings geführt. Fusioniert wurden nur die Obergesellschaften, die Cash & Carry-Sparte der Metro, die Asko Deutsche Kaufhaus AG, die Deutsche SB-Kauf AG und die Kaufhof Holding AG. Die einzelnen Vertriebslinien, wie die Kaufhof Warenhaus AG, Praktiker, Real, Vobis oder Media-Markt sind davon nur mittelbar betroffen.

◆ Die Metro (und Makro) ist in über 20 Ländern mit eigenen Handelsunternehmen tätig. Davon unterstehen 10 Metro-Landesorganisationen der direkten Verantwortung der Metro International Management GmbH, Düsseldorf (MIM), die als Managementführungsgesellschaft für das nationale und internationale Metro Cash & Carry-Geschäft (Großhandelsaktivitäten) zuständig ist. Die Metro-Landesgesellschaften werden jeweils von einem autonomen Management geführt. Die größte Landesgesellschaft der MIM und das mit Abstand

Generaldirektion der Metro Holding AG:
- *Conradi, Erwin (Präsident)*
- *Cleven, Hans-Dieter (Vizepräsident)*

Verwaltungsrat:
- *von Haeften, Jan (Präsident; Mitglied der Familie Haniel)*
- *Beisheim, Otto, Prof. Dr. (Mitglied und Ehrenpräsident), Baar/Schweiz*
- *Conradi, Erwin (Delegierter)*
- *Cleven, Hans-Dieter (Mitglied)*
- *Hafter, Peter, Dr. (Mitglied)*
- *Renggli, Andreas, Dr. (Mitglied)*
- *Schmidt, Michael, Dr. (Mitglied)*

Vorstand der Metro AG:
- *Urban, Wolfgang (Sprecher; ehem. Vorsitzender des Vorstandes der Kaufhof Holding AG), Köln*
- *Wiegandt, Klaus (Sprecher; ehem. Vorsitzender des Vorstandes der Asko Deutsche Kaufhaus AG), Köln*
- *Kaske, Siegfried*
- *Körber, Hans-Joachim*
- *Loose, Wolf-Dietrich*
- *Suhr, Joachim*

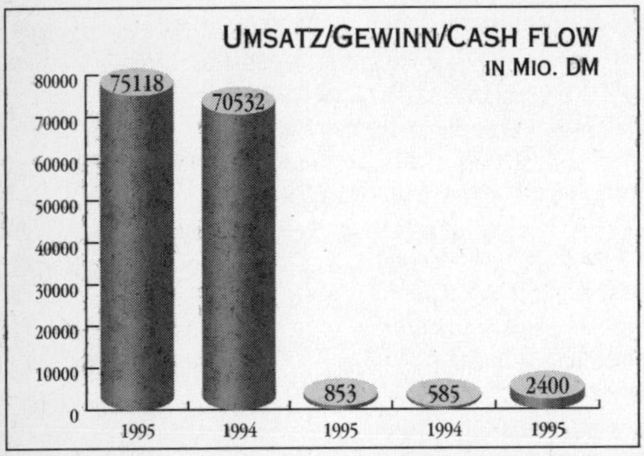

größte Cash & Carry-Unternehmen Deutschlands ist die Metro C&C Deutschland mit derzeit 50 SB-Großmärkten (davon 10 in den neuen Bundesländern) und dem BLV-Zustellgroßhandel und den Sigma-Bürowelt-Fachgeschäften. Nach eigenem Bekunden benötigt man von keinem Standort der Bundesrepublik länger als 60 Minuten, um einen Metro-Markt zu erreichen. Die Metro hat 2,8 Mio. einkaufsberechtigte gewerbliche Kunden. Mit mehr als 1,5 Mio. Kunden steht die Metro wöchentlich über Direct-Mailing in Kontakt. Umsatz 1995: 22.800,0 Mio. DM; Beschäftigte 1995: 29.400.

◆ Die Asko gliedert ihre geschäftlichen Aktivitäten in die fünf Sparten: SB-Warenhäuser (real,-/Meister) mit der Spartenführungsgesellschaft real SB-Warenhaus Holding GmbH, Lebensmittel-Filialbereich unter der Deutsche SB Kauf AG, Baumärkte (Praktiker) unter der Praktiker Bau- und Heimwerkermärkte AG, Möbelmärkte (Unger, Roller) unter der Möbel-Unger GmbH, Modemärkte (Adler) unter der Adler Modemärkte GmbH.

Wesentliche Konzerngesellschaften der Asko: real SB-Warenhaus GmbHs, Saarländische Fleischwaren-Verkaufsgesellschaft mbH, Saarbrücken; Deutsche SB-Kauf Aktiengesellschaft, Frankfurt/Main; Deutsche SB-Handels AG, Kamen (ehemals: co op Handels AG); Meierei C. Bolle KG, Berlin; extra SB-Warenhaus GmbH & Co., Düren; Joh. Contzen GmbH u. Co. KG, Düren; C+C Schaper GmbH & Co. KG, Hannover; tip Discount Handels GmbH & Co. KG, Altlandsberg; Praktiker Bau- und Heimwerkermärkte AG, Saarbrücken; Möbel Unger GmbH, Goslar; divi Möbel GmbH, Bochum; Adler Modemärkte GmbH, Haibach, mit über 50 Bekleidungsmärkten und Produktionsbetrieben in Südkorea und Sri Lanka.

Anfang Januar 1972 verwandelte der einstige Pressereferent und Abteilungsleiter des DGB Saar, Helmut Wagner, der auch im Aufsichtsrat der kleinen Asko saß, die »Allgemeine Saar-Konsum eGmbH« als erste deutsche Konsumgesellschaft in eine Aktiengesellschaft, die Asko Lebensmittelfilial- und Kaufhaus AG. Fünf Jahre später wurde der bis heute gültige Name »Asko Deutsche Kaufhaus AG« etabliert. Die Asko expandierte, akquirierte und entwickelte sich in kurzer Zeit zur Nummer eins der Discounter auf der »grünen Wiese«. Der Oberbekleidungsdiscounter Adler wurde übernommen, die Südwestdeutsche Lebensmittelfilial-AG, die Schaper-Gruppe. 1988 50%-Beteiligung an der Massa AG. Nach zahlreichen weiteren Akquisitionen wurde 1989 auf Druck der Banken mit einer Umstrukturierung des Konzerns begonnen. Beteiligung an der MHB (50%), einem Gemeinschaftsunternehmen mit der Metro. 1991 Beteiligung und Übernahme (74%) der co op AG (später: Deutsche SB-Kauf AG). Durch die Gründung der MHB beherrschten die Düsseldorfer wesentlich die Unternehmensgruppe Massa, verleibten sich Huma, BLV, Meister und Primus ein. Durch die Asko-Übernahme expandierte die Metro auf ein Umsatzvolumen von über 70 Mrd. DM und wurde in zahlreichen Marktsegmenten konkurrenzlos.

Die Besitzverhältnisse bei der Asko: Metro-Gruppe, Düsseldorf (mehr als 50%); Begoha, Berlin (10%); Westdeutsche Landesbank Girozentrale, Düsseldorf (10%); Rest Streubesitz. Umsatz 1995 (einschließlich Deutsche SK-Kauf): 26.685,0 Mio. DM (Vorjahr: 21.120,o Mio.); Beschäftigte 1995: 83.731 (Vorjahr: 65.906).

◆ Der Kaufhof war vor Karstadt immer die Nummer eins der großen deutschen Warenhäuser und konnte Anfang 1994 durch die Übernahme von Horten sein Imperium noch vergrößern. Obergesellschaft des 1879 in Stralsund vom Kaufmann Leonhard Tietz gegründeten Unternehmens war bis 1996 die Kaufhof Holding AG in Köln. Die Aktivitäten des Konzerns erstrecken sich auf die Geschäftsfelder Waren-/Kaufhäuser, Fachmärkte (Media/Saturn-, Vobis- und Reno-Gruppe), Versandhandel und Großhandel/Dienstleistungen. Die größte Gesellschaft innerhalb des Kaufhof-Konzerns war auch 1995 die Kaufhof Warenhaus-Gruppe mit 138 Warenhäusern (einschließlich Horten) und einem Umsatz von 9.310,0 Mio. DM bei 33.879 Beschäftigten. Zweitgrößter Umsatzträger auf 135 Betriebsstätten ist die überaus erfolgreiche Media Markt-/Saturn-Gruppe (Unterhaltungselektronik, Tonträger, Foto, Elektroartikel und Computer) mit 6.344,0 Mio. DM Umsatz bei 8.284 Beschäftigten. Dritter im Bunde war 1995 mit 281 Geschäften die Vobis-Microcomputer-Gruppe (Fertigung, Vertrieb und Wartung von Computern sowie Monitoren, Druckern und Disketten) mit einem Umsatz von 2.983,0 Mio. DM und 2.816 Beschäftigten. Die 1994 übernommene Horten-Gruppe mit 43 Warenhäusern (Galeria-Kaufhof) und einem Umsatz von über 3 Mrd. DM bei rund 11.000 Beschäftigten wurde auf die Kaufhof-Warenhäuser übertragen. Die Kaufhof-Tochter Kaufhalle AG besitzt 165 Filialen in überwiegend innerstädtischen Lagen (Umsatz 1995: 2.327,0 Mio DM; Beschäftigte 1995: 7.354). Im Versandhandel dominieren nach dem Verkauf der Friedrich Wenz GmbH & Co. (Textilien, Uhren, Schmuck, Leder) die Reno-Schuh-Modecenter (Schuhversandhandel und stationärer Handel) mit 408 Filialen vor der Dinea-Gruppe mit 263 Betriebsstätten (Systemgastronomie). Der Touristikbereich mit der ITS-Gruppe und der Obergesellschaft ITS International Tourist Services Länderreisedienste GmbH sowie Jet-Reisen mit der Kuoni-Gruppe und der Holland International Travel Group wurde 1995 verkauft. ITS (»Kaufhof-Reisen«, »Glücks-Reisen«, »Prima-Reisen« und »ADAC-Flugreisen«) ging in den Besitz der Rewe-Gruppe über. Die Kaufhof-Beteiligung an Hapag-Lloyd von über 15% wird nun direkt von der Metro Holding AG gehalten. Umsatz des Kaufhof-Konzerns 1995: 24.248,0 Mio. DM; Beschäftigte 1995: 63.600.

Umsatz der Metro Holding AG 1995: *75.118,3 Mio. (davon 75% in Deutschland)*
Umsatz der Metro Holding AG 1994: *70.532,2 Mio.*

(Die Metro in allen ihren Facetten setzte 1995 über 95.000,0 Mio. DM um, 1994 81.000,0 Mio.)

Gewinn 1995: *853,4 Mio.*
Gewinn 1994: *584,8 Mio.*

Cash flow 1995: *2.399,5 Mio. (Für 1994 gibt es keine Vergleichszahlen)*

Steueraufkommen 1995: *542,8 Mio.*

Grund- bzw. Stammkapital 1995: *118,2 Mio.*

Die Metro Holding und die Vebacom GmbH, Düsseldorf, haben 1996 ein Gemeinschaftsunternehmen zur Vermarktung des für das digitale Fernsehen des Münchner Filmhändlers Leo Kirchs notwendigen Empfangsdecoders d-box gegründet. Ohnehin hat Metro-Besitzer Otto Beisheim ein enges Verhältnis zur Kirch-Gruppe, seit Beisheim über die in der Schweiz ansässigen Tefi Handels AG einen großen Filmstock der Kirch-Gruppe erworben und so Leo Kirch aus einer finanziellen Notlage geholfen hat. Die Metro war zwischenzeitlich auch am Kabelkanal beteiligt, hat die Anteile aber 1995 veräußert. Die Tefi beliefert Pro Sieben und Kabel 1 mit Spielfilmen. Über ihre Hausbank, die WestLB, deren umtriebiger Chef Friedel Neuber mit Metro-Manager Erwin Conradi eng befreundet ist, dealen die Metro-Strategen seit Jahren vorbei an Öffentlichkeit und Kartellamt ihre Unternehmensver-

METRO HOLDING AG

METRO Vermögensverwaltung GmbH & Co.KG

METRO	ASKO	KAUFHOF
Großhandel **METRO International Management (MIM)** **METRO Cash & Carry** Deutschland Frankreich Italien Österreich USA (Jetro) Türkei Ungarn Dänemark China* Rumänien* **BLV Zustellgroßhandel** **Fachmärkte** Media (Italien) Sigma Bürowelt **Warenbeschaffung/ Dienstleistungen** MGE Warenhandel MGL Gruppenlogistik Gemex Trading **Grundbesitz** Sinco (Österreich) Sofodim (Frankreich) FIM (Italien) METRO MSB-Grundbesitz (Deutschland) Vema Grundbesitz (Deutschland) BLV Grundstücksverwaltung (Deutschland) Meister GbR (Deutschland)	**SB-Warenhäuser** real,– Meister **Lebensmittel-Filialbereich** Extra / Comet TIP **Fachmärkte** Praktiker Unger / Roller Adler **Großhandel** Schaper Contzen **Sonstige** Massa Ausbauhaus **Grundbesitz** GBS HIG	**Warenhäuser** KAUFHOF Horten Galeria Kaufhalle Kerber KAUFHOF Mode & Sport **Fachmärkte** Media / Saturn Vobis Reno Mac Fash Jacques' Weindepot **Versandhandel** Oppermann Reno Hawesko **Großhandel** Rungis Express Michel Farah Mauricius Free Com Maxdata **Dienstleistungen** Dinea / Grillpfanne Werbehaus KAUFHOF Finance **Grundbesitz** Horten AG Asset **Beteiligungen** Hapag-Lloyd

* Aufnahme operativer Tätigkeiten in 1996 geplant

DIENSTLEISTUNGEN

Elektronische Handelsdienstleistungen

METRONet
Pago

Delkredere / Inkasso

METRO International AG

Finanz-Dienstleistungen

Assevermag
Yesss

METRO-Ferienclub

BETEILIGUNGEN

Makro-Gruppe

Niederlande
Belgien
Großbritannien
Portugal
Spanien
Polen
Marokko
Griechenland
China*

Spar

Italien
Ungarn

Carrefour

Italien

Walter-Gruppe

CCN Systems

debitel

Pelikan Holding

Beschäftigte 1995: *178.594*
Beschäftigte 1994: *180.252*

Umsatz pro Mitarbeiter 1995: *420.609,– DM*
Umsatz pro Mitarbeiter 1994: *391.297,– DM*

Löhne und Gehälter 1995: *7.329,1 Mio.*
Löhne und Gehälter 1994: *7.190,4 Mio.*
Durchschnittsgehalt 1995: *41.037,– DM*
Soziale Abgaben und Aufwendungen 1995: *1.567,7 Mio.*
Soziale Abgaben und Aufwendungen 1994: *1.506,4 Mio.*

mehrung. Gerüchte, wonach sich hinter dem von der WestLB angestrebten Reise-Konzern europäischer Dimension die Metro verbirgt, erhalten ständig neue Nahrung, auch wenn der Kaufhof seine Reisesparte mit der Tochter ITS 1995 an Rewe verkauft hat. Die Reiseaktivitäten der Metro sind in der Metro Finanz- & Finanzdienstleistungen mbH & Co. KG (Mefi), München, gebündelt. Die im Sommer 1996 neu gegründete Metronet Kommunikationsdienste GmbH & Co. KG, Düsseldorf, will auf breiter Basis über zahlreiche Vertriebskanäle den Zugang zum Internet anbieten.

BETEILIGUNGEN. Der Konsolidierungskreis der Metro Holding AG, Baar/Zug, umfaßte Ende 1995 46 inländische und 849 ausländische Unternehmen. Stichtag des ersten konsolidierten Abschlusses in der Metro-Geschichte war der 31. Dezember 1995. Zu den wesentlichen Tochterunternehmen der Metro Holding AG, Baar/Zug, Schweiz, die auch dem Schaubild auf den Seiten 362 – 363 zu entnehmen sind, gehören:

- Ligapart AG, Baar/Zug (100%); Metro International AG, Baar/Zug (72%); Metro Dänemark, Metro Italien, Metro Türkei (60%); Metro Frankreich, Metro Ungarn (48%); Metro Österreich (43%); Jetro-Gruppe, USA (80%). Die Pelikan Holding AG, Zug (70%), wurde 1996 verkauft.
- Metro Vermögensverwaltung GmbH & Co. KG, Düsseldorf (100%). Die Metro Vermögensverwaltung GmbH & Co. KG, deren einheitliche Leitung die Metro Holding AG ausübt, ist zuständig für die Unternehmensbereiche: Metro SB C&C Großhandel in Deutschland mit 50 Märkten (100%); Asko Deutsche Kaufhaus AG (55,02% Stimmrechte; 52,37% Kapital); Kaufhof Holding AG (50,54% Stimmrechte; 40,58% Kapital).
- Zur neuen Metro AG gehören u. a.: Kaufhof Warenhaus AG, Kaufhalle AG, Vobis Microcomputer AG, Media-Saturn-Holding GmbH, Reno Versandhandel GmbH, Oppermann Versand AG, Praktiker Bau- und Heimwerkermärkte AG, Adler Modemärkte GmbH, Deutsche SB-Kauf AG, Möbel Unger GmbH, Roller GmbH & Co., Real SB Warenhaus GmbH, Massa AG, Cash & Carry-Geschäft Deutschland.

NEUE BUNDESLÄNDER. Die Metro hat auf allen Vertriebs- und Handelsschienen in den neuen Bundesländern eine den westdeutschen Verhältnissen vergleichbare Marktposition inne. Kaufhof und Asko sind in den neuen Bundesländern zwischenzeitlich in allen Bereichen so gut wie flächendeckend vertreten, seit der frühere Kaufhof-Chef Jens Odewald, der gleichzeitig Verwaltungsratsvorsitzender der Treuhandanstalt war, dem Kaufhof-Konzern in einem Coup das begehrte Centrum-Warenhaus am Berliner Alexanderplatz gesichert hatte. Die Asko-Gruppe ist in allen Sparten an 450 Standorten vertreten.

STANDORT DEUTSCHLAND. Metro-Gründer und -Besitzer Otto Beisheim, nach wie vor mächtigster Mann des Mega-Konzerns, sieht die Metro als eines der »bedeutendsten Handelsunternehmen der westlichen Hemisphäre«. Der zur Metro-Gruppe gehörende Cash & Carry-Bereich hatte nach Bekunden des Metro-Managements bereits 1968 damit begonnen, sein in Deutschland entwickeltes Vertriebskonzept zu internationalisieren. Direkt und durch Beteiligungen war die

Metro-Gruppe Ende 1995 in 18 Ländern vertreten. Durch dieses Know-how verfügt die Gruppe »über sehr günstige Voraussetzungen für eine große Internationalisierungsoffensive«, die nach der Verschmelzung von Asko und Kaufhof auf die Metro voll zum Tragen kommen soll. Für den Transfer von Handelskonzepten in neue Wirtschaftsräume würden sich besonders eignen: das Metro Cash & Carry-Geschäft, die Praktiker-Baumärkte, die Vobis-Computerfachgeschäfte und -märkte, die Media-Markt-Fachmärkte für Haus- und Unterhaltungselektronik, das SB-Warenhauskonzept von real,- und das Schuhfachmarktkonzept von Reno. »Bei erfolgreicher Durchführung der Verschmelzung werden die einzelnen Vertriebslinien überdies koordiniert vorgehen und sich wechselseitig stützen und fördern können.« Die Vertriebslinien sollen in den neuen Wirtschaftsräumen grundsätzliche Spitzenpositionen einnehmen. Der Umsatz der zur Metro AG gehörenden Unternehmen außerhalb Deutschlands soll in den nächsten fünf Jahren von 25% (1996) auf 35% gesteigert werden. Entscheidende Faktoren für die neuerlichen Internationalisierungs- und Globalisierungsoffensiven aller Metro-Unternehmen sind einmal »das Erreichen von Expansionsgrenzen angesichts der Marktenge von Heimatmärkten, der bereits erreichten Marktpositionen und des Markteintritts neuer Wettbewerber«, zum anderen aber auch »Globalisierungstendenzen in der Industrie und Wachstumschancen auf Auslandsmärkten«. »Die Volkswirtschaftsräume, in denen Metro mit ihren Cash & Carry-Großmärkten sowie den verschiedenen Einzelhandelsmärkten tätig ist, verfügen über ein Bevölkerungspotential von fast 2 Mrd. Menschen, das sind rund 35% der Weltbevölkerung.« Expandiert werden soll als nächstes nach Polen, Rumänien und nach China. Bulgarien, die Ukraine, Vietnam und Mexiko sollen folgen.

Betriebsstätten/Standorte 1995: *3.283 (davon Asko-Konzern: 1.551; Kaufhof-Konzern: 1.555)*
Betriebsstätten/Standorte 1994: *3.068 (davon Asko-Konzern: 1.334; Kaufhof-Konzern: 1.438)*

UMSATZ/GEWINN/INVESTITIONEN IN MIO. DM

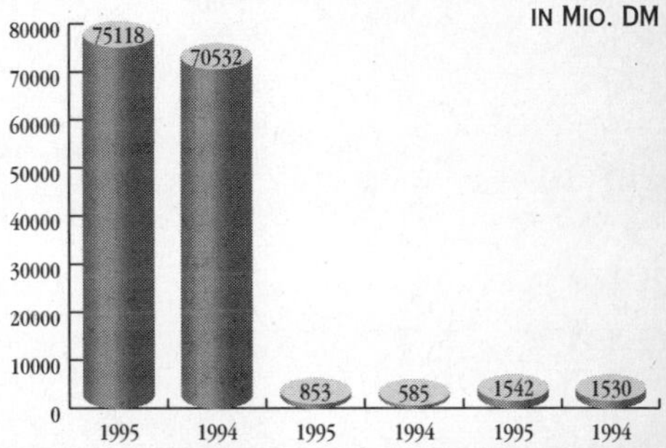

Nach erfolgter Verschmelzung der Asko- und der Kaufhof-Gruppe auf die Metro rechnen die Metro-Manager mit Synergiepotentialen (ohne Entlassungen) von mindestens 400 Mio. DM im Jahr: Synergieprojekte für Wareneinkauf, DV-Einkauf und Corporate Network, Gebäudereinigung, Media- und Papierbedarf, Beschaffungslogistik und Immobilienverwaltung. Mit der Gründung der Metro MGE Einkauf GmbH wurde eine Einkaufsgesellschaft für die gesamte Gruppe geschaffen. 1995 wurde die Metro MGL Logistik GmbH gegründet für Logistikleistungen für die gesamte Unternehmensgruppe. Die 1994 von der Kaufhof AG zu 75% übernommene Horten AG mit über 40 Filialen des sortimentsorientierten Galeria-Konzepts wurde 1996 auf den Kaufhof verschmolzen und wird einheitlich als Galeria Kaufhof weitergeführt. Den Namen Horten gibt es nicht mehr. Die Metro hatte der Asko und dem Kaufhof (Erwin Conradi war Aufsichtsratsvorsitzender beider Teilkonzerne) umfassende Sanierungs- und Umstrukturierungsprogramme auferlegt, mit der sie sich vor der Verschmelzung gesund sanieren sollten. Zahlreiche Gesellschaften wurden veräußert (1995 die Wenz-Gruppe durch den Kaufhof), alle strategischen Einkaufsaktivitäten bei der MGE (Metro-Gruppeneinkauf) konzentriert, nahezu alle Konzernun-

Verkaufsfläche (qm)
***1995:** 8.106.313*
(davon Asko-Konzern: 4.075.335; Kaufhof-Konzern: 2.516.500)
Verkaufsfläche (qm)
***1994:** 7.843.166*
(davon Asko-Konzern: 3.071.821; Kaufhof-Konzern: 2.358.000)

ternehmen umstrukturiert, zahlreiche Stellen abgebaut (bei Kaufhof allein 1995 rund 6.000).
Bei den bis Mitte 1996 von der Metro-Gruppe beherrschten und in die roten Zahlen geratenen Pelikan-Werken, Hannover, wurden in den letzten Jahren etwa 4.000 Arbeitsplätze abgebaut. Die Produktion des Stammwerkes Hannover wurde stillgelegt und teilweise nach Vöhrum bei Peine verlegt. 1995 wurde die Sparte »Hardcopy« an eine amerikanische Gruppe veräußert; zuvor wurden die Vermarktungsrechte der Produktgruppe Büro an die Henkel KGaA verkauft. Ebenfalls 1995 veräußerte die Pelikan Holding ihre Beteiligung an der Geha GmbH an die malaysische Firma Goodace. Darüber hinaus soll verstärkt in Billiglohnländern produziert werden. Im August 1996 gab die Metro den Verkauf von Pelikan (Umsatz 1995: rund 500 Mio. DM) an das in Malaysia ansässige und auf Bürobedarfsartikel spezialisierte Unternehmen Goodace SDN BHD bekannt.

»BÜNDNIS FÜR ARBEIT«. In den Bereichen Asko und Kaufhof gibt es viele Modelle an Teilzeitarbeit. 29% der Kaufhof-Belegschaft arbeitete 1995 in Teilzeit. Darüber hinaus wurden 1995 4.030 Aushilfen eingesetzt. Laut Kaufhof trugen flexiblere Arbeitszeiten dazu bei, berufliche und persönliche Interessen der Beschäftigten in Einklang zu bringen. Angestrebt werden zunehmend bereichsübergreifende Teamarbeit und eine stärkere Identifikation mit den Unternehmenszielen. Im Jahresdurchschnitt befanden sich in der Kaufhof-Gruppe 4.057 Jugendliche in der Ausbildung zu einem von elf angebotenen Berufen. Trotz aller Restrukturierungsmaßnahmen wurde auch innerhalb der Asko-Gruppe das Ausbildungsangebot erhöht. Die real,- SB-Warenhaussparte hat 1995/96 die Zahl der Ausbildungsplätze um 10% erhöht.

UMWELTSCHUTZ. Die Metro selbst macht keinerlei Angaben über irgendwelche Initiativen im Umweltschutz. In der Kaufhof-Gruppe wird den Anforderungen an die Umweltverträglichkeit der Produkte mit der Erstellung von Sortimentsanalysen durch ein Forschungsinstitut entsprochen. Ein wesentliches Ziel ist die Vermeidung und Verringerung des Materialeinsatzes bei Verpackungen. Zur Entsorgung von Elektroschrott sollen Rücknahme- und Sammelsysteme eingerichtet und Altgeräte recycelt werden. Asko hat Umweltleitlinien für die einzelnen Spartenunternehmen erstellt: Sortimentsanalyse, Entsorgung, Verpackungsoptimierung in Zusammenarbeit mit der Industrie, Mitarbeiterschulung. Umweltschutz-Beauftragte gibt es auf Konzern- und Spartenebene und in den großflächigen Märkten. Verstärkung der Verkaufspräsentation umweltfreundlicher Produkte; Förderung lokaler Umweltschutzprojekte.

OTTO BEISHEIM UND ERWIN CONRADI. Chef des Metro-Konzerns ist Otto Beisheim, einer der reichsten Männer Deutschlands. Der 1924 in der Nähe von Essen geborene Gründer und Besitzer der Metro (Lehre als Lederwarenkaufmann), der sich ganz nebenbei und privat 1983 die Traditionsfirma Pelikan in Hannover zulegte, dann gewaltig »verschlankte« und 1996 an das malaysische Unternehmen Goodace verkaufte, ist Mitglied und Ehrenpräsident des Verwaltungsrates der Metro Holding AG und gilt als der expansivste Großhändler der Nachkriegszeit. Macher und Top-Manager der Metro sowie Präsident der Generaldirektion der Metro Holding AG ist Erwin Conradi (früher IBM), der innerhalb des Metro-Imperiums für Strategie und Unternehmensplanung zuständig ist. Das Top-Management Beisheims residiert in Düsseldorf und im schweizerischen Baar bei Zug, wo der öffentlichkeitsscheue und milliardenschwere Beisheim auch seinen Hauptwohnsitz hat – neben hermetisch abgesicherten Villen und Wohnungen in Lugano, Florida, Paris und Rottach-Egern. Der »Spiegel« (20/87): »Bevor Beisheim sich irgendwann Anfang der achtziger Jahre in den unternehmerischen Untergrund abmeldete, war er keinem Krach aus dem Weg gegangen. Der cholerisch veranlagte Sohn eines Gutverwalters hat sich, wie kaum ein anderer, in seinen Aufbaujahren mit Gerichten und Gewerkschaften, mit Kollegen und Konkurrenten angelegt. Die geltenden Wettbewerbs- und Steuergesetze, die Mitbestimmungsrechte und Branchenregeln waren für Beisheim Hindernisse, die es mit List und Tücke zu überwinden galt.« Daran hat sich bis zur Fusion von Asko und Kaufhof, also bis 1996, nichts geändert. Die Geheimniskrämer beherrschen ein undurchschaubares Puzzle von Schachteln und Beteiligungen, an denen sich ein ums andere Mal das Kartellamt die Zähne ausbeißt. Und meistens mit von der Partie im Milliarden-Poker: WestLB-Chef und SPD-Genosse Friedel Neuber, ein enger Freund und Vertrauter Erwin Conradis. Erst mit der Pflichtveröffentlichung des ersten Geschäftsberichtes in der Metro-Geschichte 1996 kam ein wenig Licht in die Milliarden-Geschäfte der Herren Beisheim und Conradi. Einer Absprache zwischen Beisheim und Conradi zufolge soll Conradi eines Tages der Testamentsvollstrecker Beisheims werden und dann an der Spitze der Otto-Beisheim-Stiftung die Metro-Anteile des Gründers verwalten.

Investitionen 1995:
1.541,9 Mio.
Investitionen 1994:
1.530,4 Mio.

Mitbewerber: *Allkauf, AVA, Edeka, Geldelfi, Globus, Karstadt/Hertie, Lekkerland, Lidl & Schwarz, Rewe, Schlecker, Spar, Tengelmann*

MOBIL OIL

GESCHICHTE UND ENTWICKLUNG. 1866 gründeten die beiden Amerikaner Hiram Bond Everest und Matthew P. Ewing nach der Erfindung eines neuen Schmierstoffes die Vacuum Oil Company und stiegen zu einem der führenden Hersteller von Qualitätsschmierstoffen in der Welt auf. Die 1882 eröffnete Standard Oil Company of New York (Socony) wurde führend in der Herstellung und dem Verkauf von Kraft- und Brennstoffen. 1931 schlossen sich die beiden bedeutenden Gesellschaften zur Socony-Vacuum Corporation zusammen. 1955 firmierten sie unter Socony Mobil Oil Company, Inc., 1966, anläßlich des 100jährigen Bestehens, nannten sie sich in Mobil Oil Corporation um. 1976 wurde die heutige Struktur geschaffen mit der Mobil Corp. als weltumspannende Holding. Mobil Oil gehört mit einem Weltumsatz von 73 Mrd. US $, Tochtergesellschaften in mehr als 100 Ländern und rund 50.000 Mitarbeitern zu den größten Ölgesellschaften der Welt.

BESITZVERHÄLTNISSE/EIGENTUMSSTRUKTUR.

- Mobil Petroleum Company Inc., Wilmington/Delaware, USA (90%)
- Mobil International Petroleum Corporation, Wilmington/Delaware, USA (10%)

Standort:
Steinstraße 5
20095 Hamburg

Postanschrift:
Postfach 10 45 20
20031 Hamburg

Telefon: *(040) 3002-0*
Telex: *2 139 670*
Telefax: *(040) 3002-2830*

Branche: *Erdöl- und Erdgasgewinnung, Mineralölverarbeitung*

Rechtsform:
Aktiengesellschaft

Geschäftsjahr: *1.1.-31.12.*

Gründungsjahr: *1866 und 1882; 1931 Zusammenschluß zur Socony-Vacuum Corp.; später Mobil*

Öffentlichkeitsarbeit:
Dr. Helfried H. Schlien
Tel.: (040) 3002-2300
FAX: (040) 3002-2830

Verbände: *Verband der Chemischen Industrie e.V., Frankfurt/Main; Mineralölwirtschaftsverband e.V., Hamburg*

Vorstand:
- *Eichhorn, Gerd, Dr. (Vorsitzender; Exploration und Produktion)*
- *Hulsmann, Klaus J., Dr. (Ein- und Verkauf von Erdgas, Erdöl und Schwefel)*
- *Mayweg, Volker, Dr. (Raffinerien)*
- *Ross, Dierk H. (Lubes-Manager)*

Vorstandsbezüge 1995:
2.367.000,– DM

KONZERNÜBERBLICK. Die Mobil Oil AG ist die deutsche Tochtergesellschaft der Mobil Oil Corp. Sie ist selbst oder über Tochter- und Beteiligungsgesellschaften in allen Sparten der Mineralölwirtschaft tätig: Erdöl- und Erdgassuche und -förderung, Rohölverarbeitung in eigenen Raffinerien, Lagerung, Transport und Vertrieb von Rohöl, Mineralölprodukten und Erdgas. Die wichtigsten Tochtergesellschaften sind: die Mobil Erdgas-Erdöl GmbH, deren Aufgabenschwerpunkt bei der Aufsuchung und Förderung von einheimischem Erdgas und Erdöl, hauptsächlich in Norddeutschland, liegt, und die Mobil Marketing und Raffinerie GmbH, die sich mit der Rohölverarbeitung in eigenen Raffinerien, mit Lagerung, Transport, Handel und Vertrieb von Rohöl und Mineralölprodukten befaßt. Die Mineralölprodukte werden über eigene Vertriebsorganisationen, wie die Mobil Beteiligungs- und Vertriebsgesellschaft mbH und die Mobil Handel GmbH (Heizöle), über Beteiligungsgesellschaften wie die Aral AG (Mobil-Anteil 28%) und über Partnerfirmen verkauft. Die Mobil-Gruppe hat am Mineralölmarkt der Bundesrepublik einen Anteil von knapp 10%. 28% aller Bohrmeter auf der Suche nach Erdöl- und Erdgasreserven innerhalb Deutschlands wurden 1995/96 von Mobil Oil finanziert. Mobil Oil hielt 1995 an der gesamten inländischen Erdgasförderung einen Anteil von 24%, an der Erdölförderung waren es knapp 10%. In der nach der Schließung der Raffinerie in Wörth am Rhein letzten bei Mobil Deutschland verbliebenen Raffinerie in Neustadt an der Donau (50% Mobil Oil) werden Rohöl und Halbfertigprodukte verarbeitet, von denen der überwiegende Teil aus afrikanischen Ländern kommt. Die Raffinerie wird über die Transalpine Ölleitung und die Südeuropäische Pipeline, an denen Mobil Oil beteiligt ist, mit Rohöl versorgt. Verarbeitet wird überwiegend Rohöl aus Westafrika, dem Persischen Golf, der Nordsee sowie aus deutscher Produktion. Ende 1994 erhielt Mobil Oil die erste von Ungarn vergebene Konzession zur Exploitation in der ungarischen Tiefebene östlich von Budapest. Die deutsche Mobil Oil gründete in Ungarn zwei 100%ige Tochterunternehmen.

Mobil Oil verfügt in der Bundesrepublik über kein eigenes Tankstellennetz, sondern ist in diesem Bereich über die Aral AG tätig. Benzin, Diesel, Flüssiggas, Flugturbinenkraftstoff, Heizöl und Bitumen gehen von den Raffinerien an die Aral AG (Treibstoffe), Händler und Vertragspartner. Nahezu jeder dritte Liter Kraftstoff, der von Aral in Deutschland 1995 verkauft wurde, kam von Mobil. Mobil liefert Treibstoffe und synthetische Schmierstoffe u. a. an die Flughäfen Frankfurt/Main, Köln/Bonn und München. Für diesen Bereich ist die Mobil Marketing und Raffinerie GmbH zuständig. Die Mobil Beteiligungs- und Vertriebsgesellschaft mbH betreibt das Geschäft mit Kraft- und Brennstoffen, vor allem mit Mobil Heizöl. Die Mobil Erdgas-Erdöl GmbH ist zuständig für die Auffindung, Förderung, Aufbereitung und den Vertrieb von inländischem Erdgas und Erdöl. Mobil bietet rund 750 Produkte für Autofahrer und die Industrie an, von Schmierstoffen bis zu Spezialprodukten wie z. B. Wachsdispersionen. Mobil-Produkte: Bitumen, Brennstoffe, Fabrikationshilfsstoffe, Flüssiggase, Industrie-Schmierstoffe und -Sonderprodukte, Kraftfahrt-Schmierstoffe und -Sonderprodukte, Kraftstoffe (Benzin und Diesel), Lösemittel, Luftfahrt-Schmierstoffe und -Sonderprodukte, Plastikfolien, Schwefel, Vorprodukte für die Petrochemie. Mobil ist der Hauptsponsor des Formel-1-Rennens am Hockenheimring.

Beteiligungen. Zur Mobil Oil AG gehören folgende Tochtergesellschaften und Beteiligungen: Mobil Marketing und Raffinerie GmbH, Hamburg (100%); Mobil Erdgas-Erdöl GmbH, Hamburg (100%); Mineralölwerk Wedel GmbH & Co. OHG, Hamburg (66,7%); Mobil Handel GmbH, Hamburg (100%); Mobil Beteiligungs- und Vertriebsgesellschaft mbH, Hamburg (100%); Schubert KG, Münster (73,5%); ARAL AG, Bochum (28%); Erdoel-Raffinerie Neustadt GmbH & Co. oHG, Neustadt/Donau (50%); Erdgas-Verkaufs-Gesellschaft mbH, Münster (27,7%); Norddeutsche Erdgas-Aufbereitungs-Ges. mbH, Celle (50%); Schubert KG, Münster (49,2%); Deutsche Pentosin-Werke GmbH, Wedel/Holstein (50%); Oldenburgische Erdölgesellschaft mbH, Hannover (33,3%); Air Tankdienst Köln, Köln (20%); Heizöl-Handelsgesellschaft mbH, Bochum (25%); TGF Tankdienst Gesellschaft Frankfurt/Main, Hamburg (25%); Mobil Exploration & Producing Hungary Kft., Budapest/Ungarn (100%); Mobil Oil & Gas Hungary Kft., Budapest/Ungarn (100%); Mobil Coordination Center N.V., Zaventem/Belgien (66,8%).

Neue Bundesländer. Mobil Oil hat seine Geschäfte auf der ganzen Linie von Westdeutschland nach Ostdeutschland ausgedehnt. Anfang 1993 schloß Mobil einen Prospektionsvertrag mit der Erdöl-Erdgas-Gommern GmbH, der Nachfolgegesellschaft des ehemaligen Erdöl-Erdgas-Kombinats, ab. Ziel der Aktivitäten für die kommenden Jahre ist die Definition verschiedener bohrreifer Projekte. Zu den Kunden von Mobil gehört u. a. die Verbundnetz Gas AG (VNG), Leipzig, die ihr Gas überwiegend aus den Mobil-Feldern im Raum Walsrode bezieht.

Standort Deutschland. Der Umsatzrückgang 1995 hängt mit der Schließung der Raffinerie Wörth bei Karlsruhe zum 30. September 1995 zusammen. Der Grund: der Überhang an Raffineriekapazitäten in Europa, ein Verlust von 43 Mio. DM vor Steuern (1994), die zu hohen Kosten im internationalen Vergleich und die strengen deutschen Umweltschutzauflagen mit den damit verbundenen kostenintensiven Investitionen in Umweltschutzanlagen. Mobil will nun einen großen Teil der Produkte, die bislang in Wörth produziert wurden, aus ihrer Raffinerie im nordfranzösischen Gravenchon beziehen. Der Kommentar zur Schließung: »Konsequente Anpassung an veränderte Rahmenbedingungen.« Von der Schließung waren 320 Beschäftigte betroffen. Ebenfalls sollen bei Mobil Oil demnächst verschiedene Ölfelder geschlossen werden. Um den angespannten Markt zu bereinigen, müßten nach Auskunft der Mobil-Manager in Europa weitere sieben bis acht Raffinerien stillgelegt werden. Die Raffinerieanlagen Wörth wurden 1996 an einen ausländischen Interessenten verkauft, der die Raffinerie außerhalb Europas wieder errichten will. Der Abtransport der Raffinerie soll bis Ende 1997 erfolgt sein. Ein Abriß des Raffineriestandortes Wörth und die Rückverwandlung der 1967 am Rhein errichteten Anlage in eine »grüne Wiese« hätte Mobil Oil rund 100 Mio. DM gekostet. Eine mögliche Stillegung der Raffinerie in Neustadt, die neben Mobil Oil der VEBA gehört, ist trotz anhaltender Verluste nicht geplant.
1996 soll die Schmierstoffproduktion der Mineraloelwerk Wedel GmbH & Co. OHG, Hamburg, aufgegeben werden. Die Mobil-Anteile

Aufsichtsrat:
- *Krumnow, Jürgen, Dr. (Vorsitzender; Mitglied des Vorstandes der Deutsche Bank AG), Frankfurt/Main*
- *Kruse, Hans Jakob (ehem. Vorsitzender des Vorstandes der Hapag-Lloyd AG), Hamburg*
- *Neumann, Jens, Dr. (Mitglied des Vorstandes der Volkswagen AG), Wolfsburg*
- *Obermeier, Georg, Dr. (Mitglied des Vorstandes der VIAG AG), München*
- *Walsh, William R. (Mobil Oil Corp.)*
- *Weber, Jürgen (Vorsitzender des Vorstandes der Deutsche Lufthansa AG), Köln*

**Rönnebeck, Christoph (stellv. Vorsitzender)*
**Frede, Hermann*
**Isensee, Dieter*
**Schmoldt, Hubertus*
**Weigel, Kurt*
**Weniger, Ernst-Dieter*

Aufsichtsratstantiemen 1995: *360.000,– DM*

Umsatz 1995: *6.344,6 Mio.*
Umsatz 1994: *7.538,1 Mio.*
Umsatz 1993: *7.334,9 Mio.*

Gewinn 1995: *113,1 Mio.*
Gewinn 1994: *169,7 Mio.*
Gewinn 1993: *147,5 Mio.*

Cash flow 1995: *280,0 Mio.*
Cash flow 1994: *334,0 Mio.*
Cash flow 1993: *337,0 Mio.*

Cash flow: *Investitionen im Bereich Exploration und Produktion mit Bohrtätigkeit und Erdgassuche.*

Steueraufkommen 1995: *86,8 Mio.*

Grund- bzw. Stammkapital 1995: *450,0 Mio.*

Mineralölsteuer 1995:
1.017,3 Mio.
Mineralölsteuer 1994:
1.854,4 Mio.

Beschäftigte 1995: *1.545*
Beschäftigte 1994: *1.788*
Beschäftigte 1993: *1.982*

Löhne und Gehälter 1995:
170,7 Mio.
Löhne und Gehälter 1994:
198,8 Mio.
Durchschnittsgehalt 1995:
110.485,– DM
Soziale Abgaben und Aufwendungen 1995:
85,7 Mio.
Soziale Abgaben und Aufwendungen 1994:
79,9 Mio.

Bezüge pro Vorstandsmitglied 1995: *591.750,– DM*
Tantiemen pro Aufsichtsrat 1995: *30.000,– DM*

Investitionen 1995:
240,0 Mio.
Investitionen 1994:
255,0 Mio.
Investitionen 1993:
246,0 Mio.

Mitbewerber: *Agip, BP, Brigitta, Conoco, Deminex, EC Erdölchemie, Elf Aquitaine, Esso, Fina, Minol, Ruhrgas, Ruhrkohle, RWE-DEA, Shell*

könnten dann auf die Aral AG übergehen, da in Wedel so gut wie nur noch Aral-Produkte hergestellt werden.

Für den Vorstandsvorsitzenden von Mobil Oil ist es die »größte Umgestaltung des Unternehmens seit Jahrzehnten« (FAZ vom 25. Juni 1996). Mobil Oil und BP wollen in einem europaweiten Joint-venture ihre Aktivitäten im Raffineriebereich sowie im Vertrieb von Kraft-, Brenn- und Schmierstoffen als Reaktion auf die Überkapazitäten und schlechten Raffinerieerträge in Europa zusammenlegen. Bereits in drei Jahren sollen jährlich Kosten bis zu 1 Mrd. DM gespart werden. Europaweit sollen bei Mobil und BP durch die Zusammenlegung in diesem Segment von heute rund 17.500 Beschäftigten zwischen 2.000 und 3.000 Arbeitsplätze entfallen. Die Grundsatzvereinbarung der beiden Multis ist gültig für 43 Länder. BP wird Betriebsführungsunternehmen für das Kraftstoff- und Brennstoffgeschäft mit einem Anteil von 70% und betreibt die beiderseitigen Raffinerie- und Verarbeitungsaktivitäten sowie die Handels- und Tankstellennetze. In den europäischen Ländern, in denen Mobil eigene Tankstellen hat (3.300), werden diese auf das Outfit der 5.400 BP-Tankstellen umgestellt und alle Mobil-Produkte mit Mobil-Logo im Schmierstoffbereich im Programm führen. Ein neues Gemeinschaftslogo wird entwickelt. Mobil wird mit 51% das gemeinsame Schmierstoffgeschäft leiten. BP-Mitarbeiter des Schmierstoffgeschäftes wechseln zu Mobil, die Mobil-Beschäftigten des Benzingeschäftes und der Tankstellen zu BP. An der engen Zusammenarbeit mit Aral soll sich allerdings durch die Kooperation mit BP in Deutschland nichts ändern.

»BÜNDNIS FÜR ARBEIT«. Über interne Bündnisse und speziell auf Mobil zugeschnittene Arbeitszeitstrukturen gibt es keine Auskünfte.

UMWELTSCHUTZ. Unternehmensleitbild, -auftrag und -grundsätze wurden 1995 erstmals in der Geschichte der weltweiten Mobil-Unternehmensgruppe schriftlich fixiert. Die Mobil Oil AG hatte bereits 1994 eine »Grundsatzerklärung zu Umweltschutz und Sicherheit« herausgebracht, die spezielle Fachkräfte für den Umweltschutz vorsieht, regelmäßige Audits verlangt und sich zum Ziel setzt, im eigenen Betrieb Emissionen und Abfälle zu minimieren, »wo immer dies technisch und ökonomisch durchführbar ist«. Mobil Oil verpflichtet sich, alle gesetzlichen Bestimmungen über die Behandlung von Kontaminationen zu beachten, die sie im Rahmen ihrer Tätigkeit verursacht hat.
Im Bereich Exploration und Produktion bildete 1995 die Rekultivierung von Betriebs- und Fördersonderplätzen im Zuge des Ölfeld-Rückbaus einen Schwerpunkt der Umweltschutz-Aktivitäten bei Mobil Oil. Neue Analyse- und Sanierungstechniken wurden eingesetzt, um die ehemaligen Betriebsstätten entsprechend den gesetzlichen Vorschriften wieder der ursprünglichen Nutzung zuzuführen. Um den gesetzlichen Emissionsgrenzwerten zu entsprechen, wurde 1994 in der Erdgasaufbereitungsanlage Großenkneten eine zweite Abgasreinigungsanlage eingesetzt. Durch eine 1995 in Betrieb genommene Mitteldestillat-Entschwefelungsanlage in der Raffinerie Neustadt kann Dieselkraftstoff mit niedrigerem Schwefelgehalt produziert werden.

Mohndruck siehe Bertelsmann

MOKSEL

Standort:
Rudolf-Diesel-Straße 10
86807 Buchloe

Postanschrift:
Postfach 360
86803 Buchloe

Telefon: *(08241) 503-0*
Telex: *539 508*
Telefax: *(08241) 503-210*

Branche: *Schlachtfleisch, Zerlege- und Verarbeitungsbetriebe, Import-Export*

Rechtsform:
Aktiengesellschaft

Geschäftsjahr: *1.1.-31.12.*

Gründungsjahr: *1948; AG seit 1987*

Öffentlichkeitsarbeit:
Hans-Dieter Geiß
Tel.: (08241) 503-258
FAX: (08241) 503-177

Verbände: *Verband Groß- und Außenhandel e.V., Bonn*

GESCHICHTE UND ENTWICKLUNG. Alexander Moksel gründete 1948 das Unternehmen und baute in Buchloe den ersten eigenen Schlachthof. Ab 1957 kamen zu den Geschäften im süddeutschen Raum Fleischimporte, vor allem aus Österreich. Der Umsatz lag bei 9 Mio. DM. Seit 1964 exportierte Moksel Fleisch in größerem Umfang, besonders nach Italien. Der Umsatz stieg auf 30 Mio. DM. Mit der Erschließung neuer Exportmärkte in Osteuropa stieg der Umsatz des Fleischers auf 130 Mio. DM. Ab 1974 Beteiligung an einem Kühl- und Zerlegebetrieb, Ausweitung des Exportgeschäftes. 1980 Unterteilung der Aktivitäten in die Geschäftsbereiche Produktion und Handel. Aus dem Fleischereibetrieb in Buchloe wurde die Kommanditgesellschaft Alexander Moksel Schlachtbetriebe GmbH & Co. Betriebs KG und die Alexander Moksel Import-Export GmbH & Co. Handels KG. Durch die Übernahme weiterer Beteiligungen in Hamburg und Berlin stieg der Umsatz erstmals auf über 1 Mrd. DM. 1985 Betriebsbeginn des neuen Großschlachthofes in Buchloe. Zur Vorbereitung der Börseneinführung wurden die Obergesellschaften des Unternehmens Ende 1986 zur Alexander Moksel Schlachtbetriebe – Import-Export GmbH u. Co. KG verschmolzen. 1987 Umwandlung und Gründung der A. Moksel Aktiengesellschaft. Weitere Expansionen. 1989 Beginn des Baues eines Fleischversorgungszentrums in Gelsenkirchen. 1990 Erwerb einer Mehrheitsbeteiligung an der Fleischzentrale Südwest GmbH, Stuttgart, sowie Gründung der AHG Agrar-Handelsgesellschaft mbH, Berlin, und der EGN Erzeugergemeinschaft für Qualitätsfleisch Niederbayern Schlachtbetrieb GmbH, Vilshofen. 1991 Fertigstellung des Schlachthofes in Gelsenkirchen; Bau neuer Schlachthöfe in Ostdeutschland an den Standorten Kasel-Golzig bei Luckau, Neustrelitz und Rodleben bei Dessau. Neuer Zerlegebetrieb in Buchloe. 1992 Erwerb von 50% an der G.u.P. Salomon AG, Merzig, die 1993 auf 100% aufgestockt wurden. Übernahme des Aktienpakets des Unternehmensgründers und bisherigen Großaktionärs Alexander Moksel durch die Gebr. März AG, Rosenheim. Im Gegenzug wurde zur Zusammenfassung der Aktivitäten im Fleisch- und Wurstsektor die Marox-Gruppe durch die A. Moksel AG übernommen. Ende 1993 Mehrheitsbeteiligung an der Eyckeler & Malt AG, Hilden. Damit wurde die Moksel-Gruppe Marktführer im Rindfleischbereich in Deutschland. 1994 Restrukturierung und strategische Neuausrichtung des Konzerns aufgrund der Strukturkrise im Fleischmarkt. 1995 Inbetriebnahme des Schlachthofes Landshut. Wandel vom reinen Fleischvermarkter zum Nahrungsmittelkonzern mit Schwerpunkt Fleisch.

BESITZVERHÄLTNISSE/EIGENTUMSSTRUKTUR.
- Gebr. März AG, Rosenheim (33,81%)
- Rest Streubesitz

KONZERNÜBERBLICK. Moksel betreibt Großschlächtereien in eigenen und fremden Schlachthöfen, handelt mit Vieh, Fleisch und Nebenprodukten und vertreibt Fleischwaren aller Art. Tochterunternehmen sind im Veredelungs- und Nahrungsmittelbereich tätig. Das

Vorstand:
- *Wüst, Herbert, Prof. Dr. (Vorsitzender)*
- *Graupner, Peter, Dr. (Betrieb/Vertrieb, Inland)*
- *Janssen, Gerard A. (Internationaler Handel, Marketing und Vertrieb, Ausland)*
- *Kipf, Norbert (Personal- und Sozialwesen)*
- *Tillmann, Uwe, Dr. (Finanzen)*

Vorstandsbezüge 1995:
3.256.000,– DM

Aufsichtsrat:
- *Danckert, Peter, Dr., Berlin*
- *Gunnarsson, Staffan, Unterschleißheim*
- *Gruber, Robert, Pocking*
- *Holtkötter, Friedrich Wilhelm, München*
- *Jünemann, Dieter, Mettmann*
- *Schwericke, Jürgen, Dr., Leverkusen*

**Betz, Franz (stellv. Vorsitzender)*
**Boos, Robert*
**Gulden, Helga*
**Moser, Martin*
**Triepel, Werner*

Aufsichtsratstantiemen 1995: *135.000,– DM*

Unternehmen umfaßt die Bereiche Handel, Schlachtung und Zerlegung, Veredelung sowie Kühl- und Gefrierbetriebe. Moksel ist im gesamten Bundesgebiet durch zahlreiche Beteiligungen aktiv, verfügt über mehrere Schlachthöfe und Kühlhäuser. Die Gesellschaft betreibt neben dem Stammwerk in Buchloe Schlachthöfe in Furth i. W., Landshut, Gelsenkirchen, Vilshofen, Crailsheim, Leutkirch, Tübingen, Riedlingen, Dillingen, Kasel-Golzig bei Luckau und Rodleben bei Dessau. Fleischmarkt- und Zerlegebetriebe besitzen die Großschlachter in Germaringen bei Buchloe (Fleischwarenfabrik), Berlin, Murr, Tübingen, Riedlingen, Wetzlar und Aschaffenburg. Kühlbetriebe besitzt Moksel in Buchloe, Fallingbostel/Niedersachsen und Leer/Ostfriesland.

Eine der Stützen des Moksel-Konzerns ist die Fleischzentrale Südwest GmbH, Stuttgart (99%), der Marktführer in Baden-Württemberg mit den Schwerpunktschlachthöfen in Crailsheim und Leutkirch. Im Bereich Handel erwirtschaftete der Moksel-Konzern 1995 1,2 Mrd. DM, in der Produktion 2,5 Mrd. DM. Nachdem Moksel 1992/93 die G.u.P. Salomon AG, Merzig, vollständig übernommen hatte, erwarb der Großschlachter 1993 50% plus eine Aktie an der Eyckeler & Malt AG, Hilden. Mit eigenen Produktmarken (Aberdeen Angus, Hereford, Ashley, Kerl-Lamm) ist Eyckeler & Malt einer der bedeutendsten Anbieter von frischem und tiefgekühltem Rind-, Schweine- und Lammfleisch in Europa.

Die Gebr. März AG, Rosenheim, hält 33,81% an Moksel. Mit dem Einstieg von März bei Moksel wurden die Fleisch- und Wurstaktivitäten des März-Konzerns, die Marox-Gruppe, von Moksel übernommen.

BETEILIGUNGEN. Zur Moksel-Gruppe gehören neben der Muttergesellschaft A. Moksel AG, Buchloe, über 200 größere und kleinere Tochter- und Beteiligungsgesellschaften: Peter Paulsen Import-Export GmbH & Co. Handels KG, Hamburg (51%); Krumke Vieh- und Fleischhandelsgesellschaft mbH, Berlin (100%); Fleischzentrale Südwest GmbH, Stuttgart (99%); Schlachtzentrum Gelsenkirchen GmbH & Co. KG, Gelsenkirchen (80%); Marox GmbH, Rosenheim (100%); Eyckeler & Malt AG, Hilden (50% + 1 Aktie); G.u.P. Salomon GmbH, Merzig (100%); AHG Agrar Handelsgesellschaft mbH, Berlin (100%); Niederbayern-Schlachtbetrieb GmbH, Vilshofen (58,3%); Agrarunion Vieh- und Fleischhandel GmbH & Co. KG, Buchloe (100%); Almox Süddeutsche Häutehandelsgesellschaft mbH, Buchloe (100%); Allwild GmbH Wild und Geflügel, Dortmund (75%); Promox Handelsgesellschaft mbH, Buchloe (51%); SBL Schlachtbetrieb für Qualitätsfleisch GmbH, Landshut (60%); Berliner Schlachtbetriebe GmbH & Co. Betriebs KG, Berlin (74%); Fleischzentrum Anhalt GmbH, Rodleben/Dessau (85,6%); Fleischzentrum Lausitz GmbH, Kasel-Golzig (97%); WÜCO-Fleisch GmbH, Ravensburg (100%); Marox Hellas S.A., Athen/Griechenland (100%); Bulgaro GmbH, Sofia/Bulgarien (80%); Tatiara Meat Company Pty. Ltd., Bordertown/Australien (65,9%); Agricola International S.A., Bacau/Rumänien (51%).

NEUE BUNDESLÄNDER. Moksel, einst groß im Import-Export-Geschäft mit der ehemaligen DDR tätig, griff beherzt zu, als sich ihnen nach dem Fall der Mauer die LPGs und VEBs anboten. Im ostdeutschen Produktionsbereich gehörten den Buchloern nun das Fleischzentrum Anhalt in Rodleben, die Lausitzer Schlacht- und Zerlegebetriebe, Kasel-Golzig, und der Neustrelitzer Schlachtbetrieb. 1993 nahmen in den neuen Bundesländern drei neu erbaute Schlachthöfe ihre Tätigkeit auf. Aber Moksel hatte zu groß kalkuliert, die Geschäfte brachen ein. Der Neustrelitzer Schlachtbetrieb wurde 1994 vorübergehend geschlossen.

STANDORT DEUTSCHLAND. Obwohl Moksel seit Jahren in der Dauerkrise steckt, plant das Unternehmen für kapitalintensive Schlacht- und Zerlegebetriebe 1996/97 keine Standortverlagerungen. Dennoch wurde in der ersten Hälfte 1996 die Marox-Wurstproduktion in Rosenheim geschlossen und auf die beiden Tochtergesellschaften Nocker und OFW verlagert. Eingestellt wurden die Schlachtungen in Amberg, Regensburg und Berlin. Auch die Zerlegung in Großostheim (Salomon Meat) wurde 1996 geschlossen.
Aber die Lage ist nach wie vor ernst. Umsatzrückgänge, Ergebniseinbrüche. Der Großschlachter beklagt aber auch sinkende Rinder- und Schweinebestände, den Rückgang der Schlachtungen und des Fleischverzehrs besonders beim Rindfleisch durch die Anfang 1996 erneut aufgeflammte BSE-Diskussion mit Absatz- und Umsatzeinbrüchen von über 50%, die zunehmende Konkurrenz aus dem Ostblock und die eingeschränkten Möglichkeiten im Drittlandexport, den höheren Selbstversorgungsgrad in Ländern wie Dänemark und den Niederlanden, Änderungen beim Einkaufsverhalten der Verbraucher, die weiter zunehmende Konzentration im Lebensmitteleinzelhandel (die Top 10 der Branche brachten es auf einen Marktanteil von 60%), Währungsprobleme für den Export besonders nach Italien und Frankreich. Hätten die Banken nach 70 Mio. DM aus dem Jahr 1993 im Juni 1995 nicht zum zweiten Mal auf die Rückzahlung von Krediten in einer Höhe von 73 Mio. DM verzichtet, wäre Moksel wohl in den Konkurs geschliddert. Der Preis des Forderungsverzichts der Gläubiger-Banken (Deutsche Bank, Hypo-Bank, Berliner Bank, Bayerische Landesbank): ein Kapitalschnitt im Verhältnis 2:1 mit einer anschließenden Kapitalerhöhung um 25 Mio. DM.
Dem Absturz setzte Moksel bereits im November 1994 ein Restrukturierungskonzept entgegen: strukturelle Bereinigung, operative Kostensenkungsmaßnahmen in den verbliebenen Geschäftsfeldern, Maßnahmen zur Stärkung der Liquiditätssituation, grundsätzliche strategische Neuausrichtung des Konzerns hinsichtlich der Märkte, der Wertschöpfungsstruktur sowie der Konzernorganisation. Alexander Moksel verließ 1994 den Vorstand, Willi März räumte 1995 den Aufsichtsratsvorsitz. Standorte wurden aufgegeben, Gesellschaften verkauft. 1995 wurde die Schlachtung vom Standort Neustrelitz auf die Fleischzentren Anhalt und Lausitz verlagert, der Standort Gelsenkirchen umstrukturiert. Auch der Verkauf eines Kühlhauses in Leer, die Verschmelzung von 18 Kleinfirmen der Salomon-Gruppe sowie der Verkauf einiger strategisch nicht so bedeutender Beteiligungen standen 1995 auf dem Programm. Die Beschäftigtenzahl wurde durch Standortaufgaben und Veräußerungen im Inland um rund 350 reduziert, in Rumänien um 200. Die 3.762 Mitarbeiter der rumänischen Tochtergesellschaft Agricola International SA, Bacau, werden aufgrund einer nicht vergleichbaren Lohn- und Gehaltsstruktur nicht in das Moksel-Geschäftsjahr einbezogen.
Der beginnende Geschäftseinbruch bei Moksel hing auch mit einer

BÖRSE, AKTIEN, KURSE
Grundkapital 1995:
75,0 Mio.
Jahreshöchstkurs 1995:
14,70 DM
Jahrestiefstkurs 1995:
3,50 DM
Aktie Jahresende 1995:
10,55 DM
Dividende pro Aktie 1995:
0,00 DM

Das Grundkapital besteht aus 15 Mio. Inhaberaktien zum Nennwert von je 5,– DM.

Umsatz 1995: *3.653,4 Mio.*
(davon Export: 790,1 Mio.)
Umsatz 1994: *3.966,0 Mio.*
(davon Export: 857,8 Mio.)
Umsatz 1993: *3.644,8 Mio.*
(davon Export: 1.087,6 Mio.)

Gewinn/Verlust 1995:
– 72,8 Mio.
Gewinn/Verlust 1994:
– 179,1 Mio.
Gewinn/Verlust 1993:
– 6,7 Mio.

Steueraufkommen 1995:
7,9 Mio.

Affäre beim Einkauf von Salomon zusammen. Dachten die Buchloer, mit dem Kauf des jahrelangen Geschäftspartners G. u. P. Salomon AG, Dillingen/Saar, den ganz großen Coup gelandet zu haben, so fielen sie gründlich auf die Nase. Die eigene Revision kam gigantischen Bilanzfälschungen bei Salomon auf die Spur. »Hochkriminelle Buchhaltungs- und Bilanzfälschungen, Unterschlagungen und Untreuehandlungen« – so der Moksel-Vorstand gegenüber aufgebrachten Aktionären – bei der von der französischen Agripa S.A. und dem Fleischhändler Gilbert Salomon gekauften jungen Tochter führten 1992 zu einem Rückstellungsbedarf von 140 Mio. DM und einem Verlust von 125 Mio. DM.

»Bündnis für Arbeit«. In zahlreichen Betrieben des Konzerns strebt Moksel flexible Lösungen in der Produktion und bei den Arbeitszeiten »im Interesse von Unternehmen und Mitarbeitern« an.

März und Moksel, Moksel und März. Auch der Getränke- und Nahrungsmittelkonzern Gebr. März AG in Rosenheim, jahrelang schillernder Emporkömmling unter bayerischen Unternehmen und zwischenzeitlich größte deutsche Brauereigruppe, geriet in eine existenzbedrohende Krise, die 1996 schließlich im Konkurs endete. Die Symptome lagen ähnlich wie bei Moksel; hinzu kamen aber noch ein eklatantes Mißmanagement, eine absurde Akquisitionspolitik und der fehlende politische Rückhalt aus der bayerischen Staatskanzlei seit dem Tod von Franz Josef Strauß. Jahrelang hatte März alles gekauft, was sich anbot und lukrativ erschien. So avancierten die Rosenheimer zwischenzeitlich auch zu den starken Männern in Buchloe, als die Familie März 33,8% an Moksel übernahm, die Anfang 1996 im Zuge der März-Liquidierung auf die Münchner Nörr & Stiefenhofer Steuerberatungsgesellschaft GmbH übergegangen sind. Für das Brau- und Fleischimperium März kam nach einem über ein Jahr dauernden Überlebenskampf im April 1996 der endgültige Zusammenbruch. Ein umfangreiches Sanierungsprogramm, das den Verkauf zahlreicher Verlustquellen vorsah, die Schließung unrentabler Betriebe und die Konzentration auf einen Getränkekonzern mit ungefähr 800 Mio. DM Umsatz im Jahr stachen nicht mehr. Verkauft wurden Lebensmittel- und Molkereibeteiligungen wie die Bavaria-St. Pauli-Brauerei, Hamburg, und die Tucher AG, Nürnberg. Die Hofer Bierbrauerei AG Deininger Kronenbräu wurde geschlossen, die Meisterbräu GmbH, Halle, abgestoßen. Die Kurpfalz Sektkellerei AG wurde an die Henkell & Söhnlein Sektkellereien KG verkauft. Die Familie März (mehrere zum Teil zerstrittene Familienstämme) hatte nach Branchenexperten ihre Aktienmehrheit von 90% nahezu komplett an die Banken (u. a. Hypo-Bank, Berliner Bank, Maffei & Co.) verpfändet, ihr Stimmrecht aber behalten. Die Bankschulden der Familie März sollen sich auf rund 800 Mio. DM belaufen haben. Aber schließlich kollabierte das als künftiges Kerngeschäft mit Bier und alkoholfreien Getränken gedachte Restimperium: Die Brauereien Henninger Bräu AG, Eichbaum Brauereien AG, Freiberger Brauhaus und Erste Kulmbacher Actienbrauerei AG (EKU), die Bad Windsheimer Mineralquellen GmbH und die Wilhelmsthaler Mineralbrunnen GmbH gerieten mit in den Konkursstrudel und wurden von den Gläubigerbanken rund um die Hypo-Bank als Führungsbank eines aus 12 Banken bestehenden Pools Stück für Stück verkauft. Die in diesem Zusammenhang ebenfalls in Konkurs gegangene März-Tochter Erste Kulmbacher Actienbrauerei AG (EKU) wurde an die zur Münchner Schörghuber-Gruppe gehörende Kulmbacher Reichelbräu AG verkauft. Angeblich war die Frankfurter Henninger-Bräu AG, an der die März AG mit knapp 99% beteilit war, nicht vom Konkurs betroffen. Auch Henninger soll jetzt den Münchnern Nörr & Stiefenhofer gehören.

UMWELTSCHUTZ. Moksel beklagt 1996 vehement den Verbraucherrückgang beim Rindfleisch aufgrund der BSE-Problematik. Die Moksel-Gruppe will dem aber entgegensteuern durch eine am Markt konstant hohe Qualität der Produkte. Besonders auf die Sparte »Qualitätsfleisch deutscher Herkunft« setzen die Buchloer. Im Rahmen einer Qualitätsoffensive wird dazu der Bereich »herkunftsgesicherter Markenfleischprogramme« entwickelt, wird bei Schlachtung, Zerlegung und Veredelung ein hoher Technologie-, Qualitäts- und Hygienestandard der Produkte gewährleistet (Qualitätsfleisch-Programm »Almox«). Hohe Investitionen in neue Kläranlagen 1995 im Stammbetrieb in Buchloe sowie große Umweltschutzinvestitionen 1996 in der Fleischzentrale Südwest dienen in erster Linie der gesteigerten Hygiene bei der Verarbeitung. Immerhin werden über 25% des Konzernumsatzes mit dem deutschen Lebensmittelhandel getätigt (Tengelmann mit dem herkunftsgesicherten »Birkenhof«-Fleisch; Rewe-Gruppe).
Rinderwahnsinn, Schweinepest, Hormonfleisch und Tiertransporte – die deutschen Verbraucher kauften auch 1995/96 erheblich weniger Fleisch als in den Jahren zuvor. Der Fleischkonsum der Deutschen verringerte sich 1995 auf 61,6 (Vorjahr: 62,4) Kilogramm pro Einwohner. Die größten Einbußen gab es beim Rindfleisch, wo der Moksel-Konzern bundesweit an Rinderschlachtungen einen Anteil von 12,8% hält. Nach Moksel und einer repräsentativen Umfrage der Centralen Marketinggesellschaft der deutschen Agrarwirtschaft (CMA) von Ende März 1996 hielten beim Rindfleisch 83% aller deutschen Hausfrauen eine Herkunftsangabe für wichtig und achteten dementsprechend auf das Herkunftsland. Ein besonders distanziertes Verhältnis zum Fleisch hat nach Moksel die jüngere Generation. Der Lebensmitteleinzelhandel verlangt in der »Frankfurter Deklaration« vom 31. August 1994 von Fleischlieferanten einen Herkunftsnachweis für Rindfleisch, der die Mast der Schlachttiere in Deutschland vorschreibt und die Herkunft durch Etiketten bis zur Ladentheke transparent machen soll. Der Moksel-Vorstand hat alle Tochterunternehmen zum lückenlosen Herkunftsnachweis für Rindfleisch und die durchgängige Organisation der Kennzeichnung durch Etiketten veranlaßt.

GUTE ALTE ZEITEN: MÄRZ, MOKSEL, STRAUSS & CO.
Mit Geschick hatte es der Metzger und Händler Alexander Moksel verstanden, aus Schweinehälften einen multinational tätigen Konzern zu zimmern. Das große Geld machte Alexander Moksel vor allem mit seinen Ostgeschäften und der Hilfe maßgeblicher bayerischer Politiker, u. a. von Franz Josef Strauß. Das SPD-Mitglied Moksel hatte beste Kontakte zum damaligen DDR-Devisenbeschaffer Alexander Schalck-Golodkowski (der im übrigen nach der Wiedervereinigung unter dem persönlichen Schutz des Buchloer Großschlächters und des Rosenhei-

Beschäftigte 1995: *2.639*
(ohne 3.762 Beschäftigte der Agricola SA, Bacau/Rumänien, mit nicht vergleichbarer Lohn- und Gehaltsstruktur)
Beschäftigte 1994: *2.958*
(ohne 3.926 Beschäftigte der Agricola SA)
Beschäftigte 1993: *2.922*
(ohne 4.298 Beschäftigte der Agricola SA)

Umsatz pro Mitarbeiter 1995: *1.384.388,– DM*
Umsatz pro Mitarbeiter 1994: *1.340.771,– DM*
Umsatz pro Mitarbeiter 1993: *1.247.365,– DM*

Löhne und Gehälter 1995: *150,7 Mio.*
Löhne und Gehälter 1994: *168,4 Mio.*
Durchschnittsgehalt 1995: *57.105,– DM*
Soziale Abgaben und Aufwendungen 1995: *28,6 Mio.*
Soziale Abgaben und Aufwendungen 1994: *31,8 Mio.*

Bezüge pro Vorstandsmitglied 1995: *651.200,– DM*
Tantiemen pro Aufsichtsrat 1995: *12.273,– DM*

Investitionen 1995:
97,7 Mio.
Investitionen 1994:
95,5 Mio.
Investitionen 1993:
154,3 Mio.

Mitbewerber: *Norddeutsche Fleischzentrale, Annuss-Fleisch, Südfleisch, Westfleisch, Union Deutsche Lebensmittelwerke*

mer März-Konzerns stand und noch steht) und zur KoKo, der unter Schalcks Order operierenden Kommerziellen Koordinierung der DDR, sowie zur AHB-Nahrung der DDR. So soll Moksel neben einträglichen Fleischgeschäften u. a. als Außenstelle der KoKo zwischen 1977 und 1990 rund 100 Mio. DM DDR-Gelder als »Strohmann« in die Schweiz transferiert haben, die dann in allerlei dunklen Kanälen versickert seien. Die Berliner Staatsanwaltschaft ermittelte Anfang 1993 gegen Moksel, Schalck-Golodkowski, die Moksel-Vorstände Rodo Schneider und Alfred Freibott und gegen den früheren AHB-Generaldirektor Manfred Wolf wegen des Verdachts der Untreue.
Massive Vorwürfe auch wegen Subventionsbetrugs, als die Bundesregierung 1990 die Lieferverpflichtung der DDR aus einem Fleischgeschäft an die damalige Sowjetunion übernahm und sie einem Firmenpool unter Leitung der im Osthandel versierten Allgäuer übertrug. 250.000 Tonnen Fleisch aus DDR-Beständen sollten an die UdSSR geliefert werden, weit unter Weltmarktpreis. Durch eine subventionierte Exportbeihilfe von knapp 250 Mio. DM durch die Bonner Regierung sollte den DDR-Erzeugern nahezu der Weltmarktpreis gezahlt werden. Moksel geriet in den Verdacht, nicht alles Fleisch aus der früheren DDR bezogen, sondern auch aus bundesdeutschen Beständen geliefert zu haben; man habe bei diesen Subventionen kräftig manipuliert und abgezockt, so der Vorwurf. Finanzminister Theo Waigel, Schwabe wie Moksel im Nachbarwahlkreis, tat sich schwer, Vorwürfe zu entkräften, er habe die Firma begünstigt, da das Finanzministerium nachträglich die Ausfuhrbelege für Tiere verändert und entschärft habe, zumal Moksel die CSU immer wieder mit kräftigen Finanzspritzen bedacht hatte.
Der Verdacht, mit Subventionen gerade im Osthandel manipuliert und krumme Geschäfte gemacht zu haben, zieht sich wie ein roter Faden durch die Fleischberge. So soll der Allgäuer Fleischkonzern in den 70er Jahren verdeckte Spenden in Höhe von mehreren hunderttausend Mark an Bayerns FDP gezahlt haben. Chef der Bayern-FDP war damals Josef Ertl, als Bundeslandwirtschaftsminister maßgeblich beteiligt an den Genehmigungen im internationalen Fleischgeschäft.
1992 verkaufte Moksel sein 33-Prozent-Paket an der eigenen Firma für 300 Mio. DM an die Rosenheimer Gebr. März AG, den damals zweiten großen Fleischhändler mit der früheren DDR. Im Gegensatz zu Moksel rühmten sich die Brüder März immer der Nähe zu Franz Josef Strauß und Alexander Schalck-Golodkowski. Besonders zwischen Strauß und dem langjährigen Firmeninhaber Josef März bestand eine enge Verbindung. Sie fädelten gemeinsam den berühmt-berüchtigten Milliardenkredit an das SED-Regime ein, der den Rosenheimern ganz nebenbei große Geschäfte im Fleischhandel versprach. Die größten Coups wurden im März-Landgut Spöck ausgeheckt. Die Familie März war es dann auch, die Alexander Schalck-Golodkowski helfend unter die Arme griff, als er ins Tegernseer Asyl mußte. März und Moksel beherrschten jahrzehntelang das Fleischgeschäft mit der früheren DDR, auch wenn der bayerische Bauernverband gegen die Preispolitik der beiden immer wieder Sturm lief. Vorbei an den Interessen der bayerischen Bauern, mit dem Segen Franz Josef Strauß', wurde durch Billigimporte aus der DDR jahrelang die Preispolitik der bayerischen Bauern unterlaufen – just der Bauern, die doch so treu die CSU wählten.

Ende 1995 tauchte Alexander Schalck-Golodkowski erneut auf der Bühne auf – diesmal in Peking. Er führte zum Zwecke einer Geschäftsanbahnung deutsche Geschäftsleute und Unternehmer, überwiegend aus Bayern, bei hohen Wirtschaftsfunktionären, alten Freunden und Genossen in der Volksrepublik China ein. Mit von der Partie: Alexander März.

PHILIP MORRIS

GESCHICHTE UND ENTWICKLUNG. Der Tabakhändler Philip Morris Esquire eröffnete 1847 in der Londoner Bond Street seine erste Tabakmanufaktur. Zu den Marken, die Philip Morris in London herstellte, gehörte auch die »Marlboro«, die damals noch geschrieben wurde wie der »Duke of Marlborough«. 1902 ging das expandierende Unternehmen in die USA. In New York wurde die Philip Morris & Co. LTD. gegründet. Erst 1955 eroberte Philip Morris die Weltmärkte. Auf allen Kontinenten entstanden Tochtergesellschaften und Marketingorganisationen. 1960 wurde die »Marlboro« in der Bundesrepublik noch in Lizenz produziert, 1970 entstand die deutsche Philip Morris GmbH in Frankfurt. 1972 begann Philip Morris mit der Zigarettenproduktion in Berlin, 1975 wurde der Firmensitz von Frankfurt nach München verlegt. Dort kaufte Philip Morris vom Konkurrenten Reemtsma die Gebäude der traditionsreichen Münchner Zuban-Werke, wo einstmals die »Königlich Bayerische Hof-Zigarettenfabrik« beheimatet war. 1990 dehnte Philip Morris das Tabakgeschäft erfolgreich auf Ostdeutschland aus.

BESITZVERHÄLTNISSE/EIGENTUMSSTRUKTUR.
Alleingesellschafterin ist die Philip Morris International Finance Corporation, New York/USA (100%). Das konsolidierende Mutterunternehmen für Philip Morris Deutschland ist die Philip Morris Companies Inc., New York/USA.

KONZERNÜBERBLICK. Die deutsche Philip Morris, eine Tochter des amerikanischen Multis, betreibt die Herstellung und den Vertrieb von Tabakerzeugnissen. In zwei Werken, Berlin und München, werden täglich rund 250 Mio. Zigaretten produziert, in München überwiegend für den Export. Täglich werden bis zu 70 Mio. Zigaretten von mehr als 25 Zigarettenmarken in 20 Länder Europas und des Vorderen Orients exportiert. Hauptabnehmer im Exportgeschäft der Philip Morris sind Frankreich, Spanien und Italien, die nach der Bundesrepublik größten Zigarettenmärkte in Europa. In Berlin werden täglich 150 Tonnen Rohtabak, das entspricht dem Inhalt von 15 Güterwaggons, vollautomatisch zu über 200 Mio. Zigaretten verarbeitet. Die Vereinigten Zigarettenfabriken Dresden GmbH, eine 100%ige Tochter, produziert pro Jahr 10 Mrd. Stück Zigaretten.
Mehr als jede dritte Zigarette, die in Deutschland geraucht wird, ist ein Produkt der deutschen Philip Morris, des deutschen Marktführers. Der Zigarettenkonsum in der Bundesrepublik belief sich 1995 auf ein

Standort:
Fallstraße 40
81369 München

Postanschrift:
Postfach 70 14 29
81314 München

***Telefon:** (089) 7247-0*
***Telex:** 5 23 957 mpol d*
***Telefax:** (089) 7247-1227/8*

***Branche:** Tabakindustrie*

***Rechtsform:** Gesellschaft mit beschränkter Haftung (GmbH)*

***Geschäftsjahr:** 1.1.-31.12.*

***Gründungsjahr:** 1970*

Öffentlichkeitsarbeit:
Nicolai Tewes
Tel.: (089) 7247-1676
FAX: (089) 7247-1227
Ulrich Beecken
Tel.: (089) 7247-1442
FAX: (089) 7247-1436

Für die Philip Morris Kunstförderung ist Elfriede Buben zuständig. Ansprechpartner für die Philip Morris Stiftung/Forschungspreis: Birgit Spielmann

***Verbände:** Verband der Cigarettenindustrie (VdC), Bonn*

Geschäftsführung:
- *Hendrys, Paul (Vorsitzender)*
- *Delbos, Dettmar*
- *Hanke, Siegfried*
- *Richter, Hans Joachim*
- *Schmidt, Karsten*
- *Waldemer, Hermann*

Bezüge der Geschäftsführung 1995: *keine Angaben*

Aufsichtsrat:
- *Thoma, Walter (Vorsitzender)*
- *Manz, Helmut (stellv. Vorsitzender)*
- *Burda, Hubert, Dr.*
- *Burger, Heinz*
- *Christen, Heinrich*
- *Gembler, Andreas*
- *Hausser, Joachim, Dr.*
- *Kahle, Peter*
- *Kullmann, Peter*
- *Schuhnagel, Peter*
- *Storr, Hans G.*
- *Wehner, Friedrich*

Aufsichtsratstantiemen 1995: *keine Angaben*

Gesamtvolumen von 163 Mrd. Zigaretten. Gemessen am Fabrik-Zigarettenmarkt von 134 Mrd. Stück Zigaretten (1995) hält die Philip Morris GmbH einen Marktanteil von über 40%. Spitzenreiter und die Nummer 1 in der Bundesrepublik ist die »Marlboro«, die ohnehin meistverkaufte Zigarette der Welt. Hierzulande hatte die Marlboro 1995 einen Marktanteil von 20%, während die gesamte Marlboro-Produktfamilie inzwischen einen Marktanteil von über 33% erreicht hat. Im Inland verkaufte Philip Morris 1995 genau 53,8 Mrd. Zigaretten. Durch mehr als 20 Fertigwarenlager gelangen die Zigaretten in den Handel, in die Automaten und zum Konsumenten. Der Exportabsatz belief sich 1995 auf 21,1 Mrd. Stück, womit Philip Morris einer der größten Zigarettenexporteure ist.
Philip Morris vertreibt 25 Zigarettenmarken in 100 Ausführungen, u. a. die Produktfamilien Marlboro, Philip Morris, L&M mit den Marken: Marlboro, Marlboro Lights, Marlboro Menthol, Philip Morris Light American, Philip Morris Ultra, L&M, L&M Lights, L&M Full Flavor, Merit, Chesterfield, Eve, Parliament etc. Die amerikanische Philip Morris vertreibt rund 160 Zigarettenmarken in mehr als 170 Ländern der Welt, verfügt mit der Miller Brewing Company über die drittgrößte Brauerei der Welt und wird mit Kraft Foods (seit 1995) zum weltweit zweitgrößten Lebensmittelhersteller. In Deutschland ist Kraft Jacobs Suchard mit Marken wie »Philadelphia«, »Miracel Whip«, »Miracoli«, »Jacobs Café«, »Onko«, »Kaffee Hag«, »Milka« oder »Toblerone« vertreten.

PHILIP MORRIS WELTWEIT. Philip Morris begann Mitte der 50er Jahre Tochtergesellschaften und Marktorganisationen in anderen Erdteilen zu gründen. Die großen Akquisitionsfeldzüge aber startete der von New York aus regierte Konzern in den 80er Jahren, um die wirtschaftlichen Erlöse in neuen Branchen gewinnbringend zu investieren und nicht ausschließlich von der Zigarettenproduktion abhängig zu sein. 1985 kaufte Philip Morris für 5,7 Mrd. US $ die General Foods Corporation, den führenden Lebensmittelkonzern der USA. Für 13,1 Mrd. US $ übernahm Philip Morris 1988 den multinational operierenden Konzern Kraft Inc. Kraft ist der größte US-Hersteller von abgepackten Lebensmitteln, Kaffee, Käse und Fleischprodukten. Beide Akquisitionen wurden 1989 zur Kraft General Foods Inc. zusammengeschlossen. Bereits seit 1970 besitzt Philip Morris auch die drittgrößte Brauerei der Welt, die Miller Brewing Company.
1990 übernahm Philip Morris für 5,4 Mrd. Schweizer Franken die Jacobs Suchard AG, Zürich (Jacobs Café: Krönung, Night & Day, Milka, Toblerone, Tobler). Das Unternehmen war 1982 aus der Fusion der Züricher Jacobs AG, in die das gleichnamige traditionsreiche Bremer Kaffeeunternehmen eingebracht worden war, mit der Interfood SA, Neuenburg, die ihrerseits aus der Fusion von Suchard und Tobler resultierte, entstanden. Jacobs Suchard mit einem Umsatz von knapp 5 Mrd. US $ und über 12.000 Mitarbeitern schaut auf eine lange Tradition zurück, die mit drei Namen verbunden ist: Philippe Suchard (1797–1884), Johann Jakob Tobler (1830–1905) und Johann Jacobs (1869–1958). Nach der Integration von Kaffee Hag und Kaffee Onko in das Jacobs-Suchard-Geschäft wird diese Ahnenreihe durch Ludwig Ruselius (1874–1943), den Erfinder des Entcoffeinierungsverfahrens, erweitert. Jacobs Suchard ist nicht nur auf dem deutschen Röstkaffee-

markt, sondern auch im Süßwarenbereich mit den Marken Milka, Lila Pause, Toblerone etc. deutlicher Marktführer.
Die Philip Morris-Gruppe beschäftigt weltweit über 150.000 Mitarbeiter und erreichte 1995 einen Umsatz von über 65 Mrd. US $. Der Gewinn des größten Zigarettenherstellers der Welt belief sich 1995 auf 5,5 Mrd. US $.

BETEILIGUNGEN. Die deutsche Philip Morris ist an folgenden Unternehmen beteiligt: Vereinigte Zigarettenfabriken Dresden GmbH, Dresden (100%); IDE International Design & Entertainment Gesellschaft für Gestaltung und Musikveranstaltungen GmbH, München (100%); Arizona Tobacco Products GmbH & Co Export KG, München (100%).

NEUE BUNDESLÄNDER. Mit 10,9 Mrd. verkauften Zigaretten lag Philip Morris 1995 mit einem Marktanteil von 46,9% in Ostdeutschland ebenso wie im Westen unangefochten an der Spitze, gefolgt von Reemtsma, B.A.T., Brinkmann und Reynolds. Der ostdeutsche Zigarettenmarkt ist heiß umkämpft. Das frühere VEB-Kombinat Tabakwaren wurde von der Treuhand unter drei Unternehmen aufgeteilt: Philip Morris erhielt den Zuschlag für die heutigen Vereinigten Zigarettenfabriken Dresden GmbH (Ostmarken: f6, Juwel und Karo); die Berliner Zigarettenfabrik GmbH in Ostberlin kooperierte mit R.J. Reynolds Tobacco GmbH, Köln (Camel; Ostmarke: Club), und Reemtsma erhielt die Nortak GmbH in Nordhausen (Ostmarke: Cabinet). Die zu Rothmans gehörende Martin Brinkmann AG und B.A.T. gingen leer aus und versuchen mit ihren eigenen Erfolgsmarken Lux, Peer Export bzw. HB Fuß zu fassen. »Golden American« heißt eine von Brinkmann extra für den ostdeutschen Markt hergestellte Zigarette.
In den neuen Bundesländern dominieren die alten DDR-Marken, dennoch konnte Philip Morris mit der f6 Spitzenreiter werden und dem früheren Marktrenner »Cabinet«, den Reemtsma durch Geschmacksmanipulation auf »West-Niveau« trimmen wollte, den Rang ablaufen. Die Marlboro rangiert bereits auf Platz 2 unter den meistverkauften Zigaretten in den neuen Bundesländern und ist die Nr. 1 bei den internationalen Marken.

STANDORT DEUTSCHLAND. Philip Morris Deutschland plant keine Veränderung von Standorten. Im Gegenteil: alle drei Standorte sollen durch neue Technologien, logistische Maßnahmen und eine verstärkte Mitarbeiterqualifikation qualitativ und quantitativ optimiert werden. Weltweit hat Philip Morris – nicht zuletzt durch die Probleme, die der Zigarettenmarkt besonders in den USA hat – seit 1994 rund 40 Fabriken geschlossen und 14.000 der damals 170.000 Arbeitsplätze abgebaut.

»BÜNDNIS FÜR ARBEIT«. Über innerbetriebliche Vereinbarungen und Arbeitszeitmodelle macht die deutsche Philip Morris keine Angaben.

UMWELTSCHUTZ. Philip Morris Deutschland: »Tabak ist ein Naturprodukt. Die Zigarette wird unter Verwendung natürlicher Rohstoffe hergestellt. Umweltbedenkliche Rohstoffe sind praktisch nicht vorhan-

Umsatz 1995: *10.940,0 Mio.*
Umsatz 1994: *10.402,0 Mio.*
Umsatz 1993: *9.600,0 Mio.*

Gewinn 1995: *447,1 Mio.*
Gewinn 1994: *480,9 Mio.*
Gewinn 1993: *377,3 Mio.*

Grund- bzw. Stammkapital 1995: *175,0 Mio.*

Steueraufkommen 1995: *362,9 Mio.*
Steueraufkommen 1994: *271,0 Mio.*

Tabaksteuer 1995: *7.846,0 Mio.*
Tabaksteuer 1994: *7.484,0 Mio.*

Beschäftigte 1995: *3.576*
Beschäftigte 1994: *3.654*
Beschäftigte 1993: *3.800*

Umsatz pro Mitarbeiter 1995: *3.059.284,– DM (incl. Tabaksteuer)*
Umsatz pro Mitarbeiter 1994: *2.846.743,– DM (incl. Tabaksteuer)*
Umsatz pro Mitarbeiter 1993: *2.526.316,– DM (incl. Tabaksteuer)*

Löhne und Gehälter 1995: *315,3 Mio.*
Löhne und Gehälter 1994: *308,1 Mio.*
Durchschnittsgehalt 1995: *88.171,- DM*
Soziale Abgaben und Aufwendungen 1995: *78,0 Mio.*
Soziale Abgaben und Aufwendungen 1994: *69,8 Mio.*

Investitionen 1995:
124,2 Mio.
Investitionen 1994:
67,4 Mio.
Investitionen 1993:
30,0 Mio.

Mitbewerber: *BAT Cigarettenfabriken, Brinkmann, Nestlé, Gebr. März, Procter & Gamble, Reynolds Tobacco, Reemtsma, Tobaccoland, Unilever*

den. Schwerpunkte im Bereich Umweltschutz sind die Verringerung des Energieverbrauches und damit verbundener Emissionen, Abfall- und Abwasserreduzierung und Recycling sowie die Verringerung von Verpackungsmaterialien und die Entwicklung umweltfreundlicher Materialien (in Zusammenarbeit mit unseren Zulieferern). Da alle drei Werke in Wohnmischgebieten produzieren, sind bereits sogenannte ›Biofilter‹ eingerichtet worden, die den Tabakgeruch verringern.« Philip Morris hat einen Umweltbeauftragten.

AKTIVES UND PASSIVES RAUCHEN. 1995 geriet Philip Morris weltweit in die Schlagzeilen und entfachte eine lebhafte Diskussion. Denn kaum ein anderes Thema polarisiert stärker als das Rauchen: Daß Tabakwaren-Hersteller den Nikotingehalt in Zigaretten so manipulieren können, daß Raucher von der Marke nicht mehr lassen und abhängig werden, war immer eine unbewiesene Behauptung. Daß diese möglicherweise der Wahrheit ensprechen könnte, sollte eine im Juni 1995 in den USA publik gewordene Geheimstudie von Philip Morris belegen, wonach in den firmeneigenen Forschungsanlagen in Richmond/Virginia in den 80er Jahren herausgefunden worden war, daß Nikotin einen direkten Einfluß auf das Gehirn und das Verhalten des Rauchers hat, daß das Nervengift Nikotin schwere gesundheitliche Schäden verursachen und Abhängigkeiten schaffen kann. Immer hatte sich die Tabakindustrie dagegen gewehrt, mit Drogen, die süchtig machen, auf eine Stufe gesetzt zu werden. Sehr wohl habe der Konzern, so die amerikanische Presse, von den gesundheitsschädlichen Wirkungen des Rauchens gewußt. Mehr noch: der Konzern habe über Nikotin und seine Wirkungen geforscht, um dieses Suchtmittel möglicherweise bewußt in der Zigarettenproduktion einzusetzen, hieß es in der internationalen Presse. Philip Morris freilich wies alle Anschuldigungen bezüglich einer Manipulation des Nikotingehalts von Zigaretten zurück. Eine Manipulation mache keinen Sinn: Auf den Packungen und in der Werbung würden Nikotin- und Kondensatgehalt verbindlich angegeben und nach streng definierten und überprüfbaren Normen festgelegt, überwacht und eingehalten.
In einer 1996 gestarteten Kampagne gegen Rauchverbote am Arbeitsplatz und öffentlichen Orten schoß der Multi allerdings ein Eigentor. Da wurden, von der Presse zitiert, Studien herangezogen, die das Gesundheitsrisiko, durch Zigarettenrauch, also passives Rauchen, an Krebs zu erkranken, geringer einschätzten als das Trinken von einem Glas Milch pro Tag oder von chlorhaltigem Wasser. Selbst der Genuß von Keksen oder Pfefferkörnern berge ein größeres relatives gesundheitliches Risiko als Zigarettenrauch. Über die Kampagne wurde eher geschmunzelt. Von der Geruchsbelästigung durch Rauchen am Arbeitsplatz oder in öffentlichen Räumen freilich war nicht die Rede.

MTU siehe Daimler-Benz

MÜNCHENER RÜCK

Standort:
Königinstraße 107
80802 München

Postanschrift:
80791 München

Telefon: *(089) 3891-0*
Telex: *5 215 233-0 mr d*
Telefax: *(089) 399056*

Branche: *Versicherungen*

Rechtsform:
Aktiengesellschaft

Geschäftsjahr: *1.7.-30.6.*

Gründungsjahr: *1880*

Öffentlichkeitsarbeit:
Rainer Küppers
Tel.: (089) 3891-2504
FAX: (089) 399056

Verbände: *Alle wesentlichen Fachverbände der Versicherungswirtschaft*

GESCHICHTE UND ENTWICKLUNG. Die Idee zur Gründung eines von Erstversicherern unabhängigen Rückversicherungsunternehmens stammte von dem 1844 in Erfurt geborenen Carl von Thieme, dessen Vater Direktor bei der Thuringia war. Thieme setzte 1880 seine Idee in die Tat um und gründete mit Unterstützung seines Finanzberaters Wilhelm von Finck (Teilhaber des Bankhauses Merck, Finck & Co.) die Münchener Rückversicherungs-Gesellschaft, der zehn Jahre später noch die Allianz folgen sollte. Beide Versicherungen sind bis heute durch eine wechselseitige 25%ige Beteiligung miteinander verbunden. Thieme leitete die Münchener Rück 41 Jahre lang, Finck war 44 Jahre lang der Aufsichtsratsvorsitzende dieses zum größten Rückversicherer der Welt aufgestiegenen Unternehmens.

BESITZVERHÄLTNISSE/EIGENTUMSSTRUKTUR.
- Allianz AG Holding, München/Berlin (25%)
- Deutsche Bank AG, Frankfurt/Main (knapp unter 10%)
- Dresdner Bank AG, Frankfurt/Main (knapp unter 10%)
- Commercial Union plc., London/Großbritannien (knapp unter 5%)
- Rest Streubesitz bei ca. 12.000 in- und ausländischen Aktionären

KONZERNÜBERBLICK. Die Münchener Rück gilt als der größte Rückversicherer der Welt. Sie betreibt alle Sparten des Rückversicherungsgeschäfts und arbeitet als international tätiger Rückversicherer mit Versicherungsgesellschaften in über 150 Ländern zusammen. Neben ihrem Stammsitz in München unterhält die Münchener Rück in mehr als 30 Ländern über 60 Außenstellen, um ihren Kunden von dort aus einen schnellen und auf den jeweiligen örtlichen Bedarf zugeschnittenen Service bieten zu können.
Die bedeutendsten Versicherungszweige der Münchener Rückversicherungs-Gesellschaft sind die Lebensversicherung (4,0 Mrd. DM Umsatz), die Feuerversicherung (3,3 Mrd. DM), die Kraftfahrtversicherung (3,3 Mrd. DM) sowie die Haftpflichtversicherung (1,6 Mrd. DM). Der Versicherungsbestand in der Lebensrückversicherung lag 1994/95 bei 337 Mrd. DM.
Einen spektakulären Coup landete die Münchener Rück im August 1996. Für knapp 5 Mrd. DM übernahm sie den drittgrößten Rückversicherer der USA, American Re Corp., Princeton/New York, und baute so ihre führende Stellung in der internationalen Rückversicherung weiter aus. Die USA sind das Land mit dem weltweit größten Versicherungsmarkt; 80% des Geschäftes der American Re entfällt auf die USA. Durch diese Großakquisition steigt der Konzernumsatz der Münchener Rück auf rund 37 Mrd. DM.

BETEILIGUNGEN. Die Münchener Rück verfügt über ein weltweites Netz an Niederlassungen und Tochtergesellschaften. Sie ist an zahlreichen Versicherungs-, Vermögensverwaltungs-, Grundstücks- und Investmentgesellschaften beteiligt. Zu den wichtigsten Beteiligungen gehören:
- Rückversicherung/Rückversicherungsgesellschaften: Münchener Rück Italia S.p.A., Mailand/Italien (100%); Munich American Reas-

Vorstand:
- *Schinzler, Hans-Jürgen, Dr. (Vorsitzender)*
- *Bauer, Wolf Otto, Dr.*
- *Ficker, Rudolf*
- *Göbel, Dieter*
- *Hasford, Heiner, Dr.*
- *Helbig, Claus, Dr.*
- *Nierhaus, Fedor, Dr.*
- *Rathnow, Hans*
- *Schneidawind, Detlef, Dr.*
- *Sellschopp, Hans-Dieter*
- *von Stockhausen, Hans-Wilmar, Dr.*

Vorstandsbezüge 1994/95: *9.996.000,– DM*

Aufsichtsrat:
- *Hartmann, Ulrich (Vorsitzender), Düsseldorf*
- *Schulte-Noelle, Henning, Dr. (stellv. Vorsitzender), München*
- *Röller, Wolfgang, Dr. (stellv. Vorsitzender), Frankfurt/Main*
- *Jannott, Edgar, Dr., Düsseldorf*
- *Kopper, Hilmar, Frankfurt/Main*
- *v. Kuenheim, Eberhard, Dr. E.h., München*
- *Piëch, Ferdinand, Dr. h.c., Wolfsburg*
- *Schmidt, A., Dr., München*
- *Soltmann, Dieter, Dr., München*

**Bach, Herbert*
**Bartl, Christiane*
**Burgmayr, Peter*
**Knabl, Ludwig*
**Schumann, Klaus, Dr.*

Aufsichtsratstantiemen 1994/95: *771.000,– DM*

surance Company, Atlanta/USA (90%); Munich American Reinsurance Company, New York/USA (50%); Munich Reinsurance Company of Australia Limited, Sydney/Australien (100%); Munich Reinsurance Company of Canada, Toronto/Kanada (100%); Munich Reinsurance Company of Africa Limited, Johannesburg/Südafrika (100%); The Great Lakes Reinsurance Company, Toronto/Kanada (100%); Great Lakes American Reinsurance Company, New York/USA (100%); Great Lakes Reinsurance (UK) PLC, London/Großbritannien (100%); Neue Rückversicherungs-Gesellschaft, Genf/Schweiz (99,9%).

● Erstversicherung/Lebensversicherungsunternehmen: Berlinische Lebensversicherung AG, Berlin/Wiesbaden (64,6%); Hamburger Lebensversicherung AG, Hamburg (48,5%); Hamburg-Mannheimer Versicherungs-AG, Hamburg (80%); Hamburg-Mannheimer N.V., Brüssel/Belgien (80%); Karlsruher Lebensversicherung AG, Karlsruhe (54%).

● Erstversicherung/Schaden- und Unfallversicherungsunternehmen: Europäische Reiseversicherung AG, München (100%); Hamburg-Mannheimer Sachversicherungs-AG, Hamburg (71,3%); Hamburg-Mannheimer Rechtsschutzversicherungs-AG, Hamburg (71,3%); Hermes Kreditversicherungs-AG, Berlin/Hamburg (50,3% – geht im Rahmen des DKV-Geschäftes an die Allianz); Karlsruher Versicherung-AG, Karlsruhe (52,9%); TELA Versicherungs AG, Berlin/München (25%); Union Versicherung-AG, Wien/Österreich (26,7%).

● Sonstige Beteiligungen: Allianz AG Holding, Berlin/München (25%); Allianz Lebensversicherungs-AG, Berlin/München (44,4%); Bayerische Versicherungsbank AG, München (45%); Frankfurter Versicherungs-AG, Frankfurt (49,9%); Vereinte Krankenversicherung AG, Berlin/München (25,7% – geht im Rahmen des DKV-Geschäftes an die Allianz); Deutscher Lloyd-Versicherungs-AG, Berlin/München (29,8%); Mecklenburgische Leben Versicherungs-AG, Hannover (25%); De Amersfoortse Verzekeringsgroep N.V., Amersfoort/Niederlande (25%); Deutsche Krankenversicherung AG, Berlin/Köln (41,2%); Grundbesitzverwaltung Münchenerrück GmbH, München (100%).
Im Juli 1996 gab die Münchener Rück bekannt, daß sie die DKV Deutsche Krankenversicherung AG, Köln, zu 100% übernommen hat.

● Unmittelbare bzw. Beteiligungen über Vermögensgesellschaften: Degussa AG, Frankfurt/Main (unter 20%); Heidelberger Druckmaschinen AG, Heidelberg (unter 20%); Hochtief AG, Essen (unter 20%); Hutschenreuther AG, Selb (über 25%); Forst Ebnath AG, Ebnath/Opf. (96,7%); Nürnberger Beteiligungs-AG, Nürnberg (unter 20%); MAN AG, München (unter 20%); WMF Württembergische Metallwarenfabrik AG, Geislingen/Steige (unter 20%).

NEUE BUNDESLÄNDER. Die Münchener Rück begleitete ihre Kunden bei der Ausdehnung ihrer Geschäftstätigkeiten auf Ostdeutschland im Rahmen der bestehenden Rückversicherungsverbindungen und bietet Dienstleistungen an, die von der Beratung und Unterstützung in versicherungstechnischen Fragen bis hin zu finanziellen Aufbauhilfen reichen.

STANDORT DEUTSCHLAND. Die Münchener Rück ist aufgrund ihrer weltweiten Aktivitäten von einzelnen regionalen Konjunkturschwankungen bzw. Rezessionen und damit von bestimmten Standorten unabhängig. Am deutschen Versicherungsstandort gab es im Juli

1996 aber eine spektakuläre Übernahme: Die Münchener Rück übernahm die DKV Deutsche Krankenversicherung AG, Köln, womit die Beitragseinnahmen der Münchener Rück auf über 33 Mrd. DM wachsen dürften. Das Geschäft war nach langen Auseinandersetzungen mit den Kartellbehörden durch eine Tauschtransaktion mit der Schwester Allianz zustande gekommen: Während die Allianz ihre über 51%ige DKV-Beteiligung an die Münchener Rück abgab, erhielt sie im Rahmen eines Tausches deren 50,3%ige Beteiligung an der Hermes Kreditversicherungs-AG, Hamburg, und die noch bei der Münchener Rück liegenden Anteile an den Wiener Allianz-Gesellschaften sowie die 25%ige Beteiligung an der Vereinten Krankenversicherung AG, München.

»BÜNDNIS FÜR ARBEIT«. Im Juni 1996 einigten sich die Tarifparteien der deutschen Versicherungswirtschaft im Rahmen der Gehaltstarifverhandlungen auf einen Abschluß, der u. a. festschrieb: »Öffnung des Manteltarifvertrages für den Abschluß von freiwilligen Betriebsvereinbarungen zur kollektiven Verkürzung der Arbeitszeit um bis zu 8 Stunden bei entsprechender Reduzierung der Bezüge zur Vermeidung betriebsbedingter Kündigungen während der Laufzeit der Betriebsvereinbarung« (30. April 1997). Die Tarifparteien verpflichteten sich darüber hinaus, im Jahre 1997 über die Flexibilisierung des Manteltarifvertrages, über einen Tarifvertrag zur Förderung der Altersteilzeit und über eine Neuregelung des tariflichen Vorruhestandes zu verhandeln.
Die Münchener Rück hat intern die flexible Arbeitszeit eingeführt, wonach die Mitarbeiter Beginn und Ende ihrer Arbeitszeit weitgehend eigenverantwortlich bestimmen können. Für die Beschäftigten wie für die Münchener Rück hat das Modell den Vorteil, Schwankungen im Arbeitsanfall über einen Zeitraum von 6 Monaten ausgleichen zu können. Zudem kann das Arbeitsvolumen auf zwei aufeinanderfolgende Zeiträume angepaßt verteilt werden. Mindestarbeitszeit pro Tag: 4 Stunden; Höchstarbeitszeit pro Tag: 10 Stunden. Es sind bis zu 5 Ausgleichstage pro Ausgleichszeitraum möglich. Jeder Mitarbeiter verfügt über ein Arbeitszeitkonto. Damit erhalten die Mitarbeiter ein hohes Maß an zeitlicher Dispositionsfreiheit. Besondere Arbeitsengpässe und Projekte oder Abschlußarbeiten können aufgefangen werden. Die Mitarbeiter haben in Absprache mit ihren Vorgesetzten für ihre Organisationseinheit die Verantwortung für das Arbeitszeitmanagement. Überstundenvergütungen wird es nicht mehr geben.

UMWELTSCHUTZ. Der Rückversicherer ist von globalen Umwelteinflüssen und Katastrophen oft unmittelbar betroffen. Die von der Münchener Rück bereits 1973 eingerichtete Forschungsgruppe »Geowissenschaften« hat zu diesem Problemkreis zahlreiche Veröffentlichungen, insbesondere die weltweit verbreitete »Weltkarte der Naturgefahren«, erstellt.
Einen Schwerpunkt dieser Arbeiten bilden Studien zu den Auswirkungen der sich immer deutlicher abzeichnenden Klima- und Umweltveränderungen und zu den möglichen Konsequenzen für die Versicherungswirtschaft bzw. deren Möglichkeiten für Anpassungs- und Abwehrmaßnahmen. Der Appell zu wirkungsvollen Vermeidungsstrategien richtet sich aber auch gezielt an die Entscheidungsträger in Politik und Wirtschaft.

BÖRSE, AKTIEN, KURSE
Grundkapital 1995:
771,0 Mio.
Jahreshöchstkurs 1995:
2.700,00 DM
Jahrestiefstkurs 1995:
2.071,00 DM
Aktie Jahresende 1995:
2.663,00 DM
Dividende pro Aktie 1995:
13,50 DM

Beitragseinnahmen 1995/96: *29.100,0 Mio.*
Beitragseinnahmen 1994/95: *18.258,2 Mio.*
Beitragseinnahmen 1993/94: *18.158,6 Mio.*
Beitragseinnahmen 1992/93: *16.033,5 Mio.*

Konzernumsatz 1994/95:
28.973,5 Mio.
Konzernumsatz 1993/94:
28.638,2 Mio.
Konzernumsatz 1992/93:
25.556,0 Mio.

Gewinn 1994/95: *325,0 Mio.*
Gewinn 1993/94: *300,2 Mio.*
Gewinn 1992/93: *286,9 Mio.*

Steueraufkommen 1994/95:
400,5 Mio.

***Versicherungsleistungen 1994/95:** 15.602,5 Mio.*
***Versicherungstechnische Reserven 1994/95:** 102.287,3 Mio.*

***Kapitalanlagen 1994/95:** 111.002,6 Mio.*
***Erträge 1994/95:** 8.504,7 Mio.*

***Grundstücke und Bauten 1994/95:** 6.659,2 Mio.*
***Erträge 1994/95:** 663,0 Mio.*

***Beteiligungen 1994/95:** 5.718,2 Mio.*
***Erträge 1994/95:** 723,6 Mio.*

***Beschäftigte 1994/95:** 1.919; Konzern: 16.218*
***Beschäftigte 1993/94:** 1.924; Konzern: 17.325*
***Beschäftigte 1992/93:** 1.897; Konzern: 16.943*

***Löhne und Gehälter 1994/95:** 219,6 Mio. (Münchener Rück AG)*
***Soziale Abgaben und Aufwendungen 1994/95:** 54,1 Mio. (Münchener Rück AG)*

***Bezüge pro Vorstandsmitglied 1994/95:** 768.923,– DM*
***Tantiemen pro Aufsichtsrat 1994/95:** 51.400,– DM*

***Mitbewerber:** Employers Re, Frankona Rück, General Re, Gerling-Konzern Globale Rück, Hannover Rück, Kölnische Rück, Schweizer Rück.*

Die Katastrophen-Schäden nehmen zu: Drei Viertel aller großen Versicherungsschäden basieren auf Naturkatastrophen, verheerenden Stürmen, Hochwasserschäden nicht zuletzt bedingt durch Klimaveränderungen und den sogenannten Treibhauseffekt (Waldbrände in Australien, Kältewelle in den USA, Hochwasser und schwere Überschwemmungen in den USA, in Asien und Europa). Die von Naturkatastrophen verursachten Gesamtschäden stiegen 1995 weltweit auf 180 Mrd. US $.

Die für die Versicherungswirtschaft größten Katastrophen der letzten Jahrzehnte waren der Hurrikan »Andrew« an der amerikanischen Ostküste (1992) mit einer Schadenssumme von über 15 Mrd. US $ und das Erdbeben vom 17. Januar 1994 in Northridge/Los Angeles mit über 10 Mrd. US $. Obwohl bei diesen Naturereignissen relativ wenig Menschen ums Leben kamen, verschlangen die versicherten Bauten Milliarden.

Gegen Erdbebenschäden besonders in Ländern der Dritten Welt bestehen dagegen in der Regel keine bzw. Unterversicherungen; sie lassen die Rückversicherer unbeschadet. Das Erdbeben im japanischen Kobe vom Januar 1995, der größten Naturkatastrophe in Japan seit dem großen »Kanto-Erdbeben«, das 1923 Tokio und Yokohama verwüstete, verursachte einen volkswirtschaftlichen Schaden von über 100 Mrd. US $, wovon schätzungsweise 3% versichert waren.

Die Prognosen der Münchener Rück bis zum Jahr 2000 gehen von jährlichen Schäden aufgrund von Naturkatastrophen in Höhe von 70 Mrd. US $ aus, wovon rund ein Drittel auf die Versicherer entfällt.

KOMMENTAR. Die Münchener Rück ist auf der Welt ohne Vergleich. Die nach der Allianz zweitgrößte deutsche Versicherungsgruppe arbeitet nicht im Blickfeld der Öffentlichkeit, was aber nichts über ihre Effizienz und Bedeutung aussagt. Die Münchener Rück ist deshalb relativ unbekannt, weil sie nicht mit dem Versicherungsnehmer direkt in Berührung kommt, sondern ihre Kunden ausschließlich Versicherungsunternehmen (Erstversicherer) sind, denen entweder ein Risiko zu groß erscheint, deren Versicherungsbestand unausgeglichen ist oder deren freie Reserven das Risiko nicht decken.

Seit ihrer Gründung 1880 war die Gesellschaft auch während aller Wirtschaftskrisen immer in der Lage, große finanzielle Reserven zu bilden, die sie auch bei extrem hohen Schadenfällen niemals einbrechen ließ. Die Kriegsjahre ausgenommen zahlte die Münchener Rück ihren Aktionären regelmäßig Dividende. Denn ein wesentlicher Geschäftsbereich der Münchener Rück besteht darin, ihr Geld anzulegen und »arbeiten« zu lassen. Das geschieht kontinuierlich durch Anlagen in Wertpapieren, Immobilien und Beteiligungen an kapitalkräftigen Unternehmen. Ohne ihre Verwaltungsgebäude besaß die Münchener Rück Mitte 1996 876 Grundstücke im Raum München und 113 in anderen Städten sowie 174 Eigentumswohnungen.

Nanz siehe Edeka
Neckermann siehe Karstadt

NESTLÉ DEUTSCHLAND

Standort:
Lyoner Straße 23 (Nestlé-Haus)
60528 Frankfurt/Main

Postanschrift:
60523 Frankfurt/Main

***Telefon:** (069) 6671-0*
***Btx:** 069 6671*
***Telefax:** (069) 6671-3190*

Branche:
Nahrungsmittelindustrie

Rechtsform:
Aktiengesellschaft

***Geschäftsjahr:** 1.1.-31.12.*

***Gründungsjahr:** 1874;*
Nestlé AG 1987

Öffentlichkeitsarbeit:
Albrecht Koch
Tel.: (069) 6671-2421/2820
FAX: (069) 6671-3190

***Verbände:** Bundesverband der Deutschen Feinkost-Industrie e.V., Bonn; Deutscher Kaffee-Verband e.V., Hamburg; Bundesverband der Kaffeemittelindustrie e.V., Bonn; Milchindustrie-Verband e.V., Bonn; Bundesverband der Deutschen Süßwarenindustrie e.V., Bonn; Verband der Suppenindustrie e.V., Bonn*

GESCHICHTE UND ENTWICKLUNG. 1868 hatte der 1814 in Frankfurt am Main geborene Apotheker und Chemiker Henri Nestlé, der seit 1843 im schweizerischen Vevey lebte, das von ihm ein Jahr zuvor erfundene Kindermehl auf den Markt gebracht. 1875 verkaufte er das Unternehmen an eine Gesellschaft in Vevey, die unter Farine Lactée Henri Nestlé S.A. firmierte. 1902 Gründung der Nestlé Kindermehl GmbH in Berlin; 1903 Produktion von Kindernahrung im neuen Werk Hegge/Allgäu.
Die Geschichte von Nestlé Deutschland geht zurück auf das Jahr 1874. Damals begann in der Nähe von Lindau am Bodensee – 1866 hatten die Gebrüder Page die gezuckerte Kondensmilch erfunden – die Anglo-Swiss Condensed Milk Company, ebenfalls 1866 im schweizerischen Cham gegründet, mit der Herstellung gezuckerter Kondensmilch der Marke »Milchmädchen«, die heute als älteste deutsche Nestlé-Marke gilt. 1875 Erfindung der Milchschokolade durch Daniel Peter. 1905 Fusion von Nestlé und Anglo Swiss, aus der u. a. die Linda GmbH für kondensierte Milch und Kindermehl in Lindau hervorging. 1928 fusionierte Linda mit der Schokoladenfabrik Otto & Quanz AG, Hattersheim, zur Deutschen AG für Nestlé-Erzeugnisse. 1929 Übernahme der Sarotti AG, Berlin, unter Eingliederung des Hattersheimer Schokoladenwerkes; 1938 Erfindung des Nescafés; 1947 Fusion der Unternehmen Nestlé und Maggi (1846 von Julius Maggi gegründet, der 1884 die Fertigsuppe entwickelte) zur weltweit agierenden Nestlé Alimentana AG. 1970 Umzug in das Frankfurter Nestlé-Haus. 1970 Übernahme von Libby; 1971 Fusion mit der Ursina-Franck AG und damit Zugewinn der Allgäuer Alpenmilch AG, München, und der Unifranck GmbH, Ludwigsburg; 1974 Erwerb der Mehrheitsanteile der Blaue Quellen Mineral- und Heilbrunnen AG, Rhens. Weitere Akquisitionen in den 70er und 80er Jahren, u. a. 1983 Erwerb der Firmengruppe Auer, Köln, 1984 Erwerb von 50% der Münchener Kaffeerösterei Alois Dallmayr. 1987 Erwerb der Herta-Artland-Dörffler-Gruppe (Fleisch- und Wurstwaren). 1989 Übernahme der Rowntree Mackintosh GmbH, Hamburg, und anschließende Verschmelzung auf die Nestlé.
Die deutschen Nestlé-Gesellschaften waren bis 1970 nur lose miteinander verbunden. Nachdem 1973 die Nestlé-Gruppe-Deutschland gegründet und 1984 in Nestlé-Maggi-Gruppe GmbH umfirmiert worden war, fusionierten 1987 die Nestlé-Maggi GmbH mit allen Tochtergesellschaften sowie die Allgäuer Alpenmilch AG mit Unifranck GmbH und die Glücksklee GmbH zur Nestlé Deutschland AG in Frankfurt/Main.

BESITZVERHÄLTNISSE/EIGENTUMSSTRUKTUR.
- Nestlé S.A., Cham-Vevey/Schweiz (97,22%)
- Rest Streubesitz bei Kleinaktionären

NESTLÉ WELTWEIT. Nestlé ist der größte Nahrungsmittelhersteller der Welt. Die Nestlé AG, Vevey/Schweiz, ist darüber hinaus das größte Industrieunternehmen der Schweiz und als führender, weltweit ope-

Vorstand:
- *Raeber, Robert (Vorsitzender)*
- *Kalscheuer, Hans-Dieter, Prof. Dr. (stellv. Vorsitzender)*
- *Baudrexel, Werner, Dr.*
- *Gohlke, Karl-Heinz*
- *Güldenberg, Hans. G. (Vorsitzender ab 1. 1. 1997)*
- *Majer, Wolfgang, Dr.*
- *Milde, Gottfried*
- *Nekola, Manfred, Dr.*
- *Ringel, Karl-Heinz*
- *Sattler, Klaus*

Vorstandsbezüge 1995:
6.300.000,– DM

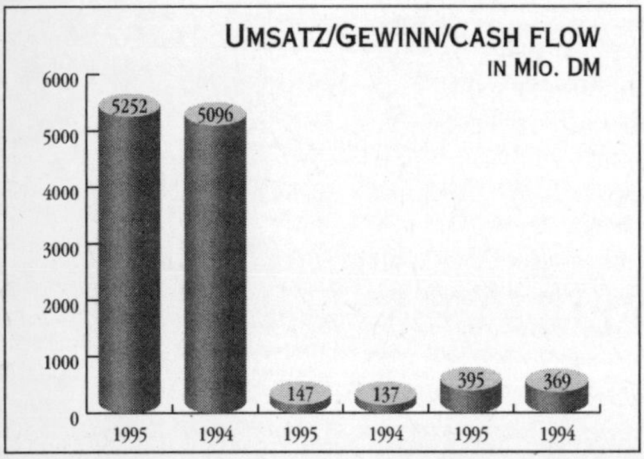

rierender Nahrungsmittelhersteller auf allen Kontinenten in über 60 Staaten vertreten. Der Nestlé-Konzern besitzt weltweit 489 Fabriken (1996). An der Spitze des Schweizer Konzerns steht seit 1987 der Allgäuer Helmut Maucher, früher Nestlé-Deutschland-Chef und seit seinem Ruf in die Schweiz erst Vorsitzender und seit 1993 Ehrenvorsitzender des Aufsichtsrates der Nestlé Deutschland AG. Nestlé erzielte 1995 weltweit einen Umsatz von 56,5 Mrd. Schweizer Franken und beschäftigte 220.000 Mitarbeiter. Hauptumsatzträger ist der Bereich Getränke, gefolgt vom Speiseeis. Mit der Übernahme des Getränkeherstellers Perrier stieg Nestlé zur weltweiten Nummer 1 bei Mineralwassern auf, im Bereich Speiseeis ist Nestlé Nummer 2. In den USA hat Nestlé bei Wassern einen Marktanteil von 25%. Nestlé expandiert besonders in Asien; in der Volksrepublik China soll jedes Jahr mindestens eine neue Fabrik eröffnet werden; in China ist der Konzern 1996 bereits mit zehn Fabriken präsent. Neue lukrative Märkte werden auf den Philippinen und in Indien erschlossen. Mit 26% ist Nestlé am Kosmetikkonzern L'Oréal beteiligt. Forschung und Entwicklung von Nestlé-Produkten erfolgen unter der Verantwortung der Nestlé AG, Vevey, im Zentrum für Grundlagenforschung in Vers-chez-les-Blanc bei Lausanne, das als die größte und umfassendste Forschungseinrichtung der Nahrungsmittelindustrie weltweit gilt, sowie in Entwicklungszentren in zwölf Ländern. Zwei der weltweit 19 Entwicklungszentren haben ihren Sitz in Deutschland – in Ludwigsburg und in Weiding bei Mühldorf/Inn. Für Forschung und Entwicklung wendet Nestlé jährlich rund 700 Mio. Schweizer Franken auf.

KONZERNÜBERBLICK. Die deutsche Nestlé-Gruppe besteht aus der Nestlé Deutschland AG, der Blaue Quellen Mineral- und Heilbrunnen AG und der Dallmayr-Beteiligung (50%). Der Gruppen-Umsatz (Nestlé AG, Blaue Quellen, Dallmayr) lag 1995 bei 6.858,0 Mio. DM. Die gesamte Gruppe beschäftigte 15.900 Mitarbeiter. Die Blaue Quellen AG steht außerhalb der deutschen Nestlé-Holding. Alle aufgeführten Zahlen beziehen sich auf die Nestlé Deutschland AG (Konzern) mit allen Betriebsführungs- und Tochtergesellschaften, an die sie Produktion, Marketing und Verkauf delegiert hat, incl. der Dallmayr-Beteiligung, aber ohne Blaue Quellen. Nach der Deutschen Unilever GmbH ist Nestlé der zweitgrößte Lebensmittelkonzern in Deutschland. 1995 brachte Nestlé 130 neue Produkte auf den Markt.

◆ In der Nestlé Deutschland AG als einheitlicher Dachgesellschaft mit Sitz in Frankfurt/Main ist die Mehrzahl der deutschen Nestlé-Aktivitäten zusammengefaßt. Sie nimmt sämtliche Administrations- und Koordinationsaufgaben wahr, während das operative Geschäft von Betriebsführungs- und Tochtergesellschaften unter ihren Marken ausgeübt wird. Zur Nestlé Deutschland AG gehörten 1995 insgesamt 25 Werke und vier Verteilzentren in Nürnberg, Gladbeck, Hattersheim und Bad Essen – zum Umschlag von über 7 Mrd. Artikeln pro Jahr aus dem Nahrungs- und Genußmittelsortiment. Die umsatzmäßig bedeutendsten Unternehmen sind: Nestlé Alete GmbH (Kindernahrung, Pflegeprodukte); Nestlé Chocoladen GmbH (Zusammenfassung der Geschäfte der Rowntree Mackintosh GmbH und Sarotti GmbH; Schokoladen, Süßwaren); Nestlé Erzeugnisse GmbH (Instant-Getränke, Kaffeemittel); Nestlé Findus GmbH (Tiefkühl-Produkte); Nestlé Foodservice GmbH (Produkte für Großverbraucher); Nestlé Milchfrischprodukte GmbH (Milchfrischprodukte), Maggi GmbH (kulinarische Produkte; Würzmittel, Suppen, Brühen, Soßen, Fertiggerichte); Herta GmbH (Fleisch- und Wurstwaren); Motta Eiskrem GmbH (Eiskremgeschäft).

◆ Zur Blaue Quellen AG, Rhens am Rhein, gehören folgende Betriebsstätten: Rhenser Mineralbrunnen, Rhens am Rhein; Fürst Bismarck-Quelle im Sachsenwalde, Aumühle; Neuselters Mineralquelle, Selters an der Lahn; Harzer Grauhof-Brunnen, Goslar-Grauhof; Rietenauer Mineralquelle, Aspach-Rietenau. Durch die Dallmayr-Beteiligung ist Nestlé auch im Röstkaffee-Bereich aktiv. 1996 übernahm Nestlé rund 20% der Mineralbrunnen Überkingen-Teinach AG, Bad Überkingen.

Nestlé hat traditionell immer größten Wert auf Markenartikel und deren unverwechselbare Einführung gelegt, so daß heute Nestlé-Namen Synonyme für ganze Marktsegmente sind, die vielfach – wie beispielsweise bei Nescafé und Maggi – absolute Marktführer sind. Der Konzern spricht in diesem Zusammenhang auch von »Markenpersönlichkeit«. Nestlé Deutschland ist in über 40 Produktmärkten aktiv, deren Umsatzvolumen jeweils größer als 50 Mio. DM ist. In der Hälfte der über 40 Marktsegmente ist Nestlé Marktführer oder die Nummer 2 in Deutschland. Jährlich bringt Nestlé etwa 100 neue Produkte auf den Markt. Produkt-Werbung wird bei Nestlé traditionell ganz groß geschrieben. 1995 wurden 330 Mio. DM in Werbung investiert.

◆ Nestlé Deutschland unterteilt sich in die Produktgruppen Getränke (Nescafé, Nesquik, Caro-Kaffee, Lindes's, Dallmayr); Milchprodukte (Bärenmarke, Glücksklee, Libby's, Coffee-mate); Kulinarische Produkte (Maggi – wird mit einem Sortiment von über 200 Artikeln in 90% aller deutschen Haushalte verwendet, Thomy, Libby's, Dörffler, Buitoni); Schokoladen, Süßwaren, Backwaren (Nestlé, Sarotti, After Eight, Choclait Chips, Choco Crossies, Quality Street, Yes, Nuts, KitKat, Rolo, Smarties, Disney Family); Kindernahrung und Diätetische Produkte (Alete, Aponti, Dr. Ritter, Tartex); Gekühlte Produkte (Herta, Lünebest, Nestlé); Tiefkühl-Produkte (Maggi, Motta, Warncke); Produkte für Großverbraucher (Maggi, Thomy, Caro, Nesquik, Nescafé, Pfeil, Herta, Jung, Flair, Tino, Dany's); Sonstige Produkte (Bübchen, Smild, Friskies).

BETEILIGUNGEN. Folgende Tochterunternehmen gehören zu 100% zur Nestlé Deutschland AG: Ali Nahrungs- und Genußmittel GmbH, München; Allgäuer Alpenmilch GmbH, München; Alpursa Lebensmittel GmbH, Frankfurt/Main; Aponti Vertriebs-GmbH, München; Benedict Lebensmittel GmbH, Frankfurt/Main; Bio-Vollwert Vertriebs-GmbH Diät- und Lebensmittel, München; Bübchen-Werk Ewald Hermes Pharmazeutische Fabrik GmbH, Soest; Dany's Snack GmbH, Heppenheim; Deutsche Libby GmbH, Frankfurt/Main; Deutsche Tomy GmbH, Karlsruhe; Dr. Ritter GmbH, München; Friskies Tiernahrung-GmbH, München; Glücksklee Vertriebs-GmbH, München; Hanseatische Lebensmittel GmbH, Hamburg; Herta GmbH, Herten; Gebr. Jung GmbH,

Aufsichtsrat:

- *Maucher, Helmut (Ehrenvorsitzender), Vevey/Schweiz*
- *Rüschen, Gerhard, Dr. (Vorsitzender), Bad Soden*
- *Bossle, Rudolf, Dr. (Mitglied des Vorstandes der Nestlé Deutschland AG i. R.), Offenbach*
- *Bouillon, Erhard (Vorsitzender des Aufsichtsrates der Hoechst AG), Frankfurt/Main*
- *Corti, Mario A., Dr. (stellv. Generaldirektor der Nestlé AG), Vevey/Schweiz*
- *Krupp, Georg (Mitglied des Vorstandes der Deutsche Bank AG), Frankfurt/Main*
- *Messer, Hans, Dr. (Vorsitzender des Aufsichtsrates der Messer Griesheim GmbH), Frankfurt/Main*
- *Nörr, Rudolf, Dr. (Rechtsanwalt), München*
- *Sarrazin, Jürgen (Sprecher des Vorstandes der Dresdner Bank AG), Frankfurt/Main*

**Möllenberg, Franz-Josef (stellv. Vorsitzender)*
**Brauner, Manfred*
**Groß, Günter*
**Hohenstein, Roland*
**Lindner, Jörg*
**Pieper, Bernhard*
**Söhnel, Klaus*
**Wiegmann, Hermann*

Aufsichtsratstantiemen 1995: *269.000,– DM*

Umsatz 1995: 5.252,2 Mio.
Umsatz 1994: 5.095,9 Mio.
Umsatz 1993: 5.292,1 Mio.

Gewinn 1995: 147,1 Mio.
Gewinn 1994: 136,7 Mio.
Gewinn 1993: 140,7 Mio.

Cash flow 1995: 395,0 Mio.
Cash flow 1994: 369,0 Mio.
Cash flow 1993: 362,0 Mio.

Cash flow: Investiert wurde in die Bereiche Technik, Distribution und Administration sowie in zahlreiche Projekte in allen 25 Nestlé-Werken.

Steueraufkommen 1995: 146,3 Mio.

Grund- bzw. Stammkapital 1995: 419,1 Mio.

Das gezeichnete Kapital setzt sich aus 8.381.382 auf den Inhaber lautenden Aktien zu je 50,– DM zusammen. 1995 betrug der Bilanzgewinn 150,9 Mio. DM.

Frankfurt/Main; Liser Lieferservice GmbH, Frankfurt/Main; Maggi GmbH, Singen; Motta Eiskrem GmbH, Schwanewede; Nestlé-Alete-GmbH, München; Nestlé Findus GmbH, Frankfurt/Main; Nestlé Chocoladen GmbH, Berlin; Nestlé Erzeugnisse GmbH, München; Nestlé Milchfrischprodukte GmbH, München; Nestlé Foodservice GmbH, München; »Schoko« Schokoladen- und Süßwaren GmbH, Frankfurt/Main; Tartex GmbH, München; Tino Lebensmittel GmbH, Frankfurt/Main; Unifranck Lebensmittel GmbH, Ludwigsburg; Vogt GmbH, Herten; Warncke Eiskrem GmbH, Schwanewede; Rowntree Mackintosh GmbH, Hamburg; WCO Kinderkost GmbH Conow, Conow; Natra Nahrungsmittel Speditions GmbH, Frankfurt/Main; Neversa Versicherungsdienst GmbH, Frankfurt/Main; Nespresso Deutschland GmbH, Düsseldorf. – Blaue Quellen AG, Rhens (über 90%); Alois Dallmayr oHG, München (50%); C.P.D. Cereal Partners Deutschland GmbH & Co. oHG, Frankfurt/Main (50%); Mineralbrunnen Überkingen-Teinach AG, Bad Überkingen (20%).

NEUE BUNDESLÄNDER. Nestlé bedient die neuen Bundesländer gewinnbringend von Westdeutschland aus. Hatte man sich nach der Wende drei Produktionsstätten zugelegt, so gab es 1996 nur noch die WCO-Kinderkost GmbH Conow, Conow (Babykost).

STANDORT DEUTSCHLAND. Nachdem in den zurückliegenden Jahren, so auch 1995, die Belegschaft von Nestlé Deutschland »durch fortlaufende Rationalisierungsmaßnahmen und Anpassungen an die Marktsituation« jährlich um mehrere hundert Mitarbeiter geschrumpft war, ließ der Vorstandsvorsitzende auch Mitte 1996 wissen, daß jede Tariferhöhung von mehr als 2% zu einem weiteren Abbau von Arbeitsplätzen führen werde, neuerlich in einer Größenordnung von etwa 600. Der etwa gleichgebliebene Beschäftigtenstand 1995 resultierte aus dem Zugang durch neue Akquisitionen. »Produktionsbedingten Anpassungen« zum Opfer fielen bei der deutschen Nestlé bis Anfang 1995 bereits innerhalb von drei Jahren 2.500 Arbeitsplätze. Zum Jahresende 1994 wurden als Folge von Rationalisierungs- und Modernisierungsmaßnahmen das Benedict-Werk in Berlin und das Nestlé-Chocoladen-Werk in Hattersheim geschlossen. Das ehemalige Sarotti-Werk wurde zu einem Logistik-Zentrum umgebaut. Im Rahmen der strukturellen Veränderung bei der Allgäuer Alpenmilch wurde zuvor schon das Werk Hegge bei Kempten im Allgäu geschlossen. Die Bereiche Kulinarische Produkte, Feinkost und Milchprodukte wurden von München nach Frankfurt verlagert, die Benedict-Produktion von Berlin nach Singen. Im Rahmen der Konzernneugliederung wurde das Traditionsunternehmen Allgäuer Alpenmilch AG, München, im April 1993 in eine GmbH umgewandelt und fungiert nur noch in Teilbereichen als Betriebsführungsgesellschaft. Ein Großteil der Alpenmilch-Produktpalette wurde anderen Bereichen der Nestlé AG zugeordnet, u. a. der Nestlé Alete GmbH, der Tartex GmbH, der Dr. Ritter GmbH und der Friskies GmbH. Im Rahmen der Umstrukturierung, wobei 1 Mrd. DM Umsatz nach Frankfurt/Main verlagert wurde, gingen die Beschäftigten in München von 3.900 auf 1.700 zurück.

»BÜNDNIS FÜR ARBEIT«. Nach den Tarifvereinbarungen zur Flexibilisierung der Arbeitszeit in der Süßwaren- und der Fleischwarenindustrie wurde – so Nestlé – für das Werk Neuss ein Haustarif abgeschlossen, der neben einer flexiblen Arbeitszeit auch Einsatzmöglichkeiten an Samstagen vorsieht. Durch diese Regelungen wolle man den Personaleinsatz besser der Auftragslage anpassen. In zahlreichen Workshops, »werksspezifischen Problemlösungs- und Prozeßoptimierungsgruppen« waren Mitarbeiter aufgefordert, »ihre Arbeitsumwelt aktiv mitzugestalten«. Von den 110 Auszubildenden in technischen und kaufmännischen Berufen, die 1995 ihre Ausbildung abgeschlossen hatten, wurden 64 in ein unbefristetes Arbeitsverhältnis übernommen, den übrigen wurde ein befristetes Arbeitsverhältnis angeboten. Bereits Ende der 80er Jahre vereinbarten die Nestlé-Gruppe Deutschland und die Gewerkschaft Nahrung-Genuß-Gaststätten einen Rahmenplan zur Frauenförderung in den Betrieben.

UMWELTSCHUTZ. In einem Konzern, der hochwertige Nahrungsmittel produziert, ist Umweltschutz Pflicht, weil Umweltschutz gleichzeitig auch Profit bedeutet. Qualität ist in der Nestlé-Philosophie daher Maßstab für jede Tätigkeit. Da die Fehlervermeidung schon mit der Planung der Gesamtabläufe und der Entwicklung der Produkte beginnt, gibt es bei Nestlé seit Jahren ein eigenes, geschlossenes Qualitätsmanagement-System, das, so Nestlé, als eines der aufwendigsten und umfassendsten Systeme der Lebensmittelindustrie überhaupt gilt. Umweltpolitik ist dabei Bestandteil des gesamten Lebenszyklus eines Produktes: von der Entwicklung über die Auswahl der Rohstoffe, die Technologie, die Entscheidung zur Anlageninvestition bis zur Art der Vermarktung. Produktqualität wird als Teil der Kundenzufriedenheit definiert, ein wesentliches Ziel von Forschung und Entwicklung. »Präventive Sicherungs- und Kontrollmaßnahmen setzen oft vor der Erzeugung der Rohstoffe ein, bei Nestlé Alete beispielsweise bereits mit der Auswahl der Anbauflächen und der Untersuchung der Böden.« Nestlé betreibt betriebliche Umwelt-Managements in den Bereichen Luft, Geruchsbelästigung, Staub, Wasser, Boden und Verpackung für alle 25 Werke. 1995 investierte Nestlé Deutschland 18 Mio. DM in Umweltschutzmaßnahmen, z. B. in die Umrüstung der Kesselanlagen von Schweröl auf Gas und Leichtöl im Werk Mainz, in die Kraft-Wärme-Kopplungsanlage in Singen, in Projekte zur Abfalltrennung und zur Reduzierung von Restmüllmengen.

KOMMENTAR. Der größte Ernährungs-Multi der Welt war mit seinen Produkten und Geschäftsmethoden gerade in Ländern der Dritten Welt jahrelang äußerst umstritten. Die Schweizer Entwicklungshilfe-Organisation »Arbeitsgruppe Dritte Welt« prangerte die künstliche Babymilch anstelle von Muttermilch in armen und unterentwickelten Gebieten an und forderte zum weltweiten Nestlé-Boykott auf. Die medizinische Forschung – so die Vorwürfe – habe bewiesen, daß diese Pulvermilch zu »Unterernährung, Krankheit, Gehirnschäden und dem Tod von Säuglingen geführt hat«. Die Vorwürfe gipfelten in der Broschüre »Nestlé tötet Babies«. Nach einer weltweiten Kampagne mußten die Nestlé-Manager zurückstecken und auf ihre gerichtlich erwiesenen »unethischen und unmoralischen« Werbe- und Verkaufsmethoden verzichten. Die Weltgesundheitsorganisation der UNO, WHO, empfahl mehrheitlich ein Werbeverbot für Babynahrung, da weltweit jährlich Hunderttausende von Babys an den Folgen unhygienisch zu-

Beschäftigte 1995: *13.342*
Beschäftigte 1994: *13.396*
Beschäftigte 1993: *14.195*

Umsatz pro Mitarbeiter 1995: *393.659,– DM*
Umsatz pro Mitarbeiter 1994: *380.405,– DM*
Umsatz pro Mitarbeiter 1993: *372.814,– DM*

Löhne und Gehälter 1995: *873,4 Mio.*
Löhne und Gehälter 1994: *842,7 Mio.*
Durchschnittsgehalt 1995: *65.462,– DM*
Soziale Abgaben und Aufwendungen 1995: *213,6 Mio.*
Soziale Abgaben und Aufwendungen 1994: *209,8 Mio.*

Bezüge pro Vorstandsmitglied 1995: *630.000,– DM*
Tantiemen pro Aufsichtsrat 1995: *15.824,– DM*

Anzahl der Werke 1995: *25*

Investitionen 1995:
204,0 Mio.
Investitionen 1994:
222,0 Mio.
Investitionen 1993:
230,0 Mio.

Mitbewerber: Brau und Brunnen, Coca Cola, Effern, Kraft Jacobs Suchard, Kraft General Foods, Lidl & Schwarz, März, Moksel, Philip Morris, Oetker, Procter & Gamble, Stollwerck, Storck, Südzucker, Tchibo, Unilever, VK Mühlen

bereiteter Flaschennahrung sterben. 1991 wurde eine internationale Zusammenarbeit zwischen den Herstellern von Säuglingsmilchnahrung und den führenden Organisationen der UNO – WHO und UNICEF – eingeleitet und die Einstellung der Niedrigpreis-Angebote von Säuglingsmilch-Nahrungen an Krankenhäuser in 122 Ländern beschlossen. Für den Schweizer Multi war damit der »Fall Nestlé« erledigt. Doch schon im selben Jahr wurde Nestlé von einer Schweizer »Aktionsgruppe Nestlé« erneut scharf kritisiert, die internationalen Empfehlungen unterlaufen, durch Geschenke an Krankenhäuser Abhängigkeiten geschaffen und Mütter vom Stillen abgehalten zu haben. Nestlé und andere Babynahrung produzierende Konzerne einigten sich 1992 darauf, Gratislieferungen von Säuglingsmilchnahrung in Entwicklungsländern zu beenden (nach »Nestlé und ... die Kontroverse um die Säuglingsernährung«, hrsg. von der Nestlé AG 1993).

Nixdorf siehe Siemens
NUR-Touristic siehe Karstadt

OETKER

Standort:
Lutterstraße 14
33617 Bielefeld

Postanschrift:
Postfach 10 03 21
33503 Bielefeld

***Telefon:** (0521) 155-0*
***Telex:** 932 549*
***Telefax:** (0521) 155-2995*
***Online:** http://www.oetker.de*

***Branche:** Nahrungsmittel, Bier und alkoholfreie Getränke, Sekt, Schiffahrt, Finanzdienstleistungen*

Rechtsform:
Kommanditgesellschaft

***Geschäftsjahr:** 1.1.-31.12.*

***Gründungsjahr:** 1891*

Öffentlichkeitsarbeit:
Dr. Rolf Mühlmann
Tel.: (0521) 155-2619
FAX: (0521) 155-2995

GESCHICHTE UND ENTWICKLUNG. 1891 entwickelte der junge Apotheker Dr. August Oetker das von Justus Liebig erfundene Backpulver zu dem Markenartikel »Backin«. Er ließ die für 500 Gramm Mehl erforderliche Menge Backpulver in Tüten zum Preis von 10 Pfennig abfüllen und garantierte den Hausfrauen das 100%ige Gelingen ihres Kuchens. Die steigende Nachfrage führte zur industriellen Fertigung. 1900 wurde der »Hellkopf« eingeführt, das Markenzeichen für alle auf den Markt kommenden Oetker-Artikel. 1906 wurden jährlich bereits 50 Mio. Päckchen Backpulver produziert. 1908 erste Auslandsfertigung in Wien. Von Anbeginn fanden die Dr. Oetker Koch- und Backbücher reißenden Absatz. Akquisition zahlreicher Nahrungsmittelfabriken. Als 1918 August Oetker starb – zuvor war sein Sohn und Erbe vor Verdun gefallen –, gehörte das Unternehmen mit 305 Mio. Päckchen Backpulver jährlich zu den bedeutendsten seiner Art. Nachfolger Dr. August Oetkers wurde Richard Kaselowsky, den die Witwe des Gründersohnes in zweiter Ehe heiratete. In den 20er Jahren zahlreiche neue Produktionsstätten in ganz Europa. 1943 Eintritt Rudolf August Oetkers, Enkel des Gründers, in die Geschäftsführung. Nachdem die Familie Kaselowsky bei einem Bombenangriff ums Leben gekommen war, wurde Rudolf August alleiniger Inhaber des Unternehmens.

1946 begann Rudolf August Oetker mit dem Wiederaufbau der zerstörten Betriebe und diversifizierte das Unternehmen. Akquisitionen zahlreicher Brauereien, Auf- und Ausbau der Reederei und Handelsflotte. In den 50er Jahren vollständige Übernahme der »Hamburg-Süd«, an der die Oetkers sich schon in den 30er Jahren beteiligt hatten. Zahlreiche Gründungen von Tochtergesellschaften und Beteiligungen überwiegend im Schiffahrts-, Bier- und Nahrungsmittelbereich; Akquisitionen bedeutender Produzenten, u. a. Langnese-Honig, Martin

Braun KG, Copa Bade. Beteiligung am Bielefelder Bankhaus Lampe seit 1949, seit 1963 Komplementär. 1984 Eintritt des Sohnes und Urenkels des Firmengründers, August Oetker, als persönlich haftender Gesellschafter in das Unternehmen. Vater Rudolf August aber blieb alleiniger Kommanditist und graue Eminenz im Hintergrund.

BESITZVERHÄLTNISSE/EIGENTUMSSTRUKTUR.
Die Obergesellschaft des Konzerns ist die Kommanditgesellschaft Dr. August Oetker, Bielefeld. Der Konzern gehört der Familie Oetker über Rudolf August Oetker (100% Kommanditist). Große Teile des Konzerns wurden 1990 auf acht Kinder aus drei Oetker-Ehen übertragen. Komplementäre: August Oetker, Dr. Guido Sandler, Dr. Ernst F. Schröder.

KONZERNÜBERBLICK. Die Oetker-Gruppe gliedert sich in folgende Geschäftsbereiche: Nahrungsmittel; Bier und alkoholfreie Getränke; Sekt, Wein und Spirituosen; Schiffahrt; Finanzdienstleistungen und Weitere Interessen.

◆ Dr. August Oetker Nahrungsmittel gehört zu den bedeutendsten und größten Unternehmen der deutschen Nahrungsmittelindustrie. Die 400 Produkte umfassende Angebotspalette beinhaltet Nahrungsmittel vom Trockenbereich bis zum gekühlten und tiefgekühlten Sortiment. Dr. Oetker produziert in insgesamt acht inländischen Werken. In den Betrieben Bielefeld (Stammwerk), Brackwede, Oerlinghausen und Hameln werden Backhilfsmittel (Backpulver Backin, Vanillin-Zucker, Tortenguß, Gustin), Backmischungen, Desserts (u. a. Götterspeise), Cerealien (Müslis) und Einmachhilfen (Gelierzucker, Gelfix etc.) produziert. In Wittlich werden Tiefkühl-Backwaren hergestellt (Pizzen, Fertiggerichte, Aufbackkuchen), in Ettlingen alle Eisprodukte von Dr. Oetker sowie Landliebe Eiskrem. Im Betrieb Bargteheide werden die Langnese-Honige abgefüllt. Im neuen Werk Wittenburg (Mecklenburg) werden Pizzen und TK-Backwaren hergestellt. Ausländische Produktionsstätten besitzt Oetker in Italien, Frankreich, der Schweiz, Österreich, Kanada, Brasilien sowie in Polen, Ungarn, der Slowakei und der Tschechischen Republik. Zum Nahrungsmittelbereich gehören auch die Unternehmen Ültje mit ihren Markenartikeln, Langnese Honig, die Martin Braun Backmittel und Essenzen KG, die ETO Nahrungsmittel mit der Fleischer GmbH und die Hanseatische Hochseefischerei GmbH. Umsatz Nahrungsmittel 1995: 2.023,7 Mio. DM (Vorjahr: 1.975,7 Mio.).

◆ Die erste Brauerei-Adresse der Oetker-Gruppe ist die Binding-Gruppe (zählt nicht zum Konsolidierungskreis), zu der auch die Dortmunder Actien-Brauerei AG, die Radeberger Brauerei GmbH, die Potsdamer Brauerei, die Krostitzer Brauerei bei Leipzig und das Erbacher Brauhaus im Odenwald gehören. Dazu kommen die Berliner Kindl Brauerei AG sowie die Allgäuer Brauhaus AG, Kempten. Marktführer im Segment der alkoholfreien Biere ist das »Clausthaler«. Zur Binding-Gruppe zählt auch die Selters Mineralquelle Augusta Victoria GmbH in Löhnberg an der Lahn. Die Binding-Gruppe kam 1995 auf einen Umsatz von 1,76 Mrd. DM und hatte 3.450 Beschäftigte. Binding hält auch die Mehrheit an der Königlichen Brauerei Krusovice bei Prag.
Zur Oetker-Gruppe (nicht im Konsolidierungskreis) gehören die Henkell & Söhnlein Sektkellerei KG, Wiesbaden, mit dem Sortiment Adam

Konzernleitung:
- *Oetker, August*
- *von Bassewitz, Christian Graf*
- *Erbrich, Klaus Peter*
- *Meves, Klaus, Dr.*
- *Sandler, Guido, Dr.*
- *Schröder, Ernst F., Dr.*

August Oetker ist persönlich haftender Gesellschafter der Holding und Vorsitzender der Geschäftsleitung des Konzern-Herzstücks Dr. August Oetker Nahrungsmittel KG, Bielefeld, und der Oetker International GmbH.

Bezüge der Konzernleitung 1995: *keine Angaben*

Beirat:
Dem Beirat der Dr. August Oetker Nahrungsmittel KG, Bielefeld, gehören an:
- *Oetker, Rudolf August (Vorsitzender)*
- *Sandler, Guido, Dr.*
- *Stelbrink, Rudolf*

Persönlich haftende Gesellschafter:
- *Oetker, August*
- *Sandler, Guido, Dr.*
- *Schröder, Ernst F., Dr.*

Verbände: *Oetker ist in allen wichtigen Verbänden der Nahrungs- und Genußmittelindustrie vertreten.*

Umsatz 1995: *4.817,9 Mio.*
(davon Ausland: 53,0%)
Umsatz 1994: *4.785,6 Mio.*
(davon Ausland: 53,2%)
Umsatz 1993: *4.757,2 Mio.*
(davon Ausland: 51,1%)

Eine Gewinn- und Verlustrechnung wird nicht veröffentlicht. Der Oetker-Konzern schweigt sich über Interna aus und betont immer wieder die Rolle des Familienunternehmens.

Cash flow 1995:
über 350,0 Mio.
Cash flow 1994:
über 350,0 Mio.
Cash flow 1993:
über 350,0 Mio.

Cash flow: *Genaue Angaben über den Cash flow werden nicht gemacht, da sich daraus, so Oetker, der Gewinn ablesen läßt.*

Grund- bzw. Stammkapital 1995: *250,0 Mio.*

Henkell, Fürst von Metternich, Söhnlein Rheingold, Henkell Trocken, Lutter & Wegner, Carstens SC, Schloß Rheinberg, Söhnlein Brillant und Rüttgers Club. Hinzu kommen die Wodka-Marke Gorbatschow und das brasilianische Importgetränk Batida de Coco. Zu Oetker gehört die Schloss Johannisberger Weingüterverwaltung, ein Zusammenschluß der beiden Weingüter Fürst von Metternich-Winneburg'sche Domäne Schloss Johannisberg und G.H. von Mumm'sches Weingut, Johannisberg. Henkell & Söhnlein erwarb 1992 das ungarische Sekt- und Weinunternehmen Hungarovin und 1995 das in demselben Markt tätige Unternehmen Balaton Boglar und wurde damit zum Marktführer in Ungarn.

◆ Oetker gehört zu den traditionsreichsten Reedereien Deutschlands, die auf allen großen Schiffahrtslinien der Welt verkehrt. Diese Sparte kam 1994 auf einen Umsatz von 1.693 Mio. DM. Die Linienschiffahrt von der Ost-, Golf- und Westküste Nordamerikas nach Australien und Neuseeland, die Columbus Line, war dabei der große Oetker-Renner. Die Hamburg-Süd-Flotte bestand 1995 aus 65 Schiffen – 21 konzerneigene und 44 gecharterte Schiffe. Die Oetker-Flotte besitzt einen Container-Bestand von 54.000 Einheiten, allein 13.000 Isoliercontainer für den Transport von Kühlgütern. Die Reedereigruppe Hamburg-Süd mit den Reedereien Hamburg-Süd, Furness Withy und Laser Lines hat knapp 2.000 Beschäftigte, von denen über 750 zur See fahren. Umsatz Schiffahrt 1995: 1.679,4 Mio. DM (Vorjahr: 1.693,0 Mio.).

◆ Zur Oetker-Gruppe (nicht im Konsolidierungskreis) gehört eine der führenden deutschen Privatbanken, das Bielefelder Bankhaus Lampe (95%) mit zahlreichen Niederlassungen. Zur Gruppe zählt auch die Condor (Condor Lebensversicherung und Condor Allgemeine Versicherung). Seit 1991 führt die Optima Versicherungs-AG unter ihrem neuen Namen die Condor-Tätigkeit als Kfz-Versicherer fort. Darüber hinaus ist die Oetker-Gruppe durch die Chemische Fabrik Budenheim auf dem Chemiesektor (Industriespezialitäten auf Phosphatbasis, Düngemittel) stark engagiert. Den Koch- und Backbuchmarkt versorgt der konzerneigene Ceres-Verlag. Der Berliner Lebensmittelfilialist Meyer & Beck (89 Filialen) spielt im Großraum Berlin eine bedeutende Rolle. Zur Oetker-Gruppe gehören verschiedene Hotels der Luxusklasse, u. a. das Stadthotel Bristol in Paris, das Hotel du Cap/Eden Roc an der Côte d'Azur, Brenner's Park Hotel in Baden-Baden (mit der benachbarten Klinik Villa Stephanie) und seit 1994 das Château Hotel du Domaine, Saint-Martin bei Vence. Umsatz weitere Interessen 1995: 1.114,8 Mio. DM (Vorjahr: 1.116,9 Mio.).

BETEILIGUNGEN. Der Konzern beruht auf den drei Säulen Nahrungsmittel, Schiffahrt und Weitere Interessen und besitzt über Beteiligungen der Holding und der Gesellschafter drei weitere Geschäftsfelder: Bier und alkoholfreie Getränke, Sekt, Wein und Spirituosen sowie Finanzdienstleistungen. Oetker besitzt rund 250 Unternehmen und Gesellschaftsbeteiligungen in aller Welt und ist in 17 Ländern durch eigene Produktions- und Vertriebsgesellschaften im Nahrungsmittelbereich tätig. Zu den wesentlichen Tochter- und Beteiligungsgesellschaften im Inland gehören u. a.:

● Bereich Nahrungsmittel: Dr. August Oetker, Bielefeld; Dr. August Oetker Nahrungsmittel KG, Bielefeld (dieser Bereich ist 1990 zu gleichen Teilen auf den persönlich haftenden Gesellschafter August Oetker und seine sieben Geschwister aus drei Oetker-Ehen verteilt worden); Dr. Oetker Eiskrem GmbH, Ettlingen; Dr. Oetker Tiefkühlkost GmbH, Bielefeld; Dr. Oetker Tiefkühl-Backwaren GmbH, Wittlich; DIBONA Markenvertrieb KG, Ettlingen; Edelfisch Fischspezialisten-Handelsgesellschaft mbH, Frankfurt/Main; ETO Nahrungsmittelfabriken Richard Graebener, Ettlingen; Fleischer GmbH, Ettlingen; Ültje & Co., Emden; Oetker International GmbH, Bielefeld; Martin Braun Backmittel und Essenzen KG, Hannover; Hanseatische Hochseefischerei AG, Bielefeld; Copa Bade GmbH & Co. KG, Friedberg; C. Siebrecht Söhne GmbH & Co., Hannover.

● Bereich Schiffahrt: Hamburg-Südamerikanische Dampfschiffahrts-Gesellschaft Eggert & Amsinck, Hamburg, mit 65 eigenen und gecharterten Schiffen und vielen Linien- und Containerdiensten sowie Reedereien; etwa 30 weitere in- und ausländische Gesellschaften im Bereich Schiffahrt, Reederei und Schiffsagenturen. 1990 Übernahme der britischen Reedereigruppe Furness, Withy & Co. Ltd., London; 1991 Übernahme der schwedischen Reederei Laser Lines Ltd. AB, Stockholm.

● Bereich Weitere Interessen: Meyer & Beck Handels-KG, Berlin (89 Läden in Berlin); Mönkeländer Fleischwarenfabrik GmbH & Co. KG, Berlin; Chemische Fabrik Budenheim Rudolf A. Oetker, Budenheim; Deutsche Hyperphosphat GmbH, Budenheim; Ceres-Verlag Rudolf August Oetker KG, Bielefeld (Kochbuchverlag); Handelsgesellschaft Sparrenberg mbH, Bielefeld; Brenner Hotel KG, Baden-Baden (mit Brenner's Park Hotel, Baden-Baden); Schwarzwald-Klinik in Villa Stephanie GmbH, Baden-Baden; weitere Hotels: Hotel Bristol, Paris, Hotel du Cap/Eden Roc, Côte d'Azur, Parkhotel Vitznau AG, Vierwaldstättersee, Château Hotel du Domaine, Saint-Martin/Vence; Gilbert J. McCaul & Co. GmbH, Hamburg. Nicht konsolidiert sind die Beteiligungen und Unternehmensgesellschaften im Brauerei- und Sektkellereibereich (Binding-Brauerei AG, Henkell & Söhnlein Sektkellereien KG) sowie der Komplex Banken und Versicherungen mit der Bankhaus Lampe KG (Beteiligungen siehe Konzernüberblick) und die Beteiligung von 14% an der Douglas Holding AG, Hagen.

Beschäftigte 1995: *12.159*
Beschäftigte 1994: *12.192*
Beschäftigte 1993: *12.031*

Umsatz pro Mitarbeiter 1995: *396.624,– DM*
Umsatz pro Mitarbeiter 1994: *392.520,– DM*
Umsatz pro Mitarbeiter 1993: *395.412,– DM*

Personalaufwand 1995: *804,3 Mio.*
Personalaufwand 1994: *811,3 Mio.*
Durchschnittsaufwand 1995: *66.151,– DM*

NEUE BUNDESLÄNDER. Nach der Übernahme und dem Bau eines neuen Werkes in Wittenburg (Mecklenburg) sind die Ostwestfalen auch im Bereich Tiefkühlkost in den neuen Bundesländern vertreten. Oetker erwarb in Ostdeutschland drei Brauereien, die renommierteste Ex-DDR-Brauerei, Radeberger Exportbierbrauerei GmbH, Radeberg, die Brauerei Potsdam GmbH, Potsdam, und die Krostitzer Brauerei GmbH.

STANDORT DEUTSCHLAND. In den osteuropäischen Ländern ist Oetker äußerst aktiv: Im Geschäftsbereich Nahrungsmittel konnte die in Polen 1991 übernommene Mehrheitsbeteiligung an dem früheren Dr. Oetker-Betrieb in Danzig aufgestockt werden, so daß Dr. Oetker nun mit einem 100%igen Tochterunternehmen in Danzig vertreten ist. Oetker ist darüber hinaus mit Tochterunternehmen oder Joint-ventures in Tschechien, der Slowakei, in Ungarn und Rußland präsent. Geplant ist eine stärkere Präsenz in Südamerika (Brasilien und Argentinien) durch die dortigen Tochtergesellschaften und im asiatischen Raum. 1996 wurden mehrere Vereinbarungen getroffen, in erster Li-

Investitionen 1995:
352,6 Mio.
Investitionen 1994:
231,9 Mio.
Investitionen 1993:
226,9 Mio.

Mitbewerber: *Brau und Brunnen, Coca Cola, CPC, Kraft, Jacobs Suchard, Nestlé, Schöller, Schwartauer Werke, Südzucker, Unilever*

nie in China und der Region Südostasien. Die Geschäfte mit Markenartikeln laufen über die Oetker International. Eine Politik »weg aus Deutschland« wird es für Oetker aber nicht geben.

»BÜNDNIS FÜR ARBEIT«. Bei Oetker gibt es zahlreiche Betriebsvereinbarungen zwischen Geschäftsleitungen und Betriebsräten bezüglich einer leistungsorientieren Einkommenspolitik und flexibler Arbeitszeiten mit dem Ziel, »angesichts schwieriger werdender Märkte ... die Effizienz und Flexibilität der einzelnen Unternehmen zu steigern«. Hinzu kam die Einführung »flacherer Hierarchien«, eine analytische Arbeitsplatzbewertung, regelmäßige Mitarbeiterbeurteilungen (einschließlich Fördergespräche), eine systematische Personalentwicklung und langfristig ausgerichtete Aus- und Weiterbildungskonzepte.

UMWELTSCHUTZ. Umweltschutz ist bei Oetker Unternehmensziel. Seit Mitte der 80er Jahre beschäftigt sich die Unternehmensgruppe Oetker bereits intensiv mit Umweltschutz. Die Dr. August Oetker Nahrungsmittel GmbH gab 1994 den Umweltbericht »Umweltbewußt aus Überzeugung« heraus. Auslöser war die Aufforderung der Leitung der Oetker-Gruppe an das Management der einzelnen Firmen, den Umweltschutzgedanken in die betriebliche Praxis zu integrieren und umzusetzen.
Bei der Dr. August Oetker Nahrungsmittel KG wurden ein Umweltschutzmanagement installiert, ein Umweltbeauftragter und verschiedene Arbeitskreise berufen, um umweltrelevante Verbesserungen im Produktions-, Verpackungs- und Verwaltungsbereich zu entwickeln. Für die Werke wurden Umweltleitlinien und Rahmenrichtlinien zur Organisation des Umweltschutzes verabschiedet. Ähnliches gilt für nahezu alle Oetker-Unternehmen, z. B. die Ültje & Co., die Binding Brauerei AG, Henkell & Söhnlein und die Chemische Fabrik Budenheim.

KOMMENTAR. Addiert man die Umsätze der nicht konsolidierten Konzern-Unternehmen, kommt die Oetker-Gruppe auf einen Umsatz von knapp 8 Mrd. DM. Darin sind die Finanzdienstleistungen der Banken und Versicherungen noch nicht einmal enthalten. Denn eine der tragenden Säulen des Konzerns, die Brauereigruppe mit Binding als Flaggschiff, ist nicht konsolidiert. Auch nicht im Konsolidierungskreis ist die Henkell & Söhnlein Sektkellereien KG, Wiesbaden (mit Tochtergesellschaften), und die Beteiligung an der Douglas Holding AG. Die Sparte Nahrungsmittel wurde von Rudolf August Oetker 1990 auf die acht Kinder aus seinen drei Ehen übertragen. Als alleiniger Kommanditist der Holdinggesellschaft spielt der »alte Herr« aber nach wie vor eine wichtige Rolle. In die Schlagzeilen außerhalb der Back- und Puddingebene geriet der Familien-Clan 1976, als Rudolf August Oetker nach der spektakulären Entführung seines Sohnes Richard für dessen Freilassung ein Lösegeld von 21 Mio. DM zahlte, das bis heute nicht wieder aufgetaucht ist. August Oetker wurde 1995 von der Zeitschrift »Capital« und dem WWF zum »Ökomanager des Jahres« gewählt.

OPEL

Geschichte und Entwicklung. 1862 gründete Adam Opel (1837–1895) sein Unternehmen mit einer Nähmaschinenproduktion. 1886 Beginn der Fahrradproduktion, bald stellte Opel 16.000 Räder jährlich her und stieg zum größten Fahrradproduzenten der Welt auf. Nach dem Tod des Gründers begannen die Söhne mit der Automobilproduktion. 1899 erschien der erste Opel; 1902 wurde bereits in Serie gebaut. Opel baute Fahrräder, Motorräder und Autos. Doch der ganz große Aufstieg gelang den Opels erst nach einem Besuch im amerikanischen Detroit Anfang der 20er Jahre.

1924 Beginn der Großserienproduktion von Automobilen mit Einführung des Fließbandes in Deutschland. Das Auto: der grünlackierte »Laubfrosch«. Die Produktion stieg um das Zehnfache, verbunden mit drastischen Preissenkungen. Opel wurde mit einem Marktanteil von 37,5% konkurrenzlos Marktführer in Deutschland und größter Exporteur des Landes. 1928 Umwandlung der Adam Opel Kommanditgesellschaft in eine AG. Als Ende der 20er Jahre für den jetzt größten deutschen Automobil-Produzenten die Wirtschaftskrise immer folgenschwerer wurde, stieg der amerikanische Auto-Gigant General Motors in Rüsselsheim ein. 1929 übernahmen die Amerikaner 80%, 1931 den Rest des Opel-Aktienpakets für zusammen 33 Mio. US $. 1935 auf der Berliner Automobilausstellung erstmals Einführung der selbsttragenden Karosserie beim Olympia 1,3 Liter. 1938 war Opel mit 140.600 Autos die größte europäische Auto-Fabrik. Nachdem sich die Amerikaner anfänglich mit den Nazis trefflich arrangiert hatten (die Historikerin Anita Kugler in Anspielung auf die vielen tausend Opel-Blitz-Last- und Lieferwagen, die an die Front rollten: »Die schnellen Feldzüge der ersten Jahre waren Opel-Blitz-Kriege«), wurde Opel schließlich vollends in die Kriegswirtschaft eingegliedert. 1939 – kurz nach dem Bandablauf des millionsten Autos – Stillegung der Automobilproduktion in Rüsselsheim. Bis 1944 stellte das Werk hauptsächlich Flugzeugteile wie Kanzeln und Fahrgestelle für die Bomber JU 88 her.

Nach dem Krieg knüpfte General Motors trotz Demontage des Werkes Brandenburg und größerer Reparationsleistungen an alte Erfolge an. 1946 verließ der erste Opel-Blitz-Lastwagen das Band, ein Jahr später Beginn der Pkw-Fertigung mit dem Olympia. Schon nach kürzester Zeit war Opel im Rahmen des Wirtschaftswunders wieder ein führender Automobil-Konzern in Europa. Riesenerfolg mit dem Rekord P 1; 1962 Inbetriebnahme des Werkes Bochum (Kadett). 1975 Einstellung der Lkw-Produktion, ausschließlicher Bau von Personen-, Kombi- und Lieferwagen. 1983 Herstellung des 20millionsten Opels, 1990 waren es 27 Millionen. 1992 Eröffnung des Opel-Werkes in Eisenach. 1994 fertigt Opel das 30millionste Fahrzeug seit 1899; 1994 Eröffnung eines neuen Montagewerkes in Warschau/Polen. 1996 Baubeginn einer neuen Automobilfabrik im polnischen Gliwice (Gleiwitz/Oberschlesien).

Besitzverhältnisse/Eigentumsstruktur.

- General Motors Corporation, Detroit/Michigan, USA (100%)

Standort:
Bahnhofsplatz 1
65428 Rüsselsheim

Postanschrift:
Postfach 17 10
65407 Rüsselsheim

Telefon: *(06142) 66-0*
Telex: *4 18 221-0 op d*
Telefax: *(06142) 66-4859*

Branche: *Automobilindustrie*

Rechtsform:
Aktiengesellschaft

Geschäftsjahr: *1.1.-31.12.*

Gründungsjahr: *1862;*
AG seit 1928

Öffentlichkeitsarbeit:
Uwe Berlinghoff (Leiter Presse und Information)
Tel.: (06142) 66-2279
FAX: (06142) 66-8353

Verbände: *Verband der Automobilindustrie e.V. (VDA), Frankfurt/Main*

Vorstand:
- *Herman, David J. (Vorsitzender)*
- *Bapp, Klaus B. (Service)*
- *Borghs, Horst P. (Öffentlichkeitsarbeit und Verbindung zu Politik und Wirtschaft)*
- *Grupe, Christian (Vertrieb)*
- *Klages, Henning August (Finanzen)*
- *Stockmar, Jürgen (Technisches Entwicklungszentrum)*
- *Strinz, Wolfgang (Fertigung; Personal- und Sozialwesen)*

Vorstandsbezüge 1995:
8.968.985,– DM

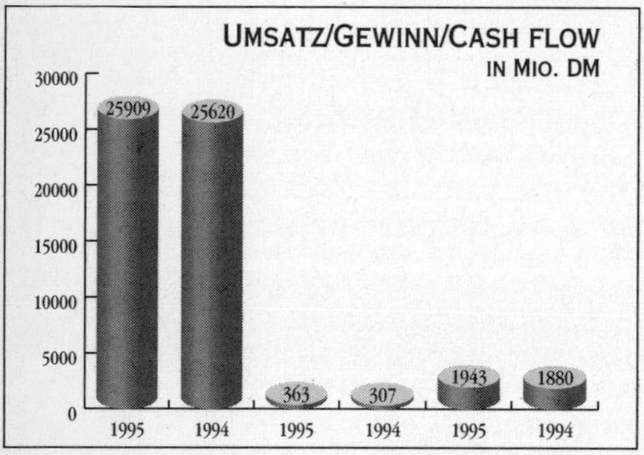

KONZERNÜBERBLICK. Opel produziert in Deutschland in den Werken Rüsselsheim (Stammwerk), Bochum, Kaiserslautern und Eisenach. Zu Opel Deutschland gehört auch das Werk in Antwerpen, wo Opel Belgium im Auftrag der Adam Opel AG produziert. Hinzu kommt das neue Montagewerk in Warschau/Polen. 1995 arbeiteten von den 45.562 (Vorjahr: 47.335) Opel-Beschäftigten in Rüsselsheim 25.238 (Vorjahr: 26.449), in Bochum 15.328 (Vorjahr: 15.559) und in Kaiserslautern 4.996 (Vorjahr: 5.327). Bei der Opel Eisenach GmbH, die von Opel gesondert aufgeführt und abgerechnet wird, arbeiteten 1995 1.895 (Vorjahr: 1.891) Beschäftigte. Zur Wettbewerbsfähigkeit der deutschen Werke im weltweiten Vergleich werden in die Modernisierung der Fertigungsstätten bis 1998 5,5 Mrd. DM investiert.

Die Adam Opel AG fertigt Personen-, Kombi- und Lieferwagen mit allen dazugehörigen Ersatzteilen sowie Zubehör für Corsa, Astra, Astra Cabrio, Vectra, Calibra, Omega, Frontera, Montery, Midi, Campo, Pontiac Trans Sport und Tigra. 1996 kommt die Großraumlimousine Sintra auf den Markt. In Deutschland produziert Opel in Rüsselsheim (Vectra, Omega), Bochum (Astra), Kaiserslautern (Motoren, Preßteile), Eisenach (Astra, Corsa). Der Opel-Welterfolg Corsa wird in erster Linie bei der Schwestergesellschaft Opel España hergestellt, seit 1993 auch in Eisenach. Zulassungen Opel 1995 insgesamt: 534.561 (Vorjahr: 536.854). Mit 17% am gesamten deutschen Automobilmarkt rangierte Opel 1995 nach Volkswagen unter den Automobilherstellern der Bundesrepublik wieder auf Platz 2. Die Produktion der Adam Opel AG lag 1995 bei 839.389 (Vorjahr: 830.830) Fahrzeugen und hatte damit einen Anteil von 19,2% (Vorjahr: 20,3%) an der gesamten Pkw-Produktion in Deutschland.

Mit über 1 Mrd. verkauften Fahrzeugen im In- und Ausland lag Opel um 3,6% über dem Vorjahr. Alle europäischen Töchter der General Motors firmieren unter Opel (außer Vauxhall in Großbritannien). 1995 war die Marke Opel/Vauxhall auf insgesamt 14 von 16 westeuropäischen Märkten unter den ersten Dreien. Mit 12,6% war Opel/Vauxhall 1995 zum vierten Mal in Folge europäischer Spitzenreiter. Die Adam Opel AG hält eine 32%-Beteiligung an der schwedischen SAAB Automobile AB.

Zu einem Bestseller hat sich der Opel Corsa in Europa, Südamerika und Asien entwickelt. Mit dem Astra gelang Opel das bislang größte Fertigungsprojekt in seiner Geschichte. Die Produktion der Modellreihe startete gleichzeitig in fünf europäischen Werken: in Bochum, Ellesmere Port (Großbritannien), Antwerpen (Belgien), Saragossa (Spanien) und Azambuja (Portugal). Nach der Fertigstellung weiterer Produktionsstätten in Polen, Ungarn und Eisenach werden jährlich rund 700.000 Astras gebaut, d. h. alle acht Werke zusammen kommen dann auf eine stündliche Fertigung von bis zu 240 Einheiten.

Die Opel-Verkaufs- und Kundendienstorganisation umfaßte 1995 in Deutschland 1.327 Vertragshändler und 1.162 angeschlossene Opel-

Service-Betriebe. Europaweit gehören über 7.300 Verkaufs- und Servicebetriebe der Opel-Organisation an. 1995 kaufte Opel bei 1.200 in- und ausländischen Firmen für 11,7 Mrd. DM Material für die Produktion ein. Das Technische Entwicklungszentrum der Adam Opel AG in Rüsselsheim ist für die Konstruktion und Entwicklung aller Opel- und Vauxhall-Produkte weltweit verantwortlich. Rund 8.000 Ingenieure und Techniker arbeiten an neuen Technologien und Konzepten künftiger Automobilgenerationen.

BETEILIGUNGEN. Zur deutschen Adam Opel AG gehören folgende in- und ausländische Unternehmen: Opel Eisenach GmbH, Eisenach (100%); GM Service GmbH, Rüsselsheim (100%); Opel-Automobilwerk Eisenach Pkw GmbH, Eisenach (100%); Opel-Wohnbau GmbH, Rüsselsheim (99%); Adam Opel Unterstützungskasse GmbH, Rüsselsheim (100%); Saginaw Deutschland GmbH, Kaiserslautern (100%); GM Europe GmbH, Rüsselsheim (100%); Autohaus am Nordring GmbH, Berlin (70%); General Motors Holding España S.A., Figueruelas/Saragossa, Spanien (26,1%); Delphi Automotive Systems S.A., Gennevilliers/Frankreich (49,6%); Opel Türkiye Ltd., Sirketi, Torbali/Izmir/Türkei (99,5%); General Motors Coordination Center N.V., Brüssel/Belgien (78,1%); Opel Hungary Automotive Manufacturing Ltd., Szentgotthárd/Ungarn (100%); Opel Hungary Automobile Production Ltd., Szentgotthárd/Ungarn (100%); General Motors Poland Sp. z o.o., Warschau/Polen (68,7%); SAAB Automobile AB, Trollhättan/Schweden (32%); Woodbridge Foam Deutschland GmbH, Rüsselsheim (20%).

NEUE BUNDESLÄNDER. Opel hat im thüringischen Eisenach eines der modernsten Automobilwerke Europas errichtet, das in einer unabhängigen Studie als das produktivste Automobilwerk in Europa bezeichnet wird. (Eisenach soll auch Modell sein für neue Werke in Polen und Argentinien, die bis 1999 errichtet werden sollen.) Opel war vom Augenblick der Wende in Ostdeutschland äußerst engagiert. Kein anderer westdeutscher Automobilhersteller verkaufte nach dem Mauerfall mehr Autos in der ehemaligen DDR als Opel. Das bereits im September 1992 in Betrieb genommene Werk war die erste Produktionsstätte eines deutschen Automobilherstellers in Ostdeutschland und gleichzeitig das bis dahin größte privatwirtschaftliche Investitionsprojekt in den neuen Bundesländern. Produziert wird durchgängig im 3-Schicht-System. Im April 1995 fuhr bereits der 250.000. Opel vom Band.

Das Werk setzt auch Maßstäbe in puncto Umweltverträglichkeit. Opel Eisenach betreibt einen hohen technischen Aufwand zur Reinhaltung von Luft, Wasser und Boden. 1995 produzierte die Opel Eisenach GmbH 160.324 (Vorjahr: 133.360) Fahrzeuge. Damit erreichte das Werk die geplante volle Produktionskapazität bereits innerhalb von zwei Jahren, die jetzt auf 200.000 Autos erweitert werden soll. Produziert wird der Corsa in zweitüriger Ausführung (der Astra wurde nur bis April 1995 gefertigt). Bei Opel Eisenach erwirtschafteten 1995 1.895 (Vorjahr: 1.890) Mitarbeiter einen Umsatz von knapp 2 Mrd. DM (Vorjahr: 1,7 Mrd. DM). Der Jahresabschluß der Opel Eisenach GmbH wird in den Konzernabschluß der General Motors Corp. einbezogen und nicht in den der Adam Opel AG.

Aufsichtsrat:

- *Schwenger, Ferdinand (Vorsitzender), Rüsselsheim*
- *Butler, John D., Zürich*
- *Gäb, Hans Wilhelm, Zürich*
- *Hanenberger, Peter H., Eppstein*
- *Kreikebaum, Hartmut, Prof. Dr., Georgenborn*
- *Ruhfus, Jürgen, Dr., Bonn*
- *Sallee, Daniel P., Zürich*
- *Schlotfeldt, Walter, Dr., Kelkheim i.T.*
- *Weiser, Hans-Jürgen, Wuppertal*
- *Wollschläger, Klaus, Bochum*

**Kittner, Michael, Prof. Dr. (stellv. Vorsitzender)*
**Achenbach, Erich*
**Eller-Braatz, Elke*
**Franz, Klaus*
**Küpper, Norbert*
**Labensberg, Peter*
**Müller, Rudolf*
**Schleicher, Paul*
**Schumann, Manfred, Dr.*
**Wink, Gerhard*

Aufsichtsratstantiemen 1995: *300.877,– DM*

Umsatz 1995: 25.909,2 Mio.
Umsatz 1994: 25.619,7 Mio.
Umsatz 1993: 22.408,2 Mio.

Gewinn/Verlust 1995:
363,3 Mio.
Gewinn/Verlust 1994:
307,1 Mio.
Gewinn/Verlust 1993:
– 570,7 Mio.

Cash flow 1995: 1.943,0 Mio.
Cash flow 1994: 1.880,0 Mio.
Cash flow 1993: 783,0 Mio.

***Cash flow:** Der Cash flow floß überwiegend in die Fertigungseinrichtungen der verschiedenen Produktlinien.*

Steueraufkommen 1995:
37,6 Mio.

Grund- bzw. Stammkapital 1995: 950,0 Mio.

Die General Motors Corporation, Detroit/Michigan, USA, hält sämtliche Aktien der Gesellschaft. Das Grundkapital ist in 950 Namensaktien im Nennwert von je 1 Mio. DM eingeteilt. 1995 wurden 300 Mio. DM Dividende an die Muttergesellschaft überwiesen.

STANDORT DEUTSCHLAND. Opel fährt doppelgleisig – und das mit Erfolg. Der aufwendige Ausbau und die umfangreiche Modernisierung der deutschen Standorte besonders in Rüsselsheim und Bochum stehen einerseits auf dem Programm, die Öffnung in Billiglohnländer wie Ungarn und neuerdings Polen andererseits. Seit November 1994 wird der Astra auch in Polen montiert, ein weiteres großes Automobilwerk ist in Polen geplant. Im Zuge des starken Opel-Engagements im Ausland lag die Exportquote 1995 bei 54,5%. Die Errichtung zusätzlicher Montagewerke im asiatisch-pazifischen Raum (Bau eines Autowerkes in Thailand für 1,15 Mrd. DM) und in Zentraleuropa sollen die weltweite Präsenz der Marke Opel weiter stärken.
Opel will an seinen deutschen Standorten bis 1998 5,5 Mrd. DM investieren, besonders zur Restrukturierung des Werkes Rüsselsheim (2,5 Mrd. DM) und in neue Produkte und Produktionsanlagen in Bochum sowie in das Werk Kaiserlautern. Im Opel-Werk Kaiserslautern wird ein neues Diesel-Motorenwerk für 500 Mio. DM errichtet, das 1996 die Produktion aufnehmen soll. 2,8 Mrd. DM fließen nach Bochum. Die Entscheidung für den Opel-Standort Eisenach, das als eines der modernsten Automobilwerke Europas gilt, wurde ein großer Erfolg. Opel will dieses größte Investitionsprogramm seiner Geschichte als Bekenntnis zu den deutschen Standorten verstanden wissen.
Opel, die bedeutendste General-Motors-Tochter, hatte es verstanden, nach einer fast existenzbedrohenden Krise Mitte der 80er Jahre durch eine neue Produktpalette sensationelle Erfolge zu erzielen. Ein Volltreffer gelang Opel mit der Produktänderung des Kadetts in den Astra. Vom Start weg bedeutete der Astra das größte Fertigungsprojekt in der Geschichte des Unternehmens. Hinzu kamen große Erfolge mit dem Omega und dem Corsa. Wie potent Opel Anfang der 90er Jahre war, wurde auch an dem Einstieg des Werkes beim schwedischen Automobilhersteller SAAB deutlich, wo die Rüsselsheimer im Rahmen eines Joint-venture mit Saab Scania 32% der Anteile erwarben. Dennoch ging es seit 1992/93 bei Opel wieder bergab: Nachfragerückgang, Rezession, rote Zahlen, ein Verlust in dreistelliger Millionenhöhe. (Hinzu kam die Auseinandersetzung mit VW um den Ex-GM-Manager López; siehe Volkswagen.) Der Umsatz sank um gut 6 Mrd. DM, mehr als 5.000 Mitarbeiter wurden »freigesetzt« (Abfindungen, Vorruhestand, Entlassungen; seit 1990 wurden rund 12.000 Arbeitsplätze abgebaut).

»BÜNDNIS FÜR ARBEIT«. Um weitere Massenentlassungen zu vermeiden, wurde bereits 1993 zwischen der Geschäftsleitung und dem Gesamtbetriebsrat für rund 50.000 Mitarbeiter in den Werken Rüsselsheim, Bochum und Kaiserslautern ein auf vier Jahre laufender sogenannter »Opel-Standortvertrag« (1994 – 1997) geschlossen, in dem zur Sicherung der Standorte eine nur teilweise Weitergabe von Lohnerhöhungen vereinbart wurde, die auch an den Ertrag gebunden sind. Die Kostenanstiege wurden für Opel so auf zwei Drittel begrenzt. Der Opel-Vorstand drang auf eine Flexibilität der wöchentlichen Arbeitszeit, die je nach den betrieblichen Erfordernissen zwischen 30 und 40 Wochen-Arbeitsstunden liegt, ohne Lohnausgleich oder Mehrarbeitszuschlag. Mit diesem Standortvertrag sollte das Unternehmen die Produktion flexibel der Nachfrage anpassen. Bis Ende 1997 dürfen keine betriebsbedingten Kündigungen ausgesprochen werden. Eine

Option auf das Modell wurde bis 1999 vereinbart. (Allerdings schloß die Geschäftsleitung Anfang 1996 für die Zeit nach 1997 einen weiteren Personalabbau nicht mehr aus.)
Im September 1995 wurden für das Stammwerk Rüsselsheim und im Frühjahr 1996 für das Werk Bochum neue Arbeitszeitmodelle beschlossen – ohne starre Wochenarbeitszeit. Unter Einbeziehung der 35-Stunden-Woche sehen die Vereinbarungen die Einführung eines Arbeitszeitkorridors vor, der zwischen 30 und 38,75 bzw. 40 Stunden pro Woche schwankt und die Arbeitszeit auf vier bzw. fünf Arbeitstage pro Woche bei gleichbleibender Lohn- und Gehaltszahlung auf der Basis der 35-Stunden-Woche verteilt. Folgende Bausteine zur Reduzierung der Arbeitszeit auf 30 Stunden sind möglich: individuelle Freischichten, kollektive Freischichten oder die Verkürzung der täglichen Arbeitszeit. Die wöchentliche Arbeitszeit von 40 Stunden kann realisiert werden durch Erhöhung der täglichen Arbeitszeit oder Einbeziehung von 12 Samstagen pro Mitarbeiter und Jahr. Zeitschulden und Zeitguthaben können über jeweils maximal 18 Monate auflaufen bzw. abgebaut werden. Dafür verfügt jeder Mitarbeiter über ein Arbeitszeitkonto. Vorteile für die Arbeitnehmer: Sicherung von Arbeitsplätzen im Rahmen des Bündnisses für Arbeit, Vermeidung von Einkommensverlusten, konstanter Monatsverdienst, individuelle Freizeitgestaltung. Vorteile für das Unternehmen: Die flexiblen Arbeitszeiten sorgen für eine kostengünstigere Kapazitätsnutzung bei Betriebs- und Maschinenlaufzeiten, sie vermeiden Kurzarbeit und ermöglichen Mehrarbeit – je nach der Auftragslage in der Produktion. Darüber hinaus werden auch individuelle »Bündnisse für Arbeit« und Betriebsvereinbarungen bei Opel geschlossen – je nach Konjunktur- und Auftragslage. Vorstand und Betriebsrat legten im April 1996 beispielsweise fest, am Standort Rüsselsheim befristet auf vorerst sieben Monate 100 Neueinstellungen vorzunehmen und die Zahl neuer Ausbildungsplätze in den nächsten drei Jahren in allen inländischen Werken spürbar zu erhöhen. Im Gegenzug hat der Betriebsrat sieben Sonderschichten für den Bau des Vectra aufgrund der aktuellen Nachfrage zugestimmt.
Innovationen sind ein Markenzeichen von Opel. Tarifvertraglich abgesichert geht das Unternehmen auch in der Personalpolitik ganz neue Wege. Durch die Einführung der Gruppenarbeit in fast allen Produktionsbereichen, also selbständige kleine, hochmotivierte Arbeitseinheiten, die eigeninitiativ auch die Arbeitsinhalte, -abläufe und -aufgaben mitbestimmen können, steigerte Opel die Produktivität und Qualität. Die Opel AG ist stolz auf das von ihr entwickelte »Konzept der schlanken Produktion« mit den Folgen besserer Qualität, geringerer Kosten und höherer Produktivität. Für die Mitarbeiter heißt das – so Opel – mehr Eigenverantwortung und Abwechslung am Arbeitsplatz. »Denn nicht das Fließband, sondern die Menschen sollen den Ablauf der Tätigkeiten bestimmen.« 1995 war das Konzept für alle Beschäftigten in den Fertigungsbereichen abgeschlossen. Ziel der Gruppenarbeit, der Kernbereich des neuen Opel-Produktionssystems, ist es, »daß die Gruppen ihre Arbeitsverfahren und ihren Arbeitsfluß ständig auf Tätigkeiten hin untersuchen, die nicht wertsteigernd sind«. Da die Mitarbeiter nicht mehr am Förderband tätig sind, sondern nacheinander verschiedenartige Arbeiten wahrnehmen, sei – so Opel – auch die Arbeitsmonotonie früherer Zeiten passé. In allen Werken ging die krankheitsbedingte Abwesenheit erheblich zurück.

Beschäftigte 1995: *45.562*
Beschäftigte 1994: *47.335*
Beschäftigte 1993: *48.925*
(Beschäftigte 1992: 53.137)

Umsatz pro Mitarbeiter 1995: *568.658,– DM*
Umsatz pro Mitarbeiter 1994: *541.242,– DM*
Umsatz pro Mitarbeiter 1993: *458.011,– DM*

Löhne und Gehälter 1995: *3.753,3 Mio.*
Löhne und Gehälter 1994: *3.800,4 Mio.*
Durchschnittsgehalt 1995: *82.378,– DM*
Soziale Abgaben und Aufwendungen 1995: *1.131,9 Mio.*
Soziale Abgaben und Aufwendungen 1994: *1.047,0 Mio.*

Bezüge pro Vorstandsmitglied 1995: *1.282.284,– DM*
Tantiemen pro Aufsichtsrat 1994: *15.044,– DM*

Investitionen 1995:
1.100,0 Mio.
Investitionen 1994:
981,0 Mio.
Investitionen 1993:
1.313,0 Mio.

Forschung und Entwicklung 1995: *1.315,0 Mio.*
Forschung und Entwicklung 1994: *1.357,0 Mio.*
Forschung und Entwicklung 1993: *1.178,0 Mio.*

Mitbewerber: *Audi, British Aerospace, Chrysler, BMW, Daewoo, Daimler-Benz, Fiat, Honda, Hyundai, Isuzu, Lancia, Mazda, Mitsubishi, Nissan, Peugeot, Porsche, Renault, Suzuki, Toyota, Volkswagen, Volvo*

UMWELTSCHUTZ. Opel hat auch 1996 eine umfangreiche Umwelt-Dokumentation veröffentlicht und eine Umwelterklärung 1995 für den Standort Bochum Werk I herausgegeben, die inhaltlich den Erfordernissen nach Artikel 5 der EG-Öko-Audit-Verordnung entspricht und als beispielhaft bezeichnet werden kann. Opel orientiert sich an strengen Umweltleitlinien, diskutiert offen die Problematik »Ozon und Umwelt«. Die Umweltziele und Programme sind in die einzelnen Umweltthemen unterteilt: Energie, Abwasser, Abfall, Gefahrstoffmanagement, PCB in Transformatoren, Boden- und Grundwasserschutz, Gefahrenabwehrplan.
Opel setzt auf eine umweltfreundliche Produktion und eine ganzheitliche Produktverantwortung. Die Werke in Rüsselsheim, Bochum und Kaiserlautern sind aufwendig auf umweltverträgliche Produktionsabläufe umgestellt worden. Das hohe Investitionsvolumen bis 1998 in Höhe von 5,5 Mrd. DM sieht ebenfalls zahlreiche Umweltmaßnahmen vor. Im Werk Opel Eisenach wurde von Anbeginn ganz auf eine umweltverträgliche Produktion gesetzt – von umweltorientierten Lackierverfahren bis zum konsequenten Recycling. Benutzt werden bereits seit Jahren ausschließlich recycelbare Kunststoffe. Hinzu kommt, daß Opel seit 1989 als erster Hersteller in der Bundesrepublik serienmäßig alle Benzin-Modelle, von Corsa bis Omega, mit geregeltem Katalysator ausliefert. Ende 1994 gründete Opel einen Umwelt-Lenkungsausschuß. Zielsetzung: der Aufbau eines Umweltmanagement-Systems, die Intensivierung der internen Informationsflüsse und die Bearbeitung bereichsübergreifender Umweltaktivitäten. Ab 1995 stellt Opel den rund 2.500 Opel-Service-Betrieben ein flächendeckendes, bundesweit organisiertes Entsorgungsnetz für die im Werkstattbereich anfallenden Abfallstoffe (Verpackungsmaterialien, flüssige Stoffe, Sonderabfälle) zur Verfügung. Rund 250 Opel-Vertragshändler zahlen seit Mitte 1995 bis zu 3.000,– DM Eintauschprämie für Gebrauchtwagen ohne Katalysator und einem Mindestalter von zehn Jahren beim Kauf eines beliebigen Opel-Neuwagens. Im Gegenzug verpflichtet sich Opel, die schadstoffintensiven Altautos aus dem Verkehr zu ziehen und umweltgerecht zu entsorgen.

KOMMENTAR. Bestechungsaffäre bei Opel: Was da im Juni 1995 ans Licht kam, entpuppte sich als die Spitze eines Eisbergs, dessen Konturen nach und nach sichtbar wurden. Ein Opel-Vorstandsmitglied, zuständig für den Bereich Produktion, geriet in Verdacht, Vergünstigungen von Bauunternehmen bei der Renovierung seines Privathauses in Wiesbaden erhalten zu haben, u. a. vom Baukonzern Hochtief, die teilweise durch überhöhte Rechnungen für Bauprojekte bei Opel wieder ausgeglichen worden sein sollen. Die Staatsanwaltschaft ermittelte wegen des Verdachts der Bestechung von Angestellten, wegen Untreue und Betrugs. Mitte Juli teilte die zuständige Staatsanwaltschaft Darmstadt mit, daß sie gegen insgesamt 244 Verdächtige, darunter 40 Unternehmen, die Opel-Beschäftigte mit Zuwendungen geschmiert haben sollen, und 65 Opel-Mitarbeiter ermittele. Hausdurchsuchungen in 150 Fällen und die Beschlagnahme von 900 Aktenordnern sollten den Verdacht erhärten, Opel-Mitarbeiter hätten sich besonders von Zulieferfirmen für Aufträge bestechen lassen. Bei den immer härter diktierten Einkaufskonditionen der großen Automobilhersteller gegenüber den Zulieferern dürfen illegale Methoden bei der Auftragsbeschaffung kaum verwundern. Dazu soll es möglicherweise auch einen Subventionsbetrug beim Bau des Opel-Werkes in Eisenach gegeben haben. Anfang 1996 dann erneute Korruptionsvorwürfe: Ein leitender Mitarbeiter des Werkes Bochum soll demnach jahrelang über eine Tarnfirma Schmiergelder von dem Bremsbelägehersteller Rütgers Pagid AG, Essen, einer Tochtergesellschaft der Ruhrkohle AG, erhalten haben.

Osram siehe Siemens

OTTO

Standort:
Wandsbeker Straße 3-7
22179 Hamburg

Postanschrift:
20088 Hamburg

Telefon: *(040) 6461-0*
Telex: *2 17 011 20 ovd*
Telefax: *(040) 6461-8571*

Branche: *Einzelhandel, Versandhandel*

Rechtsform: *GmbH & Co.*

Geschäftsjahr: *1.3.-28.2.*

Gründungsjahr: *1949*

Öffentlichkeitsarbeit:
Detlev von Livonius
Tel.: (040) 6461-401
FAX: (040) 6461-449

Verbände: *Verbände des Einzel- und Versandhandels*

GESCHICHTE UND ENTWICKLUNG. So sieht es der Otto Versand selbst: »Wir schreiben das Jahr 1949. Ein neues Deutschland entsteht. Die Bundesrepublik. Die Menschen schöpfen neue Kräfte und fassen neuen Mut. Das Leben ist wieder zu packen. Der Aufbau beginnt. Gefragt sind vor allem Güter des täglichen Bedarfs. Wer in dieser Zeit gut organisieren kann, ist besser dran. Einer der Männer dieser ersten Stunde ist Werner Otto. Beschaffen und versorgen – darauf kommt es jetzt an. Für diese Aufgabe setzt er sich ein. Er greift die Idee auf, den Menschen per Katalog ausgesuchte Ware ins Haus zu schicken und gründet den Otto Versand.«

1950 erschien der erste Katalog mit 14 Seiten und dem Angebot von 28 Paar Schuhen. Revolutionär im Handel: der Kauf auf Rechnung, das Zahlen per Nachnahme und in Monatsraten. 1958 machte der Otto Versand bereits über 100 Millionen DM Umsatz. In den 60er Jahren Einführung der ersten elektronischen Großrechenanlage und telefonische Bestellmöglichkeiten. Spezialkataloge ergänzten den Hauptkatalog. Überschreiten der Milliarden-Umsatz-Grenze im Geschäftsjahr 1969/70. In den 70er Jahren entwickelt sich Otto durch Großakquisitionen zum führenden europäischen Versandhandels-Konzern. 1974 Beteiligung am Geschenkversender Heinrich Heine, Karlsruhe, 1976 Übernahme der Schwab Versand AG, Hanau. Mit der Beteiligung am französischen Versender 3 Suisses, Croix, 1974 erste Auslandsbeteiligung. 1979 Gründung der holländischen Tochtergesellschaft Otto Holland. Otto avanciert durch Spezialkataloge zum Marktführer auf dem Gebiet Mode und Bekleidung. Weltweites Auftreten Ottos in den 80er Jahren.

1982 Übernahme des damals viertgrößten amerikanischen Versand-Konzerns Spiegel, Chicago; 1986 Mehrheitsbeteiligung an Alba Moda und Gründung des Versandunternehmens bon prix. Ebenfalls 1986 Einstieg in den lukrativen japanischen Markt. Gründung der Otto-Sumisho Inc., Tokio, gemeinsam mit einem der größten japanischen Handelshäuser, Sumitomo. 1987 Erwerb des Versandhauses Witt, Weiden. Auflage aller Kataloge der Gruppe: 200 Mio. 1988 Beteiligung an Sport Scheck, München, und Markteinstieg in Österreich durch Übernahme von Moden Müller (heute Otto Österreich). 1989 Mehrheitsbeteiligung am drittgrößten italienischen Versender Euronova. 1991 Erwerb der Mehrheit an dem englischen Versandhandelsunternehmen Grattan, dem viertgrößten Versender Großbritanniens. 1993 Erwerb

Vorstand:
- *Otto, Michael, Dr. (Vorsitzender), Hamburg*
- *Bohlmann, Thomas, Hamburg*
- *Crüsemann, Michael E., Dr. (stellv. Mitglied), Hamburg*
- *Gagelmann, Diethard, Hamburg*
- *Hammer, Hans Jörg, Hamburg*
- *Höcht, Gerhard, Hamburg*
- *Kockmann, Siegfried, Buxtehude*
- *Müller, Peter, Dr., Ammersbeck*
- *Rietz, Gert, Großhansdorf*
- *Witten, Peer, Dr., Hamburg*
- *Zaepfel, Martin, Hamburg*

Vorstandsbezüge 1994/95:
keine Angaben

des italienischen Versandunternehmens Postalmarket (mit einem Marktanteil von rund 50% mit Abstand die Nummer eins im italienischen Sortiments-Versandhandel). 1994 Gründung eines Versandhandelsunternehmens in Indien.
Als erster deutscher Versender führte Otto den Kauf rund um die Uhr sowie den 24-Stunden-Service für nahezu das gesamte Sortiment ein. 1994 brachte Otto als erstes deutsches Versandhandelsunternehmen den Katalog auf CD-Rom heraus.

BESITZVERHÄLTNISSE/EIGENTUMSSTRUKTUR.
- Otto AG für Beteiligungen, Hamburg (50%), die zu 100% den Familienstämmen Otto gehört
- E. Brost & J. Funke GmbH & Co. KG, Essen (25%)
- Gesellschaft für Handelsbeteiligungen mbH, Hamburg (15%), die zu 100% der GS Gesellschaft für Versandbeteiligungen m.b.H., Hamburg, gehört
- Kommanditgesellschaft Aurum, Beteiligungs- und Verwaltungs-GmbH & Co., Hamburg (10%)

KONZERNÜBERBLICK. Otto ist seit 1987 die größte Versandhandelsgruppe der Welt, gefolgt von Quelle und dem größten amerikanischen Versender JC Penny. Größte Einzelfirma ist das Stammhaus in Hamburg, der Otto Versand, ein Großversandhaus mit warenhausähnlichem Vollsortiment. Danach folgen die Fegro-Selgros-Gruppe und die Schwab-Gruppe. Größte Auslandsgesellschaften sind die US-Spiegel-Gruppe, die französische 3 Suisses-Gruppe und der britische Versender Grattan. Die Otto Versand-Handelsgruppe ist auf drei Kontinenten in insgesamt 16 Ländern mit 36 Versandhandelsunternehmen vertreten.
Mit den Versandhäusern Schwab (Mode für die Familie), Heine (höherwertiges Sortiment) und Witt (Spezialversender für Wäsche und Heimtextilien) sowie den Beteiligungen Alba Moda (hochwertige Textilien), Bon Prix (Discount), Sport Scheck (führend im Sportfachhandel und Sportreisebereich) sowie dem amerikanischen Unternehmen Eddie Bauer (Versand- und Stationäranbieter von Freizeit-, Sportswear und Outdoorfashion) deckt die Otto-Gruppe alle Marktsegmente im Bereich Mode ab. Die Schwab-Gruppe kam 1994/95 mit ihren Beteiligungen Otto Versand (Graz/Österreich), Otto BV (Tilburg/Holland), dem ungarischen Versandhaus Otto Katalogwarenhaus GmbH (Budapest/Ungarn) sowie Witt Weiden (Dietlikon/Schweiz) auf einen Umsatz von 2,1 Mrd. DM bei knapp 3.600 Beschäftigten. Die Heine-Gruppe, zu der die Gesellschaften Heinrich Heine (Karlsruhe), Sport Scheck (München), Alba Moda (Bad Salzuflen) und Eddie Bauer (Deutschland) gehören, brachte es 1994/95 mit knapp 2.200 Mitarbeitern auf 1,5 Mrd. DM. Der Otto Versand als Einzelgesellschaft kam 1994/95 auf einen Umsatz von 6,7 Mrd. DM.
Otto hat in den vergangenen Jahren mit strategischen Investitionen im Ausland massiv expandiert. Nachdem bereits in den 70er Jahren der französische Versandhandelskonzern 3 Suisses akquiriert und zu einem führenden französischen Versandhaus (ebenfalls führend in Belgien, Spanien und Portugal) ausgebaut werden konnte (Umsatz 1994/95: 12,6 Mrd. FF; Beschäftigte: 7.540), kamen in den 80er Jahren Beteiligungen an Together Ltd. London sowie am japanischen Handels-

haus Sumitomo (Weltumsatz 1995 des Warenhauskonzerns Sumitomo mit angeschlossenen Banken und Versicherungen 264 Mrd. DM) hinzu. In Tokio wurde das Versandhaus Otto-Sumisho gegründet, das 1994/95 auf einen Umsatz von 31,4 Mrd. Yen bzw. 422,0 Mio. DM kam. Der größte italienische Versender Postalmarket und der drittgrößte (Euronova) sind in Otto-Hand, Otto-Holland ist in den Niederlanden die Nummer eins, und in Großbritannien erwarb Otto 1991 die Mehrheit am viertgrößten britischen Versandhandelsunternehmen, Grattan. Grattan erzielte mit seinen verschiedenen Versandaktivitäten 1994/95 einen Umsatz von 508 Mio. £ bei knapp 3.300 Beschäftigten. Seit der Übernahme des amerikanischen Versandunternehmens Spiegel-Chicago, des heute zweitgrößten Versandunternehmens der USA, das 1988 noch den Spezialversender Eddie Bauer akquiriert hatte, und dem 1993 getätigten Erwerb des Versandunternehmens Newport News (USA) halten die Hamburger weltweit den ersten Platz in ihrer Branche. Umsatz 1994/95: 3,4 Mrd. US $. Spiegel ist in den USA der führende Spezialversender auf den Gebieten hochwertiger Mode, Bekleidung, Wohnen und Einrichten. Eddie Bauer ist im Sportswear- und Outdoor-Bereich, Newport News im Segment jüngere und preiswertere Damenoberbekleidung tätig.

Otto engagiert sich auch zunehmend im lukrativen Touristikbereich. Ziel ist es, mittelfristig in allen relevanten Segmenten des Reisemarktes vertreten zu sein, und die im Otto-Konzern vorhandenen Kundenpotentiale weitgehend auszuschöpfen durch Telefonverkauf, flächendeckende Reisebüro-Präsenz und Direktvermarktung exklusiver Reiseveranstaltungen. Seit 1995 ist der Reisebereich in der Otto Freizeit und Touristik GmbH, Hamburg, gebündelt. Otto-Reisen ist eine auf Verkauf per Telefon spezialisierte Vertriebsgesellschaft mit allen großen Reiseveranstaltern im Angebot. Dazu gehören die in Ostdeutschland größte Reisebürokette Reiseland mit 106 Reisebüros sowie Maris Reisen, ein von LTU und Otto Versand gegründeter Veranstalter für Pauschalreisen. Individualreisen, insbesondere den Verkauf preisgünstiger Flugtickets, bietet Otto über die 51%-Beteiligung an Travel Overlands.

Die Hauptverwaltung des Otto-Konzerns befindet sich in Hamburg, Warenverteilungszentren gibt es in Hamburg (kleinvolumige Artikel), Hanau/Langenselbold (hängende Konfektion), Karlsruhe (Teppiche, Porzellan, Kleinelektro), Burbach (Leuchten, Campingartikel, Unterhaltungselektronik), Löhne (Möbel, Großelektro), Ohrdruf, Thüringen (Möbel, Großelektro), Haldensleben, Sachsen-Anhalt (Textil). Der konzerneigene Hermes Versand Service bringt die Waren zum Kunden. Gemeinsam mit der Rewe Zentral AG & Co. oHG, Bad Homburg, betreibt Otto die oHG Fegro/Selgros Gesellschaft für Großhandel (mbH & Co.), Neu-Isenburg, mit 26 Märkten und einem Umsatz von über 2,6 Mrd. DM. Die Gesellschaft ist nach der Metro zweitgrößter deutscher C + C-Anbieter. Rund zwei Drittel des Katalogumsatzes stammt von Herstellern aus der Bundesrepublik, der Rest aus über 40 Ländern, besonders aus dem kostengünstigen Fern-

Aufsichtsrat:

- *Otto, Werner (Ehrenvorsitzender), Hamburg*
- *Hopmann, Karl-August (Vorsitzender), Aumühle*
- *Armbrust, Thomas, Reinbek*
- *Aschenbrenner, Urs, Dr., Hamburg*
- *Grotkamp, Günther, Essen*
- *Hagen, Egon, Dr., Hamburg*
- *Hansen, Horst, Ahrensburg*
- *Kraft, Heinrich, Dr., Hamburg*
- *Holthoff-Pförtner, Stephan, Essen*
- *Meckling, Ernst, Dr., Hamburg*
- *Stern, Dieter, Haan*

**Krützfeldt, Karl-Georg (stellv. Vorsitzender)*
**Friede, Hans-Dieter*
**Glaubitz, Jürgen, Dr.*
**Kimmerl, Georg*
**Kroneisen, Günter*
**Leuschel, Werner*
**Lipka, Rainer*
**Oltmann, Gisela*
**Schenk, Jürgen*
**Ziegler, Hildegard*

***Aufsichtsratstantiemen 1994/95:** keine Angaben*

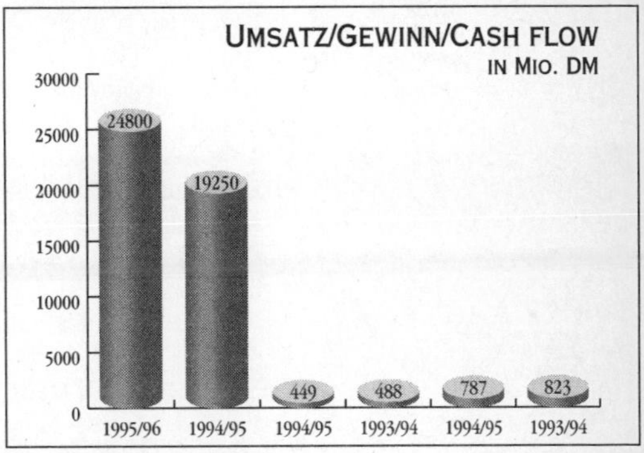

Umsatz 1995/96:
24.800,0 Mio.
(Otto-Handelsgruppe mit Spiegel-Gruppe)
Umsatz 1994/95:
19.250,0 Mio.
(Otto-Handelsgruppe mit Spiegel-Gruppe: 24.500,0 Mio.)
Umsatz 1993/94:
19.249,0 Mio.
(Otto-Handelsgruppe mit Spiegel-Gruppe: 23.791,0 Mio.)
Umsatz 1992/93:
17.286,0 Mio.
(Otto-Handelsgruppe mit Spiegel-Gruppe: 21.160,0 Mio.)

Gewinn 1994/95: *449,2 Mio.*
Gewinn 1993/94: *488,1 Mio.*
Gewinn 1992/93: *441,3 Mio.*

Cash flow 1994/95:
787,0 Mio.
Cash flow 1993/94:
823,0 Mio.
Cash flow 1992/93:
696,0 Mio.

Cash flow: *Überwiegend Investitionen des Otto Versands sowie die Rückführung von Finanzschulden.*

Steueraufkommen 1994/95:
165,4 Mio.

Grund- bzw. Stammkapital 1994/95: *745,0 Mio.*

ost mit Hongkong, Taiwan und Korea. Der Versand unterhält über 30 Einkaufsbüros in den bedeutendsten Lieferländern. Günstig für die Versender aus Hamburg: Flexible Importe und schnelle Lieferungen aus ihren Warenverteilungszentren sind möglich dank einer optimalen Nutzung der neuesten Kommunikationstechnologien. Der 24-Stunden-Lieferservice für nahezu alle Artikel des Sortiments nach dem Motto »heute bestellt, morgen geliefert« ist im Versandhandel einmalig. Hinzu kommen jetzt die Kataloge auf CD-Rom (der erste interaktive Versandhandelskatalog Deutschlands), Angebote in T-Online/Bildschirmtext und im Internet sowie die Beteiligung an den maßgeblichen Pilotprojekten zum interaktiven Fernsehen.

BETEILIGUNGEN. In den Konzernabschluß von Otto wurden 1995 neben dem Otto Versand 42 inländische und 79 ausländische Unternehmen einbezogen. Otto gehört das zweitgrößte Versandhandelsunternehmen der USA, die Spiegel Inc., Chicago/USA, mit den Gesellschaften Eddie Bauer und Newport News.
Seit dem Zusammenbruch der sozialistischen Planwirtschaften hat der Otto Versand Versandaktivitäten in Osteuropa. In den polnischen und ungarischen Markt stieg Otto über Beteiligungen an bereits bestehenden Unternehmen ein. Die weltweite Expansion im Versandhandel bleibt weiterhin der zentrale Entwicklungsschwerpunkt des Otto Versand. Ganz oben auf der Otto-Prioritätenliste: die ostasiatischen Länder China, Taiwan, Indien und Südkorea. Im August konnte Otto verkünden, als erstes ausländisches Unternehmen für ein Versandgeschäft in China eine Genehmigung erhalten zu haben. Geplant ist ein Gemeinschaftsunternehmen mit der Shanghai Cheer Group, einer großen Einzelhandelsgesellschaft. Der erste Katalog in China soll 1997 herauskommen. Die wichtigsten Beteiligungsgesellschaften im In- und Ausland sind den Seiten 406 – 407 zu entnehmen.

NEUE BUNDESLÄNDER. Nach dem Fall der Mauer nutzte Otto die Chance zur schnellen Expansion in den neuen Bundesländern. Mit hohen Investitionen in die zwei neuen Versandzentren in Ohrdruf und Haldensleben wurde eine erhebliche Effizienzsteigerung der gesamten Logistik erreicht. In das Versandzentrum Haldensleben, das Ende 1994 in Betrieb genommen wurde und in der ersten Ausbaustufe jährlich rund 60 Mio. Artikel umschlägt, wurden über 400 Mio. DM investiert. Ende 1995 arbeiteten in Haldensleben über 1.000 Mitarbeiter. Durchschnittliche Auftragspositionen pro Tag: 240.000. Seit der Wiedervereinigung hat der Otto Versand in Ostdeutschland 1,3 Mrd. DM investiert und rund 5.400 neue Arbeitsplätze geschaffen.

STANDORT DEUTSCHLAND. Der Vorstandsvorsitzende des Otto Versand, Michael Otto, sieht sein Unternehmen als der einzige weltweit operierende »Global Player« des Versandhandels. Die Otto-Strategie: »Multiplikation der eigenen Stärke.« Mit 36 Versandunternehmen ist die Otto-Handelsgruppe nunmehr in 16 Ländern Amerikas, Asiens und Europas präsent und äußerst erfolgreich. Die Wachstumsschwerpunkte des Konzerns sollen auch weiter im Ausland liegen, nicht zuletzt als Risikoausgleich in schwierigen Zeiten. Der Auslandsanteil am Weltumsatz lag 1994/95 bei 49%; Otto beschäftigt im Ausland über 26.000 Mitarbeiter. Unter der Überschrift »Höchster In-

ternationalisierungsgrad in der Branche sichert weltweiten Wettbewerbsvorsprung« schreibt Otto zu seiner ungebrochenen Expansionspolitik: »Bevorzugt wird der Erwerb strukturell gesunder Unternehmen, die in konjunkturell schwierigen Zeiten in Not geraten sind, zu einem vernünftigen Preis, um sie durch Nutzung von Konzernsynergien und die Übertragung internationalen Management Knowhows zügig zu sanieren und in die nachhaltige Expansion zu führen. Diese Möglichkeit hat die Otto-Handelsgruppe sowohl bei der Erschließung der europäischen Märkte wie des amerikanischen Versandhandelsmarktes genutzt.« Und wo auf diese Weise nichts zu holen ist, gründet Otto neu, am liebsten mit Partnern vor Ort in der Form von Joint-ventures. In den jeweiligen Märkten profitieren die Unternehmen der Otto-Gruppe vom weltweiten Verbund der für den Versandhandel so entscheidenden Bereiche Einkauf, Marketing und Werbung, EDV, Logistik und Qualitätssicherung.
Neben den internationalen Aktivitäten setzt Otto aber, unterstrichen durch die Inbetriebnahme der zwei ostdeutschen Versandzentren in Ohrdruf und Haldensleben, ganz auf den Standort Deutschland mit seinen lukrativen Versandhausgeschäften. Obwohl auch Otto klagt: Schließlich fehlt ein Teil der für den Solidaritätszuschlag oder die Pflegeversicherung ausgegebenen Beträge in den Otto-Kassen. Es wird auch überall da diversifiziert, wo man sich bei Otto Synergien verspricht. Sport Scheck eröffnete beispielsweise 1996 weitere Geschäfte, seit Herbst 1995 bietet Eddie Bauer seine Freizeit- und Outdoormode über eigenständige Kataloge in Deutschland an, erste Geschäfte im typischen Eddie-Bauer-Design eröffnen im Herbst 1996.

»BÜNDNIS FÜR ARBEIT«. Das Thema ist bei Otto intensiv in der Diskussion. Vor allem sind Aktivitäten für mehr Ausbildungsplätze und Altersteilzeit geplant. Bezüglich der verschiedenen Arbeitszeitmodelle ist beim Otto Versand bereits eine außerordentlich hohe Flexibilität über individuelle Vereinbarungen erreicht worden. Mit 560 Auszubildenden lag Otto 1995 um 7% über dem Vorjahr.

UMWELTSCHUTZ. Otto hebt seine Umweltverantwortung an vorderer Stelle heraus und baut auf ganzheitlichen Umweltschutz. Die Umweltstrategie: die ökologische Optimierung aller Betriebsabläufe, des Sortiments und der logistischen Systeme. Alle Schritte und Maßnahmen des Otto Versands sind unter umweltrelevanten Gesichtspunkten zu überprüfen. Umweltfreundliche Produkte, FCKW- und FKW-freie sowie energiesparende technische Geräte, kreislauftaugliche Produkte, Verzicht auf Chlorbleiche, Verpackungsvermeidung (Recycling, Mehrwegbehälter), umweltfreundliches Papier bzw. Recyclingpapier für die Katalogherstellung und die Verlagerung von der Straße auf umweltverträgliche Verkehrsmittel innerhalb der Logistik sind Schwerpunkte. Otto verfügt über eine zentrale Umweltabteilung, über ein Umwelt-Controlling und ein Umweltberichtswesen. Das Textilsortiment wird ständig auf ökologische Aspekte hin analysiert. Ein jährlich erscheinender Umweltbericht dokumentiert die durchgeführten Maßnahmen und gibt Ziele für die Zukunft vor. Ein Beispiel: Im Verpackungsbereich sollen 1996 insgesamt 1.000 Tonnen Verpackungsmaterial eingespart werden. Gleichzeitig soll im Katalogdruck bis 1997 der Anteil der Papiere mit Recyclinganteil von heute 40% auf 70% aller Ange-

Beschäftigte 1995/96: *54.000 (weltweit)*
Beschäftigte 1994/95: *54.000 (weltweit); Otto Versand-Konzern: 39.817*
Beschäftigte 1993/94: *47.000 (weltweit); Otto Versand-Konzern: 37.668*
Beschäftigte 1992/93: *44.000 (weltweit); Otto Versand-Konzern: 34.653*

Umsatz pro Mitarbeiter 1994/95: *483.462,– DM*
Umsatz pro Mitarbeiter 1993/94: *511.000,– DM*
Umsatz pro Mitarbeiter 1992/93: *499.000,– DM*

Löhne und Gehälter 1994/95: *1.903,5 Mio.*
Löhne und Gehälter 1993/94: *1.785,2 Mio.*
Durchschnittsgehalt 1994/95: *35.250,– DM*
Soziale Abgaben und Aufwendungen 1994/95: *451,2 Mio.*
Soziale Abgaben und Aufwendungen 1993/94: *417,5 Mio.*

WESENTLICHE KONZERNUNTERNEHMEN

100% **SCHWAB VERSAND, AKTIENGESELLSCHAFT**, Hanau
Kap. DM 68 763 600

JOSEF WITT GMBH, Weiden
Kap. DM 20 000 000 — 100%

RAINBOW VERSANDHANDELS-GESELLSCHAFT MBH, Hanau
Kap. DM 7 000 000 — 100%

100% **HANDELSGESELLSCHAFT HEINRICH HEINE GMBH**, Karlsruhe
Kap. DM 80 000 000

ALBA MODA GMBH, Bad Salzuflen
Kap. DM 10 000 000 — 100%

SPORT-SCHECK GMBH, München
Kap. DM 15 000 000 — 100%

HELLINE BETEILIGUNGS GMBH, Karlsruhe
Kap. DM 10 000 000 — 100%

100% **BON PRIX HANDELSGESELLSCHAFT MBH**, Hamburg
Kap. DM 30 000 000

100% **OTTO REISEN GMBH**,[2] Hamburg
Kap. DM 400 000

63% **REISELAND GMBH**,[2] Northeim
Kap. DM 200 000

51% **KG MARIS REISEN GMBH & CO.**,[2] Hamburg
Kap. DM 1 000 000

50% **FCB FREIZEIT-CLUB BETREUUNGS-GMBH & CO.**, Stuttgart
Kap. DM 50 000

50% **OHG FEGRO/SELGROS GESELLSCHAFT FÜR GROSSHANDEL MBH & CO.**, Neu-Isenburg
Kap. DM 40 000 000

100% **OTTO-VERSAND GMBH**, Graz/Österreich
Kap. ÖS 140 000 000

50% **OTTO B.V.**, Tilburg/Niederlande
Kap. HFL 25 000 000 — 50%

100% **OTTO KATALOGUSARUHAZ KFT**, Budapest/Ungarn
Kap. HUF 870 000 000

EURONOVA S.R.L., Vigliano Biellese/Italien
Kap. LIT 15 000 000 000 — 100%

GRANDE DISTRIBUZIONE AVANZATA S.P.A., S. Bovio di Peschiera Borromeo/Italien
Kap. LIT 14 000 000 000 — 98%

100% **GRAN DISTRIBUCION AVANZADA ESPANOLA S.A.**, Barcelona/Spanien
Kap. PTA 1 128 780 000

100% **HEINRICH HEINE HANDELS-GESELLSCHAFT AG**, Dietlikon/Schweiz
Kap. SFR 100 000

100% **OTTO SP. Z O.O.**,[2] Lodz/Polen
Kap. ZL 150 100

GRATTAN PLC, Bradford/Großbritannien
Kap. £ 64 649 197 — 84%

80% **ARCADIA INTERNACIONAL S.A.**, Barcelona/Spanien
Kap. PTA 10 000 000

100% **NORTHSIDE INSURANCE COMPANY LTD.**, St. Peter Port/Guernsey
Kap. £ 200 000

TOGETHER LTD., London/Großbritannien
Kap. £ 100 002 — 50%

TOGETHER PRODUCTION LTD., Hong Kong
Kap. HK$ 4 000 000 — 60%

OTTO-SUMISHO INC., Tokio/Japan
Kap. YEN 7 150 000 000 — 51%

70% **EDDIE BAUER JAPAN INC.**, Tokio/Japan
Kap. YEN 2 000 000 000

OTTO-BURLINGTONS MAIL ORDER PVT. LTD.,[2] Neu Delhi/Indien
Kap. RS 100 000 000 — 51%

OTTO

- 50% **3 SUISSES INTERNATIONAL S.A.,** Croix/Frankreich, Kap. FF 106 711 300
  - 91% **3 SUISSES FRANCE S.A.,** Croix/Frankreich, Kap. FF 28 334 805
  - 100% **LA BLANCHE PORTE S.C.S.** (Civad et Cie), Tourcoing/Frankreich, Kap. FF 15 000 000
  - 100% **BECQUET S.A.,** Armentières/Frankreich, Kap. FF 6 000 000
  - 100% **VPC PROMOTION S.A.,** Croix/Frankreich, Kap. FF 1 100 000
  - 100% **3 SUISSES EXEMPLAIRE S.A.,** Paris/Frankreich, Kap. FF 4 250 000
  - 50% **BEAUTE CREATEURS S.A.,** Paris/Frankreich, Kap. FF 4 080 000
  - 100% **SAINT BRICE S.A.,** Orcq-les-Tournai/Belgien, Kap. BF 96 816 000
  - 100% **3 PAGEN VERSAND UND HANDELSGESELLSCHAFT MBH,** Alsdorf-Hoengen, Kap. DM 3 400 000
  - 100% **3 PAGEN HANDELSGESELLSCHAFT MBH,** Hallein/Österreich, Kap. ÖS 7 000 000
  - 100% **VENTA CATALOGO S.A.,** Vilanova i la Geltru/Spanien, Kap. PTA 375 000 000
  - 100% **BEYELA S.A.,** Barcelona/Spanien, Kap. PTA 1 197 000 000
  - 100% **CID S.P.A.,** Mailand/Italien, Kap. LIT 4 500 000 000
  - 100% **VPC PORTUGAL LDA.,** Amorada/Portugal, Kap. ESC 75 000 000
  - 80% **COFIDIS S.A.,**[1] Wasquehal/Frankreich, Kap. FF 240 255 000
  - 66% **BANQUE COVEFI S.A.,**[1] Croix/Frankreich, Kap. FF 80 000 000
  - 100% **ALFIGEN S.A.,**[1] Brüssel/Belgien, Kap. BF 121 250 000
  - 85% **FINADIS S.A.,**[1] Madrid/Spanien, Kap. PTA 700 000 000

- 100% **KG HERMES VERSAND SERVICE G.M.B.H. & CO.,** Hamburg, Kap. DM 1 000 000
- 100% **HERMES VERSAND SERVICE BERLIN G.M.B.H.,** Berlin, Kap. DM 50 000
- 100% **HERMES TECHNISCHER KUNDENDIENST GMBH & CO.,** Hamburg, Kap. DM 1 000 000
- 100% **CORSO HANDELSGESELLSCHAFT MBH,** Hamburg, Kap. DM 100 000
- 100% **OKTAVIA GESELLSCHAFT FÜR BEKLEIDUNG MBH,** Hamburg, Kap. DM 100 000
- 100% **MEDIA HANDELSGESELLSCHAFT MBH,** Hamburg, Kap. DM 50 000
- 100% **OTTO-VERSAND INTERNATIONAL GMBH,**[3] Hamburg, Kap. DM 150 000
- 100% **HANSEATIC VERSICHERUNGSDIENST GMBH,** Hamburg, Kap. DM 500 000
- 100% **HANSEATIC BANK GMBH & CO,**[1] Hamburg, Kap. DM 95 000 000

[1] in den Konzernabschluß einbezogen nach der Equity-Methode

[2] in den Konzernabschluß nicht einbezogen

[3] Dachgesellschaft der Importorganisation

Investitionen 1994/95:
1.153,0 Mio.
Investitionen 1993/94:
492,0 Mio.
Investitionen 1992/93:
347,0 Mio.

Mitbewerber: *Cecile, Fingerhut, Great Universal Stores, JC Penny, La Redoute, Littlewoods, Metro, Neckermann, Quelle, Senshukai*

botsträger steigen. Natürlich läßt sich mit dem gestiegenen Umweltbewußtsein der Bevölkerung auch ein gutes Geschäft machen. Die Umweltmarke »future collection« aus dem Modeangebot mit umweltschonender und hautverträglicher Kleidung ist dafür ein Beispiel. Mit über 1.000 Artikeln ist der Otto Versand einer der stärksten Anbieter von Öko-Moden in Deutschland. Die 1993 gegründete Michael Otto Stiftung für Umweltschutz engagiert sich im Umwelt-Sponsoring. Projekte: der Schutz des Weißstorches und der Schutz der Elbe mit ihren Ökosystemen. Mit einem Betrag von rund 1,5 Mio. DM versteht Otto sich als einer der größten privaten Umwelt-Sponsoren Deutschlands.

»OTTO ... FIND' ICH GUT.« Auch ohne Datenautobahn: Mit jährlich über 500,– DM Umsatz pro Kopf sind die Deutschen weltweit die Versandhandels-Nation Nummer eins (vor den USA). Der Anteil der Käufe per Katalog am Einzelhandelsumsatz in der Bundesrepublik beträgt knapp 5%. Als erster Versender hat Otto seit Sommer 1991 seinen Kunden die Möglichkeit geschaffen, rund um die Uhr, sogar an Wochenenden, zu bestellen. Damit dürfte keine Nation der Welt den Deutschen den Rang ablaufen: Sie bleiben auch in Zukunft die Nation, die weltweit am meisten per Katalog einkauft.
Versandhandel in der Bundesrepublik: Knapp 70% der Haushalte haben mindestens einen Katalog. Die fünf größten Versandhäuser bestreiten rund 50% des gesamten Versandhandelsumsatzes. Die Versandhandelskunden sind heute gleichermaßen auf Stadt und Land verteilt. Der typische Otto-Kunde ist weiblich. Zwei Drittel Frauen und ein Drittel Männer bestellen beim Otto Versand in Hamburg. Die meisten Kunden des Otto Versandes sind Frauen im Alter zwischen 20 und 50 Jahren, verheiratet, meist Mütter, oft berufstätig. Bei den Deutschen ist Otto mit seinen Katalogen von mehr als 3.800 Seiten pro Halbjahr einsamer Marktführer. Die jährliche Gesamtauflage der Otto-Kataloge beträgt rund 65 Millionen Exemplare. Die Gesamtauflage aller Kataloge der Otto-Gruppe liegt bei ca. 350 Millionen im Jahr. Insgesamt verschicken die Unternehmen der Otto-Handelsgruppe halbjährlich weltweit rund 600 verschiedene Kataloge an ihre Kunden. Der Otto-Hauptkatalog ist ein Warenschaufenster, das 50.000 Artikelpositionen auf mehr als 1.300 Seiten präsentiert. Dazu gibt es über 30 Spezialkataloge.

PHILIPS

Standort:
Steindamm 94
20099 Hamburg

Postanschrift:
Postfach 10 02 29
20001 Hamburg

GESCHICHTE UND ENTWICKLUNG. 1926 Gründung der Deutschen Philips GmbH in Berlin, alleinige Gesellschafterin: N.V. Philips' Gloeilampenfabrieken, Eindhoven/Niederlande. 1927 Übernahme der Firma C.H.F. Müller, Hamburg, und ihrer Radio-Röhren-Fabrik GmbH »Valvo«. Erste Röhren mit Thoriumfaden; Valvo als Markenzeichen auf allen Röhren. 1930 Gründung dreier Tochterfabriken: Osram Philips Neon AG, Philips Leuchten GmbH und Philips Röntgen GmbH. Mit der Übernahme von C.H.F. Müller wurde Valvo eine Philips-Marke. Philips expandierte und besaß in Deutschland

zahlreiche Produktionsstätten. 1939 Gründung der Allgemeinen Deutschen Philips Verwaltungs GmbH zur Wahrung der Rechte der Muttergesellschaft in Deutschland. Umstellung großer Teile der Philips-Produktion auf Kriegsbedarf. 1942 Umbenennung der Deutsche Philips GmbH in Philips-Valvo-Werke GmbH; die Deutsche Philips GmbH und die Radio-Röhren-Fabrik wurden durch Umwandlung zusammengeschlossen. 1943 kam Philips in Berlin und in Eindhoven unter »Feindverwaltung«. In Berlin stellten Telefunken und Osram die »Verwalter«. Starke Zerstörungen zahlreicher Produktionsstätten und des Verwaltungsgebäudes der Philips Valvo Werke GmbH.
1945 Instandsetzung der stark zerstörten Radioapparatefabrik Aachen und Ausbau zur Glühlampenfabrik. 1946 Übersiedelung der Philips von Berlin nach Hamburg. 1949 Aufnahme von Schallplatten in das Vertriebsprogramm. 1951 Umbenennung von »Philips-Valvo-Werke GmbH« in »Deutsche Philips GmbH«. 1954 Umfirmierung der Allgemeine Deutsche Verwaltungs GmbH in Allgemeine Deutsche Philips Industrie GmbH (Alldephi) und Neustrukturierung des Konzerns. 1969 beschäftigte Philips Deutschland über 31.000 Mitarbeiter, der Umsatz stieg auf knapp 2 Mrd. DM. Zahlreiche Akquisitionen innerhalb der Bundesrepublik; Ausdehnung auf den gesamten Elektronikmarkt.
1974 Verschmelzung von 13 Philips-Firmen auf die Deutsche Philips GmbH, die sich in Philips GmbH umfirmierte. 1982 Übernahme von 70% an der »Felten & Guilleaume Carlswerk AG« durch die Alldephi; Zusammenführung aller Aktivitäten auf dem Gebiet der Kommunikationstechnik in der Philips Kommunika- tions Industrie AG in Nürnberg. 1986 Umwandlung der Felten & Guilleaume Energietechnik in eine Aktiengesellschaft mit anschließendem Verkauf über die Börse. Ende 1989 Verschmelzung der Philips GmbH auf die Alldephi bei Umfirmierung der Alldephi in Philips GmbH. Seit 1989 Beherrschungs- und Gewinnabführungsvertrag der Philips Kommunikations Industrie AG (96%) mit der Philips GmbH.

BESITZVERHÄLTNISSE/EIGENTUMSSTRUKTUR.

● Philips Electronics N.V., Eindhoven/Niederlande (100%)

KONZERNÜBERBLICK. Einen wesentlichen Anteil am Umsatz des bedeutenden niederländischen Konzerns haben die deutschen Philips-Unternehmen. Ihre Aktivitäten sind mit Ausnahme von AEG Licht, Grundig, Philips Media und PolyGram, die direkt beim Mutterkonzern in Eindhoven konsolidiert werden, unter dem Dach der Philips GmbH, Hamburg, bzw. deren Tochtergesellschaften organisiert. Hauptsitz ist Hamburg, wo sich auch vier Werke befinden. In Aachen befinden sich drei Werke und die deutsche Forschungszentrale, Wetzlar ist der Sitz von Philips Car Systems. Hinzu kommen weitere industrielle Standorte und zahlreiche Niederlassungen.
Das Unternehmen ist tätig in der Entwicklung und Herstellung, im Vertrieb, der Vermietung, Montage und Wartung von Erzeugnissen und technischen Anlagen sowie Software jeder Art, insbesondere unter der Bezeichnung »Philips«. In der Philips GmbH sind die Unternehmensbereiche Licht, Consumer Electronics, Consumer Communications, Car Systems, Dialogue Systems, Video Communications, Elektro-Hausgeräte, Components, Semiconductors, Medizin Systeme und Busi-

Telefon: *(040) 2899-0*
Telex: *217 013-0 ph d*
Telefax: *(040) 2899-2829*

Branche: *Elektrotechnik; Elektronik*

Rechtsform: *Gesellschaft mit beschränkter Haftung (GmbH)*

Geschäftsjahr: *1.1.-31.12.*

Gründungsjahr: *1926*

Öffentlichkeitsarbeit:
Dr. Gerd Götz
Tel.: (040) 2899-2215
FAX: (040) 2899-2971

Verbände: *Zentralverband Elektrotechnik- und Elektroindustrie e.V., Frankfurt/Main, und dessen Fachabteilungen; Deutsches Institut für Normung (DIN), Berlin*

Vorstand/ Geschäftsführung:
- *Schmidt, Manfred, Dr. (Vorsitzender)*
- *Horak, Diethelm*
- *Punte, Wim J.R.J.*

Geschäftsführer:
- *Draheim, P., Dr.*
- *Muyres, F.*
- *Willmy H.*
- *Zwerner, G.*

Bezüge des Vorstandes und der Geschäftsführung 1995: *3.703.000,– DM*

ness Communications zusammengefaßt. Philips betreibt Forschung und Dienstleistungen in allen Bereichen. Die Philips GmbH gliedert sich in die Bereiche Konsumgüter, Bauelemente, Investitionsgüter und den Sektor Forschung.

◆ Zum Bereich Konsumgüter gehören die Philips Licht (Lampen, Leuchten, Batterien aller Art) mit dem Glühlampenwerk Aachen und der Metallwarenfabrik Bonn; die Philips Consumer Electronics (Unterhaltungselektronik; Fernseher, Video, Hifi, Multimedia) mit dem Philips GmbH Tuner-Werk Krefeld, dazu Hör-Systeme, Hamburg, und Diktiersysteme, Hamburg; Philips Car Systems (Autoradios, Auto-CD-Spieler, Lautsprecher) mit der Philips GmbH Apparatefabrik Wetzlar; Philips Elektro-Hausgeräte (alle Arten). Die Philips Broadcast Television Systems GmbH in Griesheim (bei Darmstadt) produziert Fernsehkameras, Magnetbandaufzeichnungsanlagen, Filmabtaster, Servers, Bildmisch- und Schalteinrichtungen für Sendeanstalten, Planung und schlüsselfertige Ausstattung von Studios für Sendeanstalten und Produktionshäuser. Die Narva Speziallampen GmbH, Plauen, ist auf Fahrzeuglampen und Speziallampen spezialisiert. Umsatz 1995: 3.170,0 Mio. DM (Vorjahr: 2.992,0 Mio.).

◆ Der Bereich Bauelemente gliedert sich in die Philips Components (Röhren und Bauteile, Mikroelektronik) mit der Bildröhrenfabrik Aachen und der Glasfabrik Aachen, dem Mikroelektronik-Module-Werk, Krefeld, den Automotive Playback Modules, Wetzlar, sowie dem Werk für elektronische Bauelemente, Hamburg. Die Philips Semiconductors ist spezialisiert auf integrierte Schaltungen und diskrete Halbleiter mit den Röhren- und Halbleiterwerken in Hamburg. Hinzu kommt die Dr. Bernhard Beyschlag Apparatebau GmbH mit dem Werk Heide (Metallschichtwiderstände). Umsatz 1995: 3.605,0 Mio. DM. (Vorjahr: 2.791,0 Mio.).

◆ Der Bereich Investitionsgüter unterteilt sich in die Philips Industrial Electronics mit Tochtergesellschaften (Meß- und Regeltechnik für die Wärme- und Verfahrenstechnik, Analysengeräte für Industrie und Umweltschutz) sowie den Hamburger Werken für Meßtechnik und Industrie-Röntgentechnik. Die Philips Medizin Systeme in Hamburg (Röntgeneinrichtungen, Thomographen, Ultraschallgeräte) produzieren im Werk für Medizinisch-Technische Systeme, Hamburg, und im Fernmeldewerk Bautzen. Im Bereich der Umstrukturierung des Bereiches Kommunikationssysteme und dem Verkauf der Aktivitäten für öffentliche Netzwerke an AT&T übertrug 1995 die Philips Kommunikations Industrie AG (PKI) ihre Aktivitäten an die Philips Electronics N.V., die dann im Paket mit Aktivitäten aus anderen Ländern an AT&T veräußert wurden. Die verbliebenen Teile der PKI wurden in die Philips GmbH integriert. Dabei handelt es sich um die Bereiche Bürokommunikation, GSM-Handies, Bündelfunk und das Werk in Bautzen. Die Philips GmbH führt die Aktivitäten in den neu geschaffenen Zweigniederlassungen Philips Business Communications (Unternehmensbereich der Philips GmbH), Philips Consumer Communications (Unternehmensbereich der Philips GmbH), Philips GmbH Zweigniederlassung Fernmeldewerk Bautzen und Communications Systems Services (Zweigniederlassung der Philips GmbH). Umsatz 1995: 2.519,0 Mio. DM (Vorjahr: 2.356,0 Mio.).

Ein Schwerpunkt der deutschen Philips-Unternehmen liegt auf dem Sektor Forschung. In diesem Bereich arbeiteten 1995 3.100 Mitar-

beiter, 15% der Belegschaft. Zum Bereich Forschung gehören die Forschungslaboratorien Aachen/Hamburg: Forschung auf den Gebieten Lichterzeugung, Werkstoffe der Elektronik und ihre Anwendungen, Bilderzeugung und Bildverarbeitung für medizinische Systeme, Kommunikationstechnik, physikalisch-chemische Produktionstechnologien, Leistungselektronik, elektrische Antriebe. 1995 wurden für Forschung und Entwicklung 6% vom Umsatz aufgewendet.
Nicht zur Philips GmbH zählt die Schallplattenfirma Polygram GmbH mit ihren Repertoire-Gesellschaften Polydor, Phonogram, Metronome, Motor Music und Deutsche Grammophon, die bei der Muttergesellschaft konsolidiert wird. Gleiches gilt für den Grundig-Konzern.

BETEILIGUNGEN. Zu den wichtigsten deutschen Philips-Unternehmen gehören neben den Werken der Philips GmbH:
Philips Kommunikations Industrie AG, Nürnberg (96%); Philips Broadcast Television Systems GmbH, Darmstadt (100%); iR3 Video International GmbH, Nürnberg (65%); iR3 Video Technologies GmbH, Hamburg (100%); Philips Industrial Electronics Deutschland GmbH, Hamburg (100%); Philips GmbH Röhren und Halbleiterwerke, Hamburg (100%); Philips Wägetechnik GmbH, Hamburg (100%); Philips Industrial X-Ray GmbH, Hamburg (100%); PDO Media GmbH & Co. KG, Wiesbaden (67%); Dr. Bernhard Beyschlag Apparatebau GmbH, Heide (100%); Kandem Leuchten GmbH, Hamburg (100%); MARANTZ GmbH, Hamburg (100%); Industrie-Spedition GmbH, Mönchengladbach (100%); NARVA Speziallampen GmbH, Plauen (100%); Kandem Leuchten GmbH, Hamburg (100%); Philips Car Systems International GmbH, Wetzlar (100%); SMST SubMicron Semiconductor Technologies GmbH, Böblingen (51%); Bankgeschäft Heinrich Behncke GmbH, Hamburg (44%); Philips Mietsystem GmbH, Hamburg (42%); prompt! Medizinische Informationssysteme GmbH, Hamburg (40%); PMA Prozeß- und Maschinen-Automation GmbH, Kassel (76%); Speziallampenfabrik Dr. Fischer GmbH, Dornburg-Dorndorf (20%); Grundig AG, Fürth (7,1%); Philips Lighting spol.sr.o., Prag/Tschechien (100%); Philips Lighting Slovakia spol.sr.o., Bratislava/Slowakei (100%); PMS Services ISC, Moskau/Rußland (97,6%).

NEUE BUNDESLÄNDER. Im Bereich Kommunikationssysteme übernahm Philips von der Treuhandanstalt die RFT Fernmeldewerk GmbH i.A. Bautzen. Die Gesellschaft wurde dann in Philips Fernmeldewerk GmbH umbenannt und 1993 in die Philips Kommunikations Industrie AG integriert. Von der Treuhandanstalt wurde auch die Narva Glühlampenwerk Plauen GmbH übernommen, die jetzt NARVA Speziallampen GmbH heißt. Im Rahmen des Verkaufs der Philips Kommunikations Industrie AG an AT&T wurden die restlichen Bereiche der PKI, u. a. das Fernmeldewerk Bautzen, das als eigenständige Gesellschaft nicht mehr lebensfähig schien, in die Philips GmbH integriert.

STANDORT DEUTSCHLAND. Nachdem der niederländische Philips-Konzern Anfang der 90er Jahre (das Geschäftsjahr 1990 schloß Philips mit einem Nettoverlust von 4,2 Mrd. Gulden ab) in eine tiefgreifende wirtschaftliche Krise geraten war, legte der Welt-Vorstand ein radikales Sanierungskonzept vor, die Operation »Centurion«. Diesen »Revitalisierungsprozeß«, dem bis 1994 mehr als 50.000 Arbeits-

Aufsichtsrat:
- *Asche, Klaus, Dr. (Vorsitzender)*
- *Bossers, Cornelis*
- *Busacker, Karl-Heinz*
- *Hagmeister, Heinz W.*
- *Lorenz, Gert, Prof. Dr.*
- *Schakel, Jacob Herman*
- *Subjetzki, Klaus*
- *Tamm, Peter*
- *Wagener, Dietrich, Dr.*
- *Wöbcke, Hans-Otto*

**Meijer, Frans (stellv. Vorsitzender)*
**Barnbeck, Gunter*
**Hansel, Herbert*
**Hornig, Stefan*
**Kollecker, Uwe*
**Manns, Joachim*
**Meister, Ute*
**Rothkrantz, Walter*
**Welzmüller, Rudolf, Dr.*
**Wesemann, Horst*

Aufsichtsratstantiemen 1995: *246.000,– DM*

Umsatz 1995: 9.413,2 Mio.
Umsatz 1994: 8.230,4 Mio.
Umsatz 1993: 8.421,2 Mio.

Gewinn/Verlust 1995:
26,5 Mio.
Gewinn/Verlust 1994:
– 6,5 Mio.
Gewinn/Verlust 1993:
– 399,5 Mio.

Steueraufkommen 1995:
5,5 Mio.

Grund- bzw. Stammkapital
1995: 1.150,0 Mio.

Beschäftigte 1995: 21.300
Beschäftigte 1994: 21.100
Beschäftigte 1993: 23.500
(Beschäftigte 1992: 28.600)

Umsatz pro Mitarbeiter
1995: 441.934,– DM
Umsatz pro Mitarbeiter
1994: 390.066,– DM
Umsatz pro Mitarbeiter
1993: 358.349,– DM

Löhne und Gehälter 1995:
1.703,0 Mio.
Löhne und Gehälter 1994:
1.587,0 Mio.
Durchschnittsgehalt 1995:
79.953,– DM
Soziale Abgaben und
Aufwendungen 1995:
378,0 Mio.
Soziale Abgaben und
Aufwendungen 1994:
350,0 Mio.

Bezüge pro Mitglied der
Geschäftsführung 1995:
529.00,– DM
Tantiemen pro Aufsichtsrat
1995: 12.300,– DM

plätze zum Opfer fielen, ließen sich die Holländer weltweit 6 Mrd. DM kosten. Nach 1995 nahm die Mitarbeiterzahl wieder vorsichtig zu. Die Geschäftsfelder Computer, Kabel und Rüstungsindustrie wurden völlig aus dem Portfolio genommen. 1994 brachte es Philips weltweit bereits wieder auf über 2 Mrd. DM Gewinn. Im Sommer 1996 dann aber die neuerliche Ankündigung von einem geplanten Abbau von 6.000 Stellen weltweit. Bei der Sanierung des angeschlagenen Philips-Konzerns mußte die Deutsche Philips, eines der Hauptsorgenkinder der Holländer, einen gewaltigen Beitrag leisten. Durchgreifende Rationalisierungsmaßnahmen an den deutschen Standorten führten zu sinkenden Personalaufwendungen und Ertragssteigerungen in den Unternehmen. Die Zahl der Beschäftigten wurde bei den deutschen Philips-Unternehmen seit 1990 um knapp 10.000 Stellen reduziert.

Bereits 1993 gab es einschneidende Maßnahmen: Wegen der hohen Fertigungskosten in Deutschland – so der Vorstand – wurde die Leuchtenproduktion von Köln nach Winterswijk in Holland und die bisher in Berlin erfolgte Rasierermontage in das Rasierer-Stammwerk in Drachten verlagert. Die Produktionen in Köln und Berlin wurden eingestellt. Nachdem die Tochter der Deutschen Philips, die Nürnberger Philips Kommunikations Industrie AG (PKI), auf Weisung der Holländer bereits bis Ende 1995 knapp 2.000 Arbeitsplätze in Nürnberg und Bautzen (für die Regionen mit teilweise verheerenden Folgen) gestrichen hatte, wurden im Zusammenhang mit der weltweiten Umstrukturierung der Kommunikationssysteme die Netzaktivitäten von PKI an die AT&T Network Systems verkauft. Die restlichen PKI-Bereiche mit rund 8.500 Beschäftigten – Bürokommunikation, GSM-Handies, Bündelfunk und das Werk Bautzen – wurden in andere Konzernbereiche eingegliedert (siehe Konzernüberblick). Die Fertigung von Mobilfunkgeräten und schnurlosen Telefonen wurde bereits 1994 eingestellt. Mitte 1996 gab Philips die Schließung des Werkes für Videorecorder in Nürnberg-Langwasser bekannt (iR3 Video Technologies GmbH). Die Produktion soll an Standorte in Ungarn und Österreich verlegt werden. Betroffen sind 580 Arbeitsplätze.

Eine ähnliche Radikalkur verlangen die niederländischen Philips-Manager auch von der Fürther Tochter Grundig, wo die Belegschaft bis Ende 1995 bereits um mehrere tausend Arbeitsplätze verringert wurde (von über 14.000 Ende 1994 auf 11.500 Ende 1995). Bei Grundig hat Philips die unternehmerische Führung inne (derzeit 31,6%). Philips und Grundig haben bereits ihre Videorecorder-Produktion und die Aktivitäten bei schnurlosen Telefonen zusammengelegt. Die Philips Broadcast Television Systems GmbH hat ihre Auslandsbeteiligungen in den USA und in den Niederlanden auf die jeweiligen nationalen Philips-Organisationen übertragen und das Gelände in Darmstadt Ende 1994 aufgegeben; die Aktivitäten befinden sich in angemieteten Räumlichkeiten.

Zum 1. März 1995 nahm das von IBM und Philips Semiconductors gegründete Gemeinschaftsunternehmen SMST SubMicron Semiconductor Technologies GmbH, Böblingen (Philips 51%, IBM 49%), seine Tätigkeit auf. Die SMTS GmbH betreibt als eigenständiges Unternehmen die Geschäfte der vormaligen IBM Deutschland Halbleiter GmbH. Das Joint-venture liefert seine Produkte ausschließlich an IBM und Philips. Auf dem Gebiet der Halbleitertechnologie wurde zwischen der Philips GmbH Röhren und Halbleiterwerke und der SPEA Software AG das Gemeinschaftsunternehmen SP3D Chip Design GmbH gegründet (Philips-Beteiligung 50,6%), das 3D-fähige Hochleistungs-Multimedia-Chips für den Consumer-Markt entwickelt. 1995 investierte die Deutsche Philips 426 Mio. DM (1994: 261 Mio.) in die Chip-Fabriken in Hamburg (Philips GmbH Röhren- und Halbleiterwerke mit ca. 6.500 Beschäftigten), das Bildröhrenwerk in Aachen (Philips GmbH Glasfabrik; Marktführer Bildröhren) und die Automotive Playback Modules-Fertigung in Wetzlar, in die Bereiche Medizin-Systeme in Hamburg und Licht in Aachen und Plauen. Seit Ende 1995 hat Philips eine neue, weltweite Kommunikations-Kampagne gestartet, in der sämtliche Werbe- und PR-Aktivitäten gebündelt und international unter das Leitmotiv »Let's make things better« gestellt wurden.

Investitionen 1995:
426,0 Mio.
Investitionen 1994:
261,0 Mio.
Investitionen 1993:
209,0 Mio.

***Mitbewerber:** ABB, AEG, Alcatel SEL, AT&T, BMG, Bosch, Braun, Canon, General Electric, Gillette, Grundig, Hitachi, IBM, 3M, Miele, Mitsubishi, NEC, Nokia, Paramount, Pioneer, Samsung, Sanyo, Sharp, Siemens, Sony, Thomson, Thorn EMI, Time Warner, Toshiba*

»BÜNDNIS FÜR ARBEIT«. Aus dem Geschäftsbericht 1995: »Verbesserte Kundenorientierung und ständige Qualitätsverbesserungen in allen Bereichen sind Teile unseres Revitalisierungsprozesses, die auch in der ›Let's make things better‹-Kampagne zum Ausdruck kommen. Solche Prozesse erfordern von den Mitarbeiterinnen und Mitarbeitern die Bereitschaft, andere, neue Wege zu gehen, und ein starkes Ausmaß an Engagement.« Im Juni 1996 wurde die Philips-Strategie erläutert (Presseinformation: »Klasse, super, genial – aber immer noch nicht gut genug«): »Der Präsident und das Group Management Comitee trafen sich mit 100 Spitzenmanagern von Philips. Die Teilnehmer dieses Treffens setzten die Diskussion und die Entscheidungsfindung mit Managern auf den nächsten Ebenen fort – bis Tausende von Führungskräften weltweit beteiligt waren. Durch sogenannte Town-Meetings wurden praktisch sämtliche Mitarbeiterinnen und Mitarbeiter in diesen Prozeß eingebunden. Das führte zu unzähligen lokalen Projekten – mit teils frappierenden Ergebnissen: So wurden Auftragsrückstände reduziert und Lieferzeiten verkürzt, die Entwicklungszeiten beschleunigt und das Controlling optimiert.«

UMWELTSCHUTZ. Umweltschutz gilt bei Philips als fester Bestandteil der Unternehmens- und Produktphilosophie. Philips hat für alle Beschäftigten Grundsätze zum Umweltschutz verfaßt (Philips Environmental Policy Statement). Die Leitlinien sind: ständige Weiterentwicklung, Vorsorge hat Vorrang vor Heilung, die gesamten Auswirkungen auf die Umwelt sind maßgebend, Offenheit im Umgang mit Behörden. Grundsätze: Schutz der Umwelt in allen unternehmerischen Aktivitäten, ganzheitliche Abschätzung der Umweltauswirkungen bei Einführung neuer Produkte, Prozesse oder Verpackungen, Einhaltung aller Umweltschutzgesetze und -vorschriften, Rücknahme und qualifiziertes Recycling von Produkten am Ende ihrer Gebrauchsdauer durch Dritte. Die Struktur der Philips sieht einen Zentralbereich Umweltschutz vor, dem der Umweltschutzbevollmächtige der Nationalen Organisation Deutschland in Abstimmung mit der Geschäftsführung der Philips GmbH vorsteht. Der Leiter einer Philips-Fabrik ernennt unabhängig von gesetzlichen Vorschriften einen Umweltschutzbeauftragten. Hinzu kommen Produkt-Umweltschutzbeauftragte im Vertriebs- und Marketingbereich. Der Zentralbereich Umweltschutz koordiniert Maßnahmen, arbeitet Richtlinien aus, informiert umfassend und aktuell und beruft mindestens einmal jährlich eine Philips-Umweltkonferenz ein. Alle Fabriken und Philips-Unternehmen müssen Umweltschutzprogramme entwickeln, schriftlich niederlegen und jährlich fortschreiben.

PREUSSAG

Standort:
Karl-Wiechert-Allee 4
30625 Hannover

Postanschrift:
Postfach 61 02 09
30602 Hannover

***Telefon:** (0511) 566-00*
***Telex:** 9 22 828*
***Telefax:** (0511) 566-1901*

***Branche:** Stahl- und NE-Metallerzeugung; Energie und Rohstoffe; Handel und Verkehr; Anlagen- und Schiffbau; Gebäudetechnik, Informationstechnik und Komponenten*

Rechtsform:
Aktiengesellschaft

***Geschäftsjahr:** 1.10.-30.9.*

***Gründungsjahr:** 1923*

Öffentlichkeitsarbeit/ Konzernkommunikation:
Otmar F. Winzig
Tel.: (0511) 566-1425
FAX: (0511) 566-1166

***Verbände:** Verbandszugehörigkeiten entsprechend den Sparten und Konzerninteressen*

GESCHICHTE UND ENTWICKLUNG. In der 1923 in Berlin gegründeten »Preußischen Bergwerks- und Hütten AG« (Preussag) wurde der außerhalb des Ruhrgebietes liegende Bergwerk- und Hüttenbesitz des damaligen preußischen Staates zusammengefaßt. Zur Gesellschaft gehörten Steinkohlebergwerke in Oberschlesien und Ibbenbüren, Erzbergwerke im Harz, Braunkohlebergwerke, Eisen-, Blei- und Silberhütten sowie ein Bernsteinwerk in Königsberg/Ostpreußen. 1929 wurde die Preussag Teil der neu ins Leben gerufenen VEBA. Alleinaktionär der Preussag war der preußische Staat.
Nach Enteignungen und Verlusten aller im Osten befindlichen Produktionsstätten und schweren Kriegszerstörungen der westlichen Unternehmen wurde ab 1946 der Wiederaufbau der verbliebenen Gesellschaften sofort in Angriff genommen. Gründung neuer Betriebe; Schwerpunkt wurde in diesen Jahren die Erdölförderung der Preussag. 1959 wurde die Gesellschaft als erstes Bundesunternehmen teilprivatisiert. 1961 Übernahme der Vereinigte Tanklager und Transportmittel GmbH (VTG); 1964 Umfirmierung in Preussag AG; 1966 Mitbegründer der Deutsche Mineralöl-Explorationsgesellschaft mbH (DEMINEX). Zahlreiche Firmengründungen und Akquisitionen weltweit. 1978 Mehrheitsbeteiligung an der Amalgamated Metal Corp. Plc, London; 1981 Einstieg in die Deilmann-Gruppe; 1987 Mehrheitserwerb der Bergmann-Gruppe und 1988 Zusammenlegung der Blei- und Zinkerzeugung in der Metaleurop S.A., Paris.
1989 Umstrukturierung der Preussag zur Industrie-Holding und Ausgliederung der Geschäftsbereiche Kohle, Erdöl und Erdgas sowie Anlagenbau in selbständige GmbHs. Das bedeutendste Ereignis in der Preussag-Geschichte war der Kauf aller Aktien der 1937 als Reichswerke Hermann Göring gegründeten Salzgitter AG mit Wirkung ab 1.10.1989 von der Bundesrepublik Deutschland. 1990/91 Betriebsübertragung von der Salzgitter AG auf die Preussag AG. 1992 Umbenennung der Stahlwerke Peine-Salzgitter AG in Preussag Stahl AG und der Salzgitter Stahl GmbH in Preussag Handel GmbH. 1994 Erwerb der Mehrheit an der Lehnkering Montan Transport AG. 1995 Umfirmierung der Deilmann Erdöl Erdgas GmbH in Preussag Energie GmbH. 1995 Rückzug aus dem Telekommunikationsbereich mit der Veräußerung der Hagenuk GmbH.

BESITZVERHÄLTNISSE/EIGENTUMSSTRUKTUR.
- Westdeutsche Landesbank Girozentrale (WestLB) über GEV Gesellschaft für Energie und Versorgungswerte mbH, Dortmund (mehr als 25%)
- Niedersächsische Holding GmbH (mehr als 10%)
- Rest Streubesitz bei ca. 70.000 Aktionären

KONZERNÜBERBLICK. Nach dem Erwerb der bis dahin bundeseigenen Salzgitter AG durch den Preussag-Konzern gehört Preussag zu den größten Konzernen Deutschlands. Die geschäftlichen Kernkompetenzen des Preussag-Konzerns liegen in der Stahlerzeugung, in der Erdöl- und Erdgasgewinnung und den daraus abgeleiteten Dienstleistungen, in Logistikdienstleistungen, dem Anlagenbau (Umwelt-, Energie-, Hebe-, Lager- und Fördertechnik), dem Schiffbau und der Gebäudetechnik. Preussag-Gesellschaften produzieren Stahl und NE-Metalle, überwiegend Blei, Zink und Zinn, sind im Handel an der Londoner Metall-Börse (LME) engagiert, erwirtschaften Milliardenerlöse in den Bereichen Feuerverzinkung, Steinkohle, Strom, Erdöl, Erdgas, Tief- und Flachbohrungen, Erd- und Grundbau, Kavernenspeicher, Kesselwagenvermietung, Tanklagergeschäft, Binnenschiffahrt, Brunnen-, Wasserwerks- und Rohrleitungsbau, Wasseraufbereitungsanlagen, chemische Produkte, Feuerschutzgeräte und -anlagen. Der Geschäftsbereich Handel und Verkehr verfügt über 23.500 Kessel- und Spezialgüterwagen und mehr als 100 Binnenschiffe.

Die geschäftlichen Aktivitäten des früheren Salzgitter-Konzerns sind nicht weniger umfangreich, ergänzen aber die Palette der Preussag-Gruppe und überschneiden sich nur auf einigen Gebieten. Das Betätigungsfeld umfaßt die Bereiche Stahl, Anlagen- und Schiffbau, Komponenten und Bautechnik sowie Informationstechnik und Erdöl/Erdgas. Im Rahmen der Zusammenführung beider Konzerne wurden ab 1990 die bisherigen Preussag- und Salzgitter-Bereiche neu geordnet. Der Preussag-Konzern besteht heute aus fünf Geschäftsfeldern bzw. Konzernbereichen:

◆ Stahl und NE-Metallerzeugung: In der Preussag Stahl AG, Peine, mit den Produktionsstandorten in Salzgitter, Peine und Ilsenburg ist die Stahlerzeugung des Konzerns zusammengefaßt. Die Gesellschaften der Metaleurop-Gruppe bündeln den Bereich NE-Metallerzeugung mit der Verhüttung und dem Recycling von NE-Metallen sowie deren Weiterverarbeitung. Umsatz 1994/95: 3.608,0 Mio. DM (Vorjahr: 2.967,0 Mio.); Investitionen 1994/95: 347,0 Mio. DM (Vorjahr: 356,0 Mio.); Beschäftigte 1994/95: 15.207 (Vorjahr: 15.937).

◆ Energie und Rohstoffe: Das Geschäftsfeld umfaßt die Erdöl- und Erdgasaktivitäten der Preussag Energie GmbH (bis 1995 Deilmann Erdöl Erdgas GmbH), das Bohrkontraktorgeschäft der Deutsche Tiefbohr-AG (Deutag), die Steinkohleförderung der Preussag Anthrazit GmbH, Ibbenbüren, die Deilmann-Haniel-Gruppe (Untertagearbeiten, Schacht-, Tunnel- und andere Bauleistungen), die Kavernen Bau- und Betriebs-GmbH sowie die Beteiligungen an der Uranerzbergbau GmbH und Elektro-Chemie Ibbenbüren GmbH. Umsatz 1994/95: 2.233,0 Mio. DM (Vorjahr: 2.209,0 Mio.); Investitionen 1994/95: 193,0 Mio. DM (Vorjahr: 93,0 Mio.); Beschäftigte 1994/95: 11.971 (Vorjahr: 12.681).

◆ Handel und Verkehr: Der Bereich Handel setzt sich aus dem Stahlhandel, dem Handel mit NE-Metallen und Schrotten und den Gesellschaften der AMC-Gruppe zusammen. Im Stahlhandel dominiert die Preussag Handel GmbH mit inländischen Tochtergesellschaften in Berlin, Gladbeck, Hamburg, Hannover und Mannheim sowie ausländischen in London, Madrid, Mailand, Paris und Wien. Hinzu kommt die DEUMU Deutsche Erz- und Metall-Union, Hannover. Weiterhin sind hier die VTG Vereinigte Tanklager und Transportmittel GmbH,

Vorstand:
- *Frenzel, Michael, Dr. (Vorsitzender)*
- *Feuerhake, Rainer*
- *Krallmann, Günter*
- *Rohde, Jochen*
- *Schultze, Wolfgang, Dr. h.c.*
- *Selenz, Hans-Joachim, Dr.*
- *Schmitz-Eckert, Hansgeorg, Dr.*
- *Stodieck, Helmut, Dr.*

Vorstandsbezüge 1994/95:
10.085.368,– DM

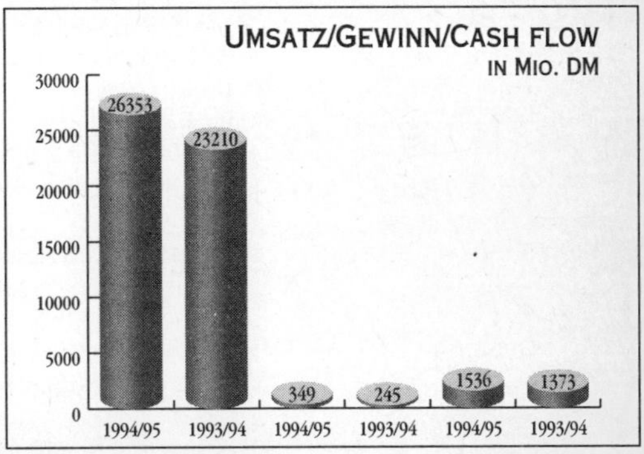

Aufsichtsrat:
▌ *Neuber, Friedel (Vorsitzender; Vorsitzender des Vorstandes der WestLB), Düsseldorf*
▌ *Bezzenberger, Gerold, Dr. (Rechtsanwalt und Notar; Mitglied des Vorstandes der Deutschen Schutzvereinigung für Wertpapierbesitz e.V.), Berlin*
▌ *Breuer, Rolf-E., Dr. (Mitglied des Vorstandes der Deutsche Bank AG), Frankfurt/Main*
▌ *Deilmann, Jürgen, Dr., Bad Bentheim*
▌ *Dürr, Heinz, Dr. E.h. (Vorsitzender des Vorstandes der Deutsche Bahn AG), Berlin*
▌ *Krämer, Herbert, Dr. (Mitglied des Vorstandes der RWE AG), Essen*
▌ *Liesen, Klaus, Dr. (Vorsitzender des Vorstandes der Ruhrgas AG), Essen*
▌ *Offen, Hans-Henning (stellv. Vorsitzender des Vorstandes der WestLB), Düsseldorf*
▌ *Saßmannshausen, Günther, Dr., Hannover*
▌ *Voss, Bernd W., Dr. (Mitglied des Vorstandes der Dresdner Bank AG), Frankfurt/Main*
**Schmitthenner, Horst (stellv. Vorsitzender)*
**Barcikowski, Rainer*
**Baresel, Herbert*
**Ermlich, Peter*
**Kirchhof-Harloff, Martina*
**Kollorz, Fritz*
**Lossack, Joachim*
**Schmidt, Norbert*
**Skiba, Walter*
**Stegmaier, Werner*

Aufsichtsratstantiemen 1994/95: *1.754.576,– DM*

Hamburg, und ihre Tochtergesellschaften in der Kesselwagenvermietung, im Tanklagergeschäft, im Hubschrauberdienst und in der Forschungsschiffahrt, die Logistikdienstleistungen der Lehnkering-Gruppe (Spedition, Seeschiffahrt, Baustoffe), das Mobil- und Industriebautengeschäft der französischen Algeco-Gruppe sowie die Metallhandelsaktivitäten der Bergmann-Gruppe zusammengefaßt. Die W. & O. Bergmann GmbH & Co. KG gehört zu den größten deutschen Metallhändlern. Eines der führenden Handelsunternehmen in den Bereichen NE-Metallen, Erzen, Chemikalien und Bauzubehör ist die Amalgamated Metal Corporation Ltd. (AMC-Gruppe), London. Den Börsenhandel an der London Metal Exchange (LME) nimmt die Amalgamated Metal Trading Ltd., London, vor. Umsatz 1994/95: 13.782,0 Mio. DM (Vorjahr: 10.972,0 Mio.); Investitionen 1994/95: 190,0 Mio. DM (Vorjahr: 239,0 Mio.); Beschäftigte 1994/95: 9.937 (Vorjahr: 9.165).

◆ Anlagen- und Schiffbau: Preussag NOELL-Gruppe (früher Noell GmbH) mit ihren Tochterunternehmen (Anlagen-, Maschinen- und Stahlbau, Abfall-, Energie- und Entsorgungstechnik, Rauchgasreinigung, Gastechnik, Wasseraufbereitung, Wasserkraftanlagen, Hebe-, Lager- und Fördertechnik, Nukleartechnik, Montage- und Serviceleistungen). Hinzu kommt die Preussag Wasser und Rohrtechnik-Gruppe (früher Preussag Anlagenbau GmbH) in den Bereichen Rohr- und Umwelttechnik. Die Howaldtswerke-Deutsche Werft AG gehört zu den führenden Unternehmen im Bau moderner Containerschiffe sowie technologisch anspruchsvoller Marineschiffe, besonders von U-Booten, Fregatten, Korvetten, Versorgungs- und Landungsschiffen. Die HDW-Nobiskrug GmbH ist Spezialist für Schiffsreparaturen. Umsatz 1994/95: 4.180,0 Mio. DM (Vorjahr: 4.041,0 Mio.); Investitionen 1994/95: 179,0 Mio. DM (Vorjahr: 215,0 Mio.); Beschäftigte 1994/95: 16.573 (Vorjahr: 16.360).

◆ Gebäudetechnik und Komponenten: FELS-Gruppe mit Tochter- und Beteiligungsgesellschaften (Produkte der Steine- und Erden-Industrie, Herstellung und Handel mit Baustoffen, Fertiggaragen); Kermi GmbH (Heizkörper, Duschabtrennungen); Wolf Klimatechnik GmbH (Klimageräte, Wärmerückgewinnungssysteme, Ventilatoren, Heizkessel, Gastthermen); Minimax-Gruppe (Brandschutz, Feuerlöscher und Löschgeräte); Peiner Umformtechnik GmbH (Präzisions- und Sicherheitsteile für die Autoindustrie); Dr. C. Otto Feuerfest GmbH, Bochum (feuerfeste Erzeugnisse und Materialien). Umsatz 1994/95: 2.235,0 Mio. DM (Vorjahr: 2.709,0 Mio.); Investitionen 1994/95: 153,0 Mio. DM (Vorjahr: 183,0 Mio.); Beschäftigte 1994/95: 9.899 (Vorjahr: 13.706).

BETEILIGUNGEN. Zum Preussag-Konzern gehörten 1995 210 (davon 124 inländische und 86 ausländische) konsolidierte Tochterunternehmen (250 weitere Unternehmen und Beteiligungen wurden nicht einbezogen). Die wichtigsten Gesellschaften in den einzelnen Konzernfeldern sind:

● Stahl- und Metallerzeugung: Preussag Stahl AG, Peine (99,8%); Verkehrsbetriebe Peine-Salzgitter GmbH, Salzgitter (100%); Hansaport Hafenbetriebsgesellschaft mbH, Hamburg (50,9%); Metaleurop S.A., Paris (50,8%).

● Energie und Rohstoffe: Preussag Energie GmbH, Lingen (100%); Deilmann-Haniel GmbH, Dortmund (50,2%); Deutsche Tiefbohr AG

(Deutag), Bad Bentheim (100%); Kavernen Bau- und Betriebs-Gesellschaft mbH, Hannover (100%); Preussag Anthrazit GmbH, Ibbenbüren (100%); Beton- und Monierbau GmbH, Recklinghausen (50,2%); Uranerzbergbau GmbH, Wesseling (50%); Elektro-Chemie Ibbenbüren GmbH, Ibbenbüren (50%).

● Handel und Verkehr: Preussag Handel GmbH, Düsseldorf (99,8%); DEUMU Deutsche Erz- und Metall-Union GmbH, Hannover (99,8%); W. & O. Bergmann GmbH & Co. KG, Düsseldorf (100%); Amalgamated Metal Corporation PLC (AMC-Gruppe), London (95,4%); Amalgamated Metal Trading Ltd., London (95,4%); Amalgamated Inc., Ridgefield/N.J., USA (95,4%); Premetalco Inc., Toronto/Kanada (95,4%); Escoy Smelting Sendirian Bhd., Penang/Malaysia (48,1%); VTG Vereinigte Tanklager und Transportmittel GmbH, Hamburg (100%); Alliance de Gestion Commerciale (Algeco), Paris/Mâcon (67,6%); Lehnkering Montan Transport AG, Duisburg (66,3%).

● Anlagen- und Schiffbau: Preussag Wasser und Rohrtechnik GmbH, Hannover (100%); Preussag Noell GmbH, Würzburg (100%); Howaldtswerke-Deutsche Werft AG, Kiel (100%); HDW-Nobiskrug GmbH, Rendsburg (100%).

● Gebäudetechnik und Komponenten: FELS-WERKE GmbH, Goslar (100%); Harz-Kalk GmbH, Rübeland (100%); KERMI GmbH, Plattling (100%); Wolf Klimatechnik GmbH, Mainburg (100%); Minimax GmbH, Bad Oldesloe (100%); Protec-Feu S.A., Argenteuil/Frankreich (100%); Pefipresa S.A., Madrid/Spanien (100%); Peiner Umformtechnik GmbH, Peine (83%); Dr. C. Otto Feuerfest GmbH, Bochum (100%).

NEUE BUNDESLÄNDER. Die Unternehmen des Konzerns sind in Ostdeutschland stark engagiert: Die Fels-Werke besitzen in Sachsen-Anhalt mit dem Erwerb der Harz-Kalk GmbH, Rübeland, eines der qualitativ hochwertigsten Kalkvorkommen in Europa und festigen mit der Übernahme des Porenbetonwerkes Calbe ihre Marktposition in den neuen Bundesländern. Metaleurop erwarb ebenfalls in Calbe die größte Verzinkerei Ostdeutschlands.

Preussag Handel betreibt Stahlhandelslager in Köthen, Schwerin und Fürstenwalde. Mit der Übernahme der ehemaligen Prüforganisation für Feuerlöschgeräte in Radebeul erreichte die Minimax GmbH einen schnellen Zugang zum Feuerlöschmarkt Ostdeutschlands. Die Preussag Anlagenbau GmbH übernahm den Geschäftsbereich Rohrtechnik von der Gasanlagen AG in Mittenwalde. Deren Aktivitäten auf dem Gebiet der Untertagespeicherung sind in der neu gegründeten Untergrundspeicher- und Geotechnologie-Systeme GmbH, Mittenwalde, einer Gesellschaft unter Führung der Kavernen Bau- und Betriebs-GmbH, gebündelt worden.

In der Umwelttechnik arbeiten neu gegründete Ingenieurgesellschaften in Bitterfeld, Eisleben, Leipzig, Leuna und Freiberg. Schwerpunkte ihrer Tätigkeit sind die Rauchgasreinigung der Braunkohlekraftwerke, die Wasseraufbereitung und Sanierungsmaßnahmen in den großen Chemiekomplexen Ostdeutschlands. 1992 übernahm die Preussag Stahl AG von der Treuhandanstalt das Grobblechwalzwerk Ilsenburg in Sachsen/Anhalt. Besonders engagiert in den neuen Bundesländern ist die Noell Umweltdienste GmbH. Der Konzern verfügt in den neuen Bundesländern über 150 Stützpunkte aller Art.

BÖRSE, AKTIEN, KURSE

Grundkapital 1995:
761,6 Mio.

Jahreshöchstkurs 1995:
471,00 DM

Jahrestiefstkurs 1995:
388,00 DM

Aktie Jahresende 1995:
424,00 DM

Dividende pro Aktie 1995:
12,00 DM

Die Dividende bezieht sich auf je 50,– DM Aktiennennbetrag. Die Kurse entsprechen dem Geschäftsjahr. Die Dividendensumme betrug 1995 183,0 Mio. DM. Das Kapital der Preussag AG setzt sich aus 3.100.000 Aktien je 100,– DM und 9.031.519 Aktien je 50,– DM zusammen.

Umsatz 1994/95:
26.352,6 Mio.
(Auslandsanteil: 48%)

Umsatz 1993/94:
23.210,5 Mio.
(Auslandsanteil: 46%)

Umsatz 1992/93:
23.289,6 Mio.
(Auslandsanteil: 44%)

Gewinn 1994/95: *348,6 Mio.*
Gewinn 1993/94: *245,3 Mio.*
Gewinn 1992/93: *192,7 Mio.*

Cash flow 1994/95:
1.536,0 Mio.

Cash flow 1993/94:
1.373,0 Mio.

Cash flow 1992/93:
1.353,0 Mio.

Cash flow: *Schwerpunkte der Investitionstätigkeit lagen im Energiebereich, in der Gebäudetechnik und im Ausbau des Logistiksektors. Hinzu kam die Modernisierung bestehender Anlagen in allen Bereichen.*

Steueraufkommen 1994/95:
212,4 Mio.

Beschäftigte 1994/95:
65.227
Beschäftigte 1993/94:
69.712
Beschäftigte 1992/93:
73.319
(Beschäftigte 1991/92: 73.680)

Umsatz pro Mitarbeiter 1994/95: 404.018,– DM
Umsatz pro Mitarbeiter 1993/94: 332.948,– DM
Umsatz pro Mitarbeiter 1992/93: 317.648,– DM

Löhne und Gehälter 1994/95: 4.293,0 Mio.
Löhne und Gehälter 1993/94: 4.305,2 Mio.
Durchschnittsgehalt 1994/95: 65.227,– DM
Soziale Abgaben und Aufwendungen 1994/95:
1.187,6 Mio.
Soziale Abgaben und Aufwendungen 1993/94:
1.126,8 Mio.

Bezüge pro Vorstandsmitglied 1994/95:
1.260.671,– DM
Tantiemen pro Aufsichtsrat 1994/95: 87.729,– DM

STANDORT DEUTSCHLAND. »Unser Ziel ist es, die Preussag von einem europäisch orientierten Unternehmen in den nächsten Jahren zu einem international agierenden Grundstoff- und Technologiekonzern zu entwickeln«, beschreibt der Preussag-Vorstand den strategischen Ausbau seiner Auslandspräsenz. »Outsourcing – Chance für den Standort Deutschland« lautet dabei die Devise für die nächsten Jahre: »Wir beschäftigen uns mit einigen interessanten konkreten Projekten für Produktlinien, für die es in Deutschland keine Chancen mehr gäbe, diese zu Weltmarktpreisen zu erstellen. Outsourcing muß als Chance für den Erhalt unserer Industriestruktur und nicht als Bedrohung angesehen werden.«
Die verschiedenen Konzerngesellschaften der Preussag AG sind zunehmend dabei, in den Staaten des ehemaligen Ostblocks neue Märkte zu erschließen und dementsprechend Unternehmen zu gründen. Preussag-Häuser gibt es inzwischen in nahezu allen osteuropäischen Hauptstädten. Neben Osteuropa soll die Internationalisierung in Südostasien und Amerika verstärkt fortgesetzt werden, aber auch Regionen wie Südamerika und der Nahe Osten sollen einbezogen werden. Dabei soll der Anteil der Auslandsinvestitionen stetig steigen. 1995 beteiligte sich Preussag an einem Mini-Stahlwerk in den USA, am Aufbau einer Containerkranfertigung in China und einem Joint-venture zur Erdölförderung in Kasachstan.
Knapp 4.000 Mitarbeiter schieden 1995 im Zuge der weiteren Neuordnung der Konzernstruktur aus, insbesondere durch den Ausstieg der Preussag aus dem Telekommunikationsgeschäft mit dem Verkauf der Hagenuk-Gruppe sowie der Stankiewicz GmbH. 2.000 Beschäftigte verloren ihren Arbeitsplatz in den Bereichen Stahl, NE-Metallerzeugung, im Energiebereich und im Schiffbau aufgrund von »Anpassungs- und Rationalisierungsmaßnahmen«. Der Anlagenbau, insbesondere die Preussag Noell GmbH, soll 1996/97 gestrafft und verkleinert werden. Etwa 1.500 Arbeitsplätze stehen im Anlagenbau zur Disposition, 800 Stellen allein bei Preussag Noell. Durch den Ausbau des Verkehrsbereiches und zunehmende Aktivitäten im Anlagenbau und in der Umwelttechnik kamen aber auch 1.500 Beschäftigte hinzu. Die Preussag ist grundsätzlich bereit, die Steinkohle-Aktivitäten der Preussag Anthrazit GmbH in die mögliche Deutsche Steinkohle AG aus Saarberg und Ruhrkohle einzubringen.

»BÜNDNIS FÜR ARBEIT«. Arbeitszeitmodelle gibt es in zahlreichen Unternehmen der Preussag-Gruppe, eine generelle Linie in dieser Frage von seiten des Vorstandes aber nicht. Im Juni 1996 vereinbarten Vorstand und Betriebsrat der Howaldtswerke-Deutsche Werft AG ein »Bündnis für Arbeit und Wettbewerbsfähigkeit«. Das Abkommen sieht zum Erhalt der etwa 3.600 Arbeitsplätze in Kiel eine Flexibilisierung der Arbeitszeit ohne Überstundentarife vor. Wenn die Auftragslage es verlangt, wird bei gleicher Bezahlung mehr gearbeitet. Die Mehrarbeit wird durch Freizeit ausgeglichen. Die Arbeitszeit kann über einen Zweijahreszeitraum unregelmäßig verteilt werden. Die tägliche Mindestarbeitszeit beträgt vier Stunden; Samstagsarbeit ist in Ausnahmefällen möglich.
Mit über 1.600 Ausbildungsplätzen lag die Ausbildungsquote in den Konzerngesellschaften 1995 bei rund 3%. Im Rahmen der Internationalisierung des Konzerns werden Nachwuchskräfte gezielt auf spätere

Auslandseinsätze vorbereitet. Mitarbeiter und Unternehmensvertreter der europäischen Gesellschaften des Preussag-Konzerns trafen sich 1995 erstmalig auf dem sogenannten Preussag-Euro-Forum zum internationalen Dialog und Erfahrungsaustausch über die Entwicklung des Konzerns und zur Beschäftigtensituation in den Konzerngesellschaften.

UMWELTSCHUTZ. Umweltschutz sieht die Preussag als unternehmerische Aufgabe. Mehrere Konzernunternehmen haben damit begonnen, Umweltschutz-Managementsysteme sowie technische und organisatorische Grundlagen für ein Öko-Audit zu entwickeln. In die Umweltschutzanlagen der eigenen Produktionen hat der Preussag-Konzern 1995 über 550 Mio. DM investiert. Zu den Aktivitäten im betrieblichen Umweltschutz gehörten an vorderer Stelle umfangreiche Maßnahmen zur Luftreinhaltung besonders bei der Preussag Stahl AG (neue Sekundärentstaubung im Stahlwerk Salzgitter), die Verbesserung der Lärmschutzanlagen (im wesentlichen in der Stahl- und NE-Metallerzeugung, im Steinkohlebergbau und in der Kalkgewinnung), der Gewässerschutz, der verbesserte Transport von Gefahrgütern und die Sicherung und Sanierung von Altlasten an nahezu allen Standorten. Die intensive Recyclingwirtschaft des Preussag-Konzerns in der Stahl- und NE-Metallerzeugung wurde mit neuen Anlagen für die Altautozerlegung und einem Betrieb für die Elektronikschrottverwertung in neue Anwendungsbereiche erweitert. Neu installierte Filtertechniken, z. B. in der NE-Metallerzeugung, ermöglichen die Reduzierung der Abfallmenge und die Rückführung von Reststoffen in den Produktionskreislauf.

Preussag sieht Naturschutz auch als Ausgleichsmaßnahme und hebt hervor, daß im Falle unvermeidbarer Eingriffe seitens der Produktion in die Natur, z. B. im Bergbau oder in der Ölgewinnung, von seiten des Konzerns adäquate Maßnahmen getroffen werden, an anderer Stelle natürliche Lebensräume zu erhalten, zu schützen und weiterzuentwickeln. Erwähnt wird, daß in diesem Zusammenhang die Preussag Energie AG als Ausgleichsmaßnahme für die Errichtung einer Erdgasförderanlage die Wiedervernässung einer großen Moorfläche im norddeutschen Raum mitgetragen habe.

Umweltschutz ist aber auch ein äußerst lukrativer neuer Geschäftsbereich für zahlreiche Preussag-Unternehmen. Mit der Preussag Anlagenbau GmbH und der Preussag Noell-Gruppe gehört der Preussag-Konzern zu den Komplettanbietern im Umweltschutzbereich mit Spitzentechnologien bei der Rauchgasreinigung, der Wasseraufbereitung, der Abfalltechnik und der Nuklearentsorgung. Noell, eines der bedeutendsten Unternehmen in der Umwelttechnik, bietet darüber hinaus Umweltdienste aller Art an. Umwelttechnik ist Forschungsschwerpunkt im Anlagenbau, besonders die Entwicklung der thermischen, mechanischen und biologischen Abfallbehandlung. Hinzu kommen Abwasserbehandlung und Rauchgasreinigung, Reststoffminimierung und Wertstoffgewinnung.

PreussenElektra siehe VEBA

Investitionen 1994/95: *1.291,0 Mio.*
Investitionen 1993/94: *1.312,0 Mio.*
Investitionen 1992/93: *1.490,0 Mio.*

Umweltschutz 1993/94: *530,0 Mio.*
Umweltschutz 1992/93: *470,0 Mio.*

Forschung und Entwicklung 1994/95: *154,0 Mio.*
Forschung und Entwicklung 1993/94: *185,0 Mio.*
Forschung und Entwicklung 1992/93: *177,0 Mio.*

Mitbewerber: *Bremer Vulkan, Deutsche Babcock, Diehl, Heraeus, ITT, Klöckner-Werke, Krupp-Hoesch, Liebherr, Linde, Lurgi, MAN, Mannesmann, Metallgesellschaft, Rheinmetall, Röchling, RWE, Thyssen, VEBA, VEW, VIAG, Voith*

PROCTER & GAMBLE

Standort:
Sulzbacher Straße 40
65824 Schwalbach am Taunus

Telefon: *(06196) 89-01*
Telex: *4 15 691*
Telefax: *(06196) 89-4929*

Branche: *Chemische Industrie, Körperpflegeprodukte, Hygienepapiere, Kosmetik, Waschmittel*

Rechtsform: *GmbH*

Geschäftsjahr: *1.7.-30.6.*

Gründungsjahr: *1837 in Ohio/USA; 1960 in der Bundesrepublik mit einem ersten Büro in Frankfurt/Main*

Öffentlichkeitsarbeit/ Public Relations:
Christel J. M. Karesch
Tel.: (06196) 89-4264
FAX: (06196) 89-4708

Verbände: *Bundesverband der Chemischen Industrie, Frankfurt/Main; Industrieverband Körperpflege und Waschmittel, Frankfurt/Main*

GESCHICHTE UND ENTWICKLUNG. Cincinnati/Ohio, USA, im Jahre 1837: Der Kerzenzieher William Procter und der Seifensieder James Gamble gründeten ein gemeinsames Geschäft, aus dem schließlich 1890 die Procter & Gamble AG hervorging. 1915 erstes Werk im Ausland, die P&G Kanada. Weitere Auslandsgründungen. 1956 erreicht der P&G-Umsatz 1 Mrd. DM, 1980 10 Mrd. DM. In den 80er Jahren wurde P&G mit u. a. folgenden Akquisitionen zum Waschmittel- und Kosmetik-Giganten: Orange Crush, Ben Hill Griffin Citrus, Norwich Eaton Pharmaceuticals, Dittmeyer, Richardson-Vicks Inc. und Blendax.
Die deutsche Procter & Gamble wurde im August 1960 gegründet. Bis 1970 war Frankfurt Sitz des Waschmittelherstellers, dann zogen die Dash-Produzenten nach Schwalbach um. 1964 Inbetriebnahme der ersten deutschen Produktionsanlage in Worms. Im Waschmittelwerk, das heute noch »Dash-Werk« heißt, werden die Produkte Dash, Ariel, Rei, Lenor und Meister Proper hergestellt. Hinzu kamen in Worms eine Anlage zur Herstellung und Verpackung flüssiger Produkte, die 1993 nach Hamburg verlegt wurde, sowie eine Parfümfabrik zur Herstellung von Duftstoffen für die eigenen Produkte. Es folgten die Windel-Werke Euskirchen und Crailsheim. In den 80er Jahren begann die Zeit des Akquirierens besonders in Deutschland. 1984 erwarb P&G den Hamburger Familienbetrieb Dittmeyer (Valensina). 1985 kaufte P&G-USA die traditionsreiche Richardson-Vicks Inc., Wilton/Connecticut, und damit auch die Niederlassung Richardson GmbH in Groß-Gerau (Wick-Produkte). Ein großer Wurf gelang den Dash-Produzenten 1987 mit dem Kauf der Mainzer Blendax Firmengruppe (Blendax, Blend-a-med). Zu Blendax gehörte auch das Werk Horb (Kamill-Kollektion). P&G stieg zu einem der führenden Waschmittel- und Kosmetik-Produzenten Deutschlands auf. Mitte 1991 übernahm Procter & Gamble über ihre 100%ige Tochter Blendax GmbH Anteile der Max Factor & Co., New York. Die Max Factor & Co. hält sämtliche Anteile an den deutschen Firmen Ellen Betrix und Eurocos. 1992 Übernahme von 50% der Röhm Pharma GmbH, die 1993 auf die Procter & Gamble Pharmaceuticals – Germany GmbH übertragen wurde. Im Sommer 1994 übernahm Procter & Gamble von der Schickedanz Holding die Vereinigten Papierwerke Schickedanz AG (VPS), eines der führenden europäischen Tissue-Geschäfte mit dem Taschentuchklassiker Tempo.

BESITZVERHÄLTNISSE/EIGENTUMSSTRUKTUR.
The Procter & Gamble Company, Cincinnati/Ohio, USA, ist über direkte und indirekte Beteiligungen alleinige Gesellschafterin der deutschen Procter & Gamble-Gruppe (100%). Procter & Gamble erzielte 1994/95 weltweit einen Umsatz von 33,43 Mrd. US $, erzielte einen Gewinn von 2,65 Mrd. US $ nach Steuern und hatte weltweit rund 95.000 Beschäftigte. Der Forschungsaufwand belief sich auf 1,1 Mrd. US $. P&G hat Niederlassungen in 56 Ländern rund um den Globus, gut 120 eigene Fabriken und verkauft seine Produkte in mehr als 140 Staaten. Die deutsche P&G-Gruppe gehört zu den wichtigsten europäischen Produktionsstandorten von P&G in Europa.

Die Aktien der »The Procter & Gamble Company« sind in Deutschland an der Frankfurter Börse zum amtlichen Handel zugelassen. Darüber hinaus werden sie an einer Reihe internationaler Börsen außerhalb der USA gehandelt. Der Aktienbesitz ist weit gestreut; weltweit besitzen rund 200.000 Aktionäre Anteile an Procter & Gamble.

KONZERNÜBERBLICK. Procter & Gamble gehört zu den führenden Herstellern bekannter Markenartikel in den Bereichen Wasch- und Reinigungsmittel, Papierhygieneprodukte, Gesundheits- und Schönheitspflege, dekorative Kosmetik, Parfüms, Getränke und Arzneimittel. Dazu gehören u. a. Ariel, Dash, Fairy, Meister Proper, Lenor, Pampers, Always, Blend-a-med, Clearasil, Litamin, Shamtu, Vidal Sassoon, Wick, Oil of Olaz, Ellen Betrix, Hugo Boss, Old Spice, Valensina und Punica, Tempo Taschentücher, Bess Toilettenpapier. Das eher unauffällig agierende Unternehmen im hessischen Schwalbach verfügt u. a. über die Werke Worms (Wasch- und Reinigungsmittel), Euskirchen (Windeln), Crailsheim (Damenhygiene, Windeln) und Mainz (Zahnpflegeprodukte). Hinzu kommen zahlreiche weitere Produktionsstätten aus den Akquisitionen Dittmeyer, Blendax, Richardson und VP Schickedanz. Procter & Gamble gliedert sich in fünf Geschäftsbereiche:

◆ Wasch- und Reinigungsmittel, Papierprodukte (Umsatz 1994/95: 4.332,0 Mio. DM; Vorjahr: 3.471,0 Mio.) mit den Produkten: Ariel, Ariel Futur, Dash, Vizir, Rei, Rei in der Tube, Sanso (Waschmittel); Lenor (Wäschepflegemittel); Meister Proper (Haushaltsreiniger); Spüli, Fairy, Fairy Ultra (Geschirrspülmittel); Always, Attends (Binden und Einmal-Slips); Luvs, Pampers (Höschenwindeln), Tempo Taschentücher, Bess Toilettenpapier, Demak'up Abschminkpads.

◆ Gesundheits- und Schönheitspflege (Umsatz 1994/95: 1.348,1 Mio. DM; Vorjahr: 1.284,0 Mio.) mit den Produkten: Blend-a-med, Blend-a-dent, Blendax Anti-Belag, blend-a-gum, Blendi, Dentril, Chlorhexamed, medizinische Zahnseide (Mundpflegeprodukte); verschiedene zahnärztliche Behandlungsprodukte; Cliff, Credo, Litamin (Dusch- und Bade-Gel, Deodorant); Camay (Seife); Clearasil, Topexan (Präparate für unreine und fettige Haut); Head & Shoulders, Hégor, Kamill, Vidal Sassoon, Shamtu, Pantene Pro-V (Haarpflegeprodukte); Oil of Olaz (Haut- und Gesichtspflege); Milton (Sterilisiermethode für Babyflaschen), Wick (Erkältungspräparate und Hustenbonbons).

◆ Fruchtsaftgetränke und sonstiges (Umsatz 1994/95: 622,7 Mio. DM; Vorjahr: 589,0 Mio.) mit den Produkten: Dittmeyer's, Punica, Valensina, Orval (Fruchtsäfte und -nektare und Fruchtsaftgetränke), Orval (Zitruswürze).

◆ Kosmetik und Düfte (Umsatz 1994/95: 495,3 Mio. DM; Vorjahr: 465,1 Mio.) mit den Produkten Ellen Betrix (Kosmetik), Henry M. Betrix, Hugo Boss, Old Spice (Herrenparfüms und Körperpflege), Laura Biagiotti, Otto Kern (Herren- und Damenparfüms und Körperpflege).

◆ Pharmazeutika (Umsatz 1994/95: 119,8 Mio. DM; Vorjahr: 148,0 Mio.) Arzneimittel, u. a. gegen Herz-Kreislauf- und Magen-Darm-Erkrankungen; Labordiagnostika; Impfstoffe, u. a. zur Verhütung von Kinderlähmung, eitriger Hirnhautentzündung, Diphterie, Keuchhusten und Wundstarrkrampf.

Die Firmen der Procter & Gamble-Gruppe stützen sich auf die Forschungs- und Entwicklungskapazitäten der verschiedenen Procter & Gamble-Laboratorien in Cincinnati/USA, die Forschungs- und Produkt-

Geschäftsleitung:
- *Byrnes, Bruce L.*
- *Honigfort, Hans J.*
- *Kranendijk, Stef*
- *Radermacher, Dieter H.*
- *Sennefelder, Klaus*
- *Werner, G. H.*

Bezüge der Geschäftsleitung 1994/95: *6.685.000,– DM*

Aufsichtsrat:
- *Einsmann, Harald, Dr. (Vorsitzender)*
- *Bauer, Karlheinz (stellv. Vorsitzender)*
- *Fluck, Horst D.*
- *Graebner, Wolfgang, Dr.*
- *Harrison, Keith R.*
- *Lutz, Helmuth, Dr.*
- *Matthias, Brita-Sabine*
- *Molnar, Stefan*
- *Sigle, Walter, Dr.*
- *Strobel, Lothar, Dr.*
- *Wolf, Ernst L.*
- *Zarges, Jürgen*

Aufsichtsratstantiemen 1994/95: *77.000,– DM*

Umsatz 1994/95:
6.917,9 Mio.
Umsatz 1993/94:
5.957,1 Mio.
Umsatz 1992/93:
5.522,9 Mio.

Gewinn 1994/95: 61,1 Mio.
Gewinn 1993/94: 126,2 Mio.
Gewinn 1992/93: 41,5 Mio.

Steueraufkommen 1994/95:
46,9 Mio.

Grund- bzw. Stammkapital
1994/95: 69,0 Mio.

entwicklungszentren in Brüssel/Belgien (Wasch- und Reinigungsmittel), Egham und Newcastle/Großbritannien (Gesundheits- und Schönheitsprodukte, Wasch- und Reinigungsmittel), Rom und Pescara/ Italien (Wasch- und Reinigungsmittel, Papierprodukte). Die deutsche P&G in Schwalbach ist Sitz der europäischen Forschungs- und Entwicklungsabteilungen für Papierprodukte und Fruchtsaftgetränke. Mit über 950 Mio. DM (1995) Werbeetat steckte kein anderes deutsches Unternehmen soviel Geld in die Produktwerbung wie P&G.

BETEILIGUNGEN. Blendax GmbH, Mainz (100%); Rolf H. Dittmeyer GmbH, Schwalbach am Taunus (100%); Betrix Cosmetic GmbH, Dreieich (100%); SCS Sales + Cosmetics Service GmbH, Dreieich (100%); Beautycos Cosmetic GmbH, Frankfurt/Main (100%); Röhm Pharma Industrie GmbH, Weiterstadt (50%); Röhm Pharma GmbH, Weiterstadt (50%); Vereinigte Papierwerke GmbH & Co., Nürnberg (100%); Eurocos Cosmetic GmbH, Dreieich (100%); Cover Girl Cosmetic GmbH, Frankfurt/Main (100%); Shulton GmbH, Schwalbach am Taunus (100%); Procter & Gamble Eastern Europe Service GmbH, Schwalbach am Taunus (100%); Patina Cosmetik GmbH, Halle (100%); Noris Transport GmbH, Nürnberg (100%); Papierhygiene GmbH, Nürnberg (100%); Trapofa Leonhard Speditionsgesellschaft mbH, Mainz (100%); MEDIMAS Media- und Marketing-Service GmbH, Mainz (100%); Euro Juice GmbH, Hamburg (100%); Helix Speditions- und Lagerei GmbH, Schwalbach am Taunus (100%); Procter & Gamble Pharmaceuticals Germany GmbH, Weiterstadt (100%); Egnaro Arzneimittel GmbH, Weiterstadt (50%); Intelligent Safety Technologies GmbH, Schwalbach am Taunus (50%); Eurocos Cosmetic Warenvertrieb GmbH, Wien/Österreich (100%); Bess Hygiene AG, Gossau/ Schweiz (100%); Röhm Pharma Ges.m.b.H., Wien/Österreich (70%); Tempo AG, Gossau/Schweiz (100%).

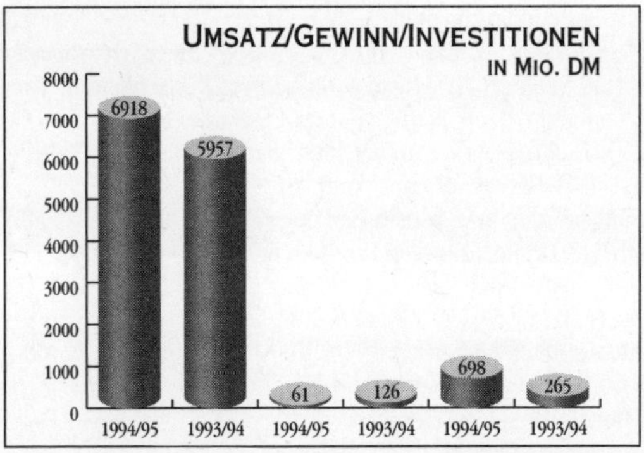

Die deutsche Procter & Gamble übernahm 1994 von der Schickedanz-Gruppe (Quelle) die Vereinigten Papierwerke Schickedanz AG (VP-Schickedanz; Umsatz ca. 1,5 Mrd. DM). Die Europäische Kommission machte P&G für diese Übernahme zur Bedingung, sich von dem »Camelia« Frauenhygienegeschäft wegen zu großer Marktdominanz zu trennen. P&G verkaufte diesen Bereich an Kimberly Clark. Die VP-Schickedanz wurde in den Procter & Gamble-Konzern eingegliedert und in die Vereinigte Papierwerke GmbH & Co. umgewandelt.

NEUE BUNDESLÄNDER. In den neuen Bundesländern ist die P&G-Marke »Ariel« Marktführer. Procter & Gamble hat seine gesamte Angebotspalette auf die ehemalige DDR ausgedehnt, tätigt aber seine Geschäfte ausschließlich von Westdeutschland aus. Lediglich mit der Patina Cosmetic GmbH, Halle, ist P&G in Ostdeutschland vertreten.

STANDORT DEUTSCHLAND. Die P&G-Gruppe exportiert vom Standort Deutschland aus für knapp 2 Mrd. DM Waren ins Ausland. Die weitaus wichtigsten Exportartikel sind Babywindeln und Hygieneprodukte, die in den Werken Euskirchen und Crailsheim hergestellt werden. Dazu werden vor allem Zahlpflegeprodukte und Düfte an Schwestergesellschaften in zahlreichen Ländern, vor allem in Mitgliedsländern der EU, geliefert. Durch die Einbeziehung der VP-Gruppe wurden 1995 Entlassungen »zur Erhaltung der Wettbewerbsfähigkeit« in anderen Unternehmen kompensiert. Anfang 1996 teilte P&G mit, die Produktionsstandorte Dreieich-Sprendlingen und Worms teilweise oder ganz aufzugeben, wovon 700 Arbeitsplätze betroffen sind. Entsprechende Arbeitsplätze sollen in Belgien und England geschaffen werden. Im Dreieicher Betrix-Werk (Hautpflegemittel, Lippenstifte, Nagellacke, Parfüms) sollen von 770 Arbeitsplätzen etwa 540 nach England verlagert werden.

Die gesellschaftsrechtliche Struktur der Procter & Gamble-Gruppe wurde 1993 verändert mit dem Ziel, die Wettbewerbsfähigkeit des Unternehmens durch die Nutzung von Synergiepotentialen zu verbessern. Dazu erwarb die Procter & Gamble GmbH alle wesentlichen Vermögenswerte der Gesellschaften Blendax GmbH und R. H. Dittmeyer GmbH und übernahm direkt Anteile an der Betrix Cosmetic GmbH & Co. Eine Umstrukturierung gab es auch im Bereich Gesundheits- und Körperpflege durch den Ausbau des Werkes Mainz zu einem europäischen Produktionsort für Zahnpflegeprodukte. 1994 wurde die VP Schickedanz AG übernommen, ein wichtiger Schritt von Procter & Gamble in den rund 11 Mrd. DM großen europäischen Tissue-Markt. P&G hat bereits in den USA und Kanada eine führende Position im Tissue-Markt.

UMWELTSCHUTZ. Die Forschungs- und Entwicklungszentren arbeiten mit Hochdruck an der Verbesserung der Leistung und Umwelteigenschaften der Markenartikel und Produktionsverfahren. P&G macht natürlich mit umweltverträglichen Produkten die besten Geschäfte: hautfreundliche Geschirrspülmittel, Haushaltsreinigungsmittel ohne Schadstoffe, recycelbare Produkte, Optimierung von Packmitteln für die gesamte Produktpalette, z. B. Nachfüllpackungen für Pulverwaschmittel und Verzicht auf Umkartons. P&G erstellt regelmäßig Öko-Bilanzen für Produkte unter Einschluß aller Lebensphasen des Produktes vom Rohstoffstadium bis zur Entsorgung.

Seit gut zehn Jahren setzt P&G die Öko-Bilanz als innerbetriebliches Mittel ein, um Umweltbelastungen zu verringern. Schwerpunkte bieten die Öko-Bilanzierungen von Waschmitteln sowie Höschen- und Baumwollwindeln. P&G verpflichtet sich, eine offene und ehrliche Informationspolitik zu betreiben.

Beschäftigte 1994/95: *9.996*
Beschäftigte 1993/94: *9.667*
Beschäftigte 1992/93: *8.951*

Umsatz pro Mitarbeiter 1994/95: *692.067,– DM*
Umsatz pro Mitarbeiter 1993/94: *616.230,– DM*
Umsatz pro Mitarbeiter 1992/93: *617.015,– DM*

Löhne und Gehälter 1994/95: *875,4 Mio.*
Löhne und Gehälter 1993/94: *755,6 Mio.*
Durchschnittsgehalt 1994/95: *87.575,– DM*
Soziale Abgaben und Aufwendungen 1994/95: *227,5 Mio.*
Soziale Abgaben und Aufwendungen 1993/94: *189,7 Mio.*

Bezüge pro Mitglied der Geschäftsleitung 1994/95: *1.109.667,– DM*
Tantiemen pro Aufsichtsrat 1994/95: *6.417,– DM*

Investitionen 1994/95: *698,0 Mio.*
Investitionen 1993/94: *265,0 Mio.*
Investitionen 1992/93: *431,0 Mio.*

Mitbewerber: *Benckiser, Colgate-Palmolive, Kraft Jacobs Suchard, Henkel, Gebr. März, Moksel, Nestlé, Philip Morris, PWA, Südzucker, Unilever*

PWA

Standort:
PWA-Haus
83064 Raubling
(Sitz der Verwaltung)

Postanschrift:
Postfach 11 00
83060 Raubling

Telefon: *(08035) 80-0*
Telex: *17-80 35 82 PWA AG*
Telefax: *(08035) 80-598*

Branche: *Papier- und pappeverarbeitende Industrie, Kunststoffe*

Rechtsform:
Aktiengesellschaft

Geschäftsjahr: *1.1.-31.12.*

Gründungsjahr: *1872. PWA ist 1970 entstanden durch den Zusammenschluß der Unternehmen Zellstoffabrik Waldhof AG und der Aschaffenburger Zellstoffwerke AG.*

Öffentlichkeitsarbeit:
Dr. Gernot Wiedenbrüg/
Michael Haag
Tel.: (08035) 80-263
FAX: (08035) 80-598

Verbände: *Die Verbände der papierverarbeitenden Industrie*

GESCHICHTE UND ENTWICKLUNG. Aus der 1872 gegründeten Aschaffenburger Zellstoffwerke AG (Aschzell) und der 1884 entstandenen Zellstoffabrik Mannheim wurde 1970 durch Fusion und auf Betreiben der Bayerischen Hypotheken- und Wechsel-Bank die »Papierwerke Waldhof-Aschaffenburg Aktiengesellschaft« mit Sitz in München. 1973 wurde der neu geschaffene Konzern von Grund auf umorganisiert durch Aufgliederung in marktorientierte Produktbereiche. 1974 Neufirmierung in PWA Papierwerke Waldhof-Aschaffenburg AG. Über zahlreiche Akquisitionen und Beteiligungen expandierte der PWA-Konzern zu einem der führenden Papierhersteller Europas und zum größten deutschen Papierkonzern. 1989/90 wurde die Bayernwerk AG mit einem Besitz von über 43% am Kapital der PWA größter Anteilseigner. 1995 Verkauf der VIAG-Anteile an den schwedischen Papierkonzern Svenska Cellulosa AB (SCA).

BESITZVERHÄLTNISSE/EIGENTUMSSTRUKTUR.
- Svenska Cellulosa Aktiebolaget SCA, Stockholm/Schweden (75%). Der schwedische Papierkonzern führt PWA als siebten Geschäftsbereich, wobei PWA aber weiter dezentral geleitet wird und als deutscher Börsenwert erhalten bleibt. Durch den neuen Verbund ist mit rund 35.000 Beschäftigten und knapp 12 Mrd. DM Umsatz die größte europäische Zellstoff- und Papiergruppe entstanden.
- Rest Streubesitz; davon hält die Allianz AG Holding ein Paket von mehreren Prozent.

KONZERNÜBERBLICK. Die PWA Papierwerke Waldhof-Aschaffenburg AG gehört zu den führenden Unternehmen der europäischen Papierindustrie. PWA ist der bedeutendste deutsche Zellstoff- und Papierhersteller, zu dessen Hygienepapiersortimenten für den Verbraucher so populäre Markenartikel wie »Zewa-Softis«-Taschentücher und »DANKE« aus Altpapier gehören. Seit 1995 ist die PWA ein Unternehmen der schwedischen SCA-Gruppe und mehrheitlich in ausländischem Besitz. Im Rahmen der Organisationsstruktur der SCA ist die PWA die stärkste Geschäftseinheit neben sechs weiteren Geschäftseinheiten. Mit dem Kauf von 75% der PWA-Anteile durch den größten schwedischen Papierproduzenten Svenska Cellulosa Aktiebolaget SCA gab es bei PWA auch eine einschneidende Veränderung der Konzernstruktur. Das PWA-Wellpappenverpackungsgeschäft mit den Wellpappenverpackungs-Aktivitäten der Zewawell wurde gegen die Tissue-Hygienepapieraktivitäten der SCA Mölnlycke getauscht. Die neue organisatorische Einheit aus PWA Hygienepapiere und Mölnlycke Tissue nimmt im Bereich Hygienepapiere für Endverbraucher Rang zwei in Europa ein und hält mit 18% unangefochten die stärkste Position im Großkundensegment. Entscheidendes Merkmal der neuen Organsiation ist die klare Trennung der Geschäftsfelder Endverbraucher (Consumer) und Großverbraucher (Away from Home) auf Länderebene. Nach dem Tausch ist SCA Pakkaging wiederum der größte Hersteller von Transportverpackungen aus Wellpappe in Europa. SCA ist einer der größten Waldbesitzer Europas und der größte Verwerter von Altpapieren.

Der PWA-Konzern ist innerhalb der SCA-Gruppe dezentral organisiert mit selbständig am Markt operierenden Produktbereichen (Organisationsstruktur Seite 427). Der Verwaltungssitz der Management- und Finanzholding des PWA-Konzerns befindet sich im oberbayerischen Raubling. Das Produktprogramm umfaßt vier Produktgruppen.

◆ Produktgruppe Grafische Papiere. Geschäftsfeld Feinpapiere: holzfreie, holzgestrichene und holzhaltige Büro- und Druckpapiere in Format und Rolle; alle Produktsegmente auch in chlorfreier Qualität (PWA Grafische Papiere GmbH, Raubling; Hallein Papier GmbH, Hallein/Österreich); Geschäftsfeld Papiergroßhandel: komplettes Sortiment hochwertiger grafischer Papiere zahlreicher Hersteller (Ecco Paper Trade GmbH, Hamburg); das Geschäftsfeld Geschäftsdrucke und Organisationssysteme wurde in die SCA-Gruppe ausgegliedert: Formulare, Plastikkarten, Personalisierung und Versand, Belegverarbeitungsmaschinen (Systemform Datenbelege GmbH, Prien; Novacard Informationssysteme GmbH, Oldenburg). Produktionsbetriebe: Hallein/Österreich, Miesbach, Stockstadt (grafische Papiere); Berlin, Oldenburg, Grassau, Prien (Systemform). Umsatz 1995: 2.032,8 Mio. DM (Vorjahr: 1.734,0 Mio.); Beschäftigte 1995: 3.195 (Vorjahr: 3.576).

◆ Produktgruppe Hygienepapiere. Geschäftsfeld Tissue-Hygienepapiere für den Consumer-Bereich (Endverbraucher): aus Zellstoff und aus 100% Altpapier – Toilettenpapiere, Küchentücher, Taschentücher, Servietten, Kosmetiktücher; Geschäftsfeld Tissue- und Krepp-Hygienepapiere für den Away from Home-Bereich (Großverbraucher): vorwiegend aus 100% Altpapier – Papierhandtücher, Papierputzrollen, Toilettenpapiere, Spezialreinigungstücher, Liegenabdeckungen, Servietten, Kosmetiktücher (PWA Hygienepapiere GmbH, Mannheim; Apura GmbH, Wiesbaden). Die beiden bekanntesten PWA-Marken sind ZEWA und DANKE. Produktionsbetriebe: Mannheim, Berlin, Polkenberg, Chester/Großbritannien, Le Theil/Frankreich, Stembert/Belgien, Ortmann/Österreich. Umsatz 1995: 1.649,2 Mio. DM (Vorjahr: 1.458,3 Mio.); Beschäftigte 1995: 4.462 (Vorjahr: 4.593). Zu diesem Bereich gehören seit Anfang 1996 auch die Tissue-Aktivitäten der SCA Mölnlycke.

◆ Produktgruppe Wellpappenpapiere und Verpackungen. Geschäftsfeld Wellpappenpapiere: Wellen- und Deckenpapiere aus 100% Altpapier, holzfreie Spezialseidenpappe (PWA Industriepapier GmbH, Raubling); das Geschäftsfeld Verpackungen wurde an die SCA Pakkaging (60 Standorte in Europa) abgegeben: Faltkisten, Faltschachteln und Formate aus Wellpappe, Gefahrgut-, Schwergut-, System-, Standard- und Spezialverpackungen, bedruckte Verpackungen (Zewawell AG & Co. KG PWA-Verpackungswerke, Mannheim; Innwell GmbH Verpackungen, Raubling); Geschäftsfeld Verpackungspapiere: einseitig glatte und fettdichte Verpackungspapiere (PWA Hygienepapiere GmbH, Mannheim). Produktionsbetriebe: Aschaffenburg, Raubling, Witzenhausen (alle Verpackungspapiere); Gießen, Hövelhof, Mannheim, Minden, Nördlingen, Paderborn, Pulheim, Raubling, Schwetzingen, Traunreut, Wolfsgrün/Erzgebirge (Verpackungen). Umsatz 1995: 899,8 Mio. DM (Vorjahr: 741,3 Mio.); Beschäftigte 1995: 2.351 (Vorjahr: 2.456).

◆ Produktgruppe Technische Spezialpapiere. Geschäftsfeld Dekorpapiere: Dekorpapiere zur Veredelung von Oberflächen für die Möbel-

Vorstand:
▮ *Heinzel, Alfred H., Vorchdorf/Österreich*
▮ *Falter, Rudolf, Dr., Raubling*

Vorstandsbezüge 1995: *1.906.498,– DM*

Aufsichtsrat:
▮ *Götte, Klaus, Dr. (Vorsitzender; Vorsitzender des Vorstandes der MAN AG), München*
▮ *Bertorp, Michael (Leiter der Konzernrechtsabteilung der Svenska Cellulosa Aktiebolaget SCA), Stockholm/Schweden*
▮ *Klose, Horst, Dr. (Vizepräsident der Deutschen Schutzvereinigung für Wertpapierbesitz e.V.), Düsseldorf*
▮ *Krumnow, Jürgen, Dr. (Mitglied des Vorstandes der Deutsche Bank AG), Frankfurt/Main*
▮ *Martin-Löf, Sverker (Vorsitzender des Vorstandes der Svenska Cellulosa Aktiebolaget SCA), Stockholm/Schweden*
▮ *Martini, Eberhard, Dr. (Sprecher des Vorstandes der Bayerischen Hypotheken- und Wechsel-Bank AG), München*
▮ *Rietz, Ake (stellv. Vorsitzender des Vorstandes der Svenska Cellulosa Aktiebolaget SCA), Stockholm/Schweden*
▮ *Rydin, Bo, Dr. (Vorsitzender des Aufsichtsrates der Svenska Cellulosa Aktiebolaget SCA), Stockholm/Schweden*
**Falkenstein, Bernhard (stellv. Vorsitzender)*
**Berndt, Peter*
**Binder, Kurt*
**Blanke, Hermann*
**Huth, Klaus*
**Kotschka, Roland*
**Schweier, Hans*
**Sklarek, Paul*

Aufsichtsratstantiemen 1995: *140.720,– DM*

BÖRSE, AKTIEN, KURSE
Grundkapital 1995:
354,6 Mio.
Jahreshöchstkurs 1994:
262,00 DM
Jahrestiefstkurs 1994:
212,00 DM
Aktie Jahresende 1994:
239,00 DM
Dividende pro Aktie 1995:
7,00 DM

Die Dividende bezieht sich auf einen Aktiennennbetrag von DM 50,–.

***Umsatz 1995:** 5.191,0 Mio.*
(Auslandsanteil: 57,1%)
***Umsatz 1994:** 4.445,3 Mio.*
(Auslandsanteil: 54,6%)
***Umsatz 1993:** 3.856,6 Mio.*
(Auslandsanteil: 53,2%)

Gewinn/Verlust 1995:
163,3 Mio.
Gewinn/Verlust 1994:
30,5 Mio.
Gewinn/Verlust 1993:
–239,7 Mio.

***Cash flow 1995:** 410,0 Mio.*
***Cash flow 1994:** 300,0 Mio.*
***Cash flow 1993:** 158,0 Mio.*

***Cash flow:** Die Investitionen wurden vollständig aus dem Cash flow bezahlt. Der Rest wurde zum Abbau der Nettoverschuldung genutzt, die sich auf 508 Mio. DM verringerte.*

Steueraufkommen 1995:
9,9 Mio.

industrie und den Innenausbau (PWA Dekor GmbH, Aalen); das Geschäftsfeld Beschichtete Papiere wurde Anfang 1996 an die schwedische Papiergruppe AssiDomän AB, Stockholm, verkauft: Beschichtung von Papier zur Herstellung von Verpackungen, Isolations- und Selbstklebeprodukten (PWA-Kunststoff GmbH, Raubling, mit Produktionsbetrieben in Aalen-Unterkochen, Tolosa/Spanien, Duffel/Belgien, Krefeld und Raubling). Umsatz 1995: 482,0 Mio. DM (Vorjahr: 447,1 Mio.); Beschäftigte 1995: 1.018 (Vorjahr: 984).

BETEILIGUNGEN. In den Konzernabschluß wurden 1995 neben der PWA AG 35 inländische und 61 ausländische Tochtergesellschaften einbezogen, die unter der einheitlichen Leitung der PWA AG stehen und an denen sie die Mehrheit hält. Der PWA-Konzernabschluß wird wiederum in den SCA-Konzernabschluß einbezogen. Die wesentlichen Gesellschaften des PWA-Konzerns:

- Grafische Papiere: PWA Grafische Papiere GmbH, Raubling (100%); Hallein Papier GmbH, Hallein/Österreich (100%); James McNaughton Paper Group Ltd., London/Großbritannien (92,4%); ECCO Paper Trade GmbH, Hamburg (100%); PVV Deutschland GmbH, Hockenheim (100%); ECCO-CEZA sp.z.o.o., Warschau/Polen (59,3%); IT-Papier GmbH, Wien/Österreich (74,5%).
- Hygienepapiere: PWA Hygienepapiere GmbH, Mannheim (100%); PWA Hygienepapier-Gesellschaft mbH, Berlin (100%); SCA Hygiene Austria GmbH, Ortmann/Österreich (100%); Hygienepapier Produktions- und Vertriebsgesellschaft m.b.H., Ortmann/Österreich (100%); Apura GmbH, Wiesbaden (100%); PWA Mabelpap S.A., Stembert/Belgien (100%); PWA Waldhof France S.A., Paris/Frankreich (100%); Sept Industrie S.A., Paris/Frankreich (100%).
- Wellpappenpapiere und Verpackungen: PWA Industriepapier GmbH, Raubling (100%); Zewawell AG & Co. KG PWA-Verpackungswerke, Mannheim (100% – Übernahme durch die SCA Packaging); Innwell GmbH Verpackungen, Raubling (100%); Mitteldeutsches Verpackungsmittelwerk GmbH, Arenshausen (100%); Zewathener GmbH Systemverpackungen, Schwetzingen (100%).
- Spezialpapiere: PWA Dekor GmbH, Aalen-Unterkochen (100%); Papelera Calparsoro S.A., Tolosa/Spanien (100%); PWA-K Duffel N.V., Duffel/Belgien (100%).

NEUE BUNDESLÄNDER. Übernahme bzw. Gründung verschiedener Betriebe zur Herstellung bzw. Verarbeitung von Wellpappe in Thüringen und Sachsen, u. a. PWA Waldhof GmbH, Polkenberg (100%); PWA Waldhof GmbH + Co. Hygienepapiere, Polkenberg (100%); Bretschneider Verpackungen GmbH, Wolfsgrün (51%).

STANDORT DEUTSCHLAND. Die deutsche Papierindustrie ist auf dem besten Weg, ausverkauft zu werden. Nach der Feldmühle AG, Düsseldorf (1989), der Zanders Feinpapiere AG, Bergisch-Gladbach (1989), und der Hannoversche Papierfabriken AG, Alfeld (1992), erwarb der schwedische Papierkonzern Svenska Cellulosa AB (SCA) Anfang 1995 den größten deutschen Papierkonzern PWA. Für einen Kaufpreis von 1,2 Mrd. DM kauften die Schweden die PWA-Anteile der VIAG und der Bayerischen Hypo-Bank und halten nun 75%. Mit einem Umsatz von knapp 12 Mrd. DM und 35.000 Beschäftigten ist SCA zum

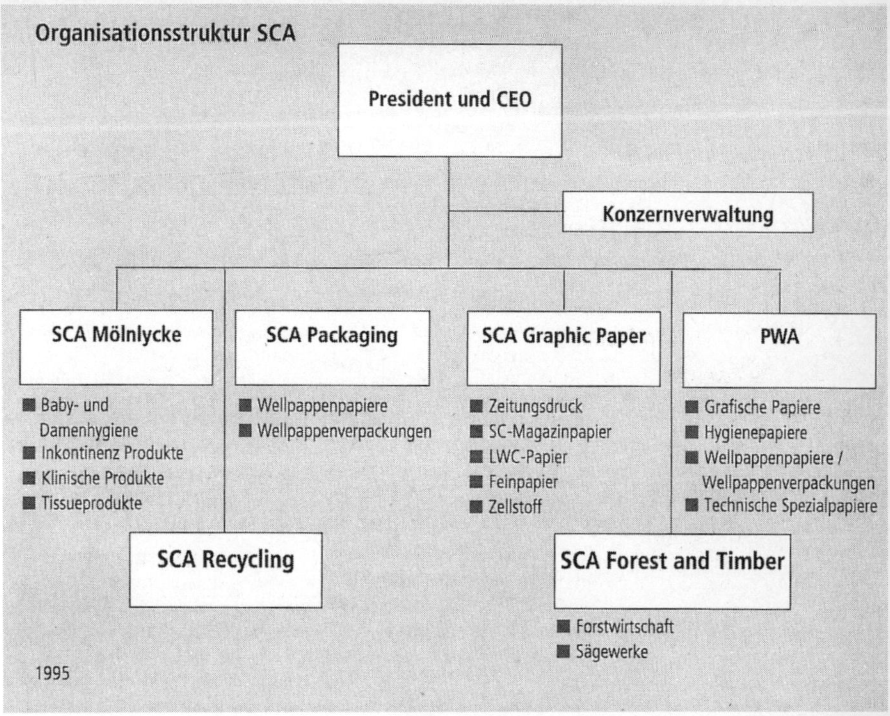
Organisationsstruktur SCA
President und CEO
Konzernverwaltung
SCA Mölnlycke
Baby- und Damenhygiene
Inkontinenz Produkte
Klinische Produkte
Tissueprodukte
SCA Packaging
Wellpappenpapiere
Wellpappenverpackungen
SCA Graphic Paper
Zeitungsdruck
SC-Magazinpapier
LWC-Papier
Feinpapier
Zellstoff
PWA
Grafische Papiere
Hygienepapiere
Wellpappenpapiere / Wellpappenverpackungen
Technische Spezialpapiere
SCA Recycling
SCA Forest and Timber
Forstwirtschaft
Sägewerke
1995

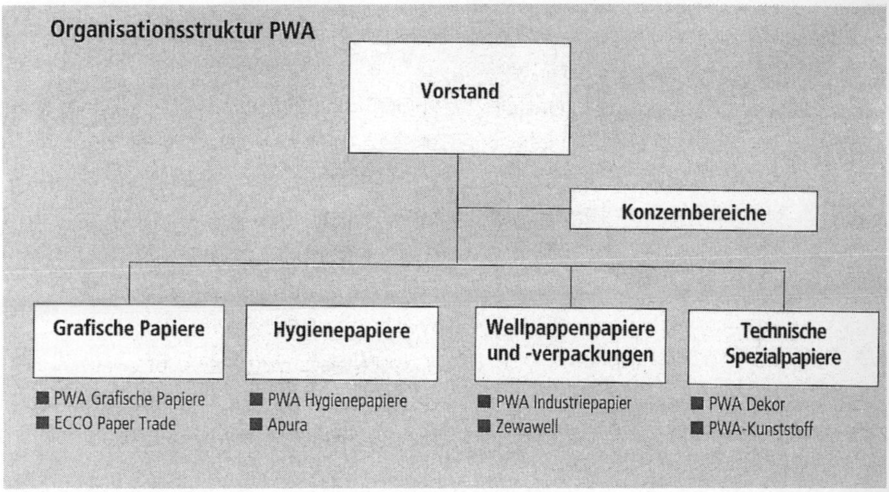
Organisationsstruktur PWA
Vorstand
Konzernbereiche
Grafische Papiere
PWA Grafische Papiere
ECCO Paper Trade
Hygienepapiere
PWA Hygienepapiere
Apura
Wellpappenpapiere und -verpackungen
PWA Industriepapier
Zewawell
Technische Spezialpapiere
PWA Dekor
PWA-Kunststoff

Beschäftigte 1995: *11.455*
Beschäftigte 1994: *11.939*
Beschäftigte 1993: *12.312*
(Beschäftigte 1992: 12.909)

Umsatz pro Mitarbeiter 1995: *453.165,– DM*
Umsatz pro Mitarbeiter 1994: *372.334,– DM*
Umsatz pro Mitarbeiter 1993: *307.428,– DM*

Löhne und Gehälter 1995: *791,9 Mio.*
Löhne und Gehälter 1994: *801,3 Mio.*
Durchschnittsgehalt 1995: *69.131,– DM*
Soziale Abgaben und Aufwendungen 1995: *228,3 Mio.*
Soziale Abgaben und Aufwednugnen 1994: *196,1 Mio.*

Bezüge pro Vorstandsmitglied 1995: *953.249,– DM*
Tantiemen pro Aufsichtsrat 1995: *8.795,– DM*

größten europäischen Papierkonzern aufgestiegen. Die Verpackungsgruppe der SCA ist in Europa mit rund 76 Produktionsstätten in neun europäischen Ländern Marktführer.
PWA Kunststoff wurde im Zuge der Konzentration auf Kerngebiete Anfang 1996 an einen Dritten veräußert. Die Schweden versichern, daß PWA weiter dezentral, also von Deutschland aus selbständig geleitet wird und als deutscher Börsenwert bestehen bleibt. Mit dem neuen Vorstandsvorsitzenden Alfred Heinzel hat der schwedische Großaktionär einen eigenen Mann an der Spitze der PWA plaziert. Heinzel war vorher Vorstandsvorsitzender der österreichischen SCA Laakirchen AG.
Besondere Probleme bereiten dem PWA-Vorstand die zunehmenden Billigimporte aus süd- und osteuropäischen Ländern, die die Papierpreise hierzulande maßgeblich beeinflussen. Der 1991 getätigte Ankauf der Papierfabrik Ortmann (Hygienepapiere aus 100% Altpapier) südlich von Wien dient als Gegenoffensive zur Erschließung der osteuropäischen Märkte. Das Auslandsgeschäft von PWA stieg 1995 auf 57,1% gegenüber 54,6% im Vorjahr.

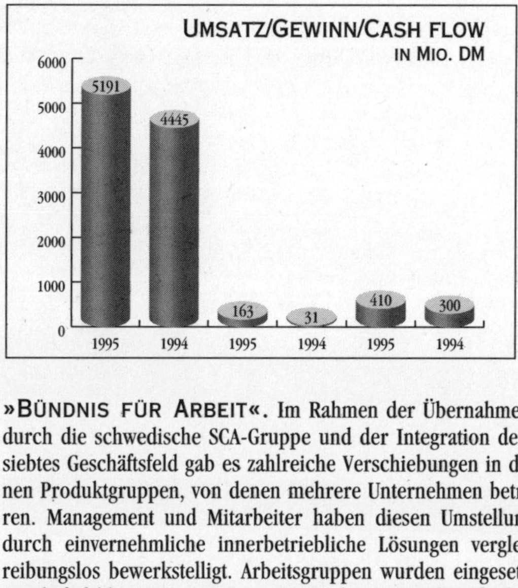

»BÜNDNIS FÜR ARBEIT«. Im Rahmen der Übernahme der PWA durch die schwedische SCA-Gruppe und der Integration der PWA als siebtes Geschäftsfeld gab es zahlreiche Verschiebungen in den einzelnen Produktgruppen, von denen mehrere Unternehmen betroffen waren. Management und Mitarbeiter haben diesen Umstellungsprozeß durch einvernehmliche innerbetriebliche Lösungen vergleichsweise reibungslos bewerkstelligt. Arbeitsgruppen wurden eingesetzt für die Geschäftsfelder Hygienepapiere, Verpackungen und Grafische Papiere, die den Auftrag hatten, die Effekte aus der neuen Gruppierung SCA/PWA voll zu nutzen. Alle Möglichkeiten, von Kooperationen bis hin zum schließlich praktizierten Austausch von Unternehmenseinheiten, wurden in Übereinstimmung von Management und Betriebsräten geprüft. Neue Führungspositionen wurden bei PWA und SCA ausschließlich von innen besetzt. Die bei PWA bereits seit 1994 praktizierten flexiblen Arbeitszeiten wurden weiter forciert sowie die Bereiche Benchmarking, Gruppenarbeit und Total Quality Management ausgebaut. 1996 soll sich erstmals ein Betriebsratsgremium auf europäischer Ebene für den SCA-Konzern und damit auch für PWA konstituieren.

PWA hatte sich vor der Übernahme durch die schwedische SCA-Gruppe für mögliche Akquisiteure durch ein umfangreiches Restrukturierungsprogramm mit Standortkonzentrationen, Produktionsverbesserungen und die Reorganisation der Arbeitsabläufe attraktiv und fit gemacht. Das Ergebnis: im ersten Jahr Einsparungen von rund 150 Mio. DM. 1994 wurde u. a. der Verarbeitungsbetrieb PWA Waldhof GmbH & Co. in Berlin-Spandau geschlossen, wurden verstreute Arbeitsfelder gezielt an Standorten zusammengelegt. Die Mitarbeiterzahl sank von über 13.000 auf unter 11.500, flexible Arbeitszeiten werden durch den sogenannten »Fünf-Schicht-Betrieb« gefahren. Mit dem Tarifabschluß 1994 für die Papiererzeugung kam eine weitere Flexibilität in die Regelung der tariflichen Wochenarbeitszeit von 38 Stunden. Der Tarifabschluß 1994 eröffnete die Möglichkeit, die Arbeitszeit im Wege der Vereinbarung ohne Lohnausgleich bis auf 35 Wochenstunden zu reduzieren bzw. ohne Mehrarbeitszuschlag auf 39 Wochenstunden zu erhöhen.

UMWELTSCHUTZ. Im Zuge der Zusammenführung von PWA und SCA werden auch die Umweltaktivitäten beider Unternehmen aufeinander abgestimmt. PWA versucht seit Jahren, seine Produkte an der Umwelt zu orientieren und bezeichnet sich selbst als »Pionier auf dem Gebiet des absolut chlorfreien Zellstoffs und Europas größten Hersteller dieses gesuchten Rohstoffes«. Mit einer Produktion von 460.000 t chlorfrei gebleichtem Zellstoff ist PWA tatsächlich europaweit einer der größten Hersteller dieses umweltschonenden Rohstoffs. Besonders gut verdient PWA an der zunehmenden Nachfrage nach Altpapier. Mit einem Recycling-Volumen von 810.000 t Altpapier gehörte PWA 1995 zu den führenden industriellen Verwertern dieses Rohstoffs in Zentraleuropa. Im Rahmen des systembezogenen Umweltschutzes mit umfassender Produktverantwortung steht bei PWA die Verwertung von Abfällen im Vordergrund. Die einzelnen Geschäftsfelder regeln ihre Umweltaktivitäten überwiegend eigenverantwortlich »entsprechend den markt- und produktionsspezifischen Umweltanforderungen« (so der Vorstand). PWA veröffentlicht eine detaillierte Umweltschutz-Broschüre.

Als einer der ersten Standorte der Papierindustrie in Deutschland hat das PWA-Werk Mannheim Ende 1995 ein Umweltmanagement-System eingeführt. Im Rahmen des Projektes »Resource Management Systems (RMS)« werden zukünftig für die Produktionsstandorte der PWA Stoff- und Energiebilanzen erstellt, in denen Input (Roh- und Hilfsstoffe, Energie etc.) und Output (Produkte, Abfall, Abwasser etc.) eines Standortes unter Berücksichtigung der Umwelteinwirkung erfaßt werden. Hierdurch sollen im Sinne des geschlossenen Kreislaufkonzeptes Potentiale zur Einsparung von Ressourcen aufgezeigt und später genutzt werden.

SCA hat zur konzernweiten Koordination ihrer Umweltangelegenheiten einen viermal jährlich zusammenkommenden Umweltbeirat eingerichtet, in dem auch die PWA mit ihrem Umweltbeauftragten vertreten ist.

Umweltschutz 1995:
21,0 Mio.
Umweltschutz 1994:
52,0 Mio.
Umweltschutz 1993:
43,0 Mio.

Investitionen 1995:
139,0 Mio.
Investitionen 1994:
144,0 Mio.
Investitionen 1993:
190,0 Mio.

Mitbewerber: *FPB Holding, Haindl, Jamont, Kimberley-Clark, Melitta, Metsä-Serla, Stora, Vereinigte Papierwerke*

QUELLE

Standort:
Nürnberger Straße 91-95
90762 Fürth

Postanschrift:
Postfach 40 00
90717 Fürth

Telefon: *(0911) 14-0*
Telefax: *(0911) 14-24361*

Branche: *Einzelhandel, Versandhandel, Kaufhäuser*

Rechtsform:
Kommanditgesellschaft

Geschäftsjahr: *1.2.-31.1.*

Gründungsjahr: *1927*

Öffentlichkeitsarbeit:
Erich R. Jeske
Tel.: (0911) 14-23459
FAX: (0911) 14-24361
*T-Online: *Quelle#*
Internet: http://www.quelle.de

Verbände: *Fachverbände des Versand- und Einzelhandels je nach Sparten*

GESCHICHTE UND ENTWICKLUNG. 1927 gründete der Grossist und Exportkaufmann Gustav Schickedanz in seiner Heimatstadt Fürth das »Versandhaus Quelle«. 1936 zählte die Adressenkartei des jungen Versandgeschäftes bereits eine Million Kunden. Nach erheblicher Zerstörung der Betriebsanlagen und der Kundenkartei 1945 wurde die Quelle 1949 unter Leitung von Gustav Schickedanz erneut gegründet.
Bereits 1946 legte Ehefrau Grete Schickedanz mit dem Aufbau eines Textilgeschäftes den Grundstein für den Neubeginn der Quelle. 1955 Bau des Versandhauses in Nürnberg. 1958 war Quelle wieder das größte Versandhaus der Bundesrepublik, 1964 das größte Europas. Gründung neuer Unternehmen und Auslandstochtergesellschaften. 1961 Quelle Foto- und Filmdienst; 1964 Akquisition von Schöpflin. Nach dem Tod von Gustav Schickedanz übernahm 1977 Grete Schickedanz die Versandgeschäfte. Erwerb der Sinn AG und der Peter Hahn GmbH. Die überraschende Wiedervereinigung und der Fall der Mauer bescherte den Fürthern einen nie dagewesenen Boom. 1987 legte Grete Schickedanz offiziell ihren Vorstandsvorsitz anläßlich ihres 75. Geburtstages und des 60jährigen Bestehens von Quelle nieder. Gemeinsam mit ihrem Schwiegersohn Wolfgang Bühler bestimmte sie aber weiter die Geschicke des Konzerns. 1993 zog sich Grete Schickedanz ganz zurück, wurde Ehrenvorsitzende des Aufsichtsrates und des Stiftungsrates der Schickedanz-Unternehmensgruppe. Bereits 1979 hatte Grete Schickedanz die »Gustav und Grete Schickedanz Stiftung« als höchstes Konzernorgan gegründet, um das Unternehmen in familiärer Hand zu halten. Im Juli 1994 starb die jahrzehntelange Konzernchefin Grete Schickedanz, die »Seele der Quelle«, im Alter von 82 Jahren. 1995 Inbetriebnahme des neuen Versandzentrums in Leipzig.

BESITZVERHÄLTNISSE/EIGENTUMSSTRUKTUR.
- Komplementärin: Schickedanz AG, Fürth (persönlich haftende Gesellschafterin ohne Einlage)
- Kommanditist: Schickedanz Holding-Stiftung & Co. KG

1992 wurde die Quelle auf Beschluß der Eigentümerfamilie Schickedanz in eine AG & Co. KG umgewandelt. In der neuen Rechtsform unter dem Namen »Quelle Schickedanz AG & Co.« gibt es folgende Veränderungen: Als persönlich haftende Gesellschafterin ist die Schickedanz AG in dic Quelle KG eingetreten, und die Schickedanz Holding-Stiftung & Co. KG wurde Kommanditistin. Damit bleibt Quelle eine Kommanditgesellschaft, die persönlich haftende und geschäftsführende Gesellschafterin erhält die Rechtsform einer Aktiengesellschaft.

KONZERNÜBERBLICK. Die Quelle-Gruppe ist Europas größtes Versandhausunternehmen. Unter ihrem Dach agieren die Muttergesellschaft Quelle Schickedanz AG & Co. und ihre 90 Tochter- und Beteiligungsgesellschaften im In- und Ausland. Außer in der Bundesrepublik unterhält Quelle Versandhäuser in Österreich (Quelle Österreich), der Schweiz, Frankreich (Quelle Frankreich), Belgien,

Spanien und verschiedenen Ländern Osteuropas. Der Versandhandel erlebte 1995/96 mit 12,1 Mrd. DM Umsatz einen ungebrochenen Boom. Ein Quelle-Renner ist nach wie vor der Textil- und Modebereich, den die Quelle-Häuser neben dem Versandhandel lückenlos abdecken. Das Flaggschiff der Quelle-Gruppe ist der Quelle Versand (Universalversand). Mit den Spezialversendern Madeleine, Peter Hahn und Elégance wird das obere Marktsegment bedient, das auf den Durchschnittskunden zugeschnittene Großversandhaus Schöpflin wird 1996 zu einem Textil- und Wäschespezialisten mit modischer Damenoberbekleidungs-Kompetenz umstrukturiert. Hinzu kommt der Spezialversender für Werbeartikel Contaplan/Selektra. Bei technischen Sortimenten ist Quelle absoluter Marktführer und der Konkurrenz weit voraus. Hohe Marktanteile erzielt Quelle bei den Eigenmarken Privileg, Matura, Universum und Revue. Die Quelle-Eigenmarke Privileg hält – gemessen an den Verkaufszahlen – bei Nähmaschinen, Waschmaschinen, Mikrowellengeräten, Kühlschränken und Wäschetrocknern die Spitzenposition im deutschen Markt. Quelle ist auch Deutschlands größter Möbelversender. Von 120 Stützpunkten des technischen Kundendienstes werden jährlich über 1,7 Millionen Kundendienst-Aufträge durch 2.600 Mitarbeiter erledigt. Der Konzern gliedert sich in die Warengruppen Textilien, Technik und Hartwaren sowie sonstiges. Umsätze der Quelle-Gruppe: Umsatz Quelle Deutschland (Quelle Deutschland Versand) 1995/96: 8.981,0 Mio. DM; Umsatz Quelle Ausland (Quelle Östereich, Quelle Frankreich, weitere europäische Länder) 1995/96: 1.678,0 Mio. DM; Umsatz Schöpflin 1995/96: 620,0 Mio. DM; Umsatz Spezialversand (Peter Hahn, Madeleine, Elégance, Contaplan/Selektra) 1995/96: 834,0 Mio. DM.

Der stationäre Handel mit der Sinn AG (34 Modehäuser), der Leffers AG (10 Modehäuser), der WHG Westdeutsche Handelsgesellschaft mbH, mit der Apollo-optik GmbH (176 Geschäften der Apollo-Gruppe – mit Optofot GmbH, 40 ehemaligen Industrieläden von Carl Zeiss Jena, und AugenTrend) und den 23 Restaurants der Systemgastronomiekette »Die Büffeteria« bildet seit 1995 einen eigenen Geschäftsbereich unter dem Dach der Schickedanz-Unternehmensgruppe. Die Umsätze (1995/96: 2,2 Mrd. DM) dieser Gesellschaften werden deshalb nicht mehr in den Geschäftszahlen der Quelle-Gruppe ausgewiesen, was den Rückgang im Umsatz erklärt. Im Rahmen einer strategischen Neuausrichtung hat Quelle 1994 bereits alle 17 Warenhäuser verkauft und sich von Möbel Hess getrennt.

Im Zuge der Reduzierung der Industriebeteiligungen veräußerte die Schickedanz Holding-Stiftung & Co. KG die Industrietochter VP Schickedanz AG, Nürnberg (1,5 Mrd. DM Umsatz; 3.000 Beschäftigte), einen führenden Hersteller von Höschenwindeln (Moltex), Damenhygiene (Camelia, blümia, tampona) und Papiertaschentüchern (Tempo). Teile des Unternehmens gingen an Procter & Gamble. Die Patrizier-Bräu AG, Nürnberg, wurde an den Münchener Brauerei-Unternehmer Hans Inselkammer (Mitinhaber der Augustiner Bräu KG, München)

Vorstand:

- *Stremme, Steffen, Dr., (Vorsitzender)*
- *Ammon, Wilhelm (Technik und Hartwaren)*
- *Ebert, Kurt (stellv. Vorstandsmitglied; Beteiligungen)*
- *Gerstenhauer, Ingo (stellv. Vorstandsmitglied; Marketing und Vertrieb)*
- *Harrer, Willi (Textil)*
- *Moissl, Günter H., Dr. (Finanzen und Controlling)*
- *Schoch, Dieter (Personal und Datenverarbeitung)*
- *Teller, Klaus-Jürgen, Dr. (Logistik)*

Vorstandsbezüge 1995/96:
keine Angaben

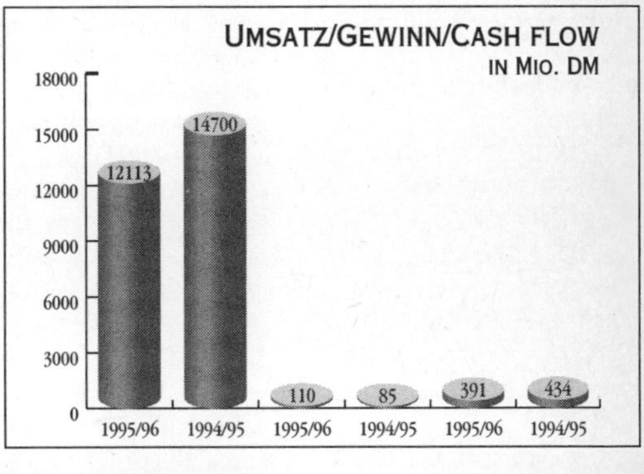

Aufsichts- und Verwaltungsrat:
- *Bühler, Wolfgang, Dr. (Vorsitzender)*
- *Riedel, Ingo, Dr. (stellv. Vorsitzender)*
- *Bittlinger, Herbert (stellv. Vorsitzender)*
- *Böckel, Jens-Jürgen, Dr.*
- *Eberstadt, Gerhard*
- *Kalow, Peter*
- *Laschet, Willi*
- *Ramscheid, Heinrich*
- *Sindel, Ernst*
- *Theis, Adolf, Dr. h.c.*
- *Werner, Hans-Joachim, Dr.*
- *Wössner, Mark, Dr.*

Aufsichts- und Verwaltungsratstantiemen 1995/96: *keine Angaben*

verkauft. Ende 1994 übernahm Quelle eine 25%ige Beteiligung an der Computer-Fachmarktkette Escom AG, Bochum, die im Sommer 1996 Konkurs anmelden mußte.

Die Quelle-Gruppe Europa verfügte im Juni 1996 über insgesamt 6.845 Agenturen. Zur Quelle-Gruppe gehören 1.856 Foto Quelle Franchise-Partner, 201 Quelle-Verkaufshäuser, 192 Reisebüros von »Reise Quelle«, 149 Fundgruben, 110 Quelle Technischer Kundendienst, 17 Geschäfte Peter Hahn, 12 Elégance, 5 Madeleine, 4 Quelle-Küchenfachmärkte und 2 Kaufhäuser. Das flächendeckende Netz an Verkaufshäusern bietet den Konsumenten einen Schaufensterkontakt, so die Quelle-Strategen, auf einer Länge von 35 Kilometern. Insgesamt verfügt die Quelle-Gruppe in Europa über ein Vertriebsnetz von rund 9.500 Points of sales.

Quelle setzt zunehmend auf das Geschäft mit dem »Urlaub per Katalog«. Anfang 1994 wurde mit der Touristik Union International GmbH & Co. KG (TUI) die Reise Quelle GmbH, Fürth, gegründet. Neben den TUI-Reisen wird es in Zukunft auch Quelle-Exklusivreisen besonders zu den Zielen am Mittelmeer geben. Die Schickedanz-Gruppe ist wiederum mit 20% an der TUI beteiligt.

Quelle bietet eine Sortimentsbreite von mehr als 160.000 Artikeln an. Der Quelle-Katalog hatte mit einer Gesamtauflage von 12 Mio. verschickten Exemplaren an ebenso viele Haushalte die höchste Einzelkatalog-Auflage in Europa, mit mehr als 60.000 Artikelpositionen auf 1.300 Seiten ist er das umfangreichste und auflagenstärkste Einkaufsbuch Europas. Hinzu kommen über 20 Spezial- und Fachkataloge. Die Gesamtauflage aller Kataloge der Quelle-Gruppe beläuft sich auf 28 Mio. Exemplare. Nahezu jeder zweite Bürger ist Versandkunde. Seit Anfang 1995 werden ausgewählte Artikel auf einer halbjährlich erscheinenden CD-ROM multimedial präsentiert. Unter dem Motto »Easy Shopping per CD-ROM« machen Computeranimationen, Videoclips, Mode in virtuellen Welten, Trend-Informationen, ein T-Online-Decoder mit Btx-/Internet-Zugang das Einkaufen schmackhaft.

Seit April 1995 ist Quelle zu 50% am ersten deutschen Teleshopping-Sender H.O.T. Home Order Television GmbH & Co. KG (Kooperation mit dem TV-Sender Pro 7) beteiligt. H.O.T. bietet seit Sommer 1996 auf einem eigenen Kanal Teleshopping an, eine »virtuelle Einkaufsgalerie« (Steffen Stremme). Quelle plant zur Warenpräsentation und Kundenansprache auch das interaktive Fernsehen (ITV), d. h. die Möglichkeit der aktiven Kommunikation des TV-Benutzers mit dem Anbieter des TV-Programms.

Im Rahmen des neuen Quelle-Versandsystems »Logistik 2000« errichtete Quelle mit Investitionen von 1 Mrd. DM in Leipzig das größte und modernste Versandzentrum Europas. Pro Tag können 100.000 Lieferantenkartons angenommen werden, das Hochregallager bietet Platz für die Lagerung von 2,2 Mio. Kartons. Täglich können 180.000 Pakete verschickt werden. Quelle beliefert Kunden in 160 Ländern der Erde. In der Hochsaison verlassen an einem Tag in Nürnberg und Leipzig 300.000 Quelle-Pakete die Versandzentren. 1995/96 wurden über die beiden Versandzentren in Nürnberg und Leipzig und über die acht Regionallager rund 45 Millionen Sendungen an Kunden verschickt. Hinter dem Versandhandel steht ein hochentwickeltes integriertes Datenverarbeitungs- und Kommunikationssystem, über das alle Quelle-Outlets mit dem Zentralcomputer in Nürnberg verbunden sind. Um für den europäischen Binnenmarkt gerüstet zu sein, wurde ein europaweites EDV-Netz mit über 12.000 Terminals geschaffen. Quelle engagiert sich seit einigen Jahren immer stärker im Versicherungsgeschäft. Etwa 360.000 Bundesbürger sind derzeit bei Quelle versichert – und dabei handelt es sich überwiegend auch um Quelle-Kunden. Denn die Fürther schöpfen bei der Versicherungswerbung natürlich aus ihrer in Deutschland wahrscheinlich einmaligen Adressenkartei. Quelle bietet Kranken-, Lebens-, Sach- und Kfz-Versicherungen und neuerdings auch eine Bausparkasse. Rechtsschutz- und Rentenversicherungen sollen folgen. Mit der Noris-Bank verfügen die Fürther auch über ihr eigenes Geldinstitut.

BETEILIGUNGEN. Die Quelle-Gruppe besitzt im In- und Ausland mehr als 90 Tochter- und Beteiligungsgesellschaften. Zu den wichtigsten Quelle-Beteiligungen gehören: Großversandhaus Schöpflin GmbH, Lörrach (99%); Schickedanz Handels-GmbH, Fürth (98%); Foto Quelle GmbH & Co., Nürnberg (100%); Revue Color Labor GmbH, Fürth (100%); Reise Quelle GmbH, Fürth (100%); Quelle Bank GmbH & Co., Fürth (25%); Escom AG, Bochum (25% – mußte im Sommer 1996 Konkurs anmelden); H.O.T. Home Order Television GmbH & Co. KG, Unterföhring bei München (50%); Mercatura Holding GmbH, Grünwald bei München (43,5%); servicelogiQ GmbH, Nürnberg (100%); Peter Hahn GmbH, Winterbach (100%); Elégance GmbH, Aachen (100%); Madeleine Mode GmbH & Co. KG, Fürth (100%); Contaplan Business Vertrieb GmbH & Co. KG, Pfungstadt (100%); Selektra Werbeartikel GmbH, Münster (100%); Nürnberger Lebkuchen Versandhandels GmbH & Co. KG, Nürnberg (50%); Quelle Beteiligungs GmbH, Fürth (100% – für den Versand Ausland); Quelle La Source S.A., Saran/Frankreich (100%); Quelle AG, Linz/Österreich (99%); N.V. Quelle S.A., Lier/Belgien (100%); Distribucion Quelle S.A.y Cia. S.e.C., Madrid/Spanien (100%); Quelle S.R.O. Breshrad/Tschechische Republik (100%); Quelle BT Törökbalint/Ungarn (100%); Quelle Polska Sp.z.o.o., Poznan/Polen (100%); Quelle d.o.o., Velenje/Slowenien (100%); Quelle S.R.O., Bratislava/Slowakei (100%); Quelle Latvija S.I.A., Riga/Lettland (100%).

NEUE BUNDESLÄNDER. Mit einem Investitionsvolumen von 1 Mrd. DM hat Quelle auf dem ehemaligen Agrarflughafen in Leipzig-Mockau das modernste Versandhaus der Welt gebaut, das im Mai 1995 in Betrieb genommen wurde. Nach Erreichen der vollen Versandkapazität werden etwa 2.500 Beschäftigte am neuen Quelle-Standort in Ostdeutschland Pakete packen. Die Kapazität der neuen Anlage beträgt 25 Mio. Sendungen im Jahr. An Spitzentagen können bis zu 180.000 Pakete gepackt werden. Von Leipzig werden vor allem die neuen Märkte in Mittel-/Osteuropa bedient. Quelle war auch schon in der ehemaligen DDR äußerst populär. Der Quelle-Katalog erreichte 1995 zwei von drei ostdeutschen Haushalten und dient dort als Einkaufsberater schlechthin. Quelle hat in den neuen Bundesländern bis Mitte 1996 mehr als 6.000 Arbeitsplätze geschaffen und ein flächendeckendes Netz von über 2.100 Agenturen aufgebaut.

STANDORT DEUTSCHLAND. Die Zahlungsunfähigkeit und der Anschlußkonkurs des Computerhändlers Escom AG, Heppenheim, an

Umsatz 1995/96:
12.113,0 Mio.
Umsatz 1994/95:
14.700,0 Mio.
Umsatz 1993/94:
15.142,0 Mio.

(Der Umsatzrückgang resultiert aus dem Verkauf der ehemaligen VP Schickedanz AG an Procter & Gamble und der Ausgliederung von Sinn, Leffers, WHG, Apollo und »Die Büffeteria« aus der Quelle-Gruppe in die Schickedanz-Unternehmensgruppe.)

Gewinn 1995/96: *110,0 Mio.*
Gewinn 1994/95: *85,0 Mio.*
Gewinn 1993/94: *120,0 Mio.*

Cash flow 1995/96:
391,0 Mio.
Cash flow 1994/95:
434,0 Mio.
Cash flow 1993/94:
450,0 Mio.

Cash flow: *Nach dem Abschluß der Fertigstellung des Versandzentrums Leipzig verstärkt Quelle wieder die Investitionstätigkeit am Stammsitz in Nürnberg/Fürth. Alle Investitionen der Quelle-Gruppe wurden aus dem Cash flow finanziert.*

Steueraufkommen 1995/96:
keine Angaben

Grund- bzw. Stammkapital 1996: *583,0 Mio.*

Eigenkapital der Quelle-Gruppe 1995/96: *909,0 Mio. (Das Eigenkapital wird ausschließlich von der Schickedanz Holding-Stiftung & Co. KG, vormals Gustav und Grete Schickedanz Holding KG, gehalten. Die Komplementärin, die Schickedanz AG, ist ohne Einlage beteiligt.)*

Beschäftigte 1995/96:
28.700
Beschäftigte 1994/95:
29.600
Beschäftigte 1993/94:
41.200

Umsatz pro Mitarbeiter 1995/96: *422.056,– DM*
Umsatz pro Mitarbeiter 1994/95: *496.622,– DM*
Umsatz pro Mitarbeiter 1993/94: *367.524,– DM*

Personalaufwand 1995/96:
1.313,9 Mio. (Quelle Schickedanz AG & Co.)
Personalaufwand 1994/95:
1.332,0 Mio. (Quelle Schickedanz AG & Co.)

dem Quelle seit 1994 mit 25% beteiligt war, kostete Quelle etwa 140 Mio. DM, die aber bereits im Geschäftsjahr 1995/96 abgeschrieben worden waren. Der Konkurs wirkte sich, so Quelle, auf den eigenen Geschäftsverlauf nicht weiter aus. Quelle hatte sich 1994 an Escom beteiligt, um stärker in das PC-Segment einzusteigen und Escom-Computer in den eigenen Verkaufsstellen zu plazieren. Escom hatte 1995 bei einem Umsatz von 2,35 Mrd. DM und 4.400 Beschäftigten einen Verlust von 180 Mio. DM gemacht und sich davon nicht mehr erholt. Quelle und die gesamte Schickedanz-Unternehmensgruppe wollen ihrem traditionellen fränkischen Standort in den nächsten Jahren auch »weiterhin fest verbunden« bleiben. Das Nürnberger Versandzentrum wird bei laufendem Betrieb 1996/97 zu einem flexiblen Standort für das Geschäftsfeld »Logistische Dienste« der neuen Dienstleistungstochter servicelogiQ GmbH umgebaut, die besonders auch Fremdunternehmen zur Verfügung steht. Laut Quelle sind unter den Mandanten bereits die Lufthansa AG, Eurowings Luftverkehrs AG und die Deutsche Bahn AG. Mit der Eröffnung des neuen Leipziger Versandzentrums kam zuvor allerdings das bittere Erwachen am Traditionsstandort Fürth. Etwa 1.700 feste Stellen wurden gestrichen. Zusätzlich sollen die etwa 3.500 Pendler, die bislang überwiegend aus Thüringen und Sachsen per Bus zum Paketepacken nach Fürth befördert wurden, teilweise in Leipzig arbeiten. Und kein Ende: Nachdem 1995 bereits weitere 900 Stellen gestrichen worden waren, fallen 1996/97 nochmals 450 Stellen in Nürnberg/Fürth weg, so daß sich die Beschäftigtenzahl auf 28.000 einpendeln soll.
Verstärkt wird in osteuropäische Standorte investiert. Quelle ist in allen Ländern des früheren Ostblocks unaufhaltsam auf dem Vormarsch – auf einem Markt von etwa 400 Mio. Verbrauchern. Überall werden Tochtergesellschaften gegründet, stationäre Aktivitäten entwickelt und der Versandhandel vorbereitet. Quelle-Versandzentren gibt es in Tschechien, der Slowakei, in Ungarn, Polen und Slowenien. Systematisch sollen die »neuen Marktwirtschaften« im Osten erobert und als Quelle-Länder ausgebaut werden. Ein Fünftel des Gruppenumsatzes im reinen Versandgeschäft erwirtschaftet Quelle derzeit im Ausland. Die Internationalisierung der Unternehmensgruppe soll aber entschieden da vorangetrieben werden, wo Quelle bereits mit eigenen Tochtergesellschaften vertreten ist. Man will aber auch die »Märkte mit hohem Potential« außerhalb Europas angreifen. In China soll 1996/97 ein Testmarkt eröffnet werden, in Japan laufen Kooperationsverhandlungen. Die Quelle-Landkarte wird derzeit überarbeitet.

»BÜNDNIS FÜR ARBEIT.« Die Zukunftsaufgaben seien nicht mehr mit den Rezepten der Vergangenheit zu lösen, so im Mai 1996 der Vorstandsvorsitzende Steffen Stremme, der Anfang 1996 aus dem Vorstand von adidas zu Quelle gewechselt war. »In allen Bereichen unserer Gesellschaft sind neue Ideen, neue Wege und Lösungen gefragter denn je.« Das gilt auch für innerbetriebliche Regelungen, flexible Arbeitsabläufe, neue Arbeitsformen. In diesem Zusammenhang überprüft Quelle alle Systeme, Abläufe und Leistungen, »um besser und schneller zu werden«. Quelle behauptet von sich, seinen Mitarbeitern »größtmögliche Freiräume« bei der täglichen Arbeit zu gewähren, die diese wiederum in die Gestaltung der Arbeitsabläufe und in zahlreichen Projekten umsetzen. Das »Quelle Qualitäts Forum« im

Ressort Logistik geht beispielsweise der Frage nach, wie sich logistische Funktionen der Quelle-Gruppe besser oder kostengünstiger realisieren lassen.

UMWELTSCHUTZ. Ende 1995 legte Quelle einen ersten Umweltbericht vor, in dem über alle Umweltschutzmaßnahmen der Vergangenheit berichtet wird, neue Handlungsfelder skizziert und zukünftige Ziele, Strategien und Maßnahmen dargelegt werden. Quelle verfügt über ein effektives Umwelt-Managementsystem. Umweltschutz gilt für alle Bereiche des Unternehmens, vom Einkauf über den Versand bis zur Entsorgung, als verbindlich. Besonders die Entsorgung ausgedienter Elektrogeräte treibt Quelle voran. Durch die Gesellschaft EGR Elektro-Geräte Recycling GmbH wurden umweltgerechte Recyclingverfahren entwickelt. Im Geschäftsjahr 1995/96 wurden über 200.000 Haushaltsgroßgeräte recycelt. Quelle arbeitet ständig an der Optimierung des Verpackungsbereiches. Mit der Klaus Steilmann GmbH & Co. KG, Wattenscheid, ist Quelle eine Kooperation zu weltweit verstärkten Partnerschaften mit Öko-Mode-Lieferanten eingegangen. Quelle-Geräte sind seit Jahren absolut FCKW-frei. Im Hauptkatalog findet der Kunde Umwelt-Serviceseiten, auf denen er über alle Quelle-Umweltleistungen informiert wird, z. B. über den Rücknahme- und Entsorgungsservice für alte Elektrogeräte und Fernseher. Zusätzlich gibt es ein Quelle-Umwelttelefon. Alle Quelle-Waren werden regelmäßig auf ihre Umweltverträglichkeit hin geprüft. Die Quelle-eigene Warenprüforganisation, in der die Umweltaktivitäten organisatorisch angesiedelt sind, firmiert unter »Institut für Warenprüfung und Umwelt« (IWU). Zum Quelle-Umweltnetzwerk gehören 30 Umweltansprechpartner auf allen Konzernebenen.

Investitionen 1995/96: *306,0 Mio.*
Investitionen 1994/95: *669,0 Mio.*
Investitionen 1993/94: *599,0 Mio.*

Mitbewerber: *Baur, Karstadt, Kaufhof, Neckermann, Metro, Otto, Schwab*

Raab Karcher siehe VEBA
Reemtsma siehe Tchibo

REWE

GESCHICHTE UND ENTWICKLUNG. Die REWE-Zentrale wurde 1926 von 17 Einkaufsgenossenschaften als »Rewe, Vereinigung der Lebensmittel-Großhandels-Genossenschaften von Rheinland und Westfalen eGmbH« gegründet. Sie nahm zum 1. Januar 1927 in Köln ihre Geschäftstätigkeit auf. Neben der bereits bestehenden Edeka-Zentrale erfolgte eine schnelle Expansion im Lebensmittelhandel. Ab Mitte der 30er Jahre verlagerte sich das Schwergewicht der REWE vom rheinischen Wirtschaftsraum in Richtung Mitteldeutschland. 1943 fand in Köln kriegsbedingt die zunächst letzte Generalversammlung der REWE-Zentrale statt.
Nachdem bereits im August 1945 die Zentraltätigkeit wieder aufgenommen worden war, wurde im August 1947 auf der ersten Generalversammlung nach dem Krieg die REWE-Zentral-Import eGmbH gegründet, die im Rahmen einer Gruppenreform 1972 in die REWE-Zentral-Aktiengesellschaft, Köln, umgewandelt wurde, die noch heute

Standort:
Domstraße 20
50668 Köln

Postanschrift:
50603 Köln

Telefon: *(0221) 149-0*
Telex: *8 885 206 rzo d*
Telefax: *(0221) 149-9000*

Branche: *Lebensmittel; Einzel- und Großhandel; Touristik*

Rechtsform:
Aktiengesellschaft

Geschäftsjahr: *1.1.-31.12.*

Gründungsjahr: *1926; REWE-Zentral AG 1972*

Öffentlichkeitsarbeit:
Wolfram Schmuck
Tel.: (0221) 149-1050
FAX: (0221) 13 88 98

Verbände: *Zentralverband gewerblicher Verbundgruppen e.V., Bonn; Bundesverband der Filialbetriebe und Selbstbedienungs-Warenhäuser (BFS) e.V., Bonn*

Vorstand der REWE-Zentral AG:
- *Reischl, Hans (Vorsitzender)*
- *Kalmbach, Otto*

Vorstandsbezüge 1995:
keine Angaben

neben der REWE-Zentralfinanz eG das Leitunternehmen der genossenschaftlichen REWE-Handelsgruppe ist. Im Laufe des Strukturwandels, der bereits in den 60er Jahren einsetzte, schlossen sich immer mehr kleine örtliche Genossenschaften zu regionalen REWE-Großhandlungen zusammen.
1977 wurde Hans Reischl, heute einer der mächtigsten Männer im deutschen Handel, Vorstandsvorsitzender der REWE-Zentralorganisationen mit rund 50 rechtlich und wirtschaftlich selbständigen Großhandlungen, die wiederum Tausenden von Einzelhändlern gehörten, die alle unter dem REWE-Emblem ihre Waren verkauften. »Reischl erkannte, daß die Zeiten einer vielfach zersplitterten Genossenschaft vorbei sind«, schrieb der »Spiegel« (32/1990). »Ähnlich wie Helmut Wagner im Saarland, der aus Konsum-Läden den Asko-Konzern zusammenbaute, formierte Reischl aus den REWE-Großhandlungen ein Lebensmittel-Imperium.«
Mit gewaltigen Akquisitionen wurde das REWE-Reich vergrößert. Reischl managte den Einstieg in die Einzelhandelskette Leibbrand, kaufte der REWE die Stüssgen AG und eine 75%-Beteiligung an Kaiser + Kellermann. In den 80er Jahren wurden die REWE-Großhandlungen durch Zusammenlegungen oder Schließungen organisatorisch gestrafft; 1995 blieben von einstmals 50 lediglich noch 12 übrig. Auch die Zahl der selbständigen Kaufleute ging auf 3.504, allerdings verkaufsträchtigere Einheiten, zurück. Dazu kamen 5.591 Filialen in den verschiedenen Vertriebslinien, von denen 4.085 Filialmärkte zur REWE & Co. OHG, der ehemaligen REWE-Handelsgesellschaft Leibbrand OHG, Bad Homburg, gehören. 1989 hatte REWE spektakulär die REWE-Leibbrand mit 3.500 Filialen übernommen und in REWE Bad Homburg umfirmiert; im Gegenzug gingen 25% der REWE-Zentral AG auf die Willi Leibbrand KG über, die im Juli 1991 zurückgekauft werden konnten. So ist die REWE-Zentrale heute wieder zu 100% im Besitz der ihr angeschlossenen Mitgliedsbetriebe und Kaufleute.
1990 leitete die REWE die seit ihrer Gründung größte Gruppenreform ein. Die bisherige Dreistufigkeit – Einzelhandel, Großhandel, Zentrale – wich einer Zweistufigkeit und machte aus den bisher selbständigen regionalen Großhandlungen, die ihre Vermögen gegen Aktien in die REWE-Zentral AG einbrachten, Niederlassungen der REWE-Zentral AG. Die REWE-Großhandlungen Hungen, Efferen, Korschenbroich/Erkelenz und Koblenz brachten ihre Geschäftsbetriebe in die REWE-Zentral AG ein. Daraus erwuchsen die Niederlassungen Hungen und West der REWE-Zentral AG. Aber nicht alle Großhandlungen machten mit, sie bangen um ihre Selbständigkeit. So sträubt sich die vom Umsatz her bedeutende REWE-Großhandel eG, Dortmund, bislang noch gegen eine Umwandlung. 1996 Übernahme des größten österreichischen Handelskonzerns BML (Billa Merkur Litega) Vermögensverwaltungs AG.

BESITZVERHÄLTNISSE/EIGENTUMSSTRUKTUR.
Mitgliedsbetriebe der Zentrale (100%)

KONZERNÜBERBLICK. Die REWE-Gruppe ist umsatzmäßig die größte Handelsorganisation in Deutschland und die zweitgrößte in Europa. Die REWE-Zentralorganisationen sind die REWE-Zentral AG (Großhandels- und Vermittlungsgeschäfte, Bearbeitung und Vertrieb aller Konsumwaren einschließlich Werbung, Groß- und Einzelhandelsbetreuung) und die REWE-Zentralfinanz eG (Finanzierung der Mitgliedsbetriebe, Zentralregulierung). Hinzu kommen die REWE-Beteiligungs-GmbH (An- und Verkauf von Lebensmitteln sowie Unternehmensbeteiligungen), die REWE-Zentralhandels-GmbH (Beteiligungen an Unternehmen des Warenvertriebs) und der REWE-Prüfungsverband e.V. (gesetzliche Pflichtprüfung der Mitglieder, Beratungs- und Förderungstätigkeit in genossenschaftlichen, rechtlichen und steuerlichen Fragen).

Aus dieser Unternehmensstruktur unter dem Dach der Obergesellschaft REWE-Zentral AG (mit ihren Niederlassungen Hungen und West) wird die Ausrichtung des Konzerns deutlich. Einmal werden die Großhandels- und Vermittlungsgeschäfte aller Konsumwaren, die Betriebs- und Geschäftseinrichtungen sowie die kreditgenossenschaftlichen Aufgaben für den REWE-Einzelhandel wahrgenommen, zum anderen ist die Zentrale berechtigt, andere Unternehmen zu gründen oder zu akquirieren, anzupachten, sich an ihnen zu beteiligen oder mit anderen Unternehmen Interessengemeinschafts- und Unternehmensverträge abzuschließen. REWE in der Eigensicht: »Die REWE ist schon als ›Mischung‹ gegründet worden – als Mischung aus Inhabern kleinerer wie auch größerer Geschäfte. Heute vereinigt sie selbständige Kaufleute, die nur ein Geschäft betreiben, und mittelständisch geprägte Klein-Filialisten ebenso wie großhandelseigene Regie-Betriebe und überregional arbeitende Groß-Filialunternehmen miteinander.«

Der REWE-Warenhandel umfaßt Frischwaren, Genußmittel, das Trokkensortiment (u. a. Konserven, Drogerie- und Pharmaartikel, Reformkost, Hygienepapiere, Kosmetik und Körperpflege) und den Bereich Nonfood (Textilien und Hartwaren, Einrichtungs- und Investitionsgüter) sowie Reisen (Atlas-Reisen mit über 260 Reisebüros). Die bekanntesten REWE-Handelsmarken sind: »Erlenhof«, »Gütefisch«, »Salto«, »Süsse Garde«, »Füllhorn«, »Dr. Schlee«, »Freiherr von Schoenaich«, »Alvarez«, »Summerhill« und »Today«. 1995 übernahm REWE von der Metro/Kaufhof-Gruppe den Reiseveranstalter ITS International Tourist Länderreisedienste GmbH mit 271 Reisebüros, darunter 146 in Kaufhäusern. Ende 1995 gehörten 587 Reisebüros zur REWE-Gruppe, die einen Umsatz von knapp 1,5 Mrd. DM erzielten.

Der Einzelhandelsumsatz der REWE-Gruppe betrug 1995 43,13 Mrd. DM, von denen rund 22,6 Mrd. DM die REWE & Co. OHG, Bad Homburg, also die frühere REWE-Handelsgesellschaft Leibbrand oHG, beisteuerte. REWE Bad Homburg verfügte Ende 1995 über 4.100 Filialen mit einer Verkaufsfläche von 3,3 Mio. Quadratmetern. Zu REWE Bad Homburg gehören über 2.000 Penny-Discountmärkte, 900 miniMal-Märkte, die Kette HL-Märkte (700 Standorte) und die toom-SB-Warenhäuser, idea-Discount-Drogerien, Sconti-Drogeriemärkte, Kontra Verbrauchermärkte, Frick-Teppichfachmärkte, Jumbo-Baumärkte, Klee-Gartencenter, FEGRO/SELGROS Cash and Carry, eine 50%-Beteiligung, sowie zahlreiche Fachmärkte wie die ProMarkt Gesellschaft für Unterhaltungselektronik mbH und verschiedene Großhandelsaktivitäten. Bei REWE Bad Homburg arbeiteten Ende 1995 über 82.000 Menschen. Die REWE-Handelsgesellschaft Kaiser + Kellermann oHG erzielte 1995 in 34 Globus-SB-Warenhäusern rund 1 Mrd. DM Umsatz, die Deutscher Supermarkt AG, zu der die Cornelius Stüssgen AG und

Aufsichtsrat der REWE-Zentral AG:

▌Hellmann, Bernhard (Vorsitzender)
▌Becker, Franz
▌Blank, Herbert
▌Burghard, Klaus, Dr.
▌Hundertmark, Jürgen
▌Lenk, Erich
▌Schweinsberger, Richard
▌Weckauf, Toni
**Zöller, Horst (stellv. Vorsitzender)*
**Bir, Edith*
**Braun, Eddy*
**Gaubatz, Walter*
**Hofmann, Roland*
**Schumacher, Helmut*
**Waasem, Helmut*
**Wagner, Rudolf*

Aufsichtsratstantiemen 1995: *127.500,– DM*

Vorstand der REWE-Zentralfinanz eG:

▌Reischl, Hans (Vorsitzender)
▌Kalmbach, Otto

Aufsichtsrat der REWE-Zentralfinanz eG:

▌Hellmann, Bernhard (Vorsitzender)
▌Becker, Franz
▌Blank, Herbert
▌Burghard, Klaus, Dr.
▌Hundertmark, Jürgen
▌Lenk, Erich
▌Schweinsberger, Richard
▌Weckauf, Toni

REWE-Zentrale:
Umsatz 1995: *30.900,0 Mio.*
Umsatz 1994: *30.036,0 Mio.*
Umsatz 1993: *28.450,0 Mio.*

REWE-Großhandlungen:
Umsatz 1995: *13.260,0 Mio.*
Umsatz 1994: *13.102,0 Mio.*
Umsatz 1993: *13.160,0 Mio.*

Anzahl der Großhandlungen 1995: *11*
Anzahl der C+C-Märkte 1995: *36*

REWE-Einzelhandel:
Umsatz 1995: *43.130,0 Mio.*
Umsatz 1994: *41.641,0 Mio.*
Umsatz 1993: *40.403,0 Mio.*

davon: selbständiger REWE-Einzelhandel 11.310,0 Mio.; Filialunternehmen 31.820,0 Mio. Der Umsatz der Filialunternehmen teilt sich auf in: Rewe & Co. OHG, Bad Homburg: 22.580,0 Mio.; Deutscher Supermarkt AG: 3.030,0 Mio.; REWE-Handelsgesellschaft/Kaiser + Kellermann oHG: 1.000,0 Mio.; sonstige Filialumsätze (einschließlich Filialen der Großhandelsbetriebe/Niederlassungen): 5.210,0 Mio.

Cash flow 1995: *1.200,0 Mio.*

die Deutsche Supermarkt GmbH verschmolzen wurden, in 465 Märkten 3,0 Mrd. DM Umsatz.

BETEILIGUNGEN. Zu den wichtigsten Beteiligungen gehören: REWE & Co. oHG, Bad Homburg (100%); REWE-Handelsgesellschaft Kaiser + Kellermann oHG, Kirchhundem (75%); Deutscher Supermarkt AG, Düsseldorf (100%); REWE-WIBU Zentralhandelsges. für Großverbraucher mbH & Co. KG, Mainz (100%); Klee-Gartenfachmarkt GmbH, Köln (100%); Atlas-Reisen GmbH, Köln (100%); Fegro/Selgros GmbH & Co., Neu Isenburg (50%); Kafu-Wasmund Handelsgesellschaften, Bremen (100%); REWE-Märkte Interkauf GmbH, Hungen (100%); REWE-Kontra-Beteiligungsgesellschaft mbH, Hürth (100%); FÜR SIE eG Food-Non Food, Köln (50%); ITS International Tourist Länderreisedienste GmbH, Köln (100%); Allgemeine Kreditversicherung AG, Mainz (87,5%); DG Bank, Frankfurt/Main (4,2%); Pro Sieben Television AG, München (40%); Budgens Plc, Ruislip/Großbritannien (unter 50%); Penny Market Italia Srl, Mailand/Italien (50%); BML (Billa Merkur Litega) Vermögensverwaltungs AG (Billa-Gruppe), Wiener Neudorf/Österreich (über 70%).

NEUE BUNDESLÄNDER. Ende 1995 war REWE mit 1.395 Märkten in den neuen Bundesländern vertreten. Das sind selbständige Kaufleute, Einzelhandels-Filialen der Gruppe und Gemeinschaftsunternehmen mit Konsumgenossenschaften. 1995 erzielte REWE in Ostdeutschland einen Einzelhandelsumsatz von 6,1 Mrd. DM. REWE beschäftigt in den neuen Bundesländern bereits mehr als 12.000 Mitarbeiter. Nach der Wende hatte REWE rund 200 ehemalige HO-Läden von der Treuhand übernommen, modernisiert und dann privatisiert, d. h. im Rahmen des REWE-Partnerschaftsmodells an selbständige Kaufleute aus den neuen Bundesländern vergeben.

STANDORT DEUTSCHLAND. Die REWE-Gruppe ist mit einem Marktanteil von über 16% größter deutscher Anbieter im Lebensmittelhandel. Der gesamte Außenumsatz des Konzerns lag 1995 bei 48,41 Mrd. DM und damit einer neuen Rekordmarke. 1996 sollen rund 460 weitere Geschäfte neu eröffnet werden. Fachmärkte außerhalb der Lebensmittelbranche wie die Idea- und Sconti-Drogeriemärkte, toom- und Jumbo-Baumärkte, Frick-Teppichmärkte oder Klee-Gartencenter entwickeln sich zu wichtigen Wachstumsträgern der REWE. Fachmärkte für Unterhaltungselektronik, vor allem unter dem Namen ProMarkt, sind seit Jahren ein Renner. Hinzu kommt die REWE-Touristiktochter Atlas-Reisen, die allein 1995 über 80 neue Reisebüros eröffnet hat. Fast 600 Atlas-Reisebüros sind im Bereich Touristik äußerst erfolgreich. REWE ist damit die Nummer 1 unter den veranstalterunabhängigen Reisebüroketten in Deutschland. Wesentlich expandiert wurde in der Touristikbranche 1995 durch den Einstieg in das Reiseveranstaltergeschäft mit der Übernahme der ITS International Tourist Länderreisedienste GmbH von der Metro/Kaufhof-Gruppe mit 280 ITS-Reisebüros, darunter auch 146 in Kaufhof-Warenhäusern, durch die REWE-Tochter Atlas-Reisen. 1996 beteiligte sich die REWE Zentral Finanz mit 40% an der Pro Sieben Television AG, München, und wurde damit noch vor Thomas Kirch (24,5%) größter Einzelaktionär des drittgrößten kommerziellen Fernsehsenders Deutschlands. REWE scheint auch auf dem Geschäftsfeld der Massenkommunikation Position beziehen zu wollen, allemal vor dem Hintergrund künftigen Medien-Shoppings, zu dem im Touristikbereich auch das Buchen von Reisen gehört.

REWE will zur Sicherung der Position am Beschaffungsmarkt gegenüber den multinationalen Herstellern in Zukunft die Auslandsengagements der Handelsgruppe erweitern. Obwohl der Ausbau des Marktanteils am »Standort Deutschland«, dem »sicheren Fundament der REWE-Gruppe«, von 15,9% auf 16,2% die Position des führenden deutschen Lebensmittelhändlers noch einmal deutlich unterstrich, sollen die Aktivitäten im europäischen Ausland weiter vorangetrieben werden.

Mit dem Bau von Logistikzentren und der Sicherung von Einzelhandelsstandorten wurden die Grundlagen für die erfolgreiche Expansion in Italien, Spanien, Frankreich, Tschechien, Ungarn und Polen geschaffen, überwiegend mit Penny-Discountmärkten, in Polen auch mit miniMal-Verbrauchermärkten seit 1996. Mit der spektakulären Übernahme des österreichischen Marktführers im Lebensmittelhandel (über 28%), der Billa-Gruppe, Wiener Neudorf (1.600 Verkaufsstellen; 18.000 Beschäftigte), gelang der REWE 1996 ein weiterer Coup auf dem Weg zur Internationalisierung. Kaufpreis der Billa-Gruppe: 1,4 Mrd. DM. Die neue deutsch-österreichische Handelsallianz mit einem Volumen von 55 Mrd. DM soll die Position von REWE und Billa im internationalen Beschaffungsmarkt und im sich verschärfenden europäischen Wettbewerb stärken. Über die BML-Vermögensverwaltungs AG übernahm REWE auch noch die zuvor aus dem Geschäft ausgegliederte österreichische Buchhandelskette Libro mit mehr als 200 Filialen und rund 1.100 Beschäftigten.

»Bündnis für Arbeit«. Bei der REWE-Gruppe werden – bis auf die Jahresarbeitszeit – alle denkbaren Arbeitszeitmodelle angewendet. Es gibt diesbezüglich, wie auch zur Entgeltpolitik und Jahressonderzahlungen auf freiwilliger Basis, Betriebsvereinbarungen. 1995 hat sich die REWE-Gruppe von den »negativen Entwicklungen auf dem Lehrstellenmarkt abgekoppelt«. 1995 absolvierten rund 4.000 Jugendliche bei der REWE eine Ausbildung in zehn verschiedenen Ausbildungsberufen. Zu Beginn des Ausbildungsjahres 1995/96 kamen weitere 1.000 Jugendliche hinzu. 60% der Auszubildenden sind Frauen, 40% Männer. Hinzu kommt bei REWE seit Jahren eine aktive Frauenförderung. Über 5.000 Frauen der REWE-Unternehmensgruppe befanden sich 1996 in Mutterschutz oder Erziehungsurlaub, der auf drei Jahre ausgeweitet wurde. Die Frauenförderung als Teil der Personalpolitik beinhaltet besonders Maßnahmen zur familiengerechten Reintegration der Mitarbeiterinnen in ihre berufliche Arbeit.

Umweltschutz. Umweltschutz ist bei REWE Unternehmensziel. Die Umweltpolitik von REWE soll dem gewachsenen Umweltbewußtsein der Bevölkerung und damit den ökologischen Anforderungen der Kunden und der Politik gerecht werden. REWE ist maßgeblicher Unterstützer der Duale System Deutschland GmbH und des »Grünen Punktes«. 93% der REWE-Lieferanten von Einweg-Produkten sind dem DSD angeschlosen. Gemeinsam mit dem Umweltschutzbeauftragten der REWE-Gruppe wurden 14 Umweltziele verabschiedet, u. a. eine

Angaben für 1995: *Marktanteil am gesamten deutschen Lebensmittel-Einzelhandel: 16,2%; Anzahl der Märkte: 9.100, davon selbständige Einzelhandelsmärkte: 3.504; Filialunternehmen: 5.591.*

Anzahl der Beschäftigten 1995: *auf allen Stufen rund 168.000 (Vorjahr: 161.000), davon 4.000 Lehrlinge, 49.200 selbständiger Einzelhandel und Partner, 82.000 bei der Rewe & Co. oHG als größte Einzelgesellschaft unter Einbeziehung ihrer Beteiligungen; Investitionen in den Einzel- und Großhandel: 760,0 Mio. DM, davon 160,0 Mio. für die neuen Bundesländer.*

Mitbewerber: *Aldi, Allkauf, Asko, AVA, Edeka, Gedelfi, Karstadt, Kaufhof, Kaufring, Lekkerland, Lidl & Schwarz, Mann, Metro, Nanz, Spar, Tengelmann, Schlecker*

Öko-Bilanz für Fuhrpark und Logistik, die Optimierung der Entsorgung und Verwertung von Wertstoffen und Abfällen, die ökologische Neubewertung aller Verpackungen, die gänzliche Vermeidung von Umverpackungen, die Bevorzugung umweltfreundlicher Produkte durch Sortimentsumstellungen.

Rheinbraun siehe RWE
Rheinelektra siehe RWE
Rheinmetall siehe Röchling

RÖCHLING

Standort:
Richard-Wagner-Straße 9
68165 Mannheim

Postanschrift:
Postfach 10 12 63
68012 Mannheim

Telefon: *(0621) 4402-0*
Telex: *4 63 165*
Telefax: *(0621) 4402-284*

Branche: *Holdinggesellschaft; Kommunikationstechnik, Meß-, Steuer- und Regelungstechnik, Kunststofftechnik, Holz und Metall, Automatisierungstechnik, Automobiltechnik, Bürosysteme, Maschinen- und Anlagenbau, Wehrtechnik*

Rechtsform: *Gebr. Röchling KG und Röchling Industrie Verwaltung GmbH*

Geschäftsjahr: *1.1.-31.12.*

Gründungsjahr: *1849*

Öffentlichkeitsarbeit:
Ferdinand Scheuermann
Tel.: (0621) 4402-250
FAX: (0621) 4402-284

GESCHICHTE UND ENTWICKLUNG. Die Macht an der Saar – das waren immer die Industriellenfamilien Röchling und Stumm. Stumm stand für Neunkirchen, Röchling für Völklingen. Die Reste des Stumm-Imperiums schlitterten Anfang der 70er Jahre in die Pleite, Röchlings trennten sich Ende der 70er Jahre endgültig von ihren Saarstahl-Latifundien und konzentrierten sich ganz auf ihre Geschäfte von Mannheim aus. Unternehmenszentrum ist die Mannheimer Firma Gebr. Röchling KG.

1881 kauften sich die Brüder Karl, Ernst, Friedrich und Theodor Röchling, die seit 1849 einen einigermaßen florierenden Kohlenhandel betrieben, in Völklingen an der Saar ein marodes Eisenwerk, entwickelten daraus eine moderne Hütte und legten den Grundstein für ein riesiges Industrieimperium, das immer aufs engste mit der Rüstungsindustrie verbunden war. Herausragende Persönlichkeiten der Röchlings waren Karl Röchling (1827–1910) und sein Sohn Hermann (1872–1955), der als Rüstungsindustrieller an der Saar so etwas war wie Krupp im Ruhrgebiet – eine der größten Waffenschmieden des Reiches. Der »Herrgott von Völklingen« – so wurde Hermann genannt – akquirierte zahlreiche Unternehmen und baute die Firma zu einem führenden Rüstungskonzern aus. Er beriet den Kaiser gleichermaßen wie die Nazis, stieg im Zweiten Weltkrieg zum Wehrwirtschaftsführer auf und saß nach 1918 ebenso wie nach 1945 als Kriegsverbrecher in französischen Gefängnissen (Rastatter Kriegsverbrecher-Tribunal).

Nach 1945 versuchten die aus den Gefängnissen entlassenen Röchlings schnell wieder an alte Erfolge anzuknüpfen. Da in der Rüstungspolitik noch keine Geschäfte zu machen waren, konzentrierte sich der Familien-Clan auf den Maschinenbau, aber auch wieder auf das Stahlgeschäft. 1956 erwarben die Röchlings mit Unterstützung des damaligen Bundeskanzlers Konrad Adenauer im Rahmen einer ersten Privatisierungswelle den einstmals führenden Waffenhersteller, die Rheinische Metallwaren- und Maschinenfabrik Akt. Ges. (Rheinmetall), die 1938 von den Nazis verstaatlicht worden war. Für die Familie Röchling begann eine äußerst expansive und erfolgreiche Phase. Heute taucht innerhalb des 188 Familienmitglieder umfassenden Röchling-Clans der Name Röchling nur noch sehr selten auf. Vielmehr bestimmen die erfolgreichen Männer zahlreicher Röchling-Töchter, z. B. an vorderster Stelle im Konzern Kurt Wigand Frhr. von Salmuth, das Geschehen der Familiendynastie.

BESITZVERHÄLTNISSE/EIGENTUMSSTRUKTUR. Mitglieder der Familie Röchling (100%). Während die Gebr. Röchling KG eine reine Familiengesellschaft ist, die nur Familienmitgliedern offensteht (voll im Besitz von 188 Familienangehörigen), kennt die Röchling Industrie Verwaltung GmbH auch familienfremde Gesellschafter (188 Familiengesellschafter und 84 familienfremde Gesellschafter). Die Industriellendynastie der Röchlings veröffentlicht nur einen flüchtigen Geschäftsbericht und macht spärliche Angaben über ihre geschäftlichen Tätigkeiten.

KONZERNÜBERBLICK. Die Röchling-Gruppe besteht aus den beiden Holdinggesellschaften Gebr. Röchling KG und Röchling Industrie Verwaltung GmbH mit jeweils zahlreichen Beteiligungsgesellschaften im In- und Ausland. Nachdem sich das Familienunternehmen in den 70er Jahren aus der Stahlindustrie (Saarstahl) sowie dem Stahl- und Eisenhandel zurückgezogen hat, konzentriert sich der Konzern jetzt auf die Unternehmensbereiche Kommunikationstechnik, Meß-, Steuer- und Regelungstechnik, Kunststofftechnik, Holz und Metall, Technische Dienstleistungen, Automatisierungstechnik und die Rheinmetall-Gruppe. Während die sogenannten jungen Geschäftsfelder bei der Gebr. Röchling KG konzentriert sind, wird die Röchling Industrie Verwaltung maßgeblich vom Abschluß der Rheinmetall Berlin AG geprägt. Zur Rheinmetall-Gruppe gehören die Wehrtechnik (Rheinmetall Industrie GmbH), der Maschinenbau (Jagenberg AG), die Automobiltechnik (Pierburg GmbH) sowie die Bürosysteme (Mauser Waldeck AG).

BETEILIGUNGEN. Die beiden Röchling-Gesellschaften Gebr. Röchling KG und Röchling Industrie Verwaltung GmbH operieren als Holdinggesellschaften und besitzen mehr als 30 bedeutende Tochter- und Beteiligungsgesellschaften. Zu den wichtigsten Unternehmen der Gebr. Röchling KG, Mannheim, gehören:

- Unternehmensbereich Kommunikationstechnik: DeTeWe – Deutsche Telephonwerke Aktiengesellschaft & Co., Berlin (100%), mit ihren Tochtergesellschaften (Kommunikationstechnik und -systeme); DeTeWe Funkwerk Köpenick GmbH, Berlin (100%); Francotyp-Postalia AG & Co., Birkenwerder (100%); Voigt & Haeffner KG, Frankfurt/Main (100% – Energietechnik, Prozeßautomation).
- Unternehmensbereich Meß-, Steuer- und Regelungstechnik: Gossen-Metrawatt GmbH, Nürnberg (99,4%); Camille Bauer AG, Wohlen/Schweiz (100%); Bertram Meßgeräte GmbH, Simbach/Inn (60% – Meß-Steuer-Regelungstechnik); Wilh. Lambrecht GmbH, Göttingen (100%); Signar s.r.o., Rájecko/Tschechien (100%).
- Unternehmensbereich Kunststofftechnik: Seeber KG, Worms (100%), mit zahlreichen Tochtergesellschaften im Bereich Systemtechnik; MKV-Mediaplast & Co. KG, Mainburg/Ndb. (100%); Röchling Haren KG, Haren/Ems (100% – Industriewerkstoffe aus Kunststoffen); Röchling Sustaplast KG, Lahnstein (100% – Halbzeuge und Fertigteile aus Kunststoffen); Permali Composites S.A., Maxéville/Frankreich (100%).

Geschäftsführung:
- *Engelhardt, Werner (Vorsitzender)*
- *Greinert, Klaus*
- *Hönle, Bernd Michael, Dr.*

Bezüge der Geschäftsführung 1995: *keine Angaben*

Beirat/Gesellschafterausschuß:
- *von Salmuth, Kurt Wigand Frhr. (Vorsitzender)*
- *Bally, Peter, Dr.*
- *Saurma-Jeltsch, Arthur Graf*
- *von Salmuth, Georg Sigismund Frhr.*
- *Werner, Kai, Dr. (stellv. Vorsitzender)*
- *Mackenrodt, Jochen, Dr.*
- *Girke, Horst, Dr.*
- *Brauner, Hans U., Dr.*
- *Ihde, Gösta B., Prof. Dr.*
- *Kranzbühler, Wolf-Otto, Dr.*
- *Zumkeller, Dirk, Prof. Dr.*
- *Thürmel, Sabine, Dr.*
- *Thürmel, Werner (stellv. Vorsitzender)*
- *von Salmuth, Gebhard Frhr.*

Bezüge des Beirates/Gesellschafterausschusses 1995: *keine Angaben*

Umsatz 1995: *5.794,0 Mio. (Auslandsanteil: 38,2%)*
Umsatz 1994: *5.664,0 Mio. (Auslandsanteil: 37,7%)*
Umsatz 1993: *5.859,0 Mio. (Auslandsanteil: 28,3%)*

Gewinn/Verlust 1995: *27,0 Mio.*
Gewinn/Verlust 1994: *23,0 Mio.*
Gewinn/Verlust 1993: *–23,0 Mio.*

Cash flow 1995: *393,0 Mio.*
Cash flow 1994: *412,0 Mio.*
Cash flow 1993: *438,0 Mio.*

Grund- bzw. Stammkapital 1995: *je 110,0 Mio.*

Die beiden Holdinggesellschaften der Gruppe, die Gebr. Röchling KG (voll im Besitz von 188 Familiengesellschaftern) und die Röchling Industrie Verwaltung GmbH (188 Familiengesellschafter und 84 familienfremde Gesellschafter), schütteten 1995 7 Mio. bzw. 7,7 Mio. DM Dividendensumme aus.

- Unternehmensbereich Technische Dienstleistungen: BEA Elektronik und Automation AG, Düsseldorf (100%), mit zahlreichen Tochtergesellschaften.
- Unternehmensbereich Holz und Metall: Depalor S.A., Phalsbourg/Frankreich (75%); WKP Württembergische Kunststoff-Plattenwerke GmbH & Co. KG, Unterensingen (25%); CDM Laminates Inc., Drummondville/Quebec, Kanada (51%); Röchling Getriebe KG, Meppen (100%); Röchling Kaltwalzwerk KG, Oberkochen (100%).

Zur Röchling Industrie Verwaltung GmbH, Mannheim, gehören:

- Unternehmensbereich Automatisierungstechnik: Funke + Huster Elektrizitätsgesellschaft mbH & Co. KG, Velbert (100%); Fernsprech- und Signalbau GmbH & Co. KG Schüler & Vershoven, Essen (100%); Röchling Technische Dienstleistungen GmbH & Co. KG, Düsseldorf (100%).

Rheinmetall Aktiengesellschaft, Berlin (66,5% der stimmberechtigten Aktien bei einem Grundkapital 150,0 Mio. DM; Funktion der Management-Holding). Die Rheinmetall-Gruppe kam 1995 auf einen Umsatz von 3.417,0 Mio. DM (Vorjahr: 3.236,0 Mio.) bei 14.574 Beschäftigten (Vorjahr: 14.524). Die Rheinmetall-Gruppe gliedert sich in folgende Unternehmensbereiche:

- Unternehmensbereich Automobiltechnik mit der Pierburg GmbH, Neuss, und zahlreichen in- und ausländischen Tochter- und Beteiligungsgesellschaften.
- Unternehmensbereich Wehrtechnik mit der Rheinmetall Industrie GmbH, Ratingen, und zahlreichen Tochter- und Beteiligungsgesellschaften. Zu Rheinmetall gehören die 1990 im Rahmen der Ausweitung des Bereiches »Heerestechnik« von Krupp übernommene MaK System Gesellschaft (60% – Panzerwaffen) und die Mauser-Werke, Oberndorf.
- Unternehmensbereich Maschinenbau mit der Jagenberg AG, Düsseldorf, und zahlreichen in- und ausländischen Tochter- und Beteiligungsgesellschaften in den Bereichen Papiertechnik, Verpackungstechnik und Maschinenbau.
- Unternehmensbereich Bürosysteme mit der Mauser Waldeck AG, Waldeck.

NEUE BUNDESLÄNDER. Die Röchling-Gruppe ist mit den meisten ihrer Tochter- und Beteiligungsgesellschaften in den neuen Bundesländern engagiert. Neue Fabrikationsanlagen wurden in Birkenwerder und Dahlwitz-Hoppegarten errichtet. Die in ganz Deutschland an mehr als 40 Standorten tätige Rheinmetall-Gruppe ist in Ostdeutschland in Dessau, Hartha, Jena, Silberhütte und Weichensdorf mit Dependancen vertreten.

STANDORT DEUTSCHLAND. »Den steigenden Wettbewerbsanforderungen im In- und Ausland wurde von allen Unternehmensbereichen durch weitere Rationalisierungen und durch verstärktes Engagement im Ausland begegnet« (Röchling-Aktuell im Juli 1996). Obwohl Röchling zum Industriestandort Deutschland stehe, so die Geschäftsführung, werde man, wo immer das nötig sei, mit Produktionen ins Ausland gehen. Der »eingeschlagene Weg der Kostenoptimierung über Rationalisierungsanstrengungen« sowie die »Einbindung ausländischer Partner in die Wertschöpfungskette« und die Konzentration auf

Kerngebiete sollen auch 1996/97 weiter verfolgt werden. Verstärkt will sich Röchling auf Joint-ventures mit lokalen Partnern konzentrieren, besonders auf den Wachstumsmärkten in Nord- und Südamerika sowie in Asien, insbesondere in China und Indien. Die Internationalisierung betrifft am stärksten den Kunststoffbereich mit Aktivitäten in den USA, Italien und Österreich. Dazu gehört auch die 1995 erworbene französische Permali Composites in Nancy. 1996/97 will Röchling Haren in Singapur die Fertigung von Kunststoffhalbzeugen aufnehmen. Hauptsorgenkind der verwöhnten Röchling-Gesellschafter ist der Bereich Wehrtechnik mit der Rheinmetall GmbH, Düsseldorf. Seit dem Wegfall des Ost-West-Konflikts und den damit einhergehenden Abrüstungstendenzen steckt das Unternehmen in einer tiefgreifenden Strukturkrise. Besonders betroffen ist Rheinmetall von den drastischen Sparmaßnahmen an der Ausrüstung des Heeres bei Munition und Gerät, den Haupterzeugnissen von Rheinmetall, auch wenn im März 1996 an die wehrtechnische Industrie und maßgeblich an Rheinmetall der Großauftrag der Panzerhaubitze 2000 vergeben wurde.
Doch Rheinmetall wandelt sich zusehends von einem Rüstungskonzern zu einem modernen Technologieunternehmen. Dennoch will das Unternehmen aufgrund der Erfahrungen mit Währungskursveränderungen und Lohnsteigerungen in den kommenden Jahren nur noch ausländische Fertigungsstandorte in Angriff nehmen, sollten sich die Bedingungen am Standort Deutschland nicht nachhaltig verbessern. Rheinmetall will die Investitionen in den nächsten Jahren verstärkt in »Weichwährungs- und Niedriglohnländer« lenken – kostengünstigere Produktionen und Materialeinkäufe z. B. aus den USA, Spanien, Slowakei und Indien –, um auf einen Auslandsumsatz von 800 Mio. DM zu kommen. Nicht zuletzt folge man den Großkunden, die ihre Auslandsstandorte ebenfalls verstärkt ausbauen. Die Standorte in Ländern wie Spanien, Portugal, Slowakei und Indien sollen zu Lasten der inländischen Standorte weiter ausgebaut werden. Man werde zu einem »Global Player« besonders in den Unternehmensbereichen Automobiltechnik und Maschinenbau, die über 60% des Umsatzes erwirtschaften. »Wachstum mit Priorität im Ausland« nennt Rheinmetall das, »wirtschaftlich kluges Wachtum durch Kosten- und Währungsvorteile in Auslandswerken« (Hans U. Brauner, Vorsitzender des Vorstandes, im Juni 1996). Schon jetzt erreicht die Rheinmetall-Gruppe in der Produktion einen Auslandsanteil von über 46%.

»BÜNDNIS FÜR ARBEIT«. dpa am 17. Mai 1996 unter der Überschrift »In Wehrtechnik und Luftfahrt sind 10.000 Jobs gefährdet«: »Berlin. In den Bereichen Wehrtechnik sowie Luft- und Raumfahrt sind bei Kürzungen des Verteidigungshaushaltes nach Angaben von Betriebsräten rund 10.000 Stellen gefährdet. Die im Arbeitskreis Wehrtechnik, Luft- und Raumfahrt zusammengeschlossenen Betriebsräte protestierten gegen die beabsichtigte Kürzung der Militärausgaben.« In verschiedenen Unternehmen der Rheinmetall-Gruppe wurden in Übereinstimmung mit den Betriebsräten »Personalanpassungen im Rahmen der Restrukturierungsmaßnahmen« eingeleitet und durchgeführt. Slogan der Rheinmetall-Unternehmenskultur zur Mitarbeiter-motivation: »Vertrauen und Sich-Trauen«.

Beschäftigte 1995: *25.907*
Beschäftigte 1994: *26.251*
Beschäftigte 1993: *26.957*

Umsatz pro Mitarbeiter 1995: *223.646,– DM*
Umsatz pro Mitarbeiter 1994: *215.763,– DM*
Umsatz pro Mitarbeiter 1993: *217.346,– DM*

Verbände: *Die einzelnen Röchling-Unternehmen sind in den ihnen entsprechenden Fachverbänden organisiert.*

Investitionen 1995:
352,0 Mio.
Investitionen 1994:
301,0 Mio.
Investitionen 1993:
407,0 Mio.

Mitbewerber: *AEG, ABB, Alcatel SEL, Bosch, Deutsche Babcock, Diehl, Freudenberg, Heraeus, ITT Automotive, Lurgi, Miele, Philips, Preussag, Siemens, Still, Deutsche Telekom, Thyssen, Wieland*

UMWELTSCHUTZ. Röchling selbst unternimmt im Bereich Umweltschutz als reine Holding keinerlei Aktivitäten und gibt für die Konzernunternehmen keine Umwelt-Rahmenrichtlinien heraus. Die einzelnen Unternehmen sind im Umweltschutz allerdings unterschiedlich stark engagiert. Der Unternehmensbereich Maschinenbau der zum Rheinmetall-Konzern gehörenden Jagenberg produziert zunehmend Maschinen und Anlagen unter umweltpolitischen Gesichtspunkten und entwickelt damit einen lukrativen Wirtschaftszweig.

KOMMENTAR. Rheinmetall ist kein unbeschriebenes Blatt, wenngleich derzeit heftig am Image des modernen Technologiekonzerns poliert wird. Denn immer wieder war Rheinmetall in der Vergangenheit in Rüstungsskandale verstrickt – durch illegale und kriminelle Waffengeschäfte. In den 80er Jahren lieferten die Rheinmetall-Manager das größte Schiebergeschäft, das jemals in der Bundesrepublik aufgeflogen ist. Anfang 1986 begann vor der Zehnten Großen Strafkammer des Düsseldorfer Landgerichts der aufsehenerregende Prozeß gegen vier Manager von »Rheinmetall« wegen illegalen Waffenhandels für 100 Mio. DM in Krisengebiete.
Sechsjährige Ermittlungen von Fachleuten der Steuerfahndung, des BKA und der Staatsanwaltschaft hatten zutage gefördert, daß die Rheinmetaller auf kriminelle Weise die Bundesregierung getäuscht und gegen das Kriegswaffenkontrollgesetz sowie das Außenwirtschaftsgesetz verstoßen hatten. Während der Ermittlungen wurden wegen Fluchtgefahr Haftbefehle ausgestellt. Für die damaligen Rheinmetall-Manager kein Problem: Mit der starken Röchling-Gruppe im Rücken hinterlegten sie kurzerhand eine Kaution von 23 Mio. DM und blieben auf freiem Fuß. Ende Mai 1986 wurden dann die Manager – die sich gerne mit Panzerfäusten pressewirksam ablichten ließen – zu Gefängnisstrafen zwischen eineinviertel und zwei Jahren verurteilt – auf Bewährung. Das Urteil wurde wegen seiner geringen Strafe mit Empörung aufgenommen. Schon während der Ermittlungen hatte die Bundesregierung versucht, das »Kriegswaffenkontrollgesetz« zu lokkern, um so eine »Lex Rheinmetall« zu schaffen. Die Lobby der Rüstungsindustrie wollte gar das ganze Verfahren zu Fall bringen.
Und das konnte den Waffenschiebern nachgewiesen werden: Zwischen 1976 und 1980 wurden nicht, wie angegeben und genehmigt, Waffen nach Italien, Spanien und Paraguay verkauft, sondern nach Saudi-Arabien, Argentinien und Südafrika: 1.500 Maschinengewehre auf raffiniert eingefädelten Umwegen nach Saudi-Arabien, 100 Kanonen und 27 Flaks über Spanien an die Militär-Junta in Argentinien, eine Munitionsabfüllanlage zu den weißen Herrschern nach Südafrika. Zahlreiche der von Rheinmetall gebauten argentinischen Maschinenkanonen wurden übrigens während des Falkland-Krieges von den Engländern erbeutet.

Rover siehe BMW
RTL siehe Bertelsmann
Rütgers siehe Ruhrkohle

RUHRGAS

Standort:
Huttropstraße 60
45138 Essen

Postanschrift:
45117 Essen

Telefon: *(0201) 184-00*
Telex: *8 57 299-0 RGD*
Telefax: *(0201) 184-3766*

Branche: *Energiewirtschaft (Elektrizität, Gas, Kernenergie)*

Rechtsform:
Aktiengesellschaft

Geschäftsjahr: *1.1.-31.12.*

Gründungsjahr: *1926*

Presse- und Öffentlichkeitsarbeit:
Klaus Walther
Tel.: (0201) 184-3980
FAX: (0201) 184-3941

Verbände: *Bundesverband der deutschen Gas- und Wasserwirtschaft e.V., Bonn; DVGW Deutscher Verein des Gas- und Wasserfaches e.V., Eschborn*

GESCHICHTE UND ENTWICKLUNG. Die Generaldirektoren der Vereinigte Stahlwerke AG und der Stinnes-Zechen entwickeln 1926 eine großräumige Ferngas-Idee, um dem Überschußgas Absatzwege in ganz Deutschland zu ermöglichen, und gründen die »Aktiengesellschaft für Kohleverwertung« in Essen. 1927 Übernahme des 300 km langen Leitungsnetzes der RWE AG und Umwandlung der Gesellschaft in »Ruhrgas AG«. Gaslieferverträge u. a. mit den Städten Köln, Düsseldorf, Saarbrücken und verschiedenen Industrieunternehmen, z. B. den Opel-Werken in Rüsselsheim. 1936 liefert Ruhrgas in einem Rohrnetz von 1.128 km Länge 2 Mrd. Kubikmeter Kokereigas aus 32 Lieferkokereien. Der Bau einer 75 km langen Erdgasleitung zu den Chemischen Werken Hüls 1938 markiert den Beginn des industriellen Erdgaszeitalters in Deutschland. 1945 schwere Zerstörungen der Erdgasleitungen und Kokereien, von denen zeitweise nur noch drei (von 51) funktions- und lieferfähig sind.
Schon 1946 ist das Rohrnetz wieder zu 98% betriebsbereit. 1948 erstmals Export von Kokereigas durch Ruhrgas und Thyssengas ins Ausland (Niederlande). 1951 umfaßt das Ruhrgas-Leitungsnetz 2.000 km; über 1.000 Mitarbeiter. Ruhrgas expandiert in den kommenden Jahren, fördert selbst Erdgas und erreicht durch Beteiligungen und Akquisitionen eine Art Monopolstellung in der Bundesrepublik. Im Rahmen der deutsch-sowjetischen Verträge bezieht Ruhrgas ab 1973 große Mengen Erdgas aus der Sowjetunion. Der 1974 abgeschlossene dritte Vertrag mit der Sowjetunion sieht jährliche Erdgasbezüge von 9,5 Mrd. Kubikmeter bei einer Laufzeit bis zum Ende des Jahres 2000 vor. Weitere Quellen sind neben Rußland, den Niederlanden und Deutschland seit 1977 Norwegen und seit 1984 Dänemark. Durch das »Troll-Projekt« wird der Anteil norwegischen Erdgases an der Dekkung des deutschen Verbrauches von heute 15% (1996) auf 30% im Jahr 2005 steigen. Ruhrgas bezieht jährlich rund 14 Mrd. Kubikmeter Erdgas aus dem Trollfeld.

BESITZVERHÄLTNISSE/EIGENTUMSSTRUKTUR.
- Bergemann GmbH, Essen (kapitalmäßig 34,76%, stimmrechtsmäßig 59,76%). Zum Bergemann GmbH-Stimmen-Pool gehören: Gelsenberg AG, Ruhrkohle AG, Mannesmann AG, Fried. Krupp AG Hoesch-Krupp, RWE-DEA AG, VEBA AG, weitere Gesellschaften.
- Gelsenberg AG, Essen (25% – gehört zu 100% der Deutschen BP Holding AG)
- Brigitta Erdgas und Erdöl GmbH, Hannover (25% – daran: Deutsche Shell AG 50%, Esso AG 50%)
- Schubert KG, Münster (15% – daran: Mobil Erdgas-Erdöl GmbH, Elwerath Erdgas und Erdöl GmbH und weitere Erdgasfördergesellschaften)
- Weitere Gesellschaften (0,24%)

KONZERNÜBERBLICK. Die Ruhrgas AG beschafft und verkauft Erdgas und ist in allen damit zusammenhängenden wirtschaftlichen und technischen Sparten tätig. Die Ruhrgas AG kauft Erdgas von inländi-

Vorstand:
- *Späth, Friedrich (Vorsitzender)*
- *Bergmann, Burckhard, Dr. (stellv. Vorsitzender; Gaseinkauf)*
- *Beyer, Rolf (Technik)*
- *Janssen, Friedrich, Dr. (Finanzen)*
- *Middelschulte, Achim (Personalwesen)*
- *Strecker, Siegbert (stellv. Mitglied; Beteiligungen Gasdistribution)*

Vorstandsbezüge 1995:
8.243.221,– DM

Generalbevollmächtigte:
- *Czernie, Wilfried, Dr.*
- *Enseling, Gerhard, Dr.*
- *Oversohl, Heinz, Dr.*

schen und ausländischen Produzenten (u. a. von den Ruhrgas-Aktien haltenden Mineralölgesellschaften) und verkauft es an überregionale, regionale und lokale Gasversorgungsunternehmen, Industriebetriebe und Kraftwerke. Ruhrgas verfügt über ein Erdgas-Leitungsnetz von 10.000 km sowie über 26 Verdichteranlagen und 12 Untertagespeicher, von denen die größte Speicheranlage in Bierwang/Bayern liegt, sowie über Meß-, Regel- und Mischanlagen. Die anderen Konzerngesellschaften ergänzen die Leistungen der Ruhrgas AG und konzentrieren ihre Tätigkeiten auf das nähere Umfeld des Erdgasgeschäfts, z. B. im Industrie- und Heizungsbau. Ruhrgas ist weltweit das größte Erdgas-Importunternehmen. Die Beteiligungsgesellschaften der Ruhrgas bieten ihre Dienstleistungen, Anlagen und Produkte für die Gasversorgung weltweit an. Die Palette der Ruhrgas-Gruppe umfaßt Planung, Engineering und Betrieb von Erdgasleitungen und -anlagen, Rohrnetzsanierung, Herstellung von Geräten zur Gasmessung und -regelung sowie von Sicherheitsarmaturen. Schwerpunkte im Bereich des Erdgaseinsatzes sind der Bau von Industrieofen- sowie Heizungs- und Klimaanlagen und die Beratung in allen Fragen der rationellen und umweltschonenden Erdgasverwendung. Eine enge Zusammenarbeit im Bereich der Erdgasproduktion gibt es auch mit osteuropäischen Ländern.

BETEILIGUNGEN. Die Gesellschaften und Beteiligungen der Ruhrgas AG, Essen, beziehen sich in erster Linie auf das Energie- und Gasgeschäft im Inland. Im Ausland ist die Ruhrgas AG besonders durch Pipeline-Beteiligungen im Transportnetz vertreten. Im Rahmen der Neuordnung der Beteiligungsaktivitäten im energiewirtschaftlichen und industriellen Bereich hat die Ruhrgas AG 1994 die energiewirtschaftlichen Beteiligungen in der Ruhrgas Energie Beteiligungs-Aktiengesellschaft (RGE), Essen, und die industriellen Beteiligungen in der Ruhrgas Industrie Beteiligungsgesellschaft mbH (RGI), Essen, gebündelt. Zu den wesentlichen Beteiligungen gehören:

- Sparte Energie: Ruhrgas Energie Beteiligungs-Aktiengesellschaft, Essen (100%). Im Bereich der Regionalverteiler/Ferngasgesellschaften: Ferngas Nordbayern GmbH, Bamberg (54%); Erdgasversorgungsgesellschaft Thüringen-Sachsen mbH (EVG), Erfurt (50%); FSG-Holding GmbH, München (45%); Ferngas Salzgitter GmbH, Salzgitter (39%); Verbundnetz Gas AG, Leipzig (35%); Gas-Union GmbH, Frankfurt (25,9%); Saar Ferngas AG, Saarbrücken (20%); Thüga AG, München (10%); Bayerngas GmbH, München (10%). Im Bereich der Stadtwerke/Gas-Endverteiler: Gaswerk Philippsburg GmbH, Essen (87,9%); Dresden Gas GmbH, Dresden (19,5%); Stadtwerke Bremen AG, Bremen (12,5%); Stadtwerke Hannover AG, Hannover (12%); GASAG Berliner Gaswerke AG, Berlin (12%); Stadtwerke Chemnitz AG, Chemnitz (10%). Im Ausland: Südtransdanubische Gasversorgung AG (DDGAZ), Pécs/Ungarn (25%); Tenneco Energy Resources Corporation, Houston/Texas, USA (20% – Tenneco Gas gehört zu den fünf größten US-Gas-Marketinggesellschaften); As Eesti Gaas, Tallinn/Estland (15,1%); Budapester Gaswerke AG (FÖGAZ), Budapest/Ungarn (13%); Compagnie Industrielle et Commerciale du Gaz S.A., Vevey/Schweiz (4%).
- Sparte Industrie: Ruhrgas Industrie Beteiligungsgesellschaft mbH, Essen (100%); Geschäftsfeld Gasmessung- und regelung: American

Meter Company, Horsham/Pennsylvania, USA (100%); ELSTER Produktion GmbH, Mainz (100%); G. Kromschröder AG, Osnabrück (84,1%). Geschäftsfeld Industrieofenbau: Ipsen International, Inc., Rockford/Illinois, USA (100%); Ipsen International GmbH, Kleve (100%); LOI Thermprocess GmbH, Essen (100%). Geschäftsfeld Gebäude- und Rohrtechnik: diga Gebäude- und Rohrtechnik GmbH, Essen (100%); diga Gebäudetechnik GmbH, Gotha (100%). Geschäftsfeld Engineering: Pipeline Engineering Gesellschaft für Planung, Bau- und Betriebsüberwachung von Fernleitungen mbH, Essen (100%). Geschäftsfeld Blockheizkraftwerke: EES-Erdgas-Energiesysteme GmbH, Essen (100%).

● Projektgesellschaften: Ruhrgas UK Exploration and Productions Limited, London/Großbritannien (100%); Grundstücksverwaltungsgesellschaft Ruhrgas AG & Co., Essen (99,5%); Mittelrheinische Erdgastransport Gesellschaft mbH, Haan/Rhld. (66,7%); Nordrheinische Erdgastransport Gesellschaft mbH, Haan/Rhld. (50%); Süddeutsche Erdgas Transport Gesellschaft mbH, Haan/Rhld. (50%); DFTG-Deutsche Flüssigerdgas Terminal Gesellschaft mbH, Wilhelmshaven (60,1%); Trans Europa Naturgas Pipeline GmbH (TENP), Essen (51%); Trans European Natural Gas Pipeline Finance Company Limited, Hamilton/Bermuda (50%); MEGAL GmbH Mittel-Europäische Gasleitungsgesellschaft, Essen (50%); MEGAL Finance Company Ltd. George Town, Cayman Islands (50%); GHG-Gasspeicher Hannover Gesellschaft mbH, Hannover (13%); Etzel Gas-Lager Statoil Deutschland GmbH & Co., Friedeburg-Etzel (74,8%); NETRA GmbH Norddeutsche Erdgas Transversale & Co. KG, Emstek (37,6%).

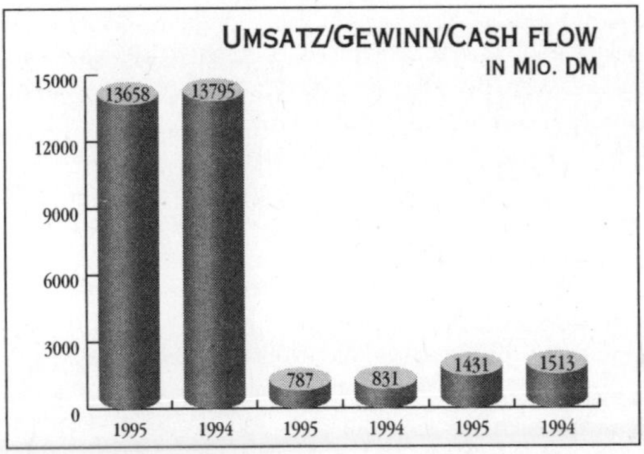

NEUE BUNDESLÄNDER. Die neuen Bundesländer waren für die Ruhrgas AG vom Moment der Wende an ein interessanter Markt für den Aufbau einer Erdgasversorgung und damit ein lukrativer Absatzmarkt. Mit dem VEB Verbundnetz Gas schloß Ruhrgas schon Anfang 1990 einen Liefervertrag über jährlich 2 Mrd. cbm Erdgas beginnend vor dem Winter 1992/93 ab. An der Verbundnetz Gas AG (VNG), Leipzig, hält die Ruhrgas 35% (10% gingen an die paritätisch zu Esso und Shell gehörende BEB Erdgas und Erdöl GmbH, die wiederum mit knapp über 25% an der Ruhrgas beteiligt ist). Beide Unternehmen gründeten die Erdgasversorgungsgesellschaft Thüringen-Sachsen mbH (EVG), Erfurt. VNG, EVG und die Dresden Gas GmbH, Dresden, trugen wesentlich zum Aufbau der Erdgasversorgung in Ostdeutschland bei.

Aufsichtsrat:

- *Liesen, Klaus (Vorsitzender; ehem. Vorsitzender der Ruhrgas AG), Essen*
- *Cromme, Gerhard, Dr. (Vorsitzender des Vorstandes der Fried. Krupp AG Hoesch-Krupp), Essen*
- *Duncan, Peter J. B. (Vorsitzender des Vorstandes der Deutsche Shell AG), Hamburg*
- *Eichhorn, Gerd, Dr. (Sprecher des Vorstandes der Mobil Oil AG), Hamburg*
- *Neipp, Gerhard, Prof. Dr. E.h. (Vorsitzender des Vorstandes der Ruhrkohle AG), Essen*
- *Overbeck, Egon, Dr. (ehem. Vorsitzender des Vorstandes der Mannesmann AG), Düsseldorf*
- *Siemer, Jobst D. (Vorsitzender des Vorstandes der Esso AG), Hamburg*
- *Stomberg, Rolf, Dr. (Managing Director BP Oil International Ltd.), London/ Großbritannien*

**Gratz, Gabriele (stellv. Vorsitzende)*
**Altenbeck, Hermann*
**Bartoschek, Werner*
**Dampf, Rainer*
**Kranz, Eberhard, Dr.*
**Lange, Robert*
**Orth, Klaus*
**Schell, Albert*

Aufsichtsratstantiemen 1995: *2.148.056,– DM*

Umsatz 1995: 13.658,3 Mio.
Umsatz 1994: 13.794,9 Mio.
Umsatz 1993: 14.349,1 Mio.

Gewinn 1995: 786,8 Mio.
Gewinn 1994: 830,6 Mio.
Gewinn 1993: 728,9 Mio.

Cash flow 1995: 1.431,0 Mio.
Cash flow 1994: 1.513,0 Mio.
Cash flow 1993: 1.463,0 Mio.

Cash flow: Die Sach- und Finanzanlagen wurden vollständig aus dem Cash flow finanziert.

Steueraufkommen 1995: 564,4 Mio.

Grund- bzw. Stammkapital 1995: 2.200,0 Mio.

1995 gab es für die Aktionäre eine Dividendenzahlung von 10,46 DM je Aktie im Nennwert von 50,– DM und eine Sonderausschüttung von 329,0 Mio. DM an die Aktionäre im Verhältnis ihrer Beteiligung im Rahmen des Schütt-aus-Hol-zurück-Verfahrens. In diesem Verfahren wurden aus den Gewinnrücklagen 329,0 Mio. DM zuzüglich Steuervorteil an die Aktionäre ausgeschüttet, während die Aktionäre im Gegenzug insgesamt 400 Mio. DM (in Höhe ihrer Beteiligungsquote) an die Ruhrgas AG zurückzahlten, so daß sich das Grundkapital auf 2.200,0 Mio. DM erhöhte. Das Grundkapital ist in 44 Mio. Stück vinkulierte Namensaktien zum Nennwert von 50,– DM eingeteilt.

Die EVG baute innerhalb eines Jahres ein großdimensioniertes Fernleitungssystem von der hessisch-thüringischen Grenze bei Eisenach bis in den Raum Zwickau. Gemeinsam mit der Gas-Union GmbH, Frankfurt/Main, stellte die EVG eine West-Ost-Leitungsverbindung von Hessen nach Südthüringen fertig. Mitte 1993 war die Gasversorgung von Thüringen als erstem der neuen Bundesländer vollständig auf Erdgas umgestellt. Die Ruhrgas AG hält Beteiligungen an der GASAG Berliner Gaswerke AG sowie an der Stadtwerke Chemnitz AG. Anfang 1995 war die Umstellung der ehemals insgesamt 2,8 Mio. Haushalte von Stadtgas auf Erdgas nahezu abgeschlossen. Das gesamte Leitungsnetz in den neuen Bundesländern hatte 1995 eine Länge von rund 65.000 km.

STANDORT DEUTSCHLAND. Die Standortfrage stellt sich für die Ruhrgas AG durch ihre Binnenmarktstruktur nicht, wenngleich sie aber die ihrer Meinung nach zu hohe Besteuerung von Gas in Deutschland im internationalen Vergleich beklagt. Die Politik auf nationaler wie auf europäischer Ebene – so die Ruhrgas – plant darüber hinaus für die Gaswirtschaft einschneidende neue Rahmenbedingungen, die ihre weitgehende Dominanz zurückdrängen und den Wettbewerbsdruck im Gasgeschäft verschärfen dürften: die Einführung des sogenannten Third Party Access (die Möglichkeit von Durchleitungen), das sogenannte Unbundling (Zerschlagung natürlich gewachsener Unternehmenseinheiten) sowie die Aufhebung der Zulässigkeit von Demarkations- und Konzessionsverträgen (Gebietsschutzverträge). Nach Prognosen soll Erdgas aber im eher stagnierenden deutschen Energiemarkt auch für mindestens weitere 15 Jahre der Renner bleiben. Ein Anteil von einem Viertel am Primärenergieverbrauch wird von Experten für möglich gehalten (bereits 1996 über 20%). Motor ist der Wärmemarkt, wo 70% aller neu installierten Heizungen mit Erdgas arbeiten. Mit 12,4 Mio. erdgasbeheizten Wohnungen wurde 1994 erstmals die Konkurrenz Heizöl mit 12 Mio. Wohnungen übertroffen. Die Erweiterung der Geschäftsaktivitäten in ausländische Märkte zumindest durch Beteiligungen wird von der Ruhrgas verstärkt in Angriff genommen. 1994 stieg die Ruhrgas AG mit 20% bei der zu den fünf größten US-Gas-Marketinggesellschaften zählenden Tenneco Energy Resources Corp., einer Tochter der Tenneco Gas, ein. Auch bei der Privatisierung des Energiebereiches in Ungarn war die Ruhrgas vornan. Sie kaufte 1995 in einer Kooperation mit der Dortmunder VEW-Energie AG je 25% und eine Aktie des südwestungarischen Gasversorgers DDGAZ und eine Beteiligung an der Budapester Gasgesellschaft FÖGAZ (Ruhrgas-Anteil 13%). Mit einer Versorgungsdichte von 1 Mio. Haushalten beherrschen diese beiden Unternehmen rund 34% des gesamten Gasverbrauchs in Ungarn. Ähnliche Kooperationen und Einkäufe plant Ruhrgas auch in anderen osteuropäischen Ländern, sobald die politischen Rahmenbedingungen vor Ort es zulassen.

»BÜNDNIS FÜR ARBEIT«. Ruhrgas plädiert für individuell angepaßte Teilzeitmodelle, die den Mitarbeitern eine »optimale Abstimmung von Berufs- und Privatleben« ermöglichen und darüber hinaus zusätzliche Arbeitsplätze schaffen. Das bei Ruhrgas in allen Ressorts etablierte »Effizienzsteigerungsprogramm« (ESPRit) bezieht Mitarbeiter aller Bereiche in die »Ideenfindung der Rationalisierungsprozesse« (Ruhrgas) ein. Ruhrgas ist sich sicher, daß verwertbare Ergebnisse nach der ESPRit-Philosophie nur erzielt werden können, wenn Mitarbeiter nicht um ihren Arbeitsplatz fürchten müssen. Zwischen Unternehmen und Mitarbeitern ist vereinbart worden, keine betriebsbedingten Kündigungen auszusprechen. Ruhrgas hat 1996 die Zahl der neueingestellten Auszubildenden um 50% erhöht (1995: 73 Ausbildungsplätze). Ruhrgas will die Förderung der betrieblichen Ausbildung als »Ausdruck einer branchenweiten, zwischen den Gewerkschaften und den Arbeitgebern vereinbarten Ausbildungsförderungsinitiative« verstanden wissen. Ruhrgas will zukünftig verstärkt tariflich Beschäftigte in die systematische Personalentwicklung einbeziehen, »um auch hier Potentiale zu erkennen und die Aufstiegschancen für qualifizierte Mitarbeiterinnen und Mitarbeiter zu erhöhen«.

UMWELTSCHUTZ. Erdgas trägt aufgrund seiner natürlichen Eigenschaften kaum zum Schadstoffaustoß bei und ist wegen des niedrigen Kohlenstoffanteils der klimaverträglichste fossile Energieträger und bietet in den Anwendungstechniken zur Wärme-, Kraft- und Kälteerzeugung eine ökoverträgliche Nutzung. Erdgas übernimmt daher eine zunehmend wichtige Rolle im Energiemix Deutschlands (1995 über 20% der Primärenergie; erwartet werden 25%). Dies trägt zur Diversifizierung der Energieträgerstruktur bei und steht im Einklang mit den energiepolitischen Zielen einer sicheren, preiswerten, umweltsowie klimaschonenden Energieversorgung.

KOMMENTAR. Die Ruhrgas ist mit einem Anteil von rund 60% der deutschen Erdgasversorgung das mit Abstand führende Ferngasunternehmen und in einer nahezu unantastbaren Stellung. Fein sauber abgegrenzt von kleineren Gasversorgern wie Thyssengas oder Bayerngas, wird ihr diese Stellung in den letzten Jahren nur streitig gemacht von der BASF-Tochter Wintershall, die verstärkt auf den ostdeutschen (und, wo sich Lücken auftun, auf den westdeutschen) Markt drängt, nachdem sie anstelle des früheren staatlichen DDR-Außenhandels neuer Vertragspartner der russischen Gazprom, des größten Gaslieferanten der Welt, geworden ist. Dennoch bestimmt und kontrolliert die Ruhrgas weiter maßgeblich den inländischen Fluß des Erdgases. Bislang konnte Ruhrgas durch diese dominante Stellung auch die Konditionen bestimmen, zu denen Ruhrgas-Großabnehmer BASF Gas geliefert bekam. Doch BASF spielte nicht mehr mit, schickte mit Milliardeninvestitionen ihre Tochter gegen die Ruhrgas ins Feld. Durch die Wintershall-Aktivitäten und eine eigene Pipeline von Emden nach Ludwigshafen wurde erstmals an der bis dahin allmächtig erscheinenden Ruhrgas gekratzt. Doch die Ruhrgas hat inzwischen auch in den neuen Bundesländern eine äußerst starke Stellung, die der Konkurrenz wenig Spielraum läßt. Und die Essener expandieren weiter: Sie beteiligten sich an den Erdgasfeldern Franklin und Elgin in der britischen Nordsee und in verstärktem Maße an verschiedenen Stadtwerken (Berlin, Bremen, Chemnitz, Dresden und Hannover). Ruhrgas spricht sich auch vehement gegen immer wieder von der Bundesregierung erörterte Pläne zur Liberalisierung der Märkte für leitungsgebundene Energie aus.

Beschäftigte 1995: *10.956*
Beschäftigte 1994: *11.115*
Beschäftigte 1993: *11.574*

Umsatz pro Mitarbeiter 1995: *1.246.650,– DM*
Umsatz pro Mitarbeiter 1994: *1.241.107,– DM*
Umsatz pro Mitarbeiter 1993: *1.239.770,– DM*

Löhne und Gehälter 1995: *807,4 Mio.*
Löhne und Gehälter 1994: *794,5 Mio.*
Durchschnittsgehalt 1995: *73.695,– DM*
Soziale Abgaben und Aufwendungen 1995: *246,5 Mio.*
Soziale Abgaben und Aufwendungen 1994: *225,1 Mio.*

Bezüge pro Vorstandsmitglied 1995: *1.177.603,– DM*
Tantiemen pro Aufsichtsrat 1995: *134.254,– DM*

Investitionen 1995: *1.018,0 Mio.*
Investitionen 1994: *1.334,0 Mio.*
Investitionen 1993: *1.101,0 Mio.*

Mitbewerber: *Bayerngas, Contigas, Deutsche Shell, Mobil Oil, Rhenag, Thyssengas, Wintershall*

RUHRKOHLE

Standort:
Rellinghauser Straße 1
45128 Essen

Postanschrift:
Postfach 10 32 62
45117 Essen

Telefon: *(0201) 177-1*
Telex: *8 57 651 rag d*
Telefax: *(0201) 177-3475*

Branche: *Bergbau, Energie, Chemie*

Rechtsform:
Aktiengesellschaft

Geschäftsjahr: *1.1.-31.12.*

Gründungsjahr: *1969*

Öffentlichkeitsarbeit:
Dr. Ulrich Wegmann
Tel.: (0201) 177-3010
FAX: (0201) 177-2911

Verbände: *Gesamtverband des deutschen Steinkohlebergbaus, Essen; Unternehmensverband Ruhrbergbau, Essen; Steinkohlenbergbauverein, Essen; Westfälische Berggewerkschaftskasse, Bochum*

GESCHICHTE UND ENTWICKLUNG. Die Ruhrkohle AG (RAG) wurde am 24. Februar 1969 im Rahmen des Kohlegesetzes als Gesamtgesellschaft des Steinkohlenbergbaus im Ruhrgebiet gegründet. Bei der Gründung hatte die Ruhrkohle AG 52 Schachtanlagen, 29 Kokereien, fünf Brikettfabriken und rund 183.000 Mitarbeiter. Nach einem dramatischen Anpassungsprozeß besitzt das Unternehmen heute 13 Bergwerke, drei Kokereien, eine Brikettfabrik und rund 73.000 Beschäftigte. Das zwischenzeitlich zum diversifizierten Großkonzern entwickelte Unternehmen (Zukauf von STEAG und Rütgers) hat nach wie vor seinen Kern im Bergbaubereich. Zusammen mit der später hinzugekommenen Eschweiler Bergwerks-Verein AG, der Sophia-Jacoba GmbH (SJ) und der Gewerkschaft Auguste Victoria (AV) bestreitet Ruhrkohle rund 75% der westdeutschen Kohleförderung. 1994 ordnete die Ruhrkohle ihren Beteiligungsbereich unter dem Dach der RAG Beteiligungs-GmbH neu.

BESITZVERHÄLTNISSE/EIGENTUMSSTRUKTUR.
- VEBA AG, Berlin/Düsseldorf (37,1%)
- VEW AG (30,2%), gehalten über die BGE Beteiligungs-Gesellschaft für Energieunternehmen mbH, Dortmund, die zu 100% VEW gehört. Die BGE hält unmittelbar 21,9%, mittelbar durch die Société Nouvelle Sidéchar, Paris, 8,3%
- Thyssen Stahl AG, Duisburg (12,7%)
- Montan-Verwaltungsgesellschaft mbH, Dortmund (10% – davon: Krupp Hoesch Stahl AG 79%, VEBA AG 21%)
- Verwaltungsgesellschaft Ruhrkohle-Beteiligung mbH, Essen (10% – davon ARBED S.A. 65%, Ruhrkohle mittelbar über Tochtergesellschaften 35%)

KONZERNÜBERBLICK. Kerntätigkeit und Basis der Ruhrkohle AG ist die Förderung und Aufbereitung der Steinkohle. Die Ruhrkohle AG betreibt heute einen hochmodernen Bergbau, dessen Know-how in Bergtechnik, Aufbereitung und Veredelung sowie im Umweltschutz und in der Arbeitssicherheit international führend ist. Das Unternehmen besitzt und betreibt nach zahlreichen Zechenstillegungen und der Anfang 1996 erfolgten Integrierung des Bergwerks der Gewerkschaft Auguste Victoria GmbH alle 14 aktiven Steinkohlenbergwerke im Ruhrrevier mit einer durchschnittlichen Tagesförderung von knapp 12.000 Tonnen je Bergwerk. Hinzu kommt die Verarbeitung zu Ruhrkoks in drei eigenen Kokereien in erster Linie für die Eisen- und Stahlindustrie (Hochöfen und Gießereien) und für den Wärmemarkt (Kraftwerke und Energiesektor). Der Absatz der RAG an Kohle, Koks und Briketts betrug 1995 43,6 Mio. Tonnen. Die Lieferungen gingen zu weit über 50% an Kraftwerke, gefolgt von der eisenschaffenden Industrie und übrigen Abnehmern. Bei der Kokserzeugung werden darüber hinaus jährlich 3 Mrd. Kubikmeter Kokereigas, Rohteer, Benzol, Ammoniak und Schwefelsäure gewonnen.
Noch einige Zahlen: Die Gesamtförderung wurde aus 65 Abbaubetrieben in Teufen von durchschnittlich 956 Metern erbracht. Darüber

hinaus verfügt die Ruhrkohle in ihren Bergwerken über ein Schienennetz von ca. 2.500 km Länge, von Gleisanlagen unter Tage von 1.650 km. RAG besitzt unter Tage über 560 Lokomotiven sowie einen Wagenpark von 39.000 Stück. Von den 73.450 (Vorjahr: 78.620) Beschäftigten der Ruhrkohle AG arbeiteten Ende 1995 43.000 (Vorjahr: 45.740) unter Tage.

Die seit 1994 in der RAG Beteiligungs-GmbH zusammengefaßten Konzern- und Beteiligungsgesellschaften ergänzen den bergbaulichen Kernbereich der RAG durch Weiterverarbeitung der Kohle und der Nebenprodukte. So verarbeiten die Rütgerswerke Rohteer zu Chemiestoffen als Grundlage für Farb- und Kunststoffe, liefert die STEAG Strom, u. a. durch die Verwertung des auf den Zechen erzeugten Stroms sowie durch Erzeugung elektrischer Energie aus Steinkohle. Weltweiten Handel mit Produkten der RAG und ihrer Töchter sowie anderer Produzenten betreibt die Ruhrkohle Handel GmbH, Essen. Die Ruhrkohle Umwelt GmbH löst Entsorgungsprobleme, veredelt Kohle, betreibt Recycling sowie Untertage-Deponien und beseitigt Altlasten. Außerdem ist die RAG im Bereich Dienstleistungen und Engineering (Ingenieur- und Beratungsdienste, Planung und Durchführung von Projekten) sowie Forschung und Entwicklung aktiv. Der RAG-Konzern ist damit eines der größten Unternehmen in Europa, das eine komplette Wertschöpfungskette »rund um die Kohle« anbieten kann – von der Exploration über den Bau, die Ausrüstung und den Betrieb von Bergwerken und Kokereien, den Bau von Aufbereitungsanlagen, die Umwelttechnologie, die Logistik, den Handel bis hin zur Kohlechemie. Der Beteiligungsbereich erwirtschaftete 1995 erstmals über 50% des Konzern-Umsatzes.

Die RAG verfügt über mehr als 166.000 Wohnungen, überwiegend Bergarbeiterwohnungen. Durch die Modernisierung der Bergarbeitersiedlungen und den Erhalt ihrer charakteristischen historischen Eigenheiten sind diese Wohnungen äußerst attraktiv geworden und ein fester Bestandteil des Stadtbildes vieler Ruhrgebietsstädte.

Die Ruhrkohle Berufsbildungsgesellschaft betreibt 23 Bildungszentren, zwölf davon in den neuen Bundesländern. 1994 wurden rund 9.000 Personen ausgebildet bzw. umgeschult.

Die RAG-Gruppe (RAG Bergbaubereich und RAG Beteiligungsbereich) unter dem Dach der Ruhrkohle AG gliedert sich in die folgenden Teilkonzerne:

◆ Ruhrkohle Bergbau AG, Herne (100%). Tätigkeitsbereich: Steinkohle. Bergwerke: Friedrich Heinrich/Rheinland Niederberg, Walsum, Lohberg/Osterfeld, Prosper-Haniel, Fürst Leopold/Wulffen, Westerholt, Hugo/Consolidation, Ewald/Schlägel & Eisen, Blumenthal/Haard, Haus Aden/Monopol, Heinrich Robert, Westfalen. Kokereien: Prosper, Kaiserstuhl III, Hassel. Brikettfabrik: Niederberg. Umsatz 1995: 12,3 Mrd. DM (Vorjahr: 13,1 Mrd.). Der Absatz der Ruhrkohle AG an Kohle, Briketts und Koks belief sich 1995 auf 43,6 Mio. Tonnen (Vorjahr: 44,5 Mio.). Abnehmer sind hauptsächlich die Kraftwirtschaft und die Stahlindustrie. In allen Bergwerken der Ruhrkohle Bergbau AG wur-

Vorstand:

- *Neipp, Gerhard, Prof. Dr. E.h. (Vorsitzender), Essen*
- *Beermann, Wilhelm, Bochum*
- *Giesel, Harald B., Prof. Dr., Essen*
- *Heiermann, Heinrich, Dr., Dinslaken*
- *Jenßen, Jens, Dr., Essen*

Vorstandsbezüge 1995:

5.059.708,– DM

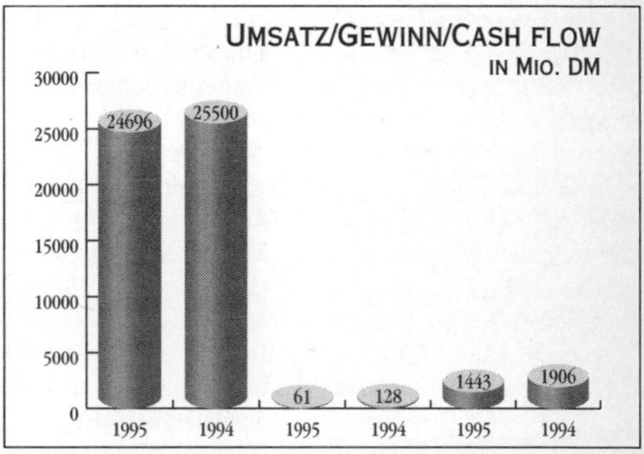

Generalbevollmächtigte:

- *Jakob, Karl Friedrich, Dr., Dinslaken*
- *Kowalczyk, Georg, Herne*
- *Meyhöfer, Günter, Herzogenrath*
- *Trützschler, Klaus Rüdiger, Dr., Gelsenkirchen*

Aufsichtsrat:
- *Hartmann, Ulrich (Vorsitzender; Vorsitzender des Vorstandes der VEBA AG), Düsseldorf*
- *Cromme, Gerhard, Dr. (Vorsitzender des Vorstandes der Fried. Krupp AG Hoesch-Krupp), Essen*
- *Gentz, Heinz, Dr. (Mitglied des Vorstandes der VEBA AG), Düsseldorf*
- *Holzer, Jochen, Dr. (Vorsitzender des Aufsichtsrates der VIAG AG und der Bayernwerk AG), München*
- *Jochimsen, Reimut, Prof. Dr. Dr. h.c. (Präsident der Landeszentralbank in Nordrhein-Westfalen), Düsseldorf*
- *Junge, Dieter (Vorstand der VEW AG), Dortmund*
- *Ost, Friedhelm (MdB/CDU; Staatssekretär a. D.), Bonn*
- *Potthast, Ulrich (Vorsitzender des Vorstandes der VEBA Kraftwerke Ruhr AG), Gelsenkirchen*
- *Samtlebe, Günter (Oberbürgermeister; Vorsitzender des Aufsichtsrates der VEW AG), Dortmund*
- *Schulz, Ekkehard, Dr. (Vorsitzender des Vorstandes der Thyssen Stahl AG; Mitglied des Vorstandes der Thyssen AG), Duisburg*
- *Ziegler, Fritz (Regierungspräsident a. D.; Vorsitzender des Vorstandes der VEW AG), Dortmund*

**Berger, Hans (stellv. Vorsitzender)*
**Dick, Werner*
**Fuchs, Anke*
**Geissler, Alfred*
**Grewe, Wolfgang*
**Kohl, Jürgen*
**Schmidt, Monika*
**Südhofer, Klaus*
**Tegtmeier, Werner, Dr.*
**Wiedemann, Manfred*

Aufsichtsratstantiemen 1995: *390.250,– DM*

den 1995 zur Optimierung der Arbeitsabläufe »schlankere« Organisationsstrukturen umgesetzt.

◆ Ruhrkohle mit weiteren Bergbauunternehmen und bergbaunahen Unternehmen: EBV Eschweiler Bergwerks-Verein AG, Herzogenrath-Kohlscheidt (99% – Steinkohle/Abwicklung, Gießereiprodukte/Metallverarbeitung/Maschinenbau, Baustoffe/Kunststoffe, Wohnungswirtschaft/Liegenschaften; Umsatz 1995: 426,0 Mio. DM; Beschäftigte 1995: 1.863); Gewerkschaft Auguste Victoria GmbH, Marl (100% – Steinkohle; Umsatz 1995: 903,0 Mio. DM; Beschäftigte 1995: 4.916); Sophia-Jacoba GmbH, Hückelhoven (100% – Steinkohle/Briketts, Stromwirtschaft, Fernwärme; Umsatz 1995: 459,0 Mio. DM; Beschäftigte 1995: 2.834); Deutsche Kohle Marketing GmbH, Essen (100% – Steinkohlevertrieb, Wärmeversorgung; Umsatz 1995: 80,0 Mio. DM; Beschäftigte 1995: 158). Zu Beginn des Jahres 1996 wurde das Bergwerk Auguste Victoria in die Ruhrkohle Bergbau AG eingegliedert. Die bergbaunahen Aktivitäten der Gesellschaft sind bei der AV verblieben.

◆ STEAG mit STEAG AG, Essen (72,06%). Tätigkeitsbereiche: Kraftwirtschaft, Industrie, Energietechnik und Consulting, Fernwärme, Kraftwerksentsorgung. In der Kraftwirtschaft erwirtschaftet die STEAG 80% ihres Umsatzes. Die STEAG ist stark auf dem Gebiet der Kernenergie engagiert. Ihre nuklearen Initiativen laufen über die STEAG Kernenergie GmbH und ihre Tochter Urangesellschaft mbH, Frankfurt. Die STEAG versorgt Kernkraftwerke im In- und Ausland mit Kernbrennstoffen, so z. B. in Brasilien und Südafrika. Während die Uranhandelsaktivitäten von der Urangesellschaft betrieben werden, erbringt die STEAG Kernenergie Ingenieur- und Dienstleistungen für den Betrieb von Kernkraftwerken und Anlagen des Kernbrennstoffkreislaufes. Umsatz 1995: 3.769,0 Mio. DM (Vorjahr: 3.623,0 Mio.); Beschäftigte 1995: 4.818 (Vorjahr: 4.905).

◆ Rütgers mit Rütgers AG, Frankfurt/Main (53,05%). Nach neuer Struktur 1995 wird der Konzern von einer Holding als reine Management-Gesellschaft unter der Firmierung Rütgers AG geführt. Die Geschäfts- und Tätigkeitsbereiche: Chemie (VFT AG), Kunststoffe (Bakelite AG, Isola Werke AG, HT Troplast AG), Bau (Teerbau GmbH, Ruberoid AG). Hauptabnehmer sind die chemische Industrie, der Kraftfahrzeugsektor, die Elektrotechnik und Elektronik, der Hoch- und Tiefbau sowie die Stahl- und NE-Metallerzeugung. Umsatz 1995: 4.984,0 Mio. DM (Vorjahr: 5.067,0 Mio.); Beschäftigte 1995: 15.688 (Vorjahr: 15.957). Die Rütgerswerke gehören zu den führenden Erzeugern von duroplastischen Kunststoffen (Bakelite) sowie von Dach- und Bauwerksabdichtungen durch ihre Tochter Ruberoidwerke AG, Hamburg (71,44%). Der Konzern gehört durch seine Firma Teerbau GmbH, Essen (100%), zu den ersten Straßenbauern der Republik. Im Herbst 1996 wurde die Konzernzentrale von Frankfurt/Main nach Essen verlegt.

◆ Ruhrkohle Handel mit der Ruhrkohle Handel GmbH, Essen (100%). Tätigkeitsbereiche: feste Brennstoffe, Öl- und Fahrzeugservice, Gebäudetechnik. Umsatz 1995: 3.702,0 Mio. DM (Vorjahr: 3.821,0 Mio.); Beschäftigte 1995: 2.136 (Vorjahr: 1.960).

◆ Ruhrkohle Umwelt mit der Ruhrkohle Umwelt GmbH, Essen (100%). Tätigkeitsbereiche: Entsorgung/Industrieservice, Umwelttechnologie, Umweltlogistik, Reststoffverwertung, Kommunale Dienste,

Sekundärrohstoffe, Altlastensanierung. Umsatz 1995: 939,0 Mio. DM (Vorjahr: 786,0 Mio.); Beschäftigte 1995: 2.633 (Vorjahr: 2.369).

◆ RAG Immobilien mit der RAG Immobilien AG, Essen (99%). Tätigkeitsbereiche: Flächenentwicklung und -verwaltung, Gewerbeimmobilien und Projektentwicklung, Wohnungswirtschaft, Immobiliendienstleistungen. Umsatz 1995: 285,0 Mio. DM (Vorjahr: 223,0 Mio.); Beschäftigte 1995: 508 (Vorjahr: 297). Ende 1995 umfaßte der Wohnungsbestand aller RAG-Gesellschaften rund 31.400 Wohnungen im ganzen Ruhrgebiet.

◆ RAG Technik mit der RAG Technik AG, Essen (99,9%). Tätigkeitsbereiche: Steine und Erden, Industriedienstleistungen, Bergbauconsulting und Projektmanagement. Umsatz 1995: 149,0 Mio. DM (Vorjahr: 151,0 Mio.); Beschäftigte 1995: 564 (Vorjahr: 516).

◆ Deutsche Bergbau-Technik mit DBT Deutsche Bergbau-Technik GmbH, Essen (100%). Tätigkeitsbereiche: Strebtechnik Neufertigung, Bergbau-Service, Bergbau-Steuerungstechnik, Transporttechnik. Umsatz 1995: 820,0 Mio. DM; Beschäftigte 1995: 2.646. Anfang 1995 wurden alle Aktivitäten der Ruhrkohle-Tochtergesellschaften im Bereich Bergbautechnik (Bau und Weiterentwicklung von Maschinen und Ausrüstungen für den untertägigen Bergbau) zu einem gemeinsamen Unternehmen, der DBT Deutsche Bergbau-Technik GmbH, zusammengefaßt. Auf diesem Sektor ist die deutsche Bergbauzulieferindustrie weltweit führend.

Umsatz 1995: *24.696,0 Mio.*
Umsatz 1994: *25.499,6 Mio.*
Umsatz 1993: *23.407,8 Mio.*

Gewinn 1995: *61,2 Mio.*
Gewinn 1994: *127,5 Mio.*
Gewinn 1993: *49,0 Mio.*

Cash flow 1995: *1.443,0 Mio.*
Cash flow 1994: *1.906,0 Mio.*
Cash flow 1993: *1.880,0 Mio.*

Cash flow: *Der Cash flow floß überwiegend in die Investitionen in Sachanlagen.*

Steueraufkommen 1995: *175,2 Mio.*

Grund- bzw. Stammkapital 1995: *534,5 Mio.*

BETEILIGUNGEN. Zur Ruhrkohle AG gehören über 400 Konzernunternehmen und Beteiligungsgesellschaften in aller Welt. Dazu zählen auch die großen Konzerne STEAG und Rütgers. Die wichtigsten Tochter- und Beteiligungsgesellschaften unter ihren jeweiligen Führungsgesellschaften sind dem Schaubild auf den Seiten 454 – 455 zu entnehmen.

NEUE BUNDESLÄNDER. Die RAG-Konzernunternehmen sind in den neuen Bundesländern an über 60 Standorten vertreten und kamen 1995 auf einen Umsatz von 1,3 Mrd. DM. Die Deutsche Kohle Marketing ist in den Geschäftsfeldern Steinkohlevertrieb und Wärmeversorgung tätig. An 16 ostdeutschen Standorten ist in der Nah- und Fernwärmeversorgung ihre Tochter EKT Energie und Kommunal-Technologie GmbH, Berlin und Dresden, aktiv. Die Ruhrkohle Berufsbildungsgesellschaft ist an 13 Standorten mit rund 2.500 Teilnehmern an Qualifizierungsmaßnahmen einer der größten Bildungsträger in den neuen Bundesländern.

Der Schwerpunkt der STEAG-Aktivitäten lag in der Modernisierung der Energieversorgung der Leuna-Werke GmbH. STEAG hat 1993 das Industriekraftwerk Nord der Leuna-Werke erworben. Bei der nuklearen Entsorgung erbringt die STEAG Ingenieur-Dienstleistungen. Das Sanierungskonzept für den Standort der stillgelegten Uranerzaufbereitungsanlage Crossen bei Zwickau ist dafür ein Beispiel.

Rütgers ist im Baubereich tätig und durch die Teerbau GmbH (Straßen- und Spezialbau) und die Ruberoid AG (Bauwerksabdichtung) inzwischen nahezu flächendeckend vertreten. Rütgers fertigt Produkte für die Fahrzeugindustrie in den neuen Bundesländern, u. a Bremsbeläge bei der in Coswig bei Dresden erworbenen Cosid GmbH.

Ruhrkohle Handel ist im Handel mit festen und flüssigen Brennstoffen durch zwei Tochtergesellschaften aktiv: Ruhrkohle Handel Ost GmbH,

Ruhrkohle Aktiengesellschaft

Grundkapital
DM 534 502 800
Sitz: Essen

Übersicht der wesentlichen Beteiligungen mit Angabe des gezeichneten Kapitals und der Beteiligungshöhe einschließlich der mittelbaren Beteiligungen (Stand: 30.4.1996)

RAG Bergbaubereich

Bergbau- und Bergbaunahe Unternehmen

Ruhrkohle Bergbau AG ■
Herne
DM 51 000 000 — 100 %

Eschweiler Bergwerks-Verein AG ■
Herzogenrath-Kohlscheid
DM 150 000 000 — 99,23 %

Gewerkschaft Auguste Victoria GmbH, Marl ■
DM 30 000 000 — 100 %

Sophia-Jacoba GmbH ■
Hückelhoven
DM 25 000 000 — 100 %

Ruhrkohle-Verkauf GmbH ■
Essen
DM 1 000 000 — 100 %

Deutsche Kohle Marketing GmbH Steinkohlevertrieb-Wärmeversorgung, Essen ■
DM 12 500 000 — 100 %

RAG Beteiligungsbereich
(Bereiche der RAG Beteiligungs-GmbH)

STEAG

STEAG AG ■
Essen
DM 250 000 000 — 72,06 %

Kraftwerk Voerde STEAG-RWE oHG, Voerde
Gesamtleistung 1420 MW — 75 %

STEAG und VEW Gemeinschaftskraftwerk Bergkamen A oHG, Bergkamen
Gesamtleistung 747 MW — 49 %

STEAG Industrie AG ■
Essen
DM 70 225 000 — 100 %

STEAG MicroTech GmbH ■
Pliezhausen
DM 4 875 000 — 100 %

Kessler + Luch GmbH ■
Gießen
DM 21 000 000 — 100 %

STEAG Kernenergie GmbH, Essen ■
DM 15 000 000 — 100 %

STEAG Fernwärme GmbH ■
Essen
DM 40 000 000 — 100 %

STEAG Entsorgungs-GmbH, Dinslaken ■
DM 2 760 000 — 100 %

RÜTGERS

RÜTGERS AG ■
Frankfurt a. M.
DM 230 000 000 — 53,05 %

V F T AG ■
Duisburg
DM 50 000 000 — 100 %

WEYL GmbH ■
Mannheim
DM 10 000 000 — 100 %

Bakelite AG ■
Iserlohn-Letmathe
DM 50 000 000 — 100 %

Isola AG ■
Düren
DM 50 000 000 — 100 %

HT Troplast AG ■
Troisdorf
DM 50 000 000 — 99 %

RÜFAS Pagid AG
Essen
DM 40 000 000 — 100 %

RÜFAS Kunststofftechnik GmbH, Köngen
DM 10 700 000 — 100 %

TEERBAU GmbH ■
Essen
DM 30 000 000 — 100 %

RUBEROID AG ■
Hamburg
DM 6 000 000 — 71,44 %

Ruhrkohle Handel

Ruhrkohle Handel GmbH ■
Essen
DM 146 500 000 — 100 %

RAG Brennstoffhandel GmbH, Essen ■
DM 13 692 500 — 100 %

RAG Industriekohlen GmbH Handel und Dienstleistungen ■
Essen
DM 1 000 250 — 100 %

Ruhrkohle International GmbH, Essen ■
DM 50 000 000 — 100 %

Ruhrkohle Handel Inter GmbH, Essen ■
DM 3 000 000 — 100 %

Ruhr-American Coal Corporation, New York ■
US $ 137 143 — 100 %

Michel Mineralölhandel GmbH, Düsseldorf ■
DM 6 675 000 — 100 %

IMO Autopflege GmbH ■
Düsseldorf
DM 6 000 000 — 100 %

Knipping Fenster-Technik GmbH, Hamminkeln ■
DM 10 000 000 — 100 %

Meister-Werkzeuge, Werkzeugfabrik GmbH ■
Wuppertal
DM 9 000 000 — 100 %

Ruhrkohle Umwelt

Ruhrkohle Umwelt GmbH ■
Essen
DM 185 000 000 100 %

Richard Buchen GmbH ■
Köln
DM 23 050 000 96,88 %

Weber Umwelttechnik GmbH, Salach ■
DM 16 015 000 100 %

TRV Thermische Rückstands-verwertung GmbH & Co. KG
Wesseling
DM 150 000 000 40 %

ROeG Umwelttechnologie GmbH, Essen ■
DM 58 000 000 100 %

Centrans Umweltlogistik GmbH, Bottrop ■
DM 24 050 000 100 %

Ruhrkohle Montalith GmbH ■
Essen
DM 6 000 000 100 %

Ruhr-Carbo Umweltservice GmbH, Essen ■
DM 137 890 000 100 %

Ruhrkohle Umwelttechnik GmbH (RUT), Essen ■
DM 3 000 000 100 %

Umweltschutz Nord GmbH & Co., Ganderkesee
DM 15 000 000 50 %

RAG Immobilien

RAG Immobilien AG ■
Essen
DM 92 400 000 99,02 %

Montan-Grundstücksgesellschaft mbH, Essen ■
DM 71 600 000 100 %

Rhein-Lippe Wohnstättengesellschaft mbH, Duisburg ■
DM 25 600 000 95,31 %

Wohnungsbaugesellschaft mbH „Glückauf", Moers ■
DM 12 000 000 98,89 %

Wohnbau Rhein-Ruhr GmbH ■
Essen
DM 10 000 000 100 %

RIAG Gebäudemanagement GmbH, Lünen ■
DM 1 000 000 100 %

GPE Gesellschaft für Projektmanagement u. Grundstücksentwicklung mbH, Essen ■
DM 500 000 100 %

Montan-Immobilien Gesellschaft mbH, Berlin ■
DM 3 000 000 100 %

Haus Vogelsang GmbH
Essen
DM 50 000 100 %

Bauverein Glückauf GmbH ■
Ahlen
DM 3 000 000 82,4 %

RAG Technik

RAG Technik AG ■
Essen
DM 70 000 000 98,98 %

RAG Steine und Erden GmbH, Essen ■
DM 11 000 000 100 %

Kalkwerke Rheine GmbH ■
Rheine
DM 1 000 000 100 %

RAG Industrie-Service GmbH, Essen ■
DM 8 900 000 100 %

R & B Industrieanlagenverwertung GmbH, Bottrop
DM 1 000 000 51 %

Industrie- und Versorgungstechnik Weiner + Reimann GmbH, Oberhausen
DM 50 000 70 %

Anhaltinische Braunkohlesanierungsgesellschaft mbH
Halle
DM 50 000 51 %

RAG Systemtechnik GmbH ■
Duisburg
DM 2 100 000 100 %

Montan-Consulting GmbH ■
Essen
DM 1 000 000 100 %

Deilmann-Haniel GmbH
Dortmund
DM 65 000 000 24,9 %

Deutsche Bergbau-Technik

DBT Deutsche Bergbau-Technik GmbH, Essen
DM 3 100 000 100 %

MBK-Hydraulik Meuwsen & Brockhausen GmbH
Kamp-Lintfort
DM 2 500 000 90 %

Maschinenfabrik Scharf GmbH, Hamm
DM 29 000 000 100 %

SUK Maschinenreparatur-Center GmbH, Hamm
DM 2 000 000 100 %

Automatisation des Mines et d'Industrie S.A.R.L.
Creutzwald, Frankreich
FF 4 531 000 99,44 %

Matériel de Fond et d'Industrie S.A.
Sarregueminee, Frankreich
FF 15 000 000 98,85%

MTA Mine Technik Australia PTY Ltd.
Rooty Hill, Australien
A$ 3 500 000 100 %

MTSA Mine Technik South Africa PTY Ltd.
Vereeniging, Südafrika
ZAR 849 910 100 %

MTA Mine Technik America Inc., Washington, USA
US$ 7 698 000 80 %

ZAMAG Spolka Z o.o.
Katowice, Polen
PLZ 80 000 100%

Sonstige Gesellschaften

Ruhrgas AG, Essen
(mittelbare Beteiligung über die Bergemann GmbH, Essen)
DM 2 200 000 000 18,24 %

RUHRINFORMATIK GmbH ■
Essen
DM 7 500 000 100 %

Ruhrkohle Berufsbildungsgesellschaft mbH, Essen ■
DM 2 700 000 100 %

Ruhrkohle Versicherungs-Dienst GmbH, Essen
DM 101 000 100 %

RAG Konzernrevision GmbH, Essen
DM 100 000 100 %

Heinrich Robert Verwaltungs-AG, Essen ■
DM 35 100 000 100 %

RAG Umschlags- und Speditionsgesellschaft mbH ■
Duisburg
DM 20 000 000 100 %

Harpen AG
Dortmund
DM 127 600 000 20%

Beschäftigte 1995: 102.090 (Konzern)
Beschäftigte 1994: 106.820 (Konzern)
Beschäftigte 1993: 111.150 (Konzern)

Beschäftigte Bergbau 1995: 71.410 (davon unter Tage: 43.000)
Beschäftigte Bergbau 1994: 78.630 (davon unter Tage: 45.700)
Beschäftigte Bergbau 1993: 84.570 (davon unter Tage: 49.920)
(Beschäftigte Bergbau 1991: 100.400 davon unter Tage: 60.220)

Berlin, für Großhandels- und Industriekunden und Mitteldeutsche Handelsgesellschaft für Energieträger mbH, Quedlinburg, für Endverbraucher. Weitere Unternehmen: Gebäudetechnik Leipzig GmbH, Leipzig, Wärme-Haustechnik Philipp GmbH, Kleinmachnow bei Berlin, KFT Bauelemente GmbH, Weira in Thüringen, Knipping Fenster-Technik GmbH in Wolfen/Sachsen-Anhalt. Im Bereich Meuwsen & Brockhausen vertreibt die Kröger GmbH in den neuen Bundesländern maschinelle Ausrüstungen für den Hafenumschlag und die Kiesgewinnung. Aktivitäten in der Altlastensanierung, Abfallentsorgung, Industriereinigung, im Transportwesen, in der Abwasserreinigung sowie ingenieurtechnische Dienstleistungen stehen bei der Ruhrkohle Umwelt im Vordergrund. Am Standort Schwarze Pumpe südlich von Cottbus hat die Lausitzer Umwelt GmbH – eine gemeinsame Gesellschaft der Ruhrkohle Umwelt GmbH und der Lausitzer Braunkohle AG – mit der Errichtung einer Brennstoffaufbereitungsanlage begonnen. Die Umweltschutz Nord GmbH & Co. betreibt in den neuen Bundesländern mikrobiologische Bodensanierung. Weitere Unternehmen: OEKO-Systeme Maschinen- und Anlagenbau GmbH, Richard Buchen GmbH, Montana Handels- und Transportgesellschaft mbH, Ruhrkohle Oel und Gas GmbH.

STANDORT DEUTSCHLAND. Die Situation der deutschen Steinkohle hat sich weiter verschärft. Mit der Einführung des Artikelgesetzes zum 1. Januar 1996 steht die deutsche Steinkohle im Verstromungsbereich nämlich im direkten Wettbewerb zur Importkohle. Seit der Kohlerunde 1991 wurden in den RAG-Bergbauunternehmen rund 30.000 Arbeitsplätze abgebaut. 4.200 weitere wurden bis Mitte 1996 gestrichen. Die Bergbauunternehmen des RAG-Konzerns beschäftigten Ende 1995 rund 73.450 (Vorjahr: 78.620) Mitarbeiter. Der regionale Beschäftigungsschwerpunkt liegt in Nordrhein-Westfalen, wo insgesamt 91.000 Arbeitsplätze angesiedelt sind. Lediglich 3.000 RAG-Mitarbeiter arbeiten im Ausland. RAG hat im Juni 1996 einen ausführlichen Belegschaftsbericht 1995 veröffentlicht.
1994 hatte die Ruhrkohle AG die beiden bisherigen Bergbau-Betriebsführungsgesellschaften Ruhrkohle Niederrhein AG und Ruhrkohle Westfalen AG zur Ruhrkohle Bergbau AG zusammengelegt – ein weiterer Schritt zur Umsetzung des Ruhrkohle-Bergbaukonzeptes, das die Zusammenfassung aller betriebsnahen Führungs- und Verwaltungsaufgaben zum Ziel hat. 1995 wurde eine umfassende Reorganisation eingeleitet, die in den Bergwerken zwei Hierarchieebenen einspart, Arbeitsabläufe optimiert, den Informationsfluß verbessert und Entscheidungen beschleunigt. Anfang 1996 wurde auch der Verwaltungsbereich umstrukturiert. Das Bergwerk der Gewerkschaft Auguste Victoria GmbH wurde Anfang 1996 in die Ruhrkohle AG eingegliedert und von diesem Zeitpunkt an wie vergleichbare Bergwerke der Ruhrkohle AG als 14. Bergwerk geführt. Die in der Kohlerunde 1991 vereinbarte Stillegung des Bergwerks Sophia-Jacoba wird im Laufe des Jahres 1997 erfolgen. Im Rahmen einer kompletten Neuausrichtung des deutschen Steinkohlenbergbaus ist geplant, die Bergwerke der Ruhrkohle AG und der Saarbergwerke AG in eine gemeinsame Gesellschaft unter dem Dach der RAG, die Deutsche Steinkohle AG, einzubringen. Die Einbeziehung des Bergwerkes Ibbenbüren der Preussag Anthrazit GmbH steht ebenfalls zur Diskussion. Aufgaben einer

solchen Gesellschaft: Ausschöpfung der bestehenden Synergien im personellen und organisatorischen Bereich, im Markt, in der Logistik, im Einkauf, der Bevorratung und Finanzierung. Ziel ist es, die Fördermengen auf der Plafondbasis zu optimieren und möglichst viele Arbeitsplätze im Bergbau auch in Zukunft zu sichern. RAG verlangt aber von seiten des Bundes bis 2005 feste Subventionszusagen als Flankierung der tiefgreifenden Umstrukturierung.
Der Beteiligungsbereich »rund um die Kohle« wird weiter ausgebaut, womit sich die RAG aktiv an der Umstrukturierung und Entwicklung der Bergbauregionen des Ruhrgebietes beteiligt. »Ein großer Teil der Beteiligungsunternehmen des RAG-Konzerns besteht aus mittelständischen Firmen. Ziel der RAG-Unternehmenspolitik bleibt es, vorhandene Arbeitsplätze zu sichern und neue Arbeitsplätze – auch für Bergleute – zu schaffen.« Sobald aber Wachstumsgrenzen im Inland sichtbar werden, will man sich auch gezielt in Auslandsmärkten engagieren.
Der Beteiligungsbereich erwirtschaftete 1995 erstmals über 50% des RAG-Umsatzes. Gewinne aus dem Beteiligungsbereich sollen auch dem Bergbau zugute kommen. Für ehemalige Bergleute sollen im Beteiligungsbereich verstärkt Arbeitsplätze geschaffen werden.

Umsatz pro Mitarbeiter (Konzern) 1995: *241.904,– DM*
Umsatz pro Mitarbeiter (Konzern) 1994: *238.716,– DM*
Umsatz pro Mitarbeiter (Konzern) 1993: *210.596,– DM*

Löhne und Gehälter 1995: *6.716,9 Mio.*
Löhne und Gehälter 1994: *6.594,1 Mio.*
Durchschnittsgehalt 1995: *94.061,– DM*
Soziale Abgaben und Aufwendungen 1995: *2.321,2 Mio.*
Soziale Abgaben und Aufwendungen 1994: *2.280,0 Mio.*

Bezüge pro Vorstandsmitglied 1995: *1.011942,– DM*
Tantiemen pro Aufsichtsrat 1995: *18.583,– DM*

»BÜNDNIS FÜR ARBEIT«. Der Zwang zur Steigerung der Wirtschaftlichkeit und der Kostenreduzierung hat auch bei der Ruhrkohle seit 1995 zur Einführung neuer Strukturen und interner »Bündnisse« geführt. Bereits 1995 verzichteten die Beschäftigten der Bergbauunternehmen zur Vermeidung betriebsbedingter Kündigungen und für den Erhalt von Arbeitsplätzen bei gleichzeitiger Verkürzung der Arbeitszeit auf einen Teil ihres Einkommens und reduzierten so die Mehrarbeit. In der Tarifrunde 1996 haben die Beschäftigten des Bergbaus erneut gegen Gewährung von fünf zusätzlichen Freischichten auf einen Einkommenszuwachs verzichtet. Im Gegenzug verpflichtete sich die Ruhrkohle AG, bis Ende 1996 auf betriebsbedingte Kündigungen zu verzichten und allen Auszubildenden nach Abschluß ihrer Lehre einen Arbeitsplatz anzubieten. Ruhrkohle bemüht sich, trotz des »erheblichen Anpassungsdrucks« den Personalabbau im Bergbaubereich »sozialverträglich« zu gestalten: großzügige Vorruhestandsregelungen, Qualifizierungsmaßnahmen für Berufe außerhalb des Bergbaus, Tätigkeiten in Klein- und Mittelbetrieben durch die sogenannte »Handwerksinitiative«.
Eigeninitiative und Motivation der Beschäftigten sollen gefördert werden. In diesem Zusammenhang wurden Entscheidungsprozesse verstärkt »nach unten« verlagert. Seit 1995 gibt es in den Ruhrkohle-Bergwerken neue, schlankere Organisationsstrukturen. Durch Verlagerung, Straffung und Umgestaltung entfielen zwei der vorher sechs Hierarchieebenen.

KOHLERUNDE UND »JAHRHUNDERTVERTRAG«. Der Ruhrkohle-Konzern gehört zu den größten deutschen Konzernen und bestimmt maßgeblich die Geschicke der Ruhr-Region und der dort lebenden Menschen. Zwei der größten deutschen Konzerne, das Energieunternehmen STEAG sowie der Chemiekonzern Rütgers, sind mehrheitlich im Besitz der RAG. Mit seinen nunmehr 14 Bergwerken ist er auch der größte deutsche Bergwerksbesitzer. Sein Anteil an der

Investitionen 1995:
1.397,0 Mio.
Investitionen 1994:
1.097,0 Mio.
Investitionen 1993:
1.174,0 Mio.

Forschung und Entwicklung 1995: *138,0 Mio.*
Forschung und Entwicklung 1994: *159,0 Mio.*
Forschung und Entwicklung 1993: *164,0 Mio.*

Steinkohlenförderung in Deutschland liegt bei über 75%, in der gesamten Europäischen Union bei rund 30%. Insgesamt sichert die Ruhrkohle AG durch ihre Aufträge zusätzlich etwa 150.000 Arbeitsplätze, überwiegend bei Klein- und Mittelbetrieben. Doch die Kohle steckt nach wie vor in einer tiefen Absatz- und Strukturkrise – und damit auch der Ruhrkohle-Konzern. Wurden in den Jahren 1970–1990 bereits rund 96.000 Arbeitsplätze bei der Ruhrkohle AG abgebaut, so einigte sich die sogenannte Bonner Kohlerunde 1991 beim Wirtschaftsminister auf einen Abbau von 40.000 weiteren Arbeitsplätzen in der deutschen Kohlewirtschaft bis 1995, 30.000 davon bei der Ruhrkohle.
In dieser Kohlerunde wurde der Beitrag der deutschen Steinkohle zur langfristigen Energieversorgung auch im vereinten Deutschland bestätigt. Dabei hat die Bundesregierung die Aufgabe übernommen, sich bei der EG-Kommission nachdrücklich für die notwendigen Beihilfegenehmigungen einzusetzen und ein Finanzierungskonzept für die Steinkohlenverstromung ab 1996 zu entwickeln. Bis Ende 1995 galt der »Jahrhundertvertrag«, der den Absatz von deutscher Kohle an die Elektrizitätswirtschaft regelt. Um den Risiken aus dem Auslaufen des »Jahrhundertvertrages« in Form von verschärften Wettbewerbsbedingungen bei Kraftwerkskohle sowie den Kürzungen von Beihilfen im Kokskohlenbereich begegnen zu können, wurde vor einer Einigung über die zukünftige Rolle der deutschen Energiepolitik (Energiekonsens) ein Ersatzmodell geschaffen.
Für den Einsatz heimischer Steinkohle in der Verstromung im Zeitraum 1996 bis 2005 ist das im Juli 1994 rechtswirksam gewordene Artikelgesetz (Grundlage für Lieferverträge mit den Kraftwerken) die neue Basis, wonach feste Plafonds von 7,5 Mrd. DM für 1996 und von jährlich 7 Mrd. DM von 1997 bis 2000 gezahlt werden. Allerdings hat sich für die deutsche Steinkohle seit Anfang 1996 der Wettbewerb noch verschärft. Im Verstromungsbereich wurde Importkohle zugelassen. Grundlage für die Lieferungen des deutschen Steinkohlenbergbaus an die Stahlindustrie ist der Hüttenvertrag, der bis zum Ende des Jahres 2000 abgeschlossen und von der Europäischen Kommission bis Ende 1997 genehmigt ist. Im März 1995 haben der Bund und das Land NRW eine neue Finanzierungsregelung für die Koksbeihilfe festgelegt, wonach der Bund von 1995 bis 1997 rund 4,4 Mrd. DM und das Land NRW 2,7 Mrd. DM der Ruhrkohle AG für ihre Lieferungen an die Stahlindustrie zuschießen.
In der Kohlerunde hatte der Bergbau zugesagt, den Strukturwandel in den Bergbauregionen durch Ausweitung der Aktivitäten »rund um die Kohle« zu unterstützen. Bei Gründung der RAG kamen bergbaufremde Unternehmensbereiche auf nur 2% Anteil am Umsatz; inzwischen ist der Umsatzanteil der Tochter- und Beteiligungsgesellschaften auf über 50% gestiegen. Denn bis zum Jahr 2000/2005 soll die Förderkapazität der Ruhrkohle AG gegenüber 1991 um rund 9 Mio. Tonnen reduziert werden. Die Anzahl der Bergwerke wird dann auf zwölf zurückgeführt.
Durch die Tochter- und Beteiligungsgesellschaften »rund um die Kohle« konnte die RAG aber in den letzten Jahren rund 20.000 neue Arbeitsplätze schaffen. Die Nicht-Bergbau-Beteiligungen wurden Anfang 1994 in der RAG Beteiligungs-GmbH zusammengefaßt. Kernbereich des RAG-Konzerns aber bleibt der Steinkohlenbergbau.

UMWELTSCHUTZ. Ruhrkohle verfügt über ein weitverzweigtes Umweltmanagement im Steinkohlenbergbau, um so auch in einer der am dichtesten besiedelten Industrieregionen der Welt dem gestiegenen Umweltbewußtsein der Bevölkerung Rechnung zu tragen. Eine Wechselbeziehung von Bergbau und Umwelt hat es schon immer gegeben: wegen der durch bergbauliche Gewinnung ausgelösten Absenkung der Tagesoberfläche, der bergbaulichen Anlagen (Bergwerke, Kokereien und anderer Anlagen) und der dichten Besiedlung in unmittelbarer Nähe der Standorte. Gesetze und Vollzugsauflagen bestimmen maßgeblich die Umweltpolitik des RAG-Konzerns. Umweltmanagement soll dem Schutz von Wasser, Boden, Luft, Natur, Landschaft und der Verbesserung der Lebensqualität der Bevölkerung dienen. Das RAG-Umweltschutzmanagement (Beauftragte für Immissionsschutz, Gewässerschutz, Abfall) soll in alle Abläufe vom Genehmigungsverfahren bis zur Produktion frühzeitig eingebunden werden und auch den Dialog mit Bürgerinitiativen und der Bevölkerung führen.

Aktiver Umweltschutz im RAG Bergbaubereich: Reststoffverwertung in Hohlräumen von Bergwerken unter Tage: Filterstäube, Rauchgasreinigungsrückstände aus Hausmüll- und Klärschlammverbrennungsanlagen. Nach RAG-Versicherung besteht für das Grundwasser keine Gefahr. Industrieabfall-Aufbereitung im Betrieb Fürst Hardenberg: die in Bergwerken und in Werkstätten der Ruhrkohle AG gesammelten Hydraulikflüssigkeiten, Mineralöle sowie die Inhalte von Ölabscheidern. STEAG-Aktivkoksverfahren zur Emissionsminderung (Abscheidung von Dioxinen, Furanen, Schwermetallen) in der weltweit größten Müllverbrennungsanlage in Rotterdam. Recycling von Kunststoffen, PVC-Produkten u. a.

Für die Steinkohlekraftwerke der STEAG gilt eine leistungsfähige Filtertechnik, die die Emission schädlicher Rauchgasbestandteile auf ein Minimum reduziert.

Das Umwelt-Know-how des RAG-Konzerns wird aber auch erfolgreich vermarktet und ist gebündelt unter der Ruhrkohle Umwelt AG und ihren Tochter- und Beteiligungsgesellschaften. Ruhrkohle Umwelt ist nach einer neuen Struktur seit Anfang 1996 in den Bereichen Entsorgung/Industrieservice, Umwelttechnologie und -logistik, Reststoffverwertung, Kommunale Dienste, Sekundärrohstoffe und Altlastensanierung tätig. Entsorgung und Industrieservice befaßt sich mit der Sammlung, Behandlung und Verwertung flüssiger, pastoröser und fester Sonderabfälle in chemisch-physikalischen Behandlungsanlagen. In der Reststoffverwertung ist Ruhrkohle Umwelt Marktführer bei der Unter-Tage-Entsorgung. Hauptabnehmer der behandelten Reststoffe aus Kohlekraftwerken und Feuerungsanlagen sind die Bau- und Baustoffindustrie. Eine marktführende Stellung hat Ruhrkohle Umwelt auf dem Gebiet der thermischen und biologischen Bodensanierung inne. Im Bereich Technologieentwicklung wurde die kommerzielle Hydrierung von Altkunststoffen aus Sammlungen der Duales System Deutschland GmbH aufgenommen. Das größte Bauprojekt, eine Brennstoffaufbereitungsanlage, wurde im Dezember 1994 am Standort Schwarze Pumpe in Betrieb genommen. Verstärkt will sich Ruhrkohle Umwelt in den Marktsektoren Dienstleistungen für Kommunen und Industrie sowie Landschaftsbau engagieren. Es sollen mit dem vorhandenen Know-how auch Märkte im benachbarten Ausland erschlossen werden.

Mitbewerber: *Laubag, Metallgesellschaft, Mibrag, Preussag, PreussenElektra, Rheinbraun, RWE, Saarberg, Strabag, VEBA, VEW, VIAG*

RWE

Standort:
Kruppstraße 5
45128 Essen

Postanschrift:
Postfach 10 30 61
45030 Essen

***Telefon:** (0201) 12-00*
***Telex:** 857 292 rweag*
***Telefax:** (0201) 12-15199*

***Branche:** Die RWE AG firmiert als Holdinggesellschaft in den Bereichen Energie; Bergbau und Rohstoffe; Mineralöl und Chemie; Entsorgung; Maschinen-, Anlagen- Gerätebau und Telekommunikation; Bau*

Rechtsform:
Aktiengesellschaft

***Geschäftsjahr:** 1.7.-30.6.*

***Gründungsjahr:** 1898*

Konzernkommunikation:
Dieter Schweer
Tel.: (0201) 12-15120
FAX: (0201) 12-15252

***Zu besichtigen sind u. a.:** Informationszentren von Kernkraftwerken: Aufbau und Wirkungsweise von Kernkraftwerken; Braunkohlekraftwerke; Erdgaskraftwerke; Laufwasser- und Pumpspeicherkraftwerke; Schalt- und Umspannanlagen.*

***Verbände:** Die einzelnen Unternehmensbereiche sind in den ihnen entsprechenden Verbänden organisiert.*

GESCHICHTE UND ENTWICKLUNG. RWE, das frühere Rheinisch-Westfälische Elektrizitätswerk, wurde 1898 durch die Elektrizitäts-AG, vorm. W. Lahmeyer & Cie., Frankfurt, zur Ausführung ihrer Verträge mit der Stadt Essen gegründet. Schon ein Jahr später wurde das erste Kraftwerk in Essen errichtet. Ab 1903 verbanden sich immer mehr Kommunen im wirtschaftlich boomenden Ruhrgebiet durch die Übernahme von Aktien und Aufsichtsratssitzen mit dem RWE, das sowohl den privaten wie auch den industriellen Bereich mit zahlreichen Zechen, Hütten- und Eisenwerken mit Strom versorgte. Aus der Ortsversorgung wurde die Großraum-Verbundwirtschaft, die großflächige Versorgung. 1905 erwarben die Städte Essen, Gelsenkirchen und Mülheim als große Gebietskörperschaften Aktien des RWE. Lag zu Beginn des Jahrhunderts der Schwerpunkt der Stromerzeugung auf der Steinkohle, so expandierte das RWE zwischen 1910 und 1920 in Richtung rheinischer Braunkohle aus dem Kölner Revier. Die Aktivitäten des RWE wurden in erster Linie im Bereich Wasserkraft auch auf Süddeutschland und die Alpenregion ausgedehnt. Nachdem während der Inflation in den zwanziger Jahren die öffentlichen Aktionäre gegenüber den privaten Anlegern an Einfluß verloren, erhielten die Kommunen für einen Teil ihrer Aktien Namensaktien mit 20fachem Stimmrecht. Seit Ende der 20er Jahre entwickelte sich das RWE kontinuierlich zu einem Konzern, über Jahrzehnte hinweg wurden kleinere und mittlere Konkurrenzunternehmen akquiriert und eingegliedert. Seit Mitte der 50er Jahre ist das RWE im Atomkraftwerkbereich tätig. 1990 wurde das RWE grundlegend umstrukturiert, der Unternehmensbereich Energie ausgegliedert. Umfirmierung in RWE AG. Seit 1990 ist die RWE AG konzernleitende Holding, die selbständige Führungsgesellschaften mit eigener Ergebnisverantwortung leitet.

BESITZVERHÄLTNISSE/EIGENTUMSSTRUKTUR.

- Gemeinden, Gemeindeverbände, Städte, Kreise (29,3%). (Zusammen mit den von ihnen gehaltenen Namensaktien mit 20fachem Stimmrecht verfügen die öffentlichen Gebietskörperschaften mit 58,9% über die Stimmenmehrheit beim RWE.) Der Verband der kommunalen Aktionäre der RWE GmbH (VKA) mit 64 Städten, Kreisen und Verbänden ist Hauptaktionär des RWE.
- Investmentgesellschaften (11,1%)
- Banken, Versicherungen, Vermögensverwaltungen (29,2%). Mit 10,6% ist die Allianz AG Holding größter Einzelaktionär.
- Industrie, Handel, Verkehr (8,5%)
- Belegschaftsaktionäre (3,2%)
- Privatpersonen (17,2%)
- sonstige (1,5%)

Anzahl der Aktionäre ca. 211.000 (davon ca. 7.800 ausländische Aktionäre, die rund 17% des Kapitals halten; rund 71.600 Belegschaftsaktionäre)

KONZERNÜBERBLICK. Die RWE Energie ist das mit Abstand einflußreichste Energieversorgungsunternehmen Deutschlands und eines

der größten in Europa. Doch macht Strom nur noch rund 35% des Konzernumsatzes aus. Im Selbstverständnis der Gesellschaft ist die RWE heute ein Energie- und Technologie-Konzern mit zahlreichen Aktivitäten außerhalb des ursprünglichen Versorgungsbereiches.
Anfang 1990 wurde der RWE-Konzern grundsätzlich neu gegliedert. Die RWE AG ist geschäftsführende Holding für sechs selbständige Konzernbereiche unter der Leitung jeweiliger Führungsgesellschaften mit eigener Ergebnisverantwortung. Mit einem kleinen Stab von 150 Personen gibt die Holding die Leitlinien der Konzernstrategie vor, ist verantwortlich für die Koordination und Ressourcenverteilung, für den optimalen Einsatz der Finanzmittel sowie für Forschung und Technik. Das Herzstück des Konzerns, der Konzernbereich Energie, wurde Anfang 1990 ausgegliedert und in der Führungsgesellschaft RWE Energie AG, Essen, zusammengefaßt. Der Bereich Bergbau und Rohstoffe firmiert unter der Führungsgesellschaft Rheinbraun AG, Köln. Die Rheinische Braunkohle ist Hauptlieferant für die Kraftwerke der RWE Energie AG. Die Mineralöl- und Chemieinteressen des Konzerns sind nach dem Erwerb der Deutschen Texaco AG in der RWE-DEA AG für Mineraloel und Chemie, Hamburg, gebündelt. Weitere Säule des Konzerns ist seit 1990 der Konzernbereich Bau mit der Führungsgesellschaft Hochtief AG, Essen. RWE besitzt 56% des Hochtief-Konzerns, einer der größten europäischen Baugesellschaften, die stark im Kraftwerkbau engagiert ist. Im Konzernbereich Maschinen-, Anlagen- und Gerätebau, zu dem seit 1996 auch die Telekommunikation gehört, sind die Unternehmen der Rheinelektra- und Lahmeyer-Gruppe (mit Heidelberger Druckmaschinen AG) sowie die RWE Telliance AG zusammengefaßt. Alle Aktivitäten im Bereich Entsorgung sind im Konzernbereich RWE Entsorgung AG, Essen, zusammengefaßt. Die ganze Kraft des RWE-Konzerns wird deutlich am Investitionsvolumen: Das Investitionsprogramm des Konzerns für den 5-Jahre-Zeitraum von 1994 bis 1999 beläuft sich auf 32,7 Mrd. DM, davon sind 7,2 Mrd. für die neuen Bundesländer vorgesehen. Mit Rückstellungen von über 35 Mrd. DM gehört RWE zu den reichsten europäischen Konzernen.

BETEILIGUNGEN. Der RWE-Konzern ist durch Hunderte von Beteiligungsgesellschaften multinational tätig. Allein die Rheinbraun AG besitzt 150 eigene Firmen und Beteiligungen, die Hochtief AG ist der zweitgrößte deutsche Baukonzern und ebenfalls multinational aktiv; dieser besitzt wiederum 24,9% an der Philipp Holzmann AG, Frankfurt/Main. Mit dem Ankauf der Deutschen Texaco AG und der Umstrukturierung des Bereichs Mineralöl und Chemie in die RWE-DEA AG für Mineraloel und Chemie bzw. die DEA Mineraloel AG, Hamburg, verfügt RWE auch über das zweitgrößte Tankstellennetz Deutschlands. Mit 57% ist das RWE über die Rheinelektra AG an der Heidelberger Druckmaschinen AG beteiligt, dem größten Bogen-Offset-Hersteller der Welt, der wiederum die Harris Graphics-Gruppe, Dover/New Hampshire, heute Heidelberg Harris, gekauft hat. Mit der Übernahme der Linotype-Hell AG (von Siemens und der Commerzbank) im Sommer 1996 avancierte Heidelberger Druckmaschinen zum unumschränkten Marktführer mit einem Umsatz von über 5 Mrd. DM und über 15.000 Beschäftigten. Die Konzerne Rheinelektra AG, Lahmeyer Aktiengesellschaft für Energiewirtschaft und RWE Entsorgung AG runden die mächtige Palette ab.

Vorstand:
- *Kuhnt, Dietmar, Dr. (Vorsitzender), Essen*
- *Büdenbender, Ulrich, Prof. Dr. (Personal), Essen*
- *Farnung, Roland (Energie), Essen*
- *Henning, Dieter, Dr. (Bergbau und Rohstoffe), Düren*
- *Hlubek, Werner, Prof. Dr. (Forschung und Entwicklung), Essen*
- *Keitel, Hans-Peter (Bau), Essen*
- *Koch, Peter, Dr. (Mineralöl und Chemie), Aumühle; ab 1. 1. 1997: Dr. Dieter Draeger*
- *Krämer, Herbert, Dr. h.c. (Entsorgung), Düsseldorf; ab 1. 1. 1997: Dr. Richard Klein*
- *Schmitt, Franz Josef (Maschinen-, Anlagen- , Gerätebau und Kommunikation; Recht), Essen*
- *Ziemann, Wolfgang (Finanzen/Rechnungswsen), Essen*

Vorstandsbezüge 1994/95:
13.113.180,– DM

Aufsichtsrat:
- *Röller, Wolfgang, Dr. (Vorsitzender; Vorsitzender des Aufsichtsrates der Dresdner Bank AG), Frankfurt/Main*
- *Breipohl, Diethart, Dr. (Mitglied des Vorstandes der Allianz Holding AG), München*
- *Busch, Kurt (Oberstadtdirektor), Essen*
- *Bussfeld, Klaus, Dr. (Oberstadtdirektor), Gelsenkirchen*
- *Gieske, Friedhelm, Dr. (ehem. Vorsitzender des Vorstandes der RWE AG), Essen*
- *Hoffschulte, Heinrich, Dr. (Oberkreisdirektor), Steinfurt*
- *Kopper, Hilmar (Sprecher des Vorstandes der Deutsche Bank AG), Frankfurt/Main*
- *Kürten, Josef (Ratsherr), Düsseldorf*

▌*Neuber, Friedel (Vorsitzender des Vorstandes der WestLB), Düsseldorf*
▌*Schneider, Manfred, Dr. (Vorsitzender des Vorstandes der Bayer AG), Leverkusen*
**Reindl, Manfred (stellv. Vorsitzender)*
**Berger, Hans*
**Dickmeis, Manfred*
**Hahn, Erwin*
**Heiß, Johann*
**Kasper, Klaus, Dr.*
**Philipsen, Peter*
**Schmid, Klaus*
**Stuckert, Ernst*
**Zimmermann, Ralf*

***Aufsichtsratstantiemen 1994/95:** 1.370.168,– DM*

Wirtschaftsbeirat:
▌*Christians, F. Wilhelm, Dr. (Vorsitzender des Aufsichtsrates der Deutsche Bank AG), Düsseldorf*
▌*Cromme, Gerhard, Dr. (Vorsitzender des Vorstandes der Fried. Krupp AG Hoesch-Krupp), Essen*
▌*Frenzel, Michael, Dr. (Vorsitzender des Vorstandes der Preussag AG), Hannover*
▌*Funk, Joachim, Dr. Dr. h.c. (Vorsitzender des Vorstandes der Mannesmann AG), Düsseldorf*
▌*Hilger, Wolfgang, Prof. Dr. (ehem. Vorsitzender des Vorstandes der Hoechst AG), Frankfurt/Main*
▌*Kauffmann, Dieter (Vorsitzender des Vorstandes der Schutzgemeinschaft der Kleinaktionäre e.V.), Esslingen*
▌*Klätte, Günther, Dr. Dr. E.h. (ehem. Mitglied des Vorstandes der RWE AG), Essen*

● Energie. Führungsgesellschaft: RWE Energie AG, Essen (100%); gegr. 1990. Tätigkeit: Stromerzeugung, Energieversorgung. Konzern-Umsatz 1994/95: 21.560,0 Mio. DM (Vorjahr: 18.806,0 Mio.); Investitionen 1994/95: 3.267,0 Mio. DM (Vorjahr: 3.038,0 Mio.); Beschäftigte 1994/95: 37.176 (Vorjahr: 31.432).
● Bergbau und Rohstoffe. Führungsgesellschaft: Rheinbraun AG, Köln (100%); gegr. 1959. Tätigkeit: Gewinnung von Rohbraunkohle (Marktführer bei deutscher Braunkohle), Herstellung von Briketts und Kohlenstaub, Stromerzeugung eines Viertels der gesamten RWE-Kapazität. Umsatz des Unternehmensbereiches Energie 1994/95: 4.992,0 Mio. DM (Vorjahr: 2.395,0 Mio.); Investitionen 1994/95: 1.449,0 Mio. DM (Vorjahr: 1.104,0 Mio.); Beschäftigte 1994/95: 31.290 (Vorjahr: 19.857).
● Mineralöl und Chemie. Führungsgesellschaft: RWE-DEA Aktiengesellschaft für Mineraloel und Chemie, Hamburg (99%); vorm. Deutsche Texaco, gegr. 1899. Tätigkeit: Erdöl- und Erdgassuche und -förderung, Herstellung und Verkauf von Mineralölprodukten aller Art einschl. petrochemischer Erzeugnisse; DEA-Tankstellennetz mit 1750 Tankstellen. 1995 übernahm DEA eine 70%-Beteiligung an der ehemals staatlichen italienischen EniChem Augusta S.p.A., die seit 1996 unter Condea Augusta firmiert. Umsatz des Unternehmensbereiches Mineralöl und Chemie 1994/95: 23.765,0 Mio. DM (Vorjahr: 22.751,0 Mio.); Investitionen 1994/95: 680,0 Mio. DM (Vorjahr: 719,0 Mio.); Beschäftigte 1994/95: 7.693 (Vorjahr: 8.100).
● Entsorgung. Führungsgesellschaft: RWE Entsorgung AG, Essen (100%); gegr. 1989. Tätigkeit: Entsorgung, Altlastensanierung, Beratung. Das internationale Engagement wird im wesentlichen durch die US-Unternehmensgruppe American NuKEM und ihre zahlreichen Tochtergesellschaften geprägt. Weitere Gesellschaften sind in Italien, Spanien, Österreich und Tschechien tätig. Umsatz des Unternehmensbereiches Entsorgung 1994/95: 1.047,0 Mio. DM (Vorjahr: 1.004,0 Mio.); Investitionen 1994/95: 469,0 Mio. DM (Vorjahr: 676,0 Mio.); Beschäftigte 1994/95: 4.676 (Vorjahr: 4.956).
● Maschinen-, Anlagen-, Gerätebau und Telekommunikation. Führungsgesellschaften: Lahmeyer AG für Energiewirtschaft, Frankfurt (64%); gegr. 1890. Tätigkeit: Stromversorgung, Transformatoren- und Elektrogerätebau, Ingenieurkontore. Rheinelektra AG, Mannheim (62%); gegr. 1897. Tätigkeit: Planung und Installation von elektrotechnischen und elektronischen Anlagen, Anlagen der Kommunikations-, Meß- und Regeltechnik, Energieversorgung und Handel. Eines der wichtigsten Unternehmen im Maschinen-, Anlagen- und Gerätebau ist die Heidelberger Druckmaschinen AG (Umsatz 1995: 4.286,0 Mio. DM; Beschäftigte 1995: 12.190). Unter dem Dach dieses Konzernbereiches ist seit 1996 auch die Telekommunikation mit den Aktivitäten der RWE Telliance-Gruppe angesiedelt. Umsatz des Unternehmensbereiches 1994/95: 6.397,0 Mio. DM (Vorjahr: 6.189,0 Mio.); Investitionen 1994/95: 349,0 Mio. DM (Vorjahr: 493,0 Mio.); Beschäftigte 1994/95: 31.327 (Vorjahr: 31.455).
● Bau. Führungsgesellschaft: Hochtief Aktiengesellschaft vorm. Gebr. Helfmann, Essen (56%); gegr.: 1896. Tätigkeit: Hochtief gehört zu den bedeutendsten europäischen Bauunternehmen und ist mit 60 Niederlassungen, Geschäftsstellen und Sonderabteilungen weltweit präsent. Schwerpunkt: Bauten für Industrie und Verwaltung. Zum Leistungsan-

gebot zählen schlüsselfertiges Bauen sowie komplette Projektentwicklung. Im Verkehrsbereich ist Hochtief beim Brücken-, Tunnel-, See- und Flughafen-, Eisenbahn-, Talsperren- und Kraftwerksbautenbau tätig. Umsatz Unternehmensbereich Bau 1994/95: 10.377,0 Mio. DM (Vorjahr: 8.954,0 Mio.); Investitionen 1994/95: 750,0 Mio. DM (Vorjahr: 821,0 Mio.); Beschäftigte 1994/95: 24.787 (Vorjahr: 21.811). Die wichtigsten RWE-Unternehmen der einzelnen Führungsgesellschaften sind dem Schaubild auf den Seiten 466 – 467 zu entnehmen.

RWE TELLIANCE. Im Bereich der Telekommunikation strebt RWE eine führende Rolle an. Wo immer die Telekommunikationsdienste liberalisiert werden, wollen die Essener mit von der Partie sein. RWE verfügt über eine starke Basis: Es besitzt das mit 4.500 Kilometern und einer Übertragungsleistung von 2,5 GigaBit/s leistungsstärkste und größte Hochgeschwindigkeits-Übertragungsnetzwerk in Deutschland. Sicher ein Grund mit, weshalb die Telekommunikationsaktivitäten von RWE ursprünglich auch bei der RWE Energie angesiedelt waren, bevor sie 1996 zum Konzernbereich Maschinen-, Anlagen- und Gerätebau kamen. Die Flächendeckung des Netzes erfaßt rund 40% von Deutschland und enthält im Norden fast alle Industrie- und Ballungszentren mit knapp 50% der für die Technologie in Frage kommenden Firmenkunden. RWE ist nach dem Erwerb der Preussag Mobilfunk schon jetzt innerhalb der gesamten Telekommunikationskette vom Netz über die Dienste bis zur Vermarktung präsent. Zur RWE Telliance AG, die als Führungsgesellschaft für das Telekommunikationswesen von RWE im April 1996 erstmals die Position des Vorstandsvorsitzenden besetzte, gehören: Gesellschaft für Datenfunk mbH GfD (43%); MiniRuf GmbH (40%); Talkline GmbH (100% – früher Preussag Mobilfunk); Teleport Europe GmbH (50%); Terrafon GmbH & Co. KG (74% – Mobilfunk). Um am 1. Januar 1998, dem Tag der geplanten Liberalisierung der Fernmeldedienste in Europa, mit einem eigenen Telefonnetz aufwarten zu können, hat sich RWE Telliance in einer Allianz mit der VIAG, die bereits mit Thyssen zusammenarbeitet, und der British Telecom verbündet. Bis zum Jahr 2000 sollen 4 Mrd. DM investiert (bis 2005 sogar 8 Mrd. DM) und 5.000 Arbeitsplätze geschaffen werden. Die Konkurrenz zur Deutschen Telekom formiert sich: Die beiden Konsortien RWE Telliance, Thyssen Telecom und VIAG Interkom sowie Mannesmann, Eurokom und VEBA/Vebacom sind den einstigen Monopolisten hart auf den Fersen.

NEUE BUNDESLÄNDER. RWE ist in allen Unternehmensbereichen in den neuen Bundesländern mit Dutzenden von Unternehmen engagiert. RWE ist an zahlreichen regionalen ostdeutschen Energieversorgungsunternehmen beteiligt: Westsächsische Energie AG (WESAG), Leipzig (51%); Energieversorgung Spree-Schwarze Elster AG (ESSAG), Cottbus (51%); Energieversorgung Südsachsen AG (EVSAG), Chemnitz (51%). Die Versorgungsunternehmen in Leipzig, Cottbus und Chemnitz umfassen ein Gebiet von ca. 1,8 Mio. Kunden.
Ende 1994 erwarb RWE die Beteiligung an der VEAG Vereinigte Energiewerke, Berlin. RWE und PreussenElektra übernahmen jeweils 26,25%, das Bayernwerk 22,5% (diese Gesellschaften hatten bereits die Geschäftsbesorgung der VEAG wahrgenommen), die restlichen 25% entfallen auf fünf weitere Verbundunternehmen. Parallel zum

- *Markl, Hubert, Prof. Dr. (Präsident der Berlin-Brandenburgischen Akademie der Wissenschaften), Berlin/Konstanz*
- *Necker, Tyll, Dr. h.c. (Vizepräsident des Bundesverbandes der Deutschen Industrie), Köln*
- *von Oppenheim, Alfred Freiherr (Vorsitzender des Aufsichtsrates der Sal. Oppenheim jr. & Cie. KGaA), Köln*
- *von Pierer, Heinrich, Dr. (Vorsitzender des Vorstandes der Siemens AG), München*
- *Schreib, Hans Peter (Geschäftsführendes Vorstandsmitglied der Deutschen Schutzvereinigung für Wertpapierbesitz e.V.), Düsseldorf*
- *Seipp, Walter, Dr. (Vorsitzender des Aufsichtsrates der Commerzbank AG), Frankfurt/Main*
- *Strube, Jürgen, Dr. (Vorsitzender des Vorstandes der BASF AG), Ludwigshafen*
- *Werhahn, Wilhelm (Mitglied des Vorstandes der Fa. Wilh. Werhahn), Neuss*
- *Wilhelm, Jürgen, Dr. (Vorsitzender der Landschaftsversammlung und des Landschaftsausschusses des Landschaftsverbandes Rheinland), Köln*

Bezüge des Wirtschaftsbeirates 1994/95:
503.010,– DM

BÖRSE, AKTIEN, KURSE
Grundkapital 1995:
2.685,0 Mio.
Jahreshöchstkurs 1994/95:
491,00 DM (Stammaktie);
391,00 DM (Vorzugsaktie)
Jahrestiefstkurs 1994/95:
407,00 DM (Stammaktie);
336,00 DM (Vorzugsaktie)
Aktie Jahresende 1994/95:
481,00 DM (Stammaktie);
380,00 DM (Vorzugsaktie)
Dividende pro Aktie 1994/95: *14,00 DM*

Die Dividende bezieht sich auf je 50,– DM Aktiennennbetrag. Das Ausschüttungsvolumen betrug 578,0 Mio. DM. Insgesamt wurden 1994/95 an den acht deutschen Börsen 126 Mio. Stück RWE-Aktien umgesetzt, das waren börsentäglich rund 500.000 Stück. RWE-Aktien werden auch in Zürich, Basel, Genf und Amsterdam gehandelt. Der Marktwert des Unternehmens (Börsenkapitalisierung) betrug 1993/94 rund 20,5 Mrd. DM. 1996 wurde die 5-DM-Aktie eingeführt.

VEAG-Erwerb übernahm ein Konsortium unter Führung von Rheinbraun (55%) nach langen Verhandlungen von der Treuhand die Lausitzer Braunkohle AG (LAUBAG), Senftenberg. Für die Nachrüstung bzw. Neubauten von Kraftwerken in Ostdeutschland ist bis zum Jahr 2012 ein Investitionsvolumen von 20 Mrd. DM veranschlagt.

Zur Erinnerung: RWE Energie AG, Bayernwerk AG und die zum VEBA-Konzern gehörende PreussenElektra kamen nach dem Fall der Mauer mit einem ausgetüftelten Plan in den Osten. Handstreichartig wollten sie sich die DDR-Stromversorgung unter den Nagel reißen. Die damalige DDR-Regierung stimmte im August 1990 einem Vertrag zu, der den drei Großen die Stromversorgung sichern sollte. Damit wären die alten staatlichen Monopolstrukturen nahtlos den westdeutschen privaten Monopolisten zugefallen. Die westdeutschen Stromunternehmen schlossen sich in der VEAG Vereinigte Energiewerke AG zusammen. Doch die ostdeutschen Kommunen spielten nach der Auflösung der DDR nicht mit. Sie wollten an dem lukrativen Kuchen Energieversorgung ebenfalls partizipieren. Sie beanspruchten selbständige kommunale Versorgungsunternehmen und riefen das Verfassungsgericht an. Der Kompromiß: Die Kommunen dürfen eigene Versorgungsunternehmen gründen und die in ihrem Stadtgebiet liegenden Versorgungseinrichtungen übernehmen. Sie können sich aber auch mit den westdeutschen Stromgiganten zusammentun. Die regionalen Verteilergesellschaften gehen in den Besitz der Stromkonzerne über. Die Kompromißformel lautete, daß die Kommunen 70% des Stroms von der VEAG beziehen müssen, 30% dürfen sie selbst produzieren. Die VEAG erhält den Zugriff auf die großen Braunkohle-Bergwerksgesellschaften LAUBAG und MIBRAG und ist verantwortlich für die Umrüstung alter und den Bau neuer Kraftwerke.

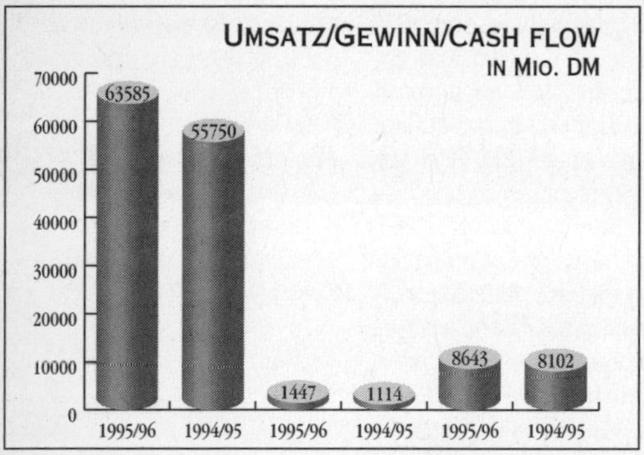

STROMERZEUGER RWE. Die RWE Energie AG liefert über 40% der öffentlichen Stromversorgung aus eigenen, gepachteten oder vertraglich angebundenen in- und ausländischen Kraftwerken. RWE ist der größte Stromerzeuger und -händler Europas. Es versorgt rund 2.000 Städte und Gemeinden, also Millionen Haushalte, mit Strom. Dazu beliefert das RWE rund 20.000 Industriekunden, darunter Konzerne wie BASF, Hoechst, Mannesmann und Thyssen. Die Braunkohlekraftwerke des RWE decken rund ein Viertel der bundesdeutschen Stromversorgung ab. Das RWE besitzt den größten Teil des Hochspannungsleitungsnetzes in Deutschland. In der Sparte Atomkraftwerke ist das RWE direkt oder indirekt an zahlreichen in der Atomindustrie tätigen deutschen Unternehmen beteiligt. Wenngleich auf nahezu allen Gebieten der Wirtschaft, wo es Monopolstellungen und wenig Wettbewerb gibt – siehe Telekommunikation – von seiten des RWE eine Liberalisierung und mehr Wettbewerb gefordert wird, ist es mit dem Plädoyer für eine freie Wirtschaft beim Strom nicht so weit her. Die Stromkartelle wehren sich vehement gegen die von der Brüsseler EU-

Kommission geplante Öffnung der Energiemärkte in Europa und gegen ein Eindringen ausländischer Konkurrenten in den deutschen Elektrizitätsmarkt.

Neben den vielen Kohle-, Müllheiz- und Wasserkraftwerken ist das RWE u. a. an folgenden Atomkraftwerken beteiligt: 1300-MW-Kernkraftwerk Mülheim-Kärlich (30%); Kernkraftwerk Gundremmingen B und C (75%); Versuchsatomkraftwerk Kahl (80%); französisches Schneller-Brüter-Kernkraftwerk Super-Phénix (16%); SNR 300 Kalkar – Schneller Brüter (68% – auch nach der Stillegung); Hochtemperaturreaktor-Gesellschaft mbH HRG (15%); Nukem GmbH, Alzenau (100%). Für die Wiederaufarbeitung der eingesetzten Brennelemente bestehen Verträge bis zum Jahr 2015 mit der französischen Gesellschaft COGEMA und der britischen Gesellschaft BNFL. Die ersten Behälter mit verglasten Abfällen aus der Wiederaufarbeitung werden seit 1994 aus Frankreich zurückgeliefert und im Brennelemente-Zwischenlager Gorleben eingelagert. Alle Sparten des RWE arbeiten intensiv mit der RWE Energie AG zusammen, besonders die Bereiche Bergbau und Rohstoffe sowie Bau. Die Hochtief AG gehört zu den führenden deutschen Unternehmen im Kraftwerksbau.

VERWALTUNGSBEIRAT. Der Verwaltungsbeirat der RWE Energie AG, des Herzstücks des Konzerns, besteht aus dem Wirtschaftsbeirat sowie den Regionalbeiräten Nord, West, Mitte, Süd (Bürgermeister, Oberkreis- und Oberstadtdirektoren, Landräte aus dem Tätigkeitsbereich des RWE). Macht und Einfluß des RWE-Konzerns entspringen nicht zuletzt einem kaum durchschaubaren Geflecht von Politik und Wirtschaft. Besonders die einflußreichen Kommunalpolitiker aus 64 Städten und Kreisen hängen in irgendeiner Form mit dem Konzern zusammen. Im Versorgungsgebiet des RWE streichen Hunderte Landräte, Oberkreis-, Stadt- und Oberstadtdirektoren vom Stromversorger einen Nebenverdienst ein. Die Arbeitsgruppe Energie und Umwelt der FU Berlin schätzt die Zahl auf über 2.000 Politiker und Verwaltungsbeamte, die über Aufsichts- und Beiratsmandate im Konzern oder bei einem der zahlreichen Tochterunternehmen nebenbei versorgt werden. Obwohl die öffentliche Hand die Stimmenmehrheit im Konzern hält und politischen Einfluß ausüben könnte, verhält es sich genau umgekehrt: Die RWE-Manager verstehen es geschickt, ihre wirtschaftlichen Interessen im politischen Bereich durchzusetzen. Dennoch würden sie viel darum geben, den Kommunalpolitikern, also dem Verband der Kommunalen Aktionäre (VKA), ihre Stimmenmehrheit (Mehrstimmrechtsaktien) zu beschneiden, um so den Gemeinden das Stimmrechtsprivileg wegzunehmen. In der Logik der RWE-Manager haben die Kommunen schon lange nichts mehr mitzureden, hat sich RWE doch vom Stromversorger zum Technologie-Konzern weiterentwickelt. Immer noch spielen die ca. 211.000 freien Aktionäre, die 70% des Kapitals halten, nicht mehr als eine Statistenrolle. Der Energiekonzern wird auch in Zukunft alles daransetzen, sich vom beherrschenden Einfluß seiner kommunalen Aktionäre zu befreien. Solange der alte Zustand besteht, müssen die Essener auf »Lobbyismus« setzen. Umgekehrt nutzen zahlreiche VKA-Mitglieder, Bürgermeister und Dezernenten nach freiwilliger oder erzwungener Beendigung ihrer politischen Karrieren mit Freuden das mögliche Sprungbrett auf irgendeinen gut dotierten RWE-Job. Beispiele gibt's genug. So wurde Anfang

Umsatz 1995/96:
65.500,0 Mio.
Umsatz 1994/95:
63.585,0 Mio.
Umsatz 1993/94:
55.750,0 Mio.
(Umsatz 1992/93:
53.093,0 Mio.)

Gewinn 1995/96:
1.200,0 Mio.
Gewinn 1994/95:
1.447,0 Mio.
Gewinn 1993/94:
1.114,0 Mio.
(Gewinn 1992/93:
1.048,0 Mio.)

Cash flow 1995/96:
8.600,0 Mio.
Cash flow 1994/95:
8.643,0 Mio.
Cash flow 1993/94:
8.102,0 Mio.
(Cash flow 1992/93:
7.349,0 Mio.)

Cash flow: *Die Konzerninvestitionen in Höhe von knapp 7 Mrd. DM konnten vollständig aus dem Cash flow finanziert werden.*

Steueraufkommen 1994/95:
1.707,0 Mio.

Wesentliche Beteiligungsgesellschaften

Energie

- **RWE Energie AG,** Essen 100 %
- **Lech-Elektrizitätswerke AG,** Augsburg 75 %
- **Main-Kraftwerke AG,** Frankfurt/Main 70 %
- **Koblenzer Elektrizitätswerk und Verkehrs-AG,** Koblenz 57 %
- **Kraftwerk Altwürttemberg AG,** Ludwigsburg 77 %
- **EWV Energie- und Wasser-Versorgung GmbH,** Eschweiler 54 %
- **Kraftversorgung Rhein-Wied AG,** Neuwied 70 %
- **Energieversorgung Spree-Schwarze Elster AG,** Cottbus 51 %
- **Energieversorgung Südsachsen AG,** Chemnitz[1] 51 %
- **Westsächsische Energie AG,** Markkleeberg bei Leipzig 51 %
- **VEAG Vereinigte Energiewerke AG,** Berlin 26 %
- **Elektrizitätswerk Rheinhessen AG,** Worms 50 %
- **ELEKTROMARK Kommunales Elektrizitätswerk Mark AG,** Hagen 10 %
- **Energieversorgung Leverkusen GmbH,** Leverkusen 50 %
- **Energieversorgung Oberhausen AG,** Oberhausen 50 %
- **Niederrheinische Licht- und Kraftwerke AG,** Mönchengladbach 50 %
- **Pfalzwerke AG,** Ludwigshafen 27 %
- **Stadtwerke GmbH Bad Kreuznach,** Bad Kreuznach 25 %
- **Stadtwerke Düren GmbH,** Düren 25 %
- **Stadtwerke Düsseldorf AG,** Düsseldorf 20 %
- **Vereinigte Saar-Elektrizitäts-AG,** Saarbrücken 41 %
- **rhenag Rheinische Energie AG,** Köln 54 %
- **Energieversorgung Mittelrhein GmbH,** Koblenz 26 %
- **RGW Rechtsrheinische Gas- und Wasserversorgung AG,** Köln 50 %
- **Südhessische Gas und Wasser AG,** Darmstadt 26 %
- **GASAG Berliner Gaswerke AG,** Berlin 12 %
- **RWW Rheinisch-Westfälische Wasserwerksgesellschaft mbH,** Mülheim an der Ruhr 14 %
- **Bayerische Elektrizitätswerke GmbH,** München 100 %
- **Bayerische Wasserkraftwerke AG,** München 33 %
- **Kernkraftwerke Gundremmingen Betriebsgesellschaft mbH,** Gundremmingen 75 %
- **Kernkraftwerke Lippe-Ems GmbH,** Lingen 13 %
- **Kraftwerk Voerde STEAG-RWE oHG,** Voerde 25 %
- **Mittlere Donau Kraftwerke AG,** München 40 %
- **Moselkraftwerke GmbH,** Saffig 100 %
- **Schluchseewerk AG,** Freiburg i. Br. 50 %
- **Société Electrique de l'Our SA,** Luxemburg/Luxemburg 41 %
- **Société Luxembourgeoise de Centrales Nucléaires SA,** Luxemburg/Luxemburg 30 %
- **Energie-Verwaltungs-Gesellschaft mbH,** Düsseldorf 30 %
- **Gesellschaft für Energiebeteiligung mbH,** Essen 44 %
- **LEW Anlagenverwaltung GmbH,** Augsburg 100 %
- **Isarwerke GmbH,** München 25 %
- **Gesellschaft für Energiebeteiligungen in Frankfurt/Oder GmbH (GEF),** Hannover 10 %

Bergbau und Rohstoffe

- **Rheinbraun AG,** Köln 100 %
- **Lausitzer Braunkohle AG (LAUBAG),** Senftenberg[2] 55 %
- **Consol Energy Inc,** Wilmington/Delaware/USA[3] 50 %
- **Uranerzbergbau-GmbH,** Wesseling 50 %
- **Rheinbraun Australia Pty Ltd,** Sydney/Australien 100 %
- **Hürtherberg Steine und Erden GmbH,** Köln 100 %
  - mit 2 Tochterunternehmen im Inland –
- **RV Rheinbraun Handel und Dienstleistungen GmbH,** Köln 100 %
- **Rheinbraun Brennstoff GmbH,** Köln 100 %
  - mit 7 Tochterunternehmen im Inland –
- **Rheinbraun Thyssen Energy GmbH & Co KG,** Düsseldorf 50 %
- **SSM Coal BV,** Rotterdam/Niederlande 50 %
- **RSB LOGISTIC GMBH,** Wesseling 100 %
  - mit 11 Tochterunternehmen im Inland sowie den Niederlanden und Belgien –
- **Breuer GmbH,** Hürth 75 %
  - mit 5 Tochterunternehmen im Inland –
- **Rheinbraun Engineering und Wasser GmbH,** Köln 100 %
- **RHEINBRAUN HAUSTECHNIK GmbH,** Köln 100 %

Mineralöl und Chemie

- **RWE-DEA AG für Mineraloel und Chemie,** Hamburg 99 %
- **DEA Mineraloel AG,** Hamburg 100 %
- **DEA Mineralölverkaufsgesellschaften** 100 %
  - 17 Vertriebsgesellschaften im Inland –
- **Oberrheinische Mineralölwerke GmbH,** Karlsruhe 42 %
- **Petrolchemie und Kraftstoffe AG Schwedt,** Schwedt/Oder 38 %
- **Fuchs Mineraloelwerke GmbH,** Mannheim 25 %
- **CONDEA Chemie GmbH,** Hamburg 100 %
- **VISTA Chemical Company,** Houston/Texas/USA 100 %
- **D.A.C. Industrie Chimiche SpA,** Mailand/Italien 100 %
- **Rhein Oel Limited,** London/Großbritannien 100 %
- **DEMINEX – Deutsche Erdölversorgungsgesellschaft mbH,** Essen 19 %
- **Erdgas-Verkaufs-Gesellschaft mbH,** Münster 5 %
- **Caltex Deutschland GmbH,** Raunheim 100 %
- **CEH Erdoel Handels-GmbH,** Raunheim 100 %
- **Bergemann GmbH,** Essen 10 %

Entsorgung

Gesellschaft	Anteil
RWE Entsorgung AG, Essen	100 %
R+T Entsorgung GmbH, Viersen	51 %
Trienekens Entsorgung GmbH, Viersen	49 %
RWE Entsorgung Nord GmbH, Melsdorf	100 %
Städtereinigung Nord GmbH & Co KG, Schleswig	100 %
R+T Umwelt GmbH, Leipzig	100 %
Fischer Recycling GmbH & Co KG, Ravensburg	97 %
R+T Recycling GmbH, Mainz	100 %
ProMineral Gesellschaft zur Verwendung von Mineralstoffen mbH, Bergheim	100 %
NORIT Systemboden GmbH, Dettelbach	100 %
Deutsche Abwasser-Reinigungs-Gesellschaft mbH, Wiesbaden	100 %
OMS Kläranlagen GmbH, Wiesbaden	60 %
URT Umwelttechnik GmbH, Hürth	100 %
American NuKEM Corporation, Mahwah/New Jersey/USA	100 %
RWE Ambiente Italia SpA, Mailand/Italien	100 %

Maschinen-, Anlagen- und Gerätebau

Gesellschaft	Anteil
Lahmeyer AG für Energiewirtschaft, Bad Homburg v. d. H.[4]	64 %
Rheinelektra AG, Mannheim[4]	62 %
Rheinelektra Technik GmbH, Mannheim	100 %
Starkstrom-Anlagen-Gesellschaft mbH, Frankfurt/Main	100 %
Starkstrom-Gerätebau GmbH, Regensburg	100 %
Piller-GmbH, Osterode am Harz	100 %
Heidelberger Druckmaschinen AG, Heidelberg	57 %
Heidelberg Vertriebsgesellschaften – 10 Vertriebsgesellschaften in den USA, Kanada, Australien, Neuseeland, Großbritannien –	100 %
Heidelberg Harris Inc, Dover/New Hampshire/USA	100 %
Heidelberg Harris SA, Montataire/Frankreich	100 %
Heidelberg North America Inc, Dover/New Hampshire/USA	100 %
Heidelberg-PMT Co, Ltd, Tokio/Japan	35 %
Stierlen-MAQUET AG, Rastatt	100 %
Lahmeyer International GmbH, Frankfurt/Main	55 %
NUKEM GmbH, Alzenau	100 %
URANIT GmbH, Jülich	50 %
RWE Telliance AG, Essen	100 %

Bau

Gesellschaft	Anteil
HOCHTIEF AG vorm. Gebr. Helfmann, Essen[5]	56 %
STREIF AG, Weinsheim	100 %
PRÜM-Türenwerk GmbH, Weinsheim	100 %
HOCHTIEF Umwelt GmbH, Essen	100 %
Deutsche Bau- und Siedlungs-Gesellschaft mbH, Essen	100 %
MONACHIA Grundstücks-AG, München	45 %
HOCHTIEF AG vorm. Gebr. Helfmann G.m.b.H., Innsbruck/Österreich	100 %
Ballast Nedam NV, Amstelveen/Niederlande	48 %
HOCHTIEF LIMITED, Sydney/Australien	100 %
Leighton Holdings Limited, Sydney/Australien	50 %
HOCHTIEF INC, Wilmington/Delaware/USA	100 %
KITCHELL CORPORATION, Phoenix/Arizona/USA	36 %
Dames & Moore Inc, Wilmington/Delaware/USA	16 %

Sonstige

Gesellschaft	Anteil
RWE International Financial Services Ireland, Dublin/Irland	100 %
Victoria Mathias Verwaltungsgesellschaft mbH, Essen	100 %

Beteiligungsanteil gem. § 16 AktG

[1]) über Energieversorgung Südsachsen Beteiligungs-GmbH, Essen; 60 %

[2]) über BBS-Braunkohle-Beteiligungsgesellschaft mbH, Köln; 82 %

[3]) davon 10 % über Rheinbraun US GmbH, Köln

[4]) umfangreiche Tätigkeiten auch im Bereich Energie

[5]) davon 15 % auf der Basis einer Durchstimmvereinbarung über die Finanzgesellschaft Francommerz Vermögensverwaltungsgesellschaft mbH, Frankfurt/Main, die 25 % an HOCHTIEF hält. An Francommerz ist RWE AG mit 60 % beteiligt.

Beschäftigte 1995/96:
135.110
Beschäftigte 1994/95:
137.331
Beschäftigte 1993/94:
117.958

Umsatz pro Mitarbeiter 1995/96: *484.790,– DM*
Umsatz pro Mitarbeiter 1994/95: *463.005,– DM*
Umsatz pro Mitarbeiter 1993/94: *472.626,– DM*

Löhne und Gehälter 1994/95: *9.560,0 Mio.*
Löhne und Gehälter 1993/94: *8.321,0 Mio.*
Durchschnittsgehalt 1994/95: *69.613,– DM*
Soziale Abgaben und Aufwendungen 1994/95: *3.073,0 Mio.*
Soziale Abgaben und Aufwendungen 1993/94: *2.672,0 Mio.*

Bezüge pro Vorstandsmitglied 1994/95: *1.311.318,– DM*
Tantiemen pro Aufsichtsratsmitglied 1994/95: *68.508,– DM*

1996 der Sozialdemokrat Richard Klein, früherer Oberstadtdirektor von Duisburg, neuer Chef von RWE Entsorgung.

STANDORT DEUTSCHLAND. Für den RWE-Vorstand sind die seit Jahren andauernde Debatte um die Kernenergie, der fehlende parteienübergreifende Energiekonsens, die Diskussion um eine ökologische Steuerreform und die aus RWE-Sicht leidige Diskussion um Garzweiler II alles Signale für die weitere Schwächung des Industriestandortes Deutschland. Das Kostenproblem am Standort Deutschland wiege schwer, das »gegenüber technischem Fortschritt jeder Art bestehende Akzeptanzproblem, das Innovationen und Investitionen hemmt und die Konkurrenzfähigkeit unseres Hightech-Industriestandortes im Kern in Frage stellt«, auf Dauer bremsend. Große Infrastrukturprojekte, neben dem Energiesektor auch beim Bau von Flughäfen und Autobahnen, bei Zukunftstechnologien wie der Bio- und Gentechnik, würden immer häufiger »Zielscheibe ideologisch motivierter Kampagnen«, weiß der Vorstandsvorsitzende der RWE AG, Dietmar Kuhnt. »Mittelfristig wird so die wirtschaftliche Substanz Deutschlands ausgezehrt, da im Ausland errichtete Fabriken und Anlagen für die deutsche Volkswirtschaft unwiederbringlich verloren sind.« Besonders aber beklagt er die gesellschaftliche Zerstrittenheit in energie- und umweltpolitischen Grundfragen, den Streit um die Kernenergie. »Ursprünglich im Konsens mit der Politik beschlossene Investitionen in Milliardenhöhe stellen sich heute als Investitionsruinen dar oder sollen solche werden.« Für den Energieexperten ist der Standortwettbewerb auch der »Wettbewerb um Strompreise«. Und deshalb plädiert er für die Kernenergie auch in Zukunft.
1996 tauschte RWE seinen Anteil an der Isar-Amperwerke AG gegen die 50%-Beteiligung der VIAG an der Thyssengas AG. Ein solches Tauschgeschäft ist an sich weiter nichts Ungewöhnliches am Standort Deutschland, wenn es nicht auf eine zunehmende Gebietsaufteilung zweier Großkonzerne hindeuten würde. Seitdem die VIAG das Bayernwerk übernommen hat und von Bonn nach München übergesiedelt ist, deuten alle Zeichen darauf hin, daß sich die VIAG stärker auf den süddeutschen Raum, RWE auf den Norden der Republik konzentrieren wird. Fein säuberlich voneinander getrennt. Durch die Bündelung ihrer Telekommunikationsaktivitäten ziehen die beiden Konzerne ohnehin an einem Strang. Die Leitungsdichte von RWE-Energie und Bayernwerk, Basis für die Telekommunikation, ist in Deutschland einmalig.

»BÜNDNIS FÜR ARBEIT«. Zahlreiche Konzernunternehmen haben sich zur Beschäftigungssicherung 1995 auf Modelle zur Flexibilisierung der Arbeitszeit und ein Angebot an Teilzeitarbeitsplätzen geeinigt. Allerdings arbeiteten Ende 1995 erst rund 3.500 Mitarbeiter der Konzernbelegschaft in verschiedenen Teilzeitformen. Bevorzugte Modelle: Jobsharing, Teilzeitarbeit, Verkürzung der täglichen Arbeitszeit oder eine Vollbeschäftigung an weniger als fünf Tagen in der Woche. RWE betont, daß die flexible Anpassung der Arbeitszeiten an veränderte Beschäftigungslagen in Zukunft immer wichtiger werde und daß in einigen Unternehmen des Konzerns entsprechende Modelle unter Nutzung tariflicher Arbeitszeitkorridore mit Erfolg praktiziert würden. Im Geschäftsjahr 1995/96 hatten die Unternehmen des RWE-Konzerns rund 6.000 Ausbildungsplätze für die berufliche Erstausbildung angeboten. 1995 befanden sich im RWE-Konzern 5.700 Jugendliche in der Berufsausbildung, davon 13,3% Frauen. Der Anteil der Auszubildenden, die anschließend in ein (zum Teil befristetes) Arbeitsverhältnis übernommen wurden, lag bei 67%. Einen Schwerpunkt setzt RWE in allen Konzernbereichen auf die qualifizierte Weiterbildung der Beschäftigten.

Investitionen 1995/96: *7.200,0 Mio.*
Investitionen 1994/95: *6.995,0 Mio.*
Investitionen 1993/94: *7.072,0 Mio.*
(Investitionen 1992/93: 5.660,0 Mio.)

UMWELTSCHUTZ. In allen Konzernbereichen ist RWE im Umweltschutz äußerst engagiert. Frühzeitig wurde in Essen erkannt, daß man mit dem Umweltschutz sehr viel Geld verdienen kann. Das bezieht sich einmal auf umweltfreundliche Produkte, zum anderen auf den großen Bereich der Entsorgung.

Umweltschutz 1994/95: *1.943,0 Mio.*
Umweltschutz 1993/94: *2.169,0 Mio.*

Forschung und Entwicklung 1994/95: *550,0 Mio.*
Forschung und Entwicklung 1993/94: *661,0 Mio.*

In großem Stil wird auf den Gebieten des Wertstoff-Recyclings und der Abfallwirtschaft marktorientiert geforscht und produziert. Der Konzernbereich Entsorgung mit der RWE Entsorgung AG ist in folgenden Segmenten aktiv: Abfall-, Recycling-, Abwasser-/Wasserwirtschaft, Umweltconsulting, Erarbeitung/Umsetzung von Reststoff-Verwertungsstrategien, Konzeption/Betrieb von Recyclinganlagen für Automobile, Elektro- und Elektronik-Altgeräte etc. Dazu kommt die Entwicklung von Entsorgungstechniken für die Kreislaufwirtschaft. Ohne Kompromiß wird mit dem Hinweis der CO_2-freien Umweltverträglichkeit weiter auf die Kernenergie gesetzt, wenngleich RWE auf dem Gebiet regenerativer Energien zunehmend engagierter wird – bei der Sonnenenergie, der Windenergie und dem Einsatz von Biomasse. Auch die neue Tochtergesellschaft Hochtief Umwelt GmbH entwickelt umfassende Problemlösungen bei der Altlastensanierung, dem Flächenrecycling, der Wasserversorgung bzw. -entsorgung sowie der Deponierung mit Bau und Betrieb. Bei der Stromerzeugung aus fossilen Energieträgern wurde in den vergangenen Jahren der Ausstoß von Schwefeldioxid und Stickoxiden drastisch gesenkt. In der ostdeutschen Raffinerie Schwedt wurden für die Modernisierung der Anlagen und zur Verbesserung des Umweltschutzes 1,5 Mrd. DM investiert. Die von den Tagebauen ausgehenden Staub- und Lärmemissionen wurden 1995 durch Bedüsungseinrichtungen, Schutzwälle oder durch schalltechnische Anlagen minimiert; an verschiedenen Standorten wurde die Rekultivierung des Tagebaus in Angriff genommen.

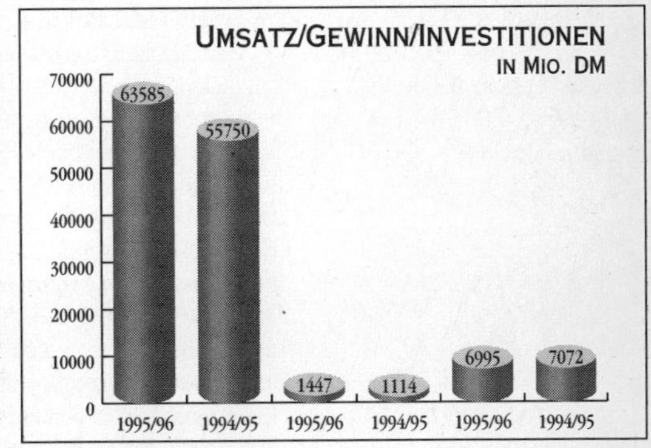

Auch der geplante Braunkohleabbau im Anschlußtagebau Garzweiler II entspringt einem mit der Landesregierung von NRW ausgehandelten Umweltkonzept. Im Rahmen des CO_2-Minderungskonzepts ist ein Kraftwerksneubau-Programm mit Investitionen von über 20 Mrd. DM geplant.
Seit 1. Juli 1996 bietet RWE Energie in einer werbewirksam angelegten Initiative »Umweltplus« einen »Umwelttarif« an. Danach zahlen die Stromkunden einen freiwilligen Zuschlag je Kilowattstunde, der, von RWE verdoppelt, ausschließlich zur Erzeugung von Strom aus regenerativen Energiequellen verwendet werden soll.

***Mitbewerber:** Aral, Badenwerk, Bayernwerk, Bilfinger + Berger, BP, Conoco, Deutsche Babcock, Energieversorgung Schwaben, Esso, Philipp Holzmann, Mannesmann, Minol, Shell, Preussag, PreussenElektra, Ruhrgas, Ruhrkohle, Steag, VEBA, VEW, VIAG, Walter Bau, Wintershall*

HOLZMANN UND GARZWEILER II. In die Schlagzeilen geriet RWE wegen zweier Ereignisse: des geplanten Einstiegs des Baukonzerns Hochtief beim Konkurrenten Holzmann und der Problematik Garzweiler II nach den Landtagswahlen in Nordrhein-Westfalen 1995 und der Bildung der rot-grünen Koalition.

Der Stärkung des internationalen Marktes soll die angestrebte Aufstockung der Hochtief-Beteiligung am Konkurrenten Holzmann, dem deutschen Branchenprimus, dienen. Mit diesem Einstieg wäre Hochtief der mit Abstand größte deutsche Baukonzern. Hochtief, der seit Jahren 20% an Holzmann gehalten hatte, kaufte sich Anfang Mai 4,9% von der Commerzbank und war nun mit 24,9% knapp unter der kartellrechtlich unbedenklichen Grenze und den für Holzmann notwendigen 75% für anstehende Entscheidungen der Aktionärsversammlung. Mit den Banken war sich der Hochtief-Vorstand einig, daß ein von der BfG Bank gehaltenes Paket von 10% der Aktien kurz danach hinzukommen sollte. Der Holzmann-Vorstand war entsetzt, das Bundeskartellamt verbot die Großfusion aus kartellrechtlichen Gründen. RWE legte beim Berliner Kammergericht Beschwerde ein. Die BfG sicherte Hochtief zu, das Paket für die Essener bis zur Gerichtsentscheidung zu reservieren. Hochtief, schon jetzt mit einer Bauleistung von über 11 Mrd. DM und 40.000 Beschäftigten die Nummer 2 der deutschen Baukonzerne, will notfalls bis zum Bundesgerichtshof gehen, um seinen Einfluß bei Holzmann auszuweiten.

Für den Vorstand von RWE war die Entscheidung für Garzweiler II eine industriepolitische Richtungsentscheidung für den Standort Deutschland. Das genehmigte Investitionsprojekt, das in den parlamentarischen Gremien in NRW mit der SPD als Braunkohleplan 1995 beschlossen und rechtskräftig geworden war, geriet durch die neuen Mehrheitsverhältnisse im Düsseldorfer Landtag ins Schleudern. Denn die Grünen waren immer massiv gegen das Abbaufeld Garzweiler II eingetreten, das größte deutsche Projekt dieser Art. Neben den ökologischen Folgen wurde besonders die Zerstörung und Umsiedlung mehrerer Ortschaften kritisiert. Um die rheinische Förderung an Braunkohle zwischen 30 und 40 Prozent auch im nächsten Jahrtausend zu sichern, hatten sich die Sozialdemokraten und der Rheinbraun-Konzern für Garzweiler II stark gemacht. Der rot-grüne Koalitionsvertrag sieht einen möglichen Teilverzicht des Tagebauprojekts bzw. die Modifizierung oder Verschiebung der Entscheidung vor.

Das Bundesverfassungsgericht soll nach Meinung der Grünen möglicherweise die Rechtmäßigkeit der zwischen NRW und RWE geschlossenen Verträge überprüfen. Anfang 1996 waren Verfassungsklagen von insgesamt fünf Städten und Gemeinden und einem Kreis erhoben worden. Für das RWE-Management steht außer Frage, daß der Beschluß für Garzweiler II in allen Belangen Rechtens ist. Für das RWE ist Garzweiler II zur Stromversorgung unverzichtbar und untrennbar verbunden mit der mit der nordrhein-westfälischen Landesregierung getroffenen Vereinbarung eines 20-Milliarden-DM-Programms zur Modernisierung des Kraftwerkparks in NRW und zur Weiterentwicklung von umweltfreundlichen Verstromungstechniken einschließlich einer für 1997 geplanten Demonstrationsanlage. Investitionen in Höhe von 4,5 Mrd. DM allein von der Rheinbraun AG und die Perspektive von 9.000 Arbeitsplätzen für Garzweiler II machen nach RWE-Auslegung nur Sinn, wenn das Projekt in vollem Umfang verwirklicht wird.

Wegen der politisch weiterhin ungelösten Realisierung des Tagebaus Garzweiler II hat RWE Energie 1996 entschieden, den ersten 950-MW-Block nicht wie ursprünglich geplant in Frimmersdorf, sondern am Kraftwerksstandort Niederaußem zu errichten, wo die Kohleversorgung durch den Tagebau Hambach sichergestellt sei. Die Investitionskosten für den neuen Block werden bis zur Fertigstellung im Jahr 2002 auf ca. 3,1 Mrd. DM veranschlagt.

SAARBERG

GESCHICHTE UND ENTWICKLUNG. Die Saarbergwerke, 1957 gegründet, fördern etwa 15% der deutschen Steinkohle. Neben zahlreichen Beteiligungen auf verwandten Feldern stellen die Kohleförderung, die Strom- und Kokserzeugung immer noch das zentrale Betätigungsfeld des Konzerns dar. In den kommenden Jahren wird der Konzern seine Aktivitäten auf den Sektoren der Energie- und Umwelttechnik sowie bei den Dienstleistungen verstärken, um in zukunftsträchtigen Märkten neue attraktive Arbeitsplätze zu schaffen. Nach wie vor halten der Bund und das Saarland die Stammaktien von Saarberg.

BESITZVERHÄLTNISSE/EIGENTUMSSTRUKTUR.

- Bundesrepublik Deutschland (74%)
- Land Saarland (26%)

KONZERNÜBERBLICK. Die Energieaktivitäten des Staatsbetriebs Saarberg liegen in den Bereichen Kohle, Koks, Strom, Fernwärme und Gas sowie im Handel mit festen und flüssigen Brennstoffen. Zweites Standbein bilden die Energie- und Umwelttechnik, die immer breiteren Raum einnehmen. Hinzu kommen Tochtergesellschaften in den Bereichen Gummierzeugnisse (Saar-Gummiwerk GmbH), Holz (Kohlbecher & Co. GmbH), Spedition und Transport (UNISPED Spedition und Transportgesellschaft mbH) sowie der Bereich Sach- und Versicherungsvermittlung (Industrie-Ring Sach- und Versicherungsvermittlungsgesellschaft mbH).

Die traditionelle Steinkohleförderung der Saarbergwerke AG wurde nach dem Optimierungskonzept und der Kohlerunde 1991 im Saar-Revier bei deutlich verringerten Förderkosten 1995 auf drei leistungsstarke Bergwerke reduziert – verbunden mit einem drastischen Personalabbau auf 15.600 Mitarbeiter bis Ende 1996. Die drei Zentren sind die Verbundwerke Ost und West sowie das Bergwerk Ensdorf. Neue Arbeitsfelder sollen den wirtschaftlichen Einbruch bei der Kohle gewinnbringend kompensieren. Neben der Kohle will sich die Unternehmensgruppe stärker auf die Bereiche Energie und Umwelttechnik konzentrieren.

BETEILIGUNGEN. Der Saarberg-Konzern operiert weltweit. Zu ihm gehören im In- und Ausland Unternehmen, die ihrerseits über zahlreiche Beteiligungen verfügen.

Standort:
Trierer Straße 1
66111 Saarbrücken

Postanschrift:
66104 Saarbrücken

Telefon: *(0681) 405-00*
Telex: *4 421 240 sbw d*
Telefax: *(0681) 405-1052*

Branche: *Bergbau, Energiewirtschaft, Umwelttechnik, Holzverarbeitung, Gummiindustrie, Groß- und Außenhandel, Versicherungen*

Rechtsform:
Aktiengesellschaft

Geschäftsjahr: *1.1.-31.12.*

Gründungsjahr: *1957*

Öffentlichkeitsarbeit:
Antonia Koch
Tel.: (0681) 405-2689
FAX: (0681) 405-1076

Verbände: *Unternehmensverband Saarbergbau, Saarbrücken*

Vorstand:
- *Biehl, Hans-Reiner (Vorsitzender)*
- *Externbrink, Werner (Bergwerk Göttelborn/Reden, Bergwerk Ensdorf, Bergwerk Warndt/Luisenthal; Kraftwerke und Kokerei)*
- *Hüls, Klaus (Arbeits- und Sozialwesen; Arbeits- und Umweltschutz)*
- *Ziesler, Michael G. (Kaufmännisches Ressort; Vertrieb Kohle und Koks; Materialwirtschaft)*

alle Saarbrücken

Vorstandsbezüge 1995:
2.106.115,– DM

Generalbevollmächtigter:
- *Reinhardt, Dietrich, Dr.*

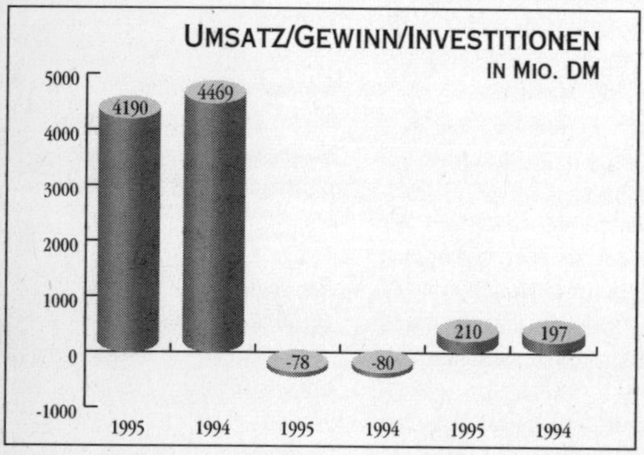

Die wichtigsten Tochter- und Beteiligungsgesellschaften der Saarbergwerke AG:
Saarländische Kraftwerksgesellschaft mbH, Quierschied (100%); Modellkraftwerk Völklingen GmbH, Völklingen (70%); Kraftwerk Bexbach Verwaltungsgesellschaft mbH, Bexbach (33,33%); Saarberg-Fernwärme GmbH, Saarbrücken (100%); Zentralkokerei Saar GmbH, Dillingen (49%); Kokereigesellschaft Saar mbH, Dillingen (48,8%); Saar Ferngas AG, Saarbrücken (25,1%); Saarberg-Interplan Gesellschaft für Rohstoff-, Energie- und Ingenieurtechnik mbH, Saarbrücken (100%); Saarberg-Oekotechnik GmbH, Saarbrücken (100%); Saar-Gummiwerk GmbH, Wadern-Büschfeld (100%); Saarberg Handel GmbH, Saarbrücken (100%); Saarberg Coal International GmbH, Saarbrücken (100%); Elf Mineralöl Berlin GmbH, Berlin (50%); Total Mineralöl Vertrieb GmbH, Düsseldorf (50%); Montana GmbH, München (50%); Kohlbecher & Co. GmbH, Völklingen (100%); Oxysaar Hüttensauerstoff GmbH, Völklingen (25%); Unisped Spedition und Transportgesellschaft mbH, Saarbrücken (100%); Industrie-Ring Sach- und Versicherungsvermittlungsges. mbH, Saarbrücken (100%); TÜB Gesellschaft für technische Überwachung im Bergbau mbH, Saarbrücken (100%); KWS Kommunal-Wasserversorgung Saar GmbH, Saarbrücken (50%); Agra Dünger GmbH, Saarbrücken (100%); Saar-Tech Gesellschaft für Industrie- und Bergbautechnologie mbH, Sulzbach (100%); Saarlor Saar-Lothringische Kohlenunion, Saarbrücken und Straßburg (50%); SAARdata GmbH, Saarbrücken (50% – Gemeinschaftsunternehmen mit Siemens Nixdorf im Bereich Datenverarbeitung).

NEUE BUNDESLÄNDER. Die SFW Saarberg Fernwärme GmbH beteiligte sich an verschiedenen Fernwärme-Versorgungsgesellschaften, u. a. mit der Stadt Jena in der Stadtwerke Jena GmbH und mit Ilmenau in der Ilmenauer Fernwärmeversorgungs GmbH. Weitere Versorgungsgesellschaften entstanden in Freiberg, Rochlitz und Sömmerda. Saarberg Oekotechnik ist in verschiedenen Projekten in Ostdeutschland aktiv. Die Saarberg-Handelsgruppe schloß 1995 die Neuordnung des Handelsbereiches für flüssige Brennstoffe durch Kooperationen mit den großen Mineralölgesellschaften Elf, Total und Fina ab; für den Absatz fester Brennstoffe ist die Saarberg Coal International zuständig.

STANDORT DEUTSCHLAND. Entsprechend dem Optimierungskonzept der Kohlerunde wurde die Steinkohleförderung der Saarbergwerke AG 1995 auf drei Standorte konzentriert. Im Januar 1995 wurde das Verbundbergwerk Warndt/Luisenthal in Betrieb genommen. Das Verbundbergwerk Göttelborn/Reden arbeitet ab November 1995. Zusätzlich wurde der Untertagebetrieb des Bergwerkes Ensdorf von fünf auf drei Betriebspunkte optimiert und mit neuester Technik ausgestattet. Neben dem »Drei-Standorte-Konzept« verfolgt Saarberg mit dem 1996 in Angriff genommenen Neustrukturierungskonzept eine ge-

sellschaftliche Trennung von Bergbau- und Nicht-Bergbaubereich. Der Rückgang der Beschäftigten 1995 um rund 960 Mitarbeiter bezog sich nahezu ausschließlich auf den Bergbaubereich. Die Saarbergwerke AG hatte Ende 1995 im Bergbaubereich noch 16.174 Beschäftigte.
»Dem Subventionsempfänger Saarberg bläst der Wind ins Gesicht«, schrieb im März 1994 die »Rheinpfalz« (22.3.1994). »Pro Tonne Kohle schießt der Bund 200 DM zu.« Die Kohlerunde hatte vereinbart, daß nach 1995 jährlich nur noch 50 Mio. Tonnen Kohle subventioniert werden. Handlungsbedarf an der Saar. Vorübergehender Optimismus kam an der ansonsten krisengeschüttelten Saar auf, als der Saarberg-Konzern 1989 erstmals wieder in die Gewinnzone kam; doch schon 1991 wieder rote Zahlen. Die Vorleistungen von insgesamt 630 Mio. DM, die das Unternehmen in die Optimierung der Bergwerke mit den drei Zentren Verbundbergwerke Ost und West sowie Bergwerk Ensdorf investiert hatte, ließen die Ergebnisse der folgenden Jahre katastrophal ausfallen.
In diesem Zusammenhang wurden Anfang 1992 die bis dahin selbständigen Bergwerke Reden/Camphausen und Göttelborn zum Bergwerk Göttelborn/Reden zusammengelegt; Camphausen war bereits 1990 stillgelegt worden. Bereits im April 1991 wurden die einst selbständigen Bergwerke Warndt und Luisenthal zum Bergwerk Warndt/Luisenthal zusammengefaßt. Drittes Bergwerk bleibt das Bergwerk Ensdorf. Hinzu kommen die Kokerei und Benzolaufbereitungsanlage Fürstenhausen, die Kraftwerke Völklingen-Fenne, Weiher und Bexbach sowie fünf Wasserwerke zur eigenen Wassergewinnung und zur Versorgung von 17 saarländischen Kommunen mit Trinkwasser. Nach dem von Saarberg vorgelegten Optimierungskonzept soll bis Ende 1996 die Belegschaft auf 15.600 abgebaut werden. Saarberg hat zum Ziel, den Bergbau auf möglichst hohem Niveau zu stabilisieren, den Kraftwerksbereich zu vergrößern und die kohlefernen Geschäftsbereiche Umwelt, Energie, Technik, Handel und Dienstleistungen auszubauen. Im Juni 1996 gründete die Saarberg-Tochtergesellschaft Saar-Tech GmbH mit der türkischen Park Holding, Ankara, ein Gemeinschaftsunternehmen zur Errichtung eines Bergwerkes zur Förderung von Hartbraunkohle für zwei Kraftwerke. Die technische Leitung des Bergwerkes werden voraussichtlich saarländische Fachleute übernehmen.

DIE DEUTSCHE STEINKOHLE AG – FUSION AN SAAR UND RUHR. Die Bergbauaktivitäten an Saar und Ruhr sollen zusammengelegt werden. Eine Fusion der beiden größten deutschen Bergwerksgesellschaften Ruhrkohle AG und Saarbergwerke AG zu einer deutschen Bergwerksgesellschaft, der Deutschen Steinkohle AG, wird immer wahrscheinlicher und schon für 1997 erwartet, seit die Unternehmensberatung Roland Berger & Partner ein entsprechendes Gutachten vorgelegt hat. Auf diese Weise soll dem saarländischen Bergbau eine dauerhafte Perspektive gesichert werden, durch die nach Möglichkeit alle Bergwerke erhalten bleiben. Voraussetzung sind allerdings die politische Entscheidung über einen solchen Zusammenschluß sowie Richtlinien über die zukünftige Stützung der deutschen Steinkohle. Alle Bergbauaktivitäten und die entsprechenden Belegschaften beider Unternehmen würden dann unter dem Dach und der Federführung der größeren RAG in eine Deutsche

Aufsichtsrat:
- *Lamby, Werner, Dr. (Vorsitzender; ehem. Vorsitzender des Vorstandes der VIAG AG), Bonn*
- *Bierwirth, Siegfried (stellv. Vorsitzender; Bundesministerium der Finanzen), Bonn*
- *Becker, Elmar, Dr. (Bundesministerium für Wirtschaft), Bonn*
- *Benz, Eberhard, Dr. (ehem. Sprecher des Vorstandes der Badenwerk AG), Stuttgart*
- *von Boch, Luitwin Gisbert (Villeroy & Boch AG), Mettlach*
- *Hiss, Dieter, Dr., Berlin*
- *Krajewski, Christiane (Ministerin für Wirtschaft und Finanzen des Saarlandes), Saarbrücken*
- *Leonhardt, Willy, Prof. (Minister für Umwelt, Energie und Verkehr des Saarlandes), Saarbrücken*
- *Marquis, Günter (Mitglied des Vorstandes der Lech-Elektrizitätswerke AG), Augsburg*
- *Schacht, Günther (Minister a. D.), Saarbrücken*
- *Titzrath, Alfons, Dr. (Mitglied des Vorstandes der Dresdner Bank AG), Düsseldorf*

**Kopke, Manfred (stellv. Vorsitzender)*
**Haupts, Hubert*
**Köbele, Bruno W.*
**Knüller, Hans-Detlev*
**Lang, Jean*
**Louis, Uwe*
**Peter, Valentin*
**Thull, Alois*
**Vöbel, Friedrich Wilhelm*
**Zibell, Gerd*

Aufsichtsratstantiemen 1995: *181.010,– DM*

Umsatz 1995: *4.190,0 Mio.*
Umsatz 1994: *4.468,5 Mio.*
Umsatz 1993: *4.494,3 Mio.*

Verlust 1995: *– 78,1 Mio.*
Verlust 1994: *– 80,2 Mio.*
Verlust 1993: *– 88,6 Mio.*

Steueraufkommen 1995: *9,0 Mio.*

Grund- bzw. Stammkapital 1995: *580,0 Mio.*

Beschäftigte 1995: *19.375*
Beschäftigte 1994: *20.186*
Beschäftigte 1993: *20.877*

Umsatz pro Mitarbeiter 1995: *216.258,– DM*
Umsatz pro Mitarbeiter 1994: *221.366,– DM*
Umsatz pro Mitarbeiter 1993: *215.275,– DM*

Löhne und Gehälter 1995: *1.290,0 Mio.*
Löhne und Gehälter 1994: *1.302,5 Mio.*
Durchschnittsgehalt 1995: *66.581,– DM*
Soziale Abgaben und Aufwendungen 1995: *434,0 Mio.*
Soziale Abgaben und Aufwendungen 1994: *441,7 Mio.*

Bezüge pro Vorstandsmitglied 1995: *526.529,– DM*
Tantiemen pro Aufsichtsrat 1995: *8.620,– DM*

Steinkohle AG eingebracht. Innerhalb des RAG-Konzerns sollen die Saarbergwerke als selbständiges Unternehmen an der Saar mit dann den vier Sparten Umwelt, Kraftwirtschaft, Handel und Dienstleistungen fortbestehen und sich besonders auf ihre Beteiligungen in den Bereichen Kraftwirtschaft und Umwelt konzentrieren – in Ergänzung zu denen der RAG. Eine mögliche Fusion würde natürlich mit einschneidenden Maßnahmen einhergehen: Die Halbierung der Beschäftigten im deutschen Steinkohlebergbau auf 45.000 Bergbau-Arbeitsplätze bis zum Jahr 2005, die Verringerung der Bergwerke von heute 19 auf nur noch 12 und die Reduzierung der Kohleförderung von etwa 50 auf 35 Millionen Jahrestonnen. Im Falle einer Fusion an Saar und Ruhr würde vermutlich die Ruhrkohle AG die 74%ige Bundesbeteiligung an der Saarbergwerke AG übernehmen.

»BÜNDNIS FÜR ARBEIT«. Saarberg geht in der Personalpolitik ganz eigene Wege: Saarberg hat die Lizenz zur privaten Arbeitsvermittlung erworben, um Mitarbeitern Angebote zur Vermittlung in Unternehmen innerhalb und außerhalb des Konzerns unterbreiten zu können. Dazu gehören Angebote zur Umschulung in andere Berufe, Angebote zur Weiterqualifizierung, die Vermittlung von eigenen Fachkräften an Fremdfirmen, die Ausbildung für Dritte und damit die Ausnutzung der Ausbildungskapazitäten. Durch die Schaffung des sogenannten »Saarberg-Einsatz-Teams« als überbetrieblicher Personal-Pool mit inzwischen 350 Mitarbeitern kreierte Saarberg ein internes Modell. Aus diesem Pool können die Saarberg-Betriebe nach Bedarf Personal anfordern und so durch eigene Fachleute die Arbeit von Fremdfirmen einschränken. Aber auch andere Unternehmen können auf diesen Pool zurückgreifen. Mit der IG Bergbau und Energie wurde eine Vereinbarung zur Ausbildung zusätzlicher Auszubildender vereinbart. In der Sozialbilanz 1995 gibt der Konzern über alle Aktivitäten detailliert Auskunft. Verstärkt wird die Schaffung von Teilzeitarbeitsplätzen angegangen.

UMWELTSCHUTZ. Alle eigenen und von Saarberg betriebenen Kraftwerke sind mit neuester Technik zur Reinigung von Rauchgasen ausgestattet. Insgesamt hat Saarberg in den letzten zehn Jahren 1 Mrd. DM investiert, um die Schadstoffbelastung auf ein Minimum zu begrenzen. Im Modellkraftwerk Völklingen wird seit 1994 ein neues Verfahren angewendet, das bei der Entstickung auf einen Katalysator und chemische Hilfsmittel vollkommen verzichtet. Saarberg setzt neben der Kohle (Kohle, Koks und Strom machen knapp die Hälfte des Konzernumsatzes aus) ganz auf den Ausbau des Sektors Umwelt, der in Zukunft am stärksten wachsen soll. »Unsere Strategie zielt darauf ab, das bei Saarberg und seinen Tochter- und Beteiligungsgesellschaften vorhandene Know-how auf dem Umweltsektor zu bündeln und uns als Anbieter von Systemlösungen am Markt zu etablieren.« Die Aktivitäten der Saarberg-Gruppe Energie und Umwelt reichen von der Abfallwirtschaft über Bodensanierung, Fernwärmeversorgung, Kläranlagenbau, Rauchgas-Reinigungsanlagen bis zur Wasserversorgung. Saarberg plant, baut und betreibt Projekte und Anlagen, die von Kommunen oder der Industrie zur Lösung ihrer Versorgungs- und Entsorgungsprobleme verlangt werden.

Das Angebot reicht vom ressourcenschonenden Umgang mit Energie bis hin zur Vergärung von Biomasse. Drei Gesellschaften mit ihren spezialisierten Tochterunternehmen der Saarberg sind auf dem Umweltsektor aktiv: Saarberg Oekotechnik (Abfallwirtschaft, Bau und Betrieb von Anlagen zur thermischen Behandlung von Abfällen, Industrieentsorgung), Saarberg Interplan (Ingenieur- und Anlagenbau in den Bereichen Abwasser- und Abfalltechnologie, Luftreinhaltung, Gasreinigung; die Saarberg-Hölter Wassertechnik zählt zu den führenden Kläranlagenbauern und -betreibern in der Bundesrepublik) und Saarberg Fernwärme (Erdwärme/Geowärme für die Energieversorgung).

Investitionen 1995:
210,1 Mio.
Investitionen 1994:
196,7 Mio.
Investitionen 1993:
235,7 Mio.

Mitbewerber: *Brenntag, Continental, Laubag, Mibrag, Rheinbraun, Rütgers, Ruhrkohle, RWE, VEW, VIAG*

Schenker siehe VEBA

SCHERING

GESCHICHTE UND ENTWICKLUNG. Nachdem der Apotheker Ernst Schering 1864 die Konzession zur Errichtung einer chemischen Fabrik auf dem Gelände des heutigen Werkes Wedding erhalten hatte, erfolgte 1871 die Umwandlung von Scherings Fabrik in eine AG, die eigentliche Geburtsstunde des Konzerns. Bis 1927 firmierte das Unternehmen unter »Chemische Fabrik auf Actien (vorm. Schering)«. Rasante Entwicklung: Einführungen der jeweils ersten Pflanzenschutzmittel, Östrogenpräparate, Röntgenkontrastmittel und galvanotechnischen Anlagen bis Anfang der 30er Jahre. Übernahme zahlreicher chemischer Fabriken; ab 1927 Schering-Kahlbaum AG. Ab 1937 Schering AG nach Übernahme durch die Kokswerke und Chemische Fabriken AG. Zahlreiche Akquisitionen. 1959 Erwerb der Chemischen Werke Bergkamen und 1960 deren Verschmelzung auf die Schering AG. 1961 brachte Schering die erste europäische »Pille« (Anovlar) auf den Markt. In den 70er und 80er Jahren expandierte das Unternehmen rasant, immer neue Einführungen von Präparaten und Produkten, Aufbau eines weltweit operierenden Konzerns. Inzwischen bestimmt Schering die vierte Pillengeneration, ist weltweit federführend auf dem Gebiet der Kontrastmittel und zahlreicher Arzneimittel. 1986 nahm das Institut für Genbiologische Forschung in Berlin seine Arbeit auf. 1990 Verkauf der Diamalt AG, München. 1992 und 1993 veräußerte Schering seine drei chemisch-technischen Sparten Galvanotechnik, Industriechemikalien und Naturstoffe. Seit 1993 arbeitet Schering als reines Pharmaunternehmen. Anfang 1994 wurde die Sparte Pflanzenschutz ausgegliedert und gemeinsam mit den Pflanzenschutzaktivitäten von Hoechst in das Gemeinschaftsunternehmen der Hoechst Schering AgrEvo GmbH überführt. 1995 wurde das US-Unternehmen Medrad, Inc. erworben, der weltweite Marktführer auf dem Gebiet der Injektionssysteme für Kontrastmittel.

BESITZVERHÄLTNISSE/EIGENTUMSSTRUKTUR.
Streubesitz bei ca. 35.000 in- und ausländischen Aktionären; größtes feststellbares Einzeldepot 12% des Grundkapitals. Vom Grundkapital

Standort:
Müllerstraße 178
13353 Berlin

Postanschrift:
13342 Berlin

Telefon: *(030) 468-0*
Telex: *182 03-0 sch d*
Telefax: *(030) 468-5305*

Branche:
Pharmazeutische Industrie

Rechtsform:
Aktiengesellschaft

Geschäftsjahr: *1.1.-31.12.*

Gründungsjahr: *1871*

Unternehmenskommunikation:
Mechthild Weber
Tel.: (030) 468-2396
FAX: (030) 4691-8195

Verbände: *Verband der Chemischen Industrie e.V., Frankfurt/Main; Bundesverband der Pharmazeutischen Industrie e.V., Frankfurt/Main*

Vorstand:
- *Vita, Giuseppe, Dr. (Vorsitzender)*
- *Pohle, Klaus, Prof. Dr. (stellv. Vorsitzender; Finanzen und Verwaltung; Asien, Australien)*
- *Erlen, Hubertus, Dr. (Personal, Produktion, Umweltschutz; Nordamerika)*
- *Köstlin, Ulrich, Dr. (Marketing, Vertrieb; Europa, Afrika)*
- *Stock, Günter, Prof. Dr. (Forschung und Entwicklung; Lateinamerika)*

Vorstandsbezüge 1995:
5.571.000,– DM

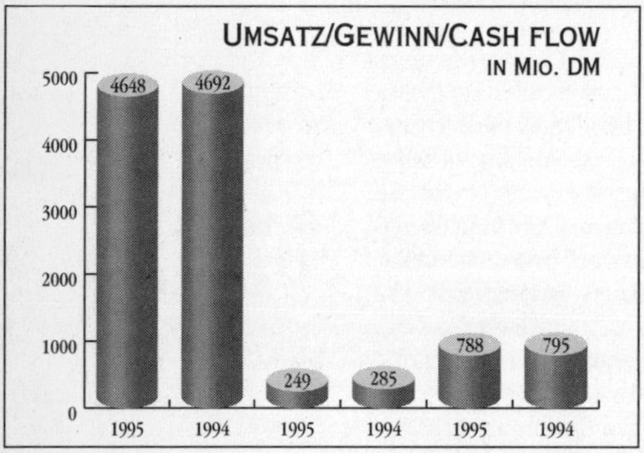

befinden sich 47% bei deutschen Aktionären, 21% in Großbritannien, 10% in den USA, 4% in der Schweiz und 18% in weiteren Ländern. Stimmrechtsbeschränkung: Besitzt ein Aktionär, sei es mittelbar oder unmittelbar, mehrere Aktien, so hat er für die über 12 Mio. DM Nennbetrag hinausgehenden Aktien kein Stimmrecht. Aktionärsstruktur:
- Private Anleger (16%)
- Investmentgesellschaften (21%)
- Versicherungen/Banken (54%); größter Einzelaktionär: Allianz AG Holding (10,6%)
- andere (9%)

KONZERNÜBERBLICK. Nach der 1994 erfolgten Ausgliederung des Bereiches Pflanzenschutz ist Schering nunmehr ein reiner Pharma-Konzern (mit einer 40%igen Beteiligung an der Hoechst Schering AgrEvo GmbH, einem der größten Pflanzenschutz-Unternehmen der Welt). Der Schering-Konzern gehört zu den bedeutendsten Herstellern von pharmazeutischen Substanzen. Schering war immer führend im Bereich der oralen Kontrazeptiva, der Pille; dem Unternehmen gelangen wesentliche Entwicklungen bei der synthetischen Herstellung von Steroidhormonen, Sulfonamiden und Röntgenkontrastmitteln. Schering konzentriert seine Kapazitäten und Fähigkeiten auf die drei Geschäftsfelder Diagnostika, Fertilitätskontrolle und Hormontherapie sowie Therapeutika. Diagnostika: In der bildgebenden Diagnostik ist Schering auf den Gebieten Röntgen, magnetische Resonanz-Tomographie und Ultraschall führend. Das Diagnostika-Geschäft wurde 1995 mit dem Erwerb der US-amerikanischen Medrad, Inc. noch verstärkt. Schering bietet auf dem Diagnostika-Markt künftig sogenannte »Paketlösungen» an, z. B. vorgefüllte Spritzen und Kartuschen für Injektionssysteme. Fertilitätskontrolle und Hormontherapie: Schering verkauft weltweit die meisten Präparate zur Empfängnisverhütung. In der Hormontherapie werden Produkte zur Behandlung von Akne und Zyklusstörungen sowie Präparate zur Hormonsubstitution für die Frau in den Wechseljahren angeboten. Therapeutika: Schering konzentriert sich auf ausgewählte Technologien, u. a. auf Gentechnik und Biotechnologie zur Behandlung schwerer Krankheiten auf den Gebieten Herz-Kreislauf, Zentrales Nervensystem und Onkologie.
Zentrum der wirtschaftlichen Auslandsaktivitäten Scherings ist traditionell Japan. Seit 40 Jahren ist die Tochtergesellschaft Nihon Schering dort vor allem mit Pharmazeutika vertreten. Nihon Schering beschäftigt rund 1.300 Mitarbeiter und erzielte 1995 einen Umsatz von 893 Mio. DM. Japan ist mit über 20% der weltweit größte Pharmamarkt des Konzerns; Schering ist unter allen ausländischen Mitbewerbern in Japan auf Platz 6 vorgerückt. Die Berliner spekulieren jetzt auf das ganz große Geschäft mit der baldigen Öffnung des japanischen Marktes für die »Pille«. In der Volksrepublik China hat Schering 1994 eine moderne Produktionsstätte für Röntgenkontrastmittel in Betrieb genommen.

In den USA kam Schering 1995 auf einen Umsatz von 746 Mio. DM, der Umsatz des Medikaments Betaseron lag allein bei 363 Mio. DM. Zentraler Bereich des Schering-Konzerns ist die Forschung und Entwicklung, für die 1995 rund 845 Mio. DM, 18% des Konzernumsatzes, aufgewendet wurden. Forschung und Entwicklung werden in den letzten Jahren verstärkt im Ausland betrieben (38% der Gesamtkosten), Schwerpunkte sind die USA und Japan. In den Forschungs- und Entwicklungsabteilungen des Konzerns arbeiteten 1995 im Jahresdurchschnitt 3.083 Mitarbeiter, davon 2.003 bei der Schering AG in Berlin. Das mit Hoechst neu gegründete und aus dem Schering-Konzern herausgelöste Pflanzenschutz-Unternehmen Hoechst Schering AgrEvo GmbH, Berlin, kam 1995, im zweiten Jahr seines Bestehens, auf einen Umsatz von rd. 3.4 Mrd. DM (davon im Ausland: 3.1 Mrd.), der in der Summe wiederum die Vorjahreswerte der einzelnen Muttergesellschaften überstieg. Bei AgrEvo bilden Herbizide mit 39% Umsatzanteil die größte Produktgruppe, gefolgt von Insektiziden mit 25%, Fungiziden mit 16% und verschiedenen sonstigen Produkten (9%) und Environmental Health mit 11%.

MEDIKAMENT GEGEN MULTIPLE SKLEROSE. Schering ist ein großer Wurf gelungen: die Einführung des bislang weltweit ersten und einzigen Medikaments zur Behandlung der Multiplen Sklerose auf dem US-amerikanischen Markt. Die Zulassung erfolgte im Juli 1993. Bislang galt Multiple Sklerose als nicht beeinflußbar, also nicht heilbar. Mit »Betaseron« erreichte das Unternehmen 1995 bereits einen Umsatz von knapp 400 Mio. DM. Ende 1995 erhielt Schering in Europa die Zulassung für Betaseron unter dem Namen Betaferon, in zahlreichen Ländern ist das Medikament bereits auf dem Markt. Für 1996 erwartet Schering für Betaseron/Betaferon weltweit einen Umsatz von etwa 600 Mio. DM.

BETEILIGUNGEN. Der Schering-Konzern ist weltweit in 47 Ländern mit rund 110 Tochter- und Beteiligungsgesellschaften vertreten, Niederlassungen unterhält er in rund 100 Ländern. Der Konsolidierungskreis umfaßte 1995 21 in- und 70 ausländische Gesellschaften. Im Zusammenhang mit der Einbringung der Sparte Pflanzenschutz in das Gemeinschaftsunternehmen mit Hoechst AgrEvo verringerte sich die Zahl der konsolidierten Unternehmen um 25. Zu den wichtigsten Beteiligungen des Konzerns gehören: Asche AG, Hamburg (100% – Produktion und Vertrieb pharmazeutischer Produkte); FCM Unternehmensverwaltungs-AG, Berlin (100%); Germapharm GmbH, Import Export Spedition, Hamburg (100%); Scherax Arzneimittel GmbH, Hamburg (100%); Hoechst Schering AgrEvo GmbH, Berlin (40%); Schering S.A., Lys-Lez-Lannoy/Frankreich (99,9%); Schering Holdings Ltd., Burgess Hill/Großbritannien (100%); N.V. Schering S.A., Diegem/Belgien (100%); Schering Nederland B.V., Weesp/Niederlande (100%); Schering S.p.A., Mailand/Italien (100%); Schering Wien Holding Ges.m.b.H., Wien/Österreich (100%); Schering (Schweiz) AG, Zürich/Schweiz (100%); Schering España S.A., Madrid/Spanien (99,9%); Schering Berlin Inc., Cedar Knolls, NJ/USA (100%); Schering do Brasil Ltda., São Paulo/Brasilien (100%); Schering Argentina S.A.I.C., Buenos Aires/Argentinien (100%); Schering Pty. Ltd., Sydney/Australien (100%); Nihon Schering K.K., Osaka/Japan (99,9%); Sche-

Aufsichtsrat:
- *Hamann, Hans-Jürgen (Ehrenvorsitzender), Berlin*
- *Subjetzki, Klaus (Vorsitzender; Vorsitzender des Aufsichtsrates der BHF-Bank Aktiengesellschaft), Frankfurt/Main und Berlin*
- *Baumann, Karl-Hermann, Dr. (Mitglied des Vorstandes der Siemens AG), Berlin und München*
- *Dormandy, John A., Prof. (Consultant Vascular Surgeon St. George´s Hospital, London), London*
- *Kohlhausen, Martin (Sprecher des Vorstandes der Commerzbank AG), Frankfurt/Main*
- *Kramp, Horst (ehem. Mitglied des Vorstandes der Schering AG; Präsident der Industrie- und Handelskammer Berlin), Berlin*
- *Krumnow, Jürgen, Dr. (Mitglied des Vorstandes der Deutsche Bank AG), Königstein im Taunus*
- *Schulte-Noelle, Henning, Dr. (Vorsitzender des Vorstandes der Allianz AG Holding), München*
- *Zenk, Meinhart H., Prof. Dr. (Geschäftsführender Vorstand des Instituts für Pharmazeutische Biologie an der Universität München), München*

**Pattusch, Günter (stellv. Vorsitzender)*
**Jaenicke, Klaus-Günther*
**Hoyer, Georg-Alexander, Prof. Dr.*
**Repenthin, Wolfgang, Dr.*
**Rodax, Wilhelm*
**Scheel, Hans-Jürgen*
**Wingefeld, Jürgen*
**Wissmann, Helmut*

Aufsichtsratstantiemen 1995: *1.396.000,– DM*

BÖRSE, AKTIEN, KURSE
Grundkapital 1995:
341,7 Mio.
Jahreshöchstkurs 1995:
114,20 DM
Jahrestiefstkurs 1995:
92,80 DM
Aktie Jahresende 1995:
95,30 DM
Dividende pro Aktie 1995:
1,55 DM

Die Dividende bezieht sich auf je 5,– DM Aktiennennbetrag. Die Umstellung auf 5-DM-Aktien fand am 1. Juni 1995 statt. Schering-Aktien sind amtlich notiert in Berlin, Düsseldorf, Frankfurt, Hamburg, München, Basel, Genf, Zürich und London.

Umsatz 1995: *4.647,5 Mio.*
Umsatz 1994: *4.692,1 Mio.*
Umsatz 1993: *5.363,2 Mio.*

Gewinn 1995: *248,9 Mio.*
Gewinn 1994: *285,3 Mio.*
Gewinn 1993: *255,8 Mio.*

Cash flow 1995: *788,0 Mio.*
Cash flow 1994: *795,0 Mio.*
Cash flow 1993: *756,0 Mio.*

Cash flow: *Investiert wurde 1995 überwiegend in die Standorte Berlin und Bergkamen. Investiert wurde besonders in den Neuzugang Medrad, Inc.*

Steueraufkommen 1995:
210,0 Mio.

ring Korea Ltd., Seoul/Korea (100%); Justesa Imagen S.A., Madrid/Spanien (50%); Schering (Pty.) Ltd., Midrand/Südafrika (100%); Medrad, Inc., Pittsburgh/USA (100%).

NEUE BUNDESLÄNDER. Wurde der ostdeutsche Markt nach der Wiedervereinigung von den traditionellen Schering-Standorten, in erster Linie Berlin, mitversorgt, so vereinbarten Mitte 1996 Schering und die GEHE AG, die ostdeutsche Jenapharm Gruppe als Gemeinschaftsunternehmen zu führen. Danach sind Schering mit 74,9% und GEHE mit 25,1% an dem Joint-venture beteiligt. Jenapharm soll ein Unternehmen mit Sitz in Jena und eigener Identität bleiben. Jenapharm war schon zu DDR-Zeiten der führende Hersteller der Antibaby-Pille in Osteuropa. Über Jenapharm will Schering verstärkt die osteuropäischen Märkte erschließen.

STANDORT DEUTSCHLAND. Der weltweit operierende Konzern unterteilte sich bis Anfang 1994 in den Geschäftsbereich Pharma und die Sparte Pflanzenschutz. Nach einer grundlegenden Umstrukturierung des Unternehmens wurde der Bereich Pflanzenschutz in ein Gemeinschaftsunternehmen mit der Hoechst AG, die Hoechst Schering AgrEvo GmbH, eingebracht, an der Schering mit 40% und Hoechst mit 60% beteiligt ist. Die Belegschaft wurde von anfänglichen 9.300 auf rund 8.000 reduziert. Der Unternehmensbereich Chemie, einst ein Standbein des Konzerns, wurde bereits 1992/93 verkauft. Die Sparten Industriechemikalien und Naturstoffe wurden an das US-amerikanische Unternehmen Witco Corporation, New York, veräußert, die Sparte Galvanotechnik an das französische Chemie-Unternehmen Elf Atochem S.A., Paris. Schering, nunmehr ein reiner Pharma-Konzern, will mit neuartigen Produkten als »Global player« weltweit führende Positionen in Pharma-Spezialmärkten einnehmen. 85% oder knapp 4 Mrd. DM des Umsatzes erwirtschaftete Schering 1995 im Ausland. Die Japan- und USA-Geschäfte sollen weiter ausgebaut, neue Märkte, vor allem in China, Korea und Osteuropa, erschlossen werden.
Rekordergebnisse bei Umsatz und Gewinn peilt Schering nach zahlreichen Einbrüchen für 1996 an, nachdem noch 1995 massiv über die Auswirkungen der Gesundheitsreform und ihre Folgen auf das Inlandsgeschäft geklagt wurde. Der Umsatz soll um 10% auf über 5 Mrd. DM steigen, der Gewinn mit 18% sogar verdoppelt werden. Die Einführung des Multiple-Sklerose-Präparates Betaferon auf dem europäischen Markt soll erheblich zu diesem Umsatzsprung beitragen.
Die einschneidenden Umstrukturierungs- und Kostensenkungsprogramme wurden auch 1995/96 fortgesetzt. Schering führt besonders die großen Zusammenschlüsse in der Pharmaindustrie an – Glaxo mit Wellcome, Hoechst und Marion Merrell Dow, Ciba Geigy und Sandoz –, die zu verstärkten Rationalisierungsanstrengungen Anlaß geben. Seit 1992 wurden im Inland rund 1.500 Stellen abgebaut, 1995 ca. 300. Durch Akquisitionen im Ausland, u. a. des US-Unternehmens Medrad, wurde die Belegschaft weltweit gesteigert. Der Trend zu globalen Standorten hält unvermindert an. Von den 19.083 Beschäftigten zum Jahresende 1995 arbeiteten lediglich noch 9.980 im Inland. 1991 arbeitete noch die Hälfte aller Konzernmitarbeiter im Ausland, heute sind es 60%. Mitte 1996 übernahm Schering die finnische Phar-

ma-Gruppe Leiras, Turku. Für die Leiras-Gruppe (Präparate zur Fertilitätskontrolle und Hormontherapie) zahlte Schering 466 Mio. DM.

»BÜNDNIS FÜR ARBEIT«. Die meisten Aktivitäten bezüglich konzerninterner Regelungen befinden sich – so Schering – in der Planungsphase. Dennoch ist Bewegung in den Konzern gekommen. Die Gehaltssysteme bei Schering sollen sich zukünftig stärker am individuellen Erfolg messen, um – so der Vorstand – herausragende Leistungen besser anerkennen zu können. Besonders in den US-Unternehmen des Konzerns würden diese Modelle erfolgreich praktiziert. Auf der Grundlage innerbetrieblicher Vereinbarungen wurde auch in Deutschland für alle Mitarbeitergruppen ein Bonusmodell eingeführt, »das neben der kollektiven Erfolgsbeteiligung besondere individuelle Leistungen honoriert«. Durch konzernweit angelegte Kostensenkungsprogramme und den damit verbundenen starken Personalabbau der letzten Jahre soll die Wettbewerbsfähigkeit gesteigert werden. »Die Dynamik unseres Geschäfts und die unterschiedlichen Bedürfnisse unserer Mitarbeiter erfordern in Zukunft noch mehr Flexibilität bei der Arbeitszeitgestaltung.« Schering kündigt für 1996/97 die Einführung weiterer flexibler Arbeitszeitmodelle an. Für 1996 definiert Schering das »Bündnis für Arbeit« als ein »Bündnis für Ausbildung«. Schering will nach einer Einigung zwischen Vorstand und Betriebsrat für drei Jahre das Ausbildungskontingent um jährlich 16 Personen erhöhen, eine Steigerung um 15%. Zur Finanzierung dieser Ausbildungsplätze wird in der Schering AG allerdings die übertarifliche Ausbildungsvergütung wegfallen.

UMWELTSCHUTZ. Schering hat 1995 erstmals einen Umweltbericht vorgelegt, in dem die Aktivitäten des Konzerns der letzten Jahre in Sachen Umweltschutz und Sicherheitsmaßnahmen besonders an den deutschen Standorten, darunter am größten Produktionsstandort in Bergkamen, umfassend dokumentiert werden. Die Verantwortung für Sicherheit und Umweltschutz ist beim Vorstand angesiedelt. Strategien und praktische Umsetzung liegen bei der Kommission für Sicherheit und Umweltschutz. Schering-Umweltschutz konzentriert sich auf die Anlagensicherheit, Arbeitssicherheit, Gefahrguttransporte, Verfahrensoptimierungen und neue Technologien, Anlagenoptimierung besonders bei Produktionsstätten in Ballungsgebieten für die Luftreinhaltung (Emissionen aus Energieanlagen und Chemiebetrieben, umweltverträgliche Kältetechnik) und den Gewässerschutz (Wasserverbrauch, Emissionen im Abwasser, Grundwasser- und Bodensanierung Berlin), Abfallwirtschaft und Recycling sowie Minimierung des Energieverbrauches.
Durch die Umstellung der Energiezentralen in den Berliner und Bergkamener Kraftwerken auf Erdgas wurden die Emissionen um 30% gesenkt. In der Produktion am Standort Bergkamen wurden erfolgreich Synthesen optimiert, wodurch Hilfsstoffe und Lösemittel eingespart und Abfälle verringert werden konnten.

Schmalbach-Lubeca siehe VIAG
Schott siehe Zeiss
Schwäbisch Hall siehe DG Bank

Beschäftigte 1995: *18.314*
Beschäftigte 1994: *18.550*
Beschäftigte 1993: *23.276*

Umsatz pro Mitarbeiter 1995: *253.768,– DM*
Umsatz pro Mitarbeiter 1994: *252.943,– DM*
Umsatz pro Mitarbeiter 1993: *236.483,– DM*

Löhne und Gehälter 1995: *1.282,0 Mio.*
Löhne und Gehälter 1994: *1.310,0 Mio.*
Durchschnittsgehalt 1995: *70.001,– DM*
Soziale Abgaben und Aufwendungen 1995: *318,0 Mio.*
Soziale Abgaben und Aufwendungen 1994: *276,0 Mio.*

Bezüge pro Vorstandsmitglied 1995: *1.114.200,– DM*
Tantiemen pro Aufsichtsratsmitglied 1995: *82.118,– DM*

Investitionen 1995: *366,0 Mio.*
Investitionen 1994: *370,0 Mio.*
Investitionen 1993: *463,0 Mio.*

Umweltschutz 1995: *106,0 Mio.*
Umweltschutz 1994: *116,0 Mio.*
Umweltschutz 1993: *144,0 Mio.*

Forschung und Entwicklung 1995: *845,0 Mio.*
Forschung und Entwicklung 1994: *838,0 Mio.*
Forschung und Entwicklung 1993: *971,0 Mio.*

Mitbewerber: *BASF, Bayer, Boehringer, Ciba-Geigy, Du Pont, Hoechst, Hüls, ICI, Merck, Roche, Sandoz, Wacker*

SIEMENS

Standort:
Wittelsbacherplatz 2
80333 München

Postanschrift:
80312 München

***Telefon:** (089) 234-0*
***Telex:** 52 100-0 sie d*
***Teletext:** 89870=siemcw*
***Telefax:** (089) 234-4242*

***Branche:** Elektrotechnik und Elektronik (einschl. Datenverarbeitung)*

Rechtsform:
Aktiengesellschaft

***Geschäftsjahr:** 1.10.-30.9.*

***Gründungsjahr:** 1847 als OHG; ab 1890 KG; ab 1897 AG*

GESCHICHTE UND ENTWICKLUNG. Nachdem der Ingenieur, Elektrotechniker und Unternehmer Werner von Siemens (1816–1892) im Jahre 1846 den elektromagnetischen Zeigertelegraphen entwickelt hatte, gründete er ein Jahr später mit J. G. Halske (1814–1890) in Berlin die »Telegraphen Bau-Anstalt Siemens & Halske«, den Ursprung der heute weltweit operierenden Siemens AG. 1866 Entdekkung des dynamoelektrischen Prinzips, ein Meilenstein auf dem Weg zur modernen Starkstromtechnik, durch Werner von Siemens. Gründung zahlreicher Auslandsgesellschaften. Internationale Betätigung, u. a. 1870 Fertigstellung der Indo-Europäischen Telegrafenlinie, die London mit dem fast 11.000 km entfernten Kalkutta verband. 1897 Umwandlung zur AG. Siemens war führend in der Nachrichten- und Energietechnik. 1903 Fusion der starkstromtechnischen Abteilungen mit der Nürnberger »Elektrizitäts-AG vorm. Schuckert & Co.« zur »Siemens-Schuckertwerke GmbH« in Berlin, die 1927 zur AG wurde. Zahlreiche Erfindungen und bahnbrechende Patente ließen Siemens & Halske rasch wachsen. 1913 offizieller Name Siemensstadt für die »Werkstadt« am Nordwestrand Berlins, dort Sitz des Unternehmens. Nach großen Verlusten besonders der Auslandsdependancen erneuter Aufstieg durch innovative Erfindungen. 1919 mit der AEG gemeinsame Gründung der Osram GmbH als Zusammenschluß verschiedener Glühlampenwerke. Zahlreiche Akquisitionen, Beteiligungen und Firmengründungen.

1945 Zerstörung, Demontage und Enteignungen der im Osten gelegenen Werke; Verlust der Patente und Vermögenswerte im Ausland. Gegen Kriegsende wurden die Zentralen von Siemens & Halske nach München, die der Siemens-Schuckertwerke nach Erlangen verlegt. Seitdem gibt es neben dem Sitz Berlin den Sitz München mit der Siemens-Hauptverwaltung. Rascher Wiederaufbau auf der Grundlage der Werke in den Westzonen und der Berliner Siemensstadt. 1966 Firmierung als Siemens AG nach Eingliederung der Siemens-Schuckertwerke und der Siemens-Reiniger-Werke in die Siemens & Halske AG und deren Umbenennung. 1976 Übernahme der Osram GmbH, 1977 der Kraftwerk Union AG. 1987 Verschmelzung der Kraftwerk Union AG und der Transformatoren Union AG in der Siemens AG. Großakquisitionen in der ganzen Welt während der 70er und 80er Jahre. Siemens übernahm u. a. 1990 die Mehrheit der Stammaktien der Nixdorf Computer AG; Zusammenlegung mit dem Siemens-Bereich Daten- und Informationstechnik zur Siemens Nixdorf Informationssysteme AG (SNI); 1991/92 vollständige Übernahme der SNI-Beteiligung. Von 1904 bis 1981 waren Nachkommen von Werner von Siemens Aufsichtsratsvorsitzende des Weltkonzerns: Arnold von Siemens (1853–1918), Wilhelm von Siemens (1855–1919), Carl Friedrich von Siemens (1872–1941), Hermann von Siemens (1885–1986), Ernst von Siemens (1903–1990) und Peter von Siemens (1911–1986).

BESITZVERHÄLTNISSE/EIGENTUMSSTRUKTUR.
● Familie Siemens (6,94% – davon 5,29% Stammaktien, 1,65% stimmberechtigte Vorzugsaktien). Da sich bei unternehmensstrate-

gisch entscheidenden Fragen das Stimmrecht der Vorzugsaktien versechsfacht, erreicht der Anteil der Familie Siemens nach Konzernangaben 14,03%. Von den insgesamt 56 Mio. Siemens-Aktien sind die 923.634 Vorzugsaktien allein im Besitz der Familie Siemens. Die 55 Mio. Siemens-Stammaktien sind breit gestreut. Aktueller Börsenwert des Aktien-Paketes der Familie Siemens: 2,7 Mrd. DM. Die Aktien der Familie und familiennaher Stiftungen werden treuhänderisch verwaltet von der Siemens-Vermögensverwaltungs GmbH. Insgesamt besteht die Siemens-Familie aus 180 Mitgliedern, von denen sechs die Anteile an der Siemens-Vermögensverwaltungs GmbH halten. Wichtigster Familienvertreter ist Peter von Siemens, der die Familie auch im Aufsichtsrat vertritt.

● Rest Streubesitz bei ca. 607.000 Aktionären. Private Anleger halten rund 46% des Grundkapitals; hierin enthalten sind auch Siemens-Mitarbeiter, die regelmäßig Aktien zum Vorzugspreis erwerben können. Vom Inlandsbesitz befinden sich 32% in den Händen von Arbeitnehmern. 40% des Grundkapitals wird von institutionellen Investoren gehalten – Investmentfonds, Versicherungen, Banken. Sonstige Unternehmen sind mit rund 10% beteiligt. Rund 84.000 Siemens-Aktionäre mit Wohnsitz außerhalb Deutschlands halten 40% des Grundkapitals. Hier hat sich die Zahl der institutionellen Anleger seit 1990 fast auf 4.000 verdoppelt. In Europa liegt mit 87% der ausländischen Aktionäre und 29% des Grundkapitals der Schwerpunkt. Am Finanzplatz London wird mit 9,3% der größte Anteil am Grundkapital gehalten.

KONZERNÜBERBLICK. Siemens gehört weltweit zu den größten und traditionsreichsten Unternehmen der Elektrotechnik und Elektronik. Nach Umsatz- und Mitarbeiterzahlen zählt Siemens zu den sechs größten Unternehmen der Weltelektronikindustrie. Siemens ist der größte private Arbeitgeber der Bundesrepublik. In 260 Geschäftsfeldern und 17 geschäftsführenden Bereichen ist der multinational operierende Konzern tätig.

Energie:

◆ Energieerzeugung (KWU). In diesem Bereich ist die frühere Kraftwerk Union aufgegangen: konventionelle und Kernkraftwerke; fossile Energieerzeugung, nukleare Energieerzeugung (Kernkraftwerke, nukleare Entsorgung, Endlagerung und Stillegung; Lasertechnik; Keramikprodukte), Kernbrennstoff-Kreislauf. KWU lieferte KKWs nach Holland, Spanien, Argentinien, Brasilien, Iran und Österreich und baute alle neueren KKWs in der Bundesrepublik bis auf Mülheim-Kärlich. Nach zunehmenden Widerständen im Inland setzt Siemens nun ganz aufs Ausland: »Als einen Durchbruch auf dem osteuropäischen Kernkraftwerksmarkt werten wir den Auftrag zur Lieferung der Leittechnik für die slowakischen Anlagen Mochovce 1 und 2.« Vehement widersprechen die Siemens-Manager der These, wonach international ein Ausstieg aus der Kernenergie im Gang sei. Vielmehr werde weltweit wieder stärker auf die Kernenergie gesetzt. Ausstiegsbeschlüsse würden revidiert und Neubaupläne aufgelegt. Die Brennelemente-Fertigung in Hanau wurde allerdings beendet. Umsatz 1994/95: 8,4 Mrd. DM (Vorjahr: 7,7 Mrd.); Investitionen 1994/95: 253,0 Mio. DM (Vorjahr: 227,0 Mio); Beschäftigte 1994/95: 20.200 (Vorjahr: 23.000).

Unternehmenskommunikation:
Dr. Eberhard Posner
Tel.: (089) 234-3470
FAX: (089) 234-2844

Öffentlichkeitsarbeit:
Ursula Faßl
Tel.: (089) 234-3819
FAX: (089) 234-2825

Presseabteilung:
Thomas Weber
Tel.: (089) 234-2812
FAX: (089) 234-2825

Siemens Forum:
Prannerstraße 10
80333 München
Tel.: (089) 234-2660

Verbände: *Verbandszugehörigkeit entsprechend allen Konzernbereichen*

Zentralvorstand:

▌ *von Pierer, Heinrich, Dr. (Vorsitzender; Leitung: Zentralbereich Unternehmensplanung. Betreuung: SNI, Unternehmenskommunikation, Zentralstelle Wirtschaftspolitik und Außenbeziehungen)*

▌ *Baumann, Karl-Hermann, Dr. (Leitung: Zentralbereich Finanzen)*

▌ *Jung, Volker, Dr. h.c. (Betreuung: Halbleiter, Öffentliche Kommunikationsnetze, Private Kommunikationsnetze, Sicherungstechnik; Vernetzungssysteme, Afrika, Naher/Mittlerer Osten, GUS-Länder)*

▌ *Kunerth, Walter, Prof. Dr. (Leitung: Zentralbereich Produktion und Logistik, Umweltschutzbeauftragter des gesamten Unternehmens. Betreuung: Zentralbereich Forschung und Entwicklung, Antriebs-, Schalt- und Installationstechnik, Automobiltechnik, elektromechanische Komponenten, passive Bauelemente und Röhren)*

▌ *Langer, Horst, Dr. (Betreuung: Anlagentechnik, Medizintechnik, Verkehrstechnik, Osram, Amerika)*

▌ *Maly, Werner (Leitung: Zentralbereich Personal. Betreuung: Personal)*

▌ *Radomski, Jürgen (Betreuung: Infrastrukturdienste, Rechen- und Kommunikationsdienste, Europa)*

▌ *Wilhelm, Günter, Dr. E.h. (Betreuung: Automatisierungstechnik, Energieübertragung und -verteilung, Energieerzeugung, Audio- und Videosysteme, Asien, Australien)*

◆ Energieübertragung und -verteilung (Hochspannung, Transformatoren, Zähler-, Schutz-, Leittechnik, Starkstromkabel und -leitungen). Umsatz 1994/95: 5,9 Mrd. DM (Vorjahr: 5,5 Mrd.); Investitionen 1994/95: 151,0 Mio. DM (Vorjahr: 157,0 Mio); Beschäftigte 1994/95: 22.500 (Vorjahr: 22.000).

Industrie und Handwerk:

◆ Anlagentechnik (weltweit führender Anbieter von elektrotechnischen Anlagen für die Grundstoffindustrie, Prozeßleittechnik, Chemieindustrie, Schiffbau, Dieselkraft, öffentliche Auftraggeber, Gebäude- und Sicherheitstechnik, Straßenverkehrstechnik; Anlagenerrichtung). Umsatz 1994/95: 9,2 Mrd. DM (Vorjahr: 8,6 Mrd.); Investitionen 1994/95: 94,0 Mio. DM (Vorjahr: 82,0 Mio); Beschäftigte 1994/95: 40.400 (Vorjahr: 42.000). Die teilweise Ausgliederung der Anlagentechnik aus dem Siemens-Verbund 1997 gehört offensichtlich zu den Planspielen des Vorstandes.

◆ Antriebs-, Schalt- und Installationstechnik (Antriebe, Motoren, Schaltgeräte, Transformatoren, Installations- und Kanalsysteme, Steckdosensysteme, Gebäudesystemtechnik). Umsatz 1994/95: 7,4 Mrd. DM (Vorjahr: 6,9 Mrd.); Investitionen 1994/95: 240,0 Mio. DM (Vorjahr: 233,0 Mio.); Beschäftigte 1994/95: 34.700 (Vorjahr: 35.000).

◆ Automatisierungstechnik (Industrieautomatisierungssysteme, Systeme für Werkzeugmaschinen, Geräte und Systeme der Meß- und Prüftechnik, Produktionsautomatisierung, Robotersteuerungen, Prozeßleitsysteme und Logistiksysteme). Umsatz 1994/95: 6,9 Mrd. DM (Vorjahr: 5,9 Mrd.); Investitionen 1994/95: 141,0 Mio. DM (Vorjahr: 124,0 Mio); Beschäftigte 1994/95: 16.700 (Vorjahr: 18.000).

Information:

◆ Siemens Nixdorf Informationssysteme AG SNI (Produkte und Systeme der Informationstechnik: große, mittlere und kleine DV-Systeme/Server einschließlich deren Systemsoftware sowie Peripheriegeräte und Vernetzungskomponenten; Personal Computer, Workstations, Terminals, Hochleistungsdrucker sowie Selbstbedienungs- und Kassensysteme; Anwendersoftware, Lösungen für Industrie, Handel, Banken, Versicherungen, öffentliche Auftraggeber und Telekom; Consulting, Projektmanagement, Outsourcing und Schulung; System- und Produktservice). 1993 gab sich SNI eine neue organisatorische Struktur. Mit neun Business Units und vier System Units hat sich die Firma den differenzierten Marktstrukturen angepaßt. Die SNI AG führt ihr operatives Geschäfts für Rechnung der Siemens AG. Nach mehrjährigen Restrukturierungen schrieb SNI 1995 erstmals wieder schwarze Zahlen. 1996 war SNI auf dem deutschen PC-Markt führend. Anfang 1996 verkaufte SNI das Geschäft mit Hochleistungsdruckern an die holländische Océ-van der Grinten N.V. für rund 800 Mio. DM. Am PC-Hersteller und Filialisten Vobis Microcomputer beteiligte sich SNI mit 10%. Umsatz 1994/95: 12,8 Mrd. DM (Vorjahr: 11,7 Mrd.); Investitionen 1994/95: 426,0 Mio. DM (Vorjahr: 442,0 Mio); Beschäftigte 1994/95: 37.200 (Vorjahr: 39.000).

Verkehr:

◆ Verkehrstechnik (Anlagen für den schienengebundenen Verkehr, elektrische Ausrüstungen für den nichtschienengebundenen Verkehr außer Pkw, Sicherungssysteme, Leitsysteme; ICE-Züge, dieselelektrische Triebzüge mit Wagenkastenneigung. Siemens setzt trotz massiver Kritik aus vielen Teilen der Gesellschaft als Mitglied des Transrapid-

Konsortiums auf die Magnetbahn Transrapid.). Umsatz 1994/95: 4,6 Mrd. DM (Vorjahr: 4,3 Mrd.); Investitionen 1994/95: 122,0 Mio. DM (Vorjahr: 100,0 Mio); Beschäftigte 1994/95: 13.700 (Vorjahr: 12.000).

◆ Automobiltechnik (Steuer-, Regel- und Informationssysteme, Elektromotoren, Bordnetze, Ansaug-, Gemischbildungs- und Abgaskomponenten). Umsatz 1994/95: 3,2 Mrd. DM (Vorjahr: 3,0 Mrd.); Investitionen 1994/95: 295,0 Mio. DM (Vorjahr: 238,0 Mio); Beschäftigte 1994/95: 13.700 (Vorjahr: 14.000).

Kommunikation:

◆ Öffentliche Kommunikationsnetze (Fernsprechvermittlungssystem EWSD – bislang haben 230 Fernmeldeverwaltungen in 86 Ländern über 100 Mio. Anschlüsse in EWSD-Technik installiert oder bestellt. Öffentliche Fernsprechvermittlungssysteme, Übertragungssysteme, Nachrichtenkabel, Mobilfunktechnik nach dem digitalen GSM-Standard – Global System for Mobile Communications – mit 47 Netzbetreibern in 40 Ländern Europas, Asiens, Afrikas und Amerikas. Siemens plant die Gründung eines Geschäftsgebietes für Internet-Lösungen). Umsatz 1994/95: 10,4 Mrd. DM (Vorjahr: 12,8 Mrd.); Investitionen 1994/95: 339,0 Mio. DM (Vorjahr: 395,0 Mio); Beschäftigte 1994/95: 32.400 (Vorjahr: 41.000).

◆ Private Kommunikationssysteme (Kommunikationsendgeräte, wie z. B. schnurgebundene und schnurlose Telefone, Mobiltelefone und Faxgeräte; kleine, mittlere und große Kommunikationssysteme, Applikationen und Netze, Multimedia ATM). Umsatz 1994/95: 7,0 Mrd. DM (Vorjahr: 6,2 Mrd.); Investitionen 1994/95: 475,0 Mio. DM (Vorjahr: 440,0 Mio); Beschäftigte 1994/95: 23.900 (Vorjahr: 23.000).

◆ Vernetzungssysteme (Produkte, Systeme und Services für offene Netze zur Übertragung von Daten, Sprache und Video; komplette Lösungen CAN für private und öffentliche Kommunikationsnetze, Local Area Networks LAN, Wide Area Networks WAN, Metropolitan Area Networks MAN, Kabelsysteme, Netzwerk Management). Umsatz 1994/95: 0,9 Mrd. DM (Vorjahr: 0,8 Mrd.); Investitionen 1994/95: 14,0 Mio. DM; Beschäftigte 1994/95: 1.600 (Vorjahr: 1.000).

◆ Sicherungstechnik (Verteidigungselektronik von der Konzeption über Systeme bis zum Service, u. a. für die im Golf-Krieg eingesetzte »Patriot«, für die Siemens »Generalunternehmer des nationalen Anpassungsprogramms« ist; Flugsicherung). Umsatz 1994/95: 1,4 Mrd. (Vorjahr: 1,4 Mrd.); Investitionen 1994/95: 26,0 Mio. DM (Vorjahr: 24,0 Mio); Beschäftigte 1994/95: 5.500 (Vorjahr: 5.000).

Medizin:

◆ Medizinische Technik (Produkte und Dienstleistungen der Medizintechnik für Diagnostik und Therapie für niedergelassene Ärzte und Krankenhäuser; Röntgensysteme, Ultraschall, Computertomographen, Kernspintomographen, Systeme für die Nuklearmedizin, Geräte für Strahlentherapie, Elektromedizin, Dentalsysteme). Umsatz 1994/95: 6,8 Mrd. DM (Vorjahr: 7,5 Mrd.); Investitionen 1994/95: 238 Mio. DM (Vorjahr: 276,0 Mio); Beschäftigte 1994/95: 23.400 (Vorjahr: 25.000).

Vorstand:

▌ *Danielmeyer, Hans Günter, Prof. Dr. (Leitung: Zentralbereich Forschung und Entwicklung)*

▌ *Hüttl, Adolf (Leitung: Energieerzeugung KWU)*

▌ *Kill, Eberhard (Leitung: Anlagentechnik)*

▌ *Knorr, Jürgen (Leitung: Halbleiter)*

▌ *Martinsen, Wolfram O. (Leitung: Verkehrstechnik)*

▌ *Pribilla, Peter (Leitung: Öffentliche Kommunikation)*

Vorstandsbezüge (insgesamt) 1994/95:

16.100.000,– DM

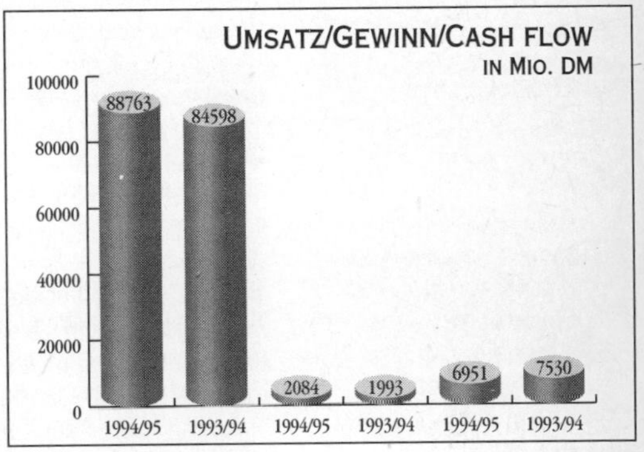

Aufsichtsrat:
▮ *Franz, Hermann (Vorsitzender; ehem. Mitglied des Siemens-Zentralvorstandes), München*
▮ *Cartellieri, Ulrich, Dr. (stellv. Vorsitzender; Mitglied des Vorstandes der Deutsche Bank AG), Frankfurt/Main*
▮ *Beusch, Karl (Rechtsanwalt), München*
▮ *Fauroux, Roger (Ehrenpräsident der Saint-Gobain S.A., Paris), Paris*
▮ *Kriwet, Heinz, Dr. (Vorsitzender des Vorstandes der Thyssen AG), Düsseldorf*
▮ *Röller, Wolfgang, Dr. (Vorsitzender des Aufsichtsrates der Dresdner Bank AG), Frankfurt/Main*
▮ *Schmidt, Albrecht, Dr. (Sprecher des Vorstandes Bayerische Vereinsbank AG), München*
▮ *Senn, Nikolaus, Dr. (Präsident des Verwaltungsrates der Schweizerischen Bankgesellschaft), Zürich*
▮ *von Siemens, Peter (Vertreter der Gründerfamilie), München*
▮ *Strenger, Hermann J. (Vorsitzender des Aufsichtsrates der Bayer AG), Leverkusen*
**Graf, Alfons (stellv. Vorsitzender)*
**Grube, Birgit*
**Haller, Bettina*
**Hawreliuk, Heinz*
**Heckmann, Ralf*
**Kreyenberg, Detlef*
**Nassauer, Georg*
**Zahl, Erwin*

Aufsichtsratstantiemen 1994/95: *1.100.000,– DM*

Bauelemente:

◆ Halbleiter (Halbleiterbauelemente für den Einsatz in Informationstechnik, Industrie-, Automobil- und Unterhaltungselektronik; Standard-ICs, DRAMs, Chipkarten-ICs, Mikrocontoller, Transistoren, Mikrowellenhalbleiter, Sensoren, Leuchtdioden und Displays, Optokoppler, Halbleiterlaser). Umsatz 1994/95: 4,2 Mrd. DM (Vorjahr: 3,1 Mrd.); Investitionen 1994/95: 793,0 Mio. DM (Vorjahr: 667,0 Mio); Beschäftigte 1994/95: 15.900 (Vorjahr: 14.000).

◆ Passive Bauelemente und Röhren (Kondensatoren, Module, Röhren, Widerstände). Umsatz 1994/95: 1,9 Mrd. DM (Vorjahr: 1,6 Mrd.); Investitionen 1994/95: 175 Mio. DM (Vorjahr: 123,0 Mio); Beschäftigte 1994/95: 8.900 (Vorjahr: 9.000).

◆ Elektromechanische Komponenten (Relais, Steckverbinder, Schalter und Tasten). Umsatz 1994/95: 1,1 Mrd. DM (Vorjahr: 1,1 Mrd.); Investitionen 1994/95: 93,0 Mio. DM (Vorjahr: 104,0 Mio); Beschäftigte 1994/95: 7.800 (Vorjahr: 8.000).

Licht:

◆ Osram GmbH (Produkte der Lichttechnologie: Glühlampen, Leuchtstofflampen, Hochdrucklampen, Fahrzeuglampen, Signallampen, Lampen für Foto, Film, TV, Bühne und Optik, elektronische Betriebsgeräte). Umsatz 1994/95: 5,4 Mrd. DM (Vorjahr: 5,4 Mrd.) unter Einbeziehung der Osram Sylvania, Inc., Danvers/USA); Investitionen 1994/95: 366,0 Mio. DM (Vorjahr: 286,0 Mio); Beschäftigte 1994/95: 27.000 (Vorjahr: 27.000).

◆ Antriebs-, Schalt- und Installationstechnik (Außenbeleuchtung, Beleuchtungssysteme, Serienleuchten, Beleuchtungselektronik, Bürobeleuchtung, Industriebeleuchtung). Dieser Bereich wurde erst 1996 installiert.

◆ In der Bosch-Siemens-Hausgeräte GmbH haben vor 25 Jahren Bosch und Siemens ihre Hausgeräteaktivitäten zusammengeschlossen. Das Unternehmen ist europaweit das zweitgrößte seiner Branche und unterhält Fertigungsstätten in Deutschland, Spanien, Griechenland und Slowenien (siehe auch Bosch). Umsatz 1994/95: 6,9 Mrd. DM (Vorjahr: 6,7 Mrd.); Investitionen 1994/95: 279,0 Mio. DM (Vorjahr: 292,0 Mio); Beschäftigte 1994/95: 22.500 (Vorjahr: 22.500).

Im Rahmen von Produktion und Logistik wurden 1995 in den weltweit rund 490 Einkaufsabteilungen für 37,4 Mrd. DM Materialien zur Verarbeitung eingekauft, 45% davon aus dem Ausland. Das Siemens-Einkaufsinformationssystem enthält 25.000 Stammlieferanten. Das in der Bundesrepublik bezogene Material sichert bei den Lieferanten des Mittelstandes nach einer Siemens-Berechnung etwa 150.000 Arbeitsplätze.

Im Bereich Forschung und Entwicklung arbeiteten 1995 bei Siemens über 48.000 Menschen in allen 260 Geschäftsfeldern, auf denen der Konzern tätig ist. 13.500 Mitarbeiter arbeiten außerhalb Deutschlands. Die technische Weiterentwicklung wird allerdings im wesentlichen durch die Forschung in 30 Technologiebereichen bestimmt. Die Siemens-Forschung gehört zu den umfangreichsten auf der Welt. Sie reicht von der Entwicklung von Sensoren und Mikro-Chips über Bauelemente für die Kommunikation bis zur Kernenergie. Siemens arbeitet mit mehr als 150 Hochschulen in aller Welt zusammen mit dem Ziel der Verbindung eigener Forschung mit der universitären Wissenschaft. Zum Ende des Geschäftsjahres 1994/95 beschäftigte der Siemens-Konzern 373.000 Menschen, davon 211.000 in Deutschland. In 150 Ländern außerhalb Deutschlands arbeiten 162.000 Siemens-Mitarbeiter. Die US-Gesellschaften liegen hinter Deutschland mit 47.000 Beschäftigten an zweiter Stelle. Mit diesen Mitarbeitern erwirtschaftete Siemens in den USA über 80% des Geschäftes durch Wertschöpfung vor Ort. Siemens verfügt über einen riesigen Grundbesitz: in der Siemens AG 13,5 Mio. qm mit einem Buchwert von 708,0 Mio. DM; im Konzern 40,9 Mio. qm mit 1,98 Mrd. DM Buchwert. Der Buchwert der Gebäude liegt bei 2,3 Mrd. DM (AG) bzw. 6,3 Mrd. DM (Konzern). Der Marktwert dürfte aber erheblich höher sein. Siemens macht auch in den neuen Bundesländern umfangreiche Ansprüche für seine bis zu Kriegsende 30 Standorte geltend.

BETEILIGUNGEN. Der Siemens-Konzern umfaßt weltweit 650 Gesellschaften und Beteiligungen. Siemens ist in 130 Ländern mit eigenen Gesellschaften, Stützpunkten, Landesbüros und Vertretungen präsent, in 40 Ländern verfügt Siemens über 200 eigene Produktionsstätten. Alle großen Siemens-Unternehmen verfügen ihrerseits wiederum über zahlreiche Tochter- und Beteiligungsgesellschaften. Zu den wichtigsten verbundenen Siemens-Unternehmen gehören:

- Siemens Nixdorf Informationssysteme AG, Paderborn (100%). Das 1952 von Heinz Nixdorf in Paderborn gegründete Familienunternehmen geriet nach expansiven Jahren und der Ausweitung zum erfolgreichen Konzern durch eine verfehlte Produktpolitik (1989 Jahresfehlbetrag von über 1 Mrd. DM) so ins Schlingern, daß Siemens die Paderborner aufkaufte und damit den Computer-Hersteller rettete. Im April 1990 übernahm Siemens die Mehrheit der Stammaktien der Nixdorf Computer AG. Zum 1. Oktober des Jahres wurde der Siemens-Bereich Daten- und Informationstechnik (DI) in die Nixdorf Computer AG gegen Ausgabe neuer Aktien eingebracht. An der als Siemens-Nixdorf Informationssysteme AG (SNI) firmierenden Gesellschaft hält Siemens inzwischen 100%. Mit der Produktionspalette vom Personal Computer bis zum Großrechner ist SNI die größte europäische Gesellschaft dieser Branche. Umsatz 1994/95: 4.250,0 Mio. DM.
- Osram GmbH, Berlin und München (100% – Entwicklung, Herstellung und Vertrieb von elektrischen Lampen, Glühlampen, Strahlungsquellen aller Art. Gegr. 1919. Umsatz 1994/95: 2.032,0 Mio. DM); Vacuumschmelze GmbH, Hanau (100% – metallische Werkstoffe, Magnete. Umsatz 1994/95: 415,0 Mio. DM); Duewag AG, Krefeld (98% – Fertigung und Vertrieb von Schienenfahrzeugen. Umsatz 1994/95: 905,0 Mio. DM); Siemens Matsushita Components GmbH & Co. KG, München (50% – elektrische und elektronische Bauelemente und Baugruppen. Umsatz 1994/95: 800,0 Mio. DM).
- Bosch-Siemens Hausgeräte GmbH, München (50% – 50% Bosch; Erzeugnisse der Elektrotechnik und Feinmechanik, insbesondere von Hausgeräten. Umsatz 1994/95: 5.839,0 Mio. DM); Linotype-Hell AG, Eschborn (33% – Maschinen und Systeme zur Erfassung, Verarbeitung und Wiedergabe von Text, Bild und Grafik. Umsatz 1994/95: 693,0 Mio. DM); Tela Versicherung Aktiengesellschaft, Berlin und München (50% – je 25% halten die Allianz und die Münchener Rück. Umsatz 1994/95: 495,0 Mio. DM).

BÖRSE, AKTIEN, KURSE
Grundkapital 1995:
2.799,0 Mio.
Jahreshöchstkurs 1995:
793,70 DM
Jahrestiefstkurs 1995:
637,00 DM
Aktie Jahresende 1995:
788,00 DM
Dividende pro Aktie 1995:
13,00 DM

Die Dividende bezieht sich auf je 50,– DM Aktiennennbetrag. Die Siemens-Aktie ist an allen deutschen und weiteren acht europäischen Börsen notiert. Sie gehört zu den umsatzstärksten Werten. Über 9% des Umsatzes in deutschen Aktien entfielen auf Siemens. Zur Ausschüttung kam der Bilanzgewinn von 728,0 Mio. DM bei einer ausgegebenen Stückzahl von 56 Mio. Aktien. Art der Aktien: 55.064.525 Stammaktien, 923.634 Vorzugsaktien. Im Mai 1996 wechselte Siemens den Nennwert seiner Aktien von 50 auf 5 DM.

Umsatz 1994/95:
88.763,0 Mio.
(davon im Ausland:
50.906,0 Mio.)
Umsatz 1993/94:
84.598,0 Mio.
(davon im Ausland:
48.827,0 Mio.)
Umsatz 1992/93:
81.648,0 Mio.
(davon im Ausland:
44.377,0 Mio.)

Gewinn 1994/95:
2.084,0 Mio.
Gewinn 1993/94:
1.993,0 Mio.
Gewinn 1992/93:
1.982,0 Mio.

Cash flow 1994/95:
6.951,0 Mio.
Cash flow 1993/94:
7.530,0 Mio.
Cash flow 1992/93:
8.139,0 Mio.

***Cash flow:** Die Liquidität stieg auf über 24,0 Mrd. DM. Zu dem Aufbau der Liquidität hat vor allem der Mittelzufluß aus der Geschäftstätigkeit von 5,4 Mrd. DM beigetragen, der aus dem Cash flow resultierte. Ein Großteil des Cash flow floß in die Investitionen für Beteiligungen.*

Steueraufkommen 1994/95:
518,0 Mio.

● Siemens S.A., Saint-Gilles, Brüssel/Belgien (100%); Siemens S.A., Saint-Denis, Paris/Frankreich (100%); Siemens plc, Bracknell, London/Großbritannien (100%); Siemens S.p.A., Mailand/Italien (100% – Die Siemenstochter und die italienische staatliche Fernmeldeproduktion Italtel SpA, Mailand, haben ihre Aktivitäten in einer neuen Gesellschaft mit fast 20.000 Beschäftigten zusammengelegt); Siemens Nederland N.V., Den Haag/Niederlande (100%); Siemens AG Österreich, Wien/Österreich (74%); Siemens-Albis AG, Zürich/Schweiz (78%); Siemens S.A., Madrid/Spanien (100%); Siemens Corporation, New York/USA (100%); Siemens USA besitzt zahlreiche bedeutende Tochter- und Beteiligungsgesellschaften; Siemens S.A., São Paulo/Brasilien (82%); Siemens S.A., Buenos Aires/Argentinien (100%); Siemens S.A. de C.V., México-City/Mexiko (100%); Siemens Components (Pte) Ltd., Singapur (100%); Siemens K.K., Tokio/Japan (83%); Siemens Components (Advanced Technology) Sdn. Bhd., Malacca/Malaysia (100%); Siemens Ltd., Johannesburg/Südafrika (52%); Siemens Ltd., Richmond, Melbourne/Australien (100%); Osram Sylvania, Inc., Danvers/MA, USA (100%); GPT Holdings Ltd., London/Großbritannien (40%).

NEUE BUNDESLÄNDER. Siemens ist in den neuen Bundesländern mit einem flächendeckenden Vertriebs- und Servicenetz und zahlreichen Fertigungsstandorten vertreten: Schwerin, Greifswald, Nauen, Leipzig, Dresden, Chemnitz, Görlitz, Mosel, Erfurt und Rudolstadt. Basis für flächendeckenden Vertrieb, Engineering, Montage und Service sind die Zweigniederlassungen und Geschäftstellen in Rostock, Schwerin, Berlin, Cottbus, Magdeburg, Halle, Leipzig, Dresden, Chemnitz und Erfurt. Hinzu kommen 20 i-center als Elektrogroßhandel für das Elektrohandwerk und die Industrie. Ende 1995 beschäftigte Siemens in Ostdeutschland knapp 14.000 Mitarbeiter, davon über 1.100 Auszubildende.
Siemens betrachtete bereits Ende 1993 die Aufbauphase in Ostdeutschland als abgeschlossen, alle wichtigen Akquisitionen und Neugründungen waren getätigt, der Konzern begann mit der Verschmelzung nahezu aller in Ostdeutschland erworbenen Unternehmen auf Siemens – und das waren überwiegend ehemalige DDR-Industrieperlen wie beispielsweise die Großbetriebe Starkstrom-Anlagenbau Leipzig und Rostock mit über 5.000 Beschäftigten. Siemens hat mit der Installierung des Fernsprechvermittlungssystems EWSD begonnen. Die Fertigungsgesellschaften WSSB Verkehrstechnik GmbH, Berlin, Siemens Automatisierungstechnik GmbH, Chemnitz, Siemens Energie- und Medizintechnik GmbH, Dresden, Siemens Turbinenbau GmbH, Görlitz, Siemens Kommunikationstechnik Leipzig GmbH, Siemens Kabelwerk Meißen GmbH, Siemens Röntgenwerk GmbH, Rudolstadt, Siemens Übertragungssysteme GmbH, Greifswald, Siemens Kabelwerke Schwerin GmbH, Siemens Elektromaschinenbau und Instandhaltung Erfurt GmbH sowie die Siemens Automobiltechnik GmbH, Zwickau, wurden als Werke eingegliedert. Für die Mitarbeiter bedeutete das u. a. die Einbeziehung in die Siemens-Altersfürsorge, Betreuung durch die Betriebskrankenkasse, die Teilnahme an der Erfolgsbeteiligung sowie die Möglichkeit, Belegschaftsaktien zu erwerben.
In Dresden lief Ende 1995 die Fertigung im Hochleistungs- und Innovationszentrum für Mikroelektronik des Bereiches Halbleiter an. Mit

dem Projekt verbinden sich über einen Zeitraum von 10 Jahren Investitionen von 2,7 Mrd. DM. 1996 wurden die ersten Chips produziert. Bei der Siemens Microelectronics GmbH, Dresden, werden hierfür 1.400 High-Tech-Arbeitsplätze geschaffen. Eine zweite Chip-Fabrik in Sachsen wird zugunsten des nordenglischen Standortes Newcastle nicht realisiert. Die Bosch-Siemens-Hausgeräte GmbH errichtete 1995 in Nauen (Brandenburg) ein Werk für Wäschetrockner mit 400 Arbeitsplätzen. Ein weiterer Ausbau des Standortes ist geplant. In der Forschung und Entwicklung sind in den neuen Bundesländern etwa 500 Mitarbeiter tätig.

SIEMENS UND DIE KOMMUNIKATION. Nahezu 20 Mrd. DM setzt Siemens im Arbeitsgebiet Kommunikation um, zu dem die Bereiche Öffentliche Kommunikation, Private Kommunikation, Vernetzungssysteme und Sicherungstechnik gehören. Siemens ist mit seinen Kommunikationslösungen in über 120 Ländern vertreten und betreut weltweit über eine halbe Million Kunden. Siemens investiert jährlich rund 5 Mrd. DM in neue Telekom-Technologien, neue Fertigungstechniken sowie in die Aus- und Weiterbildung seiner weltweit 60.000 Mitarbeiter im Arbeitsgebiet Kommunikation. Zusammengenommen haben die Kommunikationsbereiche von Siemens einen Weltmarktanteil von über 10% erreicht. Damit gehört Siemens zu den drei größten Anbietern (neben Alcatel und AT&T) auf dem Weltmarkt. Einen großen Sprung tat Siemens durch das Joint-venture mit Italtel, der Tochter der italienischen Telekommunikations-Holding STET. Auf dem Sektor Vermittlungstechnik sind 230 Netzbetreiber aus 86 Ländern mit rund 110 Mio. Anschlüssen Kunden des Siemens-Systems EWSD. EWSD ist eines der meistverkauften digitalen Vermittlungssysteme der Welt. Im Mobilfunk bietet Siemens die digitale GSM-Technik (Global System for Mobile Communications) an. Aufträge zum Aufbau von digitalen Mobilfunknetzen hat Siemens von 63 Betreibern in 49 Ländern, davon 20 in Europa, 16 in Asien, 12 in Afrika und 1 in den USA. Im Bereich der Telekommunikation ist Siemens beispielsweise in Ostasien flächendeckend präsent: mit über 60 Gesellschaften und Joint-ventures, rund 20 eigenen Fertigungsstätten und 80 Vertriebsstützpunkten. Bis zur Jahrtausendwende werden dort 5 Mrd. DM investiert, nach dem Jahr 2000 erwartet Siemens in dieser Region einen Auftragseingang von etwa 20 Mrd. DM. Siemens arbeitet als Komplettanbieter für Mobilfunk-Infrastruktur-Lösungen. Der Auslandsanteil beträgt 60%, angestrebt sind 80%. Die Steigerung soll überwiegend aus dem Raum Asien/Pazifik kommen. Mit der schweizerischen Gesellschaft SMH Mikroelektronik und Uhrenindustrie AG (Swatch) plant Siemens mobile miniaturisierte Telekommunikationsgeräte für den Endkonsumenten. Vermarktet werden diese Geräte unter dem Namen »Swatch«.

STANDORT DEUTSCHLAND. Das 1993 aus der Taufe gehobene und »top« genannte Restrukturierungsprogramm hatte von Anfang an das Ziel, Siemens nach einer Phase der Stagnation Produktionssteigerungen bis zu 30% innerhalb von vier Jahren zu bescheren. Denn auch Siemens bekam die Rezession 1993/94 zu spüren. 1993 stagnierte erstmals der Auftragseingang der erfolgsverwöhnten Siemensianer. Das einschneidende Sanierungs- und Restrukturierungsprogramm kostete seit 1994 rund 25.000 Mitarbeiter den Arbeitsplatz.

Beschäftigte 1994/95:
373.800 (Ausland: 162.000)
Beschäftigte 1993/94:
376.000 (Ausland: 158.000)
Beschäftigte 1992/93:
391.000 (Ausland: 153.000)

Umsatz pro Mitarbeiter 1994/95: *237.461,– DM*
Umsatz pro Mitarbeiter 1993/94: *224.995,– DM*
Umsatz pro Mitarbeiter 1992/93: *208.818,– DM*

Löhne und Gehälter 1994/95: *28.232,0 Mio.*
Löhne und Gehälter 1993/94: *28.505,0 Mio.*
Durchschnittsgehalt 1994/95: *75.527,– DM*
Soziale Abgaben und Aufwendungen 1994/95: *7.235,0 Mio.*
Soziale Abgaben und Aufwendungen 1993/94: *7.494,0 Mio.*

Bezüge pro Vorstandsmitglied 1994/95: *1.150.000,– DM*
Tantiemen pro Aufsichtsrat 1994/95: *57.895,– DM*

Investitionen 1994/95:
7.465,0 Mio.
Investitionen 1993/94:
5.721,0 Mio.
Investitionen 1992/93:
6.674,0 Mio.

Am stärksten betroffen war SNI mit einem Abbau von über 6.000 Mitarbeitern. Auch wenn die Zahl der Mitarbeiter 1995 noch einmal um vergleichsweise geringe 3.000 auf 373.000 zurückging, so muß man relativieren: Im Inland wurden 7.000 Stellen gestrichen, im Ausland kamen 4.000 hinzu. Auch 1996 sollen in Deutschland noch einmal rund 7.000 Arbeitsplätze abgebaut werden, während im Ausland Arbeitsplätze geschaffen werden sollen. Die Umstrukturierungs- und Stillegungsmaßnahmen ließ sich Siemens innerhalb von drei Jahren 6,7 Mrd. kosten. Im Siemens-Bereich Energieerzeugung (KWU) soll die Mitarbeiterzahl in den nächsten drei Jahren auf 18.000 abgebaut werden. Standorte in Hanau, Berlin und Köln wurden geschlossen. Im Rahmen einer Umstrukturierung des Unternehmensbereiches Anlagentechnik mit der Konzentration auf ihre Kerngeschäfte wird Siemens 1996/97 wahrscheinlich 4.000 inländische Arbeitsplätze aufgeben. Aus Protest gegen die rigorose Unternehmenspolitik verließ im Juli 1996 der Vorsitzende der bayerischen IG Metall, Werner Neugebauer, den Aufsichtsrat. 1992 hatte Siemens weltweit 413.000 Beschäftigte, Anfang 1996 waren es weniger als 373.000. Während im Ausland die Zahl der Beschäftigten mit 160.000 konstant blieb, arbeiteten im Inland Ende 1995 nur noch 213.000 Siemensianer im Vergleich zu 253.000 im Jahr 1992 .

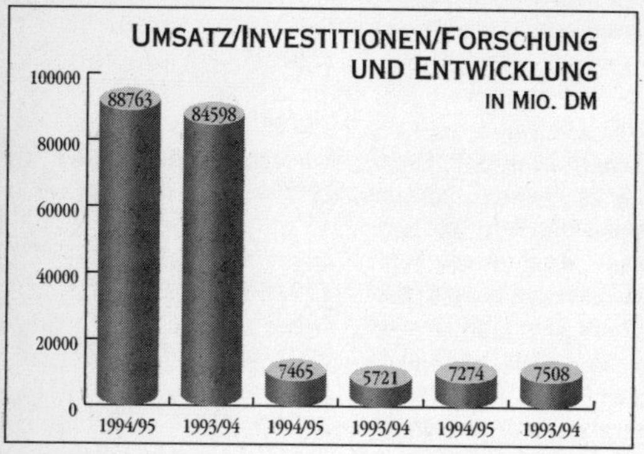

Besonders bei elektronischen Investitions- und Gebrauchsgütern ging die durch die Wiedervereinigung boomende Konjunktur zurück; die Öffnung Osteuropas und dadurch entstandene »Niedrigkostenstandorte« taten ihr übriges. Siemens: »Die Kostennachteile deutscher Standorte beziehen sich inzwischen nicht nur auf gewerbliche Tätigkeiten, sondern auch auf hochqualifizierte Engineering- und Softwareaufgaben – und dies auch im Vergleich zu anderen traditionellen Industriestandorten.« Zur Erinnerung: Das Siemens-Geschäftsvolumen expandierte von 1987 bis 1992 weltweit um 60%, die Beschäftigtenzahl stieg um 60.000, 70 Mrd. DM wurden investiert. Um die Wettbewerbsfähigkeit auf hohem Niveau zu halten, will Siemens die Kosten der operativen und zentralen Einheiten erheblich reduzieren und Ablaufprozesse beschleunigen.

Deutschland bleibt aber weiterhin ein wichtiges Standbein für Siemens auch in der Produktion. Beispiele sind das neue Halbleiterwerk in Dresden (Investitionen 2,7 Mrd. DM) und die Fertigung von Computertomographen im nordbayerischen Forchheim. Dennoch bleibt Siemens dabei, wegen zu hoher Kostenbelastungen in Deutschland, Produktionsbereiche ins Ausland zu verlagern, »um so mit einer Mischkalkulation international wettbewerbsfähig zu bleiben«. Das Siemens-Management gab im August 1995 bekannt, ein neues Halbleiterwerk mit Gesamtinvestitionen von über 2,5 Mrd. DM im englischen Newcastle zu errichten.

Osram plant einen Niedriglohnstandort, voraussichtlich in der Tschechischen Republik, in der Slowakei oder Polen. Und das, obwohl Osram nach der Übernahme der US-Gesellschaft Sylvania (Osram Sylvania) auf dem Weg an die Weltspitze ist. Durch Joint-ventures und die Gründung eigener Gesellschaften schuf Siemens in den osteuropäischen Ländern bereits eine flächendeckende Präsenz. Bis 1998 will Siemens ein neues Chip-Werk für 550 Mio. DM in Nordportugal errichten, wo Speicherbausteine, die aus den Produktionen aus Dresden und Newcastle kommen, getestet und montiert werden.

Die US-Gesellschaften, einschließlich Osram Sylvania, erzielten einen Umsatz von 7,5 Mrd. DM, die Geschäfte im Asien-Pazifik-Raum durch eigene Gesellschaften 8,6 Mrd. DM. Siemens und der amerikanische Motorola-Konzern wollen in Richmond, Virginia/USA, mit einem Investitionsvolumen von 2,3 Mrd. DM eine Fabrik zur Herstellung von 64-Megabit-Chips in Nachfolge der Speicherchips mit einer Kapazität von 16 Megabit bauen. Anfang 1998 soll möglichweise schon mit der Fertigung begonnen werden. Und das soll erst der Anfang sein im »globalen Dorf«: In der VR China hat Siemens bereits 20 Gemeinschaftsunternehmen gegründet, über weitere 30 wird verhandelt. Investitionen in China: 1,5 Mrd. DM. Siemens will sich in China an einem Milliardenprojekt im Kraftwerksbau beteiligen. Mit dem Automobilkonzern Daewoo wird Siemens zur Produktion von Autoteilen in Südkorea im Rahmen eines Gemeinschaftsunternehmens eine Fabrik bauen.

Forschung und Entwicklung 1994/95:
7.274,0 Mio.

Forschung und Entwicklung 1993/94:
7.508,0 Mio.

Forschung und Entwicklung 1992/93:
7.606,0 Mio.

»BÜNDNIS FÜR ARBEIT«. Die flexible Gestaltung der Arbeitszeit wird bei Siemens genutzt, um Kosten zu senken und wettbewerbsfähig zu bleiben – so der Vorstand. Im Siemens-Konzern gibt es mehr als 100 Arbeitszeitmodelle zur stärkeren Flexibilität für die Mitarbeiter und das Unternehmen. Wo immer es möglich ist, sollen Teilzeitarbeitsplätze angeboten werden (1996 etwa 10%). Siemens betrachtet Teilzeitarbeit als Bestandteil des Gesamtkomplexes »flexible Arbeitszeitgestaltung«, deren Aufgabe und Ziel es ist, Unternehmensinteressen und die Interessen der Beschäftigten zum Ausgleich zu bringen (ohne Mehrkosten). Die unternehmensweite »top«-Bewegung (time optimized process), durch Prozeß- und Ablaufoptimierung die Innovationsfähigkeit und Produktivität (so Siemens) zu steigern, schließt die Anwendung flexibler Arbeitszeitgestaltung und Teilzeitarbeit ausdrücklich ein mit den Zielen: verbesserte Ausrichtung auf den Kunden – Kundenorientierung, Prozeßoptimierung in der Wertschöpfungskette, teambezogenes Führungsverhalten zur Förderung von Eigeninitiative und Eigenverantwortung.

Modelle der Teilzeitarbeit bei Siemens: Teilzeit für Berufseinsteiger, Kurzschicht-Modelle, Teilzeitmodell in einem 24-Stunden-Betrieb, 4-Tage-Modelle mit Mehrfachbesetzung, Teilzeitschichten mit saisonalen Schwankungen, auftragsorientierte Arbeitszeiten, Partner-Teilzeit, gleitender Übergang in den Ruhestand.

Siemens hat sich eingehend mit der IG-Metall-Forderung »Zwingender Freizeitausgleich bei Überstunden zur Schaffung von Arbeitsplätzen« auseinandergesetzt. Für Siemens gilt: Je flexibler die Arbeitszeitgestaltung und je länger der Ausgleichszeitraum, desto geringer ist auch der Bedarf an Überstunden. Wobei für Siemens ein völliger Verzicht auf Überstunden wegen beispielsweise kurzfristig auftretenden Spitzenbedarfs abgelehnt wird. Auf der anderen Seite räumt Siemens der IG Metall ein, daß für einen Teil der Überstunden der geplante Freizeitausgleich tatsächlich neue Arbeitsplätze schaffen könnte. Den wichtigsten

Umweltschutz 1994/95:
225,0 Mio.
Umweltschutz 1993/94:
265,0 Mio.
Umweltschutz 1992/93:
220,0 Mio.

Beitrag zur Vermeidung von Überstunden und zugunsten neuer Arbeitsplätze könnte nach Siemens-Meinung allerdings eine unbürokratische Flexibilisierung der Arbeit leisten. Auf diese Weise könnte schnell und ohne zusätzliche Kosten, aber unter Berücksichtigung berechtigter Mitarbeiterinteressen, auf den aktuellen Arbeitsanfall reagiert werden. Arbeitsspitzen können durch Freizeit ausgeglichen werden. Persönliche Arbeitszeitkonten sind einem erzwungenen Freizeitausgleich für Überstunden vorzuziehen. Die Arbeitszeit soll so flexibel gestaltet werden, daß Überstunden bezogen auf einen längeren Ausgleichszeitraum nur noch in geringem Umfang anfallen.
Für etwa 30.000 inländische Führungskräfte gab es Mitte 1996 die Ankündigung neuer Arbeitsverträge, die das alte Einkommenssystem für den übertariflichen Bereich durch flexible, leistungsorientierte Bezahlungen ablösen sollten. Eine Konsequenz: keine automatischen Gehaltserhöhungen mehr bei den Gutverdienenden. Hierarchien, Titel und Ränge (z. B. Direktor), die bislang für die Besoldung mit ausschlaggebend waren, werden abgeschafft. Die Zeit, da Leistungsträger nur durch schnelle Beförderungen zu höheren Gehältern kamen, ist bei Siemens passé. Nunmehr zählen Tätigkeiten und Funktionen. Leistungsorientierte Mitarbeiter profitieren vom neuen System, so Siemens, leistungschwache fallen zurück. So soll der viel kritisierten Beamtenmentalität bei Siemens, der schwindenden Mobilität und Kreativität entgegengewirkt werden. Erfolgsbeteiligungen werden sich ausschließlich an der Qualität des Unternehmensergebnisses orientieren. Zusätzlich soll es Bewertungen der Chefs durch die Mitarbeiter und umgekehrt geben, die dann von neutralen Stellen ausgewertet werden.

UMWELTSCHUTZ. Umweltschutz ist bei Siemens als Unternehmensziel fest verankert. Siemens setzt sich mit dem Umweltschutz auf drei Ebenen auseinander: als Kraftwerkshersteller und Hersteller von Produkten, die Energie verbrauchen, also in die Klimaentwicklung eingreifen, als Produzent umwelttechnischer Anlagen und als Verantwortlicher für den Umweltschutz im eigenen Haus, in Hunderten Produktionsanlagen. Keine Frage, Siemens als Produzent von Kraftwerken redet diesen Technologien, besonders auch der Kernenergie, das Wort. Siemens ist aber in allen Bereichen der Kraftwerktechnologie und dem Gebiet der regenerativen Energien aktiv. Teile des Konzerns bieten Produkte und Anlagen zum Umweltschutz, z. B. Katalysatoren, neue Verfahren, Systeme und Anlagen zur Abfallbeseitigung, zur Überwachung und Reinigung von Luft, Wasser und Boden, systemübergreifende Lösungen von Umweltfragen. Ein Milliardengeschäft erwartet der Geschäftsbereich KWU im Bereich der thermischen Müllentsorgung. In den eigenen Fabriken wurde ein Konzept des integrierten Umweltschutzes entwickelt, in dem Grundmaterialien zurückgewonnen, Abwassermengen reduziert und Altgeräte sachgerecht entsorgt werden können. So wurden in der Siemens AG 1995 die Abfallmengen erneut um mehr als ein Viertel verringert, die Abwasserbilanz um rund ein Fünftel verbessert und der Energieverbrauch pro qm Nutzfläche um 5% reduziert. Bei der Bosch-Siemens Hausgeräte GmbH ist Umweltschutz inzwischen Unternehmensziel. Seit 1994 nimmt BSHG Altgeräte aller Marken gegen Bezahlung vom Handel zurück und sorgt für ein fachgerechtes Recycling. Siemens selbst sieht sich als erstes Unternehmen in Europa, das in verbindlichen Richtlinien die umweltfreundliche Konstruktion von Produkten vorschreibt. Umweltschutzverantwortlicher des Siemens-Konzerns und Mitglied des Vorstandes ist Prof. Dr. Walter Kunerth. Siemens verfügt über ein umfangreiches Umweltschutz-Management auf allen Ebenen, definiert Umweltschutz als kontinuierlichen Verbesserungsprozeß. Der Konzern hat zahlreiche Umwelt-Broschüren herausgegeben.

KOMMENTAR. Hochglanzbroschüren machen keinen Sinn mehr. Was nutzen die teuersten Werbeagenturen, die spitzfindigsten Kampagnen und alle öffentlichkeitsnahen Auftritte, wenn ein Unternehmen so in die Schlagzeilen gerät wie Siemens, wenn reihenweise hohes Führungspersonal vor Gericht und teilweise hinter Gitter muß, wenn von der Siemens-Connection die Rede ist. Siemens geriet wegen hoher Schmiergeldzahlungen an vielen kommunalen Fronten und massiver Korruptionsvorwürfe so gründlich in die Öffentlichkeit, daß der Ruf erst einmal so richtig ramponiert wurde. Was anfänglich nach einer Bagatelle aussah, entpuppte sich als systemimmanente Handhabung des Technologiekonzerns, immerhin eine der feinsten Industrieadressen Deutschlands.

Siemens-Manager hatten Münchener Kommunalbeamte in Millionenhöhe geschmiert, um bei der Vergabe zweier großer Klärwerk-Bauprojekte bedacht zu werden – mit Erfolg. Acht Siemens-Angestellte vom unteren bis zum mittleren Konzernmanagement standen wegen Bestechung vor Gericht und wurden zu hohen Gefängnis- und Geldstrafen verurteilt. Fünf weitere Führungskräfte folgten im zweiten Strafprozeß Anfang 1995. Doch von Reue keine Spur. Alles sei zum Wohle der Wirtschaft allgemein und des Konzerns im besonderen geschehen, hieß es. Es wurde im Laufe des Prozesses immer deutlicher, daß dieses Siemens-Denken und -Verhalten in »Provisionsgeschäften« Teil einer gewissen Geschäftsstrategie zu sein scheint. Was allerdings im Inland beim Millionenpoker um wirtschaftliche Großaufträge und im Ausschalten der sich mitbewerbenden Konkurrenz mit Fug und Recht als kriminell bewertet werden kann, scheint im Ausland gang und gäbe zu sein. Da – so gab man unverblümt zu – werde bei vielen Projekten kräftig nachgeholfen. Kein Wunder, wenn man hierzulande diese Art von »Provisionen« und »Sonderausgaben« im Ausland auch noch als Werbungskosten von der Steuer absetzen kann.

Anfang 1993 gerieten die Siemensianer wieder in die Schlagzeilen, diesmal in Spanien, im Umfeld der sozialistischen Regierungspartei PSOE. Danach soll Siemens über Scheinfirmen, die den spanischen Sozialisten nahestehen, kräftig gezahlt haben, um beim Großprojekt des spanischen Hochgeschwindigkeitszuges AVE sowie der Elektrifizierung und Signalisierung bedacht zu werden. Siemens war an diesem Auftrag wesentlich beteiligt.

Besonders ärgerlich für die erfolgsverwöhnten Siemensianer: Im April 1994 verloren sie im Wettbewerb mit der französischen Alcatel-Alsthom den wohl größten Technologie-Kampf der letzten Jahre. Südkorea entschied sich anstatt für den unter Siemens-Führung fahrenden ICE für das französische Pendant TGV. Frankreichs Industrieminister Gérard Longuet: »Deutschland muß akzeptieren, daß es in Europa andere Industrieländer gibt« (Die Zeit vom 22.4.1994).

Mitbewerber: *ABB, Alcatel Alsthom, Amdahl, AT&T, Bayer, Bosch, BCE, British Aerospace, Copper Industries, Electrolux, Ericsson, Fujitsu, General Electric, Hitachi, IBM, Kodak, Mannesmann, Matsushita, Maytag, NEC, Nokia, Oki, Philips, Rolls-Royce, Samsung, Sanyo, Sharp, Thomson SA, Thorn EMI, Toshiba*

SPAR

Standort:
Osterbrooksweg 35-45
22867 Schenefeld bei Hamburg

Telefon: *(040) 83031-0*
Telefax: *(040) 83031-582*

Branche: *Groß- und Einzelhandel, insbesondere Lebensmitteleinzelhandel*

Rechtsform:
Aktiengesellschaft

Geschäftsjahr: *1.1.-31.12.*

Gründungsjahr: *1985*

Öffentlichkeitsarbeit:
Dr. Jörg Schillinger
Tel.: (040) 83031-789
FAX: (040) 83031-922

Verbände: *Das Unternehmen ist in den Verbänden des Einzel- und Außenhandels organisiert.*

Vorstand:
- *Dotterweich, Helmut (Vorsitzender)*
- *Bonnet, Bernd*
- *Budczies, Michael, Dr.*

Vorstandsbezüge 1995:
4.886.873,– DM

GESCHICHTE UND ENTWICKLUNG. Unter dem Dach der SPAR-Zentrale arbeiten über 5.000 selbständige Einzelhändler. Daneben gibt es weitere acht selbständige Großhändler, deren größter und wichtigster die 1985 gegründete SPAR-Handels-AG ist. Die Gründung der AG wurde durch die SPAR-Gesellschafter Pfeiffer + Schmidt, Koch + Sohn und Kehrer + Weber, hinter denen ein Kreis von rd. 15 Aktionären stand, auf freiwilliger Basis vollzogen. Die SPAR Handels-AG expandierte in den folgenden Jahren und erlebte durch die Wiedervereinigung und die damit begonnenen Aktivitäten in Ostdeutschland einen ungeheuren Boom. In der SPAR Handels-AG werden etwa zwei Drittel des gesamten Umsatzes der SPAR-Gruppe zusammengefaßt. 1993 Übernahme und Integration eines Teiles der Märkte des zur Metro gehörenden Asko-Konzerns.

BESITZVERHÄLTNISSE/EIGENTUMSSTRUKTUR.
Inhaber-Stammaktien:
- NHH Nordeutsche Handelsholding GmbH, Hamburg (69% – daran: Spar-Gründer Bernhard A. Schmidt, Hamburg, 30%; WCM Beteiligungs- und Grundbesitz-AG, Heidenheim, 30%; Klaus-Peter Schneidewind 25%; Friedrich Dieckell 5%)
- DG Bank, Frankfurt/Main (5,4%)
- Weitere Pakete liegen bei Bernhard A. Schmidt, Lieselotte Hellmann, Michael und Wolfgang Herz.
- Rest der Inhaber-Stammaktien in Streubesitz.
- Die Inhaber-Vorzugsaktien sind allesamt in Streubesitz.

KONZERNÜBERBLICK. Der Marktanteil der SPAR am deutschen Lebensmittelmarkt lag 1995 bei 8,9%. Der Konzern unterteilt sich in die Bereiche Großhandel und Einzelhandel. Neben dem Groß- und Einzelhandel mit Lebensmitteln aller Art sowie Obst und Gemüse betreibt die SPAR Handels-AG eigene Zentralschlachtereien. Die SPAR Handels-Aktiengesellschaft mit Sitz in Hamburg hat folgende Niederlassungen: Hauptniederlassung Hamburg (Region Nord), Niederlassung Düsseldorf (Region West), Niederlassung Ellhofen (Region Südwest), Niederlassung München (Region Süd) und Niederlassung Mittenwalde (Region Nordost). Das Unternehmen beherrschte Ende 1995 7.271 Verkaufsstellen (davon über 5.000 selbständige deutsche SPAR-Einzelhändler und ca. 2.000 Großhandelskunden) mit einer Verkaufsfläche von über 2.518.000 qm. Hiervon entfielen 58,5% auf den Großhandel und 41,5% auf den in eigener Regie betriebenen Einzelhandel. Die seit einigen Jahren eingeschlagene Tendenz zu immer weniger Verkaufsstellen mit größeren Verkaufsflächen wird fortgesetzt. Die Zahl der kleinen »Nachbarschaftsläden« nimmt ständig ab. Der Umsatz der SPAR-Gruppe setzt sich zusammen aus dem Großhandel mit selbständigen Einzelhändlern (6.260 Märkte), den C+C-, Großverbraucher- und sonstigen Großhandelsumsätzen und dem konzerneigenen Einzelhandel (287 Super- und Verbrauchermärkte, 56 SB-Warenhäuser, 495 Lebensmittel-Discountmärkte, 39 Baumärkte, 109 Non-Food-Discountmärkte und 25 sonstige). Die SPAR-Handels-

AG betreibt diese 1.011 Geschäfte in eigener Regie mit unterschiedlicher Ausrichtung: SPAR-Nachbarschaftsläden und Supermärkte, EUROSPAR-Verbrauchermärkte, INTERSPAR SB-Warenhäuser, Netto Food-Discountmärkte, KODI, BAUSPAR-Heimwerker- und Do-it-yourself-Märkte, SB-Großmärkte, weitere Verbrauchermärkte (famka, attracta, Interkauf).
Durch die Akquisition der 1993 von der ASKO Deutsche Kaufhaus AG übernommenen 100 Märkte und deren Integration in das SPAR-Konzept konnte der Umsatz deutlich gesteigert werden. Im Rahmen einer erheblichen Umstrukturierung des SPAR-Konzerns wurden die PRIMA-Discountmärkte auf Netto- oder SPAR-Einzelhändler übertragen oder geschlossen. Im März 1996 kaufte die SPAR-Handels-AG von der zum ASKO-Konzern gehörenden Deutsche SB-Kauf Aktiengesellschaft 66 BOLLE-Supermärkte in Berlin und Umgebung. Im Gegenzug verkaufte SPAR die Anteile ihrer Konzerngesellschaft SPAR Bau- und Heimwerkermärkte an die ASKO. Im April 1996 hat sich SPAR an der von der Sügro Deutschland Handelsgesellschaft mbH & Co. KG, Essen, gegründeten Vertriebsgesellschaft Shop Trading International STI GmbH & Co. KG mit 50% beteiligt, die intensiv den Convenience-Markt bearbeiten soll. Tankstellen-Shops werden von SPAR mit Lebensmitteln beliefert, die Sügro übernimmt die Verteilung.
Erfolgreich ist SPAR mit der Einführung der SPAR-Markenwaren. 200 Artikel zur Deckung des Grundbedarfs an Nahrungs-, Genuß-, Haushalts- und Körperpflegemitteln rangieren unter der Bezeichnung »Die Sparsamen«, 250 Artikel für den gehobeneren Bedarf unter dem Etikett »Die bunte SPAR Marke«. Mit eigenen Handelsmarken macht SPAR mittlerweile über 10% des Gesamtumsatzes.

BETEILIGUNGEN. Die wichtigsten Beteiligungen der SPAR-Handels-AG in den Bereichen Groß- und Einzelhandel sind: Steinhaus GmbH & Co. KG, Wilnsdorf bei Siegen (100%); LHG Lebensmittel-Handels-GmbH & Co. famka-Leinekauf Nord KG, Bremervörde (77,7%); Calgros Andresen GmbH & Co. KG, Flensburg (75,8%); Gerhard Pram GmbH & Co. KG, Brinkum bei Leer (50%); Handelsunion Frankenwald GmbH & Co., Helmbrechts bei Hof (25%); L. Stroetmann GmbH & Co., Münster (24,9%); Wilhelm Kanne GmbH & Co., Detmold (24,9%); famka Verbrauchermärkte GmbH, Langenfeld bei Düsseldorf (100%); Piston + Partner GmbH + Co. KG, Ettlingen (25,2%); attracta Handels-GmbH & Co. SB-Warenhaus Kommanditgesellschaft, Wendelstein bei Nürnberg (49%); Wolfgang Struve & Co., Hamburg (33,3%); Glasmeyer & Co., Hamburg (25%); Michael Schels & Sohn GmbH & Co. KG, Regensburg (72%); KODI Diskontläden GmbH, Langenfeld bei Düsseldorf (100%); Lau GmbH + Co. AV Markt KG, Darmstadt (49%); SPAR Großhandels-Zentrum Nord GmbH & Co. KG, Schenefeld bei Hamburg (100%); SPAR Großhandels-Zentrum Südwest GmbH & Co. KG, Ellhofen bei Heilbronn (100%); GEDELFI GmbH & Co. KG, Köln (26,5%).

NEUE BUNDESLÄNDER. 27,6% des Umsatzes wurden 1995 in Ostdeutschland erwirtschaftet. Damit entsprach die Umsatzstruktur von SPAR in den neuen Bundesländern weitgehend der des Westens. SPAR engagierte sich frühzeitig in den neuen Bundesländern. Die Gruppe übernahm kurz nach der Wende von der ehemaligen volkseigenen

Aufsichtsrat:
▌Schmidt, Bernhard (Vorsitzender), Hamburg
▌Bruns, Heiko, Dr., Frankfurt/Main
▌Drexel, Luis, Dornbirn/Österreich
▌Ehlerding, Karl, Hamburg
▌Herz, Wolfgang, Hamburg
▌Schneider, Karl, Dr., Mannheim
▌Schneidewind, Klaus-Peter, Düsseldorf
▌Struve, Wolfgang, Hamburg
▌Unger, Klaus, Hamburg
▌Westphal, J., Dr., Hamburg
**Bruun, Eilert (stellv. Vorsitzender)*
**Dieckmeyer, Hartmut*
**Emser, Hermann*
**Fechtner, Ingo*
**Jackschitz, Karl-Heinz*
**Keuchel, Gerhard*
**Moritz, Walter*
**Röttger, Albert*
**Rosche, Peter*
**Töpfer, Cornelia*

Aufsichtsratstantiemen 1995: *330.000,– DM*

BÖRSE, AKTIEN, KURSE
Grundkapital 1995:
301,0 Mio.
Jahreshöchstkurs 1995:
Stammaktie: 500,00 DM;
Vorzugsaktie: 383,00 DM
Jahrestiefstkurs 1995:
Stammaktie: 400,00 DM;
Vorzugsaktie: 282,00 DM
Aktie Jahresende 1995:
Stammaktie: 484,00 DM;
Vorzugsaktie: 305,00 DM
Dividende pro Aktie 1995:
Stammaktie: 7,00 DM;
Vorzugsaktie: 9,50 DM

Umsatz 1995: 12.417,1 Mio.
Umsatz 1994: 12.762,3 Mio.
Umsatz 1993: 12.916,1 Mio.

Gewinn 1995: 74,7 Mio.
Gewinn 1994: 41,1 Mio.
Gewinn 1993: 29,2 Mio.

Cash flow 1995: 327,5 Mio.
Cash flow 1994: 357,4 Mio.
Cash flow 1993: 301,4 Mio.

Cash flow: Investitionen für Akquisitionen von Märkten sowie für die Modernisierung und den Umbau des bestehenden Ladennetzes.

Steueraufkommen 1995: 64,3 Mio.

Beschäftigte 1995: 23.001
Beschäftigte 1994: 23.017
Beschäftigte 1993: 25.539
(Beschäftigte 1991: 40.875)

Umsatz pro Mitarbeiter 1995: 539.850,– DM
Umsatz pro Mitarbeiter 1994: 554.473,– DM
Umsatz pro Mitarbeiter 1993: 505.740,– DM

Löhne und Gehälter 1995: 1.015,0 Mio.
Löhne und Gehälter 1994: 1.018,2 Mio.
Durchschnittsgehalt 1995: 44.129,– DM
Soziale Abgaben und Aufwendungen 1995: 200,9 Mio.
Soziale Abgaben und Aufwendungen 1994: 202,1 Mio.

Bezüge pro Vorstandsmitglied 1995: 1.628.958,– DM
Tantiemen pro Aufsichtsrat 1995: 16.500,– DM

Filialen 1995: 7.271
Filialen 1994: 7.518
Filialen 1993: 7.861
(Filialen 1991: 13.698)

Einzelhandelsorganisation HO ca. 400 Supermärkte mit einer Durchschnittsgröße von 400 – 500 qm Verkaufsfläche und ca. 1.600 kleinere Läden. Davon betrieb SPAR Anfang 1993 noch 375 Supermärkte mit einer Durchschnittsgröße von 520 qm und 80 Nachbarschaftsläden mit einer Durchschnittsgröße von 125 qm. Weitere 230 Nachbarschaftsläden wurden auf selbständige SPAR-Einzelhändler übertragen, die restlichen rund 1.300 Läden wurden an Bäcker, Fleischer und andere Gewerbetreibende abgegeben oder kurzerhand aufgelöst bzw. geschlossen.
Von der Treuhand wurden über 50 ehemals volkseigene Einzelhandelsbetriebe und zehn Großhandelsbetriebe übernommen. Ein Teil der Betriebe in Thüringen wurde in die Region Südwest eingegliedert, alle anderen wurden auf die Region Nordost übertragen. Die Großhandelsbetriebe wurden in vier SPAR-Zentralen in Rostock, Potsdam, Döbeln und Magdeburg zusammengefaßt. Die ehemaligen HO-Kaufhallen sind inzwischen alle auf EUROSPAR umgestellt worden. Mitte 1995 wurden Vorwürfe zahlreicher Ost-SPAR-Kaufleute laut, wonach SPAR knapp 100 selbständige Ost-Einzelhändler durch zu üppige Rentabilitätsprognosen und zu hohe Mieten in die Pleite getrieben haben soll. Für das SPAR-Management ist das allerdings nichts als die Auslese des Marktes.

STANDORT DEUTSCHLAND. Auf der einen Seite prahlt der Vorstand mit dem besten Ergebnis in der Geschichte der SPAR, auf der anderen klagt er über die schlechten Rahmenbedingungen im internationalen Wettbewerb für den Standort Deutschland, den damit verbundenen Zwang zur Konsolidierung der öffentlichen Haushalte und die auch für 1997 zu erwartende Schwächung oder Stagnation der Massenkaufkraft. Die Folge: Der Wettbewerb im Lebensmittelhandel wird sich weiter verschärfen.
Bereits 1993 hatte SPAR infolge der Rezession gewaltig umstrukturiert. Die Tendenz zu weniger Verkaufsstellen mit größeren Verkaufsflächen wurde massiv fortgesetzt. Die PRIMA-Märkte wurden teilweise auf Netto und SPAR umgestellt oder geschlossen. Ebenso wurden das Ladennetz in Ostdeutschland grundlegend umstrukturiert und mehrere Lager geschlossen. Die Beschäftigten nahmen bis Anfang 1996 bis auf 23.000 ab. Damit haben sich die Beschäftigten von knapp 41.000 im Jahr 1991 um 18.000 reduziert. Der Rückgang ist zu einem Großteil durch die Übertragung von Filialen auf selbständige Einzelhändler zu erklären, aber auch durch einen massiven Stellenabbau im Zuge von Rationalisierung, dem Verkauf von Betriebsteilen und der Schließung unwirtschaftlicher Läden, der »Abschmelzquote bei kleinen Nachbarschaftsläden«. Die Verkaufsstellen sind seit 1991 von 13.700 auf ca. 7.270 zurückgegangen.
Vom ASKO-Konzern kaufte SPAR Anfang 1996 66 BOLLE-Supermärkte in Berlin und Umgebung, die auf die EUROSPAR-Linie umgestellt bzw. anschließend auf selbständige SPAR-Einzelhändler übertragen wurden.

»BÜNDNIS FÜR ARBEIT«. Vorstand und Betriebsräte arbeiten eng zusammen. Spezielle Arbeitszeitmodelle und -regelungen sind bei SPAR aber nicht eingeführt. Ende 1995 standen bei SPAR 979 Menschen in einem Ausbildungsverhältnis. 1995 machten 317 Auszubildende bei SPAR-Unternehmen ihre Abschlußprüfung, 347 neue Ausbildungsverträge wurden vereinbart.

UMWELTSCHUTZ. SPAR hat sich aufgrund der Verpackungsverordnung dem Dualen System Deutschland angeschlossen und alle seine Lieferanten verpflichtet, Lizenznehmer des Dualen Systems zu werden und die an SPAR gelieferten Waren mit dem »Grünen Punkt« zu versehen. SPAR versucht, überflüssige Verpackungen zu vermeiden. Bei den Großhandelslagern sind Wertstoff- und Entsorgungszentren eingerichtet worden, in denen Verpackungsmaterialien, die SPAR bei seinen Einzelhandelskunden und in den Filialen entsorgt und sortiert, zur Wiederverwertung aufbereitet werden.

Investitionen 1995:
194,4 Mio.
Investitionen 1994:
252,7 Mio.
Investitionen 1993:
459,8 Mio.

Mitbewerber: *Aldi, Allkauf, Edeka, Dohle, Douglas, Globus, Karstadt, Kathreiner, Kaufhof, Lekkerland, Lidl & Schwarz, Mann, Metro, Norma, Rewe, Schlecker, Tengelmann*

SPRINGER

GESCHICHTE UND ENTWICKLUNG. Was nach dem Zweiten Weltkrieg von den für die Lizenzierung neuer Zeitungen und Zeitschriften zuständigen alliierten Presseoffizieren gut gemeint war, nämlich die vom Nazi-Regime unbelasteten, antifaschistischen Persönlichkeiten mit der Herausgabe von Publikationen zu betrauen, um eine Pressekonzentration wie bei Hugenberg bzw. eine gleichgeschaltete Presse nie wieder entstehen zu lassen, ging schon bald schief. Denn mit Aufhebung der Lizenzierungspflicht (1949) begann im Pressewesen eine Industrialisierung großen Stils, ein Konzentrationsprozeß wie in anderen Wirtschaftszweigen auch. Wer bis dahin eine Lizenz besessen hatte, ein von den Alliierten gesichertes Monopol, hatte einen für die Konkurrenz kaum einzuholenden Vorsprung und die Zeitung quasi geschenkt bekommen. Axel Springer erhielt zwischen 1946 und 1948 u. a. Lizenzen für die »Nordwestdeutschen Hefte« (später »Kristall«), die »Hör zu!« (Rundfunkzeitung des NWDR) und das »Hamburger Abendblatt«.
Springer erfüllte für die Alliierten die formalen Voraussetzungen, die zum Lizenzerhalt notwendig waren – politischer Persilschein, Verlagserfahrungen –, und verfügte über gute Beziehungen zur Militärregierung und zu Zeitungskreisen der Londoner Fleet Street. 1952 gründete Springer, dem Beispiel des britischen »Daily Mirror« folgend, die Bild-Zeitung; 1953 kaufte er die von den Engländern gegründete »Welt«. 1967 vermerkte die von der Bundesregierung zum Problem Konzentration und Pressefreiheit eingesetzte »Günther-Kommission«, daß Springer zu diesem Zeitpunkt 38,5% aller bundesdeutschen und Westberliner Tages- und Sonntagszeitungen beherrschte. Dennoch expandierte das Unternehmen unaufhaltsam weiter. 1970 Umwandlung der Unternehmensgruppe in eine Aktiengesellschaft unter Aufnahme der bis dato getrennt operierenden Springer-Gesellschaften. Zahlreiche Akquisitionen und weitere Expansion. 1984 Beteiligung an SAT.1. 1985 Gang an die Börse; Tod von Axel Springer. 1989 Erwerb der internationalen Medical Tribune-Gruppe. 1991 Gründung der ISPR, einer Gesellschaft zur Vermarktung von Sportrechten. Zahlreiche Zei-

Standort:
Axel-Springer-Straße 65
10888 Berlin

Postanschrift: *10888 Berlin*

Telefon: *(030) 2591-0*
Telex: *1 84 257 axsp d*
Telefax: *(030) 251 60 71*
Online: *http://www.asv.de*

Branche: *Verlagswesen und Druckereigewerbe*

Rechtsform:
Aktiengesellschaft
Geschäftsjahr: *1.1.-31.12.*

Gründungsjahr: *1946; seit 1970 AG*

Öffentlichkeitsarbeit:
Edda Fels (Hamburg)
Tel.: (040) 347-22232
FAX: (040) 347-25854
Online: ASV @ fels.de

Verbände: *Bundesverband Deutscher Zeitungsverleger e.V., Bonn; Verband Deutscher Zeitschriftenverleger e.V., Bonn; Bundesverband Druck e.V., Wiesbaden*

Vorstand:
- *Richter, Jürgen, Dr.* *(Vorsitzender; Zeitungen, Elektronische Medien, Personal)*
- *Ettwein, Falk (Finanzen)*
- *Knepper, Rudolf (Technik)*
- *Delbrück, Christian* *(Zeitschriften)*

Vorstandsbezüge 1995:
5.509.000,– DM

tungsgründungen und Beteiligungen an Publikationen im In- und Ausland. Expansion im Bereich elektronischer Medien.

BESITZVERHÄLTNISSE/EIGENTUMSSTRUKTUR.
- Axel Springer Gesellschaft für Publizistik GmbH & Co. KG (Nachlaß Axel Springer – Familie Springer/Springer-Erbengemeinschaft), Berlin (50% + 1 Aktie)
- Kirch-Gruppe, Leo Kirch, München (35% + 1 Aktie), nachdem Kirch Anfang 1993 die 10% von der Poligrafici Editoriale S.p.A. (Monti-Gruppe), Bologna/Italien, für ca. 220 Mio. DM gekauft hat.
- Rest Streubesitz bei rund 2.500 Aktionären

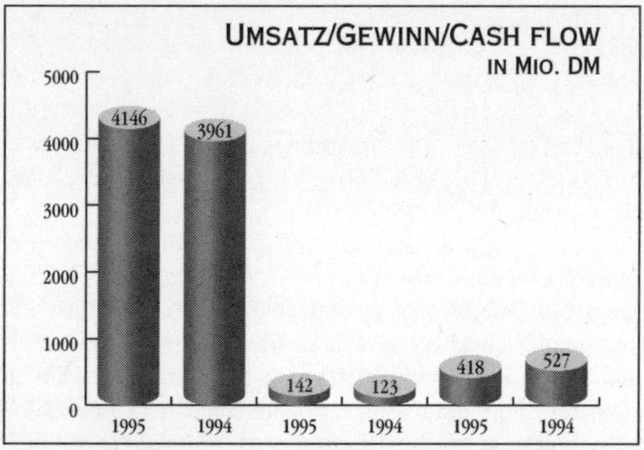

KONZERNÜBERBLICK. Das vom Hamburger Verleger Axel Springer 1946 gegründete Unternehmen ist Deutschlands größtes Zeitungshaus mit Verlagszentralen in Berlin und Hamburg. Sitz der Gesellschaft ist Berlin. Dem Axel Springer Verlag gehören Tief- und Offsetdruckereien in Ahrensburg, Berlin-Spandau, Darmstadt, Essen-Kettwig sowie in Leipzig und Rostock (Beteiligungen). Der Konzern besitzt Zeitungs-, Zeitschriften- und Buchverlage sowie Beteiligungen an Radio- und Fernsehsendern und Einrichtungen der Telekommunikation. Die Axel Springer Verlag AG hält maßgebliche Beteiligungen am Pressegroßhandel. Der Springer-Verlag gliedert sich in die Bereiche Zeitungen (BILD-Gruppe, WELT-Gruppe, Regionale Abonnementszeitungen, Anzeigenblätter, Zeitungen Ausland), Zeitschriften (Programmzeitschriften, Frauenzeitschriften, Sport- und Autozeitschriften, Spezial- und Fachzeitschriften, Zeitschriften Ausland), Elektronische Medien (interaktive Medien, Fernsehen, Hörfunk) und Technik (Offsetdruck, Tiefdruck). 1995 arbeiteten bei Springer 2.442 Redakteure, 5.848 Angestellte und 4.356 gewerbliche Mitarbeiter. Kernbereich des Axel Springer Verlages ist nach wie vor der Zeitungs- und Zeitschriftensektor. Zeitungen waren 1995 mit einem Anteil von 61,3% am Gesamtumsatz größter Umsatzträger des Axel Springer Verlages.

◆ Überregionale Zeitungen: Die Welt, Welt am Sonntag, Bild, Bild am Sonntag, Bildwoche.

◆ Regional- und Lokalzeitungen: Hamburger Abendblatt, Berliner Morgenpost, B.Z., B.Z. am Sonntag, Bergedorfer Zeitung, Elmshorner Nachrichten, Harburger Anzeigen und Nachrichten*, Kieler Nachrichten*, Leipziger Volkszeitung*, Lübecker Nachrichten*, Ostsee-Zeitung*, Pinneberger Tageblatt* (* Beteiligungen).

◆ Anzeigenblätter: Die Anzeigenblatt-Aktivitäten Springers sind in Hamburg in der WBV Wochenblatt Verlag GmbH, in Berlin in der Berliner Wochenblatt Verlag GmbH und in Dresden in der Sächsischer Bote Wochenblatt GmbH zusammengefaßt. Die wöchentliche Gesamtauflage der eigenen und verbundenen Anzeigenblätter beläuft sich auf gut 5 Mio. Exemplare.

◆ Zeitschriften: Hör zu, Funk Uhr, TV neu, Journal für die Frau, Bild der Frau, Allegra, Auto-Bild (Lizenzausgaben und Joint-ventures von Auto-Bild in Großbritannien, Frankreich, Italien, Niederlande, Tschechien, Griechenland, Türkei, Polen, Bulgarien, Rumänien, Kroatien); Sport-Bild, Familie & Co.

◆ Spezialzeitschriften: Tennis Magazin, Ski-Magazin, Rallye Racing, Sprint, Golf Sport, Rute & Rolle, Snowboard Action, Fliegermagazin, Fly and Glide, Foto-Magazin, Foto-Wirtschaft; Weltkunst-Gruppe: Weltkunst, Antiquitäten Zeitung, Antike Welt, Künstler, Kunstpreis-Jahrbuch.

◆ Fernsehen: SAT.1, DSF, APF Aktuell Presse-Fernsehen, Hamburg 1 Fernsehen, Commerzfilm/Multimedia, ISPR Internationale Sportrechte-Verwertungsgesellschaft mbH. Von Leo Kirch gegründet, hat die Sportrechteagentur ISPR vom Deutschen Fußballbund für einen Zeitraum von fünf Jahren die Vermarktungsrechte an den Spielen der ersten und zweiten Bundesliga sowie Übertragungsrechte an den ATP-Tennisturnieren erworben.

◆ Hörfunk: Radio Schleswig Holstein, Radio Hamburg, Radio ffn (Niedersachsen), Radio FFH (Hessen), Antenne Bayern, Radio NRW (Mantel-Programm), Antenne 1 Stuttgart.

◆ Interaktive Medien: CompuTel Telefonservice GmbH, SAT.1 Text, Hamburg 1 Text, Nickelodeon Text, VIVA Text.

◆ Bücher: Unter dem Dach des Ullstein Verlages, Berlin, sind der Ullstein Buchverlag, Propyläen Verlag, Ullstein Taschenbuchverlag, Ullstein ip, Gebr. Mann Verlag, Sportverlag sowie der Verlag Gesundheit vereint; Beteiligung am Deutschen Verlag für Kunstwissenschaft. Springer löste 1996 seine seit 1985 bestehende Kooperation mit dem Münchner Verleger Herbert Fleissner. An der Buchverlagsgruppe waren Springer und Fleissner mit je 50% beteiligt. Die Gruppe umfaßte die Gesellschaften Ullstein-Langen-Müller Verlag GmbH & Co. KG, die Verlag Ullstein GmbH und die F.A. Herbig Verlagsbuchhandlung GmbH mit insgesamt 27 Buchverlagen. Die Verlagsgruppe war drittgrößter deutscher Buchanbieter.

◆ Romanreihen: Cora Verlag. Diese Gattung ist eine Spezialität des Springer-Verlages. Der Verlag, ein Joint-venture mit dem kanadischen Torstar/Harlequin, verlegt 33 Romanreihen/Einzeltitel mit mehreren hundert Ausgaben im Jahr (Romana, Julia, Baccara). Mit jährlich über 18 Mio. verkauften Exemplaren sind Cora-Romane die absoluten Verkaufsknüller im deutschsprachigen Bereich.

◆ Fachverlage/Fachzeitschriften: Ende 1989 übernahm der Verlag eine internationale medizinische Verlagsgruppe, die Medical Tribune Gruppe. Diese Gruppe verlegt Fachpublikationen auf den Gebieten Gesundheit und Medizin in über 20 Ländern und wendet sich mit eigenen Verlagsobjekten oder Lizenzausgaben an Ärzte, Apotheker und Patienten. Die Verlagsgruppe ist unter der Holdinggesellschaft Medical Tribune International GmbH, Hamburg, zusammengefaßt. Sie hat Tochtergesellschaften u. a. in Wiesbaden, Basel und Tokio. Im Zen-

Aufsichtsrat:

- *Servatius, Bernhard, Prof. Dr. (Vorsitzender), Hamburg*
- *Cramer, Ernst, Prof. Dr. h.c. (stellv. Vorsitzender), Berlin*
- *Springer, Friede, Berlin*
- *Kirch, Leo, Dr., München*
- *Kramp, Horst, Berlin*
- *Otto, Michael, Dr., Hamburg*
- *Semler, Johannes, Prof. Dr., Kronberg*
- *Steinriede, Wolfgang, Berlin*
- *Theye, Joachim, Dr., Bremen*

Aufsichtsratstantiemen 1995: *726.000,– DM*

BÖRSE, AKTIEN, KURSE
Grundkapital 1995:
170,0 Mio.
Jahreshöchstkurs 1995:
965,00 DM
Jahrestiefstkurs 1995:
610,00 DM
Aktie Jahresende 1995:
965,00 DM
Dividende pro Aktie 1995:
14,00 DM
(plus 3,00 DM Bonus)

Die Dividende bezieht sich auf je 50,– DM Aktiennennbetrag. Der Bilanzgewinn 1995 betrug 57,8 Mio. DM.

trum steht die Fachzeitschrift Medical Tribune. Sie führt gemeinschaftlich mit der Times Mirror Inc., New York, den Fachverlag Ullstein Mosby GmbH & Co

◆ Ausland: Im Ausland ist Springer in zunehmendem Maße engagiert. Österreich: An der österreichischen »Tiroler Tageszeitung« (280.000 Leser, sechstgrößte Tageszeitung Österreichs) hält Springer eine mehrheitliche Beteiligung von 65%. Seit Oktober 1992 erscheint in einem Joint-venture mit den Gebrüdern Fellner (BASTA, Rennbahn Express) die Illustrierte NEWS (25%). Mit TV Media startete 1995 unter Beteiligung des Axel Springer Verlages ein neuartiges Nachrichten-Magazin für TV und Medien. Spanien: Die spanische Tochtergesellschaft Grupo Axel Springer S.L. gibt die Zeitschriften Prima, Nuevo Estilo (Einrichtungsmagazin) und Micasa heraus. Die Holding ASP ist mit 40% an der Offsetdruckerei Altamira, Madrid, beteiligt. Ungarn: In der Axel Springer-Budapest GmbH sind die ungarischen Zeitschriften-Aktivitäten gebündelt. Mit der Axel Springer-Ungarn GmbH ist die Axel Springer AG an acht einst staatlichen Regionalzeitungen mit einer Gesamtauflage von mehr als 300.000 Exemplaren beteiligt. Springer ist in verschiedenen Druckereien in Ungarn engagiert. Die zusammen mit der ungarischen Post gegründete Vertriebsgesellschaft Hungaropress GmbH erreichte inzwischen eine führende Marktposition. Zusätzlich erscheinen in Ungarn eine TV-Zeitschrift, eine Wohnzeitschrift, zwei Frauenzeitschriften, eine kulinarische Zeitschrift und fünf Romanreihen aus dem Hause Springer. Polen: In Polen erscheint die polnische Ausgabe von Bild der Frau (Pani Domu), eine Adaption der Auto Bild (Auto Swiat), eine Familien-Illustrierte (Na Zywo) und die Unterhaltungszeitschrift Cienie i Blaski.
Tschechien und Slowakei: Anfang 1996 ging der Axel Springer Verlag in den beiden Ländern eine Partnerschaft mit dem Schweizer Verlag Ringier AG ein. Mit ihren Frauen- und Programmzeitschriften, Magazinen und verschiedenen Zeitungstiteln gehört die Gruppe in diesen Ländern zu den bedeutendsten Medienunternehmen.

BETEILIGUNGEN. Die wichtigsten Beteiligungen sind dem Schaubild auf den Seiten 500 – 501 zu entnehmen.

NEUE BUNDESLÄNDER. Springer tat sich mit der Eroberung des ostdeutschen Marktes zu Beginn recht schwer. Der Verlag, der jahrzehntelang die DDR in Gänsefüßchen geschrieben hatte, hatte große Berührungsängste mit verkäuflichen ehemaligen Zeitungen des SED-Staates – im Gegensatz beispielsweise zu Verlagen wie Gruner + Jahr. Während G+J massiv an die Substanz der großen DDR-Verlage heranging, versuchte sich Springer an den auflagenschwachen Blättern der Liberal-Demokratischen Partei (LDPD) und spielte mit der »Norddeutschen Zeitung« in Schwerin, dem »Leipzig/Chemnitzer Tageblatt« und dem »Morgen« immer nur die zweite Geige. Fast alle Zeitungen wurden inzwischen eingestellt. Die ebenfalls von Springer erworbenen »Dresdner Neuesten Nachrichten« wurden in eine gemeinsam von der »Leipziger Volkszeitung« und dem Süddeutschen Verlag gehaltene Gesellschaft eingebracht. Springer engagierte sich anschließend über die Lübecker Nachrichten GmbH mit 50% an der Ostsee-Zeitung Verlag und Druck GmbH, Rostock, der auflagenstärksten Regionalzeitung in Mecklenburg-Vorpommern. Gemeinsam mit dem Partner Madsack errichtete Springer eine neue Zeitungsdruckerei in Leipzig-Stahmeln. Hier werden neben der Leipziger Volkszeitung auch Bild-Ausgaben gedruckt. Von verschiedenen westlichen Blättern erscheinen sogenannte Ostausgaben. Der Axel Springer Verlag ist in den neuen Bundesländern an acht Grossobetrieben beteiligt.

STANDORT DEUTSCHLAND. Auch 1995 setzte der Axel Springer Verlag die Konzentration auf die Kernmärkte und die Absicherung der vorhandenen Objekte konsequent fort. Für Springer ist die Diskussion um etwaige Standortverlagerungen bezüglich der Druckorte schon aus Zeitkriterien in der Herstellung von Tageszeitungen nicht aktuell. Mit seinen Druckorten Ahrensburg, Darmstadt, Essen-Kettwig und Berlin-Spandau, der modernsten Offset-Druckerei Europas, und weiteren Beteiligungen verfügt der Axel Springer Verlag im Druckbereich über Standorte, die jeweils dem modernsten Stand der Technik angepaßt werden sollen. Springer investiert darüber hinaus in die Erweiterungen der Verlagshäuser in Berlin und Hamburg für Redaktionen und Verlagsabteilungen: Der dritte Bauabschnitt des Hamburger Verlagshauses mit einem Investitionsvolumen von 210 Mio. DM wird 1997 abgeschlossen sein.

»BÜNDNIS FÜR ARBEIT«. Der Axel Springer Verlag behauptet von sich, bei »notwendigen Strukturanpassungen und Rationalisierungen« besonders sozialverträglich und motivationsfördernd vorzugehen. Bereits 1992 wurde mit dem Gesamtbetriebsrat eine Vereinbarung getroffen, die für alle sozialplanpflichtigen Betriebsänderungen und Rationalisierungsmaßnahmen bis zum Jahr 2000 gilt. Dadurch, so Springer, konnten bei rückläufiger Beschäftigung betriebsbedingte Kündingungen vermieden und soziale Härten von den Mitarbeitern abgewendet werden. Zur Sicherung der Arbeitsplätze sind 1995/96 zahlreiche Betriebsvereinbarungen zur flexiblen Gestaltung der Arbeitsabläufe an verschiedenen Standorten, besonders in der Technik, geschlossen worden, z. B. die Optimierung der Schichtpläne und anforderungsgerechte Maschinenbesetzungsregelungen. Hinzu kommen in vielen Bereichen ein hoher Ausbildungsstandard und das Angebot zahlreicher Bildungsaktivitäten zur Mitarbeiterförderung. Geschäftsleitung und Betriebsrat entwickelten 1995 das Konzept für eine interne »Bildungsinitiative«. Die Journalistenschule Axel Springer unterhält 90 Ausbildungsplätze.

UMWELTSCHUTZ. 1995 hat der Axel Springer Verlag seinen ersten Umweltbericht vorgelegt, der künftig alle zwei Jahre erscheinen soll. Der Bericht dokumentiert den Stand des Energieverbrauchs sowie die Schadstoff- und Abfallreduzierungen in den Druckereien und an den Verlagsstandorten. Umweltschutz genießt bei Springer hohe Priorität. Das Referat Umwelt sowie der Arbeitskreis Umwelt unter Leitung des Vorstandsvorsitzenden sollen das Umweltbewußtsein im Unternehmen schärfen und die ökologischen Leitlinien überwachen und ständig fortschreiben. Im Zentrum aller Aktivitäten zum Umweltschutz steht der Druckbereich, wo durch neue Anlagen zum Recycling von Altfarben und von Waschmitteln zum Reinigen von Druckzylindern die Abfallmengen deutlich reduziert werden konnten. Die Druckfarben müssen umweltverträglich sein, der Anfall von Sondermüll soll drastisch

Umsatz 1995: *4.145,6 Mio.*
Umsatz 1994: *3.961,4 Mio.*
Umsatz 1993: *3.444,6 Mio.*

Gewinn 1995: *142,1 Mio.*
Gewinn 1994: *122,6 Mio.*
Gewinn 1993: *71,4 Mio.*

Cash flow 1995: *418,2 Mio.*
Cash flow 1994: *526,8 Mio.*
Cash flow 1993: *416,0 Mio.*

Cash flow: *Alle Investitionen wurden aus dem Cash flow gedeckt. Schwerpunkte waren der Erweiterungsbau des Verlagshauses in Hamburg sowie Modernisierungsmaßnahmen in den Druckereien. Hinzu kam der Erwerb einer 100%igen Beteiligung an der Ringier Verlag GmbH, München, und die Aufstockung der Beteiligung an der CompuTel Telefonservice GmbH, Hamburg, auf 100%.*

Steueraufkommen 1995: *142,9 Mio.*

Die wichtigsten Beteiligungen der Axel Springer Verlag AG

VERLAGE

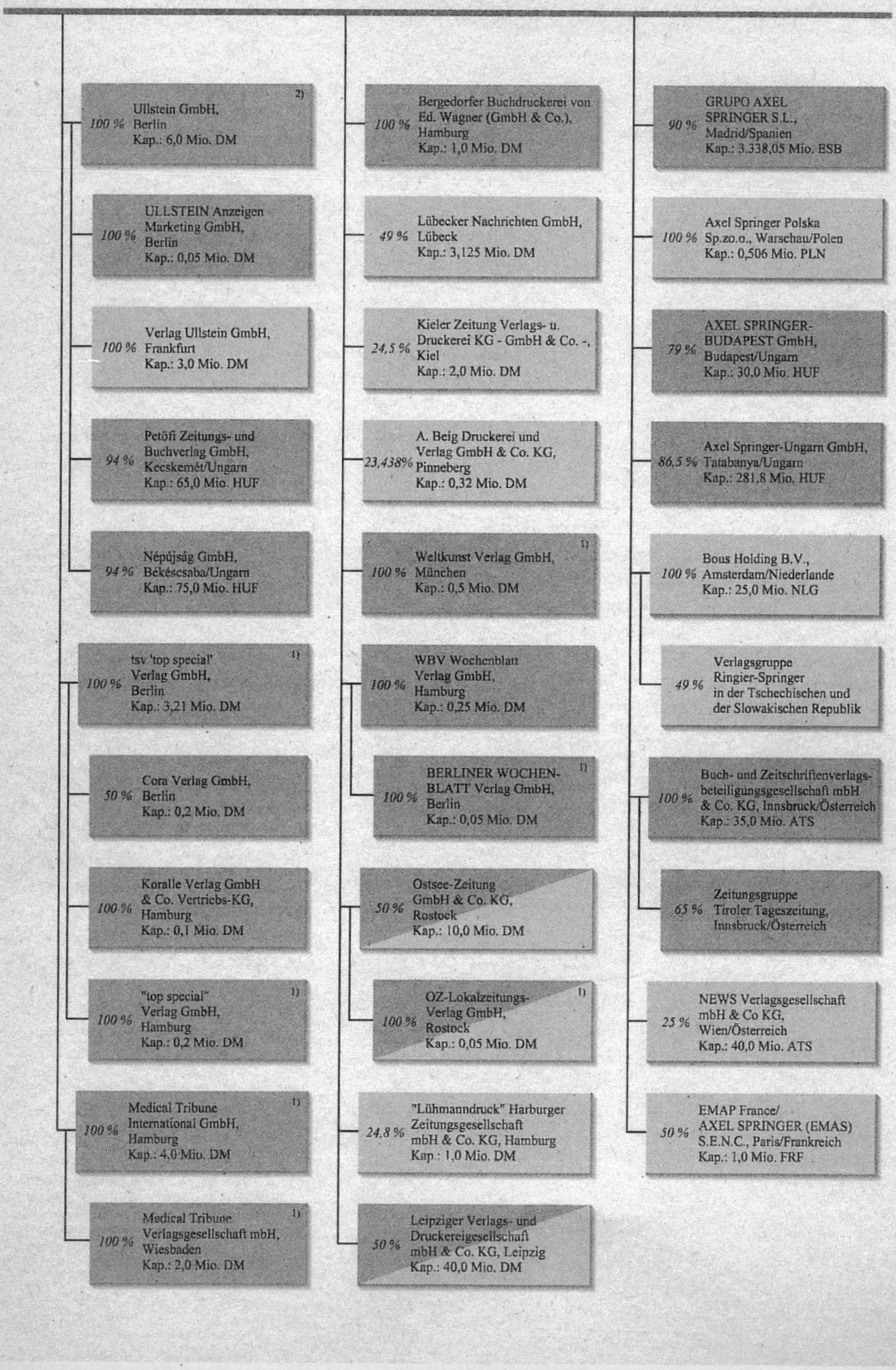

ELEKTRONISCHE MEDIEN

- *20 %* SAT.1 SatellitenFernsehen GmbH, Mainz
  Kap.: 100,0 Mio. DM
- *30,94 %* AKTUELL Presse-Fernsehen GmbH & Co. KG, Hannover
  10,0815 % über Ullstein GmbH, Berlin
  Kap.: 100,36 Mio. DM
- *24,9 %* DSF Deutsches Sportfernsehen GmbH, Unterföhring
  Kap.: 1,0 Mio. DM
- *24 %* KG Hamburg 1 Fernsehen Beteiligungs GmbH & Co., Hamburg
  Kap.: 10,0 Mio. DM
- *50 %* ISPR Internationale Sportrechte-Verwertungsgesellschaft mbH, München
  Kap.: 1,0 Mio. DM
- *100 %* Commerz-Film Mediengesellschaft mbH, Hamburg
  Kap.: 0,2 Mio. DM
- *30 %* BTI Business TV International GmbH, Hamburg
  Kap.: 0,75 Mio. DM
- *100 %* CompuTel Telefonservice GmbH, Hamburg
  Kap.: 0,1 Mio. DM
- Beteiligungen an 7 Hörfunkgesellschaften

WEITERE BETEILIGUNGEN

- *100 %* "Overbruck" Spedition GmbH, Hamburg
  Kap.: 3,0 Mio. DM
  - *100 %* Wulf & Hölter Spedition GmbH, Hamburg
    Kap.: 0,2 Mio. DM
  - *100 %* ZZ-Verlagsservice Eichberg GmbH, Neu-Isenburg
    Kap.: 0,05 Mio. DM
- *100 %* Axel Springer Verlag Vertriebsgesellschaft mbH, Dietzenbach
  Kap.: 0,262 Mio. DM
- *58,25 %* Buch- und Presse-Großvertrieb Hamburg GmbH & Co. KG, Hamburg
  Kap.: 0,75 Mio. DM
- *48,5 %* V.V. Vertriebs-Vereinigung Berliner Zeitungs- u. Zeitschriften Grossisten GmbH & Co. KG, Berlin
  Kap.: 0,2 Mio. DM
- *32 %* Presse-Vertrieb Pfalz GmbH & Co. KG, Frankenthal
  Kap.: 0,5 Mio. DM
- *50 %* dsb Abo-Betreuung GmbH, Neckarsulm
  Kap.: 0,05 Mio. DM
- *100 %* ZZ-Kurier Gesellschaft für Zeitungs- und Zeitschriftenvertrieb mbH, Hamburg [1)]
  Kap.: 0,05 Mio. DM
- Beteiligungen an 8 Grossogesellschaften in den neuen Bundesländern mit je 9 %

- *100 %* 'Axel Springer Verlag' Beteiligungsgesellschaft mbH, Berlin
  Kap.: 4,05 Mio. DM
  - *100 %* Hamburger Abendblatt • Die Welt Reisebüro GmbH, Hamburg
    Kap.: 1,2 Mio. DM
  - *100 %* VVDG Verlags- u. Industrieversicherungsdienste GmbH, Berlin
    Kap.: 0,15 Mio. DM
- *24,5 %* Kieler Zeitung GmbH & Co. Offsetdruck KG, Kiel
  Kap.: 5,0 Mio. DM
- *74,9 %* GMZ Druckerei GmbH & Co., Berlin
  Kap.: 6,0 Mio. DM

Konsolidierungskreis:

- vollkonsolidiert
- quotalkonsolidiert

1) Beherrschungs- und Gewinnabführungsvertrag mit der Muttergesellschaft

2) über 'Axel Springer Verlag' Beteiligungsgesellschaft mbH, Berlin

Beschäftigte 1995: *12.646*
Beschäftigte 1994: *13.331*
Beschäftigte 1993: *12.187*

Umsatz pro Mitarbeiter 1995: *327.819,– DM*
Umsatz pro Mitarbeiter 1994: *297.157,– DM*
Umsatz pro Mitarbeiter 1993: *282.645,– DM*

Löhne und Gehälter 1995: *1.160,1 Mio.*
Löhne und Gehälter 1994: *1.189,3 Mio.*
Durchschnittsgehalt 1995: *91.737,– DM*
Soziale Abgaben und Aufwendungen 1995: *214,5 Mio.*
Soziale Abgaben und Aufwendungen 1994: *211,1 Mio.*

Bezüge pro Vorstandsmitglied 1995: *1.372.250,– DM*
Tantiemen pro Aufsichtsratsmitglied 1995: *80.667,– DM*

reduziert werden. Für den wichtigsten Rohstoff, die Druckpapiere, hat Springer mit seinen in- und ausländischen Papierherstellern und -lieferanten verbindliche Waldnutzungs-Standards zum umweltverträglichen Umgang mit dem nachwachsenden Rohstoff Holz vereinbart. Die Papierlieferanten garantieren Springer, daß nur soviel Wald geerntet wird, wie durch Pflanzung und Aussamung nachwächst. Dazu sollen strenge ökologische Bewertungssysteme erstellt werden. Zeitschriftenpapier mit chlorgebleichtem Zellstoff wird in den Druckereien nicht mehr eingesetzt, etwa zwei Drittel der Druckpapiere enthalten Altpapier. Alle Springer-Titel sind recyclingfähig. Springer setzt zunehmend recyceltes Altpapier ein. Springer hat ein Umwelt-Controlling eingerichtet, das den Ressourcen-Verbrauch erfaßt, bewertet und steuert.

KIRCH UND SPRINGER. Der Expansionsdrang von Kirch scheint ebenso ungebrochen wie seinerzeit der von Axel Springer. Mitte 1996 sorgte der Münchner Filmhändler Leo Kirch wieder einmal für Aufsehen: Seine Gruppe kaufte vom Weltfußballverband FIFA für 3,4 Mrd. DM die TV-Übertragungsrechte für die Fußball-Weltmeisterschaften in den Jahren 2002 und 2006. Einer der Hintergründe: der Einstieg Kirchs ins Pay-TV. Ende Juli 1996 ging sein digitales Abonnenten-TV »DF1 – Das Digitale Fernsehen«, eine 100%ige Kirch-Tochter, auf Sendung und signalisierte damit den Start ins digitale Fernsehzeitalter. Zuvor gelang es der Kirch-Gruppe noch, den bis dahin ärgsten Mitkonkurrenten Bertelsmann ins eigene Boot zu bekommen. Den Raffinessen und dem Geschick des Münchner Unternehmens hatte in der Frage des digitalen Fernsehens der Medienriese aus Gütersloh nichts entgegenzusetzen. Kirch plant im digitalen Fernsehen 50 neue Programme. Über die d-Box kann der Zuschauer das gesamte TV-Paket von Kirch abonnieren, aber auch einzelne Programme. Im Jahr 2000 will Kirch den zweimillionsten Abonnenten begrüßen. Vertriebsfirmen von Kirch für den Decoder und anderes Zubehör sind die Metro und die Vebacom. Besonders enge Verbindungen hegt Kirch zur Metro, nachdem ihm Besitzer Otto Beisheim mit seiner Filmfirma Medien Handels AG in Zug/Schweiz vor Jahren für über 500 Mio. DM ein Filmpaket abgekauft hatte und ihm so aus einem finanziellen Desaster half. Immer mehr publizistische Macht in immer weniger Händen. War jahrelang für die Medienkritiker Springer der Inbegriff geballter Pressemacht, so wurden es in den letzten Jahren zunehmend der Münchner Medienunternehmer und Springer-Großaktionär Leo Kirch und seine Familie. Die Kirch-Gruppe, 1956 von Leo Kirch gegründet, gehört seit Jahren zu den führenden Unternehmen im internationalen Film- und Fernsehgeschäft mit national und international über 30 Gesellschaften und Beteiligungen und einem geschätzten Umsatz von über 2,5 Mrd. DM. Die wichtigsten Kirch-Gesellschaften und Beteiligungen dieses nur schwer zu durchschauenden Familiengeflechtes: SAT.1, Deutsches Sportfernsehen DSF, Pro7 (über Sohn Thomas), Premiere, Kabel 1, ISPR (Internationale Sportrechte-Verwertungsgesellschaft), Teleclub (Pay TV), Neue Constantin Filmverleih, Unitel Film- und Fernsehen Produktionsgesellschaft, Beta-Film. Kirch, der sich selbst gerne als Filmhändler bezeichnet, besitzt einen Film- und Fernsehstock von rund 15.000 Spielfilmen und 70.000 Stunden TV-Programm, den mit Abstand größten Vorrat an Filmen und Fernsehserien in Europa. 1996 sicherte sich Kirch darüber hinaus für Jahre die Filmrechte an Paramount, die zur amerikanischen Mediengruppe Viacom gehört. Für 1 Mrd. DM kaufte Kirch alle neuen Filme des zur Sony-Gruppe gehörenden Hollywood-Studios Columbia. Die Disney/ABC-Gruppe schloß 1996 mit der Kirch-Gruppe ein Abkommen über zehn Jahre zur Nutzung der Filmrechte an Neuproduktionen für Pay TV ab.

Von einer konservativen Machtzentrale im Umfeld von CDU und CSU reden die einen, von einem »deutschen Berlusconi« die anderen. Im Juli 1995 stieg Kirch bei den drei Fernsehsendern des ehemaligen italienischen Ministerpräsidenten Silvio Berlusconi ein. Kirch übernahm 10% der Anteile der Fininvest-Firma Mediaset. (Die italienische Staatsanwaltschaft unterstellt Kirch immer wieder, für Berlusconi nur eine Art Strohmann bei der Beteiligung zu spielen.) Im Juli 1996 stockte die Kirch-Gruppe ihre Beteiligung am italienischen Pay-TV-Unternehmen Telepiu auf 57% auf. An der italienischen Fernsehholding Mediaset, die auch zum Fininvest-Konzern gehört, ist Kirch mit 7,5% beteiligt. Kirch plant auch eine Kapitalbeteiligung an der British Sky Broadcasting Plc. (BSkyB) des australischen Unternehmers Rupert Murdoch, nachdem dieser nicht bei Bertelsmann, sondern mit einer Option auf 49% bei Kirchs DF1 eingestiegen ist und darüber hinaus am Pay-TV-Sender Premiere beteiligt wird. Auch der im Juni 1996 verabschiedete Medien-Staatsvertrag, der der Fernsehkonzentration mit einem maximalen Marktanteil von 30% in einer Hand begegnen will, kann auf Dauer Kirch nichts anhaben. Gegenüber seinem undurchschaubaren Geflecht an Sendern und Beteiligungen sind die Kartellbehörden machtlos.

Die Kombination Springer-Kirch ist tatsächlich die stärkste publizistische Medienmacht – also auch Meinungsmacht – im Lande und übertrifft vom medienpolitischen Einfluß her den Bertelsmann-Konzern. Seine Machtfülle wesentlich ausgebaut hat Kirch als Großaktionär der Axel Springer Verlag AG. Gleich nach dem Tod des konservativen Zeitungszaren Axel Springer und der einsetzenden Machtkämpfe um sein Erbe signalisierte Leo Kirch Interesse an Deutschlands größtem Verlagshaus. Die Springer-Erben wollten dem Filmhändler aus München um keinen Preis ein allzu großes Stimmrecht einräumen, obwohl das gemeinsame Engagement des Springer-Konzerns und Leo Kirchs bei SAT.1 durchaus eine Kooperationsbasis hätte darstellen können. Aber alle Verhinderungsversuche und Intrigen – der Springer-Verlag hatte Leo Kirch sogar eine Bestechungsaffäre angehängt, eine Luftblase, wie sich herausstellte – konnten den wachsenden Einfluß Kirchs nicht verhindern. Mit Hilfe und auf Vermittlung der Deutschen Bank, die in ihren Depots rund 22% der sich in Streubesitz befindlichen vinkulierten Namensaktien hält und traditionell eine Schlüsselrolle im Machtgeflecht des Springer-Konzerns einnimmt, gelangte Kirch schließlich in den Besitz eines großen Aktienpaketes der Axel Springer Verlag AG und zog so endlich in den Aufsichtsrat ein. Die Bedingung dieses ausgehandelten Kompromisses: Kirch mußte den Springer-Erben auch weiterhin 50% und eine Aktie an ihrem Imperium garantieren. Er selbst soll sein Paket inzwischen heimlich auf 43% ausgebaut haben.

Investitionen 1995:
218,0 Mio.
Investitionen 1994:
263,9 Mio.
Investitionen 1993:
299,9 Mio.

Mitbewerber: *Bauer, Bertelsmann, Burda, Gruner + Jahr, von Holtzbrinck*

STEAG siehe Ruhrkohle
Stinnes siehe VEBA

STRABAG

Standort:
Siegburger Straße 241
50679 Köln

Postanschrift:
Postfach 21 11 20
50535 Köln

Telefon: *(0221) 824-01*
Telex: *8 871 050*
Telefax: *(0221) 824-2936*

Branche: *Bauindustrie*

Rechtsform:
Aktiengesellschaft

Geschäftsjahr: *1.1.-31.12.*

Gründungsjahr: *1923*

Öffentlichkeitsarbeit:
Dr. Helmut Schulte Herbrüggen
Tel.: (0221) 824-2480
FAX: (0221) 824-2385

Verbände: *Hauptverband der Deutschen Bauindustrie, Frankfurt/Main; Deutscher Beton-Verein e.V., Wiesbaden; Vereinigungen der Bauindustrie in den einzelnen Ländern*

GESCHICHTE UND ENTWICKLUNG. 1923 wurde die STRABAG als Zusammenschluß verschiedener bis dahin selbständiger Straßenbaugesellschaften aus Gründen größerer Wirtschaftlichkeit gegründet, die aber im Laufe des folgenden Jahrzehnts entweder aufgelöst oder in der STRABAG verschmolzen wurden. 1930 Einführung des Firmennamens STRABAG. 1931 Gründung der DEUTAG (Deutsche Teer- und Asphaltschotterwerke GmbH). Hohe Kriegsschäden und Reparationszahlungen nach dem Krieg. 1949 Neufirmierung von »Straßenbau-Aktiengesellschaft« in »STRABAG Bau-Aktiengesellschaft« und Verlegung der Konzernzentrale von Niederlahnstein nach Köln. Anfang der 50er Jahre begann STRABAG massiv mit der Bautätigkeit im Ausland. 1965 Gründung der SF-BAU Gesellschaft für schlüsselfertiges Bauen, 1969 Übernahme der A.H.I.-Bau, Allgemeine Hoch- und Ingenieurbau AG, Düsseldorf. 1983 Gründung der STRABAG Tiefbau GmbH. Zahlreiche weitere Neugründungen und Akquisitionen von maßgeblichen Unternehmen der Baubranche. 1988 Gründung der STRABAG Umwelttechnik GmbH, Köln. 1989/90 Umstrukturierung der Unternehmensbereiche mit der Gründung der STRABAG International GmbH, Köln, für das außereuropäische Auslandsgeschäft. Gründung von Betriebsführungsgesellschaften mbH für die Unternehmensbereiche Hoch- und Ingenieurbau sowie Straßen- und Tiefbau, deren Umwandlung in AGs mit gleichzeitiger Übernahme der operativen Geschäfte 1993 erfolgte. 1990–1992 Aufbau von 140 Stützpunkten in den neuen Bundesländern und Gründung der STRABAG Hungaria sowie der STRABAG Bohemia.

BESITZVERHÄLTNISSE/EIGENTUMSSTRUKTUR.

- Firma Wilh. Werhahn, Neuss, über die von ihr abhängige Schunck & Dreschmann GmbH & Co. KG Beteiligungsverwaltung (49%)
- Rest Streubesitz

KONZERNÜBERBLICK. STRABAG ist die fünftgrößte deutsche Baugesellschaft. Nach einer wirtschaftlichen Krise in den 80er Jahren gelang es dem Konzern, durch eine neue dezentrale Struktur mit Spartengliederung und selbständig operierenden Einheiten wieder Fuß zu fassen. Der Konzern gliedert sich in die Bereiche: STRABAG Hoch- und Ingenieurbau AG, STRABAG Straßen- und Tiefbau AG, DEUTAG AG, SF-BAU Projektentwicklung GmbH, STRABAG International GmbH, STRABAG Österreich AG. Hinzu kommen Beteiligungsgesellschaften wie z. B. die STRABAG Umwelttechnik, die sich besonders mit dem breiten Feld des umweltorientierten Bauens auseinandersetzt, beispielsweise mit der Entwicklung lärmmindernder Deckschichtbauweisen für Straßen- und Autobahnbeläge.
Zu den Spezialitäten und Geschäftstätigkeiten der STRABAG zählen Verwaltungs- und Geschäftsbauten, Industrieanlagen und fertige Fabriken, Abwasserkanalbauten und Kläranlagen, schlüsselfertige Wohnungsbauprojekte jeder Größenordnung von Markthallen über Hotels bis zu Ferienanlagen, Brückenbau, Tunnel-, U-Bahn- und S-Bahnbau, eine umfassende Bauwerkserhaltung und -sanierung (Betonerhaltung

und Fassadenschutz), alle Baubereiche der Umwelttechnik (Deponien, Straßenbeläge, Lärmschutz), Straßenbau (Autobahnen, Stadtstraßen, Start- und Landebahnen, Oberflächenschutzschichten, Lärmschutz im Straßenbau), Rohrleitungsbau, Sportstätten- und Landschaftsbau und der Asphalt-Wasserbau. Hinzu kommen die konzerneigene Baustoffproduktion DEUTAG AG mit Asphalten (führend im Bereich der Anti-Lärm-Beläge) und Baustoffrecycling und -aufbereitung. Mit Dienstleistungen aller Art – Projektentwicklungen, Management- und Objektdienstleistungen, Containerdiensten und Schornsteinwartung – rundet die STRABAG ihr Angebot ab. Die Gesellschaft kann ihren Betrieb ganz oder teilweise auf verbundene Unternehmen ausgliedern. Neben Niederlassungen in allen großen deutschen Städten zählen zu den wichtigsten Auslandsniederlassungen der STRABAG: Belgien, Niederlande, Österreich, Tschechische Republik, Ungarn, Spanien, Nigeria, Oman, Kenia, Kuwait.

BETEILIGUNGEN. Die wichtigsten Beteiligungen und Gesellschaften der STRABAG AG nach Unternehmensbereichen:

● Unternehmensbereich STRABAG Hoch- und Ingenieurbau AG: STRABAG Hoch- und Ingenieurbau AG, Köln (100%); A.H.I. Bau Allgemeine Hoch- und Ingenieurbau-GmbH, Köln (100%); Blees-Kölling-Bau GmbH, Bergheim (74%); Mast Grundbau GmbH, Langenfeld (100%); Märkische Bau-Union GmbH, Potsdam (100%); OOMS-ITTNER-HOF GmbH, Köln (100%); Richard Jebens Grundbau GmbH, Hamburg (95%); Schwarze Pumpe Baugesellschaft mbH, Schwarze Pumpe (100%); STRABAG Ingenieurbau GmbH, Leipzig (100%); STRABAG Ingenierbau Thüringen GmbH, Gera (100%).

● Unternehmensbereich STRABAG Straßen- und Tiefbau AG: STRABAG Straßen- und Tiefbau AG, Köln (100%); August & Jean Hilpert GmbH & Co., Nürnberg (100%); PROTECTA Gesellschaft für Oberflächenschutzschichten mbH, Düsseldorf (75%); STRABAG Sportstättenbau GmbH, Dortmund (100%); STRABAG Straßen- und Tiefbau GmbH Magdeburg, Magdeburg (100%); STRABAG Straßen- und Tiefbau GmbH Thüringen, Erfurt (100%); STRABAG Tiefbau GmbH, Köln (100%); STRABAG Verkehrs- und Tiefbau Sachsen GmbH, Leipzig (100%); GDRS Entsorgungs-GmbH & Co. KG, Krefeld (45%); STRABAG Neubrandenburg Straßen- und Tiefbau GmbH, Neubrandenburg (100%); Westdeutsche Asphalt-Werke Bau-Gesellschaft mbII, Köln (100%); LUTEC Leitungs- und Umwelttechnik GmbH, Unterheinsdorf (100%); ETH Erd- und Tiefbau GmbH, Hamburg (100%); GAH Gußasphalt Bau GmbH, Hamburg (100%).

● Unternehmensbereich DEUTAG AG: DEUTAG AG, Köln (100%), mit zahlreichen Tochtergesellschaften im ganzen Bundesgebiet; Asphalt Mischwerke Rheinland GmbH, Köln (60%); Asphalt Mischwerke Osnabrück GmbH & Co. KG, Osnabrück (48%); B+R Baustoff-Handel und Recycling GmbH, Düsseldorf (51%); B+R Baustoff-Handel und Recycling Hafen-Düsseldorf GmbH, Düsseldorf (67%); DEUTAG-REMEX Gesellschaft für Baustoffaufbereitung mbH, Duisburg (100%); REMEX Leipzig Gesellschaft für Baustoffaufbereitung mbH, Leipzig (100%); AMI Asphalt Mischwerke Iffezheim GmbH & Co. KG für Straßenbaustoffe, Iffezheim (33%); Bayerische Asphalt-Mischwerke GmbH & Co. KG, Hofolding (33%); Duisburger Schlackenaufbereitung und Umwelttechnik GmbH, Duisburg (50%); Ems-Jade Mischwerke

Vorstand:
- *Franz, Otmar, Dr. (Vorsitzender), Mülheim/Ruhr*
- *Haug, Wolfgang, Erftstadt-Liblar*
- *Kuchenwald, Jürgen, Dr., Köln*
- *Tredopp, Reiner, Dr., Köln*

Vorstandsbezüge 1995: *2.877.000,– DM*

Aufsichtsrat:
- *Gerhard, Joachim, Dr. (Vorsitzender; Kaufmann), Düsseldorf*
- *Gloystein, Peter, Dr. (Mitglied des Vorstandes der Commerzbank AG), Düsseldorf*
- *Jannott, Edgar, Dr. (Vorsitzender der Vorstände der Victoria Versicherungsgesellschaften), Kaarst*
- *Krupp, Georg (Mitglied des Vorstandes der Deutsche Bank AG), Frankfurt/Main*
- *Oppenheim, Alfred Freiherr von (Bankier), Köln*
- *Schulz, Ekkehard, Dr. (Vorsitzender des Vorstandes der Thyssen Stahl AG), Krefeld*
- *Werhahn, Wilhelm (Kaufmann), Neuss*
- *Zempelin, Hans Günther, Dr., Wuppertal*

**Helmich, Elisabeth (stellv. Vorsitzende)*
**Gutsche, Dieter*
**Klein, Klaus*
**Kunze, Frank*
**Lüttig, Dieter*
**Michel, Klaus*
**Ullmann, Joachim*
**Wynands, Frank*

Aufsichtsratstantiemen 1995: *350.000,– DM*

BÖRSE, AKTIEN, KURSE
Grundkapital 1995:
125,0 Mio.
Jahreshöchstkurs 1995:
458,00 DM (Stammaktie);
350,00 DM (Vorzugsaktie)
Jahrestiefstkurs 1995:
213,00 DM (Stammaktie);
180,00 DM (Vorzugsaktie)
Aktie Jahresende 1995:
255,00 DM (Stammaktie);
232,00 DM (Vorzugsaktie)
Dividende pro Aktie 1995:
0,00 DM je 50-DM-Stammaktie;
5,00 DM je Vorzugsaktie

GmbH & Co. KG für Straßenbaustoffe, Emden (50%); Hansa Asphalt-Mischwerke GmbH & Co. KG für Straßenbaustoffe, Soest (50%); Kurpfälzische Asphalt-Mischwerke GmbH & Co. KG, Iffezheim (38%); MABEG Holding Gesellschaft für Entsorgungswirtschaft mbH & Co. KG, Herne (50%); Südhessische Asphalt-Mischwerke GmbH & Co. KG für Straßenbaustoffe, Hanau (45%); WEHAB Wehofener Haldenbewirtschaftungsgesellschaft mbH, Duisburg (50%); Weser-Mischwerke Dr. Joachim Schmidt GmbH & Co. KG, Bremen (50%); SAT Schmitt GmbH & Co. Straßensanierung KG, Horhausen (50%); AMS Asphaltmischwerke GmbH Sachsen, Hartmannsdorf (50%); DEUPA-Asphalt-Mischwerke Gesellschaft für Baustoffe mbH, Leipzig (50%); HAW-Hürtherberg Asphaltwerke GmbH & Co. KG, Köln (45%); REMEX Recycling-Park Stuttgart GmbH & Co. KG, Stuttgart (50%); AML-Asphaltmischwerke GmbH Leipzig, Espenhain (70%); Dortmunder Gußasphalt GmbH & Co. KG Mischwerke, Soest (35%); DSU Gesellschaft für Dienstleistungen und Umwelttechnik GmbH & Co. KG, Duisburg (50%); R+R Rohstoffrückgewinnung und Recycling GmbH, Mettmann (33%).

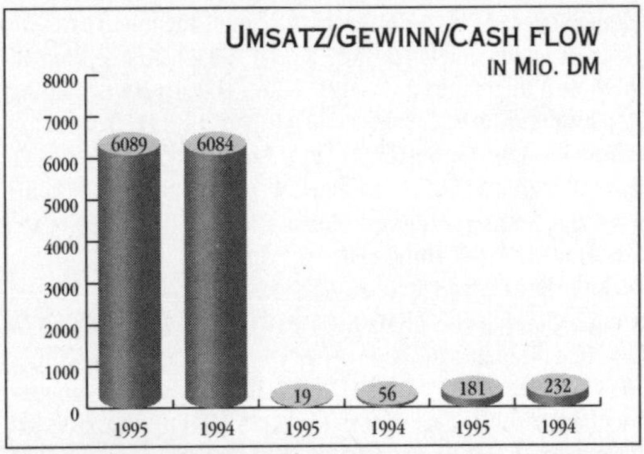

● Unternehmensbereich SF-BAU Projektentwicklung GmbH: SF-BAU Projektentwicklung GmbH, Köln (100%); CSE Centrum-Stadtentwicklung GmbH, Köln (50%); IBV-Immobilien Besitz- und Verwaltungsgesellschaft mbH Werder, Werder (92%); SF-BAU Gesellschaft für Projektentwicklung und schlüsselfertiges Bauen mbH, Leipzig (100%).
● Unternehmensbereich STRABAG International GmbH: STRABAG International GmbH, Köln (100%); STRABAG Oman L.L.C., Muscat, Sultanat Oman (49%); STRABAG Construction (Nig.) Ltd., Ikeja/Nigeria (40%); Aannemingsmaatschappij STRABAG B.V., Dordrecht/Niederlande (100%); N.V. STRABAG Benelux S.A., Antwerpen/Belgien (100%); N.V.P.I.T. Professionale Innovatie Techn. S.A., Antwerpen/Belgien (70%); Stuag Bau-AG, Wien/Österreich (50%).
● Unternehmensbereich STRABAG Österreich AG: STRABAG Österreich AG, Linz/Österreich (65%) mit 27 Gesellschaften in Österreich, Ungarn, Tschechien, Kroatien und Slowenien. Darunter: STRABAG Hungaria Bau AG, Budapest/Ungarn (100%); STRABAG Bohemia AG, Budweis/Tschechien (72%).

NEUE BUNDESLÄNDER. Ziel des Konzerns ist es, in Ostdeutschland die gleiche Struktur wie in der alten Bundesrepublik aufzubauen, in einigen Bereichen sogar noch stärker als in den alten Bundesländern zu werden. Die STRABAG ist in den neuen Bundesländern mit zahlreichen Niederlassungen, Zweigniederlassungen, Außenstellen und Beteiligungsgesellschaften flächendeckend vertreten. Die entscheidenden Wachstumsraten erzielte der STRABAG-Konzern von 1990 bis 1994 durch die Geschäfte in Ostdeutschland. 1995 wurde das Vorjahresniveau erneut erreicht. Der Straßen- und Tiefbau konzentriert sich auf die industriellen Ballungsräume von Sachsen und Thüringen sowie auf den Großraum Berlin. Am weitesten vorangeschritten ist die Markterschließung bei der DEUTAG-Gruppe. Hinzu kamen zahlreiche umfangreiche Engagements im Entsorgungsbereich des Umweltschutzes.

STANDORT DEUTSCHLAND. Deutschland und der mitteleuropäische Raum bleiben auch 1996/97 für die STRABAG-Gruppe die wichtigsten Märkte. In Ungarn und Tschechien setzt man auf schnelles Wachstum. Mit den drei europäischen Bauunternehmen GTM-Entrepose (Frankreich), John Laing plc. (Großbritannien) und NCC AB (Schweden) hat die STRABAG Bau-AG Ende 1992 in Brüssel das europäische Konsortium Société Européenne de Construction S.A. gegründet. Über dieses von allen Partnern zu gleichen Teilen gehaltene Unternehmen will man sich für von der EU zu vergebende Bauvorhaben bewerben, vor allem für Bauprojekte in Mittel- und Osteuropa und in Entwicklungsländern. Wegen des aber insgesamt schwachen Geschäftsjahres 1995 – geringer Gewinn, keine Dividende auf die Stammaktie – sollen auch in den nächsten Jahren zahlreiche »operative Einheiten« der STRABAG aufgelöst und die Beteiligungen straffer gebündelt werden. Im Zuge der begonnenen Restrukturierung sank im ersten Halbjahr 1996 die Zahl der Mitarbeiter im Inland um 2.100 auf 12.300.

»BÜNDNIS FÜR ARBEIT«. Innerbetriebliche Leistungen wie z. B. Zusatzurlaub, Heirats- und Geburtsbeihilfen, Leistungen bei Unfällen und Dienstjubiläen sowie die betriebliche Altersversorgung sind in Betriebsvereinbarungen geregelt. Ausgebildet wird im kaufmännischen, technischen und gewerblichen Bereich.

UMWELTSCHUTZ. Die STRABAG verfügt über ein Umweltmanagementsystem mit einem Umweltschutzbeauftragten in der Konzernzentrale und über Umweltfachkräfte in den Hauptniederlassungen. Auf den Baustellen der STRABAG, so Vorgabe und Ziel, werden möglichst umweltfreundliche Baustoffe und lärmarme Maschinen und emissionsarme Bauverfahren eingesetzt. Über Investitionen in den Umweltschutz oder laufende Investitionsaufwendungen macht die STRABAG keine Angaben.
Im Geschäftsfeld Umweltschutz ist die STRABAG äußerst engagiert. STRABAG ist als Konzern des Hoch-, Tief-, Straßen- und Ingenieurbaus mit dem Bau von Umweltschutz- und Entsorgungsanlagen aller Art befaßt: Verbrennungsanlagen, Kraftwerke, Deponien, Umladestationen, Kläranlagen, Abwasser-/Sammlerbauten, Schornsteinbauten, Verkehrsbau, Infrastrukturbau. Betrieb von Misch- und Sortieranlagen, Betrieb von Kompostierungsanlagen, Asbestentsorgung, Bodenreinigung und -sanierung, Flächenrecycling. Bundesweiter Betrieb von Anlagen zur Erzeugung qualitätsüberwachter Recyclingbaustoffe. Die Forschungsaktivitäten betreffen vor allem die Wiederverwertung indu-

Leistung/Umsatz 1994: *6.089,0 Mio.*
Leistung/Umsatz 1994: *6.084,0 Mio.*
Leistung/Umsatz 1993: *5.031,0 Mio.*

Gewinn 1995: *18,5 Mio.*
Gewinn 1994: *56,1 Mio.*
Gewinn 1993: *55,5 Mio.*

Cash flow 1995: *181,0 Mio.*
Cash flow 1994: *232,0 Mio.*
Cash flow 1993: *240,0 Mio.*

Cash flow: *Der überwiegende Teil des Cash flow floß in Sach- und Finanzanlagen.*

Steueraufkommen 1995: *7,7 Mio.*

Beschäftigte 1995: *23.987*
Beschäftigte 1994: *23.385*
Beschäftigte 1993: *21.000*

Umsatz pro Mitarbeiter 1995: *253.846,– DM*
Umsatz pro Mitarbeiter 1994: *260.167,– DM*
Umsatz pro Mitarbeiter 1993: *239.571,– DM*

Löhne und Gehälter 1995: *1.195,2 Mio.*
Löhne und Gehälter 1994: *1.204,8 Mio.*
Durchschnittsgehalt 1995: *49.826,– DM*
Soziale Abgaben und Aufwendungen 1995: *288,7 Mio.*
Soziale Abgaben und Aufwendungen 1994: *282,6 Mio.*

Bezüge pro Vorstandsmitglied 1995: *719.250,– DM*
Tantiemen pro Aufsichtsrat 1995: *21.875,– DM*

strieller Reststoffe. Durch wirtschaftliche Lösungen für den Einbau von Recyclingmaterial sollen die Kosten im Straßenbau gesenkt und gleichzeitig ein Beitrag zum Umweltschutz geleistet werden. Ähnliches gilt für die Oberflächenabdeckung bestehender Altlasten und verfüllter Deponien.

KOMMENTAR. Anfang 1991 geriet der STRABAG-Konzern in den Verdacht, in mehr als 70 Fällen das UNO-Embargo gegen den Irak gebrochen und umgangen zu haben, der weltweit eklatanteste Fall dieser Art im Zusammenhang mit der Irak-Krise. Nach Angaben der Staatsanwaltschaft Koblenz gelangten noch im Oktober drei Lieferungen mit insgesamt 180 Diamant-Bohrern über die STRABAG in den Irak. STRABAG gab den Weiterbau am Flughafen Basrah zu, ebenso Fahrzeug-Ersatzteile, Nahrungsmittel und Medikamente in den Irak geliefert zu haben. Bei den STRABAG-Projekten im Irak handelte es sich um das Teilstück einer sechsspurigen Autobahn (Volumen rd. 1 Mrd. DM) und den Bau des Flughafens Basrah (1,3 Mrd. DM). Da sich zu Beginn des Embargos auf der Baustelle Basrah noch 500 Mitarbeiter des Unternehmens einschließlich Frauen und Kinder befunden haben sollen, so die STRABAG, habe der Irak auf der Erfüllung der noch ausstehenden Wartungs- und Gewährleistungsarbeiten für den Flughafen bestanden, der dann im Irak-Krieg von den Amerikanern wieder vollständig zerstört wurde. Der STRABAG-Vorstand argumentierte mit der »unbedingten Fürsorgepflicht« für seine Mitarbeiter. STRABAG und der Irak – eine wechselvolle Geschichte um viel Geld: Nachdem die STRABAG schon Mitte der 80er Jahre aufgrund des Irak-Iran-Krieges an Bauleistungen rund 400 Mio. DM verloren hatte, wurde der Konzern diesmal Opfer des Embargos, nachdem der Irak zwei Jahre zuvor damit begonnen hatte, seine Schulden an STRABAG im Rahmen einer Öl-Kompensation zu begleichen. Nicht zuletzt deshalb schien STRABAG zu versuchen, sich möglichst glimpflich aus der Affäre zu ziehen und die Bauherren gnädig zu stimmen, zur Not auf illegalem Wege. Letztendlich kostete der »Schadensfall Irak« (so die STRABAG) den Kölner Baulöwen über 200 Mio. DM, nachdem 280 Mio. DM die Hermes-Bürgschaft des Bundes übernommen und an die STRABAG überwiesen hatte. 1990 gab es für die Aktionäre keine Dividende.
1996 war der Irak bei der STRABAG plötzlich wieder präsent. Der Vorstand selbst brachte dieses umstrittene Kapitel ins Spiel. Um operative Verluste auszugleichen, hatten die Manager Teile bereits abgeschriebener Forderungen an den Irak in die Bilanz eingebaut, um so wenigstens den Vorzugsaktionären eine Dividende zahlen zu können. Die Forderungen an den Irak, so gab der Vorstand an, würden sich jetzt auf 550 Mio. DM (inklusive 270 Mio. DM Zinsen) belaufen. 110 Mio. DM hatte der Vorstand hochgeschrieben und unter Umsatz verbucht. Die Argumentation des Vorstandes: Nach der Aufhebung des Öl- und Handelsembargos seitens der UNO und einem Modell der Schuldentilgung durch Ölexporte könne man ja jetzt das Geld zurückverlangen. Viele Anwesende auf der Hauptversammlung der STRABAG im Juni 1996 hielten diese Millionen-Schiebereien aber für Taschenspielertricks, um den Vorzugsaktionären zu gefallen. Daß der Irak bei einem geschätzten Schuldenvolumen von 200 Mrd. DM der STRABAG bereits abgeschriebene Schulden (inklusive Zinsen) überweisen könnte, dürfte auch der Vorstand nicht ernsthaft glauben.

Die Werhahn-Gruppe. Großaktionär der STRABAG ist die Neusser Werhahn-Gruppe mit knapp 50%. Die Werhahns zählen zu den reichsten Familien im Land (neben dem eigenen Firmenkonglomerat besitzen die Werhahns Aktienpakete an RWE, Hoesch-Krupp und zahlreichen Industrieunternehmen sowie umfangreichen Grundbesitz). Zum rund 180 Gesellschaften umfassenden Beteiligungsgeflecht des Familienkonzerns – der Familienclan gilt als die »stille Macht am Rhein« – zählen über 200 Unternehmen, überwiegend lukrative Beteiligungen aus dem Banken-, Baustoff-, Mühlen- und Vermögensverwaltungsgeschäft. Der Konzern des Neusser Familienclans, 1838 von Wilhelm Werhahn mit dem Handel von Holz und Düngemitteln gestartet, wird als Holding Wilh. Werhahn KG geführt. In der Bundesrepublik einmalig: Zentrale des Konzerns ist das Neusser Bankhaus Wilh. Werhahn, das seine bankfremden Geschäfte als Zweigniederlassungen betreibt. Geführt wird das rheinische, streng katholische Familienunternehmen nach dem Tod des alles beherrschenden Familienoberhaupts Heribert Werhahn 1990 von einer Fünfer-Gruppe: Anton, Michael und Wilhelm Werhahn sowie den familienfremden Managern und persönlich haftenden Gesellschaftern Joachim Gerhard (Sprecher des Vorstandes) und Günter Jung. 1994 umfaßte der Werhahn-Clan über 190 Familiengesellschafter aus drei Familienstämmen, von denen die besten auserkoren werden, den Konzern zu führen. Die drei im Vorstand der Obergesellschaft sitzenden Werhahns vertreten zwei der drei Familienstämme in der fünften Generation. Insgesamt haben neun Werhahns im Konzern Führungspositionen inne.

Wilh. Werhahn agiert als dezentral ausgerichtetes Unternehmen. Die in der Regel rechtlich selbständigen Gesellschaften der Werhahn-Gruppe sind in verschiedenen Geschäftsbereichen organisiert, die den folgenden fünf Unternehmensbereichen zugeordnet sind: Baustoffe, Mühlen, Industrie, Finanzdienstleistungen, weitere Beteiligungen.

1995 kam Wilh. Werhahn auf einen Umsatz von 3.406,0 Mio. DM (Vorjahr: 3.330,0 Mio.) bei 7.246 (Vorjahr: 6.928) Beschäftigten. Ein Gewinn wurde nicht ausgewiesen. Der gesamte Gruppenumsatz dürfte allerdings weit über 5 Mrd. DM liegen, da beispielsweise die STRABAG-Beteiligung in den Konzernabschluß, der neben der Obergesellschaft Wilh. Werhahn 67 inländische und 21 ausländische Gesellschaften umfaßte, nur bedingt einbezogen wurde. Zu den wichtigsten Beteiligungen der Werhahn-Gruppe gehören neben der STRABAG u. a.: Basalt-AG, Linz (100%); I.B. Rathscheck Söhne, Mayen (100%); Wilh. Werhahn ZN Holzimport-Hobelwerk, Neuss (100%); Werhahn Mühlen KG, Düsseldorf (100%); Diamant-Nahrungsmittel GmbH & Co. KG, Wels/Österreich (100%); Soya Mainz GmbH & Co. KG, Mainz (100%); Zwilling J.A. Henckels AG, Solingen (100%); Heinrich Industrie- und Handels-AG, Essen (51%); D. A. Stuart Ltd., Scarborough/Kanada (100% – Schmierstoffe, Mehrzwecköle); Bankhaus Wilh. Werhahn KG, Neuss (100%); AKB Privat- und Handelsbank AG, Köln (100%); Pfälzische Mühlenwerke GmbH & Co. KG, Mannheim (100%); Mühle Rüningen AG, Braunschweig (93%); Dresdner Mühlen GmbH, Dresden (100%); Rheinische Baustoffwerke GmbH & Co. KG, Bergheim (33%); Pfalz-Mosel-Mischwerke GmbH, Trier (100%); M. H. Wilkens & Söhne GmbH, Bremen (100%).

Investitionen 1995:
264,5 Mio.
Investitionen 1994:
273,0 Mio.
Investitionen 1993:
210,0 Mio.

Mitbewerber: *Bilfinger + Berger, Dyckerhoff, Dywidag, Heilit + Woerner, Hochtief, Philipp Holzmann, Walter Bau, Wayss & Freytag, Züblin*

SÜDZUCKER

Standort:
Mannheim/Ochsenfurt

Hauptverwaltung Mannheim:
Maximilianstraße 10
68165 Mannheim

Postanschrift:
Postfach 10 28 55
68028 Mannheim

***Telefon:** (0621) 421-0*
***Telex:** 463 251*
***Telefax:** (0621) 421-393*

Hauptverwaltung Ochsenfurt:
Marktbreiter Straße 74
97199 Ochsenfurt

Postanschrift:
Postfach 11 64
97195 Ochsenfurt

***Telefon:** (09331) 91-0*

***Branche:** Nahrungsmittelindustrie; Zuckerprodukte; Landwirtschaft*

Rechtsform:
Aktiengesellschaft

***Geschäftsjahr:** 1.3.-29.2.*

***Gründungsjahr:** 1926*

Öffentlichkeitsarbeit:
Rainer Düll
Tel.: (0621) 421-205
FAX: (0621) 421-425

***Verbände:** Verein der Zuckerindustrie, Bonn; Wirtschaftliche Vereinigung Zucker e.V., Bonn*

GESCHICHTE UND ENTWICKLUNG. Die Süddeutsche Zucker-AG, Mannheim, entstand 1926 durch den Zusammenschluß mehrerer süddeutscher Zuckerfabriken: Zuckerfabrik Frankenthal AG, Frankenthal; Badische Gesellschaft für Zuckerfabrikation AG, Mannheim; Zuckerfabrik Stuttgart AG, Stuttgart-Bad Cannstatt; Zuckerfabrik Heilbronn AG, Heilbronn; Zuckerfabrik Offstein AG, Neuoffstein. Die aufnehmende Gesellschaft wurde die Zuckerfabrik Frankenthal, die ihren Sitz nach Mannheim verlegte und unter dem Namen »Süddeutsche Zucker-AG« firmierte. Zum Ende des Krieges starke Zerstörungen der Werke und Verlust der Unternehmen auf dem Gebiet der DDR. 1950–1955 Wiederaufbau der alten Werke. Neue Zuckerfabriken in Rain, Plattling und Offenau.

Den entscheidenden Sprung zum Groß-Konzern aber machte die Südzucker AG 1988 durch die Fusion mit der Zuckerfabrik Franken GmbH, Ochsenfurt, mit ihren über 100 Jahre alten Werken Wabern und Warburg. Änderung des Firmennamens von Süddeutsche Zucker-AG in Südzucker AG, Mannheim/Ochsenfurt. Dieser Zusammenschluß ermöglichte eine Zusammenlegung der bereits vorhandenen Beteiligungen, es folgte eine groß angelegte Akquisitionspolitik zur stärkeren Diversifikation besonders auf dem Sektor der zuckerfremden Nahrungsmittelindustrie. Es waren immer wieder kleinere bis mittlere Nahrungsmittelunternehmen, an denen sich die Südzucker AG allzu gerne beteiligte, so an der Milchhof-Eiskrem-Gruppe (MEK) mit einer Mehrheitsbeteiligung, an der Nürnberger Schöller-Gruppe (49%), der Strickler GmbH & Co. (Pizza) mit 50%, an der Freiberger Lebensmittel GmbH & Co. KG (Eiskrem, italienische Gerichte) und dem Fertigkuchen-Hersteller Lady Cake GmbH & Co. Mit Beginn des Jahres 1995 wurden die Bereiche Speiseeis, Tiefkühlkost und Backwaren in der Schöller-Holding zusammengefaßt (Beteiligung Südzucker 65%, Schöller 35%). Im Zuckerbereich expandierte die Gruppe durch den Erwerb der Mehrheit an der belgischen Gruppe Raffinerie Tirlemontoise (R.T.) 1989, die Beteiligung an der österreichischen Agrana (50% am stimmberechtigten Kapital bzw. 41,9% am Stammkapital) und durch den Erwerb von sechs ostdeutschen Zuckergesellschaften Ende 1990.

BESITZVERHÄLTNISSE/EIGENTUMSSTRUKTUR.

- Süddeutsche Zuckerrübenverwertungs-Genossenschaft eG, Stuttgart (treuhänderisch und indirekt 60,7% der Stammaktien). Hinter dieser Genossenschaft stehen etwa 30.000 Zuckerrübenanbauer aus dem süddeutschen Raum.
- Deutsche Bank AG, Frankfurt/Main (15,7% der Stammaktien)
- ZSG (NL) Netherlands B.V., Amsterdam/Niederlande (6,25% der Stammaktien)
- Rest Streubesitz (überwiegend Vorzugsaktien)

KONZERNÜBERBLICK. Aus dem einstigen Zuckerproduzenten ist ein großer Konzern der Nahrungsmittelindustrie geworden. Die Südzucker AG ist das größte Zuckerunternehmen Deutschlands. Seit dem Erwerb der größten belgischen Zucker-Raffinerie Tirlemontoise ist

Südzucker auch der größte Zuckerproduzent Europas. Die Zuckererzeugung im Inland liegt bei jährlich rund 1,3 Mio. Tonnen. Neben dem traditionellen Zuckerbereich – Erzeugung von Kristall- und Raffinadezucker, Fruchtzucker, flüssigem Zucker, Spezialsorten, Futtermitteln und landwirtschaftlichen Produkten – hat das Unternehmen wesentliche Beteiligungen in der Nahrungsmittelindustrie mit den Schwerpunkten Speiseeis, Tiefkühlkost und Backwaren erworben. Traditionell arbeitet die Südzucker AG eng mit der Landwirtschaft zusammen. Hauptaktionäre von Südzucker sind die süddeutsche rübenanbauende Landwirtschaft und die Deutsche Bank. In den Südzucker-Fabriken wird die Zuckerrübenernte von 40.000 Landwirten mit einer Gesamtanbaufläche von 155.000 ha verarbeitet. Während der Zuckerrübenernte im Herbst arbeiten mehr als 100.000 Menschen in Süddeutschland mit der Südzucker AG zusammen. Anfang 1996 waren in den Südzucker-Fabriken direkt rund 3.030 Mitarbeiter beschäftigt.
Die Südzucker AG mit ihrem Firmensitz in Mannheim und einem Verwaltungssitz in Ochsenfurt besitzt elf Zuckerfabriken: Groß-Gerau, Ochsenfurt, Offenau, Offstein, Plattling, Rain, Regensburg, Wabern, Warburg, Zeil und in Ostdeutschland Zeitz (mit den Standorten Löbau, Brottewitz, Straußfurt und Delitzsch; die Südzucker GmbH, Zeitz, wurde Ende 1995 auf die Südzucker AG verschmolzen). Außerdem bewirtschaftet sie landwirtschaftliche Güter. Das Südzucker-Geschäft gliedert sich in die Tätigkeitsbereiche Zucker (mit Zucker, Melasse und Schnitzel, Handelswaren und sonstiges), Landwirtschaft sowie die Schöller-Holding (Speiseeis, Tiefkühlkost, Backwaren) und weitere Beteiligungen. Mit 4,9 Mrd. DM Umsatz lag der Zuckerbereich auch 1995/96 mit Abstand an erster Stelle. Die Schöller-Holding kam 1995/96 auf einen Umsatz von 2,6 Mrd. DM. Damit lag der Anteil des Nicht-Zuckergeschäftes am Konzernumsatz 1995/96 bei 34,8% (Vorjahr: 21,5%).

BETEILIGUNGEN. Zu den wichtigsten Beteiligungen der Südzucker AG gehören in den Bereichen Zucker/Süßungsmittel, Speiseeis/Tiefkühlkost/Backwaren, Agrar und sonstige:
● Südzucker GmbH, Zeitz (100% – Ende 1995 auf die Südzucker AG verschmolzen); Raffinerie Tirlemontoise S.A., Brüssel (75,9% – Für 1,5 Mrd. DM hat die Südzucker AG über zwei Holdinggesellschaften die Mehrheit an der größten belgischen Raffinerie Tirlemontoise [R.T.] erworben. R.T. liegt unter den Zucker erzeugenden Firmen der EU an fünfter Stelle. Gruppen-Umsatz 1995/96: 1,4 Mrd. DM); Agrana Beteiligungs-AG, Wien (42,6% des Grundkapitals und 50% der Stimmrechte – Holding der österreichischen Zuckerindustrie mit den Schwerpunkten Zucker und Stärke; Zuckerfabriken in Tulln, Hohenau und Leopoldsdorf, alle Niederösterreich; dazu eine Kartoffelstärkefabrik und eine Maisstärkefabrik; zwei Zucker- und Stärkefabriken in Ungarn – Petöhaza und Kaposvar – und die tschechische Zuckerfabrik Hrusovany. In der um Österreich erweiterten EU hat die Südzucker-Gruppe eine Produktionsquote von 2,4 Mio. t Zucker und einen

Vorstand:
- *Spettmann, Theo, Dr. (Sprecher), Ludwigshafen*
- *Kirsch, Christoph, Dr., Weinheim/Bergstraße*
- *Korn, Klaus, Dr., Ochsenfurt*
- *Marihart, Johann, Wien*
- *Müller, Rudolf, Dr., Ochsenfurt*

Vorstandsbezüge 1995/96:
3.746.259,– DM

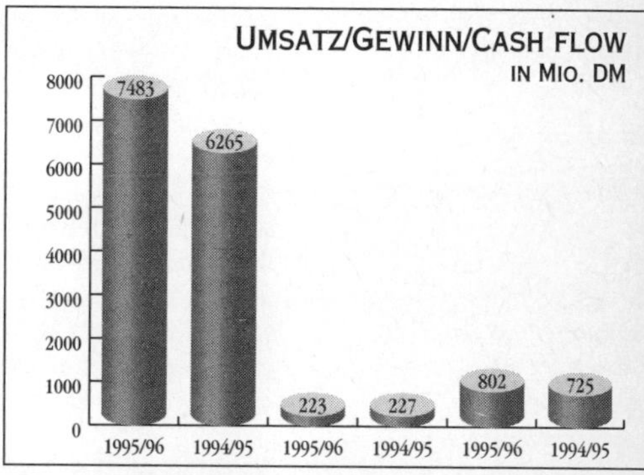

Aufsichtsrat:
- *Andreae, Hans-Georg (Vorsitzender; Verband Bayerischer Zuckerrübenanbauer e.V.), Münster*
- *Bayer, Ludwig (Verband der Hessen-Nassauischen Zuckerrübenanbauer e.V.), Biebesheim*
- *Eklöh, Hartmut (Mitglied des Vorstandes der Douglas Holding AG, Hagen*
- *Freitag, Paul (Verband fränkischer Zuckerrübenanbauer e.V.), Oberickelsheim-Rodheim*
- *Gebhard, Hans-Jörg, Dr. (Verband baden-württembergischer Zuckerrübenanbauer e.V.), Eppingen*
- *Konrad, Christian, Dr. (Vorsitzender des Aufsichtsrates der Agrana Beteiligungs-AG), Wien*
- *Schneider, Karl, Dr., Mannheim*

❙ *Schwaiger, Richard (Verband bayerischer Zuckerrübenanbauer e.V.), Aiterhofen*
❙ *Weiss, Ulrich, Dr. (Mitglied des Vorstandes der Deutsche Bank AG), Bad Soden/Taunus*
❙ *Wolf, Gerhard R. (Mitglied des Vorstandes der BASF AG), Worms*
**Möllenberg, Fanz-Josef (stellv. Vorsitzender)*
**Berger, Erwin*
**Bös, Karl*
**Denzig, Günter*
**Drescher, Helmut*
**Erhard, Walter*
**Kohler, Klaus*
**Lindner, Jörg*
**Muhlack, Erich*
**Mühleck, Ludwig*

Aufsichtsratstantiemen 1995/96: *1.437.047,– DM*

BÖRSE, AKTIEN, KURSE
Grundkapital 1995/96:
256,3 Mio.
Jahreshöchstkurs 1995/96:
840,00 DM (Stammaktie);
718,00 DM (Vorzugsaktie)
Jahrestiefstkurs 1995/96:
649,00 DM (Stammaktie);
535,00 DM (Vorzugsaktie)
Aktie Jahresende 1995/96:
780,00 DM (Stammaktie);
613,00 DM (Vorzugsaktie)
Dividende pro Aktie 1995/96:
15,50 DM (Stammaktie);
17,50 DM (Vorzugsaktie)

Die Dividende bezieht sich auf je 50,– DM Aktiennennbetrag.

Umsatz 1995/96:
7.482,9 Mio.
(Ausland: 3.623,1 Mio.)
Umsatz 1994/95:
6.264,8 Mio.
(Ausland: 3.386,0 Mio.)
Umsatz 1993/94:
5.235,4 Mio.
(Ausland: 2.457,0 Mio.)

Marktanteil von 18% statt bisher 14%. Umsatz 1995/96: 1,0 Mrd. DM); Palatinit Süßungsmittel GmbH, Mannheim (100%).
● Schöller Holding GmbH & Co. KG, Nürnberg (65% – Umsatz 1995/96: 2,6 Mrd. DM). Zur Schöller Holding gehören: Schöller Lebensmittel GmbH & Co. KG, Nürnberg (100% – Eiskrem-Spezialitäten mit den Marken Schöller, Manhattan, Mövenpick. Gruppenumsatz 1995/96: 1,16 Mrd. DM. Milchhof-Eiskrem GmbH & Co. KG, Mettmann (93,6% – Eis, tiefgekühlte Konditortorten, Tiefkühlkost. Die »Eismann«-Gruppe gehört mit 70 Niederlassungen in sechs europäischen Ländern zu den Marktführern im Direktvertrieb von Eiskrem und Tiefkühlkost in Europa; Gruppenumsatz 1995/96: 1,18 Mrd. DM); GETI WILBA GmbH, Bremervörde (100% – Wild- und Geflügelspezialverarbeitung); Lady Cake – Feine Kuchen GmbH, Duingen (100%); Hellma Gastronomie-Service GmbH, Hemmingen (50% – Zuckerwürfel und Portionsartikel); Freiberger Lebensmittel GmbH & Co. Produktions- und Vertriebs KG, Berlin (25,1% – Pizzen, Baguettes, Fertiggerichte).
● Agrar und sonstige: KWS Kleinwanzlebener Saatzucht AG, Einbeck (knapp 25%); BGD Bodengesundheitsdienst GmbH, Mannheim (100%); Mönnich GmbH & Co. KG, Kassel (100%); AIH Agrar-Industie-Holding GmbH, Mannheim (50% – je 25% halten die Deutsche Bank und die DG Bank. AIH hält u. a. 14,8% an der Hamburger VK Mühlen AG, die über so eingeführte Marken wie »3 Glocken«, »Aurora« und »Müller's Mühle« verfügt. Hinzu kommt eine Beteiligung von rund 20% an der Meierei-Zentrale GmbH, Berlin, die 1996 wiederum die Milchwerke Elsterwerda GmbH übernommen hat.).

NEUE BUNDESLÄNDER. Oberstes Anliegen der Südzucker-Manager war nach dem Fall der Mauer die »Reorganisation der ehemaligen DDR-Zuckerwirtschaft«. Das Engagement von Südzucker erstreckte sich vornehmlich auf die sächsisch-thüringische Zuckerindustrie, also die Südregion, die den Rübeneinzugsgebieten der früheren Kombinatsbetriebe Straußfurt, Zeitz, Delitzsch, Brottewitz, Löbau und Artern entsprach. Schon vor der Unterzeichnung des Einigungsvertrages hatte Südzucker zur Kampagne 1990 bereits die »Betreuung« dieser Fabriken übernommen. Ende 1990 erfolgte dann die Unterzeichnung des Vertrages zwischen der Südzucker AG, der Treuhandanstalt und der Deutsche Ostzucker AG zur endgültigen Übernahme der sechs ehemaligen DDR-Zuckerfabrikgesellschaften mit 13 Zuckerfabriken, womit die Mannheimer über Nacht rund ein Drittel der ostdeutschen Zukkerwirtschaft unter ihre Kontrolle brachten und unangefochten zum führenden Zuckerhersteller Westeuropas aufstiegen. Die sechs gekauften ostdeutschen Zuckergesellschaften wurden in der neugegründeten Südzucker GmbH, Zeitz (»Zeitzer Zucker«), zusammengefaßt, blieben aber vorerst eigenständige Gesellschaften. Das »Restrukturierungsprogramm« der Südzucker-Manager mit einem Investitionsvolumen von 800 Mio. DM wurde Ende 1993 mit der Inbetriebnahme der neugebauten Zuckerfabrik Zeitz abgeschlossen. Das hieß aber auch: Stillegungen von unrentablen Standorten und die Konzentration auf fünf schlagkräftige Zuckerfabriken. Ende 1995 wurde die Südzucker GmbH, Zeitz, auf die Südzucker AG verschmolzen. Der Verlustvortrag der Südzucker GmbH konnte steuerlich durch die Südzucker AG verwertet werden. Auch die Südzucker-Beteiligungsgesellschaften sind in den neuen Bundesländern engagiert: Die Schöller Lebensmittel GmbH

& Co., Nürnberg, hat ein Eiskremwerk in Potsdam und eines in Ungarn gebaut. Die Milchhof Eiskrem GmbH & Co. KG hat eine Eiskremfabrik in Prenzlau/Brandenburg gebaut, nachdem das Kartellamt einer 49%igen Beteiligung der Milchhof Eiskrem GmbH an der Uckermärker Milch GmbH, Prenzlau, zugestimmt hatte, an der auch die Meierei-Zentrale, Berlin, Anteile von 24,9% erworben hatte. Südzucker hält über ihre Beteiligung an der AIH (50%) indirekt 17,3% an der Meierei-Zentrale GmbH, Berlin. Die Meierei verarbeitet in drei im Großraum Berlin-Brandenburg gelegenen Produktionsstätten, u. a. in der Molkerei Emzett GmbH, die als die modernste Molkerei der früheren DDR galt, Milch und Fruchtsäfte in großen Mengen. Markennamen sind »emzett«, »meierei Mark Brandenburg« sowie die Kooperationsmarke »Tiffany«.

Standort Deutschland. Südzucker plant keine Verlagerungen von Standorten ins Ausland. Standorte im Ausland dienen der Bearbeitung der dortigen Märkte. Für die Zucker- und zuckerfernen Bereiche sieht Südzucker aber große Wachstumspotentiale in Osteuropa. Über die österreichische Agrana, die auch Zuckerfabriken in Ungarn und in Tschechien betreibt, soll nach Osteuropa expandiert werden, besonders nach Polen, wo man an den Zuckerfabriken der schlesischen und Lubliner Zucker-Holdings interessiert ist, und in die Ukraine. Südzucker hat in den vergangenen Jahren durch Großakquisitionen und das massive Engagement in den neuen Bundesländern wichtige Marktpositionen besetzt. Das Beteiligungsgeschäft spielt bei Südzucker eine zunehmend große Rolle. In die neu gegründete Schöller Holding GmbH & Co. KG, Nürnberg, wurden 1995 alle Eiskrem-/Tiefkühlkost- und Backwarenaktivitäten der Südzucker AG und der Schöller-Gruppe gebündelt. Die Schöller Holding überprüft im Rahmen einer Studie zur Optimierung der Standortstruktur und der Produktion Möglichkeiten der Kostenreduzierung und Strukturverbesserung. In diesem Zusammenhang sollen verschiedene Standorte der Eiscreme-Produktion geschlossen bzw. zu größeren Einheiten zusammengefaßt werden. Als erstes wurde die Eisfabrik Wien, 1996 dann die Eiscreme-Produktion in Potsdam geschlossen. Über zwei Standorte in Brandenburg und Belgien ist die Entscheidung noch nicht gefallen. Schöller will die Zahl seiner Eiswerke auf die Kernstandorte Nürnberg, Mettmann und Uelzen konzentrieren. Insgesamt soll die Zahl der Eisstandorte von neun auf fünf reduziert werden. Die Restrukturierungsmaßnahmen hat sich Schöller rund 90 Mio. DM kosten lassen.

Von den 19.539 Beschäftigten der Südzucker-Gruppe 1995/96 (Vorjahr: 12.597) entfielen auf die Zuckergruppe 7.797 und auf die Schöller Holding 11.697 Personen. Der drastische Anstieg der Beschäftigten ergab sich aus der Einbeziehung der Schöller KG und der GETI WILBA GmbH. Immerhin machte das Nicht-Zuckergeschäft 1995/96 bereits 34,8% des Konzernumsatzes aus (Vorjahr: 21,5%). Die Belegschaft der Zuckergruppe dagegen ging deutlich zurück. Ende 1995 wurde die Zuckerfabrik Waghäusel (Nordbaden) geschlossen, für die übrigen Standorte besteht immer noch Gefahr. Nach der Wende wurden bereits von den insgesamt 13 übernommenen Werken in den Ländern Sachsen, Thüringen und in den südlichen Regionen von Sachsen-Anhalt sowie Brandenburg sechs Werke stillgelegt. Die Werke Delitzsch,

Gewinn 1995/96: *223,4 Mio.*
Gewinn 1994/95: *226,8 Mio.*
Gewinn 1993/94: *151,2 Mio.*

Cash flow 1995/96: *801,6 Mio.*
Cash flow 1994/95: *725,0 Mio.*
Cash flow 1993/94: *605,0 Mio.*

Cash flow: *Der Cash flow, der durch die Erweiterung des Konsolidierungskreises gestiegen ist, floß zum überwiegenden Teil in die Investitionen des Konzerns.*

Steueraufkommen 1995/96: *147,2 Mio.*

Beschäftigte 1995/96: *19.539*
Beschäftigte 1994/95: *12.597*
Beschäftigte 1993/94: *10.243*

Umsatz pro Mitarbeiter 1995/96: *382.973,– DM*
Umsatz pro Mitarbeiter 1994/95: *497.325,– DM*
Umsatz pro Mitarbeiter 1993/94: *511.120,– DM*

Löhne und Gehälter 1995/96: *928,8 Mio.*
Löhne und Gehälter 1994/95: *659,9 Mio.*
Durchschnittsgehalt 1995/96: *47.536,– DM*
Soziale Abgaben und Aufwendungen 1995/96: *288,1 Mio.*
Soziale Abgaben und Aufwendungen 1994/95: *229,1 Mio.*

Bezüge pro Vorstandsmitglied 1995/96: *749.252,– DM*
Tantiemen pro Aufsichtsrat 1995/96: *71.852,– DM*

Investitionen 1995/96:
530,0 Mio.
Investitionen 1994/95:
360,0 Mio.
Investitionen 1993/94:
703,0 Mio.

Mitbewerber: *British Sugar, Danisco, Diamant-Zucker, Ebro, Eurosucre, Feruzzi, Jacobs Suchard, Langnese-Iglo, Nestlé, Oetker, Pfeifer & Langen, Procter & Gamble, Suiker Unie, Tate & Lyle, Unilever, Union Deutsche Lebensmittelwerke, Union-Zucker Südhannover, Zucker-AG Uelzen-Braunschweig, Zuckerfabriken Anklam, Bedburg, Harsum, Jülich, Zuckerfabrik Nordkristall, Zuckerverbund Magdeburg, Zuckerverbund Nord*

Brottewitz und Löbau wurden mit rund 140 Mio. DM Investitionsgeldern auf den neuesten Stand gebracht.

»BÜNDNIS FÜR ARBEIT«. In allen Bereichen der Südzucker AG gibt es gleitende Arbeitszeiten. Flexible Arbeitszeiten gibt es im Bereich Zucker durch die Kampagne-Zeiten schon immer.

UMWELTSCHUTZ. Integrierter Umweltschutz beim Bau von Neuanlagen gehört bei Südzucker zur »gängigen Praxis«. Ebenso soll bei Umbau- und Modernisierungsmaßnahmen verfahren werden. Aktivitäten des Konzerns und seiner Unternehmen: Energieeinsparung rund 50% in den letzten 20 Jahren; umweltfreundliche, moderne Wirbelschichtfeuerung im neuen Werk Zeitz; Niedertemperaturtrockner für die Schnitzeltrocknung; Reinigung der Rüben bereits auf dem Feld führt zu weniger Lkw-Bewegungen, weniger aufzubereitendem Waschwasser, weniger Rübenerde im Werk; moderne, teilweise auch anaerobe Abwasseraufbereitung (Nitrifikations- und Denitrifikationsanlagen in Ochsenfurt und Rain; Anaerobanlage in Brottewitz; Rübenerdekassette in Zeitz), Eliminierung von Stickstoff aus dem Abwasser, Reduzierung des Wasserverbrauches u. a. durch Recycling; computergesteuerte Anfuhrplanung für die Rüben, weniger Lkw-Verkehr; Lärmschutz durch Kapselung von Anlagen und Lärmschutzwände, bei Neuanlagen integrierter Umweltschutz (z. B. bei einer neuen Anlage zur Würfelzuckerherstellung im Werk Rain und bei der Modernisierung der Bereiche Karamel- und Flüssigzuckeranlagen im Werk Offstein); Verpackung: rund die Hälfte der Produkte unverpackt (in Spezialfahrzeugen bzw. -behältern), zunehmend Abgabe in wiederverwendbaren Großbehältern, Haushaltspackungen in nur einlagigen Papierbeuteln; sinnvolle Weiterverwendung aller in der Zuckerindustrie anfallende Nebenprodukte (z. B. Futtermittel, Dünger); umweltgerechter Rübenanbau mit großen Erfolgen.

TCHIBO

Standort:
Überseering 18
22297 Hamburg

Postanschrift:
22290 Hamburg

Telefon: *(040) 6387-0*
Telex: *2 174 800 tchi d*
Telefax: *(040) 6387-2600*

Branche: *Holdinggesellschaft; Genußmittel (Kaffee, Tabak); Chemische Industrie, Pharmazeutische Industrie, Kosmetika*

GESCHICHTE UND ENTWICKLUNG. »Max Herz besorgte sich 1949 Rohkaffee und röstete die Bohnen, um sie dann durch einen eigenen Versand zu vertreiben.« So beginnt das Tchibo-Mitarbeitermagazin »Cafeteria« (1/93) eine Firmengeschichte unter dem Titel »Tchibo im Wandel der Zeit«. Bereits der Vater von Max Herz betrieb schon vor dem Krieg ein Rohkaffeeimportgeschäft, das seinerseits den Sohn ermutigte, ins Kaffeegeschäft einzusteigen. Gemeinsam mit seinem aber schon kurze Zeit später ausgeschiedenen Partner Carl Tchiling-Hirrian, auf dessen Name der Firmenname »Tchibo« zurückzuführen ist (die ersten vier Buchstaben des Namens Tchiling und die ersten zwei des Wortes Bohne), entwickelte er neue Ideen, die das Geschäft mit dem Kaffee expandieren und Tchibo schnell zu einer führenden Marktposition aufsteigen ließen. Der Boom begann mit dem Versandhandel; schnell wurde die Kaffeemarke »Gold Mocca« die Nummer 1 auf dem deutschen Kaffeemarkt. Bereits Anfang der 50er

Jahre entstand die Idee der eigenen Geschäfte, der Tchibo-Filialen. Die erste so genannte Tchibo-Filiale wurde im Oktober 1955 in Hamburg eröffnet. Tchibo baute eine neue Fabrik und expandierte zum größten Kaffeeröster des Landes. 1977 Gründung einer Aktiengesellschaft, deren Aktien alle von der Familie Herz gehalten werden. 1989 Änderung des Firmennamens von Tchibo Frisch-Röst-Kaffee Aktiengesellschaft in Tchibo Holding Aktiengesellschaft sowie Gründung der Tchibo Frisch-Röst-Kaffee GmbH. 1980 Erwerb der Mehrheit am Tabak-Unternehmen Reemtsma, das bis dahin im Familienbesitz gewesen war. Seit den 70er Jahren besitzt Tchibo eine Schachtelbeteiligung an der Beiersdorf AG.

BESITZVERHÄLTNISSE/EIGENTUMSSTRUKTUR.
Familie Herz (100%)

KONZERNÜBERBLICK. Unter dem Dach der Tchibo Holding AG, einer konzernlenkenden Holding mit geringen eigenen operativen Geschäften, die sich auf Beteiligungen an Industrie-, Handels- und Dienstleistungsunternehmen konzentriert, gibt es drei Hauptbetätigungsgebiete der Familie Herz: das Kaffeegeschäft mit der Tchibo Frisch-Röst-Kaffee GmbH, das Tabak-Geschäft mit der Reemtsma Cigarettenfabriken GmbH und den Beteiligungsbereich mit der Beiersdorf AG.
Der Tchibo-Konzern gliedert sich in seinen Aktivitäten in die Konzernbereiche Kaffee und Cigarette.

◆ Konzernbereich Kaffee: Mit einem Marktanteil von 21,5% hatte Tchibo Mitte 1996 wieder eine führende Position im deutschen Röstkaffeemarkt inne. Tchibo ist als Kaffeemarkenartikler in vielen Ländern Europas an vorderer Stelle vertreten. Dazu kommt unter der Marke Tchibo ein Gebrauchsartikelprogramm mit Sortimentswechseln im Wochenrhythmus. Tchibo erreicht den Endverbraucher über ein spezielles Vertriebssystem in mehr als 22.000 Vertriebsstellen. Frisch-Depots bei Bäckern und Konditoren, Geschäfte des Lebensmitteleinzelhandels sowie die Präsenz in großflächigen Verbrauchermärkten und 630 eigene Tchibo-Filialen sorgen für einen optimalen Verkauf des Kaffee- und Gebrauchsartikelsortiments. Die Tchibo Frisch-Depots im Facheinzelhandel gehören gemessen am Umsatz zum stärksten Vertriebsweg der Hamburger. Das gemeinsam mit Bäckern und Konditoren betriebene Vertriebssystem bildet für Tchibo die Basis für eine flächendeckende Distribution röstfrischen Kaffees. 30% des Tchibo-Umsatzes entfallen auf das Vakuum-Geschäft, 70% auf ganze Bohnen. In Deutschland röstet Tchibo jährlich rund 120.000 Tonnen Kaffee. Neben dem traditionellen Kaffeegeschäft ist für Tchibo das Gebrauchsartikelgeschäft (Non-Food-Sparte) in den Filialen zu einem lukrativen Umsatzzweig geworden, der 1995 49% des Geschäfts ausmachte (zum Vergleich: 1988 waren es noch 22%). Die Tchibo Frisch-Röst-Kaffee GmbH (Obergesellschaft des Konzernbereiches Kaffee) erzielte 1995 einen Umsatz von 3.516,0 Mio. DM (Vorjahr: 3.318,0 Mio.) und beschäftigte 6.116 Mitarbeiter (Vorjahr: 5.937). Die Tchibo Frisch-Röst-Kaffee GmbH ist zu 100% im Besitz der Tchibo-Holding und führte 1995 20,8 Mio. DM an die Holding ab.

◆ Konzernbereich Cigarette: Dieser Bereich wird durch die Reemtsma-Gruppe bestimmt. Reemtsma hielt 1995 innerhalb der deutschen Zigarettenindustrie einen Marktanteil von 23,7% und lag damit hinter

Rechtsform: *Aktiengesellschaft*

Geschäftsjahr: *1.1.-31.12.*

Gründungsjahr: *1949; AG seit 1977*

Öffentlichkeitsarbeit:
Birgit Klesper
Tel.: (040) 6387-2935
FAX: (040) 6387-2530

Verbände: *Tchibo ist entsprechend seinen Industriebeteiligungen und nach seinen Sparten organisiert.*

Vorstand:
- *Herz, Günter (Vorsitzender)*
- *Boysen, Wilfried*

Vorstandsbezüge 1995:
keine Angaben

Aufsichtsrat:
- *Schmitz, Ronaldo H., Dr. (Vorsitzender)*
- *Herz, Michael*
- *Lichtenauer, Michael, Dr.*
- *Pastuszek, Horst, Dr. (stellv. Vorsitzender)*
- *Peters, Lutz, Dr.*
- *Reemtsma, Hermann-Hinrich*

**Prieß, Jürgen (stellv. Vorsitzender)*
**Meinecke, Ulrich*
**Peter, Jens*
**Sailer, Volker*
**Stang, Brunhilde*
**Weck, Werner*

Aufsichtsratstantiemen 1995: *668.000,– DM*

Philip Morris auf Platz 2. Hauptumsatzträger sind die Markenfamilien West mit einem Marktanteil von 9,5%, Peter Stuyvesant mit 3,6%, R1 und Davidoff. Bereinigt um die Tabaksteuer erreichte der Konzernbereich Cigarette einen Umsatz von 2.782,0 Mio. DM (Vorjahr: 2.685,0 Mio.). Reemstma verkaufte 1995 weltweit 91 Mrd. Zigaretten, knapp über 65% davon im Ausland.
Reemtsma ist das führende rein deutsche Zigarettenunternehmen. Reemtsma bietet 50 Marken an. Unter den 20 meistgerauchten Zigarettenmarken der Bundesrepublik sind neun Reemtsma-Produkte: West, Peter Stuyvesant, Ernte 23, Reval, R6, R1, West Lights, Cabinet, Roth-Händle. Hinzu kommen u. a. die Zigarettenmarken und Markenfamilien Astor, Davidoff, John Players, Atika, California, Duett, Juno, Eckstein, Salem; dazu Feinschnitt: West, Reval, Schwarze Hand, Golden Gate, West Quickies etc. Umsatz 1995 (incl. der Tabaksteuer von 6.633,0 Mio. DM): 9.415,0 Mio. DM; Gewinn 1995: 220,0 Mio. DM; Beschäftigte 1995: 7.696.
Die Besitzverhältnisse: Tchibo Holding AG, Hamburg, mit insgesamt 75,1% der stimm- und dividendenberechtigten Geschäftsanteile der Reemtsma Cigarettenfabriken GmbH. (Die unmittelbare Beteiligung am Kommanditkapital der H. F. & Ph. F. Reemtsma GmbH & Co beläuft sich auf 13,9%. Weitere 83,2% werden von der Reemtsma Cigarettenfabriken GmbH gehalten.) Verschiedene Familienstämme der Familie Reemtsma und mit ihr befreundete Personen halten den Rest. Der Beteiligungsertrag für die Tchibo-Holding aus der H. F. & Ph. F. Reemtsma GmbH & Co. belief sich 1995 auf 33,5 Mio. DM. Der Konzernbereich Cigarette trug 1995 44% zum Gesamtumsatz des Tchibo-Konzerns bei.
Der Verwaltungssitz von Reemtsma ist Hamburg, ebenso wie das Reemtsma-Forschungs- und Entwicklungszentrum. Produktionsstätten gibt es in Berlin, Langenhagen bei Hannover, Lahr und Nordhausen. Zum Reemtsma-Konzern gehören über 70 Tochter- und Beteiligungsgesellschaften im In- und Ausland. Polen ist inzwischen zum zweitwichtigsten, die Ukraine zum drittwichtigsten Markt von Reemtsma geworden. In der Ukraine wird seit 1995 an den Standorten Cherkassy und Kiew produziert.
◆ Beiersdorf AG. Die Beteiligung am Kapital der Beiersdorf AG ist in der Bilanz der Tchibo Holding AG mit einem Buchwert von 240 Mio. DM ausgewiesen. Die Beteiligungsquote beträgt 25,9%. Tchibo erzielte 1995 aus der Beiersdorf-Beteiligung eine Dividende von 24,8 Mio. DM (siehe Beiersdorf).

BETEILIGUNGEN. Die wichtigsten Tochterunternehmen, Gesellschaften und Beteiligungen des Tchibo-Konzerns sind der Schautafel auf Seite 518 – 519 zu entnehmen.

NEUE BUNDESLÄNDER. Im Kaffeebereich hat Tchibo in den neuen Bundesländern fast die Marktposition Westdeutschlands erreicht. 1996 wurde das mit einem Investitionsvolumen von 200 Mio. DM neu errichtete zentrale Tchibo-Logistikzentrum in Gallin (Mecklenburg-Vorpommern) für den Non-Food-Bereich und das Kaffeesortiment eröffnet. Bei vollem Betrieb soll das Logistikzentrum 450 Beschäftigte haben. Seit der Wende ist Reemtsma mit seinen Top-Marken West, Ernte 23 und Peter Stuyvesant in Ostdeutschland vertreten. Entscheidend für das Reemtsma-Engagement in Ostdeutschland aber war die Übernahme des ehemaligen thüringischen VEB Tabak Nordhausen, der heutigen Nortak GmbH, und damit der größten DDR-Zigarettenmarke (Cabinet), die es in der früheren DDR auf einen Marktanteil von 33% gebracht hatte. Nortak ist auch Inhaberin der Marken Salem, Juno und Duett. Anfang 1991 lag die »Cabinet« hinter der von Philip Morris im September 1990 übernommenen und unverändert gelassenen DDR-Marke »Juwel« und der von der Brinkmann AG (Rothmans-Konzern) eingeführten »Golden American« auf dem dritten Platz. Die Reemtsma-Strategen hatten einen großen Fehler gemacht, der zwischenzeitlich wieder korrigiert wurde: Sie hatten »Cabinet« geschmacklich auf »Westniveau« getrimmt und damit an alten Gewohnheiten gekratzt und den Ostdeutschen ein Stück geschmacklicher Identität genommen.

***Umsatz 1995:** 12.931,6 Mio.*
(nach Tabaksteuer: 6.298,8 Mio.)
***Umsatz 1994:** 12.390,1 Mio.*
(nach Tabaksteuer: 6.004,4 Mio.)
***Umsatz 1993:** 11.487,5 Mio.*
(nach Tabaksteuer: 5.230,3 Mio.)

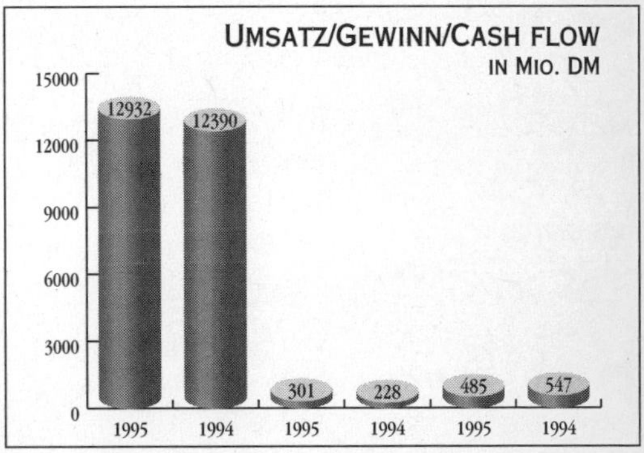

STANDORT DEUTSCHLAND. Der Tchibo-Konzern expandiert in seinen Bereichen Kaffee und Tabak zunehmend auf den ausländischen Märkten, besonders nach Osteuropa. Hier haben Tchibo und Reemtsma zahlreiche neue Produktionsstandorte geschaffen – durch Neugründungen, Akquisitionen oder Joint-ventures. In einigen Ländern haben sie bereits nach wenigen Monaten die Marktführerschaft oder eine Spitzenposition in den jeweiligen Märkten erreicht.

***Gewinn 1995:** 301,4 Mio.*
***Gewinn 1994:** 228,4 Mio.*
***Gewinn 1993:** 223,5 Mio.*

***Cash flow 1995:** 485,0 Mio.*
***Cash flow 1994:** 547,0 Mio.*
***Cash flow 1993:** 421,0 Mio.*

In Polen, Ungarn, Tschechien und der Slowakei verfügt Tchibo-Kaffee über einen Gesamtmarkenanteil von 23% und ist damit der erfolgreichste westliche Anbieter in dieser Region. (In Tschechien, wo drei westliche Anbieter 90% des gesamten Marktes beherrschen, ist Tchibo ebenso unangefochten die Nummer eins wie in Polen.) Zur Fortsetzung des Expansionskurses in Osteuropa wurde die Tchibo International GmbH, Hamburg, gegründet. In Tschechien erwarb Tchibo 80% der größten tschechischen Rösterei Balirny Jihlava, die inzwischen in Balirny Tchibo a.s. umgewandelt wurde. In Polen, Ungarn (Tchibo ist hier die Nummer zwei am Markt) und der Slowakei besitzt Tchibo eigene Röstereien und Filialnetze; in Ungarn ist Tchibo ebenfalls Marktführer. In Tschechien wurde 1995 zur Internationalisierung des Segments »Nicht-Haushaltsmarkt« die Tchibo Praha Café Service k.s. gegründet. Für Tchibo ist die Errichtung eigener Produktionsstätten und Röstereien in Osteuropa besonders vor dem Hintergrund wegfallender Einfuhrzölle für Röstkaffee-Importe von Bedeutung. Neu im Visier: die GUS-Staaten und das Baltikum. In Österreich hat Tchibo damit begonnen, ein Filialsystem analog zu dem in Deutschland aufzubauen.

Reemtsma ist mit eigenen Fabriken und Vertriebsgesellschaften in nahezu allen Ostblockstaaten vertreten. In der Slowakei, der Ukraine und in Slowenien ist Reemtsma Marktführer, in Ungarn und Polen gehören die Zigarettenhersteller zur Spitze; in Polen ist Reemtsma seit Anfang 1996 die Nummer zwei. 1996 erwarb Reemtsma im Rahmen der Privatisierung der polnischen Zigarettenindustrie 76,2% des zweitgrößten Herstellers Wytwórnia Wyrobów Tytoniowych S.A.

WESENTLICHE BETEILIGUNGEN DES TCHIBO-KONZERNS

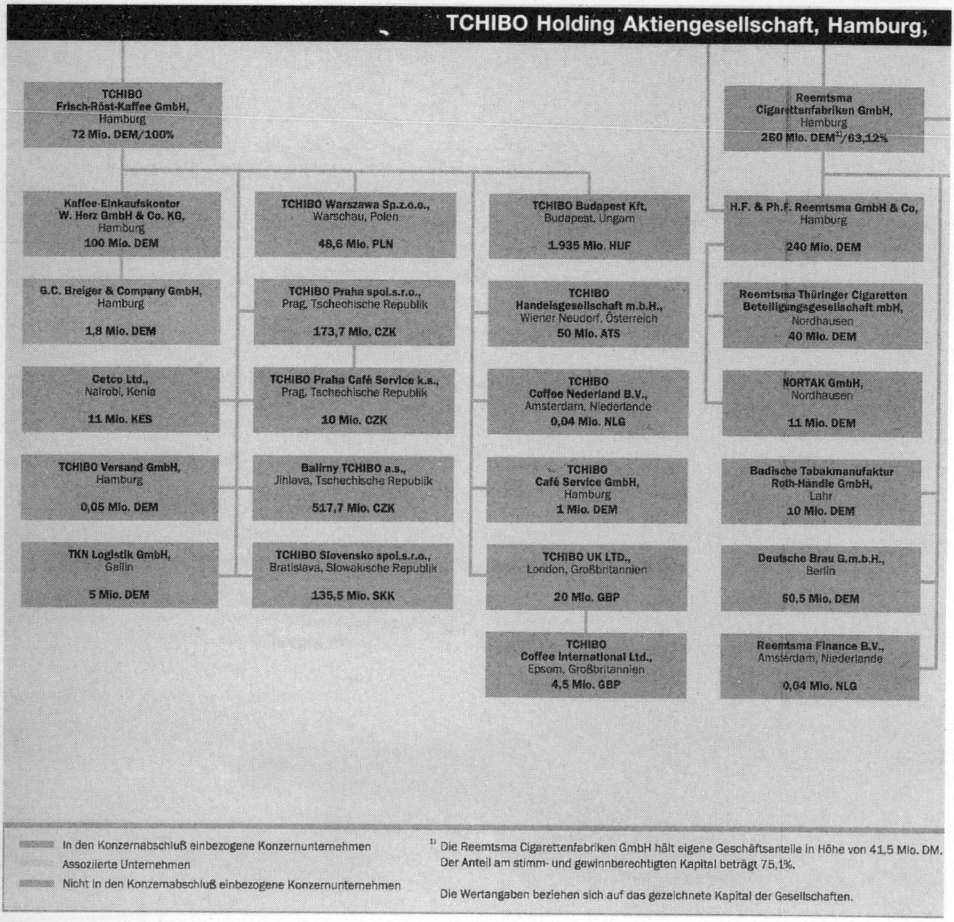

***Cash flow:** Die Investitionen wurden fast vollständig aus dem Cash flow gedeckt. Schwerpunkte im Konzernbereich Kaffee waren das Logistikzentrum in Gallin und der Ausbau der Vertriebsstellen im Inland. Hinzu kamen die Produktionsstätte der Ländergesellschaft in Polen und der Ausbau des Filialnetzes in Österreich. Im Konzernbereich Cigarette*

(WWT), Posen. Reemtsma ist beteiligt an der Tobacna Ljubljana in Slowenien, erwarb die traditionsreiche Debreceni Dohánygyár in Ungarn, die einzige Tabakfabrik der Slowakei, Slovak International Tabak, Bratislava, sowie 1993 und 1994 Mehrheitsbeteiligungen an den Tabakfabriken Cherkassy und Kiew in der Ukraine (Cherkassy Tyutyunova Fabrika und Reemstma Kiev Tyutyunova Fabrika), wo Reemtsma inzwischen an dritter Position liegt. In Zentral- und Osteuropa verkaufte Reemtsma 43 Mrd. Zigaretten. Reemstma expandiert neuerdings auch verstärkt auf dem Wachstumsmarkt Südostasien, wo besonders die Davidoff-Markenfamilie als Exklusivmarke einen hohen Prestige- und Statuswert genießt, insbesondere in Taiwan. Laut Tchibo-Holding handelt es sich bei Südostasien um die Region mit den

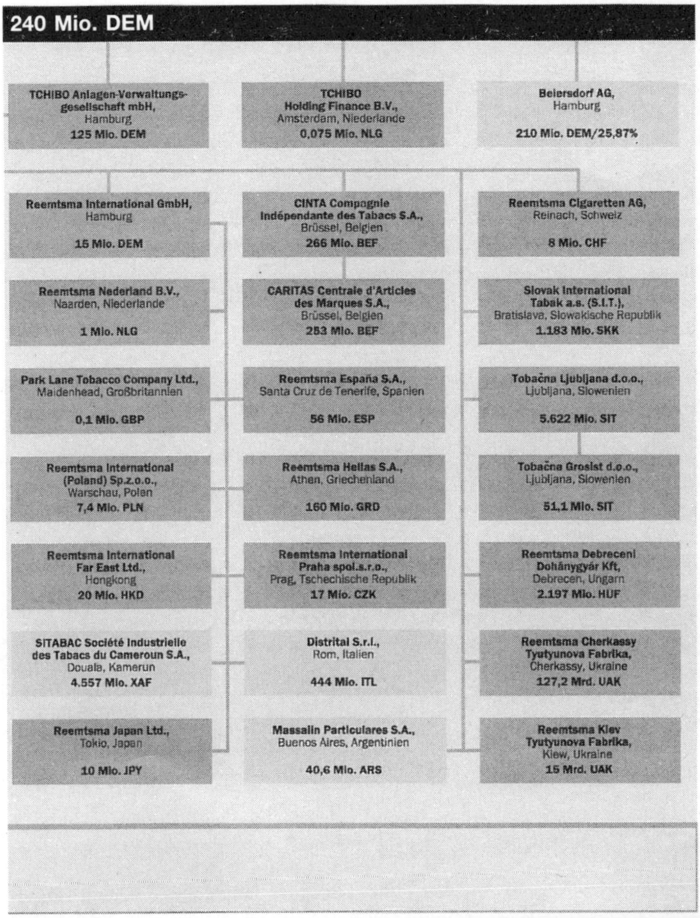

weltweit höchsten Zuwachsraten im Zigarettenmarkt und einem Kosumanteil von über 50% aller weltweit vertriebenen Zigaretten. Oder anders: Hier wohnt die Hälfte aller Raucher auf der Welt. Eine bereits seit 1994 bestehende Zusammenarbeit mit dem chinesischen Tabakmonopol wurde Anfang 1996 weiter ausgebaut. Das Kooperationsabkommen mit Fabriken in Peking und Harbin in der Mandschurei sieht für 1996/97 den Beginn der Lizenzproduktion internationaler Reemtsma-Marken vor.
Reemtsma zur weiteren Expansion: »Die langfristig ausgerichtete Reemtsma-Strategie im internationalen Geschäft beruht auf der ›Multi-Domestic-Basis‹ zur Beibehaltung der nationalen Identität sowie der operativen Eigenständigkeit des lokalen Managements. Dies bedeutet

wurde in die Produktionsgesellschaften im In- und Ausland investiert. Schwerpunkte waren die Slowakei und Belgien.

Steueraufkommen 1995:
201,6 Mio.
Tabaksteuer 1995:
6.632,8 Mio.

Grund- bzw. Stammkapital 1995: *240,0 Mio.*

Beschäftigte 1995: *13.609*
Beschäftigte 1994: *13.970*
Beschäftigte 1993: *13.849*

Umsatz pro Mitarbeiter 1995: *950.224,– DM*
Umsatz pro Mitarbeiter 1994: *886.908,– DM*
Umsatz pro Mitarbeiter 1993: *829.482,– DM*

Löhne und Gehälter 1995: *738,3 Mio.*
Löhne und Gehälter 1994: *698,7 Mio.*
Durchschnittsgehalt 1995: *54.251,– DM*
Soziale Abgaben und Aufwendungen 1995: *218,9 Mio.*
Soziale Abgaben und Aufwendungen 1994: *189,4 Mio.*

Tantiemen pro Aufsichtsrat 1995: *55.667,– DM*

den Ausbau und die Stärkung der nationalen Marken bei gleichzeitigem Aufbau des internationalen Markenportfolios.«

»BÜNDNIS FÜR ARBEIT«. Drastische Preissteigerungen auf den Beschaffungsmärkten für Rohkaffee, die Konkurrenz der Billiganbieter und preiswerte Handelsmarken (Aldi, Melitta) lassen Tchibo an den deutschen Standorten »schlankere« Strukturen umsetzen, ohne die Standorte allerdings grundsätzlich in Frage zu stellen. Zur Kostenreduzierung und zur besseren Reaktion auf Marktschwankungen wurden im Bereich Kaffee bei Tchibo zahlreiche »einvernehmliche Lösungen« mit den Betriebsräten gefaßt. Die Möglichkeit zur Teilzeitarbeit nutzten 1995 knapp 3.500 Beschäftigte, insbesondere Mitarbeiterinnen in den Filialen. Der Konzernbereich Kaffee führte 1995 erstmals Gruppenarbeit in seiner Produktion in Hamburg ein. Die Führungskräfte wurden mit einem völlig neuen Aufgabenverständnis konfrontiert, dem des »Moderators« und nicht mehr des »hierarchiebezogenen Vorgesetzten«. Die Eigenverantwortung und Entscheidungsbefugnisse wurden in den Teams in allen Produktionsabschnitten erheblich erweitert.
Im Bereich Cigarette, also bei Reemtsma, wurde die Umstellung auf Gruppenarbeit in allen Produktionsstätten eingeleitet. Unter dem Oberbegriff »Neue Arbeitsformen« wurden die Arbeitsprozesse neu gestaltet und gestrafft. Gemeinsam mit dem Gesamtbetriebsrat wurde ein Rahmen abgesteckt, der den Umgestaltungprozeß bei aller wirtschaftlicher Zielsetzung unter ausdrücklicher Berücksichtigung der sozialen Belange der Mitarbeiter und entsprechender Freiräume fixierte. Im Werk Nordhausen wurden die neuen Arbeitsstrukturen für alle Abläufe bereits in die Praxis umgesetzt, die Werke Berlin und Langenhagen sollen folgen. Wesentlicher Bestandteil der Vereinbarung ist ein hohes Maß an technischer Weiterbildung der Beschäftigten. Der Vorstand der Tchibo-Holding Mitte 1996: »Die konsequente Einbeziehung der Mitarbeiter in die Gestaltung der Abläufe, der Abbau herkömmlicher Hierarchien sowie die Ausweitung der Entscheidungsbefugnisse führten zu einer weitreichenden Neugestaltung und Straffung der Arbeitsprozesse. Durch den Umgestaltungsprozeß konnten die wirtschaftlichen Ziele verwirklicht und die Position der inländischen Produktionsstätten im internationalen Wettbewerb verbessert werden.«
Eine Betriebsvereinbarung besonderer Art erfolgte Anfang 1996, als im Werk Langenhagen wegen gestiegener Exportaufträge, besonders für die Davidoff-Marken, in Übereinstimmung mit dem Betriebsrat und einer behördlichen Ausnahmegenehmigung die Arbeitszeiten ausgeweitet wurden. In Teilen der Produktion wird seit Jahresbeginn 1996 an jedem Wochentag rund um die Uhr gearbeitet. 50 neue Arbeitsplätze sollen so geschaffen worden sein, so der Reemtsma-Vorstand, »die zum Teil mit Arbeitslosen besetzt wurden«.

UMWELTSCHUTZ. Der Tchibo-Kaffeebereich macht über Maßnahmen und Initiativen in Sachen Umweltschutz keine Angaben, auch nicht auf wiederholte Nachfrage. Anders der Reemtsma-Konzern, bei dem Umweltschutz einen hohen Stellenwert einnimmt und integraler Bestandteil der Unternehmenszielsetzung ist: »Ebenso wie Reemtsma dem Raucher Produktqualität garantiert, bedeutet der Umweltschutz für das Unternehmen eine gesellschaftliche Verpflichtung.« Reemtsma verfügt über ein Umweltschutz-Management und Beauftragte für den Umweltschutz. Das Unternehmen mißt ökologisch relevante Stoff- und Energieströme in den Bereichen Emissionen in der Luft, Abwasserfrachten, Wasserverbrauch, Energieverbrauch, Rohstoff- und Hilfsstoffverbrauch. Man ist bemüht, aus Verpackungen resultierende Umweltbelastungen zu verringern. Zunehmender Einsatz von Recyclingprodukten bei Papier und Kartonagen. Verzicht auf Chlorbleiche und optische Aufheller. Die Öffentlichkeit soll verstärkt über die Umweltaktivitäten informiert werden. An die Produktion im Ausland sollen deutsche Maßstäbe angelegt werden. Vermeidungskonzepte zur Reduzierung von Abfällen jeglicher Art werden geprobt und umgesetzt. Es wird ein Umwelthandbuch erarbeitet, das die Verantwortlichkeiten und Aktivitäten von Reemtsma beschreibt. Der Vorstand lamentiert aber immer wieder über die »überzogene« Diskriminierung der Raucher in Deutschland und die einseitig geführte und emotional aufgeladene Diskussion zum Thema »Passivrauchen«.

Investitionen 1995:
499,0 Mio.
Investitionen 1994:
418,0 Mio.
Investitionen 1993:
686,0 Mio.

Mitbewerber: *Aldi, BAT Cigarettenfabriken, Benckiser, Brinkmann, Eduscho, Jacobs, Melitta, Philip Morris, Procter & Gamble, Reynolds, Unilever*

KOMMENTAR. Die Familie Herz kommt auf leisen Sohlen daher. Das reine Familienimperium Tchibo hat in den vergangenen Jahren über den Kaffeebereich hinaus kräftig expandiert, überwiegend in hanseatische Industrieperlen wie Reemtsma und Beiersdorf. Während die Familie Herz alljährlich eine stattliche Beiersdorf-Dividende verbucht, bestimmt sie bei Reemtsma maßgeblich die Geschicke mit, gehören ihr doch direkt und indirekt knapp über 75% am stimm- und dividendenberechtigten Kapital des Zigarettenkonzerns.
Die mächtigen Herz-Brüder Günter und Michael und ihre Familien gehören zu den Reichsten in Deutschland. Am Kaffeemarkt ist das Imperium zu 21,5% beteiligt, am Zigarettenmarkt mit knapp 24%; Beiersdorf gehört zu den Gewinnträgern der Chemieindustrie. Nach der Umstrukturierung zur Holding schied Bruder Michael, der zuvor erfolgreich für den Kaffeevertrieb zuständig gewesen war, aus dem Vorstand aus und wechselte in den Aufsichtsrat. Mächtiger Mann des Tchibo-Konzerns ist heute der Einkaufs- und Marketingspezialist Günter Herz.

TENGELMANN

GESCHICHTE UND ENTWICKLUNG. Es begann mit einem »Tante-Emma-Laden«. 1867 gründeten die Brüder Wilhelm und Karl Schmitz-Scholl die »Firma Wilhelm Schmitz-Scholl – Kolonialwaren en gros und Seifenfabrikation«. 1893 firmierten sie ihr wachsendes Unternehmen auf den Namen ihres Prokuristen Emil Tengelmann mit der ersten Filiale in Düsseldorf für das Kaffee-Importgeschäft um. Niemals ließ der Name Tengelmann in der Geschichte des Unternehmens auf die wirklichen Besitzverhältnisse schließen. Diskretion und Geheimnistuerei waren immer Wesensmerkmale der Tengelmann-Besitzer, die auch schon vor dem Zweiten Weltkrieg ein Filialnetz von

Standort:
Wissollstraße 5-43
45478 Mülheim/Ruhr

Postanschrift:
45466 Mülheim/Ruhr

Telefon: *(0208) 5806-0*
Telex: *856 896*
Telefax: *(0208) 5806-401*

Branche: *Lebensmitteleinzelhandel; Nahrungs- und Genußmittel; Haushaltswaren; Textilien*

Rechtsform:
offene Handels-Gesellschaft (oHG)

Geschäftsjahr: *1.7.-30.6.*

Gründungsjahr: *1867*

Öffentlichkeitsarbeit:
Rosemarie Baumeister
Tel.: (0208) 5806-300/301
FAX: (0208) 5806-302

Verbände: *Bundesverband der Filialbetriebe und Selbstbedienungswarenhäuser e.V., Bonn*

Grund- bzw. Stammkapital 1995: *72,0 Mio.*

weit über tausend Geschäften besaßen. 1953 Eröffnung des ersten Selbstbedienungsladens in München; 1967 Eröffnung des ersten Grosso-Marktes. Aber die ganz große Zeit brach mit Erivan Haub an, der 1969 das Familienunternehmen in vierter Generation übernommen hatte.
Zu diesem Zeitpunkt gehörten 411 Tengelmann-Supermärkte und die aus dem Stammhaus hervorgegangene Schokoladenfabrik Wissoll zum Unternehmen. Rund 13.000 Mitarbeiter erwirtschafteten einen Umsatz von 1,2 Mrd. DM. Die »ZEIT« (27/89): »Karl Schmitz-Scholl, bis zu seinem Tod im Jahre 1969 mächtiger Chef von Tengelmann, hatte längst beschlossen, die Familie seiner Schwester Elisabeth, die wie er 50% am Unternehmen hielt, aus dem Unternehmen zu drängen. Auf keinen Fall aber sollte der Sohn der Schwester, Erivan Haub, die Macht ergreifen. ›Dann‹, so fürchtete Schmitz-Scholl, ›wird der die Firma so schnell wie möglich verkaufen.‹ Der junge Haub, der in Hamburg bei Karl Schiller und in Mainz Volkswirtschaft studiert hatte, wurde nach einem mehrjährigen Handelspraktikum in den USA von seinem Onkel 1964 mit der Leitung einer kleinen Regionalzentrale in Wiesbaden vom Mülheimer Hauptquartier ferngehalten. Doch als Schmitz-Scholl 1969 starb, hielt Haub schließlich doch als Erbe Einzug in Mülheim.«
Der Onkel hatte weit gefehlt: Erivan Haub packte das Einkaufsfieber, das 1971 mit dem Erwerb der Kaiser's Kaffee AG begann. Er kaufte das Tengelmann-Imperium zusammen, gründete als Antwort auf Aldi die Plus-Kette und landete 1979 den großen Wurf mit der 54%-Beteiligung am ältesten Lebensmittel-Filialunternehmen der Welt, der 1859 gegründeten amerikanischen A&P-Gruppe. Tengelmann stieg durch diese Akquisition endgültig zur Weltspitze auf.

Besitzverhältnisse/Eigentumsstruktur.

Die Tengelmann-Gruppe ist zu 100% im Besitz der Familien Haub. Inhaber: Erivan Haub (alleingeschäftsführender Gesellschafter). Stellvertreter Erivan Haubs sind seine Söhne Christian und Karl-Erivan sowie Helmut Otto und Werner Wiedel, alle Geschäftsführer der Tengelmann Verwaltungs- und Beteiligungsgesellschaft. Erivan Haub gilt nach wie vor als unumschränkter Herrscher und Alleininhaber des Tengelmann-Konzerns und ist der Sprecher der gesamten Unternehmensgruppe. Immer wieder betont der im September 1992 60 Jahre alt gewordene Erivan Haub, daß seine Unternehmensgruppe auch nach seinem Abtreten ein Familienunternehmen bleiben soll. Die Söhne Karl-Erivan, Georg (beide Mitte 30) und Christian (Anfang 30) werden vom Familienoberhaupt immer stärker in die Pflicht genommen. Kronprinz und Vize ist Karl-Erivan, der sich vor allem um den Aufbau der Geschäfte in den neuen Bundesländern kümmert. Georg, von Kindheit an mehr technisch und künstlerisch begabt, befaßt sich mit der Planung und Umsetzung unternehmenseigener Baumaßnahmen. Sohn Christian ist Vice-President der amerikanischen A&P-Gruppe.
Nach einer auf der sogenannten »Murnauer Strategie-Konferenz 1995« verabschiedeten Restrukturierung der Tengelmann-Organisation erhalten die drei Söhne weitreichendere Kompetenzen. Erivan Haub gilt mit einem Vermögen von 5,6 Mrd. Dollar als der mit Abstand reichste Mann Deutschlands.

KONZERNÜBERBLICK/BETEILIGUNGEN. Der Tengelmann-Konzern ist der weltweit größte Einzelhandelsfilialist. Die Unternehmenszentrale der Firmengruppe Tengelmann besteht aus den beiden, im Familienbesitz befindlichen, offenen Handelsgesellschaften Tengelmann Warenhandelsgesellschaft, Mülheim a. d. Ruhr (Führungszentrale), und Emil Tengelmann, Heilbronn (Handelszentrale), mit ihren Tochtergesellschaften und Beteiligungen.
Zur Stärkung der Handelsfunktion wurde die Gruppe 1992 in folgende vier Sparten zusammengefaßt: Diskont, Service, Großfläche, kd. Im Rahmen einer geplanten Neuausrichtung der international agierenden Firmengruppe sollen ab 1997 alle Tengelmann-Lebensmittelanbieter südlich von Koblenz unter der Marke »Tengelmann« firmieren, das nördliche Netz unter »Kaiser's«.
Tengelmann betrieb Anfang 1996 weltweit rund 7.300 Filialen, davon 5.500 im Inland. Weltweit beschäftigt Tengelmann über 200.000 Mitarbeiter, im Inland rund 93.000. Der Weltumsatz der Gruppe liegt bei knapp 50 Mrd. DM, im Inland setzt Tengelmann fast 25,5 Mrd. DM um. Klassiker der Tengelmann-Gruppe ist das Tengelmann-Filialnetz, »der klassische Vollsortimenter«, mit 650 Filialen der Vertriebslinie Supermärkte/Märkte Ende 1995. (Umsatz 1994/95: 3,65 Mrd. DM; Beschäftigte 1994/95: 19.206). Das Kaiser's-Filialnetz umfaßte Ende 1995 595 Supermärkte/Märkte, Verbrauchermärkte und Mini-Kaiser's (Berlin) und erwirtschaftete mit 18.820 Mitarbeitern einen Umsatz von 4,48 Mrd. DM.
Der Marken-Diskonter PLUS kam mit 2.301 Filialen und knapp 21.000 Beschäftigten auf einen Umsatz von 8,76 Mrd. DM.
Weiter gehörten Ende 1995 zum Tengelmann-Reich: 195 LeDi-Märkte (preisaggressiver Billig-Diskonter mit Artikeln des täglichen Bedarfs; wird verstärkt ausgebaut); 87 GUBI-Lebensmittelmärkte; 35 MAGNET-Märkte und 48 GROSSO-Märkte; 618 kaiser's drugstores (kd-Märkte); 177 RUDIS RESTE RAMPE-Märkte und 9 RUDIS MINI Kaufhäuser (»Erfolgskonzept aus der Kiste« – Elektrogeräte, Haushaltswaren, Dekorationsartikel, Spielzeug, Freizeitbekleidung); 292 MODEA-Bekleidungsmärkte, davon 91 INGRID S.-Fachgeschäfte für Damenoberbekleidung und 201 TAKKO MODE MÄRKTE für die ganze Familie; 124 KiK-Diskontmärkte (neue Textilkette); 286 OBI-Bau- und Heimwerkermärkte; das Stammhaus der Tengelmann-Gruppe, die Schokoladenfabrik WISSOLL, Mülheim/Ruhr, und ihr Zweigwerk Böhme in Delitzsch/Sachsen; sechs Fleischwerke (Qualitätsfleischmarken: »Birkenhof«, »Vitasi«, »Wörthersee«); zwei Kaiser's Holz-Werke in Viersen und Ottendorf-Okrilla bei Dresden; Kaiser's Kaffeerösterei in Viersen; Papierverarbeitungswerk Quack + Fischer, Viersen; GUBI-Bäckerei, Donauwörth; die firmeneigene Versicherungsgesellschaft Kohage.
Tengelmann besitzt das LÖWA-Filialnetz in Österreich (82 LÖWA-Supermärkte, 141 Zielpunkt-/PLUS-Diskonter, 15 Magnet-Verbrauchermärkte), die HERMANS GROEP (über 250 Filialen verschiedener Produktlinien) in den Niederlanden und die Supermercati-SUPERAL-Gruppe mit 47 großflächigen SUPERAL-Märkten in Italien. In Ungarn ist Tengelmann an der größten Warenhausgruppe des Landes beteiligt, der SKALA CO OP AG, Budapest (6 Warenhäuser, 21 Modeboutiquen, rd. 140 fremdvermietete Objekte). Im Ausland wird besonders die Tengelmann-Linie PLUS mit einem internationalen Filialnetz immer aktiver, z. B. in Tschechien (19 PLUS-Märkte), Ungarn (37 PLUS-

Mitglieder des Executive Boards/Geschäftsführung:
- *Haub, Erivan (alleingeschäftsführender Gesellschafter)*
- *Haub, Karl-Erivan (Tengelmann Verwaltungs- & Beteiligungs-Gesellschaft)*
- *Otto, Helmut, Dr. (Tengelmann Verwaltungs- & Beteiligungs-Gesellschaft)*
- *Wiedel, Werner (Tengelmann Verwaltungs- & Beteiligungs-Gesellschaft)*
- *Baumeister, Rosemarie (persönliche Referentin von Erivan Haub; Geschäftsführerin Presse & Kommunikation)*
- *Dill, R. (Unternehmensberater)*
- *Teelen, F. (Geschäftsführer Handel)*
- *Meier, H. (Geschäftsführer Einkauf)*
- *Wolf, H.-J. (Geschäftsführer Filialentwicklung)*
- *Heider, B. (Geschäftsführer Finanzen)*
- *Hörder, S. (Geschäftsführer Controlling)*
- *Bremme, H. Ch., Dr. (Geschäftsführer Public/Corporate Relations)*
- *Grimm, H., Dr. (Geschäftsführer Revision)*
- *Vogt, W., Dr. (Geschäftsführer Recht)*

***Bezüge der Geschäftsführung 1994/95:** keine Angaben*

Zahlreiche Prokuristen führen die Zweigniederlassungen.

Tengelmann Deutschland:

Umsatz 1994/95:
25.449,0 Mio.
Umsatz 1993/94:
24.795,0 Mio.
Umsatz 1992/93:
24.256,0 Mio.

Zu Gewinn und Cash flow macht Erivan Haub keine Angaben.

Beschäftigte 1994/95:
92.832
Beschäftigte 1993/94:
89.041
Beschäftigte 1992/93:
87.777

Umsatz pro Mitarbeiter 1994/95: *274.140,– DM*
Umsatz pro Mitarbeiter 1993/94: *278.467,– DM*
Umsatz pro Mitarbeiter 1992/93: *276.337,– DM*

Personalkosten Inland 1994/95: *2.787,0 Mio.*
Personalkosten Inland 1993/94: *2.730,0 Mio.*

Investitionen 1994/95:
360,0 Mio.
Investitionen 1993/94:
362,0 Mio.
Investitionen 1992/93:
476,0 Mio.

Filialen 1994/95: *5.487*
Filialen 1993/94: *5.192*
Filialen 1992/93: *4.982*

Verkaufsfläche 1994/95:
3.889.000 qm
Verkaufsfläche 1993/94:
3.610.000 qm
Verkaufsfläche 1992/93:
3.385.000 qm

Märkte, 8 Kaiser's Märkte), Italien (41 PLUS-Diskontmärkte), Spanien (3 PLUS-Diskontmärkte) und jetzt auch in Polen.
Knüller des Tengelmann-Imperiums aber ist die The Great Atlantic & Pacific Tea Company Inc. (A&P), Montvale/New Jersey, USA, an der die Mülheimer mit 54% die Mehrheit halten (Umsatz 1995: 10,33 Mrd. US $, 91.500 Beschäftigte, 1.108 Filialen). A&P ist die Nummer drei unter den Lebensmittelfilialisten in den USA. Hinzu kommen knapp 100 Miracle Food- und Ultra Markt-Märkte in Kanada. Anfang 1996 erhielt Tengelmann vom Bundeskartellamt grünes Licht zur Übernahme der 100 Lebensmittelmärkte von Schätzlein, die zuvor zum Metro-Konzern gehörten.
1996 testete Tengelmann als erster in Deutschland in einigen Kaiser's-Filialen das sogenannte »Selfscanning«, bei dem der Kunde die Preise während des Einkaufs selbst einscannt und mit der zu zahlenden Summe zur Kasse geht.

NEUE BUNDESLÄNDER. Durch die Treuhand übernahm Tengelmann im Juli 1990 mehr als 340 Filialen der ehemaligen HO Berlin von deren Nachfolgegesellschaft Hofka Warenhandelsgesellschaft mbH, Berlin, die 50 Filialen der Warenhandelsgesellschaft mbH Cottbus (Cottka) und die Schweriner Verbrauchermarkt GmbH mit 37 Verkaufsstellen und Kaufhallen. Ende 1990 wurden die Betriebe in die Unternehmensgruppe Tengelmann integriert.
1991 wurde vom Tengelmann-Stammhaus, Wilh. Schmitz-Scholl (WISSOLL), in Delitzsch bei Leipzig die Delitzscher Schokoladen GmbH übernommen, die aus der 1894 gegründeten Böhme AG hervorgegangen ist. Zur bedeutendsten Einzelinvestition von Tengelmann von etwa 200 Mio. DM wurde das Logistikzentrum Ottendorf-Okrilla vor den Toren Dresdens, das mit angeschlossenem Holzwerk und einem Fleischverarbeitungsbetrieb die größte und modernste Versorgungsbasis der Tengelmann-Gruppe in Europa ist. In Perwenitz (Kreis Nauen) entstand ein Fleischwerk. Inzwischen ist das gesamte Filialnetz der Tengelmann-Gruppe in den neuen Bundesländern flächendeckend vertreten.

STANDORT DEUTSCHLAND. Mit ihren inländischen Lebensmittel-Anbietern Tengelmann, Kaiser's, Plus, Ledi, Magnet und Gubi will die Tengelmann-Gruppe ihre ohnehin schon starken Marktpositionen weiter ausbauen. Besonders die preisaggressive Ledi-Kette soll in den Kampf gegen Aldi ziehen. Die PLUS-Kette, einst als Flaggschiff gegen Aldi gedacht, soll umstrukturiert werden und sich weiter ausdehnen. Die Kosten der Umstrukturierung, so Erivan Haub, sollen durch die wegfallende Mehrfachbewerbung der Filialen wieder eingebracht werden. Die Sparte Großfläche (Magnet/Grosso) soll weiter expandieren, Handel und rückwärtiger Dienst der einzelnen Sparten werden als unternehmerische Geschäftsbereiche zusammengefaßt und als Profitcenter fungieren. Rund die Hälfte des Gesamtumsatzes erzielte Tengelmann auch 1995 wieder im Ausland.
Die Expansionspläne auf ausländische Märkte halten an, besonders in Richtung Osteuropa. In Ungarn ist Tengelmann bereits durch die Skala CoOp flächendeckend vertreten, Tschechien, Ungarn und Polen sollen jetzt auch verstärkt mit Filialen der Marke PLUS überzogen werden. Auch in Italien und Spanien will Tengelmann mittelfristig den

gesamten Markt mit PLUS belegen. Die amerikanische A&P soll das Filialnetz bis zum Jahr 2000 völlig erneuern. Allein 1996 werden von rund 1 Mrd. DM Investitionen rund 450 Mio. DM in die Vereinigten Staaten fließen.

»BÜNDNIS FÜR ARBEIT«. Innerhalb der Tengelmann-Gruppe gibt es eine Gesamtbetriebsvereinbarung über die Rahmenbedingungen zur Flexibilisierung der Arbeits- und Freizeitregelung. Die Kernaussagen zur Flexibilisierung sind: flexible Arbeitszeitgestaltung über 52 Wochen nach betrieblicher Notwendigkeit, ein Flexibilisierungsrahmen von plus oder minus 20 Stunden pro Monat (Teilzeitkräfte anteilig), Ausgleich möglichst innerhalb eines Tertials. Zuschläge fallen erst nach Abzug negativer Stundensalden des Vormonats an. Automatische Berechnung von Zuschlägen und Umrechnung in Stundenwerte. Mehrarbeitsstunden, die über den Flexibilisierungsrahmen hinausgehen, werden im Folgemonat vergütet oder auf Wunsch des Mitarbeiters in das Zeitkonto aufgenommen (die Festlegung kann nicht von Monat zu Monat wechseln). Nach jedem Tertialende erfolgt eine Abstimmung zum Ausgleich des persönlichen Zeitkontos mit dem Vorgesetzten mit folgenden Möglichkeiten: a) Bezahlung im Folgemonat; b) Freizeitausgleich im Folgetertial mit verbindlicher Eintragung des Ausgleichszeitpunktes im Urlaubsplan; c) auf Wunsch des Mitarbeiters ist auch ein späterer Ausgleich möglich (betriebliche Belange sind zu berücksichtigen); d) die Kombination der Möglichkeiten a) – c) ist gegeben. Freizeitausgleich ist wie Urlaub zu handhaben. Es gilt einheitlich der Urlaubs-Übertragungszeitraum von Nordrhein-Westfalen (bis 30. April des Folgejahres).
Mit ca. 4.600 Auszubildenden ist die Unternehmensgruppe Tengelmann – so die Eigensicht – einer der größten Ausbilder im Einzelhandel »und übertrifft in dieser Hinsicht auch Weltfirmen wie VW, BASF oder IBM«. Jährlich nehmen ca. 13.000 Mitarbeiter an Weiterbildungsveranstaltungen teil.

UMWELTSCHUTZ. Im Umweltschutz ist Tengelmann seit Jahren sehr engagiert. Bereits 1968 gründete Erivan Haub einen Fonds für die Erhaltung der Tier- und Pflanzenwelt, für die Reinhaltung von Wasser und Luft. 1984 führte er spektakulär und werbewirksam einen generellen Verkaufsstopp für Schildkrötensuppen und Froschschenkel in allen Filialen ein, er verbannte als erster phosphathaltige Vollwaschmittel, FCKW-haltige Sprays, PVC-Getränkeflaschen und Einweggeschirr aus den Regalen. Zwischenzeitlich wurden aus den Regalen auch norwegischer Lachs und Aquavit genommen. Die Begründung: Norwegen fängt weiter Wale. Besonders für chlorfreie Zellstoffprodukte und für eine rigorose Packstoffvermeidung bzw. Verpackungsreduzierung setzte sich Haub ein.
Die Tengelmann-Hauptabteilung Umwelt hat einen Leitfaden zur Abfall- und Wertstoffsammlung in den Filialen erstellt. Die Transport- und Umweltverpackungen werden in 18 firmeneigenen Recycling-Zentren und -Stationen in den Lägern und Obsteinkaufsstellen der Unternehmensgruppe nochmals sortiert, gepreßt und der stofflichen Wiederverwertung zugeführt. Erivan Haub startete ein eigenes Mehrweg-Transportverpackungs-System (MTS) und gehört zu den vehementen Kritikern des »Grünen Punktes« und des Dualen Systems. Der Grund:

Tengelmann-Welt (Inland und Ausland):

Umsatz 1994/95:
49.912,0 Mio.
Umsatz 1993/94:
48.999,0 Mio.
Umsatz 1992/93:
48.772,0 Mio.

Zu Gewinn und Cash flow macht Erivan Haub keine Angaben.

Beschäftigte 1994/95:
200.943
Beschäftigte 1993/94:
196.719
Beschäftigte 1992/93:
192.144

Umsatz pro Mitarbeiter 1994/95: *248.389,– DM*
Umsatz pro Mitarbeiter 1993/94: *249.081,– DM*
Umsatz pro Mitarbeiter 1992/93: *253.830,– DM*

Investitionen 1994/95:
945,0 Mio.
Investitionen 1993/94:
866,0 Mio.
Investitionen 1992/93:
1.098,0 Mio.

Filialen 1994/95: *7.286*
Filialen 1993/94: *6.971*
Filialen 1992/93: *6.796*

Verkaufsfläche 1994/95:
6.640.000 qm
Verkaufsfläche 1993/94:
6.372.000 qm
Verkaufsfläche 1992/93:
6.065.000 qm

Mitbewerber: *Aldi, Allkauf, Asko, Douglas, Edeka, Globus, Kathreiner, Kaufhof, Lekkerland, Lidl & Schwarz, Karstadt/ Hertie, Mann, Metro, Norma, Rewe, Schlecker, Spar*

mangelnde Effektivität und den Handel zu stark belastende Kosten. Seit 1994 werden in alten Kühlanlagen alle FCKW-haltigen Kühlflüssigkeiten ausgetauscht. Das Waschmittelsortiment wird ständig unter Umweltgesichtspunkten erneuert. OBI verzichtet im Sortiment völlig auf Tropenhölzer. 1995 wurden für alle Regionen bzw. Sparten insgesamt 13 Umweltbeauftragte ernannt. Tengelmann hat mit dem Naturschutzbund Deutschland einen Kooperationsvertrag zur Förderung von Umweltschutzprojekten und zur Durchführung von Umweltmaßnahmen abgeschlossen.
Im Sommer 1995 boykottierte die Unternehmensgruppe Tengelmann die Tankstellen des Shell-Konzerns anläßlich der geplanten Versenkung der Ölplattform »Brent Spar«. Rund 2.100 firmeneigene Fahrzeuge wurden nicht mehr mit Shell-Kraftstoffen betankt, die rund 100.000 europäischen Mitarbeiter wurden gebeten, auch privat diesem Beispiel zu folgen. Tengelmann veröffentlicht zahlreiche Umweltbroschüren und gibt für die gesamte Unternehmensgruppe zum Thema Umweltprobleme und -aktivitäten die Umweltnachrichten TUN in einer Auflage von 800.000 Exemplaren heraus, die u. a. über die Filialen verteilt werden.

TENGELMANN UND DIE NEUEN LADENÖFFNUNGSZEITEN. Erivan Haub hält die neuen Ladenöffnungszeiten für einen »faulen Kompromiß«, der in der verabschiedeten Form so gut wie keinen Einfluß auf neue Arbeitsplätze hat, eigentlich ja ein weiteres Ziel der Reform. Seiner Meinung nach müsse die Liberalisierung der Öffnungszeiten bedeutend weiter gehen. Auf diese Weise könnte die Beschäftigtenzahl im Einzelhandel um etwa 10% gesteigert werden, wobei es sich bei Neueinstellungen in erster Linie um Teilzeitkräfte handeln würde.

KOMMENTAR. Tengelmanns Märchenstunde – so könnte man meinen, wenn man den Geschäftsbericht 1993/94 des Filial-Multis studiert. Daß ein Konzern dieser Größenordnung einen so vergleichsweise wenig und beliebig aussagekräftigen Jahresüberblick abliefern kann, ist schlicht unglaublich. Und das bei fast 50 Mrd. DM Umsatz, 200.000 Beschäftigten und Gewinnen, die wohl einzigartig sein dürften. Auf jeden Fall gilt mit einem Vermögen von 5,6 Mrd. DM Erivan Haub für viele Wirtschaftsexperten als reichster Mann Deutschlands und einer der reichsten Männer der Welt. Tengelmann gehört zu den Größten, aber auch Aggressivsten seiner Branche auf der ganzen Welt. Wo immer sich Marktlücken auftun, stoßen die Mülheimer hinein, wann immer günstig akquiriert werden kann, schnappen die Tengelmänner zu. Tengelmann betreibt seine Filialen bis auf wenige Ausnahmen in angemieteten Ladenlokalen. Lediglich einige Großfilialen und die Grundstücke der Versorgungsbasen – Zentrallager und Verwaltungsgebäude – befinden sich im Eigentum der Gesellschafter. Cash flow und Gewinn des Multis gelten als streng geheim. Tengelmann engagiert sich besonders im Bereich Umwelt und Ökologie. Im Gegensatz zu Aldi haben die Tengelmänner die Zeichen der Zeit erkannt und bieten in vielen Bereichen auch dic Rücknahme von Verpackungsmaterialien an bzw. propagieren deren Wiederverwertung.

THYSSEN

Standort:
August-Thyssen-Straße 1
40211 Düsseldorf

Postanschrift:
Postfach 10 10 10
40001 Düsseldorf

Telefon: *(0211) 824-1*
Telex: *8 582 827 thyd d*
Telefax: *(0211) 824-36000*
Internet:
http://www.thyssen.com

Branche: *Holdinggesellschaft; Stahl, Maschinen, Handel*

Rechtsform:
Aktiengesellschaft

Geschäftsjahr: *1.10.-30.9.*

Gründungsjahr: *1953; die Thyssen AG ist Führungsgesellschaft der Thyssen-Gruppe.*

GESCHICHTE UND ENTWICKLUNG. Als Gründungsdatum von Thyssen gilt das Jahr 1891, in dem August Thyssen den Besitz aller Anteile des Steinkohlebergwerks Gewerkschaft Deutscher Kaiser in Bruckhausen bei Hamborn (heute Duisburg) bekanntgab. Schon seit 1871 betrieb August Thyssen in Mülheim an der Ruhr ein eigenes Stahl- und Walzwerk, die Firma Thyssen & Co. Der Standort Hamborn schien Thyssen geradezu ideal: reiche Kohlevorkommen, viel Platz, ein eigener Rheinhafen und Bahnanschluß. 1898 Bau eines Stahl- und Walzwerkes; 1894 Produktion auf fünf Walzstraßen. Zahlreiche neue Fabrikanlagen entstanden; das Unternehmen entwickelte sich schon vor dem Ersten Weltkrieg zu einem international tätigen Konzern. Als Folge des Ersten Weltkrieges, des Verlustes ausländischer Erzgruben und des lothringischen Stahlwerks Hagendingen, der zunehmenden Inflation, der Ruhrbesetzung 1923 sowie eines starken ausländischen Konkurrenzdrucks schlossen sich 1926 vier große Montanunternehmen des Ruhrgebiets zur Vereinigte Stahlwerke AG mit einer Belegschaft von ca. 190.000 Mitarbeitern zusammen. Die Vereinigte Stahlwerke AG, bestehend aus der Thyssen-Gruppe, der Rhein-Elbe-Union, der Phoenix-Gruppe und den Rheinischen Stahlwerken, produzierte über 40% des insgesamt im Deutschen Reich hergestellten Rohstahls. Nach dem Tod von August Thyssen am 4. April 1926 fiel sein industrielles Erbe an seine Söhne Fritz und Heinrich. Fritz übernahm die Aktivitäten des 26%igen Thyssen-Anteils an der Vereinigte Stahlwerke AG, deren Aufsichtsratsvorsitzender er wurde. Heinrich erhielt im wesentlichen die nicht in den Stahlverbund eingebrachten Vermögenswerte (Bergwerksgesellschaften, Werften, Energieunternehmen), die später in der selbständigen Unternehmensgruppe Thyssen-Bornemisza zusammengefaßt wurden.
1945: große Kriegszerstörungen, Demontagemaßnahmen, Produktionsauflagen und die Entflechtung der großen Konzerne in neue, selbständig operierende Einheiten unter alliierter Kontrolle. 1953 wurde die August Thyssen-Hütte AG als eine der Nachfolgegesellschaften der Vereinigte Stahlwerke AG neu gegründet. Schnelle Expansion und neuerliche Eingliederung früherer Thyssen-Unternehmen und weitere Beteiligungen: 1956 Niederrheinische Hütte AG, 1957 Deutsche Edelstahlwerke AG, 1964 Mehrheitsbeteiligung an der Phoenix-Rheinrohr AG, 1968 Übernahme der Hüttenwerk Oberhausen AG. Zahlreiche Akquisitionen; Diversifikation in den 70er Jahren. 1973 Mehrheitsbeteiligung an der Rheinstahl AG.
1977 Umfirmierung in Thyssen AG. 1978 Übernahme der amerikanischen The Budd Company. 1983 Ausgliederung des Stahlbereichs der Thyssen AG in die Thyssen Stahl AG; Konzentration der Thyssen AG auf Konzernführungsaufgaben. 1990 Erwerb der Otto Wolff AG.
1992 Zusammenschluß der Teilkonzerne Thyssen Stahl AG und Thyssen Edelstahlwerke AG zur Thyssen Stahl AG.

BESITZVERHÄLTNISSE/EIGENTUMSSTRUKTUR.
Thyssen hat rund 140.000 Aktionären (133.000 private Anleger halten 22% und 7.000 institutionelle Anleger 78% des Grundkapitals. Inlän-

Öffentlichkeitsarbeit:
Reiner Hochscheid
Tel.: (0211) 824-38282
FAX: (0211) 824-36635

Verbände: *Die verschiedenen Konzerne der Thyssen-Gruppe sind ihren Unternehmensbereichen entsprechend in den jeweiligen Verbänden vertreten.*

dische Investoren verfügen über rund 82%, ausländische Investoren besitzen knapp 18% des Grundkapitals, 12,5% davon sind im Besitz von Banken und Investmentfonds.)
Größere Aktienbestände halten drei Aktionäre:
- Commerzbank AG, Frankfurt/Main (15,4%). Im September 1995 hat die Commerzbank AG von der Thyssen Beteiligungsverwaltung GmbH dieses den Grafen Claudio und Federico Zichy-Thyssen gehörende Aktienpaket gekauft. Die beiden Brüder, Urenkel des Firmengründers August Thyssen, waren die einzigen privaten Großaktionäre von Thyssen. Ihr Aktienpaket wird auf einen Wert von 1,4 Mrd. DM geschätzt. Die Commerzbank plant die Weiterveräußerung dieses Aktienpaketes an private und institutionelle Investoren im In- und Ausland.
- Thyssen-Beteiligungsverwaltung GmbH, Düsseldorf (10%). Dahinter verbirgt sich die Allianz AG Holding, Berlin/München;
- Fritz Thyssen Stiftung (8,6%). Die Fritz Thyssen Stiftung ist gemeinnützig.

Anteile weiterer Aktionärsgruppen am Grundkapital:
- Privatpersonen (21,6%). Vom erfaßten Inlandsbesitz stellen die Privatanleger mit 122.000 Aktionären die größte Gruppe (19,4% des Kapitals). Innerhalb dieser Gruppe gibt es 73.000 Arbeitnehmer, 15.000 Rentner/Pensionäre und je 10.000 Hausfrauen und Selbständige. Durchschnittlich hält jeder private Thyssen-Anleger in seinem Depot 50 Thyssen-Aktien im Wert von 13.800,– DM. 11.000 ausländische Privatpersonen halten 2,6% des Grundkapitals.
- Investmentgesellschaften (21,4%). Innerhalb der Gruppe inländischer institutioneller Investoren verfügen knapp 1.150 Investmentgesellschaften über nahezu 20% des Grundkapitals. Rest in ausländischer Hand.
- Versicherungen, Banken, Vermögensverwaltungen (18,2%)
- Industrie, Handel, Verkehr, Land- und Forstwirtschaft (1,8%)
- sonstige (1,6%)
- nicht erfaßtes Kapital (1,4%)

KONZERNÜBERBLICK. Die Thyssen-Gruppe ist eines der bedeutendsten deutschen Industrie- und Handelsunternehmen. Führungsgesellschaft des weltweit operierenden Konzerns ist die Thyssen AG. In den Konzernabschluß Thyssen-Welt sind mehr als 320 in- und ausländische Tochtergesellschaften einbezogen. Der Konzern ist in drei Unternehmensbereiche gegliedert:
◆ Unternehmensbereich Investitionsgüter und Verarbeitung: Umsatz 1994/95: 12.267,0 Mio. DM (Vorjahr: 12.159,0 Mio.); Beschäftigte 1994/95: 54.503 (Vorjahr: 56.468). Zu diesem Unternehmensbereich gehören Thyssen Industrie, The Budd Company und die Wülfrather Gruppe.
Thyssen Industrie ist das europäische Verarbeitungszentrum des Thyssen-Konzerns. Zu Thyssen-Industrie gehören die Geschäftsfelder: Thyssen Guss, Thyssen Umformtechnik, Thyssen Maschinenbau, Thyssen Aufzüge, Thyssen Henschel, Thyssen Werften (Blohm + Voss), Thyssen Polymer, Thyssen Still Otto.
Die Produktpalette der rund 90 in- und ausländischen Gesellschaften umfaßt Komponenten und Fertigerzeugnisse für ein breites Spektrum industrieller Anwendungen sowie komplette Systemlösungen einschließlich der zugehörigen Dienstleistungen. Das Programm: Guß-

und Schmiedeerzeugnisse, Stahlpreßteile, Kunststofferzeugnisse, Pumpen für Verfahrenstechnik und Wasserwirtschaft, elektronisch gesteuerte Aufzüge, Fahrtreppen und Förderanlagen, Spezialschiffe, Komponenten und Systeme für die Meerestechnik sowie Schiffsreparaturen. Die Unternehmen der Thyssen Industrie-Gruppe bieten komplette Systeme der Verkehrs-, Umwelt-, Energie- und Bearbeitungstechnik an. Im Maschinenbau liegt der Schwerpunkt bei flexiblen Fertigungssystemen, von CNC-Bearbeitungszentren über automatische Schweiß- und Montagelinien bis hin zu Transferstraßen. Thyssen ist maßgeblich an der Entwicklung der Magnetschnellbahn Transrapid beteiligt. Zur Vorbereitung der ersten Transrapid-Strecke Hamburg-Berlin wurde im Oktober 1994 die Magnetschnellbahn-Planungsgesellschaft mbH gegründet, an der je zur Hälfte der Bund und eine Industriegruppe unter Einschluß von Thyssen Industrie AG beteiligt sind. Geplant ist 1996/97 im Rahmen einer Neuorganisation der Aktivitäten der Industrie- und Anlagentechnik die Bildung eines Geschäftsbereiches Thyssen Anlagentechnik, in die die Geschäfte von Thyssen Still Otto, Thyssen Henschel, Blohm + Voss Industrie und die Transrapid Gesellschaft eingebracht werden sollen. Umsatz 1994/95: 8.497,0 Mio. DM; Beschäftigte 1994/95: 42.142.

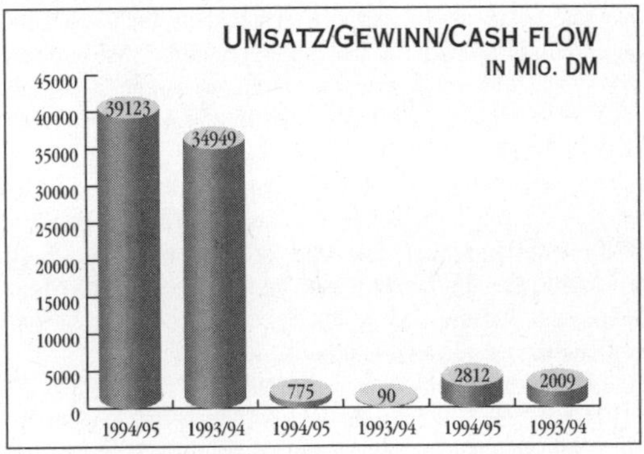

The Budd Company besitzt vor allem Produktionsstätten in den USA und in Kanada. Die Gesellschaft gehört zu den führenden Lieferanten von Autoteilen. Geschäftsfelder: Preßteile und Rahmen, Kunststofferzeugnisse, Gußerzeugnisse, Diversifikation. Aus Stahl und SMC-Kunststoff werden Karosserie-Außenteile sowie Chassisrahmen gefertigt. Budd ist außerdem Spezialist im Bau von Karosserie-Prototypen. Umsatz 1994/95: 2.613,0 Mio. DM; Beschäftigte 1994/95: 9.356. 1995/96 wurden die sich teilweise überschneidenden Automobilaktivitäten von Thyssen Industrie und Budd in dem Bereich »Thyssen/Budd Automotive« miteinander verzahnt.

Die Wülfrather Gruppe besteht aus den Unternehmen Rheinische Kalksteinwerke und Dolomitwerke mit ihren insgesamt über 40 Tochtergesellschaften und Beteiligungen. Geschäftsbereiche: Kalk und Dolomit, Zement und Fertigbaustoffe, Feuerfest und Keramik. Die Rheinischen Kalksteinwerke beliefern in erster Linie die Stahlindustrie, die Chemie und das Baugewerbe mit Kalkstein- und Kalkerzeugnissen. Zunehmende Bedeutung gewinnen Produkte für den Umweltschutz. Die Dolomitwerke stellen Feuerfestprodukte vor allem für die

Vorstand:

- *Vogel, Dieter H., Dr. (Vorsitzender)*
- *Forster, Hans-Erich, Dr.*
- *Hennig, Dieter*
- *Rösener, Karlheinz, Prof. Dr.*
- *Rohkamm, Eckhard, Dr.*
- *Schulz, Ekkehard, Dr.*
- *Stein, Heinz-Gerd, Dr.*

Vorstandsbezüge 1994/95:
11.900.000,– DM

Aufsichtsrat:
▌ *Kriwet, Heinz, Dr. (Vorsitzender)*
▌ *Schulte-Noelle, Henning, Dr. (Vorsitzender des Vorstandes der Allianz AG Holding)*
▌ *Cartellieri, Ulrich, Dr. (Mitglied des Vorstandes der Deutsche Bank AG)*
▌ *Franz, Hermann, Dr. (Vorsitzender des Aufsichtsrates der Siemens AG)*
▌ *Gieske, Friedhelm, Dr. (ehem. Vorsitzender des Vorstandes der RWE AG)*
▌ *Hahn, Carl H., Dr. (ehem. Vorsitzender des Vorstandes der Volkswagen AG)*
▌ *Röller, Wolfgang, Dr. (Vorsitzender des Aufsichtsrates der Dresdner Bank AG)*
▌ *Scholl, Hermann, Dr. (Vorsitzender der Geschäftsleitung der Robert Bosch GmbH)*
▌ *Seipp, Walter, Dr. (Vorsitzender des Aufsichtsrates der Commerzbank AG)*
▌ *Scheel, Walter (Bundespräsident a. D.; neutrales Mitglied)*
**Riester, Walter (stellv. Vorsitzender)*
**Behrend, Wilfried (stellv. Vorsitzender)*
**Bongen, Georg*
**Dickhausen, Günter*
**Kowalak, Horst*
**Kroll, Dieter*
**Schleußer, Heinz*
**Schmid, Klaus*
**Wilke, Erich*

Aufsichtsratstantiemen 1994/95: *1.500.000,– DM*

Hütten- und Zementindustrie her. Umsatz 1994/95: 1.157,0 Mio. DM; Beschäftigte 1994/95: 3.005.

◆ Unternehmensbereich Handel und Dienstleistungen: Umsatz 1994/95: 18.265,0 Mio. DM (Vorjahr: 15.504,0 Mio.); Beschäftigte 1994/95: 31.791 (Vorjahr: 27.718). Diesen Unternehmensbereich bildet die Thyssen Handelsunion mit ihren in- und ausländischen Tochtergesellschaften. Thyssen Handelsunion ist mit über 500 Gesellschaften, Niederlassungen, Stützpunkten und Vertretungen in Deutschland und etwa 70 weiteren Ländern eines der großen Handels- und Dienstleistungshäuser der Welt.

Thyssen Handelsunion bietet ein umfangreiches Handels- und Dienstleistungsprogramm. Es umfaßt das Recycling von Stahl- und Eisenschrott, vielfältige Entsorgungsaktivitäten sowie den Handel mit Rohstoffen (Erze, Metalle und Legierungen). Hinzu kommen Handel und Anarbeitung von Werkstoffen (Stahl, Edelstahl, NE-Metalle und Kunststoffe), bautechnische Projekte und komplettes Projektmanagement (Sanitär, Heizung, Tiefbaumaterial, Gerüste und Schalungen) und Brennstoffe (Mineralöl und Kohle). Weiterhin zählen zum Dienstleistungsprogramm internationale Spedition und Logistik sowie die Realisierung von Bauprojekten und Industrieanlagen in aller Welt. In der Sparte Recycling wurden die Bereiche Schrott, Metallurgie und Entsorgung zusammengefaßt und durch den Zusammenschluß von Thyssen Handelsunion und Klöckner & Co. Anfang 1995 auf den Gebieten Stahlrecycling, Rohstoffhandel und Umweltdienstleistungen in TKR Thyssen Klöckner Recycling GmbH (Thyssen Handelsunion 80%) erheblich erweitert.

Die inzwischen vielfältigen Telekommunikationsaktivitäten wurden 1995 in der Thyssen Telecom AG konzentriert. Die Thyssen Handelsunion hält 75,5% des Grundkapitals. Thyssen Telecom ist mit 28,4% am zweiten privaten Mobilfunknetz E-Plus beteiligt, betreibt das Telekommunikationsnetz Plusnet und ist mit Spaceline einer der führenden Anbieter satellitengestützter Kommunikationsnetze.

◆ Unternehmensbereich Stahl: Umsatz 1994/95: 11.937,0 Mio. DM (Vorjahr: 10.976,0 Mio.); Beschäftigte 1994/95: 39.572 (Vorjahr: 44.947). Zum Unternehmensbereich Stahl gehören die Thyssen Stahl AG und 50 in- und ausländischen Gesellschaften, die neben der Rohstoffversorgung und der Wahrnehmung von Transportaufgaben besonders in der Stahlproduktion, auch in der Stahlverarbeitung sowie in Lagerhaltung und Vertrieb tätig sind. Thyssen Stahl in Duisburg liegt mit ihren Hochöfen, Stahl- und Walzanlagen transportgünstig am Rhein. Flachprodukte: Warmband, Grobblech, Feinblech/oberflächenveredelte Produkte/Fügetechnik, Weiß- und Feinstblech, magnetische Werkstoffe und Systeme, Stahl Service, Bauelemente. Langprodukte: Halbzeug/Stabstahl/Schmiedeerzeugnisse, Oberbau/Profilstahl, Walzdraht, Drahtverarbeitung, Schweißtechnik. 1995 ging Thyssen im Bereich Flachstahl verschiedene Kooperationen mit Krupp-Hoesch ein und ordnete das Stahlgeschäft neu. Das Geschäftsfeld Rostfrei Flach der Thyssen Stahl AG wurde mit allen Tochter- und Beteiligungsgesellschaften Anfang 1995 in die Krupp Thyssen Nirosta GmbH eingebracht, bei der Krupp-Hoesch mit 60% der Anteile die industrielle Führung innehat. Krupp Thyssen Nirosta ist mehrheitlich an dem italienischen Edelstahl- und Elektroblechhersteller Acciai Speciali Terni S.p.A. beteiligt und damit das weltweit führende Rostfrei-Flach-Unternehmen. Im Bereich Weißblech liegt die industrielle Führung mit 74,5% an der Rasselstein AG bei Thyssen (Krupp Hoesch Stahl AG 25,5%). Das Unternehmen rangiert unter den Verpackungsblech-Herstellern in Europa an erster Stelle. Auf dem Gebiet Elektroblech hat das Thyssen-Unternehmen EBG Gesellschaft für elektromagnetische Werkstoffe mbH (Spezialist für Elektroblech und Magnetsysteme) unter dem Namen EBG Elektroblech Bochum GmbH eine Tochtergesellschaft für Dynamobleche gegründet, an der die Krupp Hoesch Stahl AG mit 21% beteiligt ist. Bauteile und einbaufertige Stahl-Leichtbausysteme werden von Thyssen Stahl Bauelemente hergestellt. Edelstahlwerk Witten konzentriert sich auf die Erzeugung von Edelstahl-Langprodukten. Stahlwerk Oberhausen ist auf Halbzeug in Grundstahlgüten spezialisiert. Walzdraht Hochfeld und Nedstaal in den Niederlanden fertigen Walzdraht. Zum Stahlbereich gehört außerdem Ferteco Mineração mit Eisenerzgruben in Brasilien.

BETEILIGUNGEN. Zur Thyssen-Gruppe gehören weltweit 323 konsolidierte Unternehmen und noch einmal weit über 300 Gesellschaften, die nicht in den Konzernabschluß einbezogen sind. Die wichtigsten Tochterunternehmen und Beteiligungsgesellschaften der Thyssen-Gruppe:

Unternehmensbereich Investitionsgüter und Verarbeitung:

● Thyssen Industrie, Budd und Wülfrather Gruppe: Thyssen Industrie AG, Essen (90%), mit zahlreichen Tochter- und Beteiligungsgesellschaften im In- und Ausland; Blohm + Voss AG, Hamburg (86,6% – Schiffsbau, Anlagenbau); Thyssen Still Otto Anlagentechnik GmbH, Bochum (98,7%); Hüller Hille GmbH, Ludwigsburg (100%); Johann A. Krause Maschinenfabrik GmbH, Bremen (100%); Thyssen Aufzüge GmbH, Neuhausen a. d. F. (100%); Thyssen Guss AG, Mülheim/Ruhr (100%); Thyssen Nordseewerke GmbH, Emden (100%); Thyssen Polymer GmbH, München (100%); Thyssen Umformtechnik GmbH, Remscheid (100%); Kloth-Senking Metallgießerei GmbH, Hildesheim (100%); BLW Präzisionsschmiede GmbH, München (100%); Thyssen Ascenseurs Holding S.A., Angers/Frankreich (100%); Birmid Holdings Ltd., Solihull/Großbritannien (100%); Thyssen Umformtechnik U.K. Ltd., Cannock/Großbritannien (100%); Translogic Corp., Denver/USA (100%); United States Elevator Corp., San Diego/USA (66,7%); Thyssen Boetticher S.A., Madrid/Spanien (100%); The Budd Company, Troy/USA (100%); Rheinische Kalksteinwerke GmbH, Wülfrath (75,1%); Dolomitwerke GmbH, Wülfrath (100%).

Unternehmensbereich Handel und Dienstleistungen:

● Thyssen Handelsunion AG, Düsseldorf (100% – Umsatz 1994/95: 18.265 Mio. DM, Vorjahr: 15.504,0 Mio.; Beschäftigte 1994/95: 31.791, Vorjahr: 27.718), mit zahlreichen Tochter- und Beteiligungsgesellschaften im In- und Ausland; Thyssen Haniel Logistic GmbH, Duisburg (66,7%); Bahntrans GmbH, Düsseldorf (50% – Gemeinschaftsgründung von Thyssen Haniel Logistic mit der Deutsche Bahn AG zu je 50%; Führung bei Thyssen; einer der größten Stückgutspediteure Europas); Thyssen Hünnebeck GmbH, Ratingen (96%); Röro Gerüstbau GmbH, Ratingen (100%); Thyssen Rheinstahl Technik GmbH, Düsseldorf (100%); Thyssen Schulte GmbH, Düsseldorf (100%); Otto Wolff Handelsgesellschaft mbH, Köln (100%); TKR Thyssen Klöckner Recycling GmbH, Düsseldorf (80%); TRR Thyssen

BÖRSE, AKTIEN, KURSE
Grundkapital 1995:
1.565,0 Mio.
Jahreshöchstkurs 1995:
304,50 DM
Jahrestiefstkurs 1995:
245,50 DM
Aktie Jahresende 1995:
261,70 DM
Dividende pro Aktie 1995:
10,00 DM

Die Dividende bezieht sich auf je 50,– DM Aktiennennbetrag. 1994/95 wurden an den acht deutschen Wertpapierbörsen Thyssen-Aktien im Nominalwert von 7,0 Mrd. DM gehandelt. Im Ausland wird die Thyssen-Aktie amtlich notiert in London, Paris, Zürich, Basel und Genf. In den USA wird die Aktie in Form von unsponsored American Depositary Receipts (ADR) gehandelt. Das Thyssen-Kapital ist eingeteilt in 6.500.000 Stammaktien zu je nominell 50,– DM, 50.000 Stammaktien zu je nominell 500,– DM und 1.215.000 Stammaktien zu je nominell 1.000,– DM. Alle Aktien lauten auf den Inhaber.

Umsatz 1994/95:
39.122,5 Mio.
(davon im Ausland: 46%)
Umsatz 1993/94:
34.948,7 Mio.
(davon im Ausland 47%)
Umsatz 1992/93:
33.502,4 Mio.
(davon im Ausland: 48%)

Gewinn/Verlust 1994/95:
775,0 Mio.
Gewinn/Verlust 1993/94:
90,0 Mio.
Gewinn/Verlust 1992/93:
– 994,0 Mio.

Cash flow 1994/95:
2.812,0 Mio.
Cash flow 1993/94:
2.009,0 Mio.
Cash flow 1992/93:
1.151,0 Mio.

***Cash flow:** Der Cash flow erreichte den höchsten Wert der Unternehmensgeschichte. Thyssen-Stahl erwirtschaftete mit 1,6 Mrd. DM den größten Einzelbetrag zum Cash flow der Thyssen-Gruppe. Die Investitionen wurden durch den Cash flow gedeckt.*

Steueraufkommen 1994/95:
251,2 Mio.

Rohstoff-Recycling GmbH, Berlin (100%); Thyssen Sonnenberg GmbH, Düsseldorf (100%); Thyssen Stahlunion GmbH, Düsseldorf (100%); Thyssen Telecom AG, Düsseldorf (75,5%); WIG Industrieinstandhaltung GmbH & Co. KG, Köln (100%); Thyssen Inc., Dover/USA (100%); Thyssen France S.A., Maurepas/Frankreich (100%); Thyssen-Elf Oil GmbH, Hamburg (50%); E-Plus Mobilfunk GmbH, Berlin (28,4%). Unternehmensbereich Stahl:
● Thyssen Stahl AG, Duisburg (100% – Umsatz 1994/95: 11.937,0 Mio. DM, Vorjahr: 10.976,0 Mio.; Beschäftigte 1994/95: 39.572, Vorjahr: 44.947); EBG Gesellschaft für elektromagnetische Werkstoffe mbH, Bochum (100% – führender europäischer Hersteller von kaltgewalztem Elektroblech); Eisen- und Hüttenwerke AG, Köln (88%); Rasselstein AG, Neuwied (100% – Deutschlands größter Produzent von Weißblech); Stahlwerke Bochum AG, Bochum (97%); Baustahlgewebe GmbH, Gelsenkirchen (100%); Edelstahlwerk Witten AG, Witten (98,8%); Eisenbahn- und Häfen GmbH, Köln (88%); Rasselstein Hoesch GmbH, Neuwied (74,5%); Stahlwerk Oberhausen GmbH, Oberhausen (100%); Thyssen Stahl Bauelemente GmbH, Oberhausen (100%); Walzdraht Hochfeld GmbH, Düsseldorf (100%); Thyssen Stahl-Service-Center GmbH, Leverkusen (100%); Ferteco Mineração S.A., Rio de Janeiro/Brasilien (57,7%); Nedstaal B.V., Alblasserdam/Niederlande (100%); Krupp Thyssen Nirosta GmbH, Bochum (40%).
● Wesentliche und weitere Unternehmen und Beteiligungen der Thyssen-Gruppe: Ruhrkohle AG, Essen (12,7%); Mannesmannröhren-Werke AG, Düsseldorf (25%); Thyssen Immobilien GmbH, Düsseldorf (100% – Thyssen verfügt über knapp 38.500 eigene und über 2.400 angemietete Wohnungen); Thyssen Wohnstätten AG, Düsseldorf (100%).

NEUE BUNDESLÄNDER. Über 5.000 Mitarbeiter sind in den mehr als 100 Werken und Lägern, Büros und Niederlassungen von Thyssen in allen Unternehmensbereichen in Ostdeutschland tätig. Mit der Projektierung kommunaler und industrieller Abwasser- und Wasseraufbereitungsanlagen beschäftigt sich die Thyssen Umweltsysteme GmbH in Dresden. Thyssen Henschel gründete in Chemnitz die Henschel Kessel Service GmbH. Ebenfalls in Chemnitz wurde die Johann A. Krause Systemtechnik GmbH im Bereich Thyssen Maschinenbau gegründet. In der Baubranche ist Thyssen durch die Coswig-Wülfrather Baustoff GmbH vertreten. Die Thyssen Handelsunion hat sich in den neuen Bundesländern flächendeckend in allen Sparten engagiert. Mittlerweile gibt es mehr als 80 Niederlassungen. Im Bau ist besonders der Sektor Schalungen und Gerüste mit der Thyssen Hünnebeck zu nennen. Die ostdeutschen Recycling-Aktivitäten sind in der TRR Thyssen Rohstoff-Recycling GmbH, Berlin, zusammengefaßt. Thyssen Haniel Logistic und die WIG Industrieinstandhaltung mit insgesamt 20 Standorten und zahlreichen Beteiligungen bilden einen weiteren Thyssen-Schwerpunkt in den neuen Bundesländern. Besonders aktiv ist die Handelsunion im Leuna-Minol-Projekt. Thyssen Industrie hat sich an über 30 Gemeinschaftsunternehmen beteiligt – vom Aufzugbau bis zum Metallhandel – und 50 Niederlassungen gegründet. Mit Elf Aquitaine als Partner hat die Thyssen Handelsunion mit der Treuhand einen Vertrag zur Übernahme, zum Betrieb und zum Ausbau ostdeutscher Mineralölaktivitäten abgeschlossen: Thyssen-Elf Oil GmbH. Dazu gehören die

Errichtung einer neuen Raffinerie in Leuna (1996) unter Führung von Thyssen Rheinstahl Technik sowie das Betreiben bestehender Raffineriekapazitäten in Leuna und Zeitz. Investitionsvolumen: 6 Mrd. DM.

STANDORT DEUTSCHLAND. Ende März 1996 zählte die Thyssen-Gruppe weltweit 123.000 Mitarbeiter, davon rund 93.000 in Deutschland (1990 arbeiteten noch 152.000 Menschen im Thyssen-Konzern). Der massive Stellenabbau der vergangenen Jahre betraf überwiegend Gesellschaften im Inland. Im Rahmen von Sozialplänen wurden 1995 bei den inländischen Gesellschaften 2.500 Beschäftigte vorzeitig pensioniert, 2.700 schieden über Aufhebungsverträge aus. Thyssen: »Die Belegschaftsverringerung ist Folge der konsequenten Fortsetzung der in den letzten Jahren durchgeführten Anpassungsmaßnahmen.«

Den massivsten Stellenabbau gab es 1995 wieder im Bereich Stahl, wo 5.375 Stellen verlorengingen (12%). Thyssen will die Belegschaft im Stahlbereich von knapp 39.600 Mitarbeitern, von denen 24.400 bei den Rohstahl produzierenden Gesellschaften arbeiten, auf 22.000 reduzieren. Allein 1996/97 werden im Stahlbereich knapp 4.000 Stellen abgebaut. Auch hier: Ein Teil der Mitarbeiter verließ den Konzern über vorzeitige Pensionierungen, der andere mit Abfindungen über umfangreiche Sozialpläne in Höhe von mehreren hundert Mio. DM. Ein Grund: Thyssen war 1993 in eine erhebliche wirtschaftliche Krise mit Verlusten von rund einer 1 Mrd. DM geraten. Thyssen Stahl verbuchte allein so hohe Verluste, die von den beiden anderen Unternehmensbereichen nicht ausgeglichen werden konnten. Weitere Kostensenkungen wurden durch die Zusammenlegung der Aktivitäten von Krupp-Hoesch und Thyssen auf den Gebieten Rostfrei Flach, Weißblech und Elektroblech erreicht. An eine Gesamtfusion der Stahlbereiche von Krupp und Thyssen mit den entsprechenden Standort-Zusammenlegungen ist aber vorerst noch nicht gedacht. (Bis 1997 werden allein bei den Stahlproduzenten Thyssen, Krupp-Hoesch und Preussag über 21.000 Stellen gestrichen. Im Endeffekt wird jeder dritte Arbeitsplatz in der Stahlerzeugung wegfallen, trotz des Verzichts der IG Metall auf Lohnerhöhungen für die rund 120.000 Beschäftigten der Eisen- und Stahlindustrie in NRW.) Thyssen Stahl entwickelte sich nicht zuletzt durch die drastische Kostenreduzierung im Personalbereich 1995 wieder zu einer gewinnbringenden Sparte.

Im Rahmen eines sogenannten Standortsicherungskonzeptes werden bei der Hamburger Großwerft Blohm + Voss (Umsatz 1994/95: 1.767,0 Mio. DM; Beschäftigte 1994/95: 4.280) 1996 rund 600 Arbeitsplätze gestrichen. Von den 5.000 Beschäftigten 1993 sollen Ende 1997 nur noch 2.300 bei Blohm + Voss arbeiten.

Während im Inland drastisch restrukturiert wird, werden die größten ausländischen Standorte USA, Großbritannien und Frankreich ausgebaut. Besonders aktiv wird Thyssen an neuen Standorten in den Ländern Osteuropas. Fast die Hälfte des Konzernumsatzes entfällt auf Geschäfte mit Kunden im Ausland. Knapp 60% des Auslandsgeschäftes wird mit Exporten aus Deutschland bestritten, über 40% kommen aber bereits aus den Produktions- und Dienstleistungsaktivitäten von Thyssen-Gesellschaften mit Sitz im Ausland. Und Thyssen sieht diesen Trend, bedingt durch die Standortbedingungen in Deutschland, eher steigend. Der Zug ins Ausland wird, so Thyssen, zusätzlich geprägt

Beschäftigte 1994/95: *126.987*
Beschäftigte 1993/94: *131.863*
Beschäftigte 1992/93: *141.009*

Umsatz pro Mitarbeiter 1994/95: *308.082,– DM*
Umsatz pro Mitarbeiter 1993/94: *265.038,– DM*
Umsatz pro Mitarbeiter 1992/93: *237.591,– DM*

Löhne und Gehälter 1994/95: *7.970,5 Mio.*
Löhne und Gehälter 1993/94: *8.196,6 Mio.*
Durchschnittsgehalt 1994/95: *62.766,– DM*
Soziale Abgaben und Aufwendungen 1994/95: *2.258,1 Mio.*
Soziale Abgaben und Aufwendungen 1993/94: *2.143,9 Mio.*

Bezüge pro Vorstandsmitglied 1994/95: *1.700.000,– DM*
Tantiemen pro Aufsichtsrat 1994/95: *78.947,– DM*

Investitionen 1994/95:
2.191,0 Mio.
Investitionen 1993/94:
2.045,0 Mio.
Investitionen 1992/93:
2.540,0 Mio.

durch das dort überdurchschnittliche Marktwachstum (Fernost) und durch den Trend zur Globalisierung bei wichtigen Kunden (z. B. Automobilindustrie). Im Automobilgeschäft erwarte der Hersteller ganz einfach, daß ihm der Zulieferer folgt. »Bei Aufzügen und Fahrtreppen kann eine führende Position nur behaupten, wer überall vor Ort präsent ist.« Auch im Stahlbereich würden mit spezialisierten Aktivitäten die Grenzen zunehmend überschritten.

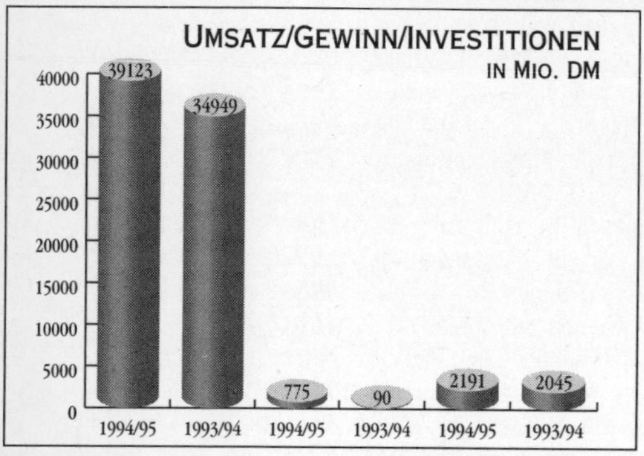

»BÜNDNIS FÜR ARBEIT«. Im Rahmen der Umsetzung der Tarifverträge zur Beschäftigungssicherung wurden bei Thyssen verschiedene Modelle zur Flexibilisierung der Arbeitszeit eingeführt. Dabei ist die Arbeitszeitdauer abhängig vom Arbeitsanfall innerhalb der Bandbreiten mit Ausgleich bis zu einem Jahr. Bezahlt werden nur Mehrarbeitszuschläge, nicht Mehrarbeitsstunden; in einem Unternehmen werden die Mehrarbeitszuschläge sogar erst ab der 43. Stunde bezahlt. Dazu kommt eine befristete Senkung der tariflichen Sonderzahlung als Ausgleich der vorgezogenen Arbeitszeitverkürzung auf 35 Stunden. Es gibt eine Vereinbarung zur Übernahme von Ausgebildeten für mindestens sechs Monate. 1995 waren in den inländischen Konzernunternehmen 4.764 Jugendliche in der Ausbildung. Von 1.683 Jugendlichen, die 1995 die Ausbildung beendet hatten, wurden 1.058 im Konzern übernommen, allerdings überwiegend nur befristet. Auf einer weiteren innerbetrieblichen Vereinbarung basiert die Gründung einer Qualifizierungsgesellschaft zur Betreuung und Qualifizierung der von »Freisetzung« bedrohten Mitarbeiter mit der Vorbereitung der Teilnehmer auf andere Tätigkeiten auf dem Arbeitsmarkt sowie der Vermittlung von Ausgebildeten in Handwerk und Pflegeberufe. Dazu kommt die Einrichtung von TQM- und KVP-Prozessen mit der Einführung von Gruppenarbeit, teilweise mit veränderter Ablauforganisation. Aufgrund der unterschiedlichen Rahmenbedingungen (z. B. der Vielzahl von Tarifbereichen) und der dezentralen Personalpolitik in der Thyssen-Gruppe werden die Maßnahmen nicht in allen Unternehmen bzw. in unterschiedlicher Ausprägung angewandt.

UMWELTSCHUTZ. Im Umweltschutz fährt Thyssen, wie viele andere Konzerne auch, zweigleisig: Einmal ist man engagiert im betrieblichen Umweltschutz, zum anderen verdienen zahlreiche Thyssen-Unternehmen mit dem Umweltschutz viel Geld, ist der Umweltschutz ein nicht mehr wegzudenkender Geschäftszweig geworden.
Thyssen hat einen Umweltschutzbeauftragten mit weitreichenden Kompetenzen. 1995 haben die inländischen Thyssen-Gesellschaften Umweltschutz-Investitionen von insgesamt 56 Mio. DM vorgenommen. Die laufenden Betriebskosten betrugen 574 Mio. DM. Davon wurden rund 47% für die Luftreinhaltung, 35% für den Gewässerschutz, 15% für die Verwertung von Reststoffen, 2% für die Lärmbekämpfung und 1% für den Landschaftsschutz ausgegeben. Als erstes deutsches Stahlunternehmen hat die Thyssen Stahl AG, Duisburg, einen umfassenden

Umweltbericht herausgegeben. Für Umweltschutzinvestitionen hat die Thyssen-Stahl-Gruppe in den vergangenen zehn Jahren fast 1 Mrd. DM ausgegeben. Besonders viel investiert Thyssen in die Staubreduzierung bei den eigenen Anlagen und Hochöfen. In allen Produktionsstufen gibt es Entstaubungsanlagen. »Waren früher dunkle Staubwolken so etwas wie das Wahrzeichen gutbeschäftigter Hüttenwerke, so wird heute von der Anlieferung der Erze bis zum Versand der Fertigerzeugnisse auf Emissionsvermeidung geachtet«, so der Thyssen-Vorstand. Dennoch warnt der Vorstand: »Es muß gesehen werden, daß die beträchtlichen Kosten des Umweltschutzes die Wettbewerbsfähigkeit des Standortes Deutschland und damit Arbeitsplätze gefährden.«

Auf der anderen Seite haben die Thyssen-Unternehmen 1994/95 einen Umsatz von insgesamt 2,8 Mrd. DM mit Produkten und Dienstleistungen erzielt, die dem Gewässerschutz, der Beseitigung und Minderung von Schadstoffen und Lärm, dem Recycling oder der umweltgerechten Entsorgung dienen. Mehr als 90% betrafen das traditionelle Recycling metallischer Werkstoffe und andere Aktivitäten, die in der Recycling-Sparte der Thyssen-Handelsunion gebündelt sind. In der Luftreinhaltung versteht sich die Thyssen-Gruppe als Systemlieferant: Korrosionsfeste Edelstahlgüten von Thyssen Stahl, Verbrennungsanlagen einschließlich der Rauchgasreinigung von Thyssen Still Otto und Einsatzstoffe der Wülfrather Gruppe bündeln sich zu gezielten Problemlösungen. Im Bereich Rauchgas- und Entstaubungsanlagen ist Thyssen Still Otto führend, in der Planung und Konstruktion neuer umweltschutzintensiver Kokereinen sogar Weltspitze. In der Stahlschrottverwertung zur neuerlichen Stahlherstellung ist Thyssen Stahl führend. Für die deutschen Weißblech-Hersteller ist die Recycling-Sparte der Thyssen-Handelsunion federführend in der Weißblech-Wiederverwertung. Die Thyssen Handelsunion AG, Düsseldorf, und die Klöckner & Co. AG, Duisburg, bündelten Mitte 1995 ihre Aktivitäten auf den Gebieten Stahlrecycling, Rohstoffhandel und Umweltdienstleistungen in der TKR Thyssen Klöckner Recycling GmbH, Düsseldorf, mit weltweit rund 40 Gesellschaften, Betrieben und Niederlassungen (Thyssen 80%, Klöckner 20%). Durch die Fusion wurde ein Unternehmen mit rund 2,5 Mrd. DM Jahresumsatz und 2.500 Beschäftigten geschaffen; es ist damit zweitgrößter Entsorger hinter der Metallgesellschaft und noch vor der RWE Entsorgung AG, Essen. Thyssen hat in dieses Unternehmen u. a. alle Aktivitäten der Sonnenberg-Gruppe eingebracht.

Umweltschutz 1994/95: *574,0 Mio.*
Umweltschutz 1993/94: *613,0 Mio.*
Umweltschutz 1992/93: *632,0 Mio.*

Forschung und Entwicklung 1994/95: *272,0 Mio.*
Forschung und Entwicklung 1993/94: *226,0 Mio.*
Forschung und Entwicklung 1992/93: *298,0 Mio.*

THYSSEN UND DIE TELEKOMMUNIKATION. Die Thyssen Handelsunion erhielt 1993 zusammen mit ihren Konsortialpartnern in der E-Plus Mobilfunk GmbH die Lizenz für das zweite private Mobilfunknetz in Deutschland. Unter Führung der Thyssen AG (30,1%) und der VEBA AG (28%) gehören zu dem Konsortium die Telekommunikationsbetreiber BellSouth Enterprises Inc. Plc. (25,9%) und die Vodaphone Group Plc. (16%) sowie vier Bauunternehmen aus den neuen Bundesländern mit insgesamt 3,5%. Die Lizenzvergabe umfaßt ein Investitionsvolumen von 4,6 Mrd. DM; davon soll 1 Mrd. in den neuen Bundesländern investiert werden. Mit dem Aufbau des Netzes sollen 8.000 neue Arbeitsplätze geschaffen werden, davon 3.500 in Ostdeutschland. 1997 soll Deutschland bundesweit versorgt sein. E-Plus hatte bereits im Frühjahr 1996 270.000 Kunden und konnte mit den

Mitbewerber: *Benteler, Deutsche Babcock, Deutsche Bahn, DHS-Dillinger Hütte Saarstahl, Diehl, ITT Automotive, Klöckner & Co., Klöckner-Werke, Krauss Maffei, Krupp-Hoesch, Liebherr, Linde, Lufthansa, MAN, Mannesmann, O & K, Preussag Stahl, Rheinmetall, Schenker-Rhenus, SMS, Usinor-Sacilor, Voith*

nahezu flächendeckenden Netzen D1 (DeTeMobil) und D2 (Mannesmann) gleichziehen. Im Laufe des Jahres 1997 wird mit 1 Mio. E-Plus-Teilnehmern gerechnet. Anfang 1995 wurde unter dem Dach der Thyssen Telecom AG, in der alle Engagements des Thyssen-Konzerns in der Telekommunikation gebündelt sind, das Konsortium Thyssen/BellSouth für die Bewerbung um eine Festnetzlizenz gebildet.

THYSSEN IM GOLFKRIEG. Während des Golfkrieges Anfang 1991 mußte sich Thyssen Vorwürfe gefallen lassen, Pumpen an den Irak geliefert zu haben, die schließlich für die gegen Israel eingesetzten Scud-Raketen verwendet wurden. Thyssen mußte dieses Irak-Engagement bestätigen, wenngleich man von der Verwendung dieser Pumpen und anderer gelieferter Teile nichts gewußt haben wollte. Noch massiver die Vorwürfe des »Stern«, wonach die Tochter der Thyssen Handelsunion AG, Thyssen-Rheinstahl Technik GmbH, im Irak am Bau eines Forschungs- und Testzentrums beteiligt gewesen sein soll, das schließlich der Herstellung chemischer und bakteriologischer Kampfstoffe gedient haben soll. Trotz der Verurteilung des Thyssen-Managers Ulrich Berntzen (Vorstand bei Thyssen Industrie) wegen illegaler Irak-Lieferungen und des massiven Verstoßes gegen das Außenwirtschaftsgesetz berief der Thyssen-Aufsichtsrat den Ertappten in den Vorstand von Thyssen Guss. Schließlich hatte der Manager sich ja um das Unternehmen verdient gemacht.

IN VERDACHT: DER NEUE THYSSEN-VORSTAND. Lange war der neue Thyssen-Chef Dieter Vogel noch nicht im Amt, da holte ihn die Vergangenheit ein. Der ehemalige Vorstandsvorsitzende der Thyssen Handelsunion AG und jetzige Thyssen-Vorstandschef sowie neun weitere hochrangige Manager von Thyssen und der ehemaligen DDR-Außenhandelsfirma Metallurgiehandel GmbH wurden im August 1996 verhaftet. Der Verdacht: Bei der Abwicklung der ehemaligen DDR-Firma VEB Metallurgiehandel, Berlin, durch die Thyssen Handelsunion sei die Treuhandanstalt bzw. ihre Nachfolgegesellschaft 1990 von den Thyssen-Managern um 73 Mio. DM betrogen worden. Erst gegen eine Kaution von 2,5 Mio. DM kam Vogel wieder auf freien Fuß. Bilanzen sollen gefälscht, hohe Summen für fingierte Posten der Treuhandanstalt in Rechnung gestellt worden sein. 1995 mußte die Handelsunion bereits in einem zivilrechtlichen Vergleich aufgrund von Neubewertungen über 86 Mio. DM an die Treuhand-Nachfolgerin zurückzuzahlen. Doch der Fall hat, entgegen der Einschätzung der Thyssen-Manager, natürlich auch eine strafrechtliche Komponente. Die für die Vereinigungskriminalität zuständige Berliner Staatsanwaltschaft sah den Tatbestand der illegalen Bereicherung gegeben. Das Pikante an dem Fall: Einen Haftbefehl gegen den Chef eines der größten deutschen Industrieunternehmen hatte es in der Bundesrepublik in dieser Form noch nicht gegeben, wenngleich etwa zeitgleich auch die Handschellen an den Gelenken von Managern der Bremer Vulkan und der KHD zuschnappten. Der imponierenden Karriere von Thyssen-Chef Dieter Vogel dürfte diese Affäre schon Abbruch tun. Immerhin wird Vogel, der auch Aufsichtsratsvorsitzender bei Bertelsmann ist, als ein möglicher künftiger Chef des Medienkonzerns gehandelt.

TUI

GESCHICHTE UND ENTWICKLUNG. Die Touristik Union International (TUI) ist der Zusammenschluß von vier großen deutschen Reiseveranstaltern auf dem expandierenden Sektor Touristik, dem längere kartellrechtliche Verhandlungen vorausgingen. Zusammengeschlossen hatten sich 1968 die Unternehmen Dr. Tigges (seit 1928), Touropa (seit 1948), Scharnow und Hummel (seit 1953). Gründung des ersten TUI-Vertriebsbüros und zahlreicher neuer Reiseveranstalter. Die TUI wuchs weiter, übernahm Gesellschaftsanteile von airtours international, gründete twen-tours und vereinheitlichte die Reiseleiter-Organisationen zum TUI-Service. 1971 Gründung der Robinson Hotels und verschiedene Akquisitionen auf dem Reisesektor. 1972 schlossen sich Quelle und Karstadt mit ihren TransEuropa-Reisen der TUI an. 1977 Beteiligung an der spanischen Hotelgruppe RIU und der österreichischen Dr. Degener Reisen. 1980 Beteiligung an Air Conti. Weitere Akquisitionen und Gründungen neuer Veranstalter in nahezu allen Reisesegmenten. Expansion im Ferntourismus. TUI entwickelte sich zur unangefochtenen Nummer eins in der Branche und ist Europas führender Reiseveranstalter. Ende 1993 etablierte sich nach zahlreichen Turbulenzen eine neue Gesellschafterstruktur. Anteilseigner sind die Deutsche Bahn/DER-Deutsches Reisebüro, Hapag-Lloyd, die Schickedanz-Gruppe und die WestLB.

BESITZVERHÄLTNISSE/EIGENTUMSSTRUKTUR.

- Deutsche Bahn AG (20% – davon: DB Vermögensverwaltungs GmbH & Co. KG 10%; DER – Deutsches Reisebüro GmbH 10%)
- Schickedanz-Gruppe (20% – gehalten von der Schickedanz Holding-Stiftung & Co. KG)
- WestLB-Gruppe (30% –gehalten durch die TCT Touristik Beteiligungs GmbH & Co. KG)
- Hapag-Lloyd (30% –Hapag-Lloyd AG 18,401%; Hapag-Lloyd Reisebüro GmbH 11,599%)

KONZERNÜBERBLICK. Die TUI ist mit Abstand Europas größter Reiseveranstalter. Sie ist an zahlreichen weiteren Reiseveranstaltern, Hotelanlagen und Ferienclubs beteiligt. Das Unternehmen veranstaltet Pauschalreisen ins In- und Ausland in den Bereichen Flug, Bahn und Schiff. Der TUI-Konzern setzt sich zusammen aus der TUI GmbH & Co. KG in Hannover, zahlreichen Veranstaltern im In- und Ausland, verschiedenen Agenturen in den Zielgebieten und fünf Hotelbeteiligungsketten mit 111 Hotels (1996). Mit diesen Hotels und einer Kapazität von 56.000 Betten ist die TUI auch der mit Abstand größte Hotelier Deutschlands. In den Hotelgesellschaften der TUI-Unternehmensgruppe Iberotel, Robinson, Dorfhotels und Bauerndörfer, Protel, Grecotel und RIU wurden 1994/95 11,9 Mio. (Vorjahr: 7,7 Mio.) Übernachtungen gebucht. Mit über 11.000 Ferienwohnungen und über 6.000 Hotels, Clubs und Ferienanlagen, die die TUI unter Vertrag hat und ständig in zwei Dutzend Katalogen gegliedert nach Ländern und Zielgruppen anpreist, sind die Hannoveraner absoluter Spitzenreiter in Europa. Über 80% des Angebots bei Hotels und Ferienanlagen

Standort:
Karl-Wiechert-Allee 23
30625 Hannover

Postanschrift:
30620 Hannover

Telefon: *(0511) 567-0*
Telex: *9 23 231*
Telefax: *(0511) 567-1301*

Branche: *Tourismus, Reiseveranstalter*

Rechtsform: *GmbH & Co. KG*

Geschäftsjahr: *1.11.-31.10.*

Gründungsjahr: *1968*

Presse und Public Relations:
Rainer Ortlepp
Tel.: (0511) 567-1600
FAX: (0511) 567-1611

Verbände: *Deutscher Reisebüro Verband e.V., Frankfurt/Main*

Vorstand:

- *Corsten, Ralf, Dr. (Vorsitzender; Touristische Beteiligungen, Hotelbeteiligungen, Konzernentwicklung, Presse und PR, Konzernrevision)*
- *Born, Karl (Vorstand Touristik-Service und Spezialveranstalter; Beförderung und Yield-Management, TUI-Service und Kundendienst, Spezialveranstalter, Event, Umwelt)*
- *Munsch, Norbert (Vorstand Vertrieb und Marketing; Verkaufsservice, Agenturvertrieb, Franchise-Vertrieb, Marketingdienst, Werbung)*
- *Pasture, Marc R. (Vorstand Touristik; Area-Management Spanien, Potugal; Area-Management Griechenland, Zypern, Italien; Area-Management Türkei, Tunesien, Israel, Marokko, Ägypten, Bulgarien, Rumänien; Area-Management Deutschland, Österreich, Schweiz, Frankreich, Benelux, Osteuropa; Area-Management Ferne Länder; Produkt-Management Take Off; Produkt-Management Robinson; Ressortlogistik)*
- *Roland, Helmut, Dr. (Vorstand Finanzen, Personal, Informationssysteme; Rechnungswesen, Konzern-Controller-Dienst, Recht)*

Vorstandsbezüge 1994/95:
keine Angaben

rangieren im Drei- bis Fünf-Sterne-Bereich. Die TUI-Deutschland war 1994/95 mit knapp 200.000 Gästen auch einer der größten europäischen Anbieter von Fernreisen (Kataloge: »USA/Kanada«, »Karibik/Südamerika«, »Afrika«, »Asien«). Die TUI fliegt heute von allen Flughäfen im Nah- und Ferncharter zu mehr als 150 Zielen in aller Welt. Im Segment Niedrigpreis und Last-Minute arbeitet die TUI unter der Veranstaltermarke »Take Off«. In den Urlaubsgebieten sorgen knapp 800 Mitarbeiter des TUI-Service für einen reibungslosen Urlaub vor Ort.

Das Stammhaus der TUI-Gruppe ist die TUI GmbH & Co. KG, die 1994/95 auf einen Umsatz von 4.7 Mrd. DM kam und 3.770.500 Gäste (davon 2.587.900 Flugreisen) beförderte. Der TUI-Konzern, also die TUI GmbH & Co. KG und die Unternehmen, an denen die TUI mit mehr als 50% beteiligt ist, kam 1994/95 auf einen Umsatz von 6,5 Mrd. DM bei 5.246.100 Gästen. Die TUI-Unternehmensgruppe mit der TUI Deutschland und allen in- und ausländischen Reiseveranstaltern, Zielgebietsagenturen, Hotelgesellschaften und Beteiligungen kam 1994/95 auf einen Umsatz von 7,3 Mrd. DM bei 5.511.100 Gästen. Wichtigstes Reiseziel der TUI ist mit Abstand Spanien (Balearen, Kanaren, Festland) vor Griechenland und Italien. Meist angeflogenes Fernreiseziel ist die Dominikanische Republik.

Zur erfolgreichen Durchsetzung des Markenauftritts der TUI in den Reisebüros wurde ein dreistufiges Vertriebssystem entwickelt: traditionelle TUI-Agenturen, TUI-ProfiPartner und TUI-UrlaubCenter. Die TUI-UrlaubCenter sind Franchise-Unternehmen, die ihren gesamten Markenauftritt und ihre Sortimentspolitik auf die TUI ausrichten. Die TUI ProfiPartner firmieren weiterhin unter eigenem Firmennamen, räumen jedoch dem TUI-Sortiment den attraktivsten Verkaufsplatz im Reisebüro ein. Zum Vertrieb der TUI-Reisen gehörten Mitte Mai 1996 genau 9.160 selbständige Reisebüros mit TUI-Lizenz im Inland und 530 im Ausland – davon 2.200 TUI-ProfiPartner und 255 TUI-UrlaubCenter.

Mitte 1996 verkaufte die TUI ihre Anteile von 33,3% am in Deutschland führenden elektronischen Buchungs- und Reservierungssystem START, zu dessen Mitbegründern sie gehört hatte, an die Lufthansa, von der sie wiederum den 50%-Anteil am Veranstalter Airtours GmbH, Frankfurt/Main, übernahm.

BETEILIGUNGEN. Die Touristik Union International GmbH & Co. KG, Hannover, ist weltweit an 152 Unternehmen der Reisebranche, davon an 87 mit Mehrheit, beteiligt. Die wichtigsten TUI-Gesellschaften sind auf der Seite 539 aufgeführt.

NEUE BUNDESLÄNDER. TUI verkauft in den neuen Bundesländern Reisen in über 800 Reisebüros und bietet von allen ostdeutschen Flughäfen weltweite Reiseziele an.

STANDORT DEUTSCHLAND. Die TUI expandiert und ist noch lange nicht am Ziel. Einen großen Umsatzsprung tat man durch die Übernahme von Holland International, dem führenden Veranstalter der Niederlande. In Belgien erwarb die TUI eine Beteiligung am Veranstalter Jet Air, dem größten belgischen Anbieter von Flugreisen. Mitte 1995 wurde bereits mit der TUI Austria eine Tochtergesellschaft in Österreich gegründet. Ziel: die Marktführerschaft im oberen und mitt-

TUI Unternehmensgruppe
Veranstaltergäste: 5.511.100
Gesamt-Umsatz: 7.264,7 Mio. DM

TUI Konzernunternehmen
Veranstaltergäste: 5.246.100
Umsatzerlöse vor Konsolidierung: 6.686,8 Mio. DM
Konzern-Umsatz nach Konsolidierung: 6.451,4 Mio. DM

Veranstalter
Veranstaltergäste: 5.246.100
Umsatzerlöse: 5.880,2 Mio. DM

- **AirConti Flugreisen** – Gäste: 83.500; Umsatzerlöse: 128,9 Mio. DM
- **Holland International** – Gäste: 647.100; Umsatzerlöse: 683,1 Mio. DM
- **Seetours International** – Gäste: 334.100; Umsatzerlöse: 181,9 Mio. DM
- **Terra Reisen International** – Gäste: 151.800; Umsatzerlöse: 41,1 Mio. DM
- **TUI GmbH & Co KG** – Gäste: 3.770.500; Umsatzerlöse: 4.733,2 Mio. DM
- **Wolters Reisen** – Gäste: 259.100; Umsatzerlöse: 112,1 Mio. DM

Hotelgesellschaften
Übernachtungen: 4.283.900
Umsatzerlöse: 178,0 Mio. DM

- **Dorfhotels + Bauerndörfer** – Übernachtungen: 364.100; Umsatzerlöse: 12,3 Mio. DM; Hotel-Umsätze: 22,6 Mio. DM
- **Iberotel Türkei** – Übernachtungen: 539.400; Umsatzerlöse: 12,1 Mio. DM; Hotel-Umsätze: 36,7 Mio. DM
- **Iberotel Tunesien** – Übernachtungen: 777.900; Umsatzerlöse: 32,4 Mio. DM; Hotel-Umsätze: 50,5 Mio. DM
- **Robinson Club** – Übernachtungen: 2.394.800; Umsatzerlöse: 75,7 Mio. DM; Hotel-Umsätze: 312,8 Mio. DM
- **weitere Hotelgesellschaften** – Übernachtungen: 207.700; Umsatzerlöse: 45,5 Mio. DM; Hotel-Umsätze: 35,0 Mio. DM

Zielgebietsagenturen
Gäste: 2.663.900
Umsatzerlöse: 524,3 Mio. DM

- **Airtour Greece** – Gäste: 282.500; Umsatzerlöse: 41,0 Mio. DM
- **Pollman's Tours + Safaris** – Gäste: 46.100; Umsatzerlöse: 35,9 Mio. DM
- **Ultramar Express** – Gäste: 2.035.000; Umsatzerlöse: 446,8 Mio. DM
- **weitere Zielgebietsagenturen** – Gäste: 299.600; Umsatzerlöse: 0,6 Mio. DM

Reisebürogesellschaften
Umsatzerlöse: 103,8 Mio. DM

- **Dr. Degener Reisebüros** – Umsatzerlöse: 81,7 Mio. DM
- **TUI UrlaubCenter** – Umsatzerlöse: 22,1 Mio. DM

übrige Gesellschaften
Umsatzerlöse: 0,5 Mio. DM

TUI assoziierte Unternehmen
Veranstaltergäste[1]: 265.000
Umsatzerlöse[1]: 813,3 Mio. DM

Veranstalter
Veranstaltergäste[1]: 265.000
Umsatzerlöse[1]: 381,8 Mio. DM

- **airtours international** 50,0 % – Gäste: 249.000; Umsatzerlöse: 447,0 Mio. DM
- **ARKE** 31,0 % – Gäste: 393.100; Umsatzerlöse: 443,5 Mio. DM
- **Reise Quelle** 49,0 % – Gäste: 38.000; Umsatzerlöse: 42,5 Mio. DM

Hotelgesellschaften
Übernachtungen[1]: 3.969.950
Umsatzerlöse[1]: 207,2 Mio. DM

- **Grecotel** 50,0 % – Übernachtungen: 1.248.000; Umsatzerlöse: 2,7 Mio. DM; Hotel-Umsätze: 97,8 Mio. DM
- **Iberotel Marokko** 50,0 % – Übernachtungen: 73.200; Umsatzerlöse: 5,8 Mio. DM; Hotel-Umsätze: 5,8 Mio. DM
- **RIU Hotels** 50,0 % – Übernachtungen: 6.618.700; Umsatzerlöse: 316,7 Mio. DM; Hotel-Umsätze: 422,1 Mio. DM
- **weitere Hotelgesellschaften** – Umsatzerlöse: 32,7 Mio. DM

Zielgebietsagenturen
Gäste[1]: 412.100
Umsatzerlöse[1]: 81,4 Mio. DM

- **Holidays Services** 50,0 % – Gäste: 74.000; Umsatzerlöse: 18,1 Mio. DM
- **Miltours** 50,0 % – Gäste: 203.600; Umsatzerlöse: 44,6 Mio. DM
- **Ranger Safaris** 50,0 % – Gäste: 6.700; Umsatzerlöse: 8,7 Mio. DM
- **Tantur Turizm** 50,0 % – Gäste: 194.700; Umsatzerlöse: 41,7 Mio. DM
- **Tunisie Voyages** 50,0 % – Gäste: 261.000; Umsatzerlöse: 23,6 Mio. DM
- **weitere Zielgebietsagenturen** – Gäste: 84.200; Umsatzerlöse: 26,0 Mio. DM

Reisebürogesellschaften
Umsatzerlöse[1]: 57,3 Mio. DM

- **Reisebüro Enzmann** 50,0 % – Umsatzerlöse: 4,6 Mio. DM
- **Tiroler Landesreisebüro** 51,0 % – Umsatzerlöse: 108,7 Mio. DM
- **weitere Reisebürogesellschaften** – Umsatzerlöse: 2,1 Mio. DM

übrige Gesellschaften
Umsatzerlöse[1]: 85,6 Mio. DM

[1] quotal

Aufsichtsrat:
- *Willers, Hans Georg, Prof. Dr. (Vorsitzender), Düsseldorf*
- *Wrede, Bernd (stellv. Vorsitzender; Vorsitzender des Vorstandes der Hapag-Lloyd AG), Hamburg*
- *Casjens, Günther (Mitglied des Vorstandes der Hapag-Lloyd AG), Hamburg*
- *Landsberger, Peter (Vorsitzender der Geschäftsführung Deutsches Reisebüro GmbH), Frankfurt/Main*
- *Laschet, Willi (Generalbevollmächtigter der Schickedanz Holding-Stiftung & Co. KG), Fürth*
- *Neuber, Friedel (Vorsitzender des Vorstandes der Westdeutsche Landesbank Girozentrale WestLB), Düsseldorf*
- *Neuhaus, Heinz (Vorstand Personen-Fernverkehr Deutsche Bahn AG), Frankfurt/Main*
- *Riedel, Ingo, Dr. (Mitglied des Vorstandes der Schickedanz Holding-Stiftung & Co. KG), Fürth*
- *Rudolph, Manfred (Geschäftsführer der BS & K Bangemann, Strickrodt und Kahn Beteiligungsgesellschaft mbH), Hannover*
- *Wülfers, Claus (stellv. Vorsitzender des Vorstandes der Hapag-Lloyd AG), Hamburg*

Aufsichtsratstantiemen 1994/95: *500.000,– DM*

leren Marktsegment. TUI plant die Zusammenarbeit mit 700 österreichischen Reisebüros und eine Kooperation mit Lauda-Air, die rund 80% des Flugprogramms der TUI Austria abwickeln soll. Geplant ist 1997 ein Gemeinschaftsunternehmen der TUI mit dem schweizerischen Veranstalter Vögele Reisen, Zürich, für den schweizerischen Reisemarkt. Überall werden neue Hotels akquriert oder selbst gebaut. Die RIU-Hotelkette baut allein 1996 zehn neue Hotels. Die europäische Ausrichtung weg vom reinen Standort Deutschland wird auch deutlich am TUI-Engagement in Osteuropa: In Tschechien, der Slowakei, den baltischen Ländern, Polen, Ungarn und Rußland bietet die TUI bereits Reisen an und entspricht so offensichtlich dem großen Nachholbedarf der Menschen dieser Ländern am Reisen.
Die Großen der Reisebranche, allen voran die TUI, erleben seit Jahren einen ungebrochenen Boom. Die Reisebranche verzeichnet Steigerungsraten wie kaum ein anderer Wirtschaftszweig. Aber dieser Geldsegen bezieht sich nur auf wenige Beinahe-Monopolisten am Standort Deutschland. Denn die deutsche Reisebranche entwickelt sich immer mehr zu einer Zweiklassengesellschaft, wie die ZEIT (3. Juni 1994) analysierte. Die wenigen großen Veranstalter machen große Rendite, die Masse der kleineren Anbieter lebt von der Hand in den Mund. Der Grund: ein tiefgreifender Strukturwandel, der die Branche erfaßt hat, ein gnadenloser Verdrängungswettbewerb, Übernahmen, Konzentrationsprozesse, vom Urlauber meist unbemerkt. Die Katalogflut gaukle eine nicht existierende Vielfalt vor, nur wenige Machtblöcke bei den Veranstaltern bestimmen das Geschäft.
Ebenso verhält es sich mit den Reisebüros: Die zehn größten Ketten und Franchise-Systeme halten 48% des gesamten Umsatzes im deutschen Reisevertrieb, der 1995 41,2 Mrd. DM betrug. (FAZ vom 21. Juni 1996.) Zu den größten der Branche gehören: Deutsche Bahn/DER-Gruppe (mit Deutsches Reisebüro DER, Amtliches Bayerisches Reisebüro abr, Rominger), First-Gruppe (First-Reisebüro, First Business Travel, Diskont-Travel, Kuoni, Thomas Cook), Karstadt mit seinen Reisetöchtern, Hapag-Lloyd, Lufthansa, Atlas/Rewe. Die Fäden im Hintergrund des Urlaubsgeschäfts ziehen Handelskonzerne, Großbanken, Versicherungen und große Transportunternehmen wie Hapag-Lloyd oder Lufthansa. Die Deutschen gaben 1995 über 50 Mrd. DM für Reisen aus und sind damit vor den Japanern mit 40 Mrd. DM unangefochten die Nummer eins in der Welt. 75% der Bundesbürger planen auch 1996/97 mindestens eine Reise. In der EU hängen direkt oder indirekt rund 20 Millionen Arbeitsplätze vom Tourismus ab, die Deutschen tragen dazu wesentlich bei.

»BÜNDNIS FÜR ARBEIT«. Flexible Arbeitszeiten auf der Basis innerbetrieblicher Regelungen sind dem Reiseveranstalter immanent.

UMWELTSCHUTZ. TUI veröffentlicht seit 1995 Informationen zum sogenannten TUI-Umwelt-Management, das einen Schwerpunkt innerhalb der Unternehmensgrundsätze einnimmt. Klar erkannt wird, daß »Umweltmanagement ein existentieller Teil der Ertrags- und Zukunftssicherung des Unternehmens« darstellt. Denn wer will schon in einer umweltbelasteten oder -zerstörten Region Urlaub machen.
Tourismus ist ein entscheidender Verursacher von Umweltbelastungen. Massentourismus und eine intakte Umwelt schließen sich vielfach

aus. Das Problem: zu viele Touristen am gleichen Ort, zur gleichen Zeit mit gleichen Verhaltensweisen. Mit der Umweltverträglichkeit des Tourismus beschäftigt sich die TUI als der größte europäische Reiseveranstalter seit Jahren. Nicht zuletzt auch wegen hoher Regreßforderungen an die Veranstalter bei Lärm, Wasserverschmutzung, Luftverschmutzung und anderen Belästigungen sind die Veranstalter vor Ort in Sachen Umweltschutz aktiv. Die unternehmerische Zielsetzung der TUI: »Ökonomischer Nutzen durch ökologische Qualität.«

TUI installierte als erster in der Reisebranche 1990 einen Umweltschutzbeauftragten. Mit zahlreichen fundierten Broschüren klärt die TUI über Urlaub und Umwelt auf, besonders hinsichtlich bestimmter Zielgebiete, vor allem Mallorca und Gran Canaria, den beiden wichtigsten Reisezielen der Gruppe in Sachen Massentourismus. Es wird beschrieben, was der Staat und die Kommunen tun, wie der Jetzt-Zustand ist, was TUI unternimmt und wie der Tourist mithelfen kann, die Umwelt besser zu schonen.

TUI verfügt über ein umweltorientiertes Tourismus-Management und ein entsprechendes Umweltnetzwerk, informiert und schult die TUI-Mitarbeiter in den Zielgebieten, skizziert Problemfelder und bietet Lösungsansätze. In der TUI-Zentrale wurde ein Arbeitskreis »Innerbetrieblicher Umweltschutz« eingerichtet zur Erarbeitung ökologischer Neuerungen.

Fester Bestandteil der Aktivitäten des Umweltmanagements sind umweltbezogene Zielgebiets-Checks, entsprechende Hotelchecklisten, Informationen in den TUI-Katalogen über die Umweltsituation in den Urlaubsgebieten, über umweltschonende Hotelführungen von Vertragshotels, Umweltverträglichkeit bei der Logistik. Hinzu kommt die Kooperation mit Umweltverbänden vor Ort und die Intensivierung des Dialoges mit der Öffentlichkeit. Das TUI-Umweltmanagement will qualitativen Nutzen schaffen für Kunden (Meerwasser- und Strandqualität, Ruhe, Gesundheit, Hygiene), für die Destinationen (Ressourcenschonung, Landschaftsbild, Artenvielfalt) und für das Unternehmen (Problemlösungskompetenz, Risikoverringerung, Qualitätssicherung, Kundenbindung, Marken-Vertrauen).

DIE REISE-MONOPOLISTEN. Ein Streit, der Jahre dauerte. Der Kartellsenat des Berliner Kammergerichts bestätigte Anfang 1989 eine Anordnung des Bundeskartellamtes, wonach der TUI untersagt wurde, die ihr angeschlossenen Reisebüros zu verpflichten, Pauschalreisen der wichtigsten Konkurrenten NUR Touristik GmbH, Frankfurt/Main, und ITS International Touristik Service Länderreisen GmbH (damals Kaufhof, heute Rewe), Köln, nicht zu verkaufen. Das gleiche galt auch für entsprechende Planungen von NUR. Im Herbst 1992 erklärte das Berliner Kammergericht die Vertriebsanbindung von Reisebüros an einen Pauschalveranstalter dann doch für zulässig. Dennoch verfolgte das Bundeskartellamt unbeirrt eine Revidierung. Besonders betroffen von dem Kammergerichtsbeschluß war dabei die Kölner ITS, die seit langem versuchte, in den von TUI und NUR dominierten Reisebüros Fuß zu fassen. Die Änderung dann ab November 1994: Jetzt ist es Reisebüros, die bislang an einen Veranstalter gebunden waren, erlaubt, Reisen der Konkurrenz anzubieten, ohne deshalb mit Sanktionen des bestimmenden Veranstalters belegt zu werden. TUI kam mit der Aufhebung der Vertriebsbindung zur Wintersaison 1994/95 der erwarte-

Umsatz (Unternehmensgruppe) 1994/95: *7.264,7 Mio.*
Umsatz (Unternehmensgruppe) 1993/94: *6.545,4 Mio.*
Umsatz (Unternehmensgruppe) 1992/93: *5.848,5 Mio.*

Umsatz (Konzern) 1994/95: *6.451,4 Mio.*
Umsatz (Konzern) 1993/94: *5.291,0 Mio.*
Umsatz (Konzern) 1992/93: *4.815,4 Mio.*

Umsatz (TUI GmbH & Co. KG) 1994/95: *4.733,2 Mio.*
Umsatz (TUI GmbH & Co. KG) 1993/94: *4.250,1 Mio.*
Umsatz (TUI GmbH & Co. KG) 1992/93: *3.833,1 Mio.*

Gewinn (Konzern) 1994/95: *165,2 Mio.*
Gewinn (Konzern) 1993/94: *110,8 Mio.*
Gewinn (Konzern) 1992/93: *40,6 Mio.*

Cash flow (Konzern) 1994/95: *197,4 Mio.*
Cash flow (Konzern) 1993/94: *353,0 Mio.*
Cash flow (Konzern) 1992/93: *213,0 Mio.*

Grund- bzw. Stammkapital 1994/95: *264,0 Mio.*

Steueraufkommen (Konzern) 1994/95: *24,9 Mio.*

Investitionen (Konzern) 1994/95: *276,0 Mio.*
Investitionen (Konzern) 1993/94: *98,0 Mio.*
Investitionen (Konzern) 1992/93: *90,0 Mio.*

Beschäftigte TUI-Unternehmensgruppe 1994/95: *13.535*
Beschäftigte TUI-Unternehmensgruppe 1993/94: *13.300*
Beschäftigte TUI-Konzern 1994/95: *8.004*
Beschäftigte TUI-Konzern 1993/94: *5.300*

Beschäftigte TUI GmbH & Co. KG 1994/95: *2.484 (davon 783 Mitarbeiter des TUI-Service im Ausland)*
Beschäftigte TUI GmbH & Co. KG 1993/94: *2.230 (davon 650 Mitarbeiter des TUI-Service im Ausland)*

Umsatz pro Mitarbeiter (Unternehmensgruppe) 1994/95: *536.734,– DM*
Umsatz pro Mitarbeiter (Konzern) 1994/95: *806.022,– DM*
Umsatz pro Mitarbeiter (TUI GmbH & Co. KG) 1994/95: *1.905.475,– DM*

Löhne und Gehälter (Konzern) 1994/95: *365,7 Mio.*
Soziale Abgaben und Aufwendungen (Konzern) 1994/95: *79,7 Mio.*

Durchschnittlicher Reisepreis 1994/95: *1.215,– DM*
Durchschnittlicher Reisepreis 1993/94: *1.188,– DM*
Durchschnittlicher Reisepreis 1992/93: *1.165,– DM*

Gäste (insgesamt) 1994/95: *5.511.100*
Gäste (insgesamt) 1993/94: *4.976.300*
Gäste (insgesamt) 1992/93: *4.518.700*

ten Entscheidung des Kartellamtes zuvor. Mit der Aufhebung der Vertriebsbindung entfällt die seit Mitte der 60er Jahre bestehende Marktzutrittssperre, die vielen kleineren Reiseveranstaltern zwischenzeitlich den Ruin beschert hatte.

KOMMENTAR. Die TUI und die WestLB. Im TUI-Konzern entbrannte 1993 ein großer Streit. Mit allerei Tricks und Verschachtelungen gelang es der expansiven WestLB mit verbündeten Partnern, massiv bei der TUI einzusteigen, über ihre Tochter, den TUI-Konkurrenten LTU, über eine Beteiligungsgesellschaft, die damals 25,6% an der Horten AG hielt, und über die befreundete SüdwestLB. Alles schien darauf hinauszulaufen, daß sich die WestLB und ihr Chef Friedel Neuber einen mächtigen, den größten europäischen Reisekonzern zimmern wollten. Die WestLB wollte der von ihr maßgeblich bestimmten, äußerst kapitalintensiven LTU einen direkten Zugriff auf die TUI ermöglichen, was der LTU-Flugzeugflotte zugute käme. Statt mit Flugzeugen der Hapag-Lloyd-Flug und der Lufthansa/Condor sollten die TUI-Gäste künftig in Maschinen der LTU Urlaub machen. Nicht einen Augenblick lang hatte die WestLB ihr TUI-Engagement als reine Finanzbeteiligung gesehen, sondern damit handfeste Interessen im Sinn. Die WestLB hält über LTU maßgebliche Anteile an den Reiseveranstaltern Transair, Meiers Weltreisen, Jahn-Reisen und Tjaereborg. In der WestLB-Tochter TCT Touristik Beteiligungs GmbH & Co. KG ist auch die Beteiligung an der britischen Reisebürokette Thomas Cook zusammengefaßt. Der Übernahmekampf zwischen der WestLB/LTU auf der einen und den Altgesellschaftern Hapag-Lloyd, DER und abr auf der anderen Seite entbrannte vollends, als klar wurde, daß die im sogenannten Kahn-Pool organisierten 16 Kleingesellschafter unter Umgehung des in der Satzung vereinbarten Vorkaufsrechts der übrigen Gesellschafter ihre Anteile an der TUI der WestLB übertragen wollten, um der WestLB einen Weg zur Majorität an der TUI und einen beherrschenden Einfluß zu ermöglichen. Die WestLB besaß ja die früheren Horten-Anteile an der TUI sowie ein von Springer übernommenes Paket. (Die Kleingesellschafter und eigentlichen Gründer der TUI: Reisebüro Bangemann KG, Hannover; Reisebüro Paul Lührs KG, Hamburg; Essener Reisebüro GmbH, Essen; Alois Fischer, Wuppertal; Reisebüro Strickrodt KG, Hannover; Airtour Flugreisen GmbH & Co. KG, Düsseldorf; Grete Friedrich, Essen; Ursula Mennicken, Köln; Irmelin Tigges, Rom; Elisabeth Hallersleben, Bonn; Silvia Shapiro, Champain/USA; Dr. Peter Tigges, Wuppertal; Peter Butz.)
Die WestLB würde mit einer noch höheren TUI-Beteiligung, mit Thomas Cook und LTU das mit Abstand größte Reisekonglomerat Europas kontrollieren. Gerüchte, wonach hinter den WestLB-Aktivitäten die Metro-Gruppe steht, deren Hausbank die WestLB ist, reißen nicht ab. Als Anfang 1995 die Kaufhof/Metro-Tochter ITS zum Verkauf anstand, nicht zuletzt aus wirtschaftlichen Schwierigkeiten, resultierend aus der Konkurrenz von TUI und NUR, und die TUI zugreifen wollte, gab es nicht nur wettbewerbsrechtliche Bedenken seitens des Bundeskartellamtes, sondern auch ein Veto seitens der TUI-Besitzer Hapag-Lloyd, Deutsche Bahn und Schickedanz-Gruppe. Offenbar wollte im Gegenzug und zur Finanzierung dieses Mammutgeschäftes von über 500 Mio. DM die Metro in den TUI-Gesellschafterkreis einsteigen. Vor der als überaus expansiv und nicht zimperlich eingeschätzten Kaufhof/Me-

tro-Gruppe haben die Gesellschafter der TUI gehörigen Respekt. Zumal Friedel Neuber nur auf weitere TUI-Anteile zu warten scheint. Kaufhof/Metro verkauften die ITS schließlich an die Rewe-Gruppe, die damit ebenfalls den Zugang in die lukrative Reisebranche gefunden hat. TUI erwarb aber zuvor die ITS-Beteiligung Holland International (91%; Rest bei KLM), den größten holländischen Reiseveranstalter.

Mitbewerber: *ABR, Condor, Thomas Cook, Deutsche Bahn, Euro Lloyd, DER, Hapag-Lloyd, ITS, Kühne & Nagel, Lufthansa, LTU, Otto, NUR, Reise-Quelle, Rewe*

UNILEVER

GESCHICHTE UND ENTWICKLUNG. Die Margarine kam aus Holland, Seife und Waschmittel aus Großbritannien. Der Gründung der Deutschen Unilever und des Unilever-Konzerns im Jahre 1930 gingen einige Firmengründungen voraus. 1888 enstanden in Goch und in Kleve die Margarinefabriken der Firmen Jurgens und Van den Bergh. 1889 wurde von Lever Brothers in Hamburg ein Verkaufsbüro für importierte »Sunlight Soap« eröffnet. Zehn Jahre später entstand in Mannheim die Sunlight-Seifenfabrik. 1930 schlossen sich die zur Margarine Unie vereinigten holländischen Margarineunternehmen Jurgens und Van den Bergh mit der britischen Lever Brothers Gesellschaft zusammen und gründeten den Unilever-Konzern (Unilever N.V./Plc, Rotterdam/London). Im gleichen Jahr entstand auch die Deutsche Unilever mit Sitz in Berlin, die durch Akquisitionen in wenigen Jahren zu einem der führenden Unternehmen in den Bereichen Nahrungsmittel, Waschmittel und Körperpflege wurde. Nach dem Krieg wurde die Hauptverwaltung von Berlin nach Hamburg verlegt, 1963 das Unilever-Haus in der Hamburger City bezogen. 1971 Gründung der Holding Deutsche Unilever GmbH in ihrer heutigen Form. Zahlreiche Akquisitionen in den folgenden Jahren.

BESITZVERHÄLTNISSE/EIGENTUMSSTRUKTUR.
● Unilever N.V., Rotterdam/Niederlande (100% – indirekt über Holdinggesellschaften). Diese zwischen die holländische Dachgesellschaft und die Deutsche Unilever geschalteten Holdinggesellschaften sind: Wemado B.V., Rotterdam/NL (38%); Lipoma B.V., Rotterdam/NL (36%); Unilever Belgium N.V. (25%); Rizofoor B.V., Rotterdam/NL (1%).

KONZERNÜBERBLICK. Unilever gehört weltweit zu den führenden Konsumgüterunternehmen. Ebenso zählt sie in Deutschland zu den führenden Markenartiklern bei Nahrungs-, Reinigungs- und Körperpflegemitteln. Die wichtigsten Geschäftsbereiche sind Nahrungsmittel, Wasch- und Reinigungsmittel, Körperpflegemittel und Kosmetika sowie chemische Spezialprodukte. Mit mehr als 300.000 Mitarbeitern wurden 1995 ein Weltumsatz von 70,9 Mrd. DM und ein Nettogewinn von 3,3 Mrd. DM erzielt. Nach Großbritannien und den USA ist Deutschland das umsatzstärkste Unilever-Land. In den vergangenen zwei Jahrzehnten hat Unilever zahlreiche Unternehmen akquiriert, die ihrerseits einen bekannten Markennamen hatten. Unilever dringt zunehmend in die asiatischen Märkte vor. So wurde 1993 in der Volks-

Standort:
Dammtorwall 15
20355 Hamburg

Telefon: *(040) 3490-0*
Telex: *215 581 unil d*
Telefax: *(040) 344199*

Branche: *Holdinggesellschaft; Nahrungsmittelindustrie; Körperpflegemittel und Kosmetik; Waschmittel; Chemische Spezialprodukte*

Rechtsform: *Gesellschaft mit beschränkter Haftung (GmbH)*

Geschäftsjahr: *1.1.-31.12.*

Gründungsjahr: *1930*

Öffentlichkeitsarbeit:
Dr. Michael Herrmann
Tel.: (040) 3490-3515
FAX: (040) 3490-3520

Verbände: *Alle Fachverbände der Nahrungsmittel- und Kosmetikbranche*

Geschäftsführung:
- *Stach, Manfred Dr. (Vorsitzender)*
- *Barz, Peter*
- *Zeeuw, Jan*

Bezüge der Geschäftsführung 1995: *1.414.000,– DM*

Aufsichtsrat:
- *Schrader, Jürgen (Vorsitzender), Hamburg*
- *Darius, Wolf-Ingo, Hamburg*
- *Erichsen, Harald, Dr., Hamburg*
- *Henschel, Harald, Hamburg*
- *de Jong, Jan, Wassenaar*
- *Krahn, Wilhelm, Norderstedt*
- *Meij, Henk, Prof., Schiedam*
- *Meister, Burkhardt, Dr., Frankfurt/Main*
- *Nieuwenhuis, Johannes, Dr., Den Haag*
- *Stevens, Gerd, Kempten*
- *Tschampel, Friedrich Karl, Hamburg*

**Baltes, Günter (stellv. Vorsitzender)*
**Carlsson, Norbert*
**Diekman, Rolf*
**John, Hans-Ernst*
**Kiel, Jürgen*
**Ribbekamp, Karl-Ulrich*
**Salzmann, Klaus*
**Schlieper, Heinz*
**Wittorf, Reiner*

Aufsichtsratstantiemen 1995: *287.000,– DM*

republik China eine der größten Kooperationen der Unilever-Geschichte in Angriff genommen mit der Unilever Shanghai Toothpaste Company.

Der deutsche Unilever-Konzern hat folgende Warengruppen-Struktur:

◆ Nahrungsmittel mit den Gesellschaften Union Deutsche Lebensmittelwerke GmbH (Margarine, Speiseöl, Brotaufstriche, Speisefett, Käse, Feinkost, kaloriensparende Produkte, Getränke, Dosensuppen, Instantsuppen, Spaghettisaucen, mikrowellengeeignete Gerichte, Fischdauerkonserven, Fischspezialitäten, Fleisch- und Wurstwaren, Fleisch-Snacks. Marken: Rama, Flora-Soft, Lätta, Du darfst, Becel-Diät, Sanella, Livio, Norda, Biskin, Palmin, Milkana, Bresso, Edelweiß, Unox, Lipton-Tee, Bi-Fi u. a.); Benedikt Klein GmbH (Margarine, Speisefett, Speiseöl); Meistermarken-Werke GmbH (Spezialprodukte für Bäckereien und Großküchen, Diamalt, Sortiment für die Nahrungsmittelindustrie, Feinkost); Fritz Homann Lebensmittelwerke GmbH & Co. (Feinkost; Margarine, Fette, Öle; Großverbraucher-Service; Bäckereibedarf; Voss Feinkost und Lebensmittel GmbH); Nordsee Deutsche Hochseefischerei GmbH (Fischfeinkostgeschäfte und Restaurants; Meeresspezialitäten; Tiefkühlfisch; über 290 »Nordsee«-Betriebe); Langnese-Iglo GmbH (Langnese-Speiseeis; Iglo-Tiefkühlkost); Frozen Fish International GmbH.

◆ Wasch- und Reinigungsmittel mit den Gesellschaften Lever GmbH (Waschmittel, Wäscheweichspüler, Haushaltsreiniger, Geschirrspülmittel, Seifen, Dusch-, Schaumbäder. Marken: Omo, Sunil, Skip, Coral, Kuschelweich, Viss, Domestos, Vim, Lux, Sunlicht, Dove); Lever Sutter GmbH (Gastronomie und Gewerbe, Großküchenhygiene, Gebäudeinnenreinigung, Personalhygiene, Wäschereitechnik, Ernährungsindustrie).

◆ Körperpflegemittel, Kosmetik mit den Gesellschaften Elida-Gibbs GmbH (Zahncreme, Mundwasser, Zahnbürsten, Herrenserien, Haarpflegemittel, Deodorants, Seifen-, Schaum- und Duschbäder, Wattestäbchen, Hautpflegemittel. Marken: Signal, Mentadent, Axe, Denim, Hero, Timotei, Brisk, Rexona, Impulse, CD, La Fram, Pond's, Q-Tips, Vaseline); Elizabeth Arden Handels GmbH (pflegende und dekorative Kosmetik, Damen- und Herrendüfte. Marken: Arden, Sun Science, Red Door, Blue Grass, Lagerfeld, KL, Narcisse, Photo, Chloé, Fendi, Passion, Cerruti, Scherrer, Valentino); Calvin Klein Cosmetic Vertriebs GmbH (Düfte und Körperpflegeprodukte. Marken: Obsession, Eternity, Escape, CK one).

◆ Chemische Spezialprodukte mit den Gesellschaften Quest International (Deutschland) GmbH (Duft- und Riechstoffe, ätherische Öle, Aromen, Lebensmittelzusatzstoffe); National Starch & Chemical GmbH (Nahrungsmittel- und Industriestärken, Verpackungsleime, Konstruktionsklebstoffe und Spezialklebstoffe für industrielle Anwendung); Unichema Chemie GmbH (oleochemische Erzeugnisse für die weiterverarbeitende chemische Industrie, Katalysatoren); Unipath GmbH (mikrobiologische und immunologische Diagnostika für Labor- und Praxisbedarf).

Die Umsätze 1995 nach Warengruppen: Nahrungsmittel: 7.047,0 Mio. DM (76% – davon Eis, Tiefkühlkost: 2.136,0 Mio.; Fisch, Fischprodukte: 1.231,0 Mio.); Waschmittel, Reinigung, Körperpflegemittel, Kosmetik: 1.587,0 Mio. DM (17%); Chemische Spezialprodukte: 659,0 Mio. DM (7%). Mit einem Werbeaufwand von rund 550 Mio.

DM (Vorjahr: 626 Mio.) gehörte Unilever auch 1995 zu den größten werbungtreibenden Unternehmen in Deutschland.

Umsatz 1995: *9.183,0 Mio.*
Umsatz 1994: *9.293,0 Mio.*
Umsatz 1993: *9.251,0 Mio.*

Gewinn 1995: *240,0 Mio.*
Gewinn 1994: *301,0 Mio.*
Gewinn 1993: *343,0 Mio.*

Cash flow 1995: *819,0 Mio.*
Cash flow 1994: *1.018,0 Mio.*
Cash flow 1993: *1.012,0 Mio.*

Cash flow:
keine weiteren Angaben

Steueraufkommen 1995:
73,0 Mio.

Grund- bzw. Stammkapital 1995: *650,0 Mio.*

BETEILIGUNGEN. Zur Deutschen Unilever gehören: Deutsche Unilever GmbH, Hamburg; Union Deutsche Lebensmittelwerke GmbH, Hamburg; Langnese-Iglo GmbH, Hamburg; Elida-Gibbs GmbH, Hamburg; Meistermarken-Werke GmbH Spezialfabrik für Back- und Großküchenbedarf, Bremen; »Nordsee« GmbH, Bremerhaven; Lever GmbH, Hamburg; Fritz Homann Lebensmittelwerke GmbH & Co. KG, Dissen; Deutsche See Großverbraucher-Service GmbH, Bremerhaven; Elizabeth Arden Handels GmbH, Düsseldorf; Voss Feinkost und Lebensmittel GmbH, Kaltenkirchen; Unichema Chemie-GmbH, Emmerich; Quest International (Deutschland) GmbH, Hamburg; Homann Menü-System Gesellschaft für Großküchenbedarf mbH, Dissen; Lever Sutter GmbH, Mannheim; National Starch & Chemical GmbH, Neustadt a. d. Weinstraße; Vereinigte Fischmehlwerke Cuxhaven GmbH & Co. KG, Cuxhaven; Edelweiss-Milchwerke K. Hoefelmayr GmbH, Kempten; Milkana GmbH, Neu-Ulm; Ulmer Spatz Vertriebsgesellschaft für Backmittel mbH, Neu-Ulm; Calvin Klein Cosmetic Vertriebs GmbH, Wiesbaden; Bresso GmbH, Kempten; Benedikt Klein GmbH, Köln; Lipton GmbH, Hamburg; INA Nährmittel GmbH, Rellingen; Molco Backwaren Vertriebs GmbH, Aachen; PBI Saatzucht GmbH, Hamburg; Lysell GmbH, Bremerhaven; Unipath GmbH, Wesel; Fabergé Deutschland Vertriebs GmbH, Hamburg; Diamalt Backmittel Vertriebs GmbH, Neu-Ulm; Du darfst Lebensmittelvertriebs GmbH, Hamburg.

UMSATZ/GEWINN/CASH FLOW IN MIO. DM

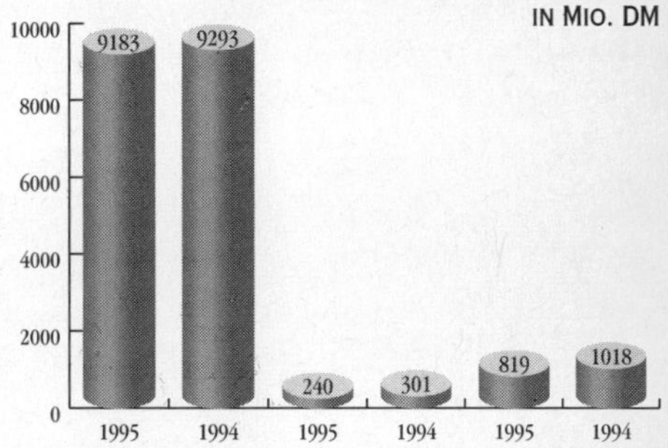

NEUE BUNDESLÄNDER. Durch die Treuhand wurde dem Konzern die ehemalige Unilever-Fabrik in Pratau bei Wittenberg zurückgegeben. Hinzu kamen die Margarinefabrik Chemnitz und das Werk Gotha.

STANDORT DEUTSCHLAND. Seit 1990 wurden bei der deutschen Unilever rund 4.200 Stellen gestrichen (15%). Und die Belegschaft soll 1996 nochmals um 1.000 Arbeitsplätze reduziert werden. Rückstellungen für Restrukturierungen in Höhe von 142 Mio. DM für 1995 beeinträchtigten den normalerweise höher ausfallenden Gewinn der Deutschen Unilever, der nach Rotterdam überwiesen wird (Mitte 1996 erhielt die Muttergesellschaft Unilever NV, Rotterdam, für drei Jahre eine Überweisung von 750 Mio. DM). Gründe für die Entlassungen sind u. a.: Produktionsverlagerungen bei der Langnese-Iglo GmbH, bei der Lever GmbH und Umstrukturierungen bei der Fritz Homann Lebensmittelwerke GmbH & Co. KG. Darunter fiel eine Straffung der Produktion im Bereich Margarine. Wesentliche Teile der Margarine- und Fetteproduktion gingen von der Fritz Homann Lebensmittelwerke GmbH & Co. KG, Dissen, auf andere deutsche Unilever-Werke über. Im Gegenzug wurden Teile der Feinkostproduktion nach Dissen verlegt. Ende 1994 wurde die Hafei Feinkost GmbH & Co., Essen, eingestellt. Die Produktion wurde zur Fritz Homann Lebensmittelwerke GmbH & Co. verlagert.

Beschäftigte 1995: *23.223*
Beschäftigte 1994: *24.083*
Beschäftigte 1993: *24.997*

Umsatz pro Mitarbeiter 1995: *395.427,– DM*
Umsatz pro Mitarbeiter 1994: *385.878,– DM*
Umsatz pro Mitarbeiter 1993: *370.084,– DM*

Personalaufwand 1995: *1.972,0 Mio.*
Personalaufwand 1994: *1.941,0 Mio.*

Durchschnittlicher Personalaufwand 1995: *84.916,– DM*

Bezüge pro Mitglied der Geschäftsleitung 1995: *471.333,– DM*
Tantiemen pro Aufsichtsrat 1995: *14.350,– DM*

Investitionen 1995: *314,0 Mio.*
Investitionen 1994: *416,0 Mio.*
Investitionen 1993: *502,0 Mio.*

Umweltschutz 1995: *22,0 Mio.*

Mitbewerber: *Beiersdorf, Benckiser, Henkel, Jacobs Suchard, März, Philip Morris, Nestlé, Oetker, Procter & Gamble, Südzucker*

Das Kosmetikunternehmen Rimmel-Chicogo International Cosmetic GmbH wurde im April 1996 an die Benckiser-Gruppe veräußert.

»BÜNDNIS FÜR ARBEIT.« Unilever weist auf die kontinuierliche Zusammenarbeit zwischen den Betriebsräten und den Geschäftsleitungen hin mit dem Ziel, Veränderungsprozesse gemeinsam in Angriff nehmen zu können. Arbeitszeitmodelle gibt es bei der Unilever derzeit nicht.

UMWELTSCHUTZ. Die Unilever betont mit Nachdruck ihre Verpflichtungen und Verantwortung im Hinblick auf die Gesellschaft und die Umwelt. Kein Wunder, muß doch Umweltschutz gerade in der Nahrungsmittelindustrie schon aus ökonomischen Gesichtspunkten oberste Priorität haben. Seit 1988 ist der Umweltschutz in verbindlichen Leitlinien als integrierter Bestandteil der Unternehmenspolitik festgeschrieben. Unilever ist besonders stark in der Forschung engagiert, beteiligt sich an großangelegten Studien, beispielsweise über Ernährungsgewohnheiten und Erkrankungen. Mit verschiedenen Umweltinstituten versucht die deutsche Unilever ständig die Umweltverträglichkeit von Produktionsprozessen zu steigern. In den Umweltschutz innerhalb der eigenen Werke wurden 1995 rund 22 Mio. DM investiert, in erster Linie für Abwasserreinigung, Abfallreduzierung und -entsorgung sowie umweltverträglichere Produktionsverfahren. Seit Jahren ist die Unilever dabei, in großem Stil Verpackungsmengen gezielt zu reduzieren. Durch neue Technologien wurden auch 1995 Kunststoffverpackungen im Gewicht weiter reduziert und die Produktion von Faltschachteln als Umverpackung drastisch abgebaut. Umweltschutzbeauftragter des Konzerns und in Personalunion auch für Langnese-Iglo ist Dr. Dieter Cmelka. Unilever hat sich dazu verpflichtet, seine Mitarbeiter umweltbewußt aus- und weiterzubilden und den Umweltschutz konzernweit transparent zu gestalten. Mit verschiedenen »kritischen« Gruppen, so der Unilever-Vorstand, werden Fragen der Kennzeichnung genetisch hergestellter bzw. veränderter Produkte, deren Sicherheit und Umweltverträglichkeit diskutiert und anhand offengelegter Forschungsergebnisse überprüft.
Immer wieder weisen Umweltschutzorganisationen auf die Gefährdung des Öko-Systems der Meere durch Überfischung hin. Für »Käpt'n Iglo« eine so fundamentale Frage, daß der Multi jetzt gegen die Auswüchse der Industriefischerei vehement Front macht. Die im Bereich Fisch aktiven Unilever-Unternehmen, so der Vorstand, unterstützen die Forderungen nach Maßnahmen zum Schutz der Fischbestände, der Bundesverband der Deutschen Fischindustrie hat die Initiative zu einem »Forum bestandserhaltende Fischerei« ergriffen. Eine Dokumentation der Umweltaktivitäten ist in Vorbereitung und wird 1996 erscheinen.

VAW siehe VIAG
VEAG siehe RWE
VDO siehe Mannesmann

VEBA

GESCHICHTE UND ENTWICKLUNG. Die VEBA (Vereinigte Elektrizitäts- und Bergwerks-Aktiengesellschaft) wurde 1929 zur wirtschaftlichen Stabilisierung verschiedener in Schwierigkeiten geratener preußischer Staatsunternehmen gegründet. In die Gesellschaft wurden jeweils mit allen Tochter- und Beteiligungsgesellschaften eingebracht: Preußische Bergwerks- und Hütten AG (Preussag), Berlin; Bergwerks AG, Recklinghausen; Bergwerksgesellschaft Hibernia AG, Herne; Preußische Elektrizitäts-AG (PreußenElektra), Berlin. Auf die PreußenElektra waren bereits zuvor schon drei Kraftwerksunternehmen verschmolzen worden. Nach dem Ende des Zweiten Weltkrieges Beschlagnahmen, Demontagen, Reorganisationen ganzer Unternehmensbereiche. 1948 Wiederaufnahme der Tätigkeit auf fast allen Gebieten. 1959 Teilprivatisierung der Preussag; 1965 Teilprivatisierung der VEBA; Übernahme von Stinnes durch die VEBA. 1969 Einbringung des Steinkohlebergbauvermögens in die Ruhrkohle AG; Veräußerung der Beteiligung an der Preussag AG. 1970 Umbenennung in VEBA AG. Verlegung des Verwaltungssitzes von Herne nach Düsseldorf. Umstrukturierung des Konzerns. Umbenennung der Scholven-Chemie in VEBA-Chemie; Neuordnung Arals und 1975 Übernahme der Gelsenberg AG. 1978 Übernahme der Mehrheit an den Chemischen Werken Hüls und Abgabe der umstrukturierten Gelsenberg AG an die BP AG. Hunderte von Akquisitionen, Verschmelzungen, Neugründungen in den 70er und 80er Jahren. Das einst staatliche Unternehmen wurde 1987 durch die Bundesregierung mit der Börsenplazierung der restlichen Anteile der Bundesbeteiligung an der VEBA vollständig privatisiert. 1994 massiver Einstieg in die Telekommunikation. Gründung der VEBACOM GmbH; 1995 Erwerb von 10,5% an der Cable & Wireless plc, London.

BESITZVERHÄLTNISSE/EIGENTUMSSTRUKTUR.

- Streubesitz bei 405.000 Aktionären, davon 390.000 private Anleger, die 21,9% des Kapitals halten.
- In Händen institutioneller Investoren wie Banken, Versicherungen, Investmentgesellschaften, Vermögensverwaltungen (Industrie, Handel, Verkehr) liegen 78,1%.

Die Mehrheit des Grundkapitals liegt bei inländischen Anlegern (56,5%). VEBA hat in Deutschland 370.000 private Aktionäre, die 19,1% des Kapitals halten. Davon sind 195.000 Arbeitnehmer, 65.000 Rentner und 44.000 Hausfrauen. Der durchschnittliche Bestand an VEBA-Aktien in den Depots inländischer Privatanleger betrug 25 VEBA-Aktien mit einem Kurswert von gut 13.400,– DM zum Jahresende 1994. Unter den inländischen Privatanlegern sind ca. 60.000 Belegschaftsaktionäre der VEBA-Unternehmen. Inländische institutionelle Anleger halten insgesamt 37,4% des Grundkapitals. Davon entfallen 20,9% auf Banken und Versicherungen. (In über 1.200 Wertpapierfonds deutscher Investmentgesellschaften befinden sich 13,6% des Kapitals.) Die Allianz-Versicherung ist mit 11,46% größter Einzelaktionär der VEBA.

Standort:
Berlin und Düsseldorf
Bennigsenplatz 1
40474 Düsseldorf

Telefon: *(0211) 4579-1*
Telex: *8 585 554*
Telefax: *(0211) 4579-501*

Postanschrift:
Postfach 30 10 51
40410 Düsseldorf

Branche: *Energiewirtschaft (Elektrizität, Gas, Kernenergie); Chemische Industrie, Kunststoffe; Erdöl- und Erdgasgewinnung, Mineralöl; Handel, Schiffahrt, Spedition; Telekommunikation; Grundstücks- und Wohnungswesen*

Rechtsform:
Aktiengesellschaft

Geschäftsjahr: *1.1.-31.12.*

Gründungsjahr: *1929*

Unternehmenskommunikation:
Dr. Marie-Louise Wolff
Tel.: (0221) 4579-628
FAX: (0221) 4579-629

Presseabteilung:
Dr. Norbert Jaeger
Tel.: (0211) 4579-544
FAX: (0211) 4579-566

Verbände: *Die Mitgliedschaft in Verbänden entspricht den einzelnen Unternehmensbereichen und -interessen der Konzerngesellschaften.*

Vorstand:
- *Hartmann, Ulrich (Vorsitzender), Düsseldorf*
- *Bonse-Geuking, Wilhelm (Öl – Veba OEL AG), Gelsenkirchen*
- *Gaul, Hans Michael, Dr. (Finanzen und Controlling), Düsseldorf*
- *Harig, Hans-Dieter, Dr. (Strom – PreussenElektra AG), Hannover*
- *Krämer, Hermann, Dr. (Konzernentwicklung), Düsseldorf*
- *Krüper, Manfred, Dr. (Personal), Düsseldorf*
- *Kulenkampff, Georg (Handel – Raab Karcher AG), Essen*
- *Mamsch, Helmut (Handel – Stinnes AG), Mülheim/Ruhr*
- *Meyer-Galow, Erhard, Dr. (Chemie – Hüls AG), Marl*

Vorstandsbezüge 1995:
14.600.000,– DM

Generalbevollmächtigter:
- *Dworak, Alfred, Dr., Berlin*
- *Hohlefelder, Walter, Dr., Düsseldorf*
- *Hüppe, Ulrich, Düsseldorf*
- *Pohlig, Rolf, Dr., Düsseldorf*

Der Kapitalanteil ausländischer Aktionäre beträgt 43,5%. Auf institutionelle Investoren, Banken, Versicherungen und Investmentgesellschaften fallen davon 34,9%, wobei in den Depots der Banken vielfach Bestände von Fondsverwaltungen und Versicherungen enthalten sind. Anleger aus Großbritannien halten 14,5%, US-amerikanische Anleger 12,5% des VEBA-Kapitals. In Schweden werden 3,9% gehalten, von denen 3,2% auf den schwedischen Energieversorger Sydkraft AB, Malmö, entfallen, an dem PreussenElektra mit 17,4% beteiligt ist. 13,6% des VEBA-Kapitals entfallen auf Kontinentaleuropa außerhalb Deutschlands, vorwiegend auf die Schweiz und die Benelux-Länder. Das Höchststimmrecht je Aktionär beträgt 5% des Aktienkapitals, das größte nachgewiesene Einzeldepot liegt allerdings deutlich unter 5% des Grundkapitals (mit Ausnahme der Allianz-Beteiligung).

KONZERNÜBERBLICK. Die VEBA fungiert als Holdinggesellschaft in den selbständig arbeitenden Konzernbereichen Strom, Chemie, Öl, Handel/Verkehr/Dienstleistungen und Telekommunikation, denen jeweils mächtige Führungsgesellschaften vorstehen.

◆ Strom: PreussenElektra AG, Hannover. PreussenElektra ist das zweitgrößte Elektrizitätsversorgungsunternehmen Deutschlands. Das Versorgungsgebiet umfaßt rund ein Drittel der Fläche Deutschlands mit einem Viertel der Bevölkerung. Zur 1927 gegründeten PreussenElektra gehören an die 100 Tochter- und Beteiligungsgesellschaften aus dem Energiebereich, u. a. zahlreiche Kernkraftwerke (Brokdorf, Grohnde, Lingen, Unterweser, Krümmel, Stade, Brunsbüttel, Würgassen/in Stillegung). Zu den Großkunden zählen die öffentlichen Energieversorgungsunternehmen, die Industrie sowie die Deutsche Bahn. Bei PreussenElektra wird Strom überwiegend aus Kernenergie und Kohle eingesetzt. PreussenElektra ist außerdem in den Bereichen Gas-, Wasser- und Fernwärmeerzeugung sowie in der Abfallentsorgung tätig. Umsatz 1995: 15.854,0 Mio. DM (Vorjahr: 15.754,0 Mio.); Cash flow 1995: 5.141,0 Mio. DM (Vorjahr: 4.585,0 Mio.); Investitionen 1995: 3.904,0 Mio. DM (Vorjahr: 6.037,0 Mio.); Beschäftigte 1995: 24.113 (Vorjahr: 25.687).

◆ Chemie: Hüls AG, Marl. Der 1938 gegründete Konzern hat sich in den letzten Jahren von einem Hersteller chemischer Grundprodukte zu einem weltweit führenden Anbieter von Spezialitäten (u. a. Silicumwafer und Superabsorber) und serviceorientierten Produkten entwikkelt. Hüls ist ein weltweit tätiger Chemie-Konzern. Die Aktivitäten von Hüls umfassen sechs Geschäftsfelder: Basischemikalien, Polymere, Spezialchemikalien, Performance-Chemikalien, Methacrylat-Chemie und Electronic Materials. Umsatz 1995: 10.770,0 Mio. DM (Vorjahr: 10.350,0 Mio.); Cash flow 1995: 1.574,0 Mio. DM (Vorjahr: 1.202,0 Mio.); Investitionen 1995: 1.162,0 Mio. DM (Vorjahr: 1.215,0 Mio.); Beschäftigte 1995: 30.028 (Vorjahr: 30.633).

◆ Öl: VEBA OEL AG, Gelsenkirchen. VEBA OEL AG betreibt das Mineralöl- und Petrochemiegeschäft des VEBA-Konzerns, von der Rohölsuche und -förderung über die Verarbeitung bis zum Vertrieb der Mineral- und Petrochemieprodukte. Die Erdölsuche und -förderung betreibt die 1935 gegründete VEBA OEL in eigener Regie und über die Deminex-Deutsche Erdölversorgungsgesellschaft mbH. Deminex betätigt sich im Erdgas- und Erdölaufschluß im Ausland und besitzt zahlreiche fündige Lagerstätten in aller Welt, u. a. in Ägypten, Argentinien, der britischen und norwegischen Nordsee, Indonesien, Nordamerika und in Syrien. Die Mineralölverarbeitung und Petrochemieproduktion wird durch RUHR OEL wahrgenommen. RUHR OEL verfügt über Deutschlands größte Raffineriekapazität (Raffinerie Gelsenkirchen, Oberrheinische Mineralölwerke, Karlsruhe; Erdoel-Raffinerie Neustadt, Neustadt/Donau; Petrolchemie und Kraftstoffe AG Schwedt, Schwedt/Oder). Der Mineralölvertrieb wird in erster Linie über ARAL abgewickelt. Der Aral-Konzern kam 1995 auf einen Umsatz von 19.132,0 Mio. DM (Mineralölsteuer: 10.873,0 Mio.) in 3.357 Tankstellen. Aral verfügt damit über Deutschlands größtes Tankstellennetz. (An Aral sind neben der VEBA die Mobil Oil AG, Hamburg, mit 28% und die Wintershall AG, Celle/Kassel, mit 15% beteiligt.) VEBA OEL Umsatz 1995: 15.406,0 Mio. DM (Vorjahr: 15.414,0 Mio.); Cash flow 1995: 365,0 Mio. DM (Vorjahr: 206,0 Mio.); Investitionen 1995: 258,0 Mio. DM (Vorjahr: 161,0 Mio.); Beschäftigte 1995: 6.214 (Vorjahr: 6.792).

◆ Handel/Verkehr/Dienstleistungen: Stinnes AG, Mülheim/Ruhr; Raab Karcher AG, Essen; VEBA Immobilien AG, Bochum.
Die 1902 gegründete Stinnes AG ist weltweit mit mehr als 1.500 Standorten eines der bedeutendsten Dienstleistungsunternehmen für Trading, Distribution und Verkehr. Internationales Trading: Kohle, Öl, Erze/Mineralien. Distribution: Chemikalien, Stahl, Baumärkte, Reifendienst, Technohandel. Verkehr: Landverkehr, Luft- und Seefracht, Logistik/Umschlag/Lagerei, Binnen- und Seeschiffahrt, maritime Aktivitäten. Eine 100%ige Tochter des Stinnes-Konzerns ist die Schenker-Rhenus-Gruppe, deren restliche Anteile Stinnes 1994 von der Deutsche Bahn AG übernommen hat. Der in mehr als hundert Ländern vertretene Stinnes-Konzern erzielte 1995 einen Umsatz von 19.400,0 Mio. DM bei 33.210 Beschäftigten.
Die traditionsreiche, 1848 gegründete RAAB KARCHER AG zählt mit rund 900 Standorten im In- und Ausland zu den führenden Handels- und Dienstleistungshäusern in Europa. Das Unternehmen handelt mit Kohle, Baustoffen, Fliesen und Sanitär, Holz, Floristenbedarf und Elektronik und erbringt Dienstleistungen in den Bereichen Wärmetechnik, Energieservice, Tankstellentechnik, Spedition und Sicherheit. Umsatz 1995: 9.678,0 Mio. DM; Beschäftigte 1995: 29.314.
VEBA Immobilien ist in den 30er Jahren aus dem umfangreichen Werkswohnungs- und Grundstücksbesitz der VEBA-Gesellschaften hervorgegangen. VEBA Immobilien gehören mehr als 130.000 eigene Wohnungen, hauptsächlich im Ruhrgebiet. Hinzu kommen rund 530 gewerbliche Objekte. VEBA Immobilien gehört zu den größten deutschen Immobilienunternehmen. Umsatz 1995: 1.022,0 Mio. DM, Beschäftigte 1995: 1.003. Der Umsatz der gesamten Gruppe Handel/Verkehr/Dienstleistungen 1995: 30.119,0 Mio. DM (Vorjahr: 29.774,0 Mio.); Cash flow 1995: 1.347,0 Mio. DM (Vorjahr: 1.229,0 Mio.); Investitionen 1995: 1.257,0 Mio. DM (Vorjahr: 1.359,0 Mio.); Beschäftigte 1995: 63.250 (Vorjahr: 62.920).

◆ Telekommunikation: VEBACOM GmbH, Düsseldorf. Bei der im Frühjahr 1994 gegründeten VEBACOM werden die im VEBA-Verbund vorhandenen Aktivitäten auf dem Gebiet der Telekommunikation gebündelt und ausgebaut. VEBACOM ist in den Bereichen Mobilfunk, Funkruf, Satellitenkommunikation, Unternehmensnetze, Mehrwertdienste sowie Kabelfernsehen/Breitbandkommunikation tätig. Anfang

Aufsichtsrat:

- *Kemper, Heinz P., Dr. E.h., Grainau*
- *Vogelsang, Günter, Dr., Düsseldorf (beide Ehrenvorsitzende)*
- *Strenger, Hermann Josef (Vorsitzender; Vorsitzender des Aufsichtsrates der Bayer AG), Leverkusen*
- *Bierich, Marcus, Dr. (Vorsitzender des Aufsichtsrates der Robert Bosch GmbH), Stuttgart*
- *Cromme, Gerhard, Dr. (Vorsitzender des Vorstandes der Fried. Krupp AG Hoesch-Krupp), Essen*
- *Klose, Horst, Dr. (Deutsche Schutzvereinigung für Wertpapierbesitz e.V.) Düsseldorf*
- *Kopper, Hilmar (Sprecher des Vorstandes der Deutsche Bank AG), Frankfurt/Main*
- *Leysen, André, Dr. h.c. (Vorsitzender des Verwaltungsrates der Gevaert N.V.), Mortsel*
- *Liesen, Klaus, Dr. (ehem. Vorsitzender des Vorstandes der Ruhrgas AG), Essen*
- *Schulte-Noelle, Henning, Dr. (Vorsitzender des Vorstandes der Allianz AG Holding), München*
- *Viermetz, Kurt F. (Vice Chairman der J. P. Morgan & Co. Incorporated), New York/USA*
- *Voss, Bernd, Dr. (Mitglied des Vorstandes der Dresdner Bank AG), Frankfurt/Main*

**Berger, Hans (stellv. Vorsitzender)*
**Lissek-Roza, Helga*
**Mai, Herbert*
**Millinghaus, Dagobert*
**Piecuch, Dieter*
**Raschke, Klaus Dieter*
**Schmoldt, Hubertus*
**Tollkamp, Guido*
**Weber, Peter, Dr.*
**Weslowski, Kurt*

Aufsichtsratstantiemen 1995: *2.000.000,– DM*

BÖRSE, AKTIEN, KURSE
Grundkapital 1995:
2.441,0 Mio.
Jahreshöchstkurs 1995:
61,60 DM
Jahrestiefstkurs 1995:
49,45 DM
Aktie Jahresende 1995:
61,40 DM
Dividende pro Aktie 1995:
1,70 DM

Die Dividende bezieht sich auf je 5,– DM Aktiennennbetrag. Die Dividendensumme betrug 1995 830,0 Mio. DM. Die VEBA-Aktie wird an allen acht deutschen Wertpapierbörsen sowie an den Börsen Amsterdam, Basel, Genf, Zürich und Wien amtlich notiert. Ende 1995 nahm die VEBA-Aktie mit einem Börsenwert von 30 Mrd. DM den fünften Platz unter den deutschen Börsengesellschaften ein. Mit einem Umsatz von 71 Mrd. DM lag der Anteil der VEBA-Aktie bezogen auf den Gesamtumsatz aller deutscher Aktien bei 4,3%. Damit lag VEBA an siebter Stelle unter den deutschen Börsengesellschaften.

1995 schlossen der britische Telekommunikationsanbieter Cable & Wireless plc, London, und die VEBA eine strategische Allianz für den europäischen Markt in der Telekommunikation. Für 2,2 Mrd. DM stieg die VEBA mit 10,5% bei den Briten ein, die ihrerseits 45% an der VEBACOM halten. Die unternehmerische Führung liegt bei der VEBA. In dem 1995 zu gleichen Teilen gegründeten europäischen Joint-venture Cable and Wireless Europe S.A., Brüssel, werden die europäischen Aktivitäten im Telekommunikationsmarkt außerhalb Großbritanniens und Deutschlands unter der Führung von Cable & Wireless ausgebaut. Umsatz 1995: 339,0 Mio. DM (Vorjahr; 109,0 Mio.); Cash flow 1995: 158,0 Mio. DM (Vorjahr: – 39,0 Mio.); Investitionen 1995: 3.095,0 Mio. DM (Vorjahr: 407,0 Mio.); Beschäftigte 1995: 1.219 (Vorjahr: 524).

BETEILIGUNGEN. Zum VEBA-Konzern gehörten Ende 1995 über 900 Unternehmen und Beteiligungsgesellschaften im In- und Ausland. In den Konzernabschluß wurden neben der VEBA AG 388 inländische und 293 ausländische Unternehmen einbezogen, bei denen die VEBA AG unmittelbar oder mittelbar die Mehrheit der Stimmrechte hält. 74 Gesellschaften waren gegenüber dem Vorjahr vor allem im Handels- und Telekommunikationsbereich neu hinzugekommen, 86 durch Verkauf oder Verschmelzungen ausgeschieden. Nicht in den Abschluß einbezogen wurden weitere 237 Tochterunternehmen. Die wichtigsten Unternehmen der einzelnen Konzernbereiche sind der Schautafel auf den Seiten 552 – 553 zu entnehmen.

NEUE BUNDESLÄNDER. PreussenElektra erwarb von der Treuhandanstalt u. a. jeweils 51% der Anteile an den Regionalversorgern Hanseatische Energie-Versorgung AG, Rostock, Energieversorgung Müritz-Oderhaff AG, Neubrandenburg, EVM Aktiengesellschaft, Magdeburg, und Märkische Energieversorgung AG, Potsdam, sowie 45,9% der Oder-Spree-Energieversorgung AG, Frankfurt/Oder. Hinzu kam der Erwerb von 26,5% der Anteile der VEAG Vereinigte Energiewerke AG, Berlin, und von 30% der Lausitzer Braunkohle AG (LAUBAG), Senftenberg. PreussenElektra plant bis 1998 in den neuen Bundesländern Investitionen von 4 Mrd. DM. ARAL erreichte in den neuen Bundesländern mit 20% den gleichen Marktanteil wie im Westen. Die VEBA-Tochtergesellschaft Hüls AG erwarb die Chemiewerk Nünchritz GmbH, einen Hersteller von Silanen und Siliconen. VEBA OEL übernahm die Petrolchemie und Kraftstoffe (PCK) AG, Schwedt. Die Modernisierung der Raffinerie Schwedt gehört zu einem der Investitionsschwerpunkte von VEBA OEL. Stinnes und Raab Karcher sind mit allen Unternehmensbereichen in den neuen Bundesländern vertreten.

STANDORT DEUTSCHLAND. 1995 erreichte die VEBA AG mit einem Gewinn von 2.107 Mio. DM gegenüber 1.578 Mio. im Vorjahr einen historischen Höchststand. Die rigorosen Kostensenkungs- und Restrukturierungsprogramme hatten gegriffen. Auf diese Weise will die Konzernspitze ihrem Ziel, die Eigenkapitalverzinsung nach Steuern mittelfristig auf 15% zu steigern, näherkommen. Zur »wert- und wettbewerbsorientierten Weiterentwicklung des Konzernportfolios« wurden 1996 für die kommenden Jahre folgende strategischen Akzente gesetzt: Konzentration auf die Kernaktivitäten, verstärkter internationaler Ausbau der Geschäftsschwerpunkte, Hinwendung zu Geschäften mit höherer Wertschöpfung, Trennung von Randaktivitäten und Geschäftsfeldern mit unzureichender Wertentwicklung. »Durch eine schlanke und flexible Organisationstruktur sowie die Einführung wertorientierter Controllingsysteme haben wir die Grundlagen zur Umsetzung dieser strategischen Zielsetzungen geschaffen.«

So verkaufte VEBA auch 1995 die Unternehmen, die keine wettbewerbsfähigen Größenordnungen oder einträglichen Marktpositionen erreichten. PreussenElektra engagiert sich zunehmend im Ausland, mit Vorliebe in den skandinavischen Ländern (Ostseekabel Baltic Cable mit Schweden, Viking Cable mit Norwegen). PreussenElektra hat sich mit 17,4% des Kapitals und 26,8% der Stimmrechte am schwedischen Energiekonzern Sydkraft AB, Malmö, beteiligt, der wiederum 3,9% an der VEBA hält. Die Aktivitäten sollen auf den gesamten Ostseeraum ausgedehnt werden. Im Bereich Exploration und Produktion von Öl und Gas soll – so der VEBA-Vorstand – die Förderung durch Erschließung zusätzlicher Reserven, vor allem in Niedrigkostengebieten, stabilisiert werden. Expandiert werden soll auch nach Osteuropa. Der Hüls-Konzern konzentriert sich im Rahmen einer grundlegenden Restrukturierung auf seine Kernaktivitäten. 12.000 Arbeitsplätze wurden seit 1991 gestrichen, übertarifliche Leistungen abgebaut, der freiwillige Verzicht von Sozialleistungen und die befristete Einführung der 35-Stunden-Woche ohne Lohnausgleich besprochen. Am Standort Marl wurde von Ende 1993 bis Anfang 1995 mehr als jeder fünfte Arbeitsplatz gestrichen. Ende 1995 arbeiteten bei Hüls noch knapp über 30.000 Beschäftigte, Ende 1993 waren es noch knapp 38.000. Hüls hat sich durch Unternehmensverkäufe oder Stillegungen seit 1993 von einem Geschäftsvolumen von rund 2,5 Mrd. DM getrennt. Durch das 1995 eingeleitete sogenannte Push-Programm zur Steigerung der Produktionsausbeute und Senkung der Rohstoff- und Energiekosten sollen ab 1998 jährlich rund 200 Mio. DM eingespart werden. Ähnliches ist auch für Röhm geplant.

Ende Juni 1996 waren im VEBA-Konzern 123.255 Mitarbeiter beschäftigt, 1.903 weniger als zum Jahresende 1995. Dabei wurde die Mitarbeiterzahl wie schon in den Jahren zuvor im Strombereich, in der Chemie und im Ölbereich »planmäßig weiter um insgesamt 2.532 reduziert«. Neue Arbeitsplätze wurden insbesondere in der Telekommunikation, aber auch in den Handels- und Dienstleistungsbereichen Stinnes und Raab Karcher geschaffen. 1995 wurden bereits knapp 4.000 Arbeitsplätze gestrichen. Den »Standort Deutschland« stellt der multinational agierende Konzern nicht in Frage. Er ist ohnehin weltweit an allen wichtigen Standorten präsent und will den Auslandsanteil stetig steigern – besonders in den Wachstumsmärkten Asiens und in Osteuropa.

Umsatz 1995: *72.372,0 Mio.*
(davon Ausland: 30%)
Umsatz 1994: *71.292,0 Mio.*
(davon Ausland: 28,4%)
Umsatz 1993: *66.349,3 Mio.*
(davon Ausland: 28,3%)

Gewinn 1995: *2.107,0 Mio.*
Gewinn 1994: *1.578,0 Mio.*
Gewinn 1993: *1.013,3 Mio.*

Cash flow 1995: *8.570,0 Mio.*
Cash flow 1994: *7.337,0 Mio.*
Cash flow 1993: *6.476,6 Mio.*

Cash flow: Aus dem Cash flow konnten die Ausgaben für Investitionen in Sachanlagen und für Beteiligungserwerbe sowie für die Finanzierung vollständig gedeckt werden. Mit einem Anteil von rund 40% am Gesamtvolumen bildete auch 1995 der Strombereich den Investitionsschwerpunkt.

Steueraufkommen 1995:
1.729,0 Mio.

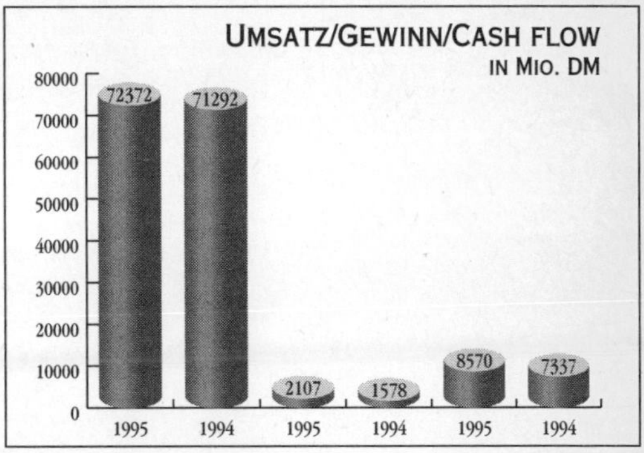

»BÜNDNIS FÜR ARBEIT«. Der VEBA-Vorstand sieht die Attraktivität des Standortes Deutschland zunehmend schwinden und die Arbeitslosigkeit als ein immer drängenderes Problem. »Nur durch

DIE BETEILIGUNGSSTRUKTUR DES VEBA-KONZERNS

Stand: 1. März 1996

HANDEL/VERKEHR/DIENSTLEISTUNGEN

STINNES AG

Mülheim a. d. Ruhr, Kapital DM 291 Mio, 100%

STINNES ist mit weltweit mehr als 1.500 Standorten ein international bedeutendes Handels- und Verkehrsunternehmen:
- Internationaler Handel (Kohle, Öl, Industrierohstoffe, Chemikalien, Stahl)
- Einzelhandel (Baumärkte, Reifendienst, Sortimentshandel)
- Verkehr (Landverkehr, Luft- und Seefracht, Logistik/Recycling/Binnenschiffahrt und Maritime Dienstleistungen)

Stinnes Intercarbon AG
Mülheim a. d. Ruhr, Kapital DM 0,1 Mio, 100%

Stinnes Interoil AG
Hamburg, Kapital DM 0,1 Mio, 100%

Frank & Schulte GmbH
Essen, Kapital DM 0,05 Mio, 100%

Brenntag AG
Mülheim a. d. Ruhr, Kapital DM 0,1 Mio, 100%

Stinnes Interfer GmbH
Mülheim a. d. Ruhr, Kapital DM 0,05 Mio, 100%

Stinnes BauMarkt AG
Esslingen, Kapital DM 0,1 Mio, 100%

Stinnes Reifendienst GmbH
Mülheim a. d. Ruhr, Kapital DM 0,05 Mio, 100%

Stinnes Intertec GmbH
Mülheim a. d. Ruhr, Kapital DM 0,05 Mio, 100%

SCHENKER-RHENUS AG
Mülheim a. d. Ruhr, Kapital DM 0,1 Mio, 100%

Poseidon Schiffahrt AG
Lübeck, Kapital DM 0,1 Mio, 100%

MIDGARD Deutsche Seeverkehrs-AG
Nordenham, Kapital DM 0,1 Mio, 100%

RAAB KARCHER AG

Essen, Kapital DM 250 Mio, 100%

RAAB KARCHER zählt mit rd. 900 Standorten im In- und Ausland zu den führenden Handelshäusern und Dienstleistern in Europa und ist in folgenden Bereichen tätig:
- Handel (Baustoffe, Sanitär/Heizung/Fliesen, Holz, Ambiente, Electronic-Components und Electronic-Systems)
- Dienstleistungen (Wärmetechnik, Energieservice, Tankstellentechnik, Spedition und Sicherheit)

Raab Karcher Baustoffe GmbH
Frankfurt/Main, Kapital DM 63 Mio, 100%

Raab Karcher Sanitär · Heizung · Fliesen GmbH
Frankfurt/Main, Kapital DM 39 Mio, 100%

Raab Karcher Holz GmbH
Essen, Kapital DM 12 Mio, 100%

Raab Karcher Ambiente GmbH
Hamm, Kapital DM 18 Mio, 100%

Raab Karcher Elektronik GmbH
Essen, Kapital DM 35,6 Mio, 100%

Raab Karcher Wärmetechnik GmbH
Bochum, Kapital DM 2,5 Mio, 100%

Raab Karcher Energieservice GmbH
Essen, Kapital DM 7 Mio, 100%

Raab Karcher Tankstellentechnik GmbH
Hamburg, Kapital DM 10,1 Mio, 100%

Raab Karcher Spedition GmbH
Gelsenkirchen, Kapital DM 6 Mio, 100%

Raab Karcher Sicherheit GmbH
Essen, Kapital DM 1,15 Mio, 100%

VEBA IMMOBILIEN AG

Bochum, Kapital DM 235 Mio, 99,9%

VEBA IMMOBILIEN gehört mit mehr als 130.000 eigenen Wohnungen – hauptsächlich im Ruhrgebiet – und zahlreichen Gewerbeobjekten zu den führenden Immobilienunternehmen in Deutschland. Kerngeschäftsfelder sind Immobilienentwicklung, Immobilieninvestment und Immobilienmanagement.

VEBA WOHNEN AG
Bochum, Kapital DM 15,3 Mio, 100%

VEBA URBANA AG
Bochum, Kapital DM 24,1 Mio, 98,8%

TELEKOMMUNIKATION

VEBACOM GmbH*

Düsseldorf, Kapital DM 29 Mio, 55%

VEBACOM ist in allen liberalisierten Bereichen des deutschen Telekommunikationsmarktes wie Mobilfunk, Unternehmensnetze, Mehrwertdienste und Kabelfernsehnetze aktiv und plant, die erreichte Marktposition zu einem breiten Eintritt in den heutigen Monopolbereich der öffentlichen Telefonie/Festnetze zu nutzen. Das internationale Geschäft in Europa wird über die Schwestergesellschaft Cable and Wireless Europe ausgebaut.

E-Plus Mobilfunk GmbH
Düsseldorf, Kapital DM 413 Mio, 28,4%

IRIDIUM, Inc.
Washington, D. C. (USA), Kapital US-$ 842 Mio, 10%

IRIDIUM Services Deutschland GmbH
Düsseldorf, Kapital DM 0,05 Mio, 100%

MINIRUF GmbH
Hannover, Kapital DM 36 Mio, 40%

Teleport Europe GmbH
Hannover, Kapital DM 16,5 Mio, 49,8%

MEGANET Gesellschaft für Mehrwertdienste mbH
Köln, Kapital DM 50 Mio, 100%

LION Gesellschaft für Systementwicklung mbH
Köln, Kapital DM 0,2 Mio, 65%

InfoCity NRW Informationsdienste GmbH & Co. KG
Düsseldorf, Kapital DM 1,60 Mio, 31,3%

Concepta KGT GmbH
Bochum, Kapital DM 5 Mio, 100%

TeleColumbus GmbH
Hannover, Kapital DM 40 Mio, 100%

Cable and Wireless Europe S.A.*

Brüssel, Kapital bfrs 3.873,9 Mio, 50%

Bouygues Télécom S.A.*
Clamart, Kapital FF 1,1 Mrd, 15%

Cablecom Holding AG*
Frauenfeld, Kapital sfr 100 Mio, 32%

Cable and Wireless plc*

London, Kapital £ 553,4 Mio, 10,5%

* Die Kapitalanteile werden nicht direkt, sondern über die Zwischenholding VEBA Telecom GmbH (VEBA-Anteil 100%) gehalten.

HANDEL/VERKEHR/DIENSTLEISTUNGEN

STINNES AG

Mülheim a. d. Ruhr, Kapital DM 291 Mio, 100%

STINNES ist mit weltweit mehr als 1.500 Standorten ein international bedeutendes Handels- und Verkehrsunternehmen:
- Internationaler Handel (Kohle, Öl, Industrierohstoffe, Chemikalien, Stahl)
- Einzelhandel (Baumärkte, Reifendienst, Sortimentshandel)
- Verkehr (Landverkehr, Luft- und Seefracht, Logistik/Recycling/ Binnenschiffahrt und Maritime Dienstleistungen)

Stinnes Intercarbon AG
Mülheim a. d. Ruhr,
Kapital DM 0,1 Mio, 100%

Stinnes Interoil AG
Hamburg, Kapital DM 0,1 Mio, 100%

Frank & Schulte GmbH
Essen, Kapital DM 0,05 Mio, 100%

Brenntag AG
Mülheim a. d. Ruhr,
Kapital DM 0,1 Mio, 100%

Stinnes Interfer GmbH
Mülheim a. d. Ruhr,
Kapital DM 0,05 Mio, 100%

Stinnes BauMarkt AG
Esslingen, Kapital DM 0,1 Mio, 100%

Stinnes Reifendienst GmbH
Mülheim a. d. Ruhr,
Kapital DM 0,05 Mio, 100%

Stinnes Intertec GmbH
Mülheim a.d. Ruhr,
Kapital DM 0,05 Mio, 100%

SCHENKER-RHENUS AG
Mülheim a. d. Ruhr,
Kapital DM 0,1 Mio, 100%

Poseidon Schiffahrt AG
Lübeck, Kapital DM 0,1 Mio, 100%

MIDGARD Deutsche Seeverkehrs-AG
Nordenham, Kapital DM 0,1 Mio, 100%

RAAB KARCHER AG

Essen, Kapital DM 250 Mio, 100%

RAAB KARCHER zählt mit rd. 900 Standorten im In- und Ausland zu den führenden Handelshäusern und Dienstleistern in Europa und ist in folgenden Bereichen tätig:
- Handel (Baustoffe, Sanitär/ Heizung/Fliesen, Holz, Ambiente, Electronic-Components und Electronic-Systems)
- Dienstleistungen (Wärmetechnik, Energieservice, Tankstellentechnik, Spedition und Sicherheit)

Raab Karcher Baustoffe GmbH
Frankfurt/Main, Kapital DM 63 Mio, 100%

Raab Karcher Sanitär · Heizung · Fliesen GmbH
Frankfurt/Main, Kapital DM 39 Mio, 100%

Raab Karcher Holz GmbH
Essen, Kapital DM 12 Mio, 100%

Raab Karcher Ambiente GmbH
Hamm, Kapital DM 18 Mio, 100%

Raab Karcher Elektronik GmbH
Essen, Kapital DM 35,6 Mio, 100%

Raab Karcher Wärmetechnik GmbH
Bochum, Kapital DM 2,5 Mio, 100%

Raab Karcher Energieservice GmbH
Essen, Kapital DM 7 Mio, 100%

Raab Karcher Tankstellentechnik GmbH
Hamburg, Kapital DM 10,1 Mio, 100%

Raab Karcher Spedition GmbH
Gelsenkirchen, Kapital DM 6 Mio, 100%

Raab Karcher Sicherheit GmbH
Essen, Kapital DM 1,15 Mio, 100%

VEBA IMMOBILIEN AG

Bochum, Kapital DM 235 Mio, 99,9%

VEBA IMMOBILIEN gehört mit mehr als 130.000 eigenen Wohnungen – hauptsächlich im Ruhrgebiet – und zahlreichen Gewerbeobjekten zu den führenden Immobilienunternehmen in Deutschland. Kerngeschäftsfelder sind Immobilienentwicklung, Immobilieninvestment und Immobilienmanagement.

VEBA WOHNEN AG
Bochum, Kapital DM 15,3 Mio, 100%

VEBA URBANA AG
Bochum, Kapital DM 24,1 Mio, 98,8%

TELEKOMMUNIKATION

VEBACOM GmbH*

Düsseldorf, Kapital DM 29 Mio, 55%

VEBACOM ist in allen liberalisierten Bereichen des deutschen Telekommunikationsmarktes wie Mobilfunk, Unternehmensnetze, Mehrwertdienste und Kabelfernsehnetze aktiv und plant, die erreichte Marktposition zu einem breiten Eintritt in den heutigen Monopolbereich der öffentlichen Telefonie/Festnetze zu nutzen. Das internationale Geschäft in Europa wird über die Schwestergesellschaft Cable and Wireless Europe ausgebaut.

E-Plus Mobilfunk GmbH
Düsseldorf, Kapital DM 413 Mio, 28,4%

IRIDIUM, Inc.
Washington, D. C. (USA),
Kapital US-$ 842 Mio, 10%

IRIDIUM Services Deutschland GmbH
Düsseldorf, Kapital DM 0,05 Mio, 100%

MINIRUF GmbH
Hannover, Kapital DM 36 Mio, 40%

Teleport Europe GmbH
Hannover, Kapital DM 16,5 Mio, 49,8%

MEGANET Gesellschaft für Mehrwertdienste mbH
Köln, Kapital DM 50 Mio, 100%

LION Gesellschaft für Systementwicklung mbH
Köln, Kapital DM 0,2 Mio, 65%

InfoCity NRW Informationsdienste GmbH & Co. KG
Düsseldorf, Kapital DM 1,60 Mio, 31,3%

Concepta KGT GmbH
Bochum, Kapital DM 5 Mio, 100%

TeleColumbus GmbH
Hannover, Kapital DM 40 Mio, 100%

Cable and Wireless Europe S.A.*

Brüssel, Kapital bfrs 3.873,9 Mio, 50%

Bouygues Télécom S.A.*
Clamart, Kapital FF 1,1 Mrd, 15%

Cablecom Holding AG*
Frauenfeld, Kapital sfr 100 Mio, 32%

Cable and Wireless plc*

London, Kapital £ 553,4 Mio, 10,5%

* Die Kapitalanteile werden nicht direkt, sondern über die Zwischenholding VEBA Telecom GmbH (VEBA-Anteil 100%) gehalten.

Beschäftigte 1995: *125.158*
Beschäftigte 1994: *126.875*
Beschäftigte 1993: *128.348*

Umsatz pro Mitarbeiter 1995: *578.245,– DM*
Umsatz pro Mitarbeiter 1994: *561.907,– DM*
Umsatz pro Mitarbeiter 1993: *516.948,– DM*

Löhne und Gehälter 1995: *8.355,0 Mio.*
Löhne und Gehälter 1994: *8.451,0 Mio.*
Durchschnittsgehalt 1995: *66.755,– DM*
Soziale Abgaben und Aufwendungen 1995: *2.506,0 Mio.*
Soziale Abgaben und Aufwendungen 1994: *2.475,0 Mio.*

Bezüge pro Vorstandsmitglied 1995: *1.460.000,– DM*
Tantiemen pro Aufsichtsrat 1995: *90.909,– DM*

gemeinsame Anstrengungen von Politik, Sozialpartnern und Unternehmen können die tiefgreifenden Veränderungen herbeigeführt werden, die notwendig sind, um dem Standort die langfristige Zukunftsfähigkeit zu erschließen.« Innovative Arbeitszeitformen und -regelungen sollen, wo immer sie wirtschaftlich einsetzbar und von den Beschäftigten akzeptiert werden, künftig zur flexiblen Anpassung von Arbeitsvolumen und Personalbedarf zum Tragen kommen. Rund 7.300 Mitarbeiter (5,8%) der Belegschaft arbeiteten 1995 in Teilzeitarbeit. Neue, flexible und individuell zugeschnittene Arbeitszeitformen, die über die klassische Halbtagsarbeit hinausgehen, gewinnen immer stärker an Bedeutung.
In einem sogenannten »Hüls-Bündnis für Wettbewerbsfähigkeit«, das der Hüls-Vorstand mit den Arbeitsnehmervertretern geschlossen hatte, konnte die Produktivität des zuvor angeschlagenen Hüls-Konzerns 1995 erheblich gesteigert werden. Im Juli 1996 wurde mit dem Gesamtbetriebsrat ein noch weitreichenderes »Bündnis für Arbeit und Wettbewerbsfähigkeit« vereinbart. Unterschiedliche Arbeitszeitmodelle unter Nutzung von Arbeitszeitkonten sind geplant. Bis 1998 soll kein Mitarbeiter entlassen werden, Auszubildende erhalten eine Weiterbeschäftigungsgarantie von mindestens sechs Monaten. Mehrarbeit wird in Freizeit und nicht in Überstundenzuschlägen abgegolten. Jeder Mitarbeiter kann in Absprache mit Kollegen und Vorgesetzten seine Arbeitszeit zwischen 6 und 22 Uhr selbst bestimmen.
Job-Rotation besonders zur Förderung und Weiterbildung durch Auslandsaufenthalte ist in zahlreichen Konzernunternehmen der VEBA üblich. 1995 wurden insgesamt 13.500 Fort- und Weiterbildungsveranstaltungen für 66.500 Teilnehmer durchgeführt. Die Ausbildungsquote liegt bei 5,7% der Belegschaft. Gruppenarbeit gibt es in zahlreichen Konzernunternehmen.

UMWELTSCHUTZ. VEBA veröffentlicht zahlreiche Broschüren zum Umweltschutz und plädiert in seinen Umweltleitlinien für einen integrierten Umweltschutz. Hüls hat einen eigenen umfassenden Umweltbericht 1995 herausgegeben. VEBA integriert im Rahmen eines umfassenden Umwelt-Managements Umweltschutzziele zunehmend in Herstellungsverfahren, Produkte, Dienstleistungen und innerbetriebliche Abläufe. Wie alle Energiekonzerne schwören auch die VEBA-Manager auf die Kernenergie als die umweltverträglichste und daher zukunftsorientierte Energieform. Parallel wird aber über die Kooperation mit den skandinavischen Staaten zunehmend auf die Wasserkraft gesetzt. VEBA verlangt von seiten des Staates neben den ordnungsrechtlichen Rahmenbedingungen verstärkte marktwirtschaftliche Anreize für den Umweltschutz und die unternehmerische Eigenverantwortung. Umweltbezogene Zielsetzungen sind deshalb gegen die anderen Unternehmensziele wie Steigerung des Unternehmenswertes, die Sicherung von Wettbewerbsfähigkeit und Arbeitsplätzen sowie Erhalt und Weiterentwicklung der Unternehmenssubstanz abzuwägen. Belange des Umweltschutzes sollen in allen Entscheidungen, auf allen Ebenen und in allen Funktionen des Konzerns berücksichtigt werden. VEBA sieht nach eigenen Aussagen in einem Umwelt-Audit, dem Kernelement des EU-Öko-Audits, ein sinnvolles Instrument, um betriebliche Umweltauswirkungen sowie Umweltschutzorganisation, -management und -einrichtungen systematisch zu erfassen und zu bewerten.

Konzernweit konnte 1996 die Ausrüstung der Anlagen mit hocheffizienten Filter- und Reinigungstechniken zur Minderung von Schadstoffemissionen weitgehend abgeschlossen werden.

Investitionen 1995: *9.722,0 Mio.*
Investitionen 1994: *9.382,0 Mio.*
Investitionen 1993: *5.249,0 Mio.*

Für den Zeitraum 1996 bis 2000 sind für den VEBA-Konzern Investitionen von 28,5 Mrd. DM geplant.

DER ENERGIEKONZERN. Die VEBA beherrscht nahezu monopolartig die gesamte Stromversorgung Norddeutschlands und ist im Besitz zahlreicher Kraftwerke, darunter so maßgeblicher Atommeiler wie die Kernkraftwerke Brokdorf, Stade und Grohnde, um die es jahrelang schwere Kämpfe zwischen Betreibern und staatlichen Genehmigungsbehörden auf der einen und Atomkraftgegnern auf der anderen Seite gab. Der mächtige Stromkonzern PreussenElektra AG, eine 100%ige VEBA-Tochter, ist führend in der Stromerzeugung, überwiegend durch Kernkraft und Steinkohle, in der Verteilung des Stroms sowie bei der Uransuche, Urangewinnung und Urananreicherung (Uranit GmbH, Urangesellschaft GmbH). 36% der Stromerzeugung von PreussenElektra kommen aus der Kernenergie, 52,1% entfallen auf die Steinkohle, 6,3% auf die Braunkohle, 3,5% auf Erdgas und Öl und 2,1% auf die Wasserkraft.
Die VEBA war es, die 1989 an der Bundesregierung und der Bayerischen Staatsregierung vorbei die Aufgabe der Wiederaufarbeitungsanlage Wackersdorf und statt dessen eine Zusammenarbeit mit dem französischen Unternehmen Cogema bis zum Jahr 2005 beschloß. Selten wurden das gesamte Machtpotential des VEBA-Konzerns und die Abhängigkeit der Regierungen von der Düsseldorfer Konzernzentrale deutlicher als bei dieser Entscheidung – schließlich hatte sich der Staat jahrelang die VEBA-Interessen zu eigen gemacht und der kritischen Bevölkerung eine Dauerschlacht am berühmten WAA-Zaun geliefert.

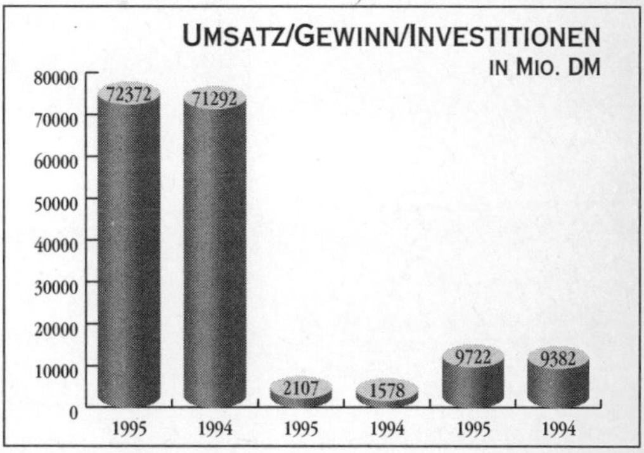

Forschung und Entwicklung 1995: *312,0 Mio.*
Forschung und Entwicklung 1994: *315,0 Mio.*
Forschung und Entwicklung 1993: *400,0 Mio.*

VEBA UND DIE TELEKOMMUNIKATION. Der deutsche Telekommunikationsmarkt ist mit einem Anteil von 23% der größte in Europa. Das regulatorische Umfeld aber, so die VEBA, begrenze heute die Aktivitäten privater Telekommunikationsanbieter immer noch auf die Bereiche Mobile Kommunikation, Unternehmensnetze, Mehrwert- und Datendienste sowie Kabelfernsehnetze. Erst ab dem 1. Januar 1998 wird auch der Kernbereich, die Sprachtelefonie für private Kunden, dem Wettbewerb geöffnet. Die VEBA aber will neben den schon jetzt vorhandenen Aktivitäten genau für dieses Datum gerüstet sein. Anfang 1995 beteiligte sich die VEBA an der britischen Telefongesellschaft Cable & Wireless plc, London. Im Gegenzug beteiligte sich Cable & Wireless an der VEBACOM. Die unternehmerische Führung liegt bei VEBA, die 55% hält. C & W betreibt weltweit die meisten Telekommunikationsnetze in »Wettbewerbsmärkten«, insbesondere in Großbritannien (Mercury), den USA (CWI), in Schweden (Tele 2) und Australien (Optus). Zur Erschließung des europäischen Telekommunikationsmarktes haben beide Partner das Gemeinschaftsunternehmen Cable & Wireless Europe gegründet, das von C & W unternehmerisch geführt wird. VEBA will vor allem die Ausgangsposition stärken, um nach Erhalt einer Vollizenz ab 1998 das gesamte Spektrum der Telekommunikation abzudecken. VEBACOM will nach eigenem Bekunden im Jahr 2003 mit einem Umsatz von 8 bis 9 Mrd. DM die führende Position unter den neuen privaten Anbietern in Deutschland einnehmen. Bereits heute bieten die VEBACOM-Gesellschaften alle dem Wettbewerb zugängigen Dienste an. VEBACOM gliedert sich in die vier Geschäftsfelder Unternehmensnetze/Mehrwertnetze, Mobile Kommunikation, Kabelfernsehen und Öffentliche Telefonie/Transportnetz. Im Rahmen einer neuen Struktur wird es unter dem VEBACOM-Dach zwei Gesellschaften geben: VEBACOM Service GmbH (Marketing, Verkauf und Kundenservice) und VEBACOM Netz GmbH (Produkt- und Dienstleistungsangebot).

Telekommunikation

Beteiligungsstruktur

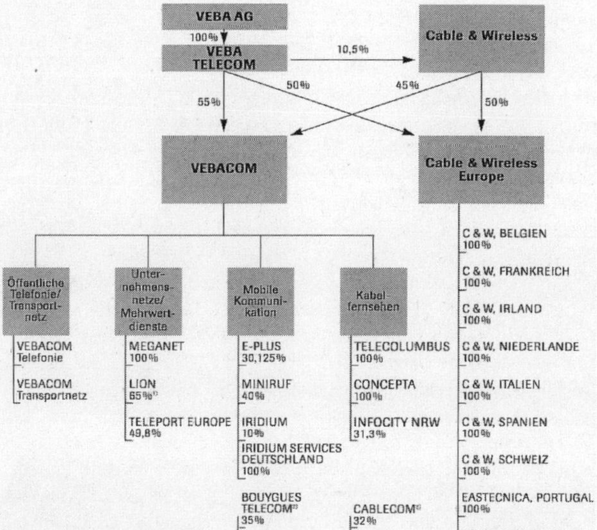

1) weitere 25 % hält VEBA IMMOBILIEN
2) Einbringung noch nicht abgeschlossen

VEBACOM ist mit der E-Plus Mobilfunk GmbH der zweite große private Mobilfunkanbieter in Deutschland. 1997 sollen insgesamt 6.000 Sende- und Empfangsstationen in Betrieb sein. Das Netz ist für leichte Handys ausgelegt. 1997 will E-Plus 100% der Bevölkerung bedienen können und 1 Mio. Kunden haben. VEBACOM beteiligte sich mit 10% an Iridium, einem satellitengestützten weltweiten Mobilfunknetz. In Frankreich hält sie gemeinsam mit Cable and Wireless 35% am

Bouygues-Konsortium, das Ende 1994 die Lizenz für den Ausbau des dritten französischen Mobilfunknetzes erhielt. Damit hat sich VEBACOM neben E-Plus Mobilfunk in einem weiteren großen nationalen Mobilfunksystem engagiert. Der Miniruf GmbH (40%) wurde die Lizenz zum Aufbau eines Funknetzes in Deutschland erteilt. Im Bereich Kabelfernsehen erwarb VEBACOM die Telecolumbus GmbH (100%) in Deutschland. Beim Unternehmensnetzanbieter Meganet liegt die Beteiligung bei 75%. VEBACOM ist starkt engagiert im »Infocity NRW«, Europas größtem Multimedia-Projekt. Damit ist die VEBA heute in allen wesentlichen Bereiches des Telekommunikationsmarktes aktiv.
Im März 1996 gründete VEBACOM zusammen mit der Metro AG, Zug/Schweiz, eine Gesellschaft zur Vermarktung digitaler Fernsehdecoder, die für die Münchner Kirch-Gruppe den Digital-Decoder d-box für das digitale Fernsehen vertreiben wird.

Mitbewerber: *BASF, Bayer, Bertelsmann, Boehringer, BP, Esso, Haniel, Hoechst, Kühne & Nagel, Mannesmann, Merck, Mobil Oil, Ruhrgas, RWE, Schering, Shell, Telekom, Thyssen, VEW, VIAG, Wacker*

Vereinte siehe Allianz

VEW

GESCHICHTE UND ENTWICKLUNG. Die Vereinigte Elektrizitätswerke Westfalen GmbH entstand 1925 aus dem Zusammenschluß der Dortmunder und Verbands-Elektrizitätswerk GmbH mit der Elektricitätswerk Westfalen AG, Bochum. 1930 Umwandlung in eine Aktiengesellschaft aus finanziellen Gründen. Neuer Name: »Vereinigte Elektrizitätswerke Westfalen AG«. 1966 erfolgte im Zuge einer Kapitalerhöhung die Teilprivatisierung des bis dahin rein kommunalen Unternehmens. Große Akquisitionen Anfang der 90er Jahre. Übernahme der Edelhoff-Gruppe und Erwerb einer Mehrheitsbeteiligung an der HARPEN AG. Engagements bei der Mitteldeutschen Energieversorgung AG (MEAG), der VEAG Vereinigte Energiewerke AG und der Lausitzer Braunkohle AG (LAUBAG). 1995 grundlegende Umstrukturierung unter dem Dach der Holding VEW AG und Umbenennung in VEW Aktiengesellschaft.

BESITZVERHÄLTNISSE/EIGENTUMSSTRUKTUR.
Der Aktionärskreis von rund 22.000 Anteilseignern der Inhaberaktien (davon etwa ein Drittel Belegschaftsaktionäre) hält 684,6 Mio. DM des Grundkapitals von 1 Mrd. DM. Die restlichen 315,4 Mio. DM befinden sich im Besitz von Gebietskörperschaften und von solchen getragenen Gesellschaften als vinkulierte Namensaktien mit dreifachem Stimmrecht. Insgesamt verfügen die kommunalen Anteilseigner über die Mehrheit des Grundkapitals. Das Grundkapital teilt sich folgendermaßen auf:

- Energie-Verwaltungs-Gesellschaft mbH, Düsseldorf (25,3% – daran: CONTIGAS Deutsche Energie-AG, Düsseldorf 30%; RWE AG, Essen 30%; Deutsche Bank AG, Frankfurt 25%; Allianz Lebensversicherungs-AG, Berlin/München 15%)
- Bayernwerk AG, München (11,2%)

Standort:
Rheinlanddamm 24
44139 Dortmund

Postanschrift:
Postfach 10 50 56
44047 Dortmund

Telefon: *(0231) 438-00*
Telex: *822 121 vew*
Telefax: *(0231) 438-2147*

Branche: *Energiewirtschaft (Elektrizität, Gas, Kernenergie), Entsorgung, Dienstleistungen/Anlagentechnik, Telekommunikation*

Rechtsform:
Aktiengesellschaft

Geschäftsjahr: *1.1.-31.12.*

Gründungsjahr: *1925 als GmbH; 1930 Neugründung als AG*

Öffentlichkeitsarbeit:
Dr. Jochen Drath
Hans-Hellmut Wittmer
Tel.: (0231) 438-4382
FAX: (0231) 438-2447
Online: Jochen Drath @ vew.de

Verbände: *Vereinigung Deutscher Elektrizitätswerke (VDEW), Frankfurt/Main; Deutsche Verbundgesellschaft e.V., Heidelberg; Technische Vereinigung der Großkraftwerksbetreiber e.V. (VGB), Essen; Bundesverband der Deutschen Gas- und Wasserwirtschaft e.V. (BGW), Bonn*

- Kommunale Energie-Beteiligungsgesellschaft mbH, Dortmund (37,6% – daran: Stadt Dortmund; Landschaftsverband Westfalen-Lippe, Münster; Hochsauerlandkreis sowie zwei weitere den Kommunen nahestehende Gesellschaften zu 71,7%; Westdeutsche Landesbank Girozentrale, Düsseldorf/Münster zu 28,3%.)
- Sonstige Gebietskörperschaften und von solchen getragene Gesellschaften (14,5%)
- Institutionelle Anleger (3,2%)
- Unternehmen der gewerblichen Wirtschaft (3,1%)
- Selbständige Unternehmer, freie Berufe (0,8%)
- Sonstige (4,3%)

Anteile am Grundkapital von 1 Mrd. DM:

- Namensaktien (dreifaches Stimmrecht) in Kommunalbesitz (31,5%)
- Inhaberaktien in Privat- und Kommunalbesitz (68,5%). Stimmen- und Kapitalmehrheit bei kommunalen Anteilseignern.

KONZERNÜBERBLICK. VEW ist nach eigenem Bekunden das drittgrößte deutsche Energieunternehmen. Das Unternehmen ist mit sieben weiteren großen deutschen Stromkonzernen in der Deutschen Verbundgesellschaft zusammengeschlossen, die mehr als vier Fünftel der nationalen öffentlichen Stromversorgung abdecken. Das Unternehmen hat sich in den letzten Jahren zu einem Konzern mit umfassenden Angeboten in der Energieversorgung, in der Entsorgung und mit vielfältigen Dienstleistungen entwickelt. VEW handelt traditionell mit Strom, Gas und Fernwärme, hat aber durch die Konzerngesellschaften Edelhoff und HARPEN auch in den Bereichen Umwelt und Entsorgung eine Spitzenposition inne. 1995 hat sich der VEW-Konzern eine grundlegend neue Struktur verpaßt. Danach wird der Konzern von einer strategisch führenden Holding, die unter dem bisherigen Namen VEW Aktiengesellschaft firmiert, geleitet. Unterhalb der VEW AG als konzernleitende Holding operieren vier rechtlich selbständige Führungsgesellschaften mit eigener Ergebnisverantwortung: VEW Energie AG (Energie), MEAG (Energie Ost), Edelhoff (Entsorgung) und die HARPEN AG (Dienstleitungen). Die Holding hält darüber hinaus strategische Beteiligungen u. a. an der Ruhrkohle AG, der Gelsenwasser AG und der Steinmüller Verwaltungsgesellschaft mbH. In der Holding arbeiten 150 Beschäftigte; der Vorstand der VEW AG wurde von sechs auf drei Personen reduziert.

◆ Der Teilkonzern bzw. die Führungsgesellschaft VEW Energie AG, Dortmund, versorgt rund 5 Mio. Einwohner auf einer Fläche von 13.200 qkm in Westfalen und angrenzenden Gebieten mit Strom, Gas, Wärme und in geringem Umfang mit Wasser. VEW versorgte Ende 1995 unmittelbar 131 Städte und Gemeinden mit 1,3 Mio. Tarifkunden und knapp 5.000 Sondervertragskunden, überwiegend Industriekunden der Grundstoff- und Produktgüterindustrie, der Zement-, Eisen- und Stahlindustrie, der chemischen und Kunststoffindustrie. Mit 26 Verteilerunternehmen gibt es Energielieferungsverträge. 55% des Stroms der VEW wurde 1995 aus deutscher Steinkohle gewonnen, überwiegend aus dem heimischen Bergbau des Ruhrgebiets (nur 1% Importkohle). Damit erfüllt VEW die Abnahmeverpflichtungen gegenüber dem deutschen Steinkohlenbergbau nach dem sogenannten Jahrhundertvertrag. Der Anteil der Kernenergie lag 1995 bei 27%, der von

Erdgas/Fernwärme (800.000 Tarifkunden, 900 Sondervertragskunden, 30 weiter verteilende Stadtwerke) bei 12% und der von sonstigen Einsatzstoffen (auch regenerative Energiequellen) bei 5%. Der Strom der VEW kommt aus folgenden Kraftwerken: Gersteinwerk (Block D, H, I), Westfalen (Block A, B, C), Emsland (Block B, C), Dortmund, Bochum, Gemeinschaftskraftwerk Bergkamen A, Kraftwerk Werne, Kernkraftwerk Emsland (Druckwasserreaktor), zehn Laufwasserkraftwerke, zwei Speicherkraftwerke. Im Hoch- und Höchstspannungsnetz verfügt VEW Energie über ein 75.000 km langes Leitungsnetz mit 62 Schaltanlagen. Der Umsatz im Bereich Energie machte 1995 mit 7.461,0 Mio. DM 87% des Konzernumsatzes aus.

◆ Die Mitteldeutsche Energieversorgung AG (MEAG), Halle/Saale, ist als Führungsgesellschaft zuständig für den Aufbau und Betrieb einer wirtschaftlichen und umweltverträglichen Energieversorgung im Süden Sachsen-Anhalts und anderer Teile Ostdeutschlands.

◆ Führungsgesellschaft für den Konzernbereich Entsorgung ist die Edelhoff AG & Co., Iserlohn, mit der Edelhoff Geschäftsführung AG als Komplementärgesellschaft. Regionale Entsorgungsaktivitäten werden dezentral von operativen Hauptgesellschaften der Edelhoff-Gruppe ausgeführt. Funktionale Spezialaufgaben werden im Gebrauchtöl-Recycling sowie im Fahrzeug-, Behälter- und Anlagenbau wahrgenommen. Edelhoff plant 1996/97 eine Neuordnung der Gruppe. Die bisherigen vier Regionalgesellschaften sollen zu zwei größeren Unternehmenseinheiten zusammengefaßt werden. Die Sonderabfallanlagen, bislang der wirtschaftliche Problembereich bei Edelhoff, werden in einer eigenen Gesellschaft konzentriert.

◆ Die Sparte Dienstleistungen untersteht der HARPEN AG, Dortmund, als Führungsgesellschaft. HARPEN ist aktiv in den Bereichen Immobilienmanagement, Transport, Verkehr und Abwasser. HARPEN ist über ihre Beteiligung an der VEW Umwelt GmbH in Public-Private-Partnerships mit kommunalen Gebietskörperschaften auf dem Gebiet der Abfallentsorgung engagiert.

VEW beabsichtigt über die VEW Energie AG die zunehmende Erschließung des Geschäftsfeldes der Telekommunikation. Dazu wurde Ende März 1995 die Gesellschaft für Telekommunikations- und Netzdienste mbH, TelNet GmbH, gegründet. In Kooperation mit Stadtwerken und Kommunen ist die Einrichtung privater City-Netze geplant, für deren Verbindung das digitale Übertragungsnetz der VEW Energie mit derzeit rund 670 km Lichtwellenleiterverbindungen und 5.400 km Kupferkabeln wirtschaftlich genutzt werden kann. Anfang 1996 haben die RWE AG, Essen, das ostdeutsche Verbundunternehmen VEAG AG, Berlin, und VEW Energie eine enge Zusammenarbeit und Bündelung der Aktivitäten innerhalb der Telekommunikation beschlossen. Unter der Federführung der RWE AG wird eine Netzgesellschaft aufgebaut, die flächendeckend ein umfassendes Spektrum von festnetzgestützten Telekommunikationsdiensten für Privat- und Geschäftskunden anbietet.

Vorstand:

- *Ziegler, Fritz (Vorsitzender)*
- *Imhoff, Hans-Diether (stellv. Vorsitzender)*
- *Junge, Dieter*

Vorstandsbezüge 1995:
2.349.587,– DM

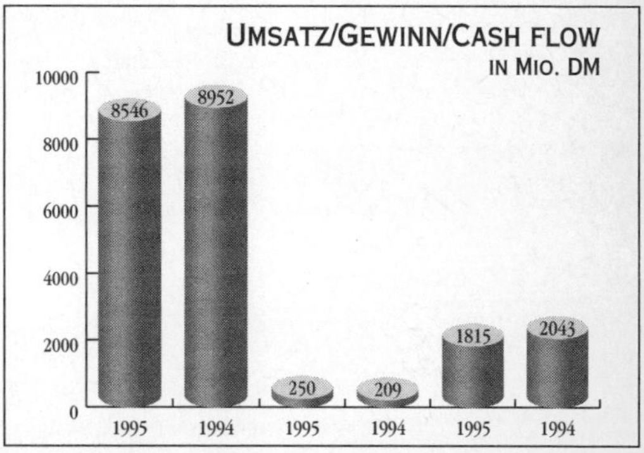

Die VEW AG hat einen Verwaltungsbeirat, in dem 75 Bürgermeister, Landräte, Stadt- und Kreisdirektoren überwiegend aus dem westfälischen Raum sowie Banker und Industrielle versammelt sind. Die Bezüge des Verwaltungsbeirates betrugen 1995 594.454,– DM.

Aufsichtsrat:
- *Samtlebe, Günter (Vorsitzender; Oberbürgermeister), Dortmund*
- *Becker, Wolfgang (Oberbürgermeister), Herne*
- *Hossiep, Heinz (Geschäftsführer der VBW Bauen und Wohnen GmbH), Bochum*
- *Käßer, Wolfgang, Dr. (Mitglied des Vorstandes der CONTIGAS Deutsche Energie-AG), München*
- *Krämer, Herbert (Mitglied des Vorstandes der RWE AG), Essen*
- *Krupp, Georg (Mitglied des Vorstandes der Deutsche Bank AG), Frankfurt/Main*
- *Ladage, Lorenz (Bürgermeister), Dortmund*
- *Leikop, Franz-Josef (Landrat des Hochsauerlandkreises), Meschede*
- *Prautzsch, Wolf-Albrecht, Dr. (stellv. Vorsitzender des Vorstandes der Westdeutschen Landesbank Girozentrale), Münster*
- *Scholle, Manfred, Dr. (Direktor des Landschaftsverbandes Westfalen-Lippe), Münster*

**Beck, Hildegard (stellv. Vorsitzende)*
**Cieniewicz, Josef*
**Dylka, Friedrich*
**Lawnik, Irmgard*
**Lewandowsky, Hermann*
**Orth, Klaus*
**Risse, Karl-Heinz*
**Römer, Karl-Heinz*
**Tüllmann, Hubert*
**Windmöller, Rolf, Dr.*

***Aufsichtsratstantiemen 1995:** 854.104,– DM*

BETEILIGUNGEN. Zu den wichtigsten der rund 150 Konzerngesellschaften der VEW AG gehören:

● VEW Energie AG, Dortmund (100%): Kernkraftwerke Lippe-Ems GmbH, Lingen/Ems (75% – Bau und Betrieb von Kernkraftwerken); Kernkraftwerk Lingen GmbH, Lingen/Ems (100% – Stillegung 1981, gesicherter Einschluß, späterer Abbruch); STEAG und VEW, Gemeinschaftskraftwerk Bergkamen A oHG, Bergkamen (51%); VEW-Harpen Kraftwerk Werne oHG, Werne (100%); Gemeinschaftswerk Hattingen GmbH, Hattingen (52%); BGE Beteiligungs-Gesellschaft für Energieunternehmen mbH, Dortmund (100%). Weitere Beteiligungen: AVU Aktiengesellschaft für Versorgungs-Unternehmen, Gevelsberg (50%); Gelsenwasser AG, Gelsenkirchen (27% – Wasser- und Gasversorgung für gewerbliche Anbieter); EBH Energie-Beteiligungsholding GmbH, Dortmund (20%); ELEKTROMARK Kommunales Elektrizitätswerk Mark AG, Hagen (10%); Hochtemperatur-Kernkraftwerk GmbH (HKG) – Gemeinsames Europäisches Unternehmen –, Hamm-Uentrop (43%); Ruhrkohle AG, Essen (33%); FÖGAZ Rt., Budapest/Ungarn (21,1%).

● Mitteldeutsche Energieversorgung AG (MEAG), Halle/Saale (51%), mit zahlreichen Beteiligungen in den neuen Bundesländern; Kraftwerk Wolfen GmbH, Wolfen (100%); Energieversorgung Halle GmbH, Halle/Saale (40%); Erdgas West-Sachsen GmbH, Leipzig (25,5%); Stadtwerke Bernburg GmbH, Bernburg (45%); Stadtwerke Weißenfels GmbH, Weißenfels (24,5%); Stadtwerke Zeitz GmbH, Zeitz (24,5%); EMB Erdgas Mark Brandenburg GmbH, Potsdam (24,9%), Städtische Werke Magdeburg GmbH, Magdeburg (17%).

● Edelhoff AG & Co., Iserlohn (100% – mit ca. 40 weiteren Gesellschaften im Bereich Entsorgung); Knettenbrech Spezialtransport GmbH, Wiesbaden (62,4%); Mineralöl-Raffinerie Dollbergen GmbH, Uetze-Dollbergen (100%); WRE Wertstoff-Recycling Emsland GmbH, Meppen (70%); Karo As Umweltschutz GmbH, Peine (100%); Abfallwirtschaft Grimma – Edelhoff GmbH, Grimma (50%).

● HARPEN AG, Dortmund (61,1% – mit zahlreichen Tochtergesellschaften im Bereich Dienstleistungen, Bau, Immobilien, Logistik, Abfallwirtschaft); Touraine & Jacobi GmbH, Dortmund (100%); Heinrich Industrie- und Handels-Aktiengesellschaft, Essen (31,6%); Steinmüller Verwaltungsgesellschaft mbH, Gummersbach (25,1%); Entsorgung Dortmund GmbH, Dortmund (25,1%); VEW Umwelt GmbH, Dortmund (100%); KMG Kanal-Müller-Gruppe International GmbH & Co. KG, Schieder-Schwalenberg (50%).

NEUE BUNDESLÄNDER. 1994 erwarb VEW von der Treuhandanstalt 51% am Kapital der Mitteldeutschen Energieversorgung AG (MEAG) in Halle/Saale, dem ehemals größten regionalen Versorgungsunternehmen der neuen Bundesländer (10% liegen bei der Isar-Amperwerke AG, München, 39% bei den Kommunen vor Ort). An der für die Stromerzeugung in Großkraftwerken und der überregionalen Stromverteilung in den neuen Bundesländern zuständigen VEAG Vereinigte Energiewerke AG, Berlin, ist VEW mit verschiedenen Partnern über die EBH Energie-Beteiligungsholding GmbH beteiligt. Gemeinsam mit Berliner Kraft- und Licht (Bewag)-AG, Energie-Versorgung Schwaben AG, Hamburger Electricitäts Werke AG hält VEW zu gleichen Teilen ein Paket von 25%. Die VEAG ist mit einem Umsatz von knapp

6 Mrd. DM (1995) das umsatzstärkste Unternehmen in Ostdeutschland. Über die EBH ist VEW auch an der Lausitzer Braunkohle AG (LAUBAG), Senftenberg, beteiligt (10%). VEW hält wesentliche Beteiligungen an wichtigen Gasversorgern in Ostdeutschland, u. a. 17% an der Gasversorgung Sachsen-Anhalt GmbH, Halle/Saale, 25,5% an der Erdgas West-Sachsen GmbH, Leipzig, und 24,9% an der EMB Erdgas Mark Brandenburg GmbH, Potsdam. Mit Anteilen bis zu 25% ist VEW an zahlreichen ostdeutschen Stadtwerken beteiligt, u. a. in Magdeburg, Bernburg, Merseburg, Delitzsch, Brandenburg und Borna. Partner von VEW in den neuen Bundesländern im Bereich Erdgas sind die internationalen Unternehmen British Gas, Gaz de France und die Westfälische Ferngas AG.

STANDORT DEUTSCHLAND. Großakquisitionen und der systematische Ausbau der Geschäftsfelder Umwelt und Entsorgung sowie Dienstleistungen lassen den Konzern expandieren und boomen. Bis 1999 plant der VEW-Konzern Investitionen von 5,4 Mrd. DM. Der Standort Deutschland wird von einem naturgemäß auf dem hiesigen Markt agierenden Konzern grundsätzlich nicht in Frage gestellt, wenngleich davor gewarnt wird, die Konzerne durch nationale Sonderlasten wie beispielsweise eine Energiesteuer zusätzlich zu belasten. Gefordert wird ein internationales, global abgestimmtes Handeln. Mit Blick auf mögliche neue Energiekonsensgespräche sieht VEW einen wesentlichen Beitrag zur Sicherung des Industriestandortes Deutschland in einem Energiekonzept, das neben der Unterstützung der heimischen Steinkohle auch die zukünftige Nutzung der Kernenergie, die nukleare Entsorgung und die Förderung erneuerbarer Energien umfaßt. An der Kernergie will VEW um jeden Preis festhalten. Gemeinsam mit der Ruhrgas AG dringt VEW in die privatisierte Gaswirtschaft Ungarns und Tschechiens vor. VEW übernahm über 21,1% der Hauptstädtischen Gaswerke Budapest (FÖGAZ), die rund 740.000 Kunden mit Erdgas versorgen. Die GUS-Staaten stehen ebenfalls auf dem Programm der ehrgeizigen Dortmunder.

»BÜNDNIS FÜR ARBEIT«. VEW will im Rahmen eines »Bündnisses für Arbeit« alle innovativen und strukturfördernden Maßnahmen 1996/97 verstanden wissen, z. B. durch den gezielten Aufbau neuer Geschäftsfelder, durch den neue Arbeitsplätze geschaffen werden sollen (so im Bereich der Telekommunikation, des Kunststoff-Recyclings, durch die Gründung von Private Public Partnerships durch die HARPEN AG und die Umsetzung kommunaler Abwasserkonzepte). Ziel sei es darüber hinaus, in von Arbeitslosigkeit bedrohten Geschäftsfeldern Weiterbeschäftigung zu garantieren und Arbeitsplätze zu sichern. Aus diesem Grund wurden im Rahmen innerbetrieblicher Vereinbarungen zunehmend flexible Arbeitsmodelle eingeführt, die einmal auf die aktuelle Auftragslage reagieren sollen, zum anderen aber auch die Möglichkeit bieten, über langfristige Arbeitszeitkonten eine Alternative zur wegfallenden Vorruhestandsregelung zu finden. Dadurch sollen die vorhandenen Arbeitsplätze langfristig gesichert werden. In zahlreichen Geschäftsbereichen werden Teilzeitarbeitsplätze angeboten, auch mit dem Ziel, die Überstundenbelastung zu reduzieren. Zusätzlich werden Möglichkeiten zur befristeten Beschäftigung (auch auf Teilzeitbasis) von Hochschulabsolventen (in Form eines Berufseinstiegsjahres) ge-

BÖRSE, AKTIEN, KURSE
Grundkapital 1995:
1.000,0 Mio.
Jahreshöchstkurs 1995:
528,00 DM
Jahrestiefstkurs 1995:
390,00 DM
Aktie Jahresende 1995:
523,00 DM
Dividende pro Aktie 1995:
9,00 DM

Die Dividende bezieht sich auf je 50,– DM Aktiennennbetrag. Der Börsenwert aller Aktien von VEW erhöhte sich 1995 auf 10,5 Mrd. DM. Die Ausschüttung von 180 Mio. DM entspricht einem Anteil von 78% am Jahresüberschuß der VEW AG.

Umsatz 1995: *8.546,0 Mio.*
Umsatz 1994: *8.952,4 Mio.*
Umsatz 1993: *7.591,8 Mio.*

Gewinn 1995: *250,0 Mio.*
Gewinn 1994: *208,9 Mio.*
Gewinn 1993: *193,8 Mio.*

Cash flow 1995: *1.815,0 Mio.*
Cash flow 1994: *2.043,0 Mio.*
Cash flow 1993: *1.596,0 Mio.*

Cash flow: *Der Cash flow floß überwiegend in die Investitionen.*

Steueraufkommen 1995:
177,0 Mio.
Erdgassteuer 1995:
175,0 Mio.

Beschäftigte 1995: *13.178*
Beschäftigte 1994: *14.246*
Beschäftigte 1993: *11.516*

Umsatz pro Mitarbeiter 1995: *648.505,– DM*
Umsatz pro Mitarbeiter 1994: *628.414,– DM*
Umsatz pro Mitarbeiter 1993: *659.239,– DM*

Löhne und Gehälter 1995: *1.163,0 Mio.*
Löhne und Gehälter 1994: *1.191,4 Mio.*
Durchschnittsgehalt 1995: *88.253,– DM*
Soziale Abgaben und Aufwendungen 1995: *521,0 Mio.*
Soziale Abgaben und Aufwendungen 1994: *435,0 Mio.*

Bezüge pro Vorstandsmitglied 1995: *783.195,– DM*
Tantiemen pro Aufsichtsrat 1995: *42.705,– DM*

prüft, um so den Berufseinstieg in Zusammenarbeit mit den Hochschulen für junge Akademiker aus der Region zu erleichtern. »Es ist allerdings bei allen Maßnahmen der Umsetzung des ›Bündnisses für Arbeit‹ hervorzuheben«, so VEW im August 1996, »daß deren Finanzierung nur unter entsprechendem Verzicht der Arbeitnehmer auf Teile des bestehenden Status oder anstehende Vergütungserhöhungen realisierbar ist und dieser Verzicht von den Mitbestimmungsorganen mitgetragen wird.«

ENERGIEKONSENS MIT KERNKRAFT. Diese Linie von VEW ist nicht neu. Der VEW-Konzern setzt – im Gegensatz zum vorsichtigen Abrücken der RWE- und VEBA-Manager von der Kernenergie – nach wie vor auf die Atomkraft und sieht sich durch die aktuelle Diskussion um die Klimakatastrophe wieder im Aufwind. Große Bestätigung findet der Vorstand in seinem »Paradestück«, dem 1988 in Betrieb genommenen, 5 Mrd. DM teuren 1300-MW-Kernkraftwerk Emsland (Druckwasser-Reaktor). Der Anteil der Kernenergie an der Stromproduktion der VEW liegt bei rund 27%. Hingegen wird das politische Aus für das Hochtemperatur-Kernkraftwerk (THTR 300) in Hamm-Uentrup bitterlich beklagt und als politischer und ökonomischer Fehler eingestuft. VEW spielte bei der Markteinführung der Hochtemperaturtechnologie gemeinsam mit der Ruhrkohle AG, der Ruhrgas AG und den Energieversorgungsunternehmen (EVU) innerhalb der Hochtemperatur-Reaktorbau-Gesellschaft eine entscheidende Rolle. Den größten Teil an den über 5 Mrd. DM, die der THTR-300 in Hamm-Uentrop gekostet hatte, trugen natürlich der Bund und das Land NRW. Durch die Personalunion von Politik und Kraftwerksbetreibern kamen dem Konzern ungeheure Mittel der »öffentlichen Hand« zu. Die Kosten für den Transport der Brennelemente ins Zwischenlager Ahaus und die Stilllegung mit anschließendem sicheren Einschluß, der 1996 abgeschlossen sein soll, werden noch einmal die Milliardengrenze überschreiten. Auch Bund und Land werden wieder maßgeblich zur Kasse gebeten.

UMWELTSCHUTZ. Schon frühzeitig hat die VEW-Spitze erkannt, welche großen Marktchancen in den Bereichen Umwelt und Entsorgung stecken. Seit 1993 setzt VEW ganz auf den Geschäftsbereich Umwelt und Entsorgung, der über 12% des Konzernumsatzes beisteuert. 1998 sollen es nach den Plänen des Vorstandes 30% sein. Wesentlicher Schritt war die Aufstockung der Beteiligung auf 100% bei der Edelhoff AG & Co. KG, Iserlohn, die über eine moderne Entsorgungslogistik verfügt und maßgeblich mit dem Dualen System Deutschland (DSD) zusammenarbeitet. Edelhoff ist in allen Bereichen des Recyclings führend. Die Edelhoff-Gruppe kam 1995 auf einen Umsatz von 873,0 Mio. DM. Schwerpunkt soll über die HARPEN AG und die Gelsenwasser AG auch der Abwasserbereich werden. Gebündelt werden soll das Abwassergeschäft in der 1994 mit Gelsenwasser gegründeten AWS Abwassersysteme GmbH, Dortmund – vom Kläranlagenbau bis zum Betrieb von Abwassernetzen. Die von HARPEN geführte VEW Umweltgesellschaft organsiert den Transport von Siedlungs- und Sonderabfällen, behandelt Abfall in Recycling- und Entsorgungsanlagen, plant, baut und betreibt moderne Einrichtungen wie Sortier- und Kompostierungsanlagen, Müllverbrennungsanlagen oder Deponien.

Die VEW-Beteiligung Kanal-Müller-Gruppe ist bundesweit sowie in Österreich und den Niederlanden auf dem Gebiet des Kanal- und Rohrleitungsbaus sowie in der Reinigung, Entsorgung, Inspektion, Sanierung und Erneuerung von Ver- und Entsorgungsleitungen tätig. Im Rahmen der sogenannten »Public-Private-Partnership«-Aktivitäten ist die VEW Umwelt GmbH mit 25,1% neben der Stadt Dortmund und weiteren Partnern an der für sämtliche Entsorgungsaufgaben der Stadt Dortmund zuständigen Entsorgung Dortmund GmbH beteiligt. Weitere Gesellschaften wurden in mehreren westfälischen Städten gegründet. Von den bis Ende 1999 geplanten Investitionen des Konzerns in Höhe von 5,4 Mrd. DM soll weit mehr als 1 Mrd. in die Entsorgungswirtschaft fließen.
Warnende Stimmen vor einer neuerlichen Monopolisierung und Konzentration im Bereich der Entsorgung und des Umweltschutzes durch die großen Energiekonzerne wurden durch den Präsidenten des Bundeskartellamtes, Dieter Wolf, laut. An den Übernahmen von Entsorgungsunternehmen seien in den Jahren 1993 und 1994 RWE in 45, VEW in 35 und die Veba in 25 Fällen beteiligt gewesen. Von 1992 bis 1994 stieg die Zahl der Unternehmenszusammenschlüsse in der Entsorgungswirtschaft von 140 auf 260.

Investitionen 1995:
1.255,0 Mio.
Investitionen 1994:
1.440,0 Mio.
Investitionen 1993:
928,0 Mio.

Mitbewerber: *Badenwerk, Bayernwerk, Bergemann/Ruhrgas, Contigas, Deutsche BP, Deutsche Shell, Energieversorgung Schwaben, Esso, Klöckner, Mobil Oil, Preussag, PreussenElektra, Ruhrkohle, RWE, Siemens, Steag, VEBA, VIAG*

VIAG

GESCHICHTE UND ENTWICKLUNG. Die VIAG wurde 1923 als Staatsholding durch das Deutsche Reich gegründet. Das Deutsche Reich (Schatzministerium) brachte eine große Zahl an Gesellschaften ein, die während des Ersten Weltkrieges zur Energie- und Grundstofferzeugung sowie zur Waffenproduktion gegründet worden waren, u. a. Elektrowerke AG, Deutsche Werke AG, VAW AG, Bayerische Kraftwerke AG. 1928 Erwerb einer Mehrheitsbeteiligung an der Rheinischen Metallwaren- und Maschinenfabrik AG, Düsseldorf (Rheinmetall), die 1934 die Borsig Maschinenbau AG, Berlin, übernahm. 1938 Verkauf von Rheinmetall an Röchling. 1939 Erwerb von 40% der Bayernwerk AG. 1945 verlor die VIAG große Unternehmensteile, die u. a. auf dem Gebiet der ehemaligen DDR und Polens lagen; in den Westzonen wurde besonders die VAW demontiert und entflochten. 1948 Verlegung der Hauptverwaltung aus dem sowjetischen in den amerikanischen Sektor. Einsetzung eines Treuhänders durch die Militärregierung. 1950 zweiter Konzernsitz in Bonn. 1951 Ende der Verwaltung durch den Treuhänder und Übernahme durch den Bund und einige Bundesländer sowie später durch die bundeseigene Kreditanstalt für Wiederaufbau. Akquisitionen der Ilseder Hütte GmbH (Peine), Thyssengas GmbH (Duisburg), SKW Trostberg AG. 1984 Umfirmierung von Vereinigte Industrie-Unternehmungen Aktiengesellschaft (VIAG) in VIAG Aktiengesellschaft. Beteiligung an der Didier-Werke AG, Wiesbaden. 1986 Veräußerung von 40% des VIAG-Grundkapitals durch den Hauptaktionär Bundesrepublik Deutschland. Zulassung an den Börsen. 1988 Restprivatisierung der VIAG. 1990 Akquisitionen

Standort:
Nymphenburger Straße 37
80335 München

Telefon: *(089) 1254-0*
Telefax: *(089) 1254-4539*

Branche: *Holdinggesellschaft mit den Aktivitäten in den Bereichen Energie, Chemie, Verpackung, Logistik und Telekommunikation*

Rechtsform:
Aktiengesellschaft

Geschäftsjahr: *1.1.-31.12.*

Gründungsjahr: *1923*

Öffentlichkeitsarbeit:
Egon Mühlberger
Tel.: (089) 1254-4488
FAX: (089) 1254-4491
Hannelore Gantzer
Tel.: (089) 1254-4494
FAX: (089) 1254-4493
Pierre Deraëd
Tel.: (089) 1254-4490
FAX: (089) 1254-4493

Investor Relations:
Tel.: (089) 1254-4572
FAX: (089) 1254-4520
Internet:
www:http://www.viag.de

***Verbände:** Alle Konzerne der einzelnen Unternehmensbereiche sind in den jeweiligen Fachverbänden organisiert.*

von Klöckner & Co und der Gerresheimer Glas AG. 1991 Erwerb der Continental Can Europe-Gruppe unter der Führungsgesellschaft Schmalbach-Lubeca AG. 1992 Erwerb eines 33%-Paketes an Kühne & Nagel – gemeinsam mit der Bayernwerk AG. Im Sommer 1994 stockte die VIAG AG ihre 38,8%-Beteiligung an der Bayernwerk AG auf 97,1% auf, nachdem sie vom Freistaat Bayern das Bayernwerk-Paket von 58,3% erworben hatte. 1994 Verlegung des VIAG-Firmensitzes von Bonn nach München.

BESITZVERHÄLTNISSE/EIGENTUMSSTRUKTUR.
- Freistaat Bayern (25,1% – Bayern hat Optionen auf einen Anteil von 7,35%, die bei der Bayerischen Landesbank, München, und der DG Bank, Frankfurt/Main, liegen)
- VI-Industrie-Beteiligungsgesellschaft mbH, München (10,5% – gehört der Bayerische Vereinsbank AG)
- HI-Vermögensverwaltungsgesellschaft mbH, München (10,06% – gehört der Bayerische Hypotheken- und Wechsel-Bank AG)
- Isar-Amperwerke AG, München (4,66%)
- Weitere Pakete bei Banken, u. a. Bayerische Landesbank (etwa 4%); DG Bank (etwa 3%)
- Rest Streubesitz bei ca. 100.000 Aktionären

KONZERNÜBERBLICK. Die VIAG AG ist eine Management-Holding in vier Kernbereichen: Energie (Bayernwerk AG), Chemie (SKW Trostberg AG), Verpackung (VAW Aluminium AG, Gerresheimer Glas AG, Schmalbach-Lubeca AG/Continental Can Europe-Gruppe) und Logistik (Klöckner & Co AG, Kühne & Nagel International AG). Darüber hinaus engagiert sich der Konzern in der Telekommunikation.
◆ Energie: Der Energiebereich mit der Führungsgesellschaft Bayernwerk AG ist die ertrags- und finanzstarke Basis des VIAG-Konzerns und durch seine Konjunkturunabhängigkeit ein wesentlicher Stabilitätsfaktor der VIAG-Gruppe. Der Energiebereich gliedert sich in die Geschäftsbereiche Elektrizität, Gas und Entsorgung/Umwelttechnik. Das Bayernwerk ist einer der größten deutschen Elektrizitätsversorger und zählt zu den ersten zehn im west- und mitteleuropäischen Strommarkt. Die Energiegruppe deckt über Mehrheitsbeteiligungen an vier Regionalversorgern den überwiegenden Teil des Bedarfs elektrischer Energie in Bayern und Thüringen ab. 55% des Bayernwerk-Stroms stammen aus Kernkraftwerken, 25% werden aus fossilen Brennstoffen gewonnen, 20% liefern Wasserkraftwerke.
Von der VIAG AG übernahm das Bayernwerk die Innwerk AG (Umfirmierung in Bayernwerk Wasserkraft AG) und erwarb Anfang 1995 von seiten des Freistaates Bayern auch die Mehrheit an der Rhein-Main-Donau AG. Neben dem Kerngeschäft Strom werden auch die Geschäftsfelder Gas und Umwelttechnik/Entsorgung ausgebaut. Mit der Thyssengas GmbH (Gas überwiegend für Nordrhein-Westfalen) und der traditionsreichen CONTIGAS AG besitzt der Energiebereich maßgebliche Beteiligungen an zwei der großen deutschen Gasversorgungsunternehmen. Während Thyssengas etwa 100 Städte und Gemeinden, Kraftwerke und über 100 Industriebetriebe beliefert, fungiert CONTIGAS als Holding-Gesellschaft mit zahlreichen Beteiligungen an Energieversorgungs-Unternehmen besonders auch in den neuen Bundesländern. Seit 1995 ist das Bayernwerk auch im ungarischen Strom-

und Gasmarkt aktiv – die VIAG-Tochter erwarb dort Beteiligungen an dem Stromversorgungsunternehmen DEDASZ und dem regionalen Gasversorger KÖGAZ. Umsatz 1995: 9,2 Mrd. DM (davon Elektrizität 8,2 Mrd., Gas 1,0 Mrd.); Beschäftigte 1995: 13.888.

◆ Chemie: Die Chemieaktivitäten der VIAG sind unter dem Dach der SKW Trostberg AG zusammengefaßt. Das jüngste und seit der Übernahme der französischen SBI Systems Bio-Industries auch umsatzstärkste Geschäftsfeld der SKW sind die Naturstoffe. Durch diese Akquisition gelangte der SKW-Naturstoffbereich an die Weltspitze. Das Produktspektrum umfaßt neben Gelatine – SBI ist hier Weltmarktführer – Extrakte, natürliche Aromen, Riechstoffe, Enzyme, Fermente und Fruchtpräparate. SKW ist führend in der Herstellung von Hopfenextrakten, der Entkoffeinierung von Tee und Kaffee, in den Bereichen Salze und Gartenpflegemittel (BHS Berg-, Hütten- und Salzwerke AG) und der Bauchemie, wo sie weltweit Platz drei einnimmt. Führend ist SKW in der Herstellung und Verarbeitung von Kalkstickstoff, einem Traditionsbereich der SKW. Umsatz 1995: 3,9 Mrd. DM (davon Naturstoffe 1,6 Mrd., Bauchemie 1,0 Mrd., Chemie 1,3 Mrd.); Beschäftigte 1995: 10.802.

◆ Verpackung: Der Verpackungsbereich der VIAG, zu dem VAW aluminium, Schmalbach-Lubeca/Continental Can Europe und Gerresheimer Glas gehören, stellt Verpackungen aus Aluminium, Weißblech, Glas und Kunststoff, u. a. PET, her.

Kerngeschäfte der VAW sind Walz- und Formgußteile sowie flexible Verpackungen aus Aluminium – hier ist die VAW der größte europäische Anbieter. VAW verfügt über ein bedeutendes Geschäft mit Aluminium-Halbzeugen und Formgußteilen. Die VAW aluminium AG ist mit einem Umsatz von 5,9 Mrd. DM (1995) und 15.278 Mitarbeitern eine der führenden Aluminiumgesellschaften Europas. Der Konzern operiert weltweit. VAW verfügt über eine eigene Metallbasis mit Hüttenstandorten im In- und Ausland.

Die Schmalbach-Lubeca AG, ein 51%iges Tochterunternehmen der VIAG, ist die Führungsgesellschaft innerhalb der Continental Can Europe (CCE)-Gruppe, die 1995 mit 12.612 Mitarbeitern einen Umsatz von 4,1 Mrd. DM erzielte. In weltweit 68 Werken werden Verpackungen und Verschlüsse aus Weißblech, Aluminium und Kunststoff produziert. Neben der Nahrungsmittel- und Getränkeindustrie wird die chemisch-technische, kosmetische und pharmazeutische Industrie beliefert. Führend ist das Unternehmen im Bereich PET-Verpackungen. Mit der Entwicklung der Mehrwegflasche für Erfrischungsgetränke setzte der Konzern Maßstäbe in der PET-Technik. Die Beteiligungsgesellschaft White Cap ist der weltweite Marktführer für Vakuumverschlüsse. Im PET-Bereich steht die verstärkte Internationalisierung im Vordergrund der Aktivitäten.

Die Gerresheimer Glas AG zählt zu den führenden europäischen Behälterglasproduzenten und beliefert den zentraleuropäischen Markt von 10 Produktionsstandorten in Deutschland. Das Lieferprogramm umfaßt alle wesentlichen Getränkeflaschensegmente sowie ein umfangreiches Angebot an Nahrungsmittelbehältern. Hinzu kommen Verpackungen für die kosmetische und pharmazeutische Industrie. Mit dem Erwerb der amerikanischen Kimble Inc. gehört Gerresheimer im Bereich Röhrenglas mit 12 Produktionsstandorten zu den führenden Unternehmen in Europa und den USA. Im Produktprogramm sind

Vorstand:

- *Obermeier, Georg, Dr. (Vorsitzender; Geschäftsbereichsverantwortung: Energie, Chemie; Ressorts: Gesamtkoordination Geschäftsbereiche, Investor Relations/Rechnungswesen, Öffentlichkeitsarbeit, Revision, Obere Führungskräfte, Direktionsangelegenheiten)*
- *Ardelt, Maximilian (Geschäftsbereichsverantwortung: Logistik, Telekommunikation; Ressorts: Technologie im Konzern, Informatik im Konzern)*
- *Grobe, Rainer (Geschäftsbereichsverantwortung: Verpackung, Aluminium, VIAG-Metallurgie; Ressorts: Arbeitsdirektor/Personal, Koordination von Absatz- und Beschaffungsmärkten, Allgemeine Verwaltung)*
- *von Waldenfels, Georg, Dr. (Geschäftsbereichsverantwortung: Politik und Wirtschaft; Ressorts: Steuern, Recht)*

Vorstandsbezüge 1995:
4.293.884,– DM

Aufsichtsrat:
▌*Holzer, Jochen, Dr.*
(Vorsitzender; Vorsitzender des Aufsichtsrates der Bayernwerk AG), München
▌*Hanisch, Rudolf, Dr.*
(Amtschef der Bayerischen Staatskanzlei), München
▌*Krumnow, Jürgen, Dr.*
(Mitglied des Vorstandes der Deutsche Bank AG), Frankfurt/Main
▌*Martini, Eberhard, Dr.*
(Sprecher des Vorstandes der Bayerische Hypotheken- und Wechsel-Bank AG), München
▌*Martius, Hansgeorg*
(Schutzgemeinschaft der Kleinaktionäre e.V.), Hamburg
▌*Neuber, Friedel*
(Vorsitzender des Vorstandes der WestLB), Düsseldorf
▌*Pfeiffer, Alfred, Dr.*
(ehem. Vorsitzender des Vorstandes der VIAG AG), Trostberg
▌*Reuter, Edzard*
(ehem. Vorsitzender des Vorstandes der Daimler-Benz AG), Stuttgart
▌*Schmidt, Albrecht, Dr.*
(Sprecher des Vorstandes der Bayerische Vereinsbank AG), München
▌*Winterstein, Wilhelm, Dr.*
(Vorsitzender des Gesellschafterausschusses des Bankhaus Merck Finck & Co.), München
**Malott, Günter*
(stellv. Vorsitzender)
**Fassbender, Peter*
**Hehl, Elisabeth*
**Hemer, Willi*
**Koch, Dieter*
**Krämer, Horst*
**Minninger, Wolfgang*
**Seidel, Horst*
**Unterberg, Friedel*
**Wolferstetter, Josef*

Aufsichtsratstantiemen 1995: *1.094.610,– DM*

pharmazeutische und medizinische Verpackungen, z. B. Ampullen, Spritzensysteme und Laborgläser. Gerresheimer Glas erzielte 1995 mit etwas mehr als 7.400 Mitarbeitern einen Umsatz von 1,7 Mrd. DM. Umsatz des Konzernbereiches 1995: 11,7 Mrd. DM; Beschäftigte 1995: 35.323.

◆ Logistik: Zum Logistikbereich der VIAG gehören Klöckner & Co sowie Kühne & Nagel mit ihren Tochter- und Beteiligungsunternehmen. Dieser Bereich ist mit 41% der größte Umsatzträger im VIAG-Konzern. Die Aktivitäten des Handelshauses Klöckner & Co liegen schwerpunktmäßig in der internationalen Distribution von Stahl- und PC-Produkten. Im lagerhaltenden Stahlhandel verfügt Klöckner & Co über eine herausragende Stellung in Europa. In der PC-Distribution ist Klöckner seit dem Erwerb des PC-Distributors Computer 2000 AG im Jahr 1995 die Nummer 1 in Europa. Computer 2000 macht mit seinen insgesamt 42 Tochterunternehmen und Beteiligungen in 31 Ländern Europas, der USA, Lateinamerikas, Asiens und des Nahen Ostens einen Umsatz von knapp 5 Mrd. DM. Klöckner & Co erwirtschaftete 1995 mit weltweit 12.045 Mitarbeitern einen Umsatz von 15,2 Mrd. DM.
Kühne & Nagel International AG ist eine der weltweit führenden Transport- und Logistik-Gruppen. Sie beschäftigt 11.140 Mitarbeiter in rund 90 Ländern und erzielte 1995 in den Geschäftsbereichen Seefahrt, Luftfracht und Landverkehr/Logistik einen Umsatz von 6,1 Mrd. DM. Umsatz des Konzernbereiches 1995: 17,1 Mrd. DM; Beschäftigte 1995: 23.184.

◆ Andere Bereiche. Telekommunikation: Neben den vier Kernbereichen Energie, Chemie, Verpackung und Logistik will die VIAG ihr Geschäftsfeld Telekommunikation zu einem weiteren Kernbereich ausbauen. Mit der British Telecommunications plc (BT), dem weltweit fünftgrößten Telekommunikationsunternehmen, hat die VIAG 1995 mit der Gründung der VIAG INTERKOM eine strategische Allianz gegründet, um in Deutschland Telekommunikationsdienstleistungen für Privat- und Geschäftskunden anzubieten. Im Februar 1996 wurde diese Allianz erweitert um die RWE AG. Ziel der Allianz VIAG/BT/RWE ist es, sich als schlagkräftiger Full-Service-Anbieter in allen Sparten gegen die Deutsche Telekom zu etablieren. Die VIAG verfügt durch ihre Tochter Bayernwerk bereits über ein rund 4.000 Streckenkilometer langes Lichtwellenleiter-Netz; hinzu kommt ein weitverzweigtes Netz aus Kupfer und breitbandigem Richtfunk. Durch Zusammenschalten der Leitungen von VIAG und RWE besitzt die Allianz mit rund 8.000 km eine umfangreiche Glasfaserinfrastruktur und erreicht bereits heute eine Flächendeckung von deutlich über 70%, die weiter ausgebaut werden soll. Die Bayernwerk NETKOM, eine Anfang 1996 gegründete gemeinsame Tochtergesellschaft von VIAG und Bayernwerk, hat dabei die Federführung für den Aufbau der Netzinfrastruktur in Bayern und Thüringen.
Neben dem Ausbau des Festnetzes bewerben sich die VIAG, BT und RWE gemeinsam um die vierte Mobilfunklizenz in Deutschland. Die jüngste Entwicklung in der Telekommunikation zeigt, daß Mobilfunk und Festnetz technisch schnell zusammenwachsen. In diesem Markt will die VIAG mit ihren Allianzpartnern präsent sein. Bis zum Jahr 2001 plant das Konsortium Investitionen von rund 5 Mrd. DM. In diesem Zeitraum sollen bundesweit etwa 5.000 neue Arbeitsplätze geschaffen werden.

BETEILIGUNGEN. Zur VIAG-Gruppe gehören in den Bereichen Energie, Chemie, Verpackung, Logistik und Telekommunikation folgende Führungsgesellschaften mit den ihnen jeweils zugeordneten Tochter- und Beteiligungsunternehmen, die der Schautafel auf den Seiten 568 – 569 zu entnehmen sind.

BAYERNWERK ZUR VIAG. 1994 verkaufte der Freistaat Bayern im Zuge der Privatisierung nahezu aller staatlichen Beteiligungen seine Mehrheitsbeteiligung von 58,3% am Bayernwerk an den VIAG-Konzern – für 2,3 Mrd. DM. Der Verkauf galt als Sensation, wenngleich die VIAG schon seit 1939 eine Beteiligung an der Bayernwerk AG besessen hatte.
Für den Erwerb des Bayernwerks standen mehrere Modellalternativen zur Auswahl. Zum Tragen kam ein Ringtauschmodell. Danach erwarb die VIAG den Anteil des Freistaates Bayern am Bayernwerk in Höhe von 58,3%. Als Kaufpreis wurden zum einen 25,1% VIAG-Aktien, die zu diesem Zeitpunkt bereits größtenteils beim Bayernwerk lagen, entrichtet. Zur Durchführung des zugrunde liegenden Ringtausches erhielt wiederum das Bayernwerk Energiebeteiligungen von der VIAG (50% Thyssengas, 99,96% Innwerk, 10% Bayerische Wasserkraftwerke, 30% Berliner Kraft- und Licht/Bewag, 50% Ilse-Bayernwerk), die wertgleich mit den 25,1% VIAG-Aktien waren. Darüber hinaus wurde ein Barausgleich in Höhe von 2,3 Mrd. DM vereinbart, den die VIAG an den Freistaat Bayern zu zahlen hatte. Im Zuge der Übernahme des Bayernwerkes, das auf die VIAG fusioniert wurde, verlegte die VIAG außerdem ihren Sitz von Bonn nach München. Nach dem Erwerb des Bayernwerkes wurde die Struktur der VIAG neu ausgerichtet. Als Kernbereiche wurden die Geschäftsfelder Energie, Chemie, Verpackung und Logistik definiert, die 1995 noch von der Telekommunikation ergänzt wurden. Das Bayernwerk übernahm die Zuständigkeit für den gesamten Energiebereich der VIAG.
Bayern überließ im Zuge des Verkaufs des Bayernwerks der VIAG alle Stimmrechte und will sich bis 1998 vollständig aus der VIAG zurückziehen. Ein Paket von rund 15% halten bayerische Banken, etwas mehr als 13% liegen bei der von der Familie von Finck dominierten Isar-Amperwerke AG.
Die VIAG will sich bei künftigen Standortentscheidungen stärker auf den Süden der Republik konzentrieren. In der Münchner Staatskanzlei erhofft man sich durch das Geschäft auch ein stärkeres Gegengewicht zu den dominanten Energieversorgern RWE und VEBA im Norden der Republik. Der Konzern kommt nach der Fusion auf einen Umsatz von über 40 Mrd. DM mit etwa 100.000 Beschäftigten.
Noch einige Daten zum Bayernwerk: Das Bayernwerk wurde 1921 als Aktiengesellschaft im Besitz des Landes Bayern mit dem Ziel gegründet, die Stromversorgung des Landes bestmöglich zu sichern. Nach optimaler Ausnutzung der Wasserkraft ging 1930 das erste Braunkohlekraftwerk in Betrieb. Die isolierte süddeutsche Lage, fernab von den

BÖRSE, AKTIEN, KURSE
Grundkapital 1995:
1.325,7 Mio.
Jahreshöchstkurs 1995:
598,50 DM
Jahrestiefstkurs 1995:
477,00 DM
Aktie Jahresende 1995:
575,00 DM
Dividende pro Aktie 1995:
12,00 DM

Die Dividende bezieht sich auf je 50,– DM Aktiennennbetrag. Mit einem Umsatz von 26,6 Mrd. DM gehörten die VIAG-Aktien 1995 zu den 20 umsatzstärksten Aktien in Deutschland.

UMSATZ/GEWINN/CASH FLOW IN MIO. DM

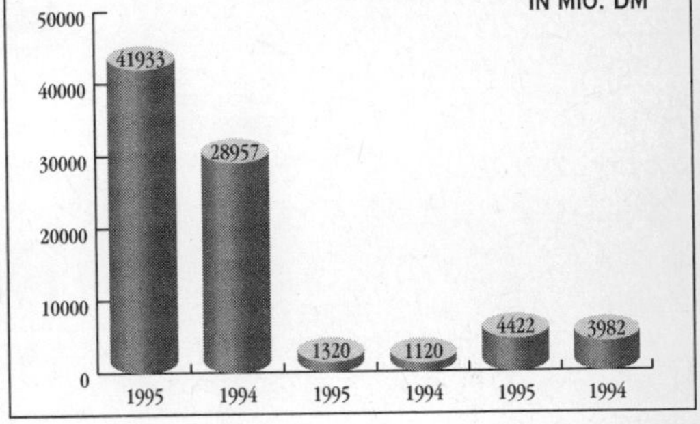

VIAG
Aktiengesellschaft

Grundkapital: DM 1.325,7 Mio
Rücklagen (vorl.): DM 6.936,6 Mio

Energie

97,1 %
Bayernwerk AG
Grundkapital: DM 1.432,0 Mio

100 % *)
Bayernwerk Wasserkraft AG (BWK)
Grundkapital: DM 300,0 Mio

77,5 %
Rhein-Main-Donau AG (RMD)
Grundkapital: DM 200,0 Mio

98,3 %
Großkraftwerk Franken AG (GFA)
Grundkapital: DM 95,0 Mio

22,5 %
VEAG Vereinigte Energiewerke AG
Grundkapital: DM 500,0 Mio

19 %
Isarwerke GmbH
Stammkapital: DM 72,0 Mio

85,1 %
CONTIGAS Deutsche Energie-AG
Grundkapital: DM 200,0 Mio

95,7 %
Energieversorgung Ostbayern AG (OBAG)
Grundkapital: DM 175,2 Mio

26,3 % / 44,4 %
Energieversorgung Oberfranken AG (EVO)
Grundkapital: DM 176,6 Mio

55,2 %
Überlandwerk Unterfranken AG (ÜWU)
Grundkapital: DM 84,4 Mio

42,6 %
TEAG Thüringer Energie AG
Grundkapital: DM 20,0 Mio

50 %
Thyssengas GmbH
Stammkapital: DM 200,0 Mio

Chemie

50,2 %
SKW Trostberg AG
Grundkapital: DM 315,0 Mio

Naturstoffe

100 %
SBI Systems Bio-Industries S.A.
Grundkapital: FRF 981,0 Mio

100 %
BHS-Bayerische Berg-, Hütten- und Salzwerke AG
Grundkapital: DM 65,0 Mio

Bauchemie

100 %
PCI Augsburg GmbH
Stammkapital: DM 6,0 Mio

100 %
Büfa Baeuerle GmbH & Co.
Nennkapital: DM 39,0 Mio

100 %
ChemRex Inc.
Nennkapital: USD 5,0 Mio

Chemie

100 %
SKW Stickstoffwerke Piesteritz GmbH
Stammkapital: DM 1,0 Mio

100 %
ESM II Inc.
Nennkapital: USD 34,5 Mio

100 %
Stollberg GmbH
Stammkapital: DM 3,5 Mio

Verpackung

100 %
VAW aluminium AG
Grundkapital: DM 442,5 Mio

Walzerzeugnisse

50 %
ALUMINIUM NORF GmbH
Stammkapital: DM 120,0 Mio

Flexible Verpackung

100 %
VAW Europack GmbH
Stammkapital: DM 50,0 Mio

Formguß

100 %
VAW motor GmbH
Stammkapital: DM 20,0 Mio

37,1 %
Eisenwerk Brühl GmbH
Stammkapital: DM 70,0 Mio

Preßerzeugnisse, Systemtechnik

100 %
V.A.W. of America Inc.
Nennkapital: USD 20,0 Mio

75 %
Zarges Leichtbau GmbH
Stammkapital: DM 14,4 Mio

Aluminium

100 %
CONTINENTAL CAN EUROPE GmbH Holding
Stammkapital: DM 400,0 Mio

51,4 %
Schmalbach-Lubeca AG
Grundkapital: DM 187,5 Mio

100 %
Continental Can Europe Beteiligungsges. mbH
Stammkapital: DM 909,0 Mio

Metallverpackungen, Getränkedosen

25 % / 75 %
Thomassen & Drijver Verblifa N.V.
Nennkapital: NLG 29,5 Mio

100 %
Continental Can Company Ltd.
Nennkapital: GBP 10,5 Mio

Verschlüsse

100 %
White Cap Europe GmbH
Stammkapital: DM 35,0 Mio

100 %
White Cap Inc.
Nennkapital: USD 0,01 Mio

PET-Verpackungen

100 %
Continental PET EUROPE GmbH
Stammkapital: DM 100,0 Mio

Kunststoff

51 % **)

Gerresheimer Glas AG
Grundkapital: DM 113,5 Mio

Behälter- und Spezialglas

100 %
Glashütte Budenheim GmbH
Stammkapital: DM 8,0 Mio

90 %
Glashüttenwerke Holzminden GmbH & Co. KG
Nennkapital: DM 6,0 Mio

99,75 %
Gebrüder Stoevesandt AG
Grundkapital: DM 8,0 Mio

100 %
Spessart Glas GmbH
Stammkapital: DM 3,0 Mio

73,7 %
Tettauer Glashüttenwerke AG
Grundkapital: DM 20,0 Mio

Röhrenglas

51 %
OI Kimble FTS Inc., USA
Nennkapital: USD 26,5 Mio

100 %
Kimble Italiana S.p.A.
Nennkapital: ITL 4,5 Mrd

100 %
Bünder Glas GmbH
Stammkapital: DM 9,6 Mio

100 %
Verretubex S.A.
Nennkapital: FRF 5,5 Mio

Logistik

100 % ***)
Klöckner & Co AG
Grundkapital: DM 290,0 Mio

Stahl

100 %
Klöckner Stahl- und Metallhandel GmbH
Stammkapital: DM 170,0 Mio

60 %
Debrunner Koenig Holding AG
Nennkapital: CHF 13,5 Mio

100 %
KLÖCKNER NAMASCO CORPORATION
Nennkapital: USD 0,1 Mio

Computer

50,7 %
Computer 2000 AG
Grundkapital: DM 35,7 Mio

Chemie, Energie, Textilien

100 %
Klöckner Chemiehandel GmbH
Stammkapital: DM 14,0 Mio

100 %
Klöckner Energiehandel GmbH
Stammkapital: DM 9,0 Mio

100 %
Wilh. Ispert AG & Co. KG
Nennkapital: DM 0,7 Mio

Zeitsysteme

30,3 % **)
Kühne & Nagel International AG
Grundkapital: CHF 100,0 Mio

Spedition

100 %
Kühne & Nagel Beteiligungs-AG
Grundkapital: DM 20,1 Mio

100 %
Kühne & Nagel Investment Inc.
Nennkapital: USD 1,4 Mio

100 %
Kühne & Nagel Canada Holding Inc.
Nennkapital: CAD 3,0 Mio

100 %
Kühne & Nagel Asia Pacific Holding AG
Grundkapital: CHF 2,5 Mio

Reedereiagenturen

100 %
UNIMAR Shipping Corporation
Nennkapital: CHF 4,0 Mio

Versicherungsagenturen

100 %
NACORA Holding AG
Grundkapital: CHF 0,5 Mio

Andere Bereiche

Telekommunikation

50 %
VIAG INTERKOM GmbH & Co.
Stammkapital: DM 100,0 Mio

100 %
TB & D Telekommunikation Ges. f. Betrieb und Dienstl. mbH
Stammkapital: DM 0,05 Mio

25,1 %
Bayernwerk NETKOM GmbH
Stammkapital: DM 1,0 Mio

Diese Übersicht enthält nur eine Auswahl der wichtigsten Beteiligungen. Weitere wesentliche Beteiligungen sind im VIAG-Geschäftsbericht aufgeführt.

*) BAG 69%, OBAG 21%, GFA 9%, EVO 1%

**) über VBB VIAG-Bayernwerk-Beteiligungsgesellschaft mbH

***) über Bayernwerk AG

__Umsatz 1995:__ 41.932,5 Mio.
__Umsatz 1994:__ 28.956,7 Mio.
__Umsatz 1993:__ 23.733,6 Mio.

__Gewinn 1995:__ 1.319,9 Mio.
__Gewinn 1994:__ 1.119,9 Mio.
__Gewinn 1993:__ 301,6 Mio.

__Cash flow 1995:__ 4.422,0 Mio.
__Cash flow 1994:__ 3.982,0 Mio.
__Cash flow 1993:__ 2.326,0 Mio.

__Cash flow:__ Der Cash flow floß in die Investitionen aller Geschäftsbereiche des Konzerns und wurde für Akquisitionen verwendet.

__Steueraufkommen 1995:__ 920,7 Mio.

großen Kohlerevieren und Versorgungshäfen, ließen das Bayernwerk frühzeitig auf die Kernenergie setzen, die heute mehr als die Hälfte der Stromproduktion der Bayernwerk AG ausmacht. Der Konzern verfügt über die Kernkraftwerke Isar 1 (50%) und Isar 2 (50%), Grafenrheinfeld (100%) und Gundremmingen (25%). Hinzu kommen Öl-, Braun- und Steinkohlekraftwerke sowie drei Wasserkraftwerke am Walchensee und 13 Wasserkraftwerke an der Isar.

GEORG OBERMEIER: DER FIRMENJONGLEUR. Der 1941 geborene Georg Obermeier studierte Betriebswirtschaft in München und promovierte 1977. Nach mehrjähriger Tätigkeit bei der Knorr-Bremse GmbH in München kam Obermeier 1973 zur Bayernwerk AG. Zuletzt im Bayernwerk als Direktor des Finanz- und Organisationswesens tätig, wurde er Ende 1989 Mitglied des Vorstandes der VIAG AG mit Sitz in München. Nach der Übernahme der Bayernwerk AG durch die VIAG und den Umzug von Bonn nach München wurde Obermeier im August 1995 Vorsitzender des Vorstandes, verantwortlich für die Bereiche Energie und Chemie und die Gesamtkoordinierung der Geschäftsbereiche, für Investor Relations/Rechnungswesen, die Öffentlichkeitsarbeit und die oberen Führungskräfte. Der starke Einfluß Obermeiers wird an der Fülle seiner Aufsichtsratsmandate deutlich: Bayernwerk AG, BHF-Bank AG, Gerresheimer Glas AG, Isar-Amperwerke AG, Klöckner & Co AG, Kühne & Nagel International AG, Mobil Oil AG, Rheinhold & Mahla AG, Schmalbach-Lubeca AG, SKW Trostberg AG, Thomassen & Drijver-Verblifa N.V., Thyssengas GmbH, VAW aluminium AG.

GEORG VON WALDENFELS: POLITIK UND WIRTSCHAFT. Der Sprung vom Posten des bayerischen Finanzministers in hochdotierte Vorstandsposten der Großkonzerne scheint keine Seltenheit. Nach Gerold Tandlers Wechsel zu Linde schaffte es zum Jahresbeginn 1996 der ehemalige bayerische Finanzminister Georg von Waldenfels in den vierköpfigen Vorstand des VIAG-Konzerns und bekleidet dort das eigens für ihn neu geschaffene Ressort Wirtschaft und Politik. Besonders die Kontakte zur Politik sollen gepflegt werden, im Rahmen der Internationalisierung des Konzerns kommt dem besondere Bedeutung zu. Regierungen und Entscheidungsträger weltweit müssen kontaktiert werden, wenn es gilt, neue Standorte zu sichern, die wirtschaftliche und politische Lage einzelner Regionen zu erkunden. Waldenfels ist ein hochdotierter Lobbyist. Aber dieser Karrieresprung auf einen der Topsessel des deutschen Managements ist nicht nur Zufall. In seiner Funktion als bayerischer Finanzminister war es Waldenfels, der den für die VIAG so lukrativen Deal des Verkaufs der Bayernwerk AG eingefädelt und abgewickelt hatte. Adel verpflichtet. Danke.

NEUE BUNDESLÄNDER. Alle Bereiche und Unternehmensgruppen des VIAG-Konzerns sind in den neuen Bundesländern engagiert. Neben anderen westdeutschen Unternehmen erwarb das Bayernwerk Ende 1994 einen Anteil von 22,5% am ostdeutschen Verbundunternehmen Vereinigte Energiewerke AG (VEAG) sowie 15% an der Lausitzer Braunkohle AG (LAUBAG), die im wesentlichen die VEAG-Kraftwerke mit Braunkohle versorgt. Anfang 1994 übernahm das Bayernwerk von der Treuhand ebenfalls drei regionale Thüringer Energieversorgungsunternehmen, die zur TEAG Thüringer Energie AG,

Erfurt, verschmolzen wurden. Die Gasversorgung in Thüringen läuft über die Contigas AG. Contigas hält Minderheitsbeteiligungen an zahlreichen Stadtwerksquerverbundunternehmen und ist mehrheitlich am regionalen thüringischen Gasversorgungsunternehmen Gasversorgung Thüringen GmbH (GTV), Erfurt, beteiligt. VAW hat 1991 die Bernsdorfer Bauelemente GmbH, einen Produzenten von Aluminium-Sandwich-Systemen, übernommen. Die SKW-Tochter PCI Augsburg GmbH verfügt in Wittenberg über ein Zweigwerk zur Produktion von Bauchemikalien. Schmalbach-Lubeca besitzt seit 1992 ein modernes Getränkedosenwerk in Hermsdorf bei Magdeburg.

Beschäftigte 1995: *83.770*
Beschäftigte 1994: *86.018*
Beschäftigte 1993: *80.683*

Umsatz pro Mitarbeiter 1994: *336.635,– DM*
Umsatz pro Mitarbeiter 1993: *294.159,– DM*
Umsatz pro Mitarbeiter 1992: *287.554,– DM*

STANDORT DEUTSCHLAND. Die VIAG stellt klar, daß der ständig zunehmende Wettbewerbsdruck permanente Restrukturierungs- und Anpassungsmaßnahmen erfordert. Dazu haben die VIAG-Gesellschaften ihre Organisationsstruktur gezielt dezentralisiert, kleinere marktnahe Einheiten geschaffen und die Overhead-Kosten reduziert. Lagen die Schwerpunkte der Aktivitäten der VIAG seit ihrer Gründung 1923 bis zu ihrer Privatisierung Mitte der 80er als Staatsholding im Inland, so ist sie heute auf allen Weltmärkten präsent und treibt die Internationalisierung vehement voran. Nur noch zwei Drittel der VIAG-Mitarbeiter sind in Deutschland tätig. Neben der Intensivierung der Zusammenarbeit zwischen den deutschen Führungsgesellschaften und ihren internationalen Töchtern sollen auch Kooperationen der internationalen Gesellschaften untereinander ausgebaut werden.

Löhne und Gehälter 1995: *4.820,9 Mio.*
Löhne und Gehälter 1994: *4.082,6 Mio.*
Durchschnittsgehalt 1995: *48.736,– DM*
Soziale Abgaben und Aufwendungen 1995: *1.627,6 Mio.*
Soziale Abgaben und Aufwendungen 1994: *1.169,1 Mio.*

Erzielt der Energiebereich der VIAG seinen Umsatz zwangsläufig fast ausschließlich im Inland, so erwirtschaftet der Chemiebereich mit der SKW Trostberg mehr als 50% seines Umsatzes im Ausland. Der VIAG-Verpackungsbereich weist mit 65% die höchste Auslandsquote auf. Da die VIAG-Verpackungsunternehmen ihre Hauptabnehmer in den großen Lebensmittelkonzernen der Welt haben, ist eine Globalisierung zwingend notwendig. Besonders die Präsenz im asiatischen Raum wird verstärkt. Die VAW aluminium AG erwarb Ende 1995 knapp 25% an der Strongpack Public Company Ltd., einem führenden thailändischen Hersteller flexibler Packstoffe. Anfang 1996 übernahm VAW dann ein 34%-Paket an der philippinischen AR Packaging Corporation, einem Verpackungsunternehmen, das im Großraum Manila in zwei Werken flexible Verpackungen herstellt.

Bezüge pro Vorstandsmitglied 1995: *1.073.471,– DM*
Tantiemen pro Aufsichtsrat 1995: *54.731,– DM*

Schmalbach Lubeca/Continental Can Europe betreibt insgesamt 68 Werke, 40 davon im Ausland. Durch ihr Joint-venture mit der Pacific Can Group verfügt sie über eine wichtige Ausgangsposition im chinesischen Markt. Im Bereich Getränkeverpackungen wird expandiert, die Ausdehnung der PET-Aktivitäten auf Nordafrika, Asien und Südamerika sowie der Aufbau neuer Kapazitäten für White-Cap-Verschlüsse in Lateinamerika und Asien ist geplant. Geplant ist neben Vertriebsniederlassungen auch der Aufbau von Produktionsstätten weltweit, entweder in Eigenregie oder durch Joint-ventures, wobei die VIAG stets die unternehmerische Führung übernehmen will.
Die Belegschaft der VIAG ging 1995 um rund 2.500 Beschäftigte zurück, wobei besonders im Verpackungs- und Logistikbereich die Mitarbeiterzahl im »Rahmen von Desinvestitionen und der Aufgabe von Grenzkapazitäten« reduziert wurde. Die wichtigste Veränderung im Portfolio der VIAG war der endgültige Ausstieg aus dem Feuerfest-Bereich. Feuerfest und Technische Keramik (Schmelz- und Brennpro-

Investitionen 1995:
4.896,0 Mio.
Investitionen 1994:
7.568,0 Mio.
Investitionen 1993:
2.183,0 Mio.

zesse, Wärmedämmung und -speicherung), jahrelang durch die international arbeitende Didier-Werke AG ein wesentliches Standbein des VIAG-Konzerns, wurde 1995/96 an die Veitsch Radex AG verkauft. Die Beteiligung an der PWA Papierwerke Waldhof-Aschaffenburg AG wurde im Zuge der Konzentration auf die Kerngeschäfte ebenfalls veräußert.

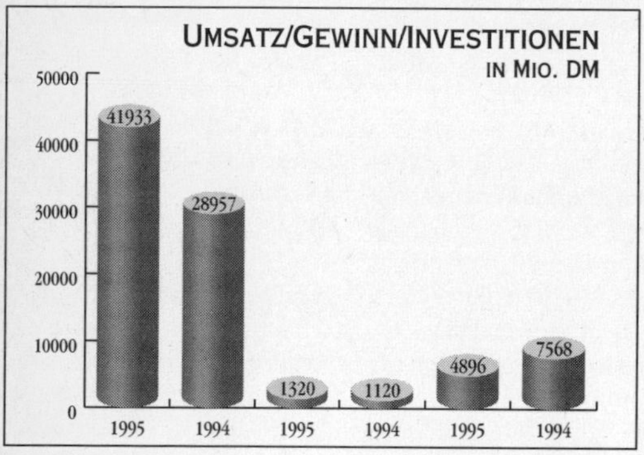

»BÜNDNIS FÜR ARBEIT«. Die VIAG ist eine Management-Holding mit Aktivitäten in den Bereichen Energie, Chemie, Verpackung, Logistik und Telekommunikation. In der Holding selbst sind nur knapp 100 Mitarbeiter beschäftigt, die sich auf die Kernfunktionen Strategieentwicklung und -begleitung, Allokation der Finanzressourcen, Besetzung von Schlüsselpositionen und Strategisches Controlling konzentrieren. Im Rahmen der Besetzung von Schlüsselpositionen innerhalb des Konzerns verfolgt die VIAG eine sachgerechte und konsequente Nachfolgeplanung und Personalentwicklung. Die Gestaltung innerbetrieblicher Regelungen und Vereinbarungen innerhalb der VIAG-Konzerngesellschaften, wie z. B. die Flexibilisierung der Arbeitszeit, erfolgt eigenverantwortlich in den Unternehmen selbst und orientiert sich an den jeweiligen Gegebenheiten der Branche. Zahlreiche VIAG-Unternehmen verfügen über interne Regelungen.

UMWELTSCHUTZ. Das Bayernwerk versteht sich in seiner Selbstdarstellung als äußerst umweltfreundlich. In diesem Zusammenhang wird besonders kompromißlos der Kernenergie das Wort geredet. Der Grund: ein »umweltfreundlicher Energiemix« aus einem Kernenergieanteil von 55% und einem Anteil von rund 20% an Wasserkraft. Bayernwerk betreibt in Bayern fünf Kernkraftwerke, wodurch Emissionen von ca. 47 Mio. Tonnen CO_2 vermieden würden. Schonung von Ressourcen, wettbewerbsfähige Preisgestaltung und Verringerung der CO_2-Emissionen sind für die VIAG Argumente, der Kernenergie auch in Zukunft einen hohen Stellenwert einzuräumen. Im Interesse der Umwelt und des Wirtschaftsstandortes Deutschland müßten die vorhandenen deutschen Kernkraftwerke ohne politische Störungen weiterbetrieben werden. Bayernwerk setzt auf das deutsch-französische Gemeinschaftsprojekt eines weiterentwickelten Druckwasserreaktors (EPR). Die VIAG weist immer wieder darauf hin, daß sie der mit Abstand größte deutsche Erzeuger von Strom auf der Basis preisgünstiger und umweltfreundlicher Wasserkraft ist. Rund 20% des vom Bayernwerk erzeugten Stroms stammen aus den 85 Wasserkraftwerken, die unter der Bayernwerk Wasserkraft AG zusammengefaßt sind. Auch im Bereich der regenerativen Energien ist das Bayernwerk engagiert: In Neunburg vorm Wald wird eine Solar-Wasserstoff-Anlage betrieben, mit 49% ist es an der Siemens Solar GmbH, dem weltweit größten Hersteller von Photovoltaikmodulen, beteiligt.
Im Bereich Chemie hat der Umweltschutz hohe Priorität. Die VIAG-Chemie-Tochter SKW Trostberg AG beteiligt sich am Projekt Umweltpakt Bayern, hat ein »Umweltmanagement-System« etabliert, das sich

mit Umwelt, Sicherheit und Qualität befaßt und die Umsetzung der Öko-Audit-Verordnung vorantreibt. Ziel der Umweltschutzaktivitäten im Verpackungsbereich ist die Schonung der Ressourcen, die Vermeidung von Emissionen und die Entlastung der öffentlichen Entsorgung sowie der Weiterentwicklung von Recyclingverfahren zur Abfallreduzierung.

Engagiert wird sich zunehmend in den Geschäftsfeldern Umwelttechnik und Entsorgung. Alle Bereiche und Arbeitsfelder des VIAG-Konzerns haben den Umweltschutz als gewinnbringenden Zweig entdeckt, besonders in den Bereichen Verpackungsmaterialien, Recycling und Entsorgung. Dennoch stellt der Vorstand unmißverständlich fest, daß eine CO_2-Energiesteuer für den Produktionsstandort Deutschland ein klares Signal zur Schließung oder Auslagerung wichtiger Teile der produzierenden Industrie bedeuten würde (Vorstandsmitglied Rainer Grohe anläßlich des BMU-BDI Forums »Umweltschutz als Wirtschafts- und Standortfaktor« am 30.8.1994 in Köln). »Wir sind der Auffassung, daß der erreichte Umweltstandard und die gerade wiedergewonnene Fähigkeit, auf den Weltmärkten wettbewerbsfähig aufzutreten, jede weitere Belastung durch ökologisch motivierte Steuern und Abgaben verbietet. Sie müssen zu Stagnation, Rückschritt und Verlagerungen führen.«

Mitbewerber: *AGIV, Badenwerk, BASF, Bayer, Energieversorgung Schwaben, Haniel, Hoechst, Ruhrkohle, RWE, Schott, Siemens, Thyssen, VEW, VEBA, Zeiss*

Vobis siehe Metro

VOLKSWAGEN

GESCHICHTE UND ENTWICKLUNG. 1937 erteilte die Nazi-Regierung der Deutschen Arbeitsfront den Auftrag für den Bau des Volkswagens, des Volkswagenwerks und einer dazugehörigen Stadt. Die »Gesellschaft zur Vorbereitung des Volkswagens« wurde im September 1938 in Volkswagen GmbH umgewandelt und ins Handelsregister eingetragen. Der von Ferdinand Porsche konstruierte »Volkswagen« sollte über ein besonderes Sparsystem (bis Ende 1944 ca. 336.000 Sparer) zu niedrigen Preisen erworben werden können. Sonderkonto: »KdF-Volkswagen«. Die im heutigen Wolfsburg (ursprünglich »Stadt des KdF-Wagens«) und in Braunschweig entstandenen Werksanlagen wurden mit Kriegsbeginn zur Rüstungsproduktion eingesetzt. Produktion von Kübelwagen und Schwimmfahrzeugen für die Wehrmacht. 1944 waren im Werk Wolfsburg von 12.000 Arbeitern nur 4.000 Deutsche; Rekrutierung von Zwangsarbeitern. Nach Kriegsende Beschlagnahme des Firmenvermögens durch die Alliierten; Umbenennung der neuen Stadt in »Wolfsburg«; 1948 Verlegung des Sitzes der Gesellschaft von Berlin nach Wolfsburg. 1949 übertrug die Militärregierung die Verfügungsgewalt über die Volkswagen GmbH auf die Bundesrepublik Deutschland, die ihre Rechte treuhänderisch auf das Land Niedersachsen übertrug. Nachdem bereits ab 1945 im Auftrag der britischen Militärregierung einige tausend VW-Käfer produziert worden waren, begannen 1949 der steile Aufstieg von VW und

Standort:
38436 Wolfsburg

Telefon: *(05361) 9-0*
Telex: *9 586-0 vwv d*
Telefax: *(05361) 9-28282*
Teletex: *(05361) 9-0=VWW*
Btx: **5 3619*

Branche:
Automobilindustrie

Rechtsform:
Aktiengesellschaft

Geschäftsjahr: *1.1.-31.12.*

Gründungsjahr: *1938*

Öffentlichkeitsarbeit:
Dr. Klaus Kocks
Tel.: (05361) 9-24319
FAX: (05361) 9-28528

Konzernpresse:
Hans-Peter Blechinger
Tel.: (05361) 9-26662
FAX: (05361) 9-74629

VW setzt neuerdings zwecks internationaler Akzente ganz auf Popmusik-Sponsoring: VW präsentierte 1994 »Pink Floyd« auf 51 Konzerten in 14 Ländern (Verkauf der »Pink Floyd«-Sondermodelle Golf, Golf Cabriolet und Golf Variant: 85.000); 1995 begleitete VW mit der Partnerschaft »Volkswagen presents ›The Rolling Stones‹« die englische Rockband auf ihrer Europa-Südamerika-Tournee. 1996 lief mit großem Erfolg die »Volkswagen Bon Jovi Welt-Tour 1996«.

***Verbände:** Verband der Automobilindustrie e.V. (VDA), Frankfurt/Main; Verband Deutscher Maschinen- und Anlagenbau e.V. (VDMA), Frankfurt/Main*

sein weltweiter Erfolgsweg. 1955 der einmillionste Käfer; 1965 der zehnmillionste Volkswagen. Gründung zahlreicher Auslandsniederlassungen, Verkaufs- und Vertriebsgesellschaften. Erweiterung der Produktpalette. 1960 Umwandlung in »Volkswagen AG«; Teilprivatisierung des Unternehmens; die Bundesrepublik und Niedersachsen hielten jeweils nur noch 20% des Grundkapitals. Verkaufserlös und Dividenden flossen vertragsgemäß der »Stiftung Volkswagenwerk« zu, die dem Ziel verpflichtet wurde, Wissenschaft und Technik in Forschung und Lehre zu fördern. 1961 Beendigung des Volkswagen-Sparer-Prozesses. Gründung zahlreicher in- und ausländischer Volkswagen-Werke, u. a. in Mexiko und Brasilien. Ende der 60er Jahre Verschmelzung von Audi und NSU zur AUDI NSU AUTO UNION AG, an der die VW AG die Mehrheit hält. 1972 wurde der Käfer das meistverkaufte Auto aller Zeiten; 1974 Produktionsbeginn des Golf. Expansionsphase der Wolfsburger in den 70er und 80er Jahren; Einstieg beim spanischen Automobilhersteller SEAT; neue Tochtergesellschaften und Produktionsstätten. 1987 Einbringung der südamerikanischen Produktionsstätten in das mit Ford gegründete Unternehmen Autolatina, São Paulo. 1989/90 Gründung der IFA-Pkw-GmbH und Beginn einer neuen Expansionsphase. 1990 Einstieg bei SKODA in der Tschechischen Republik. Ende 1993 lief im Werk Wolfsburg der 65millionste Volkswagen vom Band. In der VW-Geschichte wurden bis Anfang 1996 85.600.000 Fahrzeuge produziert.

BESITZVERHÄLTNISSE/EIGENTUMSSTRUKTUR.
- Stammaktien: Land Niedersachsen (ca. 20% am stimmberechtigten Grundkapital); Rest Streubesitz in Privathand
- Vorzugsaktien: 100% Streubesitz bei rund 728.000 Aktionären

KONZERNÜBERBLICK. Der Volkswagen-Konzern ist das zweitgrößte deutsche Industrieunternehmen und der viertgrößte Fahrzeughersteller der Welt. 1995 produzierte der Volkswagen-Konzern rund 3,6 Mio. Fahrzeuge unter den Marken Volkswagen, Audi, Seat und Skoda. Auch 1995 blieb die Volkswagen-Gruppe mit einem Marktanteil von 16,8% bereits im elften Jahr unangefochten die Nummer 1 in Europa. Stärkste Auslandsmärkte in Europa waren Italien, Spanien, Frankreich, Großbritannien und Belgien. Die Modellpalette reicht im Pkw-Bereich von Kleinwagen der Marken Seat und Skoda über die Volkswagen-Palette bis hin zu Fahrzeugen der Luxusklasse von Audi. Der Bereich der Nutzfahrzeuge verfügt über ein Angebot von kleinen Pick-up-Fahrzeugen bis zu Lkw mit 22 Tonnen.
In Deutschland war Volkswagen 1995 Marktführer mit einem Anteil von 28,1% (Vorjahr: 28,6%) vor Opel, Ford, Mercedes-Benz, BMW und Renault. Das Beschaffungsvolumen des Volkswagen-Konzerns lag 1995 bei 44,8 Mrd. DM (Vorjahr: 40,7 Mrd.), das der Volkswagen AG bei 21,3 Mrd. DM (Vorjahr: 19,5 Mrd.). Von den 242.285 Beschäftigten im VW-Konzern arbeiteten Ende 1995 100.225 bei ausländischen Konzerngesellschaften.
1991 wurde im VW-Konzern durch Umstrukturierung eine Trennung zwischen Konzern- und Markenleitung vorgenommen, in erster Linie zur Entlastung der Konzernleitung. Die Marken Volkswagen, Audi, Seat und Skoda sind seitdem personell gleichrangig vertreten (siehe Markenvorstände). Neben der bereits 1991 geschaffenen Region »Nord-

amerika« sind 1993 die Regionen »Asien-Pazifik« und »Südamerika/Afrika« eingerichtet worden. Mit der Regionalisierung der außereuropäischen Konzernaktivitäten soll durch die Bündelung der Interessen vor Ort mehr Kundennähe geschaffen werden. Während andere Automobilhersteller teilweise durch Diversifizierung in andere Branchen möglichen Konjunkturschwankungen gegensteuern wollen, beschränkt sich VW ausschließlich auf den Fahrzeugbereich. Im Volkswagen-Konzern werden an jedem Arbeitstag durchschnittlich 14.500 Fahrzeuge produziert.

◆ Die Volkswagen AG ist traditionell die erfolgreichste Konzerngruppe. Im Juli 1995 lief im Werk Wolfsburg der 16millionste Golf vom Montageband, seit dem legendären Käfer die erfolgreichste Autokreation der Wolfsburger. Mehr verkauft als der Golf waren in der Welt-Automobilgeschichte bislang nur der VW Käfer mit 22 Mio. Einheiten, gefolgt vom Toyota Corolla und der Tin Lizzie von Ford mit jeweils mehr als 15 Mio. Stück. Im Werk Salzgitter, dem Motoren-Leitwerk des Volkswagen-Konzerns, wurde Mitte 1995 das 26millionste Triebwerk gefertigt. Die Leitung des Unternehmens und der Werke erfolgt zentral von Wolfsburg aus.

Produziert wird in folgenden inländischen Werken:

- Werk Wolfsburg: Golf, Golf Variant, Vento, Polo; Komponenten für den Konzernverbund; Sitz der Konzernzentrale. Beschäftigte 1996: 45.000. Das Volkswagenwerk Wolfsburg ist die größte zusammenhängende Automobilfabrik der Welt »unter einem Dach«. Pro Arbeitstag werden 2.500 Autos produziert.
- Werk Kassel: Getriebe, Produktions- und Ersatzteile, Aufbereitung von Aggregaten (Motoren und Getriebe); zentrale Ersatzteileversorgung; Komponenten. Beschäftigte 1996: 15.000.
- Werk Hannover: Transporter und Caravelle, Volkswagen LT (1 – 3,3 t Nutzlast); Komponenten. Beschäftigte 1996: 14.200.
- Werk Emden: Passat Limousine, Passat Variant, Taro/Hilux. Beschäftigte 1996: 8.750.
- Werk Salzgitter: Motorenproduktion, Komponenten. Beschäftigte 1996: 7.100.
- Werk Braunschweig: Werkzeug- und Maschinenbau; Komponenten. Beschäftigte 1996: 5.400.
- Werk Mosel: Golf. Beschäftigte 1996: 2.400. (VW Sachsen GmbH/Sächsische Automobilbau GmbH)
- Werk Chemnitz: Motoren. Beschäftigte 1996: 500. (VW Sachsen GmbH/Sächsische Automobilbau GmbH)

Produktionsstätten im Ausland und ihre Inbetriebnahme: Kanada (1952), Brasilien (1953), Südafrika (1956), Mexiko (1964); Belgien (1970), Argentinien (1980), Volksrepublik China (1985), Spanien (1986), Tschechische Republik (1991), Slowakische Republik (1991), Polen (1993), Ungarn (1994), Taiwan (1994), Portugal (1995). Details befinden sich in der Aufstellung »Produktionsstandorte« auf der Seite 577. Umsatz 1995: 48.127,0 Mio. DM (Vorjahr: 47.385,0 Mio.); Beschäftigte 1995: 121.235 (Vorjahr: 125.237).

Vorstand:

- *Piëch, Ferdinand, Dr. h.c. (Vorsitzender; Forschung und Entwicklung)*
- *Adelt, Bruno (Controlling und Rechnungswesen)*
- *Büchelhofer, Robert, Dr. (Vertrieb und Marketing)*
- *Hartz, Peter, Dr. h.c. (Personal/Arbeitsdirektor)*
- *López de Arriortúa, José Ignacio (Produktionsoptimierung und Beschaffung)*
- *Neumann, Jens, Dr. (Konzernstrategie, Treasury, Recht, Organisation)*
- *Posth, Martin, Dr. (Asien-Pazifik)*

Vorstandsbezüge 1995:
12.341.454,– DM

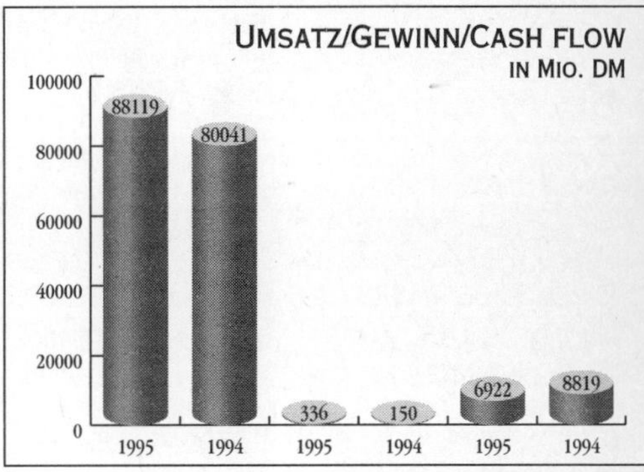

Markenvorstand VW:

- *Piëch, Ferdinand, Dr. h.c. (Vorsitzender)*
- *Büchelhofer, Robert, Dr. (Vertrieb)*
- *Hartz, Peter, Dr. h.c. (Personal)*
- *Kocks, Klaus, Dr. (Kommunikation)*
- *Neumann, Jens, Dr. (Organisation und Systeme)*
- *Sander, Lothar (Controlling und Rechnungswesen)*
- *Weißgerber, Folker (Produktion, Logistik)*
- *Winterkorn, Martin, Dr. (Technische Entwicklung)*

Markenvorstand AUDI:
- *Demel, Herbert, Dr. (Vorsitzender des Vorstandes der Audi AG)*
- *Gebhardt, Jürgen (Produktion)*
- *Morris, Graham John (Marketing und Vertrieb)*
- *Paefgen, Franz-Josef, Dr. (Technische Entwicklung)*
- *Schleef, Andreas (Personal- und Sozialwesen)*
- *Schmitt, Erich (Einkauf, Finanz und Organisation)*

Markenvorstand SEAT:
- *Llorens Carrió, Juan, Dr. (Vorsitzender der Geschäftsleitung SEAT S.A.)*
- *Sanz, Francisco Garcia (Beschaffung)*
- *Claasen, Utz, Dr. (Finanzen)*
- *Schmidt, Detlev (Vertrieb und Marketing)*
- *Schröder, Barthel, Dr. (Technik)*
- *Schumm, Jochen (Personal)*

Markenvorstand SKODA:
- *Kalma, Ludvík (Vorsitzender des Vorstandes der SKODA automobilová a.s.)*
- *Köhler, Volkhard (stellv. Vorsitzender; kaufmännischer Bereich)*
- *Novácek, Pavel, Dr. (Personalwesen)*
- *Wittig, Detlef (Vertrieb und Marketing)*
- *Zimmermann, Rolf (Technik)*

Markenvorstand Volkswagen Nutzfahrzeuge:
- *Wiedemann, Bernd*

◆ Die Audi AG produziert Fahrzeuge im oberen Segment. Produziert wird in Ingolstadt (Unternehmenssitz), Neckarsulm und dem ungarischen Györ (Motorenwerk). 1995 produzierte Audi knapp 450.000 Fahrzeuge bei einer arbeitstäglichen Fertigung von 1.896 Automobilen. Hinzu kam die Produktion von über 600.000 Motoren. Umsatz 1995: 16.678,0 Mio. DM (Vorjahr: 13.476,0 Mio.); Beschäftigte 1995: 32.995 (Vorjahr: 31.786).

◆ Der Seat wird in Barcelona, El Prat de Llobregat und verschiedenen ausländischen Werken gefertigt. Anfang Februar 1993 wurde in Martorell bei Barcelona eine hochmoderne Seat-Fabrik mit einer Tageskapazität von 1.500 Wagen für Ibiza-, Toledo- und Cordoba-Modelle eröffnet, die mit einer Durchlaufzeit von weniger als 20 Stunden für ein komplettes Fahrzeug eine Spitzenposition in der europäischen Automobilproduktion einnimmt. Im Rahmen eines großangelegten Sanierungskonzeptes des angeschlagenen Seat-Konzerns wurde das Seat-Werk Pamplona aus der SEAT S.A. ausgegliedert und als Fábrica Navarra de Automóviles S.A. von der Volkswagen AG übernommen. Umsatz 1995: 9.646,0 Mio. DM (Vorjahr: 8.966,0 Mio.); Beschäftigte 1995: 12.581 (Vorjahr: 13.688). 1991 hatte Seat noch 25.360 Beschäftigte.

◆ Der SKODA wird in Mladá Boleslav, Tschechische Republik, produziert. Nach hartem Ringen verschiedener europäischer Konkurrenten um SKODA bekam Volkswagen im Dezember 1991 von der damaligen tschechoslowakischen Regierung den Zuschlag und grünes Licht für die Zusammenarbeit mit dem einstmals staatlichen Automobilhersteller. Inzwischen hat sich SKODA für den VW-Konzern zu einer lukrativen Marke entwickelt. SKODA spielt auf dem osteuropäischen Markt nach wie vor eine herausragende Rolle. Umsatz 1995: 2.4121,0 Mio. DM (Vorjahr: 1.781,0 Mio.); Beschäftigte 1995: 15.736 (Vorjahr: 15.985).

VW ist in seinen außereuropäischen Produktionsstätten sehr erfolgreich. In der Region Nordamerika mit Volkswagen de Mexico, Volkswagen of America und Volkswagen Canada wurden 1995 5.600,0 Mio. DM (Vorjahr: 7.502,0 Mio.) umgesetzt und 13.340 (Vorjahr: 15.652) Mitarbeiter beschäftigt. Die Region Südamerika/Afrika kam 1995 über Volkswagen do Brasil, Volkswagen Argentina und Volkswagen of South Africa auf einen Umsatz von 11.178,0 Mio. DM (Vorjahr: 7.686,0 Mio.) bei 40.491 (Vorjahr: 35.052) Beschäftigten. Ende 1995 trennten sich VW und die Ford Motor Company, die bis dahin die Automobilgeschäfte in Südamerika gemeinsam in der Autolatina America geführt hatten. VW betreibt seine Geschäfte jetzt wieder allein. Der Marktanteil von VW do Brasil am größten südamerikanischen Einzelmarkt Brasilien liegt bei 34,3%, was dem Verkauf von 566.000 Volkswagen entspricht. In der Region Asien-Pazifik ist VW durch die Shanghai-Volkswagen Automotive und die Volkswagen Audi Nippon in Japan vertreten. Umsatz 1995: 5.123,0 Mio. DM (Vorjahr: 2.412,0 Mio.); Beschäftigte 1995: 9.654 (Vorjahr: 7.275).

Der VW-Konzern verfügt darüber hinaus über ein weltweit verzweigtes Vertriebs- und Service-System, das seit 1994 in der Volkswagen Financial Services AG gebündelt ist. In diesen Bereich gehören die Volkswagen Bank GmbH und die Volkswagen Leasing GmbH. 1995 wurden 810.000 neue Verträge abgeschlossen; der Vertragsbestand wuchs dadurch auf knapp 1,9 Mio. Kontrakte. Der Anteil geleaster bzw. finan-

PRODUKTIONSSTANDORTE

Deutschland 94.800 MA	**Volkswagen AG**
* Werk Wolfsburg 45.000 MA	Golf, Golf Variant, Vento, Polo; Komponenten
* Werk Kassel 15.000 MA	Getriebe, Aufbereitung von Aggregaten; Ersatzteile-Versorgung; Komponenten
* Werk Hannover 13.550 MA	Transporter und Caravelle, Volkswagen LT, Komponenten
* Werk Emden 8.750 MA	Passat Limousine, Passat Variant, Taro/Hilux
* Werk Salzgitter 7.100 MA	Motoren-Produktion, Komponenten
* Werk Braunschweig 5.400 MA	Werkzeug- u. Maschinenbau; Komponenten
AUDI AG	
* Werk Ingolstadt 23.800 MA	Audi A3, Audi A4, Audi A4 Avant, Audi Coupé, Audi S2, Audi Cabriolet; Motoren
* Werk Neckarsulm 9.400 MA	Audi A6, Audi A6 Avant, Audi S6, Audi A8
Volkswagen Sachsen GmbH Sächsische Automobilbau GmbH	
* Werk Mosel 2.500 MA	Golf
* Werk Chemnitz 500 MA	Motoren
Belgien	Volkswagen Bruxelles S.A.
* Werk Brüssel 5.800 MA	Golf, Passat Limousine,
Polen	Volkswagen-Poznan Sp.zo.o.
* Werk Poznan 310 MA	Montage von VW-Transportern, Škoda Felicia
Portugal	AutoEuropa-Automóveis Lda.
* Werk Palmela 3.000 MA	Sharan, Seat Alhambra

Spanien	
SEAT	SEAT, S.A., Barcelona
* Werk Barcelona 3.600 MA	Marbella, Motoren; zentrale Verwaltung
* Werk Martorell 8.800 MA	Ibiza, Córdoba, Polo Classic, Toledo, Caddy/Inca; Motoren; zentrales Ersatzteile-Lager
VW-Navarra, S.A.	(100 % Volkswagen AG)
* Werk Pamplona 4.600 MA	Polo; Motorenmontage
Gearbox del Prat,	(100 % SEAT, S.A.)
* Werk Prat	Getriebefertigung für VW u. Seat
Tschechische Republik	
ŠKODA,	ŠKODA, automobilová a.s.
* W. Mladá Boleslav 14.000 MA	Felicia, Felicia Combi; Motoren, Komponenten
* Werk Vrchlabí 900 MA	Felicia, Felicia Combi; Komponenten
* Werk Kvasiny 1.000 MA	Pick-up, Vanplus; Komponenten
Slowakische Republik	
Volkswagen Bratislava spol. s.r.o., Bratislava	
* Werk Bratislava 1.940 MA	Golf, Golf Variant, Passat Variant; Getriebe,
Ungarn	Audi Hungária Motor Kft.
* Werk Györ 456 MA	Motoren
Brasilien	Volkswagen do Brasil Ltda. São Bernardo do Campo, SP
* Werk Anchieta 23.000 MA	Fusca (Käfer), Gol, Voyage, Parati, Saveiro Pick-up, Santana, Quantum, Kombi Van, Motoren, Komponenten
* Werk Taubaté 6.950 MA	Gol, Gol Variant
* Werk Resende	Lkw und Busse (Okt. 1996)
* Werk São Carlos	Motoren (Okt. 1996)
* Werk Ipiranga	VW-Lastkraftwagen (Ford)
* Werk São Bernardo	Logus, Pointer (Ford)

Argentinien	Volkswagen Argentina S.A., Buenos Aires
* Werk VW Pacheco 980 MA	Gol
* Werk Cordoba 1.260 MA.	Getriebe; Komponenten
* Werk Pacheco I	Gol, Senda; Pointer (Ford)
Taiwan 665 MA	Chinchun Motor Co., Ltd. Taipeh VW-Caravelle
Volksrepublik China	
Shanghai Volkswagen Automotive Company Ltd.,	
* Werk Shanghai 9.360 MA	Santana 2000, Santana Limousine, Santana Variant
FAW-Volkswagen Automotive Company Ltd.	
* Werk Changchun 3.050 MA	Montage Jetta; Aufbau Fahrzeugproduktion; Motoren- und Getriebefertigung bis 1997
Kanada	Volkswagen Canada, Inc.,
* Werk Barrie 720 MA	Komponenten
Mexiko	Volkswagen de México S.A.
* Werk Puebla 12.500 MA	Käfer, Golf, Jetta, Derby, Transporter; Motoren; Komponenten
Südafrika	Volkswagen of South Africa (Pty.)
* Werk Uitenhage 6.600 MA	Golf, Jetta, Golf Pick-up, Transporter, Audi A4 Motoren, Komponenten
* Werk Port Elizabeth	Komponenten

Unabhängige Montage-Unternehmen:

Deutschland: Karmann (Golf Cabriolet), Westfalia (Multivan, California, Florida); **China:** FAW (City-Golf, Audi 100); **Israel**: Dead Sea Works (Magnesium); **Malaysia:** Tang Chong Motor Assemblies Snd. Bhd. (Audi 100, Audi A6, Modell 256 Caravelle)

zierter Neufahrzeuge am Auslieferungsvolumen des Konzerns betrug 22,7% (Vorjahr: 23,5%). Jedes sechste neue Fahrzeug der VW-Gruppe wurde finanziert. Innerhalb des VW-Konzerns waren 1995 etwas über 14.000 Personen in der Forschung und Entwicklung tätig, davon 7.600 bei der Volkswagen AG.

BETEILIGUNGEN. Zu den wichtigsten Gesellschaften der Volkswagen AG gehören:

● Volkswagen: Volkswagen Sachsen GmbH, Mosel (100%); Sächsische Automobil GmbH, Mosel (100%); Volkswagen Bruxelles S.A., Brüssel/Belgien (100%); Volkswagen Navarra, S.A., Arazuri/Spanien (100%); AutoEuropa Auromóveis Lda., Palmela/ Portugal (100%); Volkswagen Bratislava spol.sr.o., Bratislava/ Slowakische Republik (100%); V.A.G. Transport GmbH & Co. oHG, Wolfsburg (81% – 19% bei der Audi AG); Votex GmbH, Dreieich (100%); Groupe Volkswagen France s.a., Villers-Cotterêts/Frankreich (100%); Autogerma S.p.A., Verona/Italien (100%); Volkswagen Group United Kingdom ltd., Milton Keynes/Großbritannien (100%); V.A.G. Sverige AB, Södertälje/Schweden (100%); VW Kraftwerk GmbH, Wolfsburg (100%); Europcar International S.A., St. Quentin Yvelines/Frankreich (50% – alle Vermietaktivitäten des Volkswagen-Konzerns sind in dieser Holdinggesellschaft gebündelt, die als Joint-venture zwischen VW und der französischen Hotel-Gruppe Accor SA, Evry, mit jeweils 50%-Anteil betrieben wird.

Aufsichtsrat:
- *Liesen, Klaus, Dr. (Vorsitzender; Vorsitzender des Aufsichtsrates der Ruhrgas AG), Essen*
- *Hahn, Carl H., Dr. (ehem. Vorsitzender des Vorstandes der VW AG), Wolfsburg*
- *Hiller, Walter (Minister für Soziales des Landes Niedersachsen), Hannover*
- *Leisler Kiep, Walther (persönlich haftender Gesellschafter Gradmann & Holler), Frankfurt/Main*
- *Krumnow, Jürgen, Dr. (Mitglied des Vorstandes der Deutsche Bank AG), Frankfurt/Main*
- *Lambsdorff, Otto Graf, Dr. (Präsident Deutsche Schutzvereinigung für Wertpapierbesitz e.V.), Düsseldorf*
- *von Pierer, Heinrich (Vorsitzender des Vorstandes der Siemens AG), München*
- *Saßmannshausen, Günther, Dr. E.h. (Vorsitzender des Aufsichtsrates der Deutsche Bahn AG), Hannover*
- *Schröder, Gerhard (Ministerpräsident des Landes Niedersachsen), Hannover*
- *Voss, Bernd W., Dr. (Mitglied des Vorstandes der Dresdner Bank AG), Frankfurt/Main*

**Zwickel, Klaus (stellv. Vorsitzender)*
**Bauer, Josef*
**Hemer, Wilhelm*
**Kakalick, Gerhard*
**Klever, Wolfgang*
**Schinowski, Siegfried*
**Schunk, Albert, Dr.*
**Sudholt, Bernd*
**Volkert, Klaus*
**Wesner, Ekkehardt, Dr.*

***Aufsichtsratstantiemen 1995:** 505.500,– DM*

Europcar besitzt in mehr als 4.600 Vermietstationen eine Mietwagenflotte von ca. 50.000 eigenen Fahrzeugen, hat in acht weiteren Ländern Tochtergesellschaften und in über 130 Ländern Kooperationspartner. Zu Europcar gehört auch die 100%ige VW-Tochter interRent.).

● AUDI: Audi AG, Ingolstadt (98,99%); Audi Hungaria Motor Kft., Györ/Ungarn (100%).

● SEAT: SEAT, S.A., Barcelona/Spanien (100%); Gearbox del Prat, S.A., El Prat de Llobregat/Spanien (100%); Seat Deutschland GmbH, Mörfelden-Walldorf (100%).

● SKODA: SKODA, automobilová a.s., Mladá Boleslav/Tschechische Republik (70%); SKODA Automobile Deutschland GmbH, Weiterstadt (100%).

● Nordamerika: Volkswagen de México, S.A. de C.V., Puebla/Mexiko (100%); Volkswagen of America Inc., Auburn Hills/Michigan, USA (100%); Volkswagen Canada Inc., Toronto/Ontario, Kanada (100%).

● Südamerika/Afrika: Volkswagen do Brasil S.A., São Bernardo do Campo/Brasilien (100%); Volkswagen Argentina S.A., Buenos Aires/Argentinien (100%); Volkswagen of South Africa (Pty.) Ltd., Uitenhage C.P./Südafrika (100%).

● Asien-Pazifik: Shanghai-Volkswagen Automotive Company Ltd., Shanghai/China (50%); FAW-Volkswagen Automotive Company, Ltd., Changchun/China (40%); Volkswagen Audi Nippon K.K., Toyohashi/Japan (100%).

● Finanzdienstleistungen/Finanzierung: Volkswagen Financial Services AG, Braunschweig (100%); Volkswagen Bank GmbH, Braunschweig (100%); Volkswagen Leasing GmbH, Braunschweig (100%).
1995 gründete VW in Israel mit der Firma Dead Sea Works ein Jointventure zur Herstellung, Verwertung und zum weltweiten Vertrieb von Magnesium. In der Leichtbauweise spielt neben Aluminium, das erfolgreich beim Audi 8 eingesetzt wurde, Magnesium eine zunehmend wichtige Rolle als leichter Werkstoff für die unterschiedlichsten Komponenten.
Zum VW-Konzern gehören neben den großen Werken im In- und Ausland rund 100 weitere Unternehmen, Vertriebsgesellschaften und Beteiligungen.

NEUE BUNDESLÄNDER. Der Pkw-Marktanteil von VW in den neuen Bundesländern stieg 1995 auf 26,9% (Vorjahr: 25,7%). VW besitzt in Mosel bei Zwickau die Volkswagen Sachsen GmbH und die Sächsische Automobilbau GmbH (entstanden u. a. aus dem ehemaligen VEB IFA-Kombinat Personenwagen, das den Trabant produzierte). VW beschäftigte 1995 in seinen ostdeutschen Standorten Mosel, Chemnitz (Motoren-Aggregate) und Eisenach (Zylinderköpfe) 2.900 Mitarbeiter. Einschließlich der Händlerorganisation sowie der über 100 Zuliefererbetriebe hat Volkswagen in den letzten Jahren über 34.000 Arbeitsplätze in den neuen Bundesländern geschaffen und in laufende Volkswagen-Projekte 2,5 Mrd. DM investiert. Der Umsatz der Volkswagen-Sachsen-Gesellschaften betrug 1995 knapp 2,2 Mrd. DM. Es wurden 100.000 Golf-Modelle produziert.
Als Mitte 1996 die Subventionen der Europäischen Kommission für die sächsischen VW-Standorte von 780 auf 540 Mio. gekürzt werden sollten, reagierte VW kurzerhand mit einem Investitionsstopp beim

weiteren Ausbau des Werkes Mosel und setzte so die sächsische Staatsregierung unter Druck. Wenn es ums Geld geht, kennt auch VW keine Verwandten. Sachsen zahlte gegen die Genehmigung der EU-Kommission eine Rate von 142 Mio. DM an VW, von denen 91 Mio. DM sogar ausdrücklich nicht genehmigt worden waren. Es kam zum Eklat. Die EU-Kommission behauptete, VW hätte durch allerlei Tricks Subventionen zweimal kassieren wollen, tätige in Mosel keine Neuinvestitionen, sondern wolle sich die Erweiterung einer gewinnträchtigen Operation aus öffentlichen Geldern finanzieren lassen. Die EU fordert das Geld zurück. Der EU-Wettbewerbskommissar Karel van Miert warf VW sogar Erpressung vor. Mit der Drohung über Arbeitsplatzverluste lassen sich besonders in strukturschwachen Regionen Regierungsentscheidungen immer wieder beeinflussen.

STANDORT DEUTSCHLAND. VW befindet sich seit einigen Jahren in einer tiefgreifenden Umgestaltung, die 1998 abgeschlossen sein soll. Dabei konzentriert sich Volkswagen künftig konzernweit auf die drei Kerngeschäftsprozesse »Produktentstehung«, »Produktionsoptimierung und Beschaffung« und »Vermarktung«. Mit dieser neuen Struktur will VW auf allen Konzernebenen Kostensenkungs- und Verbesserungspotentiale erschließen. Die Folge ist der Abbau vertikaler Strukturen, die Einrichtung vernetzter Teamstrukturen über alle Hierarchie- und Funktionsgrenzen hinweg sowie die Konzentration aller Kräfte auf das Kerngeschäft. Demnächst soll das Pkw-Produktprogramm, insgesamt 37 Modelle sowie vier daraus abgeleitete Nutzfahrzeuge, mit vier Basisplattformen realisiert werden. Die Produktion auf Lager soll völlig vermieden werden, ebenfalls zu große Lieferzeiten. Über alle Kerngeschäftsprozesse hinweg sollen mit dem Konzept des »atmenden Unternehmens« tiefgreifende Neuerungen zu höherer Kundenzufriedenheit eingeführt werden. Das bedeutet die Abkehr von der bisherigen, auf gleichmäßige Kapazitätsauslastung ausgerichteten Beschäftigungspolitik hin zu einem marktorientieren Prozeß, der von einer schnellen und umfassenden Anpassung an Kundenaufträge ausgeht. »Diese neue Unternehmensphilosophie hat neben mentalen Anforderungen an alle Mitarbeiter des Volkswagen-Konzerns sowie seiner Zulieferer und Händler eine Umstrukturierung der gesamten Prozeßkette zur Folge, die beim Kunden beginnt und naturgemäß dort endet.« Zur Prozeßkette zählen: Erhöhung der Liefertreue, Verkürzung der Lieferzeit, Verringerung des Lagerbestandes und Anpassung an Marktschwankungen. Bereits 1995 wurde, so der VW-Vorstand, durch die Umsetzung des »Lean Manufacturing«, einer »schlanken Produktion« also, der gesamte Fertigungsablauf kostengünstiger und produktionssteigernder umgesetzt. In den Werken der Marke Volkswagen wurde eine Steigerung der Arbeitsproduktivität von insgesamt über 15% erreicht. Nur so könne der Standort Deutschland erhalten und gesichert werden. Im Klartext werden erhebliche Opfer der Belegschaft gefordert, weitere »sozialverträgliche« Entlassungen, neue Arbeitszeitmodelle; flexible Schichtmodelle tragen in erster Linie zu einer erhöhten Auslastung der Anlagen bei. Modellneuheiten und eine neue Vertriebsstruktur in Europa – u. a. sollen die heute bestehenden 3.500 VW/Audi-Vertriebsstützpunkte in Deutschland auf rund 2.900 Partner zurückgeführt werden –, sollen darüber hinaus dazu beitragen, die Wettbewerbsposition von VW zu verbessern.

BÖRSE, AKTIEN, KURSE
Grundkapital 1995:
1.774,0 Mio.
Jahreshöchstkurs 1995:
485,70 DM (Stammaktie)
Jahrestiefstkurs 1995:
335,50 DM (Stammaktie)
Aktie Jahresende 1995:
481,00 DM (Stammaktie)
Dividende pro Aktie 1995:
6,00 DM (Stammaktie)

Die Dividende bezieht sich auf je 50,– DM Aktiennennbetrag. Das gezeichnete Kapital setzt sich zusammen aus 27.749.000 Stück Inhaberaktien je 50,– DM (Stammaktien) und 6.535.000 stimmrechtslosen Vorzugsaktien je 50,– DM.

Umsatz 1995: 88.119,0 Mio.
(davon Ausland: 53.615,0 Mio.)
Umsatz 1994: 80.041,0 Mio.
(davon Ausland: 47.134,0 Mio.)
Umsatz 1993: 76.586,0 Mio.
(davon Ausland: 42.260,0 Mio.)

Gewinn/Verlust 1995:
336,0 Mio.
Gewinn/Verlust 1994:
150,0 Mio.
Gewinn/Verlust 1993:
– 1.940,0 Mio.

Cash flow 1995: 6.922,0 Mio.
Cash flow 1994: 8.819,0 Mio.
Cash flow 1993: 3.636,0 Mio.

Cash flow: Der Cash flow floß zu fast 100% in die Investitionen des Konzerns.

Steueraufkommen 1995:
777,0 Mio.

VW hat für die Jahre 1996 – 2000 ein Investitionsprogramm von 68,4 Mrd. DM aufgelegt, eine Größenordnung, die in der VW-Konzerngeschichte einmalig ist. 66% davon sollen im Inland ausgegeben werden, was VW als erheblichen Beitrag zur Stärkung des Standortes Deutschland verstanden wissen will.
Volkswagen sieht sich als Global Player, bei dem auschließlich der Weltmarkt zählt. Mit der Gründung der Volkswagen Bratislava spol.sr.o. in der Slowakei verfügt Volkswagen seit 1991 »über einen weiteren kostengünstigen und strategisch bedeutsamen Fertigungsstandort in Zentraleuropa«. In Ungarn wurde Anfang 1993 das Motorenwerk Audi Hungaria Motor Kft., eine 100%ige Tochtergesellschaft der Audi AG, gegründet. In der Volksrepublik China hat VW neben der Shanghai-Volkswagen Automotive Company Ltd. (Santana) ein zweites Werk gebaut. FAW-Volkswagen Automotive Company Ltd. in Changchun begann 1994 mit der Produktion der Reihen Golf und Jetta. Insgesamt ist VW in China mit einem Anteil von etwa 40% mit den Modellen Santana, Jetta City-Golf und Audi 100 Marktführer bei Pkw. Damit dominiert VW den chinesischen Markt und unterhält eine schlagkräftige Basis für die lukrativen Exportmärkte in Südostasien. Ab 1996 will VW im Rahmen einer Unternehmenskooperation auch Autos in Indien bauen. Ab 1996 wird die Audi AG in China einen modifizierten Audi 100 produzieren und damit den massiven Einstieg in diesen lukrativen Markt vornehmen. Skoda steigt ebenfalls mit einem Kleinwagen in China ein. VW verfügt in China über ein fast flächendeckendes Kundendienstnetz. Die Hauptverwaltung der Volkswagen Asia-Pacific Ltd. ist in Hongkong. Sie ist zuständig für die Fabriken in der Volksrepublik China, für die Chinchun Motor Company Ltd. in Taipeh sowie für Lizenzproduktionen in Malaysia und Indonesien.
Getrennt haben sich Ende 1995 VW und Ford aus ihrer gemeinsamen südamerikanischen Tochter Autolatina. Der Grund: Die VW-Geschäfte laufen bedeutend erfolgreicher als die von Ford. Volkswagen will in den kommenden fünf Jahren rund 3,6 Mrd. DM in Brasilien investieren. Die Produktion soll von jährlich 500.000 Wagen bis 1998 auf 1 Million verdoppelt werden. In Brasilien sollen auch Lastwagen und Motoren gebaut werden. Nach Ansicht von VW-Einkaufschef López wird Brasilien nach Deutschland zum zweitwichtigsten Standort von VW. In Argentinien wurde Ende 1995 das Automobilwerk VW Pacheco in der Nähe von Buenos Aires eingeweiht, im brasilianischen Resende eine Fabrik zur Produktion von Bussen und Lkw sowie das Werk São Carlos für die Motorenproduktion in Betrieb genommen. Der Marktanteil von VW do Brasil in Brasilien beträgt schon jetzt über 34%.

STANDORT SPANIEN. Im VW-Konzern wurde trotz der Einführung der Vier-Tage-Woche und verschiedener anderer Arbeitszeitmodelle die Konzernbelegschaft seit 1994 noch einmal um rund 16.000 Mitarbeiter reduziert (seit 1991 insgesamt um 40.000). Daran war der Standort Spanien schuld, der Seat-Konzern. Die spanische VW-Tochter war in eine existenzbedrohende Krise geraten und beinahe in die Pleite gerast. VW drohte zwischenzeitlich den Spaniern sogar mit der Streichung der eigenständigen Automarke Seat. Die sogenannte »Task Force« zur Seat-Radikalkur leitete VW-Einkaufsvorstand Ignacio López. Der Seat-Vorstand wurde fast komplett ausgetauscht, López-Vertraute an entscheidenden Stellen plaziert. Der Konkurs wurde durch ein radikales Sanierungskonzept abgewendet. In diesem Zusammenhang wurde das Seat-Werk in Pamplona aus der Seat S.A. ausgegliedert und als Fábrica Navarra de Automóviles, S.A. von der Volkswagen AG für 1,3 Mrd. DM verkauft. Mitte 1996 zählte die Belegschaft bei Seat lediglich noch 12.500 Mitarbeiter; Ende 1991 waren es noch 25.360 gewesen. Neben der Kapitalzuführung durch Verkauf erhielt Seat aus Wolfsburg eine weitere Milliarde DM zur Kapitalerhöhung. Zur Bewältigung der Krise wurde Seat vom spanischen Staat zusätzlich mit Sonderhilfen in Höhe von 500 Mio. DM unterstützt. Bei der Fabricá Navarra liegt nun die Verantwortung für die gesamte Polo-Produktion. Auch bei Seat wurde das Konzept »atmendes Unternehmen« realisiert. Es wird jetzt an 23 Samstagen, davon 10 Pflichtsamstagen, gearbeitet. 1997 soll die »schlanke« Seat wieder schwarze Zahlen schreiben.

»BÜNDNIS FÜR ARBEIT«. Wohl kein deutscher Konzern hat in den letzten Jahren so einschneidende »Bündnisse für Arbeit«, so tiefgreifende Arbeitszeitmodelle entwickelt und eingeführt wie VW – und das »atmende Unternehmen« verlangt den Beschäftigten zur Arbeitsplatzsicherung von Tarifrunde zu Tarifrunde immer weitreichendere Zugeständnisse ab.
Zur Erinnerung: Zu hohe Produktionskosten in den inländischen Werken, eine zu niedrige Produktivität, Mißmanagement, eine verfehlte Modellpolitik, Milliardenverluste überwiegend im Ausland, Arbeitskämpfe in Mexiko, Einbrüche bei Seat, zu lange Lieferzeiten, Qualitätsmängel, Imageverlust – Volkswagen geriet 1993/94 in eine ernste Krise. Die Folge: Vorstände wurden ausgewechselt, Investitionen überprüft und umgeleitet, drastische Kostensenkungen beschlossen, Arbeitsplätze gestrichen, sogenannte »abgeflachte Hierarchien« geschaffen. 18.000 Beschäftigte mußten gehen, weiteren 30.000 allein in Deutschland wurde bei VW 1994/95 mit Entlassung gedroht.
Dann brachte das VW-Management die Vier-Tage-Woche ins Spiel. Betriebsräte und Werksleitung schlossen nach langen Verhandlungen die »Vereinbarung zur Sicherung der Standorte und der Beschäftigung« ab. Auf diese Weise sollten Personalkostenreduzierungen und Beschäftigungssicherung auf einen Nenner gebracht werden.
Die bei VW vereinbarten Grundmodelle sehen die reine Vier-Tage-Woche vor, aber auch fünf Fabriköffnungstage mit Schichtbetrieb, tägliche Arbeitszeitverkürzungen und Freischichtmodelle. 28,5 Stunden Wochenarbeitszeit statt 36. In der Verwaltung gelten vier Arbeitstage, in der Produktion werden die Schichten verkürzt. An den unterschiedlichen Standorten und in den verschiedenen Bereichen wurden individuelle und damit den jeweiligen Anforderungen entsprechende Lösungen entwickelt. Insgesamt gibt es bei VW über 100 verschiedene Arbeitszeitmodelle. Die Beschäftigten erhalten netto zwischen 9% und 11,6% weniger Lohn im Jahr, dazu kommen Kürzungen von Sonderleistungen und Anrechnungen auf die Zukunft. VW reduzierte die Personalkosten um rund 1,6 Mrd. DM bei einer gleichzeitigen Arbeitsplatzgarantie bis einschließlich 1995. Durch die flexible Arbeitszeitregelung betrug – so der Betriebsrat – die tatsächliche wöchentliche Arbeitszeit in Wolfsburg knapp 30 Stunden, in Hannover 32,6 Stunden und in Kassel 32,2 Stunden. In den übrigen Werken wurde durchweg weniger als 30 Stunden in der Woche gearbeitet.

Beschäftigte 1995: *242.420*
Beschäftigte 1994: *242.318*
Beschäftigte 1993: *253.108*

Umsatz pro Mitarbeiter 1995: *363.497,– DM*
Umsatz pro Mitarbeiter 1994: *330.314,– DM*
Umsatz pro Mitarbeiter 1993: *302.592,– DM*

Löhne und Gehälter 1995: *14.319,0 Mio.*
Löhne und Gehälter 1994: *14.359,0 Mio.*
Durchschnittsgehalt 1995: *59.067,– DM*
Soziale Abgaben und Aufwendungen 1995: *4.686,0 Mio.*
Soziale Abgaben und Aufwendungen 1994: *4.005,0 Mio.*

Bezüge pro Vorstandsmitglied 1995: *1.763.065,– DM*
Tantiemen pro Aufsichtsrat 1995: *25.275,– DM*

Investitionen 1995:
6.863,0 Mio.
(davon im Ausland:
2.810,0 Mio.)
Investitionen 1994:
5.651,0 Mio.
(davon im Ausland:
1.752,0 Mio.)
Investitionen 1993:
4.840,0 Mio.
(davon im Ausland:
2.165,0 Mio.)

Die Flexibilisierung der Arbeitszeit wurde vor neuerlichen Ankündigen drastischer Personaleinsparungen 1995 noch fester geschrieben. Im Ende 1995 abgeschlossenen Tarifvertrag über Arbeitsplatzssicherung und Entgelterhöhung wurde die seit Anfang 1994 geltende 4-Tage-Woche weiterentwickelt und für weitere zwei Jahre bis Ende 1997 festgeschrieben. Basis der wöchentlichen Arbeitszeit ist die Fortführung der 28,8-Stunden-Woche. Diese sogenannte »Volkswagen-Woche« umfaßt die Möglichkeit, die Arbeitszeit auf bis zu 38,8 Stunden in der Woche ohne Zahlung von Mehrarbeitszuschlägen auszudehnen. Je nach Auftragslage sind 12 Samstage im Jahr per Betriebsvereinbarung zulässig. Im Werk Wolfsburg wurde von Januar bis April 1996 bereits an zehn Samstagen produziert. Die Samstagsarbeit soll im weiteren Jahresverlauf weitgehend durch Freizeitentnahme ausgeglichen werden.

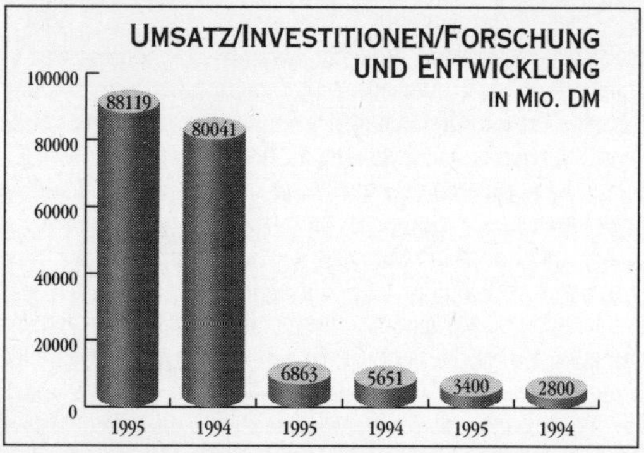

Die für einen Teil der Beschäftigten bestehenden Gleitzeitregelungen wurden ab Januar 1996 erweitert. Der Tarifvertrag bietet einen maximalen Zeitrahmen von 13 Stunden, in dem eine tägliche Arbeitszeit von mindestens 4 und maximal 9,5 Stunden abzuleisten ist. Die bisherige Unterscheidung in Leistungslohn- und Zeitlohnbereiche entfällt. Zuschläge für Samstags- und Mehrarbeit werden von bisher 50% bzw. 40% auf einheitlich 30% gesenkt. Eingeführt wurde auch das »Arbeitszeitbanking«. Jeder Beschäftigte verfügt jetzt über ein Arbeitszeitkonto, auf dem sich Mehrarbeitsstunden in Form von Beschäftigungsschecks gutschreiben lassen, die eingesetzt werden können in Hinsicht auf eine Beteiligungsrente oder einen möglichen Vorruhestand in Kombination mit einer Altersstafette.
Das von VW geplante »Blockmodell« sieht vor, daß Mitarbeiter für einen Zeitraum von bis zu drei Monaten im Jahr ihre Arbeit unterbrechen und diese arbeitsfreie Zeit für eine intensive Weiterbildung nutzen können.
Bei der Audi AG wurde Mitte 1996 zwischen Vorstand und Betriebsrat eine Vereinbarung (»Audi für Arbeit- und Standortsicherung«) getroffen, aufgrund der es bis 1998 keine betriebsbedingten Kündigungen geben darf. Danach darf die Verlagerung der Motorenfertigung für verschiedene Modelle in das ungarische Györ zu keinem Personalabbau in Ingolstadt führen. Anfang September 1996 vermeldete Audi, im Inland über 1.000 Arbeitsplätze neu geschaffen zu haben. Wesentlich dazu beigetragen hätten u. a. flexible Arbeitszeitregelungen und die Einführung der Gruppenarbeit.

Abeitszeitmodelle wurden vereinbart bzw. werden bereits praktiziert in fast allen Bereichen des VW-Konzerns. Auch in den spanischen Seat-Werken ist die flexible Arbeitszeit an der Tagesordnung. VW-Management und Gesamtbetriebsrat unterzeichneten Ende 1995 ebenfalls eine Betriebsvereinbarung über den Umweltschutz, die erste dieser Art in einem deutschen Automobilunternehmen.

Forschung und Entwicklung 1995: *3.400,0 Mio.*
Forschung und Entwicklung 1994: *2.800,0 Mio.*
Forschung und Entwicklung 1993: *2.900,0 Mio.*

UMWELTSCHUTZ. Volkswagen hat 1996 einen ersten umfassenden Umweltbericht veröffentlicht, der detailliert Auskunft gibt über alle Aktivitäten und Pläne des Konzerns. Schon bei der Entwicklung von Produktneuheiten setzt VW auf die Erhöhung der Umweltverträglichkeit bei den Autos und in den Produktionsprozessen. Den Schwerpunkt beim VW-Umweltschutz bildeten 1996: weiter optimierte Otto- und Dieselmotoren, elektronische Kontroll- und Steuerungssysteme, zukunftsorientierte Antriebssysteme, verbesserte Aerodynamik, Leichtbau aus Stahl, Leichtmetallen und Kunststoffen, recyclinggerechte Konstruktionen, Einsatz von umweltverträglichen Stoffen und Komponenten (z. B. FCKW-freie Klimaanlagen oder lösungsmittelarme Lakke), noch wirkungsvollere Katalysatortechniken.
VW definiert Umweltschutz als wichtiges Unternehmensziel und hat ein konzernweites Umwelt-Managementsystem installiert, um den Umweltschutz frühzeitig in die Unternehmensprozesse einbeziehen zu können. VW engagiert sich besonders auf dem Gebiet des Recyclings zur Schließung von Wertstoffkreisläufen. Zu diesem Zweck hat VW als erster Automobilhersteller auf dem deutschen Markt gemeinsam mit Audi und der Preussag-Recycling GmbH ein flächendeckendes Verwertungsnetz für Altfahrzeuge aufgebaut. Bis spätestens 1997 werden alle Betriebe des Verwertungsnetzes und die rund 3.600 VW/Audi-Partner in Deutschland Altfahrzeuge zurücknehmen und einer umweltgerechten Verwertung zuführen. (VW und Audi behalten als Hersteller den Zugriff auf die Vermarktung von Altteilen.) Alle inländischen Volkswagenwerke sind zwischenzeitlich auf die bleifreie und umweltverträglichere Elektro-Tauchlackierung umgerüstet worden. Mit dem neuen Turbodiesel-Direkteinspritzer-Motor (TDI) in Passat, Vento und Golf werden die von der EG für 1996 festgelegten Abgasgrenzwerte unterschritten. Der Golf TDI hat – so Volkswagen – einen Verbrauch von 4,9 l/100 km und erfülle damit bereits jetzt die immer wieder laut werdenden Forderungen nach dem 5-Liter-Auto. Als weltweit erster Hersteller preist Volkswagen seinen Golf Ecomatic mit umweltschonender Antriebstechnik, die den Motor immer dann abschaltet, wenn er nicht gebraucht wird (4,6 l/100 km im Stadtverkehr, weniger Lärm, bis zu 36% weniger Schadstoffe). Der Ecomatic ist – so VW – als einziger Pkw auf dem deutschen Markt für den Betrieb von Bio-Diesel freigegeben (Reduzierung von Treibhausgasen). In Brasilien plant VW ein Öko-Auto, das mit Kraftstoff aus Zuckerrohr oder Sojaöl betrieben werden soll. VW arbeitet mit Hochdruck an der Realisierung des 3-Liter-Volkswagens und kündigt dieses Auto noch für das laufende Jahrzehnt an.

FERDINAND PIËCH UND JOSÉ IGNACIO LÓPEZ. Der starke Mann bei VW, der Porsche-Miteigentümer und frühere Audi-Chef Ferdinand Piëch, landete 1993 einen großen und folgenschweren Coup: die Ernennung des früheren Chefeinkäufers von General Motors (GM)

Mitbewerber: *BMW, British Aerospace, Chrysler, Daimler-Benz, Fiat, Ford, General Motors, Honda, Hyundai, Isuzu, MAN, Mazda, Nissan, Opel, Peugeot, Porsche, Renault, Saab-Scania, Toyota, Volvo*

Europa, des Spaniers José Ignacio López de Arriortúa, zum Super-Vorstandsmitglied. Die ZEIT (19.3.1993) zum Mann mit dem »Kostenkiller-Image«: »Dem 52jährigen aus dem Baskenland eilt ein Ruf wie Donnerhall voraus. Mit ungewöhnlichen und ungewöhnlich rüden Methoden setzt er seit 1987 die gesamte Zulieferindustrie in Angst und Schrecken. Damals wurde er zum Einkaufschef der General-Motors-Tochter Opel in Rüsselsheim berufen, und schon bald danach murrten selbst große Zulieferer wie Bosch und Teves über die gnadenlose Härte des Spaniers.« Er wurde gern tituliert als »Würger von Rüsselsheim« und »Großinquisitor«. Die ZEIT: »Seinen Mitarbeitern (›Meine Krieger im Kampf gegen die Kosten‹) verlangt der strenggläubige Katholik, der gern Heilige zitiert und die mystischen ›Exerzitien‹ des Ignatius von Loyola ›gelesen und praktiziert‹ hat, ebenso das Letzte ab wie den Zulieferern. Das kann bis zur Selbsthypnose gehen, deren Wert López schätzt – auch weil er sie in der Person Mahatma Gandhis erwiesen sieht ... López hat in den vier Jahren bei den GM-eigenen europäischen Zulieferfirmen die Lohnkosten um 65%, die Fabrikationsflächen um 40% und die Produktionszeiten um 75% heruntergedrückt.« Der neue Wolfsburger wies seine Manager bei GM sogar an, daß sie ihre Uhren am rechten Handgelenk zu tragen hätten – als Zeichen für eine neue Ära bei General Motors. Gerüchte wollen nicht verstummen, wonach López ein Streiter im Dienste des Opus Dei sei.

OPEL VERSUS VOLKSWAGEN. Eine Geschichte ohne Ende. In einer Titelgeschichte unter der Überschrift »Der Skrupellose« veröffentlichte der »Spiegel« (21/93) den Verdacht des früheren López-Arbeitgebers General Motors (GM), der Spanier habe hochgradig Industriespionage betrieben und gemeinsam mit sieben seiner engsten Mitarbeiter, die er mit zu VW genommen hatte, Geheimnisse von Opel und General Motors an die Wolfsburger verraten. Opel stellte bei der Staatsanwalt Darmstadt gegen López und Co. Strafantrag wegen des »Verrats von geheimen Betriebs- und Geschäftstatsachen«. So soll der einstige GM-Chefeinkäufer sämtliche Lieferanten- und deren Preislisten, Kostenberechnungen für Zulieferteile, geheime Konstruktionspläne, Investitionsprojekte und Modellstudien von Opel und GM mitgenommen haben. López freilich dementierte energisch. Gutachten, Beschuldigungen folgten, eine Pressekonferenz des VW-Chefs, die einer Kriegserklärung an Opel glich. Das FBI begann zu ermitteln, Detektive schwärmten aus. Im April 1994 gab dann die Staatsanwaltschaft bekannt, daß auf bei VW beschlagnahmten Computern und Disketten geheime Opel-Dokumente entdeckt worden seien. Alle Versuche einer friedlichen Einigung zwischen VW und GM scheiterten. Nachdem Anfang 1996 die Ergebnisse der Darmstädter Staatsanwaltschaft immer noch nicht öffentlich gemacht worden waren und Opel/GM wegen eines Widerspruchs der López-Verteidiger keine Einsicht in die Ermittlungsakten nehmen durften, reichten General Motors und Opel vor einem amerikanischen Bundesgericht eine Schadensersatzklage gegen López und andere VW-Vorstandsmitglieder ein. Die Antwort von VW: eine Klage gegen General Motors und Opel wegen Ruf- und Geschäftsschädigung. Ende offen.

Wacker siehe Hoechst

WALTER BAU

GESCHICHTE UND ENTWICKLUNG. Ignaz Walter bzw. seine von ihm 1962 gegründete Universal-Bau Walter erwarb 1978 die Aktienmehrheit an der 1876 in Augsburg gegründeten Firma THOSTI Bauaktiengesellschaft (vormals Thormann + Stiefel). Walter wurde Vorsitzender des THOSTI-Vorstandes. 1983 erwarb THOSTI die Aktienmehrheit der 1892 in Berlin gegründeten Firma BOSWAU + KNAUER AG (Umsatz im Jahr der Übernahme 736 Mio. DM, ca. 4.500 Beschäftigte). Durch die Fusion beider Firmen entstand die WTB WALTER THOSTI BOSWAU BAU-AG. Bereits 1987 zählte die WALTER-THOSTI-BOSWAU mit zahlreichen Niederlassungen und Tochtergesellschaften zu den zehn größten Bauunternehmen der Bundesrepublik. 1988 übernahm die WTB gemeinsam mit der bereits zur Familie Walter gehörenden Firma Heilit + Woerner Bau-AG, München, je zur Hälfte die Mehrheit des Kapitals des Stuttgarter Bauunternehmens Ed. Züblin. 1991 wurde die WTB in die WALTER BAU-Aktiengesellschaft umgewandelt und ging unter diesem Namen Anfang 1992 an die Börse. Vorsitzender des Vorstandes der WALTER BAU-AG ist Ignaz Walter; die Hauptverwaltung des Konzerns sitzt in Augsburg. Durch die mit der Ed. Züblin AG gemeinsame Übernahme der Mehrheit an der Dyckerhoff & Widmann AG (Dywidag) Anfang 1992 entwickelte sich das Walter-Imperium zu einem der größten deutschen Baukonzerne. 1993 Gründung der mehrheitlich im Familienbesitz befindlichen Walter Holding GmbH; 1995 Umwandlung in eine AG. 1996 verließ Ignaz Walter den Vorstandsvorsitz des Stammunternehmens WALTER BAU-AG und wurde Vorstandsvorsitzender der Holding. Der Vorstand der Holding besteht aus Ignaz Walter und seinen Söhnen Ralf und Roy.

BESITZVERHÄLTNISSE/EIGENTUMSSTRUKTUR.

- Familie Walter über die Walter Holding AG, Augsburg (mehr als 75% – bezogen auf die stimmberechtigten Stammaktien; Rest bei zwei Schweizer Investorengruppen)
- Bayerische Landesbank Girozentrale, München (mehr als 29,3% des stimmrechtslosen Aktienkapitals)
- Rest Streubesitz

Bezogen auf das Stammkapital ergeben sich folgene Besitzverhältnisse: Die Walter Holding AG hält je an der Walter Bau-AG, Augsburg, und der Heilit + Woerner Bau-AG, München, mehr als 75% des stimmberechtigten Aktienkapitals. Die Holding hält an der Dyckerhoff & Widmann AG, München, direkt mehr als 50% und zusammen mit den Anteilen über die Ed. Züblin AG, Stuttgart, mehr als 75% (Rest Streubesitz). Die Walter Bau-AG und die Heilit + Woerner Bau-AG halten jeweils 50% an der WIB Walter Industriebeteiligungs-GmbH. Die WIB hält 54% an der Ed. Züblin AG. Die Ed. Züblin AG hält ihrerseits 25,5% an der Dyckerhoff & Widmann AG.

KONZERNÜBERBLICK. Die Walter Bau-AG ist die Kerngesellschaft des Walter-Konglomerats. Sie gehört zu den ausgereiftesten Bautechnologiekonzernen Deutschlands und ist in allen Baubereichen tätig. Der Umfang der Leistungen erstreckt sich vom konventionellen Hoch-

Standort:
Böheimstraße 8
86153 Augsburg

Postanschrift:
Postfach 10 25 47
86015 Augsburg

Telefon: *(0821) 5582-00*
Telex: *5 33 273*
Telefax: *(0821) 5582-320*

Branche: *Bauindustrie*

Rechtsform:
Aktiengesellschaft

Geschäftsjahr: *1.1.-31.12.*

Gründungsjahr: *1876; Umgründungen 1917 und 1983; 1991 Namensänderung*

Öffentlichkeitsarbeit:
Alexander Schumann
Tel.: (0821) 5582-438
FAX: (0821) 5582-517

Verbände: *Das Unternehmen ist in allen maßgeblichen Verbänden der Bauindustrie organisiert.*

Vorstand:
- *Porzig, Ralf (Vorsitzender), Feldkirchen*
- *Bock, Axel, München*
- *Eschenbach, Jörg (stellv. Mitglied), Eichenau*
- *Kern, Peter, Wendelstein*
- *Lehmann, Rainer (stellv. Mitglied), Hamburg*

Vorstandsbezüge 1995:
3.588.000,– DM

Aufsichtsrat:
- *Eberhard, Rudolf, Dr. h.c. (Ehrenpräsident; Staatsminister a. D.), Gauting*
- *Ignaz Walter, Prof. Dr. h.c. (Vorsitzender; ehem. Vorsitzender des Vorstandes der Walter Bau AG), Augsburg*
- *Brennberger, Ulrich, Dr. (ehem. Mitglied des Vorstandes der Stinnes AG), Mülheim/Ruhr*
- *Metz, Günter, Dr. (stellv. Vorsitzender des Vorstandes der Hoechst AG), Bad Soden*
- *Nastelski, Günter, Dr. (Mitglied des Vorstandes der Industrieverwaltungsgesellschaft AG), Wachtberg-Ließem*
- *Rupprecht, Rudolf, Dr. E.h. (Vorsitzender des Vorstandes der MAN Nutzfahrzeuge AG), Augsburg*
- *Scherer, Peter (Vorsitzender des Vorstandes der Gelsenwasser AG), Gelsenkirchen*
- *Tandler, Gerold (Mitglied des Vorstandes der Linde AG; Bayerischer Staatsminister a. D.), Wiesbaden*
- *Walter, Roy, Dr. (Mitglied des Vorstandes der Walter Holding AG), Augsburg*

**Poppelreuther, Michael (stellv. Vorsitzender)*
**Bauer, Karl*
**Beckert, Manfred*
**Bergmann, Wolfgang*
**Gammersbach, Fred*
**Hergast, Wilfried*
**Weiße, Günter*
**Wende, Wolfgang*

Aufsichtsratstantiemen 1995: *527.000,– DM*

und Industriebau, dem Ingenieurtief- und Spezialtiefbau, dem Brükkenbau, dem Straßenbau, dem Fertigteilbau, dem Schlüsselfertigbau bis hin zum Bauträger- und Projektentwicklungsgeschäft. Hinzu kommt der firmeneigene Spezialmaschinenbau. Es werden Bauprojekte in allen Sparten, in jeder Größenordnung und von jedem Schwierigkeitsgrad geplant und ausgeführt. WALTER BAU ist weltweit mit Hauptniederlassungen, Zweigniederlassungen, Tochtergesellschaften und Beteiligungen vertreten.
Schwerpunkte der Auslandsaktivitäten sind die USA, Kanada, Australien, Polen, Kroatien, Slowenien, Rußland, Ukraine, Luxemburg, Libanon, Türkei, Israel und Brasilien. Unter dem Dach der im Dezember 1993 gegründeten Holding sind die Walter Bau-AG, die Dyckerhoff & Widmann AG (Dywidag), München, die Heilit + Woerner Bau AG, München, und die Ed. Züblin AG, Stuttgart, zusammengefaßt. Alle vier Baugesellschaften zusammengenommen kamen 1995 auf einen Umsatz 15,78 Mrd. DM, womit die Walter-Gruppe zur Nummer 1 unter Deutschlands Baukonzernen aufstieg – noch vor der als größter der Baubranche geltenden Frankfurter Philipp Holzmann AG. An in den Bilanzen ausgewiesenen Bauleistungen von rund 12,75 Mrd. DM rangiert Walter allerdings hinter Philipp Holzmann an zweiter Stelle.

BETEILIGUNGEN. Dyckerhoff & Widmann AG (Dywidag), München (mehr als 70% – Familie Walter direkt und indirekt), mit zahlreichen Tochter- und Beteiligungsgesellschaften im In- und Ausland; Heilit + Woerner Bau-AG, München (78,4% – Familie Walter; Rest und Vorzugsaktien Streubesitz), mit zahlreichen Tochtergesellschaften und Beteiligungen im In- und Ausland; Ed. Züblin AG, Stuttgart (ca. 54%), mit zahlreichen Gesellschaften im In- und Ausland.
Walter Bau Sachsen GmbH, Chemnitz (100%); Deutsche Bauhütten GmbH, Augsburg (95%); Walter Projektentwicklungs- und Gruha-Grundstücks- und Handelsgesellschaft GmbH, Augsburg (100%); SUSPA Spannbeton GmbH, Langenfeld (43%); Niklas GmbH, Roding (100%); Walter Umwelttechnik-GmbH, Augsburg (100%); Walter Wasser- und Abwassertechnik GmbH, Augsburg (100%); Walter Straßenbau GmbH, Nürnberg (100%); Saar-Bauindustrie GmbH, Saarlouis (100%); Walter Spannbeton GmbH, Güsen (100%); WTB-International AG, Zug/Schweiz (100%); WTBNA Holdings Ltd., Calgary/Kanada (100%); Brasicon Industria Brasileira de Concreto Ltda., Atibaia/Brasilien (100%); W. A. Stephenson Holdings (Western Limited), Calgary/Kanada (50% – 50% Heilit + Woerner); Walter & SCI Construction (USA) Inc., Seattle/USA (50% – 50% Heilit + Woerner); BS-Baugeräte-Service GmbH, Augsburg (25%); ROBA Baustoff GmbH, Augsburg (33,3% – mit insgesamt 20 Gesellschaften und 28 Betriebsstätten; Gemeinschaftsgründung der Walter Bau-AG, der Heilit + Woerner Bau-AG und der Ed. Züblin AG); Walter Industriebeteiligungs-GmbH, Augsburg (50% – Konzernabschluß mit insgesamt 43 Gesellschaften i. w. Ed. Züblin AG, Stuttgart); W. A. Stephenson Holdings Inc., Seattle/USA (50%); GTS Grube Teutschenthal Sicherungs GmbH & Co. KG, Teutschenthal (40%).

DYWIDAG, HEILIT + WOERNER UND ZÜBLIN. Dyckerhoff & Widmann, Heilit + Woerner und Züblin gehören zu den größten deut-

schen Bauunternehmen, die allesamt im Mehrheitsbesitz der Familie Walter sind.
Dyckerhoff & Widmann befaßt sich neben dem Betrieb des Baugeschäftes mit der Herstellung und dem Vertrieb von Betonfertigerzeugnissen aller Art, der Herstellung und dem Vertrieb von Baustoffen und Baugeräten, dem Erwerb, der Bebauung und Vermietung sowie dem Verkauf von Grundstücken und Gebäuden. Hinzu kommen die Planung und Umsetzung baulicher Tätigkeiten auf allen Gebieten des Umweltschutzes und der Umwelttechnik. Eigene Ingenieurtätigkeit und Verwertung von Patenten. Dywidag gehört im In- und Ausland zu den führenden Unternehmen auf allen Gebieten des Hoch- und Tiefbaus sowie des Ingenieurbaus. In den eigenen Betonwerken Neuss, Nievenheim, Okriftel, Rehlingen, Hamburg-Moorfleet, Syke, Aresing, Ochenbruck, München-Riem und Utting werden alle Arten von Betonerzeugnissen hergestellt. Patentierte »dywidag«-Bauverfahren und Bauvorspannsysteme werden in Lizenz weltweit verkauft. Dywidag wurde 1865 gegründet und fungiert seit 1907 überwiegend als AG. Nach verschiedenen Besitzer- und Mehrheitswechseln mit unterschiedlichen Gesellschafterstrukturen 1970 neuerliche Umwandlung in eine AG. Sitz der Hauptverwaltung mit der Abwicklung des internationalen Geschäftes ist München.
Heilit + Woerner betätigt sich international auf allen Gebieten des Bauwesens. Die traditionelle Stärke liegt im Hoch- und Schlüsselfertigbau. Hinzu kommen der Verkehrswegebau, der Tiefbau, der Ingenieurbau und die Umwelttechnik. Das Unternehmen wurde 1980 gegründet aus der Fusion der 1871 gegründeten Heilmann & Littmann Bau-AG und der 1864 gegründeten Sager & Woerner KG. Sitz des Unternehmens ist München.
Züblin erstellt Bauten aller Art, insbesondere im Hoch-, Schlüsselfertig-, Tief-, Straßen-, Rohrleistungs- und Anlagenbau – vom Entwurf über die Planung bis zur Realisation. Umfangreiche Ingenieurtätigkeiten. Entwicklung, Erstellung und Betrieb von Anlagen aller Art im Rahmen des Umweltschutzes und der Umwelttechnik sowie von Kläranlagen. Handel mit Baustoffen, Baumaterialien und Baugeräten. Verwaltung und Betrieb von Immobilien. Ed. Züblin wurde 1898 gegründet. Sitz des Unternehmens ist Stuttgart.

NEUE BUNDESLÄNDER. In Ostdeutschland ist die Walter Bau-AG mit zahlreichen Niederlassungen und Tochtergesellschaften vertreten, u. a. mit der Walter Bau Sachsen GmbH. Dyckerhoff & Widmann wikkelt die Geschäfte in den neuen Bundesländern über die beiden Töchter Dyckerhoff & Widmann Berlin GmbH, Berlin (vormals UNION-BAU AG), und Dyckerhoff & Widmann Sachsen/Thüringen GmbH, Dresden, ab. Dywidag besitzt darüber hinaus in den neuen Bundesländern zahlreiche weitere Bauunternehmen. Heilit + Woerner erwirtschaftet mehr als 40% des Umsatzes in den neuen Bundesländern. Auch Züblin ist in Ostdeutschland stark vertreten. Der Walter-Baukonzern ist in den neuen Bundesländern mit 43% seiner Gesamtleistung vertreten.

STANDORT DEUTSCHLAND. Nach der großen Expansionsphase im Inland mit absehbaren Kapazitätsgrenzen setzt Walter Bau jetzt ganz auf die ausbaufähigen Auslandsgeschäfte, die in den nächsten Jahren auf eine Bauleistung von 30% erweitert werden sollen. Dabei

BÖRSE, AKTIEN, KURSE
Grundkapital 1995:
75,0 Mio.
Jahreshöchstkurs 1995:
479,00 DM (Stammaktie);
450,00 DM (Vorzugsaktie)
Jahrestiefstkurs 1995:
271,00 DM (Stammaktie);
210,00 DM (Vorzugsaktie)
Aktie Jahresende 1995:
320,00 DM (Stammaktie);
225,00 DM (Vorzugsaktie)
Dividende pro Aktie 1995:
7,00 DM (Stammaktie);
8,00 DM (Vorzugsaktie)

Die Dividende bezieht sich auf je 50,– DM Aktiennennbetrag. Das Grundkapital ist eingeteilt in 1.200.000 Stammaktien im Nennbetrag von je 50,– DM; 300.000 Vorzugsaktien im Nennbetrag von je 50,– DM. Die Stamm- und Vorzugsaktien werden an den Wertpapierbörsen in München und Frankfurt/Main gehandelt. Der Bilanzgewinn 1995 betrug 10,8 Mio. DM.

WALTER BAU-AG:

Bauleistung 1995:
4.088,0 Mio.
Bauleistung 1994:
3.910,0 Mio.
Bauleistung 1993:
3.660,0 Mio.

Gewinn 1995: *21,9 Mio.*
Gewinn 1994: *51,2 Mio.*
Gewinn 1993: *48,3 Mio.*

Cash flow 1995: *108,9 Mio.*
Cash flow 1994: *126,8 Mio.*
Cash flow 1993:
keine Angaben

Cash flow: *Der Cash flow wurde für Investitionen verwendet und floß in die Gewinnausschüttung.*

Steueraufkommen 1995:
4,1 Mio.

Beschäftigte 1995: *11.736*
Beschäftigte 1994: *12.839*
Beschäftigte 1993: *12.498*

Bauleistung pro Mitarbeiter 1995: *348.330,– DM*
Bauleistung pro Mitarbeiter 1994: *304.541,– DM*
Bauleistung pro Mitarbeiter 1993: *292.847,– DM*

Löhne und Gehälter 1995:
682,0 Mio.
Löhne und Gehälter 1994:
643,2 Mio.
Durchschnittsgehalt 1995:
58.112,– DM
Soziale Abgaben und Aufwendungen 1995:
157,6 Mio.
Soziale Abgaben und Aufwendungen 1994:
146,3 Mio.

soll zweigleisig verfahren werden: Das klassische Auslandsgeschäft soll über Auslandsniederlassungen bzw. Tochtergesellschaften der deutschen Unternehmen vor Ort abgewickelt werden. Hinzu sind strategisch wichtige Akquisitionen geplant. Einen wesentlichen Sprung zu seinen Zielvorgaben, besonders in den neuen Zielmärkten Nordamerika, Australien und pazifischer Raum, insbesondere in Malaysia, Thailand, Indonesien und auf den Philippinen neue Unternehmen zu gründen oder bereits gut funktionierende lokale Baugesellschaften zu übernehmen, machte Walter 1996 mit dem Kauf der australischen Concrete Construction Ltd. mit einer Bauleistung von rund 750 Mio. DM. Auch die anderen Baukonzerne der Walter-Gruppe sind im Ausland, bevorzugt in den USA, Asien und den osteuropäischen Ländern (besonders in Polen und Tschechien) äußerst aktiv. Die Ed. Züblin beispielsweise ist besonders aktiv in China in den Bereichen Kraftwerks-, U-Bahn- und Großbrückenbau.
Walter Bau und die Vorstände der von ihr dominierten Unternehmen malten im Sommer 1996 die Lage der deutschen Bauwirtschaft düster, sprachen sogar von größter Strukturkrise im Nachkriegsdeutschland. Ein empfindlicher Nachfragerückgang und erhebliche Überkapazitäten innerhalb der Branche, das Ende des Wiedervereinigungsbooms und zunehmend leere öffentliche Kassen sowie Billiglohnanbieter aus den Mitgliedstaaten der EU verlangen von der Bauwirtschaft einen »strukturellen Anpassungsprozeß« (Walter Bau). Die Folge ist ein weiterer massiver Personalabbau in der Bauindustrie. In die wirtschaftliche Bredouille geriet Walter Bau aber nicht zuletzt auch durch drei Großaufträge in Frankfurt/Main, die durch Betrug und gefälschte Leistungsmeldungen seitens eines zwischenzeitlich abgelösten Vorstandsmitgliedes Verluste in Höhe von mehr als 50 Mio. DM erbrachten. Dywidag kündigte für 1996/97 nochmals einen Abbau von 1.000 Beschäftigten im Inland an, nachdem das Personal 1995 weltweit bereits von 17.300 auf 15.300 gesunken war. Angepeilt ist eine Belegschaft von 14.000 Mitarbeitern. Züblin will bis Ende 1997 rund 10% der Belegschaft entlassen, das wäre der Verlust von 1.300 Arbeitsplätzen. Die Heilit + Woerner AG will Ende 1996 nur noch 3.000 Mitarbeiter beschäftigen, 25% weniger als Ende 1994. Die Belegschaft in der Heilit + Woerner-Gruppe bleibt durch die Auslandstätigkeit in etwa konstant. Auch Walter Bau plant für 1996/97 einen Belegschaftsabbau von rund 1.000 Mitarbeitern, ähnlich wie schon 1995. Ignaz Walter wörtlich auf die Frage der FAZ vom 17. Juli 1996, ob der Personalabbau im Inland vorerst weitergehe: »Der Personalabbau der deutschen Baufirmen im Inland beginnt erst richtig.«

»BÜNDNIS FÜR ARBEIT«. »Die Krise in der deutschen Bauwirtschaft hat 1995 auch den Personalstand beeinflußt. Es mußte in enger Zusammenarbeit mit den Betriebsräten damit begonnen werden, die Zahl der Mitarbeiter im gewerblichen Bereich, aber auch in den Verwaltungen entsprechend den Marktgegebenheiten anzupassen. In jedem Einzelfall wurde und wird eine sozialverträgliche Trennung angestrebt. Auch 1996 wird der Personalabbau konsequent weitergeführt werden müssen.« (Der Vorstand der Walter Bau-AG im Mai 1996.)

UMWELTSCHUTZ. Walter Bau mißt der Umwelttechnik in den kommenden Jahren eine wichtige Rolle zu. Umweltaktivitäten sind nicht nur im öffentlichen Interesse, sondern lassen auch überdurchschnittliche Auftragseingänge erwarten. Besonders im Kraftwerksbau ist Walter Bau durch die Niederlassung Energietechnik und Kraftwerksbau mit seinem technischen Know-how engagiert – so beim Gemeinschaftskraftwerk »Schwarze Pumpe«, dem Kraftwerk »Boxberg« oder dem Kraftwerk Lippendorf bei Leipzig. Umweltschutzbauwerke der Walter Bau-AG: Kläranlagen- und Deponiebau, umweltgerechte Entsorgungsanlagen, Rauchgasentschwefelungsanlagen, z. B. im Braunkohlekraftwerk Boxberg in Sachsen, Sanierung undichter Abwasserkanäle. In der Boden- und Grundwasserreinigung, der Altlastensicherung, dem Baustoffrecycling und der Planung, dem Bau und Betrieb moderner und umweltverträglicher Abfallbehandlungsanlagen tut sich die WU-Walter Umwelttechnik-GmbH mit ihren Tochtergesellschaften hervor. Zur sicheren Entsorgung industrieller Reststoffe verfügt Walter Bau über Kapazitäten der GTS Grube Teutschenthal Sicherungs GmbH + Co. KG (ehemalige Kaligrube). Die konzerneigenen Beton-Fertigteilwerke produzieren Fertigteile für den Kläranlagenbau, für die Abwasserentsorgung und den Schallschutz an Landstraßen und Autobahnen. Über finanzielle Aufwendungen für den internen Umweltschutz macht der Konzern keine Angaben. Bei der Dywidag macht der Umweltbereich inzwischen 12% der Gesamtleistung aus.

DER BAUUNTERNEHMER AUS AUGSBURG. Nicht organisch gewachsen, sondern zusammengekauft, teilweise hart umkämpft: Zu einem der ganz Großen der Branche ist in den letzten Jahren der Augsburger Bauunternehmer Ignaz Walter aufgestiegen. Unter dem Dach der 1993 gegründeten Walter Holding AG ist mit den vier Kerngesellschaften der Baugruppe Walter Bau-AG, Ed. Züblin AG, Heilit + Woerner Bau AG und Dywidag AG ein Bauimperium neuer Größenordnung entstanden. Die Bauleistung 1995 der gesamten Gruppe: 15,78 Mrd. DM. Beschäftigte: etwa 40.000 (Vorjahr: 50.000). Die Walter Holding AG agiert als reine Finanz-Holding. Die Holding besteht aus Ignaz Walter selbst und seinen beiden Söhnen Ralf (34) und Roy (29). Ignaz Walter dirigiert die Bauriesen jeweils aus der Position des Aufsichtsratsvorsitzenden heraus (Heilit + Woerner, Dywidag, Züblin), unterstützt von den beiden Söhnen. Ralf ist Aufsichtsrat bei Dywidag und Züblin, Roy bei Heilit + Woerner und der Walter Bau-AG, wo Ignaz Walter 1996 den Vorstandsvorsitz gegen den Aufsichtsratsvorsitz tauschte, um so die strategische Oberhoheit über alle Unternehmen der Baugruppe in der Augsburger Konzernzentrale zu bündeln. Wie einflußreich Walter in den einzelnen Bauunternehmen ist, wurde im Frühjahr 1996 deutlich, als nicht zuletzt auf sein Drängen hin Dywidag das Transrapid-Konsortium (Transrapidstrecke Hamburg-Berlin) verließ. Das wirtschaftliche Risiko und die politisch schwierige Umsetzung dieses Mammutprojekts waren entscheidende Gründe für den Gesellschafterwechsel.
Einem Wirtschaftskrimi gleich spielte sich die Übernahme der Dyckerhoff & Widmann AG (Dywidag) ab. Lange versuchte sich Dywidag gegen die aggressiven Übernahmeabsichten Walters zur Wehr zu setzen – vergeblich. Nach und nach kaufte sich der Augsburger Aktienpakete des Münchner Traditionsunternehmens, wirbelte die Hauptversammlungen durcheinander und tat seine Übernahmeabsichten offen kund. Mitte 1992 war Walter schließlich am Ziel, er hatte das letzte Paket

Bezüge pro Vorstandsmitglied 1995: *717.600,– DM*
Tantiemen pro Aufsichtsrat 1995: *31.000,– DM*

Investitionen 1995: *73,5 Mio.*
Investitionen 1994: *112,0 Mio.*
Investitionen 1993: *102,0 Mio.*

Dyckerhoff & Widmann AG:

Bauleistung 1995: *4.077,0 Mio.*
Bauleistung 1994: *4.204,0 Mio.*
Bauleistung 1993: *4.202,0 Mio.*

Gewinn 1995: *44,6 Mio.*
Gewinn 1994: *51,9 Mio.*
Gewinn 1993: *51,8 Mio.*

Beschäftigte 1995: *15.309*
Beschäftigte 1994: *17.377*
Beschäftigte 1993: *18.774*

Heilit + Woerner:

Bauleistung 1995: *3.606,0 Mio.*
Bauleistung 1994: *3.399,0 Mio.*
Bauleistung 1993: *3.164,0 Mio.*

Gewinn 1995: *11,5 Mio.*
Gewinn 1994: *40,0 Mio.*
Gewinn 1993: *40,0 Mio.*

Beschäftigte 1995: *10.475*
Beschäftigte 1994: *10.060*
Beschäftigte 1993: *9.377*

Züblin:

Bauleistung 1995:
4.000,0 Mio.
Bauleistung 1994:
3.900,0 Mio.

Gewinn 1995: 23,5 Mio.
Gewinn 1994: 32,1 Mio.

Beschäftigte 1995: 8.883
Beschäftigte 1994: 8.320

Mitbewerber: Bilfinger + Berger, Heitkamp, Hochtief, Philipp Holzmann, Strabag, Teerbau, Wayss & Freytag

an Aktien zur Mehrheit an der Dywidag von der Frankfurter Advanta Management AG des Rechtsanwaltes und Wirtschaftsprüfers Dieter Bock erworben und konnte seinen bis dahin stets blockierten Wunsch verwirklichen: in den Dywidag-Aufsichtsrat einzuziehen, um die Geschicke des Konzerns mitzubestimmen. Nicht auszuschließen ist, daß unter dem Dach der Augsburger Holding eines Tages der Versuch unternommen werden könnte, die traditionsreiche Dywidag auf die Walter Bau-AG zu verschmelzen, wie Walter es zuvor schon mit der über 100 Jahre alten THOSTI getan hatte. Ignaz Walter und die Söhne Ralf und Roy scheinen noch lange nicht am Ziel ihrer Wünsche angekommen zu sein.

Daß Ignaz Walter beim Dywidag-Einstieg über die zu seiner Unternehmensgruppe gehörende Ed. Züblin AG, Stuttgart, wegen des Verstoßes gegen das Vollzugsverbot für anmeldepflichtige Zusammenschlüsse vom Bundeskartellamt mit einer Geldstrafe von 500.000,– DM belegt wurde, schien den Augsburger Unternehmer nicht weiter zu stören. Beim Dywidag-Deal, durch den – so die Kartellbehörde – Walters Unternehmensgruppe zum zweitgrößten Anbieter von Bauleistungen in der Bundesrepublik nach der Philipp Holzmann AG, Frankfurt/Main, aufgestiegen sei, hätte das gesetzlich vorgeschriebene Fusionskontrollverfahren vollzogen werden müssen. Wer weiß, wie sich die Kontrolleure entschieden hätten ... So jedenfalls hatte Ignaz Walter vollendete Tatsachen geschaffen, die sicher mehr wert sein dürften als 500.000 DM.

Wayss & Freytag siehe AGIV

WELLA

Standort:
Berliner Allee 65
64295 Darmstadt

Postanschrift:
64274 Darmstadt

Telefon: (06151) 34-0
Telex: 4 19 230
Telefax: (06151) 34-3319

Branche: Haar- und Körperpflegeprodukte, Duft und Kosmetik

Rechtsform:
Aktiengesellschaft

Geschäftsjahr: 1.1.-31.12.

GESCHICHTE UND ENTWICKLUNG. Am 1. Juli 1880 läßt der 26jährige Oberwiesenthaler Friseur Franz Ströher seine Firma »Franz Ströher – Rothenkirchen, Herstellung und Vertrieb von Haartüll« beim Amtsgericht Auerbach/Sachsen eintragen. Erfindung von »Tüllemoid« als Unterlage für die Befestigung von Perückenhaaren. 1904 Bau der ersten Fabrik in Rothenkirchen; 1908 Eintritt der Söhne Karl und Georg Ströher in den väterlichen Betrieb. 1918 Umfirmierung in »Franz Ströher OHG«. 1920 Stagnation des Perückengeschäftes aufgrund des durch die amerikanischen Soldaten nach Europa gebrachten Bubikopfes. Verlagerung der Produktion auf Friseurberufskleidung und Perücken für Kinderpuppen sowie Vertrieb von Schaufensterpuppen. Wella wird zum »Partner der Friseure«. 1924 Anmeldung des Wortzeichens »Wella« beim Deutschen Patentamt. Produktion von Dauerwellapparaten (»Wella-Junior«) und Trockenhauben (»Meisterstück«). 1930 Anmeldung des Bildzeichens »Wella« mit Frauenkopf und stilisierten Haarwellen. Gründung einer weiteren Firma, der Franz Ströher AG. 1936 Tod des Firmengründers; Umzug der Hauptverwaltung der Franz Ströher AG nach Apolda/Thüringen. Erste Auslandsgesellschaft in Großbritannien. Ab 1944 Umstellung

großer Teile der Produktion auf Kriegsaufträge, z. B. Bauteile für U-Boote, Ventilatoren.
1945 Demontage der Produktionsstätten, Beschlagnahme der Patente. Das Stammwerk in Rothenkirchen wird VEB; Neuanfang der Ströhers im hessischen Hünfeld mit der Gründung der »Ondal GmbH«. 1946 Gründung der Wella Friseurbedarf GmbH, Berlin. 1950 Umfirmierung in Wella AG und Umsiedelung nach Darmstadt. »Koleston«, ein Creme-Haarfärbemittel, bringt den wirtschaftlichen Durchbruch. 1952 Einführung der Frisiercreme »Wellaform«. Produktionen in zahlreichen europäischen Staaten. Zahlreiche erfolgreiche Produkte. In den 60er Jahren Expansion in außereuropäische Märkte; Wella-Publikumsartikel für die Heimbehandlung werden zum großen Renner. In den 70er Jahren Wella in Drogerien, Parfümerien, Kaufhausabteilungen und bei allen Friseuren. Expansion und Akqusitionen. 1978 erreicht der Wella-Konzern 1 Mrd. DM Umsatz.
1983 Gang an die Börse. Wella ist mit Produktions- und Vertriebsgesellschaften weltweit vertreten. 1990 Rückkauf des früheren Stammhauses in Rothenkirchen/Sachsen (Londa GmbH). Schließung der Wella Friseurbedarf GmbH, Berlin. Expansion weltweit; Übernahme des Haarkosmetikbereiches der Smith-Kline-Beecham; Joint-ventures in Asien; Firmengründungen in Osteuropa. 1994 größte Akquisition der Firmengeschichte mit der Übernahme der Muelhens KG, Köln, mit insgesamt 29 Gesellschaften und der kompletten Produktgruppe »4711«.

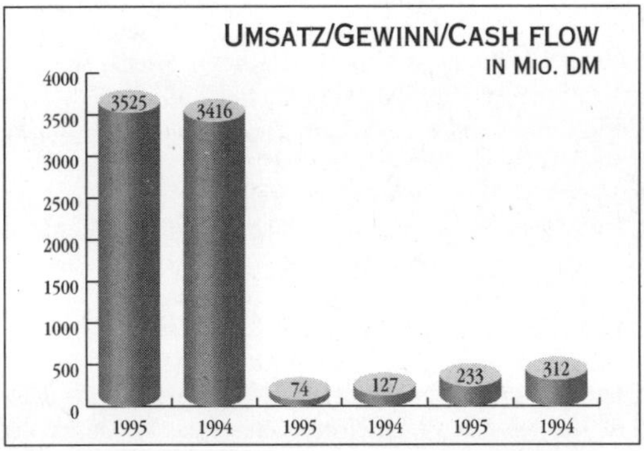

BESITZVERHÄLTNISSE/EIGENTUMSSTRUKTUR.
- Familie Ströher (78% – Inhaber-Stammaktien; verschiedene Familien-Stämme, davon: Sylvia Ströher, Darmstadt, 25%; Erika Pohl, Praroman-Le Mouret/Schweiz, 23%; Claudia Ebert, Darmstadt, 8,4%; Ursula Ströher, Morges/Schweiz, 5,5%)
- Rest Inhaber-Stammaktien in Streubesitz bei 2.500 Aktionären
- Alle Vorzugsaktien (ohne Stimmrecht) in Streubesitz bei rund 3.500 Aktionären. 57% des in Streubesitz befindlichen Aktienkapitals entfällt auf ausländische Anleger, wobei die größte Aktionärsgruppe mit 31% britische Anleger sind.

KONZERNÜBERBLICK. Wella ist Deutschlands größter und der Welt zweitgrößter Haarkosmetik-Hersteller. Wella steht weltweit als Synonym für Produkte zur Haar- und Körperpflege und als internatio-

Gründungsjahr: *1880*

Institutionelle Presse- und Öffentlichkeitsarbeit:
Peter Skopp
Tel.: (06151) 34-2325
FAX: (06151) 34-3298

Verbände: *Industrieverband Friseurbedarf e.V., Frankfurt/Main; Industrieverband Körperpflege und Waschmittel, Frankfurt/Main*

Vorstand:
- *von Craushaar, Jörg (Vorsitzender), Darmstadt*
- *Gürtler, Heiner, Dr. (Kosmetik und Duft), Darmstadt*
- *Krämer, Alfred (Amerika, Asien, Pazifik), Darmstadt*
- *Kuhn, Fritz (Europa), Seeheim-Jugenheim*
- *Smits, Bert (Marketing Retail), Darmstadt*
- *Schmidt, Hans (Finanzen und Personal), Messel*
- *Benning-Rohnke, Elke (Marketing Friseur), Darmstadt*

Vorstandsbezüge 1995:
4.055.000,– DM

Generalbevollmächtigter:
- *Moske, Klaus (Forschung und Entwicklung), Roßdorf*

Aufsichtsrat:
- *Krutzki, Karl Heinz (Vorsitzender), Darmstadt*
- *Crespo, Ulrike, Frankfurt/Main*
- *Olbricht, Thomas, Prof. Dr. Dr., Essen*
- *Pohl, Tilman, Darmstadt*
- *Schneidewind, Dieter, Prof. Dr., Zwingenberg*
- *Ströher, Sylvia*

**Thomas, Walter (stellv. Vorsitzender)*
**zum Felde, Klaus*
**Keller-Lauscher, Veronika*
**Lehmacher, Manfred*
**Moske, Klaus*
**Petter, Walter*

Aufsichtsratstantiemen 1995: *312.000,– DM*

Beirat:
- *Ebert, Norbert, Darmstadt*
- *Pohl, Rainald, Darmstadt*
- *Sander, Hans-Joachim, Darmstadt*
- *Ströher, Ulrich, Darmstadt*

Beiratstantiemen 1995: *172.000,– DM*

nal führender Haarpflegespezialist. Fast 70% des Umsatzes werden durch Haarpflege erzielt. Die größte Akquisition in der Geschichte von Wella war der Erwerb von 91% der Muelhens KG (4711), Köln, im Juni 1994 zur Stärkung des Endverbrauchergeschäftes. Kerngeschäftsfelder von Wella sind das Friseur- und Retail-Haarpflegegeschäft sowie der Duft- und Kosmetikbereich. Wella gliedert sich in folgende Tätigkeitsbereiche:

◆ Haar mit den Sparten Färbemittel, Pflege, Styling und Dauerwellpräparate. Das Kerngeschäft Haarpflege ist unterteilt in das Friseur- und Endverbrauchergeschäft. Haarpflegemittel werden produziert von Wella, Anton Hübner, Kadabell-Kadus, Emil Kiessling, Londa, Sebastian, Tondeo. Produkte: Crisan, Lifecolor, Sivikrin, Eubiona, pH6, Kanmuso, Duoeffekt, Birgitta, Ducren, Cello Shampoo. Umsatz 1995: 2.423,0 Mio. DM (Vorjahr: 2.401,0 Mio.).

◆ Kosmetik und Duft mit den Sparten Prestige Düfte, Selektive Düfte, 4711/Körperpflege. Durch die Übernahme der Kölner Muelhens-Gruppe hat Wella sein Geschäft mit Körperpflegeartikeln und Duftwässern erheblich verstärkt. Produzenten: Muelhens, Parfums Rochas S.A., René Garraud, Gucci. Einige Produkte: Handsan, Eurbiona, Gucci, Femme, Eau de Rochas, pH6, 4711, Cascaya, Tocade, Inka, Homme, Monsieur, AloClean, Galileo, Gabriela Sabatini, Priscilla Presley, Tosca, Sir Irish Moos, Extase. Umsatz 1995: 811,0 Mio. DM (Vorjahr: 663,0 Mio.).

◆ Salonausstattung mit den Sparten Einrichtungen, Geräte und Zubehör. Umsatz 1995: 190,0 Mio. DM (Vorjahr: 203,0 Mio.).

◆ Sonstiges mit den Sparten Industrietechnik, Gesundheitspräparate und Reinigungsmittel. Produkte: Gelatina, Magnesia, Selena, Mückenfrei. Umsatz 1995: 102,0 Mio. DM (Vorjahr: 150,0 Mio.).

Wella produziert im Inland an folgenden Standorten: Ehrenkirchen, Georgensgmünd, Hünfeld, Köln, Krefeld, Lenzkirch, Solingen, Steinberg (Rothenkirchen). Wella unterhält ein weltweites Netz an Friseur-Services. Rund 550 fachliche Mitarbeiter führten 1995 in 89 Studios und vor Ort rund 61.000 Seminare und Veranstaltungen mit ca. 1.097.000 Teilnehmern durch. Der Bereich Forschung und Entwicklung ist zentral in Darmstadt plaziert.

BETEILIGUNGEN. In den Konzernabschluß 1995 wurden 24 deutsche und 121 ausländische Gesellschaften einbezogen (inklusive der Muelhens-Gruppe). Die wichtigsten in- und ausländischen Tochter- und Beteiligungsgesellschaften der Wella AG sind:
Ondal Industrietechnik GmbH, Darmstadt (100%); Inverta Verwaltungsgesellschaft mbH, Darmstadt (100%); Kadabell GmbH & Co. KG, Lenzkirch (93,6%); Emil Kießling & Cie. GmbH & Co., Georgensgmünd (100%); Londa GmbH, Rothenkirchen (100%); Muelhens GmbH & Co. KG, Köln (90,9%); Tondeo-Werk GmbH, Solingen (100%); Intercosmetic S.A., Groot-Bijgaarden/Belgien (100%); Ondal-France E.u.r.l., Saargemünd/Frankreich (100%); René Garraud S.A., Paris/Frankreich (100%); Wella France S.A., Paris/Frankreich (100%); Wella International Finance B.V., Amsterdam/Niederlande (100%); Parfums Rochas S.A., Paris/Frankreich (100%); Wella (U.K.) Holdings Ltd., Basingstoke/Großbritannien (100%); Wella Italia Labocos S.p.a., Castiglione/Italien (100%); N.V. Handelsmaatschappij van Ravensberg, Amstelveen/Niederlande (100%); Interkosmetik

Ges.m.b.H., Linz/Österreich (99,5%); Intercosmetic AB, Täby/Schweden (100%); Wella Beteiligungen AG, Fribourg/Schweiz (100%); Productos Cosméticos S.A., Torrejón de Ardoz/Spanien (100%); Ondabel S.A., Buenos Aires/Argentinien (100%) Cosmetic Products Pty.Ltd., Sydney/Australien (100%); Wella Cosmetics China Ltd., Tianjin/VR China (100%); Wella Japan Co. Ltd., Tokio/Japan (71,2%); Productora de Cosméticos S.A., Mexico-City/Mexiko (100%); Sonata Laboratories Ltd., Auckland/Neuseeland (100%); Myungmy Cosmetics Co. Ltd., Seoul/Südkorea (62,5%); Belcosa Distribuidora de Cosmeticos Ltda., Rio de Janeiro/Brasilien (100%); The Wella Corporation, Englewood/USA (100%).

NEUE BUNDESLÄNDER. 1990 wurde von der Treuhandanstalt das Wella-Stammhaus Londa im sächsischen Rothenkirchen zurückgekauft, das auch immer beste Kontakte zu den Ostmärkten unterhielt.

STANDORT DEUTSCHLAND. Wer solche Visionen hat, muß auf ausländischen Märkten expandieren, neue Standorte ausbauen. »Wir wollen unter der Marke Wella weltweit der bekannteste und kompetenteste Anbieter für Haarkosmetik sein«, so der Vorsitzende des Vorstandes, Jörg von Craushaar, im April 1996. Wella will sich strategisch auf die drei Stammgeschäfte konzentrieren: Die Weltmarktführerschaft soll im Friseurbereich deutlich ausgebaut werden, der Bereich Retail-Haarpflege soll durch neue Marken starke Marktpositionen erzielen, und im Duftbereich will man weltweit zu den ersten fünf Anbietern gehören.

Die weltweite Expansion des Wella-Konzerns wird vom Standort Darmstadt aus gesteuert, wo auch die zentrale Forschung und Entwicklung beheimatet ist, die in den nächsten Jahren noch ausgebaut werden soll. Im Rahmen der globalen Strategie wurde in den letzten Jahren die Produktionsstruktur gestrafft. 15 Werke wurden weltweit geschlossen, darunter Berlin als deutscher Standort; heute werden noch 26 Fabriken betrieben. Weniger Produktionsstätten, geringere Produktionskosten, effektivere Produktionsstandorte. Im Rahmen der Produktionsstraffung wurde Deutschland zum Standort einer der drei europäischen Leitfertigungen. Wella frisiert weltweit an vorderer Stelle, ist international tätig und erzielt zwei Drittel des Umsatzes im Ausland. Wella ist in allen bedeutenden Märkten mit eigenen Gesellschaften – auch Produktionen – vertreten. »Insofern versteht sich Wella als Bestandteil der nationalen Volkswirtschaften, denen sie sich ohne Unterschied verpflichtet fühlt.« Größter Auslandsmarkt ist das Geschäft in Japan, in den USA gehört Wella zu den prosperierenden Haarpflegeunternehmen im Friseurbereich. Als Wachtumsregionen definiert der Wella-Vorstand neben Westeuropa, Japan und den USA vor allem die südostasiatischen Länder, China und Osteuropa, wo Wella verschiedene Gesellschaften gegründet hat (Ungarn, Polen, Tschechische Republik, Slowakei, Rumänien). In Rußland wurde 1994 neben der Vertriebsgesellschaft Russwell mit dem Partner Caprolactam eine Fabrik in Betrieb genommen. In China produziert Wella bereits seit zehn Jahren. Dabei wird Haarkosmetik auch zukünftig als »core business« verstanden, ergänzt von den Geschäftsfeldern Kosmetik und Körperpflege mit den Tochtergesellschaften Muelhens und Rochas. Die Beschäftigtenzahl des Wella-Konzerns hat sich in den letzten drei Jahren durch

BÖRSE, AKTIEN, KURSE
Grundkapital 1995:
127,3 Mio.
Jahreshöchstkurs 1995:
Vorzugsaktie: 1.230,00 DM;
Stammaktie: 1.250,00 DM
Jahrestiefstkurs 1995:
Vorzugsaktie: 650,00 DM;
Stammaktie: 660,00 DM
Aktie Jahresende 1995:
Vorzugsaktie: 772,00 DM;
Stammaktie: 777,00 DM
Dividende pro Aktie 1995:
Vorzugsaktie: 14,00 DM;
Stammaktie: 13,00 DM

Die Dividende bezieht sich auf je 50,– DM Aktiennennbetrag. Der Bilanzgewinn 1995 betrug 57,8 Mio. DM. Das Grundkapital ist eingeteilt in 1.697.526 Inhaber-Stammaktien zu je 50,– DM und 844.079 Inhaber-Vorzugsaktien ohne Stimmrecht im Nennbetrag zu je 50,– DM. Die Wella-Aktie ist an der Frankfurter und Berliner Wertpapierböre sowie in Basel, Genf, Zürich und Wien amtlich notiert.

Umsatz 1995: *3.525,1 Mio.*
(davon Ausland: 68,1%)
Umsatz 1994: *3.416,1 Mio.*
(davon Ausland: 69,9%)
Umsatz 1993: *2.871,9 Mio.*
(davon Ausland: 69,3%)

Gewinn 1995: *74,2 Mio.*
Gewinn 1994: *126,5 Mio.*
Gewinn 1993: *106,1 Mio.*

Cash flow 1995: *233,0 Mio.*
Cash flow 1994: *312,0 Mio.*
Cash flow 1993: *239,0 Mio.*

Cash flow: *Akquisitionen (Muelhens/4711) im Beteiligungsbereich; Rückführung der Schulden.*

Steueraufkommen 1995:
98,9 Mio.

Beschäftigte 1995: *16.500 (davon im Ausland: 13.483)*
Beschäftigte 1994: *16.350 (davon im Ausland: 12.961)*
Beschäftigte 1993: *14.450*

Umsatz pro Mitarbeiter 1995: *213.642,– DM*
Umsatz pro Mitarbeiter 1994: *208.936,– DM*
Umsatz pro Mitarbeiter 1993: *198.747,– DM*

Löhne und Gehälter 1995: *852,0 Mio.*
Löhne und Gehälter 1994: *794,7 Mio.*
Durchschnittsgehalt 1995: *51.636,– DM*
Durchschnittsgehalt 1994: *48.606,– DM*
Soziale Abgaben und Aufwendungen 1995: *200,3 Mio.*
Soziale Abgaben und Aufwendungen 1994: *182,7 Mio.*

Bezüge pro Vorstandsmitglied 1995: *675.833,– DM*
Tantiemen pro Aufsichtsrat 1995: *26.000,– DM*

Investitionen 1995: *197,1 Mio.*
Investitionen 1994: *150,5 Mio.*
Investitionen 1993: *143,0 Mio.*

Mitbewerber: *Avon, Beiersdorf, Colgate-Palmolive, Estée Lauder, Henkel, Kao, L'Oréal, Procter & Gamble, Shiseido, Unilever*

Großakquisitionen – die Integration der Sebastian International Inc., Los Angeles, der Muelhens GmbH & Co. KG, Köln, und durch den Ausbau des osteuropäischen Geschäftes – um weltweit etwa 2.500 Mitarbeiter erhöht. In der Wella AG (Inland) arbeiteten Ende 1995 rund 3.000 (Vorjahr: 3.400) Beschäftigte. In der ersten Jahreshälfte 1996 wurden rund 400 Arbeitsplätze abgebaut.

»BÜNDNIS FÜR ARBEIT«. 1996 erprobte Wella neue Arbeitszeiten mit »Modellcharakter«. Die weitergehende Flexibilisierung der schon bisher praktizierten Gleitzeit soll allen Seiten, Unternehmensleitung und den Beschäftigten, Vorteile bringen: mehr Eigenverantwortung, eine bessere Kommunikation und die optimierte Bereitstellung von Kapazitäten. 300 Beschäftigte aus 16 ausgewählten Abteilungen in Darmstadt und Weiterstadt nahmen 1996 an einem Pilotprojekt teil, dessen Ergebnisse (Erfahrungen, Eindrücke und Auswirkungen) in die betrieblichen Abläufe einfließen sollen. »Kapazitätsprobleme, bedingt durch Krankheit und Urlaub, saisonale Mehrbelastung oder ›heiße Phasen‹ in der Projektarbeit können leichter abteilungsintern gelöst und organisiert werden. Den Ansprüchen externer Kunden wird besonders durch die Festlegung bedarfsgerechter Betriebsnutzungs- und Ansprechzeiten Rechnung getragen.« Hinzu kommt, daß die Mitarbeiter in den einzelnen Arbeitsbereichen Teamgeist in den Vordergrund rücken sollen. Sie sollen bei der Gestaltung der Arbeitsbereiche mitwirken und zunehmend Verantwortung übernehmen. Ziel der Bereichsentwicklung ist, so Wella, die Steigerung der Effizienz durch Nutzung von Synergien aus der Teamarbeit. Ziel: Rationalisierung und Flexibilisierung der Produktion auf allen Ebenen. Neue Ablauforganisationen sollen die bisherigen traditionellen funktionalen Organisationsstrukturen ablösen. Alle Abläufe sollen sich ausschließlich an den Bedürfnissen der Kunden orientieren »bei gleichzeitiger effizienter Auftragsabwicklung durch die Organisation«.

UMWELTSCHUTZ. Wella stellt in den Mittelpunkt seiner »Unternehmens-Leitlinie Umweltschutz« den integrierten Umweltschutz in allen Aktivitäten des Unternehmens von der Produktion und den verwendeten Materialien bis zu umweltschonender Entsorgung anfallender Abfälle an den Produktionsstandorten. Wella hat die Umwelt-Charta der Internationalen Handelskammer unterzeichnet und bekennt sich zu einer offenen Informationspolitik gegenüber Mitarbeitern und Außenstehenden. Produktion sowie Forschung und Entwicklung gelten als ökologische Schwerpunktbereiche. Konkrete Maßnahmen 1996/97: Einsatz nachwachsender Rohstoffe (u. a. Fruchtwachse), Reduzierung von Verpackungsaufwand und Verbesserung der Recyclingfähigkeit von Verpackungen, Wassereinsparungen und Wasseraufbereitung in der Produktion, Einbeziehung aller Mitarbeiter durch Öko-Tip-Aktionen, Abfallvermeidung, -trennung, -recycling. Das Öko-Management ist auf die Anforderungen der EU-Öko-Audit-Verordnung ausgerichtet.

Werhahn siehe Strabag

WESTLB

GESCHICHTE UND ENTWICKLUNG. Die Westdeutsche Landesbank Girozentrale wurde am 1. Januar 1969 durch den Zusammenschluß der Landesbank für Westfalen Girozentrale, Münster (gegr. 1832), und der Rheinischen Girozentrale und Provinzialbank, Düsseldorf (gegr. 1854), gegründet. Aufgrund der Geschichte der beiden Vorgängerinstitute verfüge man – so die WestLB in der Selbstdarstellung – über mehr als 150 Jahre Bankerfahrung.

BESITZVERHÄLTNISSE/EIGENTUMSSTRUKTUR.
Am Kapital der WestLB sind als Gewährträger beteiligt:
- Land Nordrhein-Westfalen (43,2%)
- Landschaftsverband Rheinland, Köln (11,7%)
- Landschaftsverband Westfalen-Lippe, Münster (11,7%)
- Rheinischer Sparkassen- und Giroverband, Düsseldorf (16,7%)
- Westfälisch-Lippischer Sparkassen- und Giroverband, Münster (16,7%)

Die staatliche Aufsicht über die Bank führt der Finanzminister von Nordrhein-Westfalen im Einvernehmen mit dem Minister für Wirtschaft, Mittelstand und Technologie des Landes. Die Verbindlichkeiten der WestLB werden garantiert durch die gesamtschuldnerische Haftung ihrer Eigentümer und öffentlichen Gewährträger. Organe der Bank sind die Gewährträgerversammlung, der Verwaltungsrat und der Vorstand.

KONZERNÜBERBLICK. Die WestLB ist eine national und international tätige universelle Geschäftsbank. Sie ist das größte öffentlich-rechtliche Kreditinstitut der Republik und gehört zu den größten deutschen Banken. Sie übt satzungsgemäß drei Funktionen aus, die gleichgewichtig nebeneinanderstehen: Sie ist Geschäftsbank, Sparkassen-Zentralbank und Staatsbank des Landes Nordrhein-Westfalen.
Die WestLB ist an allen wichtigen nationalen und internationalen Finanz- und Handelsplätzen mit Tochtergesellschaften, Repräsentanzen oder Beteiligungen vertreten. Im Inland ist sie in acht großen Städten präsent, über ihre Tochter Deutsche Industrie- und Handelsbank AG, Berlin, in den neuen Bundesländern. Ihre Tochtergesellschaft, die WestLB (Europa) AG, unterhält Tochtergesellschaften, Niederlassungen und Repräsentanzen in 17 europäischen Ländern. Mit der britischen Standard Chartered Bank wurde ein umfassendes Kooperationsabkommen geschlossen, das den WestLB-Kunden die Nutzung des weltweiten Filialnetzes von Standard Chartered ermöglicht. Seit Anfang 1992 ist die WestLB über ihre Tochtergesellschaft Banque Européenne pour l'Amérique Latine (BEAL) S.A. mit Niederlassungen und Repräsentanzen in sieben Ländern Südamerikas vertreten. Niederlassungen haben die Düsseldorfer in London, New York, Hongkong, Singapur und Tokio; Repräsentanzen in Bangkok, Chicago, Jakarta, Los Angeles, Peking, Shanghai, Sydney, Tokio/Osaka, Taipeh sowie Toronto; Shanghai, Sydney und Bangkok sollen in operative Einheiten umgewandelt werden. Dazu kommen die Tochterinstitute Banque d'Orsay S.A., Paris (1995 erworben; Schwerpunkt: Fondsverwaltung für fran-

Standort:
Herzogstraße 15
40217 Düsseldorf

Postanschrift:
40199 Düsseldorf

Telefon: *(0211) 826-01*
Telex: *8 582 605*
Telefax: *(0211) 826-6119*

Branche: *Kreditinstitute*

Rechtsform:
Anstalt des öffentlichen Rechts

Geschäftsjahr: *1.1.-31.12.*

Gründungsjahr: *1969*

Öffentlichkeitsarbeit:
Dr. Friedhelm Plogmann
Tel.: (0211) 826-2200
FAX: (0211) 826-6378

Vorstand:
- *Neuber, Friedel (Vorsitzender; Konzernsteuerung, Investitions-Bank NRW, Wohnungsbauförderung, Recht/Steuern/Treuhand-Immobilienfonds, Revision, Beteiligungen, Personal)*
- *Falke, Dieter, Dr. (Treasury, Europa)*
- *Franke, Adolf, Dr. (Konzernsteuerung, Services, Wohnungsbauförderung, Kreditbüro, Beteiligungen, Personal, Risk Management Support & Control)*
- *Holdijk, Rudolf, Dr. (Immobilienfinanzierung, LBS, Sparkassen/Kommunen, Services)*
- *Kollar, Axel, Dr. (Investment-Banking, Recht/Steuern/Treuhand-Immobilienfonds, DIHB)*

▌ *Offen, Hans Henning (stellv. Vorsitzender; Firmen, Investment-Banking, Europa)*
▌ *Prautzsch, Wolf-Albrecht, Dr. (stellv. Vorsitzender; Immobilienfinanzierungen, LBS, Sparkassen/Kommunen, Revision, Kreditbüro, Risk Management Support & Control)*
▌ *Ringel, Johannes, Dr. (Konzernsteuerung, Investitions-Bank NRW, Overseas, Beteiligungen)*
▌ *Sättele, Hans-Peter (Investment Banking, Treasury, Europa)*
▌ *Sengera, Jürgen (Firmen, Overseas, DIHB)*

Vorstandsbezüge 1995:
10.900.000,– DM

Verwaltungsrat:
▌ *Scholle, Manfred, Dr. (Vorsitzender; Landschaftsverband Westfalen-Lippe), Münster*
▌ *Schleußer, Heinz (Finanzminister NRW), Düsseldorf*
▌ *Clement, Wolfgang (Minister für Wirtschaft und Mittelstand, Technologie und Verkehr des Landes NRW), Düsseldorf*
▌ *Esser, Ferdinand (Landschaftsverband Rheinland), Köln*
▌ *Fröhlings, Johannes (Rheinischer Sparkassen- und Giroverband), Düsseldorf*
▌ *Gerlach, Rolf, Dr. (Westfälisch-Lippischer Sparkassen- und Giroverband), Münster*

Von Gewährträgern entsandte Mitglieder:

▌ *Barbonus, Joachim (Stadtdirektor), Bochum*
▌ *Brunswig, Rolf (Vorstand der Sparkasse Siegen), Siegen*
▌ *Geuenich, Michael (Bundesvorstand des DGB), Düsseldorf*
▌ *Kettler, Heinz (Unternehmer), Ense-Parsit*

zösische institutionelle Anleger), WestLB International S.A., Luxemburg, Westdeutsche Landesbank (Schweiz) AG, Zürich, und die West Merchant Bank Ltd., London. Die WestLB gehört darüber hinaus aufgrund ihres großen Bestandes an Festzinshypotheken und Baudarlehen der zu ihr gehörenden Landes-Bausparkasse (LBS) zu den wichtigsten Hypothekenbanken der Bundesrepublik. Sie ist als Universalbank tätig in den Bereichen Bausparen, Leasing, dem Wertpapierhandel, der Anbahnung und Finanzierung von Firmenübernahmen und allen Varianten von Spezialfinanzierungen. Sie ist der größte Daueremittent von Bankschuldverschreibungen in Deutschland. Die WestLB ist die Zentralbank der Sparkassen in Nordrhein-Westfalen und Brandenburg und unterstützt sie bei allen Kredit- und Dienstleistungsgeschäften.

Als Staatsbank des Landes Nordrhein-Westfalen unterstützt die WestLB das Land und seine Kommunen in der Umsetzung der Wirtschafts- und Wohnungsbauförderung (Wirtschafts- und Strukturpolitik, Förderung der gewerblichen Wirtschaft und von Projekten der öffentlichen Hand, Wohnungsbauförderung – zum 1. Januar 1992 wurde die Wohnungsbauförderungsanstalt des Landes NRW auf die WestLB übertragen). Die Staatsbankaktivitäten sind in der Investitions-Bank NRW zusammengefaßt. Die WestLB stellt Kommunal- und Staatskredite zur Verfügung. Darüber hinaus gehören ihr im Auftrag des Staates die Spielcasinos des Landes NRW.

Längst hat die WestLB den Status der wohlkontrollierten landeseigenen Bank verloren und ist im Stil der privaten Großbanken weltweit tätig. Mit Tochterbanken, Niederlassungen und Repräsentanzen ist der WestLB-Konzern weltweit in mehr als 30 Ländern vertreten. Ähnlich verhält es sich mit den Großakquisitionen und Beteiligungen außerhalb des Finanzbereiches. Die WestLB ist an zahlreichen bedeutenden Industrieunternehmen beteiligt und kontrolliert maßgeblich das westdeutsche Spielbanken- und Lotteriegeschäft.

BETEILIGUNGEN. Die wichtigsten Beteiligungen der WestLB im Bankenbereich und an Industrieunternehmen mit Anteilen von über 10% sind dem Schaubild auf Seite 599 zu entnehmen. Dazu kommen verschiedene Beteiligungen unter 10%, z. B. an der Fried. Krupp AG Hoesch-Krupp, Essen/Dortmund (7%).

NEUE BUNDESLÄNDER. Gemeinsam mit der Deutschen Außenhandelsbank, über die zu DDR-Zeiten fast der gesamte Außenhandel finanziert worden war, gründete die WestLB Mitte 1990 die Deutsche Industrie- und Handelsbank AG, Berlin, die von der WestLB beherrscht wird und maßgeblich am Privatisierungsprozeß in den neuen Bundesländern beteiligt war.

Über Niederlassungen verfügt die Bank in Chemnitz, Dresden, Erfurt, Halle, Leipzig, Magdeburg und Rostock. Genossenhilfe: Die sozialdemokratisch dominierte WestLB hat sich mit 50% an der im Frühjahr 1992 neu gegründeten Investitionsbank Brandenburg beteiligt, um »die langjährige Erfahrung, die wir als Staatsbank bei der Unterstützung der nordrhein-westfälischen Landesregierung in der Wirtschafts-, Umweltschutz- und Wohnungsbauförderung gesammelt haben, beim Aufbau eines leistungsfähigen Förderinstituts für das Land Brandenburg einzubringen«. An einer Landesbank Brandenburg will die West-

LB dann auch angemessen beteiligt sein. Anfang 1995 ging die Deutsche Außenhandelsbank AG wirtschaftlich vollständig an die WestLB über. Die WestLB übernahm 53,7% von der bundeseigenen Kreditanstalt für Wiederaufbau (KfW), Frankfurt/Main, und 46,3% vom Bund.

STANDORT DEUTSCHLAND. Die WestLB begleitet die großen deutschen Unternehmen bei ihren Expansionen auf den Wachstumsmärkten der Welt. Entsprechend expansiv sind die Düsseldorfer auch auf allen lukrativ erscheinenden Märkten mit ihrem weltweiten Stützpunktnetz. »Das Interesse unserer Firmenkunden konzentrierte sich 1995 vor allem auf kostenoptimierte Finanzierungen, Maßnahmen zur Restrukturierung der Bilanz und die Minimierung der Risiken«, so die WestLB im Mai 1995. Der Auslandsanteil an der Bilanzsumme belief sich 1995 auf 35%, der Ergebnisanteil auf 38%, wovon auf den außereuropäischen Bereich 20% entfielen. Besonders engagiert ist die WestLB im »Wachstumsmark Asiens«, wo zusammen mit den Geschäften in Australien 1995 bereits über 2 Mrd. DM Zins- und Provisionserträge erwirtschaftet wurden.

Neben der forcierten Stärkung des asiatisch-pazifischen Raums ist die WestLB in nahezu allen osteuropäischen Hauptstädten mit Niederlassungen, Tochtergesellschaften oder Repräsentanzen vertreten. In Polen erhielt sie als erste deutsche Bank Anfang 1995 die Lizenz zur Gründung der ersten rein deutschen Bank in Polen, der WestLB-Polska. Seit 1996 kooperiert die WestLB mit der russichen Universalbank Inkom Bank besonders im Firmenkunden- und Außenhandelsgeschäft.

Die WestLB konzentriert sich seit 1995 stärker auf das Investment-Banking. Man will in diesem Zusammenhang neben der traditionellen Stärke im DM-Bereich das Geschäft mit Renten und Aktien in fremden Währungen ausbauen. Zum 1. Januar 1995 wurde die Banque d'Orsay, Paris, erworben, die vor allem auf Vermögensverwaltung für französische institutionelle Anleger spezialisiert ist. Im Fremdwährungsgeschäft spielt eine besondere Rolle die Londoner WestLB-Tochter West Merchant Bank, die 1996 auch noch das Brokerhaus PanmureGordon & Co. übernahm. Schließlich beteiligte sich zur Jahreswende 1995/96 die WestLB mit 9,1% an der größten österreichischen Bank, der Bank Austria AG, Wien.

Insgesamt nahm die Bedeutung der Tochtergesellschaften im WestLB-Konzern auch 1995 weiter zu. Der Anteil des Stammhauses WestLB an der Konzernbilanzsumme von 428,6 Mrd. DM ging auf 72 Mrd. DM zurück.

Die ausländischen Niederlassungen und Tochtergesellschaften steuerten rund ein Drittel zur Konzernbilanzsumme bei. In welchem Maße der Bankenbereich der WestLB ins Ausland expandiert, wird daran deutlich, daß jeder vierte Mitarbeiter des WestLB-Bankkonzerns inzwischen im Ausland arbeitet.

Mitte 1995 wurde die Westdeutsche Immobilienbank gegründet, die das überregionale Finanzierungsgeschäft der WestLB, der SüdwestLB, der Landesbank Rheinland-Pfalz und der Landesbank Schleswig-Holstein bündelt. Anfang 1996 übernahm die Immobilienbank das Immobilienfinanzierungsgeschäft der Deutschen Industrie-und Handelsbank AG (DIHB), Berlin.

- *Krämer, Hans-Peter (Kreissparkasse Köln), Köln*
- *Krämer, Hermann, Dr. (Vorstand der VEBA AG), Düsseldorf*
- *Linssen, Helmut, Dr. (Vorsitzender der CDU-Landtagsfraktion NRW), Düsseldorf*
- *Matthiesen, Klaus (Vorsitzender der SPD-Landtagsfraktion NRW), Düsseldorf*
- *Petring, Jens (Mitglied des Landtages NRW), Wuppertal*
- *Schröder, Gustav Adolf (Stadtsparkasse Köln), Köln*
- *Späth, Friedrich (Vorstand der Ruhrgas AG), Essen*
- *Wixforth, Gerd, Dr. (Stadtdirektor), Gütersloh*

Vertreter der Belegschaft der Bank:

*Eicke, Fred
*Gerigk, Christian
*Heczko, Helmut
*Löschmann, Gerd-Uwe
*Ludwig, Doris
*Schimpf, Manfred
*Schreiber, Hubertus
*Türck, Gerhard
*Wagemann, Peter

Ständige Vertreter der Vorsitzenden des Verwaltungsrates:

- *Bentele, Karlheinz, Dr.*
- *Buchow, Wolfgang, Dr.*
- *Molsberger, Udo*
- *Sudbrock, Josef*
- *Biesenbach, Heinz*
- *Döhrmann, Andreas, Dr.*

Tantiemen des Verwaltungsrates und der Gewährträgerversammlung 1995: *1.200.000,– DM*

Tantiemen der über 130 Beiräte aus Wirtschaft, Verwaltung und dem Bereich der Sparkassen 1995: *1.000.000,– DM*

Aufbau des WestLB-Konzerns

Westdeutsche Landesbank Girozentrale, Düsseldorf/Münster

Bankkonzerntöchter

- West Merchant Bank Ltd., London (100%)
- Banque Européenne pour l'Amérique Latine (BEAL) S.A., Brüssel (100%)
- Deutsche Industrie- und Handelsbank AG (DIHB), Berlin (100%)
- Deutsche Aussenhandelsbank AG (DABA), Berlin (100%)
- WestLB (Europa) AG, Düsseldorf (100%), und 8 Tochtergesellschaften
- Banque d'Orsay S.A., Paris (100%)
- WestLB Securities Pacific Ltd., Hongkong (100%)
- WestLB Asia Pacific Ltd., Singapore (100%)
- WestLB International S.A., Luxemburg (75%)
- WestLB (Schweiz) AG, Zürich (67,5%)
- Westdeutsche ImmobilienBank, Mainz (50%)*
- Landesbank Schleswig-Holstein, Kiel (39,9%)*
- Landesbank Rheinland-Pfalz, Mainz (37,5%)*

* quotal konsolidiert

Sonstige Konzerntöchter

- GEV Gesellschaft für Energie und Versorgungswerte mbH, Dortmund (100%)
- Thomas Cook-Gruppe, London (79 Unternehmen) (100%)
- TCT Touristik Beteiligungs GmbH & Co. KG, Düsseldorf (100%)
- WestKB Westdeutsche Kapitalbeteiligungsges. mbH, Düsseldorf (100%)
- WestTM Westdeutsche Technologie Management GmbH, Düsseldorf (100%)
- Westfinanz Westdeutsche Finanzierungsges. mbH, Münster (100%)
- WestLeasing Westdeutsche Leasing Holding GmbH, Düsseldorf (100%)
- Westdeutsche Lotterie GmbH & Co., Münster (100%)
- Westdeutsche Spielbanken GmbH & Co. KG, Münster (100%)

Weitere Unternehmen des Bankkonzerns

- WestLB UK Ltd., London
- WestKA Westdeutsche Kapitalanlageges. mbH, Düsseldorf
- WestLB Capital Management GmbH, Düsseldorf

Weitere 59 in den Konzernabschluß einbezogene verbundene Unternehmen

Weitere 163 nicht in den Konzernabschluß einbezogene verbundene Unternehmen

10 assoziierte Unternehmen

Wesentlicher gewerblicher Anteilsbesitz der WestLB

(mit einer Anteilsquote von mindestens 10 v.H.)

Anteile an gewerblichen Unternehmen

Deutsche Babcock AG
Oberhausen
Kapital 350,0 Mio DM   Anteilsquote 10 v.H.

Gerresheimer Glas AG
Düsseldorf
Kapital 113,5 Mio DM   Anteilsquote 10 v.H.

Schuh-Union AG
Rodalben
Kapital 27,5 Mio DM   Anteilsquote 36,1 v.H.

Asko Deutsche Kaufhaus AG
Saarbrücken
Kapital 208,1Mio DM   Anteilsquote 10 v.H.

Fuchs Petrolub AG
Oel und Chemie
Mannheim
Kapital 77,6 Mio DM   Anteilsquote 11,1 v.H.

Mauser KG
Brühl
Kapital 11,4 Mio DM   Anteilsquote 34,1 v.H.

Kaufhof Warenhaus AG
Köln
Kapital 200,0 Mio DM   Anteilsquote 12,5 v.H.

LTU Gruppe
Düsseldorf[1]
Anteilsquote 34,3 v.H.

Corovin GmbH
Peine
Kapital 7,2 Mio DM   Anteilsquote 30 v.H.

[1] WestLB ist an verschiedenen Einzelgesellschaften der Gruppe bis zu 34,3 v.H. beteiligt

Anteile an Holdinggesellschaften

TCT Touristik
Beteiligungs-GmbH & Co. KG
Düsseldorf[2]
Kapital 993,0 Mio DM   Anteilsquote 100 v.H.

Euro-Umwelt Holding GmbH
Düsseldorf[6]
Kapital 5,0 Mio DM   Anteilsquote 100 v.H.

DKR
Beteiligungs Holding GmbH
Düsseldorf[10]
Kapital 0,2 Mio DM   Anteilsquote 30 v.H.

TBG Touristik
Beteiligungs-GmbH
Düsseldorf[3]
Kapital 37,0 Mio DM   Anteilsquote 100 v.H.

WestNBL Beteiligungsholding GmbH
Düsseldorf[7]
Kapital 10,0 Mio DM   Anteilsquote 100 v.H.

WestTA
Beteiligungsgesellschaft mbH
Düsseldorf[11]
Kapital 0,05 Mio DM   Anteilsquote 100 v.H.

GEV Gesellschaft für Energie- und Versorgungswerte mbH
Dortmund[4]
Kapital 126,0 Mio DM   Anteilsquote 100 v.H.

Beteiligungsgesellschaft
der Westdeutschen Landesbank
Düsseldorf[8]
Kapital 9,6 Mio DM   Anteilsquote 100 v.H.

WestKD Gesellschaft für
Finanzanlagen mbH
Düsseldorf[12]
Kapital 0,05 Mio DM   Anteilsquote 100 v.H.

Niedersachsen Holding GmbH
Hannover[5]
Kapital 70 Mio DM   Anteilsquote 33,3 v.H.

KEB Kommunale Energie-
Beteiligungs GmbH
Dortmund[9]
Kapital 7,3 Mio DM   Anteilsquote 28,3 v.H.

[2] Hält 100 v.H. der TBG Touristik Beteiligungs-GmbH und 30,0 v.H. der Touristik Union International GmbH & Co. KG
[3] Hält je 100 v.H. der Thomas Cook Group Ltd. und der Thomas Cook Inc.
[4] Hält rund 30 v.H. des Preussag-Kapitals
[5] Hält rund 10 v.H. des Preussag-Kapitals
[6] Hält 47,62 v.H. an Euro-Environment Investment S.A. und 24,13 v.H. an Euro-Environment Investment & Cie.
[7] Hält 25 v.H. an Mühl Product & Service AG und 100 v.H. an Märkische Faser AG Pramnitz
[8] Hält Anteile an ACCU-Hoppecke und Tellus
[9] Hält 37,55 v.H. des VEW-Kapitals
[10] Hält 25,2 v.H. der DKR Deutsche Gesellschaft für Kunststoffrecycling mbH
[11] Hält rund 25 v.H. der TA Triumph-Adler AG
[12] Hält rund 89 v.H. der Köln-Düsseldorfer Deutsche Rheinschiffahrt AG und 100 v.H. der WestKD Schiffs-Invest AG

Bilanzsumme 1995:
428.622,0 Mio.
Bilanzsumme 1994:
378.573,0 Mio.
Bilanzsumme 1993:
332.615,0 Mio.

Kreditvolumen 1995:
374.947,0 Mio.
Kreditvolumen 1994:
332.758,0 Mio.
Kreditvolumen 1993:
253.496,0 Mio.

Jahresüberschuß 1995:
520,0 Mio.
Jahresüberschuß 1994:
427,7 Mio.
Jahresüberschuß 1993:
481,4 Mio.

Grund- bzw. Stammkapital 1995: *2.315,3 Mio.*

Steueraufkommen 1995:
586,0 Mio.

Eigene Mittel 1995:
17.808,0 Mio.
Fremde Gelder 1995:
256.209,0 Mio.
(Spareinlagen, Kundengelder)
Beteiligungen 1995:
6.037,7 Mio.

Risikovorsorge 1995:
720,0 Mio.
Risikovorsorge 1994:
1.074,0 Mio.
Risikovorsorge 1993:
973,0 Mio.

»BÜNDNIS FÜR ARBEIT«. 1995 entwickelte die WestLB ein neues Arbeitszeitsystem, wonach die Arbeitszeit stärker als zuvor aufgabenorientiert ausgerichtet wird. Flexible Regelungen zur Präsenzpflicht in den einzelnen Organisationseinheiten sollen im Interesse des Unternehmens und der Mitarbeiter gleichermaßen sein. Die Mitarbeiter können eigenverantwortlich und unabhängiger über ihre Zeit verfügen, Verantwortung soll stärker delegiert werden. Besonderen Wert legt die WestLB auf hochqualifiziertes Personal, besonders auch vor dem Hintergrund weiterer Expansionen ins Ausland. Der Bankenkonzern beschäftigte 1995 157 Auszubildende (Vorjahr: 170). Ebenfalls 1995 nahmen 392 ehemalige Auszubildende, die inzwischen studieren, am Betreuungs- und Förderprogramm der Bank teil. Für die WestLB zahlte sich dieser Kontakt aus: »Durch eine hohe Rückkehrquote deckten wir einen erheblichen Teil unseres Bedarfs an hochqualifizierten Mitarbeitern.« Infolge der geänderten Anforderungen im immer komplexer werdenden Bankgeschäft stellt die WestLB zunehmend Hochschulabsolventen ein.

KOMMENTAR. Die Staatsbank des Landes Nordrhein-Westfalen liebt es allem Anschein nach, im Konzert der Großindustrie ein maßgebliches Wörtchen mitzusprechen. Die sozialdemokratischen Banker haben Gefallen gefunden am Spiel mit Geld und Macht. Denkt man, die Landesbanken seien durch die Nähe zur Politik besonderen Kontrollen unterworfen, so muß man konstatieren, daß gerade sie immer wieder in Affären und Skandale verwickelt waren und sind. Die Kreditanstalten des öffentlichen Rechts entpuppen sich vielfach als ein Filzknäuel aus Wirtschaft und Politik, von dem niemand so recht weiß, wer da eigentlich wen kontrolliert und von wem profitiert.
Die WestLB war da in der Vergangenheit Spitzenreiter. »Mit Milliarden jongliert, über eine Million gestolpert«, so überschrieb Anfang Januar 1981 der »Kölner Stadt-Anzeiger« den Prozeß gegen den »Sonnenkönig« unter den deutschen Bankiers, Ludwig Poullain, der sich in Münster vor dem Landgericht wegen Betrugs, Veruntreuung von Geldern und Bestechlichkeit verantworten mußte. Der WestLB-Chef hatte mit einem Konstanzer Finanz- und Grundstücksmakler einen Beratervertrag über 1,1 Mio. DM vereinbart – und der erhielt zum Dank Millionenkredite durch die Bank. Als der Baulöwe Pleite machte, flogen die Kungeleien auf. 1977 wurde Poullain fristlos entlassen, in Düsseldorf kam es zu einer Regierungskrise. Die WestLB hing mitten drin im Skandal um den Konkurs der Beton- und Monierbau AG von 1979 und hatte verschiedene Verfahren wegen vorsätzlicher Konkursverschleppung zum Schaden anderer Gläubiger am Hals, dann stürzte Poullains Nachfolger Johannes Völling über Fehlkalkulationen seiner Bank und politische Ränke.

FRIEDEL NEUBER. Seit 1981 regiert Friedel Neuber die Düsseldorfer Bank. Karrierestationen: Krupp-Buchhalter, Krankenhausverwalter, Juso-Funktionär, Duisburger SPD-Kommunalpolitiker, rheinischer Sparkassenpräsident. Die typische SPD-Karriere im SPD-Staat NRW. Der enge Freund von Johannes Rau und von diesem eigenhändig in die hochdotierte Position gehievt, der »vom Bankmanagement recht wenig, von politischer Kungelei um so mehr versteht« (Spiegel 30/1981) und dessen Karriere »auf Filz geschrieben« (Süddeutsche Zei-

tung, 18.7.1981) steht, mußte sich 1984 in »Capital« (4/84) vorzählen lassen: »Mehr als eine Milliarde Mark kosten allein faule Kreditengagements etwa bei den Schnapka-Firmen Bomin, Frisia und Mönninghoff. Riesige Summen verschlingen so miese Beteiligungen wie bei Reifen Hesse in Mönchengladbach (60 Millionen Mark) oder der Deutschen Anlagen-Leasing GmbH (DAL) in Mainz.« Die DAL-Misere kostete die WestLB rund 1 Mrd. DM, insgesamt kosteten Neubers Geschäfte die Staatsbank schon 1984 runde 2,5 Mrd. DM. Doch die Kehrseite der Münze: Unter Friedel Neuber entwickelte sich die WestLB zu einer der größten Banken in Deutschland, zu einem Machtzentrum der Wirtschaft, zu dessen Einflußbereich heute weit über 150 Unternehmen gehören und zu dem jedes zweite der 500 größten europäischen Unternehmen Geschäftsbeziehungen unterhält.
Friedel Neubers Spezialität und die der Staatsbank: der Aufkauf von Großunternehmen. Inzwischen umfaßt das Beteiligungsportefeuille (über 5 Mrd. DM) Aktien- und Anteilspakete an Unternehmen wie Preussag, Deutsche Babcock, Asko, Gerresheimer Glas, Mauser, Schuh-Union, VEW, RWE und LTU.
Speziell mit LTU hat Macher Friedel Neuber Großes im Sinn, der Reiseveranstalter scheint sich zum Steckenpferd des Bankers entwickelt zu haben. Mit der LTU und der Übernahme des renommierten britischen Reiseveranstalters Thomas Cook (1.600 Vertriebsstellen in 120 Ländern; über 100 Reisebüros in Deutschland; Beteiligung an der Owners-Abroad-Group, Air 2000) ist Neuber darangegangen, einen großen europäischen Reisekonzern zu zimmern, der, gelingt ihm noch ein größerer Griff als die bisherigen 30% an der TUI, der mächtigste in Europa sein dürfte.
Denn zum Großangriff geblasen hatte die WestLB auf die Touristik Union International schon 1992 und diese in Angst und Schrecken versetzt, als Neuber die 16 kleinen TUI-Gesellschafter, die zusammen 30,2% des TUI-Kapitals hielten und sich in der Walter Kahn KG zusammengeschlossen hatten, für rund 200 Mio. DM unter seine Kontrolle brachte. Die Axel Springer AG verkaufte ihren 10%igen Anteil an der TUI ebenfalls an die Walter Kahn KG. Zwischenzeitlich hat Neuber diese Beteiligung auf über 96% aufgestockt. Ergänzend zum Reise- und Freizeit-Portefeuille kaufte Neuber noch ganz nebenbei die Köln-Düsseldorfer Deutsche Rheinschiffahrt AG mit stattlicher Flotte. Friedel Neuber plant, die gesamten WestLB-Touristikbeteiligungen unter dem Dach einer Holding zu bündeln.
Die WestLB ist die Hausbank der mächtigen Metro, Friedel Neuber eng befreundet mit Metro-Geschäftsführer Erwin Conradi. Kritiker werfen Neuber vor, den Rahmen eines öffentlichen Kreditinstituts durch sein Beteiligungs-Monopoly weit überdehnt zu haben. Aber der Sozialdemokrat will es offenbar der privaten Konkurrenz aus Frankfurt zeigen. Doch Genossen sind mit derlei Finanzjongliererei fast immer im Graben gelandet. Die Herren Vietor, Lappas und Otto lassen grüßen.

Wintershall siehe BASF

Beschäftigte 1995: *25.733*
(Bankkonzern: 9.670)
Beschäftigte 1994: *26.041*
(Bankkonzern: 9.353)
Beschäftigte 1993: *23.799*
(Bankkonzern: 9.054)

Löhne und Gehälter 1995: *1.736,9 Mio.*
Durchschnittsgehalt 1995: *67.497,– DM*
Soziale Abgaben und Aufwendungen 1995: *495,4 Mio.*
Bezüge pro Vorstandsmitglied 1995: *1.090.000,– DM*

ZEISS

Sitz der Stiftung:
Heidenheim + Jena

Standorte der Unternehmen:
Oberkochen und Mainz

Carl Zeiss:
Carl-Zeiss-Straße 2 – 60
73447 Oberkochen

Postanschrift:
73446 Oberkochen

***Telefon:** (07364) 20-0*
***Telex:** 71 375 155*
***Telefax:** (07364) 6808*

Schott Glaswerke:
Hattenbergstraße 10
55122 Mainz

***Telefon:** (06131) 66-0*
***Telex:** 4 187 920*
***Telefax:** (06131) 66-2000*

***Branchen:** Feinmechanik, Optik, Elektronik, Glastechnik*

***Rechtsform:** Stiftung*

***Geschäftsjahr:** 1.10.-30.9.*

***Gründungsjahre:** Carl Zeiss 1846; Schott Glaswerke 1884; Carl-Zeiss-Stiftung 1889*

***Verbände:** Verband der Deutschen Feinmechanischen und Optischen Industrie; Verband der Deutschen Photographischen Industrie; Bundesverband der Glasindustrie*

GESCHICHTE UND ENTWICKLUNG. 1846 gründete der Mechaniker Carl Zeiss (1816–1888) eine Werkstätte für Feinmechanik und Optik in Jena. 1866 begann die Zusammenarbeit mit dem genialen Physiker Ernst Abbe (1840–1905), der im Auftrag von Zeiss die Theorie der Abbildung im Mikroskop entwickelte und eine Reihe revolutionärer Erfindungen in der technischen Optik einleitete. 1875 wurde Abbe Teilhaber, 1891 Vorstandsmitglied des Zeiss-Werkes. Abbe entwickelte damals als Sensation geltende Mikroskop- und Photo-Objektive. 1884 Gründung des Jenaer Glaswerkes Schott & Genossen durch Otto Schott (1851–1935), Carl Zeiss, Sohn Roderich Zeiss und Ernst Abbe. Schott gilt als der Begründer der modernen Glastechnologie. Erfindung optischer und hitzebeständiger Gläser und des Thermometerglases.

1889 Gründung einer Stiftung durch Ernst Abbe, die er nach seinem verstorbenen Freund und Partner Carl-Zeiss-Stiftung nannte. 1891 wurde die Carl-Zeiss-Stiftung alleinige Eigentümerin des Zeiss-Werkes und ab 1919 auch der Glaswerke Schott & Genossen. Das Stiftungsstatut galt als sozialreformerische Sensation, die der Sozialgesetzgebung um Jahrzehnte voraus war: Anstellungen ausschließlich nach beruflicher Qualifikation, Arbeitervertretungen, festgeschriebene Mindesteinkommen, Neun- und ab 1900 der Achtstundentag, bezahlter Urlaub, Krankengeld, Gewinnbeteiligung, Invaliditäts- und Altersversorgung. Die Zeiss-Werke expandierten und galten als der deutsche Präzisionsbetrieb schlechthin. 1912 Einführung neuartiger Brillengläser; Gründung der Abteilung medizinisch-optischer Geräte; 1923 erstes Planetarium; 1936 Prototyp eines Phasenkontrastmikroskops; zahlreiche bahnbrechende Erfindungen.

1945 große Zerstörungen der Betriebe der Stiftung in Jena. Evakuierung der Führungskräfte der Stiftungsunternehmen von Jena nach Heidenheim durch die Amerikaner; 1946 Produktionsbeginn in Oberkochen. Beginn der Demontage der Werke in Jena; 1948 Enteignung der Stiftung, Nichtbeachtung des Stiftungsstatuts, Umwandlung in einen Staatsbetrieb. 1949 wurde Heidenheim Sitz der Carl-Zeiss-Stiftung. 1952 Produktionsbeginn im neuen Schott-Werk Mainz (1981 Änderung des Namens des Mainzer Stiftungsunternehmens aufgrund eines Abkommens mit der Jenaer Glaswerk in »Schott Glaswerke«). Für Zeiss und Schott begann eine äußerst expansive Phase; große innovative Erfindungen, Tochtergründungen und Beteiligungen im Ausland; Aufbau eines weltweiten Produktions- und Vertriebsnetzes für optische Präzisionsinstrumente (Zeiss-Instrumente bei allen bemannten amerikanischen Raumflügen).

Einen jahrzehntelangen Streit gab es zwischen Carl Zeiss/West Germany und dem V.E.B. in Jena um die Namensführung. Der Bundesgerichtshof entschied, daß Carl Zeiss, Oberkochen, als Rechtsnachfolgerin des Jenaer Unternehmens anzusehen war. 1971 fanden die Firmen eine Kompromißlösung. Das DDR-Unternehmen firmierte im Westen als »Jenoptik« und Zeiss, Oberkochen, in den Comecon-Ländern unter »Opton«. In den eigenen Hemisphären durfte jeder seine Qualitätsprodukte unter dem Markenzeichen »Carl Zeiss« vertreiben. Nach dem Zusammenbruch der DDR 1990/91 Gründung einer gemeinsamen Stiftung mit Sitz in Heidenheim und Jena auf der Grundlage des Stiftungsstatuts in der Heidenheimer Fassung. November 1991 Gründung der Carl Zeiss Jena GmbH unter dem Dach der Stiftung, an der Carl Zeiss 51% und Jenoptik GmbH 49% hielten. Vertragsunterzeichnung zur Übernahme von 51% an der Jenaer Glaswerk GmbH durch die Schott Glaswerke. 1995 Übernahme der Gesellschafteranteile von der Jenoptik GmbH durch Carl Zeiss, womit die Carl Zeiss Jena GmbH eine 100%ige Tochter der Oberkochener wurde.

BESITZVERHÄLTNISSE/EIGENTUMSSTRUKTUR.
Carl-Zeiss-Stiftung, Heidenheim an der Brenz (100%). Träger der unternehmerischen Tätigkeit der Carl-Zeiss-Stiftung sind die Stiftungsunternehmen Carl Zeiss, Oberkochen, und Schott Glaswerke, Mainz. Beide Stiftungsunternehmen, die der Carl-Zeiss-Stiftung in Heidenheim gehören, werden jeweils unter ihrem eigenen Betriebsvermögen selbständig geführt. Carl Zeiss und Schott Glaswerke besitzen eine Reihe von in- und ausländischen Tochterunternehmen, die in der Zeiss-Gruppe und Schott-Gruppe organisatorisch zusammengefaßt sind.

KONZERNÜBERBLICK. Die beiden zur Carl-Zeiss-Stiftung gehörenden Unternehmen Carl Zeiss und Schott Glaswerke sind Firmen für Präzisionsprodukte. Carl Zeiss ist auf dem Gebiet der feinmechanisch-optischen und elektronischen Präzisionsgeräte Weltspitze, Schott auf dem Sektor Spezialgläser und Glaskeramiken. Beide Bereiche ergänzen sich vortrefflich und bilden eine Einheit. Beide Unternehmensgruppen machen ihre größten Umsätze im Ausland und verfügen über eine große Zahl von Produktions- und Vertriebsgesellschaften auf der ganzen Welt.

◆ Carl Zeiss ist nach einer 1995 erfolgten neuen Organisationsstruktur in die fünf Unternehmensbereiche Markenoptik (Geschäftsbereiche: Augenoptik, Kontaktlinsen, Fassungen, Ferngläser, Photoobjektive), Medizintechnik (Geschäftsbereiche: Chirurgische Geräte, Humphrey Instruments, Ophthalmologie), Mikroskopie (Geschäftsbereiche: Mikroskopie, Histologie, Elektronenmikroskopie), Optisch-Elektronische Geräte (Geschäftsbereiche: Halbleitertechnik, Photogrammetrie, Astro/Weltraumtechnik, Geodäsie, Anlagen & Projekte, optisch-elektronische Module) und industrielle Meßtechnik gegliedert, die weltweit eigenverantwortlich tätig sind. Mit eingebunden in diese Fünf-Säulen-Struktur ist auch die Carl Zeiss Jena GmbH, die mit dem Unternehmensbereich Mikroskopie und mehreren anderen Geschäftsfeldern rund ein Viertel des Weltumsatzes der Zeiss-Gruppe verantwortet. Natürlich bilden Mikroskope, Brillengläser, Medizintechnik und Meßtechnik immer noch Schwerpunkte bei Zeiss, aber auch die Weltraumforschung kommt ohne die schwäbischen Spezialisten nicht mehr aus. Carl Zeiss besitzt im Ausland 20 Produktionsstätten und über 40 Vertriebstochtergesellschaften, ergänzt durch mehr als 100 Repräsentanzen in allen wichtigen Märkten der Welt. Die Zeiss-Gruppe beschäftigte Ende 1995 weltweit 13.041 (Vorjahr: 15.618) Mitarbeiter, davon 6.041 in den ausländischen Werken sowie in diversen Zweigniederlassungen. Umsatz 1994/95: 2.485,0 Mio. DM (Vorjahr: 2.531,0 Mio.)

Öffentlichkeitsarbeit:
Carl Zeiss, Oberkochen:
Dr. Uwe Braehmer
Tel.: (07364) 20-3242
FAX: (07364) 20-3122

Schott Glaswerke, Mainz:
Dieter Kappler
Tel.: (06131) 66-3662
FAX: (06131) 66-4011

Vorstand Carl Zeiss, Oberkochen:
- *Grassmann, Peter H., Dr. (Sprecher), Erlangen*
- *Bayer, Thomas F., Aalen*
- *Fugert, Hans-Kurt, Dr., Wiesbaden*

Vorstand Schott Glaswerke, Mainz:
- *Fahlbusch, Helmut (Sprecher), Mainz*
- *Fugert, Hans-Kurt, Dr., Wiesbaden*
- *von Heimendahl, Leopold, Dr., Mainz*
- *Petzoldt, Jürgen, Dr., Mainz*
- *Ungeheuer, Udo, Dr., Mainz*

Vorstandsbezüge der Stiftungsunternehmen 1994/95: *6.138.000,– DM*

Generalbevollmächtigte:
- *von Falkenhausen, Ferdinand, Dr. (Carl Zeiss), Göttingen*
- *Hesse, Joachim, Prof. Dr. (Carl Zeiss), Oberkochen*
- *Kötter, Josef (Carl Zeiss), Aalen*
- *Ramming, Rainer, Prof. (Carl Zeiss), Aalen*
- *Averkamp, Christian, Dr. (Schott Glaswerke), Mainz*
- *Sandt, Björn, Dr. (Schott Glaswerke), Lindberg*
- *Schott, Peter, Dr. (Schott Glaswerke), Ingelheim*

Stiftungsverwaltung/ Stiftungskommissar:
▌*Ministerium für Wissenschaft und Forschung Baden-Württemberg, Stuttgart*
▌*Franz, Hermann, Dr. E.h., München*

Unternehmensrat Carl Zeiss, Oberkochen:
▌*Breuer, Rolf-E., Dr. (Mitglied des Vorstandes der Deutsche Bank AG), Frankfurt/Main*
▌*Coenenberg, Adolf G., Prof. Dr. (Universität Augsburg), Stadtbergen*
▌*Knoblauch, Eberhard (Mitglied des Aufsichtsrates der Hewlett-Packard GmbH), Böblingen*
▌*Manger, Hansjörg, Dr. (Geschäftsführer der Robert Bosch GmbH), Stuttgart*
▌*Schelling, Roland, Dr. (Rechtsanwalt und Notar), Stuttgart*
▌*Weule, Hartmut, Prof. Dr. (Mitglied des Vorstandes der Daimler-Benz AG), Karlsruhe*
**Hartwig, Karl (stellv. Vorsitzender)*
**Holzwarth, Erich*
**Michler, Edwin*
**Schubert, Johann Georg*
**Theilacker, Willy*
**Wagner, Ingeborg*

◆ Schott ist in den Unternehmensbereichen Augenoptik/Verkehrstechnik, Fernsehen, Gebrauchsglas, Haustechnik, Industrie, Opto-Elektronik, Optiktechnologie, Pharmaverpackung und Rohr tätig. Die Angebotspalette umfaßt Glasteile für Fernsehbild- und Spezialröhren sowie Hochleistungslampen, Spezialgläser und Glaskeramikprodukte als Komponenten für die verschiedenen Industrien, Apparate und elektronische Geräte, Verfahren und komplette Problemlösungen. Schott ist der führende Spezialglas-Hersteller Europas. Die Schott-Gruppe produziert in der Bundesrepublik in 14 Werken und unterhält 25 eigene Vertriebsgesellschaften. Insgesamt gehören zum Schott-Konzern mehr als 60 Unternehmen mit über 40 Produktionsstätten sowie 280 Vertretungen in über 100 Ländern. Weltweit entwickelt, fertigt und vertreibt Schott rund 50.000 Artikel. Die Schott-Gruppe hatte Ende 1995 weltweit 17.131 (Vorjahr: 17.163) Beschäftigte, davon 5.861 in den ausländischen Werken und Zweigniederlassungen. Umsatz 1994/95: 2.6771,0 Mio. DM (Vorjahr: 2.541,0 Mio.)

BETEILIGUNGEN. Zur Carl-Zeiss-Stiftung gehören die beiden Stiftungsunternehmen Carl Zeiss, Oberkochen, und Schott Glaswerke, Mainz, mit rund 120 Unternehmen und Beteiligungsgesellschaften auf der ganzen Welt.
● Carl Zeiss produziert in den Werken Oberkochen, Aalen, Nattheim, Bopfingen und Göttingen. Zu den wichtigsten inländischen Konzernunternehmen und Beteiligungsgesellschaften gehören: Carl Zeiss Jena GmbH, Jena (100%); M. Hensoldt & Söhne Wetzlar Optische Werke AG, Wetzlar (100% – Ferngläser); LEO Elektronenmikroskopie GmbH, Oberkochen (50%); Marwitz & Hauser GmbH, Stuttgart (100% – Brillenfassungen); Prontor-Werk Alfred Gauthier GmbH, Bad Wildbad (100%); Wöhlk Contact-Linsen GmbH, Schönkirchen (100%); Zeiss Meßgerätebau GmbH, Ettlingen (100% – Meßmaschinen für die Zahnradvermessung); Humphrey Instruments GmbH, München (100%); EOS GmbH Electro Optical Systems, Planegg (75,1%); Microm Laborgeräte GmbH, Walldorf (74,9%); Opton Feintechnik Kiel GmbH, Kiel (100%); Zeiss Eltro Optronic GmbH, Oberkochen (50%); Zeiss Industrielle Meßtechnik GmbH, Esslingen/Neckar (100%); Carl Zeiss Beteiligungs-GmbH, Heidenheim an der Brenz (100%).
● Schott Glaswerke produziert in den Werken Mainz, Wiesbaden und Landshut. Zu den wichtigsten inländischen Konzernunternehmen gehören: Schott-Zwiesel-Glaswerke AG, Zwiesel (99,9%); Glaswerk Wertheim GmbH, Wertheim (100%); Schott-Geräte GmbH, Hofheim (100%); Auer-SOG Glaswerke GmbH, Bad Gandersheim (100% – Sicherheitsschaugläser etc.); Deutsche Spezialglas AG, Delligsen (83,9% – Brillenglas, Spiegel); Schott-Rohrglas GmbH, Bayreuth (100%); Schott Glaskontor Müllheim GmbH, Müllheim/Baden (100% – u. a. Rohrfläschchen für die Pharmazie); Schott Glaswerke Beteiligungs-GmbH, Mainz (100%); Jenaer Glaswerk GmbH, Jena (100%); IOT Integrierte Optik GmbH, Jena (100%); LIB Industrie Beteiligung GmbH, Mainz (100%); Schott Medica GmbH, Hettingen (100%); Schott Spezialglas GmbH, Mainz (100%).

CARL-ZEISS-STIFTUNG. Die Carl-Zeiss-Stiftung in Heidenheim kennt keine Eigentümer. Ziel der 1889 von Ernst Abbe gegründeten Stiftung war eine wirtschaftliche Absicherung des Unternehmens, eine im Stiftungsstatut festgelegte wirtschaftliche Fürsorge für die Mitarbeiter sowie die Förderung gemeinnütziger Einrichtungen. Hauptzweck der Stiftung sollte nach dem Willen Abbes vor allem die Existenzsicherung der beiden Unternehmen Zeiss und Schott sein. Diese Rechtsform ist in der Bundesrepublik einmalig. Die Organe der Carl-Zeiss-Stiftung, Heidenheim an der Brenz, sind die Stiftungsverwaltung, der Stiftungskommissar, der von je einem Unternehmensrat der Stiftungsunternehmen beraten wird, und die Vorstände der Stiftungsunternehmen Carl Zeiss und Schott Glaswerke. Die Mitglieder der Vorstände sind Bevollmächtigte der Carl-Zeiss-Stiftung.

NEUE BUNDESLÄNDER. Auch die Renommierunternehmen der ehemaligen DDR, Zeiss Jena und die Jenaer Glaswerke, wurden unter Westleitung gestellt, anfänglich gegen den Willen der ostdeutschen Geschäftsleitungen. Die Treuhand übergab nach Heraustrennung der »Altlasten« in Höhe von 1,3 Mrd. DM die ostdeutsche Industrie-Perle der Carl-Zeiss-Stiftung Jena und damit in die Obhut der thüringischen Landesregierung. Den Oberkochenern, die nach ihren Sanierungsplänen von den 27.000 Beschäftigten bei Jenoptik nur 5.000 Arbeitsplätze erhalten hätten, erwuchs jetzt eine ostdeutsche Konkurrenz unter derselben Firmierung, die ihnen nicht recht sein konnte. Zudem boten beide Unternehmen eine weitgehend identische Produktpalette an. Florierten die Zeiss-Werke zu DDR-Zeiten bestens, so geriet die Produktion nach dem Zusammenbruch der Ostmärkte zusehends in Schwierigkeiten. Es kam, wie es kommen mußte.
Der neue Jenoptik-Geschäftsführer Lothar Späth, immer der Industrie Baden-Württembergs sehr verbunden, agierte so auch im Fall Carl Zeiss. Mit seiner Hilfe landeten die Ostler, »schlank« saniert und als Konkurrent gebannt, im Westen. Nach langen Verhandlungen wurde zwischen der Treuhandanstalt, dem Land Thüringen, dem Land Baden-Württemberg und den Unternehmen Jenoptik Carl Zeiss Jena GmbH, Carl Zeiss, Jenaer Glaswerk GmbH und Schott Glaswerke eine Grundsatzvereinbarung unterzeichnet. Danach gab es nur noch eine Carl-Zeiss-Stiftung, und zwar mit Sitz in Heidenheim und in Jena in der Heidenheimer Fassung. So gehörten beide Jenaer Unternehmen zur Carl-Zeiss-Stiftung, hatten Zeiss und Schott die Mehrheit der Anteile mit je 51% am Jenaer Stammunternehmen übernommen. 49% an der Carl Zeiss Jena GmbH hielt die von Baden-Württembergs Ex-Ministerpräsidenten dirigierte Jenoptik GmbH, Jena, ein Unternehmen des Landes Thüringen, dem außerdem 49% der Anteile der Jenaer Glaswerk GmbH gehörten.
Mitte 1995 übernahm Carl Zeiss die Gesellschafteranteile von der Jenoptik GmbH, womit die Carl Zeiss Jena GmbH eine 100%ige Tochter der Oberkochener ist. Gesellschaftsrechtlich sind damit, so Carl Zeiss, die Voraussetzungen für die Integration von Carl Zeiss Jena in den Konzern gegeben. Zwischen der Geschäftsführung West und dem Land Thüringen wurde aber ein ganzes Paket an Rahmenbedingungen festgeschrieben: Danach wird Jena als Kernstandort für Forschung und Technologie dauerhaft gesichert. Außerdem sollen zukunftsträchtige Geschäftsfelder (Mikroskopie, Ophthalmologie, Geodäsie) sowie die zentrale Datenverarbeitung für Zeiss und Schott nach Jena verlegt werden. Vertraglich vereinbart wurde, in Jena eine Belegschaft zu erhalten, die mindestens 20% der jeweils bei dem Stiftungsunternehmen

Unternehmensrat Schott Glaswerke, Mainz:
- *Adolphs, Wolfgang (ehem. Mitglied des Vorstandes der Schott Glaswerke), Budenheim*
- *Endres, Michael, Dr. (Mitglied des Vorstandes der Deutsche Bank AG), Königstein/Taunus*
- *Friderichs, Hans, Dr. (Bundesminister a. D.), Mainz*
- *Pöppel, Joachim, Dr. E.h. (ehem. Mitglied des Vorstandes der Heidelberger Druckmaschinen AG), Eppelheim*
- *Schaeffer, Helmut A., Prof. Dr. (Geschäftsführer der Deutschen Glastechnischen Gesellschaft e.V.), Oberursel*
- *Schelling, Roland, Dr. (Rechtsanwalt und Notar), Stuttgart*

**Böhm, Karl*
**Eckert, Franz-Josef*
**Isilak, Hasan*
**Klingler, Stefan*
**Schäfer, Hugo*
**Stadtmüller, Josef*

Vergütungen für den Stiftungskommissar und die Unternehmensräte 1994/95: *552.000,– DM*

Umsatz 1994/95:
5.124,3 Mio.
(davon Ausland: 70%)
Umsatz 1993/94:
5.032,8 Mio.
(davon Ausland: 69%)
Umsatz 1992/93:
4.744,5 Mio.
(davon Ausland: 67%)

***Gewinn 1994/95:** 28,2 Mio.*
***Gewinn 1993/94:** 25,5 Mio.*
***Gewinn 1992/93:** 16,5 Mio.*

Cash flow 1994/95:
416,0 Mio.
Cash flow 1993/94:
388,0 Mio.
Cash flow 1992/93:
308,0 Mio.

***Cash flow:** Der Cash flow floß überwiegend in Investitionen für Sachanlagen beider Unternehmensbereiche.*

Stiftungskapital 1995:
580,0 Mio.

Steueraufkommen 1994/95:
108,0 Mio.

Beschäftigte 1994/95:
30.172
Beschäftigte 1993/94:
32.781
Beschäftigte 1992/93:
33.649

***Umsatz pro Mitarbeiter 1994/95:** 169.836,– DM*
***Umsatz pro Mitarbeiter 1993/94:** 153.528,– DM*
***Umsatz pro Mitarbeiter 1992/93:** 140.000,– DM*

***Löhne und Gehälter 1994/95:** 1.869,7 Mio.*
***Löhne und Gehälter 1993/94:** 1.929,8 Mio.*
***Durchschnittsgehalt 1994/95:** 61.836,– DM*

Carl Zeiss, Oberkochen, in Deutschland beschäftigten Mitarbeiter entspricht. Das Konzept sichert somit etwa 1.600 Arbeitsplätze in der Region, davon 1.450 in der Carl Zeiss Jena GmbH (ursprünglich sollten einmal 10.000 Arbeitsplätze erhalten bleiben). Jena wird künftig ein Viertel des Weltumsatzes der Zeiss Gruppe verantworten. 1997/98 soll die Gewinnschwelle erreicht werden; bis dahin werden vom Konzern 400 Mio. DM investiert.

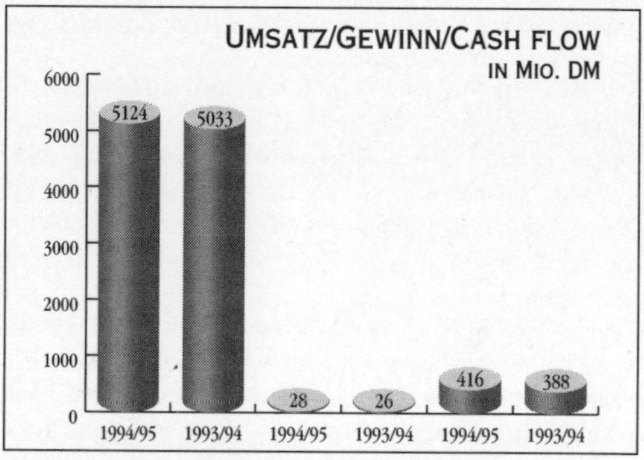

STANDORT DEUTSCHLAND. Zeiss hat sich 1995 eine neue Organisationsstruktur aus fünf Unternehmensbereichen verpaßt, die weltweit eigenverantwortlich tätig sind. Damit sollen die deutschen Standorte gesichert und ausländische gezielt ausgebaut werden. Nach massiven Umsatz- und Gewinneinbrüchen in den vergangenen Jahren (Gründe: die Vereinigung zwischen den beiden Stiftungsteilen in Ost- und Westdeutschland, Kürzungen des Wehretats, rezessive Einflüsse) und Entlassungen an allen deutschen Standorten von 5.000 Beschäftigten in den vergangegen vier Jahren auf knapp über 13.000 Ende 1995 soll die neue Struktur die Kerngeschäfte stabilisieren. Zusätzlich wurden umfangreiche Maßnahmen zur Restrukturierung ergriffen: Ertragsschwache Randgeschäftsfelder wurden verkauft (z. B. Anschütz & Co. GmbH, Kiel; Elkon Verkehrssysteme GmbH, Kiel; MGB Medizinische Geräte GmbH, Berlin), ertragsversprechende Kernaktivitäten weiter ausgebaut und verschiedene Joint-ventures eingegangen. Vom massiven Stellenabbau besonders betroffen: die Standorte Oberkochen und wiederum Jena. Über das weitere Schicksal des angeschlagenen Bereiches Wehrtechnik in Oberkochen in Form einer Kooperation mit der Dasa wird verhandelt. Zeiss engangiert sich zusehends in Asien, besonders in Japan, wo Umsatzeinbußen in Europa kompensiert werden. Zeiss kritisiert massiv den Standort Deutschland wegen zu hoher Kosten und massiver Wettbewerbsnachteile in einer Reihe von Produktfeldern besonders im Vergleich zu den Schwellenländern Südostasiens und dem östlichen Mitteleuropa. Carl Zeiss ist mit Tochtergesellschaften in Rußland, Polen, Ungarn, Slowenien, Tschechien und der Slowakei vertreten.
Schott klagt über den Standort Deutschland, den wichtigsten Produktionsstandort der Schott-Gruppe, besonders im Vergleich zu Herstellern aus den Ländern Mittel- und Osteuropas und verweist darauf, daß die Bedeutung der ausländischen Produktions- und Vertriebsgesellschaften weiter steigt; der Auslandsanteil der Schott-Gruppe (Exporte

aus Deutschland und ausländische Produktion) machte 1995 71% des Weltumsatzes aus. Nach dem »Home Market« Westeuropa ist der zweite Schwerpunkt Nordamerika, wo Schott mit 13 Unternehmen und rund 3.000 Beschäftigten vertreten ist. Im asiatisch-pazifischen Raum ist Schott mit sieben eigenen Vertriebsgesellschaften (Japan, Singapur, Taiwan, Hongkong, Südkorea, Australien und Neuseeland) und vier Produktionsstätten mit 1.000 Mitarbeitern vertreten. Eine weitere Expansion in diesen Regionen ist angestrebt. Der Aufbau eines Vertriebsnetzes in Mittel- und Osteuropa wurde nach Büros in Kroatien und Ungarn 1995 durch Repräsentanzen in Moskau, Warschau und Bukarest erweitert. Mit einer eigenen Produktion ist Schott in Tschechien vertreten. Schott will auf der einen Seite die Internationalisierung vehement vorantreiben, andererseits aber mit der Festigung von Kompetenzzentren und Kernfertigungen an deutschen Standorten die rund 11.000 industriellen Arbeitsplätze in deutschen Schott-Unternehmen »soweit wie möglich erhalten«.

»BÜNDNIS FÜR ARBEIT«. Zeiss hat keine »Bündnisse für Arbeit«, keine innerbetrieblichen Regelungen zur Standortsicherung. Dennoch hat sich die durchschnittliche Betriebszugehörigkeit der Mitarbeiter 1995 von 14,0 auf 15,4 Jahre erhöht. Die Zeiss-Gruppe bietet auf breiter Ebene innerbetriebliche Weiterbildungs- und Qualifizierungsmaßnahmen an.

UMWELTSCHUTZ. Nach eigener Auskunft haben sich die Zeiss-Stiftung und ihre Unternehmen zwar intern mit den Problemen des Umweltschutzes auseinandergesetzt, konkrete Maßnahmen wurden aber auch 1995 nur in Einzelfällen getroffen. Eine Öko-Strategie, ein Umweltmanagement oder eine Umweltbilanz sind Zeiss nach wie vor fremd. Ein umweltspezifisches Konzept gibt es ebensowenig wie irgendwelche Publikationen zum Thema. Wieder hieß es, es werde an einer Broschüre für 1996/97 gearbeitet.

Soziale Abgaben und Aufwendungen 1994/95: *549,7 Mio.*
Soziale Abgaben und Aufwendungen 1993/94: *531,9 Mio.*

Bezüge pro Vorstandsmitglied 1994/95: *767.250,– DM*
Tantiemen pro Unternehmensrat 1994/95: *23.000,– DM*

Investitionen 1994/95: *421,0 Mio.*
Investitionen 1993/94: *339,0 Mio.*
Investitionen 1992/93: *321,0 Mio.*

Forschung und Entwicklung 1994/95: *303,0 Mio.*
Forschung und Entwicklung 1993/94: *204,0 Mio.*
Forschung und Entwicklung 1992/93: *224,0 Mio.*

Mitbewerber: *Flachglas, Gerresheimer Glas, Oberland Glas, Olympus Optical*

ZF FRIEDRICHSHAFEN

GESCHICHTE UND ENTWICKLUNG. 1915 Gründung der Zahnradfabrik Friedrichshafen GmbH durch die Luftschiffbau-Zeppelin Ges.m.b.H. und die Max Maag Zahnräderfabrik Zürich. Herstellung von Antriebselementen für Luftschiffe und Flugzeuge. In der »Zackenbude« wurden die ersten Zahnräder für die Luftschiffe des Grafen Zeppelin gefertigt. 1916 bereits zehn Patente; 1917 Tod Graf Zeppelins, 80 Beschäftigte. Nach dem Ersten Weltkrieg wurde der ZF die Produktion von Getrieben für Luftschiffe und Flugzeuge verboten. Umstellung der Produktion auf die Fertigung von Getrieben für Automobile. Während der Weltwirtschaftskrise 1921 Umwandlung in eine Aktiengesellschaft. 1926 Zweigwerk Berlin. Entwicklung und Produktion der Einheitsgetriebe in Großserienfertigung; Sodengetriebe und Aphongetriebe (das Getriebe ohne Ton). 1934 Produktion des Allsynchrongetriebes. 1937 Zweigwerk Schwäbisch Gmünd. Mit Beginn des

Standort:
Allmannsweilerstraße 25
88046 Friedrichshafen

Postanschrift:
88038 Friedrichshafen

Telefon: *(07541) 77-0*
Telex: *7 34 207*
Telefax: *(07541) 77-2158*

Branche: *Maschinen- und Anlagenbau, Metallwarenindustrie, Antriebstechnik; Lenkungen und Achsen*

Rechtsform:
Aktiengesellschaft

Geschäftsjahr: *1.1.-31.12.*

Gründungsjahr: *1915 als GmbH; 1921 als AG; 1992 Umfirmierung in ZF Friedrichshafen*

Öffentlichkeitsarbeit:
Dietmar Pfister
Tel.: (07541) 77-2705
FAX: (07541) 77-2764

PR/Presse Wirtschaft:
Klaus A. Gräber
Tel.: (07541) 77-2543
FAX: (07541) 77-2764

Verbände: *Verband Deutscher Maschinen- und Anlagenbau e.V., Verband der Automobil-Industrie e.V., Zentralverband der elektrotechnischen Industrie e.V. (alle Frankfurt/Main)*

Zweiten Weltkrieges ausschließlich Rüstungsproduktion aller ZF-Werke. 1943 Errichtung des Werkes Passau zur Produktion von Panzergetrieben (ab 1946 ZF-Passau GmbH).
Obwohl nach dem Krieg die Zerschlagung des Industriepotentials in Friedrichshafen durch die Alliierten beschlossene Sache war, erhielt ZF von der französischen Militärregierung die Genehmigung, mit 650 Mitarbeitern die Produktion wieder aufzunehmen. Demontage des Werkes Berlin. 1947 Aufhebung der Zeppelin-Stiftung als juristische Person des privaten Rechts; das Stiftungsvermögen fiel an die Stadt Friedrichshafen; Gewinne waren gemeinnützigen und sozialen Zwekken zuzuführen. 1948 endgültige Streichung von der Demontage-Liste. ZF erlebte einen rasanten Aufstieg, vor allem im Sog des Auto- und Nutzfahrzeugbooms. 1959 Gründung von ZF do Brasil, Beginn der Auslandsaktivitäten. 1970 erstmals über 1 Mrd. DM Umsatz. 1972 Gründung der ZF-Getriebe GmbH, Saarbrücken. Beginn der Pkw-Automatikgetriebe-Produktion. 1979 Gründung der ZF of North America. 1984 Mehrheitsbeteiligung an der Lemförder-Gruppe. 1985 Umsatz über 4 Mrd. DM. 1990 Eröffnung des Forschungs- und Entwicklungszentrums mit 450 Mitarbeitern in Friedrichshafen. Anfang 1992 Umfirmierung in ZF Friedrichshafen AG.

BESITZVERHÄLTNISSE/EIGENTUMSSTRUKTUR.
● Zeppelin-Stiftung, Friedrichshafen (100% – gehört der Stadt Friedrichshafen)
Die ZF AG ist nicht börsennotiert. Traditionsgemäß ist der Oberbürgermeister der Bodenseestadt Vorsitzender des Aufsichtsrates.

KONZERNÜBERBLICK. Die ZF Friedrichshafen ist das bedeutendste und größte Unternehmen für Antriebs-, Lenkungs- und Fahrwerktechnik in Europa. In den Fabriken Friedrichshafen, Saarbrücken, Passau, Schwäbisch Gmünd, in der 1991 erworbenen ZF Brandenburg GmbH sowie bei der Tochtergesellschaft Lemförder Metallwaren werden Getriebe, Differentiale, Lenkungen und Achssysteme für Pkw, Sportwagen, Lkw, Omnibusse, Sonder- und Industriefahrzeuge, Baumaschinen, Werkzeugmaschinen, Gelände- und Schienenfahrzeuge, Schiffe (vom Sportboot bis zum Passagierschiff), Hubschrauber und Flugzeuge produziert. Die Konzernzentrale sowie das Forschungs- und Entwicklungszentrum sitzen in Friedrichshafen. In Forschung und Entwicklung arbeiten über 2.000 Mitarbeiter. Größte regionale Märkte der ZF sind die USA, Frankreich, Brasilien, Großbritannien, gefolgt von Schweden, den Niederlanden, Spanien, Belgien und Österreich. ZF exportiert in 86 Länder der Welt. ZF unterhält ein weltweites Vertriebs- und Servicenetz mit 17 eigenen Gesellschaften und fünf Verbindungsbüros sowie rund 400 Niederlassungen. Produziert wird in 40 Werken in 11 Ländern. Der Konzern gliedert sich in fünf Geschäftsbereiche (ergänzt um die Geschäftsfelder Marine, Luftfahrt und Bahntechnik) sowie die Regionalgesellschaften in Nord- und Südamerika.
◆ Nutzkraftwagen-Antriebstechnik und Sonderantriebstechnik: Handschaltgetriebe, halbautomatische Getriebe sowie Lastschalt- und Automatgetriebe für Nutzfahrzeuge und andere Fahrzeuge, Synchronisierungen für Fahrzeuggetriebe, Boots- und Schiffsgetriebe, Getriebe für Industrieroboter, Getriebe und Aggregate für Flugzeuge und die Bahntechnik, Systeme für den Maschinenbau und für Sonderfahrzeuge.

Produziert wird im Inland in Friedrichshafen, Brandenburg und Gotha sowie in Spanien und Ungarn. Umsatz 1995: 1.350,0 Mio. DM (Vorjahr: 1.010,0 Mio.); Beschäftigte 1995: 5.005 (Vorjahr: 4.580).

◆ Personenkraftwagen-Antriebstechnik: mechanische und automatische Getriebe für Pkw (4-Gang-, 5-Gang-, 6-Gang-Getriebe), stufenloses Automatgetriebe ZF-Ecotronic, Allradantriebe. Produziert wird im Inland in Saarbrücken und Brandenburg. Umsatz 1995: 1.316,0 Mio. DM (Vorjahr: 1.020,0 Mio.); Beschäftigte 1995: 4.516 (Vorjahr: 4.245).

◆ Arbeitsmaschinen – Antriebe und Achssysteme: Getriebe für Landmaschinen und Ackerschlepper, Getriebe für Baumaschinen, Bagger und Flurförderfahrzeuge, Achsen für Nutzfahrzeuge und Arbeitsmaschinen, Lastschaltgetriebe, Achsverteilergetriebe, Schleppertriebwerke. Der Geschäftsbereich ist in sechs Produktbereiche gegliedert, die weitgehend in eigener Regie und Verantwortlichkeit die unternehmerischen Funktionen wahrnehmen. Produziert wird im Inland in Passau und Gotha sowie in Padua/Italien. Umsatz 1995: 933,0 Mio. DM (Vorjahr: 710,0 Mio.); Beschäftigte 1995: 4.156 (Vorjahr: 3.710).

◆ Lenkungstechnik: mechanische und hydraulische Lenkungen (Servolenkungen) für Pkw, Nutzfahrzeuge, Ackerschlepper, Baumaschinen, Mähdrescher, Gabelstapler und Spezialfahrzeuge; elektrische Hinterradlenksysteme für Lkw; Zahnstangen-Hydrolenkungen, Kugelmutter-Hydrolenkungen; Lenkhilfepumpen, Ölpumpen, Ventile und sonstige Hydraulik-Komponenten für die gesamte Fahrzeugindustrie; Gelenke und Gelenkwellen; Schalt- und Verteilergetriebe, Differentiale für Pkw und leichte Nutzfahrzeuge. Produziert wird in Schwäbisch Gmünd, Bietigheim, Parchim und Berlin sowie in weiteren Werken in Frankreich, Malaysia und USA. In China wurde 1995 ein Werk gegründet und mit dem Bau der Produktionsanlagen begonnen. Seit 1996 werden in China Lenkungen gefertigt. Produziert wird mit hohem Automatisierungsgrad für große Serien und mit äußerster Präzision im Tausendstel-Millimeter-Bereich. Abnehmer sind Kunden in 54 Ländern. Umsatz 1995: 1.568,0 Mio. DM (Vorjahr: 1.380,0 Mio.); Beschäftigte 1995: 7.143 (Vorjahr: 6.960).

◆ Fahrwerktechnik: Spur- und Lenkstangen, Radgelenke, Achsstreben, Lenksäulen, Bediengestänge, Gummi/Metall- und Kunststoffprodukte. Dieser Geschäftsbereich wird durch die Lemförder Unternehmensgruppe repräsentiert. Produziert wird in Lemförde und Diepholz sowie den Lemförder Auslandsgesellschaften in Frankreich, Spanien, Großbritannien, USA und Argentinien. Nahezu alle namhaften Fahrzeughersteller der Welt gehören zu den Kunden. Umsatz 1995: 1.324,0 Mio. DM (Vorjahr: 1.005,0 Mio.); Beschäftigte 1995: 6.026 (Vorjahr: 5.440).

◆ Nord- und Südamerika: Lenkungen und Pumpen, Getriebe, Achsen. In Gainesville, Georgia/USA, produziert ZF Industries, Inc. im wesentlichen Getriebe und Parkbremsen für Pick-up-Trucks und Sportwagen. Am Standort Vernon Hills, Illinois/USA, befindet sich die Produktion von Schiffsgetrieben. Am Standort Tuscaloosa, Alabama, werden komplette Achssysteme hauptsächlich für Transplants deutscher Automobilhersteller ab 1997 gefertigt (u. a. Mercedes-Benz, VW). In Spartanburg/South Carolina, befindet sich ein Werk zur Montage von Vorderachsen (BMW). In Plymouth, Michigan, Nähe Detroit, befinden sich das ZF-Entwicklungszentrum, der Vertrieb und die Verwaltung.

Vorstand:

- *Bleyer, Klaus (Vorsitzender; Öffentlichkeitsarbeit, Zentraler Markt)*
- *Ballmeier, Paul (Finanzen; Zentrale Informatik, Kooperationswesen)*
- *Berner, Uwe (Personal; Dienstleistungsgesellschaften)*
- *Christ, Hubertus (Technik; Geschäftsfeld Luftfahrt)*
- *Vogel, Wolfgang (Geschäftsbereich Nkw-/Sonderantriebstechnik; Zentrale Materialwirtschaft)*

Vorstandsbezüge 1995:
4.702.000,– DM

Unternehmensleitung:

- *Vogel, Wolfgang (Geschäftsbereich Nkw-/Sonderantriebstechnik, Friedrichshafen)*
- *Goll, Siegfried (Geschäftsbereich Pkw-Antriebstechnik, Saarbrücken)*
- *Härter, Hans-Georg (Geschäftsbereich Arbeitsmaschinen – Antriebe und Achssysteme, Passau; Geschäftsfeld Marine)*
- *Monschau, Hans-Lutz (Geschäftsbereich Lenkungstechnik, Schwäbisch-Gmünd)*
- *Habersack, Bernd (Geschäftsbereich Fahrwerktechnik, Lemförde)*

Aufsichtsrat:
- *Wiedmann, Bernd, Dr. (Vorsitzender; Oberbürgermeister der Stadt Friedrichshafen)*
- *Baur, Friedrich, Dr., Lindau*
- *Breitschwerdt, Werner, Prof. Dr., Stuttgart*
- *Döpper, Walter, Prof. Dr., Schweinfurt*
- *Dosch, Hilmar, Dr., Walldorf*
- *Gminder, Rolf, Dr., Neckarsulm*
- *Lochte, Wilfried, Dr., Berg*
- *Martini, Eberhard, Dr., München*
- *Mugler, Max, Friedrichshafen*
- *Prellwitz, Wolf Hartmut, Dr., Karlsruhe*

Wenzel, Manfred (stellv. Vorsitzender)
**Christensen, Uwe*
**Dirndorfer, Josef*
**Kirchgässner, Johann*
**Kloos, Franz*
**Reichenauer, Franz*
**Rettich, Hermann*
**Sauter, Eberhard*
**Schmidt, Hans*
**Schuler, Wolfgang*

Aufsichtsratstantiemen 1995: *645.000,– DM*

Die ZF-Gesellschaften in den USA unterhalten allein in Nordamerika neun Produktionsstätten. Die ZF-Aktivitäten in Südamerika werden von der ZF do Brasil S.A. mit Werken in São Paulo und Sorocaba sowie zwei Tochtergesellschaften in Argentinien, der Fábrica Argentina de Engranajes S.A., Buenos Aires, und der ZF-Argentina S.A., Buenos Aires, wahrgenommen. Umsatz 1995: 731,0 Mio. DM (Vorjahr: 810,0 Mio.); Beschäftigte 1995: 4.582 (Vorjahr: 4.155).
Das neuorganisierte Geschäftsfeld Marine umfaßt die Produktionsstandorte Friedrichshafen, Vernon Hills/USA, São Paulo/Brasilien, Padua und Arco/Italien. Die Anfang 1995 erworbene Gesellschaft Hurth Marine Gear S.p.A., Arco/Italien, baut kleinere Schiffsgetriebe für Sportboote und Yachten. ZF liefert eine komplette Baureihe von Schiffsgetrieben von Sportbooten bis zu Hochgeschwindigkeits-Personenfähren und ist einer der größten Schiffsgetriebehersteller der Welt. Umsatz 1995: 139,0 Mio. DM (Vorjahr: 65,0 Mio.); Beschäftigte 1995: 505 (Vorjahr: 420). Im Geschäftsfeld Luftfahrt der ZF Luftfahrttechnik GmbH sind die Luftfahrtaktivitäten (u. a. Luftfahrtgetriebe) der ZF Friedrichshafen AG und der Henschel Flugzeug-Werke GmbH gebündelt. Umsatz 1995: 70,0 Mio. DM (Vorjahr: 70,0 Mio.); Beschäftigte 1995: 429 (Vorjahr: 430).
ZF expandierte in den vergangenen Jahren besonders auf dem US-amerikanischen Markt. Zu den amerikanischen Kunden gehören neben deutschen Automobilherstellern (Mercedes-Benz, VW und BMW) Ford (Schaltgetriebe für Leicht-Lkw) und Chrysler (Spezialpumpen für Servolenkungen). ZF unterhält in den USA neun Produktionsstätten. Zunehmend gehören auch die japanischen Automobilhersteller zum Kundenkreis von ZF. Die Mercedes-Benz AG verkaufte darüber hinaus Mitte 1995 die Getriebefertigung ihrer argentinischen Tochtergesellschaft an ZF Argentina. ZF Argentina liefert seit 1995/96 sämtliche Getriebe für Lastwagen und Omnibusse exklusiv an die Mercedes-Benz do Brasil S.A. Seit 1996 rüstet ZF Argentina den Transporter »Sprinter«, der in Südamerika produziert wird, für die ganze Region aus. Innerhalb der zu 100% von der Stadt Friedrichshafen verwalteten Zeppelin-Stiftung, in der die ZF Friedrichshafen angesiedelt ist, agiert auch die Zeppelin GmbH, Friedrichshafen, zu der die Zeppelin Baumaschinen GmbH, Garching bei München, gehört. Das Handels- und Service-Unternehmen, das überwiegend mit Caterpillar-Baumaschinen, die unter dem Namen Zeppelin verkauft werden, Geschäfte macht, kam 1995 auf einen Umsatz von über 2,3 Mrd. DM.

BETEILIGUNGEN. Der ZF-Konzern verfügt über zahlreiche Tochter- und Beteiligungsgesellschaften in In- und Ausland. Zu den wichtigsten produzierenden Gesellschaften zählen: Zahnradfabrik Passau GmbH, Passau (100%); ZF Getriebe GmbH, Saarbrücken (100%); ZF Brandenburg GmbH, Brandenburg (100%); ZF Hurth Bahntechnik GmbH, München (100%); ZF Hurth Gotha GmbH, Gotha (100%); ZF Luftfahrttechnik GmbH, Kassel (100%); Lemförder Metallwaren AG, Lemförde (76%); ZF Hydraulik Nord GmbH, Parchim (50%); Zeppelin Luftschifftechnik GmbH, Friedrichshafen (16%); Fábrica Argentina de Engranajes S.A.I.y C., Buenos Aires/Argentinien (100%); SFD Société de Fabrication de Directions S.A., Marignier/Frankreich (100%); ZF do Brasil S.A., São Caetano do Sul/São Paulo (100%); ZF Steering Gear (US) Inc., Brewer/Maine, USA (100%); ZF Hurth Marine S.p.A., Arco/Italien (100%); ZF Industries Inc., Gainesville/Georgia, USA (100%); ZF Padova S.p.A., Padua/Italien (90%); ZF Steering (Malaysia) SDN BHD, Penang/Malaysia (70%); Komatsu ZF Automotive Co. Ltd. i.G., Kawasaki/Japan (60%); ZF Shanghai Steering Co. Ltd. i.G., Shanghai/China (51%); ZUA Autoparts, Inc., Oakwood, Georgia/USA (51%); European Kinetic Systems (E.K.S.) B.V., Amsterdam/Niederlande (19%); AS Transmissions and Steerings Pty. Ltd., Johannesburg/Südafrika (26%); Bharat Gears Ltd./Indien (26%); ZF Steering Gear (India) Ltd., Poona/Indien (26%); Componentes Mecanicos S.A.i.G., Barcelona/Spanien (23%).

NEUE BUNDESLÄNDER. ZF erwarb in den neuen Bundesländern die IFA-Getriebewerk Brandenburg GmbH, Brandenburg, die jetzt ZF Brandenburg GmbH heißt. Die Gesellschaft baut Schaltgetriebe für Personenwagen und leichte Nutzfahrzeuge. Ende 1994 haben ZF und Hydraulik Nord GmbH die ZF Hydraulik Nord GmbH, Parchim/Mecklenburg-Vorpommern, gegründet. Anfang 1995 wurde von der Hurth-Gruppe das Werk Gotha übernommen, das nun unter ZF Hurth Gotha GmbH firmiert.

STANDORT DEUTSCHLAND. Ganz oben in der Konzernpolitik der ZF-Manager steht die globale strategische Ausrichtung des Unternehmens mit Werken und Niederlassungen in den sogenannten dynamischen Wachstumsmärkten des Auslands (Nord- und Südamerika, Asien). Diese Internationalisierungsstrategie mit »expansiver Gründung neuer Gesellschaften in noch nicht erschlossenen Märkten und Ländern« und dem »aggressiven« Zukauf branchenverwandter Spezialisten sowie durch Kooperationen internationaler Partnerschaften sollen ZF von konjunkturellen Schwankungen auf dem deutschen Markt unabhängig machen und für die nächsten Jahre Wachstum garantieren. Als Folge der Neustrukturierung der deutschen Unternehmensstandorte wurde in den letzten Jahren im Rahmen drastischer Kostensenkungsprogramme die Belegschaft um rund 5.000 Beschäftigte abgebaut; 1995/96 wurden allerdings als Folge zunehmender Expansion (Übernahme der Hurth-Gruppe, der Mercedes-Benz-Getriebefertigung in Argentinien) über 2.500 neue Stellen, davon 1.400 in Deutschland, geschaffen. In Brasilien soll aber nach hohen Verlusten im Bereich Lastwagengetriebe eines der beiden großen Werke geschlossen und das Personal (derzeit 4.000 Beschäftigte) drastisch reduziert werden. Problembereiche im Inland sind in der Lenkungstechnik die Werke in Schwäbisch Gmünd und Bietigheim, die aber als Standorte vom Vorstand nicht in Frage gestellt werden. Die einst sieben Führungsebenen wurden auf vier begrenzt. Anfang 1995 wurden von der Hurth-Gruppe die Geschäftsfelder Bahntechnik, Flurförderfahrzeuge und Marine übernommen mit Werken in Gotha und Arco in Norditalien.
ZF verfügt im Bereich Nutzfahrzeugantriebe neben der Fertigung in Deutschland über Produktionsstandorte in Spanien, USA, Brasilien,

Umsatz 1995: *7.012,5 Mio.*
(Ausland: 3.917,0 Mio.)
Umsatz 1994: *6.139,1 Mio.*
(Ausland: 3.410,0 Mio.)
Umsatz 1993: *5.236,8 Mio.*
(Ausland: 2.794,0 Mio.)

Gewinn 1995: *20,7 Mio.*
Gewinn 1994: *160,2 Mio.*
Gewinn 1993: *65,6 Mio.*

Cash flow 1995: *505,3 Mio.*
Cash flow 1994: *608,2 Mio.*
Cash flow 1993: *368,1 Mio.*

Cash flow: *Die Investitionen flossen in die Anschaffung von Maschinen und Ausstattungen sowie in den Ausbau neuer Fertigungsstrukturen und die Vorbereitung neuer Produkte.*

Steueraufkommen 1995: *84,7 Mio.*

Grund- bzw. Stammkapital 1995: *245,0 Mio.*

UMSATZ/GEWINN/CASH FLOW IN MIO. DM

Beschäftigte 1995: *32.378*
Beschäftigte 1994: *29.519*
Beschäftigte 1993: *27.427*

Umsatz pro Mitarbeiter 1995: *216.582,– DM*
Umsatz pro Mitarbeiter 1994: *207.971,– DM*
Umsatz pro Mitarbeiter 1993: *190.964,– DM*

Löhne und Gehälter 1995: *2.098,8 Mio.*
Löhne und Gehälter 1994: *1.798,3 Mio.*
Durchschnittsgehalt 1995: *64.822,– DM*
Soziale Abgaben und Aufwendungen 1995: *576,5 Mio.*
Soziale Abgaben und Aufwendungen 1994: *499,5 Mio.*

Bezüge pro Vorstandsmitglied 1995: *1.175.500,– DM*
Tantiemen pro Aufsichtsrat 1995: *32.250,– DM*

Südafrika und Indien. Die internationale Präsenz wird durch Joint-ventures in Rußland für mechanische Getriebe (Kamsib) und Japan für Automatgetriebe (Komatsu Ltd.) weiter verstärkt. Mit Daewoo Precision Industries, einer 100%igen Tochter des südkoreanischen Daewoo-Konzerns, wurde ein Lizenzvertrag geschlossen, wonach zunächst Pkw-Automatgetriebe aus Deutschland an Daewoo-Motors geliefert werden, bevor später in einem neuen, bei Seoul gelegenen Werk Automatgetriebe neuester Bauart produziert werden sollen. Im Bereich Arbeitsmaschinen wurde 1994 in Tuscaloosa, Alabama/USA, mit dem Bau eines neuen Werkes begonnen, wo ab 1997 Vorder- und Hinterachsen für Daimler-Benz produziert werden sollen. Im Geschäftsbereich Lenkungstechnik wurde Ende 1994 im Joint-venture mit der Shanghai Automotive Industrie Corporation die ZF Shanghai Steering Co. Ltd., Shanghai/China, gegründet, die seit 1996 mechanische und hydraulische Lenkungen für VW und andere Automobilhersteller fertigt. Insgesamt ist die ZF in der VR China mehrheitlich an vier Gemeinschaftsunternehmen beteiligt. Prognose: Im Jahr 2000 werden die ZF-Joint-ventures in China mit rund 10.000 Beschäftigten rund 1. Mrd. DM Umsatz machen. In der Fahrwerktechnik wurden für den Bereich Vorderachsmodule eine Fabrik in der Nähe des BMW-Werkes in Spartanburg, South Carolina/USA, sowie für die Geschäftsfelder Lenksäulen und Gummi-Metall-/Kunststoff-Verbindungen eine Fabrik in Hebron, Kentucky/USA, errichtet. Insgesamt ist ZF in den USA an neun Standorten vertreten. Die Fertigung leichter Nutzfahrzeuggetriebe wurde fast vollständig von Friedrichshafen nach Gainesville/USA verlegt. Mitte 1995 Übernahme der Getriebefertigung der Mercedes-Benz Argentina.

»BÜNDNIS FÜR ARBEIT«. Von der weltweit stagnierenden Automobilkonjunktur ist ZF Friedrichshafen an vorderer Stelle getroffen. Die Zahl der Beschäftigten wird an deutschen ZF-Standorten als Folge weiterer Rationalisierung auch in Zukunft abnehmen, verkündet der Vorstand, während sich die Mitarbeiterzahl konzernweit durch das Hinzukommen neuer Unternehmen im Ausland oder dort stattfindender Produktionserweiterungen erhöht. In Deutschland soll das vorhandene technische und infrastrukturelle Potential für die Herstellung hochwertiger und innovativer Produkte weiterhin intensiv genutzt werden; das Ausland wird zur Drehscheibe für die Fertigung von Produkten und Teilkomponenten, um die Kunden vor Ort schnell und preiswert beliefern zu können. Die Konsequenzen: »Das erfordert neue Denk- und Handlungsweisen, die darauf gerichtet sein müssen, stets besser, billiger, vor allem aber flexibler zu werden; flexibler nicht nur am Standort Deutschland in bezug auf Arbeitszeiten, Entlohnungsmodelle und die Organisation der Arbeit, sondern flexibel in der Verlagerung der Produktion dorthin, wo sie dem Kunden einen größmöglichen Nutzen in Form von Preis, Lieferschnelligkeit, Qualität und Service bringt.«
Im Bereich Pkw-Antriebstechnik wird in vielen Bereichen seit 1995 in Fertigungsinseln und Gruppen gearbeitet. Im Bereich Arbeitsmaschinen-Antriebe und Achssysteme wurde 1995 ebenfalls die Gruppenarbeit eingeführt, verbunden mit einem Entlohnungssystem, das den Mitarbeiter am »Produktivitätsfortschritt« teilhaben läßt. Im Bereich Lenkungstechnik soll einem erwarteten Umsatzrückgang und »Maßnahmen zur Personalanpassung und Kostensenkung« 1996 mit einem

neuen Arbeitszeitmodell begegnet werden. Im Rahmen größerer Flexibilisierung und Eigenverantwortung soll das wöchentliche und monatliche Arbeitsvolumen an den tatsächlichen Geschäftsverlauf angepaßt werden. An zahlreichen ZF-Standorten (u. a. in Schwäbisch Gmünd, Bietigheim) soll die Lage durch Vereinbarungen zwischen Werksleitungen und Betriebsräten nach dem bereits vorhandenen Muster einer Regelung zur stärkeren Flexibilisierung der Arbeitszeit am Standort Passau verändert werden. Der ZF-Vorstand plant an allen Standorten individuelle, den jeweiligen Anforderungen entsprechende Abschlüsse und Vereinbarungen.
1995 hat ZF nahezu alle Auszubildenden in überwiegend unbefristete Arbeitsverhältnisse übernommen. 1996 gab es 1.200 Auszubildende im Konzern.

UMWELTSCHUTZ. ZF sagt von sich, daß ihr Umweltschutzengagement über die gesetzlichen Anforderungen hinaus gehe. Dabei – so ZF – handle man nach den Grundsätzen, daß Umweltschutz alle Tätigkeiten umfassen und alle Mitarbeiter betreffen müsse. Es gibt bei ZF Umweltschutz-Beauftragte und entsprechende Arbeitskreise. Geschäftsbereichsübergreifende Fragen werden sowohl im Konzernarbeitskreis als auch im Lenkungsausschuß Umweltschutz behandelt; 180 Mitarbeiter werden voll bzw. teilweise für Umweltschutzfragen eingesetzt.
Im Bereich der Produktion werden u. a. recyclingfähige, chlor- und schwermetallfreie Kühlschmierstoffe eingesetzt. CKW-haltige Reiniger werden seit 1994 durch Produkte auf Wasser- oder Benzinbasis bzw. durch Umstellung auf Plasmareinigung gänzlich ersetzt – so der ZF-Vorstand. 75% der im Bereich der Produktion entstehenden Abfälle werden wiederverwertet, 25% deponiert. Die weltweite Vertriebs- und Service-Organisation von ZF hat 1994 damit begonnen, das Recycling-Geschäft in ihr strategisches Konzept einzubeziehen. Die flächendeckende Infrastruktur soll dabei für die Sammlung von Altprodukten genutzt werden. Einen eigenen Umweltschutzbericht gibt es bei ZF nicht; über Umweltschutz-Investitionen werden keine Angaben gemacht.

Züblin siehe Walter Bau

Investitionen 1995: *470,7 Mio.*
Investitionen 1994: *362,5 Mio.*
Investitionen 1993: *251,0 Mio.*

Forschung und Entwicklung 1995: *322,6 Mio. (4,6% vom Umsatz)*
Forschung und Entwicklung 1994: *269,0 Mio.*
Forschung und Entwicklung 1993: *254,0 Mio.*

Mitbewerber: *Behr, FAG Kugelfischer, Fichtel & Sachs, KHD, Kolbenschmidt, Liebherr, MAN, Mannesmann, Preussag, Rheinmetall, SKF, Thyssen, VDO Schindling, Voith, Wieland*

PERSONENREGISTER

VORSTÄNDE, GESCHÄFTSLEITUNGEN, GENERALBEVOLLMÄCHTIGTE, AUFSICHTSRÄTE

C

G

L

S

FIRMENREGISTER

KONZERNE, TOCHTERUNTERNEHMEN, BETEILIGUNGSGESELLSCHAFTEN

A

B

C

D

E

F

G

H

I

J

K

L

M

N

O

P

Q

R

S

T

U

V

W

Y

Z